Histoire des conciles d'après les documents originaux

Karl Joseph von Hefele, Joseph Hergenröther, Henri Leclercq, Alois Knöpfler, Albert Michel, Charles de Clercq, P 1858- Richard

HISTOIRE DES CONCILES

TOME VI

PREMIÈRE PARTIE

HISTOIRE
DES CONCILES

D'APRÈS

LES DOCUMENTS ORIGINAUX

PAR

CHARLES-JOSEPH HEFELE

DOCTEUR EN PHILOSOPHIE ET EN THÉOLOGIE, ÉVÊQUE DE ROTTENBOURG

NOUVELLE TRADUCTION FRANÇAISE FAITE SUR LA DEUXIÈME ÉDITION ALLEMANDE
CORRIGÉE ET AUGMENTÉE DE NOTES CRITIQUES ET BIBLIOGRAPHIQUES

PAR

DOM H. LECLERCQ

BÉNÉDICTIN DE L'ABBAYE DE FARNBOROUGH

TOME VI
PREMIÈRE PARTIE

PARIS
LIBRAIRIE LETOUZEY ET ANÉ
87, BOUL. RASPAIL, RUE DE VAUGIRARD, 82
1914

NIHIL OBSTAT
F. CABROL,
abbé de Farnborough

Imprimatur :
Parisus, die 20 februarii 1914.

G. LEFEBVRE,
vic. gen.

INTRODUCTION A LA DEUXIÈME ÉDITION

A. Knöpfler consacre les quatorze pages dont se compose cette *Introduction* à des remerciements adressés aux auteurs des recensions favorables et à une polémique avec Scheffer-Boichorst qui s'était montré sévère jusqu'à l'injustice à l'égard de son travail. Louanges et dénigrement ne nous ont pas semblé mériter d'être conservés au seuil de ce volume. La critique de la méthode de Hefele est plus qu'injustice, c'est maladresse, mais assez explicable de la part d'un essayiste qui fut toujours hors d'état de s'élever à l'intelligence d'une large construction historique. La critique des additions de Knöpfler n'est pas moins malheureuse, inspirée qu'elle est par la chétive préoccupation de prendre en faute un écrivain appartenant à une confession religieuse différente de celle du critique. De là des contestations dont la forme trop acerbe jette une sorte de ridicule sur des récriminations si mesquines que ce serait perdre sa peine et gâter son papier de les reproduire.

Dans le tome vi de l'*Histoire des conciles*, Knöpfler a présenté quelques rectifications relativement à Boniface VIII, Clément V, Jean XXII et Louis de Bavière, au procès des Templiers, au concile de Vienne et au grand schisme. En outre, il a mentionné et résumé soixante-seize conciles omis par Hefele.

La période chronologique étudiée dans ce tome vi est caractérisée par une activité synodale intense qui s'explique par l'influence du canon 6e du IVe concile de Latran. Cette activité se porte de préférence sur la décadence des mœurs, l'abus dans la collation des bénéfices, la mise en oubli de la législation canonique, l'accaparement des biens d'Église par les laïcs, l'énervement de la juridiction ecclésiastique.

La caractéristique de la législation conciliaire pendant cette période c'est la profession de l'excommunication. A certains moments, la moitié ou les deux tiers d'une ville ou d'une province sont excommuniés par ceux qui ne le sont pas encore, sans en être toutefois à l'abri; il en résulte une sorte de familiarité avec cette peine, l'inapplication assez ordinaire des pénalités qu'elle devrait entraîner, la nécessité de dresser des matricules pour se reconnaître parmi cette multitude d'excommuniés.

Nous ne nous sentons pas le courage d'insister sur les responsabilités du procès des Templiers et sur les tristesses du grand schisme; dans ces deux causes ce sont les représentants de l'Église et de la France qu'il faudrait juger, nous nous y refusons.

Le tome vi (vol. 11e et 12e) de l'*Histoire des conciles* paraît moins fidèle au titre de l'ouvrage que ne l'avaient été les tomes précédents. Les conciles généraux y sont exceptionnels, les synodes particuliers y sont de minime importance; ni les uns ni les autres n'ont l'éclat et les conséquences des assemblées fameuses qui ont permis de faire graviter autour d'elles l'histoire de l'Église pendant les siècles héroïques. L'auteur ne pouvait désormais poursuivre son récit qu'à la condition d'en élargir le cadre, c'est ce qu'il a fait Il s'est engagé dans une exposition détaillée des circonstances qui ont précédé et provoqué le douloureux épisode du « Grand Schisme » On peut trouver ces préliminaires disproportionnés à l'ensemble et sans doute un résumé plus sommaire eût suffisamment préparé a l'intelligence des discussions qui ont rempli les sessions des conciles de Pise et de Constance, nous n'avons pas voulu nous engager dans la voie scabreuse des réductions et des coupures La rédaction de Hefele, notablement retouchée et étendue par Knopfler, dépasse trop ce qu'on est en droit d'attendre d'un sujet particulier, tel que l'histoire des conciles, pour ne pas imposer une sourdine à l'annotation telle qu'on l'avait pratiquée dans les dix premiers volumes A moins d'aborder sous forme de notes l'histoire générale tout entière, il fallait renoncer dans ces volumes a traiter un certain nombre de sujets, intéressants sans doute, mais a peu près étrangers au dessein général de l'ouvrage En abordant, avec le tome VII (vol 13e et 14e), les conciles de Pise et de Constance, l'occasion s'offrira de reprendre la méthode adoptée jusqu'à ce moment Sous prétexte de conciles absents ou insignifiants, il eût été abusif de donner à ce tome VI un développement disproportionné à son importance; aussi, sans le délester complètement des notes critiques et bibliographiques, a-t-on laissé le soin de recourir à une exposition minutieuse des événements retracés dans les travaux excellents qui la contiennent, ceux de MM. Noël Valois, *La France et le grand schisme d'Occident*; Louis Gayet, *Le grand schisme d'Occident*, et l'alerte résumé de M. Louis Salembier On y trouvera tout ce que, très délibérement, nous nous sommes interdit d'introduire dans notre travail

La révision de M. Alons Knopfler était postérieure à l'ancienne traduction française, un rapide coup d'œil permettra, par comparaison, de reconnaître dans quelle mesure considérable ces volumes diffèrent des volumes correspondants de l'œuvre souvent trop négligée de M. O Delarc Je ne sais si je serais venu à bout du rude travail de mise au point imposé par ces deux volumes 11e et 12e sans le précieux concours de mon excellent ami, dom E. Fehrenbach Je le prie d'agréer l'hommage public et mérité de ma reconnaissance.

H Leclercq.

LIVRE TRENTE-SEPTIÈME

DE LA MORT DE FRÉDÉRIC II
AU QUATORZIÈME CONCILE ŒCUMÉNIQUE (1250-1274)

---

671. *Aperçu historique. De la mort de Frédéric jusqu'à l'élection de Rodolphe de Habsbourg.*

Innocent IV apprit à Lyon la mort de Frédéric II (13 décembre 1250)[1]. Son premier mouvement fut de rentrer dans Rome, mais il se contint; avant toute démarche il importait de savoir l'attitude que prendrait l'épiscopat des Deux-Siciles, suivant qu'il se soumettrait au Saint-Siège ou persisterait dans le parti

---

1. Hartwig, *Ueber den Todestag und das Testament Kaiser Friedrichs II*, dans *Forschungen zur deutschen Geschichte*, 1872, t. XII, p. 631 sq. Sur le personnage de Frédéric II, cf. Salimbene, *Chronicon*, 1212-1287, dans *Monum. German. hist., Hist. ad provinc. Parmensem et Placentinam pertinentia*, Parmæ, 1857, t. III (Dove, *Die Doppelchronik von Reggio und Salimbene*, in-8, Leipzig, 1873; E. Michael, *Salimbene und seine Chronik*, in-8, Innsbrück, 1889), p. 166 sq.; Huillard-Bréholles, *Historia diplomatica Friderici II*, Introduction, t. I, p. CLXXVII sq.; Höfler, *Kaiser Friedrich II*, in-8, München, 1844, p. 235, 284; Lorenz, *Kaiser Friedrich und sein Verhältniss zur römischen Kirche*, dans *Drei Bücher Geschichte und Politik*, p. 1-51; Böhmer-Ficker, *Regesten*, t. V, part. 1, p. XI-XXXIII; K. Hampe, *Kaiser Friedrich II*, dans *Historische Zeitschrift*, t. LXXXIII, p. 1-42; Freemann, *Kaiser Friedrich II*, dans *Zur Geschichte des Mittel Alters*, in-8, Strassburg, 1886; Loserth, *Geschichte des späteren Mittel Alters*, in-8, München, 1903; — sur l'empire: J. Heidemann, *Die deutsche Kaiseridee und Kaisersage im Mittel Alter und die falschen Friedriche*, dans *Wissensch. Beil. zum Jahresber. des Berl. Gymn. zum grauen Kloster*, 1898, p. 6; G. Voigt, *Die deutsche Kaisersage*, dans *Historiche Zeitschrift*, t. XXVI; J. Häusner, *Die deutsche Kaisersage*, in-8, Bruchsal, 1882; Grauert, *Zur deutschen Kaisersage*, dans *Historisches Jahrbuch*, 1892, t. XIII, p. 107; Schröder, *Die deutsche Kaisersage und die Wiedergeburt des Reiches*, in-8, Heidelberg, 1893; J. Kampers, *Die deutsche Kaiseridee in Prophetie und Sage*, in-8, München, 1896, p. 70, 78, 83 sq. Les événements politiques qui ont rempli le tome précédent de l'*Histoire des conciles* permettent seuls de comprendre ceux que nous allons voir dans ce tome VI. Entre la papauté et l'empire s'est livrée une lutte désespérée,

à l'issue de laquelle les deux adversaires et leurs partis sont à tel point épuisés
que l'empire se trouve mûr pour le grand interregne et l'Église pour l'exil d'Avignon A cette date de 1250, le moyen âge est frappé à mort, il ne continuera qu'en
vertu de l'impulsion acquise, il continuera de produire, mais plus par recette que
par invention, des hommes et des œuvres de premier ordre surgiront encore et
néanmoins on peut dire que le grand concept sur lequel a été édifié et a vécu le
moyen âge l'État théocratique résultant d'une combinaison du pouvoir civil
et du pouvoir religieux identifiés dans l'empire et dans la papauté, ce grand
concept, que Grégoire VII a légué à ses successeurs en 1075, est dès lors abandonné.
Le conflit, qui durait avec des alternatives diverses depuis deux siècles, aurait
pu durer encore longtemps si la Providence n'avait mis en présence deux hommes
qui, ramassant en leurs personnes les aptitudes, les appétits et les moyens variés
mis à leur disposition, incarnèrent soudain deux situations, deux conceptions et
transformèrent un différend séculaire en un combat individuel, rapide et décisif
Après que de pareils adversaires se furent mesurés, la lassitude fut au comble, on
sentit instinctivement qu'on ne jouerait plus désormais pareille partie, que la
question du sacerdoce et de l'empire avait procuré le maximum d'émotion qu'elle
pouvait produire, et désormais elle cessa d'intéresser

On a dit qu'Innocent III avait « fondé la souveraineté absolue du pape sur
l'Église,» et si la formule est plus lapidaire qu'historique elle n'en garde pas moins
une apparente exactitude Depuis son règne jusqu'à la Réforme du XVIᵉ siècle, on
vit la papauté absolue tempérée — non, comme la monarchie en France, par des
chansons — mais par la résistance passive, la force d'inertie Une résistance avouée,
offensive, était devenue impossible et c'est dans ce sens seulement qu'Innocent III
fonda la souveraineté du pape sur l'Église. C'était le résultat de sa vigueur sans
doute, de l'habileté de sa politique intérieure également, mais, plus que tout, c'était
la conséquence de l'aboutissement du conflit du sacerdoce et de l'empire dont, en
définitive, la papauté sortait épuisée mais triomphante. Le pontificat d'Innocent III compte autant par les prétentions que par les actes. Les actes sont graves
et auront un long retentissement dans l'histoire religieuse et sociale, c'est . la
dévastation de la civilisation du midi de la France, la défaite et la disparition de
la civilisation des Maures d'Espagne, la conquête de l'empire grec par les latins,
les prétentions sont telles qu'elles font presque oublier ces actes cependant si
graves, c'est · la remise entre les mains du pape des royaumes de la terre qu'il
répartira à son gré, frappant l'un, élevant l'autre, maniant les foudres de l'anathème et les fureurs de la croisade, faisant et défaisant les empereurs, attribuant et
retirant les peuples à tel ou tel prince. C'est à l'heure où Innocent III pouvait
croire la partie gagnée que la victoire lui fut contestée, et celui qui s'éleva alors
contre la papauté, Frédéric II, brisa son empire dans ce choc, mais en périssant
il entraînait avec lui l'omnipotence politique de la papauté.

Innocent III n'est peut-être ni plus habile ni plus génial qu'aucun des glorieux
papes qui lui font escorte de Grégoire VII à Boniface VIII, il est seulement plus
brillant qu'aucun d'eux, parce qu'il s'est trouvé être pape à l'heure du triomphe et
posséder les qualités requises pour faire grande figure en pareil moment. Il est à
moitié chemin entre Canossa et Anagni, il a recueilli tout l'effort d'énergie accumulé depuis Canossa, il serait hasardeux de nier qu'il n'a pas sa part de responsabilité dans l'humiliation future de son successeur à Anagni

Frédéric II, à maints égards, est plus surprenant que son grand adversaire.

Celui-ci recueille les résultats de la sagesse, de la prudence, de la fermeté d'une longue suite de prédécesseurs, celui-là hérite de l'empire dans les conditions les plus fâcheuses et la situation la plus compromise Ce petit homme roux et chauve, ayant la vue basse, qui ne s'embarrasse de rien de ce que ses contemporains comptent et reverent, qui ne croit qu'au succes et aux necromans, ne souhaite que la volupté et le plaisir, se trouve assez énergique pour risquer la plus rude partie qu'on ait jouée en ce XIIIᵉ siècle, pour affirmer son droit hereditaire a cet empire qu'on daignait lui conceder.

Ce petit compagnon, cet humble vassal que le pape a daigné découvrir et désigner pour la couronne imperiale, se montre d'abord fort accommodant Le moment n'est pas venu Innocent III est a l'apogee de sa puissance, préside le concile de Latran, lie et délie, decrète des croisades, excommunie des barons anglais, renverse le comte de Toulouse, distribue les États, arme des milices Fredéric se fait très humble et, jusqu'a la mort d'Innocent III, ne bronche pas

Dès qu'Innocent fut mort, peu de temps après l'apotheose triomphale du Latran, on recommença à respirer, à se regarder, à se compter. Frederic jouait au croise, entortillait de protestations devotes et de belles paroles le successeur d'Innocent, le pape Honorius III, vieillard insignifiant et timide dont on ne troublait plus la confiance obstinee en ce jeune empereur, jadis son pupille Ce pontificat d'Honorius III fut plus funeste que n'eût été un interrègne Frederic marchait a son but, et ce but, c'était celui des empereurs de sa maison L'erreur de Rome fut de croire qu'en changeant le titulaire on changeait les données du problème Le pape pouvait, à son gre, s'adresser à un Saxon, a un Franconien, à un Bavarois, à un guelfe averé et convaincu . du jour ou la couronne etait posée sur cette tête, le guelfe se muait en gibelin convaincu et intraitable Non qu'il y eût atavisme, mais par la logique même d'une création politique qui ne pouvait pas ne pas produire ce resultat.

Seulement, Frédéric II apportait dans la politique qui, fatalement, s'imposait a lui un genie qu'Innocent III n'avait pas pressenti et qui devait pousser le conflit séculaire et un peu somnolent pour lors entre le sacerdoce et l'empire à un degré d'acuité qui y mettrait fin.

Le pontificat d'Honorius III tombait à souhait pour autoriser Fredéric à prendre des libertés qu'Innocent III n'eût point tolerees, mais tout à coup Grégoire IX succède a ce debonnaire, prend feu et flamme et, fatigué de ces fourberies dont il a été jusqu'alors le témoin impuissant et anxieux, il saisit la première occasion et excommunie Frederic Aussitôt la guerre se rallume, guerre de pamphlets acharnée, guerre de positions prises et enlevées, de maisons et de villages saccages. Que pouvait faire Frédéric II ? Engager et soutenir une lutte ruineuse, combattre sur le Rhin contre la féodalité allemande, sur le Pô contre les villes lombardes, s'user en détail, gagner, perdre, regagner pour perdre encore et finalement s'épuiser. Alors Frederic eut une inspiration de grand homme d'État Abandonnant l'Allemagne et l'Italie aux intrigues, les désertant avec la certitude que les intrigues s'y nourriraient et s'y detruiraient mutuellement, l'empereur, à qui on reprochait de n'être pas alle remplir son vœu de croise, mit à la voile et partit pour la Syrie. Il se trouvait, comme on l'a tres bien fait remarquer, dans l'étrange situation d'un prince à la fois croise et excommunié, digne de toute la protection de l'Église et livré à toutes ses coleres, exposant sa vie pour le Christ et frappé des anathèmes de son vicaire

La contradiction etait flagrante et, du coup, Frédéric ramena à lui l'opinion publique européenne Ce que pensèrent les gens pieux, on en peut juger par les reproches que fera plus tard saint Louis au pape, a qui il reproche d'avoir attaqué les domaines et les droits, sacrés pour tous, d'un prince parti à la croisade Le petit peuple, les frères mendiants ne cachaient pas leur sympathie pour ce jeune empereur que le pape traitait mal, pendant qu'il allait faire chez les infidèles les affaires du Christ et de l'Église. En même temps, la croisade devenait une expédition coloniale à peu près telle que nous pourrions l entendre de nos jours Frédéric guerroyait sous son propre drapeau et non pour le compte du pape ou de saint Pierre, il faisait acte de souverain temporel, de chef politique et militaire de la chrétienté, il n'était plus ni vassal ni mercenaire du Saint-Siège Par la diplomatie plus que par l'épée, Frédéric triompha, rouvrit les lieux saints aux fidèles. La situation de la papauté devenait de plus en plus fausse et difficile, à mesure que cet excommunié rétablissait les établissements des chrétiens Le retour en Occident fut un triomphe, quelque chose d'analogue au délire qui se vit depuis au retour d'Égypte de Bonaparte Le pape se trouva en un instant à la merci de ce prestige sans égal qu'appuyait une force imposante, il fallut relever l'empereur de l'excommunication, lui accorder ses prétentions, sanctionner les dispositions prises par lui C'était l'apogée. Frédéric atteignait au plus haut point de puissance et de splendeur : empereur en Allemagne, suzerain redouté dans la Haute-Italie, protecteur tout-puissant du peuple de Rome, souverain absolu du royaume des Deux-Siciles, roi de Jérusalem, maître de la Méditerranée, vainqueur en Prusse des derniers paiens, légiférant à Francfort pour l'Allemagne, a Melfi pour la Sicile, à Ravenne et à Aquilée pour la Lombardie C'était le triomphe et la trêve, mais une trêve de peu de durée

Ce qui donna à cette nouvelle phase de la lutte une âpreté qu'elle n'avait pas encore eue, même au temps de Grégoire VII et d'Alexandre III, c'est que chacun des deux pouvoirs était arrivé a donner à ses prétentions la formule définitive. Chacun était allé aux dernières conséquences de sa doctrine. Le pape traduisait a son tribunal les actes et les pensées des fidèles, les contrats des particuliers, les décisions des princes et en portait son jugement, l'empereur évoquait les hérétiques en tant que rebelles et étendait son pouvoir jusqu'à la conscience, a ce titre de *pontifex maximus* qu'il disait avoir hérité des anciens empereurs Entre ces prétentions contradictoires, aucune transaction n'était possible. Chacun des deux rivaux combattait non pour l'indépendance, comme la papauté au temps de Grégoire VII, ou comme l'empire au temps d'Henri IV, mais pour la domination universelle, la domination intégrale. Il n'était plus question de droit pontifical et de droit impérial, mais de despotisme œcuménique Ce n'était plus seulement a la condition des évêques de Rome au temps de Constantin que l'empereur prétendait réduire le pape, c'était à la monarchie de Dioclétien, chef temporel et spirituel, que Frédéric II aspirait et il ne s'en cachait pas Les théologiens avaient fort à faire pour contredire les légistes qui reprenaient à leur compte et poussaient à ses dernières déductions logiques le principe jadis formulé comme axiome de la monarchie pontificale En attendant que l'astuce ou la force eussent décidé en faveur d'un adversaire, tous deux travaillaient avec une obstination et une souplesse infatigables à mettre les chances de leur côté Ce n'est pas seulement les chancelleries qui intriguent, les peuples pâtissent. La Lombardie garde sa fidélité à la papauté qui, depuis le pontificat d'Alexandre III, a associé son sort à celui des cités lombardes Ce sont elles qui empêchent l'établissement du despotisme imperial dans la vallée du Pô, en quelque sorte sur la tête de la papauté, déjà menacee au midi par le royaume sicilien, ce sont elles qui, gardiennes des défilés des Alpes, peuvent fermer la route aux armees et aux ambitions germaniques Milan, alliée libre et fidele, alliee de conviction et de raison, remplie d'un peuple actif, aguerri et brave, est cent fois plus precieuse pour le pape que Rome avec sa population capricieuse, rebelle et couarde.

Frédéric attaque les cites lombardes, leur inflige une défaite complète et des conditions humiliantes Aussitôt le vieux pape Grégoire IX intervient à coups d'anathèmes, cherche a creer des troubles en Allemagne dans l'espoir que cette diversion y rappellera l'empereur et en débarrassera l'Italie Tandis que les hommes d'armes se battent sans merci, les moines mendiants, les pamphlétaires, les legistes et les théologiens, les poètes se disputent l'opinion publique Le désordre est à son comble.

« L'attitude de Frédéric au milieu de cette lutte acharnée, parmi les revers et les défections, est remarquable Même vaincu, il n'abdique aucune de ses préten- tions Son langage est celui d'un Trajan, paisiblement assis sur le siège curule du législateur universel, dans la securité et la majesté de la paix romaine Quelles que soient les trahisons de la fortune, il se fait appeler « grand et pacifique, glorieux, « vainqueur et triomphateur, toujours auguste ». Toutes les formules, toutes les pratiques du grand empire revivent pour lui Il fonde une ville en Sicile et la nomme Augusta. Quand il a brûlé Celano, il la reconstruit et lui impose le nom de Cæsarea S'il ecrit a son fils Conrad, il l'appelle « race divine du sang des Césars », parlant de sa mere, il lui donne le titre que Tibère donnait à Livie · *diva mater nostra*

« D'être un empereur divin à devenir dieu, y a-t-il donc si loin? Iési, le petit bourg italien où Frédéric II est né, il l'appelle « notre Bethléem » Le pape peut donc l'accuser de s'élever au-dessus de Dieu, « de se tenir assis dans le temple. » Dans l'exaltation du fanatisme gibelin, pour beaucoup de ses partisans, Frédéric II est vraiment un Messie L'un le salue de « vicaire et lieutenant de Dieu », l'autre — un évêque — lui écrit que, « pour aller vers son Seigneur, il marchera sur les eaux, » le troisième, egalement un prélat, lui décerne le titre d'*antistes*, « chef de la loi, » de la loi divine comme de la loi humaine.

« Est-il donc étonnant qu'on ait prêté à Frédéric II l'idee de fonder une reli- gion nouvelle, dont il serait le pape, presque le Dieu? Pourtant, des deux adver- saires, le pape et l'empereur, n'est-ce pas celui-ci qui est le plus modéré A certains moments, on le prendrait pour un champion de la liberté, combattant unique- ment pour affranchir l'Europe du despotisme politique et religieux dont la menace l'ambition pontificale par la confusion intentionnelle du spirituel et du temporel. Quand il fait appel a l'opinion européenne, Frédéric se prononce énergiquement contre le cumul des deux pouvoirs Il invoque, auprès des rois et même auprès des barons, la solidarité qui unit tous les princes seculiers . « Il est facile d'humilier « les rois et les princes, quand on a porte à la puissance impériale, boucher des « autres, le premier coup Réfléchissez à ceci; l'on commence par moi, l'empereur « elu, c'est pour finir ensuite par les rois. Défendez votre cause en soutenant « la mienne » Comme l'a fait remarquer A Rambaud, il n'est pas impossible que, devançant Henri VIII d'Angleterre ou reprenant l'œuvre des empereurs byzan- tins, Frédéric ait songe à constituer des Églises d'État independantes du pape et dont les grands souverains auraient été les chefs. Mais, a défaut de documents positifs, on ne peut rien affirmer

« Pour ajouter à la grandeur tragique de la lutte, un troisième intervenant apparaît tout à coup aux frontières de l'Europe, celui-là de proportions gigantesques Devant lui paraissent chrétiens et sarrasins, menacés de se voir réconciliés dans une destruction commune. Tout un monde barbare, dont les Auguste et les Trajan avaient à peine deviné l'existence, par delà le monde germain et le monde scythique, qui étaient pour Tacite la fin de l'univers connu, s'ébranle tout à coup Des rivages de l Océan chinois aux rivages classiques de la mer Noire, se sont avancées les hordes sans nombre des Tatars-Mongols Sur leurs pas, des empires, dont l'Allemagne et l'Italie n'auraient été que des provinces, ont été mis en poussière, et des régions plus peuplées que l'Europe entière ont été réduites en déserts Jusqu'à present rien n'a pu arrêter cette marée d'hommes. Elle a traversé toute la largeur des pays slaves, dispersant comme des feuilles mortes la chevalerie russe, l'Asie a mis le pied sur le sol germain et l'on se bat en Silésie Encore quelques étapes et ces guerriers au nez camard seront en Bohême, à Francfort, bientôt même en France, en Italie. Il semble que cette inondation de la race jaune — qu'on nous annonce aujourd'hui pour le xxe ou le xxie siècle — ait été sur le point de se réaliser au xiiie Une angoisse immense s'empare de l'Europe, comme à la veille de la fin du monde. Partout on sonne les cloches, on prie, on ajoute aux litanies cette formule « Seigneur, délivrez-nous des Tartares. » Et le grand cœur de saint Louis se prépare au martyre

« Chose étrange ! c'est à peine si le pape et l'empereur, dans les convulsions de leur lutte mortelle, prennent souci du danger Ils ne s'occupent des Tartares que pour se lancer mutuellement à la face l'accusation de pactiser avec eux, de les avoir appelés en Europe Ce qui semble tout dominer, c'est le problème insoluble de la forme qui doit être donnée à l'Europe, la forme ecclésiastique ou la forme impériale. Comme à d'autres époques, la question du gouvernement a l'air de primer la question même d'existence. Enfin, les Tartares se retirent comme ils sont venus, une révolte sur les bords du Ho-hang-ho ou du Yan-Tsé-Kiang dégage la vallée de l'Oder, ils disparaissent, sans que la papauté et l'empire aient relâché leur étreinte Grégoire IX est mort, Innocent IV lui succède, la lutte continue et prend un caractère de férocité sans exemple. Enfin, en 1250, Frédéric meurt, mais sa disparition n'arrête pas les hostilités

« Ce qui ne peut manquer de frapper avant tout, c'est la disproportion énorme entre l'objet du débat et les moyens destinés à atteindre le but C'est une lutte gigantesque, mais c'est surtout dans l'opinion des hommes qu'elle prend ces proportions Si l'humanité en est convulsée, c'est plutôt moralement que matériellement. Dans l'intellect de chacun des contemporains, hommes, femmes, enfants, l'empire, comme la papauté, a une prise puissante Dans toute âme humaine de ce temps, le pape, l'empereur se reflètent en une image prodigieuse toute idée de grandeur temporelle y procède de César, et, dans ces cerveaux pétris de foi et de religiosité, le pape a marqué profondément son empreinte. Pour chaque chrétien, l'empereur et le pape ont une grandeur *subjective* infinie, mais quelle est leur puissance *objective*, leur puissance réelle?

« Quand on apprend dans la chrétienté que le pape a excommunié l'empereur, ou que l'empereur, dans sa chevauchée impériale, va franchir les Alpes pour châtier le pape, toutes les têtes se troublent et tous les cœurs se serrent On

s'attend a je ne sais quel cataclysme effroyable, comme serait l'entrechoquement
du soleil et de la lune, ces deux luminaires du ciel, auxquels se comparent volontiers les deux grands luminaires de la chretiente L'attente est d'autant plus
anxieuse que la lutte s'etend sur les contrees les plus fameuses, les plus sonores
de l'Europe, où chaque nom de ville ou de province eveille des échos qui ébranlent
toutes les imaginations Il est question du Rhin et des Alpes, d'Aix-la-Chapelle,
de Mayence, de Cologne, tout pleins des souvenirs de Charlemagne; de Milan,
de Rome, de la Sicile, tout pleins des souvenirs des vieux Romains. Au fait et
au prendre, que se passe-t-il ? Le plus souvent, le pape n'est même pas maître de
Rome, la populace le chasse de son eglise du Vatican, un comte de Frangipani,
fortifié dans quelque monument en ruines, le tient en echec; ses anathèmes
tombent d'abord sur les populations les plus sceptiques et les plus blasées sur les
anathèmes Quant à l empereur, on croit qu'il va entraîner avec lui, par delà les
Alpes, toutes les forces de l'Allemagne, des multitudes infinies de guerriers à la
fauve chevelure, tout un deluge d'hommes comme celui qui, autrefois, submergea
l'empire romain. En réalite, s'il n'avait pas avec lui les chevaliers de ses domaines
de Souabe, qui, la plupart, ne le suivent que pour l'appât d'une solde, surtout s'il
ne pouvait compter sur ses Sarrasins de Lucera et de Nocera, il se trouverait
presque seul sur la terre d'Italie. Son camp est un va-et-vient de gens qui arrivent
et qui repartent, de barons allemands qui, après quelques semaines de chevau-
chee, demandent à rentrer chez eux, de gibelins d'Italie qui accourent pleins d'illu-
sions et qui decampent, froisses et deçus A certains moments l'empereur est si
peu escorté que les bourgeois de quelque ville lombarde pourraient bien mettre
la main sur lui, comme ils firent à l'un de ses successeurs, retenu par eux en prison
comme un debiteur insolvable. Dans ses plus formidables expeditions, Frederic
n'a jamais eu autour de lui plus de 12 à 15 000 hommes. Presque toujours ce
grand armement va echouer devant quelqu'une de ces bicoques italiennes, du genre
de celles que Bonaparte ramassera par douzaines apres une victoire a Lodi ou à
Rivoli Une annee, c'est Brescia qui l'arrête, une autre annee, c'est Parme,
Viterbe ou Bénevent L'aigle impériale, dont une aile s'etend sur la Baltique et
l'autre sur la Palestine, se trouve prise dans le réseau des cités lombardes ou
dans le tissu des intrigues romaines, comme un oiseau-mouche dans une toile
d'araignée Après quelques passes d'armes, on fait la paix, car l'effort a épuisé
également les deux partis l'empereur va renouveler sa profession de foi aux
pieds du pape, et le pape l'appelle « son cher fils ». Puis, l'annee suivante, c'est a
recommencer

« On voit bien que ces deux puissances formidables sont en grande partie des
êtres d'imagination. Elles sont surtout des puissances d'opinion. Les moyens
matériels pour chacune sont presque nuls. C'est pourquoi l'une et l'autre se sont
exténuées et ruinées à une tâche irréalisable. Comparez ce qui se passe en France
à la même époque : les moyens dont disposent nos rois sont médiocres, mais le
but est generalement modeste, tout humain, tout pratique Chaque effort donne
un résultat, et les résultats accumules d'annee en année enfantent lentement une
grande revolution Aussi, à la fin du xiii⁰ siècle et au début du xiv⁰, quand il
n'y a plus d'empire allemand, il y a un royaume de France : le soufflet d'un agent
de Philippe le Bel a cette consequence que n'ont pu produire toutes les chevauchées
des Hohenstaufen . l'effondrement de la puissance pontificale. »

Malgre tout, l'horreur sacrée s'est comme attachée au nom de ce Frederic,

des Hohenstaufen. Manfred, prince de Tarente et bâtard de Frédéric [1], dont le testament l'instituait administrateur des Deux-Siciles pour l'empereur Conrad IV, s'employait à retenir les évêques siciliens dans la voie où ils s'étaient engagés [2] Le

de préférence à tout autre. C'est peut-être pour ce qu'il y eut d'héroïque bravade dans son caractère Il incarnait vraiment bien l'idée d'un ange rebelle, d'un Lucifer venu dans ce monde lutter contre l'Église, et l'Europe, croyante encore, fut épouvantée, non de ce qu'il faisait, mais de ce qu'il disait Ses alliances avec les Sarrasins, ses mœurs orientales, ses accointances avec les nécromans n'avaient alors rien de très singulier; ce qui était sans exemple, c'était d'en faire montre, d'en tirer honneur de se proclamer sceptique, polygame et athée. Une telle impudence faisait horreur, on se signait, patience, on s'y habituera Frédéric avait concentré en sa personne les hostilités éparses contre l'omnipotence politique et la règle morale suprême représentées par la papauté Il périssait de ses audaces prematurees, mais il avait donné conscience a des principes nouveaux qui le vengeraient un jour terriblement de sa defaite la Renaissance, la Réforme et l'État laïque Érasme, Luther, Henri VIII sortiront de Frédéric II Cf. A Raimbaud, *L'empereur Frédéric II*, dans la *Revue des deux mondes*, 1887, t. LXXXII, p 426-453; Huillard-Breholles, *Frédéric II L'empire et le sacerdoce au treizieme siecle*, dans la *Revue britannique*, 1863, IXᵉ série, t. VI, p 309-339 (H. L)

1 Manfred, né en 1232, prince de Tarente, regent en 1254, roi de Sicile (10 août 1258), mort près de Bénévent le 26 février 1266 Cf A. Karst, *Geschichte Manfreds vom Tode Friedrichs II bis zu seiner Kronung*, 1250-1258, in-8, Berlin, 1897 (H.L.)

2 La mort de Frédéric II semblait un bouleversement, en réalité elle ne changea pas grand'chose Mais le pape et son entourage crurent tout gagné et on souhaiterait qu'ils eussent exprimé de façon plus modérée la joie que leur causait cette mort prématurée Cf Potthast, *Reg pont rom*, n 14163, et la lettre incroyable de Gregoire de Montelunzo, légat pontifical en Lombardie. Bohmer-Ficker-Winkelmann, *Regesta imperii* V *Die Regesten des Kaiserreichs unter Philipp, Otto IV, Friedrich II Heinrich (VII), Conrad IV, Heinrich Raspe, Wilhelm und Richard*, 1198-1272, *neu herausgegeben und erganzt*, n 13783 C'est de bonne foi probablement, et en vue de l'apaisement futur, que le pape Innocent IV provoquait une réaction qu'il estimait, sans doute, être la dernière et faisait engager les Milanais à écraser leurs ennemis Le 7 février 1251, il envoie une circulaire (Rodenberg, *Epistolæ sæculi* XIII *a regestis pontificum romanorum selectæ*, III, 40) dans laquelle il décrit l'état pitoyable de l'Italie et invite Crémone, Pavie, Tortone, Alexandrie, Asti, Reggio, Turin, Verceil, Bergame, Padoue — probablement aussi Vérone, Vicence, et Lodi — à se réconcilier avec le Saint-Siège Le 15 mars (Rodenberg, *op. cit*, III, 74; *Registres d'Innocent IV*, n. 5328), il convoque tous les évêques et délégués des villes de Lombardie a un congrès qui s'ouvrira à Gênes, le jour de l'Ascension (25 mai), pour traiter de la pacification générale Ce qui prouve l'illusion dans laquelle vivait alors le pape, c'est son attitude à l'égard de certaines villes, notamment Modène et Bologne, auxquelles il présente des réclamations dont le refus n'était pas douteux. C'était au sujet des biens de la comtesse Mathilde dont ces villes avaient happé quelques morceaux à leur convenance. Avec Milan, autre contestation au sujet des biens des « Humiliés » auxquels la commune prétendait

pape chargea de son côté le cardinal Pierre de Saint-Georges au Vélabre de sonder l'opinion publique. Il créa l'archevêque de Bari légat de Sicile, et invita tous les abbés, prêtres, évêques, seigneurs et villes de Sicile à revenir à la cause de l'Église. Les archevêques de Palerme et de Salerne, chefs du parti opposé, furent semoncés assez durement, et défense fut faite aux Allemands, sous peine d'excommunication, de soutenir un prétendant quelconque pour la Sicile [1].

---

imposer des emprunts forcés. Potthast, *Reg*, n 14181, 14373, 14405, 14689. Avec Parme, le pape parlait déjà d'arrêter les subventions Böhmer-Ficker, *op. cit*, n 13791, 13792. D'autres mesures, en sens contraire, ne sont pas moins caractéristiques Le pape transfère à Bergame, ville du parti de l'empereur, l'évêque de Rimini, dévoué à la cause pontificale et dont l'intronisation pourrait bien soulever des difficultés et même des résistances. *Registres d'Innocent IV*, n 5104 Une bulle du 8 juin 1251 expose compendieusement la reconnaissance du pape envers la divine Providence qui l'a débarrassé de l'empereur, et pour témoigner cette reconnaissance, le pape réorganise l'Inquisition, qui désormais fonctionnerait à merveille, puisque Frédéric II avait été jusque-là le seul obstacle à ce fonctionnement. La Lombardie allait donc jouir de ce bienfait et le pape ne doutait pas un seul instant que tout ne se passât sans objections de la part de personne La correspondance pontificale, pendant les premiers mois de 1251, respire la joie, la sérénité parfaite.

On était loin de compte Au rebours de ce qu'on aurait pu croire, le parti impérial gagna plus qu'il ne perdit à la mort de son chef. Asti, citadelle du parti dans la région de l'Italie septentrionale, conclut, de janvier à avril 1251, toute une série de traités avantageux qui étendent sa domination ou son influence et maintiennent l'équilibre en face de Gênes En Lombardie, cet équilibre était rompu par suite de la révolution intérieure de Plaisance, et rompu au détriment du parti pontifical. Cf. *Annales Placentini Gibellini*, dans *Monum. Germ hist*, *Scriptores*, t XVIII, p. 499 sq.

Quand le pape rentra à Gênes, le 18 mai, il put se convaincre qu'il avait fait un beau rêve Il vit arriver, avec ses deux légats, deux évêques et quelques députés des seules villes lombardes attachées à l'Église. Les autres villes s'abstinrent. En même temps, le pape apprit la révolte de la Terre de Labour, probablement aussi la révolte de la Pouille. Le pape songeait à marcher droit sur Rome (Potthast, *Reg*, n. 14162), mais il avait compté sans ses Lombards, qui lui remontrèrent qu'en leur qualité de défenseurs de l'Église, ils avaient bien des droits à faire valoir Au fond, ils n'étaient pas fâchés de tirer de leur titre de *défenseurs* quelque profit plus net qu'une épithète sonore Le pape dut céder et son voyage vers Rome se transforma en une randonnée à travers toute la Haute-Italie, prodiguant des faveurs à ses partisans et des rigueurs à ses adversaires. L'effet le plus clair était de ranimer les passions et de rallumer la guerre. Sur toute cette période, cf E. Jordan, *Les origines de la domination angevine en Italie*, in-8, Paris, 1909, p. 1-20 (H. L).

1. Baronius-Raynaldi, *Annal. eccles.*, ad ann. 1251, n 1-7, F. Schirrmacher,

Pour affaiblir en Allemagne le parti des Hohenstaufen et favoriser Guillaume de Hollande, le pape avait chargé (5 décembre) l'évêque de Spire d'interdire tous les lieux dont les seigneurs ou les habitants demeuraient attachés au parti de Frédéric ou de son fils Conrad; l'évêque de Spire devait délier du serment de fidélité tous ceux qui l'avaient prêté aux Hohenstaufen [1]. La lutte exaspéra les esprits à tel point qu'Albert, évêque de Ratisbonne, et Ulrich, abbé de Saint-Emmeran, trempèrent dans une tentative d'assassinat contre le roi Conrad (Noël 1250). Tous deux avaient beaucoup souffert de la part des Hohenstaufen, car Ratisbonne était gibeline, Conrad, se trouvant dans une dépendance du monastère de Saint-Emmeran, fut assailli par le chevalier Conrad de Hohenfels et d'autres conjurés, dans la nuit du 28 décembre : le prince n'échappa que par miracle. Les moines de Saint-Emmeran étaient étrangers à cet attentat, aussi le monastère fut respecté, mais la maison où il avait eu lieu fut rasée et remplacée par une chapelle dédiée à la sainte Vierge et à saint Nicolas [2].

A la nouvelle de la mort de Frédéric II, le pape chargea un dominicain d'Eika de prêcher en Allemagne la croisade contre le roi Conrad [3], et conseilla à Guillaume de Hollande de se confier au pape, alors disposé à lui donner la couronne impériale Il députa l'archidiacre de Laon et Thierry, grand-maître de l'ordre [3] teutonique, à tous les princes et comtes de l'Allemagne pour les rattacher à la cause de l'Église et à celle du roi Guillaume; dans ce même but (février 1251), il écrivit à divers seigneurs spirituels et temporels et à des magistrats de plusieurs grandes villes de l'Allemagne [4]. Comme la famille du jeune roi Guillaume était à peu près insignifiante, Innocent IV chercha à le marier à l'héritière de quelque grande maison de l'Allemagne, et il déclara les

Die letzten Hohenstaufen, Göttingen, 1871, p 3 sq , Potthast, *Regesta*, t ii, p 116 sq

1 Meerman, *Geschiedenis van Graaf Willem van Holland, roomsch Konigg*, p. 67, Böhmer, *Regesten*, ad ann 1246-1313, p. 319; Potthast, *Regesta*, t. ii, n. 14134

2. Baronius-Raynaldi, *Annal eccles* , ad ann 1251, n 8, Böhmer, *Regesten*, ad ann 1198-1254, p 268, Böhmer-Ficker, *Regesta imperii*, t. v, part. 2, p 826 sq

3. Potthast, *Reg. pont rom* , t. ii, n. 14170, 14265 (5 févr et 31 mars 1251). D'après Matthieu Paris (éd Luard, t v, p. 259), on se montra peu édifié sur cette croisade, surtout la reine-mère Blanche de Castille.

4 Baronius-Raynaldi, *Annal. eccles* , ad ann 1251, n 7, 9, 11, Potthast, *Reg* , t ii, p 1170 sq ; Böhmer, *Regesten*, ad ann. 1246-1313, p. 319-321.

Hohenstaufen à jamais exclus de la couronne impériale, et même de leur duché de Souabe. Le pape félicitait les Souabes de leur attachement à l'Église et de leur fidélité, dont le comte de Wurtemberg venait de lui apporter l'assurance; il fit prêcher chez eux la croisade contre Conrad [1].

Lorsque le pape apprit que le roi Conrad se préparait à concentrer toutes ses forces sur la Sicile, il hâta son départ de Lyon, au point de refuser une entrevue demandée par Blanche de Castille, régente du royaume de France pendant la croisade, et par Henri III, roi d'Angleterre Innocent IV remercia les bourgeois de Lyon de leur bon accueil, les en rétribua avec des privileges et la protection de saint Pierre [2].

Sur ces entrefaites, le roi Guillaume, après avoir détruit quelques villages près d'Oppenheim, évita habilement un combat ouvert avec Conrad (été 1250) [3], et, obéissant à l'invitation du [4] pape, se rendit à Lyon (février 1251) où se trouvaient alors l'archevêque de Trèves et l'évêque de Spire. Le jeudi saint (*Cœna Domini*), Innocent, en présence de nombreux évêques, renouvela le ban contre Conrad et confirma solennellement Guillaume roi de Rome, cela fait, on célébra la fête de Pâques en grande pompe (16 avril 1251) [4] et trois jours après le pape quitta la ville, séjourna près d'un mois à Gênes et y gagna à sa cause le comte de Savoie. Il se rendit par petites journées dans la Haute-Italie et, en novembre, il fixa provisoirement sa résidence à Pérouse [5].

1. Baronius-Raynaldi, *Annal eccles*, ad ann. 1251, n 11, Potthast, *Reg.*, t. ii, n. 14265; Böhmer, *op. cit*, p. 321.

2. Baronius-Raynaldi, *Annal. eccles*, ad ann. 1251, n 15-24, Potthast, *Reg*, n. 14162, 14188, 14280, Berger, *Les registres d'Innocent IV*, t. ii, p. cclv et n. 5290, 5328, 5329, 5337

3 Böhmer-Ficker, *Reg imp.*, 1882, t. v, part. 2, p. 825 sq., 942 sq En octobre 1250, les évêques de la province rhenane signèrent une trêve avec Conrad, qui se retira à Ratisbonne. Ailleurs, on parle d'une habile retraite de Conrad devant les forces supérieures de Guillaume Cf. A. Ulrich, *Geschichte des römischen Königs Wilhelm von Holland (1247-1256)*, Hannover, 1882, p. 63. Sur la rencontre des deux rois à Oppenheim, au printemps de 1251, cf Ficker, dans *Mittheilungen des österr. Instit*, 1882, t. iii. L'auteur prouve que la rencontre citée plus haut doit être placée en l'été de 1250

4. *Gesta Trevir.*, dans *Monum Germ hist.*, *Scriptores*, t xxiv, p 412, *Annal Salisb.*, dans *Script*, t ix, p 791, *Annal Spir*, dans *Script.*, t. xvii, p.84, Herm., *Anal. Altah*, dans *Script*, t. xvii, p. 395 Baronius-Raynaldi, *Annal.*, ad ann. 1251, n. 11; Bohmer-Ficker, *op cit.*, p 945.

5. Baronius-Raynaldi, *op cit*, ad ann 1251, n. 30 sq, 45, avec la note de Mansi

Manfred s'était prodigué pour conserver à son frère Conrad
le royaume des Deux-Siciles; mais il fut peu secondé par le gouverneur de Sicile, Pierre Rufus, favori de Frédéric II. Aussi
Naples, Capoue, et d'autres villes importantes, lui refusèrent
l'obéissance et manifestèrent le désir d'être réconciliées avec
l'Église. Manfred essaya de faire sa paix avec le pape, il ne put
y parvenir. Mais, lorsqu'au commencement de 1252 le roi Conrad
vint lui-même dans la Pouille[1], Capoue, Naples (10 octobre 1253)
et d'autres villes et châteaux furent repris La reconnaissance
de Conrad envers Manfred ne dura guère Il confisqua une
grande partie de ses biens, considéra ses parents du côté maternel
comme traîtres, les bannit d'Italie [2], et accorda ses faveurs au
gouverneur de Sicile et à d'autres de ses ennemis Un essai de
réconciliation avec la Curie, tenté au nom de Conrad par une   [5]
importante délégation (le margrave Berthold de Hohenberg,
l'archevêque de Trani et le chancelier Walter d'Okra), demeura
sans résultat [3]. Pour s'opposer aux efforts de Conrad, le pape
proposa, à la même époque [4], en sa qualité de suzerain des Deux-

au n 30; Bohme: *cp. cit.*, p. 17; Schirrmacher, *op cit*, p 9 sq.; Nicol. de Curb.,
Vita Innoc IV, c xxx, Baluze, *Misc*, édit Mansi, t ɪ, p 201 Sur la réconciliation du comte Thomas qui epousa une nièce du pape, cf. Berger, *op cit*, t ɪɪ,
p. CCLVIII

1 À son depart d'Allemagne (octobre 1251), il avait installé comme régent
son beau-père Otton, duc de Bavière. Il avait egalement signé de nombreux
engagements, afin de trouver les moyens nécessaires à son expédition en Italie
Bohmer-Ficker, *Reg imp*, t v, part 2, p. 832

2. Bianca, mère de Manfred, fille du margrave Lancia, avait été longtemps la
maîtresse de l'empereur Frédéric II Muratori, *Script rer Ital*, t vɪɪɪ, p 505

3 Nicolas de Curb, *op. cit.*, c xxxi, Baluze, *Misc*, éd. Mansi, t. ɪ, p 202,
Schirrmacher, *op cit*, p 26

4 Il est impossible de fixer exactement la date à laquelle les négociations
furent commencées avec Charles d'Anjou, mais elle est certainement antérieure
à la date donnée par les documents Ceux-ci consistent en deux lettres datées
du 5 août 1252 et envoyees au roi Louis IX et à Alphonse, comte de Poitiers,
lettres dans lesquelles le pape les invite à engager leur frère à accepter la couronne
de Sicile. Potthast, *Reg*, t. ɪɪ, n 14681, 14682 Coïncidence remarquable, deux
jours auparavant (3 août 1252), le pape écrit en termes presque identiques au roi
d'Angleterre, Henri III, le priant de décider son frère Richard de Cornouailles à
accepter la couronne de Sicile Potthast, *Reg*, n. 14680 Albert de Parme, légat du
pape, fut chargé des deux négociations, mais celles avec Richard semblent avoir
été aussitôt rompues, tandis que celles avec la France durèrent encore à l'automne
de 1253 Cf. Berger *Les registres d'Innocent IV*, t. ɪɪ, Introd, p. 278 sq, Win-

Siciles, la couronne de ce royaume à Charles, prince d'Anjou, l'engageant à chasser les Hohenstaufen. Mais cette négociation ne put pas aboutir. Conrad envoya sous la conduite de son oncle le comte de Montfort tenter une dernière fois la réconciliation avec la cour romaine. Mais la colère du pape à l'égard des Hohenstaufen ne voulait rien entendre [1]. Les négociations avec Charles d'Anjou relatives à l'investiture de la Sicile furent reprises, mais cette fois encore échouèrent. On lança contre Conrad les mêmes accusations que contre son père, et il fut cité à Rome pour se justifier. Il envoya des procureurs, et les comtes de Montfort et de Savoie obtinrent du pape un délai jusqu'à la mi-carême. Le jeudi saint, 9 avril 1254, le pape lança l'excommunication contre Conrad. Le roi protesta en termes émouvants contre cette sentence et il rassembla une forte armée avec laquelle il espérait obtenir en Italie les mêmes succès qu'il venait de remporter en Allemagne, mais il mourut brusquement d'une fièvre maligne le 20 mai 1254, à Lavello, près de Melfi, âge de vingt-six ans. Le bruit courut que Manfred ou Jean de Procida ou même le pape l'avaient empoisonné; ce bruit ne mérite même pas un démenti [2].

Sur ces entrefaites, le roi Guillaume, qui avait quitté Lyon en même temps que le pape, se rendit, accompagné du cardinal-légat Hugues de Sainte-Sabine, en Allemagne, où il prit quelques avantages. Il était parvenu, grâce au concours du cardinal-légat, à renverser l'archevêque de Mayence, Christian II, qui lui était opposé, et à placer sur le premier siège d'Allemagne le wildgrave •Gérard, jeune homme dévoué à sa cause. A la même époque, Ottocar, fils de Wentzel, roi de Bohême, fut élu duc par les États d'Autriche. Après que le dernier des Babenberger, Frédéric le Batailleur, eut été tué, en 1246, dans une bataille contre les Hongrois, Frédéric II s'était emparé des duchés d'Autriche et

kelmann, *Acta inedita*, t. ʃ I, ʃ p. 580, Baronius-Raynaldi, *op. cit.*, ad ann. 1251, n 38-43, ad ann. 1253, n. 2-6, Schirrmacher, *op. cit.*, p. 45 sq.

1 *Quod sentiens papa, odio nondum extincto, quod olim in Fredericum exercuit, in prolem ejus ferret.* Vicent, dans Muratori, *Script rer Ital.*, t ix, p. 945. La défiance du pape à l'égard de Conrad avait peut-être pour cause les négociations du roi avec le sénateur Brancaleone, ainsi qu'avec les citoyens de Rome Pour le chef d'accusation du pape et la justification de Conrad, cf. Böhmer-Ficker, *Reg. imp.*, t. v, part. 2, p. 845 sq

2 Baronius-Raynaldi, *op cit*, ad ann. 1253, n 2-5; ad ann 1254, n. 41, 42, 44; ad ann 1255, n 8, Böhmer, *Regesten*, ad ann. 1198-1254, p. 273, Böhmer-Ficker, *Reg, imp*, p 848 sq., Raumer, *Hohenst*, t iv, p. 349, Schirrmacher, *op. cit.*, p 65, 421.

de Styrie, après sa mort, le pape confirma la possession de ces duchés à Ottocar, adversaire des Hohenstaufen (la Styrie revint à la Hongrie). Le pape mettait pour condition à cette confirmation qu'Ottocar resterait fidèle à Guillaume tant que celui-ci le serait à l'Église. Vers ce temps, le roi Guillaume épousa Élisabeth, fille d'Otton, duc de Brunswick (25 janvier 1252). Pendant son séjour à Brunswick, divers princes séculiers vinrent (25 mars) le reconnaître comme roi, parmi eux se trouvaient le duc de Saxe et le margrave de Brandebourg. Ottocar, roi de Bohême, envoya des présents en signe d'assentiment [1]. De plus, Guillaume gagna à sa cause un grand nombre de princes et de seigneurs, ainsi que des monastères et des villes, par des grâces de toute sorte, remises d'impôt, de droit de frontières, de privilèges, dons de maisons et de châteaux, c'est-à-dire, la plupart du temps, en dilapidant les biens et les droits de l'empire [2]. Il célébra [7] ensuite une diète à Francfort, ou, plus exactement, devant les portes de la ville, qui, animée de sentiments gibelins, n'avait pas voulu le recevoir; il y fit publier deux edits privant Conrad du duché de Souabe et de tous ses biens en Allemagne et déclarant usurpé toute principauté ou tout fief dont Guillaume n'aurait pas confirmé la possession (1252). De pareils décrets n'ont que faire d'une confirmation papale que Guillaume ne sollicita que parce qu'il avait le sentiment de sa faiblesse Cette confirmation assurerait, pensait-il, l'exécution de ces décrets, c'était une grande illusion [3].

---

1 *Annal. Erford.*, dans *Monum Germ hist*, *Scriptores*, t. xvi, p 38 Pendant la nuit qui suivit le mariage, un incendie éclata dans les appartements des époux Beaucoup d'ornements royaux furent détruits, les nouveaux mariés eux-mêmes n'échappèrent à la mort qu'à grand'peine. Schirrmacher, *op. cit.*, p 133. Dans son ouvrage intitulé *Entstehung des Churfurstencollegiums*, Berlin, 1874, p. 67, Schirrmacher met en doute l'exactitude du récit de la chronique d'Erfurt concernant le roi de Bohême. Il base son assertion sur les lettres d'Innocent à son legat Hugo, lettres datées du 6 juillet 1253 et se rapportant à une dispense de mariage entre Ottocar et Marguerite d'Autriche Potthast, *Reg*, t. ii, n 15048 Il me semble qu'on peut très bien concilier les deux faits

2 Baronius-Raynaldi, *loc cit*, ad ann 1251, n. 12, Böhmer, *Regesten*, ad ann 1246-1313, p 18 sq, 349, 427, Böhmer-Ficker, *Reg. imp.*, t. v, part. 2, p 950 sq, Raumer, *loc. cit.*, p 403; Ottokar Lorenz, *Deutsche Gesch im* xiii *und* xiv *Jahrh*, Wien, 1863, t. i, p 89 sq

3 Baronius-Raynaldi, *op cit*, ad ann 1252, n 17-18, Böhmer, *op. cit.*, p 22, 321, Potthast, *Reg*, n. 14669, 14793, Ficker, *Reg. imp.*, p. 958, fait remarquer avec raison que la date de la première bulle (20 juillet 1260) est suspecte il n'est

En vertu des mêmes décisions prises à Francfort, la comtesse de Flandre fut dépossédée de tous ses fiefs, que le roi transféra sur-le-champ à son beau-frère Jean d'Avesnes [1]. Mais la hautaine comtesse, qui venait d'exiger que le roi lui prêtât serment de vassalité pour quelques biens qu'il possédait comme comte de Hollande et qui relevaient de la Flandre, refusa naturellement d'obéir, et les tentatives de paix de la part du légat furent également stériles. Guillaume eut alors recours à la force. Pendant que les pourparlers duraient encore, la comtesse fit attaquer l'armée royale, mais ses troupes furent complètement battues à West-Capellen, le 4 juillet 1253, par le frère du roi qui venait à peine de quitter Anvers, et les deux fils de la comtesse, Gui et Jean de Dampierre, furent faits prisonniers. Par la cession du Hainaut, la comtesse acheta le concours de Charles d'Anjou. Le roi déconseilla Charles d'entrer en lutte, mais celui-ci le provoqua au combat, l'appelant par ironie le « roi des Eaux ». Le pape chargea le cardinal-légat Pierre, du titre de Saint-Georges au Vélabre, de négocier la paix entre Guillaume et Marguerite (2 mai 1254). Le légat réussit à faire signer une trêve, mais, du vivant de Guillaume, on n'aboutit à aucun accord définitif [2].

Certains incidents font voir combien les princes d'Allemagne, semblables aux contemporains des luttes d'Otton IV et de Philippe de Souabe, passaient facilement d'un parti à un autre, suivant leur caprice ou leur intérêt. Arnaud, archevêque de Trèves, celui-là même qui avait accompagné Guillaume à Lyon, fit, un an plus tard, emprisonner traîtreusement les soldats de ce même Guillaume à Coblentz, les fit dépouiller, massacrer, et enfin ordonna de jeter leurs corps dans le Rhin. Conrad, archevêque de Cologne, celui qui a commencé la construction de la cathédrale, après avoir été le principal partisan de Guillaume, l'abandonna pour des raisons inconnues et passa au service de la com-

---

pas probable, en effet, qu'à cette date on ait pu être renseigné à Pérouse sur les décisions de la cour.

1 Jean d'Avesnes, qui avait épousé une sœur de Guillaume, était le fils de Marguerite de Flandre par son premier mari, Burchard d'Avesnes. Cf. t v, p. 1398. La comtesse voulait laisser tous ses biens aux fils de son second mariage. Pour le récit détaillé de ces luttes en Flandre, cf. Ulrich, op cit , p 80 sq

2 Bohmer-Ficker, op. cit , p 958, 964 sq , 971 sq., pour l'accord sous Richard, op. cit , p 1000, 1006, 1009, Winckelmann, Acta imp ined. sæc. XIII et XIV, Œniponte, 1880, 1885, t. I p 441 sq

tesse de Flandre vers la fin de 1253. Bien plus, le roi ayant demandé
la mise en liberté de Simon, évêque de Paderborn, fait prisonnier
pendant l'automne de 1254, l'archevêque s'emporta au point
d'attenter contre la vie de Guillaume à Nyon, faisant mettre le
feu à la maison où se trouvait le roi avec le légat du pape Comme
pendant, on peut citer le fait suivant Dans le courant de l'été 1255,
tandis que le roi se trouvait en consultation avec les prélats
sous le porche de l'église Notre-Dame à Utrecht, un inconnu lui
lança une grosse pierre qui faillit l'atteindre. Presque à la même
époque, un simple chevalier lui enleva sa femme près de Landau,
dans le Palatinat, et s'empara de ses joyaux. La reine elle-même
ne fut libérée que le 4 décembre 1255, grâce à l'intervention
énergique des comtes voisins

La nouvelle de la mort de Conrad IV n'amena aucune amélioration bien notable dans la situation de Guillaume Au printemps
de 1254 fut jetée la fondation de la grande confédération des villes
rhénanes. Le 13 juillet de la même année, une convention pour
la sûreté publique fut signée par les archevêques de Trèves, de
Mayence et de Cologne, les évêques de Worms, Strasbourg, Metz
et Bâle, plusieurs comtes et nobles et dix-neuf villes [1] A l'automne
de 1256, la confédération groupait plus de soixante-dix villes
et de nombreux seigneurs L'autorité du roi devint si limitée que [9]
pendant l'été de 1254 ses ennemis pouvaient discuter le plan de
lui opposer Ottocar de Bohême La pressante prière que le pape
leur fit d'abandonner ce plan et de renouveler leur fidélité à
Guillaume [2] n'aurait guère réussi à affermir le trône de ce dernier,
si même il n'avait dû succomber si prématurément. Personne ne
voulait ou ne pouvait lui accorder une vraie confiance. « Ce comte
insignifiant, dit Bohmer, pouvait bien être l'homme de paille des
seigneurs, mais jamais leur maître. » Peu après Noël 1255, Guillaume envahit de nouveau la Frise pour y rétablir son autorité
Il s'était déjà avancé loin dans l'ouest du pays, et il avait
devancé son escorte lorsque la glace se brisa sous les pieds de
son cheval. Il fut massacré par quelques Frisons qui ne le connaissaient pas, le 28 janvier 1256, avant qu'on eût pu lui porter

1. Weizsäcker, *Der rheinische Bund, 1215*, Tübingen, 1879. Sur la part du pape
dans la formation de la confédération, cf C Will, *Regesten zur Geschichte der
Mainzer Erzbischöfe*, Innsbruck, 1886, t II, Introd , p 58 sq Cf aussi p 326 et 329
2. Cf. *Archiv für österr. Geschichte*, t. XI, p 131 sq , *Mittheilungen des Instit
für österr. Geschichte*, 1885, t VI, p 560 sq., Potthast, *Reg* , t II, n 16003, 16004

secours. Ce ne fut qu'en 1282 que le comte Florentius put retrouver l'endroit où son père avait été enterré. Il emporta sa dépouille mortelle pour l'ensevelir dans l'abbaye de Middelburg dans l'île de Seeland [1].

Un an auparavant, le pape Innocent IV était mort. Vers la fin de 1253, il s'était rendu de Pérouse à Rome. La bourgeoisie romaine, à la tête de laquelle se trouvait le sénateur Brancaleone, qui jouissait d'un pouvoir presque illimité, avait prié le pape, avec menaces, de regagner la Ville éternelle, où cette même bourgeoisie lui témoigna si peu de respect et d'obéissance qu'il dut quitter Rome pour Anagni. Innocent était encore à Rome lorsque Berthold de Hohenbourg, représentant du feu roi Conrad en Italie, envoya une ambassade recommander au pape, conformément à la dernière volonté de son père, le jeune roi Conradin, alors âgé de deux ans [2]. Innocent répondit avec bienveillance qu'en droit le royaume des Deux-Siciles avait fait retour à l'Église romaine, mais qu'il se montrerait généreux dans l'avenir à l'égard de cet enfant. Il reconnaissait à Conradin le royaume de Jérusalem, son duché de Souabe et ses droits sur le royaume de Sicile et ordonnait à tous les Siciliens qui prêteraient serment de fidélité au pape d'y ajouter une clause à cet effet [3]

Berthold de Hohenbourg résigna peu après les fonctions de

---

1 Baronius-Raynaldi, *op cit.*, ad ann 1252, n 18; ad ann.1256, n. 1, *Annal. Hamburg*, dans *Monum. Germ. hist*, *Script*, t xvi, p 383, et *Annal. Stad*, dans *Monum Germ. hist*, *Script*, t xvi, p. 373, Böhmer, *Regesten*, ad ann. 1246-1314, p. 28-36, 350, Böhmer-Ficker, *op. cit.*, p. 981, 987. Sur la mort de Guillaume, cf. *Monum Germ hist*, *Script.*, t. xxiii, p 546; Matth Paris, édit. Luard, t. v, p 549, Böhmer, *Fontes*, t ii, p 430, 448.

2 Conradin naquit à Wolfstein, près de Landshut, en Bavière, le 25 mars 1252.

3 *Conradi pueri jure salvo* Berger, *Les registres*, t. ii, Introd., p. 285. Cf Jamsilla, dans Muratori, *Script rer. Italic*, t. viii, p 507 Remarquons que, dès avant la mort de Conrad, le pape avait entamé avec l'Angleterre de nouvelles négociations relatives à l'investiture de la Sicile, négociations qui furent poussées vivement après la mort du roi. Cf Potthast, *Reg*, t. ii, n 15364, 15369, 15379, 15382, 15388, 15420, 15558. Le candidat au trône était Edmond, fils d'Henri III d'Angleterre qui, le 14 octobre 1254, signe : *Rex, tutor Edmundi regis Siciliæ, filii ejus.* Rymer, *Fœdera*, t i, p 310, Berger, *op. cit*, t ii, Introd, p. 285 Le 17 novembre 1254, Innocent l'exhorte à agir promptement en Sicile Potthast, *Reg*, n. 15558 Alexandre IV envoya également une lettre d'exhortation au roi d'Angleterre, le 6 octobre 1256. Potthast, *Reg*, n. 16566, Posse, *Annal Vat.*, p 8, 9 [Cf Rodenberg, *Innocenz IV und das Königreich Sizilien, 1245-1254*, in-8, Halle, 1892, p 166 sq, p 179 sq (H L)]

régent, soit qu'il rencontrât trop d'obstacles en sa qualité d'allemand, soit qu'il voulût ménager le pape; alors les gibelins invitèrent et contraignirent même Manfred à prendre le gouvernement des Deux-Siciles dont on lui garantit la succession si Conradin
mourait en bas âge. Le pape, mécontent, envoya dans la Pouille,
avec pleins pouvoirs, son cousin, le cardinal Fiesco, et s'aboucha
sur-le-champ avec Pierre Rufus, gouverneur de Sicile, de façon si
amicale que Manfred, menacé de toutes parts, chargea son oncle,
Galvan Lancia, de le réconcilier avec le pape (27 septembre 1254).
Manfred reconnut le droit d'Innocent sur ce royaume des Deux-
Siciles, accepta la confirmation papale pour tous les fiefs qu'il
tenait de Frédéric II et le titre de gouverneur pour toutes les
terres en deçà du détroit, c'est-à-dire la Basse-Italie [1] Mais il ne
parvint pas à faire reconnaître ses droits et ceux de son neveu
sur le royaume de Sicile, au contraire l'entourage du pape le traita
si dédaigneusement que, le 18 octobre, il quitta la cour pour
s'enfuir à Lucera [2] Le pape fit son entrée solennelle à Naples
le 27 octobre, mais Manfred, à la tête de ses troupes, remporta
des succès si rapides et si décisifs sur le cardinal Fiesco, légat
du pape, et son allié Berthold de Hohenbourg, qu'Innocent en
tomba malade de douleur et mourut à Naples, le 13 décembre 1254 [3].

1 Bohmer-Ficker, *op cit*, n. 4644, Böhmer-Ficker-Winkelmann, *op cit*,
n 8811, 8812, Karst, *Geschichte Manfreds vom Tode Friedrichs II bis zu seiner
Kronung (1250-1258)*, dans *Historische Studien*, Berlin, 1897, t. vi, p 19 sq. (H. L.)

2. Peut-être avait-il appris les négociations avec l'Angleterre. Cf. Bohmer-
Ficker, *op cit*, p 856

3 Baronius-Raynaldi, *Annal eccl.*, ad ann. 1254, n. 49-65, Potthast, *Reg*,
t. ii, n. 15527 et p 1283, Raumer, *op cit*, p 353-375 Innocent fut enterré à
Naples, dans la cathédrale de Saint-Janvier En 1318, Humbert, archevêque,
lui fit élever un magnifique tombeau L'inscription donne la vraie date de sa mort,
le 13 décembre, « jour de la Sainte-Lucie » Gregorovius, *Grabdenkmaler der romischen Päpste*, p. 68. Cette date est d'ailleurs corroborée par Jamsilla, toujours bien
renseigné. Muratori, *Script rer Ital*, t viii, 541. Les autres dates données, par
exemple celles prises dans les écrits d'Alexandre IV, ne peuvent être prises en
considération, car le texte est altéré Dans sa lettre à l'archevêque de Cantorbery,
le pape fixe la date de la mort d'Innocent vii *id dec*, en écrivant au roi Guillaume vii *kal dec*. Potthast, *Reg.*, p 1287, Schirrmacher, *op cit*, p 71 Le
7 septembre donné comme date à la page 102, n. 7, est évidemment une inadver-
tance Bohmer-Ficker, *op cit.*, n. 4646a, Karst, *op cit*, p. 58 sq.; M. Dœberl, *Berthold
von Vohburg-Hohenburg, der letzte Vorkampfer der deutschen Herrschaft im Konig-
reich Sizilien*, dans *Deutsche Zeitschrift für Gesch Wissensch.*, 1895, t. xii, p 246-
251, F Tenekhoff, *Papst Alexander IV*, in-8, Paderborn, 1907, p. 25 sq, Nicolas

Le neveu du pape défunt [1], Bartolini, podestat de Naples, fit aussitôt fermer les portes de la ville, pour forcer les cardinaux présents à procéder à l'élection d'un nouveau pape; ce fut chose faite dès le 18 décembre [2].

Le cardinal-évêque Réginald Conti, parent de Grégoire IX et d'Innocent III, fut élu sous le nom d'Alexandre IV [3]. C'était un homme pieux, de mœurs irréprochables, mais accessible aux perfides conseils des flatteurs et des égoïstes de son entourage [1]. Peu après son élévation, il négocia avec la mère et l'aïeule de Conradin. Élisabeth de Bavière, mère de Conradin, vivait à Munich, près de son frère, le duc Louis le Sévère, tuteur du jeune prince. Le nouveau pape promit non seulement de respecter les droits de Conradin, mais de les étendre, et envoya l'évêque de Chiemsee en qualité de nonce à la cour de Bavière [5].

En même temps le pape chercha à se réconcilier avec Manfred, mais Alexandre IV, tout pacifique qu'il fût, semblait avoir hérité la défiance de ses prédécesseurs envers les Hohenstaufen détestés, aussi les négociations n'aboutirent à aucun résultat sérieux. Et cependant la paix seule pouvait mettre un terme à ces brouilles continuelles et épargner désormais à l'Église et à l'État un préjudice irrémédiable. Dès le 4 février 1255, le pape avait invité

---

de Jamsilla, *Historia de rebus gestis Friderici II, Conradi et Manfredi*, dans Muratori, *Scriptores rerum Italicarum*, t. viii, p 513 sq (H L)

1 Pour grand qu'il fût, Innocent IV ne se tint pas en garde contre le népotisme, il fit deux de ses neveux cardinaux Deux autres furent consacrés évêques Salimbene, *Chronicon*, dans *Monumenta historica ad provincias Parmensem et Placentinam pertinentia*, in-8, Parmæ, 1857, t iii, p. 26-28, 60 Cf. E. Jordan, *Les origines de la domination angevine en Italie*, 1909, p 35-38 (H. L)

2. Salimbene, *op cit*, p 232, Nicolas de Curbio, *op. cit.*, p. 592; Tenckhoff, *Papst Alexander IV*, p 22 (H. L)

3. *Homo litteratus et studium theologiæ diligens.* Cf Salimbene, *op cit*, p 232, Tenckhoff, *op cit*, p. 2 Cf. E Jordan, *Histoire de la domination angevine en Italie*, 1909, p. 94-290. (H. L)

4. Baronius-Raynaldi, *Annal eccl*, ad ann. 1254, append 1-2, Böhmer, *Regesten*, ad ann 1246, p 324, Potthast, *Reg*, t ii, p 1286 sq ; Bourel de La Roncière, de Loye et A Coulon, *Les registres d'Alexandre IV*, in-4, Paris, 1895. (H L)

5 Lettre pontificale du 23 janvier 1255 à la duchesse Agnès de Bavière, dans laquelle le pape proteste *non solum sua (Conradin) sibi jura... integra et illesa servare velimus, sed etiam ipsum specialibus magnificare favoribus*; cette lettre avait pour but de détacher les proches de Conradin du parti de Manfred. Cf. la lettre du 15 février: La Roncière, de Loye, Coulon, *Les registres d'Alexandre IV*, 1895, n 230 (H L)

les seigneurs ecclésiastiques et laïques de la Souabe à se rallier
à Alphonse, roi de Castille, qui venait d'hériter du duché de sa
mère[1]. Mais Manfred, dont l'autorité continuait à s'affermir, exigea
la reconnaissance des droits de son neveu Conradin et de sa propre
dignité de gouverneur. Cependant les négociations eurent si peu
de succès que, le 25 mars 1255, le pape excommunia Manfred[2]

Il offrit de nouveau la couronne de Sicile au roi d'Angleterre
Henri III, avec lequel il conclut un traité formel d'inféodation, [1
et offrit solennellement à son fils Edmond la Sicile et la Calabre[3].
Il fit prêcher la croisade contre Manfred et envoya contre lui
trois armées qui, malgré leur nombre, furent défaites[4], et les
sommes considérables fournies par l'Angleterre, surtout par le
clergé, furent perdues sans résultat[5] L'arrivée d'une ambassade
bavaroise chargée de s'entremettre entre Manfred et le pape procura
quelque repos; mais les projets de réconciliation échouèrent une
fois de plus, et Manfred poussa la guerre avec un succès tel que
toute la Basse-Italie et la Sicile furent bientôt en son pouvoir[6].
Le bruit de la mort de Conradin s'étant alors répandu en Sicile,
Manfred se fit élire roi par les seigneurs ecclésiastiques et laïques
des deux pays, et fut solennellement couronné dans la cathédrale
de Palerme le 11 août 1258[7].

1 De La Roncière, de Loye, Coulon, *op. cit.*, n 139 (H L.)

2 Winkelmann, *Acta*, t II, p 727 sq , Bohmer-Ficker-Winkelmann, *op. cit*,
n 8966, Tenckhoff, *Papst Alexander IV*, p 34 Le 20 avril 1225, le tuteur et les
proches de Conradin se déclarèrent pour Manfred et lui cédèrent par procuration le
gouvernement de la Sicile jusqu'à la majorité de Conradin Bohmer-Ficker, *op. cit.*,
n 4771, Tenckhoff, *op. cit* , p 35 (H L.)

3 Tenckhoff, *op cit* , p 36-42, Rymer et Sanderson, *Fœdera, conventiones,
litteræ*, édit Clarke et Holbrooke, London, 1816, t. I, part. 1, p. 316 sq · *Regnum
Siciliæ (i e insulam) ac totam terram, quæ est citra Farram usque ad confinia
terrarum Ecclesiæ romanæ*

4 Tenckhoff, *op cit* , p 43-54 Manfred dut en partie son triomphe à la trahison
de Berthold de Hohenbourg à qui il n'en fut guère reconnaissant, puisqu'il le fit
enfermer dans une prison jusqu'à sa mort (H L.)

5. Baronius-Raynaldi, *Annal eccl* , ad ann. 1255, n 8 sq , 53, Potthast, *Reg.*,
t. II, n 15649, 15670, 16566, Winkelmann, *Acta ined* , t II, p 726, Posse, *Analect.
Vatic* , (Emponte, 1878, p. 1, 8, 9, Lingard, *History of England*, traduction française
par le baron de Roujoux, 5 vol. in-4, Paris, 1844-1846, t. I, p 385 sq., Nicolas de
Jamsilla, *Chronicon*, dans Muratori, *Script. rer. Ital* , t. VIII, p. 543.

6. En 1257 (H. L)

7 Baronius-Raynaldi, *op cit* , ad ann. 1255, n 1-9; ad ann. 1256, n. 30-37
ad ann 1257, n 38-42, ad ann. 1288, n 8 sq ; Böhmer, *Regesten*, ad ann 1198-

A cette époque, le nord de l'Italie était, comme le sud, le théâtre d'une lutte sanglante entre guelfes et gibelins, entre dynasties et dynasties, familles et familles, villes et villes, nobles et bourgeois et, comme personne n'était assez fort pour dominer, on vit des tyranneaux s'arroger un pouvoir redoutable et se souiller de grands crimes. A Milan régnait Martin della Torre, qui avait chassé de la ville tous ses adversaires ; Plaisance, Crémone et d'autres villes obéissaient à Hubert Pallavicini ; mais le plus terrible de tous ces tyrans était Ezzelin de Romano, gendre de Frédéric II, zélé gibelin au début, mais devenu bientôt une sorte de fou furieux tel que l'histoire en a peu rencontré [1]. Il s'était emparé successivement de Padoue, Vicence, Vérone, Bassano, en un mot, de tout le nord-est de l'Italie, sauf Venise ; il exerçait une tyrannie sans exemple, se moquant de la religion et des mœurs, et assistant avec une imperturbable tranquillité à l'agonie de ses victimes. L'excommunication dont, après plusieurs menaces, le pape le frappa, l'anima contre l'Église et ses serviteurs ; le monde, espérons-le, ne reverra plus pareil monstre. En 1256, le légat pontifical, Philippe, archevêque de Ravenne, prêcha la croisade contre Ezzelin [2] et forma une ligue de villes et de seigneurs ; son armée remporta quelques avantages, mais, au mois de septembre 1258, il fut battu devant Brescia et fait prisonnier, grâce au secours de Pallavicini, Milan et Crémone liguées avec Ezzelin contre Brescia. Cette scandaleuse coa-

1254, p 279, 280 et 282, *Regesten*, ad ann. 1246-1313, p. 324, Böhmer-Ficker, *op. cit*, p. 857-863, Raumer, *op cit*, p. 376-391. Sur la culpabilité de Manfred en faisant courir ce bruit, cf. Schirrmacher, *Die letzten Hohenstaufen*, p. 449 [Tenckhoff, *op cit*, p 109. Le pape denia le couronnement de Manfred, jeta l'interdit sur tous les lieux où il ferait sa résidence. Capasso, *Historia diplomatica regni Siciliæ, 1250-1266*, n 310, p 167 sq (H L)]

1. Ezzelin, né en 1194, le 26 avril, podestat de Vicence en 1236 ; excommunié en 1252, mort le 27 septembre 1259. A. Bonardi, *Ezelino nella leggenda religiosa e nella novella. Leggende e storielle su Ezelino da Romano*, in-8, Verona, 1892, Bortoli, *Memorie storiche di Romano d'Ezzelino*, in-8, Bassano, 1880, O. Brentari, *Ecelino da Romano nella mente del popolo e nella poesia*, in-16, Padova, 1889, C Cantù, *Ezzelino da Romano, storia di un ghibellino*, in-8, Milano, 1879, J. M. Gittermann, *Ezzelin von Romano. I Die Grundung der Signorie, 1194-1244*, in-8, Stuttgart, 1891, A Mazzi, *Investigazioni sul luogo dove Ezelino da Romano fu ferito e fatto prigioniero, lettura*, in-8, Bergamo, 1892, S Mitis, *Storia d'Ezzelino IV da Romano, con speciale riguardo ad Aquileia e Trento*, in-8, Maddaloni, 1896, E. Jordan, *Les origines de la domination angevine en Italie*, 1909, p 73 : La croisade contre Ezzelin (H L)

2 Tenckhoff *Papst Alexander IV*, p 95 [H L]

lition dura peu Le 11 juin 1259, sous l impulsion de Pallavicini,
une alliance fut conclue à Crémone entre divers seigneurs et villes
de la Lombardie contre Ezzelin Celui-ci organisa aussitôt une
contre-alliance et tenta de s'emparer de Milan par un audacieux
coup de main, mais le 27 septembre il fut attaqué par des forces
supérieures à Cassano, à l'est de Milan, grièvement blessé et fait
prisonnier Il refusa dans sa prison tout secours spirituel, et dit
« que le seul péché qu'il eût à se reprocher était de ne s'être pas
assez vengé de ses ennemis ». Il refusa toute nourriture et repoussa
les médecins, arracha les bandages qui entouraient ses plaies,
et, le 27 septembre 1259, fut trouvé mort dans son cachot [1].

Le frère d'Ezzelin, Albéric de Romano, qui tout d'abord s'était
séparé de lui pour embrasser le parti de l'Église[2], mais qui n'en
avait pas moins joué ensuite au tyran, s'était réconcilié avec son
frère dont il était devenu le complice. Après la chute d'Ezzelin,
il fut attaqué par une ligue des villes de la Haute-Italie et assiégé [14]
dans son château de Saint-Zénon, près de Bassano. La faim et la
soif l'obligèrent à se rendre (26 août 1260); il fut honteusement
maltraité, ainsi que sa famille, sa femme, six fils et deux filles,
par les vainqueurs, et massacré [3]

Afin qu'aucune infortune ne fût épargnée aux Lombards, une
foule d'albigeois, fuyant la France et la persécution, vinrent en
Lombardie, et, grâce au conflit entre les papes et Frédéric II, s'y
propagèrent rapidement. Aussitôt après la mort de Frédéric,
Innocent IV prit des mesures contre les hérétiques et choisit pour
légat dans les provinces contaminées le cardinal-diacre Octavien
de Santa Maria *in via lata*, et pour missionnaires et inquisiteurs
les deux dominicains Pierre de Vérone et Vivien de Bergame.

---

1. Baronius-Raynaldi, *Annal eccl*, ad ann 1244, n 18, ad ann 1251, n. 10,
ad ann 1254, n. 35, ad ann 1255, n. 7-13, ad ann 1256, n 38 sq , ad ann. 1258,
n 1 sq.; ad ann 1259, n. 1-3, Raumer, *op. cit.*, p. 423-440, Schirrmacher, *op cit.*,
p 180, 475 [Tenckhoff, *op cit*, p 102, 105; Böhmer-Ficker-Winkelmann, n 14109;
Schurrmann, *Die Politik Ezzelins II*, 1886 (II L)] Sur l'alliance d'Ezzelin avec
Alphonse de Castille, cf Busson, *Die Doppelwahl des Jahres 1257*, in-8, Munster,
1866, p 73 sq.

2 Salimbene, *Chronicon · Albericus de Romano vere membrum fuit diaboli et
filius iniquitatis Verumtamen in morte Albericus optime fuit contritus.* Cf Roland
Patav *Chron.*, l. XII, c. xiv sq , dans *Monum. Germ hist , Script , t XIX*, p. 145
(II L.)

3 Albéric, sa femme et ses fils furent mis à mort. (II. L)

Pierre fut assassiné près de Côme par les hérétiques (29 avril 1252)[1] et pendant quelque temps ces derniers perdirent toute mesure. Ezzelin les protégea tant qu'il vécut; après sa mort la Haute-Italie resta longtemps encore entre les mains des ennemis de Rome, qui rendaient impossible toute action contre les hérétiques[2].

Après la mort de Guillaume de Hollande[3], l'Allemagne eut à élire un nouveau roi; mais il y avait si peu d'union et tant d'intrigues que l'élection fut retardée pendant un an, et cette fois encore on aboutit à une double élection.

Chmel et Lorenz[4] ont établi que la couronne n'avait pas été offerte à Ottocar de Bohême, lequel par conséquent n'avait pas eu à la refuser. Ce dernier historien croit même qu'en allant à Prague, en juillet 1256, l'archevêque de Cologne songeait moins à offrir la couronne à Ottocar qu'à le gagner à la cause de Richard de Cornouailles, le riche frère d'Henri III roi d'Angleterre. Des ambassadeurs anglais s'employaient en effet beaucoup à Rome et en Allemagne pour ce prétendant, appuyant leurs propositions par la promesse de grosses sommes. Le roi de Castille, Alphonse X le Sage, parent des Hohenstaufen et prétendant au duché de Souabe, se déclara pour son propre compte prétendant au trône d'Allemagne, et, au mois de mars 1256, sur l'invitation des Pisans[5],

1. *Acta sanct*, april t. iii, p 678-686, 3ᵉ édit, p 686-694, F.-T. Perrens, *Saint Pierre martyr et l'hérésie des patarins à Florence*, dans la *Revue historique*, 1876, t. ii, p 337-366, Lea, *A history of the Inquisition*, t. ii, p. 214-215, cite les principales sources, Potthast, *Regesta*, n. 14702, le pape charge l'archevêque de Milan, l'évêque de Lodi et le prévôt de Saint-Nazaire de Milan de l'enquête, qui aboutit, n. 14926, le 24 mars 1953, a la canonisation (H. L.)

2. Baronius-Raynaldi, *Annal eccles*, ad ann. 1251, n 32, ad ann 1252, n 11, ad ann. 1253, n. 10 sq, ad ann 1254, n. 35-40, Schmidt, *Hist de la secte des cathares*, t i, p. 329, Raumer, *op. cit.*, p. 440, 505

3. 28 janvier 1256 (H. L.)

4. Ottokar Lorenz, *Deutsche Geschichte im xiii und xiv Jahr*, t. i, p 150. Schirrmacher, *Entstehung des Churfurstencollegiums*, p 72, défend de nouveau la candidature d'Ottocar Il distingue trois phases dans l'élection. Dans la première, jusqu'au 23 juin, Ottocar est candidat. Dans la deuxième, le margrave Otton de Brandebourg est le candidat des princes saxons et Conradin celui des Hohenstaufen et des Wittelsbach. Dans la troisième, qui commence au 8 septembre, Richard entre en scène. Cette division est trop recherchée pour pouvoir être conforme à la vérité.

5 Busson, *Die Doppelwahl des Jahres 1257*, in-8, Munster, 1866, p. 20 sq., veut attribuer l'initiative à Alphonse Contre cette opinion, cf Böhmer-Ficker, *Reg*, p 1025 Alphonse, né le 23 novembre 1221, était le fils de Ferdinand III, roi de Leon et de Castille et de Béatrix, fille de Philippe, roi de Souabe.

il prit-même le titre de roi. Un troisième parti semble avoir songé
à Conradin, le dernier des Hohenstaufen. Mais le 28 juillet 1256,
le pape écrivit aux trois grands archevêques des provinces rhénanes, leur défendant, sous peine d'excommunication, de favoriser
l'élection d'un descendant de Frédéric II, car dans cette race
maudite, le fils héritant de la malice de son père, un mauvais arbre
portera de mauvais fruits[1]. Quelques seigneurs de l'Allemagne du
Nord présentèrent comme quatrième candidat Otton, margrave
de Brandebourg (5 août 1256). Dans un pareil état de choses,
les villes des provinces rhénanes crurent opportun de déclarer,
aux diètes de Mayence et de Wurzbourg, le 12 mars, le 6 mai et
le 15 août 1256, que, dans le cas d'une double élection, elles ne
reconnaîtraient aucun élu; mais leur zèle pour maintenir l'unité
de l'empire put d'autant moins arrêter le malheur qui menaçait
l'Allemagne, que ces villes prirent ensuite parti pour l'un ou pour
l'autre des prétendants. Les élections faites à Francfort, le 23 juin
et le 8 septembre 1256, n'aboutirent à aucun résultat, alors l'archevêque de Cologne se déclara ouvertement pour Richard d'Angleterre, et l'oncle même de Conradin, Louis le Sévère, duc de Bavière
et comte palatin du Rhin, se mit à la tête du parti de Richard
Sans cesser d'être dévoué à son pupille Conradin, Louis le Sévère
comprit qu'il était impossible pour le moment de songer à l'élévation de cet enfant, et, de même que l'archevêque de Cologne
et les autres chefs de ce parti, il accepta l'or anglais[2]. Louis et [16]
son frère Henri, duc de Bavière, reçurent 18 000 marcs, l'archevêque de Cologne 8 000, et les autres à proportion. Gérard, archevêque de Mayence, qui avait été fait prisonnier le 16 janvier 1256
à Bollstadt[3], par le duc de Brunswick, dans une lutte particulière,

---

1. Potthast, *Reg*, t ii, n 16506, Baronius-Raynaldi, *Annal. eccles*, ad annum
1256, n 3-6, Lorenz, *op. cit*, t i, p 145 Busson, *Die Doppelwahl vom Jahre 1257*,
p 5, ne voit dans la lettre du pape qu'une mesure préventive, tandis que Schirrmacher, *op. cit*, p 453, croit qu'il s'agit vraiment de la candidature de Conradin
2 Les documents relatifs à la convention de Furstenberg, 26 novembre 1256,
se trouvent dans *Quellen und Erorterungen zur bayerischen Geschichte*, t v, p. 157 sq
Dans une convention particulière tenue à Bacharach, le 25 janvier 1257, les droits
et titres de propriété de Conradin furent reconnus par écrit *Monum Boica*,
t. xxx, p. 328. Cf aussi *Monum Germ hist., Script.*, t. ix, p. 794; Winkelmann,
Acta inedita, t i, p 581, Busson, *Die Doppelwahl*, p 41 sq, Schirrmacher, *Entstehung des Churfurstencollegiums*, p 91
3 C. Will, *Regesten zur Geschichte der Mainzer Erzbischofe*, t. ii, p 333; Böhmer-
Ficker, *Reg.*, p 991 sq.

embrassa, pour la somme de 8 000 marcs, la cause du roi d'Angleterre, et put se libérer pour 5 000 marcs. En revanche, l'archevêque de Trèves, Arnold II, mécontent de ce que Richard ne voulait pas le payer aussi cher que l'archevêque de Cologne, conclut avec ses amis un marché de même nature avec Alphonse de Castille, tandis que le parti d'Otton de Brandebourg se dissolvait. Le duc de Saxe et le margrave de Magdebourg passèrent alors au parti d'Alphonse, le duc de Brunswick à celui de Richard.

Le jour de l'octave de l'Épiphanie (13 janvier 1257) fut assigné à la réunion de tous les princes électeurs à Francfort. Dans la pensée du parti de Richard, ce jour-là aurait lieu l'élection, tandis que les adversaires n'y voyaient qu'une entrevue préparatoire. L'archevêque de Trèves arriva le premier à Francfort avec le duc de Saxe et les représentants d'Ottocar, roi de Bohême. Le margrave de Brandebourg lui avait donné le droit de disposer de sa voix. Peu après arrivèrent devant Francfort l'archevêque de Cologne, Louis, duc de Bavière et comte palatin, son frère Henri de Basse-Bavière et un grand nombre d'hommes armés. L'archevêque de Cologne était mandataire pour son collègue de Mayence, encore prisonnier[1]. Le parti de Trèves les engagea à laisser leurs trop nombreux soldats et à n'entrer à Francfort qu'avec une escorte convenable. Ils s'y refusèrent et les portes leur furent fermées. Campés devant la ville, ils élurent roi (13 janvier 1257) Richard d'Angleterre, soutenant la validité de l'élection non seulement dans la ville, mais dans son voisinage. Quelques jours plus tard (mi-janvier), un ambassadeur d'Ottocar de Bohême déclara la pleine et entière adhésion de son maître à cette élection. Le parti de Trèves fixa d'abord au 25 mars, ensuite au 1er avril, le jour de l'élection, à laquelle il invita l'archevêque de Cologne, le comte palatin et Gérard de Mayence, remis en liberté, et, ces électeurs faisant défaut, Arnold de Trèves proclama, en son nom
7] et au nom de ses amis, Alphonse de Castille roi romain d'Allemagne[2]. Le pape Clément IV se plaignit plus tard, avec raison, qu'Ottocar de Bohême avait été la principale cause du malheur de l'empire[3]. En effet, son ambassadeur, que nous avons vu,

1 Il fut remis en liberté après

2 Baronius-Raynaldi, *Annal eccles*, ad ann 1255, n 53, ad ann 1256, n 3-6, ad ann 1263, n 53 sq , Böhmer, *Regesten*, ad ann 1246-1313, p 37 sq , 351-352, Böhmer-Ficker, *op. cit*, p 891 sq , 1027, Lorenz, *op. cit.*, p. 145 sq

3 Baronius-Raynaldi, *op cit* , ad ann 1268, n 43.

en janvier 1257, se prononcer pour Richard, prenait part le
1er avril à l'élection d'Alphonse Le 9 août, Ottocar se ralliait de
nouveau à Richard, et plus tard s'employait pour un troisième
prétendant. L'affaiblissement de l'empire ne pouvait que favoriser
son dessein de fonder à l'est une grande monarchie [1].

Le prince Richard accepta l'empire sans hésiter, et, le 17 mai
de cette même année, il fut sacré à Aix-la-Chapelle et revêtu des
insignes traditionnels. Alphonse, au contraire, ne mit jamais le
pied dans le pays dont il voulait être roi. La révolte de son frère
Henri et les terribles combats à soutenir contre les Maures l'en
empêchèrent. Son chancelier, Henri, évêque de Spire, devait le
représenter en Allemagne, mais ses partisans diminuèrent rapidement et ses rares édits furent dédaignés Ceux de Richard
furent plus nombreux, mais ils n'avaient guère trait qu'à la collation ou au renouvellement de divers privilèges en faveur de ses
partisans. Richard se préoccupa si peu du gouvernement de
l'empire qu'à plusieurs reprises le comte palatin Louis et le pape
déclarèrent le trône vacant. Durant les quinze années pendant
lesquelles Richard se fit appeler roi d'Allemagne, il vint, il est
vrai, quatre fois dans ce pays, mais en passant, et le reste de son
temps se passa en Angleterre [2].

Aussitôt après leur élection, Richard et Alphonse envoyèrent
au pape Alexandre IV des ambassadeurs chargés de solliciter
pour eux la couronne impériale [3]. Leur demande fut appuyée par
des princes amis, au début, le pape parut pencher fortement du
côté de Richard, car dans ses lettres il l'appelle à plusieurs
reprises *rex electus et coronatus*, sans traiter de même son concur-   [18]
rent. Il ne prit cependant aucun parti, mais examina souvent cette
affaire avec les cardinaux [4]. L'affaire n'était pas mûre, et la situation du pape si précaire qu'il se gardait d'augmenter le nombre
de ses ennemis en favorisant un parti aux dépens de l'autre.

1. Lorenz, *op cit*, p 158, Busson, *op cit*, p 35
2. Baronius-Raynaldi, *op. cit.*, ad ann 1263, n 47-55, Bohmer-Ficker, *Reg*,
p. 994 sq, 1028 sq, Bohmer, *Regesten*, ad ann 1198-1254, p. 287, ad ann
1246-1313, p. 357. Pour l'activité d'Alphonse comme roi d'Allemagne, cf. Busson,
op. cit., p. 59 sq Pour Richard, cf Gebauer, *Leben und Thaten Herrn Richards,
erwählten römischen Kaysers*, Leipzig, 1744
3. H. Otto, *Alexander IV und der deutsche Thronstreit*, dans *Mittheilungen
d Instit. f. österr Geschichtsforschung*, 1898, t. xix, p 75-91 (H. L.)
4. Baronius-Raynaldi, *op cit*, ad ann 1257, n. 8, ad ann. 1263, n. 40, 41, 43,
Bohmer, *Regesten*, ad ann. 1246-1313, p. 325, Bohmer-Ficker, *Reg.*, p. 1004.

Avant son couronnement comme roi des Siciles, Manfred avait favorisé les ennemis du pape dans Rome : en particulier le séna- teur Brancaleone, redevenu tout-puissant après un échec momen- tané[1]. Au printemps de 1257, Alexandre IV dut fuir à Viterbe, sans pouvoir prendre la défense de ses partisans, qui furent maltraités ou exécutés. Ces violences devinrent telles, après le couronnement de Manfred, que le pape recourut de nouveau aux armes spiri- tuelles. Vers la fin de 1258, Manfred ordonna à son capitaine Parcival d'Oria d'envahir les États de l'Église à la tête de troupes sarrasines et allemandes, pour s'emparer de la marche d'Ancône, du duché de Spolète et de la Romagne, ayant averti les habitants de ces provinces par circulaire au mois d'octobre précédent[2]. Partout les gibelins embrassaient la cause de Manfred, les appels du pape ne furent pas écoutés, de sorte que son neveu Annibal Trasmundi ne put opposer qu'une faible résistance[3]. Ville après ville, château après château tombèrent au pouvoir de Manfred, et bientôt les gibelins furent maîtres de toute la Toscane. Après la bataille de Montaperto, 4 septembre 1260, perdue par les guelfes, Florence fut humiliée et ce ne fut qu'à grand'peine que Farinata Uberti sauva d'une destruction complète sa belle ville natale[4]. Lucques fut le seul asile ouvert aux guelfes. Les affaires avaient pris la même tournure dans le nord de l'Italie, lorsqu'un tyran succombait, d'autres le remplaçaient. Ainsi Vérone était au pouvoir des Sca- liger, dont les monuments funéraires excitent encore l'admiration. Pallavicini fut le capitaine de Manfred pour la Lombardie, et grâce à lui, Martin della Torre se soutint à Milan. Cette ville de Milan, toujours guelfe dans le fond, se trouva à la tête des gibelins jusqu'après la mort de Martin (1263), son frère, Philippe della Torre, se rapprocha alors du pape et de l'Église. Profondément attristé de cette situation, le pape Alexandre IV mourut le 25 mai 1261, à Viterbe, assez à temps pour ne pas voir la ruine de l'empire latin à Constantinople[5].

1 Brancaleone degli Andalo. Cf. Tenckhoff, *op. cit.*, p. 76 sq., 80, 108, 123, 132. (H. L.)

2. Ficker, *Forschungen zur Reichsg. Ital.*, t. ii, p. 513.

3. Potthast, *Reg.*, t. ii, n. 17448, 17459, Böhmer-Ficker, *op. cit.*, p. 865 sq.

4. Böhmer-Ficker, *op. cit.*, p. 872 sq., Schirrmacher, *op. cit.*, p. 185 sq.

5. E. Jordan, *Les résultats du règne d'Alexandre IV*, dans *Les origines de la domination angevine en Italie*, in-8, Paris, 1909, p. 271-290 : « Partout le pontificat d'Alexandre IV se terminait dans l'impuissance, la papauté, avant et après lui a connu de pires désastres, rarement de déception plus

Les huit cardinaux présents à la cour pontificale, après trois mois de délibérations, nommèrent pape, sous le nom d'Urbain IV, le patriarche de Jérusalem, revenu à l'occasion d'un conflit avec les chevaliers hospitaliers Le nouveau pape était ce célèbre Jacques Pantaléon [1], auparavant archidiacre de Liége, puis évêque

humiliante C'est que la distance était grande des espérances de 1251 aux résultats de 1260 Qu'on avait peu profité de la mort de Frédéric II et qu'Innocent IV se trompait quand il la saluait comme une délivrance et comme le signal du triomphe définitif ' Il semblait que la domination impériale ne se fût momentanément éclipsée que pour faire voir a quel point le Saint-Siège était incapable d'en recueillir l'héritage Jamais il n'avait reçu la soumission de ses adversaires lombards, ni joui en paix de ses États, et ce royaume de Sicile, un instant presque conquis par son prédécesseur, Alexandre IV ne s'était pas montré en mesure de le conserver Bien plus, un nouveau Frédéric avait surgi, restauré, dans ce qu'elle offrait de plus menaçant pour l'indépendance temporelle de l'Église, l'œuvre du grand empereur et reforme contre la papauté l'unité italienne. Tout cela sans titre legitime ou semblant de titre, en quelques mois, et beaucoup moins par ses propres efforts que par le concours de bonnes volontés spontanées Aussi rien ne manquait de ce qui pouvait souligner la défaite du Saint-Siege, lequel, au contraire, ne possédait même plus ce qui ne lui avait jamais fait defaut dans les moments les plus critiques de sa lutte contre Frédéric c'est-à-dire un parti. Car en Lombardie, ses anciens clients venaient d'adhérer, les uns à Ezzelin, les autres à Pallavicini et à Manfred, dans les deux cas à des excommuniés. En Toscane, il ne restait plus de disponible que l'amitié des guelfes, encore Alexandre en était-il réduit à attendre que ces vaincus, ces exilés qui ne lui faisaient même pas l'honneur de tenir à son concours, voulussent bien faire une démarche qui lui permît de les avouer et de les patronner Dans ses propres États, les uns l'abandonnaient, les autres lui refusaient du moins leur aide, si abaissée que fût l'autorité pontificale, ils ne songeaient qu'au danger de la grandir; au fond, ils ne lui restaient fidèles que précisément parce qu'elle était faible et à condition qu'elle le demeurât. En sorte que le pape n'avait point d'amis, point d'alliés, personne qui se crût intéressé à son triomphe et voulût y travailler, c'est là, beaucoup plus encore que dans l'habileté et le bonheur de ses adversaires, qu'était la nouveauté, la singularité et le grand péril de sa position » (II L)

1. Dorez et Guiraud, *Les registres d'Urbain IV*, in-4, Paris, 1899, Sievert, *Das Vorleben Urbans IV*, dans *Römische Quartalschrift*, 1896, p. 127 sq ; E. Georges, *Histoire du pape Urbain IV et de son temps*, in-8, Arcis-sur-Aube, 1866; Ciacconio, *Vitæ et res gestæ pontificum romanorum et S. R E. cardinalium ab A Oldoino recognitæ*, in-fol , Romæ, 1677, t. II, p. 145 Sur cette election, cf. *Civiltà cattolica*, 1894, série XV, vol. IV, p 140; Demski, *Papst Nikolaus III*, in-8, Munster, 1903, p. 15. L'étude la plus pénétrante et la plus complète sur ce pontificat, dans E. Jordan, *op. cit.* p 292-514

Il restait alors huit cardinaux en tout. Réunis à Viterbe, ils ne purent s'accorder. Saba Malaspina parle de l' « esprit de vertige » qui s'empara d'eux et de leurs jalousies réciproques Quant aux noms mis en avant et discutés, aux intérêts et aux passions en jeu, on est réduit aux conjectures Un parti anglais s'affirmait

de Verdun, et l'instituteur de la Fête-Dieu. Fils d'un savetier de Troyes en Champagne, il s'était élevé par son talent, sa droiture et sa sagesse, et monta sur le trône pontifical sans s'illusionner sur les amertumes qui l'attendaient[1] Dès le début de son pontificat,

favorable a la concession faite au jeune Edmond, fils d'Henri III, parti que représentait probablement Jean de Tolède, cardinal de Saint-Laurent *in Lucina*, soutenu, on peut le supposer, par Ottoboni Fieschi, cardinal de Saint-Hadrien, par Jean Gaetani Orsini, cardinal de Saint-Nicolas *in Carcere Tulliano*, par Hugues de Saint-Cher, cardinal de Sainte-Sabine, et par Richard Annibaldi, qui tous, au cours des années precedentes, avaient marqué leur sympathie pour le projet anglais On peut supposer un parti de conciliation avec le roi de Sicile, parti dont ferait partie le cardinal de *Santa Maria in Via Lata*, Ottaviano des Ubaldini. Comment ces groupes tombèrent-ils d'accord ? Les gens curieux d'anecdotes n'ont pas manqué autour de ce conclave de trois mois et ils soutiennent que ce fut par un grand hasard qu'on tomba d'accord un beau jour, 29 août, sur le nom du patriarche de Jérusalem. Nous n'avons qu'un témoignage contemporain détaillé, et malheureusement il est si mutile que l'on ne peut guère en faire usage ; c'est la lettre de Jean de Henningford, procureur d'Henri III à la curie. Shirley, *Royal and other historical letters illustrative of the reign of Henri III*, t II, p 188, Grauert, *Meister Johann von Toledo*, dans *Sitzungsberichte der philos. philol und histor. Classe der König. Bayerisch. Akademie der Wissenschaften*, 1901, p 132, a proposé une restitution plausible de ce document, de laquelle il résulterait que l'élection se fit par compromis, les compromissaires etant les cardinaux de Tusculum, de Saint-Laurent *in Lucina* et de Sainte-Sabine (H L)

1. Potthast, *Reg. pont* , t II, p. 1474, E Jordan, *Les origines de la domination angevine en Italie*, 1909, p 293-296 . « La personalité du nouveau pape est si marquée, elle a tant influe sur l'issue de la crise dont nous racontons l'histoire, que rien de ce qui peut la faire connaître n'est indifférent A ce titre, le passe d'Urbain IV nous interesse Il n'était plus jeune, étant né probablement dans les dernières années du XIIe siècle En depit de son origine très modeste, son éducation a Troyes, puis à l'Université de Paris, avait été excellente. Il n'en resta pas moins longtemps dans des positions plutôt inférieures, d'abord à Laon ou il fut successivement clerc de l'évêque, puis cure, puis chanoine, ensuite a Liége, comme archidiacre. Très actif, d'ailleurs, tres capable, toujours prêt à se charger des besognes qui se présentaient, et volontiers mis en avant par son entourage C'est ainsi qu'il rédige le capitulaire du chapitre de Laon, et qu'il va defendre ses interêts a la cour de Rome Les nombreuses affaires auxquelles il est mêlé permettent de fixer sa biographie avec plus de détails qu'on ne le pourrait parfois pour des personnages bien plus haut placés dans la hiérarchie L'événement décisif dans sa vie fut son voyage à Lyon, en 1245, à l'occasion du concile. Il y fit la connaissance d'Innocent IV, qui l'apprecia aussitôt. Désormais il allait être lancé dans les grandes affaires et n'en plus sortir Ce fut d'abord une légation en Pologne, Prusse et Poméranie, qui lui fut confiée en 1247. Il eut surtout à restaurer la discipline ecclésiastique en Silesie et à retablir la paix entre l'Ordre teutonique et ses vassaux prussiens. En 1251, nouvelle mission, toute politique cette fois Il s'agissait de travailler l'Allemagne du Nord et d'y recruter des partisans à Guillaume de

Hollande, le roi des Romains patronné par le Saint-Siege. On sait peu de choses
sur ses actes, sinon qu'il eut à souffrir pour sa cause, il fut arrêté et quelque temps
retenu prisonnier par des chevaliers du diocèse de Trèves, partisans des Hohenstaufen En récompense, il reçut du pape l'évêché de Verdun Il ne l'occupa qu'un
an, le temps d'y déployer ses talents d'administrateur et de politique, en réta-
blissant les finances très obérées de cette Église et en concluant un accord avec
la commune, en querelle avec ses prédécesseurs Dès 1255, il était appelé au siège
patriarcal de Jérusalem. Les temps étaient difficiles pour la Terre Sainte, le patriarche dut intervenir dans la querelle entre les Génois et les Vénitiens, il se plaça,
suivant les vues d'Alexandre IV, du côté de ces derniers Il eut aussi, devant les
menaces d'invasion tartare, à prendre les mesures de défense nécessaires, il ne
s'y épargna pas A en croire un de ses biographes, un panégyriste, il est vrai, il se
serait fait adorer, aussi bien des pèlerins que des chrétiens de Terre Sainte En
1261, il se rendit à la cour pontificale pour réclamer contre une donation faite par
le pape aux hospitaliers, et qu'il jugeait préjudiciable à son Église Ici encore,
on retrouve le prélat énergique et soucieux de ses droits temporels Sa présence
accidentelle a la curie, lorsque mourut Alexandre IV, fut l'occasion de sa fortune

« C'était donc une vie bien remplie que la sienne Les affaires, d'ailleurs, n'y
avaient pas fait tort à la piété, n'en avaient pas banni les préoccupations religieuses Il avait laissé une trace profonde partout où il avait passé, et sa grande
réputation, non moins que les divisions qui séparaient les cardinaux, expliquent
que leurs voix se soient réunies sur lui, bien qu'il ne fût pas un de leurs collègues
Si ses antécédents étaient bien faits pour donner la plus haute idée de sa capacité, dans quelle mesure permettaient-ils de prévoir sa conduite? Par une heureuse
rencontre, il s'était trouvé intervenir, avec un grand rôle, dans les deux problèmes
les plus graves que la papauté eût alors à traiter problèmes qui, durant son propre
pontificat, s'imposeront encore, inégalement du reste, à son attention je veux
dire la lutte contre les Hohenstaufen et la défense de la Terre Sainte. Il s'était
montré l'agent dévoué d'Innocent IV et d'Alexandre IV. D'autre part, homme
nouveau, entièrement fils de ses œuvres, il n'était pas, comme ses deux prédécesseurs, ou comme tel cardinal parmi ceux qui l'avaient élu, par sa naissance
même, presque le prisonnier d'une coterie Étranger au Sacré-Collège, et n'ayant
même jamais résidé a la curie, sauf de longs intervalles et pour peu de temps, il
servait au loin la politique pontificale, il n'avait jamais contribué à l'élaborer,
à la fixer dans ses détails, n'en étant pas responsable, il n'y était pas servilement
attaché, il se trouvait bien placé pour la continuer, mais avec indépendance Enfin,
il connaissait bien l'Allemagne et l'Orient, mais non l'Italie. Cela, vu les circonstances, était presque un avantage Il n'aurait, en abordant les questions italiennes, ni idées préconçues, ni relations exclusives et compromettantes

« En somme, le nouveau pape n'avait d'attaches étroites avec personne, et
nul ne savait au juste ce qu'il ferait. C'est peut-être à cela même qu'il dut en
partie son élection Des partis irréconciliables, et dont aucun n'était assez fort
pour s'imposer à l'autre, purent, de guerre lasse, s'entendre sur son nom, chacun
espérant l'attirer à soi. De fait, il est probable qu'il surprit tout le monde. Son
acte le plus mémorable, Charles d'Anjou substitué à Edmond d'Angleterre comme
candidat au trône de Sicile, était de ceux que rien n'annonçait d'avance. Jamais
il n'avait eu à se prononcer sur l'alliance anglaise, conclue et entretenue alors
qu'il se trouvait loin de la curie, à Verdun ou en Orient. D'autre part, et le fait

est bon à noter, quoique Français d'origine et gardant un très affectueux souvenir à sa patrie champenoise comme aux églises où il avait occupé des fonctions, il n'était nullement inféodé aux intérêts politiques français C'est hors de France que s'était surtout exercée son activité. A la différence de son successeur Clément IV, dont ce sera un des principaux titres au choix des cardinaux, il n'avait pas blanchi au service du roi de France, il ne paraît même pas avoir été en relations avec la famille capétienne. S'il fut élu, ce n'est donc pas parce qu'on attendait de lui la politique qu'il suivit en effet. Il est possible qu'au moment de son élévation elle n'apparût pas clairement à ses propres yeux En tous cas, il ne se la laissa certainement pas dicter par d'autres, et ses actes sont bien à lui

« Nature énergique, dominatrice et audacieuse, inflexible sur son droit, prompte à assumer les responsabilités, prête aux brusques initiatives, impatiente de la contradiction, peu accessible aux conseils, incapable, en un mot, d'accepter de personne un mandat impératif, tel en effet nous apparaît Urbain IV. Et nous n'avons pas que ses actes pour permettre de le juger ainsi. Même dans le portrait qu'a tracé de lui, en mauvais distiques, un poète officiel, Thierry de Vaucouleurs, au milieu de formules banales empruntées au style de l'hagiographie, au milieu d'éloges qui visent surtout des vertus et des talents purement ecclésiastiques, régularité de vie, piété fervente, favorisée du don des larmes, éloquence de grand prédicateur, belle prestance de célébrant, belle voix même et science du chant sacré, quelques traits dépeignent le « grand cœur », le « soutien de l'Église, vaillant chevalier de tout ce qui intéressait sa liberté et ses droits, son honneur », le travailleur si infatigable qu'on ne savait pas comment son temps pouvait suffire à tout ce qu'il faisait Mais le plus bel hommage rendu à cette puissante figure d'homme d'État, c'est l'admiration involontaire d'un ennemi Vers la fin de 1262, des ambassadeurs siennois étaient à la cour pontificale. Le chef de la mission, rendant compte aux prieurs de la commune et leur parlant du pape, allait aussitôt chercher un terme de comparaison dans les glorieux souvenirs laissés par le grand compatriote du XIIe siècle, ce pape Alexandre III qui avait bravé Frédéric Barberousse, l'avait vaincu et que l'imagination populaire se représentait posant le pied, à l'entrevue de Venise, sur la tête de l'empereur humilié et prosterné devant lui « Sachez, écrivait-il, que le pape fait ce qu'il veut; il n'est personne qui ose « le contredire et, comme vous le savez déjà par d'autres, il n'y a pas eu de pape, « depuis le temps d'Alexandre III, qui ait été aussi énergique dans ses actes et « dans ses paroles et qui se soit moins soucié de ses proches que celui-ci. » Et l'on avait eu dans l'intervalle un Innocent III, un Grégoire IX, un Innocent IV L'ambassadeur ajoute encore : « Il n'y a pas d'obstacles à sa volonté . il fait tout « par lui-même, sans prendre conseil. Il semble ne pas se conduire en pape, mais « en seigneur temporel, et vouloir se soumettre la terre, s'il le peut.. . » C'est une bonne fortune que de posséder, dans ce rapport confidentiel et familier, un portrait pris sur le vif Grâce à lui, la physionomie d'Urbain IV ne reste pas masquée sous les formules officielles des bulles pontificales et des instruments diplomatiques. On aperçoit, dans le jeu même de ses facultés, cet homme auquel il n'a manqué peut-être qu'un règne plus long pour être compté parmi les plus saisissantes figures qui aient occupé le siège de saint Pierre. A deux siècles et demi de distance, il semble, à certains égards, par la grandeur de ses ambitions, par la fougue de son caractère, par l'intempérance de ses propos, comme une ébauche du « terrible » pape de la Renaissance, Jules II. » (II L).

il fut pour ainsi dire assiégé par les habitants des États de l'Église, qui réclamaient les sommes prêtées au Saint-Siège pour la guerre contre Manfred. Il trouva toute l'Italie aux mains de Manfred, qui, à vrai dire, lui fit des ouvertures pacifiques Tout au début de son pontificat, au mois de janvier 1262, une ambassade vint, de la part de Manfred, à Viterbe lui offrir 300 000 onces d'or, en échange de la reconnaissance de Manfred comme roi Le pape repoussa l'offre [1] Manfred fortifia son pouvoir en mariant sa fille Constance à Pierre, fils aîné de Jacques, roi d'Aragon [2] (13 juin 1262). De son côté, le pape renoua les pourparlers avec Charles d'Anjou, touchant la couronne de Sicile [3] Il invita le roi d'Aragon à décliner l'alliance de Manfred, déloyal envers son neveu Conradin [4]. Pendant [20] l'interrègne, ce dernier était parvenu à se remettre en possession d'une grande partie de l'ancien duché de Souabe; son oncle Louis de Bavière et Éberhard II, évêque de Constance, issu de la famille de Truchsess de Waldbourg, et Meinhard, comte de Gortz, beau-père de Conradin depuis le 6 octobre 1259, firent tous leurs efforts pour faciliter cette conquête Et le dernier des Hohenstaufen parut en effet à la diète d'Ulm, à la Pentecôte de 1262, en qualité de duc de Souabe [5]. Peu auparavant, sa mère avait en vain envoyé réclamer à Manfred la couronne de Sicile

Cependant, grâce surtout à Werner, archevêque de Mayence (depuis 1259), on conçut le projet de rejeter également les deux prétendants Richard et Alphonse et de les remplacer par Conradin,

---

1 Rymer, *Fœdera*, t I, p 410. Un nouvel essai de réconciliation tenté au mois d'août de la même année demeura vain. Une entrevue personnelle projetée entre le pape et Manfred n'eut pas lieu Bohmer-Ficker, *op cit.*, p. 873 sq

2 Manfred lui-même, en 1261, avait épousé en secondes noces Hélène, fille du prince des Epirotes Böhmer-Ficker-Winkelmann, n 9280, Hampe, *Urban IV und Manfred, 1261-1264*, in-8, Heidelberg, 1905 (H L)

3. E Jordan, *L'abandon du projet anglais et l'offre de la Sicile a Charles d'Anjou*, dans *Les origines de la domination angevine en Italie*, in-8, Paris, 1909, p. 370-409 Une fournée de cardinaux avait affermi le revirement politique du Saint-Siège dans le sens de l'influence française, toutefois on ignore à qui il faut attribuer l'idée de revenir à la candidature de Charles d'Anjou pour la couronne de Sicile Ce ne furent ni Charles d'Anjou ni saint Louis qui la suggérèrent, vraisemblablement ce fut une trouvaille d'Urbain IV. (H. L.)

4 Baronius-Raynaldi, *op cit.*, ad ann 1262, n 9 sq , Posse , *Analect. Vatic* , n. 205, du 25 octobre 1262.

5. Bohmer, *Regesten*, ad ann. 1196-1254, p. 283 sq , *Fontes*, t IV, p 126, Bohmer-Ficker, *Reg. imp.*, p. 886, 1047 Au mois de septembre 1266, Conradin épousa Sophie, fille du margrave Dietrich de Misnie. Bohmer-Ficker, *op cit* , p 891

ce qu'Urbain IV, mis au courant de cette affaire par Ottocar de Bohême, défendit (3 juin 1262), sous peine d'excommunication[1] Il ne voulait pas voir un Hohenstaufen sur le trône d'Allemagne; son plan consistait à entretenir entre les deux prétendants, Richard et Alphonse, des relations amicales, pour amener l'un des deux à abdiquer volontairement; sinon il s'érigerait en arbitre et déciderait[2] Il s'inspirait en ceci des principes exprimés à plusieurs reprises par Innocent III dans la lutte entre Otton IV et Philippe de Souabe. Richard et Alphonse s'adressèrent à Urbain IV dès son avènement, comme ils s'étaient adressés à Alexandre IV, demandant tous deux la confirmation de leur élection et la couronne; mais ils n'admettaient aucune discussion et déniaient au pape le droit de juger de leurs prétentions réciproques[3]. Urbain trouva un biais[4], leur laissant comprendre qu'avant qu'il pût décider, il fallait évidemment que les deux parties l'eussent accepté comme arbitre. Raumer[5] et Lorenz[6] ont reproché au pape son indécision, qui l'empêcha de faire pencher la balance d'un côté, ce qui eût rétabli l'unité de l'empire et évité bien des malheurs à l'Allemagne. Mais une décision ne peut amener la paix que lorsque les deux parties reconnaissent la compétence du juge. Si l'une des parties ne l'accepte pas, la sentence peut être frappée d'appel. Enfin, si la com-

---

1 Baronius-Raynaldi, *op. cit*, ad ann. 1262, n. 5, Potthast, *Reg.*, p. 1490 sq, Raumer, *op. cit.*, p. 547 Ce dernier se trompe en disant que le projet d'élever Conradin au trône d'Allemagne fut adopté pendant que Richard était retenu captif par les barons anglais, de 1264-1265. Schirrmacher, *Entstehung des Churfürstencollegiums*, p 99 sq.

2. Baronius-Raynaldi, *Annal. eccl.*, ad ann 1263, n. 48, 49.

3. Baronius-Raynaldi, *Annal. eccl*, ad ann. 1262, n 2-3. Le pape dit, dans cette lettre, qu'à plusieurs reprises les ambassadeurs de Richard et d'Alphonse lui avaient déclaré *se nolle in hoc ipsius Sedis subire judicium* Böhmer suppose à tort, *Regesten*, ad ann 1246-1313, p. 326, qu'il faut lire *velle* au lieu de *nolle*. Mais *velle* est inadmissible avec le contexte, car le pape refusa constamment de rendre son jugement, puisque les ambassadeurs ne le reconnurent pas comme arbitre. Le pape disait encore l'année suivante (dans Böhmer, ad ann. 1263, n. 44) que les deux partis lui avaient exposé leurs désirs, mais non pas *in figura judicii;* ce n'était que tout dernierement qu'Alphonse avait déféré son affaire au pape *ut coram judice* (n. 45). De même au n. 48 : Le pape avait, pour de bons motifs, différé sa sentence, parce que, jusqu'au dernier moment, les ambassadeurs des deux partis n'avaient pas demandé le *judiciarium examen apostolicæ Sedis.*

4. La lettre est datée de Viterbe, 17 avril 1262.

5. *Op. cit.*, t. IV, p. 546.

6. *Op. cit* t. I p 222.

pétence n'est acceptée par personne, le juge s'expose au ridicule, ce qui eût été le cas du pape Urbain Celui-ci agit donc suivant le droit et la prudence en formulant cette alternative : « Ou décidez vous-mêmes, ou reconnaissez-moi pour arbitre »

Au reçu de la lettre pontificale datée de Viterbe le 17 avril 1262, Alphonse de Castille crut avancer ses affaires et gagner le pape en le choisissant pour arbitre En janvier 1263, il lui envoya à Orviéto une ambassade nombreuse et fort honorable, chargée de déclarer que, la situation de Richard, qui de fait avait pris possession du trône, n'étant pas meilleure que la sienne, ses ambassadeurs revendiquaient du pape et des cardinaux la couronne impériale et la convocation d'un tribunal ordinaire ou extraordinaire [1]. Le pape n'imagina rien de mieux que d'accorder le 7 août 1263, à Alphonse, comme à Richard, le titre de *rex electus* Il avouait bien que ses prédécesseurs et lui-même avaient également qualifié Richard de *rex electus et coronatus*, mais, disait-il, ces titres de pure politesse ne lui confèrent aucun droit, et on en peut accorder tout autant à Alphonse [2]. A la suite de cet avertissement et sur l'avis formel du pape, les ambassadeurs ordinaires de Richard à la cour pontificale prirent sur eux de reconnaître le droit du pape à décider cette affaire, sauf cette restriction   autant que peuvent nous le permettre nos pouvoirs [3]. Richard fut très mécontent de la concession du titre royal consentie à Alphonse, et le pape lui écrivit le 31 août 1263, lui expliquant que c'était simple affaire de droit et d'équité. A vrai dire, Alexandre IV n'avait donné qu'à Richard et sans prendre l'avis des cardinaux le titre de *rex electus et coronatus* Si le mot *coronatus* n'était plus employé, c'est que cette expression n'était plus usitée dans les formules de discours ou de félicitations. L'arbitrage qu'Alphonse lui déférait lui interdisant toute décision prématurée, le pape devait traiter sur le

[2

---

1. Baronius-Raynaldi, *Annal eccles*, ad ann 1263, n. 38 Bohmer se trompe en donnant (*op cit*, p. 356) cette lettre pontificale, datée de Viterbe le 17 avril 1262, pour une réponse à la lettre du roi Alphonse, voulant pour cela changer la date d'ailleurs certaine de ce document; de plus, dans sa lettre, Alphonse reconnaît déjà le pape comme juge, tandis que, dans la lettre de Viterbe, le pape se plaint qu'on ne l'accepte pas comme tel Cf aussi Böhmer-Ficker, *Reg*, p 1032 sq

2. Baronius-Raynaldi, *Annal. eccles.*, ad ann. 1263, n 40 sq., Potthast, *Reg*, n. 18619.

3. Baronius-Raynaldi, *Annal eccles*, ad ann 1263, n. 51, ad ann 1264, n 37

même pied les deux prétendants et donner à tous deux le titre de roi au lieu de le refuser à tous deux [1].

De la date du 31 août 1263 sont deux lettres du pape Urbain au roi Richard, lettres absolument identiques entre elles quant au fond. Toute la première partie et la fin sont exactement semblables [2]; le pape y parle d'abord de l'indispensable *concordia sacerdotii et imperii*, ajoutant que l'*imperium* doit être dirigé par la *sacerdotalis auctoritas*, et que le sacerdoce doit trouver dans l'*imperialis mansuetudo* un *refugium tutum et pium* La vacance du trône impérial, poursuit le pape Urbain IV, a causé à l'Église de graves dommages, les sacrilèges et les hérésies se sont multipliés, la violence, le meurtre, l'assassinat et les abus ont pullulé. L'Église a, pour de bonnes raisons, différé la solution, d'autant plus que, jusqu'à ces derniers temps, les ambassadeurs des deux parties ont récusé l'examen judiciaire du Siège apostolique Le pape cependant s'est préoccupé de procurer un dénouement pacifique. Il n'abandonne pas cet espoir depuis qu'il a vu les mandataires des deux prétendants. — Ici s'arrête la partie commune aux deux lettres, la seconde expose les arguments des ambassadeurs des deux rois, et cette seconde lettre est beaucoup plus ample que la première. Elle contient d'abord les déclarations des ambassadeurs anglais au pape et aux cardinaux sur la manière dont doit avoir lieu l'élection d'un roi d'Allemagne en général, et en particulier leur récit de la double élection en question. Évidemment, ils ne donnent que les circonstances et les arguments favorables à Richard De temps immémorial, *a tempore cujus memoria non existit*, le droit d'élire le roi d'Allemagne revient à sept princes [3] Parmi ces princes, l'archevêque de Mayence

---

1. Baronius-Raynaldi, *Annal. eccles*, ad ann 1263, n. 40 sq.

2 *Ibid.*, n. 46 sq., 53 sq, Potthast, *Reg*, p 1511.

3 Baronius-Raynaldi, *Annal eccles*. ad ann. 1263, n 53 Les ambassadeurs anglais étaient évidemment dans l'erreur en disant au pape que cette institution des sept princes électeurs se perd dans la nuit des temps Il a été facile de constater plusieurs fois même dans cette *Histoire des conciles*, qu'avant cette double élection de Richard et d'Alphonse, on ne trouve jamais que sept princes soient exclusivement chargés de faire l'élection, on se demande même si l'élection de Richard et d'Alphonse a été faite par sept électeurs ou davantage, ainsi Matthieu Paris en nomme plus de sept comme ayant pris part à cette double élection. *Historia Anglic.*, ad ann 1257, édit. M. Paris, 1644 p 633. Quoi qu'il en soit, Lorenz est tout à fait dans l'erreur (*Abhandlung über die sieben Churstimmen*, dans *Wiene* · · · ·   · ·   · cf.

et le comte palatin du Rhin jouissaient du privilège de fixer d'un [2
commun accord la date de l'élection, ou si l'un des deux était
empêché, l'autre s'acquittait de ce devoir; en la circonstance, le
comte palatin du Rhin s'était trouvé seul, vu la captivité de l'archevêque de Mayence. C'est ainsi que l'octave de l'Épiphanie, 13 janvier 1257, avait été fixée pour l'élection, mais l'archevêque de
Trèves et ses partisans avaient refusé l'entrée de Francfort à
l'archevêque de Cologne et à ses amis, lesquels, soucieux d'observer
la date fixée, avaient procédé à l'élection sous les murs de la ville,
ce qui était légitime. Richard avait recueilli les voix de Cologne,
de Mayence (l'archevêque de Cologne était le mandataire de celui
de Mayence) et du comte palatin; quelques jours plus tard, le roi
de Bohême avait envoyé son adhésion, et le couronnement avait
eu lieu à Aix-la-Chapelle, suivant tous les rites Sauf le seul margrave
de Brandebourg, tous les électeurs avaient embrassé le parti de
Richard (Arnold de Trèves, chef du parti castillan, était mort en
1259, et Henri II de Vinstingen lui avait succédé) [1] et ce dernier
électeur ne tarderait pas à se rallier. — De leur côté, continue le
pape, les ambassadeurs d'Alphonse avaient défendu l'élection de
leur maître; ils avaient soutenu que la date du 13 janvier avait
été fixée pour délibérer sur l'élection et non pour la faire. L'archevêque de Trèves, qui disposait des voix du Brandebourg, le duc
de Saxe et les ambassadeurs du roi de Bohême étaient venus à
Francfort à l'époque indiquée, mais le parti adverse avait procédé
à une élection en rase campagne, parce qu'il était venu avec une

aussi p. 155, 417), lorsqu'il prétend que le pape a inventé toute cette théorie des
sept princes électeurs pour dominer à l'avenir d'autant plus facilement le scrutin
que trois de ces princes étaient ecclésiastiques. Si, dans le développement de la
situation politique en Allemagne, l'institution des sept électeurs n'avait été déjà
presque un fait accompli, ce n'est pas la lettre du pape qui l'eût institué, puisqu'elle n'était qu'une citation du rapport de Richard Il n'est pas possible que,
sous le couvert *relata refero*, le pape ait glissé une théorie toute nouvelle dans un
récit de faits fictifs. Comme les deux élections de Richard et d'Alphonse étaient
très discutées, il aurait certainement été vivement contredit par les deux partis
De plus, par cette théorie, le pape aurait dérogé aux principes même de la curie,
puisque, d'après la décrétale *Venerabilem*, la décision dans une double élection
doit être prononcée d'abord par les armes ou par le comte palatin et seulement en
troisième lieu par le pape Sur la lettre dont on parle plus haut, cf. Schirrmacher,
op. cit., p. 76 sq., Busson, *op. cit*, p 125, Harnack, *Churfurstencollegium*.
p 259 sq , Philipps, *Die deutsche Königswahl bis zur goldenen Bulle*, Vienne, 1858
    1 On avait déjà cherché à gagner Arnold à prix d'argent Le marché fut conclu
avec ses successeurs Böhmer-Ficker *Reg* p 1009 1011

foule d'hommes armés, ce qui lui avait fait refuser l'entrée de la ville. Cette élection était donc nulle, d'autant que l'archevêque de Cologne et le comte palatin avaient été excommuniés, le premier pour avoir maltraité l'évêque de Paderborn et le second pour avoir favorisé les Hohenstaufen. Quant à l'archevêque de Mayence, prisonnier, son vote n'était pas libre Pour ces raisons, l'élection avait été remise (par le parti de Trèves), d'abord au 25 mars, puis au 1er avril, et les archevêques de Cologne et Mayence avec le comte palatin avaient été invités à y prendre part. Ils n'en avaient rien fait, et alors l'archevêque de Trèves, le duc de Saxe, le margrave de Brandebourg et les fondés de pouvoir de la Bohême avaient proclamé le roi Alphonse

Apres avoir répété qu'en donnant à Richard le titre de roi, son prédécesseur Alexandre IV ne lui avait accordé qu'un titre honorifique, le pape Urbain IV termine ainsi les deux lettres : Les ambassadeurs de Richard s'étaient dernièrement déclarés prêts à se soumettre à une sentence arbitrale du pape; il devenait donc possible d'arriver à une solution que le pape voulait pacifique; c'est pourquoi il avait envoyé des nonces aux deux prétendants. Il devait en outre, en sa qualité d'arbitre, citer les deux parties; il convoquait donc avant le 2 mai, au plus tard, les fondés de pouvoirs d'Alphonse et de Richard, instruits et pourvus d'ordres, afin de pouvoir en terminer à l'amiable ou judiciairement. On devine que, de ces deux lettres à peu près identiques, une seule fut envoyée à Richard; l'autre est restée à l'état de brouillon.

Le 2 mai 1264, les fondés de pouvoir d'Alphonse se présentèrent; ceux de Richard firent défaut et, malgré toutes les instances, Urbain retarda sa décision jusqu'au 30 novembre 1265, parce que Richard se trouvait absorbé par la révolte des barons anglais contre lui et contre son frère le roi Henri III. Richard avait même été, un an et demi durant, prisonnier des barons [1].

Le pape Urbain avait continué ses efforts en vue d'armer contre Manfred Charles d'Anjou déjà solidement établi en Piémont. Quoique saint Louis désapprouvât ce plan, parce qu'il tenait Conradin pour héritier légitime du trône de Sicile, son frère céda aux instances du pape, et par ambition personnelle, et sous l'influence de

---

1 Baronius-Raynaldi, *Annal eccl*, ad ann. 1264, n 37 sq Richard demeura prisonnier du 14 mai 1264 au 6 septembre 1265 Depuis l'automne de 1263, Urbain cherchait a calmer le trouble et l'agitation en Angleterre.

son ambitieuse épouse[1]. Cette dernière, Béatrice de Provence, ne se résignait pas à une situation inférieure à celle de ses trois sœurs, qui toutes les trois avaient ceint des couronnes. Marguerite avait épousé saint Louis; Éléonore, Henri III d'Angleterre; Sanctia, Richard, roi d'Allemagne. Charles d'Anjou fut à cette époque élu [2 sénateur par les Romains; ce que le pape vit de fort mauvais œil

1. A peine monté sur le trône pontifical, Urbain IV fit comprendre à Richard de Cornouailles que le Saint-Siège dénonçait son ancienne politique anglaise qui faisait si belle la part de l'oncle Richard et du neveu Edmond Urbain IV avertit tout de suite Richard qu'il n'entendait pas qu'un prince étranger pût devenir sénateur perpétuel de Rome et il donna sur-le-champ une organisation provisoire, mais suffisante, pour dispenser de recourir au comte de Cornouailles Cette brusquerie apparente était d'autant plus justifiée que, du sein du Sacré-Collège, étaient partis, tout récemment, a l'adresse de Richard des invitations à paraître en Italie Pour l'empire, le pape était moins pressé et son impartialité entre les deux concurrents lui permettait de les laisser se morfondre a l'aise pendant qu'il réglait d'autres affaires. La principale était alors de se débarrasser des conventions avec l'Angleterre Urbain, voulant tenir et présenter comme caduques ces conventions, devait en éluder le renouvellement, qui eût, à tout le moins, entraîné des retards A cette intention il envoyait, dès le 19 janvier 1262, un nonce en Angleterre, maître Léonard, charge de percevoir tous les arriérés du cens et d'autres taxes dus à la Chambre apostolique, et d'autres sommes encore, notamment celles destinées à la Terre Sainte Or, en Angleterre, tous les revenus de la Terre Sainte avaient été abandonnés au roi, en vue de la croisade qu'il avait fait vœu d'entreprendre et en vue de l'expédition de Sicile Si le roi laissait, sans protestation, opérer maître Leonard, il avouait tacitement avoir renoncé à ses projets et déliait le pape envers lui Mais le roi d'Angleterre vit clair dans cette ruse et, s'adressant aux rois de France et de Navarre, il les pria de solliciter d'Urbain IV le maintien des droits de son fils (Bohmer-Ficker-Winkelmann, Reg., n 14170) et en même temps il réclama à la curie contre l'envoi du collecteur Le pape répondit d'une façon peu claire que les délais prévus dans la concession du decime étaient expirés, sans qu'il eût commencé les deux expéditions qui l'avaient motivée et que les besoins de la Terre Sainte étaient grands Urbain en arrivait a ses fins. Se dispensant d'exécuter les traités, il en dispensait le roi, témoignant ainsi que ces titres étaient tombés en désuétude, rendait à l'Angleterre sa liberté et dégageait sa parole envers elle

Le pape avait alors son idée arrêtée Ni Conradin, ni Edmond, restait Charles d'Anjou, car il ne pouvait être question du roi de Castille que sa candidature a l'empire excluait Dès la fin de 1261, le pape envoyait à saint Louis maître Albert de Parme pour sonder le roi, soit pour lui-même, soit pour un de ses fils Potthast, Reg, n 19021, Berger, Layettes du Trésor des chartes, IV, n 4853 Une lettre du pape à maître Albert (Potthast, n 18440) nous apprend que le roi de France n'objectait rien à l'idée de détrôner Manfred, dont la cause, au point de vue du droit, n'était pas défendable. De plus, toujours préoccupé de l'Orient, Louis IX songeait à l'admirable position stratégique de la Sicile, point de ravitaillement, ligne de communication, base secondaire d'opérations contre la Syrie et contre

(parce que Charles, avant d'être maître de la Sicile, était par là à peu près tout-puissant dans Rome). Le pape fut sur le point de rompre tout à fait avec Charles, quand celui-ci promit de ne pas accepter cet honneur du vivant d'Urbain. Alors l'accord pour la Sicile fut signé [1]. Charles devait se rendre à Rome au plus tard pour la Saint-Michel, 1264 Jusqu'à cette date le pape sup-

l'Égypte, elle suffisait à tout Cependant ces considérations, pour puissantes qu'elles fussent, ne l'emportaient pas à ses yeux sur les droits de Conradin, à défaut de qui restait Edmond

Urbain ne s'attendait pas a ces objections d'un roi que la politique ne suffisait pas a rendre malhonnète, il en prit de l'humeur, se declara froisse de voir un roi de France plus scrupuleux que le pape lui-même en matière de droit et de conscience Maître Albert plaida tant et si bien que le roi persista à refuser .la Sicile pour lui et pour ses fils, mais par politique et non par scrupule de conscience; toutefois il permit au nonce de faire ses offres a Charles d'Anjou. Probablement maître Albert etait d'avance nanti en vue de cette demarche, pour laquelle le pape peut-être avait plus de goût que pour un fils du roi de France Charles avait deja eté tàte, on le savait ambitieux et entreprenant, c'était pour l'heure tout ce qu'on souhaitait. (H. L)

1. Dès le 17 juin 1263, Urbain IV établissait les conditions auxquelles Charles d'Anjou s'établirait en Sicile, l'accord ne fut fait que le 15 août 1264. Cf Böhmer-Ficker-Winkelmann, n. 9350, 9351, 9379-9381, 9415, 9419-9434, 9438-9440, 9450, 9465, 9468, 14227, 14228, 14233; Winkelmann, *Acta*, t. ii, n 1048-1050, Sternfeld, *Karl von Anjou als Graf von der Provence*, in-8, Berlin, 1888, p 197, Joubert, *L'etablissement de la maison d'Anjou dans le royaume de Naples*, 1887 Le recit le plus complet des négociations entre les papes et la cour de France, au sujet des affaires d'Italie jusqu'en 1265, se trouve dans Sternfeld, dans C. Merkel, *La dominazione di Carlo I d'Angiò in Piemonte ed in Lombardia*, 1891, et surtout dans E. Jordan, *Les origines de la domination angevine en Italie*, in-8, Paris, 1909, qui a tire tout le parti possible des nombreuses etudes consacrees a Charles d'Anjou, parmi lesquelles on peut encore citer · A de Saint-Priest, *Histoire de la conquête de Naples par Charles d'Anjou, frère de saint Louis*, 4 vol in-8, Paris, 1847-1849, Avenel, dans le *Journal des savants*, 1849, p. 83-102, 1850, p 365-380, 684-698, et au nombre des travaux plus récents P. Durrieu, *Un portrait de Charles Ier d'Anjou, roi de Sicile, frere de saint Louis, peint à Naples en 1282 par le miniaturiste Jean, moine du Mont-Cassin*, dans la *Gazette archéologique*, 1886, t xi, p 192-201, *Les archives angevines de Naples, étude sur les registres du roi Charles Ier (1265-1285)*, 2 vol in-8, Paris, 1886; G. del Giudice, *Codice diplomatico del regno di Carlo I e II d'Angio, ossia collezione di leggi, statuti e privilegi, mandati, lettere regie e pontificie, istrumenti, placiti ed altri documenti, la maggior parte inediti, concernenti la storia e il diritto politico, civile, finanziere, giudiziario, militare ed ecclesiastico delle provincie meridionali d'Italia dal 1265 al 1309*, 2 vol in-4, Napoli, 1863-1869, G Köhler, *Die Operationen Karls von Anjou von der Schlacht von Tagliacozzo, 1268*, dans *Mittheilungen d. Instit österr Geschichtsforschung*, 1883, t iv, p 552-561, C. Merkel, *L'opinione dei contemporanei sull'impresa italiana di Carlo I d'Angio memoria dans Atti dell' acad de Lincei Mem mor 1888,*

IVe série, t ɪv, *Carlo d'Angiò prima della sua dominazione in Piemonte*, dans même recueil, *La dominazione di Carlo I d'Angiò in Piemonte ed in Lombardia e i suoi rapporti colle guerre contro re Manfredi e Corradino*, dans même recueil, Torino, 1891, IIe série, t ᴀʟɪ, C Minieri-Riccio, *Genealogia di Carlo I di Angiò*, in-8, Napoli, 1857, *Itinerario di Carlo I di Angiò*, in-8, Napoli, 1872, *Il regno di Carlo I di Angiò dal 2 gen 1273 al 7 gen 1285*, dans *Archivio storico italiano*, 1587-1881, IIIe série, t xxɪɪ, p 3-36, 235-263, t xxɪɪɪ, p 34-60; t. xxɪv, p 226-242, 373-406, t xxv, p 19-42, 181-194, 404-416, t xxvɪ, p 3-25, 204-224, 417-426, IVe série, t. ɪ, p 1-13, 225-247, 421-444, t. ɪɪ, p 193-205, 353-364, t ɪɪɪ, p 3-22, 161-170, t. ɪv, p 3-18, 173-183, 349-360; t v, p 177-186, 353-366, t vɪɪ, p 3-24, 304-312, A. Molinier, *Les sources de l'histoire de France*, 1902, t ɪɪɪ, p 165-171 Tillemont, *Vie de saint Louis*, in-8, Paris, 1851, t. vɪ, p 1-134, 304-306

Il n est guère d'historien qui ne présente l'introduction de la domination angevine en Italie comme une faute politique de portée incalculable pour la destinée temporelle de l'Église Ceux qui auront suivi le récit des événements que nous rapportons depuis une période de plus de quatre siècles ont pu se convaincre du redoutable présent que Charlemagne et Otton le Grand firent à l'Église en la jetant dans le conflit politique, non plus comme modératrice, mais comme propriétaire de provinces dont la possession, la reprise, les droits réels ou contestés ont entraîné les papes pendant des siècles à dépenser leurs ressources, à prodiguer leurs efforts pour l'acquisition ou la défense de territoires avantageux, sans doute, au point de vue matériel, appréciables au point de vue politique, mais désastreux au point de vue des violences, des ruines, des maux de toutes sortes dont ils ont été le prétexte ou l'occasion. M. E Jordan a montré cette situation en ces quelques pages qui ouvrent son étude sur *Les origines de la domination angevine en Italie*, Introd., p. v-xvɪ

« En 1265, une expédition militaire quittait la France pour aller installer sur le trône de Sicile un prince capétien, Charles, comte d'Anjou et de Provence, le plus jeune frère de saint Louis Il s'agissait de réaliser enfin, et de façon à le mettre hors de toute atteinte, ce qui était depuis trois siècles un des principaux objets de la politique du Saint-Siège Du jour où avait été relevé l'empire d'Occident, du jour surtout où il avait été fixé dans la nation allemande, on n'avait pu concevoir, du moins à la cour impériale, que l'Italie n'en fît pas partie intégrante, l'Italie tout entière, jamais on ne s'y était résigné à laisser le sud de la péninsule aux mains des Lombards ou des Byzantins, des Sarrasins ou des Normands. Tout poussait dans le même sens: les souvenirs et les appétits. On invoquait l'histoire et on subissait l'attrait que les pays du soleil ont continué d'exercer sur les races du nord, on se réclamait des Romains et on recommençait les invasions du ve siècle D'où la continuité d'une tradition que, de l'un à l'autre, se transmettent tous les empereurs, qu'interrompent seulement les crises où paraît sombrer l'empire lui-même, et qu'aucun échec subi, de Louis II à Frédéric Barberousse, ne décourage de renouer dès que les circonstances redeviennent favorables. Mais du jour aussi où la papauté, vers le milieu du xɪe siècle, prit conscience des principes et des intérêts qui l'opposaient à l'empire, elle sentit le danger terrible que ferait courir à son indépendance l'unité italienne réalisée par son adversaire. L'entrée en scène, sur ces entrefaites, de quelques aventuriers normands, pirates capables de s'improviser souverains, fut pour elle une chance heureuse, qu'elle ne reconnut pas tout de suite. Les nouveaux conquérants durent lui faire accepter de force leur hommage et leur alliance Mais elle n'eut pas à se repentir de s'être laissé contraindre Bien que ses rois soient très loin de s'être toujours montrés des vassaux fideles et desintéresses, le royaume de Sicile, formé au xII^e siecle par la reunion des diverses principautés creées par les Normands, fut un utile contrepoids aux ambitions allemandes L'existence de cet État, administré de main de maître, proverbialement riche, et d'une puissance bien superieure à son étendue, enleva aux empereurs toute chance de conquerir par la force l'Italie méridionale

« Leur diplomatic reussit la où leurs armes avaient échoue, et l'on devine sans peine quels sentiments put inspirer aux papes la réunion de la Sicile avec l'empire, négociée par Barberousse, préparee par le mariage de son fils Henri VI avec Constance, heritière des rois Normands, consommée enfin apres la défaite et la répression sanglante de l'insurrection nationale sicilienne. Heureusement pour le Saint-Siège, cet eclatant succès de la politique impériale, revanche de la paix de Venise, fut presque aussitôt remis en question par la mort prematurée d'Henri VI, le 28 septembre 1197 »

Frédéric II succéda au royaume de Sicile et fut écarté de l'empire Pendant ce temps, Innocent III veillait aux intérêts du Saint-Siège en maintenant la séparation des deux couronnes, mais ce qu'il avait cru assurer à toujours était compromis dès le règne de son successeur Honorius III, qui se contenta d'une promesse que l'union personnelle des deux États, l'empire et la Sicile, ne serait jamais transformee en union réelle et qu'une nouvelle prestation d'hommage attesterait que la Sicile, bien qu'appartenant a l'empereur, restait fief pontifical.

« Le Saint-Siège avait cru trouver une autre garantie dans les acquisitions territoriales faites par Innocent III et reconnues par Frédéric II L'État pontifical agrandi s'etendait desormais de la mer Tyrrhénienne à l'Adriatique, il coupait en deux la péninsule, isolait la Sicile de l'Italie impériale, rendait effective la séparation des deux États

« Mais, de part et d'autre, on regrettait également les concessions consenties Il en resulte qu'une lutte à mort etait inévitable. Lorsqu'elle éclata, le Saint-Siège manqua naturellement d'en profiter pour revenir sur la question de l'union. Une première fois, Grégoire IX echoua : par la paix de San Germano, d'ailleurs brillante et avantageuse pour l'Église, il dut reconnaître de nouveau l'empereur roi. Mais la déposition et la privation de toutes ses couronnes, qu'Innocent IV prononça contre Frederic, au concile de Lyon, en 1245, furent définitives, après vingt-trois ans d'une lutte au cours de laquelle la papauté ne se démentit jamais, la dynastie des Hohenstaufen était exterminee et les destinées de la Sicile séparées de celles de l'empire

« La lutte ne se déroula pas de même dans les deux États »

Des 1245, Innocent IV avait eu pour tactique d'opposer à l'empereur et à son fils Conrad, élu roi des Romains, en 1237, des compétiteurs en Allemagne. Frederic mourut en 1250, Conrad en 1254, Guillaume de Hollande en 1256 et la mort de ce dernier marqua le début d'un interrègne célèbre dans l'histoire constitutionnelle d'Allemagne On vit alors formuler la théorie qui, dans le sein de la diète allemande, choisissait sept *électeurs* investis du privilège de désigner le roi des Romains. Pour ses débuts, le collège se divisa, fit deux choix et l'heritier direct de Frédéric II et de Conrad fut passe sous silence Les papes crurent la partie gagnée Il n'était plus question de Hohenstaufen Conradin etait un petit garcon insignifiant, le

moment était bon pour élever le Saint-Siège au-dessus de l'empire Alexandre IV,
Urbain IV, Clément IV veulent amener les deux concurrents a les solliciter, à
réclamer leur arbitrage, à accréditer par un précédent illustre l'idée que le pape
est juge naturel des élections a l'empire. Ce jeu dura seize ans; c'est en 1273 seulement que, Richard de Cornouailles et Alphonse de Castille définitivement écartés,
la couronne impériale fut dévolue à Rodolphe de Habsbourg

« En Sicile, après la déposition de Frédéric, deux solutions s'offraient ou bien
annexer à l'État pontifical le fief confisqué, ou bien l'inféoder à quelque nouvelle
dynastie La papauté a longtemps flotté entre ces solutions, au gré des circonstances, se réservant d'ailleurs toujours le moyen de revenir à l'une au moment
où elle paraît avoir adopté l'autre. Se croit-elle en mesure de conquérir seule le
royaume? elle pense naturellement à le garder pour elle A-t-elle besoin d'une
épée étrangère? elle offre la couronne de Sicile pour prix du concours qu'elle
sollicite Cette histoire présente tant de péripéties que des phases semblables se
répètent d'ailleurs à plusieurs reprises

« Jusqu'en 1250, Innocent IV n'a pas eu l'occasion de se prononcer nettement
pour l'une ou pour l'autre des deux politiques. S'il paraît avoir proposé la Sicile,
en 1246, à un prince français, au commencement de 1250, à Richard de Cornouailles, ces négociations furent vagues et courtes La tentative de conquête
esquissée par le cardinal de Saint-Georges au Vélabre, en 1249, ressembla plutôt
à une diversion, destinée a détourner l'empereur de marcher sur Lyon où résidait
la curie En somme, la situation inexpugnable de Frédéric dispensait le pape de
se demander et d'apprendre au monde ce qu'il ferait du royaume quand il en
serait devenu le maître. Il ne traiterait jamais avec l'empereur, c'était déjà beaucoup d'oser dire cela, disposer davantage de l'avenir eût été presque ridicule
Aussi la grande bulle du 7 décembre 1248 précisait le régime ecclésiastique futur
de la Sicile, mais ne préjugeait rien quant a l'autorité qui serait chargée de l'appliquer Même dans les concessions de domaines qu'il accordait aux réfugiés siciliens,
ses partisans, Innocent stipulait seulement que les bénéficiaires devaient prêter
hommage, soit a l'Église, soit au roi qu'elle installerait

« La mort de Frédéric fut un coup de théâtre Son fils légitime et héritier,
Conrad, se trouvait en Allemagne, son fils naturel, Manfred, désigné comme régent,
était jeune et sans expérience, lassés d'un règne oppressif de trente années, les
populations ne demandaient qu'à changer de régime, des révoltes graves éclatèrent
dans la Pouille et la Terre de Labour Innocent se vit déjà maître de la situation
Il se croyait si sûr du succès qu'il répondit par l'offre dérisoire, et tout de suite
repoussée, de la seule principauté de Tarente aux avances de Manfred qui, trahis-
sant son frère, proposait de remettre le royaume au Saint-Siège pour le reprendre
de lui en fief Son légat, le cardinal de Saint-Georges au Vélabre, et lui-même
accordèrent aussi à plusieurs villes, avec les franchises municipales que les Hohenstaufen leur avaient toujours refusées, le privilège d'immédialité, qui devait les
placer à jamais dans le domaine direct de l'Église Cela équivalait à proclamer que
la Sicile n'aurait jamais d'autre souverain que le pape.

« Mais on comptait à la curie sans les talents de Manfred, qui n'eut qu'à paraître
pour réprimer l'insurrection apulienne, et sans l'énergie de Conrad, qui, accouru
de ses États héréditaires, dès qu'il avait pu s'échapper d'Allemagne (il débarqua a
Siponto, le 8 janvier 1252), se mit aussitôt en devoir, et non sans succès, de soumettre la Terre de Labour. On oubliait surtout les moyens d'action que l'orga-

nisation administrative du royaume le plus centralisé d'Europe mettait aux mains de ses gouvernants. Dès le milieu de 1252, il était devenu clair que la Sicile ne se laisserait pas entamer.

« Innocent IV retourna aussitôt sa position. Pas un instant il n'a sérieusement songé à accueillir les ouvertures de paix que Conrad lui fit alors. Mais trouver pour la Sicile un conquérant, que tente une proie si riche, que n'effraie pas une tâche si difficile, pendant deux ans il ne pensera pas à autre chose. Il est si pressé d'aboutir qu'il envisage à la fois deux candidatures possibles. A son notaire, maître Albert de Parme, qui sera sous trois pontificats l'agent zélé de ces négociations, il donne en même temps, en août 1252, mandat d'offrir la Sicile à Richard de Cornouailles, et, en cas de refus, à Charles d'Anjou. Richard prétendit faire ses conditions, exiger du pape des garanties et un concours sans lesquels, prétendait-il, autant vaudrait lui vendre la lune que de lui inféoder la Sicile. L'ambition de Charles d'Anjou fut vivement tentée; au dernier moment, la prudence l'emporta, l'accord déjà presque conclu, et escompté par le pape, se rompit. Ces pourparlers infructueux avaient pris plus d'un an. Innocent revint encore à l'Angleterre; cette fois, il s'adressa à Henri III pour son second fils Edmond. Un pis-aller à tous égards que cette candidature d'un enfant de huit ans, placé sous la tutelle d'un sot, impuissant à gouverner son propre royaume; mais le Saint-Siège n'avait plus le choix, et de l'Angleterre il espérait du moins tirer de l'argent. Henri III ne s'inquiéta pas des difficultés qu'il n'était pas capable d'apercevoir; il ne vit qu'un titre flatteur pour son fils; le 12 février 1254, il déclarait accepter la Sicile en son nom; le 6 mars, maître Albert remettait à ses mandataires l'acte qui constatait l'accord intérieur, en réservant seulement la ratification par le pape. Par lettre du 14 mai, celui-ci exigea quelques retouches à certaines clauses. Il chargea Albert d'en tenir compte pour faire établir une nouvelle rédaction de l'acte, qui serait antidatée du 6 mars, et remise à Edmond. Du fait de cette remise le traité serait définitif.

« Quelques jours plus tard, le pape s'accusait de précipitation et déplorait de s'être autant avancé. Il venait d'apprendre la mort de Conrad, survenue le 21 mai. L'héritier du défunt, Conradin, avait deux ans, et vivait au fond de l'Allemagne. Cette nouvelle catastrophe répétait et aggravait celle de 1250; elle semblait ruiner sans retour la fortune des Hohenstaufen et livrer la Sicile au pape; il ne laisserait pas deux fois échapper une telle chance. Pourquoi fallait-il qu'il fût engagé avec l'Angleterre ? Car il croyait l'être.

« Heureusement maître Albert ne manquait pas d'initiative en un temps où il en fallait beaucoup aux diplomates. Depuis le mois de mars, il avait eu le temps de pénétrer et de juger Henri III, de se rendre compte aussi à quel point l'affaire de Sicile serait impopulaire en Angleterre, avec quelle peine le clergé et les nobles ouvriraient leur bourse et tireraient leur épée. Il craignait qu'à l'user, l'alliance anglaise ne se révélât illusoire. En recevant les instructions du 14 mai, il prit sur lui d'en subordonner l'exécution à des garanties qu'il réclama vainement du roi. Il n'avait encore rien fait d'irréparable quand lui parvint la nouvelle qu'intentions et intérêts du Saint-Siège, tout était changé.

« A peine informé de l'immense service que, sans le savoir, lui avait rendu son agent, Innocent IV se mit en devoir d'user de sa liberté d'action conservée.

« Conrad avait pris soin d'exprimer ses dernières volontés, inspirées de deux sentiments. D'abord, une vive défiance contre Manfred, dont il connaissait la trahison de 1251, duquel d'ailleurs tout l'avait séparé d'avance. La famille de Frédéric avait été aussi peu homogène que ses États, élevés l'un en prince allemand, l'autre en noble italien, ces deux demi-frères étaient arrivés à l'âge d'homme quand ils se virent pour la première fois. Ce ne fut donc pas Manfred, mais un aventurier allemand, Berthold de Hohenbourg, que le roi mourant chargea de la régence. Il avait aussi témoigné le désir de réconcilier enfin sa famille avec le Saint-Siège. La chose devenait plus aisée, tandis que lui-même, roi des Romains et roi de Sicile à la fois, et résolu à ne renoncer à rien, incarnait cette union des couronnes dont la curie ne voulait à aucun prix, son fils n'avait jamais été l'élu des princes allemands, c'était affaire à la papauté d'empêcher qu'il le devînt jamais, elle ne risquait rien à lui reconnaître ses États héréditaires, à condition de ne pas recommencer l'imprudence d'Innocent III. La situation ressemblait à celle de 1197, s'inspirant du testament d'Henri VI, Conrad confia son fils, non pas à la tutelle proprement dite, mais à la bienveillante protection de l'Église.

« Seulement, le parti du Saint-Siège était pris : plus de Hohenstaufen ! Innocent IV ne se fit pas un point d'honneur de répondre à la confiance de Conrad. Le mécontentement était vif, dans le royaume, contre les Allemands dont le roi s'était entouré, il le fomenta et l'exploita. La diète de San Germano força Berthold de Hohenbourg à déposer la régence, et élut en sa place Manfred, que les nobles siciliens, malgré le sang allemand qui coulait dans ses veines, regardaient comme un des leurs. Le pape avait indirectement contribué à ce coup d'État, mais il n'accepta pas pour cela les autres résolutions par lesquelles l'assemblée avait juré fidélité à Conradin et reconnu Manfred comme son successeur éventuel. Une armée, rassemblée par lui en Campanie, était prête à envahir le royaume. On n'eut pas à recourir à la force, l'aristocratie sicilienne n'éprouvait pas autrement de répugnance à se soumettre au pape, elle entraîna Manfred. Le pape facilita les choses en permettant que, dans les serments à lui prêter, on réservât les titres de Conradin à la couronne : concession qui lui coûtait peu : qui donc examinerait ces titres, sinon lui-même ? En attendant, le royaume lui serait remis; et il se hâta de manifester par ses actes son intention d'en prendre une possession définitive. Quant à Manfred, on le dédommageait en le créant vicaire pontifical pour les provinces de Terre Ferme, au sud de Sela, sur la mer Tyrrhénienne, et de Trigno, sur l'Adriatique. Tel fut le traité du 27 septembre 1254. Le 11 octobre, Innocent franchissait la frontière au pont du Garigliano; Manfred en personne conduisait son cheval par la bride.

« Dans la joie du triomphe, on n'oublia qu'une seule chose, c'est qu'il serait impossible à Manfred de se résigner. Encore si on l'eût ménagé. Mais on le prenait si peu au sérieux qu'on ne respectait même pas les engagements contractés à son égard. Dès la fin d'octobre, il était en révolte ouverte; la situation générale lui imposait ce que des causes occasionnelles ne firent que hâter. Tandis qu'Innocent IV entrait à Naples, il s'emparait de Lucera, il y trouvait les trésors de son père, confiés à la garde de sa fidèle colonie sarrasine. Se posant en défenseur des droits méconnus de Conradin, il ralliait autour de lui une grande partie de ces barons siciliens à la versatilité proverbiale, qui ne se souciaient déjà plus de la domination de l'Église. Le 2 décembre, il dispersait l'armée pontificale envoyée contre lui et la nouvelle de cette défaite hâta peut-être la fin d'Innocent IV.

« Le pape mourut à Naples, le 7 décembre. Prévoyant la ruine de ses espérances, il avait eu le temps de recourir à l'autre combinaison qu'il tenait en réserve et de renouer avec l'Angleterre. Dans une lettre du 17 novembre, s'exprimant comme si les negociations n'eussent jamais été interrompues, il invitait Henri III a envoyer sans retard un representant pour prendre en main le gouvernement du royaume.

« Son successeur, Alexandre IV, était aussi différent de lui qu'il est possible Dans la longue série des papes qui eurent à soutenir la lutte du sacerdoce contre l'empire, aucun peut-être n'a été plus pacifique et plus faible. Mais les circonstances ne lui permettaient pas de s'écarter des traditions politiques qu'il trouvait établies Des negociations de paix s'engagèrent bien, elles étaient la conséquence obligée de tout changement de personnes, d'un côté ou de l'autre, mais d'ailleurs on soutenait toujours les mêmes pretentions posées Le pape ne voulait rien accorder au delà de la paix du 27 septembre Le resultat fut l'excommunication solennelle de Manfred, promulguee le 25 mars 1255, et l'investiture de la Sicile, accordée, le 9 avril, a Edmond d'Angleterre : celle-ci, d'ailleurs, entourée de précautions qui prouvaient qu'Alexandre avait appris a partager les défiances qui avaient jadis arrêté maître Albert. Le roi d'Angleterre s'engageait a rembourser a des échéances déterminées les 135 541 livres sterling que la Chambre apostolique avait déjà depensees pour l'affaire de Sicile Il promettait aussi d'être en personne dans le royaume, avant le 29 septembre 1256, ou du moins de se faire remplacer par un capitaine suffisamment qualifié. Faute de quoi, il serait loisible au pape, sans autres formalités, de déclarer le traité caduc. Peut-être à la curie caressait-on le secret désir d'en venir a cette extrémité On n'y comptait pas sur l'Angleterre au point de renoncer a s'aider soi-même Au mois de mai, une nouvelle armée pontificale, commandée par le cardinal de Sainte-Marie in Via Lata, se portait sur Lucera L'ideal n'eût-il pas été qu'Henri III fournit assez de subsides pour permettre de conquérir la Sicile, pas assez pour qu'on fût tenu de la lui laisser ?

« Il ne fournit rien du tout. Eût-il fait d'ailleurs toute la diligence désirable, qu'il ne fût pas arrivé à temps pour empêcher le désastre que Manfred infligea aux pontificaux Le 20 août, à Foggia, le cardinal de Sainte-Marie capitulait, il reconnaissait Conradin comme roi de Sicile, Manfred comme regent, en revanche, la Terre de Labour resterait a l'Église Le tout, sous réserve de la ratification du pape, qui la refusa L'incident ne servit qu'à montrer une fois de plus l'intransigeance de la curie Pour mieux dire, il contribua aussi à la convaincre qu'elle ne pouvait rien contre le royaume. Pour achever de lui en administrer la preuve, vers le même temps, une expédition contre la Calabre avait piteusement échoué, puis, à la fin de 1255 et au commencement de 1256, Manfred soumit sans peine les villes de l'île de Sicile et de la Terre de Labour restees jusqu'alors en majorité pontificales Ces severes leçons dissipent sans retour le rêve de conquête directe

« Sa propre impuissance, dûment averee, rendait d'ailleurs le pape indulgent pour celle d'Henri III. A quoi eût-il servi de révoquer la concession, pour cause d'inexécution du cahier des charges? Ne pouvant être lui-même roi de Sicile, il n'avait point d'intérêt a déclarer qu'Edmond ne l'était plus. Il serait inutile et fastidieux de raconter en détail les négociations qui suivirent, d'exposer les excuses par lesquelles Henri III, à la fois piteux et ruse à sa manière, trouva moyen d'amuser la longanimité d'Alexandre IV et obtint delai sur delai, prorogation sur prorogation A la fin, le pape perdit patience Par la bulle du 9 mai 1258, il declara qu'il reprenait sa liberté Déclaration toute platonique la curie n'avait alors personne qui voulût prendre la suite d'une entreprise désespérée en apparence.

porterait seul les dépenses de la guerre. Mais Charles retarda son
arrivée et Manfred, malgré les sévères peines ecclésiastiques prononccées contre ses partisans par le pape, et les croisades prêchées contre
lui, étendit de plus en plus son pouvoir. Afin de mieux pourvoir
à sa sûreté personnelle, Urbain quitta Orviéto pour se réfugier
dans la ville forte de Pérouse; il y mourut le 2 octobre 1264[1].

Dans ces circonstances difficiles, après quatre mois de délibération, les cardinaux élurent, le 5 février 1265, le cardinal Gui
Foulquois, alors en ambassade; il prit le nom de Clément IV. Né à
Saint-Gilles-sur-Rhône, en Provence, il s'était dès sa jeunesse
signalé comme jurisconsulte et jouissait de la confiance de
saint Louis Devenu veuf vers 1247, il entra dans l'Église et arriva
rapidement aux charges les plus élevées[2]. Sa droiture, sa connais-

« Les choses auraient pu rester longtemps en l'état Manfred, maître du
royaume, le pape obstiné à ne pas le reconnaître, mais guéri de toute envie de
l'attaquer, tenant à tout hasard l'Angleterre en réserve, en attendant qu'il eût
trouvé ce qu'il cherchait sans beaucoup d'illusion ni de zèle l'homme que la
réunion de conditions presque contradictoires désignerait pour être le conquérant
de la Sicile possesseur de coffres bien garnis et prêt à les vider, assez pourvu de
fiefs ou d'États pour être en mesure de lever une armée et trop ambitieux pour
se contenter de son sort, d'une capacité politique et militaire indiscutable, avec
un grain de la folie aventureuse des chevaliers errants, des croisés ou des corsaires

« Seulement Manfred prit l'offensive. Son zèle pour les droits de Conradin
n'avait jamais été qu'un prétexte, à peine bien affermi au pouvoir, il répandit
adroitement le bruit de la mort de son neveu, et, le 10 août 1258, il ceignait à
Palerme la couronne sicilienne En même temps, il entreprenait dans toute
l'Italie la campagne diplomatique et militaire qui le rendit en peu de mois le maître
de la péninsule, presque unifiée par son influence L'extrême danger réveilla la
papauté. Le successeur d'Alexandre, Urbain IV, put enfin déterminer l'homme
qu'avait deviné déjà Innocent IV et engager au service de l'Église l'épée, promptement victorieuse, de Charles d'Anjou » (H L).

1 Winkelmann, *Acta ined.*, t ɪɪ, p 732 sq, Posse, *Anal Vat*, p. 20-35, surtout
n 244, 370 et 400; Potthast, *Reg*, t ɪɪ, p 1540; Schirrmacher, *op. cit*. p 224 sq

2 En 1256, il devint évêque du Puy, en 1259, archevêque de Narbonne, en
1261, cardinal Le 22 novembre 1263, il fut envoyé en Angleterre comme légat.
Potthast, *Reg*, p 1542, J. Heidemann, *Papst Clemens IV. Das Vorleben des
Papstes und sein Legationsregister*, in-8, Münster, 1903; F Duchesne, *Histoire
de tous les cardinaux français*, t. ɪɪ, p. 208 C'était un canoniste de carrière, après
avoir été « clerc enquêteur » du roi de France, il fut transformé en ambassadeur et
chargé de procurer, sinon le bon accord, du moins une détente entre Henri III
d'Angleterre et les barons anglais pourvus de la « Grande Charte ». On a de Clément IV l'ouvrage suivant · *D Guidonis Fulcodii, card ep. Sabinensis et postea
summi pont. Clementis IV nuncupati, quæstiones quindecim ad inquisitores nunc,
primum impressæ cum annot Cæsaris Carenæ Cremonensis*, in-4, Lugduni,

sance du monde et des affaires attiraient sur lui l'attention. Il revenait d'Angleterre et apprit en France son élection. Il dut, pour traverser la Haute-Italie et échapper aux gibelins, se déguiser en moine, et c'est sous ce costume qu'il arriva à Pérouse [1]. Presque toute l'Italie était aux mains de Manfred, et le pape crut trouver un sauveur dans Charles d'Anjou, à qui il avait déjà fait parvenir une lettre d'encouragement pendant la vacance du Siège [2]. Pour lui faciliter le recrutement d'une armée, le légat de France reçut le pouvoir de commuer le vœu des croisés en celui de faire la guerre à Manfred. A Pâque 1265, Charles d'Anjou, autorisé par son frère [3], et le roi d'Angleterre Henri III ayant renoncé pour son fils Edmond à toute prétention sur la Sicile [4], quitta Paris et con-

27]

1669. Outre le livre de Heidemann, cf. Daunou, dans *Hist. littéraire de la France*, 1838, t. XIX, p. 92-101; H. Denifle, dans *Historiches Jahrbuch*, 1886, t. VII, p. 442-443; K. Hampe, dans *Neues Archiv*, 1898, t. XXIII, p. 603-611; Ed. Jordan, *Les registres de Clément IV (1265-1268), recueil des bulles de ce pape, publiées ou analysées d'après les manuscrits originaux des archives du Vatican*, in-4, Paris, 1893-1895; Kaltenbrunner, dans *Mittheil. d. Instit. œsterr. Gesch.*, 1886, t. VII, p. 560-564; *Liber pontificalis*, édit. Duchesne, 1892, t. II, p. 455-456; L. de Mas-Latrie, dans le *Bull. du Comité des trav. hist.*, 1886, p. 176-178; Mazer, dans *Travaux de l'Acad. du Gard*, 1808-1809, p. 327-340; Ch. Molinier, dans les *Archives des Missions scientifiques*, 1888, IIIe série, t. XIV, p. 201-212; Pertz, *Archiv*, 1824, t. V, p. 344-352; Potthast, *Reg. pont. rom.*, 1874, p. 1541-1649, 2130; Böhmer-Ficker-Winkelmann, *Regesta imperii*, 1892, t. V, n. 1465-1512, 2146-2148; Baronius-Raynaldi, *Annal. eccles.*, ad ann. 1265, 1268, n. 54; ad ann. 1300, n. 30-31; ad ann. 1320, n. 25-27; G. Rossi, *Ricerche sull'origine e scopo dell'architettura archiacuta; mausoleo di Clemente IV*, in-8, Siena, 1890; G. Sievers, *Die Datierung eines päpstlichen Briefes an deutsche Wahlfürsten*, dans *Mittheilungen d. Instit. œsterr. Geschichtsf.*, 1898, t. XIX, p. 157-160; R. Sternfeld, dans *Neues Archiv*, 1891, t. XVII, p. 214-219; H. Vinay, dans la *Revue des Sociétés savantes*, 1876, VIe série, t. IV, p. 435-440; Nicolas, *Un pape saint-gillois, Clément IV dans le monde et dans l'Église, 1125-1268*, in-8, Nîmes, 1910. (H. L.)

1. Sur la carrière de Gui Foulquois avant son élévation au pontificat, cf. E. Jordan, *Les origines de la domination angevine en Italie*, in-8, Paris, 1909, p. 299-301. (H. L.)

2. La lettre est datée *vigilia Epiphaniæ*, elle est sans aucun doute de l'année 1265. Martène, *Thes. nov.*, t. II, p. 97.

3. Saint Louis dut se décider vers le mois de mai 1263. E. Jordan, *op. cit.*, p. 396. H. L.)

4. Déjà le 7 mai 1264, Urbain IV avait loué l'archevêque de Cosenza, légat de France, d'avoir gagné le roi de France à la candidature de Charles d'Anjou pour la Sicile. Le 25 juillet 1263, il avait cherché à apaiser le roi d'Angleterre. Posse, *Anal. Vat.*, n. 251, 393. La lettre touchante de Manfred au pape fut écrite au mois de juillet 1264. Böhmer-Ficker, op. cit., p. 877.

duisit son assez petite armée, non pas à travers la Haute-Italie,
mais par mer sur les côtes de Rome. Manfred avait fait barricader
et surveiller par une flotte l'embouchure du Tibre, mais Charles
d'Anjou parvint à débarquer et, le 21 mai, se trouvait déjà à
Saint-Paul, devant Rome. Deux jours après, il entra solennellement, jura le traité conclu avec le pape et prit ses quartiers dans
le Latran. Le pape protesta immédiatement, déclarant le Latran
soustrait à tout *patriarcheion* de Rome laïque Charles quitta donc
le Latran et fut solennellement investi du royaume des Siciles
par les quatre cardinaux délégués. Le pape voulait recevoir personnellement l'hommage du nouveau roi. Charles n'avait ni assez de
soldats ni assez d'argent. C'était au pape de tout fournir. Mais le
trésor de l'Église était vide. Les biens de l'Église étaient déjà en
grande partie placés, et il était presque impossible de se procurer de
l'argent, sauf par des impôts exorbitants On s'explique dès lors sans
peine que le pape ait maudit l'arrivée de Charles et le royaume
de Pouille [1].

Les choses prirent une meilleure tournure lorsque, dans l'été
et l'automne de 1265, une armée française descendit par
la Haute-Italie. On se souvient que Milan avait abandonné le
parti gibelin, aussi se montra-t-elle bienveillante aux Français,
Gênes n'opposa que peu de résistance. Le marquis d'Este, les
comtes de Savoie et de Montferrat, ainsi que d'autres seigneurs
et plusieurs villes, se déclarèrent ouvertement pour le pape et pour
Charles d'Anjou, et ouvrirent à l'armée de ce dernier leurs routes [28]
et leurs passages. Pallavicini voulut, avec des forces considérables,
s'opposer à l'invasion, mais malgré sa supériorité numérique
(60 000 hommes), il ne put provoquer une bataille rangée [2] Les
Français l'évitèrent à dessein, tournèrent sa forte position sur
l'Oglio et arrivèrent à Rome (janvier 1266) à travers la Marche
et Spolète, traînant à leur suite les guelfes et les partisans du pape
Encouragé par ces bonnes nouvelles, par l'approche de l'armée

1. Martène, *Thesaur.*, t II, p 136, 172, 223, Potthast, *Reg*, t II, p 1558 sq,
Posse, *Anal. Vat.*, n. 453, 455 La conduite arrogante de Charles s'explique, si l'on
tient compte de la lettre envoyée aux Angevins par Clément IV, lorsqu'il était
encore cardinal *Illud autem certum est apud multos quod si regnum oblatum
recipitis, ut bis est vestra, per quam est regnum acquirere, et a romana Ecclesia quod
vobis expedierit et ipsa dare decreverit, obtinere poteritis, et in ipsa urbe, quod etiam
vobis placuerit facere* Martène, *Thes nov*, t II, p 98
2 Sur la trahison de Boso, le tyran de Crémone, cf Schirrmacher, *op cit*, p 519

et profitant du séjour de la reine à Rome, Charles insista auprès du pape pour être couronné. Mais le pape ne voulut pas venir à Rome et Charles refusa de se rendre à Pérouse. Alors Clément délégua cinq cardinaux pour sacrer et couronner solennellement le roi et la reine à Saint-Pierre le jour de l'Épiphanie 1266. Le pape ne s'aperçut que trop tôt de la mauvaise affaire qu'il avait faite en armant les Français contre les Hohenstaufen [1]. Plusieurs lettres pontificales montrent la situation assez tendue entre Charles d'Anjou et Clément IV. Ce dernier se plaint des empiétements du duc d'Anjou sur les droits de l'Église, des continuelles demandes d'argent des Français, des sacrilèges et des brutalités commis parfois avec l'assentiment de Charles contre les églises, les clercs et les laïques, de leurs pillages, cruautés, etc. « Je n'ai pas plus de montagnes que de ruisseaux d'or, écrit-il, et je n'ai non plus la faculté de changer les pierres en or. » Et encore : « Sache que je ne t'ai pas appelé pour imiter les errements et la dépravation des autres et pour accaparer les droits de l'Église, je t'ai appelé pour que, te contentant de ton droit, tu protèges et défendes d'abord l'Église romaine et puis toute autre Église [2]. » Ce malentendu alla si loin que, le 21 février 1266, le pape délibéra avec les cardinaux pour savoir s'il ne valait pas mieux renouer des négociations avec Manfred [3]. Il ignorait que le sort était déjà jeté.

Charles d'Anjou, comprenant que tout délai énervait le courage de l'armée française et compromettait le dénouement, sortit de Rome le 20 janvier et déboucha dans la Pouille par les défilés de Ceprano, 9] Aquino, Monte Cassino et San Germano. Ceprano formait déjà la frontière sud des États de l'Église, position qu'elle a toujours gardée. Mais en ce moment la ville, séparée des États du pape, était au pouvoir du comte Richard, qui avait épousé Violante, fille naturelle de Frédéric II. Ce comte et Jordan Lancia devaient défendre les ponts à Ceprano sur le Garigliano, mais le comte Richard livra le passage aux Français. Quelques historiens ont prétendu que le comte Richard avait été gagné par Charles ; d'autres ont imaginé que, Manfred ayant violé la femme de Richard, celui-

1. Sur le personnage si poussé en contraste, si mal jugé, si séduisant, de Charles d'Anjou, voir quelques pages excellentes de E. Jordan, *Les origines de la domination angevine en Italie*, 1909, p. 409-419. (H. L.)

2. Baronius-Raynaldi, *Annal. eccles.*, ad ann. 1266, n. 7-9; Martène, *Thesaur.*, t. II, col. 267; Potthast, *Reg.*, t. II, p. 1577; Raumer, *op. cit.*, p. 513 sq.

3. Martène, *Thesaurus* ad ann. 270

ci s'était vengé; mais on oublie que Violante était la propre sœur de Manfred [1]

Après ces premiers succès, les Français se hâtèrent de gagner la ville très forte de San Germano, au pied du mont Cassin. La négligence de la garnison trop confiante fit encore rapidement tomber entre leurs mains, 10 février 1266, cette place importante. Manfred se retira à Capoue, où il trouvait plusieurs points d'appui et des magasins bien pourvus. Mais les Français, débordant sur ces positions, se dirigèrent vers l'est du côté de Bénévent. Manfred s'y porta, et il avait déjà disposé son armée dans la plaine devant la ville, lorsque Charles d'Anjou arriva avec des troupes exténuées par une marche de dix jours Le combat commença aussitôt; au début, les lourds chevaliers allemands eurent le dessus; mais Charles ayant donné l'ordre de les frapper autant que possible à la jointure de leurs cuirasses et de blesser leurs chevaux, ils eurent énormément à souffrir De plus, par trahison, au signal donné au moment critique par les comtes de Caserta et d'Acerra, des troupes passèrent du côté de Charles, d'autres prirent la fuite. Manfred désespéré se jeta avec quelques-uns de ses amis au milieu des Français, et y fut tué sans avoir été reconnu [2]. La bataille, le trône et la vie, il perdait tout ensemble, et deux jours après on trouva sur le champ de bataille son corps complètement dépouillé. Manfred excommunié ne put être inhumé en terre sainte. Sa femme et ses enfants tombèrent au pouvoir de Charles, qui les retint captifs [30] presque toute leur vie A propos de l'entrée des Français à Bénévent, ville papale, le pape, écrivant à Charles quelques jours plus tard, entre dans les détails suivants : « Vous ne respectez rien, ni les biens de l'Église, ni les autres, ni l'état, ni l'âge, ni le sexe. Des croisés, qui auraient dû protéger les églises et les couvents, les ont dépouillés, ont brûlé les saintes images et fait violence à des vierges consacrées à Dieu. Ces vols, ces meurtres, ces épouvan-

---

1. Schirrmacher, *op cit*, p 524, considère cette trahison comme pure invention. Manfred n'aurait jamais eu l'intention de défendre Ceprano D'après Böhmer-Ficker, *op cit*, p 882, également Manfred aurait abandonné l'idée de défendre Ceprano Mais il semble difficile d'attribuer à Manfred, si prudent et si énergique, une telle imprévoyance que d'abandonner sans coup férir cet important défilé. Sans doute il n'en avait pas confié la défense à un soldat à toute épreuve, mais à ce moment critique il était la victime de sombres trahisons Il ne tarda pas à se venger d'une façon terrible sur les chefs, les nobles italiens

2. Meomartini, *La battaglia di Benevento*, in-8, Benevento, 1895. (II L)

tables sacrilèges n'ont pas été commis dans l'enivrement de
la bataille, mais durant huit jours et sous tes yeux, et rien n'a
été fait pour rétablir l'ordre. En vérité, jamais Frédéric II, notre
ennemi, n'a traité l'Église de cette façon ! Oh ! triste fin d'une
triste expédition, s'il faut augurer de ce qui sera fait au bois sec
par ce qui vient d'être fait au bois vert [1] ! »

A quelque temps de là, Charles d'Anjou entrait à Naples, et tout
le pays des deux côtés du détroit lui fut soumis. Sous les titres
variés de protecteur, de podestat, Charles obtint la suzeraineté
de la Toscane et de la Lombardie; titres plus flatteurs que réels.
Quiconque eut affaire à lui se vit successivement trahi, humilié,
lésé, molesté, opprimé, maltraité [2]. Conformément à son traité avec

1. Martène, *Thesaur.*, t. II, fol. 298, 306. Sur les excès des Français à Bénévent,
cf. Saba Malasp., dans Muratori, *Rerum Italicarum scriptores*, t. VIII, p. 828 sq.;
Schirrmacher, *op. cit.*, p. 299 sq.

2. Non. Pour Hefele comme pour Amari, Charles d'Anjou doit être un monstre
et il faut ne le juger qu'au point de vue de l'exécution de Conradin et au point de
vue des Vêpres siciliennes, c'est-à-dire de deux épisodes fâcheux pour la mémoire
de Charles, les seuls dont le grand public ait gardé la mémoire et que les historiens,
moins étrangers au mélodrame qu'ils devraient l'être, ont exploités à outrance.
Conradin est un jeune homme intéressant, dernier rejeton d'une famille illustre,
dont la fin tragique fait oublier bien des actes parmi lesquels il en est d'odieux,
d'identiques à celui dont il va être victime, je veux parler de l'exécution, au matin
de Tagliacozzo, du maréchal de Braiselve, prisonnier de guerre. Conradin se
présente à la postérité dans l'attitude d'un duc d'Enghien, autre héritier d'une race
qui périt avec lui et dont la jeunesse n'avait pas été exempte de fautes. L'histoire
peut s'apitoyer sur ces destinées; il faut reconnaître cependant que la Providence a
été clémente à ces jeunes hommes, elle leur a procuré l'occasion d'une expiation
si grandiose qu'ils en ont été pour ainsi dire consacrés à jamais. Charles d'Anjou ni
le Premier Consul ne sont excusables, mais ce drame n'est pas tout dans leur
carrière. Les Vêpres siciliennes, dont on fait l'acte de désespoir, la ruée héroïque
d'un peuple poussé à bout, est, plus que tout cela, un divertissement à l'italienne dans le genre en faveur au moyen âge. L'histoire des républiques italiennes
offre des exemples nombreux de ces furies soudaines qui se passent entre concitoyens
et sont infiniment moins flatteuses pour l'amour-propre national que le jour où
elles se satisfont sur des étrangers. De nos jours, enfin, on a commencé à juger
« plus équitablement le souverain qui, en face des perpétuelles révoltes de la
Provence, avait fait preuve d'une véritable longanimité; le vainqueur dont l'âme
était assez haute pour tolérer qu'à sa cour un poète presque officiel fît dans ses
vers l'éloge éclatant de Manfred, le vaillant vaincu, auquel lui-même, par un
sentiment méritoire sans doute, puisqu'il ne fut pas compris de tous ses contemporains, avait tenu à faire donner une honorable sépulture. On s'est rendu compte
que les mesures extrêmes de 1268 sortent de son caractère plutôt qu'elles n'en
donnent l'idée exacte; elles lui ont été dictées par d'impérieuses raisons d'État,
par l'exaspéon l   ..   ·   ·   ..   les

exemples, funestes à lui comme à ses prédécesseurs, que donnait cette Italie du xiiie siècle où les vengeances politiques étaient tellement atroces. De même, avant de conclure de la révolte de 1282 à une intolérable oppression, il ne faudrait pas oublier que la révolte, dans l'Italie du Sud, était endémique. On s'était soulevé contre Henri VI, soulevé après lui contre ses Allemands, puis, à diverses reprises, contre Frédéric II, puis, après la mort de ce dernier, en 1251, dans la Terre de Labour et la Pouille, et enfin, contre Manfred en Sicile, en 1262. En réalité, c'est au système qu'on en voulait, à ce merveilleux instrument d'exploitation, préparé par les Normands et perfectionné par Frédéric, que Charles d'Anjou (faut-il dire pour son bonheur ou pour son malheur?) a trouvé tout achevé et auquel il lui était impossible de renoncer. Cela n'exclut pas d'ailleurs que ce même système ait pu être aggravé du seul fait qu'il était manié par des mains étrangères et nouvelles. Mais, tout compte fait, on a eu raison de dire que « l'étude des registres angevins est extrêmement favorable à la mémoire de Charles Ier d'Anjou. Si l'on peut reprocher au fondateur de la dynastie d'avoir abusé de sa victoire pour traiter ses adversaires avec la plus extrême rigueur, on doit reconnaître qu'une fois son pouvoir solidement assuré, il s'efforça par tous les moyens de faire régner dans ses États la paix et la justice » Durrieu, *Les archives angevines de Naples*, t. i, p. 75; Cadier, *Essai sur l'administration du royaume de Sicile sous Charles Ier et Charles II d'Anjou*.

« Le vrai Charles d'Anjou n'est assurément ni un saint, ni un débonnaire, ni un scrupuleux. La raideur de son caractère, la brutalité et souvent l'injustice de ses procédés l'ont engagé dans des conflits plus ou moins âpres et prolongés avec ceux qui lui tenaient de plus près : avec sa belle-mère Béatrice de Savoie (Sternfeld, *Karl von Anjou als Graf der Provence*, p. 117-120), avec sa belle-sœur Marguerite de Provence (*op. cit.*, p. 147-148), avec saint Louis lui-même (*op. cit.*, p. 161) qu'il aimait pourtant de vraie affection. Mais il n'avait rien du despote insociable, égoïste, auquel on n'obéit que par crainte. Il était capable d'inspirer du dévouement. Il a eu des amis et des serviteurs fidèles. Pourrait-on en dire autant de Frédéric II, l'homme qui « ne nourrissait jamais un porc que pour en avoir la graisse? » Dans le portrait si vivant qu'il a tracé de Charles d'Anjou, Thomas de Toscane (*Monum. Germ. hist., Script.*, t. xxii, p. 523-524) le représente silencieux, le visage presque toujours sérieux, n'ayant jamais ri, même dans son enfance, ne se souciant pas des jongleurs et ne leur donnant jamais rien, peu adonné à la chasse, économe plutôt que magnifique dans sa table, si simple dans ses vêtements et son train extérieur que, ne le connaissant pas, on l'aurait pris pour le premier chevalier venu. Au total, une nature sombre et renfermée. Mais d'autres textes donnent une impression un peu différente. Un troubadour qui, sur d'autres points, ne le flatte pas, le loue d'être gai, affable et courtois. Il ne lui manque que d'être généreux, d'avoir la main large, défaut qu'expliquent du reste les continuels embarras d'argent où le jetaient ses grandes entreprises. Un autre troubadour, un partisan de Manfred, parle de lui (avec une exagération évidente) presque comme d'un chevalier de romans, « serf d'amour » et amateur de tournois. De fait, il y a chez lui un coin de chevalerie, à près de soixante ans, on le verra trouver tout naturel de vider en champ clos, par combat singulier, ses démêlés avec Pierre d'Aragon, il s'obstinera longtemps dans ce bizarre projet. Peut-être poète lui-même, il s'entoure de poètes. Il a aussi l'esprit ouvert aux arts et sera un des introducteurs de l'art français en Italie; il s'intéresse aux etudes et marquera sa senatorerie de Rome par la fondation d une universite.

« Il est d'une scrupuleuse régularité de mœurs (*Monum Germ hist*, *Script*, t. xxvi, p 565), nouveauté étrange dans une monarchie d'allures presque orientales, dont le harem était depuis longtemps une institution officielle et avouée Il a, suivant la coutume des rois de France, une piete sincere, dont les demonstrations, a l'occasion, comblaient de joie son frère, piete qu'il concilie très bien avec un dedain profond pour les haires, les disciplines, les jeûnes, la vie monacale enfin d'un saint Louis ou d un Philippe le Hardi, mais qui lui inspire en revanche la volonté, et plus encore la conviction d'être « l'athlète du Christ » et l'instrument des desseins d'en haut. Ces deux sentiments apparaissent de la façon la plus claire dans le mémoire qu'en 1273 il adressa à son neveu Philippe le Hardi, pour l'engager à poser sa candidature à l'empire, et qui caractérise si bien sa personne et sa politique. Bien d'autres que lui se sont aussi regardés comme les serviteurs attitrés de la Providence, appelés à jouir de tous les avantages attaches à cette fonction Rarement cette illusion a été plus naturelle que chez lui, plus encouragée aussi par le langage même du chef de l'Église, et partant plus profonde. A ses yeux, tous ses intérêts se confondent avec ceux de Dieu, et sa religion alimente et justifie son ambition. Cette ambition est le principal ressort de son caractère. Thomas de Toscane lui prête un mot saisissant, qui, authentique ou apocryphe, montre du moins quelle idée se faisaient de lui les contemporains. Comme on s'étonnait, après la mort de Manfred, qu'il ne témoignât pas plus de joie · « Pour « quoi me réjouir ? aurait-il répondu Pour un homme vraiment fort, le monde entier « serait trop peu ! » Au service de cette passion maîtresse, il mettait les dons les plus variés et les plus rares : une activité infatigable, une ardeur communicative qu'il savait inspirer a ses plus humbles auxiliaires; comme soldat, la vaillance personnelle de sa famille; comme chef d'armée, tout ce que la tactique du xiiie siècle comportait d'habilete militaire, comme diplomate, un esprit de combinaison, un melange de prudence et de décision que nous le voyons deployer avec éclat dans les negociations suivies avec le Saint-Siege au sujet de l'expédition sicilienne, comme administrateur, le goût de l'ordre et la fermete a le maintenir, le goût aussi de la régularité bureaucratique, et la volonté d'opposer à l'anarchie féodale la competence et le devouement de légistes et de fonctionnaires de profession, dont il s'entoure a l'exemple des Capétiens, desquels il est issu, et des Hohenstaufen auxquels il succede, enfin, pour tout couronner, la résolution d'un véritable homme d'État, ne reculant pas, il l'a montré dans son audacieux depart pour Rome, et encore a Benevent, dans les cas où il faut savoir risquer les parties suprêmes Tout cela gâté par le manque de mesure et le trop d'imagination dans l'ambition La sienne est bien differente de l'ambition prudente, patiente et realiste des princes de sa race, les « rassembleurs de la terre » française. Ses entreprises ne sont pas, comme les leurs, les parties liées entre elles d'un programme d'ensemble, transmis de pere en fils et poursuivi avec persévérance, en vue d une fin unique, l'affermissement d'une dynastie et l'extension de son autorité dans les limites definies d'avance par la geographie et par l'histoire. Parfois elles se succedent presque au hasard d'un caprice. Ainsi, quand, en 1253, il refuse pour la première fois la Sicile, c'est qu'il est engagé, au service de la comtesse de Flandre et contre le roi des Romains, Guillaume de Hollande, dans une guerre de complaisance et d'aventures qui doit lui rapporter le comté de Hainaut a joindre à ses comtes de Provence et d'Anjou ! Là même — c'est le cas pour celles qui seront greffees sur

le pape, il rétablit les privilèges de l'Église et du clergé dans le royaume de Sicile, fief d'Église, mais ne négligea rien pour nuire aux églises et aux clercs. Il refusa au pape le paiement des sommes dues et intrigua pour conserver son titre de sénateur de Rome Il exerça à l'égard de ses sujets tout un système d'exactions et de vexations sans limites, paralysa, pour augmenter l'impôt, l'activité du commerce, il inventa des charges et des redevances accablantes, anéantit les droits des corporations et métiers, ne respecta pas l'indépendance de la magistrature, par haine contre les Hohenstaufen, il abrogea presque toutes les anciennes lois et les institutions établies, et gouverna au gré de son caprice et avec une épouvantable cruauté. Ajoutons qu'il manquait presque toujours d'argent et que les caisses de l'État étaient épuisées pour satisfaire les appétits de cette noblesse française émigrée « Il faut [31] reconnaître, dit Raumer, que le pape Clément IV grondait son favori et blâmait ses fautes avec courage [1]. »

le grand accident de sa vie, l'expédition sicilienne — là même où elles lui sont indiquées par des traditions préexistantes qu'il épouse ou par les circonstances du moment, elles n'en portent pas moins la marque d'un esprit chimérique et déréglé Car ou bien elles sont tellement distinctes que le succès de l'une ne consoliderait en rien les résultats des autres, et d'ailleurs elles se font concurrence et, partant, se gênent mutuellement (ainsi la politique orientale et la politique italienne) Ou bien elles ont pour objet de s'étayer l'une l'autre Ainsi quand il recherchera la sénatorerie de Rome, le vicariat impérial en Toscane, les seigneuries en Lombardie, ce sera pour mieux s'assurer de la Sicile Mais pour qu'on lui permette de dominer ainsi l'Italie, il faut qu'il ait toujours un pape à sa dévotion, d'où la nécessité de cultiver soigneusement le parti français dans le Sacré-Collège, et, a chaque vacance, de peser effrontément sur l'élection; il faut aussi qu'il n'y ait pas d'empereur dont il ne soit sûr, d'où la candidature à l'empire suggérée à Philippe le Hardi Mais l'échafaudage qu'il dresse ainsi est plus fragile à proportion qu'il s'élève plus haut. Tant d'intrigues et de luttes fondent une domination sans unité géographique, réunissant contre la nature des choses les régions les plus différentes et les plus disposées à se hair Ces sujets d'un commun maître se traitent les uns les autres en étrangers vaincus et conquis La Provence déteste les Français du Nord, l'Italie entière apprend à exécrer les Franco-Provençaux, et le royaume, livré encore, par-dessus le marché, a l'exploitation des banquiers de Toscane, achève d'être ruiné par eux Ainsi l'empire angevin doit s'écrouler au premier désastre. » E. Jordan, op. cit , p. 412-417 (H. L)

1 Raumer, op cit , p 565. Sur les plaintes élégiaques des perfides Italiens, cf Malaspina, dans Muratori, *Rerum Italicarum scriptores*, t. viii, p 832. Pour la pressante lettre du pape, cf Martène, *Thesaur.*, t. ii, p 406, Baronius-Raynaldi, *op. cit*, ad ann 1266, n 19 Ce ne fut qu'après une sévère lettre de réclamation (23 août 1266) que Charles consentit à payer en octobre le cens convenu Posse, *Anal Vat*, p. 44.

Ce fut alors qu'un parti d'Italiens tourna les yeux vers Conradin
et un grand nombre de villes et de seigneurs l'appelèrent comme
leur suzerain, en lui faisant les plus alléchantes promesses[1] En Allemagne, on songeait aussi à l'élévation de Conradin, et Clément IV,
après de vains efforts pour amener les deux rivaux à se retirer,
écrivit au cardinal-légat en Angleterre, Ottoboni, de tout faire
pour terminer le conflit qui troublait l'Allemagne. Richard et
Alphonse avaient jusqu'à l'Épiphanie de l'année suivante (1267)
pour exposer au pape leurs droits par l'intermédiaire de leurs
représentants, et devaient attendre la décision du Saint-Siège.
Aux princes allemands il était formellement défendu, sous menace
de graves peines, d'élire ou d'aider Conradin A cette nouvelle,
Richard résolut de regagner l'Allemagne, et chargea Ottocar, roi
de Bohême, de défendre contre Conradin jusqu'à son arrivée les
biens de l'empire sur la rive droite du Rhin; l'archevêque de
Mayence avait charge de la rive gauche [2].

Conradin, cédant aux invitations des Italiens, noua des alliances,
prit le titre de roi de Sicile, nomma des agents zélés, divers fonctionnaires, et même un vice-roi pour la Sicile. Dès le 18 novembre
1266, le pape chercha par tous les moyens à s'opposer à Conradin
en Italie et en Allemagne. Il lui défendit de prendre le titre de roi
de Sicile, de poursuivre ses projets contre les Italiens et les Siciliens,
et menaça d'excommunication tous ceux qui lui prêteraient leur
concours. Tout échoua et, le 14 avril 1267, le pape cita Conradin
en personne à Viterbe le jour des Saints-Pierre-et-Paul pour défendre
sa cause. En cas de refus, il serait excommunié. Presque à la même
époque, les 10 et 26 avril 1267, il écrivit à Florence et à Pise une
lettre outrageante contre ce venimeux *regulus*, fils du grand serpent
(Frédéric II), et s'entendit avec Charles d'Anjou pour l'envoi en
Toscane de troupes destinées à comprimer le mouvement gibelin [3]

1 Cadier, *Essai sur l'administration du royaume de Sicile sous Charles Ier et
Charles II d'Anjou*, Paris, 1891, p. 5-54; Hampe, *Geschichte Konradins von Hohenstaufen*, in-8, Innsbrück, 1894, p 337 sq Cf Martène, *Thesaurus novus anecdotorum*,
t. ii, col 291, 332, 386, cf col. 288, 343, 380, 406, 432, 433, 462, 471, 504, 530;
Raumer, *Geschichte der Hohenstaufen*, t iv, p 565. (H L)

2 Baronius-Raynaldi, *Annal eccles.*, ad ann 1265, n. 58; ad ann. 1266, n. 36,
Posse, *Anal. Vatic*, p. 139; Potthast, *Reg*, t. ii, n. 19815; Böhmer, *Regesten*,
ad ann. 1246-1313, p 48, Bohmer-Ficker, *Reg.*, p 1018, Schirrmacher, *op. cit*,
p 333 sq.

3 Baronius-Raynaldi, *op cit*, ad ann 1267, n 2-4, ad ann 1268, n 4-9 incl,
Martène, *Thesaur*, t ii, p 456-458, 525, 574, Posse, *Anal. Vat.*, p. 141 sq.

Le jour de l'Épiphanie 1267, les fondés de pouvoir d'Alphonse
et de Richard, rendus à Viterbe près du pape, émirent toutes sortes
d'objections subtiles ; les Espagnols surtout reclamèrent la proclamation immédiate d'Alphonse comme roi des Romains et l'abandon
de Richard Ils fondaient cette réclamation sur une série de faits
qu'ils se déclaraient prêts à prouver par témoins venus d'Allemagne, d'Italie, d'Espagne, de France et de la cour romaine elle-
même. Mais sur leur refus d'exhiber leurs preuves, déclarant qu'elles ressortiraient des aveux de leurs adversaires,
des lettres et des dépositions des témoins, Clement IV retarda
toute décision jusqu'à l'Annonciation de 1268 En même temps
il manda à Alphonse son incontestable désavantage vis-à-vis
de Richard, couronné roi d'Allemagne à Aix-la-Chapelle. Le pape
désirait vivement qu'Alphonse renonçât volontairement à ses prétentions [1].

Nonobstant les avertissements de Charles d'Anjou et du pape,
et la défense de sa mère [2], Conradin, escorté de son oncle, Louis de
Bavière, de son beau-père, Meinhard de Gortz, traversa les Alpes
avec dix mille hommes, dans les derniers jours de l'été de 1267,
après avoir, s'il mourait sans enfants, institué ses oncles, Louis,
duc de Bavière supérieure, et Henri, duc de Bavière inférieure,
héritiers de tous ses biens tant alleux que fiefs en Allemagne et en
Italie, et avoir adressé à tous les princes allemands un manifeste
contenant l'énumération de ses droits et sollicitant leur assistance [3]
Conradin arriva à Vérone le 21 octobre Invité par les Scaliger et reçu   [33]
en grande pompe, il fut salué par les envoyés de beaucoup de villes
et de seigneurs. On ignore la raison de son séjour de trois mois à
Vérone, le manque d'argent se faisait déjà sentir, et Conradin fut
obligé d'aliéner divers fiefs à son oncle et à son beau-père Beaucoup de ses compagnons le quittèrent, après avoir vendu leurs
chevaux et leurs armes Ses dix mille hommes se réduisirent à
trois mille, et même l'oncle et le beau-père de Conradin lui

---

1 Baronius-Raynaldi, *op. cit.*, ad ann 1267, n 22-31, Potthast, *Reg.*, t ii,
n. 20002 ; Ad. Fanta, dans *Mittheilungen für oster Geschichtsforschung*, 1885,
t vi, p. 94 sq.

2 Schirrmacher met en doute l'opposition d'Élisabeth aux projets de son fils.
Op cit, p 331-548 Mais il semble bien que c'est le duc Henri qui le déconseilla
Schirrmacher, *op. cit*, p. 558.

3 Bohmer, *Regesten*, ad ann 1198-1254, p. 285, 287, Bohmer-Ficker, *op. cit.*,
p. 895 sq

conseillèrent le retour en Allemagne, mais comme il s'obstinait, ils prirent congé de lui [1].

Un fait considérable pour Conradin fut le ralliement d'Henri de Castille [2], sénateur de Rome, à sa cause. Celui-ci reçut solennellement à Rome Galvan Lancia, plénipotentiaire du prince, le 18 octobre 1267 Henri, traître à son frère Alphonse X de Castille, et exilé, avait été, l'année précédente, grâce à Charles d'Anjou, nommé sénateur de Rome, mais impatient d'avantages plus solides, il avait fait alliance avec Conradin et plantait partout le drapeau des Hohenstaufen Peu de temps auparavant, Frédéric, ami de Conradin, d'accord avec Conrad Capece, délégué de Conradin, avait de Tunis opéré une descente en Sicile et conquis presque toute l'île à Conradin. Seules les grandes villes, paralysées par leurs garnisons, demeurèrent fidèles aux Français. Les Sarrasins de Lucera et beaucoup de chrétiens de cette ville prirent également les armes contre Charles d'Anjou en apprenant l'entrée de Conradin en Italie [3].

Le pape, instruit de l'arrivée de Conradin à Vérone, l'excommunia de nouveau, jeta l'interdit sur tous lieux qu'il traverserait et le menaça, s'il avançait en Italie, de lui enlever le royaume de Jérusalem. Conradin entra le 19 janvier 1268 à Pavie et continua sa route vers Pise, Clément le déclara déchu de la couronne de Jérusalem, le cita devant le tribunal du Saint-Siège et excommunia tous ses partisans et ses coopérateurs Louis de Bavière, Meinhard, comte de Görtz, et Frédéric, prince de Castille, étaient nommément désignés dans la bulle d'excommunication, lancée le 28 mars et solennellement renouvelée par plusieurs décrets [4] le jeudi saint, 5 avril 1268. Le même jour, Conradin arriva à Pise, et, à l'aide des Pisans et des Siennois qui lui étaient très dévoués, obtint des succès qui lui ouvraient la route de Rome. Dépassant Viterbe où le pape s'était enfermé avec les cardinaux, Conradin entra le 24 juillet à Rome, où le sénateur Henri et le peuple le reçurent avec les honneurs impériaux. Le 18 août, il se dirigea avec son

1 Raumer, op. cit , p 576 sq , ne les ménage pas, mais Bohmer, op cit , p. 287 sq., a des trésors d'indulgence pour ces deux princes. Schirrmacher, op. cit , p. 351.

2. Frère d'Alphonse X. (H. L)

3 Baronius-Raynaldi, op. cit , ad ann. 1268, n 15, Potthast, Reg , n. 20142, Muratori, Rerum Italicarum scriptores, t. VIII, p 837, t XIII, p. 1022, Böhmer-Ficker, op. cit., p. 896, 901, Raumer, op. cit., p. 581 sq.

4. Posse, Anal Vat n 48

armée de Rome vers la Pouille [1], mais évitant les dangereux
défilés de Ceprano que Charles d'Anjou avait fait fortifier depuis
qu'il s'en était emparé; il se dirigea à l'improviste vers l'est, traversa
des défilés qui n'étaient pas surveillés et remonta la vallée du
Salto jusqu'à la plaine de Campo Palentino [2]. Depuis le commencement d'août, Charles songeait à barrer le chemin de Lucera à son
ennemi. D'Ovindoli, où il reçut la nouvelle de l'approche de Conradin, Charles traversa rapidement Avezzano sur le lac de Celano,
dans la plaine de Campo Palentino, et gagna les hauteurs d'Alba où
il se fortifia, en face de Conradin. Là, près de Scurcola, fut livrée,
le 23 août 1268, cette bataille si désastreuse pour les Hohenstaufen.
L'armée de Conradin, plus forte, eut d'abord le dessus, poussa
l'ennemi, et le bruit courut que le roi Charles d'Anjou était tué,
tandis que c'était le maréchal de Cousance, qui portait l'armure
du roi. Celui-ci, accompagné de huit cents chevaliers, sous la conduite d'Érard de Valéry, auteur de ce stratagème, se plaça en
embuscade, et lorsque les vainqueurs s'abandonnaient déjà à la
joie et poursuivaient les débris des troupes françaises, Charles
sortit subitement de sa cachette, mit en fuite les Allemands
déconcertés et à peine armés et s'empara de leur camp. Tout fondit.
Conradin s'enfuit à Rome avec Frédéric de Bade [3] et quelques   [35]
amis. Ils y furent reçus avec de grands honneurs, mais, au lieu d'un
secours efficace, ne trouvèrent dans ce peuple mobile à l'excès que
des dispositions douteuses. Aussi se hâtèrent-ils de gagner Astura
au sud de Rome, du côté de la mer, afin de se rendre en Sicile. Ils
étaient sur mer, lorsque le seigneur d'Astura, Jean Frangipani,
apprit qu'ils étaient des fugitifs de marque du camp de Scurcola,

1. Sur le jour du départ, cf. *Forschungen*, t xiv, p 576 sq
2. Sur la marche de Conrad à Palentino, cf Ficker, *Mittheilungen des Instituts
fur österr. Geschichtsforschung*, 1881, t ii, p 515, G. Kohler, *Zur Schlacht von
Tagliacozzo am 23 August 1268*, in-8, Breslau, 1884, *Die Operationen Karls von
Anjou vor der Schlacht von Tagliacozzo*, dans *Mittheilungen des Instit fur osterr.
Geschichtsforschung*, t iv, A Busson *Die Schlacht bei Alba zwischen Konradin
und Karl von Anjou*, dans *Deutsche Zeitschrift fur Geschichtswissenschaft*, t. iv,
G. Roloff, *Die Schlacht bei Tagliacozzo*, dans *Neue Jahrbucher fur das klass. Alter-
thum*, t xi, p 31-54. (H. L)
3 Ce Frédéric était fils de Hermann VI, margrave de Baden-Baden, qui laissa à
son frère Rodolphe le pays de Bade lorsqu'il épousa, en 1248, Gertrude, héritière
de l'Autriche. Il mourut en 1250. Son fils et héritier fut chassé d'Autriche par
Ottocar de Bohême, il alla alors rejoindre en Italie Conradin, dont il était l'ami
depuis longtemps.

à la poursuite desquels il envoya un bâtiment pour les ramener
à Astura avec l'espoir d'en tirer une grosse rançon. Conradin,
croyant n'avoir rien à craindre d'un de ces Frangipani jadis comblés de bienfaits par son grand-père, se fit connaître au seigneur
d'Astura et prodigua les plus belles promesses Mais Frangipani
réfléchit si longtemps qui, de Conradin ou de Charles d'Anjou, le
paierait le mieux, que l'on connut bientôt partout le rang du
prisonnier, et Charles d'Anjou en exigea la remise Conradin et
ses compagnons d'infortune furent conduits à Palestrina, puis à
Naples, au milieu des injures de leurs ennemis. Tous ses partisans
furent cruellement poursuivis, des villes entières furent détruites,
la Pouille et la Sicile terrorisées se soumirent[1]. Le pape Clément,
d'abord très réjoui de la victoire de Charles, lui reprocha l'*horribilis
desolatio* accomplie par ses gens. « Les cris de douleurs et les hurle-
ments des malheureux n'ont pas pu ne pas arriver aux oreilles du
roi, qui ne peut ignorer le viol de tant de femmes et de jeunes filles,
les exactions, les vols, etc.[2]. Mais Charles n'écouta pas la voix du
pape. Malgré l'universelle protestation contre tant de crimes, il ne
se laissa détourner ni de son plan de campagne ni de sa résolution de mettre Conradin à mort. Après avoir pris, pour la forme,
conseil des juristes dont les avis étaient très partagés, le roi prononça la peine de mort contre Conradin *tamquam invasor et alterius
juris prædo*. Il fit publier la sentence par le protonotaire Robert
de Bari. La plupart des légistes admettaient l'innocence de Conradin,
prétendant de bonne foi défendre son droit. Mais le roi était décidé,
et par son ordre Conradin, après avoir reçu les sacrements et assisté
à la messe, fut décapité le 29 octobre 1268 sur le *campus Morici-
nus* (piazza del Mercato) à Naples[3]. Dix autres nobles, parmi

1. Raumer, *op cit.*, p 587 sq, 594 sq, Baronius-Raynaldi, *Annales eccles*,
ad ann., n. 10-16, Martène, *Thesaurus*, t. II, p.584.
2. Baronius-Raynaldi, *Annal. eccl.*, ad ann 1268, n 32-36.
3. Böhmer-Ficker, *Regesta imperii*, 1882, t. V, n. 883-910, 2133; A. Busson, *Die
Schlacht bei Alba zwischen Konradin und Karl von Anjou, 1268*, dans *Deutsche
Zeitschrift Gesch wiss*, 1890, t. IV, p. 275-340.; G de Cesare, *Talune chiarigioni intorno
alla condanna di re Corradino*, dans *Progresso scien -lett -arti*, 1833, t V, J. Ficker,
dans *Mittheil. Instit. österreich. Geschichtsf*, 1883, t. IV, p. 5-25, *Konradins Marsch
zum palentinischen Felde*, dans recueil cité, 1881, t. II, p 513-550, Ch. Giraud, dans
Comptes rendus de l'Acad. des sciences morales et politiques, 1858, IIIe série, t. XXVI,
p. 161-187; G del Giudice, *Il giudizio e la condanna di Corradino, osservazioni
critiche e storiche*, in-4, Napoli 1876, C Cipolla, dans *Arch Veneto*, 1877, t. XIII,

lesquels se trouvaient l'ami de Conradin, Frédéric de Bade, les comtes Gérard de Pise, de Hurnheim, etc., subirent le même sort [1]. Le corps de Conradin fut enterré au bord de la mer; un tas de pierres marqua la place. Il fut ensuite transporté dans l'église *S. Maria del Carmine* que sa mère Élisabeth avait fait construire sur le lieu de son supplice. Maximilien II, roi de Bavière, encore prince royal, fit élever par Thorwaldsen un magnifique monument en marbre à son parent [2], le dernier descendant des Hohenstaufen. Raumer [3] et d'autres historiens réfutent la légende d'après laquelle le pape Clément aurait approuvé la mort de Conradin par ce jeu de mots : *Mors Conradini vita Caroli*. Il faut rejeter la tradition d'après laquelle le pape aurait, d'une maison voisine, assisté à l'exécution du Hohenstaufen. C'est le fait de Charles d'Anjou. Quant au pape, il n'était pas à Naples, mais à Viterbe.

Par acte daté de cette ville le 18 mai 1268, le pape avait reculé jusqu'au 1er juin 1269 le délai accordé aux ambassadeurs de Richard et d'Alphonse, ceux de ce dernier n'ayant pas encore paru [4]; le 7 novembre 1268, il condamna le projet formé par quelques princes allemands, en particulier par Ottocar de Bohême, d'écarter les deux prétendants pour en élire un troisième. Il leur représenta que c'étaient précisément leur désunion et leur inconstance qui avaient amené le malheur du pays: Ottocar de Bohême ayant successivement donné sa voix aux deux prétendants Richard et Alphonse. Peu de temps après, Clément IV mourut, le 29 novem-

part. 1, p. 165-195; K. Hampel, *Geschichte Konradins von Hohenstaufen*, in-8, Innsbrück, 1893; *Geschichte Konradins von Hohenstaufen*, in-8, Innsbrück, 1895; Huillard-Bréholles, *Nouvelles recherches sur la mort de Conradin et sur son véritable héritier*, dans *L'investigateur*, 1851, IIIe série, t. i, p. 5; G. Tschache, *Conradin, der letzte d. Hohenstaufen*, in-8, Leipzig, 1876; C. de Cherrier, *Histoire de la lutte des papes et des empereurs de la maison de Souabe*, Paris, 1858-1859; J. Zeller, *L'empereur Frédéric II et la chute de l'empire germanique du moyen âge; Conrad IV et Conradin*, Paris, 1885; E. Miller, *Konradin von Hohenstaufen*, in-8, Berlin, 1897; Th. Lau, *Der Untergang der Hohenstaufen*, in-8, Hamburg, 1856; A. de Chambier, *Die letzten Hohenstaufen und das Papsthum*, in-8, Basel, 1876; A. Busson, *Die letzten Staufer. Beiträge zur Kritik der Steyrischen Reimchronik IV*, dans *Sitzungsberichte d. Akad. d. Wissensch.*, Wien, 1892. (H. L.)

1. Charles avait déjà fait exécuter Galvano de Lancia et son fils à Gennazano, à l'est de Rome.

2. Élisabeth, mère de Conradin, était de la maison de Wittelsbach.

3. Raumer, *op. cit.*, t. iv, p. 583.

4. L'un d'eux, l'évêque de Silva, avait été attaqué en Toscane, avec sa suite, dévalisé et tué. Martène, *Thes.*, t. ii, p. 555.

bre 1268 [1], au moment où Richard se rendait pour la quatrième fois en Allemagne, afin d'empêcher l'élection d'un nouveau roi des Romains. La diète tenue à Worms en avril 1269 prouva qu'il n'avait plus d'autorité que sur les bords du Rhin, et la grande majorité des princes allemands ne tint pas compte de son invitation. La principale décision de cette diète fut le rétablissement de la paix pour les contrées des bords du Rhin. Richard songeait en outre à abolir les impôts et les droits qui pesaient si lourdement sur le commerce [2]. Au mois de mai 1269, il assista a un synode tenu à Mayence par l'archevêque Werner; le duc Albrecht de Brunswick y fut excommunié. Il épousa ensuite, le 16 juin (il était veuf depuis huit ans), une Allemande, Béatrice, fille du comte Thierry de Falkenbourg et nièce d'Engelbert II, archevêque de Cologne Sous pretexte de montrer ses États à sa nouvelle épouse, il revint avec elle en Angleterre, d'où il publia un grand nombre de décrets pour mettre un peu d'ordre dans les affaires de l'Allemagne, mais en réalité il ne s'occupa que de ses partisans ou d'affaires d'un intérêt assez restreint [3].

C'était le moment où saint Louis, roi de France, se préparait à la dernière croisade Lorsque la sanglante bataille de Gaza, livrée le 18 octobre 1244, fit tomber Jérusalem, Tibériade, Ascalon, etc, au pouvoir des Sarrasins, l'empereur Frédéric II était encore, au moins nominalement, roi de Jérusalem, en qualité de tuteur de son fils Conrad qu'il avait eu de sa femme Yolande; mais comme il était excommunié, beaucoup lui refusaient obéissance et ses représentants étaient sans influence comme sans autorité. Alix, reine de Chypre, épousa sur ces entrefaites un seigneur français, Raoul, comte de Soissons, et, en sa qualité de petite-fille du roi Amaury Ier, elle émit des prétentions à la couronne de Jérusalem et trouva de l'appui dans la famille d'Ibelin, également cypriote et la plus puissante du pays Lorsque mourut Alix, en 1246, son fils Henri, roi de Chypre, prit le titre de roi de Jérusalem, fut reconnu comme tel

1 Baronius-Raynaldi, *Annal. eccl.*, ad ann. 1268, n 42, 43 sq , 54; Potthast, *Reg*, t ii, p 1648.

2 Böhmer, *Regesten*, ad ann 1246-1313, p. 49 sq., Böhmer-Ficker, *Reg*, p. 1019 sq., Goswin von der Ropp, *Erzbischof Werner von Mainz*, in-8, Göttingen, 1872, p. 47 sq

3 Thomas Wikes, dans Böhmer, *Fontes*, t ii, p 456; Will, *Regesten zur Geschichte der Mainzer Erzbischöfe*, t ii, Introd , p. 70 sq ; Böhmer, *op cit*, p. 50 sq , Böhmer-Ficker, *Reg*, p 1021 sq

par le pape, qui déclara Conrad de Hohenstaufen déchu de tous ses droits sur la couronne de Jérusalem (1247).

Malheureusement la désunion profonde qui régnait parmi les chrétiens de Palestine hâtait leur ruine. Leurs dernières possessions étaient si visiblement menacées par le sultan d'Égypte et par ses alliés que le pape Innocent IV et le premier concile général de Lyon firent de pressantes exhortations pour une croisade [1], mais [38]

1. *Brevis nota eorum quæ in concilio Lugdunensi gesta sunt* (par un clerc de la chapelle pontificale), dans Mansi, *Conc. ampliss. coll.*, t. XXIII, col. 610-613. Au moment où les Tartares occupaient encore la Hongrie, le siège pontifical était vacant et Frédéric II retenait en prison une partie des cardinaux. Après un an et demi d'interrègne, le 25 juin 1243, Innocent IV fut élu et, malgré les espérances conçues un moment, on vit bientôt le nouveau pape fuir Rome et convoquer à Lyon un concile général (juin-juillet 1245). Dès la première session, 28 juin, le pape chercha à apitoyer son auditoire sur la situation de l'Orient, mais la déposition de Frédéric II empêcha de passer à des résultats pratiques. Il avait été décidé que la croisade serait prêchée dans toute l'Europe, que le clergé y consacrerait le vingtième de ses revenus, que les croisés seraient exempts de charges et d'impôts pendant trois ans et que les tournois sanglants qui privaient l'Église de braves gens seraient interdits. Mansi, *op. cit.*, t. XXIII, col. 633 sq. En réalité, la croisade était passée de mode, elle était même impopulaire. En Angleterre, les collecteurs pontificaux furent rabroués d'importance; à Ratisbonne, les bourgeois portèrent la peine de mort contre quiconque porterait la croix sur ses habits; en Norvège, le roi Hakon, croisé depuis 1237, obtint de remplir son vœu en combattant les païens du nord. Seul, le roi de France était au diapason de ce qui s'était vu deux siècles auparavant. En 1244, au cours d'une maladie, il avait pris la croix; en 1245, il renouvela son vœu en plein parlement tenu à Paris; ses trois frères : Alphonse de Poitiers, Robert d'Artois, Charles d'Anjou, le duc de Bretagne, le comte de Flandre, un grand nombre d'évêques et de chevaliers suivirent son exemple. Sur les négociations entamées par Innocent IV en Orient, cf. L. Bréhier, *L'Église et l'Orient au moyen âge, Les croisades*, in-12, Paris, 1907, p. 219-221. Sur cette croisade et celle de 1270, voir Joinville, *Histoire de saint Louis*, dans Bouquet, *Recueil des historiens des Gaules et de la France*, t. XX, p. 190-304; Natalis de Wailly, *Œuvres de Jean, sire de Joinville, comprenant l'histoire de saint Louis*, Paris, 1867; de Laborde, *Jean de Joinville, et les seigneurs de Joinville*, Paris, 1894; Guill. de Nangis, *Gesta Ludovici IX*, dans Bouquet, *Recueil*, t. XX, p. 309-664, et dans *Monum. Germ. hist., Script.*, t. XXVI; Belgrano, *Documenti della crociata di S. Luigi*, in-8, Genova, 1861; *Documenti inediti riguardanti le due crociate di S. Ludovico*, Genova, 1889; S. Ludovici *Epist. de captione et liberatione sua*, dans Duchesne, *Histor. Francor. scriptores*, t. V, p. 428; Godefroy de Beaulieu, *Vita S. Ludovici IX regis Francorum*, dans Bouquet, *Recueil*, t. XX, p. 1-27; Guillaume de Saint-Pathus, confesseur de Marguerite de Provence, *Vita S. Ludovici*, édit. de Laborde; Le Nain de Tillemont, *Vie de saint Louis*, publiée par J. de Gaulle, 6 vol. in-8, Paris, 1847-1851; E. J. Davis, *The invasion of Egypt by Louis IX of France and a history of the contemporary sultans of Egypt*, 1898. (H. L.)

la terrible lutte engagée entre l'Église et les Hohenstaufen paralysa les forces disponibles, et il fallut l'enthousiasme de saint Louis, roi de France, pour organiser, avec l'aide du pape, une armée et une flotte dans l'été de 1248 Suivant le plan excellent adopté jadis par Jean de Brienne, saint Louis attaqua d'abord l'Égypte, pour forcer le sultan de ce pays à restituer Jérusalem. Déjà maître de Damiette, la clef de l'Égypte, saint Louis fut fait prisonnier avec son armée dans son expédition contre le Caire [1]; et il ne put recouvrer sa liberté qu'au mois de mai 1250, après avoir rendu Damiette et avoir promis un million de besants d'or [2] Il se hâta alors d'arriver en Palestine avec les restes de son armée, et passa quatre années entières dans ce pays, où il procura aux chrétiens plusieurs petits avantages [3]. Mais se trouvant dans l'impossibilité de rien entreprendre de plus considérable, il revint en Europe au mois d'avril 1254 [4].

Il fut reçu par son peuple avec de grandes marques de joie, mais ne crut pas avoir rempli son vœu, et lorsque, à la suite des nouvelles et terribles attaques de Bibars, sultan d'Égypte[5], le pape Clément IV fit prêcher une nouvelle croisade, saint Louis réunit les grands de son royaume le 25 mars 1267 [6]. Après les avoir

1 L Bréhier, op cit , p 222-227, Guillaume de Tyr, Continuatio, l. XXXIV, 1, Joinville, Vie de saint Louis, édit. N de Wailly, 1881, p 46-47, 48, 52-58, 65-75, etc, Guillaume de Nangis, Gesta Ludovici regis, dans Recueil des hist. de France, t xx, p 370-372 Le 12 septembre 1248, l'expédition arrivait à Chypre (Rœhricht, Gesch des Königreichs Jerusalem, p. 875 sq.); le 15 mai 1249, on fit voile pour l'Égypte, 7 juin, prise de Damiette (Guillaume de Nangis, op. cit., p 374), marche sur le Caire (Matthieu Paris, édit Luard, t. v, p. 148-150; t vi, p. 196); combat de Mansourah et mort de Robert d'Artois, 8 février 1250 (Vincent de Beauvais, XXXI, c xcix, Guillaume de Nangis, op cit , p. 374, 551); 5-6 avril, retour à Damiette (Matthieu Paris, édit. Luard, t vi, p 196), 13 mai, saint Louis arrive à Saint-Jean-d'Acre (H. L.)

2 Joinville, Vie de saint Louis, édit N. de Wailly, p. 119-130 (H. L)

3 Le 13 mai 1250, il débarquait à Saint-Jean-d'Acre. (H. L.)

4. Après la mort de Blanche de Castille. Joinville, op. cit., p. 216-220, Guillaume de Nangis, dans Rec hist. France, t. xx, p. 386-389 (H. L)

5 L. Bréhier, op. cit., p. 228 : les conquêtes de Bibars et l'alliance mongole. (H L)

6. Joinville, op cit , p 260 sq , L. Bréhier, op. cit., p. 233; Reinaud, Extraits des historiens arabes relatifs aux guerres des croisades, Paris, 1829; de Mas-Latrie, Traités de paix et de commerce et documents divers concernant les relations des chrétiens avec les Arabes, Paris, 1865, Rœhricht, Der Kreuzzug des Königs Jakob I von Aragonien, 1269, dans Mittheil. d. Instit. œsterr Geschichtsforsch , t xi, p 372-395; Untergang des Königreichs Jerusalem, dans même revue, t. xv: Sternfeld. Ludwigs

vivement exhortés, il leur présenta la couronne d'épines de Notre-Seigneur, et il reçut de nouveau la croix des mains du légat. Ses fils et cousins, le roi de Navarre et plusieurs seigneurs l'imitèrent. Quant à l'argent nécessaire, le roi l'obtint surtout avec le secours du pape, son ami et son ancien conseiller, qui imposa le clergé de France pour la dîme de tous ses revenus pendant quatre ans. Le clergé fit au pape les représentations les plus énergiques, mais Clément IV répondit d'un mot en menaçant d'enlever les bénéfices eux-mêmes. En même temps le roi frappa les laïques d'un impôt en faveur de la Terre Sainte, et lui-même se montra très soucieux de restituer tout ce que le trésor royal aurait pu percevoir d'une manière moins équitable, par saisies, amendes, etc. Des commissaires spéciaux parcoururent dans ce but tout le royaume. Dans l'intérêt de la croisade, saint Louis renouvela sa paix avec l'Angleterre et sacrifia de grandes sommes pour gagner les principaux négociateurs. Ces préparatifs terminés, il fit, au mois de février 1270, son testament, renfermant un grand nombre de donations aux églises, aux monastères et couvents : il nomma administrateurs du royaume l'abbé de Saint-Denis et Simon, seigneur de Nesle; enfin, le 15 mars 1270, il se dirigea par Cluny vers Aigues-Mortes, port [39] situé à l'ouest de l'embouchure du Rhône et où les croisés devaient se réunir au commencement de mai. Plusieurs d'entre eux ayant retardé leur arrivée, le roi ne put mettre à la voile que le [4] juillet; il était accompagné de ses trois fils aînés. A Cagliari, le roi de Navarre et d'autres personnages se joignirent à la flotte et on forma le projet d'attaquer d'abord Tunis. On voulait empêcher de couper de ce côté les renforts qui se dirigeaient vers l'Égypte. Charles d'Anjou s'était rallié à ce plan, parce que depuis quelques années Tunis avait refusé de payer à la Sicile le tribut qu'elle versait pour avoir la permission de faire le commerce [1]. Le roi

des *Heiligen Kreuzzug nach Tunis 1270 und die Politik Karls von Sizilien*, in-8, Berlin, 1896; Müller, *Der Islam im Morgen- und Abendland*, in-8, Berlin, 1885; Caro, *Zum zweiten Kreuzzug Ludwigs IX von Frankreich*, dans *Hist. Vierteljahrschr.*, t. 1, p. 238-244; Barthold, *Zur Geschichte des Christentums in Mittelasien bis zur Mongol. Eroberung*, in-8, Tübingen, 1901; Rœhricht, *Geschichte des Königreichs Jerusalem*, p. 950 sq. (H. L.)

1. « On a cru longtemps à tort que saint Louis s'était laissé engager dans la croisade de Tunisie par le machiavélisme de son frère. Cette expédition, à laquelle Charles d'Anjou dut prendre part, fut au contraire un grave échec pour les projets de celui-ci sur l'Orient. Loin d'avoir été entreprise dans un intérêt politique, la

Charles promit de paraître lui-même bientôt sous Tunis avec une armée considérable. Le roi Louis arriva le 17 juillet dans la presqu'île de Carthage, et le débarquement se fit presque sans résistance des Sarrasins. On s'empara sans coup férir de l'antique ville de Carthage; mais alors commencèrent les attaques de l'ennemi. Il fallut à plusieurs reprises employer contre eux le procédé que le maréchal Pélissier a remis en vigueur de nos jours dans les guerres d'Afrique : on dut enfumer et incendier les cavernes où ils s'étaient réfugiés Avant d'entreprendre une grande expédition, on voulait attendre l'arrivée de Charles d'Anjou, qui amenait des renforts de la Sicile, mais dans l'intervalle la chaleur d'Afrique et les aliments gâtés dont il fallait se nourrir occasionnèrent des maladies pestilentielles. Entre autres croisés mourut, le 3 août, le second fils du roi Louis, le prince Jean Tristan, né à Damiette en 1250, le 7 août, il fut suivi dans la tombe par le légat du pape, et saint Louis lui-même mourut après trois semaines de maladie, le 25 août 1270 [1], dans la cinquante-sixième année de son âge, la quarantième de son gouvernement. Il resta jusque dans la mort le type du héros chrétien On prêta aussitôt serment à son fils aîné Philippe III, et enfin arriva Charles d'Anjou avec ses vaisseaux et ses troupes. Après deux batailles perdues, le sultan de Tunis demanda la paix et les chefs des croisés y consentirent, parce que les maladies interdisaient en Afrique un plus long séjour. On conclut donc le 30 octobre une trêve de dix ans. Le sultan de Tunis paya les frais de la guerre, rendit la liberté à tous ses prisonniers chrétiens, permit de plus aux chrétiens d'habiter sur son territoire et de bâtir des églises, et s'engagea à payer à la Sicile un tribut plus considérable que par le passé La paix était conclue lorsque arrivèrent, avec une armée considérable, Édouard, prince héritier d'Angleterre, et son cousin Henri, fils de Richard, roi d'Allemagne. Il était trop tard et le 18 novembre on reprit la route d'Europe.

croisade de saint Louis est, au contraire un résultat de l'activité déployée par les missionnaires chez les musulmans Un couvent de dominicains s'était fondé à Tunis, le frère Raymond Martin y enseignait l'hébreu et l'arabe et entretenait même d'excellents rapports avec le sultan, qui fit annoncer à saint Louis qu'il était prêt a se convertir au christianisme. La fausseté du prince tunisien paraît hors de doute et il est vraisemblable qu'en détournant la croisade sur son pays, il ne fut que l'instrument de Bibars, avec lequel on le trouve en rapports » L. Bréhier, op. cit., p 237-238. (H. L)

1 Quelques heures avant le débarquement de Charles d'Anjou. (H. L)

La traversée pour regagner la Sicile fut désastreuse. Une tempête s'éleva et dix-huit navires furent engloutis [1]; après le débarquement en Sicile, beaucoup de croisés furent encore victimes de maladies [40] ou d'autres malheurs. A Trapani, mourut Thibaud, roi de Navarre, et à Cosenza, dans la Basse-Italie, mourut d'une chute de cheval la jeune reine Isabelle de France, femme de Philippe III [2].

A Trapani les différents corps de l'armée des croisés se séparèrent; le prince Édouard d'Angleterre partit alors pour la Palestine afin d'accomplir son vœu, chargeant son cousin Henri de retourner administrer la Gascogne pendant son absence. C'est pourquoi le prince Henri se joignit à l'armée du roi de France, qui de Palerme se dirigea, par Rome et l'Italie centrale et supérieure, vers le pays natal [3].

Le Siège pontifical était vacant depuis plus de deux ans, et les cardinaux, réunis à Viterbe où Clément IV était mort, semblaient ne pouvoir lui donner un successeur. Alors se montrèrent les désastreuses conséquences de l'influence française accrue en Italie depuis l'arrivée de Charles d'Anjou. Un parti français formé dans le Sacré-Collège était prêt à combattre le parti italien. Pour arriver à un compromis, le roi Philippe de France et Charles d'Anjou vinrent à Viterbe (9 mars 1271), mais n'obtinrent rien [4]. Là fut assassiné Henri d'Angleterre, dans une église, par deux rebelles anglais, les comtes Simon et Gui de Montfort-Leicester (13 mars). Son corps fut transporté en Angleterre et solennellement enseveli, le 20 mai, par son père désolé, le roi d'Allemagne, Richard. La cérémonie eut lieu la veille même du jour où on rapportait à Paris les restes de saint Louis. Quelques mois après (12 décembre), le roi Richard fut frappé d'apoplexie, et mourut le 2 avril 1272 [5].

---

1. Devant Trapani. (H. L.)

2. Scholten, *Ludwig der Heilige*, 1855, t. ii, p. 161 sq., 187-214.

3. Pauli, *Geschichte von England*, t. iii, p. 835.

4. Roger Bacon, dans son *Compend. philosoph.*, c. 1 (éd. Brewer, dans *Rer. Britan. script. med. æv.*, p. 399), donne la description suivante du Sacré Collège : *Nec hæc sufficiunt nisi vicarius Dei denegetur negligentia suæ Ecclesiæ, multos annos, vacante Sede propter invidiam et zelum et appetitum honoris, quibus servit illa curia et quibus nititur se et suos introducere, sicut omnes sciunt, qui volunt noscere veritatem.*

5. Baronius-Raynaldi, *op. cit.*, ad ann. 1271, n. 34; Pauli, *op. cit.*, p. 835 sq.; Böhmer, *op. cit.*, p. 51-330; Scholten, *op. cit.*, p. 215. Sur la punition des meurtriers d'Henri par le pape, cf. Potthast, *Reg.*, t. ii, p. 1665, 1667, 1673, 1683.

Après de longues intrigues, les quinze cardinaux réunis à Viterbe aboutirent à un compromis, et du consentement de leur collègue absent Jean, évêque de Porto, confièrent l'élection du futur pape à six d'entre eux; ceux-ci élurent, le 1er septembre 1271, l'excellent Théobald Visconti de Plaisance, archidiacre de Liége, alors à Ptolémaïs, en route vers Jérusalem. Les autres cardinaux adhérèrent à cette élection; on chargea des moines d'aller la notifier au nouvel élu, qui revint aussitôt en Italie, et arriva le 10 février 1272 à Viterbe, en compagnie de Charles d'Anjou. Il prit le nom de Grégoire X et, dès avant sa consécration, publia de pressantes exhortations, pour appeler au secours de la Terre Sainte [1]. Dans un sermon prononcé à Ptolémaïs avant son retour en Europe, il prit pour texte ces paroles du psalmiste (cxxxvi, 5). « Si je t'oublie, Jérusalem, que ma droite oublie (de se mouvoir). c'est-à-dire soit paralysée. » Il envoya sans délai un petit corps de troupes en Palestine. Le 27 mars 1272, il fut consacré et couronné à Rome, et à cette occasion publia une longue ordonnance réglant désormais cette cérémonie; quatre jours après, il lançait une bulle d'indiction du nouveau concile œcuménique qui s'assemblerait à Lyon le 1er mai 1274. Le triple but du concile devait être surtout : la réforme de l'Église, la réunion des grecs et l'organisation d'une croisade en Terre Sainte. Il écrivit à l'empereur et au patriarche de Constantinople des lettres d'invitation au concile, Michel Paléologue ayant témoigné des sentiments très favorables à l'union [2].

Grégoire se préoccupa aussitôt de la vacance créée par la mort de Richard, roi des Romains (2 avril 1272). A peine instruit de cette mort, Alphonse de Castille avait prié Grégoire de fixer le jour de son couronnement et de faire défense de procéder à toute élection [3]. Le pape prit conseil des cardinaux, laissa les gens

---

1 J Guiraud et L Cadier, *Les registres de Grégoire X et de Jean XXI*, in-8, Paris, 1892, Bonucci, *Historia Gregorii X*, Romæ, 1711, Muratori, *Rerum Italicar scriptores*, t. III, part. 1, p 495, part. 2, p. 597, 599, Bonucci, *Storia del pontificato del beat. Gregorio X*, Romæ, 1711; *Compendio della storia del b. Gregorio X papa*, in-8, Piacenza, 1876, Loserth, *Akten uber die Wahl Gregors X*, dans *Neues Archiv*, 1895, p 309 sq , Walter, *Die Politik der Kurie unter Gregor X*, in-8, Berlin, 1894. (H. L)

2 Baronius-Raynaldi, *Annal. eccles* , ad ann 1271, n 7-20, ad ann. 1272, n. 1-11, 21-30, Harduin, *Conc coll* , t VII, col 658 sq., Mansi, *Conc. ampliss. coll* , t XXIV, col. 22, Potthast, *Reg. pont rom* , t II, p 1651 sq

3 H Otto, *Die Verzichtsleistung des Königs Alfons X von Kastilien*, dans *Mittheil d. Instit œst . . .*

d'Alphonse déduire leurs raisons et déclara que la mort de Richard
ne modifiait pas la situation d'Alphonse, et que le pape ne pouvait
suspendre le droit des électeurs sans entente préalable. Il ne [42]
voulut pas retirer au roi Charles d'Anjou le mandat reçu de son
prédécesseur pour administrer la Toscane et la Lombardie en
qualité de vicaire de l'empire, et ne cacha pas son mécontentement
lorsque Alphonse fit avancer ses troupes dans la Haute-Italie
pour l'occuper au nom de l'empereur. Il envoya un légat dans
cette province pour la pacifier et excommunier tous les belligérants
quels qu'ils fussent, espagnols ou allemands. Le pape répondit évasi-
vement à une demande d'entrevue, remettant le roi après le
concile de Lyon[1]. D'autre part, le pape ne se laissait pas gagner
non plus au projet d'une domination française universelle. Charles
d'Anjou avait en effet souhaité l'établissement de son neveu
Philippe III, roi de France, sur le trône d'Allemagne. Il soutenait
que cette solution permettrait au pape de réaliser ce qui lui tenait
le plus à cœur, la délivrance de la Terre Sainte[2]. Mais Grégoire
sut lire à travers les plans du rusé Angevin, répondit d'une manière
évasive et engagea les princes allemands, qui ne voulaient plus
entendre parler d'Alphonse (tous les anciens partisans de ce
dernier étaient morts) et qui avaient entamé des pourparlers en
vue d'une nouvelle élection, à passer outre à leur projet, ajoutant
que, s'ils refusaient, il serait forcé, conjointement avec les cardinaux, de pourvoir au salut de l'empire[3]. C'était, on s'en souvient, la
prétention ou mieux le principe formulé jadis par Innocent III.
Durant l'été de 1272, les princes allemands, soit à cause de l'attitude du pape envers Alphonse, soit de leur propre mouvement,
s'occupèrent d'une nouvelle élection. Un chroniqueur[4] raconte que
la couronne fut d'abord offerte à Ottocar de Bohême, qui la refusa.
Mais Lorenz[5] a fait justice de cette légende comme de beaucoup

---

1. Baronius-Raynaldi, *Annal. eccles.*, ad ann. 1272, n. 33, 39; Posse, *Analect.*,
p. 57; Potthast, *Reg.*, t. II, n. 20604; Böhmer-Ficker, *Reg.*, p. 1035 sq.

2. *Mélanges historiques*, t. I, p. 652 sq.; Joh. Heller, *Deutschland und Frankreich
in ihren politischen Beziehungen*, 1874, p. 20 sq.

3. Baronius-Raynaldi, *op. cit.*, ad ann. 1273, n. 8; Böhmer, *Fontes*, t. II, p. 112;
Bærwald, *De electione Rudolfi*, 1855, p. 4; Lorenz, *Deutsche Geschichte im* XIII
und XIV *Jahrh.*, t. I, p. 414. Pour les différents faits concernant cet ordre du pape
de procéder à une élection, cf. von der Ropp, *Erzbischof Werner*, p. 72, note 3.
Von der Ropp croit que cet ordre ne fut connu en Allemagne qu'au mois d'août 1273.

4. Annal. Ottokar., dans *Monum. Germ. hist.*, *Script.*, t. IX, p. 189.

5. Lorenz *Deutsche Geschichte*, Wien 1866, t. I, p. 419 sq.

d'autres du même genre. Elle se réduit à ceci Les princes envoyèrent une ambassade à Prague, problablement dans le seul but d'éclaircir les deux questions suivantes · 1º quels princes avaient le droit de prendre part à l'élection, et 2º la limite du pouvoir du nouvel empereur à l'égard des princes les plus puissants (dans le cas où l'on faisait usage des lettres de jussion) Quoi qu'il en soit, au début de 1273, Werner, archevêque de Mayence, des comtes d'Eppstein, conclut une sorte de ligue entre plusieurs princes pour arriver à une entente en cas d'élection; le 16 janvier 1273, il conclut à Lahnstein un accord avec le comte palatin Louis, le plus puissant des seigneurs temporels des bords du Rhin, et il s'engagea à le réconcilier avec les archevêques de Cologne et de Trèves. Les quatre princes électeurs rhénans s'accordaient donc enfin, et le pape chargea l'archevêque de Trèves de relever le Palatin de l'excommunication encourue par lui depuis l'expédition de Conradin [1]. Les électeurs rhénans décidèrent que, si trois d'entre eux s'entendaient sur un candidat, le quatrième devrait incontinent s'y rallier Ils formaient ainsi la majorité, puisque le collège des princes électeurs ne comprenait que sept membres. Un document, du 1er septembre 1273, montre qu'ils songèrent d'abord au comte palatin et, à son défaut, a Siegfrid, comte d'Anhalt, ou à Rodolphe de Habsbourg [2]. Le

1 Les pleins pouvoirs pour absoudre furent accordés le 5 mai (Potthast, *Reg*, n. 20725) et, le 13 juillet, Louis fut absous par l'archevêque de Trèves, a Zell, sur la Moselle.

2. Rodolphe, comte de Habsbourg (*Habichtsburg*, canton d'Aargau) et de Kibourg (canton de Zurich), landgrave en Alsace, avait de grands biens dans le sud-ouest de l'Allemagne et n'était pas du tout un « pauvre » comte, ainsi que ses adversaires se plaisent à l'appeler. C'était, au contraire, le plus puissant seigneur de cet ancien duché de Souabe, qui n'avait pas été rétabli depuis la mort de Conradin Cf Kopp, *Geschichte von der Wiederherstellung und dem Verfalle des heiligen römischen Reiches*, t. i, p 15 sq ; t ii, part. 1, p 581 sq ; Böhmer, *Regesten*, 1246-1313, p 52 sq., Lorenz, *Deutsche Geschichte*, t. i, p 434 sq.; Böhmer, *Regesta imperii*, t. vi (Rudolf, Adolf, Albrecht Ier et Heinrich VII, 1273-1313), herausgegeben von O. Redlich, Abtheil. i . Rudolf, 1273-1291, in-8, Innsbrück, 1898; Böhmer, *Acta imp. sel* et *Acta imp. ined.*; E M Fürst von Lichnowsky, *Geschichte des Hauses Habsburg* (jusqu'en 1493), Wien, 1836-1844, *Mittheilungen aus dem vatikanischen Archiv*, t. i : *Aktenstucke zur Geschichte des deutschen Reiches unter Rudolf I und Albrecht II*, de F. Kaltenbrunner, Wien, 1889, t ii : *Eine Wiener Briefsammlung zur Geschichte des deutschen Reiches und der österr. Länder in der zweiten Hälfte des xiii Jahrh*, de O. Redlich, Wien, 1894, *Constit et acta publ reg et imper*, dans *Monum. Germ hist*, *Leg*, sect iv, iii,1 . *Rudolf I*, édit J.

principal partisan de Rodolphe était son ami Frédéric, burgrave
de Nuremberg. Pendant les négociations, il servit de médiateur et
engagea Louis, comte palatin, à retirer sa candidature. Werner, [44]
archevêque de Mayence, dans un voyage à Rome (1260), avait
également appris à connaître et à estimer Rodolphe de Habsbourg [1].

Dès la mi-septembre, Rodolphe, candidat des électeurs rhénans,
promit en mariage, au Palatin, Mechtilde, sa fille aînée. Une
autre union projetée entre Agnès de Habsbourg et Albrecht, duc
de Saxe, lui gagna encore le suffrage de l'électeur de Saxe, et le
Brandebourg lui-même se rangea du côté de Rodolphe, qui conclut
alors un armistice avec l'évêque de Bâle. L'archevêque Werner
lança un manifeste convoquant les électeurs à Francfort pour le
29 septembre 1273. Au jour fixé, on vit les ambassadeurs d'Ottocar
de Bohême et d'Henri, duc de Bavière (frère puîné du comte
palatin), dont chacun se regardait comme septième électeur.
Mais les six autres écartèrent le droit de la Bohême et attribuèrent
la septième voix à la Bavière, partagée entre Louis et Henri, de
sorte que Louis disposât d'une voix et demie.

Il fut chargé de proclamer le résultat de l'élection; après trois
jours de débats, le 1er octobre 1273, le compte palatin déclara
Rodolphe élu roi d'Allemagne à l'unanimité. Dès le lendemain,
le nouveau roi fit son entrée triomphale dans Francfort. Il reçut

Schwalm, Berlin, 1903; O. Redlich, *Rudolf von Habsburg. Das deutsche Reich nach
dem Untergange des Kaisertums*, in-8, Innsbrück, 1903; *Die Anfänge König
Rudolfs I*, dans *Mittheil. d. Instit. österr. Gesch.*, t. x; A. Schulte, *Geschichte der
Habsburger in den ersten drei Jahrhunderten*, in-8, Innsbrück, 1887; Le même, *Zur
Herkunft der Habsburger*, dans *Mittheilungen d. Instit. für œsterr. Geschichtsforschung*, 1889, t. x, p. 209 sq.; H. Witte, *Zur Abstammung des österr. Kaiser-
hauses*, dans même revue, t. xvii; Th. von Liebenau, *Die Anfänge des Hauses
Habsburg*, in-8, Wien, 1883; J. Schmidlin, *Ursprung und Entfaltung der Habs-
burger Rechte im Oberelsass*, 1902; H. Grauert, *Zur Vorgeschichte der Wahl Rudolfs
von Habsburg*, dans *Historisches Jahrbuch*, t. xiii; H. Breslau, *Zur Vorgeschichte
der Wahl Rudolfs*, dans *Mittheil. d. Instit. f. œsterr. Gesch.*, t. x; X. F. Walter, *Die
Politik der Kurie unter Gregor X*, Berlin, 1894; A. Zisterer, *Gregor X und Rudolf
von Habsburg in ihren beiderseitigen Beziehungen*, Freiburg, 1891; H. Otto,
Die Beziehungen Rudolfs von Habsburg zu Papst Gregor X, in-8, Erlangen, 1893;
F. Wertsch, *Die Beziehungen Rudolfs von Habsburg zur römischen Kurie bis
zum Tode Nikolaus III*, in-8, Boehum, 1880; Giese, *Rudolf I von Habsburg und
die römische Kaiserkrone*, in-8, Halle, 1893; O. Redlich, *Habsburg, Ungarn und
Sizilien und ihre ersten Beziehungen*, dans *Festschrift zu Ehren Büdingers*, Wien,
1898. (H. L.)

1. Böhmer, *Fontes*, t. iv, p. 155.

l'hommage des princes électeurs, des seigneurs et des villes, qui reçurent de lui l'investiture de leurs fiefs. Au moment de la collation des fiefs, le sceptre impérial ne se trouvant plus, Rodolphe prit le crucifix et s'en servit pour accomplir la cérémonie, ce qui fut regardé comme un heureux présage. De Francfort, le nouvel élu envoya un rapport au pape pour le mettre au courant des faits et solliciter de lui la couronne impériale. Après avoir réglé les affaires les plus importantes, on se rendit à Aix-la-Chapelle où le couronnement eut lieu le 24 octobre. Pendant le voyage, les insignes royaux furent présentés à Rodolphe à Boppard. Après les misères qui avaient rempli l'interrègne, on se réjouit partout de l'élection d'un tel prince [1].

] 672 Conciles de 1251 à la mort d'Innocent IV, décembre 1254

On comprend que les troubles de l'interrègne ne favorisèrent pas la célébration de conciles

Un synode tenu à Provins [2] en 1251, sous la présidence de Gilon, archevêque de Sens, remit en vigueur les canons du concile de Paris de 1248, en y ajoutant quelques sanctions contre ceux qui demeuraient une année entière sous le coup de l'excommunication. Comme il arrivait souvent, les excommuniés ou leurs amis s'attaquaient à ceux dont les dépositions leur avaient valu leur peine : on renouvela aussi sur ce point d'anciennes ordonnances

En cette même année 1251, Jean, archevêque d'Arles, présida à l'Isle, près d'Avignon, le *concilium Insulanum*, qui promulgua les treize canons suivants [3] :

1. Baronius-Raynaldi, *Annal. eccl*, ad ann 1273, n. 8; Böhmer, *op. cit.*, p 51 sq., 358 sq. Pour les actes officiels sur l'élection et le couronnement de Rodolphe, cf. Pertz, *Leg*, t. II, p. 382-394 : la description du couronnement, *ordo coronationis*, en particulier, est très complète. Von der Ropp, *op cit.*, p. 78 sq ; *Forschungen zur deutschen Geschichte*, t XXII, p. 159 Pour la reponse du pape a Rodolphe, le 25 mars 1274, cf. Böhmer, *Acta imp.*, t. II, p. 694; Potthast, *Reg*, t II, n 20809

2 Provins, sous-préfecture du département de Seine-et-Marne Martène, *Scriptor. veter. coll*, 1733, t VII, col 142-143, Mansi, *Concilia*, Supplem., 1748, t II, col 1165, *Conc. ampliss coll*, t. XXIII, col. 794 (H. L.)

3. L'Isle-sur-Sorgues, *Insula*, arrondiss. d'Avignon, départ de la Vaucluse. Labbe, *Concilia*, t. XI, col 2348-2351; Hardouin, *Conc. coll*, t. VII, col 433, Coleti, *Concilia*, t XIV, col 125; Mansi, *Conc. ampliss. coll*, 1779, t XXIII, col 794; *Gallia christ. noviss*, Albanès-Chevalier, Arles, 1900, col 443-444. (H. L.)

1. On prêchera fréquemment la foi catholique.

2. Les anciennes prescriptions au sujet des hérétiques (albigeois) restent en vigueur.

3. Seuls les prélats ecclésiastiques peuvent avoir en leur possession les biens des hérétiques qui sont sous le coup d'une punition ecclésiastique.

4. Celui qui méprise l'excommunication sera puni conformément aux prescriptions des conciles de Valence et d'Arles.

5. Les dîmes seront réclamées et prélevées.

6. Sur les testaments à rédiger en présence du curé de la paroisse, on observera les prescriptions des conciles d'Arles et de Toulouse.

7. La *canonica portio* sera payée. (On entend par là le quart d'un héritage laissé par un clerc, portion dévolue à la chambre épiscopale.)

8. Pour réprimer les abus des exempts, on observera la constitution *Volentes* du pape Innocent IV. *Sexti Decret.*, l. V, tit. VII, *De privilegiis*, cap. 1.

9. Tout usurpateur des biens de l'Église qui ne donne pas satisfaction dans l'espace de huit jours sera excommunié *ipso facto*. L'évêque pourra absoudre de cette censure.

10. A l'égard des nouveaux droits de péage et des nouveaux impôts sur le sel, on observera les décrets des conciles d'Avignon et d'Arles.

11. Les ordonnances de Valence contre les ligues (ligues de la noblesse en France) sont renouvelées et étendues.

12. On dira à l'intention de la Terre Sainte le psaume *Deus vene-* [46] *runt gentes* (LXXVIII) et l'oraison *Deus qui admirabili potentia*.

13. Les mariages clandestins sont défendus; les contractants seront punis suivant le droit canonique.

En 1252, du 18 au 20 octobre, Étienne, archevêque de Gran[1], tint un synode. Tout ce que nous en savons, c'est qu'une dispute à propos des dîmes entre Blosius, abbé de Zala, et Zlandius, évêque de Vesprim, fut terminée à l'avantage du premier[2]. Au mois de novembre des années 1252 et 1253, deux synodes provinciaux furent tenus à Paris par Gilon, archevêque de Sens, dont il a été question plus haut. Dans le premier, Thibaud IV, roi de Navarre (1er juillet 1253), fut de nouveau exhorté à restituer les biens de

---

1. Gran, *Strigonium*, Esztergom, en Hongrie.
2. *Monumenta Ecclesiæ Strigoniensis*, éd. Knauz, Strigonii, 1874, t. I, p. 394.

l'Église qu'il détenait depuis quarante ans. Le synode de 1253 transféra à Mantes le chapitre de la cathédrale de Chartres [1]. Cette dernière ville n'était plus sûre. A la Pentecôte 1253, une dispute entre les bourgeois et les domestiques de quelques chanoines se termina par le meurtre de deux domestiques. Les autres chanoines prirent les meurtriers sous leur protection. Le chantre, les ayant blâmés publiquement, fut massacré la nuit suivante. En cette même année 1253, s'est tenue toute une série de synodes. Celui de Tarragone [2], présidé par l'archevêque Benoît, prescrivit que chaque évêque pouvait absoudre de l'excommunication ses diocésains, et le métropolitain tout habitant de sa province. Quant aux excommunications mineures, tout prêtre pouvait en absoudre.

Au concile provincial de Ravenne [3], les suffragants de ce siège confirmèrent d'avance toutes les sentences que leur métropolitain Philippe prononcerait contre les spoliateurs des biens des églises. La réunion de Lucques [4] ne fut qu'un synode diocésain qui s'occupa d'introduire quelques réformes nécessaires. Dans le *convent* de Westminster [5], qui ne doit pas être rangé au nombre des synodes, le primat de Cantorbéry, dans un *official,* publia un décret du pape pour la conservation des libertés ecclésiastiques. Nous n'avons du synode de Château-Gontier, célébré sous la présidence de Pierre de Lamballe, archevêque de Tours, qu'un seul canon menaçant d'excommunication quiconque abuserait des lettres pontificales [6]. Au mois de décembre 1253, ce même archevêque présida à Sau-

---

1. Martène et Durand, *Ampliss coll*, t. VII, col. 143, Hardouin, *Conc. coll*, t VII, col. 439, ne mentionne qu'un seul synode, Coleti, *Concilia*, t. XIV, col. 133, Mansi, *Conc. ampliss. coll*, t XXIII, col 803, *Revue des quest histor*, 1880, t. XXVII, p. 442 (H L)

2 8 avril 1253. Martène, *Thes anecd*, 1717, t. IV, col 291-292; Coleti, *Concilia*, t. XIV, col. 133, d'Aguirre, *Conc. Hispan*, t. V, p. 196, Mansi, *Conc. ampliss coll*, t XXIII, col 806; Tejada, *Collecion de canones de la Iglesia de Espana*, Madrid, 1859, t. VI, p. 50. (H. L)

3. 28 avril 1253. Labbe, *Concilia*, t XI, col. 2351-2352, Hardouin, *Conc. coll*, t VII, col. 439, Coleti, *Concilia*, t. XIV, col. 133; Mansi, *Conc. ampliss. coll*, t. XXIII, col. 808 (H L)

4 Mars 1253 Paolo Dinelli, dans *Memorie e documenti istoriche Lucchese,* t. VII, p. 54-58. (H. L.)

5 Mansi, *Conc. ampliss coll*, t XXIII, col. 820; *Concilia*, Supplem., t II, col 1169 (H. L.)

6. Maan, *Eccles. Turonensis,* 1667, t. II, p 64, Labbe, *Concilia*, t. XI, col. 715-716; Hardouin, *Conc coll*, t. VII, col. 447, Coleti, *Concilia*, t XIV, col 145; Mansi, *Conc. ampliss. coll.,* t. XXIII. col. 819 (H L)

mur un synode qui promulgua les trente-deux canons suivants [1] :

1. Dans toutes les églises collégiales et principalement dans les églises cathédrales, les heures canoniales seront solennellement et pieusement célébrées aux heures prescrites, et un chœur ne doit pas commencer son verset avant que l'autre chœur ait fini le verset précédent.

2. Comme, dans quelques localités de la province de Tours, l'eucharistie n'est pas conservée avec assez de respect, à l'avenir les archidiacres, archiprêtres et doyens de campagne veilleront à ce que le tabernacle, l'eau baptismale, l'huile et le chrême soient placés sous clef et en sûreté.

3. Les corporaux doivent être souvent lavés par un prêtre ou par un diacre revêtu du surplis. Il usera d'un vase spécialement affecté à cet usage; l'eau ayant servi à cette purification, surtout la première eau, sera, si c'est possible, jetée dans la piscine. Quant aux linges d'autel et aux vêtements sacerdotaux, ils ne seront lavés que par une femme recommandable ou par une vierge, et ne seront pas mélangés avec d'autres linges. Ils seront toujours tenus dans un état de propreté et de décence.

4. L'ordonnance du synode de Laval concernant la confection et la conservation des inventaires des biens meubles et immeubles de l'Église doit être soigneusement observée. On y ajouta la menace de suspense et d'amende.

5. Si, dans un délai d'un an, les archidiacres ne reçoivent pas le diaconat, et si, dans le même délai, les archiprêtres et les doyens de campagne ne se font pas ordonner prêtres, les évêques les y forceront par le retrait de leurs bénéfices.

6. Il n'y aura aucune audience judiciaire dans les églises, ni sous les portiques des églises.

7. L'archidiacre, l'archiprêtre et autres prélats inférieurs ayant juridiction ne doivent pas tenir de *plaid*, etc., en présence de l'évêque.

8. On renouvelle les ordonnances des synodes de Château-Gontier (can. 2 et 12) et de Laval (can. 4), défendant aux archidiacres, archiprêtres et doyens de campagne de juger les causes

---

1. Saumur, sous-préfecture du département de Maine-et-Loire; 2 décembre 1253· Maan, *op. cit.*, t. II, p. 197; Labbe, *Concilia*, t. XI, col. 707-715; Hardouin, *Conc. coll.*, t. VII, col. 441; Coleti, *Concilia*, t. XIV, col. 135; Mansi, *Conc. ampliss. coll.*, t. XXIII, col. 808. (H. L.)

matrimoniales et autres, et d'avoir un official (vicaire) à la campagne; qu'ils y jugent eux-mêmes les affaires de leur compétence.

9. Aucun évêque ou prélat ne doit exiger de procuration d'un endroit qu'il n'a pas visité.

10 La décision de Château-Gontier (can. 6) ordonnant l'institution d'un nombre déterminé de canonicats dans chaque église est remise en vigueur. Les églises et prébendes ne doivent pas être divisées Que personne ne soit nommé à une prébende avant qu'elle soit vacante.

11. Les enfants illégitimes ne peuvent devenir chanoines dans une église cathédrale.

12 Aucun prélat ne doit sans nécessité évidente demander de subside à ses inférieurs.

13. En certaines localités de la province de Tours, les curés sont obligés de payer aux prélats un si grand nombre de redevances (pensions) qu'il leur reste à peine de quoi vivre; le concile révoque les pensions récemment imposées, même si elles sont accompagnées de serment

14 Tous les moines doivent observer scrupuleusement les prescriptions contenues dans les lettres pontificales sur le statut des religieux.

15 Un exemplaire devra s'en trouver dans chaque monastère et on l'expliquera fréquemment aux moines dans leur langue maternelle.

16. Les moines ne doivent rien posséder même avec la permission expresse de l'abbé. (Rappel du can 26 de Château-Gontier.)

17. Les personnes appartenant à l'Église ne doivent pas prendre part aux *plaids* des seigneurs temporels.

18 Aucun abbé ne doit donner à des laïques pour un temps, ou leur vie durant, des *religiosa loca* (églises, chapelles, etc.), même écartés.

19 Les évêques obligeront les abbés à observer, mieux qu'ils ne l'ont fait jusqu'ici, l'ancienne règle qui oblige à placer dans les prieurés le nombre de moines fixé.

20. Les abbés ne doivent imposer aux prieurs aucune nouvelle pension, celles qu'ils auraient imposées seront révoquées.

21 Ils ne doivent pas non plus s'approprier ou diminuer les biens des prieurés vacants.

22 Défense, sous peine d'excommunication, à tout abbé, prieur ou personne religieuse, de faire un dépôt quelconque en dehors de son église, monastère ou prieuré.

23 Défense à tout clerc bénéficier de faire par lui-même ou par des tiers des opérations commerciales ou d'y participer de façon quelconque.

24. A l'avenir aucun archidiacre, archiprêtre ou doyen ne pourra donner à des clercs de sa juridiction le pouvoir de citer qui ils voudraient.

25 Désormais, nul ne doit, sous peine d'excommunication, mettre obstacle à la juridiction ecclésiastique, ou obliger par menace les parties à déférer au for séculier une affaire ressortant du for ecclésiastique [1].

26. L'exécution des sentences portées par les tribunaux ecclésiastiques ne doit pas être entravée.

27. Les mariages clandestins sont interdits. Les clercs qui béniront ces mariages ou qui prêteront pour les faire leurs églises ou [49] leurs chapelles, seront, par le fait même, suspendus pendant trois ans *ab officio et beneficio* Quant aux époux, ils seront frappés d'une amende dans la mesure fixée par l'évêque.

28. A l'avenir, on ne donnera plus en commende une église à un clerc déjà pourvu d'un autre bénéfice. Celui qui possède une commende de cette nature la perd par le fait même, et celui qui l'a conférée perd, pour cette fois, le droit de collation

29. Un évêque ne peut réserver pour sa mense épiscopale une église paroissiale richement pourvue, à moins que les revenus de sa mense ne soient insuffisants. Dans ce cas, il lui faut la permission du métropolitain et de son chapitre, à peine de nullité. L'évêque ne doit pas non plus grever de nouveaux impôts les églises paroissiales.

30. Aucun clerc pourvu d'un bénéfice ou dans les ordres sacrés ne doit rien léguer par testament à son fils naturel ou a sa concubine. (Rappel du concile de Tours)

31. Quiconque est pourvu d'une prébende sacerdotale dans une église cathédrale ou collégiale doit y exercer les fonctions de prêtre, sous peine de privation de sa prébende.

32. Les anciens statuts provinciaux doivent être scrupuleusement observés.

1 Au milieu du xiiie siècle, se manifesta de la part des seigneurs français une agitation très forte contre le *privilegium fori* des clercs L'Église s'y opposa à différentes reprises Cf Élie Berger, *Les registres d'Innocent IV*, Introduction, p 263.

Mansı se trompe [1], en plaçant en 1253 un synode de Worms, dans lequel Siegfrid, évêque de Worms, se serait déclaré pour Guillaume de Hollande et aurait frappé d'excommunication les partisans de Frédéric II Mansı, qui a emprunté le texte de ce synode au *Chronicon Wormatiense auctore monacho Kirsgartensi anonymo*, n'a pas remarqué que cette chronique, composée au xvie siècle, fait vivre l'empereur Frédéric II en 1253. En outre, Mansı donne à tort le nom de Siegfrid à l'évêque de Worms, sous lequel s'est tenue cette assemblée (qui a été tout au plus un synode diocésain), tandıs que la chronique l'appelle Richard. Ce dernier a été évêque de Worms de 1247 à 1257, il a donc été contemporain de Siegfrid III, archevêque de Mayence († en 1249), avec lequel Mansı le confond [2].

En 1254, un grand nombre d'évêques et de prélats des provinces de Narbonne, de Bourges et de Bordeaux, se réunirent à Albi [3], sous la présidence de Zoën, évêque d'Avignon et légat du pape, dans un double but : prendre des mesures contre l'hérésie des albigeois qui durait toujours et introduire des réformes dans le clergé et dans le peuple. Pour atteindre le premier but, on s'en rapporta aux décisions d'anciens synodes français, en particulier de celui de Toulouse de 1229, et on remit en vigueur plusieurs de ses ordonnances. L'autre partie fut au contraire, suivant les besoins de l'époque, modifiée, complétée ou abrogée.

1. D'après le can. 1 du concile de Toulouse, les évêques doivent établir dans chaque paroisse des inquisiteurs, c'est-à-dire un clerc et un laïque dont la mission est de chercher avec soin les hérétiques et de les dénoncer le plus promptement possible à l'évêque, au seigneur du lieu ou à son représentant. Ces inquisiteurs jureront de rester inaccessibles à la faveur, à la haine et à la crainte.

2. Pour chaque hérétique livré et mis en prison, ils reçoivent un marc d'argent ou du moins vingt sous tournois, que le seigneur sur le territoire duquel résidait l'hérétique versera dans les huit jours sur les biens de l'hérétique.

1 Mansı, *op cit*, col. 805, 808 sq ; Hardoun, *op. cit*, p. 442 sq , Labbe, *op cit*, p. 135 sq

2 Ludwig, *Reliquiæ mss*, t. ii, p 122 sq Sur le *Chronicon Worm monachi Kirsgart*, cf Böhmer, *Fontes*, t ii, p xxiii sq, et la *Præf de Ludwig, op cit.*, p 6 sq , Lorenz, *Deutschlands Geschichtsquellen*, t iii, part. 1, p 133

3 Luc d'Achery, *Spicilegium*, t ii, p 630-644, Labbe, *Concilia*, t. xi, col 720-738; Hardoun, *Conc coll*, t vii, col. 455, Coleti, *Concilia*, t. xiv, col 151, Mansı, *Conc. ampliss coll* t xxiii. col. 829. *Rev hist. du Tarn.* 1877. t i p. 175 (H L.)

3. Si on ne peut payer cette somme sur les biens de l'hérétique, le seigneur du lieu ou la communauté la payera de ses deniers. Ce que l'on réclame et ordonne aux évêques oblige également les abbés, etc., pour les territoires exempts (can. 2 de Toulouse de 1229).

4. Les seigneurs et leurs gens mettront tout leur zèle à rechercher les hérétiques (can. 3 de Toulouse).

5. Quiconque laisse un hérétique habiter sur sa terre perd cette terre. *Ibid.*, can. 4 et 5.

6. La maison dans laquelle un hérétique est découvert sera démolie, et le sol deviendra la propriété du fisc. *Ibid.*, can. 6.

7. Un bailli négligent perd sa charge. *Ibid.*, can. 7.

8. Chacun peut chercher et appréhender les hérétiques sur les terres d'autrui. *Ibid.*, can. 9.

9. Des hérétiques convertis doivent changer de résidence, si la leur est suspecte. *Ibid.*, can. 10.

10. Ils ne pourront obtenir de charge publique qu'après leur réhabilitation par le pape ou par son légat. *Ibid.*, can. 10.

11-13. Quiconque atteint la puberté doit abjurer l'hérésie, jurer fidélité à la foi catholique et prendre l'engagement de dénoncer les hérétiques, leurs partisans et protecteurs. Les évêques, lors de la visite des paroisses, recevront ces serments, renouvelables tous les deux ans. *Ibid.*, can. 12.

14. Nous ajoutons au can. 15 de Toulouse la prescription suivante : Un médecin ne doit exercer son art dans les pays suspects d'hérésie que s'il est spécialement approuvé par l'évêque.

15 et 16. Aucun prélat ou baron ne doit prendre à son service ou donner la gérance de ses biens à un hérétique ou à un protecteur des hérétiques (can. 17 et 18 de Toulouse). [51]

17. Les prêtres de paroisse doivent, tous les dimanches et jours de fête, expliquer au peuple clairement et simplement les articles de la foi; l'évêque aussi, et, s'il en est empêché, il en chargera quelqu'un à sa place.

18. Plusieurs n'étant tombés dans l'hérésie que par pure ignorance de leur foi, les enfants, à partir de leur septième année, seront conduits à l'église les dimanches et fêtes, par leurs parents, pour y être instruits de la doctrine catholique et y apprendre par cœur le *Credo*, le *Pater* et l'*Ave*.

19. Tous les dimanches, les hérétiques et leurs adhérents seront excommuniés dans toutes les églises au son des cloches et en éteignant les cierges; tous les jours, sur le soir, toutes les cloches

sonneront dans toutes les églises pour marquer l'horreur de ce crime d'hérésie.

20. Tous les seigneurs temporels doivent jurer en leur nom propre de leur volonté de défendre l'Église contre les hérétiques et contre leurs protecteurs. Ce serment sera prêté par les juges et autres officiers à leur entrée en charge et renouvelé tous les trois ans.

21. Les actes des inquisiteurs doivent être rédigés en double et la copie conservée en lieu sûr.

22 Les sentences portées par les inquisiteurs seront executoires par l'autorité civile, à la demande des évêques.

23 On n'admet pas d'avocats dans les procès d'inquisition

24 Les prisons (muri) pour les hérétiques doivent être construites dans les endroits désignés par l'évêque. L'entretien des hérétiques incombe à ceux qui ont hérité de leurs biens, dans la mesure prescrite par l'évêque Si les hérétiques sont pauvres, le seigneur et la communauté où ils ont été découverts pourvoiront à leur subsistance. L'évêque les y forcera, si c'est nécessaire, sous menace d'excommunication.

25. Les corps des hérétiques défunts doivent être exhumés et brûlés.

26 Les seigneurs temporels seront tenus d'exécuter cette dernière mesure et de confisquer les biens des hérétiques emprisonnés.

27. Si un suspect d'hérésie entre dans la maison d'un hérétique, c'est une puissante présomption; il faut en conclure qu'il a voulu fortifier celui-ci dans son erreur.

28. Quiconque, cité par-devant l'évêque ou par-devant les inquisiteurs comme suspect d'hérésie, refuse de comparaître, puis comparaît, doit être excommunié en conséquence et, s'il persiste une année dans l'excommunication encourue, condamné comme hérétique, même sans autre preuve

29. Tout fidèle des deux sexes, parvenu à l'âge de discernement, doit (trois fois par an) confesser ses fautes à son propre prêtre, ou, avec son assentiment, à un autre (*similiter et alii de voluntate illius*), et accomplir humblement la pénitence imposée. Trois fois par an, chacun devra communier, à Noel, à Pâques et à la Pentecôte, et cette communion sera précédée de la confession

30. Dans chaque famille, hommes et femmes doivent venir à l'église tous les dimanches, assister au sermon et au service divin tout entier. Ils ne doivent pas quitter l'église avant la fin de la

messe. S'ils y manquent sans dispense ou sans raison, ils payeront au *minimum* une amende de douze deniers dont une moitié ira au seigneur du lieu et l'autre à l'Église (can. 25 de Toulouse).

31. On évitera les excommuniés. Quiconque leur assigne des fonctions de juge, conseiller ou bailli, encourt *ipso facto* l'excommunication mineure.

32. Le clerc qui sciemment partage la table d'un excommunié se verra interdire l'entrée de l'église pendant un mois. Il en sera de même pour les laïques.

33. A l'égard des évêques qui tiennent trop peu de compte de l'excommunication, on observera les canons 1 de Narbonne et 16 de Valence.

34. Rappel des canons 14, 15, 17 et 19 de Valence sur l'excommunication.

35. Comme on ne doit porter les peines de l'excommunication, de l'interdit et de la suspense qu'après mûre délibération, on se conformera aux décrets du pape Innocent IV (*Sexti Decret.*, l. V, tit. xi, *De sententia excomm.*, cap. 1, 2, 4).

36. On ne doit rien exiger pour l'absolution des censures.

37 et 38. Les testaments doivent être rédigés en présence du curé et de témoins catholiques (d'après le can. 16 de Toulouse); et les notaires qui manquent à cette prescription seront privés de l'entrée de l'église.

39. Les prêtres de paroisse doivent dresser des listes exactes des legs pieux.

40. Ces listes seront lues publiquement dans l'église, un jour de dimanche ou de fête, afin que personne n'en ignore.

41. Aucun prêtre, aucun clerc séculier ou régulier ne doit laisser habiter dans l'enceinte d'une église une femme qui n'est pas irréprochable.

42. Toutes les églises possédant 15 livres tournois de revenu net annuel doivent avoir des calices d'argent.

43. Les évêques et prélats contraindront ceux qui en ont la charge à remettre en état les églises de campagne, les maisons et officines qui en dépendent destinées au clergé (*servitores*).

44. Aucun clerc séculier dans les ordres majeurs, ou ayant un bénéfice, ne doit paraître en qualité d'avocat devant un juge laïque, sauf dans les cas prévus par le droit. Un religieux ne peut [53] être avocat devant aucun juge, si ce n'est avec la permission expresse de son supérieur.

45. Aucun chanoine ou aucun clerc dans les ordres majeurs ne peut être investi d'une charge civile; s'il ne les quitte pas dans le délai d'un mois, il sera suspens et, après un an, privé de ses bénéfices.

46. Aucun religieux ne doit avoir des harnais, des éperons ou des selles garnis d'or et d'argent.

47. Aucun clerc ne doit porter des boutons ni des boucles d'or ou d'argent, ni même dorés ou argentés.

48 Défense aux clercs dans les ordres sacrés ou bénéficiers de jouer aux dés; ils porteront la tonsure et la couronne suivant l'usage.

49. Aucun clerc séculier ou régulier ne doit se faire des commères (*commatres facere*) en étant parrain, soit au baptème, soit à la confirmation

50. Défense à tout clerc dans les ordres majeurs ou bénéficier de paraître en public portant sur le poing un faucon, de chasser avec des chiens et des faucons, d'entrer, le faucon au poing, dans les maisons des dames, pour se donner l'air mondain (*domneare*).

51. Aucun clerc ne doit prendre part en armes aux tournois publics.

52 Un clerc régulier ne doit pas recevoir de ses supérieurs une somme fixe pour ses habits ou pour sa nourriture (*pilantia*), car c'est là une occasion d'agir en propriétaire.

53. Les réguliers ne porteront pas d'habits laïques, mais des manteaux ronds (*cappas*) ou les vêtements de l'ordre (remise en vigueur d'anciennes ordonnances).

54. Il y aura au moins trois moines par prieuré monastique.

55. Dans les prieurés de chanoines réguliers, il y aura au moins deux chanoines.

56. Les bénéfices vacants doivent être conférés sans simonie; les revenus des églises vacantes ne doivent revenir qu'à ces églises.

57. Lors des visites épiscopales, les procurations ne doivent pas être une charge pour les sujets Le prélat qui visite une église doit d'abord prêcher au clergé et au peuple, s'informer ensuite de la conduite des serviteurs de l'église, faire l'inspection des objets mobiliers, en particulier des corporaux et des calices, qui, dans beaucoup d'églises, sont plutôt un sujet de répulsion que de vénération. Les procurations ne doivent être perçues que lorsque le supérieur a visité une église en personne, ou par un moine délégué. En dehors des vivres en quantité modérée, les familiers

HÉFÉLÉ — V — 6

du visiteur ne doivent rien recevoir ou demander. Il est interdit de recevoir aucun présent.

58. Au sujet des chevaux permis au visiteur, on observera l'ordonnance du troisième concile de Latran, en ayant soin, pour les églises pauvres, de demeurer au-dessous du maximum fixé.

59 et 60. Les visiteurs ne feront pas de repas somptueux et [54] n'exigeront pas de tailles; ils ne resteront pas sans motif plus d'un jour dans une église.

61 et 62. Rappel des canons 13 et 3 d'Avignon sur la punition des parjures et des usuriers.

63. Aucun juge ne doit obliger des chrétiens à payer des intérêts aux usuriers, juifs ou autres.

64. Les juifs ne doivent pas porter de manteaux ronds comme les clercs, mais bien des manteaux à longues manches et sans plis.

65. Ils auront sur la poitrine, par-dessus leurs habits, une roue, la circonférence sera large d'un doigt et la roue aura une palme et demie de hauteur.

66. Ils ne doivent pas vendre, dans les boucheries des chrétiens, les viandes abattues par eux.

67. Les chrétiens ne doivent pas être admis en qualité de témoins dans les affaires des juifs.

68. Les juifs ne doivent pas travailler publiquement les jours de dimanche et de fête.

69. Les chrétiens ne doivent pas recourir aux services d'un médecin juif, sous peine d'excommunication.

70. Les seigneurs qui ont des juifs parmi leurs gens doivent les forcer à porter les habits indiqués ci-dessus et la roue par-dessus.

71. On ne doit pas imposer de nouveaux droits de péage.

673. Conciles sous Alexandre IV, décembre 1254 à mai 1261.

Un concile de Paris, célébré en mars 1255[1], sous la présidence d'Henri, archevêque de Sens, punit les quatre assassins, presque tous clercs, du chanoine-chantre de Chartres. Saint Louis souhaitait que ce synode s'occupât du conflit survenu entre l'Uni-

1. Labbe, *Concilia*, t. xi, col. 738; Hardouin, *Conc. coll.*, t. vii, col. 470; Coleti, *Concilia*, t. xiv, col. 173; Martène, *Script. veter. coll.*, t. viii, col. 144-146; Mansi, *Concilia*, Supplem., t. ii, col. 1175; *Conc. ampliss. coll.*, t. xxiii, col. 855. (II. L.)

versite de Paris et les ordres mendiants, au sujet du droit d'enseigner que réclamaient ces derniers [1] Mais l'assemblée s'y refusa et institua une commission composée des quatre archevêques de Sens, de Reims, de Bourges et de Rouen.

L'assemblée tenue à Bordeaux le 13 avril 1255, sous la présidence de Gérard de Malemort, archevêque de cette ville, n'est qu'un synode diocésain [2]. Dans les trente chapitres qui y furent promulgués, on recommande aux clercs la résidence, on défend aux quêteurs de prêcher, on prescrit de donner aux enfants, à Pâques, un simple pain bénit et non la sainte communion, on ordonne l'inscription dans le missel des revenus de l'Église, on interdit le commerce des reliques et la trop grande facilité à accorder l'absolution (sans restitution), et l'on défend aux clercs de prendre une part quelconque dans un arrêt de mort; plusieurs canons concernent les dîmes, d'autres répriment divers abus et empiétements des confréries.

Cette même date du 13 avril 1255 se trouve en tête des *Constitutiones editæ in concilio de Copiniaco* (Cognac); mais évidemment l'archevêque Malemort n'a pu présider le même jour deux synodes célébrés sur deux points éloignés de sa province (à Cognac et à Bordeaux). Sans doute, ces *Constitutiones* ont été composées à différentes époques et dans divers synodes, plusieurs d'entre elles semblent provenir du concile de Cognac de 1238 [3].

Les évêques de la province de Narbonne décidèrent, dans un synode tenu à Béziers en 1255 [4], de prêter secours au sénéchal du roi saint Louis, qui assiégeait le château de Querbus, repaire d'albigeois et d'autres impies, toutefois ce secours devait être absolument volontaire. Dans cette même réunion, à laquelle assistèrent un grand nombre de seigneurs, saint Louis fit lire trente-deux articles pour réprimer l'avarice et la vénalité des

1. Bulæus, *Histor. universit Paris*, t III, p. 295.
2. Labbe, *Concilia*, t. XI, col. 738-745; Hardouin, *Conc coll*, t. VII, col. 470; Coleti, *Concilia*, t. XIV, col. 173; Mansi, *Conc ampliss. coll*, t. XXIII, col 855. (H. L)
3. Cognac, sous-préfecture de la Charente. Labbe, *Concilia*, t XI, col 746-753; Hardouin, *Conc. coll*. t. VII, col. 475, Coleti, *Concilia*, t XIV, col 183, Mansi, *Conc. ampliss. coll*, t XXIII, col 865 (H L.)
4 Béziers, sous-préfecture du département de l'Hérault, 8 mai 1255. Baluze, *Conc Gall Narbonn*, 1668, p 64, Labbe, *Concilia*, t. XI, col 753-754; Hardouin, *Conc coll.*, t VII, col. 479, Coleti, *Concilia*, t. XIV, col 191, Mansi, *Conc. ampliss. coll*, t. XXIII, ̄ ̄ ̄ H L

« gens du roy » et les amener à rendre une justice équitable. Ordre
de brûler tous les exemplaires du Talmud; prohibition des jeux de
dés; défense de tenir des maisons de jeu; interdiction de la fabri-
cation des dés. Seuls les voyageurs furent autorisés à aller dans les
hôtelleries; on prescrivit l'expulsion de toutes les filles publiques,
et on prit des mesures contre l'usure pratiquée par les juifs.

Les constitutions d'André, évêque de Valence, sont également
attribuées à l'an 1255, mais elles paraissent plutôt un recueil de
décisions portées par cet évêque dans différents synodes.

La troisième est de l'année 1258. Les décisions purement cul-
tuelles sur l'administration des sacrements sont particulièrement
intéressantes et importantes. Une autre des constitutions prescrit
que les fidèles doivent être exhortés à la récitation du *Pater*, du [56]
Credo et de l'*Ave Maria* (*salutationes beatæ Mariæ*). Aux clercs
on défendit différents jeux, l'entrée des cabarets, les relations
avec les femmes suspectes et toute participation dans les jugements de Dieu, *quia omnia ista superstitiosa sunt penitus et contra
Deum*. Il y a également des décisions concernant la récitation du
bréviaire, etc. [1].

L'année suivante, 1256, le synode de Sens rendit la liberté aux
deux clercs de Chartres assassins du chanoine, mais à condition
qu'ils vivraient désormais en Terre Sainte [2]. Un second synode
de Sens, célébré le 26 octobre de cette même année, déclara
que le chapitre de Chartres qui, sur ces entrefaites, avait quitté
Mantes, ne jouissant pas encore d'une sécurité suffisante dans
la ville de Chartres, devait se rendre à Étampes le plus tôt possible.
Thomas, archevêque de Reims, présida à Saint-Quentin [3] un synode
qui prescrivit de laisser s'éteindre dans toute la province l'ordre
des religieuses d'Arrouaise et de donner leur couvent aux chanoines
du même ordre [4]. L'abbé d'Arrouaise protesta contre cette ordon-

1. Coleti, *Concilia*, t. XIV, col. 199 sq.; Mansi, *Conc. ampliss. coll.*, t. XXIII,
col. 885 sq.; cf. Coleti, col. 281 sq., et Mansi, col. 1049 sq., une liste semblable de
décisions portées dans différents synodes par l'évêque Arnold en 1261, 1262,
1269 et 1273.

2. On voit que le système d'adresser aux colonies les rebuts de la métropole
date de loin, en France du moins, 31 juillet 1256. Martène, *Script. coll.*, t. VII,
col. 146-147; Mansi, *Concilia*, Supplem., t. II. col. 1193; *Conc. ampliss. coll.*,
t. XXIII, col. 914-922. (H. L.)

3. *Gallia christiana nova*, 1725, t. III, Instr., 88-89. (H. L.)

4. Arrouaise canton de Bapaume, départ. du Pas-de-Calais. Cf. Gosse, *Histoire
de l'abbaye et de l'ancienne congrégation des chanoines réguliers d'Arrouaise, avec*

nance comme chef de l'ordre tout entier et obtint qu'elle fût cassée à Rome Il communiqua au synode de Compiègne la lettre du pape à ce sujet, et l'assemblée confia cette affaire à l'archevêque de Reims et à l'évêque d'Arras.

Au mois de juin 1256, un concile quasi provincial réunit à Pont-Audemer [1] les évêques de Coutances, Lisieux et Bayeux, auxquels se joignit, l'année suivante, l'évêque d'Avranches, sous la présidence de l'archevêque de Rouen.

Il s'agissait, suivant la décision d'Innocent IV du 15 juillet 1254 [2], d'arranger à l'amiable l'étendue et l'exercice de la juridiction ecclésiastique de l'archevêque et de ses officiaux sur les suffragants en question. En septembre de 1257, un nouveau concile provincial fut tenu à Pont-Audemer [3] On y rédigea vingt canons · 1. Pendant leurs visites, les évêques ne doivent pas importuner leurs subordonnés. 2 On doit publier souvent dans les synodes et églises paroissiales les censures contre ceux qui portent des lois préjudiciables à la liberté de l'Église 3. Décisions contre les violateurs du *privilegium canonis*, 4. et du *privilegium fori*. 5. Les abbés, prieurs, et tous autres ecclésiastiques qui dans une paroisse reçoivent les grosses dîmes, doivent avoir soin de l'église, des livres et des ornements, à proportion de la rente qu'ils touchent. 6 Les clercs qui ont à faire avec les juges ecclésiastiques doivent connaître exactement les noms de ces derniers et le lieu où ils siègent. 7 Les chrétiens ne doivent pas servir comme domestiques chez les juifs, ni vivre avec eux. Les juifs doivent porter des insignes spéciaux pour se distinguer des chrétiens. 8. Il est strictement défendu de tenir des banquets et des bals dans les cimetières et lieux sacrés. 9 Les clercs, surtout les non-mariés, doivent porter la tonsure Les *cruce signati* doivent porter la croix d'une manière ostensible. 10. Les décisions du concile de Latran sur l'habit ecclésiastique sont remises en vigueur. 11. La chasse et l'oisellerie sont interdites aux clercs des ordres majeurs. 12. Le nombre prescrit de religieux doit être maintenu dans les abbayes et prieurés.

---

des notes critiques, historiques et diplomatiques, in-4°, Lille, 1786; C. Le Gentil, *Note sur l'abbaye d'Arrouaise*, dans *Statistique monum du Pas-de-Calais*, 1860-1873, t II, Le Glay, *Notice sur les archives de l'abbaye d'Arrouaise*, dans *Mem de l'Acad. d'Arras*, 1858, t. xxx, p. 115-130. (H. L.)

1 Pont-Audemer, sous-préfecture de l'Eure. (H. L.)

2. Bessin, *Concil Rotomag*, t I, p 144

3 *Ibid*, t I, p 256 (H. L)

13. On ne permettra pas à un moine de vivre seul. 14. Les moines qui vivent en dehors des prieurés conventuels observeront les décisions du pape Grégoire concernant les aliments gras, l'audition des confessions et le jeûne. 15. Les réguliers ne doivent pas demeurer chez les laïques sans permission spéciale de l'évêque. 16. On ne doit pas recevoir un prêt d'un religieux sans l'autorisation de l'abbé. 17-20. Règlent la manière dont les doyens ruraux et les prêtres doivent infliger l'excommunication [1].

Un synode hongrois tenu à Gran en 1256 chercha à résoudre un conflit entre l'évêque de Vesprim et l'abbé bénédictin de Spala. L'assemblée adjugea à l'abbé des paroisses contestées, et cette décision fut maintenue lorsque, aux XIVe et XVe siècles, les évêques de Vesprim renouvelèrent leurs prétentions [2].

Mansi a placé en 1256 et 1257 [3] deux synodes danois; en réalité il n'y en eut qu'un seul, tenu à Veile, dans le sud-est du Jutland, [58] par Jacques Erlandsen, archevêque de Lund. A cette époque, Lund appartenait, ainsi que tout le Schonen, non à la Suède, mais au Danemark. L'archevêque Jacques avait étudié à Rome, où il fut quelque temps chapelain du pape Innocent IV; il avait été six ans évêque de Rœskilde et, depuis 1251, occupait le siège métropolitain de Lund, où il faisait preuve de zèle et de science en faveur des droits de l'Église. Comme il s'attaquait à nombre de pratiques danoises opposées au droit canon, il s'éleva entre le roi Christophe Ier et lui un conflit tel que le souverain menaça la liberté et la vie des évêques, et chercha, dans la diète de Mybord, à venir à bout de leur opposition. Pour résister, l'archevêque convoqua à Veile, en 1256, un synode qui promulgua la constitution *Cum Ecclesia Daciana*, confirmée par le pape Alexandre IV. Il n'est pas rare, en effet, de trouver dans les documents du moyen âge *Dacia* au lieu de *Dania*, et, tandis que l'on prenait ordinairement ce mot pour une faute de copiste, Jacques Grimm a montré qu'il a existé des relations entre les Daces de l'est

1. Mansi, *Conc. ampl. coll.*, t. XXIII, col. 856, 917, 921; Gousset, *Les actes de la province de Reims*, t. II, p. 395; Bessin, *Concil. Rotomag. provinc.*, Rotomagi, 1717, p. 148, 256.

2. Mansi, *op. cit.*, col. 920.

3. F. Münter, *Kirchengeschichte von Dänemark und Norwegen*, t. II, part. 1, p. 176, 178, place le deuxième synode à Copenhague en novembre 1258; la constitution de Copenhague et les décrets de Veile sont identiques à la lettre. Il est certain que la lutte entre le roi et l'archevêque provoqua la réunion de plusieurs synodes, mais nous n'en connaissons guère que le nom.

et les Danois du nord Quoi qu'il en soit, cette constitution menace d'interdit le royaume de Danemark, si le roi, ou quelque seigneur agissant avec l'assentiment du roi, met la main sur les évêques Le conflit s'envenima; le roi voulut retirer certains droits au siège de Lund, l'archevêque lança l'excommunication, il y gagna la déportation dans l'île de Fünen et même l'internement à Hagenskor. Les évêques jetèrent l'interdit, et le roi allait y répondre lorsqu'il mourut subitement à Ribe; le peuple pensa qu'il mourait empoisonné[1].

En avril 1257, Jacques, roi d'Aragon. réunit à Lérida les seigneurs et prélats du royaume, pour aviser à la situation et consolider la paix A cette occasion, il confirma, sur la demande des évêques, des abbés et des ordres de chevaliers, les biens, privilèges et libertes concédes par les rois antérieurs. L'Aragon n'avait alors qu'une seule métropole, Tarragone, car la province de Saragosse ne fut fondée qu'au xive siècle par le pape Jean XXII[2].

Un synode célébré à Lenczig[3], en 1257, sous la présidence de Foulques, archevêque de Gnesen, frappa d'excommunication Boleslas le Chauve, duc de Liegnitz (en Silésie), qui avait fait prisonnier Thomas, évêque de Breslau, au moment où celui-ci consacrait une église. En même temps tout service religieux fut interdit dans le diocèse de Breslau[4]. Les statuts synodaux des évêques Walta et Simon de Norwich, attribués à l'an 1257, ne sont que des lettres pastorales détaillées adressées au clergé du diocèse; mais elles sont importantes et utiles pour la vie religieuse et ecclésiastique[5]. En cette même année, Boniface, archevêque de Cantorbéry, réunit un synode à Londres[6] pour arriver à libérer l'Église d'Angleterre des redevances écrasantes dues au pape et au roi. La célébration de ce concile était d'autant plus opportune

1. Mansi, *Conc ampliss. coll.*, t. xxiii, col 921-945; Hardouin, *Conc. coll.*, t vii, col. 499; Coleti, t. xiv, col 225; Karup, *Geschichte der katholischen Kirche in Dänemark*, 1863, p. 72 sq

2 Aguirre, *Conc. Hispaniæ*, t iii, p 512-513, t v, p 202-203, Coleti, *Concilia*, t xiv, col. 221; Mansi, *Conc. ampliss coll*, t xxiii, col. 926. Gams, *Kirchengeschichte von Spanien*, t iii, part. 1, p. 240.

3. Lenczig, *Lancicia*, en Mazovie, Pologne (H. L.)

4 Labbe, *Concilia*, t. xi, col 773, Hardouin, *Conc coll*, t vii, col. 499, Coleti. *Concilia*, t. xiv, col. 225, Mansi, *Conc ampliss coll*, t. xxiii, col. 948.

5. Mansi, *Conc. ampliss. coll*, t xxiii, col 966.

6. Wilkins, *Conc. Britann*, t. i, p .722-723, Mansi, *Concilia*, Supplem, t. ii, col 1195, *Conc. ampliss coll*, t xxiii, col 948. (H. L)

que les frais de l'expédition contre Manfred, en Sicile, avaient été
prélevés en grande partie sur les biens du clergé. Le roi d'Angleterre Henri III, qui, dans toute cette affaire, agissait de concert
avec le pape, défendit de célébrer la réunion prescrite par l'archevêque, pendant son expédition contre le pays de Galles; mais les
évêques passèrent outre et décrétèrent une série de décisions
défensives des droits de l'Église et du clergé.

Boniface de Cantorbéry convoqua encore, pour le 6 juin 1258,
un synode à Merton [1]. Peu auparavant, Richard, frère d'Henri III,
était allé à Aix-la-Chapelle s'y faire couronner; les seigneurs et
prélats mécontents, et parmi eux le primat lui-même, mirent à
profit cette absence pour restreindre le pouvoir du roi, principalement en matière de finances. Un conseil d'État, composé de
vingt-quatre prélats et barons, imposa ces réformes, dont le roi
dut accepter le principe le 2 mai 1258. Ce conseil d'État fut élu
le 11 juin 1258 à Oxford par le « parlement fou »; le primat présidait
ce conseil, et le roi, forcé d'accepter ces articles d'Oxford, renonça   [60]
de fait au pouvoir. Quelques jours auparavant, le synode de
Merton déclara qu'aucun supérieur ecclésiastique, de quelque
rang qu'il fût, ne devait être cité devant un tribunal civil. Cette
assemblée décida d'avertir le roi qu'en pareil cas on ne pourrait
obéir à ses ordres. S'il s'obstinait, on frapperait de censure ceux

---

1. Merton, comté de Surrey. Labbe, *Concilia*, t. xi, col. 773; Hardouin, *Conc.
coll.*, t. vii, col. 501; Coleti, *Concilia*, t. xiv, col. 227; Wilkins, *Conc. Britann.*,
t. i, p. 736-740; Mansi, *Conc. ampliss. coll.*, t. xxiii, col. 973.; *Concilia*, Supplem.,
t. ii, col. 1225. Il se tint un concile à Merton en 1258 et « si nous possédions intégralement la relation des travaux de cette assemblée, nous aurions sous la main un
document sans prix pour l'histoire de la cour de Rome au xiiie siècle : voici en
effet ce que nous lisons dans un annaliste anglais : les oppressions papales (*oppres-
sionibus papalibus*) croissant de jour en jour, l'archevêque de Cantorbéry convoqua
un autre concile à Merton afin qu'en s'opposant aux nouvelles exactions de maître
Arlot, sous-diacre et notaire du pape, il engageât le clergé anglais à lui refuser
l'obéissance. Voilà qui pique la curiosité, mais le préambule des canons de
Merton la pique plus encore. On y lit en substance : nos canons comprennent
trois séries : il est tout à fait impossible de taire ceux de la première série. Ceux de
la seconde peuvent rester secrets par charité, mais non par faiblesse. Ceux de la
troisième série peuvent rester secrets, sans compromettre le salut éternel et
sans péril pour les âmes. Suit le texte des canons qui ne peuvent être cachés
sans péché : ils concernent exclusivement les griefs du clergé contre le pouvoir
civil. Les deux autres séries n'ont jamais été divulguées : il est évident qu'elles
avaient trait aux « oppressions de la cour de Rome ». P. Viollet, dans *Revue historique*, 1876, t. i, p. 599; cf. Mansi, *Concilia*, Supplem., t. ii, col. 1225-1227. (H. L.)

qui servaient d'instruments pour opprimer aussi l'Église, et si cette mesure était insuffisante, on jetterait l'interdit sur les possessions du roi.

Le synode fixa ensuite les pénalités contre le clerc qui recevrait d'un laïque une place entraînant charge d'âmes, ou contre le seigneur temporel, le roi ou un de ses gens, qui ne respecteraient pas les sentences d'excommunication, rendraient la liberté à des excommuniés détenus en prison, ou refuseraient la permission d'emprisonner des excommuniés. Défense aux autorités séculières d'empêcher l'évêque de juger ses clercs. On ne saurait maintenir sous séquestre les biens des clercs qui ont pu prouver canoniquement leur innocence. Le roi ne doit pas prendre sous sa protection quiconque est cité devant un tribunal ecclésiastique. Le roi ni les seigneurs du royaume ne doivent pas empêcher les prélats de punir les fautes contre les mœurs commises par leurs inférieurs. Les prélats ont le droit, dans le cas où un juif s'est rendu coupable d'une injustice à l'égard des choses ou des gens d'Église, de le forcer à rendre compte de sa conduite, et, pour l'y amener, ils pourront défendre aux chrétiens d'avoir avec lui aucun rapport. On doit respecter le droit d'asile des églises; toute atteinte aux biens de l'Église sera sévèrement réprimée. A l'avenir, le roi ni aucun seigneur ne devra attribuer à ses serviteurs la maison d'un clerc, ni requérir de force pour les transports les chevaux et les voitures des clercs et des moines, ni enfin obliger les clercs à céder leur patrimoine pour un certain prix, ou même pour rien. Le roi ne devait plus, comme par le passé, prélever et dilapider des impôts sur les églises vacantes On dispensera les évêques de comparaître en personne devant les justiciers en tournée (les justiciers du roi), ils seront autorisés à se faire remplacer par des procureurs.

Deux mois plus tard, le 21 août 1258, Gérard de Malemort, archevêque de Bordeaux, célébra un concile provincial à Ruffec en Poitou (entre Poitiers et Angoulême) Ce synode publia les canons suivants[1] :

1. L'organisation des ligues contre le clergé et l'Église doit être réprimée par des peines sévères[2].

---

1. Ruffec, sous-préfecture de la Charente. Labbe, *Concilia*, t. XI, col 773-778; Hardouin, *Conc. coll*, t VII, col 501; Coleti, *Concilia*, t. XIV. col. 227, Mansi, *Conc. ampliss coll.*, t. XXIII, col 983 (H L)

2. Au début de ce canon, on retrouve les termes mêmes qu'emploiera Boniface VIII dans sa bulle

2. Quiconque entre de force dans une église, dérobe ce qui s'y trouve, s'y empare d'une personne ou même la met à mort, ce qui n'arrive que trop souvent, sera excommunié et ne pourra être absous avant d'avoir satisfait au double.

3. Les moines qui ne tiennent pas compte des sentences de l'évêque seront expulsés du diocèse.

4. Défense à tout laïque de s'emparer (*saziare*=*saisire, saisir*) des églises, maisons ou biens quelconques, pacifiquement possédés par un prélat, une église, un clerc ou un moine.

5. Les personnes d'Église ne doivent pas, sans permission de leur supérieur, déférer à un tribunal civil des causes qui relèvent du for ecclésiastique.

6. Les moines et clercs pourvus de bénéfices ne doivent pas être avocats devant des tribunaux séculiers, sauf les exceptions prévues.

7. Les testaments doivent être faits en présence d'un clerc.

8. Aucun clerc ne doit absoudre à l'article de la mort celui qui a été excommunié *pro re manifesta*, si le malade n'a donné satisfaction à son adversaire ou n'est excusé par l'indigence.

9. Le synode prohibe plusieurs abus introduits dans l'administration de la justice, en particulier l'abus des lettres pontificales.

10. On ne tiendra pas de sessions judiciaires dans les monastères ni dans leurs églises.

Un autre synode français célébré, presque en même temps que le précédent, à Montpellier le 6 septembre 1258, sous Jacques, archevêque de Narbonne, promulgua les huit *capitula* suivants [1] :

1. Quiconque s'attaque aux biens, aux gens d'Église, ou aux lieux qui en dépendent, encourt, *ipso facto*, l'anathème et, sur la demande de l'évêque diocésain, les autres évêques doivent prononcer l'excommunication contre le coupable, qui restera excommunié jusqu'à satisfaction suffisante.

2. Qu'aucun évêque ne confère la tonsure et moins encore les ordres à un candidat étranger à son diocèse. De plus, lorsque l'évêque confère la tonsure à des personnes âgées de plus de vingt ans, il doit user de prudence pour ne pas admettre des fourbes ou des ignorants.

3. Les clercs qui font du commerce, ou qui ne portent pas la tonsure, ou qui portent des vêtements de couleur et peu conformes

---

1. Hardouin, *Conc. coll.*, t. vii, col. 502; Coleti, *Concilia*, t. xiv, col. 233; Mansi, *Conc. ampliss. coll.*, t. xiii, col. 984 sq.

à leur état, ou qui exercent une profession manuelle, perdent les privilèges de la cléricature, sauf le privilège du canon *Si quis, suadente diabolo.*

4. Quiconque a mandat ou sous-délégation du pape pour exécuter ou juger, ne doit pas lancer une sentence d'excommunication ou d'interdit avant d'avoir exhibé les lettres qui constituent ses pouvoirs.

5. Si un juif réclame une dette d'un chrétien, celui-ci ne paiera que le principal et non l'intérêt.

6. Un évêque suffragant ne donnera à un quêteur la permission écrite de faire sa collecte que si auparavant ce quêteur est muni de l'autorisation du métropolitain.

7 Chacun doit observer ces ordonnances, qui seront promulguées dans le prochain synode diocésain.

8. Le premier de ces chapitres doit être lu dans toutes les églises, tous les jours de dimanche et de fête.

Nous ne connaissons que de nom le synode écossais célébré à Perth en 1259[1]. et celui des grecs unis de l'île de Chypre[2], en cette même année 1259, il s'est tenu à Fritzlar[3] (ainsi que le rapporte le concile de Mayence de 1310), sous la présidence de l'archevêque Gérard, un concile de la province de Mayence, qui a publié toute une série d'intéressants canons

1. Les mariages clandestins sont défendus; ils devront être précédés d'un triple ban. Quiconque ne fait pas connaître un empêchement à la célébration d'un mariage encourt l'excommunication Les enfants nés d'un mariage clandestin sont illégitimes.

2. L'usurpateur de l'héritage d'un évêque défunt ou des biens d'une église vacante est excommunié *ipso facto*

3. Les clercs nomades ne doivent être ni accueillis ni secourus par les autres clercs. Les clercs nobles qui revêtent des habits séculiers et abandonnent leurs églises seront dépouillés de leurs bénéfices et ne pourront y être réintégrés qu'après avoir passé

---

1. Labbe, *Concilia*, t. xi, col. 782; Hardouin, *Conc coll.*, t. vii, col 507, Coleti, *Concilia*, t. xiv, col 237, Wilkins, *Conc. Britann*, t. i, p. 741; Mansi, *Conc. ampliss. coll*, t xxiii, col 944 (H. L.)

2. Hardouin, *Conc coll*, t. vii, Index, Coleti, *Concilia*, t. xiv, col 249, Mansi, *Concilia*, Supplem., t. ii, col. 1237, *Conc. ampliss coll.*, t. xxiii, col. 104 (H L.)

3 Hartzheim, *Concilia Germaniæ*, t. iv, col. 576; Mansi, *Conc. ampliss coll.*, t. xxiii, col 997, Binterim, *Deutsche Concilien*, t. v, p. 51, 156 (H. L.)

dans les exercices monastiques et dans le cloître autant de temps qu'ils sont restés éloignés de leurs églises.

4. Les *béghards* qui parcourent villes et villages en criant : « Du pain, pour l'amour de Dieu ! » seront engagés par les pasteurs à abandonner leurs bizarreries, à vivre comme les autres chrétiens, à ne pas prêcher, à ne pas fréquenter les béguines, à ne pas chercher à les imiter; s'ils n'obéissent pas à ces exhortations, on les expulsera des paroisses. On suivra la même règle à l'égard de cette « peste » des béguines.

5. Les églises unies à des **monastères** doivent être administrées par des clercs séculiers; il y aurait un double inconvénient à les confier à des clercs réguliers. Ces derniers sont souvent débauchés, et lorsque l'évêque veut les corriger, l'abbé s'y oppose pour éviter un scandale pour son ordre, ou bien il rappelle au monastère le clerc coupable, ou simplement le change d'église.

6. Les moines doivent porter les vêtements de leur ordre. Aucun abbé ne doit avoir deux abbayes, aucun moine deux charges [63] dans son monastère. Aucun moine ne doit être élu abbé ou nommé à une autre charge s'il n'a fait profession depuis longtemps (le texte ici offre une lacune que l'on peut combler grâce au concile de Mayence de l'an 1310). Les nonnes ne doivent recevoir ni vivres ni argent sans que l'abbesse ou la supérieure en ait été informée. Il en est de même à l'égard des moines. Dans les couvents, les fenêtres-parloirs doivent être munies d'une double grille. Les nonnes doivent obéir, en tout ce qui est permis, à leurs prévôts ou prélats, et ne doivent pas, sans leur permission, s'adresser à d'autres qu'à eux pour la confession[1]. En revanche, les prévôts et prélats ne doivent pénétrer dans la clôture des religieuses que dans le cas d'absolue nécessité. Quant aux nonnes qui, ayant commis des fautes, se sont pour cela enfuies de leur couvent; on doit, si elles font preuve de repentir, ne pas leur refuser ou rendre trop pénible le retour, car quand elles ne rentrent pas, elles se perdent tout à fait.

7. Si un moine ou un clerc est fait prisonnier, on doit interrompre tout service divin dans l'archidiaconé où il a été fait prisonnier et dans celui où il est détenu.

8. Les juifs doivent porter un habit particulier; ils sont inhabiles

---

1. Binterim, *Deutsche Concilien*, t. v, p. 159, a appliqué à tort ces mots *præpositis et prælatis* aux abbesses. Ce qui suit prouve qu'il s'agit des supérieurs ecclésiastiques.

aux fonctions publiques et ne pourront avoir d'esclaves chrétiens Un juif qui est vu dans la rue un jour de vendredi saint sera passible d'une amende d'un marc d'argent [1].

On attribue à Conrad, archevêque de Cologne, la célébration d'un autre concile allemand en 1260; mais ce concile ne fut très probablement qu'un synode diocésain, en tout cas, les statuts ne furent publiés qu'au nom de l'archevêque. En effet, Conrad, ayant constaté dans le cours de ses visites plusieurs abus qui s'étaient introduits dans le clergé, promulgua les ordonnances suivantes :

1. Les clercs ne doivent plus vivre dans le concubinage, ni enrichir leurs bâtards avec les biens de l'Église, ni assister aux noces de ces enfants. De pareils mariages doivent se faire sans aucune pompe.

2 Défense aux clercs de faire du commerce.

3 Il n'est pas nécessaire que tous les clercs soient savants; mais il faut que tous puissent lire et chanter ce qui est nécessaire au service divin Celui qui ne le peut doit se faire remplacer par un vicaire

4 Les clercs doivent porter la tonsure et avoir des vêtements conformes à leur état.

5. Celui qui a obtenu un bénéfice par simonie doit se souvenir des intérêts de son âme et renoncer à ce bénéfice.

6. Les clercs irréguliers doivent s'abstenir d'exercer des fonctions jusqu'à ce que leur cas ait été décidé d'après le droit canon.

7. On érigera des dortoirs communs dans les maisons de chanoines où il n'y en a pas, et, sauf les malades, tous les chanoines devront coucher au dortoir. En outre, dans chaque maison on chantera tous les jours solennellement au chœur, à l'exception des fêtes, les vigiles et l'office des morts. On lira ensuite au chapitre les textes qui comprennent le programme des fonctions ecclésiastiques de chacun, le calendrier, le nécrologe et un fragment *de regula et vita clericorum* Cette utile organisation, qui a été instituée dans l'église cathédrale, doit être aussi imitée dans les autres églises. Il y aura toujours un diacre et un sous-diacre pour le service choral de l'autel. Qu'ils ne servent pas sans les ornements de leur ordre

---

1. Hartzheim, *Conc. Germaniæ*, t. III, col 588 sq.; Hardouin, *Conc coll.*, t. VII, col. 517 sq , Coleti, *Concilia*, t. XIV, col. 249, Mansi, *Conc. ampliss. coll.*, t. XXIII, col. 1012 sq.; Binterim, *Deutsche Concilien*, t. V, p. 73, 162 sq

et ne se retirent pas, comme cela arrive parfois, avant la fin de la messe. Le prêtre qui dit la messe doit porter sous l'aube un surplis (*vestis camisialis*), afin que l'aube, vêtement consacré, ne touche pas immédiatement son habit, et que celui-ci soit caché. Les chanoines ne doivent que rarement manger et dormir en dehors de leurs maisons et du territoire du chapitre.

8. Les sonneurs (*campanarii*) occupés à l'autel ne doivent jamais paraître sans surplis. Les administrateurs des biens de l'Église (*thesaurarii seu custodes*) doivent pourvoir avec exactitude aux besoins du culte.

9. Les doyens doivent maintenir la discipline et donner le bon exemple; s'ils ne sont pas ordonnés, ils doivent l'être promptement jusqu'à la prêtrise. Eux et les curés, *plebani*, doivent porter le surcot fermé. Il faut en dire autant des scolastiques et des chefs du chœur (*chori episcopi*) et des chantres. D'ailleurs il n'y a pas de scolastique dans les deux églises dont les prieurs de Cologne sont prévôts ou doyens, à cause des inconvénients à prévoir. On réprime l'abus, introduit dans quelques localités, qui dispense le doyen du chœur. Les jours de fêtes et de stations, les chanoines ne doivent pas paraître dans l'église sans une fourrure de chœur (*chorale pellicium*), ou l'habit canonial par-dessous le surplis. En ville, ils auront toujours des vêtements convenables et conformes aux traditions.

10. Il y a dans certaines églises des chapelains royaux, épiscopaux et même du prévôt. Ces chapelains devront, tout comme leurs [65] collègues, observer la résidence, à moins que les affaires de leur maître ou des églises ne les obligent à s'absenter. Si l'archevêque célèbre, ils ont à l'assister et doivent donc être dans les ordres sacrés. Le chapelain de l'évêque a autorité sur eux. Aucun doyen, scolastique, chef de chœur (*chori episcopus*), chantre, ou prêtre ayant charge d'âmes, ne peut devenir chapelain de l'évêque ou du roi.

11. Toutes les églises collégiales doivent avoir des boulangeries communes qui fournissent à chaque bénéficier sa ration de pain, au lieu de donner à chacun le pain de sa prébende à vendre comme il le veut; car c'est la ruine de l'hospitalité ecclésiastique, au grand dommage des pauvres.

12. Les prévôts des églises collégiales doivent administrer au nom de leur chapitre et employer les revenus des prébendes vacantes à la réparation des églises, si cela est nécessaire, ou à

l'achat d'ornements; si ces dépenses ne sont pas nécessaires, ils pourront user pour eux-mêmes de cet argent. Mais on ne saurait tolérer que le prévôt fasse remise aux chanoines frappés de suspense (et qui par conséquent ne doivent rien recevoir) des revenus de leurs prébendes. De cette façon, ces chanoines s'obstinent dans leur désobéissance. Ils ne doivent jamais paraître sur le territoire du chapitre.

13. On ne doit pas recevoir dans les collégiales plus de clercs qu'il n'y a de prébendes, ni plus de quatre clercs en vue des prébendes à vaquer

14. Le territoire appartenant à une église collégiale doit être entouré de murs et avoir ses portes bien fermées.

Dans une autre série de canons (au nombre de vingt-huit), le concile chercha à réorganiser la vie monastique[1].

Les auteurs des collections des conciles placent au nombre des synodes la réunion des prélats et des seigneurs qui eut lieu à Paris, le dimanche de la Passion 1260, par ordre de saint Louis Le roi annonça dans cette assemblée, d'après une lettre du pape sur les progrès des Tartares en Arménie, en Syrie, en Palestine, que Saint-Jean-d'Acre elle-même était menacée. Aussi prescrivit-on des prières et des processions, on prohiba le luxe et les tournois et on ordonna d'apprendre le maniement des armes.

Quelque temps après, sur l'ordre d'Alexandre IV, l'archevêque de Bordeaux réunit en concile ses suffragants et les autres prélats de la province pour délibérer sur les moyens de résister aux Tartares[2]. Le synode répondit au pape que, pour concentrer toutes les forces de la France, les évêques s'étaient déjà entendus avec le roi, qu'on avait prescrit *une contribution générale*, car l'Église, déjà écrasée d'impôts, ne pourrait pas supporter (à elle seule) encore celui-là. Les barons n'ayant pas encore accepté cet arrangement, le roi avait fixé à la Pentecôte une nouvelle assemblée; jusque-là les évêques avaient ordonne des prières et des processions pour détourner la colère divine. En outre, ils avaient interdit les tournois et les jeux, ils avaient fixé le maximum du prix des chevaux de guerre et des chevaux de trait, et promis d'envoyer,

---

1. Hardouin, *Conc coll*, t. VII, col 527; Coleti, *Concilia*, t. XIV, col 265, Mansi, *Conc ampliss coll*, t XXIII, col 1029

2 10 avril 1260 Martène, *Vet script coll*, t VII, col. 170-172, Mansi, *Concilia*, Supplem, t. II, col 1237, *Conc. ampliss coll.*, t XXIII, col. 1045. (H. L)

suivant le désir du pape, des ambassadeurs à Rome, pour adopter en concile romain les mesures efficaces pour repousser les Tartares.

Les statuts de Gui, archevêque de Narbonne, lui appartiennent en propre et ne sont pas l'œuvre d'un synode; la lecture des ordonnances de Cognac prouve qu'il ne s'est tenu dans cette ville, en 1260, qu'un synode diocésain[1]. En effet, Pierre, archevêque de Bordeaux, ne donne de prescriptions que pour son diocèse; quelques-unes sont remarquables et nous en donnons un résumé :

1. On ne devra plus célébrer de vigiles dans les églises et cimetières parce qu'il en résulte toute sorte de scandales et même des querelles sanglantes.

2. Les danses en usage dans certaines églises, le jour de la fête des Innocents, sont prohibées.

5. Nul ne doit se marier sur une paroisse étrangère sans la permission de son curé, parce que celui-ci sait mieux que personne si l'un ou l'autre fiancé est excommunié ou s'il a quelque autre empêchement

7. Les combats de coqs dans les écoles et ailleurs sont prohibés, sous peine d'anathème.

8. Les prêtres et autres dignitaires ne doivent pas porter de dalmatique, mais des manteaux fermés (*cappas*) ainsi que des dessus de tunique également fermés. (Par *dalmatique*, il faut entendre un vêtement de ville.)

9. Les archidiacres (du diocèse de Bordeaux) ne doivent pas envoyer de chrême aux églises exemptes, parce qu'elles ne veulent pas reconnaître le droit de l'évêque.

11. Le chapelain d'une église sur laquelle un couvent a le droit de patronage doit percevoir au moins 300 *solidi* de revenu du couvent.

15. On ne doit enterrer personne avant d'avoir apporté le corps dans l'église de la paroisse; là on saura mieux qu'ailleurs si le défunt n'était pas excommunié, etc.

Le premier synode de l'année suivante est irlandais, *concilium* [67] *Pontanum* ou *ad pontem*, célébré sous la présidence de Patrice Oscanlan, archevêque d'Armagh[2]. Mansi a placé avec raison ce synode en 1261, quoiqu'il ait laissé dans le texte MCCLXII : car

1. Labbe, *Concilia*, t. xi, col. 799-802; Hardouin, *Conc. coll.*, t. vii, col. 529; Coleti, *Concilia*, t. xiv, col. 269; Mansi, *Conc. ampliss. coll.*, t. xxiii, col. 1032; les actes du synode donnent aux curés le titre de *capellani*. (H. L.)

2. Wilkins, *Conc. Britann.*, t. i, col. 757; Mansi, *Concilia*, Supplem., t. ii, col. 1245; *Conc. ampliss. coll.*, t. xxiii, col. 1049. (H. L.)

c'est en 1261 que le lundi. jour où s'ouvrit le synode, tombe le 18 janvier. On y proclama de nouveau les droits de l'Église primatiale d'Armagh; on y publia des décrets réformateurs (ils n'existent plus), et on y mit fin a divers conflits.

Au mois de mars 1261, et non 1259, Philippe Fontana, archevêque de Ravenne, célébra dans sa métropole un concile provincial pour délibérer sur les moyens de lever les sommes d'argent nécessaires pour faire la guerre aux Tartares [1] Ce synode publia un édit par lequel les suffragants accordaient à l'archevêque le droit de prononcer dans leurs diocèses l'excommunication et l'interdit contre les personnes, les villes ou les communautés qui se seraient attaquées aux biens ou aux droits de l'Église.

Henri III, roi d'Angleterre, n'ayant pas tenu compte des plaintes du synode de Merton en 1258, elles furent reproduites le 13 mai 1261 au concile de Lambeth, près de Londres, présidé par Boniface, archevêque de Cantorbéry [2].

1. A l'avenir, si un évêque ou prélat est cité devant un tribunal civil pour y répondre de faits relevant uniquement de ses fonctoins et du *for* ecclésiastique, il doit ne pas s'y rendre, l'épiscopat représentera au roi qu'on ne lui doit pas l'obéissance en cette matière Si le roi n'écoute pas ces représentations, on punira graduellement les vicomtes et les baillis, etc, qui coopèrent à cette persécution de l'Église, enfin on jettera l'interdit sur les possessions du roi et puis sur tout le pays.

2 Un second décret menace le clerc qui tient d'un laïque une charge ecclésiastique, et le laïque auteur de cet abus. Si le roi est coupable et ne retire pas son acte, le diocèse dans lequel le fait s'est produit sera frappé d'interdit.

3. La coutume d'Angleterre d'après laquelle les évêques ont droit de faire emprisonner les excommuniés ne doit pas être contrariée par le roi et par ses gens.

4 Si les clercs sont emprisonnés par le pouvoir civil sur divers soupçons, ils doivent être livrés au tribunal ecclésiastique, à la première réclamation.

1. Labbe, *Concilia*, t xi, col 782-783; Hardouin, *Conc. coll*, t vii, col 507, Coleti, *Concilia*, t. xiv, col. 237, Mansi, *Concilia*, Supplem., t. ii, col. 1235, *Conc. ampliss coll*, t. xxiii, col. 994. (H. L.)

2. Labbe, *Concilia*, t xi, col. 803-814; Hardouin, *Conc. coll.*, t. vii, col. 533, Coleti, *Concilia*, t xiv, col. 302; Wilkins, *Conc. Britann*, t. i, col. 746-755; Mansi, *Conc amplis* .'' xx ·· 1052 ''' L·)

5. Si un tribunal civil a infligé une amende à un clerc, le supérieur ecclésiastique n'obligera pas le clerc à s'acquitter.

6. Si un clerc est convaincu d'avoir causé du dommage à un parc (*parcus*) ou à une forêt, ou bien s'avoue coupable, l'évêque l'obligera à payer de justes compensations et, s'il est trop pauvre, lui infligera une autre punition.

7. Le pouvoir civil ne doit pas garder les biens des clercs qui ont démontré canoniquement leur innocence.

8. Quand des clercs, portant la tonsure et l'habit clérical, ont été saisis, certains, pour ne pas paraître violer le privilège du for, leur rasent la tête ou les suspendent; les auteurs et complices de ces manquements seront punis des peines ecclésiastiques.

9. On menacera des mêmes peines ceux qui accusent faussement auprès du roi ou de ses justiciers les juges ecclésiastiques d'empiéter sur les droits du roi.

10. Le pouvoir civil ne doit pas empêcher les supérieurs ecclésiastiques de chercher et de punir les fautes commises contre les mœurs par leurs inférieurs.

11. Le roi et ses gens ne doivent pas s'opposer à ce qu'un juif, qui s'est rendu coupable à l'égard des choses ou des personnes de l'Église, soit traduit par-devant un tribunal ecclésiastique.

12. On respectera le droit d'asile des églises et cimetières. On ne devra donc pas extraire de force ceux qui se seront réfugiés dans les églises ni empêcher qu'on leur apporte des vivres.

13. Peines ecclésiastiques graduées contre ceux qui s'attaquent aux biens, aux droits et aux libertés de l'Église.

14. Jadis les rois et seigneurs ont, dans les meilleures intentions, accordé à beaucoup d'églises leur protection *(custodia)*; maintenant on en prend prétexte pour piller les églises. On empêchera par les peines ecclésiastiques le retour de ces abus.

15-17. Mesures pour protéger les héritages des défunts, surtout intestats et des femmes, le droit de tester et l'exécution des testaments, etc. Il est défendu aux religieux d'être exécuteurs testamentaires.

18. On ne doit refuser à personne, pas même à un prisonnier, le sacrement de pénitence.

19. Les appariteurs des archidiacres et des doyens n'ont pas droit à des procurations quand ils se rendent chez des clercs; ils se contenteront de ce que leur donnera le clerc à qui ils ont été envoyés.

20. Pour jouir des privilèges de l'état ecclésiastique, on doit porter la tonsure et la couronne cléricales.

21. Chaque évêque doit avoir dans son diocèse une ou deux prisons pour les clercs qui ont mérité d'être punis ; quant aux clercs incorrigibles qui ont commis certaines fautes pour lesquelles un laïque serait condamné à mort, ils seront emprisonnés pour le reste de leurs jours.

Remarquons que, dans le premier décret de ce synode, l'évêque de Londres est nommé à plusieurs reprises *decanus episcoporum;* il remplaçait à l'occasion l'archevêque de Cantorbéry empêché.

Quelques jours après le synode de Lambeth, les évêques anglais de la province de Cantorbéry se réunirent à Londres le 16 mai[1], et ceux de la province d'York le 23 mai à Beverley, pour recevoir, par l'intermédiaire du légat Walter Reigate, les ordres du pape. Ces ordres avaient surtout trait à la question des Tartares, et les évêques s'empressèrent de prescrire des prières, des processions et des jeûnes pour apaiser la colère de Dieu. L'assemblée rédigea aussi des décrets réformateurs dont le texte est perdu, et, suivant le désir du pape, envoya à Rome des députés pour assister à la grande délibération touchant les Tartares. Les exempts, craignant que ces députés ne s'occupassent que des intérêts des évêques, envoyèrent aussi des députés à Rome[2].

Les instructions données par Alexandre IV au sujet des Tartares occasionnèrent, au mois de mai 1261, la réunion de deux conciles provinciaux allemands : l'un à Mayence sous l'archevêque Werner[3], l'autre à Magdebourg sous l'archevêque Rupert[4]. Nous ignorons les décisions du synode de Mayence à l'égard des Tartares ; mais cette assemblée nous a laissé cinquante-quatre canons réformateurs :

1. Anathème aux hérétiques et à leurs protecteurs.

2. Les clercs ne doivent pas s'occuper de choses mondaines.

---

1. Labbe, *Concilia,* t. xi, col. 815 ; Hardouin, *Conc. coll.,* t. vii, col. 546 ; Coleti, *Concilia,* t. xiv, col. 303 ; Wilkins, *Conc. Britann.,* t. i, col. 755-756 ; Mansi, *Conc. ampliss. coll.,* t. xxiii, col. 1073. (H. L.)

2. Labbe, *Concilia,* t. xi, col. 815 ; Coleti, *Concilia,* t. xiv, col. 303 ; Mansi, *Conc. ampliss. coll.,* t. xxiii, col. 1073.

3. Labbe, *Concilia,* t. xi, col. 816 ; Hardouin, *Conc. coll.,* t. vii, col. 547 ; Coleti, *Concilia,* t. xiv, col. 305 ; Mansi, *Conc. ampliss. coll.,* t. xxiii, col. 1074.

4. *Chron. Magdeburg.,* dans Meibom, *Script. rer. German.,* t. ii, p. 330 ; Binterim, *Deutsch. . . . b . .* t. v, p. 15.

Ils n'iront pas dans les cabarets. Ils porteront la tonsure et la couronne, vivront dans la chasteté, etc.

3. Pour l'administration du baptême, de l'extrême-onction et du saint viatique, les prêtres revêtiront l'aube blanche ou le surplis.

4. Le baptême doit être administré avec le plus grand respect. On enseignera aux laïques la manière de l'administrer dans les cas de nécessité; à cause de l'empêchement de parenté spirituelle, on n'admettra au plus que trois parrains pour ce sacrement. L'eau baptismale, l'huile, le chrême et la sainte eucharistie doivent être soigneusement mis à l'abri de toute profanation.

5. Les diacres ne peuvent porter l'eucharistie aux malades que dans les cas de nécessité.

6. Les fidèles se mettront à genoux ou s'inclineront avec respect à l'élévation de la sainte hostie, de même lorsque le prêtre porte l'eucharistie à un malade. Dans ce dernier cas, le prêtre doit avoir des ornements convenables. L'hostie sera voilée, et le prêtre la portera respectueusement sur sa poitrine. Si c'est possible, il sera [70] précédé d'un cierge, et on agitera une sonnette pour avertir de son passage.

7. Comme les malades ne se confessent pas volontiers devant tous les assistants, le prêtre doit, s'il en a le temps, demeurer seul avec le malade et le confesser avant de lui porter la communion.

8. Détails sur la confession.

9. Les curés ne doivent pas empêcher les fidèles de se faire enterrer dans une église conventuelle.

10. Sur le mariage (identique au can. 1 du concile de Mayence de 1259).

11. Les évêques doivent prêcher eux-mêmes aux jours de fête ou se faire remplacer par des prédicateurs. Ces jours-là ils devront aussi, autant que possible, célébrer la messe à la cathédrale et donner l'indulgence.

12. Aucun évêque ou archidiacre ne doit confier la charge d'âmes à quiconque n'a pas vingt-quatre ans accomplis, à un ignorant, ou à un minoré.

13. Nous excommunions tous les clercs, moines et chanoines qui, au mépris du droit canon, forment des ligues, par exemple, pour faire aboutir une élection; ce sont là des causes de discorde.

14. Nul, pas même un religieux, n'a le droit de fonder une église ou de la déplacer sans la permission de l'évêque et sans faire bénir

la première pierre; à défaut de ces conditions, l'église sera démolie et le fondateur puni.

15. On ne doit pas maintenir dans les églises de paroisse les autels inutiles; en effet, dans toutes les églises qui ne sont pas conventuelles, trois autels suffisent; aucun nouvel autel ne doit être fondé sans la permission de l'évêque et sans une dotation suffisante, du moins pour le luminaire. L'évêque doit lui-même bénir et poser la première pierre; il ne doit se décharger de ce soin sur personne.

16. Celui qui aliène un bien auquel est attaché le droit de patronat, conservera cependant ce droit pour lui. Aucun évêque ne doit, sans l'assentiment du chapitre, confirmer les privilèges que les Templiers et les autres ordres religieux accordent aux églises.

17. Les quêteurs ne seront pas autorisés à recueillir des aumônes s'ils ne sont pas pourvus de lettres épiscopales, et, même alors, ils ne devront ni prêcher ni faire vénérer des reliques, c'est le curé de la paroisse qui exposera lui-même au peuple la raison de leur présence. Lorsqu'ils sont porteurs de lettres du pape, ils ne sont pas dispensés de présenter le certificat de l'évêque ou, en son absence, du chapitre de la cathédrale, parce que des clercs ordinaires ne peuvent pas juger facilement de l'authenticité ou de la fausseté des lettres pontificales. On ne recevra pas les clercs nomades, que le peuple appelle *Eberhardins*, et on ne leur fera pas d'aumônes, parce qu'ils sont haïs de Dieu et scandalisent les 1] peuples. Au contraire, on devra accueillir et aider les clercs et les laïques pauvres obligés de voyager. (Le texte exact de cette phrase se trouve dans le concile de Mayence de l'année 1310. Au lieu de *concilii vel scholares pauperes* que contient ce canon 17, il faut lire *clerici vel seculares pauperes*.)

18. Les juges ecclésiastiques ne doivent pas s'ingérer dans les conflits survenus entre laïques, à moins que ces conflits ne ressortent incontestablement du *for* ecclésiastique.

19. Les prévôts, archidiacres et hebdomadiers, et en général les personnes ayant charge de l'administration des biens d'une communauté ecclésiastique, doivent donner aux frères en temps opportun ce qui leur revient. Dans le cas contraire, si la majorité ou du moins la part la plus sensée du chapitre le juge à propos, ils interrompront le service divin; si l'administrateur s'obstine quinze jours durant, il sera déposé et soumis en outre à une punition. Un chanoine qui aurait été seul à ne pas recevoir sa prébende ne

doit pas s'autoriser de cette exception pour se dispenser du service
divin. L'administrateur ne doit rien aliéner des biens de l'église
sans l'assentiment de la majorité ou de la portion la plus sensée du
chapitre. Si l'abbé ou l'official du couvent manque à ce devoir, il
sera immédiatement déposé par son supérieur et ne pourra être
administrateur des biens de l'église sans dispense de l'évêque.

20. Un archiprêtre ou un curé ne peut, sans une permission
expresse de l'évêque, porter jugement sur les causes matrimoniales.

21. On ne doit pas acheter un objet volé.

22. Défense à tout clerc ou moine d'entrer, sans motif grave et
sans témoins, dans un couvent de femmes. Les religieuses cloîtrées
ne doivent sortir que pour des cas extraordinaires, et toujours
voilées. Les fenêtres des parloirs doivent être munies d'une double
grille. Les religieuses doivent obéir, pour tout ce qui est permis, à
leurs prévôts et prélats spirituels, elles ne se confesseront pas à
un étranger sans l'assentiment de leur supérieur. (Cf. can. 6 du
concile de Mayence de 1259.)

23. Les moines et les nonnes ne peuvent être parrains ou mar-
raines. Si on envoie dans un couvent de femmes qui est pauvre
des vivres et de l'argent, on ne les recevra pas sans la permission
de l'abbesse ou de la supérieure. Les religieux et les religieuses ne
doivent porter que des habits conformes à leur état. Aucun abbé
et aucune abbesse n'aura à la fois deux abbayes; aucun moine et
aucune nonne ne doit avoir deux fonctions dans son monastère
(sauf les cas de nécessité). Aucun moine ne doit être élu abbé
qu'après de longues années de profession. Celui qui n'a pas fait
profession ne peut pas voter. Les novices déjà grands et qui, après
une année d'épreuves, ne font pas profession, doivent être renvoyés.
Il en sera de même des nonnes. Un moine ou une nonne ne doit
pas avoir de prébendes dans deux monastères. La propriété privée [72]
est défendue, sous peine de privation de la sépulture ecclésiastique.
Les danses, les jeux de dés et d'échecs, ainsi que les jeux à l'anneau et aux boules, sont interdits aux religieux et religieuses. Les
moines et les abbés ne doivent pas porter de petits manteaux
(*mantella vel sorcotos;* cf. can. 9 du concile de Cologne de 1260).
Ils ne se serviront pas non plus de brunet noir, mais seulement de
drap à bon marché, ainsi que le prescrit la règle. Les abbés couche-
ront dans le même dortoir que leurs moines, et les abbesses dans
celui de leurs religieuses; ils mangeront au réfectoire commun.
Les abbés et les moines n'useront pas de peaux de renard ou de

lapin, mais seulement de peaux d'agneau. Les moines n'auront pas les chaussures qu'on appelles les souliers d'été, mais seulement ceux qui sont ordonnés par la règle. Les abbés ne porteront pas de manteaux ronds (cappæ) à l'instar des évèques, mais ils auront des habits à manches qui conviennent à leur état. Les laïques n'adosseront pas leurs maisons à des couvents, pour éviter les soupçons. Aucun abbé ne doit recevoir un moine étranger. Les moines malades peuvent manger de la viande à l'infirmerie, jamais au réfectoire. Un moine qui a commis une faute charnelle ne peut exercer de fonctions dans son monastère; il perd sa voix au chapitre et n'a plus au chœur que la dernière place. L'abbé qui commet une faute de cette nature sera déposé. Il en sera de même des nonnes et des chanoines réguliers. Les femmes qui ont fait vœu de chasteté et ont pris un costume particulier, sans entrer dans un couvent, ne doivent pas courir le monde. Comme de jeunes béguines ont trop souvent donné du scandale, on n'en recevra plus que lorsqu'elles auront dépassé quarante ans. Aucun clerc ou moine ne doit, sous peine d'anathème, entrer dans une maison de béguines. S'il a à parler avec une béguine, il doit le faire à l'église et devant témoins.

24. A l'avenir, on ne tolérera plus que les patrons donnent leurs bénéfices à des personnes qui se contentent d'une partie de leurs revenus, le reste demeurant au patron. De même les recteurs des paroisses, sous peine de déposition, donneront à leurs vicaires des appointements convenables.

25. Les usuriers seront privés de la sépulture ecclésiastique; même au lit de mort, ils ne recevront l'absolution que s'ils donnent auparavant pleine satisfaction.

26. Les fidèles doivent se confesser au commencement du carême et communier au moins à Pâques. On rappelle l'obligation du jeûne.

27. Aucun clerc ne doit distribuer à ses concubines ou à ses enfants naturels les revenus de l'année de grâce, ni en général ce qui provient des biens de l'Église; cf. canon 54.

28. Un prêtre ne peut servir d'avoué que pour lui, ou pour son église, ou pour les pauvres.

29. Sauf les cas de nécessité, nul ne peut être élu chanoine s'il n'y a un bénéfice vacant.

30. La divination est défendue sous peine d'excommunication.

31. On célébrera la fête de la Conversion de saint Paul.

32. Les bâtards ne doivent pas être ordonnés; ils n'obtiendront ni dignité ni charge d'âmes. Pour le bénéfice, la dispense relève du pape; pour la collation des ordres, elle peut être donnée par l'évêque. On ne recevra pas de clercs inconnus. Nul ne doit promettre qu'il ne demandera pas de bénéfice à l'évêque consécrateur[1]. Les évêques seuls peuvent réconcilier les églises polluées.

33. Chaque évêque doit avoir deux pénitenciers chargés d'absoudre à sa place des cas réservés.

34. Il doit y avoir, dans chaque diocèse, des prisons pour les mauvais clercs et pour les moines ainsi que pour les apostats.

35. S'il est impossible ou périlleux de notifier personnellement une citation, le document sera affiché aux portes de l'église de la paroisse, et si cela même est impossible, la citation sera lue publiquement à plusieurs reprises dans l'église cathédrale.

36. On maintient l'ancienne pratique de la province de Mayence d'après laquelle le métropolitain saisi d'un appel de la sentence d'un suffragant peut confier à un inférieur de ce suffragant la revision de la cause : on évite aux deux parties la peine et les frais.

37. L'absolution ne sera accordée aux excommuniés sur leur lit de mort que s'ils promettent, soit qu'ils meurent, soit qu'ils recouvrent la santé, de satisfaire pleinement aux lois de l'Église, personnellement ou par tiers.

38. Les chapelains des nobles ne doivent pas exercer de fonctions dans les chapelles et les châteaux avant d'avoir promis obéissance à l'évêque ou à l'archidiacre. Ils doivent se rendre aux synodes et notifier à leurs seigneurs les ordonnances ecclésiastiques, parce que les curés souvent n'osent pas les leur faire connaître, par crainte de leur tyrannie. Si, dans le château ou dans la ville habitée par ce seigneur, un ecclésiastique est jeté en prison, ou bien si on usurpe et détient un bien d'église, les chapelains du château doivent interrompre immédiatement tout office divin, sans même attendre un ordre de l'évêque. Quand on proclame publi-

1. Au lieu de *se de præsentatore*, il faut lire *seu de præsentatore* (comme dans le concile de Mayence de 1310, can. 120), ce qui du reste n'en devient pas plus compréhensible, puisque c'est le présentateur qui donne le bénéfice. Peut-être, au lieu de *se de præsentatore*, faudrait-il lire *seu de successore ipsius* (de l'évêque), par analogie avec le huitième canon du concile de Béziers 1233. Mansi, *Conc. ampliss. coll.*, t. xxiii, col. 272. [Le sens semble pourtant clair : le clerc ne peut promettre à l'évêque, pour en obtenir l'ordination, de ne demander de bénéfice ni de libre collation de l'évêque, ni à la présentation d'un patron. (H. L.)]

quement une excommunication, nul ne peut prétexter l'ignorance. Plusieurs refusent, par crainte, de publier les ordres de l'évêque; ordonnance sur ce point identique au canon 13 du synode de Fritzlar de 1243.

39. Sur les clercs nobles qui quittent les habits ecclésiastiques et font la guerre (cf. can. 3 du concile de Mayence de 1259), et sur la punition des clercs concubinaires.

40. Sur l'excommunication (identique aux can. 4, 6, 7 et 8 du synode de Mayence de 1225).

41. Sur le droit de patronat (identique aux can. 9, 10 et 11 de ce même synode).

42. Sur les vicaires (identique au can. 12, *ibid.*).

43. Les fils des auteurs ou complices de l'emprisonnement d'un clerc ne peuvent recevoir de bénéfice ecclésiastique ou de dignité; leurs filles ne peuvent être reçues dans aucun couvent et leurs chapelains et secrétaires ecclésiastiques doivent aussitôt s'abstenir de tout rapport avec eux.

44. Tous les dimanches et jours de fête, les curés et leurs vicaires prononceront l'excommunication contre les usuriers. Ceux-ci ne peuvent être absous qu'après restitution de tout ce qu'ils ont acquis par l'usure; ou du moins de tout ce qu'ils peuvent rendre, tout en promettant sous caution de restituer le reste plus tard. L'archevêque seul et les archidiacres devront désigner ceux qui ont le pouvoir d'absoudre les usuriers, de peur que les prêtres peu intelligents ne soient induits en erreur. L'usurier qui a longtemps méprisé la sentence de l'Église et a vécu sous le coup de l'excommunication ne pourra recevoir l'absolution au lit de mort que s'il a d'abord restitué avec des sentiments de contrition tout ce qu'il avait gagné par l'usure, ou du moins tout ce qu'il pouvait donner. Même alors, on lui refusera l'extrême-onction et la sépulture ecclésiastique, à moins que l'archevêque n'en décide autrement pour de graves raisons. Si un usurier notoire s'obstine effrontément un mois entier sous le coup de l'excommunication, sa famille et toute sa maison seront également exclues du service divin et des sacrements, sauf le baptême et la pénitence *in articulo mortis*.

45. Sans doute l'Église tolère qu'avec l'autorisation des prêtres de leur paroisse, des fidèles se confessent à un moine; mais nous ne saurions permettre, nous défendons même sous peine d'excommunication à tout religieux d'administrer la sainte com-

munion ou les autres sacrements aux personnes confiées à la
charge des prêtres de paroisse, en particulier aux béguines, aux
bicornes, aux moluses, etc. [1] Nous défendons également aux [75]
moines de prêcher pendant les processions et les rogations et
d'empêcher ainsi les fidèles de s'y rendre.

46. On parlera des Tartares dans tous les sermons et on exhortera
le peuple à leur résister et à implorer la grâce de Dieu. Après
l'offertoire et avant le canon, les prêtres, agenouillés ou prosternés,
diront avec les clercs présents à la messe le psaume LXXVIII : *Deus
venerunt gentes*, avec le *Pater* et la collecte *Deus a quo sancta desideria*.
Les prêtres de paroisse devront crier au peuple en langue vulgaire ·
« Faites pénitence ! » puis se prosterner et dire le *Notre Père*

On sonnera en même temps les cloches, afin que tous, y compris
les absents, soient invités à prier Dieu, et cette prière vaudra dix
jours d'indulgence. Il y aura tous les mois, dans chaque ville, une
procession à laquelle prendront part tous les clercs. Ce jour-là, on
jeûnera, à moins que ce ne soit un jour de dimanche ou de fête.
Celui qui prendra part à cette procession gagnera une indulgence
de quarante jours [2].

47 Les moines ont su se procurer de grands biens et de gros
revenus, de sorte que le Jourdain tout entier coule dans leur bouche
(Job, XL, 18) Ils sont parvenus à rattacher à leurs monastères
quantité de paroisses et les meilleures, si bien qu'il n'y a plus
en Allemagne que très peu d'églises suffisant par leurs revenus
à nourrir convenablement leurs clercs. C'est ainsi que les prêtres
séculiers, dont l'état est cependant plus ancien et la dignité plus
grande, ainsi que le dit Michée (VII, 1), n'ont plus que les restes.
Le résultat de cet état de choses est le cumul des bénéfices. A
l'avenir on ne devra plus confier d'église aux moines Celui qui le
ferait dans la suite sera privé *ipso facto* du droit de patronage qui
reviendra à l'évêque du diocèse. Conformément au can 5 du

---

1. *Bicorni*, sobriquet des béguines, parce que leur bonnet formait deux cornes,
molusæ, également des béguines, ainsi appelées parce que leur congrégation venait
de Mulhouse. Cf Binterim, *Deutsche Concil.*, t. v, p. 204

2. D'après Binterim, *Deutsche Concil*, t v, p 24 sq, les huit canons suivants
sont d'un autre synode de la province de Mayence, célébré à Aschaffenbourg en
1282 On verra, en effet, plus loin que le canon 51 est évidemment postérieur au
synode de Mayence de 1261. Il en est de même de la fin du canon 48 Il serait
aussi bien surprenant que le synode se fût occupé du même objet en deux endroits
différents, par exemple can 48 et can. 23, ou des quêteurs au can. 17 et au can 48

synode de Mayence de 1259, les paroisses appartenant à des monastères doivent être administrées par des prêtres séculiers [1].

5] 48. Les quêteurs *(quæstuarii)* ne seront reçus par personne; on s'emparera d'eux et on les déférera à l'évêque ou à son official [2]. Les frères de Saint-Antoine fondés par Gaston seront admis à faire leur collecte annuelle, mais par des frères de leur ordre et non par des étrangers. En outre, ils ne feront pas eux-mêmes la demande d'aumône; ce seront les prêtres de la paroisse qui les présenteront au peuple. S'il y a une église à réparer dans le diocèse, l'évêque donnera, s'il le juge nécessaire, une lettre pour autoriser à recueillir des aumônes. Chaque diocèse doit pourvoir à ses propres besoins sans gruger les autres. On ne doit pas ériger ni transférer une église sans autorisation (comme à l'art. 14 du présent synode).

49. Le représentant d'un évêque ne doit pas consacrer d'église ou de chapelle, si on n'a pourvu auparavant, de concert avec l'évêque, à la dotation et aux frais du culte de cette église. De même, avant de recevoir des étrangers (des moines) et de leur accorder un établissement dans le diocèse, l'évêque doit s'assurer qu'il n'en résultera aucun dommage pour l'église paroissiale. Les évêques auxiliaires *(episcopi qui vices diœcesani gerunt)* ne doivent pas consacrer d'églises conventuelles sans y être spécialement autorisés par l'évêque du diocèse; de même ils ne doivent pas, sans cette même permission, absoudre des cas réservés, ni ordonner quiconque n'aurait pas été admis par les examinateurs. D'après le can. 62 du douzième concile œcuménique, on ne doit donner à l'occasion de la consécration d'une église qu'une indulgence d'un an, et de quarante jours pour l'anniversaire de la consécration. Défense de négliger les jeûnes de pénitence et de réconcilier les pénitents publics à l'occasion de la consécration d'une église ou des ordinations. On ne doit le faire que le jeudi saint.

50. Quiconque veut recevoir les ordres doit se présenter le

---

1. A propos de ce canon, les ordres de chevalerie allemands portèrent plainte à Urbain IV, qui annula cette décision de l'archevêque le 9 octobre 1261. Posse, *Anal. Vat.*, p. 128.

2. Les expressions très vives dont on se sert ici contre les quêteurs s'expliquent en partie par ce fait que l'évêque de Strasbourg avait fait connaître au synode neuf propositions d'Henri, *magister* de Strasbourg, lesquelles sont évidemment erronées (par exemple, qu'un prêtre en état de péché ne peut pas donner l'absolution), et qui s'attaquent aux droits de la hiérarchie ordinaire ecclésiastique. Cf. Mansi, *op. cit.*, col. 1106.

mercredi devant les examinateurs épiscopaux Il sera examiné le
mercredi et les deux jours suivants, et le samedi, jour de l'ordination, il pourra se livrer à la prière Nul ne doit être admis à un
examen s'il ne s'est auparavant confessé.

51 Le concile de Mayence a défendu aux prêtres de paroisse
d'empêcher les fidèles de se faire enterrer dans une église conventuelle [1]. Certains prêtres ont encore de la répugnance à accorder la
communion à ceux qui ont choisi leur sépulture dans une église [7?
conventuelle : nous ajoutons (à cette ancienne prescription) que,
dans ce cas, le fidèle peut recevoir la communion où il veut.

52 Un grand nombre de moines, surtout des bénédictins, fréquentent les dîners et invitent les gens du monde à venir faire
des repas somptueux dans le monastère, ce qui donne beaucoup de
scandale. Nous défendons ces abus sous peine de huit jours de
prison. Aucun moine ne doit être avocat devant un tribunal civil
ou ecclésiastique, même s'il s'agit des affaires de son monastère et
si son abbé le lui demande.

53 Il y aura dans chaque monastère une infirmerie pour les
vieillards malades et les prêtres infirmes

54 Beaucoup abusent de l'année de grâce accordée pour solder
les dettes des clercs défunts, et se servent de cette concession
pour enrichir leurs parents. Cet abus devra cesser à l'avenir.
L'année de grâce n'est accordée pour payer les dettes que lorsqu'on
ne peut les payer autrement [2].

Ce même concile renouvela la sentence d'excommunication et
d'interdit contre Sophie, duchesse de Brabant, et son fils Henri, qui
détenaient injustement plusieurs biens-fonds de l'église de Mayence[3].

Au rapport du *Chronicon Magdeburgense* [4], le synode de Mag-

1. On cite ici mot à mot le can 9 du présent synode et on l'attribue a un synode
antérieur de Mayence, d'ou il suit que le can. 51 est d'un concile plus récent, du
reste, cette conclusion découle egalement de ce qui suit

2 Mansi, *Conc ampliss coll*, t xxiii, col 1079-1106, Hartzheim, *Conc. Germaniæ*, t. iii, p. 596 sq., Binterim, *Deutsche Concilien*, t. v, p 23 sq, 179-213 (ce
synode manque dans Harduin et Labbe), C. Will, *Mainzer Regesten*, t ii, p. 354.

3 Hartzheim, *op cit*, t iv, p 617, Will, *Mainzer Regesten*, t ii, p. 354, Böhmer,
Regesten, ad ann 1246-1313, p 356 Böhmer se trompe en donnant le nom d'Élisabeth à la duchesse de Brabant Les actes parlent de Sophie, fille de sainte Élisabeth de Thuringe A la mort d'Henri Raspe, cette Sophie émit des prétentions
sur son héritage, en faveur de son second fils Henri. Elle prétendait en outre faire
rentrer dans l'héritage de Raspe quelques biens qui appartenaient à l'Église de
Mayence.

4 Meibom, *Script. rer German.*, t. ii, p 330

debourg se tint le dimanche de *Jubilate*, second dimanche après Pâques, 8 mai 1261. Les actes en sont fort longs et commencent par ces mots : *Quoniam propheticis ;* le concile rappelle qu'il est réuni sur l'ordre du pape et ajoute qu'il a pris les résolutions suivantes :

1. Les évêques, abbés et autres supérieurs ecclésiastiques doivent exhorter leurs inférieurs à ne pas entretenir d'inimitiés entre eux.

2. A se rendre Dieu favorable par les jeûnes, les prières et les veilles.

3. On célébrera des processions avec des litanies ; chaque mois, il y aura une procession générale accompagnée de jeûnes, comme aux Rogations. Toutefois les prélats, archidiacres et curés permettront, à l'issue de la procession, de faire un repas avec du lait, sauf les vendredis. Les moines prendront également part à ces processions.

4. Après l'*Agnus Dei* et avant la communion du prêtre, on doit chanter le psaume LXXVIII : *Deus venerunt gentes* avec l'antienne *Da pacem*, le *Kyrie eleison*, le *Pater* avec le verset *Fiat pax in virtute tua*, après quoi le prêtre à genoux récitera, au son des cloches, la collecte *Deus a quo*. Cette cérémonie aura lieu dans toutes les églises et paroisses.

5. Celui qui, entendant cette cloche, se met à genoux et récite un *Pater*, soit à l'extérieur, soit à l'intérieur de l'église, gagne dix jours d'indulgence.

6. Si l'archevêque ou un des évêques de la province est fait prisonnier, on interrompra aussitôt le service divin dans toute cette province. Si c'est un prélat ou un chanoine de la cathédrale, le diocèse dans lequel il est détenu sera interdit. Pour les autres prêtres, l'archidiaconé sera interdit.

7. Si celui qui a fait prisonnier un évêque a des chapelains ou des secrétaires, ils doivent l'abandonner dans le délai de huit jours, sous peine de perdre leurs bénéfices et d'être inhabiles à en occuper d'autres.

8. Les chapelains ou secrétaires de celui qui a fait prisonnier un prélat d'un ordre inférieur ou un simple ecclésiastique doivent l'abandonner dans le délai d'un mois.

9. Nul ne doit citer un clerc devant le tribunal séculier.

10. Ceux qui, contrairement aux anciennes traditions, exigent des clercs les droits de péage et de douane s'en abstiendront dorénavant sous peine de censures ecclésiastiques.

11. Les nobles et tous ceux qui, se rendant à des tournois ou à des batailles, fixent comme rendez-vous à leurs compagnons la propriété d'un évêque ou d'un clerc, s'ils y font des dégâts, doivent réparer ces dommages. Dans le cas contraire, ils seront excommuniés et les lieux de leur résidence frappés d'interdit.

12. La même peine atteindra ceux qui veulent forcer les évêques et d'autres clercs à fournir des chevaux et des voitures chargées de vivres, ou bien qui grèvent d'impôts les biens ecclésiastiques.

13 Nous excommunions tous ceux qui profanent les églises et en font des forteresses; qui défoncent les cimetières et dispersent les ossements des morts, etc

14. Pour que le châtiment soit plus sévère, on privera des sacrements et de la sépulture ecclésiastique les familles de ces coupables.

15 Le patron qui, à la mort du recteur d'une paroisse, usurpe les biens de l'église, perd pour cette fois le droit de présentation, fût-il laïque ou clerc, sans parler de la restitution.

16 Les protecteurs des églises ne doivent pas les grever ni en exiger des choses injustes, ni diviser entre plusieurs avocats le soin de les défendre, ni inféoder cette charge

17. Quiconque s'attaque aux biens ou aux possessions quelconques des évêques, des clercs ou des églises, les pille ou les détériore par l'incendie, le vol, etc , sous le vain prétexte qu'il a un procès avec le protecteur de l'église de cet endroit, doit être puni conformément aux canons.

18 Les béguines doivent, comme tous les autres paroissiens, obéir aux prêtres de leurs paroisses sous peine d'excommunication.

19. Quiconque attente à la vie d'un clerc, ou le mutile, doit être puni conformément aux canons.

20. Comme les vagabonds appelés *eberhardins*, mènent une vie abominable, scandalisant les laïques en troublant l'office divin, et donnent aux moines un prétexte pour apostasier, en les recevant sans difficulté dans leur société, on décide qu'aucun clerc ne pourra les héberger ni leur donner quoi que ce soit, sous peine de suspense.

21. Tout contempteur des immunités ecclésiastiques sera excommunié. Celui qui, dans un cas de nécessité et pendant une guerre, a fait établir des tentes sur un cimetière, doit, la guerre terminée, les faire enlever et tout rétablir dans l'état antérieur, sinon il sera excommunié.

22. Il n'est pas permis d'élever des constructions contre les églises ou sur les cimetières. Celui qui aura été excommunié pour avoir incendié une église, etc., ou pour tout autre motif, ne doit être admis par aucun prêtre au service divin.

23. Les laïques qui auront porté des ordonnances contre l'Église, en particulier concernant le saint sacrifice et le culte, seront excommuniés.

24. Les mariages doivent être célébrés devant l'Église; ils seront précédés d'une triple proclamation. Celui qui ne dévoile pas un empêchement matrimonial sera puni [1].

674. Conciles sous Urbain IV et Clément IV, d'août 1261 à novembre 1268.

Alexandre IV mourut au mois de mai 1261. A notre connaissance, le premier synode célébré sous son successeur, Urbain IV, fut celui de Cognac, en 1262, tenu par Pierre, archevêque de Bordeaux. Comme les deux premiers conciles de Cognac, celui-ci était destiné à extirper certains abus; on y constata clairement la lutte de l'épiscopat français contre une tendance hostile qui se manifestait surtout dans la noblesse contre la juridiction ecclésiastique, l'excommunication et les biens de l'Église. Voici les sept canons de ce synode [2] :

1 et 4. Les lieux, villas, châteaux, villes et paroisses où l'on détient ou des biens, ou des personnes d'Église, tombent *ipso facto* sous le coup de l'interdit si, réclamation faite, on ne restitue pas. Les auteurs de ces attentats et leurs complices sont excommuniés *ipso facto* et ne peuvent être absous qu'après pleine et entière satisfaction. Si les biens et les personnes ecclésiastiques dont il

1. Hartzheim, *Conc. Germaniæ*, t. III, p. 805 sq., et Lünig, *Contin.*, II, *Spicileg. eccles.*, p. 257, ont placé ces vingt-quatre canons après la lettre synodale de Magdebourg du cardinal-légat Gui de la fin de 1266. Mais Binterim a prouvé qu'ils appartiennent à un synode tenu à Magdebourg en 1261. *Deutsche Concil.*, t. V, p. 136, 214 sq. Mansi donne les actes de ce synode de 1261, *Conc. ampliss. coll.*, t. XXIV, col. 7772 : *Quoniam propheticis*, etc.; Coleti, *Concilia*, t. XIV, p. 1014.

2. Labbe, *Concilia*, t. XI, col. 820-822; Hardouin, *Conc. coll.*, t. VII, col. 551; Coleti, *Concilia*, t. XIV, col. 311; Mansi, *Conc. ampliss. coll.*, t. XXIII, col. 1106. (H. L.)

s'agit ont été transportés en un autre lieu, ce lieu tombe sous le coup de l'interdit, sans que pour cela le premier en soit relevé

2. Celui qui veut soustraire au for d'Église une affaire qui, d'après le droit et la coutume, revient à un tribunal ecclésiastique, sera excommunié.

3. Les barons et autres seigneurs temporels seront menacés des censures ecclésiastiques s'ils n'obligent pas les excommuniés, par la confiscation de leurs biens, à se réconcilier avec l'Église

4. (cf. n. 1)-5 L'interdit étant prononcé sur une localité, si des clercs y célèbrent néanmoins en public, les paroissiens doivent, sous peine d'excommunication, s'abstenir de prendre part à ces offices

6 Les archidiacres, doyens et archiprêtres ne doivent pas se faire remplacer par des vicaires et ils ne chercheront pas à avoir de juridiction en dehors de leur ressort.

7 Les ordonnances du synode provincial seront promulguées tous les ans dans les synodes diocésains

L'année suivante, en 1263, le même Pierre, archevêque de Bordeaux, réunit un synode diocésain, probablement dans la ville épiscopale [1]

1 Défense de relever de l'excommunication sans la présentation des lettres épiscopales d'absolution.

2. Quiconque persiste une année entière sous le coup de l'excommunication sera regardé comme hérétique et traité en conséquence [2].

3. Nul ne doit donner la sépulture à un paroissien étranger sans [81 la permission de son curé.

4. Lorsque l'archevêque visite son diocèse, les prêtres chez qui il se rend doivent, dès qu'ils sont informés de la venue du prélat, avertir leurs paroissiens de se présenter pour la confirmation.

5. Celui qui contracte un mariage clandestin, ou qui assiste à la célébration de ce mariage, est excommunié *ipso facto*. Les clercs seront en outre suspendus *ab officio et beneficio*. Sont considérés également comme mariages clandestins ceux qui, bien que contractés en présence de l'Église, sont faits dans l'église de la mariée, sans la permission du curé du marié, ou *vice versa*, ou enfin dans une église étrangère, sans la permission des chapelains des deux mariés. Un mariage est encore clandestin *a)* lorsqu'il est

1. Hardouin, *Conc. coll*, t. VII, col 553, Coleti, *Concilia*, t XIV, col. 313; Mansi, *Conc. ampliss. coll.*, col XXIII, col 1109.

2. Kober, *Kirchenbann*, p. 437

contracté sans témoin, *b)* sans solennité, *c)* sans publication antérieure.

6. Chaque curé doit avoir dans son église une liste des excommuniés.

7. Quiconque est interdit, excommunié ou suspens, ne peut être absous que par l'auteur de la sentence, ou, en cas de nécessité, par son curé. S'il a donné des signes de repentir, on peut, après sa mort, demander pour lui l'absolution au juge qui a porté la sentence.

La cause du synode provincial tenu à Arles en 1263[1] fut la discussion relative à Joachim de Flore. Celui-ci[2], abbé cistercien et fondateur de la congrégation de Flore en Calabre, était mort en 1202 en odeur de sainteté. Sa doctrine sur les trois âges du monde, *status mundi,* l'avait rendu célèbre. La première période, d'après lui, va du commencement du monde à la venue du Christ. C'est l'âge du Père, des mariés et des laïques *(in quo vivebant homines secundum carnem);* l'évangile de cette époque, ce sont les écrits de l'Ancien Testament. La deuxième époque va depuis le Christ jusqu'à l'an 1260. C'est l'âge du Fils et des clercs *(in quo vivitur inter utrumque, hoc est inter carnem et spiritum);* leur évangile, ce sont les écrits du Nouveau Testament. La troisième période enfin va de 1260 à la fin du monde. C'est l'âge du Saint-Esprit et du monachisme. L'Évangile du Saint-Esprit ou l'*Evangelium æternum* y sera révélé *(in quo vivitur secundum spiritum).* Par *Evangelium æternum,* Joachim n'entend pas un évangile écrit, ou même opposé à l'Ancien et au Nouveau Testament, mais plutôt une connaissance supérieure et plus spirituelle des deux Testaments. C'est l'esprit éternel des Écritures qui subsiste, tandis que la lettre disparaît. Cela constitue le *spiritualis intellectus* qui procède de l'Ancien et du Nouveau Testament, comme le Saint-Esprit du

1. Jusqu'ici on plaçait ce synode en 1260. Mais Florentius ne fut nommé archevêque d'Arles qu'en novembre 1262, comme l'a démontré Denifle (cf. note suivante). Il n'était pas encore arrivé à Arles le 13 janvier 1263. Le synode fut probablement tenu peu de temps après son arrivée.

2. Pour toute cette question, cf. Denifle, *Das Evangelium æternum und die Commission zu Anagni,* dans *Archiv für Litteratur- und Kirchengeschichte des Mittelalters* de Denifle et Ehrle, 1885, t. I, p. 49 sq.; E. Gebhart, *Recherches nouvelles sur l'histoire du joachimisme,* dans *Revue historique,* 1886, t. XXXI, p. 56-73; H. Haupt, *Zur Geschichte des Joachimismus,* dans *Zeitschrift für Kirchenge... ht ... ...*

Père et du Fils, et qui sera communiqué aux *viri spirituales* par le Saint-Esprit avec le *donum contemplationis* L'Église de cette troisième période sera aussi une *Ecclesia spiritualis*, non pas dans le sens de la réformation, mais dans le sens que l'enveloppe, la figure, le matériel, l'imparfait seront dépouillés pour ne laisser que l'essence et la vérité pure *ut non sequantur ultra homines figuras, sed illam simplicissimam veritatem, quæ significatur in igne.* Tout sera spiritualisé · *ergo et lapides et ligna et carnes et pulvis et aqua vorabuntur ab igne.* Cette spiritualisation constitue la dernière perfection Pour ce qui concerne la durée des périodes, Joachim fixe l'an 1260 parce que, d'après Matth., i, 17, il fixe pour la deuxième période quarante-deux générations de trente ans chacune, *quia perfectio huius numeri pertinet ad fidem trinitatis* [1]. Mais la troisième période comprendra cinquante générations de trente ans, *ob magni jubilei libertatem* Avant le commencement de cette époque, le Seigneur purifiera son aire par une tribulation générale, afin de séparer le froment de la paille. Cette dernière idée de Joachim peut nous aider à comprendre le grand essor de mortification par mode de flagellation qui commença en Italie en 1260 pour s'étendre sur presque toute l'Europe centrale.

En 1254, le franciscain Gérard de Borgo San Donnino écrivit à Paris un livre intitulé *Introductorius in Evangelium æternum*, et probablement aussi des gloses sur la *Concordia Vet. et Novi Testamenti* de Joachim. Gérard, contrairement à Joachim, entendait par *Evangelium æternum* un évangile écrit qui comprenait les trois principaux ouvrages de Joachim, la *Concordia*, l'*Expositio in apocalypsin* et le *Psalterium decem cordarum*. Et comme il appliquait à ces écrits les idées de Joachim sur la *spiritualis intelligentia*, il en [83 arriva naturellement à des opinions dangereuses et même hétérodoxes. Guillaume de Saint-Amour et les professeurs de Sorbonne tirèrent aussitôt trente et une propositions de ces écrits (7 de l'*Introductorius* et 24 de la *Concordia*) pour les condamner, mais ils falsifièrent de parti pris les textes [2]. Ces propositions vinrent à la

---

1 Cette phrase peut paraître obscure Il suffit d'un petit calcul pour en saisir le sens. Matth., i, 17, fixe les générations d'Adam à Jésus-Christ à 3 fois 14, ou $14 \times 3 = 42$ Joachim adopte ce nombre pour sa deuxième période, et fixe la durée de ces générations à trente ans · ce qui donne $42 \times 30 = 1\,260$. (II. L.)

2 Denifle, *op cit*, p 76 sq, a donné le texte authentique pour les vingt-quatre propositions de la *Concordia* de Joachim

connaissance du pape, qui nomma à Anagni une commission de trois cardinaux pour étudier l'affaire à fond. On tira de l'*Introductorius* de Gérard une suite de propositions ridicules pour caractériser le livre, et là-dessus on jugea la doctrine même de Joachim, le 8 juillet 1255. La commission, à laquelle un des cardinaux manquait, fut renforcée par l'évêque Bonevaletus et le dominicain Pierre d'Anagni. Le véritable promoteur était Florentius, évêque de Saint-Jean-d'Acre, qui présenta les extraits des ouvrages de Joachim rangés sous dix chefs qui résument les points principaux de la doctrine de Joachim exposée plus haut.

Le résultat de cet examen fut la condamnation par Alexandre IV, le 23 octobre 1255, de l'*Introductorius* de Gérard [1]. Les écrits de Joachim ne rencontrèrent pas d'opposition. Ils ne furent condamnés par l'autorité ecclésiastique que lorsque Florentius devint archevêque d'Arles. Dans le synode provincial [2] qu'il réunit, on discuta la doctrine de Joachim que nous avons exposée, et on décréta que l'erreur répandue sous le nom de *Evangelium Spiritus Sancti* (comme si l'*evangelium Christi* n'était pas *æternum*, ou n'était pas *a Spiritu Sancto*) avait été jadis condamnée *præsentibus nobis et procurantibus ab apostolica Sede*, mais que le fondement de cette doctrine, c'est-à-dire la *Concordia* et les autres écrits de Joachim, n'avait pas été jugé, ces ouvrages n'ayant pas été préalablement examinés par des docteurs. Le synode défend dans le premier canon, sous peine d'excommunication, de se servir des livres susdits ou de les propager. Il faisait remarquer que cette doctrine fantaisiste avait tourné la tête à beaucoup de savants; ceux-ci avaient écrit des commentaires qui circulaient parmi le public. A cette défense le synode ajouta les canons suivants :

2. Les prêtres doivent instruire leurs paroissiens sur la manière d'administrer le baptême en cas de nécessité.

3. Le sacrement de confirmation doit être reçu et administré à jeun, sauf nécessité.

4. L'abus régnant dans certaines paroisses de la Provence de conclure des mariages sans la participation de l'Église doit être aboli et les contrevenants dénoncés comme excommuniés.

5. La résidence continuelle est obligatoire pour les *vicarii perpetui*.

1. Potthast, *Reg.*, t. ii, n. 16072.
2. Hardouin, *Conc. coll.*, t. vii, col. 508 sq.; Coleti, *Concilia*, t. xiv, col. 239; Mansi,

6. La fête de la sainte Trinité doit être célébrée avec octave huit jours après la Pentecôte. La fête de saint Trophime (premier évêque d'Arles) est assimilée aux fêtes d'apôtres pour toute la Provence.

7. Les cierges en bois peint couleur de cire sont défendus, au moins dans les grandes églises.

8. Les juifs ne doivent pas user de manteaux ronds comme les ecclésiastiques. Ils doivent porter sur leurs habits des signes distinctifs.

9. Les clercs pourvus de bénéfices ne peuvent être avocats devant les tribunaux civils.

10. Les moines et les chanoines réguliers ne peuvent, sous peine de suspense, exiger aucune rémunération soit de leurs élèves, soit des communes où ils enseignent.

11. Les chanoines réguliers doivent se distinguer des chanoines séculiers. Pendant l'Avent et aux autres temps prescrits, ils doivent prendre leurs repas au réfectoire. Ils doivent porter l'habit des réguliers, etc.

12. Les chevaliers du Temple et de l'Hôpital obligent les clercs séculiers à leur service à porter sur leurs habits certains insignes qui peuvent donner lieu de croire qu'ils appartiennent à ces ordres, et cela pour les faire participer à l'exemption dont ils jouissent eux-mêmes. Les évêques ne doivent tenir aucun compte de cet abus.

13. Il arrive parfois que les laïques et les clercs séculiers, recteurs des hôpitaux, abusent de cette charge et en accaparent tout le revenu. Ceci ne doit plus se produire. Il faut désormais établir dans chaque hôpital une communauté. Tous les ans, les évêques exigeront les comptes des frères chargés des hôpitaux. Ces frères ne peuvent retenir pour eux et les leurs que leur nourriture et leurs vêtements.

14. Les évêques, etc., ne doivent pas charger de dettes les églises, et s'ils font des emprunts au nom des églises, ils en dresseront les instruments qu'ils muniront de leur sceau.

15. Les moines ne doivent pas admettre dans leurs églises, les dimanches et jours de fête, les fidèles appartenant à une paroisse. Ils ne doivent pas prêcher chez eux pendant le service divin à la paroisse. Ceux qui sont chargés de prêcher doivent s'en acquitter de façon à ne pas empêcher les fidèles d'assister aux offices à la paroisse.

16. Beaucoup d'évêques envoient pendant le carême des pénitenciers pour absoudre des cas réservés les malades, les infirmes et les pauvres qui ne peuvent pas se rendre près de l'évêque. Beaucoup de gens ne se confessent plus ensuite au curé, croyant avoir satisfait au précepte ecclésiastique en s'adressant à ces pénitenciers. Mais ceux-ci ne doivent s'occuper que des cas réservés et non pas de la confession en général. (Les *generales confessiones* s'entendent ici non pas de la confession générale proprement dite, mais de la confession en général par opposition à la confession des cas réservés.)

17. Défense de recourir aux armes pour vider une querelle à propos d'un bénéfice.

Le 27 avril de la même année 1263, maître Angelus, légat du pape en Hongrie, réunit un synode à Buda. Étaient présents : l'archevêque de Gran (Strigonie) et les cinq évêques suffragants d'Erlau, Neutra, Waitzen, Veszprem et Raab; quatre abbés et les représentants des trois évêchés de Fünfkirchen, de Sirmium et de Siebenbürgen. Nous ne savons rien des délibérations, sinon que l'archevêque de Gran protesta contre les empiétements de l'évêque de Funfkirchen qu'il accusait de s'être arrogé le titre de métropolitain parce qu'il était exempt et jouissait du privilège du *pallium*. Mais nous ne savons la nature de l'affaire, que, d'après la demande du pape, les *prælati majores* devaient traiter *secretius*[1].

On compte ordinairement au nombre des conciles l'assemblée de l'épiscopat français réunie à Paris le 18 novembre 1263, dans laquelle Gilles, archevêque de Tyr et légat du pape, négocia avec le clergé de France des subsides en faveur de la Terre Sainte. Le pape Urbain IV avait chargé son légat de solliciter du clergé français la centième partie de son revenu pour cette sainte cause, et avait envoyé une touchante lettre au roi saint Louis[2]. Mais les évêques de France résistèrent et conclurent avec le légat ce compromis[3] :

1. Le légat remettra au roi les lettres du pape et ne s'en servira jamais pour procéder contre quiconque se soumettra à l'ordonnance suivante des évêques.

1 *Monum. eccles Strig*, t. i, p. 484.
2 Baronius-Raynaldi, *Annal eccles.*, ad ann 1263, n 1-12, Potthast, *Regesta pontif. roman*, t. ii, n. 18461.
3 Hardouin, *Conc. coll.*, t. vii, col 555, Coleti, *Concilia*, t xiv, col. 315, Mansi, *Conc ampliss coll*, t xxiii, col 1112, Scholten, *Geschichte Ludwigs des Heiligen*, t. ii, p. 164

2. Ceux-ci s'engagent de plein gré, sans contrainte du pape, à fournir pour la Terre Sainte, tant eux-mêmes que leurs inférieurs, une subvention dans la proportion de 20 *solidi* par cent livres et vingt *solidi* de revenu ecclésiastique. Nul ne doit y être obligé par le pouvoir civil; ce sera l'évêque qui y contraindra ses inférieurs par des peines ecclésiastiques. Un chapelain ou curé, dont le revenu annuel ne dépasse pas douze livres parisis, n'est pas tenu à l'offrande. Ces dons se continueront pendant cinq ans. Le légat [86] pourra faire usage de la lettre du pape contre quiconque ne se soumettra pas à cette ordonnance des évêques [1].

Peu de temps auparavant, le 24 octobre 1263, l'évêque de Marseille avait obligé, dans son synode diocésain, les bourgeois de sa ville épiscopale à payer de nouveau la dîme, qui pendant la guerre des albigeois n'avait pas été levée [2]. La tenue d'un prétendu synode à Bonarcada en Sardaigne, vers l'an 1263, est incertaine.

Le 1er juillet 1264, Vincent, archevêque de Tours, présida, à Nantes, un synode provincial qui décréta les neuf articles réformateurs suivants [3] :

1. Qu'aucun prélat ou patron ne s'oblige par écrit à donner un bénéfice qui n'est pas encore vacant.

2. On ne diminuera pas, dans les prieurés, le nombre traditionnel des moines.

3. On doit punir les clercs qui s'adonnent à la chasse, en particulier les prêtres et les moines.

4. On ne doit pas ériger de nouvelles vicairies, sinon dans les cas prévus par le droit.

5. Lors de la visite de l'évêque, on ne doit lui servir que deux plats à son repas. Le surplus sera donné aux pauvres.

6. Ceux qui ont des bénéfices à charge d'âmes doivent observer la résidence. Nul ne doit avoir deux bénéfices résidentiels; le premier devient vacant *ipso facto*.

7. Les biens des clercs et autres ecclésiastiques qui ne voyagent pas dans un but de commerce sont exempts de péage.

8. Les abbés, doyens, archidiacres, etc., ne doivent citer personne à comparaître en de petites localités où ne se trouve aucun jurisconsulte.

1. Coleti, *Concilia*, t. xiv, col. 317; Mansi, *Conc. ampliss. coll.*, t. xxiii, col. 1113.
2. Mansi, *Conc. ampliss. coll.*, t. xxiii, col. 1116.
3. Hardouin, *Conc. coll.*, t. vii, col. 558; Coleti, *Concilia*, t. xiv, col. 319; Mansi, *Conc. ampliss. coll.*, col. xxiii, col. 1117.

9. Comme les laïques se montrent très hostiles à l'égard des clercs (*quia laici clericis oppido sunt infesti*), nous prescrivons d'exiger la restitution immédiate des biens d'un clerc séquestrés par le pouvoir civil ou par un laïque, au besoin on recourra aux censures de l'Église.

Le 3 mai 1264, Urbain IV avait exigé du clergé français une contribution d'un dixième du revenu pendant trois ans pour soutenir Charles d'Anjou dans la lutte contre Manfred [1]

Dans ce but, le cardinal Simon de Sainte-Cécile, légat pontifical en France, convoqua à Paris le 24 août 1264 un synode des archevêques de Bourges, de Tours, de Sens, de Rouen et de Reims avec leurs suffragants, les abbés et prélats. Il exposa la situation et la contribution demandée fut accordée de bon cœur. A la même occasion, en présence du roi saint Louis et de beaucoup de seigneurs temporels, on décréta des mesures contre le blasphème et le jurement. Le résultat fut consigné dans un édit très sévère publié par le roi; mais on n'arriva pas a enrayer le mal, si bien que plus tard, en 1268, le pape Clément IV dut de nouveau exhorter le roi à sévir contre les blasphémateurs [2]. Dans le même but, le légat convoqua à Clermont, le 11 septembre 1264, les archevêques et suffragants de Narbonne, Bordeaux, Aix et le Puy. Le 26 septembre 1264, il réunit à Lyon les archevêques et suffragants de Vienne, Besançon, Tarentaise, Arles et Embrun. La contribution fut votée à l'unanimité [3].

Depuis le mois de février 1261, Henri III, roi d'Angleterre, soutenu par le pape qui l'avait relevé de son serment d'Oxford et en partie aussi par son beau-frère saint Louis, s'efforçait d'arracher aux barons le gouvernement conquis par eux depuis le traité d'Oxford de 1258. On en vint dès 1263 à la guerre civile Les barons, soutenus par les bourgeois de Londres également révoltés, remportèrent la victoire Le roi dut tout accorder, mais plusieurs barons, profondément blessés de l'orgueil de leur chef, Simon, comte de Montfort et de Leicester (frère cadet d'Amaury), qui avait épousé Éléonore, sœur d'Henri III, et qu'on appelait le Catilina anglais, penchèrent du côté du roi, et vers la fin de l'année

---

1. Martène, *Thesaur*, t II, p. 54.
2 Mansi, *op. cit*, col 1121; Hardouin, *op cit*, col 589; Winkelmann, *Acta*, t II, p 735; Scholten, *Geschichte Ludwigs des Heiligen*, t II, p 124
3 Winkelmann, *Acta*, t. II, p. 735.

1263, les deux partis remirent l'arbitrage de leurs difficultés au roi
de France. En conséquence, saint Louis assigna le 23 janvier 1264,
à Amiens, un *convent* auquel se rendirent Henri III et les députés
des barons. Après l'exposé des deux partis, le roi Louis IX déclara
nuls les articles d'Oxford, comme le pape l'avait déjà fait, et décida
que le plein pouvoir serait rendu au roi d'Angleterre, sans toutefois
que celui-ci pût porter atteinte aux anciens droits et coutumes
du royaume. Le 15 février 1264, Henri regagna l'Angleterre; mais
les barons rejetèrent la décision de saint Louis et la guerre civile [88]
recommença jusqu'au 14 mai 1264, où elle prit fin par la bataille
de Lewes (dans le Sussex); le roi fut fait prisonnier avec son fils
aîné Édouard et son frère Richard, roi d'Allemagne. Simon, comte
de Montfort-Leicester, fut alors le véritable régent du royaume, et
le roi dut se soumettre au traité appelé la « Mise de Lewes », qui
restreignait de nouveau sensiblement le pouvoir royal. Le roi
Henri dépendait complètement de Simon; il devait le suivre partout et s'incliner devant toutes ses volontés. Le traité de Lewes
ne lui avait rendu la liberté que pour la forme, son frère et son fils
restèrent prisonniers. Urbain IV envoya alors comme légat en
Angleterre le cardinal Gui Foulquois (plus tard Clément IV); mais
les barons ne le laissèrent pas débarquer, et députèrent en France
les évêques de Londres, de Winchester et de Worcester, ainsi que
plusieurs députés laïques, pour demander au légat et au roi Louis
la confirmation de la « Mise de Lewes ». Naturellement on le leur
refusa, et le légat tint à Boulogne, avec les évêques anglais dont
nous avons déjà parlé, une assemblée (souvent appelée synode)
dans laquelle il excommunia le comte Simon et les barons, avec
les habitants de Londres et des cinq ports (Winchelsea, Romney,
Hythe, Sandwich et Douvres) qui lui avaient interdit le débarquement. Les évêques anglais, chargés de veiller à l'exécution de
cette sentence, durent emporter avec eux les bulles d'excommunication; mais ils s'arrangèrent pour que ces bulles leur fussent
enlevées par les gens du port, et une assemblée du clergé anglais
(23 octobre 1264) fit appel au pape de la sentence du légat[1]. Ils
ignoraient la mort d'Urbain IV, et l'élection de ce même légat
contre qui ils réclamaient était imminente (5 février 1265).

1. Hardouin, *Conc. coll.*, t. vii, col. 559; Coleti, *Concilia*, t. xiv, col. 323; Mansi,
Conc. ampliss. coll., t. xxiii, col. 1121; *Chronica monast. S. Albani*, Rishanger
Guil., éd. Reley, *Script. rer. Britann.*, Londres, 1865, t. xxviii, p. 4 sq.; Pauli,
Geschichte von England, t. iii, p. 739-778; Scholten, *op. cit.*, p. 104-116.

Certains barons anglais s'intéressaient vivement au prince Édouard retenu prisonnier, et ne cachaient pas leur mécontentement à l'égard du comte Simon de Leicester, qui, le 11 mars 1265, consentit à rendre à Édouard et à son père une demi-liberté; mais quelques semaines plus tard, échappant à ses gardes, Édouard rassembla une armée considérable et gagna, le 4 août 1265, la bataille d'Evesham. Le comte Simon et son fils y furent tués ainsi que beaucoup de barons rebelles, le second fils de Simon jugea prudent de remettre en liberté, sans condition, Richard, roi d'Allemagne. La plupart des villes et des barons se soumirent à Henri III, dont la femme Éléonore, grandement haïe, osa, au mois d'octobre 1265, regagner l'Angleterre. Ottoboni, cardinal de Saint-Adrien, l'escortait dans l'espoir d'achever la ruine de la rébellion. Il réunit un synode à Westminster, y promulgua les décrets du pape et excommunia les adversaires du roi Au mois d'octobre 1266, il renouvela cette sentence dans un synode tenu à Northampton Les évêques suspens, Jean de Winchester, Walter de Worcester, Henri de Londres et Étienne de Chichester, furent excommuniés De plus, on abandonna au roi pour la durée de six ans la dîme des revenus de l'Église d'Angleterre [1].

Conrad, archevêque de Cologne, qui commença la cathédrale de cette ville, avait eu de grands démêlés avec les bourgeois de sa ville épiscopale, qui cherchaient de plus en plus à secouer l'autorité civile de l'archevêque Sous Engelbert II de Falkenbourg, son neveu et successeur, ce conflit s'envenima au point qu'en novembre 1263, les bourgeois attaquèrent à l'improviste l'archevêque et le tinrent en prison pendant quinze jours, jusqu'à ce qu'il en fût passé par leurs conditions Mais les évêques de Liége et de Munster, le duc de Luxembourg et le comte de Gueldre accoururent et le pape Urbain IV le releva du serment prêté aux articles extorqués L'archevêque excommunia les chefs de la sédition et en particulier les clercs, la ville fut frappée d'interdit. Ce que voyant, les habitants de Cologne comprirent que le mieux était de se réconcilier avec l'archevêque (23 mars 1264) et, par leur pénitence, ils obtinrent la levée de l'excommunication et de l'interdit. Depuis lors, la paix régna quelque temps entre la ville et

1. Hardouin, *Conc. coll*, t. vii, col. 559, 579, Coleti, *Concilia*, t. xiv, col. 329, 359, Mansi, *Conc. ampliss. coll.*, t. xxiii, col. 1128, 1168; Rishanger, *op cit*, p 47, Pauli, *op cit* p. 779-801 803 807.

l'archevêque, qui en profita pour tenir, en mars 1266 [1], un synode dans lequel il promulgua des statuts sévères garantissant les biens et les droits des clercs contre le retour des faits qui venaient de se passer. Comme ces statuts, promulgués d'abord par un simple synode diocésain, ont été ensuite décrétés de nouveau par les synodes provinciaux, en 1310 et 1322, et ont été imposés à toute la province ecclésiastique de Cologne, on les a insérés dans les collections de conciles en leur donnant, par anticipation, ce titre de « canons d'un concile provincial ». Voici le résumé [2] :

1. Tous les sacrilèges qui se sont attaqués à des personnes ou à des biens d'Église seront, tous les dimanches et jours de fête, déclarés excommuniés dans l'église du lieu. S'ils s'obstinent un mois, sans donner satisfaction, leur peine sera aggravée; on défendra aux fidèles d'avoir avec eux aucun rapport, jusqu'à ce que, après pleine satisfaction, ils soient absous par l'autorité apostolique. S'ils s'obstinent durant six mois dans cette excommunication, leurs terres, s'ils sont nobles, seront *ipso facto* frappées d'interdit; s'ils sont bourgeois, l'évêque engagera le seigneur du territoire à les forcer, par la confiscation de leurs biens, etc., à donner satisfaction à l'Église; si le seigneur se montre négligent, il sera excommunié par l'évêque; enfin, s'il reste une année entière sous le coup de l'excommunication, ses terres seront frappées d'interdit.

2. Le traitement infligé à ces sacrilèges sera également réservé à ceux qui incendient ou détruisent des églises, des monastères ou tout autre bien d'église.

3. On traitera de même ceux qui s'attaquent aux immunités ou à la dot d'une église.

4. Et de même les voleurs et les pillards des biens ecclésiastiques, et ceux qui enlèvent les personnes.

5. Ceux qui ne payent pas ou qui détournent les dîmes, qui sont d'institution divine, sont tenus pour sacrilèges; car ils s'opposent à cette prospérité que Dieu accorde lorsque la dîme est intégralement prélevée, ils sont responsables des mauvaises récoltes, de la peste, des orages et des maux qui châtient les fraudes commises sur la dîme; aussi nous ordonnons que tous ces impies, ces

---

1. Les actes portent comme suscription : vi *idus maji*; mais Lünig a montré qu'il fallait lire vi *idus martii*. Cf. Binterim, *Deutsche Concil.*, t. v, n. 80.

2. Hardouin, *Conc. coll.*, t. vii, col. 560; Coleti, *Concilia*, t. xiv, col. 333; Mansi, *Conc. ampliss. coll.*, t. xxiii, col. 1134 sq.; Hartzheim, *Conc. Germaniæ*, t. iii, p. 618; Binterim, *Deutsche Concilien*, t. v, p. 221 sq.

spoliateurs des dîmes tant anciennes que nouvelles soient publiquement dénoncés comme excommuniés par les curés dans toutes les paroisses du diocèse, une fois par mois, un dimanche ou un jour de fête et au son des cloches. L'évêque appréciera si cette punition est suffisante.

6. Les nobles et ceux qui en temps de guerre prennent leurs quartiers dans les granges, cours et autres dépendances des églises, des ecclésiastiques ou des moines, et y font des dégâts, sont *ipso facto* excommuniés, s'ils ne donnent pas satisfaction dans le délai d'un mois, après avoir été admonestés par le chapitre et les prieurs de Cologne On dénoncera publiquement cette excommunication, et si les coupables s'obstinent, on procédera à leur égard comme il est spécifié au n 1.

7 Aucun laïque, de quelque dignité ou condition qu'il soit, ne doit s'ingérer dans les biens d'un clerc, ni de son vivant ni après sa mort; tout clerc a le droit de disposer librement et par testament de tout ce qu'il possède.

8. Tous les biens de l'Église et des ecclésiastiques de la ville et du diocèse de Cologne sont affranchis de tous droits de douane et redevance, soit sur eau, soit sur terre, dans l'intérieur de la ville et du diocèse. Tout contrevenant sera puni comme un spoliateur des biens d'Église.

9. Défense de citer les clercs et moines devant des juges séculiers sous peine d'excommunication Tout jugement à leur égard d'un juge laïque est nul et sans valeur.

10 Tout clerc qui intente un procès devant un juge séculier perd son procès. Si, averti par l'évêque, il ne retire pas immédiatement sa plainte et ne donne pas satisfaction à son adversaire, il sera *ipso facto* suspendu *ab officio et beneficio*. D'autres peines suivront s'il s'obstine.

11. Nous condamnons et anathématisons ce détestable statut qui autorise un laïque à faire comparaître devant un tribunal civil soit des clercs, soit des représentants d'une église conventuelle, sous prétexte que les uns ou les autres possèdent des biens dans le territoire de ce tribunal Si cet abus se renouvelle à l'avenir, les plaignants, les juges, les échevins seront passibles des peines portées aux n. 6 et 10

12. On agira de même à l'égard de ceux qui occupent ou font saisir par arrêt du juge séculier des propriétés des églises, des clercs et des moines.

13. En revanche, les supérieurs ecclésiastiques rendront, sous peine d'excommunication, prompte justice aux laïques qui actionnent des clercs devant leur tribunal

14. Les prélats et les juges ordinaires de notre ville et diocèse doivent tenir au temps marqué leurs synodes dans les districts de leur juridiction et y décréter les améliorations nécessaires Toutes les personnes du ressort s'y rendront sitôt convoquées, sauf les nobles qui, comme chacun sait, appartiennent au synode épiscopal Tout laïque désobéissant est *ipso facto* excommunié, et les prêtres proclameront cette excommunication les dimanches et fêtes, jusqu'à ce qu'il ait donné satisfaction. Si la majorité des habitants d'une paroisse est en faute, la paroisse sera *ipso facto* interdite

15 Les prélats doivent avoir une juridiction indépendante dans leur ressort, et aucun d'eux ne doit entraver l'exercice de la juridiction de l'autre.

16. Les juges ecclésiastiques qui rendent, par faveur ou par corruption, une sentence injuste, tombent, outre les peines portées par la loi, sous l'excommunication *latæ sententiæ*, et, s'il le faut, on procédera contre eux avec plus de sévérité encore

17. Ils ne doivent pas s'occuper des affaires ressortissant aux tribunaux civils.

18. Si un laïque met obstacle à l'exercice de la juridiction ecclésiastique, et si, une première fois admonesté, il ne cesse dans le délai de sept jours, il tombe, si le juge ecclésiastique a eu quelque dommage à essuyer de sa part, sous le coup de l'excommunication *latæ sententiæ* S'il est contumace pendant quinze jours, ses terres sont *ipso facto* frappées d'interdit, et le service divin doit cesser au lieu de sa résidence jusqu'à ce qu'il ait donné pleine satisfaction

19 Quiconque s'empare par violence d'un clerc sera proclamé comme excommunié, ainsi que ceux qui lui ont donné aide ou conseil, dans toutes les chapelles de la ville et du diocèse de Cologne, jusqu'à ce que le clerc prisonnier soit délivré et que le coupable ait donné satisfaction à la victime, à nous et à l'Église, pour son crime Si, dans les huit jours, le prisonnier n'est pas délivré, le coupable et ses complices seront solennellement et publiquement excommuniés, tous les jours de dimanche et de fête, dans toutes les églises et chapelles, au son des cloches et en éteignant les cierges ; on agira de même si, le prisonnier étant délivré, le coupable ne donne pas satisfaction. On évitera tous ceux qui se sont rendus

coupables d'une faute de ce genre, jusqu'à ce qu'ils aient reçu du pape l'absolution.

20. Dans toute localité où un clerc captif est amené, reçu ou détenu, on cessera immédiatement tout service divin et la localité sera interdite; si le clerc n'est pas délivré dans les trois jours, la localité restera frappée d'interdit, même si le prisonnier est transféré ailleurs, jusqu'à libération du clerc et entière satisfaction. Cette interruption du service divin est un appel fait aux nobles et aux bourgeois pour la délivrance du clerc prisonnier.

21. Si l'interdit porté contre une localité en raison de la détention d'un clerc, ou comme lieu de résidence de l'auteur du sacrilège, dure un mois sans qu'on ait délivré ce prisonnier et donné pleine satisfaction, l'interdit s'étendra à tout le doyenné dont cette localité fait partie.

[3] 22. Si après cela le prisonnier n'est pas remis en liberté dans la quinzaine, toutes les terres du coupable, s'il en possède, et en quelque pays qu'elles soient, seront frappées de l'interdit ecclésiastique. La même peine atteint le seigneur du lieu où réside le coupable si, averti par l'Ordinaire, il ne le contraint pas dans la quinzaine à libérer le clerc.

23. Si celui qui a emprisonné un clerc ou qui le détient captif en prison s'obstine deux mois entiers sous le coup de l'excommunication, tout lieu où il passe, s'il y mange ou boit, sera interdit pendant trois jours, et s'il y passe la nuit, pendant huit jours.

24. Si un sacrilège de cette sorte demeure une année entière sous le coup de l'excommunication, aucun de ses parents jusqu'au troisième degré inclusivement, en ligne directe ou collatérale, et aucun de ses complices ne sera admis à l'ordination, ni à aucun bénéfice ou prélature. De même, aucune femme de ses parentes jusqu'au troisième degré ne sera admise dans un couvent ou monastère. Il en sera de même des parents de celui qui a incendié une église ou un couvent et qui est resté une année entière sous le coup de l'excommunication.

25. Si ces sacrilèges possèdent des fiefs ecclésiastiques et s'ils s'obstinent une année entière sous le coup de l'excommunication, ces fiefs reviennent à leurs églises respectives, etc.

26. Toutefois, les frères, sœurs, neveux, nièces et autres collatéraux qui sont restés étrangers aux forfaits de pareils sacrilèges et excommuniés, ne seront pas inhabiles à recevoir les ordres, bénéfices et prélatures. si, dans le délai d'un an, ils prouvent

canoniquement, par-devant nous ou le chapitre et les prieurs de
Cologne, qu'ils n'ont eu aucune part à ces sacrilèges, en produisant
l'attestation de quatre témoins et en jurant eux-mêmes de ne
pas soutenir à l'avenir ces impies

27. Si un clerc du diocèse de Cologne est fait prisonnier dans
un diocèse étranger, ou y est amené en captivité, le chapitre et
les prieurs de Cologne, ainsi que les autres chapitres, feront les
démarches nécessaires auprès de l'évêque de ce diocèse pour la
libération du clerc et la punition du coupable

28. Quiconque a tué ou mutilé un clerc, ou l'a détenu en prison
jusqu'à la mort, sera dénoncé avec ses complices et ses conseillers
comme excommuniés à éviter, dans toutes les églises conventuelles
et paroissiales et dans toutes les chapelles de la ville et du diocèse
de Cologne, tous les dimanches et jours de fête, au son des cloches
et en éteignant les cierges, jusqu'à ce que le coupable ait donné
satisfaction et reçu du pape l'absolution Tout lieu où cet excommunié viendra résider sera frappé d'interdit aussi longtemps qu'il
y restera; tout lieu où il mangera et boira sera interdit pour
trois jours, et tout lieu où il passera la nuit sera interdit pour [9
huit jours Si le coupable est noble ou s'il possède des terres et
juridictions, ces terres seront *ipso facto* frappées d'interdit, s'il n'a
pas donné satisfaction dans les trois mois à compter du jour du
crime; enfin il perdra tous les fiefs, charges, etc., qu'il tenait de
l'Église Si le seigneur du lieu où demeure un pareil criminel
n'emploie pas contre lui la proscription et la confiscation des
biens, il sera lui-même puni, après monition.

29. Si de pareils criminels ne reçoivent pas, dans le délai d'un
an, l'absolution du Siège apostolique, aucun de leurs enfants ou
descendants, jusqu'au quatrième degré, ne pourra être admis aux
saints ordres ni obtenir un bénéfice ou une dignité ecclésiastique;
il en sera de même pour les filles et petites-filles

30 Quiconque menace la vie ou les biens d'un ecclésiastique
et refuse de lui garantir la sécurité, dans un délai de sept jours, sur
la monition du juge ordinaire, sera excommunié.

31. Si un clerc ou un chanoine se rend coupable de voies de fait
envers un autre clerc, commet des vols au préjudice d'une église
ou d'un ecclésiastique, viole l'immunité, ou occupe des biens
d'église en vertu de la sentence d'un juge séculier, ou enfin prête
aux coupables aide ou conseil, il sera immédiatement dénoncé
comme excommunié dans toutes les églises et chapelles de la ville

et du diocèse. S'il ne donne pas satisfaction, il sera solennellement excommunié en la manière susdite. S'il s'obstine une année entière dans l'excommunication, il perdra tous ses bénéfices ecclésiastiques, que le collateur devra conférer dans le délai d'un mois.

32. Si, à l'occasion d'un conflit, un clerc en fait un autre captif ou contribue par conseil, aide ou secours à sa capture, il perd *ipso facto* sa cause, et sera publiquement excommunié comme il est dit plus haut. Si, dans le délai de sept jours, il ne met pas ce prisonnier en liberté, et si, dans le délai de quinze jours, il ne donne pas satisfaction, il sera *ipso facto* dépouillé de tout bénéfice ecclésiastique et déclaré pour jamais inhabile à en obtenir d'autres. Tout lieu où il se trouvera sera interdit, ainsi qu'il a été réglé dans les n. 21 et 23.

33. Un clerc qui tue ou mutile un autre clerc, ou le détient captif pour le reste de ses jours, perd *ipso facto* ses bénéfices et est inhabile à en obtenir d'autres. De plus, il sera dénoncé dans toutes les églises comme excommunié; tout lieu où il se trouve sera interdit, ainsi qu'il a été dit plus haut au n. 28.

34. Les litiges au sujet des prébendes vacantes seront tranchés par le chapitre et les prieurs de Cologne avec le secours des juristes. Si le chapitre et les prieurs ne veulent pas décider un cas trop compliqué, ils renverront les parties à la curie romaine, etc.

35. Aucun clerc ne doit, sous peine d'excommunication, se faire en aucune manière le défenseur de ceux qui sont coupables de voies de fait envers un clerc, qui ont dépouillé l'Église et les ecclésiastiques et qui ont été pour ce motif frappés d'excommunication, de suspense ou d'interdit. Même défense à l'égard des usuriers.

36. Les clercs ou chapelains des seigneurs excommuniés pour un des crimes énumérés plus haut ne se feront, ni en paroles ni en actes, ni en conseils ni en aide, les complices de leurs seigneurs, sous peine d'excommunication; au contraire, ils engageront de toute façon leurs seigneurs à donner satisfaction et à se réconcilier avec l'Église. S'ils n'y peuvent parvenir dans le délai d'un mois, ils doivent abandonner ces seigneurs et ne plus avoir de rapports avec eux; dans le cas contraire, ils tombent également sous le coup de l'excommunication *latæ sententiæ*. S'ils restent deux mois dans cet état, ils perdent *ipso facto* tous leurs bénéfices, et deviennent incapables d'en obtenir d'autres.

37. Si quelqu'un, dédaignant l'excommunication, reste un an entier sous le coup de cette censure, il suffira que le fait soit cer-

tifié par celui qui a porté l'excommunication, c'est-à-dire par simple lettre de l'Ordinaire, ou par la preuve compétente de la part des autres, pour que, si le coupable est un noble ou un seigneur, ses terres soient frappées d'interdit Si ce n'est pas un noble, l'Ordinaire avertira le seigneur ou le juge dans le ressort duquel se trouve l'excommunié de lui imposer la réconciliation, sous peine d'encourir lui-même l'excommunication.

38 Celui qui s'obstine une année entière sous le coup de l'excommunication sera accusé en synode comme contempteur du pouvoir des clefs et obligé à satisfaire; on emploiera, au besoin, le bras séculier [1].

39. Les dignitaires ecclésiastiques et autres sont tenus d'observer fidèlement ces statuts, sous menace de suspense et d'excommunication.

40 Les clercs qui négligent de dénoncer dans leurs églises ou chapelles les coupables excommuniés pour les crimes énoncés plus haut, tombent sous le coup de l'excommunication *latæ sententiæ*. S'ils ne donnent pas promptement satisfaction, ils perdent leurs bénéfices

41. Le prêtre qui célèbre en un lieu interdit devient irrégulier S'il ne cesse sur-le-champ la célébration et s'il ne donne satisfaction, il tombe *ipso facto* sous le coup de l'excommunication, et, s'il s'obstine, il perd tous ses bénéfices

42 Dès qu'on apprend un des crimes mentionnés, on doit interrompre sur-le-champ le service divin

43 Les présents statuts concernent également les monastères, leurs biens et leurs personnes, soit dans la ville, soit dans le diocèse de Cologne

44. Les présents statuts doivent être publiés plusieurs fois par an, dans toutes les églises conventuelles et paroissiales, ainsi que dans les chapelles de la ville et du diocèse de Cologne, on les lira également dans les églises de la campagne.

45. Les noms des sacrilèges qui se sont attaqués aux personnes ou aux biens de l'Église doivent être inscrits dans un registre et être souvent publiés, jusqu'à ce que les coupables aient donné une satisfaction suffisante [2].

---

1. Kober, *Kirchenbann*, p 438.
2 Baronius-Raynaldi, *Annal. eccles*, ad ann 1265, n 51, Potthast, *Reg.*, p 1554 et 1155.

Gui, cardinal de Saint-Laurent *in Lucina*, envoyé au mois de juin 1265, par le pape Clément IV, comme légat pour la Scandinavie et les provinces ecclésiastiques de Brême, Magdebourg, Salzbourg et Gnesen, célébra, dans les derniers mois de 1266, plusieurs synodes provinciaux allemands, pour détruire divers abus très répandus dans le clergé [1]. C'est ainsi qu'au mois de novembre 1266, dans un synode provincial tenu à Brême, il promulgua le statut suivant :

Les clercs doivent, dans leur nourriture, dans leurs vêtements, dans leur conduite, et en général dans toute leur manière d'être, se montrer pleins de convenance : ils éviteront surtout tout excès dans les festins et en particulier l'ivrognerie. Les évêques ne doivent pas molester leurs inférieurs; ils ne dépasseront pas le nombre de chevaux réglé par le concile général, etc. Les clercs qui, à l'avenir, vivront ouvertement avec des concubines perdront leurs bénéfices. Les sous-diacres et au-dessus, qui ont une maîtresse à laquelle ils donnent ouvertement le titre d'épouse et avec laquelle ils vivent maritalement, perdent à tout jamais le droit d'exercer des fonctions ecclésiastiques. Les enfants nés d'une pareille union n'ont aucun droit sur le bien de leurs pères, et l'héritage de ceux-ci doit être partagé entre l'évêque et la ville. Les enfants de ces clercs seront déclarés infâmes à tout jamais. Comme quelques prélats se laissent payer pour tolérer la débauche, nous excommunions et anathématisons tous ceux, soit clercs, soit laïques, ou prélats, ou inférieurs, qui protègent publiquement ou secrètement de pareils concubinaires et de même tous ceux qui empêchent l'observation du présent statut, qui doit être lu dans tous les synodes diocésains et provinciaux. On interdira l'entrée de l'église à tous les clercs ou laïques qui livreront désormais leurs filles ou leurs sœurs à des clercs ayant reçu les ordres sacrés, soit en prétendu mariage, soit en concubinat. Les clercs qui s'opposeront à l'exécution du présent statut et feront appuyer leur rébellion par le pouvoir civil, comme plusieurs l'ont déjà fait, sont *ipso facto* suspens *ab officio et beneficio*, et ne peuvent être réintégrés que par dispense du Siège apostolique. Celui qui ne restituera pas, avant la fin du prochain carême, les biens de l'Église qu'il sait posséder injustement, et ne satisfera pas pour les dommages causés par lui, sera

1. Pour la mission du cardinal-légat Gui, de 1265-1267, cf. le travail de Markgraf, dans *Zeitschrift des schlesischen Alterthumsvereins*, t. v, p. 64.

exclu de l'entrée de l'église, et aucun évêque ni supérieur ecclésiastique ne pourra l'admettre à la communion S'il meurt sans
avoir donné satisfaction, il sera privé de la sépulture ecclésiastique.
Tous les ans, dans le synode, on dénoncera comme excommuniés
tous ceux qui ont tué ou volé des clercs, ou qui leur ont fait violence,
et autant que possible on indiquera les noms des coupables. Celui
qui a grièvement blessé, mutilé, tué ou emprisonné un clerc ne
peut être absous que par le Siège apostolique Il perd par le fait
ce qu'il tient de l'Église; ces biens doivent être employés aux
besoins de l'Église [1]. Le diocèse dans lequel un chanoine de la
cathédrale ou un autre dignitaire est fait prisonnier, ou est détenu
en prison, doit être interdit jusqu'à la mise en liberté du prisonnier
et satisfaction suffisante. Il en sera de même de la paroisse sur
laquelle un bien appartenant à un clerc a été usurpé par violence,
ou un clerc pris et détenu. Comme les mariages à des degrés prohibés
de parenté sont malheureusement très fréquents dans cette province,
nous en défendons la célébration de la manière la plus expresse et
sous peine d'excommunication, sauf dispense du Siège apostolique
Le prêtre qui bénit de pareils mariages sera suspens et les contractants se verront refuser l'entrée de l'église. Ceux qui ont
contracté de pareils mariages sans une dispense du pape doivent
s'abstenir d'user du mariage et faire connaître leur situation à l'évêque ou à un autre supérieur ecclésiastique, qui décidera conformément
au droit canon. Les prélats doivent se garder de réhabiliter, par
égard pour la fortune, etc., des contractants, des unions qui devraient
être dissoutes (au lieu de *redintegratione*, lire *redintegrare*) Les
laïques qui s'opposent à ce que l'on dénonce ou que l'on punisse
de pareils mariages doivent être frappés des censures ecclésiastiques
Celui qui, sans une dispense de Rome, a plusieurs cures, dignités ou
bénéfices entraînant charge d'âmes, doit, d'ici au prochain carême,
renoncer à toutes ces places, sauf une seule. Celui qui croit avoir à
se plaindre d'un clerc ou d'un laïque ne doit pas se faire justice
lui-même, mais porter sa plainte devant le juge compétent Les
laïques détenant des églises paroissiales qui ne les auront pas
restituées d'ici à la Noël seront excommuniés Nul ne doit entrer
en armes dans une église ou dans un cimetière, on doit laisser ses

1 Le texte le plus exact se trouve dans le can 5 du synode de Vienne de l'année
suivante Mansi, *Conc ampliss. coll*, t xxiii, col. 1171, Coleti, *Concilia*, t. xiv,
col. 363,

armes dehors. En visitant la province de Brême, nous avons remarqué que les habitants sont très portés à l'assassinat, aussi prescrivons-nous qu'à l'avenir tout laïque qui aura tué publiquement un homme soit soumis à une pénitence publique et secrète, dans la mesure prescrite par l'évêque du diocèse; il sera en outre privé de la sépulture ecclésiastique, s'il n'avait pas encore commencé la pénitence. Les juges civils doivent, sous peine d'excommunication, rechercher les meurtriers et les punir conformément aux lois. Celui qui se montrera négligent à remplir ce devoir sera, par l'autorité du présent synode, frappé des censures ecclésiastiques par l'évêque diocésain. Nous avons appris encore que plusieurs prélats de cette province distribuaient les bénéfices d'une manière simoniaque. Il ne doit plus en être ainsi à l'avenir : celui qui a obtenu un bénéfice par simonie doit l'abandonner d'ici Pâques; celui qui l'a donné d'une manière simoniaque doit faire pénitence et rendre l'argent. Chacun a pleine liberté pour faire son testament, et toute ordonnance contraire, par exemple, portant que le testament ne peut être fait qu'en présence des consuls de la ville [1], etc., est abrogée. Il en sera de même de tous les statuts qui portent atteinte à la liberté de l'Église. Comme il est toujours dangereux pour les religieuses de sortir du couvent, nous prescrivons que cette permission ne soit accordée que dans des cas de nécessité et à des religieuses d'âge mûr et honnêtes; elles devront en outre être accompagnées de personnes à l'abri de tout soupçon. Si des religieuses ont des supérieurs hommes, ils doivent être choisis, autant que possible, parmi des réguliers, sinon, on leur donnera pour supérieurs des prêtres séculiers d'une vertu éprouvée, etc... [2].

Dans un synode provincial célébré à Magdebourg dans les derniers mois de 1266, le même cardinal promulgua une série d'ordonnances à peu près identiques à celles que nous venons d'analyser; le commencement seul diffère (*Sacrosancta romana Ecclesia*, etc.), on n'y trouve en plus que les deux dispositions suivantes : Les prélats ne doivent pas influer, au moyen des *preces armatæ*, sur les élections des églises qui sont sous leur dépendance, en faveur de leurs parents. On supprime l'abus de ne pas remplacer un prêtre

---

1. Mansi, *op. cit.*, t. XXIII, col. 1160 : *non valeat testamentum nisi fiat parentibus, consulibus vel laicis aliquibus de ipso municipio.* Le texte de Mansi est corrompu et il faut lire *præsentibus consulibus.* (H. L.)

2. Mansi, *op. cit.*, t. XXIII, col. 1156 sq.; Coleti, *Concilia*, t. XIV, col. 353; Binterim, *op. cit.* — — — 144 —

de paroisse défunt avant que son meilleur cheval et son meilleur habit, ou une somme d'argent fixée, n'aient été remis à l'archidiacre ou au prélat [1].

Lunig et Hartzheim [2] font précéder cette lettre du cardinal Gui par vingt-trois *capitula* d'un synode provincial de Magdebourg, célébré par le métropolitain de cette ville (ce ne serait donc pas le cardinal Gui), sur le désir du pape. Le statut synodal commence par ces mots · *Scriptum in canone*. Binterim a voulu prouver que ce concile de Magdebourg n'aurait été célébré qu'en 1286. C'est à cette époque, selon lui, que le pape Honorius IV recommanda à tous les archevêques de célébrer tous les ans des conciles; d'autre part, on sait que peu auparavant, lors du siège de Harlberg, Éric, archevêque de Magdebourg, fut fait prisonnier, or, le premier des vingt-trois *capitula* fait allusion à cette circonstance. Plus loin, le même Binterim place ces vingt-trois *capitula* (vingt-deux, d'après sa division) à une époque plus récente, au commencement du xive siècle, et les attribue au premier concile provincial célébré par l'archevêque Burchard III En effet, un manuscrit, publié par Schannat, renferme le début et les neuf premiers *capitula* de ce même statut synodal : *Scriptum est in canone*, en les attribuant à l'archevêque Burchard avec cette note : *Datum Magdeburgi in concilio A. D. 1313 nonas martii* [3] Nous ajouterons qu'un second manuscrit, utilisé par Lunig, attribue ce statut en entier à l'archevêque Burchard [4]. Nous n'avons que peu de détails sur l'activité du légat en Scandinavie Il eut à s'entremettre pour apaiser la querelle entre l'archevêque de Lund et le roi Éric, successeur de Christophe Ier [5]. Mais au synode qu'il convoqua à Schleswig, en 1267, quatre évêques seulement se présentèrent, ceux de Lund, [10 Rocskilde, Ripen et Schleswig Le légat renouvela l'interdit sur le Danemark, et excommunia le roi, sa mère Marguerite et les évêques de leur parti [6]

1. Hartzheim, *op cit*, t iii, p 802 sq, Mansi, *op. cit*, t. xxiv, col. 773-776; Coleti, *op cit.*, t xiv, p 1010-1013; Binterim, *op cit*, t. v, p 137 sq

2. Lunig, *Contin. Spicilegii eccles*, p 151 sq., Hartzheim, *op cit*, t iii, p. 989 sq, Mansi, *op cit*, t. xxiii, col 1161 sq, t. xxiv, col. 766-772, Coleti, *op cit.*, t. xiv, p. 1005, Binterim, *op cit*, t v, p 140 sq, 303, t vi, p 174.

3 Hartzheim, *op cit*, t. iv, p. 242; Mansi, *op cit*, t xxv, p 523.

4 Dans Mansi, *op cit.*, t. xxiv, col 766-772

5 Potthast, *Reg*, n 19189.

6 Mansi, *op cit*, t. xxiii, col 1180, Munter, *Kirchengeschichte von Danemark*, t ii, part 1, p. 180. D'autres auteurs disent que ce concile fut tenu à Lübeck

Le 21 octobre 1266, un concile espagnol, célébré à Tarragone sous la présidence de Benoît, archevêque de cette ville, renouvela plusieurs anciennes ordonnances pour protéger les ecclésiastiques et leurs biens. Dans chaque église cathédrale de la province, le chapitre et l'évêque éliront deux clercs capables pour l'étude de la théologie et du droit canon, pour enseigner ensuite ces deux sciences. Lorsqu'ils seront suffisamment instruits, on en élira deux autres à leur place. Pendant leurs études, on leur laissera la pleine jouissance de leurs bénéfices. Le 2 février 1267, le cardinal-légat Gui, dont nous avons déjà eu occasion de parler, présida à Breslau un concile national polonais pour organiser une croisade. Il promit à tous ceux qui en feraient partie les mêmes grâces spirituelles qui sont accordées en temps de jubilé, et il fit placer dans toutes les grandes églises des troncs pour recueillir de l'argent en faveur de la Terre Sainte [1].

Peu de temps après, en mai 1267, le même légat réunit un grand synode à Vienne, alors de la province de Salzbourg, et à l'évêché de Passau (Vienne n'a été siège épiscopal qu'en 1464 et n'est devenu archiépiscopal qu'en 1720). L'Autriche et la Styrie appartenaient alors à Ottocar, roi de Bohême, qui avait mis à profit le temps de l'interrègne et la faiblesse de l'empire pour former un [101] grand État à l'est de l'Allemagne, œuvre pour laquelle il avait constamment recherché et obtenu l'appui du pape. C'est certainement pour se conformer à son désir que le légat réunit ce synode de la province de Salzbourg dans une des capitales d'Ottocar, et qu'il fut en même temps nommé légat pour l'autre capitale (Prague). De grandes réformes ecclésiastiques étaient devenues nécessaires dans tous ces pays, car, depuis la mort du dernier Babenberger, Frédéric le Batailleur (mort en 1246), l'Autriche et la Styrie furent le théâtre d'un grand nombre de guerres de succession et de luttes des factions, jusqu'à ce que le rusé Bohémien eût dupé et soumis tous ses compétiteurs. La situation était encore plus sombre dans l'archidiocèse de Salzbourg, où, depuis la déposition du gibelin Éberhard II en 1246, les dissensions furent presque continuelles, tandis surtout que le prince batailleur Philippe de Carinthie et Ulrich, le faible évêque de Seckau, se dispu-

1. Hardouin, *Conc. coll.*, t. VII, col. 579; Coleti, *Concilia*, t. XIV, col. 359; Mansi, *Conc. ampliss. coll.*, t. XXIII, col. 1129-1168; Heyne, *Geschichte des Bistums Breslau*, t. I, p. 433; Tejada, *op. cit.*, t. VI, p. 53; Gams, *Kirchengeschichte von Spanien*, t. III, p. 240.

taient le siège archiépiscopal Pour constater une légère amélioration dans la situation, il faut attendre le bannissement de Philippe, la démission d'Ulrich et l'élection au siège archiépiscopal de
Ladislas, prince de Silésie, en 1265

Les annales des saints Ulrich et Afra d'Augsbourg, faussement
attribuées à Henri Steoro, s'inspirant ici, comme dans bien d'autres
cas, de Hermann d'Altaich, n'indiquent que six évêques comme
ayant assisté au synode de Vienne : Jean de Prague [1], Pierre de
Passau, Conrad de Freising, Léon de Ratisbonne, fondateur de
la cathédrale de cette ville, Bruno de Brixen et Amaury de Lavant [2]
Cette donnée fut adoptée par Pierre Lambeck, le célèbre biblio-
thécaire de Vienne, qui a utilisé un manuscrit de cette ville pour
donner un texte plus correct des actes du synode [3]. Binterim au
contraire [4], s'appuyant sur Wolfgang Lazius et d'autres, a voulu
établir que seize évêques au moins avaient pris part au synode de
Vienne, parmi lesquels Ladislas, le métropolitain de Salzbourg
nouvellement élu, mais non encore sacré Le concile dura trois
jours, dans la dernière des trois sessions, le 12 mai 1267, le légat
promulgua, avec l'assentiment du synode, dix-neuf *capitula*, en
partie identiques aux décrets synodaux de Magdebourg et de
Brême, analysés ci-dessus. Les *capitula* de Vienne sont précédés
d'une introduction qui développe cette pensée : le droit primitif
est né en même temps que l'humanité. A ce droit sont venus
ensuite s'ajouter les preceptes positifs de la loi divine, à commencer [102
par la défense de manger du fruit défendu. Mais la chute originelle
et ses suites (introduction de la propriété et du pouvoir) avaient
rendu nécessaire la promulgation d'autres lois, depuis celle de
Moïse jusqu'à celle des derniers temps, et voici que de nouveau la
malice des hommes rend nécessaires de nouvelles lois et de nouveaux règlements Puisque le pape Clément IV l'a nommé légat
pour la province de Salzbourg et le diocèse de Prague, il arrachera,
plantera, réglera et ordonnera tout ce qui est nécessaire.

1 Prague n'appartenait pas à la province de Salzbourg, mais à celle de Mayence
Toutefois le légat avait des pouvoirs speciaux pour Prague, comme il le dit lui-
même au commencement des actes du synode de Vienne.

2 Pertz, *Monum*, t xvii, p. 405, 428, 433

3. Le texte de Lambeck est aussitôt entre dans les collections des conciles
Wattenbach en a donné une nouvelle édition critique dans Pertz, *Monum Germ.
hist*, *Script*, t ix, p 699 sq

4 Binterim, *Deutsche Concilien*, t v, p 101 sq

1. Les ecclésiastiques doivent toujours se conduire de telle sorte que l'Église ne soit pas à cause d'eux insultée par les laïques. Ainsi ils ne devront pas employer le patrimoine du Crucifié à se rendre eux-mêmes des ennemis de la croix, comme ceux qui se font un dieu de leur ventre. Dans les festins, ils se montreront convenables et modérés, évitant tout excès et l'ivrognerie.

2. Les prélats ne molesteront pas leurs inférieurs. Aussi ils modéreront les dépenses au cours de leurs visites, et n'amèneront pas avec eux trop de chevaux.

3. Les clercs sont tenus à mener une vie de continence et de chasteté. Tout clerc qui, ayant publiquement une concubine, ne se sépare pas complètement d'elle dans le délai d'un mois, perd son bénéfice.

4. Quiconque possédant sciemment des biens de l'Église injustement acquis, ne les aura pas restitués d'ici à la prochaine fête de saint Jean-Baptiste et satisfait pour le dommage causé, sera exclu de l'Église et ne sera plus admis à la communion. S'il meurt, aucun clerc ou moine ne doit assister à son enterrement. De plus, on excommuniera tous les ans, dans le synode, ceux qui emprisonnent, battent, tuent des clercs ou leur font violence, et si les coupables sont notoires, ils seront excommuniés nommément.

5. Quiconque blesse grièvement, mutile, tue, ou capture une personne d'Église, ne peut être absous que par le Siège apostolique. Il perd *eo ipso* ce qu'il tient de l'Église, et ces biens seront employés au profit de l'Église. Le diocèse dans lequel un chanoine de la cathédrale ou un autre dignitaire est détenu ou prisonnier est interdit jusqu'à ce que celui-ci soit mis en liberté et que satisfaction ait été donnée. Il en sera de même des paroisses dans lesquelles le bien d'un clerc a été pris de force, ou le clerc lui-même capturé.

6. Quiconque possède sans dispense plusieurs prébendes ou dignités, ou plusieurs bénéfices à charge d'âmes, doit, s'il appartient [103] à la province de Salzbourg, présenter à l'archevêque élu, avant la prochaine fête de saint Jean-Baptiste, la preuve qu'il a obtenu une dispense. S'il ne peut le faire, il ne doit conserver que le dernier bénéfice reçu.

7. Les laïques doivent payer fidèlement les dîmes, anciennes et nouvelles, grosses et menues, sous peine d'exclusion de l'Église, jusqu'à satisfaction.

8. Nous apprenons avec peine que quelques laïques et quelques clercs de la province de Salzbourg pratiquent l'usure et concluent

des traités usuraires. Ils doivent s'en abstenir, sinon nous les excommunions par le présent décret et nous prescrivons que, trois fois par an, le jeudi saint et aux fêtes de l'Assomption et de Noel, ils soient publiquement dénoncés comme excommuniés par leurs curés et supérieurs. Les clercs qui ont des bénéfices et qui s'obstinent durant trois mois sous le coup de l'excommunication, perdront leurs bénéfices, sans parler des autres peines portées contre les usuriers.

9. Tous les ecclésiastiques, tant séculiers que réguliers, doivent recevoir avec humilité les corrections légitimement infligées par leurs supérieurs. S'ils en appellent au bras séculier, ils seront deposes de leurs bénéfices. Aucun prélat ne doit confier une dignité, une cure ou un bénéfice à charge d'âmes a qui n'a pas encore dix-huit ans, à moins d'une dispense du pape ou de son légat.

10. Les patrons des églises, clercs ou laiques, avocats et juges, s'emparent des biens des clercs défunts et s'attribuent le droit de leur succéder, s'ils meurent intestats. C'est un abus condamné sous peine d'excommunication.

11. Les clercs ne doivent pas accepter d'église paroissiale en bénéfice d'un patron laique sans l'institution de l'évêque ou de l'archidiacre [1], sous peine de suspense *ab officio et beneficio*, le laique qui ose donner cette institution perd *ipso facto* son droit de patronat. Aucun patron, clerc ou laique, ne doit aliéner les biens de l'église dont il est patron; s'il le fait, il perd son droit de patronat et il devra en outre réparer le dommage causé à l'Église.

12. Les prélats et tous ceux qui ont charge d'âmes doivent observer la résidence.

13. Nous apprenons que les bénédictins mènent en plusieurs lieux une vie très déréglée. Aussi prescrivons-nous à tous les évêques de la province de Salzbourg, ainsi qu'à l'évêque de Prague, de visiter et de réformer dans le délai de six mois, avec le concours de deux abbés de Cîteaux, tous les monastères bénédictins de leurs diocèses, à l'exception de ceux qui relèvent immédiatement de Rome. Quant à ces derniers, nous les visiterons nous-mêmes, ou nous les ferons visiter.

---

1. Ottokar Lorenz, qui parle de ce synode dans sa *Deutsche Gesch im XIII u XIV Jahrh* t I, p 402 sq., et qui attaque vivement la présente ordonnance sur le droit de patronat, n'a pas assez distingué entre *présentation* et *institution*. On ne songeait nullement a enlever la première aux patrons.

[104]   14. Défense aux abbés de bénir les calices, les patènes et les vêtements sacerdotaux, ou de s'arroger quelque autre fonction épiscopale, à moins qu'ils n'aient reçu de Rome un privilège spécial.

15. L'audace des juifs a tellement augmenté que la pureté de la sainteté catholique a, dit-on, été corrompue chez beaucoup de chrétiens. Loin de rien innover, mais remettant en vigueur les anciens statuts des papes, nous ordonnons que les juifs, qui doivent se distinguer des chrétiens par leurs vêtements, reprennent le chapeau à cornes qu'ils portaient autrefois dans ces pays, mais qu'ils ont dans leur audace témérairement abandonné, afin que désormais ils se distinguent nettement des chrétiens, ainsi que l'a prescrit le concile général (douzième, can. 68) [1]. Tout juif qui sortira et qui sera surpris sans ce signe doit être puni d'une amende par le seigneur du lieu. Nous ajoutons que les juifs, puisqu'ils occupent la place de chrétiens qui seraient tenus à la dîme, doivent payer au prêtre de la paroisse où ils demeurent tous les revenus que le curé percevrait s'il s'agissait de chrétiens, dans la mesure fixée par l'évêque du diocèse et proportionnée aux dommages qu'ils causent ainsi. Ils sont également assujettis à toutes les dîmes pour leurs champs [2].

16. Nous défendons également aux juifs d'aller aux étuves (*stupa* = *stuba*), bains ou hôtelleries fréquentés par les chrétiens, d'avoir à demeure chez eux des valets, servantes ou nourrices chrétiens. Enfin les juifs ne pourront percevoir les impôts ni exercer d'autre fonction publique.

17. Si un juif est convaincu de fornication avec une chrétienne, il sera maintenu rigoureusement au cachot jusqu'à ce qu'il ait payé une amende d'au moins dix marcs d'argent; quant à la

---

1. Louis IX publia une ordonnance semblable pour la France au mois de juin 1269. Il y ordonnait que tous les juifs (*utriusque sexus*), pour être reconnaissables parmi les chrétiens, portassent sur la poitrine et le dos de leur habit de dessus un anneau en étoffe rouge large de quatre doigts et dont le diamètre eût la largeur d'une main. Si un juif est rencontré sans ce signe, le dénonciateur reçoit son vêtement de dessus et le coupable est passible d'une amende allant jusqu'à 10 livres. Bessin, *Concil. Rotomag.*, p. 150. Cf. aussi le synode de Narbonne de 1227.

2. Bärwald, dans sa dissertation : *Die Beschlüsse des Wiener Concils über die Juden aus dem Jahre 1267*, dans le *Jahrbuch für Israeliten*, de Wertheimer, Vienne, 1859, p. 186, a mal rendu l'expression *diœcesanus loci*. Il s'agit de l'évêque du diocèse.

chrétienne qui s'est laissée aller à une si exécrable faute, elle
sera fouettée et chassée de la ville sans espoir d'y rentrer.   [10

18. Nous défendons, sous peine d'excommunication, à tous les
chrétiens de cette province, et à ceux de la ville et du diocèse de
Prague, de recevoir à leur table les juifs ou les juives, de boire ou
de manger avec eux, de prendre part à leurs noces, à leurs néoménies,
à leurs jeux et d'y sauter et danser. Les chrétiens s'abstiendront
d'acheter aux juifs de la viande ou d'autres mets, de peur que
ceux-ci n'empoisonnent perfidement les chrétiens qu'ils tiennent
pour ennemis.

19. Si, à l'avenir, des juifs, sous n'importe quel prétexte, extorquent
aux chrétiens des intérêts excessifs, on leur interdira toute relation (commerce, etc , *participium*) avec les chrétiens jusqu'à satisfaction suffisante [1]. S'il est nécessaire, on forcera les chrétiens,
par les censures ecclésiastiques, à ne plus avoir de rapports avec
de tels juifs. Les princes cependant ne doivent pas se montrer
à cause de cela les ennemis des chrétiens, ils doivent au contraire
chercher à diminuer la lourde charge que sont les juifs pour les
chrétiens. Lorsque le Saint Sacrement passe devant les maisons
des juifs, ceux-ci doivent, dès qu'ils entendent la sonnette, rentrer
chez eux et fermer les fenêtres et les portes. Les prélats les obligeront à agir de la même manière le jour du vendredi saint. Ils ne
doivent pas disputer sur la foi catholique avec des gens simples, ils
ne forceront pas les fils et les femmes des juifs qui se sont convertis au
christianisme à rester malgré eux dans le judaïsme. Qu'ils s'abstiennent d'attirer aucun chrétien au judaïsme ou de le circoncire, de
visiter les chrétiens malades et d'être leurs médecins; ils ne bâtiront
pas de nouvelles synagogues et, s'ils en ont bâti, ils doivent les
détruire. Ils peuvent, s'il est nécessaire, restaurer les anciennes
synagogues, mais sans les faire plus grandes, plus riches ni plus
élevées. Durant le carême, pendant que les chrétiens jeûnent, ils
ne doivent pas transporter publiquement de la viande. Nous
ordonnons aux évêques d'obliger les juifs à observer tous ces
points, sous peine d'être exclus de tout rapport avec les chrétiens.
Les seigneurs et juges temporels ne doivent pas protéger ou favo-

---

1. Barwald, *op. cit.*, p 187, a faussement traduit *participium* par « garantie ».
Lorenz, *op cit*, p 407, affirme que le synode a défendu aux juifs de réclamer des
intérêts pour les capitaux prêtés aux chrétiens. En fait, le synode n'a défendu que
les *graves seu immoderatas usuras*.

riser les juifs qui n'observent pas les présents statuts; ils doivent au contraire accomplir fidèlement les ordres qui leur seront donnés dans ces affaires par les prélats, sous peine de se voir interdire l'entrée de l'église et la participation au service divin. Nous ordonnons, sous peine d'excommunication, que l'archevêque élu de Salzbourg, ses suffragants et l'évêque de Prague aient des exemplaires des présents statuts munis de notre sceau; qu'ils les fassent lire tous les ans dans les synodes épiscopaux et dans le concile provincial; qu'ils veillent à ce qu'ils soient observés, et enfin qu'ils fassent proclamer dans les églises paroissiales de leurs diocèses les points ayant trait aux laïques. Fait à Vienne, A. D. 1267, IV des ides de mai, la troisième année du pape Clément IV [1].

Ce concile de Vienne termina, par un compromis, le conflit entre les évêques de Freising et de Brixen au sujet du droit de patronage sur quelques églises (Innichen, Sylvan et Valgrat). Le droit de présentation revient à l'évêque de Freising en sa qualité de propriétaire, mais l'institution canonique appartient à l'évêque de Brixen parce que ces églises se trouvent dans son diocèse [2].

Bärwald, dont nous avons signalé le mémoire sur les ordonnances du présent synode concernant les juifs, prétend démontrer que, jusqu'à cette époque, à la suite des lois de Frédéric le Batailleur (le dernier des Babenberger) et d'Ottocar, roi de Bohème, la situation des juifs en Autriche avait été meilleure, c'est pourquoi le légat du pape aurait cherché, dans ce synode, à introduire en Autriche, à Salzbourg et en Bohème les lois générales déjà observées en bien des endroits contre les juifs et insérées au *Corpus juris canonici*. Mais Bärwald n'a pas réussi à faire cette preuve. Sept ans plus tard à peine, le concile de Salzbourg de 1274 se plaignit de ce que les statuts du cardinal-légat Gui étaient déjà tombés en désuétude. Déjà même, en 1273, Bruno, évêque d'Olmutz, énumère, dans sa célèbre relation au pape Grégoire X, parmi les plaies de l'époque, l'emploi de nourrices chrétiennes par les juifs, les intérêts usuraires qu'ils extorquent et leur participation aux charges, etc.

Le cardinal Gui publia ensuite une autre série d'ordonnances pour la Hongrie (on ne sait si elles ont été promulguées dans un

1. Coleti, *Concilia*, t. xiv, col. 359; Hardouin, *Conc. coll.*, t. vii, col. 579; Mansi, *Conc. ampliss. coll.*, t. xxiii, col. 1168; Hartzheim, *Conc. Germaniæ*, t. iii, p. 632; *Monum. Germ. hist., Script.*, t. ix, p. 699; Binterim, *Deutsche Concilien*, t. v, p. 100, 246 sq.

2. Mansi, *Conc. ampliss. coll.*, t. xxiii, col. 1178.

synode) sur les qualités nécessaires aux candidats pour devenir [1
évêque, abbé, archidiacre, etc., et sur l'observation du célibat
ecclésiastique [1] Lorenz se trompe lorsqu'il voit dans les prescriptions pour la Hongrie un adoucissement à la loi générale du célibat [2]
On n'y permet pas aux clercs de se marier après avoir reçu les
ordres majeurs, si on y regarde comme légitimes (can 18) les mariages
conclus avant la réception des ordres, on ne fait en cela aucune
faveur à la Hongrie et on se borne à énoncer les principes et les
règles du droit canonique commun, on ajoute, en effet   les
prêtres ainsi mariés peuvent continuer à exercer leurs fonctions
sacrées, si leurs femmes font volontairement vœu de vivre dans
la continence et cessent d'habiter avec eux. Un synode provincial
hongrois fut tenu en septembre 1268, probablement à Gran, à
propos de la question des dîmes. Les seigneurs temporels avaient
cessé de payer à l'Église les dîmes habituelles et les rois Bela IV
et Étienne V avaient confirmé cette décision sous serment Alors
Clément IV avait envoyé aux évêques hongrois, le 24 septembre
1268, un bref pour la protection des droits de l'Église Les évêques
se réunirent alors pour en délibérer l'exécution [3]

Du synode danois tenu en cette même année 1267 par le cardinal-
légat Gui, nous ne connaissons qu'un épisode, l'excommunication
de Tucho, évêque d'Aarhuus, et de quelques autres prélats danois,
sans doute parce qu'ils n'étaient pas restés fidèles à la cause de
l'Église dans le conflit qui s'était élevé entre Jacques, archevêque
de Lund, et le roi Éric Ce dernier, ayant emprisonné l'archevêque,
s'était attiré une sentence d'excommunication [4].

Le 30 août 1267, un synode de la province de Rouen, célébré à
Pont-Audemer sous la présidence de l'archevêque Eudes Rigaud,
défendit à tous les clercs mariés ou célibataires de s'occuper des
affaires temporelles et leur prescrivit de porter la tonsure avec
l'habit ecclésiastique Les clercs et les croisés furent exhortés à ne
plus abuser des lettres à eux accordées par le pape ou par son légat [5].

1 Hardouin, *Conc coll*, t VII, col 586, Coleti, t XIV, col 373, Mansi, *Conc
ampliss coll*, t. XXIII, col 1184, Endlicher, *Monum*, p 515 sq

2 Ottokar Lorenz, *Deutsche Geschichte im XIII und XIV Jahrhundert*, t I,
p. 410 sq

3. Potthast, *Reg*, n. 2045, Knauz, *Monum Eccles. Strig*, t I, p 547

4. Mansi, *op cit*, col 1180, Posse, *Anal Vatic*, n 818, 829

5. Hardouin, *Conc coll*, t VII, col 578, Coleti, *Concilia*, t XIV, col 357, Mansi,
Conc ampliss coll., t XXIII, col 1165

Un autre concile provincial français, célébré à Seyne dans le diocèse de Digne, sous la présidence d'Henri, archevêque d'Embrun, promulgua le 26 octobre 1267 douze canons [1] :

1. Les évêques doivent rechercher assidûment et punir les hérétiques, les excommuniés et les pécheurs notoires.

2. Chaque évêque doit avoir un exemplaire des statuts promulgués par les légats et par les synodes provinciaux d'Embrun.

3. Chaque évêque doit observer et faire observer les sentences d'excommunication.

4. Aucun clerc ne doit porter de couteaux pointus ni autres armes agressives.

5. Aucun minoré n'a voix au chapitre.

6. Tous les prébendés doivent observer la résidence.

7. Aucun laïque ne doit jamais citer un clerc par-devant lui.

8. Aucun laïque, quel que soit son rang, ne doit, sans la permission de l'évêque diocésain, posséder une église, une dîme ou autre revenu ecclésiastique.

9. Quiconque met obstacle à l'exercice de la juridiction épiscopale sera excommunié.

10. Un laïque, quel que soit son rang, ne doit jamais déposséder un évêque, une église ou un ecclésiastique, d'un droit ou d'une propriété pour lesquels il y a prescription.

11. Nul ne peut, sans y être autorisé par l'évêque ou son official, administrer une église ou un bénéfice ecclésiastique, ou en percevoir les revenus.

12. Aucun clerc ne doit déférer une cause spirituelle ou ecclésiastique, qu'elle soit civile ou criminelle, à des juges séculiers.

Nous avons vu qu'en octobre 1265, le cardinal Ottoboni, délégué par le pape Clément IV, était allé en Angleterre tenter de mettre fin à la lutte sanglante entre Henri III et ses barons et défendre les droits de la couronne. Durant l'été et l'automne de 1267, ses efforts furent couronnés de succès; et, après avoir rétabli la concorde dans toutes les parties du royaume, le légat réunit, en avril 1268, dans la cathédrale de Saint-Paul de Londres, un concile général pour l'Angleterre, l'Écosse, l'Irlande et le pays de Galles. Le roi Henri III y assista. Le légat fit lire tout d'abord les lois portées dans un synode de Londres de 1237, par son prédécesseur le cardinal Otton de Saint-Nicolas *in carcere*

_____
1. Coleti, *Concilia*, t. XIV, col. 369; Mansi, *Conc. ampliss. coll.*, t. XXIII, col. 1180.

Tulliano, il fit ensuite des reproches de ce qu'on les eût si peu observées, et les déclara de nouveau obligatoires avec une aggravation des sanctions. Plusieurs des jeunes prélats voulaient en appeler au pape, mais Ottoboni finit par les gagner, les uns par d'habiles discours, les autres par intimidation, et ses cinquante-quatre canons furent acceptés sans contradiction, du moins en Angleterre

1. Il faut instruire le peuple pour lui faire abandonner la [109 croyance superstitieuse qu'un enfant baptisé le samedi saint ou le samedi vigile de la Pentecôte ne peut vivre (le cardinal Otton de Saint-Nicolas avait déjà dit la même chose dans le concile de Londres de 1237) Les curés et les vicaires doivent, le dimanche, enseigner à leurs paroissiens comment on doit administrer le baptême dans les cas de nécessité

2. On ne doit rien exiger pour l'administration des sacrements. Pour absoudre les pécheurs, on se servira de cette formule *Ego te absolvo a peccatis tuis,* etc, *authoritate, qua fungor, te absolvo.* Personne ne doit refuser à un pécheur le remède de la pénitence comme le font certains geôliers pour les prisonniers. Dorénavant, si quelqu'un agit ainsi, on lui refusera la sépulture ecclésiastique si pendant sa vie il n'a pas fait satisfaction.

3. Aggravation du premier canon du cardinal Otton au concile de Londres de 1237 concernant la prompte consécration des nouvelles églises, Le curé, l'archidiacre ou l'évêque qui font preuve de négligence sur ce point seront punis, le curé et l'archidiacre par la suspense *ab officio,* et l'évêque par la défense de porter la dalmatique, la tunique et les sandales, jusqu'à ce qu'il ait fait la consécration Outre la procuration due, l'évêque ne doit rien exiger pour la consécration de l'église

4 Les clercs ne doivent pas porter d'armes.

5 Aggravation du canon 14 du synode de Londres de 1237, concernant l'habit des clercs; car, en Angleterre, il était impossible de distinguer par l'habit un clerc d'un laïque On défendait surtout formellement aux clercs de porter des *infulæ,* que le synode appelle aussi *coifæ* ou *cuphiæ* (sorte de chapeau); ils ne pourront s'en servir qu'en voyage.

6. A l'exception des cas prévus par le droit, les clercs ne doivent pas paraître devant les tribunaux civils en qualité d'avocats; ils ne seront non plus juges ou assesseurs, sous peine de suspense *ipso facto,* dans des affaires criminelles graves *(causæ sanguinis).*

7. Aucun prêtre ne doit accepter ni exercer de fonction civile.

8. Aggravation du canon 16 du synode de Londres de 1237, concernant les clercs concubinaires. Les archidiacres et les évêques sont menacés de peines rigoureuses, s'ils ne se montrent pas sévères sur ce point. Les concubines des clercs ne seront pas admises au service divin, et on leur refusera la communion à Pâques.

9. Aggravation du canon 10 du synode de Londres de 1237, concernant le devoir de la résidence et l'interdiction de la pluralité des bénéfices ou des vicariats.

10] 10 et 11. On ne doit conférer aucune église avant la constatation sûre de la vacance légale.

12. Aggravation du canon 12 du synode de Londres de 1237, concernant le partage d'une église en plusieurs vicariats ou bénéfices. L'évêque doit aussi se garder de retenir une partie des revenus d'une église pour lui-même ou pour d'autres.

13. Quiconque, au mépris du droit d'asile, fait enlever de force un homme qui s'était réfugié dans une église ou dans un cimetière, ou empêche qu'on ne lui apporte la nourriture nécessaire, ce qui équivaut au meurtre, sera excommunié *ipso facto;* de même celui qui prend, avec des intentions hostiles, des objets mis en sûreté dans une église ou dans un cimetière, ou qui les fait prendre par d'autres, ou qui donne à ce crime aide ou secours. S'il ne donne satisfaction dans le délai fixé par l'évêque, ses terres seront frappées d'interdit. S'il n'a pas de terres, l'interdit sera jeté sur le lieu de sa résidence. Il en sera de même de ceux qui incendient des églises ou qui en forcent les portes. Celui qui s'approprie sans permission quelque objet dérobé dans la grange, la maison, etc., d'un évêque ou d'un clerc ou d'une église, sera excommunié.

14. Nul ne doit empêcher la célébration solennelle d'un mariage *in facie Ecclesiæ.*

15. Prescriptions pour assurer l'exécution des testaments. Avant de recevoir l'autorisation épiscopale qui lui est nécessaire, l'exécuteur doit renoncer pour cet acte à son for privilégié. Il devra aussi rédiger par acte devant témoins un inventaire de l'héritage.

16. Aucun prélat ne doit s'approprier les revenus d'églises vacantes.

17. Les offrandes faites à une chapelle n'appartiennent pas au chapelain, mais à l'église mère et à son recteur.

18. Tous les clercs doivent tenir en bon état les maisons qui font partie de leur bénéfice; il en sera de même des évêques.

19 Aucun prélat ne doit exiger des procurations d'une église qu'il n'a pas visitée, et, lorsqu'il fait sa visite, il ne doit pas occasionner de trop grandes dépenses, ainsi que l'ont prescrit Innocent IV et le synode de Latran

20 On ne devra plus à l'avenir dispenser, à prix d'argent, les pécheurs d'accomplir les pénitences requises. Que les archidiacres n'agissent plus ainsi lors de leurs visites; qu'ils évitent de se rendre à charge aux églises; qu'ils ne se laissent pas déterminer à prix d'argent à ne pas faire leurs visites, etc Ils assisteront régulièrement aux chapitres des divers décanats, et y instruiront avec soin les prêtres, pour qu'ils comprennent les paroles du canon de la messe et du baptême, surtout celles qui intéressent la substance du sacrement. (Rappel du can. 20 du concile de Londres de 1237)

21 Remise en vigueur avec des mesures plus sévères des can. 7 et 8 du même synode de Londres, concernant la donation des [1] églises *ad firmam.*

22 Les évêques doivent observer la résidence (can 22 du synode de Londres de 1237)

23 Sauf les cas de nécessité, aucun évêque ne doit donner en toute propriété à un autre évêque ou à un monastère une église qui est sous sa juridiction. On établira des vicaires dans les églises qui dépendent des couvents. Les supérieurs des couvents les présenteront à l'évêque, et ces vicaires devront avoir un traitement suffisant.

24 D'après une ancienne ordonnance publiée par les prélats d'Angleterre avec l'assentissement du roi et des grands, lorsque quelqu'un meurt intestat, une partie déterminée de son héritage doit être employée en bonnes œuvres.

25. Les évêques ne doivent confier les causes judiciaires qu'à des personnes constituées en dignité

26 Prescriptions à suivre pour les citations devant un tribunal.

27. Tout avocat doit jurer entre les mains de l'évêque de remplir fidèlement ses obligations à l'égard de ses clients.

28. Aucun juge ne doit empêcher les parties de s'arranger à l'amiable

29. L'absolution doit être publique, quand la censure ecclésiastique a été elle-même publique.

30 Mesures prises contre le cumul des bénéfices avec charge d'âmes.

31. A l'avenir, celui qui a déjà une église ne pourra en recevoir une autre en commende. Énergique condamnation du système des commendes.

32. Lorsqu'un évêque élu demande confirmation de son élection, il faut voir avant tout s'il n'a pas eu en même temps plusieurs bénéfices à charge d'âmes. S'il en a eu, sans être muni d'une dispense, son élection ne sera pas confirmée.

33. A l'avenir, quiconque voudra être élu évêque ne devra plus renoncer d'une manière fictive aux nombreux bénéfices qu'il possède, pour pouvoir les reprendre ensuite dans le cas où il ne serait pas élu; on ne les lui rendra plus en aucun cas.

34. C'est agir d'une manière simoniaque que de promettre de céder tous les ans, au patron de l'église pour laquelle on désire être présenté, une partie des revenus.

35. Défense de tenir des marchés dans les églises

36. Dans tout le territoire de notre légation, on fera tous les ans, le lendemain de l'octave de la Pentecôte, une procession solennelle pour remercier Dieu du rétablissement de la paix en Angleterre et pour implorer le secours divin en faveur de la Terre Sainte.

37. On exhortera instamment les évêques à remplir leurs devoirs; ils feront aussi lire, tous les ans, dans leurs conciles les ordonnances du présent synode.

38. Les bénédictins doivent être réformés.

[2] 39. Après l'année de noviciat, celui qui est admis doit faire profession ou quitter le couvent; les supérieurs qui ne feront pas exécuter cette règle seront punis. Celui qui n'a pas fait profession ne peut exercer de charge dans le couvent. (Cf. can. 19 du synode de Londres de 1237.)

40. Les maîtres des novices doivent les instruire avec soin dans la connaissance des règles de l'ordre. Les lois pontificales concernant les réguliers seront lues deux fois par an dans chaque couvent.

41. Les moines qui possèdent quelque chose en propre doivent être sévèrement punis; l'abbé qui fera preuve de négligence sur ce point sera suspendu.

42. On donnera en nature aux moines leurs habits, leurs chaussures, etc., et non leur valeur en argent, ce qui donne occasion à la propriété privée.

43. On aura soin de ne laisser jamais un seul moine ou un seul chanoine régulier dans une église ou une station (*manerium*). S'il

s'en trouve quelqu'un dans un pareil isolement, il doit, sans plus tarder, être rappelé à son couvent Dans le cas où une église serait trop pauvre pour nourrir deux moines, on la confiera a un prêtre séculier

44. Les manoirs, églises, etc , ne doivent pas être confiés en ferme (*ad firmam*) a un moine

45 Aggravation du can. 19 du concile de Londres de 1237, défendant aux moines bénédictins de manger de la viande.

46 Aucun moine ou chanoine régulier, aucune religieuse ne doivent avoir au réfectoire, etc , des vases, des nappes, etc , plus riches que les objets dont les autres font usage

47 L'abbé ne doit pas inviter à sa table plus d'un tiers de ses moines, et il les invitera tous tour à tour, sans partialité.

48 Le prieur doit veiller à ce que les malades soient bien soignés par l'infirmier.

49. Certains abbés ou custodes, recteurs d'église ou des hôpitaux accordent, à prix d'argent, à quelques personnes des *liberationes* c'est-à-dire des provisions et des presents, ces abus sont préjudiciables aux clercs qui desservent ces églises, de même que pour les malades et les pauvres, ils ne seront plus tolérés à l'avenir

50. Le nombre prescrit des moines dans un couvent ne doit pas être diminué.

51 Les abbés et les supérieurs de couvent doivent, au moins une fois par an, faire connaître la situation de la maison et rendre compte de toute leur administration, soit par-devant le couvent tout entier, soit par-devant quelques-uns des moines plus âgés et plus expérimentés élus en chapitre

52 Les moines et les religieuses, et en général toutes les personnes entrées en religion, ne doivent pas faire de commerce

53. Sur la clôture et les sorties des religieuses

54. Les moines doivent souvent se confesser et célébrer[1].   [11]

Le clergé d'Écosse était représenté à ce synode par un certain nombre de députés qui protestèrent contre les *capitula* du légat, et un synode national écossais, célébré à Perth, renouvela cette

---

1 Hardouin, *Conc. coll.*, t. VII, col 614 Coleti, *Concilia*, t XIV, col 401, Mansi, *Conc. ampliss coll.*, t XXIII, col. 1213-1260 Rishanger, éd Riley, dans *Script rer Britann* ,London, 1865, t XXVIII, p 59, remarque. Peu apres, les fils du roi, Édouard et Edmond, avec beaucoup de seigneurs anglais, reçurent la croix a Northampton, des mains du legat. *Quibus ita patratis, cum thesauro inæstimabili Romam reversus est* Pauli, *Geschichte von England*, t. II, p 816

protestation. Cette dernière assemblée excommunia l'abbé de Melrose et une grande partie de son couvent, parce que ses moines avaient violé le traité de paix de Wedal, s'étaient attaqués aux maisons de l'évêque de St. Andrews, avaient blessé plusieurs clercs et en avaient même tué un [1].

En cette même année, se tint un synode à Château-Gontier, sous la présidence de Vincent, archevêque de Tours (23 juillet 1268). Les actes de cette assemblée commencent par ces mots : *Quia clericis laici oppido sunt infesti;* ils défendent aux laïques d'attaquer les biens de l'Église, prohibent également toute entrave à la juridiction ecclésiastique par le moyen de ligues, etc., refusent la sépulture ecclésiastique à quiconque sera resté une année entière sous le coup de l'excommunication, défendent aux abbés de s'approprier le mobilier des prieurés vacants, donnent des ordonnances sur l'habit des clercs, etc. [2]. Les statuts synodaux publiés par Gui, évêque de Clermont, au synode diocésain tenu à Clermont en octobre 1268, ont plutôt l'air d'un rituel diocésain que de décisions synodales. Ce document assez étendu se compose de deux parties renfermant 12 et 10 chapitres : c'est à la fois un catéchisme, un manuel de liturgie et un livre pastoral. Les chapitres de la première partie traitent : 1º des dix commandements [3]; 2º des articles de foi: 3º de la Trinité et de l'Incarnation; 4º des sacrements : du baptême et de la manière de le conférer; 5º de la confirmation; 6º du sacrement de l'autel avec des détails rituels très détaillés; 7º de la pénitence avec une *instructio practica confessarii*; 8º du mariage; 9º de l'extrême-onction; 10º du sacrement de l'ordre; 11º défense d'user de la simonie dans l'administration des sacrements; des reliques, du droit d'asile; de la réconciliation des églises et des cimetières; 12º des préfaces usuelles.

[14]   Les chapitres de la deuxième partie traitent : 1º *de vita et honestate clericorum;* 2º *de sepulturis;* 3º des biens de l'Église et de leur conservation; 4º des testaments; 5º sur l'exécution des mandements des

1. Mansi, *Conc. ampliss. coll.*, t. xxiii, col. 1258.
2. Hardouin, *Conc. coll.*, t. vii, col. 646; Coleti, *Concilia*, t. xiv, p. 447; Mansi, *Conc. ampliss. coll.*, t. xxiii, col. 1264.
3. Ils sont réduits aux vers suivants pour en faciliter la mémoire.

> *Sperne deos, fugito perjuria, sabbata serva.*
> *Sit tibi patris honos, sit tibi matris amor.*
> *Non sis occisor, mœchus, fur, testis iniquus.*
> *Vicinique torum, resque caveto suas.*

évêques; 6° de l'excommunication; 7° de la réconciliation, 8° de la charge d'archiprêtre, 9° de la violation du privilège du for et de la juridiction ecclésiastique; 10° des exempts [1]

675   Conciles depuis la mort de Clément IV au quatorzième concile œcuménique

Durant la période d'environ six ans qui s'écoula de la mort du pape Clément IV, le 29 novembre 1268, jusqu'à l'ouverture du quatorzième concile œcuménique sous Grégoire X, le 7 mars 1274, il n'y eut que de rares conciles, et d'importance très secondaire. La première de ces assemblées, célébrée à Angers le 9 juillet 1269, prescrivit aux seigneurs de ne pas empêcher leurs sujets de faire des donations aux églises, etc. Le synode interdit également à tous les clercs ayant des bénéfices de remplir le rôle d'avocat devant un tribunal civil [2].

Un concile provincial tenu à Sens, le 26 octobre 1269, promulgua les six *capitula* suivants [3]

1. On renouvelle l'ordonnance du légat Gualon portant que les clercs ne doivent pas avoir chez eux de servante (*focaria*) ou autre personne pouvant éveiller des soupçons, ordonnance presque partout tombée en désuétude; l'assemblée menace de punition les prélats négligents pour faire exécuter cette disposition.

2. Les clercs ne doivent jamais signer un contrat qui soit ou qui semble être usuraire

3. Les usuriers seront exclus de la communion et privés de la sépulture ecclésiastique

4. On recommande l'observation du canon *Omnis utriusque sexus* (can 21 du douzième concile œcuménique, concernant la confession et la communion pascale).

5. Promulgation d'un décret pontifical défendant à un clerc d'en actionner un autre devant un tribunal séculier.

---

1. Mansi, *Concil ampliss. coll*, t. XXIII, col 1185, Coleti, *Concilia*, t. XIV, p. 375, Hardouin, *Conc. coll*, t. VII, col 587.

2 Hardouin, *Conc coll*, t VII, col 647, Coleti, *Concilia*, t XIV, col 449; Mansi, *Conc. ampliss coll.*, t. XXIV, col 1.

3 Hardouin, *Conc. coll.*, t. VII, col 649, Coleti, *Concilia*, t XIV, 451, Mansi, *Conc ampliss coll.*, t XXIV, col 3.

6. Promulgation d'un autre décret du pape, défendant aux Templiers et aux ordres religieux de pousser à l'excès leurs privilèges et exemptions et d'en abuser au détriment du pouvoir [115] épiscopal.

Deux conciles anglais, célébrés l'un à Cantorbéry, l'autre en un lieu inconnu, en 1269 ou 1270, délibérèrent sur la demi-dîme (*vigesima*) que le pape avait accordée sur les revenus du clergé au roi d'Angleterre, Henri III, pour organiser une croisade. Le synode de Cantorbéry, qui se tint le premier, protesta contre cette concession; mais la seconde assemblée l'accepta[1]. Et nous avons vu plus haut qu'Édouard, prince héritier d'Angleterre, prit part en effet à la dernière croisade de saint Louis, et que, plus tard encore, il fit une autre expédition en Palestine.

Dans un synode islandais célébré en 1269 par Arnas, évêque de Skalholt (1269-1298), on promulgua les constitutions de Jonas II, archevêque de Nidaros (Drontheim).

1. Tous doivent se mettre à genoux pendant l'élévation de l'hostie et du calice à la messe, ou lorsqu'on porte la sainte eucharistie aux malades.

2. Défense de célébrer un mariage à l'église avant une triple publication des bans.

3. Celui qui entretient une concubine ne doit être admis à la communion qu'après l'avoir renvoyée ou épousée régulièrement.

4. Les églises et biens ecclésiastiques doivent être remis à l'évêque.

5. On ne doit pas exiger de l'argent pour le prêt (*elocare*) des choses inanimées (*res inanimatas*)[2].

Un synode célébré à Ravenne, le 28 avril 1270, sous la présidence de l'archevêque Philippe Fontana, prononça l'excommunication et l'interdit contre ceux qui s'étaient attaqués à Hénuérard, évêque de Céséna. Trois semaines plus tard, un concile de la province ecclésiastique de Reims, célébré à Compiègne le 19 mai 1270, sous la présidence de l'archevêque Jean de Courtenay, menaça des peines les plus sévères tous ceux qui porteraient atteinte aux biens des églises. Une ordonnance à peu près analogue fut rendue par un concile provincial d'Avignon, que présida, le 15 juillet 1270,

---

1. Mansi, *Conc. ampliss. coll.*, t. XXIV, col. 7 sq.
2. Finni Johannæi, episc. diœc. Skalholtinæ in Island., *Historia ecclesiast. Islandiæ*, Havniæ, 1772-1774, t. II, p. 3.

Bertrand de Malferrat, archevêque d'Arles Cette assemblée porta encore quelques autres prescriptions les legs que personne ne réclame seront employés *ad pias causas* Les évêques se prêteront un mutuel concours pour faire exécuter leurs sentences; quiconque possède une prébende ou un bénéfice à charge d'âmes, doit se faire ordonner prêtre dans le délai d'un an, les frais nécessaires à l'entretien du légat du pape seront couverts par des redevances prélevées sur chaque église, enfin les clercs et les moines ne chercheront pas auprès du pouvoir civil protection contre l'évêque, etc

On peut considérer comme sentence synodale la condamnation de plusieurs erreurs portée à la curie de Paris par l'évêque Étienne, [116] le mercredi précédant la fête de saint Nicolas *hiemalis*, 1270. Les propositions condamnées sont ainsi conçues

1. L'intellect de tous les hommes est un et identique (*unus et idem numero*).

2. La volonté humaine veut et agit *ex necessitate*

3. Le sort du monde terrestre est soumis à l'influence des corps célestes

4. Le monde est éternel

5. Il n'y a jamais eu de premier homme

6 L'âme, en tant que forme du corps, disparaît avec le corps.

7. L'âme séparée du corps est insensible au feu matériel (*igne corporeo*)

8 Le libre arbitre est une puissance passive et non active, et est nécessairement mue par les sens (*ab appetibili*)

9 Dieu ne connaît pas les singuliers

10 *Deus non cognoscit aliud a se.*

11 Les actes humains ne sont pas dirigés par la providence divine

12. Dieu ne peut pas donner l'immortalité ou l'incorruptibilité aux choses matérielles ou corruptibles en soi.

Ces propositions systématisées et développées furent de nouveau condamnées le quatrième dimanche de carême 1277 [1].

Un autre synode français de la province de Reims, célébré en 1271 à Saint-Quentin, défendit aux prélats de faire des dettes, menaça de peines sévères quiconque violerait le droit d'asile,

---

1. *Biblioth. max. Patr.*, t. xxv, p 329 sq La *Biblioth max Patrum* donne, non pas douze, mais treize propositions Knöpfler a omis la seconde, j'ignore pourquoi, la voici · 2 *Quod illa falsa vel propria homo intelligit.* (H L)

défendit de diminuer le nombre traditionnel des moines dans les prieurés, et chargea les évêques de punir les seigneurs temporels qui, sur la plainte d'un juif, obligeaient, sans autre préambule et sans consulter les supérieurs ecclésiastiques, un clerc à payer l'intérêt réclamé par ce juif.

Dans un synode anglais célébré à Reading (*Radinges*) en 1271, les moines (chanoines) de Cantorbéry en appelèrent au Saint-Siège, parce que les évêques suffragants ne voulaient pas reconnaître le droit du chapitre métropolitain à exiger obéissance (*sede vacante*) des évêques de la province [1].

Le 24 janvier 1273, Bernard d'Olivella, le nouvel archevêque de Tarragone, y célébra un synode provincial. Six des évêques suffragants y prirent part avec les procurateurs de six autres, beaucoup d'autres prélats et les représentants des Templiers et des chevaliers de Saint-Jean. On y publia huit ordonnances nouvelles et toutes les anciennes furent confirmées de nouveau.

1. On ne doit exiger ou payer les procurations que pour une visitation personnelle. Pour ces questions, on doit observer les décisions du concile de Latran. Les clercs qui cherchent à s'exonérer des procurations à prix d'argent, tombent *ipso facto* sous l'excommunication.

2. Les chanoines et les clercs séculiers ou réguliers doivent assister chaque jour à l'office au chœur.

3. Il est défendu à tous les clercs, qu'ils soient minorés ou dans les ordres majeurs, de porter des habits inconvenants (*non portent camisias, tunicas, vel alias vestes cordatas*); ils ne doivent pas porter de boucles d'or, d'argent ou de n'importe quel métal sur la poitrine, les manches ou toute autre partie de leur habit; ils ne doivent pas se servir de chaussures à couture élégante ni à la poulaine (*nec portent sotulares consuticios, nec rota tractos*. Ils ne porteront pas d'habits de tartan ni à chaperon fendu en longueur, *vestes virgatas nec aliquas vestes cum cabiscio fisso in longum*.

4. Dans tout endroit où demeurent des personnes qui se sont attaquées de n'importe quelle façon aux biens ou aux personnes ecclésiastiques, tout service divin doit être nterrompu pendant tout le temps de leur séjour.

5. Cette ordonnance et toutes celles portées antérieurement sur

1. Mansi, *op. cit.*, t. xxiv, col. 11-20; Hardouin, *op. cit.*, t. vii, p. 615-658; Coleti, *Concilia*, t. xiv, p. 455 sq.

ce point doivent être fidèlement observées et strictement appliquées par les évêques de la province. Les représentants des Templiers et des chevaliers de Saint-Jean présents au synode promirent également d'observer cet interdit

6 Remise en vigueur de l'ordonnance de l'archevêque Pierre (1238-1251) contre les calomniateurs des clercs S'ils ne se rétractent pas ils encourent l excommunication

7 Aucune femme ne doit demeurer avec un juif, élever ses enfants ou les allaiter Celles qui après un avertissement, refusent d'obéir tombent sous l'excommunication

8 Pour que ces ordonnances viennent à la connaissance générale, les évêques doivent les publier dans leurs synodes diocésains [1]

Enfin, à cette même époque appartient le synode de la province de Tours tenu à Rennes (*Rhedonense*) le 22 mai 1273 Ce synode renouvela en partie dans les ordonnances suivantes les canons du synode de Château-Gontier de 1268

1 Défense de faire violence à un évêque ou à un abbé, etc , de mettre le feu à leur maison, etc.

2 Les revenus ecclésiastiques seront employés à exercer l hospitalité

3 On doit veiller à ne pas trop dépouiller les prieurés de leurs revenus

4 et 5. Peines décrétées contre ceux qui s'attaquent aux biens des églises

6. Chaque évêque peut absoudre ses diocésains frappés d'interdit ou de suspense par ce synode, lorsqu'ils auront donné satisfaction

7. On observera les décrets des anciens synodes provinciaux [2]. [11§

Notons encore une décision du synode diocésain de Valencia présidé par l'évêque Arnold le 24 octobre 1273 Sur la remarque que, dans le diocèse, beaucoup de fidèles ignoraient complètement le *Pater* et le *Credo*, ou les connaissaient fort mal, on prescrit aux clercs de les réciter à haute voix et lentement à complies et prime dans les églises et de recommander aux fidèles de faire bien attention pendant cette récitation afin d'apprendre ces prières [3]

---

1. Tejada, *op. cit* , t vi, p 54 sq

2 Mansi, *op. cit.*, t. xxiv, col 34; Harduin, t. vii, p. 663; Coleti, *op. cit* , t xiv, p 473

3 Mansi, *op cit* , t xxiv, col 1058, Coleti, *op cit* , t xiv, p 290.

LIVRE TRENTE-HUITIÈME

DU QUATORZIÈME CONCILE ŒCUMÉNIQUE JUSQU'A BONIFACE VIII

———— — ————

676. Quatorzième concile œcuménique de Lyon, en 1274.

Le 25 juillet 1261, Michel Paléologue, empereur grec de Nicée, entra, grâce à la connivence de la population grecque, dans Constantinople; l'empire latin avait vécu et, avec lui, l'union des Églises; un patriarche grec nommé Arsène occupa le siège de Constantinople [1]. Presque en même temps, le nouveau pape,

1. L'occupation de Constantinople par les latins en 1204 avait été marquée par des violences, des excès, des destructions sans nombre comme sans excuse. L'empire latin fut pour la ville la plus somptueuse de l'Orient une période lamentable dans son histoire, et la haine des Byzantins contre les Occidentaux y trouva un aliment inépuisable. Cf. Cotelier, *Monum. Eccles. græcæ*, t. III, p. 495 sq.; Nicetas, édit. Bonn, p. 764 sq.; Innocent III, *Epist.*, l. VIII, n. 126, du 12 juillet 1205; W. Norden, *Das Papsttum und Byzanz*, in-8, Berlin, 1903, p. 204 sq. Dans les deux partis, car la religion n'était guère désormais qu'un prétexte, c'était à qui trouverait le moyen de renchérir; on rebaptisait, on exécrait, on polluait, à ne plus pouvoir s'y reconnaître. Pendant ce temps, les empereurs grecs réfugiés à Nicée regardaient leurs remplaçants, intriguaient contre eux. Théodore Lascaris (1204-1222) cherchait à s'entendre avec Innocent III et lui proposait de faire la guerre *contra Israelitas*, moyennant certaines concessions territoriales qu'on lui abandonnerait. Norden, *op. cit.*, p. 224, 342 sq. Jean Vatatzes (1222-1254) fit un accord avec Grégoire IX, afin de se préserver de Jean de Brienne, et, en 1232, il décida le patriarche Germain II à écrire au pape sur le projet d'union. Mansi, *Conc. ampliss. coll.*, t. XXIII, col. 47 (au pape); Matthieu Paris, *Chron.*, édit. Luard, t. III, p. 455 sq. (aux cardinaux); Norden, *op. cit.*, p. 348. Le pape entama la conversation, envoya des légats (Mansi, *op. cit.*, t. XXIII, col. 55 sq.), mais on ne put aboutir à rien. Mansi, *op. cit.*, col. 279-319. Tandis qu'on tâtait le terrain à Nicée, on espérait réussir à Thessalonique où l'empereur Manuel faisait une étroite alliance avec le pape. Grégoire IX, *Reg.*, édit. Auvray, n. 486, *epist. ad Manuelem* (1er avril 1232). Il y avait plus de politique que de conviction dans tout ceci. Vatatzes ne songeait qu'à tromper. Potthast, *Reg.*, n. 10987; Baronius-Raynaldi, *Annal. eccles.*, ad ann. 1240, n. 51; Norden, *op. cit.*, p. 312,

Urbain IV, très affecté de cet événement, convoqua une croisade de tout l'Occident chrétien pour reprendre Constantinople.

358. En somme, on ne gagnait rien, et il fallait l'avouer, et Innocent IV ne s'en
privait pas au concile de Lyon *Altum (dolorem) quem pro schismate Romaniæ,
i. e. Græcæ Ecclesiæ, quæ nostris temporibus et paucis evolutis annis a gremio
matris suæ decisa est et aversa* Matthieu Paris, dans *Monum Germ. hist.,
Scriptores*, t. xxviii p. 252 sq., Innocent IV, *Epist ad Kalomanum Bulgariæ
principem*, dans Sbaralea, *Bull Franç*, t. i, p. 357, Norden *op cit*, p. 360
Cette union semblait vouée aux échecs, depuis, Frederic II avait trouve le
moyen de l'influencer en devenant le beau-père de Vatatzes Innocent IV, *Regist*,
edit Berger, n. 4749, 4750, lettres du 28 mai 1249, Miklosich et Muller, *Acta et
diplom græca* t. iii n. xviii, Norden, *op cit*, p. 362 Quand Vatatzes sembla
prendre la question au sérieux et envoya des legats pour la discuter, Frederic
fit arrêter les légats dans la Pouille Nicolas de Curbio, dans Muratori, *Rerum
Italicarum scriptores*, t. iii, part 1, col 592, Norden, *op cit*, p. 365 En 1253,
une autre délégation eut un meilleur resultat Vatatzes et le patriarche Manuel II
firent proposer en 1254 au pape Innocent IV les conditions suivantes : 1º reconnaissance de la primaute du pontife romain, 2º obéissance canonique du clerge
grec au pape, 3º *obedientia quoque in sententiis, quas romanus pontifer sacris
non adversus canonibus promulgabit*, 4º droit du pape à recevoir les appels dans les
difficultés survenant dans le clerge grec, 5º *in quæstionibus fidei papa præ aliis
dare sententiam suæque voluntatis proferre judicium debebit, quod, dummodo evan-
gelico et canonicis non obviet institutis obedientes cæteri suscipient et sequentur
In aliis vero ecclesiasticarum personarum causis et negotiis, quæ in conciliis tracta-
buntur sententiis, quas romani pontificis dictabit auctoritas, dummodo sacro-
rum non adversentur conciliorum decretis, cæteri acquiescent* Manuel II, *Epist ad
Innoc IV*, dans Norden, *op cit*, Append, n. xii, p. 756 sq., Baronius-Raynaldi,
Annal eccles, ad ann 1256, n. 48 En retour de ces concessions, l'empereur sollici-
tait le retablissement de l'empire à Constantinople sur la tête d'un grec, et la
restitution du siege patriarcal de Constantinople aux grecs Baronius-Raynaldi,
Annal. eccles ad ann 1256, n. 49, Norden, *op cit*, p. 368 Relativement à la procession du Saint-Esprit, Manuel II semblait admettre la formule ἐκ πατρὸς δι᾽ υἱοῦ.
Norden, *op cit*, p. 372, 759 Innocent IV se hâta de manifester ses bonnes dispositions, c'est du moins l'assertion de Baronius-Raynaldi, *Annal eccles.*, ad ann
1259 n. 52 *paratum se obtulit ad compositionem inter præfatum Caloioannem et
imperatorem eundem (latinum) interponere studiosius partes suas, confidens, eam per
suum studium provenire si autem placita partium in compositione convenire
possent, offerebat super hoc, eidem Caloioanni exactum iustitiæ complementum, ius
eius prosecuturus favore quo posset, ut iustum pro suo voto iudicium reportaret;*
de même, dans la question du siege patriarcal, il consentait à des concessions,
ibid, n. 53 : *ut circa Constantinopolitanum patriarcham Græcum, quod ipsum
ex tunc Constantinopolitanum patriarcham vere appellationis nomine nunc appellaret
et postquam Constantinopolitanam civitatem ad eiusdem imperatoris dominium
devolvi casu quolibet contigisset, eam faceret in antiquam patriarchatus sedem reduci,
ut ibi residens suis præesset subditis, quibus in præsentiam noscitur præsidere, patriarcha latino suis quo nunc habet subditis pacifice præfuturo* Enfin, le pape accor-

Prêchée par les frères mineurs [1], cette croisade recrutait d'abord saint Louis, dont l'exemple devait entraîner les autres princes et les fidèles, dans la mesure de leurs forces et de leurs moyens. Venise promit une flotte; d'autres promesses vinrent de différents côtés; quant aux Génois, que la jalousie et la haine contre Venise engagèrent dans l'alliance de l'empereur Paléologue contre Baudouin II, ils furent excommuniés. Baudouin, revenu à Rome en fugitif, maria son fils Philippe à une fille de Charles d'Anjou. Tous ces mouvements ne laissaient pas d'inquiéter Michel Paléologue, qui envoya trois ambassadeurs protester de son respect pour le pape, le reconnaître comme primat et lui proposer l'union des Églises. Le pape nomme ces ambassadeurs dans sa réponse; parmi eux, Alubardès remplissait le rôle principal, ce qui permet d'identifier cette ambassade avec celle dont parle Pachymère. Celui-ci ne parle que de Nicephoritzès et Alubardès : le premier fut, dit-il, massacré dans la Basse-Italie pour avoir trahi son ancien maître, l'empereur Baudouin [2]. Michel Paléologue avait un autre motif de crainte. Tuteur de l'empereur Jean IV Lascaris, et ensuite associé à son empire, il travailla à s'en débarrasser, et après la prise de Constantinople, lui fit crever les yeux et mettre en prison. La colère du peuple alla jusqu'à la révolte, et Arsène, patriarche de Constantinople, jusqu'alors le plus fidèle ami de l'empereur, l'excommunia. Parmi tant de difficultés, une attaque du dehors eût pu être fatale à Michel Paléologue [3]. Accédant à ses désirs, Urbain IV envoya à Constantinople quatre nonces, tous franciscains, munis de pouvoirs très étendus et porteurs d'une

---

dait la dispense de l'insertion du *Filioque* dans le symbole, sous réserve que la croyance de l'Église romaine serait reçue sans restriction aucune. Sur ces entrefaites, le pape mourut et le successeur de Vatatzès, Théodore II Lascaris (1254-1258), repoussa toutes les concessions faites par son père, dans l'espoir qu'il rentrerait à Constantinople sans avoir rien à démêler et surtout rien à discuter avec le pape; c'est ce qui explique l'échec de la mission envoyée à ce prince par Alexandre IV en 1256. Baronius-Raynaldi, *Annal. eccles.*, ad ann. 1256, n. 54; Norden, *op. cit.*, p. 379 sq. (H. L.)

1. Wadding, *Annal. minorum*, t. IV, p. 201 sq.; Urbain IV, *Reg.*, édit. Guiraud, n. 295. (H. L.)

2. George Pachymère, *De Michaele et Andronico Palæologis*, lib. II, c. XXVII, XXXII, XXXVI; lib. III, c.II, *P. G.*, t. CXLIII, col. 578 sq., 601 sq., 608, 612; Baronius-Raynaldi, *Annal. eccles.*, ad ann. 1262, n. 33, 34, 39; ad ann. 1263, n. 19, 22 sq.

3. Pachymère, *op. cit.*, lib. I, c. XXII; lib. II, c. III sq.; lib. III, c. X, XIV, *P. G.*, t. CXLIII, col. 499 sq., 531 sq., 631 sq., 643 sq.

longue lettre a l empereur (28 juillet 1263), l'exhortant à travailler à l'union des Églises, lui promettant en retour la paix et
l'amitié de l'Occident. Michel VIII Paléologue se préoccupait
d'obtenir l'accord politique avant de songer à l'union religieuse.
Naturellement, le pape adoptait le point de vue inverse[1], lorsque,
voyant l'empereur grec poursuivre la destruction des derniers
restes de l ancien empire latin de Constantinople, en particulier
le duché latin d'Achaie dont Guillaume de Villehardouin était
seigneur, le pape renouvela l'appel à la croisade, mai 1264[2].
Comme les nonces romains tardaient, l'empereur de Constantinople manda l'évêque de Crotone, grec d'origine, mais romain
de convictions et l'interrogea sur le dissentiment dogmatique entre les Églises Puis il le députa au pape, dont il reconnaissait une fois de plus la primauté, et réclama le prompt envoi
de délégués à Constantinople pour traiter de l'union[3] Urbain IV
envoya deux frères mineurs, Gérard et Rainer (juin 1264), chargés
d'agir de concert avec l'évêque de Crotone[4] Le pape ne fait pas
mention des quatre nonces franciscains déjà envoyés, tandis que
plus tard le pape Clément IV les mentionne de nouveau Ce fut
alors que, sur la demande qui lui en fut faite, saint Thomas d'Aquin
réfuta les erreurs des grecs dans son écrit *Contra errores græcorum*[5] Urbain IV étant mort (octobre 1264), et Clément IV voulant
diriger une croisade vers la Terre Sainte, il se préoccupa de nouveau
de l'union avec les grecs, les relations avec Michel Paléologue
continuèrent et le pape l'engagea à ne plus se laisser détourner
d'une œuvre si sainte par les perfides insinuations d'évêques et de
clercs mal disposés[6]

Cependant, les nonces du pape à Constantinople, dépassant
leurs pouvoirs, approuvèrent un projet d'union qui fut rejeté par

1. Baronius-Raynaldi, *Annal eccles*, ad annum 1263, n 22 sq, Potthast, *Reg*, t II, n 18605
2 Baronius-Raynaldi, *Annal eccles*, ad ann 1264, n 56.
3 Wadding, *Annal minorum*, t IV, p 223-226 (H L)
4 Baronius-Raynaldi, *Annal eccles*, ad ann 1264, n 56-65, Potthast, *Reg*, t II, n 18951 La reponse du pape est datee du 22 juin 1264 Cf Wadding, *op cit*, t IV, p 228, 270-272 *Epist Clementis IV ad Michaelem imperatorem*, 4 mars 1267 Cf Norden, *Das Papsttum und Byzanz*, Berlin, 1903, p 430, 433 sq (H L)
5 Pichler, *Geschichte der kirchlichen Trennung zwischen Orient und Occident*, t I, p. 339 sq
6 Baronius-Raynaldi, *Annal. eccles.*, ad ann. 1267, n 66 sq

Clément IV. Nous ne savons pas avec certitude ce qu'ils acceptèrent, mais il est permis de conclure des paroles du pape [1] qu'ils avaient accepté le symbole envoyé par les grecs et admis leur demande d'un concile général pour discuter les points en litige. En mars 1267, le pape envoya un autre symbole que nous étudierons plus loin, et fit remarquer que, la foi de l'Église étant définie, la discussion qu'on en pourrait faire au concile était oiseuse: si les grecs avaient des doutes sur certains points de foi, il enverrait des savants pour les éclairer. De plus, il consentait, l'union conclue, à la réunion d'un concile. Dans une lettre au patriarche de Constantinople, le pape l'engageait à passer des paroles aux actes et à employer en faveur de l'union son influence sur l'empereur et d'autres personnages. Clément IV projeta de confier cette lettre à quelques dominicains, qui lui semblaient aptes à donner aux grecs des explications plus détaillées sur la foi orthodoxe [2]. Lorsque, au mois de mars 1267, le pape envoya ces lettres. Arsène, patriarche de Constantinople, était renversé. Nous avons déjà dit qu'il avait anathématisé l'empereur Michel Paléologue. à la suite du crime accompli sur Jean Lascaris, et toutes les tentatives d'une pénitence simulée ne purent l'amener à revenir sur cette sentence. Mais les intrigues de l'empereur amenèrent sa déposition dans un synode célébré à Constantinople (mai 1266), et son remplacement par Germain, évêque d'Andrinople [3].

Pierre Possin, le savant éditeur de l'*Histoire des empereurs* de Pachymère, a fixé l'élévation de Germain seulement à la Pentecôte de 1267 [4]. Mais la lettre du pape, datée de mars 1267 et adressée au patriarche, favorise la date de 1266. Il est évident que le siège patriarcal n'était pas vacant à l'époque où elle a été écrite, mais que, auparavant (fin de 1266 ou début de 1267), le patriarche de Constantinople avait fait espérer le succès au pape et promis son concours dans ce but auprès de l'empereur. Or, ce n'est pas Arsène

---

1. Baronius-Raynaldi, *Annal. eccles.*, ad ann. 1267, n. 72, 79. Nous avons déjà eu l'occasion de faire remarquer que l'Église de Rome n'avait pas eu la main heureuse dans le choix de ses légats en Orient. Voir *Histoire des conciles*, t. IV, part. 2, appendice, p. 1424-1442 (H. L.)

2. Baronius-Raynaldi, *Annal. eccles.*, ad ann. 1267, n. 72-81; Martène, *Vet. script. coll.*, t. VII, p. 199 sq.; Potthast, *Reg.*, t. II, n. 1608.

3. Pachymère, *op. cit.*, l. III, c. XIX; l. IV, c. I-XIII, *P. G.*, t. CXLIII, col. 653 sq., 695-731.

4. P. Possinus, *Observationes Pachymerianæ*, lib. III, publiées dans l'édit. de Bekker, Bonn 1885, t. II, p. 755.

qui, déposé et exilé, pouvait écrire ainsi, mais seulement Germain, d'ailleurs très favorable au projet d'union.

Le projet d'envoyer des nonces dominicains à Constantinople échoua pour diverses circonstances, parmi eux certains tombèrent malades, et les lettres du pape partirent directement pour Constantinople [1] où elles ne servirent de rien à cause des événements survenus. Une grande partie du peuple restait attachée à Arsène, et l'autorité de Germain était si branlante que l'empereur hésita à se faire relever par lui de la sentence d'excommunication. Une circonstance, entre bien d'autres, nuisait beaucoup à Germain il avait passé d'un siège épiscopal sur un autre (Andrinople pour Constantinople); ce grief était habilement manié par le confesseur de l'empereur, Joseph, abbé de Gélasium, qui avait joué un des principaux rôles dans la déposition d'Arsène, et qui s'employait de son mieux à renverser Germain. Secrètement d'accord avec l'empereur, l'abbé Joseph conseilla l'abdication à Germain, lui [12 démontrant qu'il ne pourrait se maintenir contre la volonté générale et qu'il avait à redouter une déposition infamante. L'évêque de Sardes lui écrivit peu après dans le même sens, alors le patriarche comprit le désir de l'empereur et résigna sa charge le 14 septembre 1267. Le 28 décembre suivant, sur un avis venant de très haut et fort bien compris, l'abbé Joseph fut élu patriarche, et il saisit la première occasion pour absoudre solennellement l'empereur [2]. Le nouveau patriarche n'était pas favorable aux latins et, comme le parti d'Arsène continuait à agiter l'Église grecque, l'empereur laissa assoupir la question de l'union des Églises; mais les grands préparatifs militaires de saint Louis et de son frère Charles d'Anjou en 1269 et 1270 l'inquiétèrent. Il craignait que l'armée des croisés ne se dirigeât vers Constantinople pour y rétablir Baudouin II. Aussi, au rapport de Pachymère [3], envoya-t-il au pape et aux cardinaux des messagers secrets, des frères mendiants, leur demander de défendre à Charles d'Anjou de s'attaquer à des chrétiens qui reconnaissaient la primauté du pape et qui se montraient disposés à rétablir l'union. L'empereur Michel Paléologue s'adressa également à saint Louis pour qu'il agît auprès de son

1 Baronius-Raynaldi, *Annal eccles*, ad annum 1272, n 27
2. Pachymere, *op. cit.*, l IV, c. 11 sq, XVII, XVIII, XX, XXI, XXIII, XXV, *P. G.*, t CXLIII, col. 701 sq, 737, 739, 744, 747, 751, 754.
3 *Ibid*, l. V, c VIII

frère[1] et lui proposât d'accepter un arbitrage au sujet des différences existant entre les grecs et les latins. Comme le Saint-Siège était vacant[2], le roi saint Louis informa les cardinaux de la demande, car comme laïque il ne pouvait prononcer sur des matières ecclésiastiques; ceux-ci lui répondirent (15 mai 1270) de se défier de la mauvaise foi des grecs[3]. Néanmoins, sur le désir exprimé par saint Louis, les cardinaux chargèrent un de leurs collègues, Rodolphe d'Albano, de conclure un traité, le cas échéant, avec les précautions nécessaires. Ils insistèrent sur le symbole de Clément IV[4].

Peu de temps après, saint Louis mit à la voile pour Tunis, et l'empereur grec lui députa de nouveaux ambassadeurs, le célèbre chartophylax Veccus et l'archidiacre Meliteniotes. A l'arrivée de ces ambassadeurs en Sicile, le roi voguait vers l'Afrique; ils l'y suivirent et le trouvèrent déjà malade; il leur promit cependant de s'employer à rétablir la paix entre son frère et l'empereur de Constantinople. Malheureusement, saint Louis mourut le lendemain, et le légat nommé par les cardinaux succomba lui-même peu après sans avoir rien fait[5].

Lorsque, dans les derniers mois de 1271, Grégoire X apprit en Syrie son élection, il rebroussa chemin vers Rome et, en cours de route, écrivit et envoya des confidents assurer Michel Paléologue de ses bonnes dispositions pour l'union. Pachymère croit que le pape était très sincère[6], tandis que l'empereur n'avait promis l'union que par crainte des latins, et si son clergé schismatique n'avait pas jusqu'alors fait de l'opposition, c'est qu'il ne s'alarmait pas d'un projet irréalisable.

Grégoire X regarda, en effet, l'union avec les grecs et la conquête de la Terre Sainte comme le double but de sa vie. Après la mort de

---

1. Pachymère, *op. cit.*, l. V, c. ix.

2. Clément IV était mort le 29 novembre 1268 et Grégoire X ne fut élu que le 1ᵉʳ septembre 1271. *Annal. Jan.*, dans *Monum. Germ. hist.*, *Script.*, t. xviii. p. 264; Sternfeld, *Ludwig des Heiligen Kreuzzug nach Tunis, 1270*, in-8, Berlin, 1896, p. 164. (H. L.)

3. *Epist. cardinalium ad Ludovicum IX*, 15 mai 1270; Baronius-Raynaldi, *Annal. eccles.*, ad ann. 1270, n. 2; Norden, *op. cit.*, p. 465 sq. (H. L.)

4. Baronius-Raynaldi, *Annal. eccles.*, ad ann. 1270, n. 1-5; Martène, *Thesaur.*, t. ii, p. 208-217; Potthast, *Reg.*, t. ii, p. 1650.

5. Pachymère, *op. cit.*, lib. V, c. ix, *P. G.*, t. cxliii, col. 813-816; Baronius-Raynaldi, *op. cit.*, ad ann. 1272, p. 26.

6. Pachymère, *op. cit.*, l. V, c. x, xi.

Conradin et avant le départ de saint Louis pour Tunis, le roi de Chypre Hugues III avait été couronné, à Tyr (24 septembre 1269), roi de Jérusalem, mais, après l'échec de l'expédition contre Tunis, le sultan d'Égypte Bibars se montra plus entreprenant que jamais et enleva aux chrétiens plusieurs forteresses de Palestine. Le prince royal d'Angleterre, Édouard, débarqué à Ptolémaïs le 9 mai 1271, et trop faible pour résister, ne dut qu'à sa grande dextérité et à sa vigueur physique d'échapper au poignard. Il quitta la Palestine peu après (août 1272), pour monter sur le trône d'Angleterre. De son côté, Charles d'Anjou obtint du sultan une trêve de dix ans et dix mois pour Jérusalem et Chypre. Mais auparavant, le pape Grégoire, à qui son voyage en Palestine avait fait apercevoir le péril imminent que courait ce pays, compta sur le concile œcuménique pour achever ce qu'il tentait de faire à la hâte. Grégoire en parla avant sa consécration et écrivit dans ce sens à Philippe le Hardi, roi de France, aux villes de Pise, Gênes, Venise, Marseille, à d'autres encore, à divers seigneurs enfin, demandant partout des vaisseaux, des soldats et de l'argent. Le roi de France devait fournir 25 000 marcs d'argent pour lesquels le pape lui [123 donnait caution sur les biens des Templiers. Philippe ne donna pas seulement la somme promise, qui fut aussitôt comptée au patriarche de Jérusalem, afin d'organiser un corps de troupes, mais il manifesta le désir de partir lui-même en Palestine, tellement que le pape dut modérer son zèle[1].

A peine consacré, à Rome (27 mars 1272), Grégoire se hâta d'appeler les princes et les seigneurs au secours de la Terre Sainte. Il défendit à tous les chrétiens, et particulièrement aux Génois, de vendre aux Sarrasins des armes, etc. Il se plaignit des débauches contre nature et de la bestialité des chrétiens de la Syrie, et convoqua pour le 1er mai 1274 un concile général, dont le triple but était la réforme de l'Église, l'union avec les grecs et le secours de la Terre Sainte. Il avait, ajoute-t-il, de bonnes raisons pour ne pas indiquer le lieu où s'ouvrirait le concile; il se contentait jusquelà d'envoyer dans toutes les directions les prédicateurs de la croisade. Il fallait qu'au moment voulu tous les prélats fussent exacts à se rendre au concile; il suffisait qu'il restât dans chaque province un ou deux évêques pour l'expédition des affaires courantes. Les

---

1. Baronius-Raynaldi, *Annal. eccles.*, ad ann. 1272, n. 4-8, 17, Posse, *Anal. Vat.*, p 52 sq, n 716, 763, 771, 776

chapitres des cathédrales et autres devaient envoyer leurs députés. Jusqu'à la réunion du concile, tous devaient s'enquérir des réformes à faire [1].

Le pape recommanda particulièrement la cause de la Terre Sainte à Édouard, prince royal d'Angleterre. Néanmoins ce prince regagna l'Europe au mois d'août 1272. Heureusement les troupes recrutées par le patriarche de Jérusalem arrivèrent en Orient au moment du départ du prince anglais, ce qui raffermit un peu les chrétiens [2]. A son retour, Édouard apprit de Charles d'Anjou la mort d'Henri III (16 novembre 1272); il se rendit cependant à Orviéto, où il aborda avec le pape les plus importantes questions de l'époque [3]. Auparavant, le 24 octobre 1272, Grégoire avait invité au prochain concile l'empereur grec Michel Paléologue et Joseph, patriarche de Constantinople. Il les aurait même invités

6] plus tôt, si les cardinaux ne lui avaient pas conseillé d'attendre la réponse de l'empereur aux propositions de Clément IV (ainsi sans doute qu'à la première lettre de Grégoire) [4]. L'empereur finit par envoyer Jean Parastron, frère mineur, grec d'origine, parlant le grec et le latin et qui s'était beaucoup employé à Constantinople en faveur de l'union [5]. Parastron rapporta de bonnes nouvelles et une lettre de l'empereur, qui exprimait le regret que Grégoire ne fût passé par Constantinople à son retour de Palestine; l'empereur eût été heureux de s'entretenir avec lui des moyens pratiques d'extirper le schisme. Grégoire envoya alors à l'empereur le symbole ébauché par son prédécesseur Clément IV, symbole auquel il déclarait vouloir s'en tenir, et députa quatre frères mineurs à Constantinople avec le titre d'apocrisiaires [6]. En leur présence, l'empereur, le clergé et le peuple accepteraient le symbole, et

1. Baronius-Raynaldi, *op. cit.*, ad ann. 1272, n. 9, 12, 13, 17, 21-24; Mansi, *Conc. ampliss. coll.*, t. xxiv, col. 39; Hardouin, *Conc. coll.*, t. vii, col. 669; Coleti, *Concilia*, t. xiv, col. 480; Potthast, *Reg.*, t. ii, p. 1653 sq.

2. Baronius-Raynaldi, *op. cit.*, ad ann. 1272, n. 2, 17.

3. Pauli, *Geschichte von England*, t. iv, p. 5 sq.

4. Baronius-Raynaldi, *Annal. eccles.*, ad ann. 1272, n. 25; Potthast, *Reg.*, t. ii, p. 1661.

5. Pachymère, *De Michaele Palæologo*, l. V, c. ii, *P. G.*, t. cxliii, col. 822-826; Grégoire X, *Reg.*, édit. Guiraud, n. 194; W. Norden, *Das Papsttum und Byzanz*, in-8, Berlin, 1903, p. 492. (H. L.)

6. Ce sont Jérôme d'Ascoli (plus tard Nicolas IV), Raymond Bérenger, Bonagratia de Saint-Jean in Perseceto et Bonaventure de Mugello. Baronius-Raynaldi, *op. cit.*, ad ann. 1272, n. 28. ......

l'empereur, de même que les autres princes catholiques, viendrait ensuite en personne au concile général ou s'y ferait représenter. La même invitation fut envoyée au patriarche et à ses évêques Le pape cherchait pendant ce temps à rétablir la paix entre les villes de l'Italie du Nord, surtout entre Gênes et Venise Il interdisait à Venise le renouvellement de l'armistice avec les grecs qui touchait à sa fin, évidemment parce que le zèle des grecs pour l'union se refroidissait à mesure que leur situation politique s'affermissait. Aussi le pape avait ouvertement déclaré qu'il ne s'occuperait de réconcilier les grecs avec l'Occident qu'après l'union Jusqu'à ce moment on ne pourrait conclure que des trèves temporaires [1].

Jean Parastron, revenu à Constantinople avec les quatre nonces du pape recommença ses efforts pour l'union; il eut des conférences avec le patriarche et les évêques, montra la plus grande déférence pour les rites de l'Église grecque, engagea les latins à ne pas attacher une trop grande importance au *Filioque*, et chercha à faire comprendre aux grecs les véritables arguments en faveur de cette formule, espérant diminuer autant que possible l'antipathie réciproque. Les évêques grecs lui répondirent qu'ils ne discutaient pas la valeur dogmatique du *Filioque*, mais le droit de faire une addition à un symbole ancien, et que les latins devaient avant tout faire cesser ce scandale Les évêques grecs déclarèrent que c'était là leur dernier mot, quoi que pût dire ou faire l'empereur [2].

Peu après, l'empereur présida une réunion des évêques, auxquels il expliqua que l'empire était perdu, si l'on ne faisait la paix avec les latins; que l'on pouvait, en conscience, adhérer aux demandes formulées par eux. Les preuves de ces deux propositions lui avaient été fournies par l'archidiacre Méliteniotes, par Georges de Chypre, et par le rhéteur Holobolus. Michel Paléologue rappela, d'après eux, que déjà l'empereur Jean Aucas, le patriarche Manuel et leurs évêques avaient promis d'entrer en communication avec les latins et de mentionner le nom du pape dans la liturgie, si l'on s'engageait à ne plus soutenir l'empire

[12

1. Baronius-Raynaldi, *op cit.*, ad ann 1272, n. 25-31, Martène, *Thesaur.*, t II, p. 217 sq, 226, 229-233, Mansi, *Conc ampliss coll*, t. XXIV, col 42-50, Hardouin, *Conc. coll*, t VII, col 672 sq., Coleti, *Concilia*, t XIV, col. 483; Posse, *Anal Vat*, p 52-58

2 Pachymère, *De Michaele Palæologo*, l. V, c. II, *P G.*, t. CXLIII, col. 822-826.

latin à Constantinople. Il exhiba des documents épiscopaux de ce temps-là, dans lesquels on déclarait le *Filioque* orthodoxe et recevable partout, sauf dans le symbole. Il démontra que grecs et romains s'accordaient sur les principaux mystères; que la mention du pape dans la liturgie ne pouvait pas soulever de difficultés, puisqu'on y mentionnait des personnes de moindre importance; enfin que, pratiquement, l'appel à Rome n'aurait pas de conséquences. Le patriarche attendit la réfutation du savant chartophylax Veccus, mais celui-ci gardant le silence, il lui imposa de déclarer son sentiment sous menace d'interdit. Veccus dit alors : « Certains, qu'on nomme hérétiques, ne le sont pas; d'autres le sont sans en porter le nom; c'est parmi ces derniers qu'il faut ranger les latins. » L'empereur, furieux, leva immédiatement la séance; quelques jours après, on emprisonnait Veccus. L'archidiacre Méliteniotes et Georges de Chypre eurent ordre de rédiger un traité prouvant l'orthodoxie des latins; mais le patriarche en composa avec son concile la réfutation[1], et il fit jurer à ses évêques de repousser toujours l'union proposée. On ne pouvait plus efficacement entraver les projets de l'empereur. En revanche, Veccus, se trouvant de loisir dans sa prison, se mit à la lecture des Pères, et remarquant que beaucoup d'entre eux, par exemple Cyrille, Maxime et Athanase, étaient favorables au *Filioque*, il devint dès lors partisan déclaré de l'union[2]. L'empereur renvoya au pape deux des nonces lui exposer qu'il travaillait infatigablement à préparer l'union, mais que malheureusement il rencontrait de l'opposition; il espérait cependant, avec le concours des deux nonces restés à Constantinople, convaincre tout le monde[3].

Sur ces entrefaites, avril 1273, après mûre réflexion, le pape désigna Lyon pour la réunion du futur concile. Il appréhendait sans doute de quitter l'État de l'Église et l'Italie, où sa présence

1. Cet écrit du patriarche Joseph a été édité par Draeseke, *Der Kircheneinigungsversuch des Kaisers Michaele Palæologus*, dans *Zeitschrift für wissensch. Theologie*, t. xxxiv, p. 383 sq. Les latins y sont traités de la belle façon : impies, πᾶσιν ἀσεβείαν κατεργάζονται, hérétiques, ὅτι γε ἦσαν ἀναθέματος ἄξιοι ὡς αἱρετίζοντες φανεροῖς. Cf. Hergenröther, *Photius*, t. iii, p. 819; W. Norden, *op. cit.*, p. 507 sq. (H. L.)

2. Pachymère, *De Michaele Palæologo*, l. V, c. xxii-xvi, *P. G.*, t. cxliii, col. 826-838.

3. Mansi, *Concil. ampliss. coll.*, t. xxiv, col. 51; Hardouin, *Conc. coll.*, t. vii, col. 681; Coleti, *Concilia*, t. xiv, col. 491; Baronius-Raynaldi, *Annal. eccles.*, ad ann. 1273, n. 44 sq.

était nécessaire; mais l'intérêt de la Terre Sainte le décida; il voyait bien qu'un secours considérable ne pouvait venir que des pays au delà des Alpes. Dans une pensée d'économie, le pape décida que tous les monastères et collégiales d'un diocèse se feraient seulement représenter au concile par un abbé et un prévôt; en revanche, il insistait pour que les rois et les seigneurs les plus puissants se rendissent en personne au concile afin qu'on pût y prendre des mesures efficaces contre les Sarrasins. Des princes et des évêques même très éloignés furent invités; ainsi le roi et le katholicos des Arméniens. Le pape chargea quelques évêques intelligents d'une enquête approfondie sur les maux et dangers que courait l'Église et sur les réformes à introduire; ils devaient envoyer des délégués six mois avant l'ouverture du concile, afin de délibérer sur les propositions à présenter au concile et sur les remèdes à proposer [1]. Le rapport de Bruno, évêque d'Olmutz, adressé au pape, est curieux. Mais il ne faut pas oublier que l'évêque était conseiller intime d'Ottocar, roi de Bohême, ce qui l'entraînait à juger injustement Rodolphe de Habsbourg, ses électeurs et la Hongrie, alors en guerre avec Ottocar. Un des grands malheurs de l'époque, selon lui, c'est le choix qu'on fait de rois et d'évêques plus aptes à obéir qu'à commander, et les élections doubles faites dans l'espoir d'un bon profit à tirer et d'une chance de se rejeter [1? d'un candidat sur l'autre. Ce fut le cas dans la double élection d'Alphonse d'Espagne et du comte Rodolphe. Aussi longtemps

---

1. S. Maiolus, *In sacrosanctum Lugdunense concilium sub Gregorio X Guillelmi Duranti, cognomento Speculatoris, Commentarius, nunc primum inventus et in lucem editus*, in-4, Fani, 1569; Binius, *Concilia*, t. III, col. 1494-1498; Wadding, *Annales minorum*, t. II, p. 369-392; Severt, *Hier. Lugdun.*, 1628, p. 297-298; *Coll. regia*, t. XXVIII, col. 518; Baronius-Raynaldi, *Annal. eccles.*, ad ann. 1272, n. 21-30; ad ann. 1273, n. 1-5; ad ann. 1274, n. 1-43; Labbe, *Concilia*, t. XI, col. 937-998; Dupuy, *Condamn. d. Templiers*, 1685, p. 170-171; Hardouin, *Conc. coll.*, t. VII, col. 669-722; Coleti, *Concilia*, t. XIV, col. 477-546; Martène, *Script. veter. coll.*, 1733, t. VII, col. 174-276; Van Espen, *Opera*, 1753, t. IV; Mansi, *Concilia*, Supplem., t. III, col. 2; *Conc. ampliss. coll.*, t. XXIV, col. 37, 109-132; Noël Alexandre, *Hist. eccles.*, édit. Venet, t. VIII, p. 322-378; Potthast, *Reg.*, t. II, p. 1677-1681; C. Chambost, *Le second concile général de Lyon, réunion des grecs à l'Église romaine*, dans *Université catholique*, 1893, t. XIV, p. 321-341; Lecoy de la Marche, *La prédication de la croisade (concile de Lyon, 1274)*, dans la *Revue des questions historiques*, 1890, t. XLVIII, p. 5-28; *Analecta juris pontifici*, t. XI, p. 641-684; E. Göller, *Zur Geschichte des zweiten Lyoner Konzils und des Liber Sextus*, dans *Römische Quartalschrift, Geschichte*, 1906, t. XX, p. 81-87. (H. L.)

que se prolongera cet état de choses dans l'empire, la Terre Sainte ne pourra être efficacement secourue; aussi l'une des principales préoccupations du concile doit être d'établir un roi puissant (Ottocar?). En Allemagne, on accepte un empereur, on le veut prudent, mais sans puissance. Or un puissant empereur est devenu indispensable, même s'il n'est pas d'un caractère éprouvé, pourvu qu'il contienne tous les mauvais éléments et les empêche de nuire. Quant aux pays voisins de l'Allemagne, un grand danger menace la chrétienté du côté de la Hongrie, où les Cumanes païens et barbares sont encore tolérés. De plus, la Hongrie donne asile aux hérétiques et schismatiques chassés des autres pays. La reine de Hongrie elle-même (femme d'Étienne V) est une Cumane, ses proches parents sont païens, et deux de ses filles sont fiancées à des princes ruthènes schismatiques. Les Lithuaniens vivent en véritables païens : ils ont déjà détruit plusieurs évêchés polonais; quant aux princes allemands, ils sont désunis entre eux et par conséquent incapables de défendre la chrétienté. Le roi de Bohême seul peut jouer le rôle de défenseur de la foi, mais il court le plus grand danger du côté des Tartares, si le pape ne l'aide. Il ne faut donc pas tomber de Charybde en Scylla, ni oublier en faveur de la lointaine Palestine des pays voisins. Quant au clergé, Bruno ne veut pas se lamenter sur sa vie et ses mœurs; les conciles ont suffisamment traité ces questions; mais il insiste seulement sur quelques cas déplorables qu'il remarque dans son pays. Le clergé est trop nombreux et les bénéfices suffisamment dotés font défaut, de sorte que, au grand déshonneur de l'état ecclésiastique, beaucoup de clercs sont obligés de mendier, ou même de voler, piller, ou commettre d'autres sacrilèges. Ils sont alors arrêtés comme criminels et livrés aux évêques. Sortis de prison, ils retombent dans leurs crimes jusqu'à ce que, arrêtés de nouveau, ils soient condamnés à mort. La dégradation d'un prêtre ne peut, en droit, avoir lieu qu'en présence de tous les évêques de la province à laquelle il appartient, mais à raison de l'éloignement des évêques dans ces contrées, il prie le pape d'ordonner que ces clercs incorrigibles soient dégradés par l'évêque seul dans son synode diocésain; il le prie également de faciliter, aux nombreux laïques prisonniers de pareils clercs, et à cause de la difficulté du voyage à la curie romaine, l'absolution de la censure encourue pour violation du *privilegium canonis*. L'évêque d'Olmutz remarque, en outre, que les dominicains et frères mineurs portent un préjudice considérable aux

églises des paroisses et à leurs services. Ces religieux célèbrent
des messes sans interruption depuis les premières heures du jour
jusqu'à neuf heures, et ces messes, plus courtes et plus rapides
parce qu'elles ne sont pas chantées, plaisent plus au peuple que
l'office paroissial. Ils sont aussi dans l'usage de donner à tout
propos des indulgences beaucoup plus considérables que celles
octroyées par le pape et les évêques, ce qui nuit, non seulement
aux paroisses, mais aussi à l'ancienne coutume d'aller en pèlerinage à Rome. Presque toutes les fonctions pastorales sont aux
mains de ces mendiants : la confession, la visite des malades, les
sépultures, de sorte que le clergé séculier n'avait plus affaire avec
les fidèles ni pendant leur vie ni après leur mort, aussi dans les
testaments les fidèles ne se souvenaient guère que des moines. Les
mendiants ne veulent pas s'occuper des cas désagréables, comme
par exemple lorsqu'il s'agit d'infliger l'excommunication, ils les
abandonnent au clergé séculier. Bruno conseillait d'enlever aux
mendiants le droit d'absoudre et de donner des pénitences, et de
n'accorder la permission de confesser et de prêcher qu'à ceux qui
auraient été choisis par l'évêque. Ils ne devaient pouvoir prêcher
dans les églises de leurs couvents qu'en certaines solennités; en
temps ordinaire, ils devaient prêcher dans l'église paroissiale. Que
l'évêque puisse interdire, pour toujours, la prédication à ceux qui
n'obéiront pas à ces prescriptions ou qui dénigrent le clergé séculier
dans leurs sermons. On leur imposera la condition de ne pas fonder
de nouveau couvent sans la permission de l'évêque, et celle de ne
jamais présenter que des prêtres séculiers pour desservir les églises
paroissiales qu'ils possèdent. Sauf le roi de Bohême, nul, dans le
diocèse de Prague, ne présentait plus ses candidats à l'évêque,
mais chacun les plaçait de sa propre autorité. Bruno demande
l'établissement de ce qu'il appelle des *synodes de chrétienté*, c'est-à-
dire des tribunaux synodaux devant lesquels des témoins élus et
assermentés dénonceraient les fautes commises par les laïques.
Faute de tels tribunaux, les crimes des laïques restaient souvent
impunis, les prêtres courant danger d'être massacrés s'ils voulaient
les faire connaître. Bruno parle d'hommes et de femmes portant
le vêtement et le vocable de religieux et de religieuses, dont la
règle n'avait pas été approuvée par le Siège apostolique (béguines
et béguards fanatiques), qui vagabondent oisifs et bavards, calom-
niant surtout le clergé séculier, duquel ils refusent et l'absolution
et les autres sacrements, voulant montrer par là qu'ils considéraient

comme souillés les sacrements administrés par de telles mains. Ces
31] femmes doivent se marier ou entrer dans un ordre approuvé; enfin
il se plaint de ce que les juifs aient des nourrices chrétiennes,
pratiquent l'usure, exercent des emplois publics, surtout ceux des
douanes et de la monnaie, achètent des calices volés, etc. Tel est,
dit Bruno, le rapport qu'il doit faire au pape, selon l'ordre qu'il en
a reçu; mais il s'attend à la persécution, si cette lettre tombe
en des mains étrangères [1].

Un rapport analogue fut fait, à la demande du pape, par
le général des dominicains, Humbert de Romans [2]; mais nous
n'avons plus que des fragments de cette pièce; c'est elle sans
doute qui aura dû provoquer la sévère ordonnance sur le conclave,
dont nous parlerons plus loin.

L'enquête pontificale sur les réformes à accomplir produisit
en Norvège un singulier résultat. L'épiscopat, arguant de l'ancien
droit norvégien, revendiqua la principale part à l'élection des rois
du pays. Le roi Magnus VI (IV) contesta ce point de vue et l'archevêque de Drontheim (*Nidrosia*) soumit la question au pape et au
concile, toutefois après entente pacifique avec le roi. L'épiscopat
renonçait à user de ce droit électoral sous la maison régnante; en
retour, le roi défendait à ses gens de mettre entrave à l'exercice de
la juridiction ecclésiastique. L'année suivante, le pape confirma
ce traité au concile de Lyon [3].

En juin 1273, Grégoire X fit à Orviéto une promotion de cardinaux, parmi lesquels se trouvaient saint Bonaventure, général
des franciscains, le dominicain Pierre de Tarentaise, le futur
Innocent V, et quelques autres personnages. Il prit ensuite la
route de Lyon, accompagné des cardinaux et d'une nombreuse et
brillante escorte. Une fois de plus, il s'entremit entre les divers
partis qui agitaient la chrétienté, notamment entre les guelfes et
les gibelins, estimant la pacification préalable indispensable à une

1. Cette lettre se trouve en grande partie dans Baronius-Raynaldi, *Annal.
eccles.*, ad ann. 1273, n. 6-18. Le texte intégral a été publié pour la première fois
par Höfler, dans les *Abhandlungen der histor. Klasse der Kgl. bayer. Akademie der
Wissenschaften*, 1846, t. IV, 3e série (*Analecten zur Geschichte Deutschlands und
Italiens*, p. 18-28).

2. Humbertus de Romanis, *De his quæ tractanda videbantur in concilio generali
Lugdunensi, opus tripartitum*, dans Mansi, *Conc. ampliss. coll.*, t. XXIV, col. 109-
132. (H. L.)

3. Baronius-Raynaldi, *Annal. eccles.*, ad ann. 1273, n. 19-20.

intervention efficace en Orient[1]. De Lyon, il écrivit (23 novembre 1273) à Michel Paléologue, le priant de réfuter enfin l'accusation de ne pas vouloir sincèrement l'union, et pour cela d'envoyer à Lyon des fondés de pouvoir Il écrivit en même temps à Charles d'Anjou et au fils de Baudouin II, prétendant à l'empire de Con- [13 stantinople, à l'évêque de Palerme et à tous les seigneurs ecclesiastiques et temporels pour garantir la sûreté des ambassadeurs pendant le voyage. Grégoire convoqua aussi à Lyon le théologien le plus renommé de cette époque, Thomas d'Aquin, lui ordonnant d'apporter son traité contre les erreurs des grecs Thomas quitta Naples pour Lyon à la fin de janvier 1274, tomba malade chez sa nièce, au château de Magenza, non loin de Naples, poursuivit cependant sa route jusqu'à l'abbaye cistercienne de Fossanuova, près de Piperno, non loin d'Aquin c'est là qu'il mourut, âgé seulement de quarante-neuf ans, le 7 mars 1274 [2]

Après un jeûne général de trois jours, le pape ouvrit le quatorzième concile œcuménique à Lyon. dans l'église cathédrale de Saint-Jean, le lundi des Rogations, 7 mai 1274. De grand matin, le pape, accompagné de deux cardinaux-diacres, se rendit à l'église, où l'on récita tierce et sexte (ce lundi était jour de jeûne), il revêtit ensuite les vêtements pontificaux blancs et le *pallium*, monta sur un siège élevé qu'entouraient les cardinaux-diacres, et donna aux évêques ainsi qu'à toute l'assemblée la bénédiction apostolique. Près de lui siégeait Jacques Ier d'Aragon, seul roi présent Au milieu de la nef se trouvaient les patriarches latins · Pantaléon de Constantinople et Opizio d'Antioche. Les autres membres du concile étaient rangés des deux côtés de la nef. les cardinaux-évêques à la droite du pape, les cardinaux-prêtres à sa gauche [3] Derrière eux, à droite et à gauche, venaient les primats, arche- [13

---

1 Baronius-Raynaldi, *Annal*, ad ann 1272, n. 40 sq , 68, ad ann 1273, n 24, 27, sq., 35; Wadding, *Annal minorum*, t iv, ad ann. 1273, p. 379.

2 Baronius-Raynaldi, *Annal eccles*, ad ann 1273, n 50, ad ann 1274, n. 30, 31, Mansi, *Concil ampliss. coll.*, t. xxiv, col. 60, 107, Hardouin, *Conc. coll*, t. vii, col 685, Coleti, *Concilia*, t xiv, col 499, 545, Potthast, *Reg*, t ii, p. 1672, Martène, *Vet. script*, t vii, p 233-238

3. Nous connaissons les noms des cardinaux présents par un document conservé par Baronius-Raynaldi, *op cit*, ad ann 1278, n 74 : Pierre, évêque d'Ostie et de Velletri (le futur Innocent V). Ottobonus, cardinal-diacre de Saint-Adrien (futur Hadrien V), Pierre, évêque de Tusculum (le futur Jean XXI); Jean, évêque de Porto, Bonaventure, évêque d'Albano, les cardinaux-prêtres Simon de Saint-

vêques, évêques, abbés, et les autres prélats sans ordre bien défini. Le pape avait, au début, décrété que la place occupée dans le concile n'emportait aucune conséquence de droit, écartant ainsi toute querelle de préséance. Plus loin venaient les représentants des Templiers et des chevaliers de Saint-Jean, les ambassadeurs des rois de France, d'Allemagne, d'Angleterre et de Sicile, les délégués d'un grand nombre de princes, seigneurs, chapitres et églises. Il est impossible d'indiquer avec une exactitude absolue le nombre des membres du concile ; les documents les plus recevables parlent de cinq cents évêques, soixante-dix abbés et environ mille prélats d'ordre inférieur (procureurs des chapitres, etc.) [1]. Les chapelains chantèrent l'antienne *Exaudi nos Domine* et des litanies ; le pape lut deux oraisons, entonna le *Veni creator Spiritus* et prononça un sermon sur ce texte de saint Luc (xxii, 15) : *Desiderio desideravi hoc Pascha manducare vobiscum* [2], dans lequel il développa le triple but du concile : secours de la Terre Sainte, union avec les grecs et réforme de l'Église. Il leva ensuite la première session [3].

La session suivante, fixée au 14 mai, ne put se tenir que le vendredi 18 ; le pape mit à profit ce délai pour mander dans chaque province l'archevêque, un évêque et un abbé, et faire promettre à chaque députation d'attribuer pendant six ans, à l'Église d'Orient, la dîme de tous les revenus ecclésiastiques. La même promesse fut faite par les évêques et les abbés placés sous la juridiction immédiate de Rome [4]. Grégoire reçut alors de ses nonces 34] à Constantinople des lettres qui le remplirent de joie et qu'il

Martin, Anchier de Sainte-Praxède, Guillaume de Saint-Marc, Simon de Sainte-Cécile, et les cardinaux-diacres Hubert de Saint-Eustache, Jacques de Sainte-Marie *in Cosmedin*, Godefroy de Saint-Georges au Vélabre et Matthieu de Sainte-Marie *in Porticu*.

1. Sur le nombre des membres présents, cf. Mansi, *Conc. ampliss. coll.*, t. xxiv, col. 133, imprimé également dans ses notes sur Baronius-Raynaldi, *Annal. eccles.*, ad ann. 1274, n. 1.

2. Innocent III avait choisi ce même texte pour l'ouverture du deuxième concile œcuménique.

3. Mansi, *op. cit.*, t. xxiv, col. 61 sq. ; Hardouin, *Conc. coll.*, t. vii, col. 687 sq. ; Coleti, *Concilia*, t. xiv, col. 500 ; Baronius-Raynaldi, *op. cit.*, ad ann. 1274, n. 1-3, avec les notes de Mansi.

4. A Constance, le pape confia la collecte de cette dîme à Walko, doyen du chapitre, et à Henri, prévôt de la collégiale de Saint-Étienne à Constance. La rentrée de l'argent fut confiée aux doyens de campagne. Chaque clerc devait, sous serment, indiquer son revenu et, suivant sa déclaration, on fixait sa redevance.

s'empressa de faire lire dans la cathédrale devant tout le concile. Le cardinal Bonaventure prononça ensuite un discours sur ce passage de Baruch (v, 5), qui s'adaptait si bien à la circonstance : « Lève-toi, ô Jérusalem, et monte sur les hauteurs, regarde à l'Orient et rassemble tes enfants de l'Orient jusqu'à l'Occident [1]. »

La seconde session s'ouvrit le 18 mai par les mêmes prières que la première, le pape insista sur le triple but indiqué à l'ouverture du concile. On promulgua quelques ordonnances touchant la foi (voyez plus loin le n. 1 des constitutions), et autorisa tous les procureurs des chapitres, abbés et prieurs non mitrés, à retourner chez eux, s'ils n'avaient pas été convoqués nominativement. La même permission fut accordée aux prélats mitrés d'ordre inférieur. La session suivante, fixée au lundi après l'octave de la Pentecôte, 28 mai, se tint seulement le 7 juin [2]. Le vieux roi d'Aragon, Jacques Ier, regagna son pays, où le rappelaient les luttes de ses enfants et aussi parce que le pape refusait de le couronner, s'il ne consentait à s'acquitter d'un tribut annuel. La veille de la troisième session, le pape prit en consistoire avec les cardinaux une décision définitive relativement au trône d'Allemagne. Les deux prétendants, Alphonse de Castille et Rodolphe de Habsbourg, s'étaient fait représenter, mais le pape se déclara pour Rodolphe, et le 6 juin le chancelier de ce dernier, Otton, prévôt de Saint-Gui, à Spire, d'accord avec les cinq archevêques de Mayence, de Cologne, de Trèves, de Magdebourg et de Brême, avec huit évêques et deux seigneurs temporels, reconnut et confirma les engagements antérieurs d'Otton IV et de Frédéric II envers l'Église romaine. Tous promirent, au nom de Rodolphe, fidélité à ces engagements, respect des États de l'Église et des fiefs dépendant du Saint-Siège, abstention de briguer le titre de sénateur de Rome, bon accord avec

Il devait la payer annuellement en deux échéances pendant six ans. Les retardataires auraient à donner une garantie. Plusieurs refusèrent le paiement et y furent forcés par des châtiments. Le registre dressé par les collecteurs de dîmes pour Constance a été publié dans les *Diöcesan-Archiv* de Fribourg-en-Brisgau, t. i. C'est de beaucoup la plus ancienne statistique de ce diocèse que nous possédions. En 1887, Hauthaler publia le *Liber decimationis* de la Styrie, la Carinthie inférieure et le sud-est de l'Autriche inférieure, comme supplément au programme du *Collegium Borromæum* de Salzbourg.

1. G. Ortoleva, *San Bonaventura e il secondo concilio di Lione*, in-8, Roma, 1874. (H. L.)

2. Coleti, *Concilia*, t. xiv, col. 502; Hardouin, *Conc. coll.*, t. vii, col. 688; Mansi, *Conc. ampliss. coll.*, t. xxiv, col. 63.

Charles d'Anjou. Ils présentèrent ensuite la procuration de Rodolphe, leur donnant plein pouvoir à ce sujet (datée de Rotenbourg, le [5] 9 avril) ; enfin ils renouvelèrent la déclaration des princes allemands du 9 mai 1220, à Francfort, relative au royaume des Deux-Siciles qui ne devait jamais être uni à l'empire. De plus, comme on le voit par la lettre de Grégoire à Rodolphe, ils exprimèrent au pape les bonnes dispositions du roi pour les affaires de Terre Sainte [1].

Quelques jours après, le pape envoya une lettre et un nonce à Alphonse de Castille pour le décider à renoncer au trône d'Allemagne ; plus tard, il revint à la charge par l'intermédiaire de l'évêque de Valence. Le pape cherchait aussi à gagner la reine de Castille, qui exerçait de l'influence sur son mari, et même il promit à Alphonse, s'il respectait la couronne de Rodolphe, de lui abandonner, pour soutenir la guerre contre les Sarrasins d'Espagne, cette dîme que la Castille, comme les autres royaumes, devait payer pendant six ans pour la Terre Sainte [2]. Grégoire s'employa aussi à faire reconnaître Rodolphe par Ottocar, roi de Bohême, à qui il députa, au commencement de juin, les deux évêques d'Olmutz et de Seckau [3]. Le pape ne reconnut formellement l'élection de Rodolphe qu'à l'issue du concile (26 septembre 1274) [4].

Rappelons ici un fait qui, d'importance secondaire par lui-même, était cependant d'un intérêt particulier pour le pape. Pendant les cessions, les négociations entamées depuis quelque temps déjà sur la propriété du comtat Venaissin se terminèrent par une cession de la France au Saint-Siège [5].

La troisième session, célébrée le 7 juin 1274, s'ouvrit par un sermon de Pierre de Tarentaise, cardinal-évêque d'Ostie, et on pro-

---

1. Baronius-Raynaldi, *Annal. eccles.*, ad ann. 1274, n. 5-12 ; *Monum. Germ. hist.*, *Leges*, t. ɪɪ, p. 394-398 ; Böhmer, *Regesten*, ad ann. 1246-1313, p. 331 ; *Acta imperii*, t. ɪɪ, p. 694, n. 992 ; Kopp, *Geschichte von der Wiederherstellung, etc., des heiligen römischen Reiches*, t. ɪ, p. 79 sq.

2. Baronius-Raynaldi, *op. cit.*, ad ann. 1274, n. 45-54 ; Potthast, *Reg.*, t. ɪɪ, p. 1679 ; Kopp, *op. cit.*, p. 82 sq.

3. Kopp, *op. cit.*, p. 83 sq. ; Potthast, *Reg.*, t. ɪɪ, n. 20838.

4. Baronius-Raynaldi, *op. cit.*, ad ann. 1274, n. 55 ; Potthast, *Reg.*, t. ɪɪ, p. 1687 ; Böhmer, *Regesten*, n. 210 ; Sugenheim, *Geschichte des deutschen Volkes*, t. ɪɪɪ, p. 47. Pour les efforts de Grégoire X à amener enfin le roi Alphonse à renoncer à la couronne d'Allemagne, cf. Busson, *Die Doppelwahl des Jahres 1257*, p. 102 sq.

5. Baronius-Raynaldi, *op. cit.*, ad ann. 1273, n. 51, et les notes de Mansi, *ibid.*, ad ann. 1274.

mulgua douze *capitula*[1]. Comme on attendait l'arrivée des grecs, le jour de la session suivante ne fut pas fixé et, en attendant, les évêques et prélats eurent permission de s'éloigner jusqu'à six milles de Lyon.

Le 24 juin, les ambassadeurs grecs arrivèrent. C'étaient Germain, [13 l'ancien patriarche de Constantinople, Théophane, métropolitain de Nicée, Georges Acropolite, sénateur et grand logothète (chancelier), et deux autres officiers de la cour. Comme nous le savons, Germain, à raison de son mince prestige, avait dû démissionner en 1266, mais il était beaucoup plus favorable à l'union que son successeur Joseph, qui persistait dans son opposition et ne voulait prendre aucune part aux délibérations de Lyon. En conséquence, au départ de l'ambassade pour Lyon (janvier 1274), l'empereur ordonna à Joseph de se retirer temporairement au monastère de Periblepton, tout en conservant sa dignité et ses revenus. Si l'union n'aboutissait pas, il serait rappelé, à condition de pardonner à tous les évêques qui y auraient travaillé; si elle aboutissait, il serait libre de l'accepter ou de rester dans le monastère[2]. En même temps, Michel Paléologue pesait sur les évêques présents à Constantinople et le clergé de la capitale. Il en exigeait trois choses : la reconnaissance de la primauté du pape, l'acceptation du principe de l'appel à Rome et la mention du pape dans la liturgie. Veccus avait déjà essayé de les gagner à ces points, sur lesquels, naturellement, l'empereur cherchait à réduire le plus possible les difficultés. On dit qu'il les aurait présentés comme tout à fait illusoires, qu'au contraire il aurait exagéré le danger que courait l'État et aurait menacé les évêques. Quelques-uns cédèrent à ses désirs, beaucoup s'obstinèrent, principalement dans le refus de nommer le pape dans la liturgie, ce qui, pour eux, équivalait à communier avec les falsificateurs du symbole. Ils eussent éprouvé moins de répugnance à accepter les deux premiers points, qui n'entraîneraient jamais de résultats pratiques. L'hostilité devint très vive entre les deux groupes, et, si l'achymère n'exagère pas, l'empereur recourut à la menace de traiter tous les récalcitrants comme coupables de haute trahison, ce qui entraînait l'exil et la confiscation. Comme en même temps il protestait que personne ne serait forcé à ajouter, fût-ce un *iota*, au symbole, tous finirent

1. Voir plus loin ces *capitula*, sous les n. 3, 4, 5, 6, 7, 8, 9, 15, 19, 24, 29, 30.
2. Pachymère, *De Michaele Palœologo*, l. V, c. XVII, *P. G.*, t. CXLIII, col. 838-839.

par signer le document impérial, par lequel ils acceptaient les trois points. Ils adressèrent également une déclaration d'obéissance au pape [1].

L'ambassade grecque, embarquée à Constantinople au commencement de mars 1274, sur deux galères, fit naufrage au cap Malée (au sud du Péloponèse), une des galères périt corps et biens. Elle portait les officiers impériaux, sauf le logothète, et les présents de l'empereur. Tout fut perdu, un seul homme fut sauvé. Le patriarche Germain, l'archevêque de Nicée et le logothète furent reçus solennellement à Lyon, le 24 juin. Tous les prélats présents au concile, les camériers du pape avec toute la maison pontificale, le vice-chancelier avec les notaires et les maisons des cardinaux allèrent au-devant d'eux et les accompagnèrent jusqu'au palais du pape où le pontife et tous les cardinaux leur donnèrent le baiser de paix. Ils remirent la lettre de l'empereur revêtue d'un sceau d'or et une lettre signée d'un grand nombre d'évêques et de clercs grecs. Ils déclarèrent être venus pour marquer leur obéissance à l'Église de Rome et apprendre d'elle la foi. Ils se retirèrent ensuite dans les maisons retenues pour eux. Cinq jours plus tard, en la fête des saints Pierre et Paul, le pape célébra la messe en présence de tous les cardinaux et prélats. L'épître et l'évangile furent chantés en latin et en grec, l'évangile par un diacre grec revêtu de ses ornements. Le cardinal Bonaventure, évêque d'Albano, fit le sermon. Le *Credo*, chanté d'abord en latin, fut ensuite chanté en grec par le patriarche Germain, les archevêques grecs de la Calabre (unis depuis le concile de Bari) et deux pénitenciers pontificaux, un dominicain et un frère mineur, qui entendaient le grec. Ils répétèrent le *Filioque* trois fois (le deuxième ambassadeur de l'empereur, l'archevêque de Nicée, ne semble pas avoir chanté à ce moment). Les grecs, le patriarche, les archevêques et le logothète chantèrent ensuite quelques morceaux en l'honneur du pape, qui termina la messe. Les grecs se tenaient près de l'autel [2].

Le 3 juillet, le pape manda l'évêque de Liége, Henri, comte de
[138] Gueldre, dont il avait su l'inconduite au temps où il était lui-même archidiacre de Liége. Ayant voulu, alors, lui faire des représen-

---

1. Pachymère, *De Michaele Palæologo*, l. V, c. XVIII, XIX, XX, *P. G.*, t. CXLIII, col. 840, 844, 846.

2. Mansi, *Concil. ampliss. coll.*, t. XXIV, col. 64 sq.; Hardouin, *Concil. coll.*, t. VII, col. 689; Coleti, *Concilia*, t. XIV, col. 503; Pachymère, *De Michaele Palæologo*, l. V, c. XXI. *P. G.*. t. CXLIII. col. 850.

tations, l'évêque lui avait répondu par un coup de pied dans le ventre Devenu pape, Grégoire adressa à son ancien évêque une lettre ferme et modérée lui reprochant d'avoir séduit des nonnes, des femmes et des jeunes filles, volé le bien des églises, pratiqué la simonie, enrichi ses bâtards. Ces mêmes accusations furent portées contre cet évêque, devant le concile, par ses diocésains, et le pape lui laissa le choix entre la démission ou le procès L'évêque remit son anneau, préférant le premier parti, espérant d'ailleurs que sa soumission et l'indulgence du pape lui vaudraient sa réintégration; mais il n'en fut rien, et le siège de Liége fut donné à l'évêque de Tournai, Jean d'Angia ou d'Enghien L'évêque de Wurzbourg, Berthold de Henneberg, fut également destitué et remplacé par le doyen de la cathédrale On ne sait pas pourquoi l'évêque de Rhodes fut lui aussi déposé. Le lendemain. 4 juillet, le pape reçut les seize ambassadeurs d'Abaga, grand khan des Tartares, qui voulaient conclure avec les chrétiens une ligue contre les mahométans, mais il ne s'agissait en aucune façon d'une union religieuse. Le même jour, le pape contraignit l'abbé de Saint-Paul de Rome à résigner sa charge, et indiqua la quatrième session pour le vendredi suivant [1]

Ce vendredi était le 6 juillet, octave de la fête des saints Pierre et Paul. Les ambassadeurs grecs prirent place à droite, après les cardinaux. Le sermon fut prononcé par Pierre, cardinal-évêque d'Ostie. Le pape prit ensuite la parole et rappela les trois objets du concile; il exprima en outre sa joie du libre retour des grecs à l'obéissance envers l'Église romaine, sans aucune compensation temporelle [2]. Le pape fit ensuite lire une traduction latine des trois lettres de l'empereur, des prélats et d'Andronic, [139 l'aîné des princes impériaux χ L'empereur répétait dans sa

1. Zantfliet, *Chron.*, dans Maitene, *Vet script collect*, t v, p 113 sq , cf Mansi, *op cit*, t xxiv, col 65, 104, Hardouin, *op. cit* , t vii, col. 135, 690, Coleti, *op. cit.*, t xiv, col 503, et les notes de Mansi dans Baronius-Raynaldi, *Annal eccles* , ad ann. 1274, n. 1, Potthast, *Reg* , t. ii, n 20859

2. Le pape, dit-on, exposa « qu'il avait écrit à l'empereur grec que, *s il ne voulait pas promettre obéissance à l'Église romaine (c'est-à-dire s'il ne voulait pas accepter l'union), il devait envoyer des ambassadeurs* pour indiquer ce qu'il demandait (en secours temporel), mais que l'empereur (ne demandant rien) avait chargé librement ses ambassadeurs de protester de son obéissance vis-à-vis de Rome » Nous ferons remarquer que le passage souligné par nous ne se trouve dans aucune lettre connue du pape.

lettre le symbole envoyé de Rome [1]. Il déclarait y reconnaître
la doctrine véritable, sainte, catholique et orthodoxe, et y
adhérer de cœur et de bouche, parce qu'il provenait de
l'Église romaine. Il promettait un inébranlable attachement
à cet enseignement, reconnaissait la primauté de l'Église
dans les termes mêmes du symbole, et protestait de sa disposition
à lui obéir. Il demandait ensuite pour l'Église grecque le maintien
de son symbole dans la forme antérieure au schisme, et la conser-

1. Voici ce symbole : *Credimus sanctam Trinitatem, Patrem et Filium et Spiritum Sanctum, unum Deum omnipotentem, totamque in Trinitate Deitatem coessentialem et consubstantialem, coæternam et coomnipotentem, unius voluntatis, potestatis, majestatis, creatorem omnium creaturarum, a quo omnia, in quo omnia, per quem omnia quæ sunt in cælo et in terra, visibilia, invisibilia, corporalia et spiritualia. Credimus singulam quamque in Trinitate personam, unum verum Deum, plenum et perfectum. Credimus ipsum Filium Dei, Verbum Dei, æternaliter natum de Patre, consubstantialem, coomnipotentem et æqualem per omnia Patri in divinitate, temporaliter natum de Spiritu Sancto ex Maria semper virgine, cum anima rationali; duas habentem nativitates, unam ex Patre nativitatem æternam, alteram ex matre temporalem; Deum verum et hominem verum, proprium in utraque natura atque perfectum, non adoptivum neque phantasticum, sed unum et unicum Filium Dei, in duabus et ex duabus naturis, divina scilicet et humana, in unius personæ singularitate, impassibilem et immortalem divinitate, sed in humanitate pro nobis et salute nostra passum vera carnis passione, mortuum et sepultum, et descendisse ad inferos, ac tertia die resurrexisse a mortuis vera carnis resurrectione; die quadragesima post resurrectionem, cum carne, qua resurrexit, et anima ascendisse in cælum, et sedere ad dexteram Dei Patris, inde venturum judicare vivos et mortuos, et redditurum unicuique secundum opera sua, sive bona fuerint sive mala. Credimus et Spiritum Sanctum, plenum et perfectum verumque Deum, ex Patre Filioque procedentem, coæqualem et consubstantialem et coomnipotentem et coæternum per omnia Patri et Filio. Credimus hanc sanctam Trinitatem, non tres Deos, sed unicum Deum, omnipotentem, æternum et invisibilem et incommutabilem. Credimus sanctam catholicam et apostolicam unam esse veram Ecclesiam, in qua unum datur sanctum baptisma et vera omnium remissio peccatorum. Credimus etiam veram resurrectionem hujus carnis, quam nunc gestamus, et vitam æternam. Credimus etiam Novi et Veteris Testamenti, legis ac prophetarum et apostolorum unum esse authorem Deum ac Dominum omnipotentem. Hæc est vera fides catholica, et hanc in supradictis articulis tenet et prædicat sacrosancta romana Ecclesia. Sed propter diversos errores, a quibusdam ex ignorantia, et ab aliis ex malitia introductos, dicit et prædicat, eos, qui post baptismum in peccata labuntur, non rebaptizandos, sed per veram pænitentiam suorum consequi veniam peccatorum. Quod si vere pænitentes in caritate decesserint, antequam dignis pænitentiæ fructibus de commissis satisfecerint et omissis, eorum animas pænis purgatoriis seu catharteriis, sicut nobis frater Joannes explanavit, post mortem purgari, et ad pænas hujusmodi relevandas prodesse eis fidelium vivorum suffragia, missarum scilicet sacrificia, orationes et eleemosynas et alia pietatis officia, quæ a fidelibus fieri consueverunt secundum Ecclesiæ instituta. Illorum autem*

vation de ses rites existants, en tant qu'ils ne seraient en contradiction ni avec la foi ni avec les commandements de Dieu, ni avec
l'Ancien ou le Nouveau Testament, ni enfin avec la doctrine des
conciles œcuméniques et des Pères reconnus par ces conciles. Les
ambassadeurs avaient mission de faire publiquement ces déclarations et ces demandes devant le concile [1].

Suivant Raynaldi [2], la lettre, aujourd'hui perdue, du prince
impérial Andronic était conçue dans le même sens. Celle des archevêques d'Éphèse, d'Héraclée en Thrace, de Chalcédoine, de Tyane, de [14]

animas, qui post sacrum baptismum susceptum nullam omnino peccati maculam
incurrerunt, illas etiam, quæ post contractam peccati maculam, vel in suis manentes
corporibus vel eisdem exutæ, prout superius dictum est, sunt purgatæ, mox in cælum
recipi; illorum autem animas, qui in mortali peccato vel cum solo originali decedunt,
mox in infernum descendere, pœnis tamen disparibus puniendas. Eadem sacrosancta Ecclesia firmiter credit et firmiter asseverat, quod nihilominus in die judicii,
omnes homines ante tribunal Christi cum suis corporibus comparebunt, reddituri de
propriis factis rationem. Tenet etiam et docet eadem sancta romana Ecclesia, septem
esse ecclesiastica sacramenta, unum scilicet baptisma, de quo dictum est supra,
aliud est sacramentum confirmationis, quod per manuum impositionem episcopi
conferunt, chrismando renatos, aliud est pænitentia, aliud eucharistia, aliud sacramentum ordinis, aliud est matrimonium, aliud extrema unctio, quæ secundum doctrinam beati Jacobi infirmantibus adhibetur. Sacramentum eucharistiæ, ex azymo
conficit eadem romana Ecclesia, tenens et docens, quod in ipso sacramento panis vere
transsubstantiatur in corpus, et vinum in sanguinem Domini nostri Jesu Christi. De
matrimonio vero tenet, quod nec unus vir plures uxores simul, nec una mulier permittitur habere plures viros. Soluto vero legitimo matrimonio per mortem conjugum
alterius, secundas et tertias deinde nuptias successive licitas esse dicit, si impedimentum canonicum aliud ex causa aliqua non obstat. Ipsa quoque sancta romana
Ecclesia summum et plenum primatum et principatum super universam Ecclesiam
catholicam obtinet, quem se ab ipso Domino in beato Petro apostolorum principe sive
vertice, cujus romanus pontifex est successor, cum potestatis plenitudine recepisse
veraciter et humiliter recognoscit. Et sicut præ ceteris tenetur fidei veritatem defendere,
sic et si quæ de fide subortæ fuerint quæstiones, suo debent judicio definiri. Ad quam
potest gravatus quilibet super negotiis ad ecclesiasticum forum pertinentibus appellare,
et in omnibus causis ad examen ecclesiasticum spectantibus ad ipsius potest judicium
recurri, et eidem omnes Ecclesiæ sunt subjectæ, et ipsarum prælati obedientiam et
reverentiam sibi dant. Ad hanc autem sic potestatis plenitudo consistit, quod ecclesias
ceteras ad solicitudinis partem admittit, quarum multas, et patriarchales præcipue,
diversis privilegiis eadem romana Ecclesia honoravit, sua tamen observata prærogativa, tum in generalibus conciliis tum in aliquibus aliis, semper salva. Mansi, Concil.
ampliss. coll., t. xxiv, col. 70; Hardouin, Conc. coll., t. vii, col. 694; Coleti, Concilia,
t. xiv, col. 508.

1. Mansi, op. cit., t. xxiv, col. 67 sq.; Hardouin, op. cit., t. vii, col. 693 sq.;
Coleti, op. cit., t. xiv, col. 304.

2. Baronius-Raynaldi, Annal. eccles., ad ann. 1274, n. 14.

Naupacte, d'Héraclée dans le Pont, de Carie, de Béroë, d'Athènes, etc.,
annonçait en leur nom, et au nom de leur synode et de tout
leur clergé, leur entrée dans l'unité de l'Église. Ils rendaient témoignage des efforts de l'empereur dans toute cette affaire et de ses
instances pour gagner les opposants. Ils avaient conseillé au patriarche Joseph la retraite dans un monastère pendant les négociations. Une fois faite, s'il reconnaissait l'union, il serait rappelé en
qualité de patriarche; sinon son siège serait attribué à un autre.
Si le pape approuvait la déclaration de leurs ambassadeurs, ils
étaient prêts à accorder immédiatement tout ce dont leurs prédécesseurs s'acquittaient envers le Siège apostolique avant le
schisme [1].

Au nom de l'empereur et en vertu de pouvoirs à lui remis de
vive voix, le logothète jura l'abandon du schisme, la reconnaissance
comme seule foi véritable, sainte et orthodoxe, de celle qui était
exposée dans les écrits qu'on venait de lire; l'empereur professait
cette foi de cœur et de bouche, la garderait intacte comme le fait
l'Église romaine, dont il reconnaissait la primauté et à laquelle il
rendait spontanément l'obéissance qu'il lui devait [2]. On réclama
du logothète un document écrit, justifiant son droit à prêter un tel
serment au nom de l'empereur; mais il ne put exhiber aucune
pièce; aussi le successeur de Grégoire X, Innocent V, exigea-t-il
depuis de Michel Paléologue un serment personnel [3]. Wadding,

[12]

---

1. Mansi, *Concil. ampliss. coll.*, t. xxiv, col. 74; Hardouin, *Concil. coll.*, t. vii.
col. 698 sq.; Labbe, *Concilia*, t. xiv. col. 513.

2. Voici ce serment : *Sacramentum imperatoris Græcorum. Ego Gregorius,
acropolita et magnus logotheta, nuncius domini imperatoris Græcorum Michaelis
Ducæ Angeli Comneni Palæologi, habens ab eodem sufficiens ad infra scripta man-
datum, omne schisma prorsus abjuro, et subscriptam fidei unitatem, prout plene
lecta est et fideliter exposita, in nomine dicti domini mei, veram, sanctam, catholicam
et orthodoxam fidem esse cognosco, eam accepto, et corde et ore profiteor, ipsamque,
prout eam veraciter tenet, fideliter docet et prædicat sacrosancta romana Ecclesia,
ipsum inviolabiliter servaturum, nec ab ea ullo unquam tempore recessurum vel
quoquo modo discrepaturum vel deviaturum promitto. Primatum quoque ipsius
sacrosanctæ romanæ Ecclesiæ, prout in præmissa serie continetur, ad ipsius
Ecclesiæ obedientiam, nomine ipsius et meo, spontaneus veniens, pro ipso et pro me
fateor, recognosco, accepto ac sponte suscipio; et ipsum omnia præmissa, tam circa
fidei veritatem quam circa ejusdem Ecclesiæ romanæ primatum, et ipsorum reco-
gnitionem, acceptationem, susceptionem, observantiam ac præsentiam (il faudrait
perseverantiam) servaturum, præstito in animam ipsius et meam corporaliter juramento, promitto et confirmo. Sic ipsum Deus adjuvet et hæc sancta Dei Evangelia, etc.*

3. Martèn

suivi par Hardouin et Mansi, insère à la suite de la lettre des prélats un document intitulé : *Sacramentum Græcorum*, et qui semble à première vue renfermer le serment des députés du clergé grec, au nom de leurs commettants, serment presque semblable à celui prêté par le logothète au nom de l'empereur ; mais Gabriel Cossart a justement remarqué que le copiste n'a fait que répéter, avec des fautes, le serment formulé au nom de l'empereur [1].

Cela fait, le pape entonna le *Te Deum*, et prêcha encore une fois sur le texte : *Desiderio desideravi hoc Pascha manducare vobiscum*. Il assigna au patriarche Germain et à son collègue l'archevêque leurs places derrière les cardinaux-prêtres, et entonna en latin avec tout le concile le *Credo* qui fut chanté en grec par les ambassadeurs de Constantinople, leur suite et tous les évêques et abbés grecs venus du royaume des Deux-Siciles. Les paroles *qui ex Patre Filioque procedit* furent chantées deux fois. A la fin de la session, le pape fit lire les lettres des ambassadeurs tartares, fixa aux lundi et mardi 9 et 10 juillet les deux dernières sessions, sauf modifications imprévues [2].

Le lendemain de la quatrième session, 7 juillet, le pape communiqua aux cardinaux la constitution relative à l'élection des papes et à la tenue du conclave [3]. On se rappelle que l'élection de Grégoire X avait été précédée d'une vacance de près de trois années. Afin d'éviter le retour d'un semblable désordre, le pape prenait des mesures coercitives à l'égard du conclave dont le régime se faisait plus sévère à mesure que l'élection se retardait. Mais les cardinaux se rebiffèrent, et le conflit, d'abord resté secret, ne tarda pas à devenir public. De chaque côté, on chercha à gagner des partisans. Le pape convoqua les cardinaux par nation, espérant négocier séparément avec chaque groupe ; il eut aussi une con- [143 férence avec les autres membres du concile en l'absence des cardinaux ; il leur exposa sa manière de voir et leur imposa le secret sous peine d'excommunication. Certains cardinaux tinrent des consistoires sans le pape [4], et engagèrent les prélats à ne rien ac-

1. Mansi, *Concil. ampliss. coll.*, t. xxiv, col. 77 ; Hardouin, *Conc. coll.*, t. vii, col. 702 ; Coleti, *Concilia*, t. xiv, col. 516.

2. Mansi, *op. cit.*, t. xxiv, col. 66 ; Hardouin, *op. cit.*, t. vii, col. 691 ; Coleti, *op. cit.*, t. xiv, col. 504. Le texte porte *dies lunæ undecimá*, au lieu de *nona*. De même plus haut, la fête des saints Pierre et Paul est assignée à tort au 28 juin.

3. Voir plus loin, can. 2.

4. Il faut lire le texte ainsi : *Et cardinales in consistorio omni die conveniebant sine papa*. Le point est mal placé dans le texte.

corder au pape avant d'avoir entendu les raisons des cardinaux. Plusieurs cardinaux invitèrent en outre chez eux les prélats des diverses nations pour leur demander aide et conseil; le pape eut pourtant le dessus, les prélats approuvèrent et scellèrent la constitution. On en fit plusieurs exemplaires, un pour chaque royaume ou province, et la rédaction de ces documents demandant du temps, la cinquième session se trouva reportée au lundi 16 juillet.

La veille, dans la matinée, mourut le cardinal Bonaventure; il fut enterré le jour même chez les frères mineurs de Lyon. Le pape assista en personne aux funérailles avec tous les évêques et la cour pontificale; la messe fut célébrée par le cardinal-évêque d'Ostie, Pierre de Tarentaise, qui prêcha sur ce texte : *Doleo super te, frater mi, Jonatha* [1]. Beaucoup pleuraient, car Bonaventure avait gagné tous les cœurs. Il avait en particulier exercé une grande influence sur les grecs, qui avaient traduit son nom par Εὐτύχιος, et avait été très utile à la cause de l'union [2]. Par sa science théologique, son autorité et la douceur de son caractère, Bonaventure était certainement le plus apte à conférer avec les grecs dans les réunions préparatoires de chaque session et à résoudre et démêler les difficultés. Néanmoins, comme il n'existe pas d'actes détaillés du concile de Lyon, nous devons nous contenter, sur le rôle rempli par lui, de ces indications générales. En 1482, le pape Sixte IV écrit dans la bulle *Superna cœlestis*, pour la canonisation de saint Bonaventure : *In concilio Lugdunensi* PRÆSIDENS, *omniaque ad Dei laudem dirigens, sedatis discordiis, difficultatibusque sublatis, ipsi Ecclesiæ maximo usui fuit et ornamento* [3]. A l'exception du mot *præsidens*, ces paroles s'accordent assez avec l'idée que nous avons des services rendus au concile de Lyon par Bonaventure; mais il est impossible de lui attribuer une présidence proprement dite, puisque le pape Grégoire X a assisté en personne à toutes les sessions. Aussi, cent ans plus tard, en 1588, lorsque Sixte V proclama, par la bulle *Triumphantis Hierusalem*, saint Bonaventure Docteur de l'Église, il ramène aux porportions suivantes l'expression *præsidens* employée par son prédécesseur : *S. Bonaventura Lugdunum profectus humanissime exceptus est a romano pontifice*

1. II Reg., ı, 26.
2. Mansi, *Concil. ampliss. coll.*, t. XXIV, col. 66 sq.; Hardouin, *Concil. coll.*, t. VII, col. 691 sq.; Coleti, *Concilia*, t. XIV, col. 505; Wadding, *Annales minorum*, t. IV, p. 379 sq.
3. *Magnum bullar. rom.* 1727 t. ı p. 424

Gregorio, qui in ejus virtute et sapientia ita acquiescebat, ut concilii recte dirigendi et administrandi partes ei præcipue tribuendas esse decerneret. Quare ex publica Ecclesiæ utilitate et necessitate, ut majori cum dignitate et auctoritate concilii rebus non solum interesset, sed PRÆESSET, *statuit lucernam ardentem et lucentem supra excelsum candelabrum ponere* [1]. D'où il suit que Bonaventure eut réellement à Lyon une situation exceptionnelle et la direction et présidence de plusieurs affaires. Il fut probablement président des congrégations et commissions qui précédaient et préparaient les sessions générales. C'est ce que disent les *Annales minorum* [2] et la *Chronique* de Glassberger [3].

Le 16 juillet se tint la cinquième session générale. Avant l'arrivée du pape, Pierre, cardinal-évêque d'Ostie, baptisa un des ambassadeurs tartares et deux de ses compatriotes [4]. Le pape leur avait fait faire des habits écarlates, suivant la forme de l'Église latine. Grégoire fit son entrée dans l'église, et, après le cérémonial d'usage, on promulgua quatorze constitutions [5]. Le pape termina par des regrets donnés à la mort de saint Bonaventure; il prescrivit à tous les évêques et prêtres du monde entier de chanter une messe pour le repos de son âme, et une seconde pour tous ceux qui étaient morts en se rendant à un concile, pendant le concile ou au retour, et en particulier pour ceux qui étaient morts durant le présent concile. Le baptême des Tartares et la lecture des constitutions ayant pris beaucoup de temps, on fixa une autre session au lendemain. Ce fut la sixième et dernière (17 juillet); on y publia encore deux constitutions : la première, *Religionum diversitatem*, est le numéro 23 de la série, et [14

1. *Magnum bullar.*, t. II, p. 678.
2. Wadding, *Annal. minorum*, t. IV, p. 397.
3. Glassberger rapporte que trois prélats franciscains, parmi lesquels Bonaventure, *ex jussione domini papæ præsidebant et negotia concilii pertractabant.*
A ce propos, un railleur envieux écrivit ces vers :
Rothomagensis anus et præsul Tripolitanus
Et Bonaventura tractant papalia jura,
Ordinis immemores, qui tales spernit honores.
Analecta Franciscana, Quaracchi, 1887, t. II, p. 85.
4. D'après Glassberger, le nouveau converti était le fils du Grand Khan, et le pape lui aurait servi de parrain.
5. Ce sont les numéros 2, 10, 11, 12, 16, 17, 20, 21, 22, 25, 26, 27, 28 et 31 de la série complète. Le texte de Hardouin est plus exact que celui de Mansi ou de Coleti.

l'autre, *Cum sacrosancta*, n'existe plus. Dans une allocution au
concile, le pape déclara ensuite que, des trois buts proposés à
l'assemblée, *deux* avaient été heureusement atteints : l'union avec
les grecs et les mesures en faveur de la Terre Sainte. Quant à la
réforme des mœurs, il déplora la conduite lamentable d'un grand
nombre de prélats, cause de la ruine du monde entier. Il est affli-
geant, dit-il, que beaucoup ne veuillent pas s'amender, tandis que
d'autres, bons ou mauvais, lui ont spontanément offert de résigner
leur charge. Il les exhortait donc instamment à se réformer en
disant que le manque de temps n'avait pas permis de faire dans le
concile tout le nécessaire, mais il songeait, Dieu aidant, à s'occuper
des questions encore à résoudre, en particulier d'assurer aux
églises paroissiales des pasteurs idoines et qui observeraient la
résidence. Après les prières accoutumées, le pape donna sa bénédiction à tous les assistants et congédia le concile [1]. Trois mois
plus tard, le 1ᵉʳ novembre 1274, il publia la collection des constitutions du concile de Lyon avec trente et un chapitres [2].

Can. 1.

Le Saint-Esprit procède éternellement du Père et du Fils, mais non pas
comme de deux principes ni par deux spirations. Ainsi a toujours enseigné
l'Église romaine ; et telle est l'invariable et vraie opinion de tous les Pères
et maîtres orthodoxes, latins et grecs.

*Fideli ac devota professione fatemur quod Spiritus Sanctus æterna-
liter ex Patre, et Filio, non tanquam ex duobus principiis, sed tanquam ex uno principio, non duabus spirationibus, sed unica spira-
tione procedit. Hoc professa est hactenus, prædicavit et docuit, hoc
firmiter tenet, prædicat, profitetur et docet sacrosancta romana
Ecclesia, mater omnium fidelium et magistra : hoc habet ortho-
doxorum Patrum atque doctorum latinorum pariter et græcorum
incommutabilis et vera sententia : sed quia nonnulli, propter irrefra-
gabilis præmissæ ignorantiam veritatis, in errores varios sunt pro-
lapsi : nos hujusmodi erroribus viam præcludere cupientes, sacro
approbante concilio, damnamus et reprobamus omnes qui negare*

1. Mansi, *Concil. ampliss. coll.*, t. XXIV, col. 68 ; Hardouin, *Conc. coll.*, t. VII,
col. 692 ; Coleti, *Concilia*, t. XIV, col. 506.

2. Ces chapitres sont tous entrés, à l'exception du XIXᵉ, dans le livre VI du
Corpus juris canonici.

*præsumpserint æternaliter Spiritum Sanctum ex Patre et Filio
procedere; sive etiam temerario ausu asserere quod Spiritus
Sanctus ex Patre et Filio, tanquam ex duobus principiis, et non
tanquam ex uno procedat. —Corp. jur. can., lib. I, tit. i, De summa
Trinit., cap. 1, in VI°.*

Can. 2.

Nous renouvelons les décrets concernant l'élection du pape portés par [146
nos prédécesseurs, surtout ceux d'Alexandre III, et nous ordonnons avec
l'assentiment de ce concile que, lorsque le pape meurt dans une ville
où il réside avec sa curie, les cardinaux présents doivent attendre leurs
collègues absents, mais seulement pendant dix jours. Ce délai écoulé, que
les absents soient arrivés ou non, les cardinaux se rendront au palais du
pape. Chaque cardinal ne peut avoir qu'un seul domestique, clerc ou laïque,
à son choix. Nous n'accordons deux domestiques qu'à ceux dont le besoin
est évident; eux aussi seront libres de les choisir. Dans le palais, tous demeu-
reront dans le même conclave sans murs ni tentures de séparation. Sauf
pour la porte d'entrée, le conclave sera fermé de toutes parts, en sorte que
nul ne puisse entrer ni sortir. Personne ne doit rendre visite aux cardinaux
ni leur parler en secret. Les cardinaux ne doivent pas recevoir de visites,
sauf dans le cas où, de l'assentiment de tous, un étranger est appelé pour
ce qui concerne l'élection. Il est défendu aux cardinaux d'envoyer aucun
messager, aucune lettre, sous peine d'excommunication *ipso facto*. Dans le
conclave, on laissera ouvert un tour destiné à faire passer aux cardinaux les
vivres nécessaires, mais qui ne puisse permettre d'entrer au conclave. Si,
dans un délai de trois jours après l'ouverture du conclave, les cardinaux
ne se sont pas entendus pour l'élection, ils devront se réduire à un seul plat,
matin et soir, pendant les cinq jours suivants. Si, dans ce délai, ils n'ont pas
pourvu à l'élection, on ne leur servira plus que du pain, du vin et de l'eau jusqu'à l'élection. Aussi longtemps que se prolonge l'élection, les cardinaux ne
recevront rien ni de la Chambre apostolique, ni des autres revenus parvenant
à l'Église, de n'importe quelle source, pendant la vacance du Saint-Siège.
Pendant le conclave, les cardinaux ne doivent s'occuper d'aucune autre
affaire, sauf dans les cas de nécessité et avec l'assentiment de tous. Si
un cardinal n'entre pas en conclave ou s'il en sort, sauf pour cause de
maladie grave, il ne peut plus être reçu, et les autres cardinaux procèdent [147
au vote sans lui. Même s'il sort à cause de sa santé, le vote peut avoir lieu
pendant son absence, mais s'il retourne avant que le vote soit terminé, il
peut reprendre sa place parmi ses collègues. Il en sera de même pour les
cardinaux qui se présentent après le délai de dix jours, mais avant l'élection
achevée. Si le pape meurt dans une autre ville que celle où il réside avec sa
curie, les cardinaux se réuniront dans la ville du territoire ou district où le

pape est mort, a moins qu'elle ne soit sous le coup de l'interdit ou en révolte . en pareil cas, ils se réuniront dans la ville la plus proche. Les autorités de la ville où l'élection a lieu doivent veiller à l'exécution exacte de ces prescriptions, sans restreindre outre mesure la liberté des cardinaux. De tout ceci ils prêteront serment en personne Si la liberté d'élection n'est pas entière, l'élection sera suspendue Pendant l'élection, les cardinaux doivent laisser de côté toute considération personnelle et n'avoir que Dieu devant les yeux Sitôt la mort du pape connue, on fera pour lui des services et, jusqu'à ce qu'on apprenne l'élection, des prières dans toutes les villes et localités importantes, pour que Dieu incline les cœurs des cardinaux à une élection prompte, unanime et sage

Ubi periculum majus intenditur, ibi procul dubio est plenius consulendum Quam gravibus autem sit onusta dispendiis. quot et quantis sit plena periculis, Ecclesiæ romanæ prolixa vacatio · exacti temporis consideratio edocet, et considerata prudenter illius discrimina manifestant. Hinc nos evidens evocat ratio, ut dum reformandis etiam minoribus nostra solerter vacat intentio, ea quæ periculosiora sunt nequaquam absque remedio reformationis accommodæ relinquamus. Ideoque omnia, quæ pro vitanda discordia, in electione romani pontificis a nostris sunt prædecessoribus, et præcipue a felicis recordationis Alexandro papa tertio, salubriter instituta, omnino immota in sua firmitate manere censentes (nihil enim illis detrahere intendimus, sed quod experientia deesse probavit, præsenti constitutione supplere) hoc sacro concilio approbante, statuimus, ut si eumdem pontificem in civitate, in qua cum sua curia residebat, diem claudere contingat extremum, cardinales, qui fuerint in civitate ipsa præsentes, absentes expectare decem diebus tantummodo teneantur. Quibus elapsis, sive absentes venerint, sive non, ex tunc omnes conveniant in palatio, in quo idem pontifex habitabat, contenti singuli singulis tantummodo servientibus clericis, vel laicis, prout duxerint eligendum Illis tamen quibus patens necessitas id suggerit indulgeri, duos habere permittimus, ejusdem electionis arbitrio reservato. In eodem autem palatio unum conclave, nullo intermedio pariete, seu alio velamine, omnes habitent in communi. Quod (servato libero ad secretam cameram aditu) ita claudatur undique, ut nullus illuc intrare valeat vel exire; nulli ad eosdem cardinales aditus pateat, vel facultas secrete loquendi cum eis : nec ipsi aliquos ad se venientes admittant, nisi eos, qui de voluntate omnium cardinalium inibi præsentium, pro iis tantum quæ ad electionis instantis negotium pertinent, vocarentur. Nulli etiam fas sit ipsis cardinalibus vel

*eorum alicui, nuncium mittere vel scripturam. Qui vero contra fecerit,
scripturam mittendo vel nuncium, aut cum aliquo ipsorum secreto
loquendo : ipso facto sententiam excommunicationis incurrat. In
conclavi tamen prædicto aliqua fenestra competens dimittatur, per
quam eisdem cardinalibus ad victum necessaria commode ministrentur : sed per eam nulli ad ipsos patere possit ingressus. Verum
si, quod absit, infra tres dies, postquam, ut prædicitur, conclave
prædictum iidem cardinales intraverint, non fuerit ipsi Ecclesiæ de
pastore provisum, per spatium quinque dierum immediate sequentium,
singulis diebus, tam in prandio quam in cœna, uno solo ferculo sint
contenti. Quibus provisione non facta decursis, extunc tantummodo
panis, vinum et aqua ministrentur eisdem, donec eadem provisio
subsequatur. Provisionis quoque hujusmodi pendente negotio, dicti
cardinales nihil de camera papæ recipiant, nec de aliis eisdem Ecclesiæ
tempore vacationis obvenientibus undecumque : sed ea omnia ipsa
vacatione durante, sub ejus, cujus fidei et diligentiæ camera eadem
est commissa, custodia maneant, per eum dispositioni futuri pontificis
reservanda. Qui autem aliquid receperint, teneantur extunc a perceptione quorumlibet redituum ad ipsos spectantium abstinere, donec
de receptis taliter plenariam satisfactionem impendant. Iidem quoque
cardinales accelerandæ provisioni sic vacent attentius, quod se nequaquam de alio negotio intromittant : nisi forsan necessitas adeo urgens
incideret, quod eos oporteret de terra ipsius Ecclesiæ deferenda, vel ejus
parte aliqua providere : vel nisi aliquod tam grande, tam evidens
periculum immineret, quod omnibus et singulis cardinalibus præsentibus concorditer videretur illi celeriter occurrendum. Sane si aliquis
de prædictis cardinalibus conclave prædictum, ut supra exprimitur,
non intraverit; aut intrans, absque manifesta causa infirmitatis
exierit : ipso minime requisito, nec in ejusdem electionis negotio
ulterius admittendo, per alios ad eligendum substituendum pontificem
libere procedatur. Si vero infirmitate superveniente, idem conclave
aliquem ex eis exire contingat : ipsa etiam infirmitate durante, poterit
ejus suffragio non requisito ad electionem procedi. Sed si ad alios
post sanitatem sibi redditam seu antea redire voluerit, vel etiam si
alii absentes quos per decem dies diximus expectandos, supervenerint
re integra, videlicet antequam eidem Ecclesiæ sit de pastore provisum,
in eodem negotio : in illo statu, in quo ipsum invenerint, admittantur,
præmissa, tam de clausura quam de servientibus cibo ac potu, et
reliquis, cum aliis servaturi. Porro si quando romanum pontificem
extra civitatem prædictam, in qua erat cum sua curia residens,*

contigerit ab hac luce migrare : teneantur cardinales in civitate, in cujus territorio seu districtu idem pontifex obiit, convenire nisi sit forsitan interdicta, vel contra Ecclesiam romanam in aperta rebellione persistat. Quo casu in alia viciniori conveniant, quæ similiter nec interdicto subjaceat, nec sit, ut prædicitur, aperte rebellis. In hac etiam civitate, tam quoad expectationem absentium, quam quoad habitationem communem, clausura, et cetera omnia, in domo episcopali, vel alia qualibet eisdem cardinalibus deputanda, eadem observentur, quæ superius, obeunte dicto pontifice in ea, in qua cum sua residebat curia, sunt expressa.

Præterea, quia parum est jura condere, nisi sit qui eadem tueatur : adjiciendo sancimus, ut dominus, aliique rectores, et officiales civitatis illius, in qua romani pontificis celebranda fuerit electio, authoritate nostra, et ejusdem approbatione concilii, potestate sibi tradita, præmissa omnia et singula plene ac inviolabiliter sine fraude ac dolo aliquo faciant observari : nec cardinales ultra quam præmittitur, arctare præsumant. Super his autem taliter observandis, statim audito summi pontificis obitu, coram clero et populo civitatis ipsius, ad hoc specialiter convocandis, præstent corporaliter juramentum. Quod si forte in præmissis, vel circa ea, fraudem commiserint, aut ipsa diligenter non observaverint : cujuscumque sint præeminentiæ, conditionis, aut status, omni cessante privilegio, eo ipso excommunicationis sint vinculo innodati, et perpetuo sint infames, nec unquam eis portæ dignitatis pateant, nec ad aliquod publicum officium admittantur. Ipsos insuper feudis et bonis ceterisque, quæ ab eadem romana vel quibuslibet aliis Ecclesiis obtinent, ipso facto decrevimus esse privatos : ita quod ad Ecclesias ipsas plene ac libere revertantur, administratorum earumdem Ecclesiarum arbitrio sine contradictione aliqua disponenda. Civitas vero prædicta, non solum sit interdicto supposita, sed et pontificali dignitate privata. Ceterum quia cum arbitrium vel inordinatus captivat affectus, vel ad certum aliquid obligationis cujusque necessitas adigit, cessat electio, dum libertas adimitur eligendi : cardinales eosdem obsecrantes per viscera misericordiæ Dei nostri, per aspersionem sui pretiosi sanguinis obtestamur, ut pensantes attentius quid eis imminet, cum agitur de creatione vicarii Jesu Christi successoris Petri, rectoris universalis Ecclesiæ, gregis Dominici directoris, omni privatæ affectionis inordinatione deposita, et cujuslibet pactionis, conventionis, obligationis necessitate, necnon condicti et intendimenti contemplatione cessantibus, non in se reciprocent considerationis intuitum, vel in suos, non quæ sua sunt

quærant, non commodis privatis intendant, sed nullo arctante ipso-
rum in eligendo judicium, nisi Deo, puris et liberis mentibus, nuda
electionis conscientia utilitatem publicam libere prosequantur omni
onatu et solicitudine, prout possibilitas patitur, id acturi tantum-
modo, ut eorum ministerio acceleretur utilis et pernecessaria totius
mundi provisio, idoneo celeriter eidem Ecclesiæ sponso dato. Qui
autem secus egerint, divinæ subjaceant ultioni, eorum culpa, nisi
gravi propter hoc peracta pænitentia, nullatenus abolenda. Et nos
nihilominus pactiones, conventiones, obligationes, condicta et inten-
dimenta omnia, sive juramenti, sive cujuslibet alterius fuerint
vinculo firmitatis annexa, cassamus, irritamus et viribus decernimus
omnino carere, ut nullus ad illa observanda quomodolibet sit astrictus,
nec quisquam ex eorum transgressione notam vereatur fidei non servatæ,
sed non indignæ laudis titulum potius mereatur : cum lex etiam
humana testetur, Deo magis transgressiones hujusmodi, quam juris-
jurandi observationes, acceptas.

Quia vero fidelibus non est tam de solicita quantumcunque inven-
tione fidendum, quam de instantia orationis humilis et devotæ speran-
dum, huic adjicimus sanctioni, ut in omnibus civitatibus ceterisque
locis insignibus, ubi primum de memorati pontificis obitu certitudo
claruerit, a clero et populo solemnibus pro eo exequiis celebratis,
singulis diebus, donec de ipsius Ecclesiæ provisione indubitatus rumor
pertulerit veritatem, humiles preces fundantur ad Dominum, apud
eum devotis orationibus insistatur, ut ipse qui concordiam facit in
sublimibus suis, sic efficiat eorumdem cardinalium corda in eligendo
concordia, quod provisio celer, concors et utilis, prout animarum
salus exigit, et totius requirit orbis utilitas, ex ipsorum unanimitate
sequatur. Et ne tam salubre præsentis sanctionis edictum ignorantiæ
negligi prætextu contingat : districte præcipimus, ut patriarchæ,
archiepiscopi, episcopi et alii ecclesiarum prælati, ceterique, quibus
concessum est proponere verbum Dei, clerum et populum propter hoc
specialiter frequentius congregandos in suis sermonibus ad supplicum
precum suffragia, pro celeri et felici exitu tanti negotii frequentanda,
solerter hortentur, et ipsis eadem authoritate, non solum orationum
frequentiam, sed et observantiam, prout circumstantiæ pensandæ
suaserint, jejuniorum indicant [1]. — *Corpus jur. can.,* lib. I, tit. VI, *De*
electione, cap. 3, in VI°.

_____

1. Cette ordonnance concernant le conclave fut déjà suspendue par Hadrien V, à
l'élection duquel Charles d'Anjou, comme sénateur de Rome, l'appliqua avec une

Can. 3.

Afin que la provision des charges ecclésiastiques ne soit pas indûment différée, nous ordonnons : Quiconque fait appel à la suite d'opposition à une élection, postulation et provision, en attaquant soit la forme de l'élection, soit les personnes des électeurs ou de l'élu, soit un autre candidat, devra consigner dans un écrit public tout ce qu'il avance, en présence de personnes qui déclareront par serment tenir pour vraies ces allégations et être à même de les prouver. L'ordonnance d'Innocent IV contre ceux qui ne peuvent pas prouver leurs réclamations reste en vigueur.

Ut circa electiones, postulationes et provisiones ecclesiasticas, viam malitiis, prout est possibile, præcludamus, nec diutius periculose vacent ecclesiæ, vel personatuum, dignitatum et aliorum ecclesiasticorum beneficiorum provisio differatur : edicto perpetuo providemus, ut si quando aliqui electionibus, postulationibus, vel provisionibus se opponunt, proponendo aliqua contra electionis, postulationis, seu provisionis formam, aut personas eligentium, vel electi, sive illius, cui provisio erat facienda vel facta, et propter hoc contigerit appellari, appellantes in instrumento publico, seu litteris super appellatione confectis, omnia et singula exprimant, quæ in formam intendunt objicere, vel personas, coram personis authenticis, aut persona, quæ super hoc testimonium perhibeant veritati, corporali præstito juramento, quod credunt ea, quæ sic exprimunt, esse vera, et se posse probare. Alioquin tam opponentes, quam (tempore appellationis interpositæ, vel postmodum) adhærentes eisdem, objiciendi aliqua, quæ non fuerint in hujusmodi litteris vel instrumentis expressa, potestatem sibi noverint interdictam : nisi aliquid postea forsan emerserit, vel super antiquis supervenerit probandi facultas, aut aliqua antiqua in opponentium notitiam de novo pervenerint, quæ appellantes appellationis emissæ tempore verisimiliter ignorare potuerint, et etiam ignorarint. Super hujusmodi autem ignorantia, et superveniente facultate probandi, fidem per proprium præstandum corporaliter faciant juramentum, hoc adjiciendo in juramento eodem, quod ad ea probanda credunt se sufficientes probationes habere. Illa sane quæ felicis recordationis Innocentius papa quartus, contra non plene

---

sévérité indiscrète. Jean XXI la supprima complètement et Célestin V la remit en vigueur. Mansi, *Conc. ampliss. coll.*, t. xxiv, col. 133; Potthast, *Reg.*, t. ii, p. 1709, 1711

probantes ea, quæ in formam vel personam objecerunt, statuit, in
suo volumus robore permanere. — Corp. jur. can., lib. I, tit. vɪ,
De electione, cap. 4, in VIᵒ.

Cᴀɴ. 4.

Il est défendu à quiconque est élu à une dignité ecclésiastique, jusqu'à la
confirmation de son élection, d'en prendre l'administration au spirituel ou [14
au temporel, à titre d'économe ou de procureur, ou tout autre, totalement
ou en partie, personnellement ou par d'autres : autrement il perd tout droit
qui pourrait lui venir par l'élection.

Avaritiæ cæcitas, et damnandæ ambitionis improbitas, aliquorum
animos occupantes, eos in illam temeritatem impellunt, ut quæ sibi a
jure interdicta noverint, exquisitis fraudibus usurpare conentur.
Nonnulli siquidem ad regimen ecclesiarum electi, quia eis jure pro-
hibente non licet, se, ante confirmationem electionis celebratæ de ipsis,
administrationi ecclesiarum ad quas vocantur, ingerere, ipsam sibi
tanquam procuratoribus seu œconomis committi procurant. Cum
itaque non sit malitiis hominum indulgendum, nos latius providere
volentes, hac generali constitutione sancimus, ut nullus de cetero
administrationem dignitatis, ad quam electus est, priusquam celebrata
de ipso electio confirmetur, sub œconomatus vel procurationis nomine,
aut alio de novo quæsito colore, in spiritualibus vel temporalibus, per
se vel per alium, pro parte vel in totum, gerere vel recipere, aut illis
se immiscere præsumat. Omnes illos qui secus fecerint, jure, si quod
eis per electionem quæsitum fuerit, decernentes eo ipso privatos. —
Corp. jur. can., lib. I, tit. vɪ, *De electione,* cap. 5, in VIᵒ.

Cᴀɴ. 5.

Pour éviter les longues vacances, nous ordonnons : Dès qu'on a procédé
à l'élection à une église, les électeurs doivent avertir l'élu aussitôt que
possible. L'élu doit, dans le délai d'un mois, déclarer s'il accepte ou non.
Dans les trois mois après son acceptation, il doit demander la confirmation
de son élection, sous peine de déchéance.

Quam sit ecclesiis ipsarum dispendiosa vacatio, quam periculosa
etiam esse soleat animabus, non solum jura testantur, sed etiam magistra
rerum efficax experientia manifestat. Cupientes itaque competentibus
remediis vacationum diuturnitatibus obviare, hoc perpetuo decreto

statuimus : ut si quando fuerit electio in aliqua ecclesia celebrata, electores, electionem ipsam, quam citius commode poterunt, electo praesentare, ac petere consensum ipsius, procurent : electus vero illum adhibere infra mensem a tempore praesentationis hujusmodi teneatur. Quem si electus ipsi praestare ultra distulerit, jure, si quod ei ex sua electione fuerat acquisitum, extunc se noverit eo ipso privatum : nisi forsan sit electae personae conditio, ut electioni de se celebratae, absque superioris sui licentia, ex prohibitione, seu quavis provisione Sedis apostolicae, consentire non possit. Quo casu, idem electus, seu electores ipsius, consentiendi licentiam ab ejus superiore, cum ea celeritate, quam superioris ipsius praesentia vel absentia permiserit, petere studeant, et habere. Alioquin, si lapso tempore, pro ejusdem superioris praesentia vel absentia, ut praemittitur, moderando, hujusmodi licentiam eos nequaquam obtinere contingat : electores extunc ad electionem aliam procedendi liberam habeant facultatem. Ceterum quivis electus infra tres menses post consensum electioni de se celebratae praestitum, confirmationem electionis ipsius petere non omittat. Quod si justo impedimento cessante, infra hujusmodi trimestre tempus omiserit, electio eadem eo ipso viribus vacuetur. — Corp. jur. can., lib. I, tit. vi, *De electione*, cap. 6, in VIo.

Can. 6.

Ceux qui, dans une élection, votent sciemment pour un indigne commettent un péché grave et s'exposent même, dans certains cas, à des peines ; cependant ils ne perdent pas le droit d'élire, à moins que leur insistance n'ait entraîné l'élection commune.

Perpetuae sanctionis oraculo declaramus, quod scienter in electionibus nominantes indignum, propter suffragium in scrutinio praestitum, nisi adeo in eo perstiterint, quod ex votis eorum communis electio subsequatur, nequaquam eligendi potestate priventur : licet pro eo quod indignum nominando scienter contra conscientias suas agunt, et divinam vindictam, et apostolicae ultionis metum, quem qualitas facti suaserit, possint non immerito formidare. — Corp. jur. can., lib. I, tit. vi, *De electione*, cap. 7, in VIo.

Can. 7.

Quand on a voté pour un candidat qui a été élu, ou qu'on s'est rallié au vote des autres, on ne peut attaquer l'élection, si ce n'est pour des faits postérieurs, ou du moins ignorés au temps de l'élection; ce que l'on doit alors affirmer sous serment.

Nulli licere decernimus, postquam in scrutinio nominaverit aliquem, et electio fuerit subsecuta, vel postquam præstiterit electioni de ipso ab aliis celebratæ consensum, illum super electione ipsa, nisi ex causis postea emergentibus, impugnare : vel nisi ei morum ipsius antea celata de novo pandatur improbitas, seu alicujus alterius latentis vitii, vel defectus, quæ verisimiliter ignorare potuerit, veritas reveletur. De hujusmodi autem ignorantia fidem proprio faciat juramento. — Corp. jur. can., lib. I, tit. vi, *De electione*, cap. 8, in VI⁰.

Can. 8.

Lorsque, dans une élection controversée, un candidat est élu par des électeurs deux fois plus nombreux que ceux de l'autre candidat, la minorité ni son élu ne peuvent tenter de faire casser le vote de la majorité en alléguant un défaut de zèle ou d'autorité. Ils peuvent cependant invoquer des causes qui entraînent la nullité de plein droit.

Si quando contigerit, duabus electionibus celebratis, partem alteram eligentium duplo majorem numero inveniri : contra electores, qui partem reliquam sic excedunt, ad extenuationem zeli, meriti, vel authoritatis ipsorum reliquis, vel electo ab eis aliquid opponendi, omnem præsenti decreto interdicimus facultatem. Si quid autem opponere voluerint, quod votum illius cui opponitur nullum redderet ipso jure : id eis non intelligimus inte dictum. — Corp. jur. can., lib. I, tit. vi, *De electione*, cap. 9, in VI⁰.

Can. 9.

Lorsque, à l'occasion d'une élection épiscopale, un appel extrajudiciaire est déposé pour une raison manifestement frivole, l'affaire ne doit pas être portée devant le Saint-Siège, quoique en général les causes concernant les élections épiscopales soient des *causæ majores* et, après appel, doivent être jugées par le Siège apostolique.

Quamvis constitutio felicis recordationis Alexandri papæ quarti prædecessoris nostri, causas electionum episcopalium, seu super electionibus episcoporum exortas, non immerito majoribus causis annumerans, cognitiones ipsarum per appellationes quaslibet devolvi

afferat ad apostolicæ Sedis examen : nos tamen, et temerariam appel-
lantium audaciam, et effrenatam appellationum frequentiam, refre-
nare volentes, hac generali constitutione duximus providendum, ut si
extra judicium in prædictis electionibus, vel in aliis de dignitatibus
episcopatu majoribus celebratis, expressa causa manifeste frivola, con-
tigerit appellari, per appellationem hujusmodi nequaquam ad Sedem
eamdem negotium devolvatur. Sed cum in electionum earumdem
negotiis, in judicio, vel extra judicium appellatur, inscriptis ex
causa probabili, quæ probata deberet legitima reputari, ad Sedem
ipsam hujusmodi negotio deferantur. Ceterum in præmissis omnibus
casibus liceat partibus ab hujusmodi appellationibus, nulla tamen in-
terveniente pravitate, recedere : antequam præfatæ Sedi fuerint præ-
sentatæ. Inferiores autem judices, uorum erat ipsarum causarum
cognitio, appellatione cessante, an in hoc pravitas intercesserit ante
omnia diligenter inquirant : et si eam intercessisse repererint, se de
causis ipsis nullatenus intromittant, sed præfigant dictis partibus
terminum peremptorium competentem, in quo cum omnibus actis et
monimentis suis apostolico se conspectui repræsentent. — Corp. jur.
can., lib. I, tit. vi, *De electione*, cap. 10, in VI°[1].

Can. 10.

Si, au clerc élu, ou postulé, ou autrement à promouvoir à une
dignité ecclésiastique, on oppose l'ignorance ou autre défaut personnel
notoires, il faut d'abord ouvrir sur ces points une enquête. S'il en
résulte que les accusations sont sans fondement, non seulement les
opposants ne pourront poursuivre la cause, mais ils seront punis comme
s'ils avaient échoué dans les preuves à fournir.

Si forte inter cetera, quæ objiciuntur electo, aut postulato, seu alias
promovendo ad aliquam dignitatem, evidentem scientiæ vel alium
personæ defectum opponi contingat : in discussione objectorum illum
statuimus ordinem incommutabiliter observandum, ut promovendus
super defectu ipso ante omnia subjiciatur examini, cujus eventus
examinandis aliis aut dabit initium aut negabit. Ceterum si præmissi
examinis exitus hujusmodi oppositiones docuerit veritate destitui,
opponentes omnino a persecutione causæ, in qua talia objecerunt,
excludimus, et perinde puniri decernimus, ac si penitus in probatione

---

1. Cf. Kober, *Suspension*, p. 343.

omnium quæ objecerant defecissent. — *Corp. jur. can.*, lib. I, tit. vi, *De electione*, cap. 11, in VI⁰.

Can. 11.

Celui qui tire vengeance de ce que des électeurs n'ont pas élu à une église [14 le candidat qu'il leur avait recommandé, en pillant les biens de l'église ou en molestant les électeurs, est excommunié *ipso facto.*

Sciant cuncti, qui clericos vel quaslibet alias personas ecclesia-sticas, ad quos in aliquibus ecclesiis, monasteriis, aut aliis piis locis spectat electio, pro eo quod, rogati seu alias inducti, eum pro quo rogabantur, sive inducebantur, eligere noluerunt, vel consanguineos eorum, aut ipsas ecclesias, monasteria, seu loca cetera, beneficiis, sive aliis bonis per se vel per alios spoliando, seu alias injuste perse-quendo, gravare præsumpserint, se ipso facto excommunicationis sententia innodatos. — *Corp. jur. can.*, lib. I, tit. vi, *De electione*, cap. 12, in VI⁰.

Can. 12.

Celui qui usurpe de nouveau les régales, la garde ou l'avouerie des églises et monastères, etc., et occupe les biens de ces églises vacantes, est excommunié *ipso facto*, ainsi que tout clerc ou moine qui l'aiderait en cela. Les clercs qui, manquant à leur devoir, ne s'y opposent pas, perdent les revenus qu'ils perçoivent de ces églises, aussi longtemps qu'ils tolèrent ce désordre. Celui qui, par fondation ou coutume, revendique ces sortes de droits, ne doit pas en abuser ni s'approprier quoi que ce soit des revenus, sauf pendant le temps de la vacance, ni laisser péricliter les biens dont il a la garde.

Generali constitutione sancimus, universos et singulos qui regalia, custodiam sive guardiam advocationis vel defensionis titulum in ecclesiis, monasteriis, sive quibuslibet aliis piis locis, de novo usurpare conantes, bona ecclesiarum, monasteriorum, aut locorum ipsorum vacantium occupare præsumunt, quantæcumque dignitatis honore præfulgeant, clericos etiam ecclesiarum, monachos monasteriorum, et personas ceteras locorum eorumdem, qui hæc fieri procurant, eo ipso excommunicationis sententiæ subjacere. Illos vero clericos qui se, ut debent, talia facientibus non opponunt, de proventibus ecclesiarum, seu locorum ipsorum, pro tempore quo præmissa sine debita contra-dictione permiserint, aliquid percipere districtius inhibemus. Qui autem ab ipsarum ecclesiarum ceterorumque locorum fundatione, vel ex antiqua consuetudine, jura sibi hujusmodi vindicant : ab illorum abusu sic prudenter abstineant, et suos ministros in eis solicite faciant abstinere, quod ea quæ non pertinent ad fructus sive reditus provenientes vacationis tempore non usurpent; nec bona cetera, quorum se asserunt habere custodiam, dilabi permittent, sed in bono statu conservent. — Corp. jur. can., lib. I, tit. vi, *De electione,* cap. 13, in VIᵒ.

Can. 13.

On ne doit confier les églises paroissiales qu'à des clercs idoines par la science, les mœurs et l'âge. Si quelqu'un âgé de moins de vingt-cinq ans est investi d'une église paroissiale, la nomination est nulle. L'élu doit résider à l'église paroissiale et recevoir la prêtrise dans le délai d'une année, autrement il est privé *ipso facto* de son église. L'évêque peut pour de bonnes raisons dispenser pour un temps de l'obligation de la résidence.

Licet canon a felicis recordationis Alexandro papa tertio prædecessore nostro editus, inter cetera statuerit, ut nullus regimen ecclesiæ parochialis suscipiat, nisi vigesimum quintum annum ætatis attigerit, ac scientia et moribus commendandus existat, quodque talis ad regimen assumptus hujusmodi, si, monitus, non fuerit præfixo a canonibus tempore in presbyterum ordinatus, a regiminis ejusdem amoveatur officio, et alii conferatur : quia tamen in observatione canonis memorati se multi exhibent negligentes, nos periculosam illorum negligentiam volentes juris executione suppleri, præsenti decreto statuimus, ut nullus ad regimen parochialis ecclesiæ assumatur, nisi sit idoneus scientia, moribus et ætate. Decernentes collationes de parochialibus ecclesiis, iis qui non attigerunt vigesimum quintum annum de cetero faciendas, viribus omnino carere. Is etiam qui ad hujusmodi regimen assumetur, ut gregis sui crediti diligentius gerere curam possit, in parochiali ecclesia, cujus rector extiterit, residere personaliter teneatur : et in ra annum a sibi commissi regiminis tempore numerandum se faciat ad sacerdotium promoveri. Quod si infra idem tempus promotus non fuerit : ecclesia sibi commissa, nulla etiam præmissa monitione, sit præsentis constitutionis authoritate privatus. Super residentia vero, ut præmittitur, facienda, possit ordinarius gratiam dispensative ad tempus facere, prout causa rationabilis id exposcet. — Corp. jur. can., lib. I, tit. vi, De electione. cap. 14. in VIᵒ.

Can. 14.

Il est défendu de donner une église paroissiale en commende à qui n'a pas l'âge requis ou n'est pas prêtre. Il est également défendu d'avoir plus d'une commende de ce genre. Ces commendes ne sont permises que pour l'évident avantage de l'église en question : elles ne peuvent pas durer plus d'un semestre.

Nemo deinceps parochialem ecclesiam alicui non constituto in ætate legitima et sacerdotio commendare præsumat. Nec tali etiam nisi unam, et evidenti necessitate vel utilitate ipsius ecclesiæ suadente. Hujusmodi autem commendam, ut præmittitur, rite factam declaramus ultra semestris temporis spatium non durare. Statuentes quidquid secus de commendis ecclesiarum parochialium actum fuerit, esse irritum ipso jure. — Corp. jur. can., lib. I, tit. VI, *De electione,* cap. 15, in VI°.

Can. 15.

Celui qui confère sans autorisation les ordres à un clerc d'une autre *paroisse* (diocèse) sera suspendu pendant une année de la collation des ordres et pendant ce temps ses propres clercs peuvent recevoir les ordres des évêques voisins sans sa permission, et d'ailleurs suivant les règles.

Eos qui clericos parochiæ alienæ, absque superioris ordinandorum licentia, scienter, seu affectata ignorantia, vel quocumque alio figmento quæsito, præsumpserint ordinare, per annum a collatione ordinum decernimus esse suspensos; iis quæ jura statuunt contra taliter ordinatos in suo robore duraturis. Clericis quoque parochiæ taliter suspensorum, postquam eorum suspensio fuerit manifesta, absque ipsorum etiam licentia, interim recipiendi ordines ab aliis vicinis episcopis, alias tamen canonice, liberam concedimus facultatem. — Corp. jur. can., lib. I, tit. IX, *De temporibus ordinationum,* cap. 2, in VI°[1].

Can. 16

Les bigames ne jouissent d'aucun privilège clérical et relèvent du for séculier. Il leur est défendu de porter la tonsure ou l'habit ecclésiastique.

1. Cf. Kober, *Suspension,* p. 294.

Altercationis antiquæ dubium præsentis declarationis oraculo decidentes, bigamos omni privilegio clericali declaramus esse nudatos, et coercitioni fori sæcularis addictos : consuetudine contraria non obstante. Ipsis quoque sub anathemate prohibemus deferre tonsuram vel habitum clericalem. — *Corp. jur. can.,* lib. I, tit. XII, *De bigamis,* cap. 1, in VI°.

CAN. 17.

Si les chanoines d'une église veulent suspendre le culte divin en raison d'une prétendue coutume, ils devront auparavant en consigner les raisons dans un document public. S'ils omettent de le faire, ou si la raison invoquée n'est pas valable, ils rendront à l'église tous les revenus qu'ils auront perçus ou dû percevoir pendant cette interruption, sans compter la satisfaction à donner à celui contre qui ils ont décidé cette suspension du service divin. Si le motif invoqué est canonique, celui qui a occasionné l'interruption devra indemniser les chanoines et l'église. Enfin nous défendons sévèrement l'abus de ceux qui, pour aggraver cette interruption, jettent par terre, parmi des orties et des épines, la croix et les statues des saints.

Si canonici a divinis cessare voluerint, prout in ecclesiis aliquibus sibi ex consuetudine vel alias vindicant, antequam ad cessationem hujusmodi quoquo modo procedant, in instrumento publico vel patentibus litteris sigillorum suorum aut alterius authentici munimine roboratis, cessationis ipsius causam exprimant, et illud vel illas, ei contra quem cessare intendunt, assignent. Scituri, quod si hoc prætermisso cessaverint, vel causa, quam expresserint, non fuerit inventa canonica, omnia, quæ de quibuscumque proventibus illius ecclesiæ, in qua cessatum fuerit, cessationis tempore perceperunt, restituent. Illa vero qui pro eodem tempore debentur eisdem, nullo modo percipient, sed ipsi ecclesiæ cedere, ac nihilominus ei, contra quem cessaverant, de damnis et injuriis satisfacere tenebuntur. Si autem causa eadem canonica fuerit judicata : is qui occasionem cessationi dederat, ad omne interesse dictis canonicis, et ecclesiæ, cui debitum officium ejus est culpa subtractum, ad certam quantitatem taxandam, et in divini cultus augmentum convertendam, superioris arbitrio condemnetur. Ceterum detestabilem abusum horrendæ indevotionis illorum, qui crucis, beatæ Virginis aliorumve sanctorum imagines, seu statuas, irreverenti ausu tractantes, eas in aggravationem cessationis hujusmodi prosternunt in terram, urticis spinisque supponunt, penitus reprobantes

tuentes, ut in eos qui contra fecerint ultrix procedat dura sententia :
quæ delinquentes sic graviter puniat, quod alios a similium præsump-
tione compescat. — Corp. jur. can., lib. I, tit. xvi, *De officio*
ordinarii, cap. 2, in VI°.

Can. 18.

Les ordinaires doivent avertir leurs sujets possesseurs de plusieurs dignités
ou d'églises comportant charge d'âmes, ou d'une dignité avec un autre
bénéfice à charge d'âmes, d'avoir à exhiber dans le délai convenable la
dispense nécessaire. S'ils ne le peuvent, on regardera comme vacants les
bénéfices qu'ils détiennent injustement et les collateurs les donneront
librement à des sujets idoines. Si le clerc présente une dispense suffisante, il
a droit à n'être plus molesté; cependant l'évêque doit veiller à ce que ni la
charge d'âmes ni le service divin ne soient négligés dans ces bénéfices. Si
la dispense est douteuse, on doit recourir au Saint-Siège. Mais dorénavant
l'ordinaire n'accordera pas un second bénéfice à qui possède déjà un bénéfice
à charge d'âmes, si ce n'est sur présentation préalable d'une dispense
certaine.

Ordinarii locorum subditos suos plures dignitates, vel ecclesias,
quibus animarum cura imminet, obtinentes, seu personatum, aut
dignitatem, cum alio beneficio, cui cura similis est annexa, districte
compellant, dispensationes, authoritate quarum hujusmodi ecclesias
personatus, suas dignitates, canonice tenere se asserunt, infra tempus,
pro facti qualitate ipsorum ordinariorum moderandum arbitrio,
exhibere. Quod si forte, justo impedimento cessante, nullam dispen-
sationem infra idem tempus contigerit exhiberi : ecclesiæ beneficia,
personatus, seu dignitates, quæ sine dispensatione aliqua eo ipso
illicite detineri constabit, per eos, ad quos eorumdem collatio pertinet,
libere personis idoneis conferantur. Ceterum, si dispensatio exhibita
sufficiens evidenter appareat : exhibens, nequaquam in beneficiis
hujusmodi quæ canonice obtinet, molestetur. Provideat tamen ordi-
narius, qualiter nec animarum cura in eisdem ecclesiis, personatibus,
seu dignitatibus negligatur, nec beneficia ipsa debitis obsequiis
defraudentur. Si vero de dispensationis exhibitæ sufficientia dubitetur,
super hoc erit ad Sedem apostolicam recurrendum : cujus est æstimare
quem modum sui beneficii esse velit. In conferendis insuper perso-
natibus et aliis beneficiis, curam habentibus animarum annexam,
iidem ordinarii diligentiam illam observent, ut personatum, digni-
tatem, vel aliud beneficium similem curam habens, alicui plura

*similia obtinenti non ante conferre præsumant, quam eis super
obtentis dispensatio evidenter sufficiens ostendatur. Qua etiam ostensa,
ita demum ad collationem procedi volumus, si appareat per eamdem
quod is, cui est collatio facienda, hujusmodi personatum, dignitatem,
vel beneficium retinere licite valeat cum obtentis. Vel si ea, quæ sic
obtinet, libere ac sponte resignet. Aliter autem de personatibus,
dignitatibus et beneficiis talibus, facta collatio nullius penitus sit
momenti. — Corp. jur. can.*, lib. I, tit. xvi, *De officio ordinarii*,
cap. 3, in VI°.

CAN. 19.

Pour empêcher les lenteurs affectées des procédures, nous ordonnons
que tous les avocats et procureurs ecclésiastiques prêtent serment de promouvoir le bien de leurs clients dans la mesure de leurs forces, d'abandonner
une cause dès qu'ils verront qu'elle est mauvaise. Ce serment doit être
renouvelé tous les ans. Un avocat ne peut recevoir plus de vingt livres
tournois comme rétribution d'un procès, ni un procureur plus de douze.

*Properandum nobis visum est, ut malitiosis litium protractionibus
occurratur : quod speramus efficaciter provenire, si eos, qui circa
judicia suum ministerium exhibent, ad id congruis remediis diri-
gamus. Cum igitur ea, quæ ad hoc salubriter fuerant circa patronos
causarum legali sanctione provisa, desuetudine abolita videantur :
nos sanctionem eamdem, præsentis redivivæ constitutionis suffragio,
cum aliqua tamen adjectione, nec non et moderamine, renovantes,
statuimus ut omnes et singuli advocationis officium in foro ecclesiastico, sive apud Sedem apostolicam, sive alibi, exercentes, præstent,
tactis sacrosanctis evangeliis, juramentum, quod in omnibus causis
ecclesiasticis et aliis in eodem foro tractandis, quarum assumpserunt
patrocinium, vel assument, omni virtute sua, omnique ope, id quod
verum et justum existimaverint, suis clientulis inferre procurent;
nihil in hoc studii, quod eis sit possibile, relinquentes, quodque in
quacumque parte judicii eis innotuerit improbam fore causam, quam
in sua fide receperant, amplius non patrocinabuntur eidem, immo ab
ea omnino recedent, a communione illius se penitus separantes :
reliquis, quæ circa hæc sunt in eadem sanctione statuta, inviolabiliter
observandis. Procuratores insuper juramento simili astringantur.
Hujusmodi quoque juramentum, tam advocati, quam procuratores
in foro, in quo idem assumpserunt officium, teneantur annis singulis
iterare. Qui vero ad eamdem Sedem veniunt vel ad curiam cujuslibet*

ecclesiastici judicis, in qua nondum tale præstiterant juramentum, accedunt in aliquibus singularibus causis patrocinium, vel procurationis ministerium præstituri, præstent in singulis causis eisdem, mota controversia, simile juramentum. Advocati autem, et procuratores qui juxta prædictam formam jurare noluerint, executionem officiorum suorum, hujusmodi voluntate durante, sibi noverint interdictam. Quod si juramentum præstitum violare præsumpserint, præter reatum perjurii, consiliarii etiam, qui scienter iniquam causam foverint, divinam et nostram maledictionem incurrant, a qua non aliter liberentur, nisi duplum ejus restituerint, quod pro tam iniquis advocatione, procuratione, vel consilio receperunt; ac nihilominus de damnis, quæ per iniqua hujusmodi ministeria partibus irrogarunt, illis satisfacere teneantur. Ceterum ne cupiditatis ardor aliquos ad hæc salubria statuta contemnenda præcipitet, districtius inhibemus, ne aliquis advocatus in quacumque causa ultra viginti, procurator vero ultra duodecim libras Turonenses recipere, salarii nomine, vel etiam sub palmarii colore præsumat. Qui autem ultra receperint, nequaquam dominium eorum, quæ prædictam quantitatem excedunt, acquirant : sed ad restitutionem integram teneantur illorum. Ita quod nihil horum, ad quæ restituenda eos teneri præmisimus, in fraudem præsentis constitutionis remitti possit eisdem. Et insuper advocati constitutionem præsentem taliter violantes, ab advocationis officio triennio suspendantur. Procuratores vero extunc sibi sciant cujuslibet procurationis in judicio licentiam denegatam. — N'a pas été inséré au *Corpus jur. can.*

CAN. 20.

L'absolution de l'excommunication ou d'une autre censure, extorquée par crainte ou violence, est nulle.

Absolutionis beneficium ab excommunicationis sententia, vel quamcumque revocationem ipsius, aut suspensionis, seu etiam interdicti per vim vel metum extortam, præsentis constitutionis auctoritate omnino viribus vacuamus. Ne autem sine vindicta violentiæ crescat audacia, eos qui absolutionem sive revocationem hujusmodi vi vel metu extorserint, excommunicationis sententiæ decernimus subjacere. — *Corp. jur. can.*, lib. I, tit. xx, *De iis quæ vi...*, cap. 1, in VI°.

Can. 21.

1] Nous modérons la constitution de notre prédécesseur Clément IV, d'après laquelle les dignités et bénéfices vacants en curie romaine ne peuvent être conférés que par le pape. Dorénavant les collateurs pourront les conférer, après un délai d'un mois à partir de la date de la vacance, soit par eux-mêmes, soit, en cas d'absence, par leurs vicaires généraux.

Statutum felicis recordationis Clementis papæ quarti prædecessoris nostri de dignitatibus et beneficiis in curia romana vacantibus [1], *nequaquam per alium quam per romanum pontificem conferendis, decrevimus taliter moderandum, ut ii, ad quos eorumdem beneficiorum et dignitatum spectat collatio, statuto non obstante prædicto, demum post mensem a die quod dignitates seu beneficia ipsa vacaverint numerandum, ea conferre valeant tantummodo per seipsos, vel ipsis agentibus in remotis, per suos vicarios generales in eorum diœcesibus existentes, quibus id canonice sit commissum.* — *Corp. jur. can.,* lib. III, tit. IV, *De præb. et dignit.,* cap. 3, in VIᵒ.

Can. 22.

Les prélats ne peuvent pas soumettre à un laïque, à quelque titre que ce soit, les églises, leurs biens ou leurs droits, qui leur sont confiés, sans l'assentiment du chapitre et la permission spéciale du Saint-Siège [2]. Il ne s'agit pas seulement d'interdire l'emphytéose et l'aliénation sous les formes prescrites par le droit, mais la déclaration qu'ils tiennent ces biens de ces laïques, comme de leurs supérieurs, en usufruit; ces laïques cédant à l'avouerie (avoher) qui les fait patrons et avocats des églises et de leurs biens pour toujours ou pour très longtemps. Tous ces contrats sont nuls.

Hoc consultissimo prohibemus edicto, universos et singulos prælatos ecclesias sibi commissas, bona immobilia, seu jura ipsarum, laicis submittere, subjicere, seu supponere, absque capituli sui con-

1. Ce décret est de l'année 1265.
2. Au moyen âge, l'usage s'était introduit parmi les évêques et les prélats de mettre les biens de leurs églises sous la protection des seigneurs voisins pour les défendre contre les attaques des brigands ou les empêcher d'être complètement dépouillés. Les prélats cédaient le domaine direct de ces biens aux seigneurs qui refusaient autrement leur protection, ne gardant pour eux que le droit d'usufruit. Kober, ...

*sensu et Sedis apostolicæ licentia speciali, non concedendo bona
ipsa, vel jura in emphyteosim, seu alias alienando, in forma et casibus
a jure permissis, sed constituendo, vel recognoscendo, seu profitendo
ab illis ea tanquam a superioribus se tenere, seu ab ipsis eadem
advocando (prout in quibusdam partibus vulgariter dicitur* Avoher)
*vel ipsos patronos, sive advocatos ecclesiarum, seu bonorum ipsarum,
perpetuo aut ad tempus non modicum statuendo. Contractus autem
omnes, etiam juramenti, pœnæ vel alterius cujuslibet firmitatis
adjectione vallatos, quos de talibus alienationibus, sine hujusmodi
licentia et consensu contigerit celebrari, et quidquid ex eis secutum
fuerit, decernimus adeo viribus omnino carere, ut nec jus aliquod
tribuant, nec præscribendi etiam causam pariant. Et nihilominus
prælatos, qui secus egerint, ipso facto officio et administratione,
clericos etiam, qui, scientes contra inhibitionem prædictam aliquid
esse præsumptum, id superiori denunciare neglexerint, a perceptione
beneficiorum, quæ in ecclesia sic gravata obtinent, triennio statuimus
esse suspensos. Laici vero qui prælatos, vel capitula ecclesiarum, seu
alias personas ecclesiasticas, ad submissiones hujusmodi faciendas
hactenus compulerunt, nisi post competentem monitionem, remissa
submissione quam per vim vel metum exegerant, ecclesias et bona
ecclesiastica eis submissa taliter in sua libertate dimittant, illi etiam
qui de cetero prælatos vel personas easdem ad talia facienda com-
pulerint, cujuscumque sint conditionis aut status, excommunicationis
sint sententia innodati. Ex contractibus præterea super præmissis
hujusmodi licentia et consensu intervenientibus hactenus initis, vel
quos in futurum iniri continget, seu occasione illorum, laici, ultra
id quod eis ex natura contractuum ipsorum vel adhibita in illis lege
permittitur, aliquid non usurpent. Qui vero secus egerint, nisi legitime
moniti ab hujusmodi usurpatione destiterint, restituendo etiam quæ
taliter usurpant, eo ipso sententiam excommunicationis incurrant :
et extunc ad supponendum terram ipsorum, si opus fuerit, ecclesiastico
interdicto libere procedatur.* — Corp. jur. can., lib. III, tit. IX,
De rebus Ecclesiæ non alienandis, cap. 2, in VI°.

Can. 23.

En renouvelant le statut du (douzième) concile général (can. 13), nous
défendons que dorénavant personne ne fonde un nouvel ordre. Nous prohibons
et supprimons tous les ordres mendiants fondés depuis ce concile sans l'approbation du Saint-Siège. A l'égard des ordres mendiants déjà approuvés, nous

leur défendons de recevoir de nouveaux sujets à la profession, d'acquérir de nouvelles maisons, d'en aliéner aucune, sans une permission expresse du Saint-Siège qui se réserve d'affecter ces biens au soulagement de la Terre Sainte ou des pauvres. Les membres de ces ordres ne peuvent pas exercer à l'égard des étrangers le ministère de la prédication, de la confession ni même la sépulture. Cette constitution ne s'applique pas aux frères prêcheurs ni aux mineurs, dont l'utilité pour l'Église est évidente. Les carmes et les ermites de Saint-Augustin, dont la fondation est antérieure à ce (douzième) concile, doivent rester en leur état présent, jusqu'à nouvel ordre de notre part; car nous avons l'intention de promulguer de nouvelles ordonnances pour tous les ordres religieux[1].

52]

Religionum diversitatem nimiam, ne confusionem induceret, generale concilium consulta prohibitione vetuit. Sed quia non solum importuna petentium inhiatio illarum postmodum multiplicationem extorsit, verum etiam aliquorum præsumptuosa temeritas diversorum ordinum, præcipue mendicantium, quorum nondum approbationis meruere principium, effrænatam quasi multitudinem adinvenit, repetita constitutione districtius inhibentes, ne aliquis de cetero novum ordinem aut religionem inveniat, vel habitum novæ religionis assumat. Cunctas affatim religiones, et ordines mendicantes, post dictum concilium adinventos, qui nullam confirmationem Sedis apostolicæ meruerunt, perpetuæ prohibitioni subjicimus, et quatenus processerant, revocamus. Confirmatos autem per Sedem eamdem, post tamen idem concilium institutos, quibus ad congruam sustentationem reditus aut possessiones habere professio sive regula, vel constitutiones quælibet interdicunt, sed per quæstum publicum tribuere victum solet incerta mendicitas, modo subsistere decernimus infrascripto : ut professoribus eorumdem ordinum ita liceat in illis remanere, si velint, quod nullum deinceps ad eorum professionem admittant, nec de novo domum aut aliquem locum acquirant, nec domos seu loca quæ habent, alienare valeant, sine Sedis ejusdem licentia speciali. Nos enim ea dispositioni Sedis apostolicæ reservamus, in Terræ Sanctæ subsidium, vel pauperum, aut alios pios usus, per locorum ordinarios, vel eos quibus Sedes ipsa commiserit, convertenda. Si vero secus præsumptum fuerit, nec personarum

---

1. Beaucoup de membres du concile avaient demandé l'abrogation des privilèges de tous les ordres. Ceux-ci n'épargnèrent ni efforts ni frais pour leur défense, et le pape leur fut favorable. On parla également de réunir tous les ordres de chevalerie en un seul, mais on n'alla pas plus loin, en prévision du refus de l'Espagne. Mansi, *Conc. ampliss. coll.* † XXIV, col. 134.

receptis, nec domorum vel locorum acquisitio, aut ipsorum, cete-rorumque bonorum alienatio valeat : et nihilominus contrarium facientes sententiam excommunicationis incurrant. Personis quoque ipsorum ordinum omnino interdicimus, quoad extraneos, prædi-cationis et audiendæ confessionis officium, aut etiam sepulturam. Sane ad prædicatorum et minorum ordines, quos evidens ex eis utilitas Ecclesiæ universali proveniens perhibet approbatos, præ-sentem non patimur constitutionem extendi. Ceterum carmelitarum et eremitarum S. Augustini ordines, quorum institutio dictum con-cilium generale præcessit, in suo statu manere concedimus, donec de ipsis fuerit aliter ordinatum. Intendimus siquidem tam de illis, quam de reliquis, etiam non mendicantibus ordinibus, prout animarum saluti, et eorum statui expedire viderimus, providere. Ad hæc personis ordinum, ad quos constitutio præsens extenditur, transeundi ad reliquos ordines approbatos licentiam concedimus generalem : ita quod nullus ordo ad alium, vel conventus ad conventum, se ac loca sua totaliter transferat, Sedis ejusdem permissione super hoc spe-cialiter obtenta. — Corp. jur. can., lib. III, tit. XVII, *De religiosis domibus,* cap. 1, in VI°.

CAN. 24.

Celui qui, transgressant l'ordonnance d'Innocent IV sur les procurations, exige ou accepte de l'argent au lieu des procurations qui lui sont dues pour la visite, ou qui, sans avoir fait la visite, accepte une procuration en nature ou toute autre chose, doit dans le délai d'un mois restituer le double à l'église de qui il l'a reçue. Sinon, les évêques encourent l'interdit de l'entrée de l'église, les visiteurs inférieurs la suspense *ab officio et beneficio* jusqu'à ce qu'ils aient restitué le double, même si les donateurs en faisaient librement remise.

Exigit perversorum audacia, ut non simus sola delictorum prohi-bitione contenti, sed pœnam etiam delinquentibus imponamus. Constitutionem itaque felicis recordationis Innocentii papæ quarti prædecessoris nostri, editam super non recipiendis in pecunia pro-curationibus, et super receptione munerum, visitantibus eorumque familiis interdicta, quam multorum fertur temeritas præterire, volentes inviolabiliter observari, eam decrevimus pœnæ adjectione adjuvandam: statuentes, ut universi et singuli, qui ob procurationem sibi ratione visi-tationis debitam, exigere pecuniam, vel etiam a volente recipere, aut alias constitutionem ipsam, recipiendo munera, sive visitationis officio

*non impenso procurationem in victualibus, aut aliquid aliud pro-
curationis occasione, violare præsumpserint, duplum ejus quod
receperint, ecclesiæ a qua id receptum fuerit, infra mensem reddere
teneantur: alioquin extunc patriarcha, archiepiscopi, episcopi, duplum
ipsum ultra prædictum tempus restituere differentes, ingressum sibi
Ecclesiæ interdictum sentiant. Inferiores vero ab officio et beneficio
noverint se suspensos : quousque de duplo hujusmodi gravatis ecclesiis
plenariam satisfactionem impendant. Nulla eis in hoc dantium
remissione, liberaliter, seu gratia valitura.* —— *Corp. jur. can.,* lib. III,
tit. xx, *De censibus,* cap. 2, in VI°[1].

Can. 25.

Le service divin doit être conduit avec une grande dévotion. Lorsque le
nom de Jésus est prononcé, surtout pendant la messe, tous doivent fléchir
les genoux de leur cœur, ce qu'ils manifesteront au moins par une incli-
nation de tête[2]. Dans les églises la paix ne doit pas être troublée : qu'il
n'y ait ni rixes, ni cris, ni délibérations, ni réunions et parlements des
municipalités et corporations, ni discours frivoles et mondains, etc. Défense
de tenir des marchés et des jugements civils dans les églises et cimetières.
Les laïques ne doivent pas y traiter des procès civils ni surtout criminels.
Toute sentence portée par un juge civil dans une église est nulle.

*Decet domum Domini sanctitudo, decet, ut cujus in pace factus est
locus ejus, sit cultus cum debita veneratione pacificus. Sit itaque ad
ecclesiam humilis et devotus ingressus. Sit in eis quieta conversatio,
Deo grata, inspicientibus placida, quæ considerantes non solum
instruat, sed reficiat. Convenientes ibidem, nomen illud, quod est super
omne nomen, a quo aliud sub cælo non est datum hominibus, in quo
salvos fieri credentes oporteat, nomen videlicet Jesu Christi, qui salvum
facit populum suum a peccatis eorum, exhibitione reverentiæ spe-
cialis attollant, et quod generaliter scribitur, ut in nomine Jesu omne
genu flectatur; singuli singulariter in se ipsis implentes, præcipue
dum aguntur missarum sacra mysteria, gloriosum illud nomen
quandocumque recolitur, flectant genua cordis sui, quod vel capitis
inclinatione testentur. Attendantur in locis ipsis intentis præcordiis
sacra solemnia, devotis animis orationibus intendantur. Nullus in*

---

1. Cf. Kober, *Suspension,* p. 263.
2. En même temps, le pape engagea les prédicateurs à exhorter les fidèles à
incliner la tête au nom de Jésus. Mansi, op. cit. t. xxiv, col. 127.

locis eisdem, in quibus cum pace ac quiete vota convenit celebrari, seditionem excitet, conclamationem moveat, impetumve committat. Cessent in illis universitatum et societatum quarumlibet consilia, conciones et publica parlamenta. Cessent vana, et multo fortius fœda et profana colloquia. Sint postremo quæcumque alia divinum turbare possunt officium, aut oculos divinæ majestatis offendere, ab ipsis prorsus extranea : ne, ubi peccatorum est venia postulanda, ibi peccandi detur occasio, aut deprehendantur peccata committi. Cessent in ecclesiis earumque cœmeteriis negotiationes et præcipue nundinarum, ac fori cujusque tumultus. Omnis in eis sæcularium judiciorum strepitus conquiescat. Nulla inibi causa per laicos, criminalis maxime, agitetur. Sint loca eadem a laicorum cognitionibus aliena. Ordinarii locorum hæc faciant observari, suadenda suadeant, interdicta hujus canonis authoritate compescant : ad hæc alios etiam in ecclesiis ipsis magis assiduos, et ad præmissa idoneos, deputando. Et nihilominus processus judicum sæcularium, ac specialiter sententiæ prolatæ in eisdem locis, omni careant robore firmitatis. Qui vero præmissas inhibitiones animo petulanti contempserint, præter processum ordinariorum, et deputandorum ab ipsis, divinæ ultionis et nostræ poterunt acrimoniam formidare, donec suum confessi reatum, a similibus firmato proposito deliberaverint abstinere. — Corp. jur. can., lib. III, tit. XXIII, *De immunitate,* cap. 2, in VI°.

CAN. 26.

Nous renouvelons l'ordonnance du troisième concile de Latran concernant les usuriers (c. XXV) et nous y ajoutons : Aucun collège, communauté ou personne privée ne peut permettre à des étrangers de pratiquer l'usure dans son district : au contraire, il doit chasser de tels usuriers dans les trois mois. Personne ne doit leur louer une maison pour y exercer leurs affaires, [15 sous peine de suspense, excommunication et interdit.

Usurarum voraginem, quæ animas devorat et facultates exhaurit, compescere cupientes constitutionem Lateranensis concilii contra usurarios editam sub divinæ maledictionis interminatione præcipimus inviolabiliter observari. Et quia quo minor fœneratoribus aderit fœnerandi commoditas eo magis adimetur fœnus exercendi libertas : hac generali constitutione sancimus, ut nec collegium, nec alia universitas, vel singularis persona cujuscumque sit dignitatis, conditionis, aut status, alienigenas et alios non oriundos

de terris ipsorum, publice pecuniam fœnebrem exercentes, aut exer-
cere volentes, ad hoc domos in terris suis conducere, vel conductas
habere aut alias habitare permittat; sed hujusmodi usurarios
manifestos omnes infra tres menses de terris suis expellant, nun-
quam tales de cetero admissuri. Nemo illis ad fœnus exercendum
domos locet, vel sub alio titulo quocumque concedat. Qui vero
contrarium fecerint, si personæ fuerint ecclesiasticæ, patriarchæ,
archiepiscopi, episcopi, suspensionis; minores vero personæ singu-
lares, excommunicationis; collegium autem seu alia universitas,
interdicti sententiam ipso facto se noverint incursuros. Quam si
per mensem animo sustinuerint incurato, terræ ipsorum, quamdiu
in eis iidem usurarii commorantur, extunc ecclesiastico subjaceant
interdicto. Ceterum, si laici fuerint, per suos ordinarios ab hujus-
modi excessu, omni privilegio cessante, per censuram ecclesiasticam
compescantur. — *Corp. jur. can.,* lib. V, tit. v, *De usuris,* cap. 1,
in VIᵒ[1].

Can. 27.

Même dans le cas où un usurier notoire ordonnerait par testament des
restitutions, on lui refusera cependant la sépulture ecclésiastique jusqu'à
ce que satisfaction soit faite pour l'usure autant que ses moyens le permettent.
Cette satisfaction doit être donnée, par restitution immédiate ou cautionnement, aux personnes lésées elles-mêmes ou, à leur défaut, à leurs représentants, à l'évêque, ou à son vicaire, ou au recteur de la paroisse du
testateur, ou, si l'évêque en exprime le désir, à un officier public. Si la
somme des usures est connue, elle sera exprimée dans le cautionnement;
sinon celui qui reçoit le cautionnement doit la fixer suivant les
vraisemblances; et s'il restait sciemment au-dessous, il aurait à donner
lui-même une compensation. Les moines, etc., qui donneraient la sépulture
ecclésiastique à des usuriers notoires encourraient les peines portées
contre les usuriers eux-mêmes par le troisième concile de Latran. Que
personne ne serve de témoin pour le testament des usuriers notoires.
Qu'aucun prêtre ne reçoive leur confession ni ne les absolve avant qu'ils
n'aient restitué ou fourni un cautionnement. Les testaments d'usuriers
notoires sont nuls si la restitution n'y est pas prévue.

Quamquam usurarii manifesti de usuris, quas receperant, satis-
fieri expressa quantitate, vel indistincte in ultima voluntate manda-
verint : nihilominus tamen eis sepultura ecclesiastica denegetur,

1. Cf. Kohr *Suspension* p. 348.

donec vel de usuris ipsis fuerit, prout patiuntur facultates eorum, plenarie satisfactum, vel illis quibus est facienda restitutio, si præsto sint ipsi, aut aliis qui eis possint acquirere, vel eis absentibus loci ordinario, aut ejus vices gerenti, sive rectori parochiæ in qua testator habitat, coram aliquibus fide dignis de ipsa parochia : quibus quidem ordinario, vicario et rectori, prædicto modo cautionem hujusmodi, eorum nomine, liceat præsentis constitutionis authoritate recipere : ita quod illis proinde actio acquiratur, aut servo publico de ipsius ordinarii mandato idoneo de restitutione facienda sit cautum. Ceterum si receptarum usurarum sit quantitas manifesta, illam semper in cautione prædicta exprimi volumus; alioquin aliam recipientis cautionem hujusmodi arbitrio moderandam. Ipse tamen inscienter non minorem, quam verisimiliter creditur, moderetur; et, si secus fecerit, ad satisfactionem residui teneatur. Omnes autem religiosos et alios qui manifestos usurarios contra præsentis sanctionis formam ad ecclesiasticam admittere ausi fuerint sepulturam, pœnæ in Lateranensi concilio contra usurarios promulgatæ statuimus subjacere. Nullus manifestorum usurariorum testamentis intersit, aut eos ad confessionem admittat, sive ipsos absolvat, nisi de usuris satisfecerint, vel de satisfaciendo pro suarum viribus facultatum præstent, ut præmittitur, idoneam cautionem. Testamenta quoque manifestorum usurariorum aliter facta non valeant, sed sint irrita ipso jure. — Corp. jur. can., lib. V, tit. v, *De usuris*, cap. 2, in IVº.

Can. 28.

Les saisies appelées représailles, par lesquelles une personne est grevée à la place d'une autre, sont contraires à l'équité naturelle et doivent être défendues par la loi civile. Nous défendons plus encore l'emploi de telles représailles contres les ecclésiastiques ou les biens d'Église, nonobstant toute ancienne coutume [1].

Etsi pignorationes, quas vulgaris elocutio represalias nominat, in quibus alius pro alio prægravatur, tanquam graves legibus et æqui-

1. La *Continuatio Altahensis*, répétée par Eberhard de Ratisbonne, montre que cet abus des représailles était surtout courant en Allemagne, et que cette défense ne servit pas à grand'chose, parce que : *a)* elle ne fut pas suffisamment promulguée partout; *b)* la méchanceté des hommes ne craignait plus la menace des peines ecclésiastiques. *Monum. Germ. hist., Scriptores*, t. XVII, p. 409 sq., 593.

tati naturali contrariæ, civili sint constitutione prohibitæ, ut earum prohibitio in personis ecclesiasticis tanto amplius timeatur, quanto in illis specialius inhibentur, eas concedi contra personas prædictas, seu bona ipsorum, aut quantumcumque generaliter, prætextu cujusvis consuetudinis, quam potius reputamus abusum, forte concessas, ad illas extendi præsenti decreto districtius inhibemus. Illi autem qui contra fecerint, adversus personas easdem, pignorationes seu represalias concedendo, vel extendendo ad eas, nisi præsumptionem hujusmodi revocaverint, a concessionis vel extensionis tempore infra mensem, si personæ singulares fuerint, sententiam excommunicationis incurrant : si vero universitas, ecclesiastico subjaceat interdicto. —— Corp. jur. can., lib. V, tit. VIII, De injuriis et damno dato, cap. 1, in VIᵒ.

Can. 29.

Pour expliquer plus clairement la constitution de notre prédécesseur Innocent IV (can. 12 du premier concile de Lyon), nous déclarons que la défense de communiquer avec les excommuniés n'est canonique que dans les cas d'excommunication nominale. Le juge est libre de faire précéder l'excommunication par trois sommations ou par une seule.

Constitutionem felicis recordationis Innocentii papæ quarti prædecessoris nostri, quæ prohibet participantes excommunicatis ea participatione, quæ solam minorem excommunicationem inducit, monitione canonica non præmissa, majori excommunicatione ligari decernens promulgatam aliter excommunicationis sententiam non tenere : ad tollendum omnem ambiguitatis scrupulum, declarantes : decernimus ita demum monitionem esse canonicam in hoc casu, si aliis rite servatis, eos, qui monentur, exprimat nominatim. Statuimus quoque, ut inter monitiones, quas, ut canonice promulgetur excommunicationis sententia, statuunt jura præmitti, judices sive motionibus tribus utantur, sive una pro omnibus, observent aliquorum dierum competentia intervalla : nisi facti necessitas ea suaserit aliter moderanda. — Corp. jur. can., lib. V, tit. XI, De sentent. excomm., cap. 9, in VIᵒ.

Can. 30.

L'*absolutio ad cautelam* de l'interdit ne s'applique pas aux villes, villages et pays contre lesquels un interdit général .... Lorsqu'... entre

d'une sentence d'excommunication, de suspense ou d'interdit portée contre un roi, un prince, un noble, ou contre leurs officiers ou serviteurs, quelqu'un donne permission de tuer, emprisonner ou léser dans leurs personnes ou leurs biens ceux qui ont porté ces censures, ou qui les respectent, ou qui refusent de communiquer avec ces excommuniés, il encourt *ipso facto* l'excommunication, s'il ne retire cette autorisation, ou ne fait satisfaction dans les huit jours pour les préjudices causés. Encourent la même sentence ceux qui usent de cette autorisation, ceux qui, de leur propre chef, agissent de même ; enfin ceux qui s'obstinent pendant deux mois, malgré cette sentence, ne peuvent être absous que par le Saint-Siège.

Præsenti generali declaramus edicto, beneficium relaxationis ad cautelam, quoad interdicti sententias, in civitates, castra, vel quælibet alia loca, sive terras aliquas, generaliter promulgatas, locum aliquatenus non habere. — Corp. jur. can., lib. V, tit. xi, *De sent. excomm.,* cap. 10, in VIº.

Can. 31.

Quicumque pro eo, quod in reges, principes, barones, nobiles, ballivos, vel quoslibet ministros eorum, aut quoscumque alios, excommunicationis, suspensionis, seu interdicti sententia fuerit promulgata, licentiam alicui dederint occidendi, capiendi, seu alias in personis aut bonis suis vel suorum, gravandi eos qui tales sententias protulerunt, sive quorum sint occasione prolatæ, vel easdem sententias observantes, seu taliter excommunicatis communicare nolentes, nisi licentiam ipsam re integra revocaverint vel si ad bonorum captionem occasione ipsius licentiæ sit processum, nisi bona ipsa sint infra octo dierum spatium restituta, aut satisfactio pro ipsis impensa, in excommunicationis sententiam incidant ipso facto. Eadem quoque sint sententia innodati omnes, qui ausi fuerint prædicta licentia data uti, vel aliquid præmissorum, ad quæ committenda licentiam dare prohibuimus, alias committere suo motu. Qui autem in eadem sententia permanserint duorum mensium spatio : extunc ab ea non possint, nisi per Sedem apostolicam, absolutionis beneficium obtinere. Datum Lugduno, kalendis novembris, anno tertio. — Corp. jur. can., lib. V, tit. xi, *De sent. excomm,* cap. 11, in VIº.

Quelques jours après la clôture du concile, les ambassadeurs grecs retournèrent dans leur pays, porteurs d'instructions orales du pape pour l'exécution pratique de l'union, et de lettres ouvertes datées du 28 juillet 1274 pour l'empereur, le prince Andronic et les prélats grecs. Dans une lettre postérieure, le pape exhorte le grand Khan des Tartares à embrasser le christianisme; il lui annonce l'envoi prochain d'ambassadeurs pour traiter avec lui l'affaire engagée [1].

677. Suite et fin de l'union grecque.

Aussitôt la députation grecque rentrée du concile de Lyon, le nom du pape fut inséré dans les diptyques à Constantinople. Une assemblée d'évêques décida que, le motif conditionnel de la démission du patriarche Joseph étant réalisé, cette démission devenait un fait accompli. Le 16 janvier 1275, dans un office solennel, l'épître et l'évangile furent lus aussi en latin; le pape Grégoire fut proclamé pontife suprême de l'Église apostolique et pape œcuménique; enfin, le 26 mai, le chartophylax Jean Veccus fut élu patriarche de Constantinople. Il sut s'attirer grande faveur par sa bienveillance pour les pauvres, son intervention en faveur de tous les opprimés et par son affabilité envers tous. Il était même si pressant lorsqu'il demandait une grâce à l'empereur que celui-ci en était souvent irrité et offusqué. Malgré tout, beaucoup se tinrent à l'écart et s'abstinrent des offices des grecs unis; même dans la famille impériale, on trouvait beaucoup d'adversaires de l'union. Un schisme naquit, que les mesures violentes de l'empereur ne firent qu'envenimer [2].

Longtemps l'ancien patriarche Joseph demeura dans son cloître, éloigné de toutes les intrigues des ennemis de l'union; il entretenait même des relations amicales avec Veccus. Mais les schismatiques ayant commencé à le circonvenir, il fut relégué dans une île lointaine de la mer Noire. Vers ce temps, l'empereur envoya de nouveau des ambassadeurs annoncer au pape la ratification définitive de l'union. Ils furent bien reçus et purent se convaincre que le pape

1. Mansi, *Concil. ampliss. coll.*, t. xxiv, col. 78-80; Hardouin, *Concil. coll.*, t. vii, col. 701 sq.; Coleti, *Concilia*, t. xiv, col. 517.
2. Pachymère, *De Michaele Palæologo*, l. V, c. xxii, xxiii, xxiv; l. V, c. i, x, xvi, *P. G.*, t. cxliii, col. 852, 854, 856, 883, 907, 918; Pichler, *Geschichte der kirchlichen Trennung* etc., t. i, p. 345 sq.

retenait Charles d'Anjou de tenter quelque attaque sur Constantinople [1].

D'après une lettre d'Innocent V, ces ambassadeurs, rencontrant le pape en Italie à son retour de Lyon, l'auraient interrogé avec anxiété sur la croisade imminente et lui auraient demandé d'excommunier tous ceux qui refusaient obéissance à l'empereur. Ce faisant, ils avaient en vue les magnats partisans de Charles d'Anjou et du prétendant, fils de Baudouin II. Grégoire étant mort à Arezzo, le 10 janvier 1276, peu après l'arrivée de cette ambassade, ce fut son successeur, Innocent V, qui répondit à l'empereur : la croisade, dit-il, était imminente et il comptait sur le concours de Michel. Sur le second point, il ne pouvait répondre, quelques princes latins lui ayant adressé des prières entièrement opposées [2].

Outre ces pièces, nous possédons encore neuf autres documents d'Innocent V sur la question de l'union [3].

Dans l'un d'eux, il engage l'empereur à conclure des traités de paix avec Charles d'Anjou et Philippe, fils et successeur de Baudouin II, et à éviter la guerre avec eux. Dans ce but et aussi pour conclure définitivement l'union, il voulait envoyer à Constantinople quatre frères mineurs avec des lettres adressées à l'empereur, à son fils Andronic et aux patriarches. Ces lettres et trois instructions données par Innocent à ses nonces ont été publiées par dom Martène. Dans l'une de ces instructions, le pape, revenant sur l'union, exige de l'empereur un serment personnel, parce que le logothète a juré à Lyon d'après des pouvoirs reçus de vive voix et invérifiables. Un autre document montre qu'Innocent V substitua aux quatre frères mineurs les deux évêques de Ferentino et de Milan avec deux dominicains. Dans la lettre qu'il leur adresse, il mentionne les documents qu'ils auront à transmettre à l'empereur et aux patriarches. Ce sont évidemment les mêmes pièces qu'il voulait peu de temps auparavant confier aux frères mineurs. On ignore la raison de ce changement de personnes. Peut-être le pape voulait-il donner à ses nonces pleins pouvoirs d'absoudre tous les grecs, à commencer par l'empereur, à cause de leur participation au schisme, recevoir leur confession et frapper d'excommunication et d'interdit tous les adversaires de l'union — pouvoirs qui con-

---

1. Pachymère, *op. cit.*, l. V, c. xxvi, xxviii, xxix, *P. G.*, t. cxliii, col. 865, 869, 872.
2. Martène, *Vet. script. collect.*, t. vii, p. 244; Potthast, *Reg.*, t. ii, n. 21136.
3. Martène, *op. cit.*, t. vii, p. 246-258; Potthast, *Reg.*, t. ii, p. 1707.

viennent plutôt à des évêques qu'à de simples religieux. Les deux savants dominicains n'étaient là sans doute que pour servir de conseillers aux évêques. Le dernier des neuf documents montre le pape très indécis, mais la mort le prit le 22 juin 1276, avant le départ des nonces [1]; son successeur, Hadrien V, ne régna que peu de semaines († 18 août 1276) et ce fut Jean XXI qui envoya à Constantinople les deux évêques et les deux dominicains.

Des lettres qu'il leur remit, nous ne possédons que celle du 20 novembre 1276, adressée au patriarche et à ses prélats. Le pape les exhorte à déférer aux nonces à l'égard de la formule de profession de foi, de la primauté et d'autres points. L'empereur répondit que tout fidèle doit être *in Christo* soumis au pape, et qu'il s'employait sans cesse en faveur de l'union. Bienheureuse l'époque présente, dit-il, puisqu'elle a vu le rétablissement de l'unité ! L'œuvre commencée sous Grégoire s'est terminée sous Jean. Il avait craint que la mort si rapprochée de plusieurs papes ne refroidît à Rome le zèle pour l'union; mais cette crainte s'est heureusement dissipée. Il a délibéré avec les nonces sur la manière de parfaire l'union, et suivant les instructions données par le pape, il en est venu à bonne fin. Il a adhéré à tout ce que l'Église romaine croit et enseigne. Son fils, le patriarche et tous les évêques ont signé et scellé des déclarations analogues [2].

Parmi les documents en question, il faut compter la formule du serment en faveur de l'union prêté personnellement par l'empereur [3]. Le prince Andronic écrivit aussi au pape, protestant de son zèle pour l'union des deux Églises, et une troisième lettre fut envoyée au Saint-Siège par Veccus et son synode (avril 1277). Celle-ci exprimait l'obéissance de ses signataires pour le pape, reconnaissait la primauté du Saint-Siège et démontrait l'accord complet de la foi de l'Église romaine avec celle de l'Église grecque. En outre, cette pièce proclamait la procession du Saint-Esprit, mais en tournant les termes précis du symbole de Lyon [4].

1. La déclaration de Nicolas III, que « Innocent avait répondu à l'empereur grec (Baronius-Raynaldi, *Annal. eccles.*, ad ann. 1278, n. 4), n'est pas en contradiction avec les faits mentionnés, elle se rapporte aux lettres du pape Innocent V en réponse aux *petitiones* de l'empereur. »

2. Baronius-Raynaldi, *Annal. eccles.*, ad ann. 1277, n. 21-26.

3. Baronius-Raynaldi, *op. cit.*, ad ann. 1277, n. 28.

4. Baronius-Raynaldi, *op. cit.*, ad ann. 1277, n. 29-39; Mansi, *Concil. amp. coll.* t. XXIV, col. 18   . XIV

Les ennemis de l'union étaient très mécontents de toutes ces concessions; ils fomentèrent des séditions dans quelques parties de l'empire, et dans un conciliabule jetèrent l'anathème contre le pape, l'empereur et le patriarche. Celui-ci les excommunia par un décret du 16 juillet 1277, après en avoir délibéré avec son synode, et l'empereur envoya une expédition contre les rebelles; malheureusement les chefs de cette expédition passèrent à l'ennemi et les latins s'y ralliérent à leur tour pour renverser l'empereur. Mais Michel Paléologue remporta la victoire et les coupables furent sévèrement punis[1].

Lorsque les ambassadeurs de Constantinople, porteurs des lettres impériales, arrivèrent en Italie, le pape Jean XXI était déjà mort, et ce ne fut qu'au mois d'octobre de l'année suivante que son successeur Nicolas III envoya à Constantinople de nouveaux nonces pourvus d'instructions précises, Barthélemy, évêque de Grosseto, et trois frères mineurs munis de lettres pour l'empereur, pour son fils et pour le patriarche. Le pape louait l'empereur de son zèle pour l'union et lui conseillait de s'entendre avec les nonces pour compléter l'œuvre de réconciliation. La lettre à Andronic est conçue dans le même sens. Quant au patriarche et aux évêques, le pape leur demande, dans l'intérêt de l'unité, d'accepter le symbole que les ambassadeurs impériaux avaient accepté à Lyon et que l'empereur lui-même avait personnellement juré. Nicolas les exhortait à faire, dans l'intérêt de l'union, ce que les nonces précédents avaient en vain demandé et ce que les nonces actuels devaient s'efforcer de procurer. Dans une seconde lettre, le pape blâmait l'empereur d'avoir repoussé les propositions de Jean XXI, qui voulait s'interposer entre lui et Charles d'Anjou, et l'engageait à envoyer, dans un délai de cinq mois, des ambassadeurs à Rome pour discuter cette question. Le pape écrivit dans le même but à Charles d'Anjou, lui demandant un sauf-conduit pour les ambassadeurs grecs[2].

col. 589. A ce synode si favorable à l'union, assista également Joachim, archevêque valaque de Ternowa: car, peu de temps après la fondation de l'empire latin de Constantinople, le roi du pays valaque-bulgare s'était décidé en faveur du rite latin. Farlati, *Illyr. sacr.*, t. viii, p. 238; Viltsch, *Kirchliche Statistik*, t. ii, p. 112, 339.

1. Baronius-Raynaldi, *Annal. eccles.*, ad ann. 1277, n. 40-42; ad ann. 1278, n. 13 sq.; Mansi, *Concil. ampliss. coll.*, t. xxiv, col. 189; Hardouin, *Conc. coll.*, t. vii, col. 757; Coleti, *Concilia*, t. xiv, col. 593.

2. Martène, *Vet. script. collect.*, t. vii, p. 258, 261, 263, 264, 275; Baronius-Raynaldi, *op. cit.*, ad ann. 1278, n. 2-6, 15; Potthast, *Reg.*, t. ii, p. 1735; Posse, *Annal. Vat.*, p. 79.

On trouve dans Martène[1] quatre documents contenant les instructions de Nicolas III à ses nonces. Raynaldi en a inséré des fragments[2].

Aux termes de ces instructions :

1. L'empereur grec et son fils rédigeront de nouveaux procès-verbaux de leurs serments au symbole de Lyon.

2. L'empereur s'emploiera à faire adhérer le patriarche et les prélats à ce symbole sous la foi du serment, sans s'attarder à cette échappatoire que les prêtres ne doivent pas prêter serment.

3. Le *Filioque* sera introduit par les grecs dans leur symbole.

4. Ils ne conserveront de leurs rites que ceux qui, au jugement du Saint-Siège, ne paraîtront pas en désaccord avec la foi.

5. Les nonces visiteront les principaux centres de l'empire grec pour s'assurer que tout se passe suivant ce qui a été prescrit.

6. Il faudra décider l'empereur à tolérer un cardinal-légat dans son empire, ou même il faudra qu'il le réclame de lui-même.

7. Tous les grecs viendront solliciter des nonces l'absolution de leur adhésion au schisme.

8. Les nonces confesseront tous ceux qui manifesteront le désir de se confesser à eux.

9. Tous les adversaires de l'union seront excommuniés et interdits.

10. Le symbole une fois accepté, le patriarche et tous les évêques solliciteront de Rome la confirmation dans leur charge.

On voit que Nicolas III renouvelait et dépassait les prétentions de ses prédécesseurs, mettant ainsi en péril l'œuvre de l'union.

Avant l'arrivée en Grèce des nonces pontificaux, le patriarche Veccus avait été disgracié à cause de sa franchise auprès de l'empereur; alors, excédé de toutes ces chicanes, il offrit sa démission et se retira dans un cloître (mars 1279).

L'empereur refusa, en apparence, cette abdication, et manda aux nonces que le patriarche souhaitait prendre un peu de repos. Il l'avertit de garder le silence et de se rendre au monastère de Manganon où il rencontrerait les nonces. Avant que le patriarche et son synode eussent délibéré avec les ambassadeurs romains, l'empereur travailla personnellement avec son clergé pour empêcher la manifestation de violent mécontentement provoqué par les exi-

1. Martène, *Vet. script. coll.*, t. VII, p. 265 sq.
2. Baronius-Raynaldi, *Annal. eccles.*, ad ann. 1278, n. 7 sq.

gences du pape. Pachymère prétend que c'étaient les ennemis de l'union qui avaient conseillé aux nonces l'introduction du *Filioque* dans le symbole, habileté qui permettrait de voir si l'empereur voulait sérieusement l'union. Si l'empereur refusait l'insertion du *Filioque*, l'union se dissolvait toute seule. Si, au mépris de ses promesses les plus sacrées, l'empereur acceptait cette addition, l'opposition serait doublement justifiée. Mais le pape avait donné à ses nonces des instructions précises sur le *Filioque*, et ce furent ses ordres, non de perfides conseils, qui provoquèrent cette demande.

Dans l'assemblée du clergé, l'empereur protesta et prit Dieu à témoin qu'il n'ajouterait pas un *iota* au symbole, dût-il lui en coûter une guerre avec les Italiens ou avec tout autre peuple; mais on devait lui savoir bon gré de traiter cette affaire avec ménagement et de renvoyer les légats en paix; car, à la chasse, il faut éviter [16 d'effaroucher le gibier en faisant trop de bruit. La prudence était, pour l'instant, d'autant plus indispensable que le nouveau pape était moins favorable aux grecs que Grégoire X.

En conséquence, quand les nonces exposèrent leurs demandes devant une assemblée du clergé, on les écouta avec calme. L'empereur leur fit visiter les prisons et constater qu'un grand nombre d'adversaires de l'union, de hauts fonctionnaires et même de ses parents s'y trouvaient [1]. Veccus fut ensuite solennellement réintégré au patriarcat le 6 août 1279. On rédigea une réponse au pape [2], qui fut couverte d'un nombre extraordinaire de signatures, dont plusieurs étaient complètement fausses, au rapport de Pachymère [3]. Il fait retomber la responsabilité de ce faux sur l'empereur, et prétend innocenter Veccus. Malheureusement Pachymère ne donne pas d'une manière plus exacte le contenu de cette lettre; il se borne à dire qu'elle renfermait un très grand nombre de textes

1. Pachymère, *De Michaele Palæologo*, lib. VI, c. x, xiii, xiv, xv, xvi, *P. G.*, t. cxliii, col. 907, 913, 914, 916, 918; Pichler, *Geschichte der kirchlichen Trennung*, t. i, p. 347.

2. Pachymère, *op. cit.*, l. II, c. xvii, *P. G.*, t. cxliii, col. 919, l'appelle faussement Οὐρβανός; il confond probablement avec Οὐρσῖνος, nom de famille du pape. C'est l'opinion de Possinus, dans ses *Observationes* sur Pachymère, éd. de Bonn, t. i, p. 763.

3. Baronius-Raynaldi, *Annal. eccles.*, ad ann. 1277, n. 34-39; Jules Gay, *Les registres de Nicolas III*, Paris, 1898, p. 230; cf. Norden, *op. cit.*, p. 657 sq.; A. Demski, *Papst Nikolaus III*, in-8, Münster, p. 215 sq. (H. L.)

extraits des Pères grecs, dans lesquels le rapport du Saint-Esprit au Fils était exprimé par des expressions *analogues* à *procedere*. On avait voulu submerger, pour ainsi dire, le terme latin sous cet amoncellement de textes et l'annuler en fait. En terminant, la lettre disait que quiconque s'opposerait à cet accord devait être puni [1]. On ne dit rien de la réponse de l'empereur et du clergé à l'insertion du *Filioque* et aux autres demandes du pape. Mais relativement aux instructions des nonces, un autre document nous apprend que l'empereur et son fils prêtèrent de nouveau *en leur propre nom* serment au symbole de Lyon [2]. Quant à tous les autres points, on prodigua des promesses d'autant plus satisfaisantes qu'elles étaient moins sincères. On livra aux nonces deux évêques grecs, Mélèce et Ignace, chefs de l'opposition à l'union; mais le pape, loin de les punir, les renvoya à l'empereur avec des lettres de recommandation, parce qu'il lui sembla qu'ils avaient été injustement accusés [3].

Au début, le patriarche Veccus s'était proposé de ne pas répondre aux pamphlets des adversaires de l'union; mais leur nombre et leur violence l'entraînèrent à défendre l'union; au rapport de Pachymère, il alla beaucoup trop loin, ne se contentant pas seulement d'excuser les latins, mais voulant justifier complètement l'orthodoxie du *Filioque.* Cela ne servit qu'à envenimer le débat, et Veccus fut accusé, auprès de l'empereur, d'être sorti du champ de l'union et d'avoir transporté le conflit sur le terrain du dogme, contrairement à la défense de l'empereur. L'empereur fit à ces accusateurs une réponse évasive, et le patriarche célébra toute une série de synodes pour agir sur les prélats qui avaient adhéré à l'union sans conviction, et seulement pour éviter un plus grand mal [4]. Nous possédons d'un de ces synodes un court procès-verbal; on y constate que, dans un manuscrit des homélies de saint Grégoire de Nysse, au passage τὸ πνεῦμα τὸ ἅγιον ἐκ τοῦ Πατρὸς καὶ ἐκ τοῦ υἱοῦ εἶναι, Penteclesiota, gendre de Xiphilin, étant encore ennemi de l'union, avait effacé le dernier ἐκ [5]. Pachymère raconte en détail les cruautés

---

1. Pachymère, *De Michaele Palæologo,* l. VI, c. XVII, *P. G.,* t. CXLIII, col. 919.
2. Baronius-Raynaldi, *Annal. eccles.,* ad ann. 1280, n. 19 sq.
3. Pachymère, *op. cit.,* l. VI, c. XVII, XVIII, *P. G.,* t. CXLIII, col. 919, 922.
4. Pachymère, *op. cit.,* l. VI, c. XXIII, *P. G.,* t. CXLIII, col. 936.
5. Mansi, *Conc. ampliss. coll.,* t. XXIV, col. 366 sq.; Hardouin, *Conc. coll.,* t. VII, col. 838 sq.; Coleti, *Concilia,* t. XIV, col. 699. Le passage en question ne se trouve pas dans les éditions modernes de Grégoire de Nysse; mais on le trouve dans de bons manuscrits. Cf. Angelo Mai, *Nova biblioth. Patrum,* t. IV, p. 40-53.

de l'empereur contre les ennemis de l'union, et en particulier le
supplice de plusieurs princes à qui il fit crever les yeux. Beaucoup
étaient accusés de comploter la chute du gouvernement. L'empereur était particulièrement irrité contre les moines, qui faisaient
courir le bruit de sa mort prochaine. Le conflit s'envenima au point
que l'on distribua pendant la nuit des pamphlets contre l'empereur, ce qui provoqua des lois très sévères et de sanglantes persécutions [1].

Sur ces entrefaites, le pape Nicolas III étant mort, le 22 août 1280,
on lui donna pour successeur Martin IV, 22 février 1281. A cette
nouvelle, Michel envoya les métropolitains d'Héraclée et de
Nicée féliciter le nouveau pape. Ils furent mal reçus et, le 18 novembre, Martin excommunia l'empereur de Constantinople, protecteur
du schisme et de l'hérésie, et défendit à tous les fidèles d'entretenir [16
des rapports et alliances avec lui [2]. Le pape justifiait sa conduite en
disant que celle de l'empereur n'avait été que duplicité et mensonge.
Il était évidemment sous l'influence de Charles d'Anjou, qui à cette
date attaquait l'empire de Constantinople, tandis que, de son côté,
Michel Paléologue trempait dans la conjuration de Jean de Procida,
qui amena les Vêpres siciliennes. On comprend la colère de l'empereur, à la nouvelle de la conduite du pape; il défendit aussitôt
la lecture de son nom au service divin, et faillit ruiner à l'instant
l'union; mais il n'en eut pas le temps, et vainqueur, près de Bel-
grade, de l'armée de Charles d'Anjou, il mourut le 11 décembre
1282 [3].

A peine monté sur le trône, son fils et successeur Andronic
déclara n'avoir adhéré à l'union que par crainte de son père, et
être prêt à faire pénitence de cette faiblesse. Il força le patriarche
Veccus à la démission et à la retraite dans un monastère, et rétablit

---

1. Pachymère, *De Michaele Palæologo*, lib. VI, c. XXIV, XXV, *P. G.*, t. CXLIII,
col. 945, 954.

2. Baronius-Raynaldi, *Annal. eccles.*, ad ann. 1281, n. 25; Pachymère, *op. cit.*,
l. VI, c. XXX, *P. G.*, t. CXLIII, col. 968; Potthast, *Reg.*, t. II, n. 21815.

3. Baronius-Raynaldi, *op. cit.*, ad ann. 1281, n. 26, 27; Pachymère, *op. cit.*,
l. VI, c. XXX, XXXII, XXXVI, *P. G.*, t. CXLIII, col. 968, 971, 990; *Monum. Germ.
hist.*, *Script.*, t. XVIII, p. 293; Muratori, *Script.*, t. XI, p. 1196. *Ad instantiam regis
Caroli... Quod quidem factum fuit dicto regi Carolo causa scandali et ruinæ, ut
jam patebit, necnon et ipsi ecclesiæ fuit plurimum damnosum.* Pichler, *Geschichte
der kirchlichen Trennung*, t. I, p. 348. [W. Norden, *op. cit.*, p. 597; Demski, *op.
cit.*, p. 219. (H. L.)]

le patriarche Joseph sur le siège de Constantinople. Les églises
furent abondamment lavées d'eau bénite, et tous ceux qui avaient
porté la souillure de l'union, clercs ou laïques, furent appointés
de pénitence. Les évêques et les prêtres furent suspendus pour trois
mois, les deux archidiacres, Méliténiotès et Georges Métochitès,
qui, ambassadeurs à Rome, avaient fait assistants à une messe du
pape, furent déposés à tout jamais. On rejeta sur Veccus, qui fut
accablé d'injures, toute la responsabilité de l'union. Les fanatiques
abusèrent des évêques pour achever sa ruine; ils firent assembler
un synode à Constantinople en 1283; le patriarche Joseph, malade,
était absent, mais Anathase, patriarche d'Alexandrie, marchait
avec les plus fanatiques. On condamna d'abord les écrits des
unionistes, non pour la doctrine qu'ils contenaient, mais pour
l'unique raison d'avoir à contre-temps discuté des questions dog-
matiques.

Veccus cité exigea un sauf-conduit. On lui assigna au synode
la dernière place. Invité à présenter sa défense il s'excusa sur
l'époque où ses écrits furent composés, les tendances théologiques
qu'ils renferment étant alors en faveur. On le conduisit au
patriarche Joseph, absent du synode, et on l'obligea à signer une
profession de foi et son abdication. Peu après, il fut exilé à Pruse
en Bithynie, et l'empereur se laissa à tel point dominer par son
entourage qu'il refusa à son propre père la sépulture ecclésiastique
à cause de sa participation à l'union, et obligea sa mère à abjurer
solennellement l'union avec Rome [1].

Lorsque Joseph mourut (décembre 1283), Georges de Chypre
lui succéda et prit le nom de Grégoire. Jadis partisan de l'union,
il en était devenu l'adversaire déclaré. Dans un synode tenu dans
l'église des Blachernes, le lundi de Pâques 1283, les évêques qui
avaient consenti à l'union furent maltraités, et, comme jadis, lors
du brigandage d'Éphèse, les moines fanatiques se distinguèrent
par leur violence. Un second synode tenu dans le *triclinium* d'Alexis,
au quartier des Blachernes, en 1284, exila Veccus et ses partisans,
qui ne voulaient pas se soumettre. Emprisonné en Bithynie, Veccus
écrivit contre le Τόμος du nouveau patriarche, et ni la misère ni les

---

1. Pachymère, *De Andronico Palæologo*, lib. I, c. II-XI, *P. G.*, t. CXLIV, col.
18-43; Mansi, *Concil. ampliss. coll.*, t. XXIV, col. 494; Pichler, *Geschichte der
kirchlichen Trennung*, etc., t. I, p. 349 sq. Les faits sont donnés d'après Pachymère, ils doivent être accueillis avec réserve.

promesses les plus brillantes ne purent le tourner contre l'union. Il mourut en exil, probablement en 1298, et avec lui disparut le dernier représentant de l'union des deux Églises, conclue au concile œcuménique de Lyon [1].

678. *Autres conciles sous Grégoire X, en 1274 et 1275.*

A peine le concile de Lyon était-il terminé qu'Alphonse de Castille annonça son intention d'abdiquer; en conséquence, Grégoire X reconnut à Lyon, le 26 septembre 1274, Rodolphe de Habsbourg comme roi des Romains; il l'invita à se hâter de recevoir [164 la couronne impériale et engagea les seigneurs, clercs et laïques, à se soumettre. Il témoigna les plus grands égards à Ottocar, roi de Bohême, qui se refusait toujours à reconnaître Rodolphe et qui persista dans cette conduite même après la lettre du pape [2].

Le jour de la Saint-Martin 1274, le roi Rodolphe tint à Nuremberg sa première diète, dans laquelle il s'efforça de ramener dans le royaume l'ordre et la justice, d'arranger les nombreuses querelles entre guelfes et gibelins, et enfin de rendre son prestige à l'autorité impériale. Dans ce but, il se plaignait vivement d'Ottocar, roi de Bohême, et, comme la coutume voulait que le comte palatin du Rhin jugeât les affaires où l'empereur accusait, les princes, présidés par le comte palatin, citèrent Ottocar à comparaître en personne, dans un délai fixé, à Wurzbourg, pour y rendre compte de sa conduite [3]. Rodolphe, soutenu depuis le commencement de son

---

1. Pachymère, *De Andronico Palæologo*, lib. I, c. XIV, XVII, XIX, XXXIV, XXXV; lib. II, c. I, II, VI, VII, IX; lib. III, c. XXIX, *P.G.*, t. CXLIV, col. 49, 58, 63, 99, 101, 121, 127, 134, 137, 145, 298; Mansi, *Concil. ampliss. coll.*, t. XXIV, col. 501, 595 sq.; Pichler, *Geschichte der kirchlichen Trennung*, etc., t. I, p. 351 sq. Il n'entre pas dans notre plan de faire l'histoire des synodes célébrés par les grecs schismatiques. On trouvera dans Mansi, *op. cit.*, t. XXIV, col. 445 sq., une courte notice sur ces synodes depuis le milieu du XIIIe jusqu'à la fin du XIVe siècle. [W. Norden, *op. cit.*, p. 631 sq. (H. L.)]

2. Baronius-Raynaldi, *Annal. eccles.*, ad ann. 1274, n. LI, LV; Potthast, *Reg.*, t. II, p. 1687, 1690; Kopp, *Geschichte von der Wiederherstellung*, etc., *des heiligen römischen Reiches*, t. I, p. 84 sq., 90 sq.; Böhmer, *Regesten*, ad ann. 1246-1313, p. 331, 452.

3. *Monum. Germ. hist., Leges*, t. II, p. 399 sq.; Kopp, *Geschichte von der Wiederherstellung*, etc., *des heiligen römischen Reiches*, t. I, p. 84-97; Böhmer, *Regesten*, ad ann. 1246-1313, p. 66 sq.

règne par les princes ecclésiastiques, leur marqua sa reconnaissance et promit en particulier aux évêques de la province de Salzbourg des dédommagements pour les mauvais traitements d'Ottocar. Il entretenait en même temps des relations cordiales avec le pape, au moyen d'ambassades[1]. De son côté, Grégoire X cherchait en toute occasion à le protéger et à fortifier son pouvoir. Il détourna le roi de France d'une attaque projetée contre le territoire allemand et s'offrit comme médiateur des différends éventuels qui pourraient surgir entre lui et Rodolphe. Il ordonna de nouveau au roi Ottocar de se soumettre à l'empereur romain, et chargea le duc de Bavière d'agir dans le même sens sur les Bohémiens. Il pressa de nouveau Alphonse de Castille d'abandonner sans arrière-pensée ses prétentions à l'empire, puisqu'il reconnaissait Rodolphe comme roi 5] d'Allemagne. A ce dernier il fixa la Toussaint 1275, comme dernier délai pour le couronnement[2].

Ottocar n'avait pas répondu à l'invitation à lui faite; mais, au mois de mai 1275, il envoya à la diète d'Augsbourg des députés pour défendre ses prétentions à la septième voix dans le corps électoral. Néanmoins Rodolphe l'adjugea aux deux frères bavarois, Henri et le comte palatin. Profondément irrité de cette déclaration, l'évêque de Seckau, ambassadeur d'Ottocar, déclara nulle l'élection de Rodolphe et, malgré l'avertissement du pape, le roi de Bohême chercha à s'allier la Haute-Italie et Alphonse. Le pape engagea Rodolphe à veiller sur ces pays, et lui-même fit tout ce qui lui fut possible pour agir sur eux, surtout sur Milan.

Après de pressantes exhortations du pape souvent répétées. Rodolphe dut envoyer des fondés de pouvoirs en Lombardie pour recevoir en son nom les serments d'obéissance (juin 1275), et, pendant ce temps, le pape se rendit de Lyon à Rome. Chemin faisant, il rencontra à Beaucaire (juin 1275) Alphonse de Castille, qui, fort du pouvoir qu'il venait de reconquérir sur l'Italie du Nord, émettait de nouvelles prétentions à l'empire et spécialement au duché de Souabe. Après de très longs pourparlers qui traînèrent

---

1. L'un des envoyés du roi, le franciscain Henry d'Isny, fut nommé évêque de Bâle par le pape, qui lui donna lui-même la consécration épiscopale pendant leur rencontre à Lausanne (octobre 1275). Cf. Will, *Regesten von Mainz*, t. II, Introduction, p. 79.

2. *Monum. Germ. hist.*, *Leges*, t. II, p. 401; Potthast, *Reg.*, t. II, p. 1690 sq.; Kopp, *op. cit.*, t. I, p. 98-105; Böhmer, *op. cit.*, p. 332; Baronius-Raynaldi, *Annal. eccles.*, ad ann. 1274, n. 56 (appartient à l'année 1275), et 1275, n. 2 sq.

de mai jusqu'en septembre et dans lesquels Alphonse se montra
d'abord très obstiné, menaçant de partir sur-le-champ, le pape
put enfin l'amener à renoncer à l'empire; quant à ses prétentions
au duché de Souabe, le pape engagea Rodolphe à en tenir compte.
Malgré cet arrangement, Alphonse, après son départ de Beaucaire,
continua à porter le titre et le sceau de roi des Romains, et il
fallut des réclamations pressantes et répétées du pape pour l'en
dissuader et l'amener à une nouvelle renonciation (octobre 1275).
En retour, le pape lui concéda la dîme de tous les revenus ecclésiastiques de son royaume pour la guerre contre les Sarrasins [1].

À Beaucaire arriva aussi un ambassadeur du roi Ottocar; mais [166]
il apportait des propositions si immodérées qu'elles ne pouvaient
qu'amener une rupture complète entre le pape et le roi de Bohême.
Le pape Grégoire rencontra au mois d'octobre, à Lausanne, le roi
Rodolphe. Dans cette ville, le 20 octobre 1275, ce dernier prêta
dans la cathédrale nouvellement consacrée par le pape un serment
solennel sur les points consentis à Lyon par ses ambassadeurs. Il
promit de défendre toutes les possessions, honneurs et droits de
l'Église romaine; il s'engagea à l'aider dans le recouvrement de ses
possessions depuis Radicofani jusqu'à Ceperano, l'exarchat de
Ravenne, la Pentapole, la marche d'Ancône, le duché de Spolète,
les biens de la comtesse Mathilde, le comté de Bertinoro et les
pays adjacents, tous territoires si souvent énumérés dans les
nombreux privilèges des empereurs. Rodolphe était prêt lui-même
à restituer ceux d'entre ces pays qu'il aurait en son pouvoir. Mais
en retour, dans le voyage pour le couronnement, ces pays devaient
fournir gratuitement à tous ses besoins. De plus, le roi d'Allemagne
s'engageait à soutenir le pape dans ses revendications sur le royaume
de Sicile, et à rendre à Grégoire et à ses successeurs obéissance et respect, à l'exemple des empereurs pieux et catholiques. Le lendemain,
Rodolphe prêta serment de respecter la liberté des élections
canoniques et des appels à Rome. Il renonça au droit de dépouille,
promit de combattre les hérétiques, renouvela ses engagements à
l'égard des possessions de l'Église romaine et promit de garder

---

1. Kopp, *Geschichte von der Wiederherstellung, etc., des heiligen römischen
Reiches*, t. 1, p. 105-116; Potthast, *Reg.*, t. 11, p. 1696-1700; Böhmer-Ficker,
Reg., p. 1037 sq., et *Mittheilungen des Instituts für österreich. Geschichtsforschung*,
t. 1V, *Der Verzicht König Alfons' auf das Kaiserreich*, p. 22 sq.; Böhmer, *Regesten*,
ad. ann. 1246-1313, p. 69 sq., 332, 452; Winkelmann, *Acta ined.*, t. 11, p. 86.

tout ce qu'avaient juré Louis le Débonnaire et Otton le Grand [1].
Le même jour, il confirma le diplôme dressé en 1220 par les princes
de l'empire allemand réglant que la Sicile ne serait jamais réunie
à l'empire. Vu l'impossibilité d'observer le délai fixé pour le couronnement de Rodolphe, on le prorogea jusqu'à la Chandeleur de 1276 :
Rodolphe prit alors, avec beaucoup de nobles, la croix des mains
du pape, en gage de sa décision de se rendre en Palestine avec les
autres princes de l'Occident, après son couronnement. Les deux
chefs de la chrétienté se séparèrent alors et, tandis que Rodolphe
rétablissait l'ordre en Allemagne, Grégoire se rendit à Pérouse par
Milan et Florence, pour y attendre l'empereur. A Bologne, il rencontra les envoyés de Rodolphe, dont les actes lui semblèrent
souvent en opposition avec les serments, surtout relativement à
[57] la prestation de serments par les villes de la Romagne. Mais la
mort, qui le surprit à Arezzo, le 10 janvier 1276, l'empêcha de
pousser plus loin cette affaire [2].

Sous son pontificat, on réunit plusieurs conciles, car, comme on
le sait, après un concile général les statuts doivent être promulgués
dans chaque province ecclésiastique. Cette promulgation eut lieu
dans la province de Salzbourg peu après le concile de Lyon, comme
le prouvent les actes du synode provincial présidé par l'archevêque
Frédéric dans les derniers jours d'octobre 1274. L'effroyable
désordre de l'archidiocèse de Salzbourg s'améliorait un peu
depuis l'élévation de Ladislas, prince de Silésie, au trône archiépiscopal. Après sa mort prématurée, on lui donna pour successeur
le prévôt du chapitre, Frédéric de Walchen, qui s'employa beaucoup
pour les intérêts ecclésiastiques et civils de la province [3]. Au point
de vue politique, il conserva d'amicales relations avec son puissant
voisin Ottocar de Bohême, seigneur d'Autriche, de Styrie et de
Carinthie (plus tard il devint son plus dangereux ennemi). Quant
aux intérêts ecclésiastiques, ce synode se proposait de les améliorer.
On y promulgua de nouveau les ordonnances décrétées par le
cardinal-légat Gui, au concile de Vienne de 1267. On y ajouta

1. Cf. *Corp. juris canonici* (Décret de Gratien), distinct. LXIII, cap. 30, 33.
2. Baronius-Raynaldi, *Annal. eccles.*, ad ann. 1275, n. 37 sq.; Winkelmann,
Acta ined., t. II, p. 90; Potthast, *Reg.*, t. II, p. 1700 sq.; Ficker, *Forschungen zur
Reichs und Rechts-geschichte*, t. II, p. 451 sq.; Kopp, *Geschichte von der Wiederherstellung, etc., des heiligen römischen Reiches*, t. I, p. 119 sq., 127 sq.; Böhmer,
Regesten, ad ann. 1246-1313, p. 72, 73, 333.
3. Lorenz, *Deutsche Geschichte*, etc., t. I, p. 299.

les vingt-quatre (vingt-six, d'après un ms. de Vienne) canons suivants :

1. Les abbés bénédictins de la province de Salzbourg n'ont pas tenu de chapitre provincial depuis·longtemps. Ils doivent en tenir un d'ici la prochaine fête de Pâques pour se réformer, eux et leurs inférieurs; sinon, le prochain synode provincial prendra lui-même en main la réforme de l'ordre.

2. Les moines vagabonds seront rappelés dans leurs monastères. Chaque monastère doit posséder une prison pour les moines incorrigibles et pour les grands coupables. *Sed nec licitum sit abbatibus, cum nec unquam licuerit, monachos ad ordinem strictiorem transeuntes (minime) absolvere ab obedientia, quæ monachorum ossibus inseparabiliter est affixa;* c'est-à-dire un abbé ne doit pas relever de l'obéissance un moine qui veut passer dans un ordre plus sévère, [168] car l'obéissance est de l'essence même du moine. En ceci le synode de Salzbourg se mettait en opposition ouverte avec le *Corpus juris canonici* [1] qui, dans plusieurs textes déjà, déclare expressément que le passage dans un ordre plus sévère est permis, même si l'abbé refuse son consentement.

3. Défense aux abbés de transférer les moines d'un monastère dans un autre pour une faute légère ou supposée. Si cette mesure semble nécessaire, l'abbé doit faire approuver par l'évêque et le motif de cet éloignement du moine et l'époque de son retour.

4. Beaucoup d'abbés distribuent des indulgences, portent la mitre, l'anneau et les sandales, bénissent les vêtements et vases sacrés comme les évêques. Ils s'en abstiendront désormais, s'ils ne peuvent au prochain concile provincial faire la preuve de ces privilèges.

5. Ces prescriptions (les quatre canons précédents) s'appliquent également aux chanoines réguliers, sans préjudice des différences des règles. On excepte cependant le chapitre métropolitain de Salzbourg dont l'archevêque se réserve spécialement le règlement. Du reste, les chanoines réguliers doivent aviser à leur propre réforme dans leurs chapitres provinciaux, surtout pour ce qui concerne le luxe, autrement l'archevêque s'en occupera lui-même.

6. Nous révoquons toutes les permissions accordées aux moines par nos prédécesseurs pour entendre les confessions, distribuer

---

1. Cf. *Decret. Greg.*, lib. III, tit. xxxi, *De regularibus et transeuntibus*, cap. 10, 18.

des indulgences, etc. Si l'un des suffragants veut donner aux moines de nouveaux pouvoirs, il peut le faire dans la mesure où il le juge utile pour le salut des âmes et sans préjudice des droits d'autrui. Nous et nos prédécesseurs ayant confirmé indistinctement toutes les indulgences accordées dans leurs diocèses par les suffragants à divers ordres, personnes, etc., il en est résulté des nconvénients. On suspend donc toutes les concessions de ce genre et on défend à qui que ce soit d'en user, sauf nouvelle approbation par l'évêque diocésain. Les quêteurs (d'aumônes) surtout sont tenus à cette règle, car par leurs *indulgentiæ indiscretæ* ils font plus de mal que de bien. On ne doit pas les admettre sans autorisation écrite de l'évêque[1].

7. Quiconque possède plusieurs bénéfices ne doit conserver que le dernier reçu, à moins qu'il n'exhibe sa dispense au synode provincial prochain.

69] 8. A partir de la Chandeleur prochaine, tous les prêtres ayant charge d'âmes observeront la résidence personnelle et ne se substitueront plus des mercenaires pour un temps donné, sous peine de privation des fruits.

9. Tout recteur d'une église doit recevoir, dans le délai prescrit, l'ordre requis par son bénéfice.

10. Quant aux bénéfices qui peuvent être desservis par des vicaires, on présentera à l'évêque des hommes capables. Il les établira lui-même ou fera établir comme vicaires perpétuels, et leur assignera sur les revenus de l'Église une part suffisante à leur entretien. Si la présentation n'est pas faite dans les trois mois, l'évêque y suppléera lui-même.

11. Les clercs ne doivent pas porter les cheveux longs, surtout les prêtres, qui doivent avoir les oreilles à découvert. Les clercs inférieurs doivent porter une tonsure à peu près identique et n'avoir que des habits fermés. Ils n'auront ni ceintures ni boucles ni autres ornements d'argent. Ils ne paraîtront jamais en public sans leur habit de dessus. Ils n'auront pas de fourrures (*suffurratura*) à leurs chapeaux, sauf une étoffe en soie noire (*cendatum*) ou une fourrure de laine noire d'agneau. Les chapeaux à queue leur sont formellement interdits.

12. Les clercs engagés dans les ordres sacrés, les moines et les chanoines réguliers qui, sans être en voyage, entrent dans une

---

1. Dans le manuscrit de Vienne, ce canon est divisé en deux.

hôtellerie ou toute autre maison de ce genre, pour y boire et y manger, seront suspens *ab officio* jusqu'à ce qu'ils aient jeûné un jour entier au pain et à l'eau. Pour celui qui aura joué aux dés, la suspense durera jusqu'à ce qu'il ait jeûné deux jours au pain et à l'eau. Celui qui a été pris trois fois dans cette faute, ou qui a exercé ses fonctions pendant la suspense, sera privé par son évêque de son bénéfice, ou du moins puni.

13. Le prêtre excommunié ou suspens qui a profané les choses saintes (c'est-à-dire exercé ses fonctions) expiera son crime dans la prison épiscopale. Il en sera de même du clerc ou du moine qui se sera rendu coupable de vol ou d'autre crime énorme.

14. Quiconque délivre par violence un moine ou un clerc, emprisonné par son supérieur pour de bonnes raisons, encourt *ipso facto* l'excommunication; s'il est possible, on lui fera prendre la place de celui qu'il a fait évader.

15. Qu'aucun prélat ou autre n'admette à la tonsure ou à l'habit religieux aucun homme ni aucune femme, qui n'embrasserait pas l'une des règles approuvées, et cela dans un lieu déterminé. Les personnes qui contreviendraient à cette règle seront obligées par les recteurs et curés, à l'aide des censures ecclésiastiques, ou à embrasser une religion déterminée, ou à quitter l'habit religieux dont ils abusent.

16. Aucun prélat, curé, vicaire, aucune personne d'Église ne [170 donnera de secours à certains étudiants vagabonds et scandaleux. Ce statut ne s'applique pas aux étudiants pauvres [1].

17. Les ecclésiastiques ne toléreront plus dans les églises le jeu ridicule appelé « élection d'un évêque des enfants, » à moins qu'il ne s'agisse d'enfants de seize ans au plus, et que les clercs plus âgés ne se joignent pas à eux [2].

1. Le manuscrit de Vienne ajoute entre les canons 16 et 17 : « Si celui qui donne quelque chose à un étudiant vagabond est un curé, il doit payer une amende de 60 deniers dans un délai de quinze jours ; si c'est un prêtre auxiliaire ou un simple clerc, il payera 24 deniers. Ils seront, en plus, suspendus *ab officio*, jusqu'à ce qu'ils aient payé. Ceci s'applique également aux prélats. »

2. Fr. A. Dürr a publié une dissertation sur les *episcopi puerorum*. Elle a été imprimée dans Ant. Schmidt, *Thesaur. dissert. eccles.*, t. III. Le concile de Bâle (session XXI, c. 11) a défendu cet abus : il s'est cependant maintenu, dans quelques parties de l'Allemagne, jusque dans le XVIIIe siècle. Cf. Binterim, *Deutsche Concilien*, t. v, p. 264 sq. Dalham, *Concil. Salisburg.*, p. 122, fait dériver les *episcopi puerorum* des Saturnales, et les identifie avec les *festa stultorum hypodiaconum*, etc.

18. Lorsqu'un évêque de la province prononce une sentence d'excommunication, de suspense ou d'interdit, ses collègues devront publier et faire observer cette sentence.

19. Les fêtes de nos patrons, saint Rupert, saint Virgile et saint Augustin, doivent être célébrées comme jours de fête.

20. Un religieux ne doit pas choisir son confesseur en dehors de l'ordre sans une permission expresse de son supérieur.

21. Tout moine ou religieux qui recourt à l'aide d'un laïque, contre la correction de son supérieur, sera emprisonné aussi longtemps qu'il plaira à celui-ci, et ne pourra plus exercer de dignité ou emploi dans la même église ou le même monastère.

22. Nous appliquant l'ordonnance du cardinal Gui (concile de Vienne, can. 5), nous ordonnons que, si l'archevêque ou un évêque est fait prisonnier, ou si une de nos églises est attaquée si sérieusement qu'elle menace ruine, le service divin doit être interrompu dans toute la province de Salzbourg. Cette sentence n'atteindra les princes et leurs terres que si, après avertissement, ils ne cessent pas leurs hostilités ou ne font pas satisfaction dans le délai d'un mois.

23. Le clerc qui occupe de sa propre autorité une prélature ou une église de paroisse, ou les reçoit de la main d'un laïque, avant d'en avoir été auparavant investi par l'évêque, perd tous ses droits à ce bénéfice et encourt *ipso jacto* l'excommunication. S'il s'obstine sous cette censure pendant une année, il devient inhabile à tout jamais à posséder un bénéfice.

24. Nous faisons monition publique aux protecteurs des églises, de ne pas les grever, ainsi que leurs biens, de charges injustes : ils doivent se contenter de ce qui leur revient de droit [1].

Ni Henri, duc de Bavière, ni Ottocar, roi de Bohême, ne furent satisfaits de ces décisions. Ils se trouvaient atteints tous deux, surtout par le canon 22. En effet, Ottocar avait confisqué de nombreux biens d'évêques autrichiens, coupables, à ses yeux, d'avoir reconnu Rodolphe de Habsbourg. Pour la même raison, il était fort monté contre Grégoire X et le concile général de Lyon, et il vit

1. Mansi, *Concil. ampliss. coll.*, t. xxiv, col. 135 sq.; Hardouin, *Concil. coll.*, t. vii, col. 721 sq.; Coleti, *Concilia*, t. xiv, col. 545; Hartzheim, *Concilia Germaniæ*, t. iii, p. 639 sq.; Binterim, *Deutsche Concilien*, t. v, p. 106 sq., 257 sq. Le manuscrit de Vienne termine par ces mots : *Finis constitutionis concilii provincialis Salzburgensis celebrati anno MCCLXXIV, 11 kal. novembris, id est ultimo die mensis octobris.*

de très mauvais œil le synode de Salzbourg donner force de loi aux décrets de Lyon. Par esprit d'opposition, il défendit de lever dans ses vastes États la dîme des biens ecclésiastiques pour la croisade ; il exigea de son clergé la promesse de ne plus obéir au pape et à l'empereur, et fit occuper militairement l'archevêché de Salzbourg. En même temps, Henri de Bavière chercha à exciter le chapitre de la cathédrale de Salzbourg contre l'archevêque, se plaignant de l'outrage fait aux princes par le canon 22 [1].

Il existe une autre série d'ordonnances synodales de Frédéric, archevêque de Salzbourg : elles ne se composent plus que de quelques fragments avec quelques *capitula* de ce synode de Salzbourg de 1274 dont nous venons de parler [2].

L'année suivante, 1275, un synode provincial, célébré dans l'église de Saint-Trophime à Arles, sous la présidence de l'archevêque Bertrand de Saint-Martin, promulgua vingt-deux *capitula* qui ne [172] sont guère que la répétition d'anciennes ordonnances.

1-4. Sont perdus.

5. Quand un évêque (de la province) aura porté une sentence d'excommunication ou d'interdit, ses collègues, sur sa demande, la publieront et la feront exécuter, mais on ne doit porter ces censures que pour de justes motifs, après mûre réflexion et avec les solennités requises.

6. Les prieurs et recteurs des églises et hôpitaux, et en général tous les bénéficiers, doivent, dans le délai d'un mois à compter de leur entrée en charge, dresser un inventaire de tous les biens meubles et immeubles.

7. Les calices, livres et ornements d'église ne seront ni vendus ni engagés, sans permission expresse de l'évêque, sous peine

---

1. Kopp, *Die Geschichte von der Wiederherstellung*, etc., *des heiligen römischen Reiches*, t. i, p. 92 ; Binterim, *Deutsche Concilien*, t. v, p. 111 sq. Binterim croit, et probablement avec raison, que la lettre du duc Henri de Bavière aux chanoines de Salzbourg, publiée par Pez, *Thesaur. anecdot.*, t. vi, *Codex diplomatico-histor.*, p. 139, se rapporte à ce synode, tandis que Pez la rattache au synode de Salzbourg de 1287 (1288). Ce que le duc Henri dit dans sa lettre se trouve pour ainsi dire mot à mot dans le canon 22 du synode. Mais Binterim est inconséquent en n'attribuant pas également à ce synode, mais à un synode postérieur, de 1287, une autre lettre d'Henri de Bavière, adressée au concile de Salzbourg, et donnée par Pez, *op. cit.*, dans laquelle le duc invite le concile à s'abstenir de toute décision discréditée. Comme Pez, Mansi, *Concil. ampliss. coll.*, t. xxiv, col. 948, rattache ces deux lettres au synode de Salzbourg de 1288.

2. Mansi, *op. cit.*, t. xxiv, col. 145 sq.

d'excommunication pour ceux qui vendent, achètent, engagent ou acceptent ces objets; on rappellera souvent cette prescription.

8. On doit faire les testaments en présence du curé ou d'un prêtre qui le remplace. (Répétition des can. 37 et 38 du concile d'Albi, 1254.)

9. Les curés doivent tenir une liste exacte des legs pieux, ils feront publiquement lecture des testaments à l'église, afin que l'on connaisse les divers legs. (Répétition des can. 39 et 40 du concile d'Albi, 1254.)

10 et 11. Quiconque sollicite un fidèle de se faire enterrer ailleurs que dans son église paroissiale sera excommunié; mais on observera les dernières volontés des mourants sur ce point.

12. Les hérétiques, les simoniaques, les clercs qui exercent leurs fonctions en violation des censures, ceux qui ont reçu les ordres *per saltum* ou d'un évêque étranger, sans permission; les incendiaires, ceux qui abusent de l'eucharistie ou du saint chrême, ceux qui tuent leurs enfants, les homicides, les voleurs d'église, les incestueux, ceux qui pèchent avec une religieuse, ceux qui violent une vierge ou commettent des péchés de luxure dans une église, ou avec une juive ou une sarrasine, ceux qui pèchent contre nature ou avec un animal, la femme qui conçoit un enfant d'un adultère et amoindrit ainsi la part des enfants légitimes, quiconque procure l'avortement ou empêche la conception — toutes ces personnes doivent être renvoyées à l'évêque pour l'absolution, et si l'évêque n'a pas de pouvoirs, il les adressera au Saint-Siège.

13. Énumération d'autres cas où le prêtre doit envoyer le pénitent à l'évêque, à moins que l'âge, la maladie, le danger de mort n'empêchent le pénitent de se rendre près de l'évêque ou de son pénitencier, sauf obligation de se présenter à son évêque après guérison. Ce sont : le faux témoignage, la violation des fiançailles jurées, la violation des censures, la célébration dans une église interdite, la sépulture d'un excommunié dans un cimetière interdit, l'usurpation ou vol des dîmes, etc.

14. Défense à tout bénéficier ou clerc dans les ordres majeurs d'acheter ni blé ni vin pour en trafiquer, sous peine d'excommunication et confiscation des marchandises ou de leur valeur en faveur de la fabrique de la paroisse.

15. Même défense en ce qui concerne les ventes usuraires de blé, de vin et autres denrées provenant de leurs bénéfices.

16. Toutes les églises possédant un revenu net annuel d'au

moins 15 livres tournois doivent, dans le délai d'un an, se procurer des calices d'argent.

17. Les églises de campagne et leurs dépendances seront restaurées dans la mesure des ressources de ceux à qui incombent les réparations.

18. Les usuriers et les adultères notoires seront excommuniés tous les dimanches et jours de fête.

19. Les curés doivent tenir registre de ceux qui se confessent en carême ; les noms de ceux qui ne se seront confessés ni à leur curé ni, avec sa permission, à un autre prêtre, seront remis par écrit à l'évêque dans le synode après Pâques. Les religieux ou autres, qui auront entendu les confessions des fidèles, en remettront les noms au curé.

20. Celui qui meurt sans qu'on soit certain qu'il s'est confessé dans l'année, ne recevra pas la sépulture ecclésiastique, sans une permission expresse de l'évêque.

21. Les confessions des malades seront reçues par les curés, autant que possible, ou, avec leur permission, par d'autres prêtres, séculiers ou réguliers. Du reste, les curés donneront facilement cette permission.

22. Défense aux curés de quitter leur église avant le prochain synode (*post festum sancti Lucæ*), d'aller ailleurs ou d'interrompre leur service avant d'avoir rendu compte à l'évêque de leur administration [1].

Dans cette même année 1275, un concile écossais célébré à Perth réclama contre l'ordonnance pontificale portant imposition d'une dîme extraordinaire sur tous les revenus ecclésiastiques pour la Terre Sainte. Les évêques écossais prièrent le légat de se rendre auprès du pape pour obtenir un adoucissement. Ils offraient de payer les redevances accoutumées, plus un septième. Le légat, maître Bagimundus, se rendit à leurs désirs et vint à Rome ; mais il essuya un refus [2]. Pendant cette même année 1275, un concile présidé à Lund par un légat essaya de remédier aux désordres et dommages occasionnés en Danemark par un interdit de dix-sept ans. Ce concile perçut également la dîme de six ans pour la Terre Sainte, ordonnée par le concile de Lyon [3].

---

1. Mansi, *Conc. ampliss. coll.*, t. xxiv, col. 147 ; Hardouin, *Concil. coll*, t. vii, col. 727 ; Coleti, *Concilia*, t. xiv, col. 553.

2. Mansi, *Concil. ampliss. coll.*, t. xxiv, col. 154.

3. Münter, *Kirchengeschichte*, t. iii, 1ʳᵉ partie, p. 180.

679. Conciles en 1276.

Conformément à l'ordonnance du concile de Lyon sur l'élection des papes, les cardinaux présents à Arezzo à la mort de Grégoire X attendirent dix jours l'arrivée de leurs collègues; réunis le 20 janvier 1276 en conclave, ils élurent le lendemain, à l'unanimité, sous le nom d'Innocent V, Pierre de Tarentaise, cardinal-évêque d'Ostie [1]. Cédant aux instantes prières des Romains, le nouveau pape prit la route de Rome; il réconcilia dans la Haute-Italie un grand nombre de guelfes et de gibelins, et, continuant l'œuvre de Grégoire X, négocia la paix entre Charles d'Anjou et Rodolphe de Habsbourg. Cette paix était grandement désirable en raison de la situation particulière de Charles comme régent de la Toscane (depuis Clément IV), régence confirmée par Innocent, ainsi que le titre de sénateur de Rome. Pour éviter les conflits, Innocent V demanda au roi des Romains de ne pas venir en Italie avant que les négociations avec Charles fussent suffisamment avancées. Peu de temps après, le 17 mars, Innocent se plaignit des empiétements des chargés d'affaires de Rodolphe dans l'exarchat de Ravenne, la Pentapole, la Romagne, où ils recevaient le serment de fidélité.

1. Pierre de Tarentaise, né à Champagny vers 1225, dominicain, provincial de France, archevêque de Lyon, 6 juin 1272; cardinal-évêque d'Ostie et de Velletri, 1273; pape le 21 janvier 1276, couronné à Saint-Pierre, le 22 février. Cf. A. Bartolini, *La tomba del beato Innocenzio V in Laterano*, dans *Giornale arcadico*, 1899, IIIe série, t. II, p. 253-261; *Ancora della tomba del beato Innocenzio V in Laterano*, p. 399-401, P.-J. Béthaz, *Le pape Innocent V est-il Français ou Italien*, dans *Bull. de la Soc. acad. d'Aoste*, 1888, t. XIV, p. 39-96; Turinaz, *La patrie et la famille de Pierre de Tarentaise, pape sous le nom d'Innocent V, dissertation historique*, dans *Mém. Acad. Val d'Isère*, 1883-1884, t. IV, p. 5-55; Le même, *Un pape savoisien, panégyrique du bienheureux Innocent V, Pierre de Tarentaise, suivi d'une étude sur la patrie, les ouvrages et les sermons d'Innocent V*, in-8°, Nancy, 1900; E. Misset, *Un enfant de la Savoie arpenteur et deux fois pape, 359-1276, simples objections à Mgr Turinaz*, in-8°, Paris, 1901; J.-E. Borrel, *Patrie du pape Innocent V*, dans *Congr. soc. sav. de Savoie*, 1886, t. VIII, p. 457-482; E. Pascalein, *Origine du pape Innocent V*, dans *Rev. savoisienne*, 1889, t. XXX, p. 169-181, 200-210; L. Carboni, *De Innocentio V romano pontifice, dissertatio historica*, in-4°, Romæ, 1894; *Liber pontificalis*, édit. Duchesne, 1892 t. II, p. 457; Potthast, *Reg. pont. roman.*, p. 1704-1708; Quétif-Echard, *Script. ord., prædic.*, 1719, t. I, p. 350-354; Baronius-Raynaldi, *Annal. eccles.*, ad ann. 1272, n. 67-68; ad ann. 1276, n. 15-25; Petit-Radel, dans *Hist. litt. de la France*, 1842, t. XIX, p. 317-322. (H. L.)

Le pape demanda que ce serment fût annulé. Rodolphe y remédia et chargea l'évêque de Bâle d'entamer des pourparlers avec Charles d'Anjou. Malheureusement Innocent V mourut, après cinq mois de pontificat, le 22 juin 1276, et son successeur Hadrien V [1], de la maison de Fiesque à Gênes, neveu d'Innocent IV, et ancien légat en Angleterre (pendant les luttes entre Henri III et ses barons), ne vécut pas assez pour se faire ordonner (il n'était que diacre) et couronner (il mourut le 18 août 1276); aussi les négociations avec [175 Charles d'Anjou restèrent sans résultat [2].

Durant ces deux pontificats d'Innocent V et d'Hadrien V, on ne tint aucun concile important, mais, pendant la courte vacance du Saint-Siège qui suivit la mort d'Hadrien, Jean, archevêque de Tours, présida, le 31 août 1276, à Saumur, un synode provincial. De concert avec ses suffragants, les chapitres et abbés, etc., il publia ces quatorze canons :

1. Dans toutes les églises cathédrales, conventuelles et collégiales, on doit, si les revenus le permettent, entretenir de jour et de nuit, ou du moins de nuit, la *lumière perpétuelle*, et, conformément aux anciennes traditions, on ne construira pas d'église, à moins que le fondateur ne donne le nécessaire pour le luminaire et l'entretien du clergé qui la dessert.

2. Certaines églises sont tellement remplies de coffres et de tonneaux pour conserver le froment que le service divin ne s'y fait que difficilement et que la maison de Dieu ressemble à un grenier. Sauf en temps de guerre, il ne doit plus en être ainsi.

3. Quiconque obtient une chapellenie avec résidence personnelle ou un bénéfice à charge d'âmes perd le premier bénéfice déjà possédé, s'il n'a pas une dispense de son évêque.

4. Des chanoines réguliers et des moines portent des habits précieux et de couleur voyante, ce qui, surtout pour eux, n'est

---

1. Ottoboni Fieschi de Lavagna, né à Gênes, cardinal-diacre du titre de Saint Hadrien (décembre 1251), pape le 11 juillet 1276. *Liber pontificalis*, édit. Duchesne, t. ii, p. 457; G. Pansa et Costo, *Vita del gran pontifice Innocenzio IV, compres. la vita di papa Hadriano V suo nipote, co' nomi di pontifici e cardinali stati nella Liguria, e de'vescovi ed arcivescovi della città di Genova*, in-4°, Venezia, 1598; in-4°, Napoli, 1601; Potthast, *Reg. pont. rom.*, p. 1285, 1473, 1541, 1649, 1703, 1709, 1710; Baronius-Raynaldi, *Annal. eccles.*, ad ann. 1276, n. 26-27. (H. L.)

2. Potthast, *Reg.*, t. ii, p. 1705; Kopp, *Die Geschichte von der Wiederherstellung*, etc., *des heiligen römischen Reiches*, t. i, p. 130 sq.; t. ii, p. 16 sq.; Böhmer, *Regesten*, ad ann. 1246-1313, p. 333.

guère convenable; aussi leur défendons-nous, à l'avenir, d'avoir à leurs habits des bordures en peaux de petit-gris, ou de vair, ou d'écureuil ou en étoffes de soie (*cendatum*). Les chanoines réguliers ne porteront pas de souliers découverts ou fermés à l'aide de boutons, à moins que chaque soulier n'ait trois boutons.

5. Les moines ne porteront pas non plus de souliers ornés comme ceux des gens du monde; ils s'abstiendront de ceintures, de poches de soie, de couteaux enrichis d'or et d'argent.

6. Certaines abbesses acceptent des personnes dans les prieurés, tout en gardant pour l'abbaye-mère les biens de la religieuse dont le pauvre prieuré ne reçoit que la charge avec la personne; il n'en sera plus ainsi à l'avenir. Les biens d'une personne la suivront dans la maison religieuse où elle résidera.

7. Aucun moine ne doit appartenir à deux monastères ou exercer deux emplois dans un même monastère.

8. On ne doit pas envoyer immédiatement les jeunes moines dans des prieurés où il n'y a pas de vie commune; mais seulement après l'épreuve de deux années dans un monastère et lorsqu'ils auront atteint l'âge requis.

9. Que les abbés, etc., ne dépouillent pas de leurs revenus les prieurés vacants.

10. Défense de confier à un prêtre séculier un prieuré pouvant nourrir au moins deux moines.

11. Que les juges civils ne négligent plus, sous peine d'excommunication, de punir les agressions ou attaques contre des clercs.

76] 12. Aucun excommunié ne doit être admis comme demandeur, avocat ou témoin devant un tribunal séculier.

13. L'évêque a le pouvoir d'absoudre dans son diocèse des cas de suspense ou d'interdit portés par le présent synode.

14. On rappelle les ordonnances des précédents conciles [1].

Simon, cardinal-prêtre de Sainte-Cécile, envoyé en France en qualité de légat par le pape Grégoire X, présida à Bourges, le 13 septembre 1276, un autre concile français. Le légat avait constaté, tant par lui-même que par les rapports d'autres personnes, plusieurs abus; en particulier, des empiétements sur les droits et

---

1. Mansi, *Conc. ampliss. coll.*, t. xxiv, col. 159 sq.; Hardouin, *Conc. coll.*, t. vii, col. 735 sq.; Coleti, *Concilia*, t. xiv, col. 565 sq. Ce que l'abbé d'Avallon, dans son *Histoire des conciles*, t. v, p. 180 sq., dit de deux synodes postérieurs de la province de Tours, n'est que la répétition de certaines ordonnances de ce concile.

les libertés de l'Église; il chercha par les seize *capitula* suivants à réformer cette situation :

1. Il est arrivé récemment en France que les élections à certaines églises vacantes ont été empêchées par des troubles et des émeutes, parfois même des violences et des meurtres. Quiconque, à l'avenir, se rendra coupable d'obstruction et de violence de cette nature sera excommunié *ipso facto*. Les coupables perdront leurs charges, prébendes, etc., et seront inhabiles à en obtenir d'autres. Les laïques et leurs familles seront frappés d'interdit, et aucun de leurs descendants, jusqu'au quatrième degré inclusivement, ne pourra obtenir de prébende ecclésiastique ni exercer de charge dans la ville ou dans le diocèse en question, etc.

2. Les juges délégués observeront les règles de la procédure, en particulier pour les citations, afin que nul ne soit molesté injustement.

3. Aucun juge ne doit demander ni recevoir quoi que ce soit pour absoudre de l'excommunication, de l'interdit ou de la suspense.

4. Les prélats ne doivent pas trop écouter facilement les plaintes des moines contre leurs abbés, parce que c'est un moyen d'affaiblir la discipline.

5. Qu'aucun laïque ne fasse de l'opposition à un prélat qui veut remplir son devoir à l'égard d'un monastère placé sous sa juridiction.

6. Celui qui, par crainte ou par force, amène un juge ecclésiastique à absoudre d'une sentence d'excommunication ou de suspense, etc., est excommunié.

7. Un juge laïque qui, au mépris du privilège du for, oblige un clerc à comparaître devant lui, est excommunié. Le juge laïque est incompétent pour absoudre d'une sentence, juste ou injuste, d'excommunication, de suspense ou d'interdit.

8. La dîme doit être payée exactement et il n'y a pas de prescription en cette matière.

9. Quiconque attaque un testament fait suivant les règles canoniques, parce qu'aucun juge civil ou aucun échevin n'a assisté à sa rédaction, est excommunié. [177]

10. On a éludé l'ordonnance défendant d'établir de nouveaux droits de péage, en appliquant aux clercs et à leurs biens d'anciens droits de péage. Celui qui, dans le délai de deux mois, n'abolira pas ces redevances, sera excommunié *ipso facto*.

11. Comme le droit canon défend de promulguer des statuts

contre la liberté de l'Église ou d'aider à cette promulgation ou de s'y conformer dans les jugements, plusieurs tournent d'une manière déloyale cette difficulté en publiant, non des *statuta*, mais des *banna*, qui renferment toutes sortes de commandements et de défenses opposés à la liberté de l'Église. Ces *banna* doivent être abrogés dans le délai d'un mois, sinon leurs auteurs seront *ipso facto* excommuniés.

12. Afin d'empêcher à l'avenir la trop fréquente violation du droit d'asile, tous ses transgresseurs seront *ipso facto* excommuniés.

13. Quiconque empêche les parties de déférer au for ecclésiastique des affaires qui, par leur nature ou d'après l'ancienne coutume, relèvent de ce for, encourt l'excommunication.

14. Les juifs ne doivent habiter que dans des villes ou dans les localités assez considérables pour qu'ils ne puissent tromper les gens simples de la campagne et les entraîner à partager leurs erreurs.

15. Les exempts, réguliers ou séculiers, ne doivent pas admettre aux sacrements ni à la sépulture ecclésiastique les excommuniés ou interdits nommément et les usuriers notoires.

16. Celui qui empêche l'exécution d'une sentence pénale portée par l'Église est excommunié *ipso facto*.

Afin que personne ne pût éluder l'obéissance à ces ordonnances en invoquant un privilège pontifical de date quelconque, le cardinal-légat publia deux décrets du pape, des 19 août 1274 et 25 septembre 1275, par lesquels Grégoire lui accordait les pouvoirs les plus étendus [1].

680. *Conciles sous Jean XXI et Nicolas III, de 1276 à 1280.*

Le jour même où le cardinal-légat Simon présidait le synode de Bourges, 13 septembre 1276 [2], Pierre Juliani, cardinal-évêque de Tusculum et surnommé Hispanus (il était originaire du Portugal), 8] était élu pape à Viterbe et prit le nom de Jean XXI. Il supprima

---

1. Mansi, *Conc. ampliss. coll.*, t. xxiv, col. 165 sq. ; Hardouin, *Conc. coll.*, t. vii, col. 741 sq. ; Coleti, *Concilia*, t. xiv, col. 583 sq.
2. Les données sur la date de l'élection varient du 8 au 17 septembre. C'est le 13 ou 14 septembre qui semble la date la plus probable. De même, on n'est pas d'accord pour la date de la mort de Jean XXI. Cela vient probablement de ce que la mort n'eut lieu que six jours après l'accident. La vraie date de la mort est le

complètement la sévère ordonnance de Grégoire X sur la tenue des conclaves, suspendue déjà par Hadrien V, et négocia avec les grecs pour la réalisation de l'union décrétée à Lyon. A l'égard de Rodolphe de Habsbourg, il suivit la même ligne de conduite que son prédécesseur Innocent V. Il demanda que les empiétements commis par les gouverneurs allemands dans les territoires dépendant du Saint-Siège fussent désavoués, et opina que la présence de Rodolphe en Italie ne pouvait être désirable qu'après une entière réconciliation avec Charles d'Anjou. Mais dès le mois de mai 1277 Jean XXI fut grièvement blessé à Viterbe par la chute du plafond de sa chambre, il mourut quelques jours après, le 16 mai 1277 [1].

Le roi Rodolphe n'avait pas besoin qu'on l'engageât à différer ce voyage à Rome, devenu impossible pour le moment à cause de la tournure qu'avaient prise les affaires en Allemagne. Ottocar persistant dans son opposition, le roi d'Allemagne dut, le 24 juin 1276, déclarer la guerre à ce trop fier et trop puissant vassal. Rodolphe se dirigea vers Vienne par Linz et Ems, à travers la Basse-Bavière; le duc Henri, abandonnant le parti d'Ottocar, se rallia au Habsbourg. Vienne, très dévouée alors à la Bohême, opposa une vive résistance; néanmoins il y eut dans toute l'Autriche,

jeudi dans l'octave de la Pentecôte. — Pierre Juliani, né à Lisbonne, archidiacre de Vermuy, archevêque de Braga, vers 1272, cardinal-évêque de Tusculum (= Frascati), 1272, pape en 1276. Antonio, *Biblioth. Hispan. vet.*, 1788, t. II, p. 73-78; Barbarosa, *Biblioth. Lusitaniæ*, 1747, t. II, p. 559-562; A. M. Berger, *Die Ophtalmologie des Petrus Hispanus*, in-8°, München, 1899. Cf. V. Mortet, dans *Bibl. de l'École des chartes*, 1899, t. LX, n. 529-530; Castro, *Bibl. España*, 1786, t. II, p. 615-625; Daunou, *Hist. litt. de la France*, 1842, t. XIX, p. 322-334; Denifle, *Chartul. univ. Paris.*, 1889, t. I, p. 541-542; J. T. Köhler, *Vollständige Nachricht vom Papst Johann XXI, welcher unter dem Namen Petrus Hispanus als ein belehrter Arzt bekannt ist*, in-4°, Göttingen, 1760; *Liber pontificalis*, édit. Duchesne, 1892, t. II, p. 457; G. Petella, *Sull' identità di Pietro Ispano, medico in Siena e poi papa col filosofo dantesco*, dans *Bull. Senese stor. patr.*, 1899, t. VI; Potthast, *Reg. pont. rom.*, p. 1710-1718, 2131; Baronius-Raynaldi, *Annal. eccl.*, ad ann. 1276, n. 29; ad ann. 1277, 1-20; R. Stapper, *Papst Johannes XXI, eine Monographie*, in-8°, Münster, 1899; Ch. Thurot, dans *Comptes rend. de l'Acad. des inscr. et belles-lettres*, 1864, p. 217-228; *Revue archéologique*, 1864, p. 267-281; *Les registres de Grégoire X et de Jean XXI*, par Guiraud et Cadier, Paris, 1898. (H. L.)

1. Kopp, *Geschichte von der Wiederherstellung*, etc., *des heiligen römischen Reiches*, t. I, p. 135; Böhmer, *Regesten*, ad ann. 1246-1313, p. 333 sq.; Potthast, *Reg.*, t. II, p. 1710 sq.

en Styrie et en Carinthie de telles démonstrations des villes et des
seigneurs en faveur de Rodolphe qu'Ottocar dut acheter la paix
par la cession de ce duché. En retour, Rodolphe lui promit de lui
rendre en fief la Bohême et la Moravie. Pour cimenter la paix, on
proposa un double mariage entre les enfants des deux princes;
Hartmann, fils de Rodolphe, épouserait Cunégonde, fille d'Ottocar,
et Guta, fille de Rodolphe, serait donnée à Wenzel, fils d'Ottocar,
Ottocar vint alors à Vienne pour fléchir le genou devant son
suzerain et lui prêter serment de fidélité (novembre 1276). Depuis
lors, Rodolphe passa plusieurs années à Vienne avec sa famille
pour disposer et ordonner toutes choses dans les duchés recouvrés
par l'empire [1].

Les huit cardinaux qui, à la mort de Jean XXI, se trouvaient à
Viterbe, se divisèrent en deux partis, un parti français et un parti
italien, et, comme la sévère ordonnance sur la tenue des conclaves
avait été abrogée, l'accord tardait à se faire; pour les contraindre
à faire l'élection, les bourgeois de Viterbe les enfermèrent dans
l'hôtel de ville. Ils élurent alors, le 25 novembre 1277, Nicolas III [2],
Romain, de la famille Orsini, homme excellent, pieux et de mœurs
irréprochables. Comme ses prédécesseurs, il voulut hâter le couronnement de Rodolphe; il y mit des conditions analogues à celles
d'Innocent V et de Jean XXI. Rodolphe se hâta de renouveler
à Rome par ses ambassadeurs les promesses déjà faites par serment
à l'Église romaine; de plus, peu après, il fit déclarer solennellement
par un deuxième envoyé que les empiétements de ses régents
étaient annulés. Le pape chercha, à la même époque, à obtenir de
Charles d'Anjou la paix, la renonciation à la dignité de sénateur

1. Kopp, *op. cit.*, t. ɪ, p. 151-187; Böhmer, *op. cit.*, p. 77 sq., 454 sq.

2. Jean Caëtano Orsini, cardinal-diacre du titre de Saint-Nicolas *in Carcere
Tulliano*, le 28 mai 1244; inquisiteur archiprêtre de Saint-Pierre le 18 octobre 1276,
couronné pape le 26 décembre. A. Busson, *Zu Nikolaus III Plan einer Theilung
des Kaiserreiches*, dans *Mittheilungen d. Instit. österr. Geschichtsforschung*, 1886,
t. vɪɪ, p. 156-160; J. Gay, *Les Registres de Nicolas III (1277-1280), recueil des
bulles de ce pape publiées ou analysées d'après les manuscrits originaux du Vatican*,
in-4°, Paris, 1898; *Liber pontificalis*, édit. Duchesne, 1892, t. ɪɪ, p. 458-459; G. Pal-
mieri, *Introiti ed esiti di papa Niccolò III (1279-1280), antichissimo documento
di lingua italiana tratto dall' archivio Vaticano*, in-8°, Roma, 1889; Potthast, *Reg.
pont. rom.*, 1874, p. 1285, 1473, 1541, 1649, 1703, 1719-1755, 2132; Baronius-
Raynaldi, *Annal. eccles.*, ad ann. 1277, n. 53 sq.; ad ann. 1280 n. 28.; F. Savio,
Niccolò III (Orsini), dans *Civiltà cattolica*, 1894-1895; A. Demski *Papst Nikolaus III*, in-8°, Münster. 1903. 'H. L.'

de Rome et l'abandon de la charge de régent de l'empire en Toscane [1].

Pendant ces négociations, une nouvelle guerre éclata entre Rodolphe et Ottocar (juin 1278) qui accusa l'empereur d'empiétements en Bohême, et laissa surtout percer son peu d'empressement à se conformer aux engagements contractés à l'égard de Rodolphe. Au moment où celui-ci se trouvait sans armée et était entouré de traîtres, Ottocar appela subitement aux armes et marcha sur Vienne; mais bientôt arrivèrent des secours de l'empire et de la Hongrie alliée et Rodolphe alla au-devant de l'ennemi; il lui livra, dans un coude formé par le Danube et la March, dans un endroit appelé le champ de March, à l'est de Vienne, la célèbre bataille dans laquelle Ottocar fut tué (26 août 1278). Rodolphe occupa la Moravie et la Bohême, et réalisa son projet de fiancer sa fille Guta avec Wenzel, fils aîné d'Ottocar; il promit à ce dernier, à sa majorité, le duché de Bohême; quant à la Moravie, il la garda pour s'indemniser des frais de guerre [2].

Rodolphe renoua alors avec le pape et avec Charles d'Anjou les négociations que la guerre contre Ottocar avait interrompues; il fit toutes les déclarations et donna toutes les assurances à propos des possessions réclamées par le pape, surtout la Romagne. En outre, il accorda en fiefs à Charles d'Anjou les comtés de Provence [180 et de Forcalquier [3] que Charles réclamait depuis la mort de son beau-père, tandis que Rodolphe voulait réunir ces pays à l'empire. En retour, Charles d'Anjou promit de n'attaquer ni l'empereur ni l'empire, et fiança son neveu Charles-Martel avec Clémence, fille de Rodolphe, union préparée déjà par Grégoire X à Lausanne. Nicolas III avait à peine atteint ce résultat, dû à son zèle et à son éloquence, qu'il mourut d'une apoplexie, le 22 août 1280, à Soriano

1. Kopp, *Geschichte von der Wiederherstellung*, etc., t. 1, p. 215-227; t. 11, p. 22 sq., 163 sq.; Ficker, *Forschungen zur Reichs-und Rechtsgeschichte Italiens*, t. 11, p. 454 sq., 460 sq.; Böhmer, *Regesten*, ad ann. 1246-1313, p. 334 sq.; Potthast, *Reg.*, t. 11, p. 1725; Posse, *Anal. Vat.*, n. 941.

2. Kopp, *op. cit.*, t. 1, p. 244-280; t. 11, p. 24 sq., 172; Ficker, *op. cit.*, t. 11, p. 455 sq.

3. La reine de France Marguerite (mère de Philippe III et sœur de Béatrix, femme de Charles) prétendait également à ces comtés et cherchait à amener le pape à un compromis. Posse, *Anal. Vat.*, p. 83; Kopp, *Geschichte der eidgenössischen Bünde*, t. 11, 3e partie, p. 180. [E. Angot, *Les quatres filles de Raymond-Bérenger, comte de Provence*, dans *Mélanges d'histoire*, in-12, Paris, 1911, p. 175-316. (II. L.)]

près de Viterbe, avant d'avoir terminé la troisième année de son pontificat [1].

À notre connaissance, il ne se tint, sous son prédécesseur Jean XXI, qu'un seul concile en Occident et deux à Constantinople par les grecs unis.

Nous avons déjà parlé (§ 677) des deux conciles de Constantinople; en Occident, le concile signalé est celui de Compiègne, tenu avant le dimanche des Rameaux de 1277. Les évêques de la province de Reims, sous la présidence de leur métropolitain Pierre Barbet, décidèrent de se prêter un mutuel secours, si leurs chapitres se liguaient de nouveau pour leur faire opposition; les évêques devaient dans ce cas suspendre tout service divin [2].

Les conciles célébrés sous le pape Nicolas III furent plus nombreux et plus importants. Mansi place en tête de ces synodes celui de Trèves en 1277; mais c'est une erreur, et cette assemblée s'est [3I] tenue en réalité en 1227; aussi l'avons-nous étudiée dans le t. v, p. 1454-1465 [3]. Par un décret du 16 novembre 1277, Robert, archevêque de Cantorbéry, convoquait à Londres, pour le 14 janvier 1278, un concile de l'Église d'Angleterre. Cette assemblée se proposa de défendre les libertés de l'Église, et elle envoya au pape deux députés; nous possédons un document qui fixe les frais de route de l'un de ces députés [4]. Quant au concile anglais tenu à

1. Kopp, *Geschichte von der Wiederherstellung*, etc., t. i, p. 280-308; t. ii, p. 24 sq., 172 sq.; Böhmer, *Regesten*, ad ann. 1246-1313, p. 98, 102, 335, 361; Muratori, *Script. rer. Italic.*, t. iii, 1re partie, p. 103; C. Posse, *Anal. Vat.*, n. 979, et p. 83; Potthast, *Reg.*, t. ii, p. 1754. Il est difficile de dire jusqu'où le prétendu plan de Nicolas III pour la division de l'empire, mentionné par Ptolémée de Lucques (Muratori, *op. cit.*, t. xi, p. 1183), correspond à la réalité, à cause du manque d'autres témoignages dignes de foi. Ptolémée parle de pourparlers entre Nicolas III et Rodolphe, d'après lesquels l'empire devait être divisé en quatre royaumes : l'Allemagne, Arles, la Lombardie et la Toscane. L'Allemagne devait revenir à Rodolphe et à sa famille comme empire héréditaire; Arles serait donné en fief à Charles-Martel, beau-fils de Rodolphe; les deux autres provinces seraient données à des princes qu'on nommerait plus tard. Cf. Busson, *Die Idee des deutschen Erbreichs und die ersten Habsburger*, dans *Mittheilungen des Instituts für österr. Geschichtsforschung*, t. vii, p. 156; Kopp, *Geschichte der eidgenössischen Bünde*, t. ii, 3e partie, p. 165; Ficker, *Forschungen zur Reichs-und Rechtsgeschichte Italiens*, t. ii, p. 461.

2. Mansi, *Concil. ampliss. coll.*, t. xxiv, col. 183; Hardouin, *Conc. coll.*, t. vii, col. 571; Coleti, *Concilia*, t. xiv, col. 587; Gousset, *Les actes de la province de Reims*, t. ii, p. 414 sq.

3. Cf. Binterim, *Deutsche Concilien*, t. iv, p. 404; t v, p. 68.

4. Mansi, *Conc. ampliss. coll.*, t. xxiv, col. 206 sq.

Windsor et au synode danois tenu à Wedel dans le Jutland, nous savons seulement leur réunion en 1278.

Par contre, plusieurs canons d'un concile norvégien tenu à Bergen par Jonas, archevêque de Drontheim, en 1278, nous sont parvenus. 1. Tout prêtre devra léguer à l'Église au moins la dixième partie des biens mobiliers et immobiliers acquis au service de l'Église; sinon, tous les biens reviendront à l'Église après sa mort. 2. Qu'aucun prêtre n'ait dans sa paroisse une femme avec laquelle il vit maritalement ou qui soit soupçonnée d'entretenir avec lui des relations défendues. 3. On doit refuser la communion et tout autre office ecclésiastique aux laïques concubinaires, à moins qu'ils ne fassent devant témoins une promesse solennelle de contracter un mariage légal ou de cesser la cohabitation. 4. Les prêtres réclameront le denier de Saint-Pierre (*cathedraticum Petri*) de tous ceux qui ont établi un domicile fixe sur leur paroisse. 5. Tout prêtre doit savoir quelles dîmes de sa paroisse appartiennent à l'évêque et quelles autres reviennent à l'église; et il doit être prêt à en rendre compte à l'évêque lors de la visite épiscopale[1]. Ces ordonnances furent également publiées en Islande dans un synode diocésain tenu par Arnas, évêque de Skalholt.

Nous avons une autre série de canons publiés dans un synode en 1280, par l'évêque de Skalholt, sur l'ordre et avec le soutien de l'archevêque de Drontheim. En voici les plus importants. A la suite de quelques ordonnances sur le jeûne vient ce qui suit : Si à l'élévation il n'y a pas de vin et d'eau dans le calice, il faut en mettre, il faut aussi prendre une nouvelle hostie (la première devant alors être consommée à la communion), et puis continuer le canon. A l'élévation, les fidèles doivent se mettre à genoux; on doit donner [182] un signal par la cloche, et allumer près du prêtre un cierge élevé. Aucun prêtre ne doit dire deux messes le même jour, sauf en cas de nécessité. Le jour de Noël, il doit en célébrer trois. Un prêtre dont l'inconduite devient notoire par la naissance d'un enfant ne doit plus dire la messe jusqu'à ce qu'il soit absous par l'évêque ou son délégué et qu'il se soit amendé. Les prêtres doivent engager les fidèles à savoir bien exactement le *Pater*, le *Credo* et l'*Ave Maria*, ainsi que la formule du baptême. Les laïques ne peuvent pas bénir l'eau baptismale : ils ne doivent pas baptiser avec un autre liquide que l'eau douce ou salée, ou de la neige fondue. Le baptême conféré

---

1. Finnus Johannæus, *Hist. eccles. Island.*, t. ii, p. 48.

avec la salive est nul. Les mariages ne peuvent être contractés qu'à partir du cinquième degré de parenté, sauf dispense épiscopale. Avant la célébration d'un mariage, on doit le publier, par trois fois, le dimanche à la communauté : le prêtre doit surtout veiller à ce que la femme contracte un mariage de son plein gré. Les grands pécheurs publics qui meurent réconciliés avec l'Église peuvent recevoir la sépulture ecclésiastique, sauf ceux qui sont condamnés à mort pour un crime, car ils sont, *ex more antiquo*, frappés à jamais d'infamie. Les prêtres ne doivent pas porter d'habits de couleur, ni s'adonner à la toilette ni à l'usure. Ils ne doivent pas prêter serment à un laïque, ni porter une sentence d'excommunication sans la permission de l'évêque, etc. [1].

Un concile français, tenu en 1278, à Aurillac, dans la province de Bourges, chercha à mettre un terme aux empiétements et aux prétentions des exempts [2].

Des vingt statuts que l'archevêque Guillaume de Flavacourt fit publier à Rouen probablement au commencement de son épiscopat en 1278, certains sont d'un intérêt plus général : 1. Tout prêtre doit célébrer la messe au moins une fois par mois, *si sit in statu celebrandi;* sinon, il doit s'y disposer le plus tôt possible, mais toujours dans le délai d'un mois. Ceux qui négligent cette ordonnance seront punis chaque fois d'une amende de 20 *solidi* que l'archevêque emploiera en usages pieux. 5. Quiconque se croit lésé par l'archidiacre ou le doyen peut toujours recourir à la curie archiépiscopale. 8. Lorsqu'une femme meurt en couches, on doit, dès que la mort est certaine, pratiquer l'opération césarienne. 3] Dans ce but, il faut tenir la bouche de la morte ouverte. 10. Les prêtres doivent engager les fidèles à réciter le *Pater*, le *Credo* et la *Salutatio B. M. V.* 11. On rappellera au peuple et surtout aux femmes de ne pas faire inconsidérément des vœux. 15. Les prêtres doivent défendre, sous peine d'excommunication, aux bouchers de laisser couper leur viande par un juif, à moins que ce dernier ne prenne tout le morceau. 18. Les paroissiens qui font publiquement pénitence doivent être envoyés à l'église cathédrale par leurs curés, le mercredi des Cendres, pour que l'archevêque les exclue solennellement de l'église : le jeudi saint, il les réconciliera de nouveau.

1. Finnus Johannæus, *Hist. eccles. Island.*, t. ii, p. 50 sq.

2. Mansi, *Concil. ampliss. coll.*, t. xxiv, col. 210 sq.; Coleti, *Concilia*, t. xiv col. 50 sq.

19. Les pères et mères de famille seront engagés à se confesser avant le dimanche des Rameaux. S'ils ne le font pas, ils doivent s'abstenir de manger de la viande jusqu'à l'octave de Pâques, quand on les recevra de nouveau à la confession [1].

En cette même année 1278, un concile de la province de Tours se tint à Langeais (*Langesiensis*), sous le métropolitain Jean de Montsoreau, que nous avons vu naguère présider le synode de Saumur. Les seize canons de cette assemblée tendent à l'extirpation d'abus que nous avons eu souvent l'occasion de constater [2].

1. Les prélats n'exigeront les procurations que pour les visites réellement faites, en nature et non en argent, sauf si telle en est la coutume, ou encore si la localité offre si peu de ressources qu'il soit impossible d'héberger le prélat.

2. Les archidiacres, archiprêtres et autres dépositaires de la juridiction ecclésiastique ne doivent pas avoir, en dehors de la ville, des *officiales* ou des *allocati* (des procureurs), mais ils rempliront par eux-mêmes les devoirs de leur charge.

3. Pour écarter les inconvénients des mariages clandestins, les évêques défendront aux fidèles de faire des mariages sans s'être rendus auparavant à la porte de l'église pour y recevoir la bénédiction et échanger leur consentement devant le prêtre.

4. Les clercs, surtout dans les ordres majeurs, ne doivent rien laisser par testament à leur concubine ni aux bâtards qu'ils en auraient eus après la réception des ordres; ces legs iront à leurs églises; aucun de ces clercs impudiques ne doit avoir son enfant avec lui.

5. Les exécuteurs testamentaires ne peuvent rien acheter de l'héritage du testateur.

6. Quiconque reste une année entière sous le coup de l'excommunication, sans se soucier de recevoir le corps du Seigneur, est inhabile à hériter et ne pourra être absous que solennellement et après une longue pénitence publique.

7. On rappelle les mesures prises contre ceux qui abusent des lettres apostoliques (*Decret. Gregor.*, l. I, tit. III, *De rescriptis*, c. 43).

---

1. Bessin, *Concil. Rotomag. prov.*, t. II, p. 84 sq.
2. Langeais, arrondiss. de Chinon, Indre-et-Loire. Maan, *Metrop. eccl. Turon.*, 1667, p. 210; Labbe, *Concilia*, t. XI, col. 1038; Hardouin, *Conc. coll.*, t. VII, col. 759; Coleti, *Concilia*, t. XIV, col. 597; Mansi, *Conc. ampliss. coll.*, t. XXIV, col. 211. (H. L.)

[i]   8. Défense de donner aucune église paroissiale *ad firmam* sans l'autorisation expresse de l'évêque diocésain.

9. Une sentence d'excommunication portée contre des individus ne doit pas être aussitôt accompagnée d'une sentence contre ceux qui auraient des rapports avec eux, à moins que l'évêque n'ait une très grave raison d'agir ainsi.

10. Quiconque, à la suite d'une cession faite en sa faveur, veut faire un procès, doit jurer, avant la *contestatio litis*, qu'il n'a pas reçu cette cession frauduleusement.

11. Défense d'envoyer les jeunes moines au-dessous de dix-huit ans à demeure dans les prieurés.

12. Qu'aucun monastère ne reçoive plus de moines ou de nonnes qu'il n'en peut nourrir. Les évêques doivent y veiller.

13. Défense de laisser un moine tout seul dans un prieuré.

14. Défense de piller les biens des prieurés vacants.

15. Les avocats doivent jurer de ne jamais défendre sciemment une cause injuste, et de défendre fidèlement leurs clients. Pour être agréé comme avocat au tribunal ecclésiastique, il faut avoir étudié au moins pendant trois ans le droit canon et le droit civil, ou avoir acquis l'expérience et la pratique des affaires.

16. Les officiaux et autres dépositaires de la juridiction ecclésiastique doivent, en entrant en charge, jurer de ne jamais accepter de présents et de juger d'après le droit et la justice[1].

Le premier synode de l'an 1279 fut célébré à Londres par l'archevêque de Cantorbéry, le jour de l'octave de saint Hilaire; il s'agissait de recueillir les fonds nécessaires pour venir en aide au roi Édouard Ier, qui voulait organiser une croisade.

Quelques semaines plus tard, en février 1279, l'évêque de Bazas (*Vasatensis*) porta au synode provincial d'Auch (*Auxis, Auscitanum concilium*) des plaintes contre le sénéchal qu'Édouard Ier, roi d'Angleterre, avait donné pour gouverneur à la Gascogne. L'évêque prétendit que le sénéchal empiétait sur les droits de l'Église. Le synode écrivit au roi Édouard, le priant de mettre fin à cet abus, et ajouta que c'était uniquement par égard pour lui que l'assemblée n'avait pas immédiatement frappé le sénéchal des peines

_____

1. Mansi, *Concil. ampliss. coll.*, t. XXIV, col. 211 sq.; Hardouin, *Conc. coll.*, t. VII, col. 759 sq.; Labbe, *Concilia*, t. XIV, col. 797.

portées par les anciens canons contre les spoliateurs des églises, etc. Le conflit ne se termina qu'en 1283 [1].

Trois synodes provinciaux furent célébrés en France en mai 1279, [185] deux le 4 mai, à Pont-Audemer et à Béziers, et le troisième treize jours après, le 17 mai, à Avignon. Leurs canons portent des prescriptions que nous avons déjà rencontrées plusieurs fois. L'assemblée de Pont-Audemer, dans la province de Rouen, présidée par l'archevêque Guillaume de Flavacourt, promulgua les vingt-quatre canons suivants [2]:

1. Les prêtres et bénéficiers, aussi longtemps qu'ils sont sous le coup d'une excommunication portée contre eux par leurs évêques, ne percevront pas les fruits de leurs bénéfices, sans espoir de les retrouver plus tard, à moins qu'ils ne se fassent absoudre promptement, ou que leur évêque ne leur fasse une faveur toute particulière. S'ils s'obstinent une année entière sous le coup de l'excommunication, on procédera contre eux par la privation de leurs bénéfices et autres sanctions canoniques.

2. Les prêtres qui, ayant des chapelles ou des églises paroissiales, ne disent pas les messes de leurs bénéfices, recevront une monition canonique, après quoi ils seront privés de leurs bénéfices et punis d'après le droit.

3. Les ordonnances des conciles de Bourges (de 1276), et de Lyon (quatorzième œcuménique) contre ceux qui mettent obstacle à l'exercice de la juridiction ecclésiastique, ou qui attaquent la liberté de l'Église, enfin contre les usuriers notoires, seront, une fois par mois, un jour de dimanche ou de fête, promulguées dans toutes les églises paroissiales, comme aussi dans chaque synode, et chaque curé devra en avoir un exemplaire. Tous les confesseurs de la province de Rouen demanderont à leurs pénitents s'ils n'ont pas péché contre ces ordonnances; auquel cas, ils les renverront à l'évêque.

4. Ceux qui ont encouru l'excommunication du canon pour avoir frappé des clercs, lorsque leur délit sera légitimement constaté,

---

1. Mansi, *Concil. ampliss. coll.*, t. xxiv, col. 218 sq. Le synode de Londres manque dans Hardouin, *Conc. coll.*, t. vii, col. 763, et Coleti, *Concilia*, t. xiv, col. 601.

2. Pont-Audemer, sous-préfecture de l'Eure. Labbe, *Concilia*, t. xi, col. 1043-1050; Pommeraye, *Conc. Rothom.*, 1677, p. 271; Hardouin, *Conc. coll.*, t. vii, col. 765; Bessin, *Conc. Rotomag.*, 1717, t. i, p. 153-157; Coleti, *Concilia*, t. xiv, col. 598; Mansi, *Conc. ampliss. coll.*, t. xxiv, col. 219. (H. L.)

seront publiquement dénoncés par les curés et évités par tous, et si, dans le délai fixé par l'évêque, le coupable ne demande pas l'absolution, il sera abandonné au bras séculier, suivant ce qui se pratique dans la province de Rouen à l'égard d'autres excommuniés.

5. Conformément au canon du concile général (le IVe concile de Latran), tout chrétien doit se confesser au moins une fois l'an, à son curé ou à un autre prêtre muni de pouvoirs, et communier à Pâques. Sinon, on devra procéder contre le coupable comme suspect d'hérésie. Le curé doit communiquer à l'évêque les noms de ceux qui manquent à ce devoir.

6. Les autorités civiles qui se saisissent d'un clerc en usant de violence injustifiée ou le détiennent malgré la réquisition du juge ecclésiastique, seront dénoncées d'une manière générale comme excommuniées; mais on ne portera une excommunication spéciale que si le fait a été clairement constaté.

7. Défense à tout clerc de s'adresser à un juge civil pour des [6] causes d'Église.

8. Les abbés, prieurs et, en général, les ecclésiastiques qui perçoivent les grosses dîmes d'une paroisse, sont tenus de pourvoir aux réparations des immeubles, de fournir les livres et les ornements, etc., chacun au prorata de ce qu'il perçoit.

9. Défense à tous chrétiens et chrétiennes d'entrer au service des juifs ou d'habiter chez eux. Les juifs doivent porter sur leurs habits des signes servant à les distinguer des catholiques.

10. On ne tolérera pas de veillées ni de danses dans les cimetières et autres lieux saints.

11. Les clercs bénéficiers ou dans les ordres sacrés doivent s'abstenir de la chasse et de l'oisellerie.

12. Dans les abbayes ou les prieurés dont les revenus n'ont pas été diminués, on rétablira le nombre de moines primitivement fixé.

13. Les moines qui vivent dans les prieurés non conventuels doivent observer, sous peine de censures, les prescriptions du pape Grégoire concernant l'abstinence, la confession et le jeûne (monastique).

14. Les réguliers ne doivent pas, sauf permission de l'évêque, demeurer avec des séculiers.

15. Rappel du décret (du quatrième concile de Latran) défendant aux religieux d'emprunter au delà d'une certaine somme, sauf permission de l'abbé.

16. Les doyens ruraux, qui exercent une juridiction, ne porte-

LIVRE XXXVIII.

provincial de 1257, également reproduites souvent dans les canons que nous venons de donner.

Quant aux *capitula* du second appendice, ils ne sont que la reproduction littérale des canons 6, 7, 10, 11, 12, 13 et 16 du concile de Bourges de 1276; le copiste a seulement modifié la fin : *Datum in eodem concilio idibus septembris anno Domini MCCLXXVI, romana Ecclesia vacante*, en changeant 1276 en 1279, ce qui alors ne s'accorde plus avec la phrase *romana Ecclesia vacante*.

Nous avons dit que, le 4 mai 1279, on tint un synode à Béziers, sous la présidence de Pierre, archevêque de Narbonne. Nous ne possédons que la lettre de convocation de l'archevêque Pierre, et une encyclique publiée un peu plus tard, dans laquelle il annonçait aux fidèles de tout rang que le synode l'avait choisi, lui et l'évêque de Toulouse, avec quelques procureurs, pour représenter la province au parlement et y exposer les plaintes générales sur les innovations et sur les charges excessives [1].

Le troisième synode français, tenu à Avignon le 17 mai 1279, sous la présidence de Bernard, archevêque d'Arles, se préoccupa aussi de sauvegarder les droits, privilèges et immunités du clergé, [8] qui avaient subi bien des attaques; il y consacra ses quatre premiers canons. Les onze suivants ne renferment que d'anciennes ordonnances des conciles de Bourges en 1276 (can. 11, 13, 15), de Valence en 1248 (can. 14 et 16), d'Arles en 1275 (can. 10 et 14), répétées telles quelles ou avec de légères additions. Deux autres décrets sont destinés à protéger ceux qui, à la suite de l'appel du pape Grégoire X, ont pris la croix sans être encore partis pour la croisade. Un dernier canon impose aux religieux, pour entendre en confession, de recevoir la permission de l'évêque et celle de leur abbé ou supérieur [2].

Dans les derniers jours de juillet 1279, Jean Peckam, archevêque de Cantorbéry, présida un synode provincial à Reading. L'archevêque indique, dans la première ordonnance, le motif de la réunion. Toutes les anciennes ordonnances contre le cumul des bénéfices étaient restées en Angleterre lettre morte, et l'abus de posséder à la fois plusieurs bénéfices à charge d'âmes était plus répandu que

---

1. Mansi, *Concil. ampliss. coll.*, t. XXIV, col. 245; Hardouin, *Conc. coll.*, t. VII, col. 763; Coleti, *Concilia*, t. XIV, col. 627.

2. Mansi, *Concil. ampliss. coll.*, t. XXIV, col. 231; Hardouin, *Conc. coll.*, t. VII, col. 771; Coleti, *Concilia*, t. XIV, col. 615.

jamais. Aussi le pape Grégoire X avait-il fait de vive voix à l'archevêque, probablement au concile œcuménique de Lyon, les recommandations les plus expresses de mettre fin à cet état de choses. Dans ce but, celui-ci ordonna que non seulement :

1. Toutes les anciennes prescriptions ecclésiastiques sur ce point seraient remises en vigueur, mais que, de plus, on dresserait la liste de toutes les églises et de leurs possesseurs actuels, et ce travail serait présenté au prochain synode, c'est-à-dire au jour de l'octave de saint Hilaire (20 janvier), époque où d'ordinaire a lieu le synode.

De plus, 2. il déclara vacants de nombreux bénéfices donnés en commande.

Les autres *capitula* se rapportent à d'autres questions.

3. Tous les prêtres de la province de Cantorbéry doivent, le dimanche qui suit la réunion du chapitre rural, proclamer toute une série d'anciens décrets sur l'excommunication et nommer ceux qui tombent sous cette sentence [1]. Les évêques ne doivent pas oublier que plusieurs anciens canons les menacent eux-mêmes de l'excommunication et de la suspense; aussi doivent-ils les observer, eux et leurs inférieurs. Tous les anciens canons qui ont été lus dans ce synode provincial doivent être publiés dans les synodes diocésains. Toutes les églises cathédrales et collégiales auront un exemplaire des libertés accordées à l'Église par le roi; cet exemplaire accessible à tous sera remplacé par un nouvel exemplaire à la vigile de Pâques et à celle de la Pentecôte. [189]

4. Les enfants nés dans les huit jours précédant Pâques ou la Pentecôte seront, sauf le cas de nécessité, baptisés ces deux jours de fête, qui sont spécialement destinés aux baptêmes.

5. Le statut de l'ancien cardinal-légat Ottoboni contre les clercs concubinaires sera lu par les archidiacres dans les quatre principaux chapitres ruraux de l'année.

Dans ce même synode, l'archevêque confirma les libertés et les droits de l'université d'Oxford. Un document un peu plus récent nous apprend que, durant ce synode, l'archevêque voulut arracher à un évêque l'aveu de ses nombreux crimes et notamment de ses péchés de luxure; ainsi une femme du nom de Juliane certifia

---

1. Sur le désir du roi, quelques-uns de ces anciens décrets, qui semblaient empiéter sur son pouvoir, furent abrogés peu après par l'archevêque. Mansi, *Concil. ampliss. coll.*, t. XXIV, col. 270.

qu'elle lui avait donné cinq enfants. L'évêque ne montra aucun repentir; aussi l'archevêque décida l'envoi d'un rapport secret au pape. On ne sait si ce fut dans ce même synode de Reading que l'archevêque publia un édit pour la réforme des religieuses [1].

Au mois de septembre 1279, de nombreux canons furent rendus par un grand synode national hongrois célébré à Ofen (*Buda*). Peu de temps auparavant, le roi Ladislas III, âgé de dix-huit ans, ayant commencé à gouverner par lui-même, le pape Nicolas III nomma, avec des pouvoirs très étendus, Philippe, évêque de Fermo, légat pour les pays de Hongrie, Pologne, Dalmatie, Croatie, Rama, Servie, Lodomérie, Gallicie et Cumanie. Tout d'abord le jeune roi refusait de recevoir le légat; mais lorsqu'il connut son arrivée, il lui fit cependant bon accueil, lui promit d'imiter ses ancêtres, en particulier saint Étienne, d'extirper les hérésies et de travailler à la conversion des Cumans, encore païens. Les Cumans, parents des Tartares et originaires du Caucase, venaient d'être chassés de Bulgarie par les Tartares. Réfugiés en Hongrie, ils erraient jusqu'au cœur même du pays. Vers l'an 1250, Bela IV, roi de Hongrie, s'en fit reconnaître roi, et maria son fils et successeur Étienne, père du jeune roi Ladislas, avec une princesse cumane. Deux chefs de cette nation promirent alors, au nom de leurs peuples, de renoncer au paganisme, de recevoir le baptême, de vivre selon les coutumes chrétiennes, de fonder des villes au lieu de camper à l'aventure, et enfin de restituer tout ce qu'ils avaient volé aux chrétiens et aux églises chrétiennes. Le roi Ladislas autorisa le légat à réunir une assemblée de tout le clergé, depuis l'archevêque jusqu'aux simples prêtres. Il promit de faire exécuter fidèlement les décisions de cette assemblée, et, au besoin, d'obliger, les armes à la main, les Cumans à tenir leur parole. A ces promesses il joignit de solennels serments; il consentait à être lui-même excommunié et son royaume interdit s'il ne tenait sa parole; il renonça d'avance à toute espèce de titre et de privilège [2].

Le synode, dont le roi Ladislas permettait la célébration, fut précisément celui d'Ofen. Les collections des conciles nous ont

---

1. Mansi, *Concil. ampliss. coll.*, t. XXIV, col. 257-270. Incomplet dans Hardouin, *Conc. coll.*, t. VII, col. 779 sq., et Coleti, *Concilia*, t. XIV, col. 633 sq.

2. Kopp, *Geschichte von der Wiederherstellung*, etc., *des heiligen römischen Reiches*, t. I, p. 286 sq.; Baronius-Raynaldi, *Annal. eccles.* ad ann. 1279, n. 31 sq.

gardé soixante-neuf ordonnances de cette assemblée; mais, on le
verra plus loin, c'est à peine la moitié de celles qui furent réellement décrétées. Naturellement plusieurs de ces ordonnances sont,
pour le fond, identiques à des canons de divers conciles de l'époque,
car dans tous les pays régnaient les mêmes abus. Voici ces
canons :

1. Les prélats doivent donner le bon exemple. Ils porteront,
ainsi que les moines, la couronne et la tonsure cléricales.

2. Lorsque les prélats voyagent à cheval ou à pied, ils doivent
porter des manteaux ronds, *cappas*, sous lesquels ils pourront avoir
du linge (*camiscias*). Les *mantelli* leur sont défendus [1]. En cas de
mauvais temps, ils pourront porter des *mantelli* ronds ou *tabards*
(espèce de tunique) de moyenne longueur, etc.

3. Défense de porter diverses sortes d'habits et ornements
peu convenables à des clercs, et en général tout vêtement de luxe.

4. Seuls, les prélats peuvent porter l'anneau. Au clerc qui porte
l'anneau sans privilège, l'évêque confisquera l'anneau et, de plus,
ce clerc devra donner pour les pauvres une somme égale à la valeur
de l'objet confisqué.

5. Aucun ecclésiastique ne doit avoir dans la maison qu'il habite
de cabaret ou d'auberge.

6. Le moine qui devient évêque gardera l'habit de son ordre.

7. Tous les clercs s'abstiendront de prendre part à toutes séditions, révoltes et voies de fait; sauf seulement pour la défense de
l'Église ou de la patrie, et même alors ils ne combattront pas en [191]
personne.

8. Les clercs ne doivent pas exercer de métiers ou commerces,
surtout peu convenables. Ils n'iront ni dans les théâtres ni dans
les hôtelleries, sauf en voyage. Ils ne joueront pas aux dés, etc.,
n'assisteront pas à ces sortes de divertissements. Leurs cheveux
et leur tonsure seront convenables et laisseront les oreilles à découvert. Ils s'appliqueront au ministère ecclésiastique et à toutes
études utiles.

9. Un clerc ne doit jamais porter, ni écrire, ni exécuter de
sentence de mort ou de mutilation, ni assister à une exécution.
Il s'abstiendra de toute intervention chirurgicale qui comporte
action de couper ou de brûler. Il ne donnera pas de bénédiction
pour les épreuves de l'eau ou du feu.

---

1. Cf. Hefele, *Beiträge zur Kirchengeschichte*, t. ɪɪ, p. 178.

10. Aucun archidiacre ou recteur d'église ne doit prendre pour vicaire un laïque ou un clerc marié.

11. Aucun clerc ne doit porter l'épée ni de ces longs couteaux appelés *bord*, sauf en cas de danger et par permission de l'évêque.

12. Aucun clerc pourvu d'un bénéfice dans les ordres sacrés ne doit, sous peine d'excommunication, habiter avec une femme[1].

13. Toutes les fois qu'un clerc passe devant un autel ou une image de la Vierge, ou devant un crucifix, surtout lorsqu'il entre au chœur pour l'office, il doit se découvrir et incliner la tête. Toutes les fois que dans l'office on dit l'*Ave Maria*, les clercs fléchiront le genou. Que personne ne vienne au chœur pieds nus; pour venir aux heures canoniales, les prêtres porteront des manteaux ronds (*cappas*) ou des surplis, sauf les étrangers et voyageurs.

14. Les prélats qui visiteront les diocèses éviteront d'être à charge aux églises en exigeant des procurations excessives, suivant l'usage hongrois.

15. Que personne ne reçoive un bénéfice ecclésiastique de la main d'un laïque; les évêques et autres, à qui il appartient de donner l'institution, n'y procéderont qu'une fois bien convaincus que l'élection est canonique; les droits du patron restant intacts.

16. Tous ceux qui ont un bénéfice à charge d'âmes ne doivent pas se faire remplacer par un vicaire, mais s'acquitter eux-mêmes de leurs devoirs.

17. Les conjurations et les ligues sont interdites aux ecclésiastiques. Les serments prêtés à cette fin sont sans valeur. La formation de nouvelles ligues sera sévèrement punie.

18. Avant de se rendre au synode, les curés et vicaires perpétuels visiteront les malades de leurs paroisses.

19. Tous les clercs, réguliers ou séculiers, convoqués aux synodes diocésains ou provinciaux, doivent s'y rendre, ou, au cas d'empêchement, s'excuser et se faire représenter. En allant au synode, en en revenant, et pendant l'assemblée, chacun doit se conduire de façon à ne pas donner de scandale. Celui qui, sans motif, ne vient pas au synode sera puni par son évêque. Les prélats mitrés assisteront au synode avec la mitre, le surplis, l'étole et la *cappa*

---

1. Le synode hongrois de Szaboles, célébré en 1092, n'avait pas complètement introduit le célibat en Hongrie (cf. t. v, 1re part., p. 369), mais depuis cette époque cette loi de l'Église était devenue obligatoire même pour ce pays.

ou bien le *pluviale*. Les prévôts, les prieurs et les autres prélats inférieurs auront le surplis et l'étole, du moins s'ils sont diacres; s'ils le veulent, ils pourront également porter le *pluviale* ou la *cappa*. Les recteurs (curés) et les simples prêtres n'auront que l'étole et le surplis ou la *cotta*. Les clercs inférieurs n'auront que la *cotta*.

20. Les abbés, prévôts, prieurs, *plebani* et autres prélats, et recteurs d'églises avec charge d'âmes, doivent recevoir la prêtrise sans délai.

21. Le chrême, l'huile sainte et l'eucharistie doivent être soigneusement tenus sous clef dans toutes les églises. Le clerc négligent sera, pendant trois mois, suspendu *ab officio et beneficio*, et si, par sa négligence, un abus sacrilège vient à se produire, il sera puni avec plus de sévérité encore.

22. Nul ne doit servir à l'autel ou lire l'épître sans être revêtu du surplis et de la *cappa* fermée. Tout prêtre doit réciter pieusement et distinctement l'office, tant de jour que de nuit.

23. On renouvelle la condamnation de l'abus si fréquent de l'intrusion de clercs dans les églises, monastères ou bénéfices par l'autorité des laïques.

24. Aucune personne d'Église ne doit être demandeur, ni défendeur, ni caution, ni en aucune manière justiciable devant un juge séculier, si ce n'est dans les causes qui ne relèvent pas du for ecclésiastique.

25. Même quand il s'agit d'injures personnelles ou de donations aux églises, une personne d'Église ne peut poursuivre un procès devant un juge laïque qu'avec la permission de l'évêque.

26. Aucun prêtre ou clerc dans les ordres sacrés ne doit garder près de lui un enfant qu'il aurait eu après la réception des ordres. Les bâtards qui se trouvent dans ce cas sont donnés à l'église comme serviteurs et comme servantes.

27. Sauf les jours de grande fête, on n'extraira pas les reliques de leur châsse pour les exposer au culte. On n'en trafiquera pas. Les reliques nouvellement découvertes ne seront pas vénérées avant l'approbation du pape.

28. On n'admettra à prêcher que ceux qui occupent des charges officielles ou qui exhibent un privilège du Saint-Siège ou de l'évêque. [193] Défense aux quêteurs d'ajouter quoi que ce soit à la teneur de leurs lettres papales ou épiscopales. Nul ne doit être admis à quêter sans lettres de ce genre.

29. Défense d'engager les objets mobiliers des églises, sauf en cas de nécessité et avec l'assentiment de l'évêque et l'avis conforme des paroissiens. Qu'aucun prélat ou recteur d'église n'ose obérer d'engagements quelconques, cautions ou autres, ni pour le compte d'autrui ni pour son propre compte, les biens de l'église, si ce n'est pour l'avantage évident de l'église, avec la permission de l'évêque et le consentement du chapitre.

30. Les recteurs des églises ne doivent rien distraire du bien de ces églises, ni en disposer par testament, sous peine de nullité de ces actes et révocation des aliénations ou legs.

31. Un clerc ne doit pas entreprendre de voyage en dehors de l'empire ou de la province sans la permission de son évêque ou ordinaire.

32. Aucun clerc inconnu ne sera autorisé à exercer les fonctions des ordres sacrés s'il n'a des lettres de son évêque.

33. Les paroissiens doivent, tous les jours de dimanche et de fête, assister au service divin et surtout à la messe dans leur propre église paroissiale et non dans une autre; de même ils ne doivent demander les sacrements qu'aux prêtres de leur paroisse ou aux religieux temporairement employés dans diverses églises. Réserve faite des privilèges particuliers du Saint-Siège. Les clercs et les laïques qui transgresseront cette ordonnance seront sévèrement punis.

34. Tous ceux qui administrent des biens d'Église doivent rendre compte de leur administration; les abbés, prévôts, etc., une fois par an, les chambriers et autres administrateurs de rang inférieur, deux fois par an.

35. Défense aux abbés, prévôts et autres clercs de prêter ou emprunter, sans l'assentiment du chapitre ou de l'évêque, au delà d'un marc, de trois marcs au plus.

36. Défense d'aliéner les immeubles et droits des églises et monastères sans une permission de l'autorité supérieure. Les prélats inférieurs devront obtenir la permission de l'évêque, l'évêque celle du métropolitain, le métropolitain celle du Saint-Siège.

37. Défense aux personnes d'Église, prélats, chapitres, etc., de soumettre les églises paroissiales ou autres, et les monastères, à de nouvelles et injustes redevances.

38. Les archidiacres ayant à exercer la juridiction ecclésiastique, nul ne pourra devenir archidiacre dans le royaume de Hongrie et la province de Pologne le pouvoir du légat Philippe s'étendait

aussi sur cette province), que s'il fait preuve d'une science suffisante; en particulier il devra avoir étudié le droit canonique pendant trois ans, pendant lesquels il pourrait percevoir les revenus de l'archidiaconat et autres bénéfices.

39. Les causes matrimoniales ne doivent être traitées que par [194] des personnes discrètes, sérieuses et expérimentées.

40. Certains supérieurs ecclésiastiques font jurer à leurs inférieurs de ne jamais déclarer à l'autorité rien de ce qui pourrait leur nuire. Ces serments et promesses sont sans valeur.

41. Défense de garder dans les églises les meubles des **prêtres** ou d'autres personnes, si ce n'est en cas de guerre ou d'incendie, et provisoirement.

42. Tout prêtre de paroisse doit avoir le livre appelé manuel, contenant l'ordre du baptême, de l'extrême-onction, etc. Il aura également les livres nécessaires pour l'office tant de jour que de nuit.

43. Le service divin terminé, les églises seront fermées. Aucun clerc ne permettra, sous peine d'excommunication, des danses dans les cimetières et dans l'église, ni des séances de tribunaux civils. Défense de construire dans les cimetières, d'y faire des dépôts de fumier ou d'immondices.

44. Défense aux recteurs des églises d'y laisser célébrer par des laïques des veillées, occasion de scandale et de péché, sauf s'il s'agit de pieuses vigiles qui se réclament d'une ancienne tradition.

45. Les chanoines et autres clercs pourvus d'un bénéfice garderont la résidence et assisteront aux heures canoniales, en particulier à matines, à la messe et aux vêpres, sous peine de perdre les distributions quotidiennes, le jour où ils manquent; s'ils ne s'amendent pas, ils seront sévèrement punis. On désignera dans chaque église, cathédrale et collégiale, des clercs chargés de noter les absences. Les négligences des prêtres de paroisses et d'autres clercs seront punies par les archidiacres, etc.

46. En Hongrie, les archidiacres exigent un marc d'argent pour la sépulture ecclésiastique de ceux qui ont été tués ou empoisonnés. Cette coutume ne doit pas être appliquée à ceux qui sont morts foudroyés, ou noyés, ou brûlés ou de quelque autre accident.

47. Aucun laïque ne doit avoir publiquement une concubine.

48. Aucun particulier, aucune communauté ne permettront à des filles de mauvaise vie d'habiter leurs maisons dans aucune ville, château ou villa, etc. Défense, sous peine d'être exclu des

sacrements, de leur vendre, louer ou donner maison ou habitation. Cette ordonnance s'étend aux adultères et aux incestueux notoires.

49. Aucun laïque ne doit, sous prétexte de son droit de patronage ou tout autre motif, occuper les biens laissés à leur mort par les évêques et prélats inférieurs tant réguliers que séculiers; pas plus que ceux des églises et monastères vacants.

50. Défense à qui que ce soit, clerc ou laïque, à aucun titre et sous 5] aucun prétexte, de rien usurper ou s'attribuer des biens et droits d'une église ou d'un monastère, d'en rien aliéner, vendre, donner en nantissement, etc. Le tout sans préjudice des droits des patrons.

51. Aucun laïque, quelle que soit sa dignité, ne peut céder à d'autres monastères ou églises des monastères ou églises sur lesquels il a droit de patronat, sans l'assentiment de l'évêque ou prélat dans le territoire duquel se trouvent le monastère ou l'église en question.

52. En Hongrie et ailleurs, dans les limites de notre légation, s'est répandue une détestable pratique : sous prétexte de droit de patronat, ou autre, des laïques usurpent et détiennent des églises, leurs biens et leurs droits, font des bâtiments, des habitations laïques, même des écuries, après avoir détruit ou profané les autels. Le coupable qui retardera la restitution au delà de six mois sera solennellement excommunié par tous les évêques de Hongrie ou de Pologne. Au besoin, ou suivant les cas, on aura recours au bras séculier.

53. Même sanction à l'égard de ceux qui transforment les églises, monastères et autres possessions ecclésiastiques en forteresses, qui y vivent comme des tyrans et des voleurs, et y entassent le produit de leurs rapines, etc.

54. Qu'aucun juge ne rende ou promette de rendre la justice par faveur, ou pour de l'argent reçu ou à recevoir, ou autres motifs d'antipathie ou d'avantages corporels; le coupable sera privé pour un an de sa charge de juge, et devra indemniser ceux auxquels il a porté préjudice, aux termes de la constitution d'Innocent IV, au concile de Lyon[1].

55. Tout excommunié doit être exclu de tout acte judiciaire, comme demandeur, avocat ou témoin.

56. Tout juge séculier doit admettre l'exception de la chose jugée

---

1. Au titre *De sententia et de re judicata*, lib. II, tit. xiv, cap. 1, *Quum æterni*.

par le juge d'Église, en toute cause qui, de droit ou de coutume, relève du for ecclésiastique. Le juge d'Église en fera de même pour les causes qui relèvent de la juridiction séculière.

57. Quiconque possède la juridiction séculière doit, à la requête des juges d'Église et des prélats, employer son autorité contre ceux qui ne veulent pas obéir à la sentence légitime d'un tribunal ecclésiastique. En revanche, les juges ecclésiastiques viendront en aide aux juges civils, en faisant usage contre les récalcitrants des armes spirituelles.

58. Les appels aux tribunaux ecclésiastiques supérieurs, et surtout au Saint-Siège, doivent être respectés. Si le roi ou la reine ou autres mettent obstacle à des appels de ce genre, en évoquant [196] l'affaire devant leur propre *forum* [1], le roi et la reine seront exclus de l'entrée de l'église, jusqu'à ce qu'ils aient efficacement révoqué toute opposition. Les ducs, barons, etc., tombent *ipso facto* sous le coup de l'excommunication, s'ils ne révoquent leur opposition trois jours après un avertissement.

59. Toutes les églises et toutes les personnes d'Église sont exemptes des corvées principales et secondaires, des impôts, collectes et charges viles qui grèvent les laïques, de tout tribut, péage et douane, tant pour eux que pour leurs biens, dès lors qu'il ne s'agit pas de marchandises destinées au trafic, mais d'objets destinés à leurs besoins ou à ceux de leur église.

60. Celui qui, au mépris de la présente ordonnance, ne restituera pas au clerc, dans le délai de huit jours, ce qu'il lui aura injustement extorqué, sera interdit de l'entrée de l'église et écarté des sacrements.

61. Tous les clercs réguliers ou moines habitant la même maison religieuse devront avoir tous le même costume. Leurs vêtements seront blancs ou noirs ou gris. On y évitera tout luxe, et on ne les portera ni trop courts ni trop longs.

62. Certains moines et chanoines réguliers s'habillent comme des laïques ou comme des clercs séculiers : nous prescrivons qu'à l'avenir les chanoines réguliers portent le surplis ou la tunique de lin ou une *cappa* fermée. Les moines auront la *cappa* ou la coule ou le scapulaire, en dehors comme au dedans du monastère.

---

1. La reine-mère Élisabeth avait son territoire à elle, les duchés de Machou et de Bosna et les comtés de Pasaga et de Valcon. Cf. Baronius-Raynaldi, *Annal. eccles.*, ad ann. 1280, n. 9; Kopp, *Geschichte von der Wiederherstellung* etc. *des heiligen römischen Reiches*, t. 1, p. 291.

63. Depuis les Quatre-Saints-Couronnés (8 novembre) jusqu'à Noël, tous les moines, sauf les malades, devront s'abstenir de viande et de sang, et jeûner tous les jours, sauf les dimanches; les abbés pourront accorder les adoucissements nécessaires. Même observance de la Septuagésime à Pâques. Quant aux chanoines réguliers, ils observeront leur règle; en particulier, ils ne prendront pas de viande au réfectoire les lundi et mercredi, à moins qu'il n'y ait ce jour-là fête à neuf leçons. On impose l'observation du silence au cloître, au réfectoire et au dortoir.

64. Aucun chanoine régulier, aucun moine ne sortira sans la permission de son supérieur et sans être accompagné.

65. Les moines et chanoines réguliers ne doivent pas recevoir ni prendre des églises *ad firmam*, ni devenir chapelains d'église paroissiale sans permission de l'évêque.

66. La chasse est interdite à tout religieux; aucun religieux ne peut, sauf permission de l'évêque du lieu, desservir pendant plus de huit jours une église paroissiale du clergé séculier. Les moines et chanoines réguliers qui quittent leurs monastères sans permission de leurs supérieurs, pour suivre les cours d'une école, ou qui suivent dans cette école d'autres cours que ceux de grammaire, de théologie et de logique, seront excommuniés.

67. En Hongrie et ailleurs, malgré les sentences d'excommunication, on communique librement avec les excommuniés et le [97] clergé est aussi négligent que les laïques. Il en résulte que beaucoup de clercs ont été maltraités, pillés, empoisonnés et même tués; des églises dépouillées, le droit d'asile violé, enfin les libertés de l'Église foulées aux pieds. Menaces de peines sévères contre les prélats qui négligent d'observer, de proclamer et de faire observer les sentences d'excommunication.

68. Quiconque ravage les vignes ou les champs sera excommunié.

69. L'Église universelle, guidée par l'Église romaine, sa mère, a été unie au Christ par son sang. Ses évêques et ses prêtres doivent être considérés comme des pères et sont au-dessus des rois et des reines. Si ceux qui se nomment chrétiens et qui ont le devoir de protéger les églises et les personnes d'Église les oppriment, les dépouillent, les oppressent par leurs violences, leurs statuts, leurs édits, leurs ligues ou de toute autre manière... (le reste fait défaut)[1].

1. Mansi, *Concil. ampliss. coll.*, t. xxiv, col. 270 sq.; Hardouin, *Concil. coll.*, t. vii, col. 790 sq.; Coleti, *Concilia*, t. xiv, col. 637 sq.

Le ms. de la Vaticane et celui de la Vallicelliane s'arrêtent
à ce passage. Raynaldi croit que le roi Ladislas dispersa le
concile à l'instant précis où l'on rédigeait ce canon resté inachevé[1].

Le fait de l'expulsion est certain[2], mais il est peu probable que
cela se soit fait au beau milieu de la rédaction du canon 69 Ce qui
prouve le contraire, c'est que Caro, qui a trouvé dans un manuscrit
de Saint-Pétersbourg une série d'autres canons provenant de notre
synode, en a communiqué à Gratz, l'auteur de l'*Histoire des Juifs*,
les 113e et 114e canons. D'après ces deux canons, les juifs n'auraient
pu prendre des biens à ferme, ni occuper aucune charge publique
en Hongrie et dans les autres provinces sur lesquelles s'étendait le
pouvoir du légat Les évêques et les clercs supérieurs ou inférieurs,
qui affermaient leurs terres à des juifs, devaient être suspendus
de leur charge ecclésiastique, et les laïques de tout rang, condamnés
au bannissement jusqu'à éloignement des fermiers et autres employés
juifs, tandis que les coupables s'engageraient sous caution à ne plus
en avoir à l'avenir, parce qu'il était dangereux de laisser habiter
des juifs dans des familles chrétiennes. Les juifs devaient, en outre, [198
porter sur le côté gauche de la poitrine une roue ou un cercle de
drap rouge et ne devaient pas se faire voir sans ce signe distinctif
On ne devait pas confier à un juif, sarrasin, ismaélite ou schismatique le soin de lever les tributs, impôts, droits de douane et de
péage. En un mot, défense de leur confier aucune charge[3].

Après avoir chassé le synode, le roi Ladislas, oubliant ses promesses formelles, fit appel à Rome, il prit parti pour les Cumans,
sans chercher à les faire obéir, quoique eux-mêmes se déclarassent
prêts à satisfaire en tout le légat, sauf sur un point ils refusaient
de se raser ou couper les cheveux. Informé de ces faits, Nicolas III
écrivit sévèrement à Ladislas, lui reprochant ses manquements de
parole, et lui représentant son péché. Le pape espérait que la divine
grâce le remettrait dans le droit chemin. Il ajoutait qu'il avait trop
de confiance dans les évêques, barons et grands de l'empire pour
croire qu'ils soutenaient l'impiété du roi; il pensait au contraire
qu'ils lui faisaient opposition pour sauvegarder la gloire du Redemp-

1. Baronius-Raynaldi, *Annal. eccles.*, ad ann 1279, n. 34, et l'appendice dans
sa continuation de Baronius, édition de Mansi, t. XXII, p 638 (la dernière phrase)
2 Il le dit lui-même plus tard. Baronius-Raynaldi, *Annal. eccles.*, ad ann
1280, n. 8.
3. Gratz, *Geschichte der Juden*, Berlin, 1863, t. VII, p. 164 sq.

teur. Ces gronderies étaient suivies d'une pressante exhortation d'obéir au légat. Le pape demanda en même temps au roi de Sicile, beau-père de Ladislas, à la reine-mère de Hongrie, au roi des Romains, Rodolphe, et aux grands de la Hongrie, prélats et barons, d'exhorter le roi à changer de conduite [1]. Le 18 août 1280, onze mois après le synode de Ofen, Ladislas publia une encyclique pour exprimer son regret du passé; il l'expiera par une fondation de 100 marcs d'argent par an, l'engageant lui et ses successeurs et destinée à un hôpital. Il publia aussi un décret approuvant solennellement toutes les ordonnances des papes contre les hérétiques et prescrivant leur fidèle observation sous peine de châtiment sévère. La reine-mère Élisabeth publia un édit semblable [2]. Les bonnes dispositions du roi Ladislas ne durèrent pas longtemps. Il se livra bientôt à une vie très dissolue avec de jeunes Cumanes, dont il suivit les mœurs païennes. Il fit emprisonner sa femme Maria et chassa le légat, menaçant de le mettre à mort s'il remettait le pied dans le pays. Il fallut une révolte des grands pour le déterminer au renvoi de ses maîtresses et à une réconciliation avec la reine [3].

Nous avons parlé deux fois de Jean de Montsoreau, archevêque de Tours; le 22 octobre 1279, il célébra à Angers son troisième concile provincial, dans lequel il remit en vigueur un grand nombre d'anciennes ordonnances et y ajouta les cinq prescriptions suivantes :

1. Renouvelant le canon 7 du synode de Bourges, tenu sous le cardinal Simon, on rappelle aux juges civils qu'ils ne peuvent obliger les ecclésiastiques à comparaître devant eux pour des actions personnelles; on promulgue à nouveau contre les coupables l'excommunication.

2. Les employés ou notaires de l'évêque ne doivent rien exiger pour la délivrance des lettres d'ordination.

3. Celui qui fait porter dans une église ou dans un cimetière le corps d'une personne à qui le droit refuse la sépulture ecclésiastique sera excommunié *ipso facto*, ainsi que ses complices.

4. Le clerc excommunié perd aussitôt tous les fruits de son

1. Baronius-Raynaldi, *Annal. eccles.*, ad ann. 1279, n. 34, 35-42.
2. Baronius-Raynaldi. *op. cit.*, ad ann. 1380, n. 8, 9; Theiner, *Monum. Hung.*, t. I, p. 347.
3. Baronius-Raynaldi, *op. cit.*, ad ann. 1231, n. 30; Kopp, *Geschichte der Wiederherstellung etc. des heiligen römischen Reiches* t. I, p. 202.

bénéfice; s'il reste plus d'une année révolue sous le coup·de l'excommun'cation, l'évêque l'exhortera à recevoir l'absolution: s'il résiste encore un an, l'évêque le privera de son bénéfice.

5. Tout évêque peut absoudre dans son diocèse des excommunications et suspenses portées par les canons du présent concile [1].

Un synode provincial, tenu à Tarragone le 7 décembre 1279, adressa au pape N colas III une supplique pour la canonisation de Raymond de Pennafort, célèbre canoniste et troisième géneral de l'ordre des dominicains. La canonisation n'eut lieu cependant qu'en 1601, sous le pape Clément VIII [2]. Des quatre synodes diocésains tenus en 1279 à Munster, à Trente, à Breslau, à Conserans, dont les actes ont été reproduits par Mansi [3], celui de Munster est incontestablement le plus intéressant, à cause des prescriptions détaillées qu'il renferme sur la tenue des synodes diocésains, sur la célébration de la messe, sur le renouvellement de l'eucharistie, etc., etc. Personne ne contestera que les décrets de Munster n'aient une grande analogie avec les décrets que publia à la même époque le synode de Cologne, sous l'archevêque Sigfried, et qu'ils ne soient [20(même en partie identiques, mais il ne s'ensuit pas naturellement, comme le croit Binterim [4], qu'on aurait, a Munster, copié les statuts de Cologne, le contraire est aussi vraisemblable Le haut rang de l'Église de Cologne n'a rien à voir ici, puisqu'il ne s'agit dans les deux cas que d'un synode diocésain Le document de Cologne n'indique pas l'année où s'est tenu le synode, et c'est arbitrairement que Schannat le place en 1276, Hardouin et Mansi en 1280, et Hartzheim en 1281. Contentons-nous de savoir que le synode de Cologne s est tenu en même temps que celui de Munster L'archevêque Sigfried dit, dans le prologue des actes synodaux, son intention de faire revivre dans son diocèse la coutume tombée en désuétude des synodes généraux (diocésains); et il dispose qu'à l'avenir il se tiendrait tous les ans un synode, le lundi après le

---

1 Mansi, *Concil ampliss coll.*, t. xxiv, col. 307, Hardouin, *Concil. coll*, t vii, col. 815, Coleti, *Concilia*, t. xiv, col 673.

2. Mansi, *Concil ampliss coll*, t xxiv, col. 309, Hardouin, *Concil. coll*, t. vii, col 817; Coleti, *Concilia*, t. xiv, col 675; Gams, *Kirchengeschichte von Spanien*, t iii, 1re part, p. 247

3. Mansi, *op. cit*, t xxiv, col 311-334.

4 Binterim, *Deutsche Concilien*, t. v, p 91.

dimanche *Invocavit* (premier dimanche de carême) [1]. L'archevêque indique ensuite les personnes convoquées au synode, et le costume qu'elles porteront. Voici les dix-huit statuts du synode de Cologne :

1. Tous les clercs vivront dans la continence et la chasteté. Ils éviteront l'ivrognerie et n'auront pas de femmes chez eux, si ce n'est de très proches parentes. Ils ne s'occuperont pas d'affaires séculières, ne fréquenteront ni le théâtre ni l'hôtellerie, ne joueront pas aux dés, etc., porteront la couronne et la tonsure, auront des vêtements fermés, ni trop courts ni trop longs, éviteront de se servir de drap rouge ou vert, n'auront pas de boucles à leurs habits; à l'église ils porteront constamment le surplis; jamais ils n'auront d'armes, si ce n'est en cas de nécessité et avec permission. Ils n'iront pas la nuit faire du tapage et chanter dans les rues; s'ils sont obligés de sortir, ils éviteront tout bruit, chant et vacarme, sous peine de suspense pendant un mois. S'ils restent plus d'un an sous le coup de l'excommunication ou de la suspense, ils seront privés de leurs bénéfices. Ils donneront aux laïques le bon exemple par leur conduite; ils ne manqueront aucun jour la récitation exacte et pieuse des heures canoniales et de l'office de la sainte Vierge. Ils ne diront qu'une messe par jour, régulièrement, la messe du jour ou, si la rubrique le permet, la messe *pro defunctis*. Ils devront toujours avoir un servant; mais les femmes ne devront pas servir à l'autel. Ils ne permettront pas, sous peine d'excommunication, à un inconnu de célébrer la messe, s'il ne peut établir son identité [2].

2. Les clercs qui ont des concubines doivent, dans les dix jours à compter de la publication du présent édit, les renvoyer de leur maison et de la paroisse. Aucun prêtre ne doit doter ou enrichir sa concubine ou ses enfants à l'aide des biens de l'Église, il ne doit même pas assister à leurs noces ou à leur enterrement.

3. Dans les monastères d'hommes et de femmes, on observera rigoureusement la clôture et le silence; tous doivent manger et dormir en commun. Les vêtements proscrits par la règle sont sévèrement interdits, de même que la possession privée d'un bien quel-

---

1. Par suite d'une faute de Lünig, le mot *Invocavit* a été oublié dans certaines éditions des *Actes de Cologne*, de même que dans Hardouin et Mansi; la véritable leçon se trouve dans l'édition des *Concilia provinc. Coloniensis diœc.*, Quentel, Coloniæ, 1557, p. 34; dans Hartzheim et Binterim, *op. cit.*, p. 275.

2. Nous ne prenons que ce qu'il y a de plus intéressant dans ces statuts, qui sont assez développés.

conque, etc Tous les trois ans, suivant l'ordonnance du pape Innocent III, les bénédictins noirs du diocèse tiendront un chapitre commun.

4 Prescriptions pour l'administration du baptême

5. L'évêque seul peut administrer la confirmation Les enfants de sept ans et au-dessus doivent être présentés pour la confirmation avec les bandeaux et linges nécessaires Leurs cheveux seront coupés de frais, surtout sur le front. Trois jours après la confirmation, un prêtre lavera leurs fronts dans l'église et brûlera les bandeaux. Les confirmands âgés de dix ans ou plus doivent se confesser avant la réception de ce sacrement

6 Le prêtre, précédé de l'eau bénite et de la croix, portera l'huile sainte aux malades avec les prières accoutumées Défense de rien exiger pour cette administration, mais on pourra recevoir les dons volontaires La réception de ce sacrement est obligatoire pour les malades qui ont atteint l âge de quatorze ans, il suffit d'un seul cierge allume lorsqu'on administre ce sacrement.

7. Prescriptions détaillées sur le sacrement de l'autel et la célébration de la messe

Aucun prêtre ne doit, sous peine d'excommunication, dire la messe avant d'avoir récité matines et prime; il doit porter des ornements bénits et propres, et, si possible, se confesser avant la messe. Il ne doit pas célébrer sans chaussures Le missel sera recouvert d'un linge blanc et propre. A côté, sera un manuterge, afin que le prêtre puisse se moucher et s'essuyer la figure, au-dessus de l'autel, on étendra un linge blanc (baldaquin), afin de préserver l'autel de la poussière; sur les côtés seront attachés des rideaux (*cortinæ*), que l'on ne tirera jamais pendant la messe. Le calice doit être en bon état, avec un pied solide. Le prêtre ne doit jamais célébrer sans clerc servant. Les burettes pour l'eau et pour le vin doivent être propres à l'intérieur et à l'extérieur avec un signe [202 permettant de distinguer l'eau du vin. Le vin des burettes sera renouvelé au moins tous les trois jours L'hostie doit être dans un parfait état de conservation, ferme et pas trop vieille. On ne versera dans le calice que deux ou trois gouttes d'eau Le prêtre doit dire le canon avec attention, respect et exactitude. Il se hâtera autant que possible (*se expediant*), afin de ne pas ennuyer les assistants. Si le prêtre s'aperçoit, à la consécration ou à la communion, qu'il n'y a pas de vin dans le calice, il doit y verser de l'eau et du vin et recommencer le canon à partir de *Simili modo postquam cœnatum est*, en faisant les signes de croix habituels, mais sans répéter ce qui concerne la sainte hostie (par exemple, la fraction). Celui à qui cette négligence est imputable jeûnera trois jours au pain et à l'eau et récitera un psautier. Si, durant la messe, le prêtre tombe malade ou meurt, un autre prêtre continuera la messe en commençant, autant que possible, à l'endroit où l'autre s'était arrêté; s'il n'est pas certain que le premier prêtre ait fait la consécration, le second prendra une autre hostie et un autre calice, et à la fin il consommera les deux hosties et le vin du premier calice. Défense de biner, sauf les cas prévus par le droit. S'il tombe une goutte du précieux sang ou un fragment du corps du Seigneur sur le linge d'autel ou sur un habit, la partie du linge sera découpée et brûlée, et les cendres jetées dans le *sacrarium*. Si une partie du corporal est imbibée du précieux sang, elle doit être lavée trois fois avec un grand soin et l'eau sera bue par le prêtre ou par une personne pieuse encore à jeun. S'il tombe une goutte du précieux sang sur le bois, sur la pierre ou sur la terre solide, le prêtre la recueillera avec la langue, et la place sera ensuite grattée. S'il tombe dans le précieux sang une mouche, une araignée ou autre chose qui répugne, le prêtre la prendra avec précaution, la placera sur la patène ou sur un autre calice pour la purifier avec du vin; après la communion du prêtre l'animal sera brûlé, et la cendre ainsi que le vin ayant servi à la purification seront jetés dans la piscine. La pyxide (ciboire), où se conserve le corps du Seigneur, ou qui sert à le porter aux malades, doit être d'or, d'argent, d'ivoire, ou du moins de cuivre bien poli. Dans la pyxide se trouvera un petit linge de lin, sur lequel sera placé le corps du Seigneur.

On indique ensuite la manière de porter solennellement le saint viatique aux malades, avec accompagnement du peuple. On accorde pour cela aux fidèles dix jours d'indulgence. La nuit, les [203] femmes ne suivront pas cette procession. Si le malade a des vomissements, on ne doit point le communier avec la sainte hostie; il se contentera de la communion spirituelle. Si le vomissement se produit après la réception de la sainte hostie, on recueillera avec soin les parcelles de la sainte hostie, encore reconnaissables, pour les faire consommer à un autre fidèle avec du vin; le reste de ce qui a été vomi sera brûlé et enterré près de l'autel ou ailleurs. Avant de communier le malade, on demandera s'il croit à la présence du corps du Seigneur. Aucun prêtre ne doit donner la com-

munion à un paroissien étranger, si ne n'est un voyageur, ou avec
la permission de son propre curé. On ne peut exclure de la communion quiconque n'est pas publiquement excommunié ou interdit,
ou pécheur notoire. Après la réception de la sainte eucharistie, on
présentera à ceux qui viennent de communier un calice avec du
vin et de l'eau pour la purification (la communion sous une
seule espèce est clairement indiquée à plusieurs reprises dans
ce canon)

8. Sur le sacrement de pénitence.

Les curés engageront leurs paroissiens à se confesser souvent;
ils n'entendront les confessions qu'à l'église, à la vue de tous, ni
avant le lever ni après le coucher du soleil, sauf les cas de nécessité,
et à la condition que l'église soit éclairée Les pénitents feront leur
confession humblement et les yeux baissés; les femmes auront la tête
et le cou voilés Celui qui confesserait une femme sans témoin
encourrait par le fait même l'excommunication Le confesseur sera
revêtu du surplis ou de la *cappa*, et de l'étole Défense à tout prêtre
de recevoir la confession d'une personne avec laquelle il a péché, ni
de ses complices. Le confesseur sera doux et patient, il interrogera
sur les fautes ordinaires et sur leurs circonstances, quant aux
péchés extraordinaires, il n'interrogera pas d'une manière directe,
mais en termes plus vagues, de sorte que le pénitent, s'il est
coupable, le comprenne Les pénitents doivent confesser les
circonstances prochaines qui aggravent la faute   par exemple,
l'état ecclésiastique, lieu saint (pour les péchés de luxure). Énumération des cas réservés

La confession terminée, le prêtre doit demander au pénitent
s'il est résolu à éviter desormais tout péché mortel. S'il déclare
ne pas vouloir ou ne pas pouvoir, il ne doit pas recevoir l'absolution.
Les pénitences à infliger seront proportionnées aux péchés, à leur
gravité et aux circonstances Pour les péchés de luxure, par
exemple, on infligera des pénitences corporelles, des jeûnes, des [204
pèlerinages, des disciplines. Lorsqu'il s'agit du vol des biens
d'autrui, il faut exiger la restitution aux personnes lésées et ne
pas demander qu'à la place on fonde des églises ou des chapelles.
Si le confesseur impose au pénitent de faire dire une ou plusieurs
messes, il ne doit pas les acquitter lui-même Les confesseurs ne
conviendront pas de se renvoyer mutuellement leurs paroissiens
auxquels ils imposent des messes à faire acquitter Un confesseur
ne doit jamais demander le nom de la personne avec laquelle le

pénitent a péché. Le confesseur doit même, dès le début, exhorter les pénitents à n'accuser que leurs propres fautes, et non celles des autres, le prêtre qui violerait de façon quelconque le secret de la confession serait degradé Ceux qui ne se confessent pas au moins une fois l'an seront dénoncés à l'évêque ou à son official. Celui qui veut se confesser à un prêtre étranger doit demander et obtenir la permission de son propre curé; après l'avoir obtenue, il n'en devra pas moins se confesser, au moins une fois par an, à son curé.

9. Des saints ordres

Ils doivent être reçus à jeun et après la confession. Celui qui a été ordonné par un évêque étranger ne peut pas exercer les fonctions de son ordre sans la permission de son évêque. Celui qui veut jouir des privilèges cléricaux doit porter la tonsure et l'habit des clercs, etc.

10 Du mariage.

Les fiançailles et les mariages clandestins sont défendus sous peine d'excommunication Celui qui a donné un faux témoignage à l'occasion du mariage sera excommunié; on lui attachera les mains derrière le dos et il sera exposé sur la place publique, avec une inscription au cou, depuis l'heure de prime jusqu'à celle des vêpres. Sera encore excommunié celui qui, pour de l'argent, cachera un empêchement, et celui qui emploiera les sorts ou les maléfices à propos de mariages déjà faits ou à faire. Dans la paroisse où doit avoir lieu le mariage, on publiera les bans après l'évangile, trois jours de fête

11. De l'enterrement et du cimetière Défense d'enterrer dans un cimetière quiconque est publiquement excommunié On ne doit faire aucun enterrement dans les cimetières interdits. Les immunités des églises et des cimetières seront soigneusement maintenues. Les cimetières seront soigneusement clos, afin que les porcs et autres animaux n'y puissent pénétrer et manger la dépouille des morts. On n'utilisera pas les églises ou cimetières comme lieux fortifiés. Avant d'enterrer un corps, on doit l'exposer pendant la messe de la paroisse.

12. Les aliénations des biens d'Église sont défendues. On ne doit demander aux ecclésiastiques ni redevances ni corvées supplémentaires. Celui qui opprime le personnel d'une église sera excommunié

13. Comme on a beaucoup abusé du droit d'asile dans les églises,

désormais on surveillera les malfaiteurs réfugiés dans une église, afin qu'ils ne puissent s'échapper. Ils seront conduits à l'arche- [205 vêque et, après information, graciés ou punis. Les ordonnances sur le droit d'asile sont remises en vigueur.

14 Les usuriers notoires sont excommuniés. Rappel est fait du canon 27 du quatorzième concile œcuménique sur les restitutions à exiger d'eux. Aucun avocat ne prêtera son ministère à un usurier dans une affaire d'usure.

15 Aucun clerc ne dira la messe dans une église paroissiale ou une chapelle sans la permission de l'archevêque ou de son archidiacre ou autre autorité compétente, sous peine d'excommunication Défense de prendre possession d'une paroisse sans avoir reçu l'institution de l'archevêque ou de l'archidiacre, etc Que personne ne reçoive un bénéfice des mains d'un laïque, sans préjudice du droit de présentation dont jouissent les patrons Celui qui possède un bénéfice avec ou sans charge d'âmes, dont le revenu suffit à sa subsistance, ne saurait en même temps être vicaire rétribué dans une autre église.

16. Les ordres de l'archevêque, de sa curie et de ses archidiacres doivent·être ponctuellement exécutés. Tous les dimanches, les curés excommunieront, les cierges allumés et au son des cloches, ceux qui entravent l'exercice de la juridiction de l'archevêque, de sa curie et de ses archidiacres. On indiquera au peuple en quoi consistent ces entraves, par exemple, emprisonner les porteurs des mandats de l'évêque, etc Tous les recteurs des églises et leurs représentants doivent avoir un sceau particulier.

17. Les exécuteurs testamentaires doivent rendre compte de l'héritage devant deux députés de l'évêque

18 On néglige souvent l'interdit local; quand l'interdit sera jeté sur une localité, on refusera à tous l'extrême-onction, la sépulture ecclésiastique et les autres sacrements, excepté le baptême des enfants, et la pénitence et le viatique pour les mourants. Les clercs qui n'ont pas donné lieu à la sentence d'interdit et qui l'ont cependant exactement observée, peuvent être, même pendant la durée de l'interdit, enterrés en terre sainte, mais sans cloches et sans solennité Si une église conventuelle est frappée d'interdit, deux ou trois membres du clergé de cette église réciteront en commun les heures canoniales, mais à voix basse, les portes fermées, et hors la présence de tout excommunié. Pendant l'interdit, le clergé pourra aussi, une fois par semaine, dire la

messe, mais à huis clos, en vue du viatique pour les malades. Ces
réserves s'imposent à ceux qui ont le privilège de dire la messe
06] dans les lieux interdits. Comme souvent les habitants d'un lieu
interdit vont dans un autre assister au service divin, les prêtres
devront, tous les jours de dimanche et de fête, demander au
peuple, avant la messe, s'il n'y a dans l'assemblée aucun habitant
d'un lieu interdit [1].

Au synode de Sens (juin 1280), Simon, évêque de Chartres, fit à
son métropolitain, l'archevêque de Sens, la soumission qu'il avait
d'abord refusée et renonça ainsi à sa prétention de ne relever que
de Rome. Un second synode, célébré à Sens en septembre de cette
même année, chargea ce même évêque de Chartres d'exhorter
à la pénitence Jean d'Amboise, son diocésain, qui, après avoir
causé de graves préjudices à un monastère, n'avait pas tenu compte
des sentences prononcées contre lui. Ce même synode envoya à
Rome l'évêque de Chartres pour représenter les intérêts de l'Église
gallicane, et pour ce motif l'autorisa à imposer certains monastères [2].

Quant aux cinq synodes français que les collections des conciles
placent en 1280 [3], deux d'entre eux, tenus à Saintes et à Poitiers,
n'ont été que des synodes diocésains. De ceux de Bourges
et de Béziers, on ne connaît que leur existence; enfin, le
concile de Noyon, dans la province ecclésiastique de Reims, dont
la date est très incertaine, pourrait bien n'être qu'un recueil fac-
tice de canons groupés sous ce titre imaginaire de synode de Noyon.
Les six *capitula* qu'on lui attribue ressemblent de si près à ceux
de Saint-Quentin, de 1231, que le cardinal Gousset identifie les
deux assemblées, Saint-Quentin avec Noyon [4]. Il est beaucoup
plus probable que la réunion de Noyon n'a été qu'un synode
diocésain, qui sans doute suivit d'assez près le concile provincial
de Saint-Quentin, dont il a publié les actes dans le diocèse.

1. Mansi, *Concil. ampliss. coll.*, t. xxiv, col. 343 sq.; Hardouin, *Conc. coll.*,
t. vii, col. 818 sq.; Coleti, *Concilia*, t. xiv, col. 679; Hartzheim, *Conc. Germaniæ*,
t. iii, p. 657 sq.; Binterim, *Deutsche Concilien*, t. v, p. 90, 275-302.

2. Mansi, *Concil. ampliss. coll.*, t. xxiv, col. 334, 337 sq. La lettre de l'évêque
de Chartres aux trois abbés, pour indiquer la somme qu'ils devaient payer en vue
de son voyage à Rome, est datée *sabbato post Cineres, anno 1280*, ce qui veut dire
le 1er mars 1281, puisque la nouvelle année commençait à Pâques, en France.

3. Mansi, *Concil. ampliss. coll.*, t. xxiv, col. 363, 366, 374, 378, 382; Hardouin,
Conc. coll., t. vii, col. 853 sq.; Coleti, *Concilia*, t. xiv, col. 697 sq.

4. Gousset, *Les actes de la province ecclésiastique de Reims* [...]

Jonas, archevêque de Drontheim en Norwège, tint un concile [20]
national en 1280. Étaient présents, outre l'archevêque, les suffragants[1] de Oslo, Holar, Faroer, Skalholt, Stavanger, Bergen et
Hamar. L'occasion du concile semble avoir été la succession au trône
du jeune roi Éric qui prêta le serment royal devant le synode[2] On
remit en vigueur les ordonnances que Guillaume, cardinal de Sabine,
légat pour la Norwège, avait décrétées sous Innocent IV D'abord
les droits et libertés de l'Église de Norwège seront protégés et
maintenus. Les juges civils n'évoqueront pas devant leurs tribunaux les affaires ecclésiastiques, conformément à la transaction,
quæ nuper sanciebatur inter imperium et Ecclesiam Les points
suivants qui reviennent au for ecclésiastique sont donnés comme
compris dans ce traité   toutes les affaires concernant le clergé,
toutes les causes de mariage, de naissance légitime, l'administration des biens de l'Église et des dîmes, les vœux, les testaments,
surtout les legs *ad pias causas,* la protection des pèlerins, le droit
d'asile, l'achat et la vente des biens d'Église, le concubinage,
l'adultère, l'inceste, le parjure, l'usure, l'hérésie et ce qui s'y
rapporte Toute contravention à ces ordonnances et toute violence
contre le clergé et ses privilèges sont menacées d'excommunication
et d'interdit Afin que personne n'excipe d'ignorance, on ordonna
de publier aux fidèles, au moins une fois par an, les points entraînant
l'excommunication Il y en avait quatorze . 1º Rechute dans l'hérésie.
2º Enseignement d'une nouvelle hérésie et relations avec un hérétique notoire. 3º Protection et défense des hérétiques. 4º Négation de
la primauté romaine 5º La chiromancie exercée par les clercs et
les moines 6º Extorsion de l'argent aux églises et au clergé par
les laïques 7º Promulgation de constitutions nuisibles à la paix et
à la liberté de l'Église, comme d'ailleurs toute atteinte aux privilèges

---

1 Munter, *Kirchengeschichte*, t II, 1re part , p 203, traduit *suffraganci* par
sous-évêques et en tire cette conclusion « Telle était déjà, avant la fin du XIIIe siecle,
la puissance du successeur de saint Olaf ! »

2 Le serment se trouve dans Finnus, *Hist eccles Island* , t I, p 399 Le roi
promet solennellement de conserver à l'Église et à son peuple la paix et la justice,
de rendre aux évêques et aux prêtres l'honneur qui leur est dû, d'observer intégralement les traités faits avec l'Église par ses prédécesseurs, d'abroger les mauvaises lois et les coutumes absurdes, surtout celles attentatoires à la liberté de
l'Église, et de les remplacer par de bonnes lois Finnus prétend que ce serment
est exorbitant et donne à entendre que le roi a bien eu raison de le rompre plus
tard,

208] de l'Église. 8º Incendie et vol des immeubles d'église. 9º Falsification des lettres apostoliques. 10º Aide accordée aux Sarrasins. 11º Dévalisation de marchands chrétiens. 12º Absolution extorquée à un évêque ou à un clerc; réintégration d'un clerc déposé où célébration de la messe dans un lieu interdit. 13º Contrainte faite à un clerc de publier des lois contraires à l'Église. 14º Rébellion contre le roi Éric et le royaume de Norwège. De plus, on défendit de tenir des jugements civils les dimanches ou jours de fête, puisque, en ces jours, on doit annoncer au peuple la parole de Dieu. Sauf les cas de nécessité, on ne gardera pas dans les églises des objets profanes, tels que voiles (de bateau), beurre, poissons séchés, etc. Enfin on recommande instamment aux prêtres la chasteté et l'humeur pacifique, et on défend aux monastères d'exiger de l'argent ou toute autre indemnité en échange de l'hospitalité [1].

Une lettre d'Archibald, évêque de Murray, nous apprend qu'il s'est tenu, en août 1280, à Perth, un concile des évêques écossais. Archibald informa l'assemblée du gain de son procès contre Guillaume de Fentona, excommunié. Il priait tous les membres du synode de publier cette sentence dans leurs diocèses. En cette même année 1280, les statuts des anciens légats Otton et Ottoboni furent renouvelés dans un synode anglais célébré à Lambeth, où l'on prit des mesures pour contraindre les titulaires de bénéfices à charge d'âmes à se faire ordonner prêtres. — Nous savons qu'un concile fut célébré à Imola (*Forum Cornelii*), province de Ravenne, par l'archevêque Boniface, durant l'été de 1280[2]. Enfin nous avons parlé du concile tenu à cette époque par les grecs unis sous le patriarche Veccus. Nicolas III reprit alors le projet, déjà ébruité à Lyon, d'une fusion entre l'ordre du Temple et celui de Saint-Jean de Jérusalem; il en écrivit à plusieurs métropolitains pour connaître leur opinion. Nous avons encore la lettre à Jean, archevêque de Spalato, en Dalmatie, datée du 17 (et non pas du 7) *calendas septembris* 1280. Le pape exhorte également l'archevêque à réunir un synode provincial; on ne sait si ce synode eut lieu [3].

1. Finnus, *Hist. eccles. Island.*, t. i, p. 455-470.
2. Mansi, *Concil. ampliss. coll.*, t. xxiv, col. 335, 363, 375; Hardouin, *Concil. coll.*, t. vii, col. 835, 846; Coleti, *Concilia*, t. xiv, col. 697, 709.
3. Farlati, *Illyr. sacrum*, t. iii, p. 290.

681 Conciles depuis 1281
jusqu'à la mort de Rodolphe de Habsbourg et du pape Nicolas IV.

[20?

Le pape Nicolas III étant mort subitement, le 22 août 1280, à
Soriano, près de Viterbe, l'élection de son successeur eut lieu à
Viterbe Les cardinaux se divisèrent en parti français et parti
italien, et comme l'ordonnance de Grégoire X sur le conclave était
suspendue, il s'écoula six mois jusqu'à l'élection du cardinal Simon
de Brion sous le nom de Martin IV, le 22 février 1281 Le nouveau
pape était français, il avait exercé le ministère à Rouen et obtenu
un canonicat à Saint-Martin de Tours, lorsque Urbain IV le
nomma cardinal-prêtre du titre de Sainte-Cécile Les papes
l'avaient de préférence chargé de légations en France où il avait
montré une grande activité réformatrice dans de nombreux
synodes[1] Il était très français dans ses vues et sa conduite[2],
et son élection fut une victoire décisive pour son parti On raconta
que le peuple de Viterbe, excité par Charles d'Anjou présent à
l'élection, avait fait emprisonner les chefs du parti italien et les
avait empêchés de prendre part à l'élection[3] Le nouveau pape
se montra par-dessus tout ardent partisan de Charles d'Anjou,
qu'il rétablit aussitôt sénateur de Rome D'autre part, il soutint
les gouverneurs envoyés par Rodolphe en Toscane[4]. Ce fut avec

---

1 Il est remarquable que le nouveau pape est désigné sous le nom de Martin IV,
quoiqu'il n'y ait eu auparavant qu'un seul pape du nom de Martin (649-655)
Potthast, *Reg*, t II, p 1756, Baronius-Raynaldi, *Annal eccl*, ad annum 1281,
n 4 [Ceci s'explique parce qu'on fit entrer les papes Marin Ier et II dans la série
sous le nom de Martin II et Martin III Simon de Brion, trésorier de Saint-Martin
de Tours, chancelier de France (1260), cardinal (1261), légat, pape le 22 février 1281,
couronné à Orvieto (23 mars) F Choullier, *Recherches sur la vie du pape Martin IV*,
dans la *Revue de Champagne*, 1878, t IV, p 15-30, Daunou, *Hist. litt de la France*,
t. XIX, p 388-391, *Liber pontificalis*, edit Duchesne, 1892, t II, p 459-464,
Potthast, *Reg pont. rom*, p 1541, 1703, 1756-1795, 2132, 2138, Baronius-Raynaldi,
Annal eccles, ad ann. 1281, n. 3, ad ann 1285, n 13 (II L)]
    2. *Martinus, qui ob amorem sue gentis turbavit Ecclesiam Dei totam, volens totum
mundum modo Gallico regere Notitia seculi 1288*, éditée par Karajan, dans *Denkschrift der W A*, t II, p 108.
    3 Baronius-Raynaldi, *Annal eccles*, ad ann 1281, n 1 sq., Muratori, *Rer.
Italic script.*, t XI, col 1293, Kopp, *Geschichte der eidgenoss. Bunde*, t. II, 3e partie,
p 198 sq
    4. Potthast, *Reg*, t. II, p. 1758 sq. Autant le pape est l'ami de la France, autant
on le dépeint comme hostile à l'Allemagne. Qu'il fût considéré comme tel en

ces gouverneurs que Clémence, fille de Rodolphe, vint en Italie epouser le petit-fils de Charles d'Anjou ; le départ de sa fille hâta la fin de la reine Anne, qui mourut le 16 février 1281 et fut enterrée dans la cathédrale de Bâle [1].

10]   Rodolphe, ayant rétabli l'ordre et la paix en Bohême et en Autriche, et ayant nommé son fils Albrecht régent d'Autriche pour le compte de l'empire, quitta Vienne dans l'été de 1281 et regagna son empire, où il deploya une activité inlassable, s'étendant aux moindres détails La paix publique se trouva ainsi consolidée en Bavière, en Franconie, en terre rhénane, en Souabe, en Thuringe et en Saxe, et on réprima la révolte du faux Frédéric (qui se faisait passer pour l'empereur Frédéric II [2]).

Rodolphe ne souhaitait pas seulement poser la couronne impériale sur sa tête, il voulait la transmettre à sa famille, ce qui s'était déjà vu en Allemagne, sans néanmoins changer en royaume héréditaire un royaume électif Il avait désigné pour son successeur à l'empire son second fils Hartmann, mieux doué que l'aîné Albrecht, à qui il voulait créer dans l'est un grand État. Mais Hartmann mourut le 28 décembre 1281, noyé dans le Rhin qu'il descendait entre Brisach et Strasbourg, avec toute sa suite L'année suivante, d'accord avec les électeurs, Rodolphe donna en fief a ses deux fils, Albrecht et Rodolphe le jeune, les duchés et pays d'Autriche, de Styrie, de Carinthie et la Marche, la Carinthie fut transférée plus tard, en 1285, à Meinhard, comte du Tyrol, beau-père d'Albrecht et fils de ce Meinhard, comte de Goritz, qui fut beau-père de Conradin. D'après ce partage, Albrecht devait gouverner seul l'Autriche, et garder ces pays pour lui seul, lorsqu'on aurait

Allemagne, nous le voyons d'après *Contin. Vindob.*, dans *Monum Germ. hist*, t. XI, p. 712. Mais sans doute les portraits sont un peu trop forcés. Jean XXI nomme le cardinal Simon *sedulum zelatorem prosperi status regis et regni Francorum* Baronius-Raynaldi, *Annal eccles*, ad ann. 1274, n 4, Kopp, *Geschichte der eidgenöss. Bunde*, t. II, p. 203.

1. Trois ans plus tard, Rodolphe, deja âgé de soixante-cinq ans, épousa la fille du feu duc de Bourgogne, Élisabeth ou Isabelle, âgée de quatorze ans. *Annal Colm maj*, dans *Monum. Germ hist*, *Script*, t. XVII, p 207, 211

2 Baronius-Raynaldi, *Annal eccles*, ad ann. 1281, n 1 sq , 16, 17, 29 ; Kopp. *Geschichte von der Wiederherstellung und dem Verfall des heiligen römischen Reiches*, t 1, p 340-462, 738, 749 ; Böhmer, *Kaiserregesten*, ad ann. 1246-1313, p. 104-118, 127, 335 Sur l'apparition du faux Frédéric à cette époque, cf. O. Lorenz, *Deutsche Geschichte*, t. II, p 391 sq. Même en Italie, les esprits furent troublés par ces nouvelles *Monum Rer Ital* 1162

pourvu à l'apanage de Rodolphe le jeune Après la mort de Hartmann, son père songea à l'empire, et fut secondé par son gendre, [211] Wenzel, roi de Bohême, fils d'Ottocar, auquel il rendit, en 1283, la Bohême et la Moravie Rodolphe avait, du reste, pour ce prince de grandes prévenances, il lui promit la charge de grand échanson de l'empire et la septième voix électorale [1].

Sur ces entrefaites, les Vêpres siciliennes [2] (30 mars 1282) mirent fin à la domination française en Sicile, et Pierre, roi d'Aragon, marié à une petite-fille de Frédéric II (Constance, fille de Manfred), fut élevé sur ce trône. Tous les efforts du pape pour conserver à la maison d'Anjou ou reconquérir cette île magnifique restèrent infructueux Il excommunia Pierre d'Aragon et tous ses partisans, déclara le roi déchu de son propre royaume, donna l'Aragon au prince Charles de Valois et, pour lui en faciliter la conquête, fit percevoir une dîme sur les biens ecclésiastiques en France, en Navarre, en Aragon, à Majorque, en Provence, en Sicile, dans toute l'Italie, et jusque dans les diocèses allemands de Liége, Metz, Verdun et Bâle. Il aida les Angevins autant qu'il put, de son argent et de ses soldats, et finalement fit prêcher une croisade générale contre le roi Pierre [3]. Cependant la flotte armée par Charles d'Anjou fut battue, et Charles, son fils aîné, fait prisonnier Charles mourut le 7 janvier 1285, peu après, mourait son ami Martin IV, 29 mars 1285. Le pape Honorius IV, élu le 2 avril, et nommé aussitôt sénateur à vie par les Romains [4], assure que Rodolphe de Habsbourg avait bon vouloir et des plans favorables à la maison d'Anjou. Rodolphe envoya aussitôt son protonotaire maître Henri porter au pape ses lettres de félicitation, dans lesquelles il demandait que les dîmes prélevées dans les diocèses allemands en faveur de la France fussent supprimées Le pape, dans une lettre du 1er août 1285, chercha à apaiser Rodolphe sur ce point [5]. Rodolphe

---

1 Kopp, *Geschichte von der Wiederherstellung und dem Verfall des heiligen romischen Reiches*, t. i, p. 468-493, 502-515, Bohmer, *Kaiserregesten*, ad ann 1246-1313, p 111, 117, 129, 142, 147, 151

2 O Cartellieri, *Peter von Aragon und die sizilianische Vesper*, in-8°, Heidelberg, 1905, Tomacelli, *Storia de' reami di Napoli e Sicilia dal 1250 al 1303*, in-8°, Napoli, 1847, *I papi e i Vespri Siciliani con documenti inediti e rari*, in-8°, Roma, 1882 (II L)

3 Posse, *Anal Vat*, p 97-106

4. Potthast, *Reg*, t ii, p 1795, M Prou, *Les Registres d'Honorius IV*, in-4°, Paris, 1888, p 584

5 Baronius-Raynaldi, *Annal eccles*, ad ann 1285, n 23; Prou, *Les Registres d'Honorius IV*, p 339

reprit alors sérieusement le plan d'un voyage à Rome et traita avec le pape par l'entremise de plusieurs légats, mais sur-

[2] tout par Henri [1], évêque de Bâle, en qui il avait grande confiance, pour fixer le jour de son couronnement. Le pape indiqua le 2 février 1287, ajoutant que, si des empêchements ne permettaient pas de tenir cette date, le roi était libre d'en choisir une autre, à condition seulement d'avertir à temps le pape. Honorius écrivit vers le même temps aux princes allemands, exigeant qu'ils aidassent le roi, et leur envoya le cardinal-évêque de Tusculum en qualité de légat pour régler les autres détails. L'affaire traîna en longueur, et le concile national allemand, convoqué par le légat et le roi Rodolphe, ne se réunit que le 16 mars 1287, à Wurzbourg. Nous en parlerons en son lieu. Peu après, le 3 avril 1287, la mort d'Honorius IV ouvrit une vacance de onze mois. Ce ne fut que le 22 février 1288 que le cardinal-évêque Jérôme de Préneste fut élu sous le nom de Nicolas IV. Originaire d'Ascoli et général des franciscains, il fut le premier pape sorti de cet ordre. Rodolphe négocia avec lui, toujours en vue de son couronnement, et se fondant sur la concession d'Honorius IV dont nous venons de parler, il ajouta que, sauf objections, il comptait se rendre en Italie l'été suivant (1288) ou au commencement de l'hiver. Des raisons inconnues empêchèrent encore la réalisation de ce plan, et au printemps de 1289, le pape envoya un légat à Rodolphe pour reprendre la question. Mais le ton de sa lettre donne l'impression d'une tergiversation voulue dans cette affaire si importante pour Rodolphe, impression que confirme le fait des relations très intimes qui ne tardèrent pas à se nouer entre le pape et le roi de Sicile, Charles III, à qui les Vêpres siciliennes venaient de donner des loisirs. Ce fut la cause probable de la tension qui se produisit alors entre le pape et Rodolphe : comme celui-ci réclamait encore la suppression des dîmes établies par Martin IV, en faveur du

[3] roi de France, en terre allemande, il essuya un refus (3 juillet 1290), bien qu'il fût dans son droit. Il fut plus affecté cependant par la protestation du pape à l'occasion des affaires de Hongrie. A la

---

1. Sa députation au pape fut résolue à la diète d'Augsbourg (20 janvier 1286). Il faut certainement attribuer à la gracieuse lettre de recommandation du roi au pape et aux cardinaux (cf. Schunck, *Codex dipl.*, etc., Moguntiæ, 1797, n. 14, 17-20) la nomination d'Henri à l'archevêché de Mayence. Will remarque avec raison, *op. cit.*, t. II, Introd., p. 83 : « Le pape aurait eu la vue bien obscurcie s'il n'avait pas su lire les secrets désirs du roi entre les lignes de sa lettre. »

mort de Ladislas, roi de Hongrie, décédé sans enfants, Rodolphe avait donné en fief à son propre fils Albrecht ce pays vassal, le pape protesta, l'adjugea au contraire à l'Église romaine et en investit Charles-Martel, prince de Naples [1] : de leur côté, les Hongrois élurent un descendant collatéral de leur ancienne maison des Arpad, André III, surnommé le Vénitien A la même époque, Rodolphe dut s'apercevoir, aux diètes d'Erfurt (août 1290) et de Francfort (mai 1291), de l opposition décidée des princes allemands à son projet d'assurer la succession de l'empire à son dernier fils Albrecht, en faveur duquel il avait même songé à abdiquer et à qui il s'efforçait de gagner Sigfried, archevêque de Cologne. Plusieurs électeurs déclarèrent leur opposition à ce plan, entre autres Gérard d'Eppenstein, archevêque de Mayence, et Wenzel, roi de Bohême, complètement brouillé avec son beau-frère Albrecht. Dans sa colère, Rodolphe quitta Francfort et se retira à Germersheim, mais sentant sa fin prochaine, il se rendit a Spire, sépulture des empereurs allemands, y mourut le lendemain de son arrivée, 15 juillet 1291, et y fut enterré [2].

Presque à la même époque, les chrétiens perdirent leurs dernières possessions en Terre Sainte. On se souvient qu'au quatorzième concile général de Lyon, Grégoire X, en imposant les revenus ecclésiastiques, avait assuré les fonds nécessaires à l'organisation d'une grande croisade, et avait invité tous les princes et évêques de l'Occident à prendre les mesures nécessaires à cet effet. C'est ainsi que, lors de sa rencontre avec le pape à Lausanne, 18 octobre 1275, Rodolphe de Habsbourg prit solennellement la croix, et les rois de France, d'Angleterre et d'Aragon se montrèrent favorables. De même Léon, roi d'Arménie, qui, avec le grand khan des Tartares, [214] était l'ennemi-né des Turcs Malheureusement tous ces préparatifs furent interrompus par la mort de Grégoire X (janvier 1276), et les rapides pontificats de ses successeurs Innocent V, Hadrien V et Jean XXI n'étaient pas faits pour favoriser la réalisation de cette

1. Il était petit-fils de Charles d'Anjou et fils aîné de Charles II le Boiteux et de Marie de Hongrie, sœur du roi Ladislas

2. Potthast, *Reg*, p. 1850 sq , *Monum German hist , Script.*, t. xvii, p 78, 133, 134, C. F. Beulwitz, *Commentatio historica de ultima Rudolfi I cura, ut filius in regno succedat*, Francofurti, 1753, Böhmer, *Acta imp sel.*, t. i, p 366, Kopp, *Geschichte von der Wiederherstellung und dem Verfall des heiligen römischen Reiches*, t. i, p. 461, 556-879; t ii, p. 293 sq., Böhmer, *Kaiserregesten*, ad ann. 1246-1313, p. 129-156, 335-338.

grande entreprise. Au surplus, les chrétiens de la Palestine étaient
très divisés entre eux. Ainsi, Marie d'Antioche, fille de Bohémond IV,
éleva contre Hugues III de Chypre des prétentions au trône de
Jérusalem. En vain les papes suivants, Nicolas III, Martin IV
et Honorius IV revinrent sur l'idée de la croisade : ils n'obtinrent
que le renouvellement de promesses que les princes ne pouvaient
ou ne voulaient pas tenir. L'argent destiné à la croisade fut aussi
employé à autre chose, en particulier à la guerre contre l'Aragon,
conséquence des Vêpres siciliennes. Ces événements paralysèrent
Charles d'Anjou lui-même, qui plus que personne devait désirer la
conquête de la Terre Sainte, car, en 1277, Marie d'Antioche lui avait
cédé tous ses droits au trône de Jérusalem. En cet état de choses,
Kalavun, sultan d'Égypte, conquit sans peine et avec d'inutiles
cruautés plusieurs des principales villes et forteresses des chrétiens,
en particulier Laodicée et Tripoli; les princes chrétiens d'Arménie
et de Tyr devinrent ses tributaires. Henri II, roi de Jérusalem
et de Chypre, fils de Hugues III, envoya une ambassade à Nicolas IV et aux princes de l'Occident pour leur dépeindre l'état
désespéré des affaires. Le pape fit aussitôt prêcher la croisade,
donna vingt galères et 4 000 onces d'or, et chercha à réveiller
le zèle des rois. Quand la flotte mouilla à Ptolémaïs, on ne put
que constater l'insuffisance de soldats et d'armes, et il fallut se
retirer. Le bruit que le sultan allait attaquer Ptolémaïs enleva
tout courage aux pèlerins en Orient et aux princes en Occident.
Le jeune Philippe le Bel, roi de France, refusa sans détour son
concours; Édouard Ier, roi d'Angleterre, et d'autres princes le
remettaient en 1293; les rois d'Aragon et de Sicile et la république
de Gênes, ne se préoccupant que de leur commerce, conclurent
des traités avec le sultan et lui promirent appui (1290). Après
la mort de Kalavun, son terrible fils, Mélik-al-Aschraf, mit, le
5 avril 1291, le siège devant Ptolémaïs, devenue, depuis la chute
de Jérusalem, le centre des chrétiens de Syrie, la résidence de
tous les grands, la ville où se réunissaient marchands et pèlerins;
elle était remplie de palais magnifiques, et elle était peut-être
sans rivale au monde pour le luxe et le bien-être. Sa perte
entraînerait celle de tout le reste; aussi l'avait-on fortifiée de
murailles, de tours, de fossés. Malheureusement les chrétiens
étaient désunis, beaucoup d'entre eux songeaient moins à la résistance qu'au vin et aux femmes. Plusieurs s'enfuirent à Chypre
ou ailleurs avec leur famille, leurs trésors, et le roi Henri partit

lui-même quand il se fut convaincu que toutes ses exhortations restaient infructueuses et que les chevaliers du Temple et de Saint-Jean ne faisaient à peu près rien. Trois jours après (18 mai 1291), la ville fut prise d'assaut et ce ne fut que ces trois derniers jours que les défenseurs, qui périrent presque tous, lavèrent leur imprévoyance dans leur sang. Le sac de la ville fut atroce, tous les hommes furent tués, les femmes violées, la ville brûlée et rasée. Les chrétiens perdirent, successivement, soit impéritie, soit trahison, Tyr, Sidon, Beyrouth et les autres villes fortifiées; les quelques Latins qui restèrent en Syrie devinrent tributaires du sultan d'Égypte; Chypre et l'Arménie restèrent seules aux chrétiens.

A la nouvelle de ces malheurs, le pape et tous les princes essuyèrent les plus vifs reproches; mais Nicolas IV ne les méritait pas. Ce n'était pas sa faute si les plus puissants princes étaient restés sourds à ses prières et ses objurgations. Il ne se borna pas à une douleur stérile; il arma une flotte de vingt navires qui devaient s'unir à ceux d'Henri, roi de Chypre, pour combattre les Sarrasins, et convoqua une fois de plus toute la chrétienté en Orient et en Occident, ainsi que le khan des Tartares qui avait promis de recevoir le baptême et de s'unir au pape pour conquérir la terre qui avait vu naître Jésus-Christ. Plusieurs des synodes dont nous avons à parler, convoqués par lui-même, par lettre ou par ses légats, rendent témoignage des efforts du pape; mais il mourut bientôt, le 4 avril 1292.

Les dix ans environ qui s'écoulèrent entre la mort de Nicolas III et celle de Rodolphe de Habsbourg et de Nicolas IV offrent une série de synodes, dont le premier, dans l'ordre chronologique, [21 est un concile provincial de Magdebourg. Il fut célébré à la fin de 1280 ou au début de 1281 [1]. Il nous est connu parce que l'archevêque Bernard y défendit lui-même à ses suffragants le paiement de la dîme ordonnée au concile de Lyon pour la Terre Sainte. Ailleurs, en Allemagne, se manifesta une forte opposition à la levée de cette dîme, par exemple, dans les diocèses de Mayence, Paderborn, Cologne et Brême [2].

1. La lettre de Martin IV à ses légats en Allemagne, contre l'ordonnance de l'archevêque de Magdebourg, est datée du 12 mai 1282; or Bernard démissionna en février 1281 et son successeur ne fut nommé qu'en 1283. Le synode a donc eu lieu avant février 1281.
2. Posse, *Anal. Vat.*, n. 1078-1082.

Un synode fut tenu à Salzbourg avant le début de l'Avent de 1281. Frédéric, archevêque de Salzbourg, dont nous avons parlé, le présida. Tous ses suffragants y assistèrent, sauf l'évêque de Gurk. Plusieurs prélats de rang inférieur, principalement du diocèse de Passau, refusèrent de s'y rendre (sous l'influence de Henri, duc de Bavière); ils furent suspendus pour un temps. Les dix-huit *capitula* de ce synode sont ainsi conçus :

1. Défense aux prélats d'aliéner, vendre ou donner en location pour un long temps les biens des églises, au grand dommage de ces biens, sans l'assentiment de l'évêque et du chapitre du monastère. Pour ce motif, le sceau du chapitre ne sera pas laissé à la disposition de l'abbé ou de tout autre prélat; il sera gardé par trois membres du chapitre, gens âgés et dignes de confiance.

2. Tout prélat d'une église conventuelle doit, une fois par an, rendre compte des dépenses et recettes à l'évêque ou à son représentant. Lui-même se fera rendre compte, deux ou trois fois par an, de l'administration de ses officiers, tant clercs que laïques.

3. De la fête de saint Martin à la Noël, tous les religieux doivent jeûner; de plus, ils reprennent le jeûne à la Quinquagésime, avec les mets usités pendant le carême; le tout sans préjudice des jeûnes particuliers prescrits par leur règle.

4. Les moines et les réguliers doivent, dans le délai de quinze jours, remettre à leurs prélats toute propriété particulière en leur possession, sous peine de suspense, ou même de prison.

5. Tous les réguliers doivent porter l'habit de leur ordre.

6. Les moines fugitifs ou expulsés doivent être repris et punis par leurs supérieurs. Les sujets incorrigibles seront punis ou même emprisonnés. Si on le croit opportun, on pourra, après avoir pris conseil de l'évêque, transporter ces moines dans un autre monastère de leur ordre.

7. Les prélats de l'ordre bénédictin tiendront, tous les trois ans, des chapitres provinciaux, suivant une ordonnance du pape Grégoire IX qui est demeurée lettre morte.

[217] 8. Un abbé qui fait la visite des monastères, ou qui se rend au chapitre général, ne doit pas avoir avec lui plus de huit chevaux.

9. Toutes les nonnes doivent manger dans le même réfectoire; depuis l'Avent jusqu'à l'octave de l'Épiphanie, et de la Septuagésime jusqu'à l'octave de Pâques, l'abbesse doit également partager le réfectoire et le dortoir de ses religieuses.

10. Dans le précédent concil à Salzbourg, nº 7, nous

avons déjà publié un édit contre le cumul des bénéfices à charge d'âmes; mais jusqu'ici nous nous sommes montrés trop indulgents. Quiconque, durant le présent synode, ne pourra justifier d'une dispense pour posséder plusieurs bénéfices, les perdra tous.

11. Dans le concile précédent (canon 10), nous avions accordé aux curés dispensés de la résidence personnelle des vicaires perpétuels, auxquels ils remettraient ces églises dans le délai de trois mois. Les curés s'étant montrés très négligents à s'en acquitter, nous abrogeons cette concession et nous la réservons à nous-mêmes.

12. Défense de grever les monastères, églises, etc., au delà des droits fixés par la pratique, sous prétexte d'avouerie.

13. Quiconque fait violence à un clerc étant *ipso facto* excommunié, nous ordonnons que, dans toute paroisse dans laquelle un tel crime a été commis, ou dans laquelle habite un coupable de ce genre, l'agresseur soit déclaré excommunié par les curés tous les jours de dimanche et de fête. En conséquence, on rappelle à cet effet l'ordonnance du concile de Vienne sur ce point (canons 4 et 5).

14. Celui qui a pollué une église ou un cimetière en y répandant le sang supportera les frais de la réconciliation; s'il est trop pauvre, il sera puni autrement, au jugement de l'évêque.

15. Rappelant et aggravant l'ordonnance du cardinal Gui (synode de Vienne, canon 10), nous décrétons que celui qui s'empare des biens d'une église vacante tombe *ipso jure* sous le coup de l'excommunication. Dans les lieux où le bien ainsi volé sera détenu, le service divin doit être interrompu par les recteurs des églises jusqu'à restitution.

16. Dans toutes les églises cathédrales, conventuelles et paroissiales, à partir de l'Avent prochain, on récitera à genoux, à chaque messe, après le troisième *Agnus Dei*, le psaume III : *Domine, quid multiplicati sunt qui tribulant me*, suivi du *Pater*, de versets et oraisons, pour que Dieu humilie les persécuteurs des églises. (Le synode a surtout en vue Paltram de Vienne, qui, ayant pris énergiquement le parti d'Ottocar de Bohême, avait, en 1276, défendu vigoureusement, pendant plusieurs semaines, la ville de Vienne contre Rodolphe de Habsbourg. La paix faite, il jura obéissance à ce dernier; mais en 1278, il trahit son serment et fut condamné à mort. Réfugié en Bavière, où le duc Henri le nomma commandant à

Carlstein, près de Reichenhall, il fit de là plusieurs expéditions et ravagea le pays du côté de Salzbourg [1]

17. Les clercs et les laïques qui contrefont les sceaux et lettres des princes ou des prélats, font sciemment usage de documents faux, frappent de la fausse monnaie, falsifient des métaux, etc , encourent *ipso facto* l'excommunication. Les clercs coupables de ces méfaits seront mis dans la prison épiscopale, et les laïques punis par les tribunaux civils.

18. Pour compléter le canon 23 du précédent synode, nous ordonnons que tout clerc qui cherche ou obtient secours de la part des laïques, contre les peines ou ordonnances de son Ordinaire, encourt l'excommunication. Les présentes ordonnances seront lues aux quatre-temps de l'année dans toutes les églises cathédrales ou conventuelles; les recteurs des églises devront en avoir un exemplaire et les archidiacres veilleront à leur observation [2].

On tint à Lambeth un synode anglais, également à la fin de 1281. Par le statut de Glocester, le roi Édouard Ier obligea la noblesse et le clergé à soumettre par écrit aux commissaires royaux leurs titres de propriété; en conséquence, nombre d'églises et de monastères se virent privés des donations qui leur avaient été faites En 1279, un autre statut royal, dit de « mainmorte », défendit aux corporations ecclésiastiques d'acquérir de nouveaux biens-fonds, ce qui augmenta le mécontentement causé par le premier statut Aussi Jean Peckham, archevêque de Cantorbéry, jugea-t-il un grand synode nécessaire, il convoqua donc tous les évêques de sa province, les abbés et un grand nombre de clercs, pour le 7 octobre 1281, à Lambeth. A cette nouvelle, le roi envoya à l'archevêque et au synode, prêt à se tenir, une lettre datée du 27 septembre, aussi concise que brutale : « Si vous tenez à vos baronnies, ne vous mêlez pas de ce qui ne regarde que la couronne, le roi et l'État [3]. »

Nonobstant ces menaces, le synode s'assembla et on lit dans

1. Kopp, *Geschichte von der Wiederherstellung und dem Verfall des heiligen römischen Reiches*, t. II, p. 246 sq ; Binterim, *op. cit*, t. v, p 113.

2 Mansi, *Concil. ampliss coll*, t. XXIV, col. 395 sq ; Hardouin, *Concil. coll*, t VII, col 855, Coleti, *Concilia*, t. XIV, col 729 sq ; Hartzheim, *Conc Germaniæ*, t. III, p 653 sq ; Binterim, *Deutsche Concilien*, t v, p. 112, 267 sq

3. Nous avons de cette lettre deux formules qui sont identiques pour le fond, l'une des deux n'a été probablement que l'esquisse de l'autre. Mansi, *Concil ampliss coll.*, t. XXIV col 421

le prologue des actes « Les anciennes ordonnances de l'Église et celles du dernier concile de Lyon n'étant pas observées, nous lirons ces dernières dans le présent synode, pour que personne n'en ignore et afin d'y changer, en implorant un indult apostolique, ce qu'il y aurait d'opposé aux coutumes si particulières de l'Angleterre. On relira également les constitutions du cardinal Ottoboni, et les canons du concile de Lambeth, sous l'archevêque Boniface (en 1261), seront rétablis, enfin, on y ajoutera les mesures devenues nécessaires. » Ce fut précisément cette remise en vigueur des décrets du synode de Lambeth de l'année 1261, qui fut désagréable au roi. Les vingt-sept nouveaux *capitula* décrétés par le présent concile sont ainsi conçus .

1 On réprime les irrévérences envers le sacrement de l'eucharistie Chaque prêtre devra se confesser au moins une fois par semaine, il y aura dans chaque église un tabernacle fermé avec une belle pyxide (ciboire) et des linges de lin pour le corps du Christ. On ne doit pas employer un petit sac au lieu de ciboire, parce que les hosties pourraient facilement être brisées Ces hosties seront renouvelées tous les dimanches. A l'élévation de l'hostie, on sonnera les cloches, afin que les personnes qui sont dans les champs ou chez elles fléchissent le genou et gagnent ainsi l'indulgence. On doit enseigner au peuple que, sous l'espèce du pain, il reçoit le corps et le sang du Christ, et que le vin qui lui est présenté dans le calice n'est pas consacré et qu'il ne sert qu'à faciliter la communion avec la sainte hostie Les prêtres de paroisse ne doivent donner le corps du Seigneur qu'aux personnes qu'ils savent s'être confessées. Nul ne doit donner la communion à un paroissien étranger sans permission du curé de celui-ci. On n'excepte que les voyageurs et les cas de nécessité

2 Les prêtres doivent se garder d'accepter un trop grand nombre de messes pour des personnes particulières ou pour des familles, de façon à ne pouvoir suffire aux obligations de leur propre église Nul ne doit non plus accepter des annuels (c'est-à-dire une année entière de messes), s'il ne peut célébrer lui-même tous les jours pour les défunts, ou bien faire célébrer par d'autres. Aucun prêtre ne doit accepter plus d'annuels qu'il n'a de prêtres coopérateurs (*socii*) On ne peut, par la célébration d'une seule messe, satisfaire à deux intentions. (Discussion de l'objection tirée du c 24, dist. V, *De consecr*)

3. Défense de réitérer le baptême à qui a reçu le baptême de

nécessité. Instruction sur le baptême de nécessité et sur le baptême conditionnel.

4. Beaucoup ne reçoivent pas le sacrement de confirmation,] parce que personne ne les engage à le faire: à l'avenir, sauf le cas de nécessité. nul ne sera admis à communier s'il n'a reçu le sacrement de confirmation, ou s'il n'a été raisonnablement empêché de le recevoir.

5 Défense de recevoir, en même temps que les quatre ordres mineurs (*non sacri ordines*), un ordre majeur (*ordo sacer*). Les ordres mineurs peuvent être conférés tous ensemble.

6. On blâme la conduite des prêtres qui donnent l'absolution sans les pouvoirs nécessaires, par exemple, à ceux que le concile d'Oxford a excommuniés pour attentat à la liberté ou aux biens de l'Église, à ceux qui, au mépris des défenses portées par l'Église, possèdent plusieurs bénéfices; ils sont menacés de graves peines.

7 Réprimant des abus qui se produisent sous prétexte de privilèges particuliers, nous interdisons, sous peine d'excommunication, d'entendre la confession du diocésain d'un évêque sans avoir permission de celui-ci, ou sans un privilège formel d'exemption.

8. On imposera de nouveau la pénitence publique pour les incestes et autres fautes graves et publiques A part le cas de nécessité, c'est à l'évêque d'absoudre l'homicide volontaire, public ou secret

9. Dans chaque doyenné, on désignera un prêtre capable d'entendre en confession le clergé et les serviteurs de l'Église; il demeure cependant permis de s'adresser aux autres pénitenciers.

10. Tous les trois mois, le curé expliquera au peuple d'une manière simple les quatorze articles de la foi [1], les dix comman-

---

1 Le synode de Béziers (1368) dit à propos des articles de la foi: *Sunt autem duodecim secundum numerum apostolorum, et secundum ipsa distincta inter se credibilia sunt XIV.* Cette division en *quatorze* articles est assez intéressante pour en dire quelques mots Le synode de Beziers les donne avec un peu plus de developpement que ce synode. Ce synode de Lambeth parle de *septem articuli pertinentes ad mysterium Trinitatis, quorum quatuor pertinent ad divinitatis intrinseca, tres vero ad effectus. Alii septem articuli pertinent ad Christi humanitatem* D'après le synode de Béziers il y a d'abord quatre articles *qui pertinent ad Deitatem in se ipsa consistente;* à savoir 1 *De unitate essentiæ indivisæ . credo in unum Deum;* 2 *De persona Patris · Patrem omnipotentem,* 3 *De persona Filii · et in Jesum Christum Filium ejus unicum,* 4 *De persona Spiritus Sancti Credo in Spiritum Sanctum* Viennent ensuite trois articles *pertinentes ad effectus Deitatis ad nostram utilitatem directos* à savoir : 5. *Effectus creationis creatorem cœli et terræ;*

dements du Décalogue, les deux préceptes de la charité, les sept œuvres de miséricorde, les sept péchés capitaux, les sept princi- [221] pales vertus et les sept sacrements. Suit un exposé sommaire de ce que tout ministre de l'Église doit savoir sur tous ces points, puis sur les empêchements au mariage, enfin sur les fautes qui entraînent l'excommunication (*latæ sententiæ*).

11. Les curés qui ne gardent pas la résidence et qui n'ont pas de vicaires doivent exercer l'hospitalité par l'intermédiaire de leurs économes, non seulement en faveur des pauvres de la communauté, mais surtout en faveur des prédicateurs qui visitent ces églises délaissées.

12. Certains doyens ruraux vendent des certificats de citation, sans que celle-ci ait été notifiée à l'intéressé; à l'avenir, les certificats de ce genre ne pourront être donnés qu'après lecture publique de la citation faite dans l'église du domicile de l'intéressé. On lui donnera aussi un délai suffisant pour comparaître.

13. Les archidiacres, doyens, etc., ne doivent pas ajouter foi à la légère à des écrits faux et trompeurs, en particulier à de faux mandats de procureur; certains ayant abusé de faux de ce genre pour dépouiller un clerc absent de sa prébende.

14 Mesures prises contre les chicanes, par lesquelles certains cherchent à s'approprier le bénéfice d'autres clercs.

15. Qu'aucune église ne soit donnée *ad firmam*, sauf en cas de nécessité et avec l'agrément de l'évêque; encore ne peut-on la donner qu'à des clercs. Rappel des statuts d'Oxford et de ceux du cardinal Ottoboni en 1268.

16. Certaines maisons des augustins, relevant autrefois d'églises du continent, ont emprunté à celles-ci certaines cérémonies particulières; de plus, les religieux de ces maisons ne se rendent pas aux chapitres généraux de l'ordre. Ces augustins

---

6 *effectus recreationis seu regenerationis per baptismum et alia necessaria sacramenta Ecclesiæ, quæ est communio sanctorum. Et in hoc articulo est data clavis seu potestas B. Petro ligandi et solvendi;* 7. *effectus glorificationis · carnis resurrectionem, quoad corpus; vitam æternam, quoad corpus et animam.* Les sept autres articles se rapportent *ad humanitatem et sic specifice ad Filium Dei,* à savoir · 1. *Quod Deus conceptus de Spiritu Sancto . qui conceptus est de Spiritu Sancto* 2. *Natus ex Maria Virgine* 3. *Passus sub Pontio Pilato, crucifixus, mortuus et sepultus.* 4. *Descendit ad inferos (scilicet in anima)* 5 *Surrexit a mortuis (in carne).* 6 *Ascendit ad cælos (in corpore et anima).* 7. *Unde venturus est judicare vivos et mortuos* Martène et Durand, *Thes. nov ,* t. iv, p 641.

peuvent garder leurs cérémonies; mais ils devront assister aux chapitres.

17. Les péchés commis avec les religieuses entraînent pour les coupables l'excommunication, dont ils ne pourront être absous que par l'évêque, sauf à l'article de la mort, et encore avec réincidence en cas de guérison.

18. Aucune nonne, même accompagnée, ne doit rester plus de trois jours, six jours au plus, chez ses parents, ou autres alliés; ces absences ont été fatales à beaucoup d'entre elles. L'évêque peut accorder de rares dispenses; mais le statut ne concerne pas les sœurs quêteuses.

19. La nonne qui a passé plus d'une année dans le couvent n'en doit plus sortir, car elle est présumée avoir fait profession. Il en sera de même pour les moines et pour tous les religieux.

[2] 20. Les évêques doivent veiller à ce que les moines fugitifs (apostats) reviennent à leur ancien état ou passent à une règle plus douce; il faut excepter ceux pour lesquels le Siège apostolique en a disposé autrement.

21. Le concile de Lambeth a sagement décidé qu'aucun religieux ne peut être exécuteur testamentaire sans la permission de son supérieur. Nous ajoutons que le supérieur ne doit donner cette permission qu'à des hommes très consciencieux. Cette ordonnance est applicable aux religieux qui, sans être exécuteurs testamentaires proprement dits, sont chargés de répartir l'héritage d'un défunt.

22. Sur la tonsure et l'habit des clercs. Aggravation de l'ordonnance du cardinal Ottoboni, jusqu'ici assez peu observée [1].

23. Les fils des prêtres ou des recteurs des églises ne peuvent succéder à leurs pères dans leurs bénéfices; sinon, ces bénéfices seront regardés comme vacants et donnés à d'autres.

24. L'évêque doit donner à tout clerc qu'il accepte un acte officiel d'admission, qui mette celui-ci à l'abri des contestations.

25. Défense sévère contre le cumul des bénéfices.

26. Nul ne pourra à l'avenir remplir publiquement les fonctions d'avocat, s'il n'a étudié le droit canon et le droit civil pendant trois ans au moins.

27. A la mort de l'archevêque ou évêque, tout prêtre placé sous

1. Cf. Kober, *Suspension*. p. 242.

sa juridiction, moine ou clerc séculier, doit célébrer une messe
pour le repos de son âme [1].

Le concile se termina le 10 octobre 1281 et, le 19 du même mois,
l'archevêque punit les abbés et prieurs, en particulier les exempts,
qui n'avaient pas paru au concile; le 2 novembre, il adressa au
roi Édouard une lettre courageuse en réponse à celle du roi dont
nous avons parlé. L'archevêque exhorte son souverain à abroger les
lois injustes et oppressives pour l'Église, parce que toutes les lois
doivent être en harmonie avec les décrets des papes, les statuts
des conciles et les sanctions des Pères. Tout roi doit obéir au
pape; sinon il s'expose à perdre sa couronne. Les libertés de
l'Église avaient été respectées par les rois d'Angleterre. C'est
seulement avec Henri Ier, et surtout avec Henri II, que la persécution avait commencé [2].

Le 15 février de l'année suivante, 1282, le même archevêque
tint à Londres un autre concile, auquel les évêques de Londres et
de Rochester assistèrent seuls. Tous les autres étaient représentés
par des procureurs. Cette assemblée était provoquée par l'ordre du
pape Martin IV aux évêques anglais de s'employer à faire délivrer [223
le comte Amaury de Montfort. Cet Amaury, fils de Simon, comte
de Montfort-Leicester, chef de l'opposition contre Henri III, était
devenu chapelain du pape. En 1276, il voulut conduire sa sœur
Éléonore au prince Llewellyn de Galles, son fiancé; mais, en route,
il fut fait prisonnier par des navires anglais et incarcéré, cette
union des Montfort avec le prince de Galles rebelle paraissant
menaçante pour la tranquillité de l'Angleterre. Le père des deux
prisonniers, le Catilina anglais, s'était déjà uni contre l'Angleterre
avec la maison de Galles. Le pape Jean XXI réclama la mise en
liberté d'Amaury et de sa sœur; dès le mois de janvier 1278,
Édouard, ayant vaincu Llewellyn, lui renvoya sa fiancée. Quant
au comte Amaury, le roi ne lui rendit la liberté qu'après de nouvelles instances des papes Nicolas III et Martin IV et sur l'avis
du présent synode de Londres, tenu au mois de février 1282. Dans
ce même synode, Simon de Micham, chancelier de Salisbury, et
Robert, vicaire de Sturminster, portèrent plainte contre l'arche-

1. Mansi, *Concil. ampliss. coll.*, t. xxiv, col. 403 sq.; Hardouin, *Concil. coll.*,
t. vii, col. 859 sq.; Coleti, *Concilia*, t. xiv, col. 735 sq.
2. Mansi, *Concil. ampliss. coll.*, t. xxiv, col. 423-427; Hardouin, *Concil.
coll.*, t. vii, col. 875; Coleti, *Concilia*, t. xiv, col. 751.

vêque de Dublin et contre Ardicio, chapelain du pape, qui, chargés de présider à la levée des dîmes votées à Lyon pour l'organisation de la croisade, leur refusaient, à eux sous-collecteurs, l'indemnité à eux due. Ils montrèrent à cette occasion des décrets du pape, d'authenticité douteuse; aussi le synode jugea prudent de ne rien décider et d'informer le pape de tout [1].

Après la déroute des révoltés du pays de Galles, l'archevêque de Cantorbéry, Peckham, fit, pendant l'été de 1284, la visite du pays, fort éprouvé matériellement et moralement. Cette visite tint lieu du synode provincial alors impraticable. Les ordonnances promulguées par l'archevêque, à l'issue de sa visite, encore qu'elles ne puissent être considérées comme des décisions d'un concile provincial, s'en rapprochent par leur contenu, et sont très importantes pour l'histoire de l'Église de Galles Elles se trouvent dans deux lettres d'information du primat aux évêques suffragants de Saint-Asaph (28 juin 1284) et de Saint-David (5 août 1284) [2]. On y lit ces décisions :

1 Les clercs doivent se conformer, dans leurs vêtements et toute leur conduite extérieure, à ce qui se pratique par les clercs du monde catholique. A son préjudice, le clergé gallois se distingue par d'amples beuveries, par des cheveux incultes, une couronne plus petite, un langage violent, des habits trop somptueux, des promenades tête et pieds nus.

2. Le vice de l'incontinence passe pour être depuis longtemps enraciné dans le clergé, c'est pourquoi les statuts des légats pontificaux Otton et Ottoboni sont remis en vigueur. Celui qui a depuis plus d'un mois une concubine et qui, à la première sommation, ne s'amende complètement, perd son bénéfice : celui qui s'amende doit être puni comme il convient pour le passé, suivant le droit canonique, et non pas d'après des dispositions laissées au choix du coupable.

3 Souvent on impose au clergé des amendes en argent si considérables qu'il ne peut plus satisfaire à ses autres obligations : réparations des églises, aumônes aux pauvres, hospitalité; on voit condamner certains coupables à des châtiments corporels

---

1 Mansi, *Concil ampliss coll*, t. xxiv, col. 459 sq , Pauli, *Geschichte von England*, t. iv, p. 20-24

2. A. Haddan and W. Stubbs, *Councils and ecclesiastical documents*, Oxford, 1869, t i, p. 562 sq . 571 sq

terribles, qu'il est possible de commuer en amendes pécuniaires, ce qui semble indiquer qu'on achète la permission de pécher.

Par conséquent, il faut infliger aux clercs et aux laïques les peines les plus propres à les détourner du péché Ceux à qui il n'est pas à propos d'infliger des pénitences publiques ou qui ne peuvent supporter de durs jeûnes doivent être punis par des pèlerinages fatigants ou par des aumônes exemptes de tout soupçon

4. Les clercs pourvus de bénéfices doivent réciter les heures canoniques, et ceux qui ont charge d'âmes doivent dire la messe chaque jour avec la révérence convenable. Les négligents doivent être châtiés par des peines corporelles ou par ce qui leur coûte plus, par des amendes pécuniaires. L'argent ainsi acquis sera distribué aux pauvres de la paroisse.

5. Le Saint-Sacrement doit être conservé avec toute la révérence prescrite par les décrets du dernier synode de Lambeth. Les prêtres doivent le porter aux malades dans une pyxide convenable, accompagnés de quelqu'un tenant un cierge allumé et sonnant une clochette.

6. Le service divin et autres obligations ecclésiastiques, à savoir, l'instruction des jeunes clercs dans la grammaire et l'explication de la foi et de la morale au peuple, sont très négligés. C'est que les revenus ecclésiastiques sont partagés en de si minimes parts que les bénéficiers ne peuvent pas observer eux-mêmes la résidence, encore moins se faire remplacer par des vicaires. C'est pourquoi les revenus des bénéfices doivent être remaniés de façon que ni le soin des âmes ni le service divin n'aient à souffrir. La dîme sur les dots et les frais d'enterrement, en habits ou autre chose, sont confirmés.

8 La maison du doyen de la cathédrale et des chanoines doit [225 être bâtie aussi près de la cathédrale que possible Seuls les chanoines qui assistent régulièrement à l'office percevront les fruits de la résidence (*fructus residentiæ*), à moins qu'ils ne soient empêchés de venir pour maladie ou autre raison canonique.

9 Les libertés que l'Église possède depuis l'origine doivent être défendues et protégées de toutes nos forces, même contre le roi et ses officiers.

10 On doit engager les Gallois à vivre en union et en paix avec les Anglais. Le peuple, qui est encore imbu d'onirocritie et de divination, doit être gagné à la vraie foi par l'instruction chrétienne. De même le peuple qui est très paresseux doit être amené

à un travail sérieux, même par le refus des sacrements, s'il est nécessaire, car la paresse est le commencement de tous les vices

13. Comme le peuple et le clergé ont grand besoin d'une instruction salutaire, on doit recevoir avec affabilité et empressement les dominicains et les franciscains, presque seuls représentants de la science dans la contrée

14 Les religieux doivent être tenus à l'observance de leurs règles, surtout les bénédictins pour ce qui concerne l'abstinence

15. Les abbés et abbesses ne doivent pas administrer eux-mêmes les biens des monastères, mais on établira dans chaque monastère des trésoriers, qui doivent rendre un compte exact de leur charge trois fois par an

16 L'usure est rigoureusement défendue, surtout l'abus trop général de vendre les objets nécessaires à la vie plus cher à crédit qu'au comptant, ou de fixer le prix courant non d'après l'époque de la vente, mais d'après le prix le plus fort de l'année. Ces ordonnances doivent être recommandées chaque année aux synodes diocésains

On reporte au 22 mars un synode provincial de Tarragone présidé par l'archevêque Bernard et auquel assistèrent huit évêques suffragants Quelques ordonnances du synode de 1273, à savoir les n. 1, 3, 4, 6, 7 et 8, y furent reproduites littéralement. Les peines contre ceux qui employaient les voies de fait à l'égard d'un évêque furent singulièrement aggravées Ils perdaient à tout jamais *ipso facto* toute possession et fief ecclésiastiques dans la province de Tarragone; leurs parents, jusqu'au quatrième degré, étaient déclarés inhabiles à tout honneur ecclésiastique; toute investiture accordée à l'un d'eux était annulée, et le collateur suspendu pendant deux ans de son droit de collation. Par contre, ceux qui tuaient ou mutilaient un prélat d'un rang inférieur à un évêque, ne perdaient que les biens tenus de l'église à laquelle appartenait la personne lésée; de plus, ils encouraient les peines canoniques ordinaires [1]. Tejada (t. vi, p 57) donne, d'après un manuscrit de l'Église de Girone, deux constitutions attribuées au deuxième synode provincial présidé par Bernard Tejada place arbitrairement ce synode en 1284, et réunit à tort en un seul les deux synodes de 1273 et 1282; cependant les deux constitutions appartiennent

---

1. Mansi, *Concil ampliss coll*, t. xxiv, col. 489-493, Tejada, *op. cit*, t. iii, p. 402; Gams *Kirchengeschichte von Spanien*, t. iii 1re part p. 249

évidemment au synode de 1282 Les voici . 1º Dans plusieurs localités de la province, les chanoines transfèrent abusivement à qui bon leur semble les chapellenies qu'ils tiennent des évêques. Ces cessions contraires au droit canon sont annulees. 2º La fête de sainte Thècle, patronne de l'archidiocèse, est déclarée fête civique pour toute la province, suivant d'anciennes ordonnances.

Au début de juillet 1282, Guillaume, archevêque de Rouen, et Guillaume, évêque d'Amiens, écrivirent aux archevêques de Reims, Sens et Tours pour les engager à se mettre en garde contre le péril que leur faisait courir le privilège accordé par le pape aux ordres mendiants, privilège aux termes duquel ceux-ci pouvaient partout prêcher, confesser et imposer des pénitences. Dans les conciles provinciaux annoncés pour l'octave de la prochaine fête de saint Remi, les archevêques devront étudier avec tout leur clergé les moyens les plus propres à parer à un tel abus. A l'issue de ces conciles, les métropolitains se réuniraient en un lieu déterminé, avec des prélats de capacité et d'expérience en matière de jurisprudence, pour délibérer sur la mise à exécution des conseils pris en commun Ce plan venait d'être adopté, dans une réunion de plusieurs prélats à Paris, comme le plus pratique · dans cette réunion, on suspendit au préalable ce privilège des mendiants comme ayant été étendu par eux bien au delà des intentions du [227 pape [1] Des conciles provinciaux projetés et du synode national français on ne trouve nulle trace dans les actes synodaux français publiés jusqu'a ce jour.

A l'issue de la visite de sa province ecclésiastique, Jean de Montsoreau, archevêque de Tours, tint un synode au mois d'août 1282, dans sa ville archiépiscopale Il y promulgua les décrets réformateurs suivants :

1. Celui qui, d'une manière vexatoire, oblige quelqu'un à comparaître devant un tribunal, sera condamné à réparer tous les dommages causés et, de plus, sera excommunié

2 La même peine atteindra celui qui pousse les autres à faire des procès

3. Les clercs, principalement ceux qui sont dans les ordres majeurs, et les moines ne doivent jamais entrer dans les hôtelleries, sauf en voyage.

4. Les prêtres qui volent des calices, etc , des livres, des croix,

1. Bessin, *Concilia Rotom. prov.*, t i, p. 159

des reliques et d'autres ornements ecclésiastiques seront excommuniés et, de plus, châtiés corporellement par leur évêque; il en sera de même de ceux qui, par malice, déchirent ou détériorent les livres des églises.

5. Les anciennes processions organisées pour satisfaire la piété des fidèles ont été négligées par plusieurs prêtres On doit les rétablir de la façon traditionnelle, sauf lorsque le mauvais temps ou une autre raison grave empêche de les faire.

6 Punitions des usuriers, suivant les can. 26 et 27 de Lyon

7 Les autorités civiles opprimant les églises et les ecclésiastiques doivent être excommuniées publiquement dans toutes les églises de la province; il en sera de même de ceux qui mettent obstacle à l'exercice de la juridiction ecclésiastique ordinaire.

8 Celui qui, soupçonné d'une faute de ce genre, ne pourra établir son innocence, sera excommunié nommément.

9. Celui qui établit des *comestores vel custodes* (sorte d'huissiers qu'il fallait entretenir jusqu'à ce que la dette eût été payée) dans les couvents ou dans les maisons des prélats et autres clercs, sera puni d'après les prescriptions d'un ancien concile provincial

10. Si un clerc a engagé ses revenus ou ses biens ecclésiastiques, et ne peut ensuite payer sa dette, on ne doit cependant pas confisquer pour soi ces biens de l'Église, etc.

11 Les laïques qui interdisent à leurs inférieurs tout rapport avec les ecclésiastiques avec qui ils ont des différends, comme de leur accorder le feu ou l'eau, de leur rien vendre, etc , sont excommuniés

12 Il en sera de même de tous ceux qui entravent le clergé dans la perception des dîmes

13. Tous les anciens statuts provinciaux des archevêques de Tours sont remis en vigueur.

A quelque temps de là, Martin IV chargea le cardinal de Sainte-Cécile d'amender et de corriger les *capit.* 7, 8 et 9 de ce synode, qui étaient captieux pour beaucoup [1].

Les nombreuses atteintes aux libertés de l'Église et des ecclésiastiques, ainsi que d'autres abus, déterminèrent Raymond, patriarche d'Aquilée, à réunir un concile provincial dans sa métropole, le 14 décembre 1282. On y décréta ce qui suit :

---

1. Mansi, *Concil ampliss. coll.*, t. xxiv, col 467 sq , Hardouin, *Concil coll* , t vii, col 885 sq , Coleti, *Concilia*, t. xiv, col 763 sq Dans Hardouin et Labbe, manque la lettre du pape datée du 4 mai.

1 Dans toute la province on célébrera la fête des martyrs Hermagoras et Fortunat, fondateurs et patrons de l'Église d'Aquilée

2 On doit s'acquitter d'une manière convenable de l'office divin

3. Les anciennes ordonnances sur la conduite des clercs doivent être observées.

4 Punitions de ceux qui s'attaquent à un clerc (très détaillées).

5 Aucun évêque ne doit donner la tonsure à celui qui n'est pas son diocésain

6. Tous les statuts, etc., portés contre la liberté de l'Église sont sans valeur

7 et 8 Punition de ceux qui s'attaquent aux biens et aux droits des églises, ou qui font perdre à une église les dîmes etc.

9 Les excommuniés doivent être privés de la sépulture ecclésiastique

10 Tous les suffragants doivent visiter une fois par an la métropole d'Aquilée.

11 Ils doivent avoir des exemplaires de ces statuts et les publier [1].

En cette même année 1282 (on ne sait dans quel mois), se tint un synode provincial à Avignon, sous la présidence de Bertrand Amaury, archevêque d'Arles Nous ne possédons plus que dix ordonnances de ce synode, avec le commencement de la onzième. Mais aucune d'elles ne présente de particularités nouvelles. Elles renouvellent les anciennes lois contre les usuriers, contre l'aliénation des biens des églises, sur la rédaction des testaments par un clerc, le respect de la justice ecclésiastique par les *privilegiati*, la défense des ligues et *confratriæ*, etc [2].

Il s'est tenu, dans cette même année 1282, un autre synode provincial à Aschaffenbourg, nous savons que certains des évêques qui y prirent part accordèrent au peuple des indulgences particulières [3].

Le concile de Saintes (*Santonense*), donné dans les collections

1 Mansi, *Concil ampliss. coll.*, t. xxiv, col 427 sq.

2. Mansi, *Concil ampliss. coll.*, t. xxiv, col 438 sq , Hardouin, *Concil. coll.*, t vii, col 878 sq , Coleti, *Concilia*, t xiv, col 755

3. Hartzheim, *op cit* , t iii, p 671 sq ; Binterim, *Deutsche Concilien*, t v, p 35 sq

des conciles, est un simple synode diocésain et ne présente aucun intérêt particulier.

Plus important est le synode diocésain célébré à Eichstätt par l'évêque Reimboto (1279-1297). Nous n'en connaissons pas la date exacte, mais il doit avoir eu lieu peu après 1280, car on n'y trouve aucune trace du concile national de Wurzbourg, et, d'autre part, Reimboto dut le tenir peu après son entrée en charge, vers 1282. Les décisions de ce synode ont été publiées dans le *Eichstätter Pastoralblatt*, de 1885, p. 62 sq., sous trente numéros, d'après un manuscrit du xive siècle de la Bibliothèque impériale de Vienne (n. *410*).

1. On n'admettra pas les prêtres inconnus aux fonctions ecclésiastiques sans une permission spéciale de l'évêque, principalement comme auxiliaires à Noël, à Pâques et à la Pentecôte.

2. Les transferts arbitraires des vicaires d'une paroisse à une autre sont défendus : il faut la permission de l'évêque.

3. Les prébendes des vicaires doivent être dotées de telle sorte que les bénéficiers puissent vivre convenablement.

4. Dans toutes les églises paroissiales où les recteurs ne gardent pas eux-mêmes la résidence, il faut établir des vicaires perpétuels, pour que le soin des âmes ne souffre aucun dommage.

5. On ne doit pas confier la charge d'âmes à des clercs ignorants.

6. On veillera avec soin sur la tenue et la conduite du clergé à charge d'âmes, surtout sur la moralité.

7. Tout prêtre doit avoir un servant de messe.

8. Le chrême, les saintes huiles et l'eucharistie doivent être conservés sous bonne serrure. Les supérieurs des églises doivent veiller à ce que les vases, le linge et les ornements d'église soient convenables et propres : toute négligence sera punie d'une amende de 60 deniers en faveur de la fabrique de l'église intéressée.

9. Les sacrements doivent être administrés avec révérence, pour l'édification du peuple : il faut surtout administrer le sacrement de pénitence avec la prudence et la délicatesse nécessaires. Pour les malades, il faut d'abord les confesser en particulier (*familiariter et secrete*), avant de leur porter publiquement le saint viatique. Comme cas réservés au pape, on signale : l'emploi de la violence contre les clercs, l'incendie des églises ou maisons religieuses et la simonie.

10. Règlements sévères contre les concubinaires (*tractant quippe filium Virginis, qui Veneris officio* ....

11. Fréquentation de cabarets et jeux de dés défendus aux clercs : le coupable sera condamné, pour chaque faute, à une amende égale à l'argent gagné ou perdu.

12. Les doyens doivent visiter les paroisses deux fois par an (à la fête de saint Jacques et tout de suite après Noël). Ils surveilleront surtout les concubinaires et les clercs habitués des cabarets.

13. Punition des clercs qui refusent l'obéissance ecclésiastique.

14 et 15. Ordonnances sur la punition des réguliers qui sèment la discorde dans les couvents et calomnient leurs supérieurs.

16. Les dîmes et autres biens des églises paroissiales ne doivent pas être concédés à des laïques.

17. Dans leurs testaments, les clercs doivent laisser aux églises où ils sont en fonctions au moins la *portio canonica*, autrement l'église peut la prélever sur l'héritage sans autres formalités.

18. Souvent les clercs et les laïques sont importunés en vertu [2£ de lettres du pape ou du métropolitain, qui sont reconnues ensuite comme fausses, ce qui cause beaucoup d'embarras et de scandale. Dorénavant ces lettres ne seront prises en considération que lorsque l'évêque les aura reconnues comme authentiques.

19. Les prêtres qui ne tiennent pas compte des censures ecclésiastiques doivent être dénoncés aussitôt à l'évêque pour être punis.

20. En temps d'interdit, les laïques enterrent leurs morts au cimetière ou dans un autre lieu saint : nous le défendons sous peine d'excommunication.

21. Les usuriers notoires sont excommuniés, et s'ils meurent dans l'impénitence, on ne leur accordera pas la sépulture ecclésiastique.

22. Certains laïques tiennent des conventicules secrets (béguards), s'arrogent l'office de prédicateur et égarent les esprits simples. Les curés défendront à leurs paroissiens d'assister à ces sermons, sous peine d'excommunication.

23. Les causes matrimoniales relèvent de l'évêque.

24. Les mariages doivent être contractés devant l'Église, ou au moins devant deux ou trois témoins, pour enlever tout doute sur leur légitimité. Punitions à infliger à ceux qui contractent mariage ou fiançailles avec plusieurs personnes.

25. On engagera les fidèles à célébrer dignement les jours de jeûne et de fête.

26. Les béguines reconnues comme notoirement impudiques

recevront le châtiment du fouet dans l'endroit de la paroisse *qui vulgariter « Schreiat » dicitur* (pilori).

27 D'après l'usage, le lundi précédant la Dédicace de la cathédrale, on célébrera, dans toutes les églises conventuelles et paroissiales, un office des morts, surtout pour les bienfaiteurs de l'église

28. La fête de saint Augustin, *pastor et doctor egregius*, sera célébrée *cum pleno officio* dans toutes les églises paroissiales du diocèse.

29 Défense à tout clerc, sous peine d'une amende de 60 deniers, d'héberger les étudiants voyageurs qui, par leur conduite relâchée et leurs habits méprisables, déshonorent l'état ecclésiastique.

30 Les chanoines ne doivent pas habiter chez les laïques comme hôtes à demeure

Un autre synode diocésain, célébré à Saint-Pölten en Autriche, le 17 mars 1284, par Godefried, évêque de Passau, présente un intérêt plus général Tout comme Vienne, Saint-Pölten faisait encore partie de l'immense diocèse de Passau et n'a été érigé en évêché qu'en 1785 Dans ce synode diocésain, on remit en vigueur un grand nombre d'anciens statuts, et on en promulgua trente-quatre nouveaux; ces derniers, du reste, sauf un petit nombre, sont des prescriptions que nous avons déjà rencontrées ailleurs; par exemple, de tenir soigneusement sous clef les saintes huiles et les hosties consacrées; la manière de porter solennellement le saint viatique aux malades; des quêteurs, de la résidence, des mariages clandestins, de l'excommunication, etc. Les canons à signaler sont les suivants

9 Si un prêtre fait des noces solennelles pour le mariage de son fils ou de sa fille, il sera suspendu *ab executione ordinis*.

20. Les prêtres de paroisse, recteurs, vicaires, chapelains doivent se confesser à leur doyen quand ils ont commis des fautes graves, et les doyens se confesseront à l'évêque ou à l'archidiacre dans les mêmes conditions. Quant aux fautes plus légères et vénielles, on peut les confesser à qui l'on veut.

24. Défense de vendre du vin, etc., dans les églises ou dans les cimetières, et de transformer les églises en greniers, sauf les cas de nécessité.

25. Si, dans les temps difficiles, les habitants se réfugient dans les églises ou dans les cimetières fortifiés et y cohabitent avec leurs femmes, ou, ce qui est plus triste, si on s'y livre à la débauche et à l'adultère et qu'on y introduise des fill. de mauvaise vie,

il sera interdit de célébrer dans cette église sans la permission de
l'évêque, et seulement sur un autel portatif; de même on ne devra
non plus faire aucune sépulture dans le cimetière jusqu'à ce qu'il
ait été purifié.

26. Les écoliers qui voyagent, porteurs de longs couteaux et
de poignards, ou simplement armés, ne seront ni reçus ni aidés.
S'ils viennent sans armés et pas plus de deux, on leur donnera
la nourriture nécessaire. S'ils sont exigeants, par exemple, s'ils
demandent de l'argent ou des vêtements, on les chassera. Celui
qui agira autrement paiera une amende de 60 deniers. Néanmoins
on peut, pour l'amour de Dieu, donner à un écolier pauvre des
habits. On agira à l'égard des prêtres qui voyagent comme à
l'égard des écoliers.

30. Si un clerc apprend une faute commise par un autre clerc,
il doit, dans le délai d'un mois, en donner avis par écrit à son
doyen, lequel, de son côté, nous en donnera connaissance dans le
délai d'un mois après notre arrivée sur le territoire autrichien,
sur les bords de l'Enz.

Le canon suivant énumère les fautes pour lesquelles un clerc
peut être dénoncé : s'il n'est pas assidu au chapitre, s'il ne garde
pas la résidence, s'il ne reçoit pas les ordres, ou s'il les reçoit d'un
évêque étranger, s'il cohabite notoirement avec une femme, ou
s'il a publiquement une concubine dans une maison étrangère,
s'il fréquente les cabarets, s'il s'adonne au jeu, etc.; seront
encore dénoncés les prêtres séculiers qui laissent leurs vicaires
vivre dans le concubinage; les clercs usuriers, les *anticipatores*,
ceux qui utilisent du numéraire démonétisé, ceux qui se servent de
fausse monnaie, les alchimistes, ceux qui acceptent comme coopérateurs des étrangers et des inconnus, qui vendent les sacrements
de l'Église, etc. — A la suite de cette ordonnance, un grand nombre [232]
de clercs furent dénoncés pendant le synode même; ceux-ci
crurent prudent de confesser leurs fautes et d'implorer pénitence
et pardon. On décida donc que celui qui avait une concubine dans
une maison étrangère serait condamné à célébrer douze messes et
à réciter six psautiers; de plus, il devait pendant six vendredis
jeûner au pain et à l'eau. Celui qui avait une concubine chez lui
était puni plus sévèrement (vingt messes, douze psautiers, six
jours de jeûne). L'un et l'autre étaient suspens *ab officio* jusqu'à
l'éloignement de la concubine. En cas de rechute, c'était la suspense *ab officio et beneficio*. L'édit épiscopal porte ces mesures

pénales et quelques autres; il est enfin question des annates dans les termes suivants: « Comme nos prédécesseurs avaient consacré à la fabrique de l'église de Passau la première année des revenus des églises vacantes de collation épiscopale, nous prescrivons que tous ceux qui ont des églises de ce genre payent dans le délai de quatre mois l'argent dû pour cette première année [1]. »

Un manuscrit de Seissenstein contient deux autres canons de ce même synode.

1. Les prêtres de paroisse qui sont dispensés de garder la résidence ne doivent cependant pas installer chaque année un nouveau vicaire; le vicaire doit rester au moins trois ans.

2. Les *supplantatores* et *anticipatores* des clercs sont suspens *a divinis;* par *anticipatores* nous entendons, dans le cas présent, ceux qui cherchent, à prix d'argent, à se faire attribuer un bénéfice au détriment du clerc qui doit être institué, *qui exhibentes, vel etiam ante tempus pecuniam offerentes, clericos in ecclesiis vel capellis (institutos) instituendos præveniunt et supplantant* [2].

En cette année 1284, Godefried, évêque de Passau, réunit un second synode diocésain dans son église cathédrale, et, entre autres choses, l'on y condamna les meurtriers de Volkmar, abbé d'Altaich [3].

Deux autres synodes diocésains dont nous possédons les actes se tinrent à Nîmes et à Poitiers; on promulgua dans la première assemblée une série de statuts diocésains, tirés en grande partie d'anciennes ordonnances [4].

Un concile général de la Basse-Italie, célébré à Melfi, le 28 mars 1284, promulgua les neuf canons suivants :

1. Tous les clercs grecs (unis) du royaume de Sicile doivent, dans le délai de deux mois, sous peine de perdre leurs bénéfices, ajouter le *Filioque* dans les divers symboles que contiennent leurs livres.

2. Rappel du canon 11 du deuxième concile œcuménique de

---

1. Mansi, *Concil. ampliss. coll.*, t. xxiv, col. 503 sq.; Coleti, *Concilia*, t. xiv, col. 781; Hartzheim, *Concil. German.*, t. iii, col. 673 sq.; Binterim, *Deutsche Concilien*, t. v, p. 116 sq.

2. Mansi, *Concil. ampliss. coll.*, t. xxiv, col. 518. Il est probable qu'il faut rayer le mot *institutos* dans le texte.

3. Mansi, *Concil. ampliss. coll.*, t. xxiv, col. 519; Coleti, *Concilia*, t. xiv, col. 793.

4. Mansi, *Concil. ampliss. coll.*, t. xxiv, col. 520-570; Hardouin, *Concil. coll.*, t. vii, col. 903-942; Coleti *Concilia* t. xiv, col. 795-832.

Lyon; on ajoute que ce qui est dit à l'égard des élections doit aussi s'entendre des provisions.

3. A l'avenir, les clercs issus de parents latins ne se marieront pas étant minorés, afin de garder ensuite leur femme, après avoir reçu les ordres sacrés, à la façon des grecs.

4. On ne devra plus confier à des prêtres grecs les paroisses dont la population est latine.

5. L'ordonnance du pape Alexandre III sur le renvoi des concubines n'a guère produit de résultats, par la négligence des prélats; on y ajoute les mesures suivantes :

Tout clerc du royaume des Deux-Siciles qui, ayant publiquement une concubine, ne la renverra pas dans le délai de deux mois à dater de la publication du présent édit, sera *ipso facto* suspendu *ab officio et beneficio*. Il en sera de même de tout clerc qui prendra à l'avenir une concubine; quant aux concubines elles-mêmes, elles seront menacées de l'excommunication; de même les évêques et les autres supérieurs ecclésiastiques seront, les uns suspens, les autres excommuniés, s'ils se laissent acheter pour ne pas faire observer la présente constitution.

6. A la mort d'un évêque ou d'un abbé, les chanoines ou les moines nommeront des procureurs chargés de la conservation des biens et des revenus de l'Église.

7. Aucun évêque, aucun prélat, et en général aucun clerc, tant régulier que séculier, ne peut donner en nantissement, pour plus de cinq ans, des maisons, des biens ou autre immeuble appartenant à l'église, à moins que l'intérêt bien constaté de l'église ne l'exige. Toutes les aliénations illégales des biens ecclésiastiques sont prohibées.

8. Il arrive fréquemment que des évêques et des supérieurs ecclésiastiques donnent à des laïques, librement ou par contrainte, des églises paroissiales et des chapelles, ou engagent les revenus d'une église entre les mains d'un laïque, sous de telles conditions qu'il ne reste plus même l'indispensable pour le service divin (l'entretien du prêtre, etc.). A l'avenir, on évitera cet abus.

9. Les évêques et autres prélats doivent observer rigoureusement les présents statuts et veiller à les faire observer par leurs inférieurs; ils les promulgueront dans leurs synodes diocésains [1].

Du concile réuni à Paris, en août de cette même année 1284,

---

1. Mansi, *Concil. ampliss. coll.*, t. XXIV, col. 570 sq.

[4] par le légat du pape, Jean Cholet, nous savons seulement qu'il fut fréquenté par un grand nombre de prélats [1].

Le 14 février 1285, Rostaing, archevêque d'Aix, célébra à Riez, en Provence, un synode qui visa surtout à s'opposer aux empiétements des exempts et à sauvegarder les droits des évêques. L'assemblée promulgua les canons suivants :

1. On observera strictement les saints canons, en particulier ceux des conciles généraux et du synode de Valence (ou de Monteil en 1248), ainsi que les statuts de nos prédécesseurs

2 On priera dans toutes les églises de la province pour notre prince Charles, actuellement prisonnier [2].

3 Chaque évêque de la province aura un registre des biens et revenus de chaque église de son ressort, pour rendre toute fraude impossible.

4. Certains abbés et autres patrons des églises ne veulent instituer pour quelques églises que des prieurs fictifs: il n'en sera plus ainsi à l'avenir, sous peine d'excommunication; sinon la collation appartiendra pour cette fois à l'évêque.

5. Comme les abbés et autres patrons empiètent souvent sur les droits des évêques et imposent toutes sortes d'obligations aux clercs qui reçoivent d'eux des bénéfices, à l'avenir, avant d'admettre et d'instituer un clerc dans une église ou bénéfice, on devra prouver que le patron prétendu a réellement plein droit sur cette église

6 Tous les clercs, sans excepter les religieux quelconques, doivent comparaître devant l'ordinaire du diocèse où ils auraient commis un crime, surtout si ce crime n'a pas été commis dans un lieu exempt. L'ordinaire doit, par l'autorité du présent synode, faire arrêter ces coupables, s'ils ne démontrent pas qu'ils ont le privilège de l'exemption totale

7. Quiconque a porté une sentence d'excommunication, de suspense ou d'interdit, doit la maintenir jusqu'à satisfaction; autrement les peines ecclésiastiques tomberaient en discrédit.

8 On voit des excommuniés prononcer à leur tour l'excommu-

---

1 Mansi, *Concil. ampliss. coll.*, t. xxiv, col 519; Hardouin, *Concil coll*, t. vii, col. 902, Coleti, *Concilia*, t xiv, col. 1533

2. Charles II, depuis la mort de son père, Charles d'Anjou, en 1285, devenu roi de Naples, et, par sa mère, devenu aussi duc de Provence, était captif des Aragonais depuis 1282 Il n'obtint sa liberté qu'en 1289 et au prix de dures conditions.

nication contre ceux qui les ont excommuniés, singeant les cérémonies de l'Église, allumant et éteignant de la paille, des chan-
delles de suif, des charbons, etc. Celui qui, ayant fait de tels actes,
ne donne pas satisfaction dans le délai de trois jours, est excommunié *ipso facto*. Punitions infligées à ceux qui permettent ou
conseillent de pareils sacrilèges, etc. [1]

9. Celui qui a été relevé de l'excommunication pendant une
maladie doit donner satisfaction dans le mois qui suivra sa gué- [235
rison; sinon il retombe, sans autre monition, sous le coup de
l'excommunication.

10. Durant le service divin, les excommuniés ne doivent pas
occuper une place d'où ils puissent entendre le service divin ou
voir le prêtre à l'autel.

11. Défense d'enterrer dans un cimetière bénit par un autre
que l'évêque diocésain ou l'archevêque; si on y a déjà enterré, les
corps doivent être exhumés [2]; sans préjudice cependant de l'autorité du Siège apostolique. (Rome avait sans doute autorisé
quelques abbés, etc., à bénir des cimetières.)

12. Par un abus des concessions pontificales, on traîne souvent
les clercs devant les tribunaux extraordinaires, par mépris pour le
tribunal ordinaire de l'évêque. Tous les clercs du diocèse doivent
soutenir de leurs conseils, de leurs démarches, et même de leur
argent, ceux qui sont ainsi victimes de l'arbitraire. On doit d'ailleurs entièrement observer les ordres du pape et de ses légats;
enfin le présent édit ne sera valable que pour dix ans, s'il n'est pas
rapporté auparavant.

13. Aucun apothicaire ne doit confier du poison à personne sans
la permission de l'autorité civile.

14. Celui qui coopère, par ses conseils ou en fournissant des
plantes, etc., à un empoisonnement ou à un avortement, encourt
par là même l'excommunication dont il ne peut être relevé que
par le Saint-Siège. Le clerc coupable de ce crime perdra son bénéfice, sera dégradé et livré au bras séculier.

15. Plaintes contre les templiers, les hospitaliers, les cisterciens

---

1. Dans ce canon, au lieu de *adulterinum... contingentes, officium*, il faut lire
adulterinum... confingentes officium... c'est-à-dire imitant par raillerie les cérémonies de l'Église, par exemple celle de la publication de l'excommunication. De
plus, au lieu de *sepo*, il faut lire *sebo*, c'est-à-dire *suif*.

2. *Quod*, qui commence ce canon, ne se trouve pas à sa place; il devrait être
après *cœmeterio*.

et autres exempts et privilégiés, qui reçoivent des personnes excommuniées par les évêques, s'emparent des églises et des biens ecclésiastiques qui ne leur appartiennent pas, etc

16. On n'a pas a dissimuler les dispositions testamentaires pour des fins pieuses ou pour des restitutions : aussi un prêtre doit-il, autant que possible, assister à la rédaction de tout testament. Si cela n'est pas possible, le notaire devra, huit jours après la mort du testateur, envoyer au curé ou à l'official une copie des passages du testament qui peuvent l'intéresser.

17. Défense à tout clerc d'absoudre sans la permission de l'évêque quiconque a fait violence à un autre clerc.

18. Défense à tout clerc ou laique de s'emparer, sous aucun prétexte, des biens d'une église ou d'un monastère vacants.

19 Chacun doit être enterré dans le cimetière de sa paroisse, sauf la preuve qu'il a voulu être enterré ailleurs (contre les empiétements des religieux).

20 Les curés doivent rappeler à leurs paroissiens le devoir de payer exactement les dîmes

21. Les exempts et privilégiés doivent, dans le délai de deux mois, faire constater les privilèges, indulgences, etc, qui les dispenseraient d'agir conformément aux statuts du présent synode.

22. Le clerc qui est ou qui va être présenté ne doit pas, sans la permission de l'ordinaire, prêter serment entre les mains de son patron, il ne doit non plus être institué que par l'ordinaire.

23. On ne doit empêcher personne d'en appeler à notre tribunal métropolitain de la sentence de son évêque ou de son official [1].

Les collections des conciles ne donnent guère de détails sur le synode provincial polonais de Lenciez ou Lancicz, en 1285. Elles se contentent de reproduire ce qu'en dit l'historien polonais Michovius (Mathias de Miechow, ville située près de Cracovie), chanoine de Cracovie, vers l'an 1500. Nous apprenons par cette source qu'Henri IV, duc silésien de Breslau, avait chassé Thomas II, évêque de cette ville, et s'était emparé des biens de l'église, parce que l'évêque et le clergé ne voulaient pas lui payer les sommes considérables qu'il demandait Ce synode de Lancicz prononça

1. Mansi, *Concil. ampliss coll*, t xxiv, col 575 sq ; Coleti, *Concilia*, t xiv, col. 835, Martène, *Anecdota* .

contre lui l'excommunication [1]. Stenzel et Heyne [2] nous ont donné
des détails plus exacts et plus circonstanciés sur ce conflit. D'après
ces historiens, le duc avait depuis des années enlevé successivement
à l'Église des dîmes et d'autres revenus et possessions, voire des
villages entiers, et surchargé de redevances les vassaux et les
sujets de l'évêque et de l'Église, etc. Il est vrai qu'en 1276 il y eut
un accommodement à la suite d'un arbitrage; mais en 1281 le
duc recommença à léser de nouveau l'Église; aussi fut-il excommunié par l'évêque. Les deux parties s'adressèrent alors à Philippe,
évêque de Fermo et légat du pape, qui décida en faveur de l'évêque
en 1282; mais pendant que ce dernier faisait publier la sentence
du légat, le duc en appela à Rome et se livra à de telles violences
que l'évêque, craignant pour sa vie, s'enfuit dans la forteresse [23
d'Ottmachau, près de Neisse. Comme le légat n'avait relevé le duc
de l'excommunication qu'à condition de se réconcilier avec l'évêque,
celui-ci, observant que la condition n'était pas remplie, demanda
à son clergé de reconnaître que l'excommunication pesait toujours
sur le duc; mais il se heurta contre une assez forte opposition, et
certains religieux, surtout, montrèrent même une telle résistance
qu'ils ne craignirent pas de célébrer le service divin devant le duc,
quoique excommunié. Jacques Swinka, archevêque de Gnesen,
convoqua alors, comme métropolitain de Breslau et juge délégué
par le pape pour cette affaire, un concile provincial à Lancicz,
pour le 15 janvier 1285. Cette assemblée confirma la sentence
d'excommunication prononcée le 30 juillet 1284, contre le duc, par
l'évêque Thomas. Elle déclara en outre le duc coupable de plusieurs autres méfaits contre l'Église et, pour cela, prononça de son
côté, contre lui, une sentence d'excommunication majeure. Ceci
ne put cependant procurer la paix et en 1287 le duc assiégea la
ville de Ratibor, où résidait l'évêque depuis 1285. L'évêque conçut
alors le projet de se livrer lui-même à son adversaire, et, revêtu
de ses habits pontificaux, il se rendit processionnellement dans le
camp ennemi. Le duc, profondément ému et interdit, se jeta aux
pieds de l'évêque et lui dit : « Mon père, j'ai péché contre le ciel et
contre vous : je ne suis plus digne d'être appelé votre enfant [3]. »

1. Mansi, *Concil. ampliss. coll.*, t. xxiv, col. 595; Hardouin, *Concil. coll.*, t. vii,
col. 943; Coleti, *Concilia*, t. xiv, col. 853.

2. Stenzel, *Urkunden zur Geschichte des Bistums Breslau*, p. lvi, sq.; Heyne,
Geschichte des Bistums Breslau, 1860, t. i, p. 546 sq

3. Luc. xv. 21.

L'evêque le releva, ils s'embrassèrent et se réconcilièrent, avec satisfaction complète pour l'Église [1]. Mansi donne le synode de Lanciez comme le premier célébré sous le pontificat d'Honorius IV; mais nous avons vu qu'il se tint au mois de janvier 1285, tandis qu'Honorius ne fut élu qu'au mois d'avril suivant; le premier synode célébré sous son pontificat fut en réalité le synode de Londres, du 30 avril 1286, sous la présidence de Jean Peckam, archevêque de Cantorbéry. Cette assemblée se réunit pour examiner certaines propositions hérétiques répandues en Angleterre, elle censura les huit suivantes :

1 *Corpus Christi mortuum nullam* (peut-être faut-il lire : *non illam*) *habuit formam substantialem eamdem quam habuit vivum.*

2. *In morte fuit introducta nova forma substantialis et nova species vel natura, quamvis non nova assumptione vel unione Verbo copulata, er quo sequitur quod Filius Dei non fuerit non tantum homo, sed alterius speciei innominatæ.*

3 *In illam formam vel naturam, de novo introductam per mortem, facta fuisset transsubstantiatio panis virtute verborum sacramentalium, scilicet* Hoc est corpus meum, *si in triduo mortis fuisset consecratio.*

4. *Post resurrectionem Christi virtute verborum sacramentalium convertitur totus panis in totum corpus Christi vivum, ita quod materia panis convertitur in materiam corporis Christi, et forma panis convertitur in formam corporis, scilicet in id quod est anima intellectiva, secundum quod forma corporis est, et dat esse corporeum, et hoc virtute verborum sacramentalium*

5 *Identitatem fuisse numeralem corporis Christi mortui cum ejus corpore vivo, tantummodo propter identitatem materiæ et dimensionem interminatarum et habitudinis ipsarum ad animam intellectivam, quæ immortalis est. Esse insuper identitatem numeralem corporis vivi et mortui, ratione existentiæ utriusque in eadem hypostasi Verbi.*

6. *Corpus cujuscumque sancti vel hominis mortuum, antequam sit per putrefactionem mutatum in auras vel elementa, non esse idem numero cum corpore ejus vivo, nisi secundum quid. scilicet ratione materiæ communis, sicut sunt unum quæ invicem transmutantur, ut caro et vermis, et ratione accidentis communis, scili-*

---

1 Heyne, *Geschichte des Bistums Breslau*, 1860 . . . , 551 sq.

cet quantitatis; simpliciter autem esse diversum corpus mortuum a vivo, specie et numero.

7. *Qui vult ista docere, non tenetur in talibus fidem adhibere auctoritati papæ, vel Gregorii vel Augustini et similium, aut cujuscumque magistri, sed tantum auctoritati Bibliæ et necessariæ rationi.*

8. *In homine est tantum una forma, scilicet anima rationalis, et nulla alia forma substantialis; ex qua opinione sequi videntur omnes hæreses supradictæ* [1].

Un concile provincial célébré à Mâcon, le 4 juillet 1286, sous la présidence de Raoul de La Torrette, archevêque de Lyon, porta les décrets suivants :

1. Défense de donner plusieurs prieurés à une seule personne, et de nommer aucun prieur qui n'ait au moins dix-huit ans. Dès que le prieur aura atteint l'âge requis, il devra se faire ordonner prêtre. Le nombre habituel des moines d'un couvent ou d'un prieuré ne doit pas être diminué sans l'assentiment de l'évêque; enfin les jeunes moines seront instruits dans les couvents mêmes et on ne les enverra pas dans des écoles étrangères.

2. Quiconque fait un larcin, ou de biens appartenant à des ecclésiastiques, ou en des lieux sacrés, sera excommunié; la localité où le voleur réside ou bien a recelé son vol sera frappée d'interdit. Même peine pour ceux qui font prisonniers des clercs, des moines ou autres personnes consacrées à Dieu.

3. Comme on a beaucoup abusé des lettres du pape et de ses légats, à l'avenir on excommuniera quiconque donne à autrui une lettre destinée à lui seul, ou qui, abusant de sa lettre, en fait de fausses citations et s'en sert pour extorquer des redevances, etc. Défense à tout clerc ou religieux d'en citer un autre devant un tribunal civil, en toute action personnelle ou spirituelle, et, en général, pour toute affaire qui ne ressort pas d'un tribunal civil. Le clerc ou le moine doit alléguer le privilège du for et ne pas comparaître. Une décision rendue par un juge civil dans de telles conditions est de nulle valeur : juge et plaignant seront également punis.

4. Les seigneurs et les juges laïques qui empêchent ceux qui

[239

1. Mansi, *Concil. ampliss. coll.*, t. XXIV, col. 647 sq.; Hardouin, *Concil. coll.*, t. VII, col. 1066 sq.; Coleti, *Concilia*, t. XIV, col. 1534; Fleury, *Hist. ecclés.*, l. LXXXVIII, 32.

sont sous leur dépendance de se rendre devant le *for* ecclésiastique seront excommuniés.

5. Un laïque qui procède à la saisie des biens meubles ou immeubles d'un clerc, parce que ce clerc ne veut pas se rendre devant son tribunal, ou parce qu'il a fait une citation à comparaître devant un tribunal ecclésiastique, sera excommunié, etc.

Les prêtres de paroisse doivent annoncer tous les dimanches les présents statuts[1].

Le 8 juillet de cette même année, Boniface, archevêque de Ravenne, tint un synode provincial à Forli, dans le chœur supérieur de l'église de saint Mercuriale qui aurait occupé le siège de Forli vers le milieu du IIe siècle. Voici les neuf *capitula* de cette assemblée :

1. Souvent des laïques, à l'issue d'une fête, envoient aux clercs les bateleurs et les comédiens, pour qu'ils leur donnent aussi quelque argent. Un clerc qui donnera à de pareilles gens restituera le double à l'église dont il tient son bénéfice.

2. Beaucoup de prélats font tous les jours bonne chère et ont quantité d'habits, mais ne s'inquiètent nullement des pauvres; on engage tous les clercs de la province à soutenir les pauvres suivant leurs moyens; à ceux qui le font nous accordons des indulgences. Quiconque donnera à un pauvre un habit neuf aura une remise d'une année sur la pénitence à lui imposée. L'aumône d'un vieil habit vaut une indulgence de quarante jours.

3. Un clerc qui sort armé paiera 40 sols d'amende pour chaque arme. Le clerc qui ne porte ni tonsure, ni couronne, ni habit ecclésiastique, paiera une amende de 50 sols.

4. A l'encontre du canon 13 du deuxième concile œcuménique de Lyon, beaucoup de curés ne se font pas ordonner prêtres dans le délai prescrit. Ceux qui, d'ici Pâques, n'auront pas été ordonnés, perdront leurs églises. Le concile de Lyon ayant prescrit aux curés de se faire ordonner dans l'année de leur installation, certains curés se font de nouveau élire à la fin de la première année de leur entrée en fonctions, retardant ainsi d'un an la réception des ordres, etc. Cet abus est condamné pour l'avenir.

5. N'auront part aux distributions quotidiennes que ceux qui viennent réellement à l'église et qui, là, psalmodient aux heures fixées avec leurs frères, matines, laudes, prime, tierce, sexte, none, vêpres

1. Mansi, *Concil. ampliss. coll.*, t. XXIV, col. 611; Coleti, *Concilia*, t. XIV, col. 867.

et complies. Détails sur les partages pour chaque heure de l'office. Par exemple, celui qui assiste aux matines aura le double de celui qui n'assiste qu'à la messe. Celui qui n'arrive pas aux matines avant l'hymne ou à la messe avant le *Kyrie eleison*, ou à tierce, etc., avant le commencement des psaumes, perd le droit aux distributions.

6. Le canon 27 du deuxième concile de Lyon concernant les usuriers est renouvelé, on y ajoute qu'aucun notaire ne doit rédiger le testament d'un usurier ou assister à sa rédaction, si ce n'est en présence d'un prêtre.

7. Les clercs doivent percevoir exactement les dîmes, et celui qui ne les paiera pas sera excommunié; s'il s'opiniâtre, on invoquera contre lui l'appui du bras séculier.

8. À l'évêque est réservée l'absolution de l'excommunication majeure, de l'incendie et du crime public, du blasphème contre Dieu et les saints; de même la remise d'un vœu, l'absolution de l'étouffement des enfants (dans le lit) soit volontaire, soit involontaire; également l'absolution de tous les homicides, sacrilèges, faussaires, violateurs des églises et des immunités ecclésiastiques, de tous les sortilèges, de la bestialité, de l'inceste, des fautes charnelles commises avec des religieuses, de la propriété volée dont on ignore le propriétaire, des faux serments, des mariages clandestins : tous les cas antérieurement réservés à l'évêque continuent à lui être réservés.

9. Celui qui publie ou applique des statuts, etc., contraires à la liberté de l'Église encourt l'excommunication majeure; ces statuts devront être abrogés dans le délai de deux mois après la publication du présent concile [1].

On peut regarder comme une sorte de synode la réunion des trois évêques Bruno, de Naumbourg, Witicho, de Meissen, et [2] Henri, de Mersebourg (sans l'archevêque de Magdebourg), au mois de septembre 1286, à Naumbourg, pour délibérer sur la meilleure manière de faire exécuter la bulle d'Honorius IV sur le vol et les dommages commis au détriment des églises et des clercs. Les trois évêques publièrent également un édit pour s'engager à l'observation fidèle des anciennes ordonnances, en particulier

1. Mansi, *Concil. ampliss. coll.*, t. xxiv, col. 615 sq.; Hardouin, *Concil. coll.*, t. vii, col. 943; Coleti, *Concilia*, t. xiv, col. 871; Fleury, *Histoire ecclésiastique*, l. LXXXVIII, 33.

celles du cardinal Gui et du synode de Magdebourg de 1266; ils y ajoutèrent deux ordonnances pour punir ceux qui s'attaquaient à un clerc ou à une église, etc. [1].

Pour ramener l'unité dans la province de Bourges, où avaient cours des constitutions synodales parfois contradictoires, Simon de Beaulieu (*de Belloloco*), archevêque de Bourges, réunit un concile dans sa ville archiépiscopale le 19 septembre 1286; on y précisa les anciens statuts qui auraient encore force de loi, et pour les expliquer et enlever toute espèce de doute, on y ajouta les canons suivants :

1. Les évêques doivent être très prudents dans les jugements des causes matrimoniales; ils ne toléreront pas de mariages défendus, et si les chapelains apprennent qu'il s'est conclu dans leur ressort un mariage prohibé, ils en donneront connaissance à l'évêque ou à son official.

2. Défense de conclure des mariages avant l'âge requis ou clandestinement.

3. Aucun juge ne doit porter de sentence dans des causes matrimoniales et autres affaires importantes hors des limites de sa juridiction, à moins d'y être autorisé par une très ancienne tradition et prescription.

4. Les archidiacres, archiprêtres et autres, possédant la juridiction ecclésiastique, ne doivent pas établir des *officiales* à la campagne, ils rempliront là aussi en personne leurs fonctions.

5. Les clercs présentés pour des églises paroissiales ne doivent toucher les revenus qu'après avoir reçu la prêtrise, et ces revenus doivent être consacrés aux besoins de l'église, si l'évêque en décide ainsi.

6. Aucun clerc étranger ne doit être admis à célébrer, prêcher ou officier, s'il n'y a été autorisé par l'évêque ou par ses représentants.

7. Aucun prêtre ou clerc bénéficier ne doit loger chez lui une femme pouvant faire naître des soupçons. Les archiprêtres doivent chasser de telles personnes de la maison des clercs. Celui qui, malgré cette défense canonique, garde chez lui une concubine ou une *fornicaria* (ou *focaria*), perd son église ou sa prébende.

---

1. Hartzheim, *Concil. German.*, t. III, p. 682. En partie aussi dans Mansi, *Concil. ampliss. coll.*, t. XXIV, col. 780, et Coleti, *Concilia*, t. XIV, col. 1017 : *Nos Witicho*, etc.

8. Les bâtards des prêtres et des bénéficiers ne doivent pas être élevés chez leur père. Les prêtres qui font commerce, fréquentent les cabarets ou jouent aux dés seront punis suivant la décision de l'évêque.

9. Les clercs bénéficiers qui demeurent une année entière sous le coup de l'excommunication perdront leur bénéfice, sauf dispense de leur évêque.

10. Les curés ou leurs représentants devront avoir une liste de leurs paroissiens excommuniés, et les dimanches et jours de fête, ils liront cette liste dans leurs églises. Ils engageront leurs paroissiens à éviter tous rapports avec ces excommuniés.

11. Tous les curés auront un exemplaire du décret de Grégoire X (le canon 31 du deuxième concile œcuménique de Lyon), et de l'ordonnance du légat Simon (au concile de Bourges, 1276, canon 16), et tous les mois ils les liront et les expliqueront (ces deux ordonnances furent ajoutées au présent canon).

12. La constitution de Grégoire IX, *Quia nonnulli*, est remise en vigueur; elle se trouve l. I, tit. III, *De rescriptis*, c. 43 (elle est ajoutée au canon).

13. Les curés exhorteront leurs paroissiens à confesser leurs péchés au moins une fois l'an. Les noms des pénitents seront conservés, et seuls ils recevront la communion à Pâques; on la refusera, au contraire, à ceux qui ne veulent pas se confesser à leur propre prêtre ou bien à un autre avec la permission de l'évêque ou de leur curé. Celui qui ne s'est pas confessé l'année de sa mort sera privé de la sépulture ecclésiastique, à moins qu'il ne soit mort presque subitement et ait donné des signes de repentir. On doit questionner le pénitent pour savoir s'il n'a pas mis d'obstacle à l'exercice de la juridiction ecclésiastique; s'il l'a fait, on doit le renvoyer à l'évêque ou à son délégué, ou même au Siège apostolique, suivant le cas.   [243

14. Tous les prêtres ayant charge d'âmes doivent posséder, en latin et en langue vulgaire, les ordonnances d'Innocent III, *Omnis utriusque sexus*, de Clément IV, *Quidam temere sentientes*, et de Martin IV, *Ad fructus uberes*, et les expliquer au peuple (ces trois ordonnances ont été ajoutées au présent canon; la première concerne, comme on sait, la confession et la communion pascale; par les deux autres, les franciscains et les dominicains obtiennent le droit de confesser et de prêcher avec l'assentiment

du pape ou du légat, ou de l'évêque diocésain, et sans avoir besoin de la permission du curé, etc.).

15. Les curés doivent avertir quiconque fréquente les excommuniés et le dénoncer à l'évêque ou à l'official.

16. Aucun prêtre ou religieux, sauf à l'article de la mort, ne doit absoudre un excommunié, ni lui donner la sépulture ecclésiastique, sauf permission expresse de l'ordinaire du défunt.

17. Même peine contre ceux qui auront fait enterrer dans leurs cimetières un usurier notoire; tous les dimanches, les curés annonceront qu'aucun usurier ne peut faire son testament avant d'avoir satisfait pour ce qu'il a acquis par usure, ou du moins, avant de s'être engagé à cette satisfaction. On renouvelle l'ordonnance du légat Simon au concile de Bourges de 1276, canon 15.

18. La règle sera strictement observée dans les monastères; personne n'aura de chambre particulière, sinon en cas de nécessité et avec permission expresse de l'abbé, qui ne l'accordera que très rarement. Tous seront vêtus de même.

19. Un moine ne doit rien posséder en propre.

20. Un prieur ne peut, sans l'assentiment de l'abbé, emprunter plus de 60 sols tournois.

21. On retirera des églises les coffres et le blé.

22. Les danses sont interdites dans les églises.

23. Défense d'envoyer aucun moine âgé de moins de vingt ans dans les prieurés éloignés où n'existe pas la vie commune.

24. Aucune femme ne doit séjourner dans les maisons des réguliers.

25. Certains religieux levant des dîmes sur les laïques sans la permission de l'évêque, nous prohibons cet abus, et ordonnons que les recteurs des églises ou leurs vicaires intiment trois fois, dans l'église, le dimanche, cette défense au peuple.

26. Que les abbés ne laissent pas des prieurés vacants, pour en percevoir ainsi eux-mêmes, moyennant ce détour, les revenus.

27. Rappel d'un statut du synode provincial de Bourges sur la publication des testaments. (Il s'agit du canon 7 du concile de Tours de 1236.)

28. Les exécuteurs testamentaires ne peuvent, sous aucun prétexte, garder une partie de l'héritage.

29. Si les exécuteurs testamentaires ou les héritiers se montrent négligents à exécuter un testament, l'évêque y pourvoira.

30. Pour 'e sal.t des âmes, 'l est p   le

son testament de faire venir son curé ou autre ordinaire, en présence duquel il rédigera ses dernières volontés.

31. Quiconque s'est obstiné une année entière dans l'excommunication sera averti d'avoir, dans le délai de deux mois, à recevoir l'absolution. S'il n'obéit pas, l'évêque obligera, même par les censures si c'est nécessaire, les autorités civiles à contraindre l'excommunié à rentrer dans le sein de l'Église en s'emparant de sa personne et en saisissant ses biens. [24

32. On observera les jours de dimanche et de fête par l'abstention de toute œuvre servile, et les contrevenants seront dénoncés à l'évêque pour être punis.

33. Que les évêques suffragants et leurs officiaux respectent et observent les appels.

34. De leur côté, les officiaux de l'archevêque ne mettront pas obstacle à la juridiction des suffragants et des juges inférieurs.

35. Si le juge ecclésiastique excommunie un bailli ou autre officier civil, pour avoir mis obstacle à l'exercice de la juridiction ecclésiastique, tous les évêques et leurs officiaux doivent, s'ils en sont requis, mettre à exécution cette sentence. Les officiaux de l'archevêque ne recevront pas d'appel sur ce point.

Les deux derniers canons (36 et 37), sorte d'appendice, rappellent et confirment la remise d'anciens statuts.

Le même jour, 19 septembre 1286, le concile publia deux autres décrets. Par le premier il menaça d'excommunication tout clerc ou religieux qui, dans une affaire relevant d'un tribunal ecclésiastique, aurait recours au juge laïque. Le second décret tend à réprimer l'abus des exemptions, et menace de l'excommunication tous les baillis qui défendront ces rebelles contre la juridiction épiscopale [1].

Deux ans avant la célébration de ce synode, en mars 1284, ce même Simon de Beaulieu, archevêque de Bourges, avait commencé la visite de toute sa province et même de la province de Bordeaux, en qualité de primat d'Aquitaine. Le présent synode terminé, il reprit ce travail salutaire dont on a conservé de volumineux procès-verbaux [2]. A leur suite, Mansi a inséré les *statuta*

1. Mansi, *Concil. ampliss. coll.*, t. xxiv, col. 625-647; Hardouin, *Concil. coll.*, t. vii, col. 950-962; Coleti, *Concilia*, t. xiv, col. 879 sq. Les deux derniers décrets manquent dans Hardouin.

2. Hardouin, *Conc. coll.*, t. vii, col. 993-1066; Coleti, *Concilia*, t. xiv, col. 901-1004; Mansi, *Conc. ampliss. coll.*, t. xxiv, col. 650-766.

ynodalia *Magdeburgensis provinciæ* [1]; mais ces derniers étant
'œuvre de Burchard III (1307-1327)[2], nous en reparlerons plus
ard.

Au mois d'avril 1287, le synode diocésain d'Exeter, en Angle-
erre, publia cinquante-cinq canons très détaillés, mais qui ne
présentent aucune particularité nouvelle. 1-8. Traitent des sacre-
nents en général et en particulier. 9-16. Traitent des églises,
hapelles et oratoires; leur construction, décoration, parements.
Des cimetières et de la manière de les tenir. 17-22. Ordonnances
ur les mœurs, les devoirs et les occupations des clercs. 23. Des
ours de fête officiels. 29. Ordonne que, dans les églises éloignées
e moins de dix milles des écoles des villes ou des camps, les
beneficia aquæ benedictæ, dont les revenus depuis les temps les
lus anciens étaient réservés à l'éducation des clercs pauvres, ne
loivent être assignés qu'aux étudiants. 31. Ordonne la célébration
e conférences rurales. 33. Interdit l'abus du pouvoir ecclésias-
ique pour l'extorsion de l'argent. 36. On ne doit pas confier la
lirection d'une paroisse à un prêtre ordonné depuis moins d'une
nnée. 40. Sur les visites des archidiacres. 47. Dépeint les quêteurs
omme des gens absolument ignorants, qui, sous l'apparence de la
iété, répandent toute espèce de fables parmi le peuple. Défense
e les recevoir sans lettres spéciales de l'évêque. 49. Des juifs :
rappel du can. 26 du troisième concile de Latran. Suivent d'autres
ordonnances très détaillées sur les testaments, les offrandes
mortuaires (*mortuaria*), les dîmes, les oblations et l'excommunica-
ion. A la fin, on a ajouté une *instructio confessaria* très pratique,
composée par Pierre, évêque d'Exeter, pour les confesseurs dont
l n'avait que trop souvent constaté l'ignorance [3].

Bien plus important est le concile national allemand célébré à
Wurzbourg, en mars 1287, par Jean, cardinal-évêque de Tusculum
t légat du pape, venu en Allemagne pour s'entendre avec Rodolphe
e Habsbourg sur les préparatifs du couronnement. Les archevêques Henri de Mayence, Sigfried de Cologne, Bohémond de
Trèves, Rodolphe de Salzbourg et Gieselbert de Brême, avec de
nombreux suffragants, abbés et prélats, assistaient à l'assemblée.

1. Mansi, *op. cit.*, t. xxiv, col. 766-782.
2. La remarque est de Mansi, *op. cit.*, col. 771.
3. Labbe, t. xi, col. 1263-1312; Hardouin, *Conc. coll.*, t. vii, col. 1071; Coleti,
Concilia, t. xiv, col. 1019; Wilkins, *Conc. Britann.*, 1737, t. ii, col. 129-168; Mansi,
Conc. ampliss. coll. xxiv, col. 766. H. L.

Nous tenons ces détails de la lettre même du légat, placée en tête des actes synodaux; mais dans toutes les collections des conciles, au lieu de *Bremensis*, le texte porte *Viennensis*. Des manuscrits au contraire (par exemple, *cod. Cat. Monac. 5313*, fol. 30) donnent *Bremensis;* et nous savons, par un appendice des actes synodaux, que Gieselbert, archevêque de Brême, y assistait personnellement. Un autre document [1] indique comme ayant pris part au concile les évêques Christian de Samland, Bruno de Brixen, Berthold de Wurzbourg, Gebhard de Brandebourg, Henri de Marienwerder (Pomésanie), Henri de Trente, Conrad de Toul, Vollrath de Halberstadt, Witicho de Meissen, Harting de Gurk, Reimbot d'Eichstätt, Henri de Havelberg (*de Werda* ou *insula beatæ Mariæ*), [2 Emicho de Freising, Henri de Ratisbonne, Conrad de Strasbourg, Arnold de Bamberg, Conrad de Lavant, Burchard de Metz, Pierre de Bâle, Rodolphe de Constance, Werner de Passau, Conrad de Verdun, Henri de Mersebourg, Bruno de Naumbourg, Théoderic d'Olmutz, Frédéric de Coire, Burchard de Lubeck, Tobie de Prague et Sigfried d'Augsbourg. On trouve encore, dans un autre document [2], Otton, évêque de Paderborn, ce qui fait, avec les archevêques, trente-trois évêques à l'assemblée de Wurzbourg [3]. L'assemblée s'ouvrit le dimanche de *Lætare*, 16 mars 1287, dura environ huit jours et approuva les quarante-deux *capitula* présentés par le légat. Nous les connaissons d'après l'encyclique de ce dernier, adressée à tous les évêques, abbés, etc., dans les royaumes d'Allemagne, de Bohême, de Dacie et de Suède, et dans les duchés de Moravie, de Pologne, de Poméranie, de Prusse, de Casubie, de Livonie et de Russie (telle était l'étendue des pouvoirs du légat). Cette encyclique, sous le titre de *præfatio*, précède dans les collections les quarante-deux *capitula*, et ne serait, d'après Binterim, qu'une combinaison de deux documents: la lettre de convocation au concile et une circulaire envoyée après

1. *Thuringia sacra*, p. 593.
2. Hartzheim, *Concil. Germ.*, t. III, p. 736.
3. Les *Annales* d'Osterhoven, presque contemporaines, rapportent qu'il y eut dans ce concile, outre les archevêques, soixante-dix évêques et quantité d'autres prélats. Trithème parle aussi d'un *ingens numerus episcoporum*, mais il se trompe en y faisant figurer Henri, archevêque de Trèves. Cet archevêque Henri était mort l'année précédente au mois d'avril. Cf. Pertz, *Monum. Germ. hist., Script.*, t. XVII, p. 550; Trithème, *Annal. Hirsaug.*, 1690, t. II, p. 50.

la célébration de l'assemblée; mais ce sentiment est insoutenable, et cette *præfatio* est évidemment la promulgation solennelle des canons décrétés à Wurzbourg.

Voici les canons de cette assemblée :

1. Tous les archevêques, évêques, etc., et, en général, tous les clercs, doivent vivre d'une manière innocente et chaste. Ils s'habilleront conformément à leur état et, même chez eux, ils porteront des habits propres, ni trop courts ni trop longs.

2. Ils ne fréquenteront pas les cabarets, sauf en voyage, et ne joueront pas aux jeux de hasard.

3. Ils ne visiteront pas les religieuses, ne les entretiendront pas, ne joueront pas avec elles d'une manière inconvenante, soit dans la cellule (*camera*), soit en public.

4. Les jeux des armes et des tournois sont interdits aux clercs.

5. Les clercs qui gardent ouvertement leurs concubines, ou les remplacent par d'autres (*focariæ*) sont *ipso facto* privés de leurs bénéfices, que le collateur donnera à d'autres.

47] 6. Qu'aucun clerc n'ose recevoir ou garder, au préjudice d'autrui, aucune église, prébende, bénéfice, ou revenus d'un bénéfice, sous peine d'excommunication *ipso facto* jusqu'à satisfaction; s'il ne satisfait pas dans le délai d'un mois, il sera privé *ipso facto* de ses bénéfices et inhabile à obtenir une dignité ou église; si c'est un laïque, il sera excommunié.

7. Certains prêtres, par esprit de lucre, disent deux messes le même jour. Défense sévère à tout prêtre de chanter ou dire deux messes, sauf les cas déterminés par le droit canon

8. Le prêtre qui porte le viatique doit être revêtu du surplis et de l'étole, à moins que la grande distance et le mauvais temps ne le permettent pas. Il sera précédé par un clerc portant une lumière et agitant une sonnette pour que tout passant se mette à genoux et dise au moins trois *Pater* avec la Salutation angélique. A toutes ces personnes, au prêtre et au clerc, le légat accorde dix jours d'indulgence.

9. Certains prélats, tant séculiers que réguliers, abbés et abbesses, etc., concèdent à vie à leurs parents ou autres personnes des biens d'Église, sous prétexte d'obligations purement fictives; et souvent ces biens sont perdus pour l'Église. Cet abus est expressément condamné.

10. Nul ne doit avoir deux vicariats à la fois [1].

11. On ne doit pas conférer d'église paroissiale à un clerc âgé de moins de vingt-cinq ans .

12. Les patrons ne doivent présenter pour les églises vacantes que des personnes dignes, et dans les délais fixés par la loi. S'ils gardent une église vacante un mois après ce terme, ils sont *ipso facto* excommuniés, et ils perdent, pour cette fois, le droit de présentation Si le supérieur ne fait pas, dans le délai fixé par le droit canon, la collation de cette église vacante, il sera *ipso facto* privé pendant un an de la collation des bénéfices Si un laïque empêche un évêque de pourvoir aux intérêts d'une église ainsi vacante, il sera excommunié

13 Les clercs demeurant dans un lieu frappé d'interdit ne doivent pas chanter aux enterrements et processions. Ils ne célébreront pas en public, ne feront pas sonner les cloches, sauf privilège particulier.

14 Défense à tout clerc de recevoir un bénéfice de la main d'un laïque.

15. On réprouve la scandaleuse pratique de ceux qui vendent la bénédiction des mariages et des enterrements; mais on maintient les louables usages de certaines localités et les offrandes après la cérémonie.

16. Les recteurs des églises dont dépendent des chapellenies [2] doivent y placer un vicaire à poste fixe si les revenus sont suffisants.

17. Les abbés [2] et prieurs des monastères doivent veiller à ce que leurs églises paroissiales aient des vicaires dignes. L'abbé ou le prieur qui laisse vacante, au delà d'un mois, une église paroissiale, est *ipso facto* suspendu de ses fonctions tant que l'église restera sans vicaire, et la provision en sera réservée à l'évêque.

18 Les abbés et prieurs ne porteront pas de vêtements qui, pour la forme et la couleur, ressemblent à ceux des laïques. Ils veilleront à ce que les moines ne sortent pas du monastère sans de justes raisons, et ne leur permettront pas de fréquents entretiens avec les gens du monde.

---

1. Le texte porte *duas communicaturas*, c'est-à-dire deux églises dans lesquelles on communie, ou deux églises entraînant charge d'âmes, mais le titre et la suite du texte portent *vicarias*

2 Avant *et priores* il faut ajouter *abbates*, qui a été oublié

19. La religieuse qui a fait une année de probation doit prendre le voile et se faire couper les cheveux dès qu'elle a accompli sa quinzième année; l'abbesse négligente sera punie. Les religieuses ne doivent pas sortir; l'abbesse doit leur fournir le nécessaire pour la nourriture et le vêtement. Les doutes seront tranchés par l'évêque, qui pourra punir les abbesses qui n'observent pas ces règles, par le retrait de leur administration, ou par tout autre moyen opportun.

20. Quiconque ose léser, en faisant usage de l'autorité publique, les églises, leurs biens, leurs droits et leurs vassaux, et qui, malgré la monition, ne donne pas satisfaction dans le délai d'un mois, tombe *ipso facto*, lui et ses complices, sous le coup de l'anathème, et sa terre est frappée d'interdit. Exception est faite pour le roi des Romains, sa femme et ses enfants. La même peine atteindra ceux qui, possédant un bien ecclésiastique en gage, en ont déjà retiré une somme équivalente à leur créance (*sors*), s'ils ne restituent pas ce bien d'Église.

21. Les laïques ne doivent ni recevoir, ni garder les bénéfices ecclésiastiques, sous peine de l'excommunication *ipso facto*, s'ils ne satisfont pas dans le délai d'un mois.

22. Les protecteurs (*avoués*) des églises doivent se contenter des droits traditionnels; ils doivent défendre les églises et non les piller. Si le protecteur de l'église a plusieurs enfants, un seul cependant lui succédera dans cette charge. Les avoués des églises qui se montrent négligents perdent *ipso facto* leur charge. S'ils ont perçu des droits excessifs, ils seront excommuniés, sauf restitution dans le délai d'un mois.

23. L'ordonnance du deuxième concile de Lyon contre les usuriers (canon 26) doit être lue avec les présentes constitutions une fois par carême, dans toute église, cathédrale et collégiale. On devra priver de la sépulture ecclésiastique un usurier secret, si deux ou trois personnes dignes de foi témoignent du délit. Celui qui ne se conforme pas à la présente ordonnance encourt la peine édictée à Lyon, et le cimetière ou l'église où cet usurier a été enterré, avec la permission du prélat ou du chapitre, est frappé d'interdit *ipso facto*, tant que le corps y restera.

24. On appliquera avec plus de rigueur les peines édictées par les canons contre quiconque tue, blesse, mutile, emprisonne, etc., une personne d'Église. Les prélats et les recteurs des églises sur les territoires desquels se trouvent les coupables ou les clercs

capturés doivent, tous les dimanches et fêtes, dénoncer ces excommuniés, si, dans le délai de huit jours, le clerc n'est pas remis en liberté, le lieu où il est détenu est frappé d'interdit.

25. Quiconque ose saisir, frapper ou dépouiller les courriers des légats apostoliques, des archevêques, des évêques ou de leurs délégués, leur enlever ou lacérer leurs lettres, les empêcher de façon quelconque d'exercer la juridiction qui leur est confiée, est excommunié *ipso facto*. La même peine atteindra celui qui lèse dans leur personne ou dans leurs biens ceux qui se rendent à la curie des légats, etc, ou qui en reviennent

26. Quiconque usurpe des biens d'Églises vacantes ou de clercs défunts est excommunié *ipso facto*.

27 On rencontre des personnes de soixante ans qui ne sont pas encore confirmées, il faut donc que les évêques visitent leur diocèse soit en personne, soit par leurs délégués, au moins tous les deux ans, afin d'administrer la confirmation et de réformer ce qui laisse à désirer

28 Celui qui, sans la permission des supérieurs ecclésiastiques, fortifie des constructions d'église, des clochers, etc, doit être excommunié, parce que des églises ainsi fortifiées sont assiégées, puis brûlées ou détruites.

29 Certains excommunient les femmes et les mères pour les dettes de leurs maris ou fils défunts. Il ne doit plus en être ainsi à l'avenir, à moins que la femme ou la mère n'ait hérité des biens de son mari ou de son fils.

30. Les voleurs de grand chemin seront punis non seulement par les lois séculières, mais aussi par une sentence d'anathème qu'ils encourent *ipso facto*, ainsi que tous recéleurs et complices.

31. Quiconque vend ou achète, sans le consentement requis, des fiefs sur lesquels une église ou un ecclésiastique ont le domaine direct, encourt *ipso facto* l'excommunication, et les biens feront retour aux églises qui en ont le domaine direct

32 On ne peut, en raison de dettes ou d'engagements d'une seule personne ou d'une seule église, saisir des biens qui appartiennent en commun à une église et à son chapitre.

33 Nul ne doit, sous prétexte de discussion avec l'avoué [25] (protecteur) d'une église, s'attaquer aux biens de cette église, les ravager, etc.

34. Nous défendons aux *leccatores* ou apôtres condamnés (appelés « frères des apôtres »), de demeurer dans leur règle

réprouvée; qu'aucun clerc ou laïque ne les reçoive ou héberge, en raison de leur condition religieuse ou de leur costume insolite. Mêmes mesures pour les étudiants en voyage.

35. Aucun laïque ne doit, sous peine d'excommunication, percevoir les oblations ou les revenus d'une église, sous prétexte de réparations à y faire, sans l'assentiment du prélat ou du chapitre.

36. Les individus ou collèges qui empêchent une personne quelconque de porter plainte devant le juge d'Église, ou portent des statuts contre le clergé et contre la liberté de l'Église, seront punis, les individus par l'excommunication, les collèges par l'interdit.

37. Ceux qui falsifient les lettres pontificales, et ceux qui altèrent les monnaies, les documents et les sceaux, seront excommuniés, ainsi que leurs complices.

38. Lorsque, pour de justes motifs, un évêque lance un interdit, les évêques voisins doivent l'observer et le faire observer.

39. Sur les *conservatores* que le pape ou ses légats ont donnés surtout à des personnes ou à des monastères exempts. (Le texte est altéré et presque inintelligible.)

40. Puisque, tous les ans, le jeudi saint, le pape anathématise ceux qui établissent de nouveaux droits de péage ou qui augmentent les anciens, de même chaque ordinaire devra, ce jour-là, soit en personne, soit par ses vicaires, déclarer solennellement excommuniés devant tout le peuple ces mêmes coupables, qu'ils soient archevêques, évêques, abbés ou laïques.

41. Chaque église cathédrale du ressort de notre légation doit avoir un exemplaire de ces constitutions, revêtu de notre sceau, et les publier tous les ans. Fait à Wurzbourg, en 1287, dans le mois de mars, le mardi après *Lætare*, la deuxième année du pape Honorius IV.

42. Dans un appendice dont les collections des conciles ont fait le canon 42, le légat explique qu'il faut maintenir en pleine vigueur les décrets pontificaux d'Alexandre IV et de Clément IV dont il a fait donner lecture au concile de Wurzbourg, d'après lesquels l'évêque a le droit de prononcer l'excommunication contre toutes les personnes exemptes, à l'exception du roi et de la reine, et de lancer l'interdit sur leurs terres. Une autre ordonnance porte : Les abbés, abbesses et prieurs possesseurs de biens mis en gage

par d'autres églises, et qui ont retiré de ces biens une somme équivalente au capital, doivent les restituer [1].

Plusieurs évêques présents accordèrent des indulgences à des églises et monastères d'Allemagne, pour en faciliter les réparations [2]; de plus, comme le roi Rodolphe et les seigneurs temporels s'étaient [251] rendus à Wurzbourg, on y délibéra sur les affaires temporelles, et le 24 mars 1287, veille de l'Annonciation, la paix publique fut solennellement renouvelée [3].

Il nous reste à parler du grave conflit qui s'éleva entre le légat du pape et les prélats allemands. Le plus ancien témoin des faits est l'auteur de la *Continuatio Ratisbonensis*, ajoutée à Hermann d'Altaich. Cet auteur est probablement un chanoine de Ratisbonne, contemporain des faits. Il dit : « Le légat ayant voulu (à Wurzbourg) imposer au clergé beaucoup de charges et de lourdes dépenses (*multa onera et graves expensas*), plusieurs évêques en appelèrent à Rome, et le concile ne donnant pas les résultats espérés, le légat se hâta de rentrer dans son pays, car il avait appris avant les autres la mort du pape Honorius [4]. »

Au xive siècle, le frère mineur Jean de Winterthur (*Vitoduranus*) nous donne plus de détails dans sa *Chronique* : « Le légat demanda à tous les prélats *un quart de tous leurs revenus pendant quatre ans* [5]. Comme les évêques et autres prélats tremblaient et n'osaient

1. Mansi, *Concil. ampliss. coll.*, t. xxiv, col. 850-868; Hardouin, *Concil. coll.*, t. vii, col. 1131 sq.; Hartzheim, *Concil. Germ.*, t. iii, col. 724-734; Binterim, *Deutsche Concilien*, t. v, p. 41 sq., 311 sq.; Fr. Xav. Himmelstein, *Synodicon Herbipolense*, Würzburg, 1855, p. 42 sq.

2. Hartzheim, *Concil. German.*, t. iii, col. 734-736; Himmelstein, *op. cit.*, p. 62 sq. Ces lettres d'indulgence nous ont permis de compléter la liste des évêques présents au concile de Wurzbourg.

3. Hartzheim, *Concil. Germ.*, t. iii, col. 737; Böhmer, *Kaiserregesten*, ad ann. 1246-1313, p. 135; Binterim, *Deutsche Concilien*, t. v, p. 43 sq.

4. *Mon. Germ. hist.*, *Script.*, t. xvii, p. 416; répété par Éberhard de Ratisbonne, *ibid.*, p. 595.

5. La *Continuatio Vindobonensis* (*Mon. Germ. hist.*, *Script.*, t. xi, p. 714) parle d'une dîme pendant cinq ans. D'après les *Annal. brev. Wormat.*, dans *Monum. Germ. hist.*, *Script.*, t. xvii, p. 77, on craignit que le légat ne portât préjudice à la liberté du clergé allemand, surtout des trois archevêques de Cologne, Mayence et Trèves, par rapport à l'élection du roi d'Allemagne, d'où l'opposition sur le concile national. Cf. aussi Busson, dans les *Sitzungsberichte der k. k. Akademie der Wissenschaften*, t. lxxxviii, p. 635 sq., et dans *Mittheilungen des Instituts für österreichische Geschichte*, 1886, p. 160.

protester [1], le seigneur Probus, évêque de Toul, autrefois lecteur dans l'ordre des mineurs à Constance et natif de Tubingue, monta sur le baptistère et en appela, au nom de tous; mais il fut pour cela déposé de son évêché, et dut s'en revenir à son ancien sac (habit de moine) [2]. » Plusieurs documents contemporains parlent [252] de cette opposition de l'évêque de Toul : les *Annales breves* de Worms, le *Chronicon Ellenhardi*, les grandes *Annales* de Colmar et les *Annales* d'Osterhoven. Ces dernières placent la scène dans la seconde session du synode [3]. Le récit le plus complet de cet événement nous vient de Trithème, auteur, vers l'an 1500, de la *Chronique* de Hirsau :

« Dans ce concile général des évêques (allemands), le légat proposa, avec l'assentiment du roi et de quelques seigneurs temporels, au clergé et aux moines de tout l'empire, l'abandon à Rome, pendant quatre ans, du quart de tous leurs revenus, et menaça de peines graves tout opposant. Cette prétention nouvelle et absolument inouïe irrita beaucoup de personnes. Les archevêques, évêques, abbés et tous les autres ecclésiastiques du concile commencèrent à se consulter au milieu de l'étonnement et de la confusion; mais nul n'osa contredire ouvertement le cruel légat : ce ne fut que murmures confus et perplexité générale; et que l'on ne s'en étonne pas, car jamais on n'avait entendu parler d'un impôt si énorme, grâce auquel les revenus du clergé et des moines dans tout l'empire devaient, quatre ans durant, aller s'engouffrer dans la gueule insatiable des Romains. Toutefois, comme les archevêques et évêques, en grand nombre atterrés par cet ordre, n'osaient faire de l'opposition, finalement l'évêque de Toul, de l'ordre des frères mineurs, né à Tubingue en Souabe, *et nomine et actione Probus*, se leva, et, spontanément, dit ce que l'Esprit de

---

1. D'après le *Magn. chron. Belgic.*, p. 266, dont Lenfers a accepté le témoignage dans son opuscule *De Siffrido*, 1856, t. ii, p. 23; et d'après les *Annal. brev. Wormat.*, dans *Monum. Germ. hist.*, *Script.*, t. xvii, p. 77, ce fut Sigfried, archevêque de Cologne, qui, le premier, fit opposition au légat.

2. Mansi, *Concil. ampliss. coll.*, t. xxiv, col. 867. Sur Jean de Winterthur et son ouvrage, cf. Lorenz, *Deutschlands Geschichtsquellen*, 2e éd., t. i, p. 67 sq. Probus, né dans une humble condition, avait mérité, par sa capacité, la confiance de Rodolphe de Habsbourg, qui, en 1278, l'avait envoyé en ambassade à Rome. Une année plus tard, le pape lui conféra l'évêché de Toul. [Sur cet homme de cœur, cf. Eubel, dans *Historisches Jahrbuch*, 1888, t. ix, p. 650-673. (H. L.)]

3. *Monum. Germ. hist.*, *Script.*, t. xvii, p. 77, 130, 213, 750.

Dieu lui inspira. Pour être mieux entendu de tous, il se plaça en un lieu élevé, au-dessus du baptistère, qui se trouvait alors au milieu de la cathédrale où se tenait le concile. Il développa un grand nombre de bonnes raisons contre la proposition du légat, et, en présence de tous, il émit un appel au pape. Le légat, hors de lui, déposa l'évêque en vertu de ses pleins pouvoirs, le déclara désobéissant et schismatique, et Probus rentra dans l'ordre des franciscains [1]. Rendus à l'honneur par le courage de leur collègue, les archevêques de Cologne et de Mayence représentèrent, avec beaucoup d'autres, au cardinal président que cet impôt était [253] intolérable et que son application pourrait conduire au schisme. Le pape devait en être averti. Le légat ne se crut pas en sûreté au milieu de ces Allemands irrités, et regagna l'Italie [2]. » Quelques années après, Trithème inséra dans les *Annales Boiorum* d'Aventin le discours attribué à l'évêque Probus. Il rappelle trop le style de Luther; mais on y reconnaît aussi des traces de cette coutume des historiens anciens qui mettaient volontiers dans la bouche de leurs héros leurs propres idées. Ainsi il fait adresser au légat ces paroles malencontreuses : « Cet argent permettra au roi Rodolphe, non seulement d'obtenir la couronne impériale, mais aussi de conquérir pour le compte de l'empire d'Allemagne la Basse-Italie et la Sicile. » Dans la conviction bien arrêtée du roi Rodolphe de Habsbourg et du pape, ce pays appartenait à Charles II, fils de Charles d'Anjou. Il est vrai que Charles d'Anjou ne l'avait plus, mais le pape semblait s'occuper de le lui faire ravoir.

Vers la mi-septembre 1287, Otton Visconti, archevêque de Milan, promulgua, dans un synode provincial célébré dans son église métropole de Sainte-Thècle, les vingt-neuf canons réformateurs qui suivent :

1. Les ordonnances des Pères de l'Église, des conciles et des papes seront rigoureusement observées.

2. De même, les anciennes lois portées contre les hérétiques,

---

1. Néanmoins on le retrouve plus tard encore évêque de Toul. Il mourut entouré de la vénération publique en 1296. Cf. Wadding, *Annales minorum*, ad ann. 1296, n. 6, et Fleury, *Hist. ecclés.*, l. LXXXVIII, 38.

2. Johannis Trithemi, *Annal. Hirsaug.*, 1690, t. II, p. 49 sq. D'après les données des chroniqueurs cités plus haut, le légat ne dut son salut qu'à la protection du roi. Les *Annal. Colmar.*, dans *Monum. Germ. hist., Script.*, t. XVII, p. 213, disent : *Legatus in Metim se transferebat, quia furorem Teutonicorum non immerito metuebat.*

y compris celles de Frédéric II, et les ordonnances en faveur de la liberté de l'Église.

3. De même, les statuts relatifs au culte et à la conduite des clercs, portés par les légats apostoliques, les archevêques de Milan et leurs suffragants.

4. Les abbés et moines doivent se conformer exactement à la règle de saint Benoît; les prieurs, prévôts et chanoines réguliers, à celle de saint Augustin.

5. Les abbés, prieurs, prévôts, moines, chanoines réguliers, abbesses et nonnes ne doivent ni jouer aux dés, ni danser. Les [254] abbesses et les nonnes ne doivent pas sortir pour assister aux enterrements. Si, dans une maison appartenant à l'Église, des gens d'Église tiennent un tripot ou s'ils contribuent par leurs dons à l'entretenir, ils seront excommuniés.

6. Les abbés, prieurs, moines, chanoines réguliers et religieux quelconques ne doivent avoir ni chiens de chasse, ni faucons, ni s'en servir pour chasser.

7. Défense de contraindre les clercs à comparaître devant le juge laïque.

8. Défense à tout laïque de se saisir d'une personne d'Église, ou de confisquer ses biens.

9. Tout ce qui incite à la résistance contre l'excommunication est défendu sous cette même peine.

10. De même, tout ce qui est contraire à la foi catholique et à la liberté de l'Église.

11. Dans les réunions et discours publics tenus dans les villes et villas, etc., on se gardera de rien dire en faveur des hérétiques ou de contraire à la foi catholique ou à la liberté de l'Église.

12. Un clerc ou un moine ne doit jamais réclamer l'intérêt de l'argent qu'il a prêté.

13. Défense à tout clerc ou laïque d'usurper les biens d'Église (détails).

14. Défense, sauf permission de l'évêque, d'aliéner ou mettre en gage des biens, des livres ou des ornements de l'Église.

15. Celui qui fonde une nouvelle *villa*, *burgum* ou analogue, ne doit pas forcer ceux qui appartiennent à une église d'y émigrer.

16. Celui qui détient des fiefs ou autres biens immeubles appartenant à l'Église tombe sous le coup de l'excommunication.

17. Celui qui vole ou recèle des calices, crucifix, livres, etc.,

doit, dans le délai de deux mois, les rendre à l'église à laquelle ils appartiennent.

18. Tout évêque doit déclarer dans son synode que les parjures et les infâmes sont inhabiles à tout acte légal.

19. Ceux qui falsifient des documents seront excommuniés.

20. Lorsqu'un testament contient des fondations pieuses, une restitution, etc., l'exécuteur testamentaire doit se hâter de remplir les intentions du défunt, et son curé doit, dans le délai d'un mois à compter du décès, faire connaître à l'évêque ou à son official la valeur et la nature du legs, afin que l'évêque puisse forcer l'exécuteur testamentaire, s'il y a lieu, à s'acquitter de sa mission.

21. Nul ne doit, sous peine d'excommunication, retenir les legs à destination pieuse.

22. L'église paroissiale reçoit le tiers du legs fait par un fidèle à une église (annexe, ou conventuelle), dans laquelle il veut être enterré; elle reçoit de même le tiers des offrandes faites aux enterrements. Défense, sous peine d'excommunication, d'engager personne à se faire enterrer ailleurs que dans sa propre église.

23. Aucun prêtre, séculier ou régulier, ne doit, sous peine [255] d'excommunication, confesser sans la permission de l'évêque ou du curé, sauf les personnes à l'article de la mort.

24. Sans la permission de l'évêque, nul ne peut ériger aucun oratoire, autel, chapelle ou église en un lieu non exempt. Si le lieu est exempt, le célébrant ne doit laisser entrer pour le service divin aucun paroissien étranger dans cette chapelle, etc.

25. Les humiliés [1] prêchent et confessent en tous lieux; aussi devront-ils, dans le délai de trois mois, présenter à l'évêque compétent ou à son vicaire le privilège sur lequel ils s'appuient; s'ils ne le font pas et s'ils continuent à exercer leurs fonctions, ils seront excommuniés.

26. Les humiliés doivent obéir à l'évêque diocésain et se contenter des mêmes rétributions que le reste du clergé.

27. Nul ne doit prêcher s'il n'en a reçu la permission spéciale du pape, du légat du pape ou de l'évêque diocésain.

28. Si un laïque reste une année entière sous le coup de l'excommunication sans chercher à se faire absoudre, le curé doit en avertir l'évêque qui préviendra le juge civil, afin que celui-ci

---

1. Sur l'ordre des humiliés et leur maison-mère à Milan, cf. Wetzer et Welte, *Kirchenlexikon*, t. v, p. 396; t. vi, p. 420.

oblige le récalcitrant par une amende à demander le bienfait de l'absolution. Si le récalcitrant est le curé même de la paroisse, ou toute autre personne qu'on ne peut pas obliger ainsi à demander l'absolution, on frappera d'interdit sa localité. Un clerc qui s'obstine une année entière sous le coup de l'excommunication perd son bénéfice.

29. Les évêques de la province ne doivent jamais ordonner un clerc, ni séculier ni régulier, étranger à leur diocèse, ni lui confier les saintes huiles, ni l'admettre publiquement à dire la messe, s'il n'a des lettres de recommandation de son évêque diocésain [1].

Comme beaucoup d'autres conciles, celui de Milan fut troublé par des questions de préséance. L'évêque de Brescia et celui de Verceil se disputaient la première place à droite de l'archevêque, et l'évêque de Verceil fut si ému qu'il quitta le synode et en appela au pape [2].

A la suite des actes de cette assemblée, Muratori, qui les avait publiés le premier, a inséré dix-huit ordonnances d'un légat du pape et d'un synode provincial tenu à Lodi. On les appelle tantôt *Constitutiones Gaufredi titulo S. Mauritii*, et tantôt *Constitutiones domini Cælestini*. Muratori n'a pu expliquer ces deux titres différents; car, vers 1287, il y avait un cardinal Geoffroy de Sainte-Suzanne, mais non de Saint-Maurice. Mansi paraît dans le vrai lorsqu'il suppose qu'au lieu de *Mauritii* il faut lire *Marci*, et alors il s'agirait de ce cardinal Geoffroy, qui, en 1241, devint pape sous le nom de Célestin IV. Les statuts donnés par lui avant de monter sur la chaire de saint Pierre ont pu être, par la suite, mis sous le nom de Célestin. Ces ordonnances protègent le clergé, demandent l'exécution des lois contre les hérétiques, défendent le concubinat des clercs et la sépulture ecclésiastique des usuriers [3].

Pierre Barbet, archevêque de Reims, tint dans sa ville archiépiscopale, le lundi 29 septembre 1287, un synode provincial pour s'opposer aux empiétements des franciscains et des dominicains.

___

1. Mansi, *Concil. ampliss. coll.*, t. XXIV, col. 867-882; Coleti, *Concilia*, t. XIV, col. 1095-1106. Hardouin, *Concil. coll.*, t. VII, col. 1143, ne donne qu'une très faible partie de ces documents d'après Bzovius.

2. Mansi, *Concil. ampliss. coll.*, t. XXIV, col. 869; Coleti, *Concilia*, t. XIV, col. 1095.

3. Mansi, *Concil. ampliss. coll.*, t. XXIV, col. 882-886; cf. col. 872; Coleti, *Concilia*, t. XIV, col. 1107.

Le pape Martin IV leur avait permis de confesser et d'imposer des pénitences; mais, s'il faut en croire ce synode, ils avaient étendu ces pouvoirs au delà des intentions du pape, en opposition avec les lois de l'Église et au grand préjudice de la juridiction épiscopale. Après plusieurs essais infructueux, pour terminer à l'amiable ce conflit, le synode décida de déférer l'affaire à Rome et d'y agir vigoureusement. Pour se procurer l'argent nécessaire à cette procédure coûteuse, chaque évêque devait donner un vingtième de son revenu annuel, et tout abbé, non exempt, prieur, doyen et curé de paroisse, un centième [1], pour un an.

Le premier concile célébré sous le pape Nicolas IV (1288-1292) est celui de Salzbourg, convoqué le 5 novembre 1288, par l'archevêque Rodolphe de Hoheneck. Depuis quelque temps, l'archevêque était en désaccord avec son puissant voisin Albrecht, duc d'Autriche, fils de Rodolphe de Habsbourg, et avec Henri, abbé d'Admont, confident du duc et son représentant en Styrie; la brouille s'envenima au point que le duc Albrecht déclara la guerre à l'archevêque, envahit ses terres et les ravagea [2]. L'archevêque [257 se plaignit à Rome et demanda au pape de renvoyer l'abbé dans sa cellule, rien n'étant plus contraire aux canons qu'un abbé ministre d'un prince. Il demanda en même temps la permission de faire exhumer solennellement les ossements de saint Vigile, patron secondaire de Salzbourg [3], que Grégoire IX avait canonisé, quelques années auparavant (1233); enfin, de transporter à Salzbourg les restes de l'archevêque Éberhard, qui restaient sans sépulture à Rastadt [4].

On lui accorda les deux derniers points; quant au puissant

1. Mansi, *Concil. ampliss. coll.*, t. xxiv, col. 847; Hardouin, *Concil. coll.*, t. vii, col. 1130; Coleti, *Concilia*, t. xiv, col. 1077. Plus complet dans Gousset. *Les actes de la province ecclés. de Reims*, 1843, t. ii, p. 429 sq.

2. Sur le conflit entre l'archevêque de Salzbourg et l'abbé Henri d'Admont, cf. Rieder, *Chronicon Ottocari*, 1859; et Muchar, *Geschichte von Steiermark*, 1859, t. vi, p. 34-51 (donne tous les torts à l'archevêque).

3. Le premier patron de Salzbourg est saint Rupert. Vigile, un Irlandais, devint évêque de Salzbourg vers le milieu du viiie siècle. Il fut en désaccord avec saint Boniface, l'apôtre des Allemands, qui soutenait l'existence des antipodes.

4. L'archevêque Éberhard était mort en 1246, et son corps se trouvait dans une chambre, sans sépulture, sous le toit de l'église de Rastadt. Plusieurs croient qu'il avait été excommunié par Innocent IV, pour n'avoir pas publié la bulle d'excommunication contre l'empereur Frédéric II. Cf. Binterim, *Deutsche Concil.*, t. iv, p. 437; t. v, p. 119-121.

abbé, Rome répondit que, s'il avait transgressé les canons, il fallait
le punir dans un concile provincial. D'après cette réponse, l'archevêque Rodolphe convoqua, au mois de novembre 1288, le concile
dont nous parlons. Dans sa lettre de convocation, il ne dévoile
pas ses plans contre l'abbé d'Admont; il dit simplement qu'un
des buts principaux de l'assemblée sera de procéder à une réforme
très nécessaire du clergé. Il invitait en outre ses suffragants et
les autres prélats à prendre part aux deux solennités occasionnées
par la translation des restes de Vigile et d'Éberhard [1]. — Les
détails de ces deux fêtes ont été racontés très longuement par
Hansiz, d'après d'anciens documents [2]. Il poursuit : « Cela fait,
on délibéra sur les décrets à promulguer en synode, et on décida que
le mieux était de faire rédiger les documents par les docteurs et
de les faire ensuite sceller par les évêques dès avant la première
session. On voulait ainsi assurer l'unité dans la réunion générale
et enlever à chacun toute possibilité de changer d'opinion en
exigeant sa signature préalable. On fit donc circuler les pièces
contenant les règlements à voter, et presque tous les signèrent sans
examen, sauf Léopold de Seckau... Ayant lu que tous les clercs qui
exerçaient un emploi près des princes civils étaient frappés d'anathème et d'interdit, et qu'aucun évêque, curé, ou prélat ne devait
donner à aucun d'eux un fief dans la province, etc., il se déclara
prêt à toutes les concessions possibles, mais refusa d'adhérer à
un point qui blessait son maître (Albrecht, le duc d'Autriche).
Il se considérait comme particulièrement obligé au duc, et aucun
de ses prédécesseurs n'avait reçu autant de bienfaits que lui de
la part d'un prince. Il fallait l'assentiment du duc, dont il s'expo-
sait à perdre les bonnes grâces au détriment de son Église. Maître
Henri de Traveyach répondit que le devoir d'un évêque était de
partager la bonne et la mauvaise fortune de son archevêque et
de l'Église métropolitaine. Mais l'évêque de Seckau répliqua : « Je
« ne suis dévoué à personne au point de consentir pour lui à la
« ruine de ma propre Église. » Ni prières, ni menaces ne purent le
décider à autre chose qu'à la promesse de ne pas faire opposition
ouverte aux décisions du synode. Le jour de l'ouverture, tous les

[8]

---

1. Mansi, *Concil. ampliss. coll.*, t. xxiv, col. 946; Binterim, *Deutsche Concilien*,
t. v, p. 120 sq.
2. Publiés dans Hartzheim, *Concil. German.*, t. iii, p. 737 sq.; traduits par
Binterim, *Deutsche Concilien*, t. v, p. 121 sq.

Pères prirent place dans l'église métropolitaine, et on chanta le service divin. Un évêque monta ensuite en chaire et fit l'éloge de l'obéissance; puis maître Henri de Gös, sur l'invitation de l'archevêque, développa les points sur lesquels on s'était mis d'accord. Il cita les anciens canons qui avaient servi de type aux nouvelles ordonnances. L'archevêque délibéra alors avec ses suffragants, et on lut l'exemplaire des décisions déjà revêtues du sceau de plusieurs des évêques. La plupart regrettèrent alors vivement la précipitation imprévoyante de leur signature, le sort était jeté, et ils étaient engagés. Après lecture de l'ordonnance, on se répandit en menaces contre les transgresseurs. L'abbé d'Admont, présent au synode, quitta Salzbourg, et l'assemblée fut dissoute [1].

Les deux lettres du duc de Bavière à un synode de Salzbourg et au chapitre de cette ville auraient été, d'après Mansi, adressées au présent synode; en réalité, elles sont de l'année 1274.

Presque en même temps que le synode de Salzbourg se tint à l'Isle (*Insulana*), dans l'évêché de Cavaillon (Comtat-Venaissin), [259 une autre assemblée synodale présidée par Rostaing, archevêque d'Arles. Ce synode remit en vigueur plusieurs anciens canons, et ordonna aux clercs de se procurer des exemplaires des statuts, au nombre de dix-huit.

1. Rappel du canon 10 du concile d'Arles, de 1234, défendant d'absoudre aucun excommunié avant qu'il ait donné satisfaction.

2. Rappel du canon 24 de ce concile, défendant à tout prélat de dépouiller sans motif un clerc de son bénéfice.

3. A l'égard des réguliers, on s'en tiendra aux lois en vigueur.

4. Rappel du canon 3 du concile d'Avignon, de 1270, sur les legs pieux.

5-13. Rappel des canons 2, 5 et 6 du concile d'Arles, de 1260; du canon 9 du concile d'Arles, de 1275; des canons 1, 2, 4, 6 et 7 du concile d'Avignon, de 1279.

14. Punition de ceux qui donnent ou procurent du poison pour tuer un homme ou procurer un avortement.

15. Défense d'enlever des champs la moisson de blé avant que la dîme ait été perçue.

---

1. Hartzheim, *Concil. Germ.*, t. III, p. 738^b; Mansi, *Concil. ampliss. coll.*, t. XXIV, col. 949; Binterim, *Deutsche Concilien*, t. V, p. 123 sq.; Muchar, *Geschichte von Steiermark*, 1859, t. VI, p. 43 sq.

16. Qu'aucun seigneur temporel n'ose contraindre des églises, les ecclésiastiques leurs familles, leurs serviteurs, messagers, à payer l'amende (le ban[1]) soit pour leurs animaux, soit pour leurs domestiques. Quiconque transgressera ces ordonnances et prendra en gage les personnes, les animaux ou les biens de l'Église, prenant, détenant, sera *eo ipso* excommunié.

17. Beaucoup d'enfants meurent sans baptême, parce que les frais occasionnés au parrain par les baptèmes sont trop considérables. Désormais, défense de rien donner à l'enfant, à la mère, ou à toute autre personne, sauf le vêtement blanc de l'enfant (*nisi solam albam*).

18. Les anciens statuts de la province gardent force de loi[2].

Nous avons deux synodes de l'année 1289 : l'un, célébré à Chester et qui laissa quarante et un canons, ne fut cependant qu'un synode diocésain; du concile provincial de Vienne, nous ne connaissons que l'existence[3].

Au mois d'août 1290, Raymond de Meuillon, archevêque d'Embrun, tint un synode provincial dans lequel il promulgua de nouveau les statuts de son prédécesseur, l'archevêque Henri de Suse, et il y ajouta les trois canons suivants :

1. Défense de tonsurer un clerc avant de s'assurer qu'il est de naissance légitime.

2. En raison du malheur des temps, on ajoutera une prière à la messe, après le *Pater*.

3. Celui qui dit une prière spéciale pour écarter les tribulations présentes gagne des indulgences de l'archevêque et des évêques[4].

Dans le même mois et à huit jours de distance, le samedi après l'Assomption de la sainte Vierge, 19 août 1290, Amanieu d'Armagnac, archevêque d'Auch, célébra à Nogaro un concile provincial, qui décréta les douze canons suivants :

---

1. Ici comme en plusieurs autres endroits, on donne le nom de *ban* à l'amende imposée pour avoir transgressé une loi civile; par exemple, pour être entré dans une forêt dont l'accès est défendu.

2. Mansi, *Concil. ampliss. coll.*, t. xxiv, col. 951-964; Hardouin, *Concil. coll.*, t. vii, col. 1143 sq.; Coleti, *Concilia*, t. xiv, col. 1163.

3. Mansi, *Concil. ampliss. coll.*, t. xxiv, col. 1055-1063; Hardouin, *Concil. coll.*, t. vii, col. 1151-1159; Coleti, *Concilia*, t. xiv, col. 1175-1184.

4. Mansi, *Concil. ampliss. coll.*, t. xxiv, col. 1063 sq.; Labbe, *Concilia*, t. xiv, col. 1185 sq. Manque dans Hardouin.

1. Le comte de Foix doit restituer à l'église de Lescars, dans le délai de quinze jours, la ville de Lescars et d'autres biens.

2. L'excommunication des voleurs notoires est confirmée.

3. Celui qui abuse des lettres apostoliques sera excommunié.

4. Tous les sorciers sont excommuniés.

5. Tout clerc ou moine qui cite devant un juge séculier un autre clerc ou moine est excommunié *ipso facto*. — Défense également d'exercer des actions personnelles contre les lépreux devant le juge séculier. Lorsque les lépreux sortent, ils doivent, suivant l'usage, avoir sur leurs habits un signe distinctif; ils n'iront pas dans les marchés.

6-12. Peines encourues par ceux qui s'attaquent aux biens ou aux personnes d'Église [1].

L'archevêque Jorundus de Drontheim (Nidaros) célébra également dans cette ville, le 29 du mois d'août 1290, un concile provincial avec les évêques suffragants de Faröer, Skalholt, Stavanger, Oslo et Hamar. On y promulgua les ordonnances suivantes :

1. Les prêtres ayant charge d'âmes doivent prêcher tous les dimanches dans leurs églises sur les articles de la foi, le baptême, surtout la manière d'administrer le baptême en cas de nécessité, sur la réception à temps de la confirmation. Ils doivent également apprendre aux enfants le *Credo*, le *Pater* et l'*Ave*, et s'assurer qu'ils les sachent, surtout au confessionnal.

2. Les prêtres et tous recteurs d'églises s'efforceront d'inspirer aux laïques une foi vive et un grand respect envers le Saint-Sacrement. Le prêtre qui porte la communion aux malades doit revêtir l'aube, il se fera précéder par la croix et aura un compagnon porteur d'une cloche et d'une lumière, à moins que la distance ou une autre cause ne l'en empêche.

3. Les prêtres seront soigneusement instruits de leurs devoirs par leurs supérieurs, surtout de l'administration du baptême, de l'extrême-onction, et des cérémonies des funérailles.

4. Le prêtre ne peut dire qu'une messe par jour, sauf dans les cas prévus par la loi, à savoir, Noël, Pâques et la Pentecôte, le [2 dimanche et les jours de fête double, s'il y a un office de funérailles ou si l'évêque lui a confié deux églises. Dans ces cas, il peut dire deux messes.

1. Mansi, *Concil. ampliss. coll.*, t. XXIV, col. 1066 sq.; Hardouin, *Concil. coll.*, t. VII, col. 1159 sq.; Coleti, *Concilia*, t. XIV, col. 1185 sq.

5. Défense au prêtre de célébrer la messe sans un clerc pour servir et les objets requis.

6. Le saint chrême et l'eucharistie doivent être tenus sous bonne serrure. Les calices, fonts baptismaux et les ornements d'église doivent être tenus propres.

7. Aucun prêtre ne doit administrer les sacrements dans une paroisse étrangère, sauf en cas de nécessité urgente, ou avec la permission du curé.

8. Dans l'administration des sacrements, il faut abolir toute exaction pécuniaire. Il est strictement défendu de mettre, en vue d'un gain pécuniaire, un obstacle quelconque à l'administration des sacrements, surtout l'extrême-onction, les enterrements, les mariages. Mais après la cérémonie, il est permis de recevoir les oblations en usage suivant les lieux.

9. L'aliénation des dîmes ecclésiastiques, qui appauvrit les églises et les réduit à indigence, est réprimée.

10. Les pasteurs (*pastores primarii*) des grandes paroisses doivent avoir autant que possible un vicaire, afin que, l'un étant absent pour affaires, l'autre soit à la maison.

11. Dans toutes les collégiales et maisons canoniales, on fera à table une lecture de l'Écriture sainte.

12. Avant de célébrer un mariage, on l'annoncera pendant trois jours de fête à la paroisse, afin que les fidèles puissent faire connaître les empêchements, s'il y en a. Ceux qui contractent des mariages clandestins doivent être punis : leurs enfants ne peuvent pas recevoir les ordres. Les prêtres qui ne cherchent pas à empêcher ces mariages seront suspendus *ab officio* pendant trois ans [1].

Nous avons vu que les dernières possessions des chrétiens en Terre Sainte couraient les plus grands dangers, et que, sans de sérieux secours du côté de l'Occident, il aurait été impossible de sauver Saint-Jean-d'Acre ; or, il n'était pas possible de songer à un pareil secours tant que les princes de l'Europe guerroyaient entre eux, au lieu d'unir leurs armes contre l'ennemi-né du nom chrétien. Nicolas IV fit tous ses efforts pour amener entre les princes divisés la paix, ou du moins une trêve de plusieurs années, surtout entre Philippe le Bel, roi de France, et Édouard Ier, roi d'Angleterre ; dans ce but, il envoya en France, au printemps

---

1. Joh. Finnus, *Hist. Eccles. Island.*, t. 1. p. 472 sq.

de 1290, deux légats, Gérard, cardinal-évêque de Sabine, et le
cardinal-diacre de Saint-Nicolas *in carcere Tulliano*, Benoît [26
Cajétan, plus tard Boniface VIII. Le Saint-Siège avait déjà
accordé à Philippe le Hardi la dîme de tous les revenus ecclésiastiques, pour les frais d'une croisade; mais il n'en avait rien
fait, et le pape décida que le reste de cet argent serait remis
aux légats pour la Terre Sainte. Les deux envoyés devaient s'entremettre entre Charles II, roi de Sicile, et son cousin Charles de
Valois, prétendant au trône d'Aragon, qui s'étaient brouillés;
mais Philippe le Bel ne consentit à rien, et le synode que les
légats réunirent à Paris, dans l'église de Sainte-Geneviève, n'amena
aucun résultat [1].

Un concile provincial réuni à Saint-Léonard de Noblat (*Nobi-
liacum*), le 4 octobre 1290, sous la présidence de Simon de Beaulieu,
archevêque de Bourges, prescrivit à tous les clercs et moines de
donner, pendant cinq ans, un centième de leurs revenus pour les
besoins de la province, et menaça les récalcitrants de punitions
sévères [2].

Sur le désir d'Édouard Ier, roi d'Angleterre, qui depuis quelques
années persécutait les juifs, un concile célébré à Westminster,
en 1290, décréta l'expulsion de tous les juifs indistinctement; entre
le mois d'août et la Toussaint, toute la population juive, hommes
et femmes, au nombre de plus de 16 000, quitta l'Angleterre;
on leur permit d'emporter leur argent et leurs meubles. Ce ne fut
que sous Charles II qu'on leur rouvrit l'Angleterre. En ce même
concile de Westminster, le roi demanda au clergé des subsides
pour une croisade, afin de sauver les derniers restes, si compromis,
du royaume de Jérusalem; il promulgua une seconde fois la loi
retirant à la mainmorte la capacité d'hériter [3].

Deux autres conciles furent occasionnés par la lettre circulaire

1. Mansi, *Concil. ampliss. coll.*, t. XXIV, col. 1071; Hardouin, *Concil. coll.*,
t. VII, col. 1163; Coleti, *Concilia*, t. XIV, col. 1191; Baronius-Raynaldi, *Annal.
eccles.*, ad ann. 1290, n. 17-20; Tosti, *Storia di Bonifazio VIII*, 1846, t. I, p. 47 sq.
[Finke, dans *Römische Quartalschrift, Geschichte*, t. IX; *Bulletin de la Société
de l'histoire de Paris*, 1895; *Aus den Tagen Bonifaz VIII. Funde und Forschungen*,
in-8°, Münster, 1902. (H. L.)]

2. Mansi, *Concil. ampliss. coll.*, t. XXIV, col. 1074; Coleti, *Concilia*, t. XIV,
col. 1193; Martène, *Thes. anecd.*, t. IV, p. 211.

3. Mansi, *Concil. ampliss. coll.*, t. XXIV, col. 1079; Hardouin, *Concil. coll.*,
t. VII, col. 1166; Coleti, *Concilia*, t. XIV, col. 1197; Pauli, *Geschichte von
England*, t. IV, p. 33 sq.

adressée à tous les fidèles de l'Occident par Nicolas IV, après la chute de Saint-Jean-d'Acre (18 mai 1291). Il demandait la célébration en tout pays de synodes et une prompte discussion des meilleurs moyens de porter secours à la Terre Sainte. Ces assemblées devaient délibérer sur la fusion des chevaliers du Temple et de l'Hôpital, à la rivalité desquels on attribuait en grande partie la chute de Saint-Jean-d'Acre [1].

63]   Otton Visconti, archevêque de Milan, réunit en conséquence un synode provincial dans sa cathédrale, le 26 novembre 1291. Après lecture de la première lettre du pape, l'archevêque demanda des secours pour la Terre Sainte, et obligea ses suffragants à faire prêcher la croisade dans leurs diocèses; il informa le pape de ces résolutions. Survint la lettre concernant les Templiers, et on rédigea un nouveau document. Aux dernières sessions, on parla abondamment. Chaque évêque fut invité à donner son opinion par écrit sur le secours pour la Terre Sainte. On conseilla surtout au pape de s'entendre avec le roi de France, avec Venise, Pise, Gênes et d'autres États ayant des ports de mer pour y équiper une flotte, de défendre aux marchands de faire le commerce en Orient et d'unir en un seul les trois grands ordres de chevalerie [2].

Un peu plus tard, le 26 janvier 1292, un concile provincial se tint à Angers dans ce même but. Il comptait huit évêques et beaucoup d'abbés, prieurs, doyens et archidiacres. La première session, tenue dans la nef de la cathédrale, commença par un panégyrique de saint Julien, évêque du Mans, dont on venait de célébrer la fête, prononcé par l'évêque d'Angers, Guillaume Le Maire. Une émeute populaire obligea de transférer la session à la salle du chapitre. Nous ne savons rien sur le résultat des délibérations. Probablement ce synode, comme les autres conciles français, conseilla d'établir d'abord la paix entre les princes chrétiens et de faire l'union avec l'Église grecque [3].

Quelques semaines après, le 16 avril 1292, Conrard, archevêque de Salzbourg, tint dans sa métropole une assemblée de même nature. On possède encore la lettre du pape Nicolas IV du

1. Baronius-Raynaldi, *Annal. eccles.*, ad ann. 1291, n. 29, 30; Pertz, *Monum.*, t. XVII, p. 594; Potthast, *Reg.*, p. 1901.

2. Mansi, *Concil. ampliss. coll.*, t. XXIV, col. 1079; Coleti, *Concilia*, t. XIV, col. 1079.

3. *Liber Guil. Majoris*, dans *Collection des documents inédits. Mélanges historiques*, 1877, t. II, p. 197, 274.

1er août 1291, informant cet archevêque, et les autres métropo-[264] litains, de la victoire remportée par les infidèles à Saint-Jean-d'Acre et de la croisade qui devait se rendre en Palestine, à la Saint-Jean, 1293, sous la conduite personnelle du roi d'Angleterre; le pape termine en engageant le prélat à faire prêcher la croisade dans toute sa province [1]. La seconde lettre du pape à l'archevêque de Salzbourg concernant les ordres de chevalerie est perdue; Éberhard, chroniqueur de Ratisbonne et contemporain, la mentionne [2]. Il ajoute que l'assemblée de Salzbourg se prononça pour la réunion des ordres de chevalerie. Le synode envoya au pape une lettre de condoléances à l'occasion des tristes événements de Palestine [3] et publia ces trois décrets :

1. Pour empêcher les mariages clandestins si nuisibles aux âmes, il faudra, pour la célébration des fiançailles et du mariage, au moins six témoins honorables et dignes de foi, parmi lesquels au moins trois hommes; lesquels témoins ne seront ni proches parents, ni amis intimes. Les fiançailles et les mariages seront portés, dans le délai d'un mois, à la connaissance des prêtres de la paroisse ou de leurs vicaires, et cela en présence de deux ou trois témoins. Ceux qui refusent de s'y conformer encourent *ipso facto* l'excommunication réservée à l'archevêque.

2. Aucun clerc ou moine ne doit recevoir d'un prince un emploi civil, et s'il en a déjà reçu, il doit le quitter.

3. Celui qui, dans le délai d'un mois, n'abandonne pas la société mal famée des écoliers vagabonds, perd tous les privilèges de la cléricature; si un écolier en voyage moleste une église ou un clerc, il doit être arrêté et, s'il est clerc, remis à l'évêque ou à son archidiacre pour être puni [4].

---

1. Pertz, *Monum.*, t. xvii, p. 600 sq.; Potthast, *Reg.*, p. 1901.

2. Pertz, *Monum.*, t. xvii, p. 594; Mansi, *Concil. ampliss. coll.*, t. xxiv, col. 1075; Hardouin, *Concil. coll.*, t. vii, col. 1163; Coleti, *Concilia*, t. xiv, col. 1195.

3. Mansi, *Concil. ampliss. coll.*, t. xxiv, col. 1077; Hartzheim, *Concil. German.*, t. iv, p. 2.

4. Mansi, *Concil. ampliss. coll.*, t. xxiv, col. 1075 sq.; Hardouin, *Concil. coll.*, t. vii, col. 1164 sq.; Hartzheim, *Concil. German.*, t. iv, p. 3; Binterim, *Deutsche Concilien*, t. v, p. 129 sq. Les trois décrets cités se trouvent dans le *cod. lat. monac. 5313* (Chiem. 13), fol. 45 *b*, sous le titre : *Synodus prima dom. Conradi archiep. Salzburg. edita anno Dom. 1298 feria quarta post Quasimodogeniti.* La date 1298 ne correspond pas à *synodus prima*, et est certainement une faute de copiste, au lieu de 1292. Les peines à propos des mariages clandestins furent bientôt trouvées trop sévères, et l'archevêque les mitigea en accordant aux curés intéressés le droit

5]   Martène et Mansi ont placé au 15 mars 1292 un concile provincial qu'aurait tenu à Tarragone, sur l'ordre du pape Nicolas (IV),
Rodrigue, archevêque de cette ville, et, en effet, le 15 mars tombait
un samedi en 1292. Ce synode confirma les anciens statuts sur
les libertés de l'Église, ordonna aux clercs de porter la tonsure,
la couronne et des vêtements convenables à leur état, menaça de
peines tout clerc qui refusait à un autre clerc ou moine l'obéissance qu'il lui devait et lui déclarait une lutte ouverte; il fixa des
peines contre les parjures et contre les excommuniés obstinés;
il défendit l'administration des sacrements à des paroissiens
étrangers, protesta contre les (prétendus) empiétements de l'archevêque de Tolède, qui (comme primat) voulait faire porter la
croix devant lui dans la province de Tarragone; enfin l'assemblée
désigna les dominicains comme inquisiteurs contre l'hérésie, etc.
Le canon 12 de ce synode disant qu'en ce qui concerne la cessation
de tout service divin, en temps d'interdit, il fallait observer la
constitution *Alma mater* de Boniface VIII [1], il faut en conclure
ou bien que ce canon 12 (et sans doute quelques autres) sont des
additions ultérieures, ou bien que le concile lui-même est de date
plus récente. On pourrait peut-être dire qu'il s'est tenu sous le
pontificat de Boniface VIII, en 1298 par exemple; car cette année-
là, le 15 mars tombait aussi un samedi. La manière dont on parle
du pape Boniface VIII (*sanctissimi patris nostri*) dans ce canon
permet de supposer qu'il a été rédigé du vivant de ce pape.
Les canons 13, sur l'exécution des testaments, et 14, sur l'usure
et la restitution, sont également des additions postérieures [2].
Nous verrons plus loin les autres synodes provinciaux tenus par
Rodrigue.
    Le dernier synode célébré du vivant de Nicolas IV fut celui de
Brême, le 17 mars 1292, dans lequel l'archevêque Giselbert, ses
suffragants et un grand nombre de prélats et de clercs décrétèrent

d'absoudre. Comme pénitence pour les infractions à la première ordonnance, on
prescrivit que les coupables devaient se tenir à la porte de l'église, comme les
pénitents, pendant trois dimanches ou jours de fête : les réfractaires seraient, en
outre, condamnés à des amendes en faveur de la fabrique de l'église de Salzbourg.
Cf. plus loin le synode de Salzbourg de 1310.
    1. Elle se trouve *in Sexto*, l. V, tit. XI, *De sententia excommun.*, c. 24.
    2. Mansi, *Concil. ampliss. coll.*, t. XXIV, col. 1105; Martène, *Vet. script.*, t. VII,
p. 289 sq.; Tejada, *Coleccion de canones y de todos los concilios de la Iglesia de
España*, t. III, p. 409.

toute une série de peines très détaillées contre ceux qui se saisi-
raient d'un évêque, d'un chanoine ou autre dignitaire, contre
leurs complices et enfin contre les usurpateurs des biens d'Église.
On défendit aussi aux clercs d'héberger des écoliers voyageurs et
des goliards [1].

1. Mansi, *Concil. ampliss. coll.*, t. xxiv, col. 1193; Hartzheim, *Concil. German.*,
t. iv, p. 583; Binterim, *Deutsche Concilien,* t. v, p. 152.

LIVRE TRENTE-NEUVIÈME

BONIFACE VIII

---

682. *L'Empire et l'Église avant l'élection de Boniface VIII.*

Nous avons rappelé, dans le livre précédent, la forte opposition rencontrée par Rodolphe de Habsbourg à la diète de Francfort (mai 1291), lorsqu'il voulut assurer à son fils Albrecht sa succession à l'empire, et sa mort à Spire quelques semaines plus tard, 15 juillet 1291. Louis, comte palatin, s'employa de tout son pouvoir en faveur d'Albrecht d'Autriche, et au début il put compter sur l'archevêque de Trèves, tandis que Gérard de Mayence montrait une égale ardeur contre les Habsbourg. Ces deux princes électeurs avaient assigné des dates différentes à l'élection, et, comme trente-six ans auparavant, on était menacé d'une double élection. Cependant Gérard, par son habileté, réussit à isoler complètement le comte palatin. En prodiguant les promesses, on gagna à la cause du comte de Nassau, cousin de Gérard, les princes électeurs ecclésiastiques et bientôt même Wenzel, roi de Bohême, brouillé avec Albrecht, son beau-frère, puis les autres princes électeurs temporels. Les électeurs ayant donné leurs voix au comte de Nassau, Gérard le proclama roi des Romains et d'Allemagne le 5 mai 1292, à Francfort [1].

1. Sur l'élection du roi Adolphe de Nassau, cf. O. Lorrenz, *Deutsche Geschichte im XIII und XIV Jahrhunderte*, in-8°, Wien, 1866, t. II, part. 1, p. 518 sq., 557, dans *Sitzungsberichte der k. k. Akademie der Wissenschaften, philos.-histor. Klasse*, 1867, t. LV. p. 195. On y trouvera la bibliographie des plus importants ouvrages sur cette question. L. Schmid, *Die Wahl des Grafen Adolf von Nassau*, Wiesbaden, 1870; Busson, *Die Wahl Adolfs von Nassau*, dans *Sitzungsberichte der k. k. Akademie der Wissenschaften*, t. CXIV, p. 9 sq., où sont traitées à fond les différentes phases de l'élection; Schlephake, *Geschichte von Nassau von den ältesten Zeiten bis auf die Gegenwart*, in-8°, Wiesbaden, 1867, 1869; Lindner, *Deutsche Geschichte unter den Habsburgen und Luxemburgern*, in-8°, Stuttgart, 1890, t. I, p. 86 sq.;

Le couronnement eut lieu à Aix-la-Chapelle le 24 juin. Jadis, quand tous les princes prenaient part à l'élection, on choisissait [267] toujours pour roi l'un des plus puissants seigneurs de l'empire; mais depuis que les sept électeurs étaient seuls, ils préféraient un roi faible. A leur point de vue, ils avaient bien choisi, en élisant Adolphe. Quoique doué de solides qualités personnelles, il manquait de puissance et de biens pour se rendre complètement indépendant de ses vassaux, à l'égard desquels d'ailleurs la reconnaissance le liait trop étroitement pour lui laisser le moyen de gouverner énergiquement. Aussi il se borna à distribuer des grâces, des droits et des privilèges, à payer des dettes criardes et à supprimer les droits de douane en faveur de quelques privilégiés et de communautés entières. Les *Regesten* de Böhmer en offrent de nombreux témoignages.

On se félicita de voir Albrecht, duc d'Autriche, qui, après l'élection d'Adolphe, parlait de le combattre, se soumettre au fait accompli; au mois de novembre, il reçut l'investiture des mains d'Adolphe et lui remit les insignes de l'empire conservés à Kiburg. Mais Adolphe n'était pas homme à savoir s'attacher un Habsbourg, pas plus qu'il ne sut défendre vis-à-vis de la France les intérêts de l'Allemagne. L'empereur Rodolphe avait laissé une situation très tendue entre la France et l'empire : pour mener une croisade contre l'Aragon, les rois Philippe le Hardi et Philippe le Bel avaient prélevé des dîmes ecclésiastiques en terri- toire allemand, et s'étaient emparés de quelques pays frontières appartenant à l'empire. Adolphe fut pressé d'agir contre la France, et l'occasion s'en présenta fort à propos. Le roi d'Angleterre, Édouard Ier, était vassal du roi de France, situation qui alors et plus tard entraîna bien des chicanes et bien des guerres. Les matelots des deux nations se houspillaient ferme; même, au printemps de 1293, une rixe prit les allures d'un combat qui se termina au désavantage des Français. Le roi d'Angleterre gronda et menaça de peines sévères ses sujets trop belliqueux et offrit à

Loserth, *Geschichte des späteren Mittelalters*, in-8°, München, 1903, p. 194 sq.; Assmann-Viereck, *Geschichte des Mittelalters*, in-8°, Braunschweig, 1906, p. 45 sq.; O. Lorenz, *Ueber die Wahl des Königs Adolf von Nassau*, dans *Drei Bücher Geschichte und Politik*, in-8°, Berlin, 1876, p. 461 sq.; Ennen, *Die Wahl des Kö- nigs Adolf von Nassau*, in-8°, Köln, 1866; Scheffer-Boichorst, *Zur Geschichte der* XII *und* XIII *Jahrhunderte : Die Wahlausschreiben vom Jahre 1291*, Berlin, 1897. (H. L.)

son suzerain le roi de France toute satisfaction. Mais Philippe le Bel abusa de la confiance d'Édouard, mit la main sur la Gascogne, protestant qu'il n'agissait que pour la forme et afin d'affirmer sa suzeraineté. Édouard prit les armes et fit alliance avec Gui, comte de Flandre, et Adolphe, roi d'Allemagne. Les Anglais devaient payer à ce dernier les frais de son armée. Quelque temps après, le 31 août 1294, Adolphe écrivit de Nuremberg au roi de France une lettre menaçante, mais avec si peu de succès que, sept mois plus tard, Philippe le Bel eut la jolie ironie de faire demander si la lettre était authentique. Lorsque la guerre éclata entre l'Angleterre et la France, Adolphe, qui revenait d'une campagne heureuse en Thuringe, songeait à jouer sa partie: c'était le moment où Boniface VIII s'interposait entre les adversaires [1].

A la mort de Nicolas IV, le 4 avril 1292, il restait douze cardinaux; six étaient romains, quatre italiens, deux français. Aussitôt après les funérailles à Sainte-Marie-Majeure, Latinus, cardinal-évêque d'Ostie et doyen du Sacré-Collège, endoctrina ses collègues pour les engager à choisir un homme capable, sage et pieux, apte à gouverner l'Église dans ces temps troublés. Mais les cardinaux s'entendaient si peu que la vacance du siège dura deux ans et trois mois. De même qu'à Rome, où Orsini et Colonna se disputaient le pouvoir, ainsi ils se le disputaient dans le Sacré-Collège et se refusaient à toute transaction. D'un côté se trouvait le cardinal-diacre Jacques Colonna, avec son neveu le jeune cardinal Pierre Colonna, et de l'autre, le doyen des cardinaux-diacres, Matteo Rosso Orsini, avec son neveu Napoleone Orsini. Jean Villani, historien florentin contemporain, prétend que Matteo Rosso ne voulait élire qu'un candidat agréable à Charles II, roi de Naples [2]. S'il en était ainsi, Matteo se trouvait alors du côté des Français ou du parti d'Anjou, tandis qu'avant l'élection de Célestin V, il dirigeait le parti national italien, alors que les Colonna faisaient, au contraire, cause commune avec la France. Les cardinaux séjournèrent dix jours dans le palais bâti par le dernier pape près de Sainte-Marie-Majeure, et, leurs conférences

1. *Monum. Germ. hist.*, *Leg.*, t. II, p. 461; Böhmer, *Kaiserregesten*, ad ann. 1246-1313, p. 175, 179, 365 sq.; Kopp, *Geschichte von der Wiederherstellung*, etc., *des heiligen römischen Reiches*, t. III, p. 157 sq.; Pauli, *Geschichte von England*, t. IV, p. 78-89.

2. Muratori, *Rerum Ital. scriptores*, l. VII, c. CL, t. XIII, p. 341.

n'ayant pas abouti, ils allèrent sur le mont Aventin, dans le palais d'Honorius IV, et de là à *S. Maria sopra Minerva*, sans avancer d'un pas vers le but à atteindre. La situation s'aggrava même lorsque, le jour de la fête des saints Pierre et Paul, des bousculades sanglantes armèrent les bourgeois de Rome à propos de l'élection d'un nouveau sénateur; sur ces entrefaites, la peste éclata et emporta un cardinal. Les autres coururent chercher un air plus [269] pur. Vers la fin de septembre, et depuis, quelques cardinaux retournèrent à Rome et les pourparlers reprirent; mais à Pâques 1293, la mort prématurée du sénateur Orsini, le dernier élu des sénateurs romains, fut l'occasion de nouvelles luttes sanglantes. Presque tous les cardinaux s'enfuirent à Rieti; trois seulement restèrent à Rome, et prétendirent qu'en raison des prérogatives de la ville sainte ils avaient seuls le droit d'élire le pape. Après des tiraillements qu'on devine, les deux partis se soumirent à un arbitrage portant qu'à la prochaine fête de saint Luc (18 octobre 1293), tous les cardinaux se réuniraient à Pérouse. Ils furent fidèles au rendez-vous, mais ne parvinrent pas pour cela à s'entendre. Au printemps suivant, Charles II, roi de Naples, vint à Pérouse rencontrer son fils Charles-Martel, prétendant de Hongrie, et engagea les cardinaux à hâter l'élection; il s'y prit de telle façon que Benoît Cajétan (le futur Boniface VIII) protesta au nom de la liberté de l'élection [1]. On en vint de part et d'autre à des paroles très vives, et le roi, passablement mécontent, regagna la Pouille; ce ne fut qu'au commencement de juillet que les deux partis acceptèrent un compromis. Une mort subite, survenue dans la famille des Orsini, fit faire aux cardinaux des réflexions sérieuses sur leur conduite, le jugement de Dieu et leur responsabilité en retardant l'élection. Le cardinal d'Ostie raconta qu'un homme très pieux avait appris dans une vision que, si cet état de choses se prolongeait, la justice de Dieu se ferait sentir dans quatre mois. La conversation roula ensuite sur cet homme (Pierre du mont Murrone) et sur ses vertus, et bientôt six cardinaux,

---

1. Les documents originaux n'indiquent que vaguement le conflit entre Charles II et le cardinal Cajétan. Platina est le seul qui, dans ses *Vitæ pontificum*, s'explique avec quelque précision à la fin de la *Vita Nicolai IV*, et c'est son récit que nous suivons. On a peine à admettre néanmoins que le cardinal Cajétan montrât à cette époque une telle antipathie contre le parti français; car, au contraire, Boniface VIII lui-même affirma souvent qu'il avait au début beaucoup trop aimé les Français.

l'évêque d'Ostie en tête, lui donnèrent leurs voix[1]. Leurs cinq collègues ne tardèrent pas à les imiter, et le 5 juillet 1294, les onze voix se réunirent sur l'ermite, auquel une députation vint apprendre cet événement[2].

70] Pierre descendait d'une pieuse famille bourgeoise, du diocèse

1. H. Schulz, *Peter von Murrhone (Papst Cölestin V)*, in-8°, Berlin, 1894; *Zeitschrift für Kirchengeschichte*, 1897, t. xvii, p. 363 sq., 477 sq ; Ehrle, dans *Archiv für Literatur und Kirchengeschichte*, t. i, p. 514, 521 sq.; t. ii, p. 160 sq.; t. iii, p. 308 sq.; Denifle, dans même revue, t. v, p. 505 sq.; Finke, *Aus den Tagen Bonifaz VIII, Funde und Forschungen*, in-8°, Münster, 1902, p. 65 sq.; P. M. Baumgarten, *Il regesto di Celestino V*, dans *Abruzzo cattol.*, Chieti, 1896, t. iv; Le même, *Die Cardinalsernennungen Cölestins V im Sept. und Oct. 1294*, dans *Festschr. Jubil. deutsch. Campo Sancto Rom*, 1897, p. 165; C. Cali, *Per la biografia di Celestino V*, dans *Boll. Soc. stor. patr. Abruzzi*, 1894, t. vi. p. 99-107; *Anal. boll.*, t. xv, p. 101-102; B. Cantara, *Cenni storici-biografici risguardanti di Pier Celestino*, in-8°, Napoli, 1892; *Nuovi documenti riguardanti di Pier Celestino*, 1893; *Anal. boll.*, t. xii, p. 481-482; Fr. Carabellese, dans *Archiv. stor. ital.*, 1895, Ve série, t. xvi, p. 161-176; C. Carbone, *Gli opuscoli del Celestino V, saggio critico*, dans *Celestino V ed il VI centenario*, in-8°, Aquila, 1894; *Celestino V ed il VI centenario della sua incoronazione*, dans *Boll. Soc. stor. patr. Abruzzi*, in-8°, Aquila, 1894; *Anal. boll.*, t. xv, p. 102-105; Josaphet, *Der heil. Papst Cœlestin V (Peter von Morrone), unter dessen Regierung das Haus der h. Familie von Nazareth nach Loreto übertragen wurde, ein Lebensbild*, in-8°, Fulda, 1894; L. Labande, dans *Bibl. de l'École des chartes*, 1893, t. liv, p. 59-67 ; *Liber pontificalis*, édit. Duchesne, 1892, t. ii, p. 467-468; G. Gausa, *Celestino V e i solitari del monte Maiella*, dans *Riv. Abruzz.*, Teramo, 1894, t. ix; *S. Pierre Célestin et ses premiers biographes*, dans *Anal. boll.*, 1897, t. xvi, p. 365-487; C. Pietropaoli, *Il conclave di Perugia e l'elezione di Pier Celestino*, dans *Celestino V e il VI centenario*, Aquila, 1894, p. 97-124; *Anal. boll.*, t. xiv, p. 224-225. Un excellent travail de F. X. Seppelt, *Studien zum Pontifikat Papst Cœlestins V*, dans *Abhandlungen zur mittleren und neueren Geschichte*, Leipzig, 1911, t. xxii; on y trouve une étude impartiale et approfondie de l'élection et de la résignation du pape. L'élection faite à l'unanimité des onze cardinaux a été une manœuvre politique du cardinal Malabranca en faveur de Charles II de Naples et aussi le résultat d'un accord momentané des factions rivales du Sacré-Collège autour d'une candidature neutre, escomptée pour un retour d'influence à un moment où le prestige très ébranlé des cardinaux avait grand besoin d'être ravivé. (H. L.)

2. Ce récit est surtout basé sur le double récit en vers et en prose d'un contemporain, Jacques, cardinal de Saint-Georges au Vélabre, et dont les bollandistes ont donné la meilleure édition (*Acta. sanct.*, maii t. iv, p. 437 sq.); elle se trouve aussi en partie dans Baronius-Raynaldi, *Annal. eccles.*, ad ann. 1292, n. 18-20; 1293, n. 1-3; 1294, n. 3-7. Raynaldi donne de plus quelques autres renseignements fournis par Jordan et par Ptolémée de Lucques, sur les événements survenus pendant la vacance du siège. Cf. aussi Kopp, *Geschichte von der Wiederherstellung*, etc., *des heiligen römischen Reiches*, t. iii, p. 164; Potthast, *Reg.*, t. ii, p. 1915.

d'Isernia, comté de Molise, dans la Pouille au nord de Naples[1]. Orphelin de très bonne heure, sa mère, qui vit en lui de grandes qualités d'esprit et de cœur, prit soin de le faire étudier. A vingt ans, attiré vers la vie ascétique, il passa trois années dans une solitude, où il goûta des visions et subit des attaques du démon, ainsi qu'il le rapporte en grands détails. Ordonné prêtre à Rome, il habita cinq ans une caverne du mont Murrone, près de Sulmona, dans les Abruzzes, au nord du royaume de Naples. Afin d'être plus solitaire, il s'enfuit, avec ses disciples, sur le mont Majella, diocèse de Théate (aujourd'hui Chieti), où de nouveaux disciples le rejoignirent et où il se construisit un oratoire. Il eut là de nouvelles visions et opéra des miracles. Telle est l'autobiographie que Pierre laissa dans sa grotte lors de son élévation au souverain pontificat[2]. Les autres renseignements que nous possédons nous ont été fournis par le cardinal Jacques de Saint-Georges, par le cardinal Pierre d'Ailly et par d'autres[3]. D'après eux, un si grand nombre de disciples accoururent peu à peu auprès de Pierre, qu'il se forma plusieurs monastères et une sorte d'ordre religieux caractérisé par la pauvreté et l'ascétisme. Dès 1264, Urbain IV avait approuvé les *Eremitæ Sancti Spiritus de Magella*, comme une branche de l'ordre bénédictin; le deuxième concile général célébré à Lyon confirma cette approbation; mais peu après, comme trop d'étrangers venaient à Majella, Pierre donna sa place à un vicaire (vers l'an 1284), et revint vivre en anachorète en différents lieux et finalement au mont Murrone. Vers 1287, il déposa sa charge de supérieur, et le prieur de Majella fut élu abbé et chef de tout l'ordre, qui comptait déjà trente-six petits couvents. Ce fut avec la permission de cet abbé que les députés des cardinaux vinrent à la cellule du pieux anachorète; ils trouvèrent un vieillard, pâle, amaigri par les jeûnes, vêtu avec la dernière pauvreté, ayant une barbe inculte; ils lui annoncèrent le message dont ils [271 étaient chargés; puis ils se jetèrent à genoux devant lui. Le cénobite s'agenouilla également et se mit à pleurer; cependant l'archevêque de Lyon lui remit le décret de l'élection, avec une lettre des cardinaux, et le supplia d'accepter une charge qui lui

---

1. N. Sorio, *Il contado di Molise nel sec.* XIII *ed i primi anni di vita di Pietro d'Isernia*, dans *Celestino V e il VI centenario*, Aquila, 1894. (H. L.)

2. Elle a été imprimée dans les bollandistes, *Acta sanctor.*, t. IV maii, p. 422-426.

3. *Ibid.*, p. 484-536.

avait été conférée à l'unanimité. D'après le cardinal d'Ailly et Pétrarque, Pierre se déclara indigne et voulut fuir, mais le peuple survint, poussant des cris de joie, et Pierre ne put réaliser son projet [1]. Jacques, cardinal de Saint-Georges, raconte au contraire que Pierre demanda un moment de réflexion, après quoi il accepta.

Nobles et manants, et Jacques lui-même (jeune alors), s'étaient hâtés de venir vénérer le serviteur de Dieu. Les deux rois Charles II de Naples et Charles-Martel de Hongrie étaient du nombre des visiteurs. A l'approche de la nuit, Pierre quitta sa cellule, escorté des deux souverains et d'autres personnes, et descendit au couvent de Majella; le cardinal Jacques remarque, comme un pronostic de mauvais augure, que le roi de Naples marchait à droite du pape. Pierre écrivit aux cardinaux qu'il lui était impossible de se rendre à Pérouse, à cause de l'extrême chaleur, et vint à Aquilée, dans le nord du royaume de Naples, à la limite des États de l'Église. A l'exemple du Seigneur, il voulut faire son entrée solennelle monté sur un âne : les deux rois tinrent la bride. L'influence de la maison d'Anjou sur le nouveau pape ne tarda pas à se faire sentir : il nomma plusieurs Napolitains aux places les plus importantes de la curie. Les cardinaux le firent prier à plusieurs reprises et très instamment de ne pas prolonger son séjour en terre étrangère, mais de venir à Pérouse ou dans une ville des États de l'Église, près d'Aquilée; mais le pape, influencé par Charles II, s'y refusa et les cardinaux furent obligés de se rendre à Aquilée, où, le 29 août 1294, Pierre fut sacré et couronné sous le nom de Célestin V, dans l'église de Sainte-Marie *de Colle-Madio* qu'il avait construite.

72] Quoique Célestin eût reçu une solide instruction et eût composé deux petits écrits en latin, il parlait plus volontiers italien que latin, et était si timide qu'il appréhendait de parler en public. Aussi des bruits fâcheux coururent bientôt sur lui et on le qualifia d'ignorant. Ce qui fit plus mauvaise impression, ce fut au mois de septembre une promotion de douze cardinaux dont sept étaient français. On crut y voir de nouveau l'influence de Charles II.

En même temps, Célestin, au grand mécontentement des cardinaux, remit en vigueur l'ordonnance sur la tenue des conclaves rendue par Grégoire X, suspendue par Hadrien V, abrogée par

---

1. Les deux relations se trouvent dans Baronius-Raynaldi, *Annal. eccles.*, ad ann. 1294, n. 6 et 7 et *Acta sanctor.*, ʾʾ ʾ ʾ ʾ y. 420

Jean XXI. On trouva également blâmable la nomination à l'archevêché de Lyon du second fils du roi de Naples, à peine âgé de vingt et un ans. Célestin projeta, au début de l'automne, de se rendre à Rome; mais le roi Charles l'entraîna à Naples, et, chemin faisant, il éleva sans autre forme et dans un temps insolite l'archevêque de Bénévent à la dignité de cardinal; le Sacré-Collège protesta. Dans ce même voyage, Célestin visita le Mont-Cassin, et il y imposa de force, mais on devine ce que cela dura, la réforme de sa propre congrégation. Partisan décidé du rigorisme monastique, dans la vie il favorisait les ardents réformateurs de l'ordre des franciscains. Vers la fin d'octobre, le pape arriva à Naples et habita *Castel Nuovo*, où il vécut en religieux; au début de l'Avent, il se retira dans une petite cellule en bois, laissant le gouvernement de l'Église à quelques cardinaux de confiance. D'autres cardinaux protestèrent, surtout Matthieu Orsini; mais ce qui déconcerta l'excellent pontife, ce fut de se savoir exploité et trompé par les membres de la curie. Beaucoup de grâces et de bénéfices s'accumulaient sur des privilégiés, des charges étaient octroyées qui n'étaient pas vacantes; on distribuait des blancs-seings. Avec le vif regret du bonheur perdu dans la paix de sa cellule, Célestin ressentit son incapacité et songea au compte qu'il allait rendre bientôt, car il touchait aux portes du tombeau. On l'entendit plusieurs fois gémir : « O mon Dieu ! tandis que je règne sur les âmes, voici que je perds la mienne ! » Sous l'empire de ces impressions, il lut dans un livre de sa composition, comprenant les extraits du *Corpus juris canonici* et de la morale, qu'un prélat pouvait résigner sa charge, avec l'assentiment de ses supérieurs. Il se demanda si le pape ne pourrait pas aussi abdiquer, quoiqu'il n'eût pas de supérieur, et deux de ses amis l'en ayant assuré, il se trouva soulagé. Il en parla à son entourage et bientôt ce ne fut un secret pour personne; la plupart regrettèrent sa résolution; plusieurs Napolitains pénétrèrent jusqu'à lui pour lui faire promettre de ne pas abdiquer, et à peine put-il les calmer par des réponses évasives. Toute sorte de bruits commencèrent à circuler. Quelques-uns racontèrent que le Christ lui-même lui avait dit : « Que sert à l'homme de gagner le monde entier..., etc. », tandis que d'autres prétendirent (plus tard) que le cardinal Gaétan avait fait crier ces paroles et autres analogues à l'aide d'une sarbacane, et avait cherché par tous les moyens à troubler la conscience du digne homme, déjà si scrupuleuse, afin de l'amener à abdiquer. Le célèbre Gille Colonna, ou Gille Romain, prétend au contraire que le cardinal Gaétan conseilla au pape de rester sur le Siège de Pierre[1]; ce qu'il peut avoir fait, s'il croyait l'abdication improbable. Quoi qu'il en soit, cinq jours après la démonstration des Napolitains, le pape convoqua les cardinaux, leur raconta sa vie, et leur demanda conseil : valait-il mieux, dans l'intérêt de l'Église, conserver ou abdiquer le souverain pontificat? Ils lui conseillèrent de prolonger un peu l'expérience pour voir s'il ne pourrait pas se faire à sa charge et ajoutèrent qu'il ferait bien de ne plus prêter l'oreille à de faux conseillers et de s'en rapporter à eux seuls. On ordonna des processions, afin que Dieu dirigeât tout pour le mieux. Cela fait, Célestin parut plus calme; mais il délibérait en secret sur sa renonciation avec Benoit Gaétan, le meilleur canoniste du Sacré-Collège. Celui-ci lui dit que, s'il voulait résigner sa charge, le seul procédé hors de contestation était de publier une constitution établissant en principe que le pape peut abdiquer, et il invoquerait le précédent établi par Clément Ier, dès les temps apostoliques[2]. Après avoir tout préparé, Célestin convoqua les cardinaux le 13 décembre 1294, et leur lut un document[3] dans 4] lequel il développait ses motifs d'abdication, et leur ordonnait de procéder à une nouvelle élection; comme il avait défendu les objections, le premier cardinal-diacre dut se borner à lui demander, au nom de ses collègues, de déclarer par une constitution que le pape avait le pouvoir de résigner sa charge et que le Sacré-Collège avait qualité pour recevoir cette abdication. Aussitôt on fit connaître le décret préparé par Benoît Gaétan, et les cardinaux entérinèrent l'acte d'abdication de Célestin[4]. Il se dépouilla

1. Dans son écrit *De renuntiatione papæ*, c. XXIII.

2. Déjà saint Épiphane l'affirme, mais il se base sur un texte mal compris de *I Clem. ad Corinth.*, LIV. Hefele, *Apostolische Väter*, 5e édit., cur. Fr. X. Funk, p. 129. [Ce qui était incontestable, c'était la démission du pape Pontien en 235. Cf. P. Allard, *Hist. des persécut.*, 1905, t. II, p. 213 sq. (H.L.)]

3. On se demande si celui qui nous a été conservé par Ciacconius est authentique. Cf. *Acta sanct., loc. cit.*, p. 524; Potthast, *Reg.*, t. II, p. 1921.

4. Le cardinal Wiseman a démontré d'une façon très insinuante (*Abhandlungen über verschiedene Gegenstände*, t. III, p. 150-169) que Gaétan n'a usé d'aucune influence illégale pour obtenir l'abdication de Célestin V. Mais la preuve la plus convaincante a été donnée par Balan qui, en 1881, publia, dans son ouvrage *Process Bonifaz' VIII*, la protestation de seize cardinaux, en 1297, pour défendre Boniface VIII contre les calomnies répandues par les Colonna.

aussitôt de ses ornements et insignes pontificaux, et quitta la salle, vêtu en simple moine d'un vieux froc effiloché. Les uns, parmi eux Pétrarque, ont vu dans cette abdication un acte de vertu héroïque. D'autres, comme Dante, n'y ont découvert qu'un signe de faiblesse et de pusillanimité [1].

683. Conciles de 1292 à 1294.

Un mois et deux jours après la mort du pape Nicolas IV, se tint un concile provincial, à Gran (6 mai 1292); le chapitre de l'église d'Ofen (Bude) s'y plaignit des torts de la magistrature et de la bourgeoisie à son égard, qui notamment s'attribuaient de force les droits de douane sur les vaisseaux, les ports et la pêche, droits accordés à l'Église par les rois saint Wladislas Ier et Geisa II. Le synode envoya une lettre d'admonestation aux chefs de la bourgeoisie. Vers la même époque, Jacques de Varazzo (de Voragine, l'auteur de la Légende dorée), archevêque de Gênes, présida, dans son église métropolitaine de Saint-Laurent, un synode provincial qui, avec les magistrats de la cité, fit la reconnaissance des restes contenus dans le tombeau de marbre placé sous l'autel

1. Acta sanct., maii t. IV, p. 455-460, 493, 517-524; Baronius-Raynaldi, Annal. eccles., ad ann. 1294, n. 11-22; J. Barcellini, Industrie filologiche per dare risalto alle virtù del santissimo pontefice Celestino V e liberare da alcune taccie Dante Alighieri, credute censore della celebre rinunzia del pontificato fatta dal santo stesso, in-8°, Milano, 1701. Cf. Giornale de' letter., 1714, t. XIV, p. 246-277; C. Borromeo, Avignone e la politica di Filippo il Bello nella canonizzazione di Pietro da Morrone, dans Celestino V ed il VI centenario, 1894; D. Faber, Vita Petri Cælestini V, pontificis maximi, conscripta primum a Petro ab Aliaco, postremo autem locupletata et limatiori stylo donata, in-4°, Parisiis, 1539; C. Ludovisi, Giudizio di Francesco Petrarca sulla renuncia di Celestino V, dans Boll. Soc. stor. Abruzzi, 1894, t. VI, p. 81-91; Celestino V nella mente di Buccio di Ranallo, dans Celestin V e il VI centenario; S. Monini, San Celestino difeso dall'accusa di viltà datagli dai glossatori di Dante, in-8°, Pisa, 1892; J. Polcari, Celestino V e Bonifazio VIII, studii di Dante, in-16, Napoli, 1881; Am. Roviglio, La rinuncia di Celestino V, saggio storico, critico, in-16, Padova, 1893. Le personnage de saint Pierre-Célestin est presque un personnage épisodique au point de vue spécial d'une Histoire des conciles; on se bornera donc ici à rappeler la très importante Vie publiée par les Analecta bollandiana, 1890, t. IX, p. 147-200; cf. t. X, p. 385-392, et les notes relatives à ce pape dans ce même recueil, 1895, t. XIV, p. 223-225; 1896, t. XV, p. 101-106; 1897, t. XVI, p. 356-359, et surtout p. 365-392 : Saint Pierre-Célestin et ses premiers biographes; p. 393-487. (H. L.)

de Saint-Laurent où étaient déposés les ossements de saint Cyrus, le premier archevêque de Gênes [1].

5]   Plus important fut le synode que Gérard, archevêque de Mayence, tint avec ses suffragants, le 15 septembre 1292, à Aschaffenbourg. Après s'être efforcé d'améliorer par ses visites et ses ordonnances la situation ecclésiastique de sa province, l'archevêque attendait du présent synode des résultats plus décisifs; c'est le but des vingt-six *capitula* suivants :

1. C'est une erreur que de croire que le prêtre en état de péché mortel ne puisse ni consacrer ni absoudre validement.

2. Les prêtres doivent porter un surplis par-dessus leurs habits, et les *campanarii* qui servent les prêtres à l'autel, etc., une aube blanche; surplis et aube seront fournis par les aumônes des paroissiens, ou aux frais des prêtres. Un prêtre qui, dans le délai de deux mois après la promulgation du présent décret, n'a pas un surplis pour lui et une aube pour son *campanarius*, doit s'abstenir de toute fonction ecclésiastique jusqu'à ce qu'il en soit pourvu. Il arrive souvent, à la campagne, que le prêtre célèbre seul, faute d'un clerc. Il ne doit plus en être ainsi. Sans l'aide d'un clerc, aucun prêtre ne doit célébrer l'office, ni surtout la messe; les prêtres doivent donc nommer *campanarii* des personnes de confiance, sachant lire et chanter.

3. Le prêtre qui porte l'eucharistie aux malades ne doit pas porter de sabots, quelque mauvais que soit le chemin. Il ne doit rien exiger pour le saint viatique, le baptême, la sépulture, ni, en général, pour l'administration des sacrements; il peut cependant accepter ce qui lui est volontairement offert par les fidèles. Les archidiacres doivent y veiller, dans [leurs] synodes et dans les réunions du chapitre. S'ils découvrent un vicaire coupable, ils doivent l'expulser de l'archidiaconé, sans espoir de retour. Si un curé a commis cette faute, il doit être suspendu *ab officio et beneficio* jusqu'à ce que l'évêque l'ait absous de cette simonie. Les archidiacres ne doivent pas garder pour eux-mêmes les revenus des prêtres suspens, mais ils les emploieront au remplacement des coupables, pendant le temps de la suspense, par d'autres bons prêtres.

4. Les abbés, abbesses et, en général, tous les supérieurs de

1. Mansi, *Concil. ampl. coll.*, t. xxiv, col. 1103 sq.; Knauz, *Monum. eccles. Strigon.*, t. ii p. 325 sq.

monastères doivent recevoir avec miséricorde les moines et nonnes
fugitifs qui reviennent avec des sentiments de repentir, sans aggra- [276
ver les peines édictées par les canons ou par les règles de l'ordre.

5. La coutume de certains lieux, qui ne permet pas au malade
de léguer plus de cinq *solidi* pour des bonnes œuvres ou pour le
salut de son âme, doit être abolie sous peine d'excommunication
et d'interdit.

6. Poussés par le lucre, des curés changent très souvent de vicaires ; à l'avenir, on ne changera aucun vicaire à la demande du
curé, à moins que celui-ci ne veuille desservir lui-même l'église,
ou qu'il ne donne à l'évêque ou à l'archidiacre, pour motiver
l'éloignement du vicaire, des raisons valables.

7. Il existe en certains lieux la mauvaise coutume que, plusieurs
personnes étant présentées à la fois par plusieurs patrons pour
occuper une église vacante, celui à qui appartient l'investiture ou
l'institution s'approprie les revenus de l'église, tandis que les
candidats plaident devant l'évêque ou l'archidiacre, et cherche
parfois à faire traîner l'affaire afin de percevoir davantage. Pour
couper court, les revenus de toute église ou chapelle vacante
seront administrés par deux prêtres capables, membres du chapitre
(de la campagne).

8. Si un clerc accepte du patron clerc ou laïque, sans la permission
de l'évêque ou de l'archidiacre, l'investiture d'une église, il perd
à tout jamais ce bénéfice, et, pour cette fois, le droit de collation
reviendra au supérieur. Si le patron lui-même s'est mis en possession d'un bénéfice, il y perdra à tout jamais son droit de patronat.
Les Templiers, les Hospitaliers et autres religieux agissant contre
la présente ordonnance perdront non seulement ces églises, mais
toutes celles qu'ils possèdent. Schneller et Binterim [1] ajoutent
cette phrase : « Les Templiers, les Hospitaliers et les religieux
de tout ordre ne doivent pas, sans l'institution de l'évêque ou de
son archidiacre, administrer une église dépendant de l'évêque ; ils
devront en outre observer les sentences et les jugements portés
sur eux par l'évêque. » Le concile de Mayence de 1310 donne
aussi cette ordonnance comme provenant du synode d'Aschaffenbourg.

9. En certains lieux, des laïques inhument dans les cimetières
même pendant l'interdit. Le fossoyeur et ses coopérateurs

---

1. *Deutsche Concilien*, t. v, p. 335.

sont excommuniés *ipso facto*, et les corps enterrés seront exhumés.

10. Lors des élections épiscopales contestées, le candidat qui n'a obtenu que la minorité des voix cherche le concours de laïques puissants et leur prodigue les promesses; celui qui agira de la sorte sera excommunié *ipso jure* et inhabile à remplir toute fonction.

7] 11. Il arrive fréquemment que les juges délégués par le Siège apostolique ou ses sous-délégués dépassent leur mandat; parfois même, à l'occasion d'une seule personne, ils jettent l'interdit sur des villes et des pays entiers, faisant appel au bras séculier. Nos prêtres ne doivent pas observer des interdits de cette nature, et le bras séculier ne doit pas intervenir.

12. Celui qui, au moins une fois l'an, durant le carême, ne se confesse pas à son curé ou, avec sa permission, à un autre prêtre approuvé, sera privé de la sépulture ecclésiastique, quand même il se confesserait avant de mourir. Toutefois l'archidiacre ou l'official peuvent permettre la sépulture ecclésiastique, pour des raisons suffisantes.

13. Quelques chanoines des églises collégiales ne rendent pas à leur prélat des marques traditionnelles d'honneur. Peines détaillées édictées contre ceux qui y manqueront à l'avenir.

14 et 15. Les anciennes prescriptions contre ceux qui capturent, tuent, mutilent ou blessent un clerc, n'ayant servi de rien, sont aggravées. Les descendants du coupable, jusqu'à la quatrième génération, ne pourront ni être ordonnés, ni posséder de bénéfices ecclésiastiques, ni être reçus dans aucun monastère ou chapitre. On punira aussi très sévèrement les clercs qui injurient ou maltraitent leurs confrères.

16. Quiconque maltraite, frappe, dépouille, par soi-même ou par d'autres, les courriers ecclésiastiques porteurs d'une assignation à comparaître devant le tribunal ecclésiastique, ou d'une sentence d'excommunication, sera sévèrement puni, même quand le délit ne pourrait être absolument constaté.

17. Détails sur la procédure à la suite de vols au préjudice d'un clerc.

18. Les anciennes lois à l'égard des juifs ne sont pas observées partout: nous prescrivons, dans le délai de deux mois à partir de la publication du présent statut, dans toutes les villes, châteaux, et localités de la province de Mayence. à tous les juifs. hommes

et femmes, de porter des habits et des signes tels qu'on puisse facilement les distinguer des chrétiens. Ils ne pourront exercer de fonctions ni posséder des serfs chrétiens. Les localités où les autorités chrétiennes ne feront pas observer le présent décret seront punies par la cessation de tout service divin. Les évêques forceront indirectement les juifs à l'obéissance, en interdisant aux chrétiens tout rapport quelconque avec eux. Si, le vendredi saint, un juif se montre dans la rue ou sur la porte de sa maison, ou même regarde par la fenêtre, il paiera un marc d'argent.

19. Les statuts décrétés par les villes et les diverses autorités [278] contre les libertés de l'Église, sont nuls et doivent être abrogés dans le délai de deux mois.

20. Une ville, une communauté ou un particulier qui frappe de redevances une église, ou un lieu saint, ou une personne d'Église, ou s'empare d'un bien ecclésiastique, si, après monition, il ne se corrige pas, doit payer une quadruple compensation. On ne doit pas citer devant un tribunal laïque une personne d'Église, pour aucune cause criminelle ou civile, ni quand il s'agit de biens ecclésiastiques qu'une personne d'Église possède par droit personnel ou à tout autre titre.

21. Défense de mettre obstacle à l'exercice de la juridiction ecclésiastique, sauf les cas prévus par les canons.

22. Aucune ville ne doit percevoir le nouvel impôt appelé *Umgelt*, ni changer les poids et mesures traditionnels pour la vente et l'achat. Si le serviteur ou le serf d'une église, habitant une ville, vient à mourir, on ne doit pas empêcher cette église de percevoir ce qui lui revient par l'effet de cette mort.

23. Nul ne doit faire opposition à la volonté d'un mourant; les procès, au sujet des testaments, sont du ressort des tribunaux ecclésiastiques.

24. Les avoués des églises doivent se contenter de ce qui leur a été accordé à leur entrée en charge, et doivent défendre ces églises dans la mesure de leurs forces.

25. Nul, quel qu'il soit, ne doit s'approprier des biens ou des droits d'Église, ou soutenir les usurpateurs; les coupables seront excommuniés, s'ils ne donnent satisfaction dans le délai d'un mois; nul laïque ne doit s'emparer de l'héritage d'un clerc. Si un patron laïque fait des présentations dans un esprit pervers ou trompeur, l'évêque devra pourvoir à la place vacante.

26. Les religieux ne doivent pas abuser de leurs privilèges :

s'ils possèdent le droit de patronage sur un bénéfice, ils ne doivent pas, pour s'en approprier les revenus, laisser vacant ce bénéfice, mais ils doivent présenter un prêtre (séculier) capable de l'administrer. Ils doivent pareillement payer la dîme ecclésiastique des biens qu'ils possèdent sur une paroisse, et quiconque, en pareille matière, fraude l'église paroissiale ou aide à la frauder est excommunié [1].

9] Les réunions de Chichester, en Angleterre, le 14 octobre 1292, d'Utrecht, au mois d'avril 1293, de Passau, le 1er juillet 1293, et de Saint-Pölten, le 18 mars 1294, ne furent que des synodes diocésains [2]. On ne sait pas avec certitude si Jean, archevêque de Spalato et primat de Dalmatie, convoqua en 1292 un concile dans lequel il menaça de peines sévères les évêques qui auraient empiété sur des diocèses étrangers, ou bien si cet édit a été déjà rendu au synode de 1280 [3].

Enfin, peu de temps avant l'élection de Célestin V, le dimanche qui suivit la fête de l'apparition de saint Michel sur le mont Gargan (8 mai 1294), Renaud de Montbazon, archevêque de Tours, tint à Saumur, au diocèse d'Angers, un synode provincial dans lequel il décréta les cinq canons réformateurs suivants :

1. Les clercs et moines ne doivent porter que des manteaux fermés (*cappas clausas*) et de couleur noire.

2. On ne doit pas refuser l'absolution à un excommunié en péril de mort ; néanmoins il faut lui demander de satisfaire d'abord pour la faute qui lui a valu d'être excommunié, ou du moins de fournir caution de sa future satisfaction s'il revient à la santé.

3. Il arrive souvent que des archidiacres, des doyens et des archiprêtres imposent à des laïques et à des clercs des amendes pécuniaires, dans des cas où ils ne peuvent pas donner de dispense, par exemple, s'il s'agit de la punition de l'adultère, de la fornication, de l'inceste, etc. Cet abus est interdit pour l'avenir.

---

1. Mansi, *Concil. ampliss. coll.*, t. xxiv, col. 1082-1094 ; Hartzheim, *Concil. German.*, t. iv, p. 7 sq. ; Binterim, *Deutsche Concilien*, t. v, p. 56 sq., 329-349.

2. Chichester, comté de Sussex. Labbe, *Concilia*, t. xi, col. 1361-1363 ; Hardouin, *Conc. coll.*, t. vii, col. 1167 ; Coleti, *Concilia*, t. xiv, col. 1201 ; Mansi, *Conc. ampliss. coll.*, t. xxiv, col. 1097. — Utrecht : Mansi, *Conc. ampliss. coll.*, t. xxiv, col. 1101. (H. L.)

3. Cf. Farlati, *Illyr. sacrum*, t. iii, p. 293 ; Mansi, *Concil. ampliss. coll.*, t. xxiv, col. 1098, 1102, 1113 ; Coleti, *Concilia*, t. xiv, col. 1201 sq. ; Hartzheim, *Concil. German.*, t. iv, p 22.

4. Les archidiacres, doyens et archiprêtres ne doivent plus envoyer en divers endroits de leur ressort des clercs chargés de confesser en leur nom ceux qui veulent se marier.

5. Les barons, baillis, sénéchaux et tous ceux qui exercent la justice civile et qui, sous le titre de droits et d'hérédité, saisissent des dîmes, sont invités, sous peine d'excommunication, à laisser aux clercs les dîmes intactes [1].

Le 1er août 1293, Rodrigue, archevêque de Tárragone, tint un synode provincial à Lérida. Nous n'en connaissons que trois canons :

1. Défense aux clercs et aux laïques, sous peine d'excommunication, de violer le privilège du for.

2. Ordre de payer ponctuellement les dîmes.

3. Exigence de dîmes novales affectant les biens des Sarrasins bâtis sur les terres d'un seigneur chrétien [2].

Le concile tenu à Coutances, vers la fin d'avril 1294, n'est qu'un synode diocésain ; cependant certains des quatorze canons ont un intérêt plus général :

1. Défense de faire dans les églises des achats et des [280 ventes.

2. Et de même des banquets, danses, concerts et jugements séculiers.

3. Celui qui conserve le saint chrême doit jurer de ne pas en abuser.

4. Les testaments faits après la mort du testateur, ou pendant sa vie, mais lorsqu'il n'est plus responsable de ses actes, sont nuls, et ceux qui les fabriquent doivent être sévèrement punis.

6. Les exécuteurs testamentaires doivent rendre leurs comptes à l'évêque, ou à ses officiaux, un an après la mort du testateur.

8. Les noms des excommuniés seront publiés tous les dimanches et jours de fête, ou au moins une fois par semaine.

9. Celui qui s'obstine une année entière sous le coup de l'excom-

---

1. Mansi, *Concil. ampliss. coll.*, t. XXIV, col. 1121 sq.; Hardouin, *Concil. coll.*, t. VII, col. 1170; Coleti, *Concilia*, t. XIV, col. 1211.

2. *España sagr.*, t. XLVII, p. 171-172; t. XLVIII, Append., p. 326 sq.; Tejada, *Coleccion de canones y de todos los concilios di la Iglesia de España*, t. III, p. 419 sq.; Gams, *Kirchengeschichte von Spanien*, t. III, part. 1, p. 256.

munication doit être averti que, s'il ne réclame pas l'absolution,
il sera livré au bras séculier comme hérétique.

10. Celui qui met obstacle à la juridiction ecclésiastique sera
excommunié. Le curé pourra l'absoudre dans les deux mois qui
suivent la sentence : passé ce délai, l'absolution est réservée au
pape.

11. Sans une permission spéciale de l'évêque, on ne doit permettre de prêcher ni aux clercs séculiers, ni aux réguliers.

12. Les dimanches et jours de fête, les juges laïques ne doivent
pas tenir de *placita*.

13. Défense aux clercs de recourir aux juges séculiers pour
des affaires personnelles.

14. Les prêtres ayant charge d'âmes doivent connaître par
cœur les cas réservés [1].

Le 11 août 1294, Rodrigue, archevêque de Tarragone, tint un
autre synode provincial à Lérida. Huit suffragants y prirent part.
On promulgua six constitutions :

1. Les bénéficiers qui incitent les autorités civiles à attaquer
l'Église, ou les y aident, seront excommuniés et privés de leurs
bénéfices.

2. Le vicaire général doit, sur l'invitation de l'évêque, proclamer
les excommuniés dans les trois jours.

3. Ceux qui violent le privilège du canon seront exclus du
service divin.

4. Sous prétexte d'un droit traditionnel on ne doit pas exiger
des repas et des vivres.

5. Suivant la décrétale *Alma mater* et d'autres constitutions,
le service divin doit être interrompu pendant l'interdit.

6. Les bénéficiers et, en général, les dignitaires ecclésiastiques

---

1. Ces cas réservés sont réunis dans les vers mnémoniques suivants :

> *Qui facit incestum, deflorans aut homicida,*
> *Sacrilegus, patrum percussor, vel sodomita,*
> *Fractor votorum, perjurus sortilegusque,*
> *Pontificem quærat, necnon qui miserit ignem.*
> *Ad papam feriens clerum, falsarius, urens,*
> *Percutiens clerum Romam petat : excipiatur*
> *Nesciens, erudiens, leviter jocans, minor ætas,*
> *Janitor officii prætextu, vimque repellans.*

(Bessin *Concil. Rotomag.* prov. t. II, p. 558 sq.)

ne doivent pas, sous peine d'excommunication *ipso facto*, résider dans les cours séculières. Pour le faire, l'évêque a besoin de la permission de l'archevêque [1].

Dans les quelques mois du pontificat de Célestin V, il ne se tint, à notre connaissance, que quatre synodes provinciaux : à Gran, à Salzbourg, à Lérida et à Aurillac. A Gran, le P. Étienne, provincial des ermites de Saint-Paul, obtint que le couvent de Saint-Ladislas, qu'il avait fondé à Kékes, conservât toutes les immunités confirmées et ne relevât que de l'archevêque [2]. A Salzbourg (en 1294), Mainhard, duc de Carinthie, fut frappé d'excommunication pour avoir emprisonné les évêques de Trente et de Brixen [3]. Le 29 septembre 1294, le synode provincial réuni à Aurillac, diocèse de Clermont, en Auvergne, par Simon, archevêque de Bourges, accorda pour deux ans à Philippe le Bel, roi de France, pour la défense du royaume, un décime sur tous les revenus ecclésiastiques, mais sous la condition que tous les ecclésiastiques et tous leurs biens seraient exempts de tout autre impôt pendant le temps que durerait la guerre; à ce sujet, le roi déclara solennellement que les prélats avaient pris cette mesure *ex sola gratia et mera liberalitate*, par conséquent qu'il n'en pourrait résulter dans la suite aucun préjudice pour eux, les clercs et les églises [4].

684. Boniface VIII. Débuts de son pontificat.

Après son abdication, Célestin V demeura dans sa cellule de *Castel Nuovo*, à Naples, où, dix jours après, conformément au règlement de Grégoire X, les cardinaux se réunirent en conclave. Dès le lendemain, 24 décembre 1294, Benoît Gaétan, cardinal-prêtre de Saint-Sylvestre, fut élu pape et prit le nom de

1. *España sagr.*, t. XLVII, p. 172 sq.; t. XLVIII, Append., p. 329 sq.; Tejada, *Colección de canones y de todos los concilios di la Iglesia de España*, t. III, p. 421; Gams, *Kirchengeschichte von Spanien*, t. III, p. 258.

2. Mansi, *Conc. ampliss. coll.*, t. XXIV, col. 1144; Knauz, *Monum. eccl. Strigon.*, t. II, p. 365. (H. L.)

3. Mansi, *Concil.*, Suppl., t. III, col. 247; *Conc. ampliss. coll.*, t. XXIV, col. 1143; Dalham, *Conc. Salisbury.*, p. 142. (H. L.)

4. Martène, *Thes. nov. anecd.*, t. IV, p. 213-218; Coleti, *Concilia*, t. XXIV, col. 1207; Mansi, *Conc. ampliss. coll.*, t. XXIV, col. 1118. (H. L.)

Boniface VIII[1]. Jean Villani, historien florentin de cette époque, prétend que le cardinal Gaétan avait machiné son élection avec [2] Charles II, roi de Naples, à qui il avait promis son appui pour

1. *Acta inter Bonifacium VIII, Benedictum XI et Clementem V. PP., et Philippum Pulchrum, regem christianissimum, nunc primum edita* (par Simon Vigor ou Pierre Pithou), in-4°, Trecis, 1613; *auctoria et emendatiora, historia eorumdem ex variis scriptoribus, tractatus sive quæstio de potestate pontificum script. circa ann. MCCC*, in-4°, Paris. Colon., 1614; A. Baillet, *Histoire des demêlez du pape Boniface VIII avec Philippe le Bel, roi de France* (publiée par Jacques Le Long), in-12, Paris, 1717; édit. corrig., 1718; J. Berchthold, *Die Bulle Unam sanctam, ihre wahre Bedeutung und Tragweite für Stadt und Kirche*, in-8°, München, 1887; H. Grauert, dans *Historisches Jahrbuch*, 1888, t. IX, p. 137-151; Damberger, *Synchronist. Geschichte*, 1851, t. XII, p. 269-472; *Kritikheft*, p. 63 sq.; E. Desjardins, *La bulle « Unam sanctam »*, dans *Études religieuses*, 1880, p. 161-181, 382-398, 517-534; G. Digard, *Boniface VIII et les recteurs de Bretagne*, dans *Mél. arch. et hist.*, 1883, t. III, p. 290-311; dans *Bibl. de l'École des chartes*, 1886, t. XLVII, p. 80-87; *Un groupe de* littere notate *du temps de Boniface VIII*, dans même recueil, 1887, t. XLVIII, p. 371-379; M. Faucon et A. Thomas, *Les registres de Boniface VIII, recueil des bulles de ce pape, publiées ou analysées, d'après les manuscrits originaux des archives du Vatican*, 2 vol. in-4°, Paris, 1884-1891; W. Drumann, *Geschichte Bonifacius des Achten*, in-8°, Königsberg, 1852; P. Du Puy, *Histoire du différend d'entre le pape Boniface VIII et Philippe le Bel, roy de France, où l'on voit ce qui se passa touchant cette affaire depuis l'an 1296 jusques en l'an 1311, sous les pontificats de Boniface VIII, Benoît XI et Clément V; ensemble le procès criminel fait à Bernard, evesque de Pamiez, l'an 1295 : le tout justifié par les actes et mémoires pris sur les originaux qui sont au Trésor des chartes du roy*, in-fol., Paris, 1655; Fr. Ehrmann, *Die Bulle « Unam sanctam » des Papstes Bonifacius VIII, nach ihrem authent. Wortlaut erklärt*, in-8°, Würzburg, 1897; F. X. Funk, *Zur Bulle Unam sanctam*, dans *Theologische Quartalschrift*, 1890, t. LXXII, p. 640-647; Gaillard, *Observations sur une bulle de Boniface VIII, en date du 27 juin 1298*, dans *Mém. de l'Acad. des inscr.*, 1777, t. XXXIX, p. 642; C. Höfler, *Rückblick auf Papst Bonifacius VIII, und die Literatur seiner Geschichte, nebst einer wichtigen urkundlichen Beilage aus dem vaticanischen Archiv in Rom*, dans *Abhandl. Bayer. Akad. d. Wissensch.*, 1843, München; W. Joss, *Die Bulle « Unam sanctam » und das Vaticanische Autoritätsprinzip*, in-8°, Schaffausen, 1897; Kervyn de Lettenhove, *Une relation inédite de l'attentat d'Anagni*, dans la *Revue des questions historiques*, 1872, t. XI, p. 511-520; G. Levi, *Bonifazio VIII e le sue relazioni col commune di Firenze*, dans *Archiv. Soc. roman. di storia patria*, 1882, t. V, p. 365-474; cf. Franchette, dans *Nuova antologia*, 1883, t. XXXVII, p. 23-38; *Liber pontificalis*, édit. Duchesne, 1892, t. II, p. 468-470; W. Martens, *Das Vaticanum und Bonifaz VIII, eine Auseinandersetzung*, dans *Hist. polit. Blätter*, 1888, t. CII, p. 127-132, 361-372; P. Mury, *La bulle « Unam sanctam »*, dans la *Revue des quest. hist.*, 1879, t. XXVI, p. 91-130; N. Nilles, *In scrinio pectoris sui. Ueber den Brustschreiben Bonifacius VIII*, dans *Zeitschr. für kathol. Theologie*, 1895, t. XIX, p. 1-34; Potthast, *Reg. pont. rom.*, 1875, p. 1795, 1825, 1915, 1923-2024, 2133-2134; Baronius-

350   LIVRE XXXIX

reconquérir la Sicile. La famille du nouveau pape était catalane,
mais fixée depuis longtemps à Gaëte, ce qui valut à ses membres,
lorsqu'elle se transporta à Anagni, le surnom de *Gaëtani*.
Matteo Gaëtani, capitaine général de la Sicile sous le roi Manfred,
fut le grand-père de Boniface VIII. Son fils Lofredo ou Luitfried
avait épousé Émilie, des comtes de Segni; ainsi Boniface était
apparenté aux grands papes Innocent III, Grégoire IX et
Alexandre IV. Benoît Gaétan, né vers 1220, étudia à Todi et à
Paris, devint docteur en droit canon et en droit civil, obtint des
canonicats à Anagni, à Lyon et ailleurs, fut nommé sous Innocent IV notaire pontifical et avocat consistorial, sous Martin IV
cardinal-diacre, cardinal-prêtre sous Nicolas IV, qui lui confia
plusieurs missions délicates.

Aussitôt après son élection, Boniface VIII retira plusieurs des
faveurs et investitures accordées par son prédécesseur et de nature
à nuire à l'Église; il risqua quelques réformes dans la curie et
se mit en route pour Rome. Célestin V désirait réintégrer un de
ses couvents; mais Boniface ordonna à l'abbé du Mont-Cassin de
le reconduire à Rome, où il préférait le garder en surveillance, [283
afin d'obvier aux inconvénients qu'offrait ce caractère faible,
s'il tombait aux mains d'intrigants. Mais, chemin faisant, à San
Germano, à hauteur du Mont-Cassin, et pendant que l'on campait
pour la nuit, Célestin s'enfuit avec un prêtre de ses amis, et regagna le couvent de Majella. Il y fut reçu très bruyamment et
on raconta qu'il avait guéri miraculeusement plusieurs malades.
A cette nouvelle, Boniface ordonna à un camérier de s'assurer
de la personne du pape démissionnaire, qui parvint de nouveau
à s'échapper et, durant plusieurs mois, passa de cachette en ca-

Raynaldi, *Annal. eccl.*, ad annum 1291; ad annum 1303; ad annum 1304,
n. 13-15; ad ann. 1306, n. 1; ad ann. 1307, n. 10-11; ad ann. 1309, n. 4; ad ann.
1310, n. 37-38; ad ann. 1311, n. 25-51; ad. ann. 1312, n. 10-16; ad ann. 1341, n. 84;
F. Rocquain, *Boniface VIII*, dans le *Journal des savants*, 1375, p. 55-67, 128-139,
185-199; L. Tosti, *Storia di papa Bonifacio VIII, e de' suoi tempi*, in-8°, Monte
Cassino, 1846; Boutaric, *La France sous Philippe le Bel*, in-8°, Paris, 1861;
H. Finke, *Aus den Tagen Bonifaz VIII, Funde und Forschungen*, in-8°, Münster,
1902; K. Wenck, *Philipp der Schöne von Frankreich, seine Persönlichkeit und
das Urteil seiner Zeitgenossen*, in-4°, Marburg, 1905; R. Scholz, *Die Publizistik
zur Zeit Philipps des Schönen und Bonifaz VIII*, in-8°, Stuttgart, 1903; d'utiles
documents dans Kervyn de Lettenhoven, *Recherches sur la part que l'ordre de
Cîteaux et le comte de Flandre prirent à la lutte de Boniface VIII et de Philippe le
Bel*, dans *Mémoires de l'Académie royale de Belgique*, t. xxviii. (H. L.)

chette, en dernier lieu, se réfugia dans une forêt, où il trahit par des miracles son incognito. Il voulut alors gagner la Grèce par mer; mais le vent rejeta sa barque au rivage, et il fut fait prisonnier à Vieste, au pied du mont Gargan, par le capitaine de cette ville. Vers la mi-juin 1295, on conduisit Célestin à Boniface VIII, avec tous les honneurs dus à son ancienne dignité. Boniface poussa la condescendance jusqu'à faire construire dans le château de Fumone, près d'Anagni, une cellule semblable à celle du mont Murrone. Célestin s'y enferma (mi-août 1295) et ne s'y plaignit jamais de la réclusion et de la conduite désobligeante de ses gardiens, qui ne laissaient pénétrer jusqu'à lui que quelques-uns des frères de son ordre. Il y vécut neuf mois, dans le jeûne et la prière, et le dimanche de la Pentecôte 1296, après sa messe, il ressentit une douleur au côté droit. Les médecins déclarèrent le cas très grave; en effet, Célestin mourut le samedi suivant, vers le soir, au chant des psaumes (19 mai 1296). Aussitôt, des bruits coururent sur sa mort. Les religieux de son ordre, qui portèrent dans la suite le nom de *célestins*, montrèrent dans leur chapelle de Colle-Madio le crâne, perforé d'un trou, au-dessus de l'oreille droite, par le clou qu'un garde avait enfoncé dans la tête du prisonnier. Nogaret et les Colonna accusèrent plus ouvertement encore le pape Boniface d'avoir hâté la fin de son prédécesseur: mais depuis longtemps les *Acta* ont montré que ce ne sont que mensonges intéressés. Boniface fit enterrer le défunt à Ferentino, dans l'église de Saint-Antoine, qui devint aussitôt un lieu de pèlerinage où s'opérèrent des miracles. En haine de Boniface, Philippe le Bel, roi de France, décida Clément V à canoniser Pierre-Célestin (1313). En 1327, on transféra le corps du saint de Ferentino dans l'église des célestins à Aquilée, où il repose encore [1].

Nous avons dit que, peu après son élection, Boniface VIII quitta Naples et vint à Rome, ne voulant pas rester sous la puissance de la maison d'Anjou; néanmoins il octroya en fief à Charles II le royaume des Deux-Siciles. Boniface fut reçu à

1. *Acta sanct.*, t. IV maii, p. 433, 462 sq., 475 sq., 494 sq., 524-536; Baronius-Raynaldi, *Ann. eccles.*, ad ann. 1295, n. 11 sq.; Tosti, *Storia di Bonifazio VIII e de' suoi tempi*, 1846, t. I, p. 107 sq., 242-250; Wiseman, *Abhandlungen über verschiedene Gegenstände*, t. III, p. 166; Drumann, *Geschichte Bonifatius' VIII*, 1852, part. I. p. 1-6. 14-18.

Rome avec une allégresse des plus bruyantes. Il fut élu sénateur, et on rapporte qu'avant d'être couronné au tombeau de saint Pierre, il promit par serment solennel de défendre la foi jusqu'à la dernière goutte de son sang, de maintenir les principes du droit canon et, pour la restauration de la discipline, de prendre conseil des cardinaux [1]. Il fut sacré et couronné le 23 janvier 1295. Dans le repas qui suivit, les rois de Naples et de Hongrie (Charles-Martel) présentèrent les mets au nouveau pape, et prirent place eux-mêmes parmi les cardinaux [2]. Le lendemain 24 janvier, Boniface publia sa première encyclique, dans laquelle il parlait avec beaucoup d'élévation de la magnificence et de la puissance invincible de l'Église. Il y racontait en outre l'histoire de son élévation [3]. Cette lettre, adressée à tous les princes et évêques, était plus ou moins explicite suivant les destinataires. Ainsi le pape saisissait déjà l'occasion de recommander à Philippe le Bel de gouverner avec justice et avec modération, d'honorer l'Église et ses serviteurs et de marcher sur les traces de ses illustres prédécesseurs.

1. Baronius-Raynaldi, *Annal. eccles.*, ad ann. 1295, n. 1, 2, et la note de Mansi au n. 2.; Potthast, *Regest.*, t. ii, p. 1924; Tosti, *Storia di Bonifazio VIII e de' suoi tempi*, 1846, t. i, p. 236. Le serment en question est certainement inventé : nul contemporain n'en parle. En outre, Boniface s'y représente comme cardinal-diacre, alors qu'il était cardinal-prêtre. Enfin de pareils serments n'étaient pas usités.

2. Ces solennités sont décrites avec détail par Jacques Stephaneschi, cardinal de Saint-Georges au Vélabre, dans Muratori, *Script. rer. Ital.*, t. iii, p. 641, et dans *Acta sanct.*, t. iv maii, p. 463 sq. Le récit d'après ces auteurs est reproduit par Baronius-Raynaldi, *Annal. eccles.*, ad ann. 1295, n. 2-7; et Tosti, *Storia di Bonifazio VIII*, t. i, p. 83 sq. Quelques-uns croient que Boniface a ajouté la seconde couronne à la tiare. Cf. Hefele, *Beiträge zur Kirchengeschichte, Archäol.*, etc., t. ii, p. 237.

3. Baronius-Raynaldi, *Anal. eccles.*, ad ann. 1295, n. 7-9; Tosti, *Storia di Bonifazio VIII*, t. i, p. 238 sq. On trouvera la première encyclique de Boniface VIII dans *Reg.*, n. 1; *Archiv für Literatur- und Kirchengeschichte des Mittelalters*, Freiburg, 1889, t. v, p. 527 sq.; H. Denifle, *Die Denkschrift der Kardinäle gegen die beiden Colonna*; Siegfried von Ballhausen, dans *Monum. Germ. hist., Script.*, t. xxv, p. 712; *Poema Jacobi Stephaneschi*, dans *Acta sanct.*, maii t. iv, p. 462; Villani, *Chron. univ.*, l. VIII, c. vi, dans Muratori, *Script. rer. Italicarum*, t. xiii, p. 348 sq.; Ferretus Vincentinus, *Historia rerum in Italia gestarum*, ix, p. 941 sq.; Finke, *Aus den Tagen Bonifaz VIII*, p. 44 sq.; Souchon, *Die Papstwahlen von Bonifaz VIII bis Urban VI*, in-8°, Braunschweig, 1888, p. 15 sq.; G. Buschbell, *Die Professiones fidei der Päpste*, dans *Römische Quartalschrift*, 1896; *Die römische Ueberlieferung der Professiones fidei der Päpste*, dans *Röm. Quartals.*, 1900, p. 131 sq. (H. L.)

[5] Le pape priait le prince d'avoir confiance en lui, car il l'aimait depuis longtemps, et lui insinuait de recourir à lui, soit pour ses affaires, soit pour celles du royaume. Boniface ferait de son mieux pour satisfaire à tous les désirs de Philippe, autant que Dieu pouvait le permettre[1]. C'était la première ouverture de son projet de régler le différend entre la France et l'Angleterre, mais Boniface avait affaire à plus forte partie qu'il n'avait supposé. Évidemment, son désir de réconcilier les princes chrétiens le montrait fidèle au rôle de la papauté. Il s'y voyait obligé d'ailleurs par sa charge, et s'y trouvait porté par la misère des temps. Partout où il jetait les yeux, il ne voyait que guerres, préparatifs militaires et divisions. Un troisième et puissant motif venait l'y pousser, c'était la préoccupation de la Terre Sainte, où les chrétiens, complètement chassés, ne pouvaient être ramenés qu'avec les forces unies des royaumes d'Occident. Rien de surprenant si, dans tous les documents où il s'occupe de la pacification de l'Occident, Boniface fait allusion à la Terre Sainte.

Le royaume des Deux-Siciles, fief de l'Église romaine, attira d'abord l'attention de Boniface. Après les Vêpres siciliennes et l'expulsion des Français (30 mars 1282), Pierre III, roi d'Aragon, fut couronné à Palerme roi de Sicile, au titre de sa femme Constance, fille de Manfred, tandis que les terres du continent restèrent fidèles à Charles d'Anjou. Le pape Martin IV excommunia le roi d'Aragon, et donna son royaume à Charles de Valois; mais Pierre fut vainqueur en Aragon et à Naples; l'aîné des fils de Charles d'Anjou, Charles II le Boiteux, qui avait succédé à son père en 1288, fut fait captif et resta prisonnier cinq ans (1284-1289)[2]. Le roi Pierre laissait, à sa mort, le royaume d'Aragon à son fils aîné Alphonse III, et la Sicile à son second fils Jacques II. Ce dernier fut couronné à Palerme en février 1286, et la guerre [6] continua. Il est vrai que Charles, toujours captif, signa en 1287 et en 1288 les traités d'Oléron et de Campo Franco pour recouvrer sa liberté en cédant la Sicile, mais Martin IV cassa les traités en sa qualité de suzerain. Et ce fut seulement lorsque Jacques II,

---

1. Baronius-Raynaldi, *Annal. eccles.*, ad ann. 1295, n. 10; Tosti, *Storia di Bonifazio VIII*, t. I, p. 94, 241; Potthast, *Reg.*, t. II, p. 1924.

2. La république de Venise infligeait de sévères punitions à tous ceux qui prenaient part à la guerre contre Pierre sans une permission spéciale des autorités. C'est pourquoi le pape le frappa d'une sentence d'interdit.

en 1291, hérita de l'Aragon après la mort de son frère aîné, qu'on put conclure un nouveau traité sur des bases différentes. Jacques renonça à la Sicile, à condition que le pape annulerait la transmission de l'Aragon faite à Charles de Valois et que Charles II accorderait à Jacques la main de sa fille Blanche. Boniface VIII, qui soutenait Charles II énergiquement [1], confirma ce traité (21 juin 1295), et promit au roi Jacques, à titre d'indemnité, les îles de Sardaigne et de Corse, fiefs de l'Église romaine, occupées par les Génois et les Pisans. En retour, Jacques dut promettre de rendre à son oncle Jacques, ami de la France, le royaume des îles Baléares et de se réconcilier avec Philippe le Bel, auquel il disputait la vallée d'Aragny. Le pape crut pacifier ainsi la Basse-Italie et une grande partie de l'Europe; la question de la Terre Sainte lui paraissait y gagner, d'autant plus que le roi de France acceptait ces combinaisons et que son frère Charles de Valois renonçait à l'Aragon [2].

Mais Frédéric, frère cadet de Jacques II et gouverneur en son nom de la Sicile, revendiqua cette île, Pierre III ayant déclaré par testament que, dans le cas où son second fils hériterait de l'Aragon, le troisième aurait la Sicile. Boniface, pour le faire abandonner cette prétention, lui promit le trône de Constantinople; mais Frédéric se fit couronner à Palerme, le 25 mars 1296. Le légat chargé de négocier avec lui fut expulsé et la sentence d'excommunication considérée comme non avenue. Aussi, à l'instigation de Boniface, une guerre éclata contre Frédéric, et même son frère Jacques d'Aragon y prit part en qualité de « capitaine » de l'Église; mais, grâce à l'indolence de ce dernier et à l'habileté de Frédéric et de ses Siciliens, rien ne bougea jusqu'à ce que Boniface fît appel à Charles de Valois en 1301. Ce prince, comblé d'honneurs par le Saint-Siège et empereur désigné d'Allemagne et de Constantinople [3], se décida à faire la paix, le 31 août 1302, à condition que Frédéric, après avoir épousé Éléonore, fille cadette de Charles II, serait roi de Sicile, l'île devant après lui

[287

---

1. Baronius-Raynaldi, *Annal. eccles.*, ad ann. 1295, n. 17-20.
2. Baronius-Raynaldi, *Annal. eccles.*, ad ann. 1295, n. 21-28; 1297, n. 25-27. Les îles Baléares ne furent rendues qu'en 1298. Drumann, *Geschichte Bonifatius' III*, part. I, p. 30 sq.
3. Charles de Valois avait épousé, en 1300, Catherine de Courtenay, héritière de Constantinople, petite-fille du dernier empereur latin, Baudouin II; en réalité, Constantinople appartenait depuis 1261 à Michel Paléologue.

revenir au royaume de Naples. Boniface confirma cette convention qui ne lui plaisait pas trop (12 juin 1303), et reconnut Frédéric comme vassal de l'Église romaine en échange d'une redevance annuelle de 3 000 onces d'or[1].

Boniface voulut également réconcilier Venise avec Gênes, d'autant que la rivalité existant entre ces ports rendait pratiquement impossible l'envoi de secours en Terre Sainte. Les Vénitiens étaient disposés à un accommodement, mais les Génois ne voulurent rien entendre, ni cette année, ni l'année suivante, et ils poursuivirent la lutte jusqu'en 1299[2].

Il était pour le pape d'une importance encore plus grande de faire cesser la guerre entre les deux grandes puissances de l'Occident, la France et l'Angleterre. Nous en avons raconté l'origine. Célestin V avait déjà tenté d'amener une réconciliation, le 2 octobre 1294, et Boniface, au mois de février 1295, députa à Philippe le Bel et à Édouard Ier deux cardinaux-évêques français, Simon de Palestrina et Bérard d'Albano (frère de celui qui fut plus tard Clément V), munis de pleins pouvoirs pour infirmer tous les traités et alliances qui feraient obstacle à l'œuvre de conciliation[3].

Les légats traversèrent la France et se rendirent en Angleterre, où ils arrivèrent vers le 1er juin; mais le roi se trouvant dans le pays de Galles, ils ne furent reçus à Westminster que le 5 août[4]. Pendant ce temps, le pape avait écrit aux rois d'Angleterre et de France; l'ardeur qu'il apportait à ces grands intérêts fit que souvent il écrivit sur le même sujet plusieurs lettres le même jour. Sa lettre à Édouard d'Angleterre, datée de Velletri, le 28 mai 1295, est particulièrement pressante : « Sont-ce là, dit-il, les œuvres de piété qui conviennent à ton âge avancé? as-tu oublié que jadis, au temps de ta jeunesse, tu étais plein d'ardeur pour la

---

1. Baronius-Raynaldi, *Annal. eccles.*, ad ann. 1302, n. 3-7; Potthast, *Reg.*, t. II, n. 25265; Drumann, *Geschichte Bonifatius' VIII*, part. I, p. 25-64; Tosti, *Storia di Bonifazio VIII*, t. I, p. 157 sq.; t. II, p. 109.

2. Baronius-Raynaldi, *Annal. eccles.*, ad ann. 1295, n. 38 sq.; 1296, n. 5; Drumann, *Geschichte Bonifatius' VIII*, part. I, p. 78 sq.; Tosti, *Storia di Bonifazio VIII*, t. II, p. 166.

3. Baronius-Raynaldi, *Annal. eccles.*, ad ann. 1295, n. 41; Potthast, *Reg.*, t. II, p. 1925.

4. Baronius-Raynaldi, *Annal. eccles.*, ad ann. 1295, n. 42; Pauli, *Geschichte von England*, t. IV, p. 100.

Terre Sainte? » Il le prie et l'adjure, au nom du Christ, de mettre
fin à la guerre contre la France [1].

Quelques jours auparavant, le 23 mai, le pape avait envoyé
aussi des lettres et des messagers au roi des Romains, Adolphe,
l'engageant aussi à la paix et l'assurant que, du côté de Rome,
on ne négligerait rien pour aider l'empire dans tout ce qui serait
juste. Boniface annonça à cette occasion une trêve d'une année
entière à partir de la Saint-Jean-Baptiste [2]. L'arrivée d'une
ambassade envoyée par Adolphe, au sujet de son couronnement,
fournit à Boniface l'occasion (27 juin) d'une exhortation à la paix
et du reproche, dans une lettre confidentielle, de se mettre
comme un simple chevalier à la solde (de l'Angleterre) [3]. En
même temps, le pape écrivit à plusieurs personnages influents de
l'Allemagne d'agir sur l'esprit d'Adolphe dans le sens de la paix [4].

Lorsque, le 5 août 1295, les deux cardinaux légats furent admis
devant le roi d'Angleterre à Westminster, celui-ci déclara ne
pouvoir à lui seul conclure la paix, sans Adolphe d'Allemagne.
Il ne voulait pas entendre parler d'une trêve. Ce ne fut que dix
jours plus tard, par un sentiment de profond respect pour Rome,
qu'il se déclara prêt à interrompre la lutte jusqu'à la Toussaint,
si le roi de France y consentait de son côté [5]. Les cardinaux
revinrent en France, et, quoiqu'ils ne pussent guère constater [28]
un vif penchant pour la paix, ils continuèrent néanmoins, à
Cambrai, à la procurer. Ils proposèrent en particulier la réunion
d'un congrès de la paix auquel prendraient part les ambassadeurs

---

1. Baronius-Raynaldi, *Annal. eccles.*, ad ann. 1295, n. 43; et après lui Drumann,
Geschichte Bonifatius' VIII, part. I, p. 118, exposent l'affaire comme si le pape
n'avait écrit cette lettre qu'après les réponses négatives reçues par ses légats
en Angleterre. Il n'en est pas ainsi, car la réponse reçue par les légats est du 1er août,
tandis que la lettre est du 28 mai.

2. Baronius-Raynaldi, *Annal. eccles.*, ad ann. 1295, n. 44, 46; Potthast, *Reg.*,
t. II, p. 1930.

3. Potthast, *Reg.*, t. II, n. 24, 114; Damberger, *Synchron. Geschichte*, t. XII,
p. 127, déclare arbitrairement que cette lettre est une imposture palpable.

4. Baronius-Raynaldi, *Annal. eccles.*, ad ann. 1295, n. 44-46; Potthast, *Reg.*,
t. II, p. 1930 sq.

5. Baronius-Raynaldi, *Annal. eccles.*, ad ann. 1295, n. 42; Böhmer, *Kaiserregesten*, ad ann. 1246-1313, p. 367, n. 193; Drumann, *Geschichte Bonifatius' VIII*,
part. I, p. 120. Pour amener les fiers rois d'Angleterre et de France à conclure
la trêve, les légats n'avaient pas présenté le décret papal qui la prescrivait. Mais
1 faible Adolphe d'Allemagne reçut l'ordre du pape.

des rois de France, d'Angleterre et d'Allemagne. Ces deux derniers souverains acceptaient la proposition; mais Philippe le Bel souleva des difficultés et fit tout échouer [1].

La guerre continua donc. Le roi Édouard envoya une flotte en Guyenne pour en chasser les Français, et Philippe le Bel fit prisonnier, en 1295, à Corbeil, le comte de Flandre, Gui, vassal du roi de France et allié du roi d'Angleterre. L'année suivante, il fut remis en liberté, après qu'il eut renoncé (pour la forme) à son alliance avec l'Angleterre et laissé comme otage sa fille Philippine, fiancée au prince héritier d'Angleterre [2]. En même temps, la France conclut une alliance avec Jean Baliol, roi d'Écosse et vassal de l'Angleterre : Édouard lui déclara la guerre et le détrôna [3].

Au milieu de ces cris de guerre, le pape éleva de nouveau la voix, le 13 août 1296, en faveur de la paix, et ordonna aux rois de France et d'Angleterre (ainsi qu'à Adolphe d'Allemagne) de respecter la trêve annoncée par lui, et qu'il prorogea de deux nouvelles années. Il obtint des rois de France et d'Angleterre une déclaration par laquelle ils lui laissaient le soin de rétablir la paix; enfin il défendit sévèrement au roi d'Allemagne Adolphe de manifester la moindre hostilité contre la France [4].

685. *La bulle « Clericis laicos » et ses résultats.*

90] Les princes de ce temps, en particulier Philippe le Bel et le roi Édouard, prélevaient en grande partie sur les biens du clergé les frais de leur guerre et les accablaient de redevances écrasantes; de plus, ils permettaient à leurs gens d'imposer le clergé pour leur

1. Kopp, *Geschichte von der Wiederherstellung des heiligen römischen Reiches*, etc., t. III, p. 177 sq.; Pauli, *Geschichte von England*, t. IV, p. 100; Böhmer, *Kaiserregesten*, ad ann. 1246-1313, p. 367, p. 194.

2. Sur les conséquences et principales hostilités de Philippe contre la Flandre, dans le but d'annexer à son royaume un fief en partie français et en partie allemand, cf. Kervyn de Lettenhove, *Hist. de Flandre*, Bruxelles, 1847, t. II, p. 356 sq., surtout p. 371 sq., et *Recherches sur la part que l'ordre de Cîteaux et le comte de Flandre prirent à la lutte de Boniface VIII et de Philippe le Bel*, Bruxelles, 1853, dans *Mémoires de l'Académie royale de Belgique*, t. XXVIII.

3. Baronius-Raynaldi, *Annal. eccles.*, ad ann. 1296, n. 17; Drumann, *Geschichte Bonifatius'VIII*, part. I, p. 91 sq., 104 sq., 120; Pauli, *Geschichte von England*, t. IV, p. 102 sq.

4. Baronius-Raynaldi, *Annal. eccles.*, ad ann. 1296, n. 18-21; Potthast, *Reg.*, t. II, p. 1951.

propre profit. Le pape, en présence des plaintes répétées que causait cette situation, après avoir pris conseil des cardinaux, promulgua, le 25 février 1296, la célèbre bulle *Clericis laicos*, que plus tard il inséra dans son *liber Sextus decretalium*, l. III, tit. xxiii, *De immunitate cleric.*, c. 3, mais sans date. Aussi l'hésitation sur la véritable date de la bulle s'est-elle prolongée jusqu'à sa découverte par Böhmer (25 février 1296), dans le ms. *Mœnofr. I*, 1298 [1]; en voici le résumé : « Que les laïques soient les ennemis des clercs, c'est ce que prouvent jusqu'à l'évidence (*oppido*) le passé et le présent. Les laïques ne considèrent pas qu'ils n'ont aucun pouvoir sur les clercs et, en général, sur les personnes et les biens d'Église. Ils imposent aux prélats, aux églises, aux clercs, tant séculiers que réguliers, de lourdes charges; ils leur extorquent la vingtième partie (demi-décime) ou toute autre portion de leurs biens et revenus appartenant à l'Église, et ils cherchent par tous moyens à les soumettre à leur pouvoir et à leur domination. Malheureusement, par crainte de la puissance civile, beaucoup de prélats et gens d'Église tolèrent tranquillement ces abus. Pour y mettre fin, d'accord avec les cardinaux, et par l'autorité apostolique nous ordonnons : Tous les prélats et, en général, tous gens d'Église, moines ou clercs séculiers qui, sans l'assentiment du Siège apostolique, payent ou promettent de payer à des laïques des impôts, tailles, décime ou demi-décime, ou centième, ou une portion quelconque de leurs revenus ou de ceux de leurs églises, à titre de subvention ou de prêt, de présent, de subsides, etc., de même, les empereurs, rois, princes, barons, officiers et recteurs, etc., des villes qui imposent de pareilles redevances, les exigent et les perçoivent, ou s'emparent des dépôts des églises appartenant à elles ou à des ecclésiastiques (par exemple, le denier de Saint-Pierre, etc.), enfin ceux qui concourent à une action de ce genre, tous ceux-là tombent *eo ipso* sous le coup de l'excommunication. Nous frappons d'interdit les communautés consentantes, et interdisons, sous peine de déposition, aux prélats et à tous gens d'Église, de laisser prélever ces impôts sans l'assentiment exprès du Siège apostolique, de les payer, sous prétexte qu'antérieurement à la publication du présent édit on l'avait

1. Böhmer, *Kaiserregesten*, ad ann. 1246-1313, p. 339, n. 281. La bulle se trouve également sans date dans Tosti, *Storia di Bonifazio VIII*, t. i, p. 255 sq., et Dupuy, *Actes et preuves*, etc., p. 14. Cf. Potthast, *Reg.*, t. ii, n. 24291.

1] promis. En pareil cas, ceux qui paieront et ceux qui recevront tombent *eo ipso* sous le coup de l'excommunication, dont personne ne pourra absoudre sans pouvoirs spéciaux du Siège apostolique, sauf à l'article de la mort. Nous sommes décidé à ne plus tolérer cet inique abus du pouvoir civil; de même aucun privilège royal (telle la promesse de n'être jamais excommunié) ne saurait mettre obstacle à l'exécution du présent édit [1]. »

Le début de cette bulle était parfaitement maladroit. Les démêlés entre clercs et laïques, et plus particulièrement entre clercs et nobles, qui formèrent plusieurs ligues hostiles à l'Église, avaient, il est vrai, soulevé fréquemment cette plainte dans les synodes : *Laici clericis oppido sunt infesti.* On trouve cette phrase dans les actes des synodes de Ruffec et de Nantes en 1258, et de Château-Gontier en 1268; mais ces assemblées signalent l'animosité des laïques contre le clergé comme un signe du malheur des temps, tandis que Boniface VIII, donnant à ces reproches une étendue illimitée, incrimine les laïques de *tous les temps* [2]. Certes il serait triste pour l'Église si cette inimitié mortelle entre le clergé et les laïques, au lieu d'une exception, était un état normal; heureusement cette supposition est contraire aux faits historiques. Même en faisant abstraction des premiers siècles de l'Église chrétienne, on peut dire qu'on trouverait chez la grande majorité des fidèles, même de nos jours, une réelle sympathie pour leur clergé. Il faut ajouter que le choix de cette phrase, impliquant une accusation générale et par là froissant tout le monde, paraît peu en rapport avec la dignité et la prudence du Siège apostolique et ne peut guère s'expliquer que par une de ces boutades qui reparaissent, du reste, assez souvent chez Boniface VIII. Malheureusement la boutade a influé sur toute la bulle. Il est surtout regrettable que Boniface n'ait pas fait ressortir la grande diffé-
2] rence entre les biens appartenant à l'Église et les fiefs placés entre les mains des ecclésiastiques, donnant ainsi à supposer qu'il voulait

1. Damberger, *Synchron. Geschichte*, t. xii, p. 318, déclare cette bulle apocryphe. Il prétend que la bulle authentique est perdue; ce qui ne l'empêche pas, à la p. 180 sq., de la regarder comme authentique; il la falsifie lui-même lorsqu'il prétend « qu'elle défend d'imposer au clergé de *nouveaux* impôts ». En réalité, la bulle ne distingue pas entre anciens et nouveaux impôts.

2. *Clericos laicis infestos oppido tradit antiquitas : quod et presentium experimenta temporum manifeste declarant*, etc. (H. L.)

empêcher les prélats de remplir leur rôle de vassaux. Un lecteur bienveillant de la bulle *Clericis laicos* pouvait comprendre que le pape n'avait en vue que les biens appartenant à l'Église dans le sens restreint du mot, et non les fiefs; mais Boniface devait s'attendre à ne pas trouver que de bienveillants lecteurs, et il aurait dû, par une rédaction plus précise, prévenir toute interprétation malveillante. Il y a encore d'autres points répréhensibles dans la bulle. En principe, les biens ecclésiastiques proprement dits étaient, il est vrai, exempts de tout impôt, mais avec le temps on s'était convaincu que les clercs devaient, sur leurs revenus, contribuer aux charges de l'État, sous la protection duquel ils se trouvaient et qui leur assurait tant d'avantages. Le onzième concile œcuménique de 1179 (can. 19) avait reconnu le bien-fondé de cette participation, tout en déplorant les abus auxquels les princes se laissaient entraîner en exigeant du clergé des subventions excessives, à tel point qu'il supportait à lui seul presque toutes les charges; aussi ce concile prescrivit qu'à l'avenir les biens d'Église ne seraient imposés que si l'évêque et le clergé en reconnaissaient la nécessité [1]. Comme beaucoup d'évêques montraient à cet endroit une excessive condescendance vis-à-vis de leurs princes, Innocent III fit plus : il renouvela, avec l'assentiment du douzième concile œcuménique de 1215 (can. 46), le décret du onzième, et reconnut à l'évêque et au clergé le droit de faire des dons volontaires, lorsque les charges publiques dépassaient les ressources des laïques. Mais il ajouta, ce qui était nouveau [2], qu'à cause de l'imprévoyance de plusieurs, on doit demander conseil au pape (*consulatur*), surveillant suprême de l'Église.

De tout ceci il résulte qu'il était permis au clergé de faire, pour subvenir aux charges de l'État, des dons volontaires (*dona gratuita*), qui, à vrai dire, l'étaient souvent assez peu; il était défendu aux seigneurs temporels et aux baillis, etc., d'imposer le clergé sans son consentement. Les princes de cette époque, même Philippe le Bel, reconnurent ce droit; dans un document du mois de février 1294 (1295, nouveau style), Philippe le Bel déclare sans détour que les subsides votés par l'archevêque de Bourges [29

---

1. Se trouve aussi dans le *Corpus jur. can., Decret. Greg.*, l. III, tit. xlix, *De immunitate eccles.*, c. 4.

2. Dans le *Corp. jur. can., loc. cit.*, c. 7.

et ses suffragants l'ont été *ex sola gratia et mera liberalitate*; les princes avaient tant de moyens de peser sur leurs prélats qu'ils n'étaient guère embarrassés de les convaincre de la nécessité des subsides; quant à l'obligation de consulter le pape, elle fut en fait généralement omise.

Alexandre IV paraît aller plus loin qu'Innocent III et, à première vue, on pourrait voir dans son décret *Quia nonnulli* de 1260 (*in Sexto*, l. III, tit. xxiii, *De immunitate*, c. 1) le modèle de la bulle *Clericis laicos*. Mais un examen plus attentif permet de constater une grande différence entre Boniface VIII et ses prédécesseurs.

a) Alexandre IV prohibe seulement les redevances et les impôts *exigés* du clergé, mais il ne parle pas des *dona gratuita*, tandis que, d'après le texte de sa bulle, Boniface défend également les dons gratuits. Car on l'a remarqué, de même qu'il ne distingue pas entre fiefs et biens ecclésiastiques proprement dits, de même il ne distingue pas entre dons volontaires et redevances imposées.

b) A l'égard des dons gratuits, Innocent III recommandait de *consulter* le pape; Boniface, au contraire, fait tout dépendre d'une permission expresse du Siège apostolique.

c) Il y ajoute cette mesure nouvelle qu'en cas de refus de cette permission expresse, ceux qui accordent et ceux qui lèvent sur les biens de l'Église des impôts, de quelque nature qu'ils soient, sont menacés de peines sévères. Les papes, ses prédécesseurs, n'avaient jamais été aussi loin.

d) Les anciennes ordonnances n'étaient dirigées que contre les officiers laïques. Il n'y était question ni de rois ni d'empereurs, afin d'éviter un conflit immédiat; Boniface, au contraire, s'attaque directement aux princes, accentuant très gratuitement le côté blessant de sa bulle.

e) La preuve manifeste de la précipitation de Boniface VIII, c'est que, peu de mois après, il jugea opportun de publier deux bulles dans lesquelles il revenait en arrière et affaiblissait la bulle *Clericis laicos*. Les règles élémentaires demandaient que, dès l'origine, la bulle fût rédigée de façon à ne pas nécessiter après coup des mitigations. Boniface se serait, de cette façon, épargné à lui-même et à l'Église bien des désagréments et de grands dommages.

[4] Ses légats furent chargés de publier immédiatement en France

et en Angleterre la bulle *Clericis laicos* [1], et ce fut précisément dans ces deux royaumes que s'élevèrent les protestations, tandis que d'autres princes moins fiers se soumirent [2]. Édouard, roi d'Angleterre, décréta, le 3 novembre 1296, dans le parlement réuni à Bury St. Edmund's, de nouveaux impôts extraordinaires pour continuer la guerre contre la France et contre l'Écosse, et la noblesse ainsi que la bourgeoisie consentirent à payer : la noblesse céda le douzième de ses revenus et la bourgeoisie le huitième; par contre, le clergé, auquel on avait demandé un dixième, se réclama de la bulle *Clericis laicos*, qui défendait aux clercs de consentir à de si énormes impôts. Édouard prorogea la réunion au 14 janvier 1297, pour donner au clergé le temps de changer d'avis. L'archevêque de Cantorbéry, Robert de Winchelsea, homme énergique et zélé pour l'Église, mit à profit ce délai pour faire publier la bulle dans toutes les cathédrales, et lorsque, le 14 janvier, dans la convocation tenue à Saint-Paul à Londres, la demande du roi fut renouvelée, les prélats répondirent qu'il leur était défendu de consentir à de pareils subsides sans la permission du pape; mais qu'ils étaient prêts à écrire à Rome pour obtenir le consentement requis [3]. On décréta en même temps que tout évêque devait faire solennellement publier une sentence d'excommunication majeure, en la cathédrale et dans les autres églises de son diocèse, contre tous ceux qui s'attaquaient aux biens des églises ou qui enlevaient de force quelque chose des églises ou autres édifices ecclésiastiques [4]. Le roi, hors de lui, fit déclarer aux évêques que celui d'entre eux qui s'obstinerait dans cette voie serait mis hors la loi, dépouillé de tous ses fiefs laïques, et, sans plus tarder, il commença à exécuter ses menaces. Épouvantés, quelques évêques n'eurent pas le courage de publier les décisions de l'assemblée concernant la sentence d'excommu-

---

1. Baronius-Raynaldi, *Annal. eccles.*, ad ann. 1296, n. 22. Raynaldi ne donne que le sens de la bulle, non pas le texte, avec la date du 18 août. La lettre donnée par le pape aux légats, pour accompagner la bulle, portait peut-être cette date du 18 août. Cf. Böhmer, *Regesten*, ad ann. 1246-1313, p. 340, n. 284.

2. Baronius-Raynaldi, *Annal. eccles.*, ad ann. 1297, n. 51.

3. Pauli, *Geschichte von England*, t. IV, p. 110, 111.

4. Mansi, *Concil. ampliss. coll.*, t. XXIV, col. 1173; Hardouin, *Concil. coll.*, t. VII, col. 1197; Coleti, *Concilia*, t. XIV, col. 1255. Dans le décret de l'archevêque de Cantorbéry, la convocation est indiquée pour le 14 janvier 1296, d'après l'ancienne manière anglaise de commencer l'année au 25 mars.

nication. Ils souhaitaient trouver un terrain d'entente avec le roi. En conséquence, ils provoquèrent un synode de plusieurs évêques anglais, sous la présidence du primat Robert, à Saint-Paul de Londres, le 27 mars 1297. Deux avocats et deux dominicains entreprirent de démontrer que, nonobstant la défense du pape, le clergé pouvait, en temps de guerre, aider le roi de ses deniers, et qu'on ne pouvait excommunier ni le roi ni ses gens, puisque le roi avait fait appel à Rome pour lui et pour eux. On ne put arriver à aucune décision et le primat renvoya l'assemblée avec cet aphorisme : Que chacun songe à sauver son âme [1]. Aussitôt les évêques d'Ély et de Salisbury, et l'archevêque d'York promirent au roi, avec certaines réserves, la cinquième partie de leurs revenus; d'autres transigèrent dans une mesure différente. Quant aux prélats qui refusèrent, leurs biens furent séquestrés, leurs revenus et leurs chevaux confisqués. On vida leurs greniers, et le clergé inférieur subit le même sort [2]. Le roi Édouard se croyait vainqueur, mais des complications inattendues le rendirent plus traitable. Les revers des armes anglaises en Gascogne, et l'invasion des Français dans les Flandres alliées de l'Angleterre rendirent nécessaires de nouveaux efforts. Or, une partie notable de la noblesse et de la bourgeoisie refusa des subsides. Le roi se retourna vers le clergé, restitua les biens confisqués et proposa la remise en vigueur des deux *magnæ chartæ* sur les libertés et les forêts; ces deux chartes seraient lues deux fois par an dans toutes les églises d'Angleterre, et leur transgression entraînerait l'excommunication majeure. D'accord avec le roi, les évêques publièrent ces propositions dans un synode de Westminster; et dans une session célébrée le 25 juin 1297, dans le New Temple à Londres, ils prescrivirent l'excommunication dans toutes les églises de la province de Cantorbéry, le jour de la Toussaint et le jour de Pâques, de quiconque n'observerait pas les deux chartes en question. Le roi promit qu'on ne prendrait rien à personne, sans le consentement de l'ordre auquel il appartenait, et celui qui le ferait pourrait être excommunié, non seulement par les prélats, mais aussi par les

1. Mansi, *Concil. ampliss. coll.*, t. xxiv, col. 1171; Hardouin, *Concil. coll.*, t. vii, col. 1195; Coleti, *Concilia*, t. xiv, col. 1253.
2. On voit par là combien Damberger, *Synchron. Geschichte*, t. xii, p. 319, se trompe lorsqu'il prétend que le roi Philippe le Bel fut le seul à protester contre la bulle *Clericis laicos*.

clercs inférieurs [1]. De son côté, l'archevêque de Cantorbéry [29
publia, le 10 juillet 1297, une encyclique à ses suffragants, pour
leur faire connaître les décisions des deux assemblées du 14 janvier et du 25 juin, ainsi que quelques autres ordonnances, et en
recommander l'observation. Il s'employa aussi à amener une détente
entre le roi et les chefs de la noblesse à demi rebelle, et le
10 août 1297, réunit un autre synode dans New Temple à Londres,
pour délibérer sur les subsides à fournir au roi; on y tomba d'accord
qu'on ne pouvait fournir ces subsides sans la permission du pape,
mais on espérait que celui-ci s'y prêterait, si, comme ils le devaient,
le roi et les prélats lui exposaient les circonstances qu'on traversait [2].

Une révolte survenue en Écosse sur ces entrefaites, sous Wallace,
rendit le roi d'Angleterre plus conciliant encore; en octobre et en
novembre 1297, il renouvela la *magna charta*, avec cette nouvelle
concession, qu'à l'avenir on ne lèverait plus d'impôt sans l'assentiment du clergé, des lords et des communes [3].

Ce fut en France que la bulle *Clericis laicos* rencontra la plus
ardente opposition; car, plus que tout autre prince, Philippe le Bel,
par de lourds impôts et de fréquentes émissions de fausse monnaie,
opprimait clercs et laïques. Philippe vit dans cette bulle une
atteinte aux droits de la couronne, aussi absolus à ses yeux qu'ils
l'ont été pour Louis XIV. Si Louis XIV a dit : *L'État c'est moi* [4],
Philippe a répété et pratiqué cette formule : *Par la plénitude
de notre puissance royale;* mais le roi de France était trop habile

1. Mansi, *Concil. ampliss. coll.*, t. XXIV, col. 1173, 1174; Hardouin, *Concil.
coll.*, t. VII, col. 1197, 1198; Coleti, *Concilia*, t. XIV, col. 1255; Pauli, *Geschichte
von England*, t. IV, p. 116.

2. Mansi, *Concil. ampliss. coll.*, t. XXIV, col. 1174 sq., 1178, 1179; Hardouin,
Concil. coll., t. VII, col. 1198 sq.; Coleti, *Concilia*, t. XIV, col. 1257 sq.; Pauli,
Geschichte von England, t. IV, p. 117.

3. Baronius-Raynaldi, *Annal. eccles.*, ad ann. 1296, n. 23; Drumann, *Geschichte Bonifatius' VIII*, part. I, p. 167-169; Pauli, *Geschichte von England*, t. IV,
p. 110-130.

4. Peu importe qu'il ait formulé cet axiome politique : il y a conformé sa vie
et en a inspiré tout son gouvernement. L'axiome a été l'aboutissement de dix
siècles de bon sens et d'expérience qui ont fait la France par la collaboration de
toutes ses lumières, de toutes ses aptitudes, de toutes ses passions, sous l'impulsion
régulatrice de la royauté, qui concentrait la force nationale et la transformait
en action. Il ne semble pas qu'à pratiquer une méthode opposée on se soit trouvé
ni plus fort ni plus heureux. (H. L.)

pour faire une opposition directe aux prétentions du pape : il
chercha et trouva bientôt un moyen d'atteindre le pape à l'endroit
sensible, tout en gardant les apparences de la conciliation et d'un
zèle ardent pour les intérêts du pays. Un décret du 17 août 1296
défendit, sous de sévères pénalités, de faire sortir de France
sans permission le numéraire monnayé ou en lingot, les pierres
précieuses, les vivres, chevaux, armes, etc. Interdiction également
d'envoyer à l'étranger des traites négociables en France, afin
que l'ennemi ne pût s'enrichir en appauvrissant le royaume [1].

1. L'épisode capital de cette fin du XIIIe siècle allait s'ouvrir. Quelque jugement
qu'on en porte, on ne peut s'interdire cette remarque. La querelle du sacerdoce
et de l'empire avait rendu tout ce qu'elle pouvait donner. Autour de Grégoire VII,
d'Alexandre III et d'Innocent III, d'une part; d'Henri IV, de Frédéric Ier et
de Frédéric II, d'autre part, la lutte avait été vive et, après des alternatives diverses,
les potentats allemands : Henri IV, Henri VI, Frédéric Barberousse, Frédéric II
avaient dû céder à la papauté les droits revendiqués par des papes qui dispo-
saient de forces médiocres et substituaient le plus possible l'adresse à la force.
Leur finesse italienne était venue à bout de la superbe germanique et, vers la fin
du XIIIe siècle, l'empire allemand était un fantôme de mince consistance. Toutes
ces expéditions, ces sacs de villes, ces batailles et ces déroutes provoquent finalement
un sourire. Ainsi cet empire majestueux de Charlemagne, cet empire romain d'Occident, avec son roi des Romains que le pape fait empereur et cet empereur qui
confirme l'élection du pape, tout cet équilibre trop ingénieux a abouti à un
immense gâchis. Et pendant ce temps, infatigablement, depuis Charles le
Chauve, les rois de France se sont succédé; dédaigneux de cette couronne impériale dont les obligations et la caducité leur répugnent, ils se tiennent chez eux,
assemblent ville après ville, fief après fief, province après province, cimentent
tout cela, conquérant ici, achetant là, annexant ailleurs, faisant leur pré carré,
envoyant au Saint-Père des subsides en échange de bénédictions, lui insinuant
parfois — du droit de celui qui ouvre sa bourse — des conseils plus pratiques que
brillants, le laissant surtout se débrouiller chez lui avec ses Italiens et ses Allemands. Après deux siècles de cette politique, le roi de France est devenu un
personnage plus consistant que ne le fut aucun empereur d'Allemagne, et cela s'est
fait si adroitement qu'on n'en sait rien, qu'on ne s'en doute même pas. On s'en doute
si peu que le pape Boniface VIII, habitué comme ses prédécesseurs à se mettre
à l'aise avec les rois dont il s'imagine encore pouvoir reprendre et transférer les
couronnes, — ce qui avec les empereurs d'Allemagne se faisait régulièrement, avec
ou sans succès, — le pape Boniface s'imagine avoir aussi bon marché d'un roi de
France et, au premier choc, c'est lui qui reste sur le carreau.

Jusqu'à ce moment, les Capétiens, ne se sentant pas encore en mesure, s'étaient
montrés condescendants. A condition de ne pas se déclarer trop exigeants dans
leurs prétentions, les papes avaient pu se flatter d'exercer en France une suzeraineté religieuse, qu'on ne leur contestait pas, doublée d'une prépondérance
politique et financière sur laquelle on sentait prudent d'éviter les explications

trop franches. Hommes prévoyants, les hommes d'État capétiens laissaient la curie romaine cultiver ses prétentions théoriques en matière de suprématie; ils savaient qu'un jour viendrait où une explication serait nécessaire; ce jour-là, ils le préparaient depuis longtemps.

Philippe le Bel, dont les gallicans ont fait un grandiose homme d'État et les ultramontains un tragique Croquemitaine, était, autant qu'on peut y voir à cette distance où nous sommes de lui, un prince affable, doux et pieux. Il eut l'adresse de laisser imputer à son entourage les mesures fâcheuses auxquelles sa politique l'entraîna, et le peuple, qui voyait un roi modeste d'allures, chaste, ni colère ni menteur, n'a pu s'expliquer le contraste entre ces vertus aimables et les vexations dont il souffrait que par une trop grande faiblesse pour ceux qui avaient la confiance du prince et exerçaient sous son nom le pouvoir. Il est peu probable — encore qu'on n'en sache rien — qu'un règne si énergique ait été présidé par un roi débonnaire à l'excès. Quand Philippe le Bel devint roi, il eut bientôt l'occasion de faire connaissance avec son futur adversaire. Au mois de mars 1290, Nicolas IV envoya à Paris deux légats, dont Benoît Gaëtani, cardinal de Saint-Nicolas *in Carcere Tulliano*. Ce qui peut donner une médiocre idée de la pénétration de Benoît Gaëtani, c'est que, venant en France pour la deuxième fois y traiter de grandes affaires, il ne vit et comprit rien à cette royauté concentrée et vigoureuse, à cette nation nouvelle, consciente d'elle-même, de sa force et de son droit. En 1290, Benoît Gaëtani et son collègue avaient un bandeau sur les yeux et cependant on se mettait peu en frais pour faire la conversation avec les Romains. Dès l'année précédente, Philippe le Bel écrit à Nicolas IV, qui l'avait averti au sujet d'un conflit survenu à Chartres : « Notre Très Saint-Père a sans doute eu pitié de notre grande jeunesse. Il nous a exposé dans ses lettres comment, au rapport de quelques-uns, nous lésons les droits et les franchises de l'Église de Chartres. C'est une grande joie pour nous de voir que, quand il s'agit de nous, il met plus d'empressement à veiller à notre correction, sur un simple soupçon, qu'à celle des autres rois... Il a été bon prophète, le pauvre truand de notre royaume qui a dit : « Les exactions des clercs ne cesseront que lorsqu'ils auront « épuisé le dévouement des Français. » Du 11 au 29 novembre 1290, Benoît présida à Sainte-Geneviève de Paris une assemblée dont les cahiers formèrent la base de l'ordonnance royale de 1290 sur les privilèges de l'Église. Le sujet le plus grave, celui de la restriction à imposer aux privilèges des frères mendiants, fut éludé avec une rare impertinence. Voyant que l'assemblée allait se séparer sans que les légats aient réduit le privilège, un des hommes les plus vénérables de l'Église de France, l'évêque d'Amiens, Guillaume de Mâcon, interpella le légat : « Sire Benoît, vous avez reçu du Saint-Siège le pouvoir de révoquer le privilège, » dit-il. Benoît Gaëtani riposta par l'invective suivante : « Évêques, mes frères, je vous recommande sire Guillaume, votre procureur, ici présent. Il s'est donné beaucoup de mal en cour de Rome contre la bulle et il n'a rien gagné. Il veut prendre sa revanche aujourd'hui. Mais il est usé, voyez donc, par le souci et par la dépense. Maintenant écoutez-moi bien. Nous sommes venu non pour révoquer, mais pour confirmer le privilège contre lequel vous aboyez. Le seul membre sain dans l'Église, ce sont les ordres mendiants. Les maîtres de Paris se permettent d'interpréter un privilège du pape. Ils supposent sans doute que la cour de Rome l'a accordé sans mûre délibération. Mais la cour de Rome a des pieds de plomb, qu'ils le sachent. » On se le tint pour dit, même on s'en souvint et on ne l'oublia plus. Sur cette assemblée

On voit où Philippe voulait en venir [1]. Comme ses prédécesseurs, Boniface prélevait dans divers pays de la chrétienté des ressources à lui accordées, soit pour la Terre Sainte, soit pour défendre la suzeraineté du Saint-Siège sur le royaume des Deux-Siciles [2].

de Sainte-Geneviève, cf. H. Finke, dans *Römische Quartalschrift*, 1895, t. IX, p. 171 sq.

La bulle *Clericis laicos* n'était qu'une escarmouche. Le roi savait cependant que cette virulente décrétale répondait à des plaintes très vives venues de France. Des synodes provinciaux avaient voté les subsides réclamés, mais, en s'exécutant, ils laissaient des minorités récalcitrantes ; celles-ci s'adressaient à Rome. Les évêques, mieux instruits que leurs clercs des nécessités de ce bas monde, se montraient plus accommodants, au grand scandale des esprits entiers. La conduite des moines de l'ordre de Cîteaux, inspirée peut-être par des raisons de conscience, n'en reste pas moins regrettable. Il n'est pas d'injures que ces moines ne prodiguent aux évêques coupables de consentir aux taxes des gens du roi : « serviles », « vendus » sont de simples aménités, on fait provision d'invectives dans l'Ancien Testament, tout est bon contre les « chiens muets », comme, plus près de nous, tout sera bon contre les « têtes de vaches » (les évêques non infaillibilistes). Philippe le Bel négligea les injures dont il savait l'origine et le prix et imagina sa riposte du 17 août : interdiction d'exporter l'or et l'argent hors du royaume. C'était frapper au défaut de la cuirasse. Les banquiers italiens fermèrent leurs comptoirs. Le coup avait porté. (H. L.)

1. Ce qui est aussi plaisant que la déconvenue des banquiers italiens, c'est l'embarras d'Hefele, qui ne peut pas se faire à l'idée que le roi de France fût battu et pas content. Hefele est arrivé à cette conclusion que l'ordonnance royale du 17 août, c'était « une artère de la papauté qu'on allait ligaturer en France ». (H. L.)

2. On reconnaîtra que la défense de la Terre Sainte ne peut être mise sur le même pied que la suzeraineté problématique des Deux-Siciles.

Depuis si longtemps que nous voyons les papes revendiquer la Sicile, la donner et la reprendre, faire de cette province la pièce principale de leur échiquier politique, on a pu se demander à quel titre la papauté s'attribuait ce pays. C'est peut-être en Sicile que nous voyons l'affirmation la plus nette des prétentions pontificales nées de la théorie de Grégoire VII. Celui-ci se constitue héritier de l'empire romain et, à ce titre, prétend se placer à la tête de la hiérarchie féodale. De là, le droit d'imposer aux monarchies européennes, toutes également tributaires, un *cens* dont la revendication et la réquisition expliquent en grande partie les événements, les haines, les alliances, les désastres qui remplissent trois siècles. « En 1081, Grégoire VII mande à ses légats en France de prescrire le paiement annuel d'un denier par maison, *ut unaquæque domus saltem unum denarium annuatim solvat beato Petro*. C'était, d'après lui, une coutume ancienne, car l'empereur Charlemagne, ainsi qu'en témoignait un diplôme authentique conservé dans les archives de la basilique de Saint-Pierre, centralisait chaque année douze cents livres *ad servitium apostolice Sedis*, en trois endroits : Aix-la-Chapelle, le Puy et Saint-Gilles du Rhône. Il ajoutait d'ailleurs que Charlemagne, vainqueur des Saxons par l'assistance de saint Pierre, lui avait offert sa conquête et avait établi un *signum devotionis et libertatis.* Cette double revendication, que Grégoire VII croit appuyer sur des titres en bonne forme, constitue un ensemble à noter. Évidemment, le pape considère que la France et la Saxe ont été réellement offertes à saint Pierre par Charlemagne et que le denier de saint Pierre est vraiment un *signum devotionis et libertatis,* un signe de soumission vis-à-vis du Saint-Siège et d'indépendance à l'égard de toute autre puissance. » P. Fabre, *Le Liber censuum de l'Église romaine,* 1892, p. 116 sq. L'étude consacrée par P. Fabre (*ibid.*, p. 115-147) aux royaumes tributaires et vassaux du Saint-Siège, Portugal, Sardaigne, Sicile, Aragon, Angleterre, Irlande, Pologne, Hongrie, Danemark, ne peut que confirmer cette opinion. Pour le XIIIe siècle, même à ne pas tenir compte des plaintes de Frédéric II, les actes et les écrits de Grégoire IX et d'Innocent IV paraissent de nature à lever tous les doutes. Frédéric II, dans sa circulaire du 6 décembre 1227, en réponse à l'encyclique du 10 octobre 1227, de Grégoire IX, écrit à propos de l'Église romaine : « Les biens ecclésiastiques ne suffisent plus à son avidité; elle veut encore dépouiller les princes souverains et se les rendre tributaires. N'a-t-on pas vu le roi Jean d'Angleterre persécuté sans relâche et frappé d'anathème, jusqu'à ce qu'il se fût soumis envers elle à l'hommage et au tribut... ? Ces hommes abâtardis osent aspirer à la possession des royaumes et des empires. » Huillard-Bréholles, *Hist. diplomat. Friderici II,* t. III, p. 37-50. — Grégoire IX à Frédéric II, 23 octobre 1236 : « Il est notoire que Constantin, à qui appartenait la monarchie universelle, a voulu que le vicaire du prince des apôtres, qui avait l'empire du sacerdoce et des âmes dans le monde entier, eût aussi le gouvernement du corps dans tout l'univers. Il pensait, en effet, que celui-là devait régir les choses terrestres à qui Dieu avait confié le soin des choses célestes. C'est pourquoi il a remis à perpétuité au pontife romain le sceptre et les insignes impériaux avec Rome et tout son duché et l'empire même, considérant comme infâme que, là où le chef de la religion chrétienne avait été institué par l'empereur céleste, un empereur terrestre pût exercer aucun pouvoir. Abandonnant donc l'Italie au Siège apostolique, il s'est choisi en Grèce une nouvelle demeure; et depuis, quand l'Église, imposant le joug à Charlemagne, a transféré le siège de l'empire en Germanie, quand elle a appelé vos prédécesseurs et vous à siéger sur le tribunal impérial, quand elle vous a concédé, le jour de votre couronnement, la puissance du glaive, elle n'a entendu diminuer en rien la substance de sa juridiction... Gardez-vous de méconnaître le pouvoir qui vous a fait ce que vous êtes; n'oubliez pas que les prêtres du Christ sont les pères et les maîtres de tous les rois, et n'ayez pas la témérité de vous faire juge de nos actes, lorsque Dieu s'est réservé à lui seul le droit de juger le Siège apostolique, au jugement duquel il a subordonné la terre entière, aussi bien dans les choses cachées que dans les choses manifestes. » Huillard-Bréholles, *Hist. diplom.,* t. IV, p. 914-923. Au concile de Lyon de 1245, Innocent IV développe l'idée qu'il avait émise précédemment, à savoir, que le pouvoir temporel, que le pontife tient de la donation de Constantin, n'est que le signe visible de l'empire que le chef de l'Église, en vertu de son office, possède sur le monde. Il dit, dans une encyclique publiée un mois environ après la clôture du concile, août-septembre 1245 (*Regest.*, dans *Bibl. liter. des Vereins in Stuttgart,* t. XVI, p. 88) : « En dehors de l'Église, on ne bâtit que pour l'enfer et il n'existe point de pouvoir qui soit ordonné de Dieu. C'est donc mal envisager les faits et ne pas savoir remonter à l'origine des choses, que de croire que le Siège apostolique n'est en possession des choses séculières que depuis Constantin. Avant lui, ce pouvoir

C'était le revenu de la papauté que Philippe le Bel voulait tarir. Une autre ordonnance de Philippe interdisait à tout étranger le séjour en France. Par ce moyen le roi atteignait les légats du pape, ses nonces, ses quêteurs, et tous les Italiens auxquels le pape avait accordé des bénéfices en France[1].

Boniface jeta les hauts cris, et répondit à l'ordonnance par la bulle *Ineffabilis*, du 25 septembre 1296, que l'évêque de Viviers présenta au roi[2]. « Entre autres munificences de son fiancé,

était déjà dans le Saint-Siège en vertu de sa nature et de son essence. En succédant à Jésus-Christ, qui est tout ensemble le vrai roi et le vrai prêtre selon l'ordre de Melchisédech, les papes ont reçu la monarchie non seulement pontificale, mais royale, et l'empire non seulement céleste, mais terrestre, Constantin n'a fait que résigner entre les mains de l'Église une puissance dont il usait sans droit quand il était en dehors d'elle ; et, une fois incorporé dans son sein, il a obtenu, par la concession du vicaire de Jésus-Christ, une autorité qui, seulement alors, est devenue légitime. C'est dans l'Église que sont déposés les deux glaives, emblème des deux pouvoirs. Celui donc qui ne fait pas partie de l'Église ne peut posséder ni l'un ni l'autre ; et les souverains séculiers, en exerçant leur autorité, ne font qu'user d'une force qui leur a été transmise et qui demeure dans le sein de l'Église à l'état latent et potentiel. »

De semblables affirmations entraînaient des conséquences trop menaçantes pour les princes laïques pour qu'on pût s'attendre à les voir admises et appliquées sans contestation ; cependant, il importe de le reconnaître, le point de vue historique de la donation constantinienne était alors admis et sa caducité aujourd'hui incontestée eût pu fournir des arguments qui n'ont pas été produits. Ce qu'on admettait de même, c'était la théorie d'une certaine supériorité de l'ordre spirituel sur l'ordre temporel, entraînant pour celui-ci un degré de subordination à l'égard de celui-là ; la difficulté gisait dans la détermination de ce degré, puisque, pratiquement, d'un côté on exigeait tout et de l'autre côté on n'accordait rien. Le pouvoir nominal de déposer les rois, de transférer les royaumes était devenu un pouvoir effectif entraînant des risques qui n'offraient rien de rassurant pour les princes, auxquels s'ouvrait la perspective de renoncer à leurs droits pour se contenter d'une gérance analogue à celle qu'exerçaient les dynasties successivement appelées au trône de Sicile. C'est ce qui explique comment, en fait, la suzeraineté de la Sicile était à peu près illusoire et surtout onéreuse au Saint-Siège et aux populations qu'on donnait tantôt à un prince, tantôt à un autre. Comme la terre était bonne, les occupants successifs s'y attachaient, en faisaient leur bien propre et la suzeraineté se réduisait à des affirmations solennelles suivies le plus souvent d'aucun résultat. (H.L.)

1. Cette engeance s'était abattue au xie siècle sur l'Angleterre, mais les évêques en avaient eu assez vite raison ; alors les rongeurs avaient essayé de la France et y avaient pullulé. Chaque légat pontifical abandonnait quelques faméliques de son cortège. Voilà encore une statistique instructive qui nous manque, au moins pour le détail des faits. (H. L.)

2. La bulle *Ineffabilis amor* manquait de sérénité ; elle qualifiait l'ordonnance

l'Église a reçu, disait le pape, la liberté; elle a sur les peuples le pouvoir d'une mère sur ses enfants, et on lui doit le respect filial dû à une mère et souveraine. Qui ne rougirait de la blesser ou de lui nuire...? Quel bouclier protégera celui qui attaque la liberté de l'Église, pour le défendre du marteau de la force divine prêt à le réduire en cendre et en poussière? Songe, mon fils, à ton salut, écoute la voix de ton père. C'est dans ton intérêt que nous te conseillons de réfléchir. Nous avons appris que, trompé par de perfides conseillers — c'est ce que nous croyons — tu as publié une constitution qui, sans le dire ouvertement, du moins dans la pensée de ces conseillers — plaise à Dieu que ce ne soit aussi dans

du 17 août d'absurde, de tyrannique, d'insensée. Ce n'était d'ailleurs qu'un prélude, Hefele a fait un choix discret dans le reste, il a évidemment oublié certains passages qui ont dû fort surprendre Philippe le Bel, par exemple l'avertissement de ne pouvoir triompher de l'Allemagne, de l'Angleterre, de l'Aragon sans le secours du Saint-Siège. Quant à la bulle *Clericis laicos*, il n'en était plus question, on n'y avait rien compris, c'étaient de méchants Français qui expliquaient tout en mal afin de brouiller les cartes. L'évêque de Viviers montrerait cela clair comme le jour. S'il le montra, on n'y vit rien, car les « méchants » continuèrent et redoublèrent, notamment dans le *Dialogue entre un clerc et un chevalier* et surtout dans un écrit anonyme qui eut l'honneur d'être copié dans un registre du Trésor des chartes. C'est une pièce remarquable, probablement un essai de réponse officielle, calme, grave, pressant; elle débute ainsi, sans titre ni adresse : *Antequam essent clerici, rex Franciæ habebat custodiam regni sui.* « Avant qu'il y eût des clercs, les rois de France avaient déjà la garde de ce royaume et le droit de légiférer en vue de sa sécurité. De là l'ordonnance du mois d'août... Sainte Mère Église, épouse du Christ, ne se compose pas seulement des clercs; les laïques en font partie aussi : ce n'est pas seulement pour les clercs que le Christ est ressuscité... Il faut que les clercs contribuent, comme tout le monde, à la défense du royaume; ils y ont autant d'intérêt que les laïques, car l'étranger, s'il était vainqueur, ne les ménagerait pas davantage... N'est-il pas étonnant que le vicaire de Jésus-Christ interdise de payer le tribut à César et fulmine l'anathème contre le clergé, qui, membre utile de la société, aide dans la mesure de ses forces le roi, le royaume et soi-même ? Donner de l'argent aux jongleurs et à leurs amis selon la chair, dépenser excessivement en robes, en chevauchées, en banquets et autres pompes séculières, sans s'occuper des pauvres, cela est permis aux clercs. Mais si l'illicite leur est permis, voici que le licite leur est défendu. Quoi, les clercs se sont engraissés des libéralités des princes, et ils ne les aideraient point dans leurs nécessités ! Mais ce serait aider l'ennemi, encourir l'accusation de lèse-majesté, trahir le défenseur de la chose publique ! »

Afin de ne pas s'en tenir au panégyrique d'Hefele, voir : F. Rocquain, *La cour de Rome et l'esprit de réforme avant Luther*, in-8°, Paris, 1893-1897; V. Leclerc et E. Renan, *Histoire littéraire de la France au xive siècle*, 2 vol. in-4°, Paris, 1865 ; E. Renan, dans l'*Hist. litt. de la France*, t. xxvii, et la réimpression intitulée :

la tienne! — devait léser et anéantir la liberté de l'Église [1], constitution sans gloire et périlleuse pour toi, oppressive pour tes sujets
et pour ceux qui jusqu'ici résidaient en France. Or, de même qu'un
père prend des résolutions pour ses enfants, un bon pasteur
ramène les brebis égarées, un ami dévoué donne un conseil salutaire, de même le président du tribunal de l'Église militante
éloigne ses justiciables, non seulement de tout péché, mais même
de toute apparence de péché : en conséquence, nous voulons,
puisque, malgré notre indignité, nous tenons la place du premier
pasteur Jésus-Christ et que nous te portons une sincère dilection,
qui remonte même au temps où nous étions dans un rang moins
élevé, nous voulons remplir avec zèle à ton égard notre devoir de
père, de pasteur, d'ami, etc... L'âme d'un grand prince n'aurait
pas dû suivre les conseils des méchants; il n'était ni juste ni utile
de défendre aux étrangers, par une nouveauté inouïe, de séjourner
dans le royaume ou d'y faire le commerce, etc., ce qui cause un
très grand dommage, non pas seulement à ces étrangers [2], mais
aussi à tes sujets [3]. Et cependant tes sujets sont écrasés de charges,
si bien que leur amour à ton égard commence à se refroidir. Or
celui qui a perdu le cœur de ses sujets a beaucoup perdu. Par une
pratique licite ou parfois abusive, les princes laïques ont défendu
parfois l'exportation de divers objets de leur propre pays dans
celui de l'ennemi, mais une ordonnance aussi générale que la
tienne atteint non seulement tes propres sujets, mais tous les

Études sur la politique religieuse du règne de Philippe le Bel, 1899; Ad. Franck,
Réformateurs et publicistes de l'Europe. Moyen âge et Renaissance, in-8°, Paris, 1864;
Essais de critique philosophique, 1865; M. Laurent, L'Église et l'État. Moyen âge
et Réforme, Paris, 1866; A. Malmström, Fjortonde århundradets första Kultur-
kampf, in-8°, Lund, 1882; Scaduto, Stato e Chiesa negli scritti politici (122-1347),
in-8°, Firenze, 1887; Labanca, Marsilio di Padova, in-8°, Padova, 1882; Müller,
Der erste Kampf Ludwigs des Bayern mit der römischen Curie, 1876; Riezler, Die
litterarischen Widersacher der Päpste zur Zeit Ludwigs des Baiern, in-8°, Leipzig, 1874;
A. Baudrillart, Des idées qu'on se faisait au xive siècle sur le droit d'intervention
du souverain pontife en matière politique, dans Revue d'histoire et de littérature religieuses, 1898, t. iii, p. 193 sq., 309 sq. (H. L.)

1. Damberger, Synchron. Geschichte, t. xii, p. 320, a mal compris ce passage
et a cru qu'on avait reproché au pape d'avoir attaqué les libertés de l'Église
gallicane.

2. Qui donc a osé soutenir que les documents officiels ne contiennent rien pour
la psychologie ? (H. L.)

3. La Fran... ait ...

étrangers [1]... Si l'on a pensé nous comprendre dans cette ordonnance, ainsi que nos frères les prélats, les personnes appartenant
aux églises et les églises elles-mêmes, si on a voulu atteindre nos
revenus et les leurs [2], ce n'est pas seulement une imprudence,
c'est une folie d'étendre des mains téméraires sur des choses qui
ne sont ni de ton ressort ni de celui de princes temporels. Tu
aurais même encouru par là l'excommunication *promulgati canonis*...
que tes pieux ancêtres ont évitée, que tu aurais dû éviter toi-même,
surtout au moment où nous déployons un si grand zèle pour protéger ton honneur, celui de ton royaume, en écarter tout danger [3].
Vraiment, tu n'es guère reconnaissant envers nous et envers
l'Église, pour tant de bienfaits à toi et à tes ancêtres. Tu rends le
mal pour le bien, l'amertume pour la douceur; considère ces [29
royaumes romain, anglais et espagnol qui t'entourent, et tu
avoueras que le moment est mal choisi pour léser l'Église. Sache
donc bien que la simple perte de notre faveur et de notre concours
t'affaiblirait jusqu'à l'impuissance. Combien plus si tu faisais de
nous et de l'Église tes principaux adversaires... et c'est au moment
où nous nous occupons de la canonisation de ton aïeul Louis
que tu agis de la sorte !... Dans le cas où la bulle *Clericis laicos*
aurait provoqué ton ordonnance, cette réponse est bien malencontreuse, car la bulle confirme simplement des prescriptions
canoniques auxquelles nous n'avons ajouté que des peines contre
les transgresseurs. Nous n'avons pas ordonné (*precise*) aux prélats
et clercs de ne fournir aucun subside, pour ta défense, ou pour
celle du royaume; nous leur avons seulement prescrit de se pourvoir de notre permission, sachant que tes gens surchargeaient
d'impôts églises et gens d'Église, et craignant le retour de ces
abus dans l'avenir. En réalité, tu n'as pas droit à ces énormes
redevances, et le droit divin, tout comme le droit humain, te
fera un reproche, à toi comme à tout autre, de cet abus de la force...
Si ton royaume, ce qu'à Dieu ne plaise ! en venait à cette grande
extrémité, le Siège apostolique ne se contenterait pas de t'accorder
les secours des prélats et des gens d'Église, il ne se contenterait pas
d'en prescrire la levée, il irait jusqu'à sacrifier les calices, les croix et

1. Surtout ceux-ci. (H. L.)

2. Voilà l'aveu. Du moins, a-t-il le mérite d'être franc. (H. L.)

3. Allusion aux mouvements que se donnait Boniface pour mettre d'accord
les princes d'Occident afin de les expédier vers l'Orient. (H. L.)

les vases sacrés, plutôt que de laisser supporter quelques dommages à ce magnifique royaume si cher, oui, le plus cher, au Siège apostolique. Et maintenant réfléchis, fils bien-aimé, que plusieurs rois sont tes ennemis et ceux de ton royaume. Est-ce que le roi des Romains ne se plaint pas de voir en ta possession certaines villes et pays appartenant à l'empire, en particulier le comté de Bourgogne? Le roi d'Angleterre murmure, lui aussi, pour certaines parties de la Gascogne. Ces rois se soumettront à une sentence arbitrale, ils la réclament. Le Siège apostolique peut-il la leur refuser? A les entendre, tu as *péché* contre eux, c'est donc au Saint-Siège à rendre le jugement... Qu'adviendrait-il si, ce qu'à Dieu ne plaise! tu offensais ce Siège apostolique et fournissais des armes à tes ennemis? Nous et nos frères sommes prêts à souffrir pour la liberté de l'Église, non seulement les persécutions, la ruine et l'exil, mais même la mort. Il paraît que certains ont dit que, d'après nous, évêques et clercs étaient dispensés des services et redevances dus par eux comme possesseurs de fiefs, et qu'en particulier, ils ne devaient plus te donner de chevaux. C'est une interprétation captieuse de notre ordonnance, ainsi que nous l'avons déjà dit de vive voix à tes familiers. » En terminant, le pape presse le roi de réfléchir et d'écouter les explications orales de l'évêque de Viviers, ce qui le dispensera, espère-t-il, de prendre d'autres mesures [1].

Boniface réitéra ses observations et ses conseils dans une seconde lettre (*Excidat*) [2] adressée à Philippe et datée du 30 septembre. A quoi celui-ci aurait répondu en ces termes dans l'édit *Antequam* [3] : « Le roi de France a toujours eu le droit de rendre des ordonnances pour se défendre des attaques de l'ennemi; le roi actuel a donc prohibé de faire sortir du royaume *à son insu* des chevaux,

1. Baronius-Raynaldi, *Annal. eccles.*, ad ann. 1296, n. 25 sq.; Tosti, *Storia di Bonifazio VIII e de' suoi tempi*, t. i, p. 177 sq., 257 sq.; Dupuy, *Actes et preuves*, p. 15.

2. Dans Dupuy, *Actes et preuves*, p. 23; Potthast, *Reg.*, t. ii, p. 1953; cf. Drumann, *Geschichte Bonifatius' VIII*, Ire part., p. 177.

3. C'est celui dont nous avons parlé dans une note précédente; M. A. Baudrillart y voit une « protestation furieuse », une « insolente réponse ». Qu'on la juge comme on voudra, question d'adjectifs; quoi qu'il en soit, cette pièce remarquable ne fut pas envoyée. Cf. Boutaric, *La France sous Philippe le Bel*, 1861, p. 97, note 2; Rocquain, *L'esprit de réforme avant Luther*, in-8°, Paris, 1893-1897, t. ii, p. 242, note 1. (H. L.)

des armes, de l'argent, etc. Il voulait savoir le motif de cette exportation et les propriétaires des objets exportés; mais il n'a défendu
ni aux clercs ni aux laïques l'exportation d'objets, si on lui en
fait connaître les motifs. Il est surprenant que le fils préféré du
pape, le roi d'Angleterre, puisse se permettre contre les églises et
contre les clercs des actes odieux de violence, sans être menacé
d'excommunication. L'Église ne comprend pas que des clercs,
elle comprend des laïques, rachetés eux aussi par le Christ. Il
existe en faveur des serviteurs de l'Église des libertés et des
immunités que le pape n'a pu leur octroyer qu'avec l'assentiment
des princes temporels; il serait étrange d'en faire usage pour
empêcher ceux-ci de pourvoir au salut de leurs États. Les subsides
demandés à ceux qui ne sauraient se défendre, pour en armer
leurs défenseurs, sont bien légitimes. C'est une honte pour le vicaire
du Christ que de défendre d'acquitter le tribut à l'empereur et de [30
menacer les ecclésiastiques coupables seulement d'avoir voulu
obéir à la parole du Christ. Les clercs ne doivent point soutenir
l'État, mais ils pourront payer des bateleurs, acheter des habits,
donner des fêtes mondaines. Le roi honore l'Église et ses serviteurs, mais il ne craint rien des menaces des hommes et surtout
les menaces injustes. » Philippe montre qu'il est dans son droit à
l'égard du roi d'Angleterre et du roi des Romains [1].

Dans sa bulle *Ineffabilis*, Boniface VIII, tout en maintenant
les principes de la bulle *Clericis laicos*, l'avait modifiée surtout en
ce qui touchait les devoirs des vassaux; il eût mieux valu
introduire ces tempéraments dans la première bulle, car les concessions sont chose dangereuse, et, vu les difficultés du temps, doublement périlleuse pour le pape. Dans cette lettre *Ineffabilis*, Boniface
avait cherché à intimider le roi. Il lui rappelait qu'environné
d'ennemis, il était peu aimé de ses sujets. Cela pouvait être vrai,
mais le pape s'illusionnait sur l'impression que produiraient
ces paroles. Philippe n'était pas de ceux qu'on intimide, d'ailleurs
ses armes venaient de triompher en Guyenne des Anglais; et
quant à ses sujets, Philippe se chargeait de les faire obéir en leur
offrant la question romaine en guise de distraction. Si, pour une
raison quelconque, on s'abstint d'envoyer à Rome la lettre *Ante-*

1. Dupuy, *Actes et preuves*, p. 21; Baillet, *Histoire des démêlez du pape Boniface VIII avec Philippe le Bel*, Paris, 1718, p. 31; Drumann, *Geschichte Bonifatius' VIII*, Ire part., p. 177; Edgar Boutaric, *La France sous Philippe le Bel*,
Paris, 1861, p. 97.

quam, on voulut du moins prouver au pape que le clergé de France, loin d'être ultramontain, était tout entier groupé autour du roi. La guerre imminente en Flandre fournit l'occasion favorable. Gui, comte de Flandre, sortant à peine en 1296 de captivité, prit de nouveau le parti du roi d'Angleterre, qui, allié à Adolphe, roi d'Allemagne, au duc de Brabant et à d'autres seigneurs, combina (décembre 1296-janvier 1297) une coalition contre la France. Sur ces entrefaites, Pierre Barbet, archevêque de Reims, s'adressa au pape, d'accord avec ses suffragants et les abbés de la province et, certainement, avec l'assentiment du roi, pour lui exposer la fâcheuse impression produite en France par la bulle *Clericis laicos* à un moment où le parlement voulait appeler tous les Français sans distinction à la défense du royaume. Ils ajoutaient qu'évêques et clercs du royaume n'existaient que par la protection du roi, et conseillaient au pape d'avoir égard à leurs obligations et à réfléchir sur la nécessité de maintenir l'Église gallicane libre et en bon accord avec le roi. — Une députation particulière devait représenter de vive voix au pape l'opportunité du retrait de la bulle *Clericis laicos* [1].

Le résultat de cette démarche fut, en février 1297, une nouvelle atténuation de la bulle *Clericis laicos*. La réponse aux évêques contient des lieux communs sur la désertion du comte de Flandre et les maux de la guerre, avec des éloges pour les évêques qui soutiennent le roi après avoir demandé la permission du pape. La bulle *Clericis laicos* n'avait jamais voulu dire autre chose. En temps de nécessité, Boniface était prêt à sacrifier les possessions de l'Église romaine et sa propre vie pour le royaume de France. La seule condition était que les subsides accordés par le clergé de France fussent tout à fait volontaires [2]. Le 7 février, Boniface avait écrit à Philippe le Bel. Dans la lettre *Exiit*, il dit : « Tu as publié un édit défendant l'exportation de l'argent, etc. S'il ne s'agissait que de se précautionner contre les ennemis, on n'aurait rien à dire ; mais la tournure du décret est répréhensible, si tu permets

1. Dupuy, *Actes et preuves*, p. 26 ; Baillet, *Histoire des démêlez du pape Boniface VIII avec Philippe le Bel*, Paris, 1718, p. 34 sq. ; Drumann, *Geschichte Bonifatius' VIII*, Ire part., p. 178. En revanche, les religieux de Cîteaux publièrent une protestation contre le roi et contre les évêques. Boutaric, *La France sous Philippe le Bel*, Paris, 1861, p. 97.
2. Baronius-Raynaldi, *Annal. eccles.*, ad ann. 1297, n. 43-45 ; la lettre est datée des derniers jours de février 1297. Potthast. *Regesta*. t. ii. n. 24475.

d'en appliquer les dispositions à l'Église et aux gens d'Église, à
l'égard desquels tu n'as pas le droit de porter de pareilles défenses.
Je le dis avec douleur, tu aurais encouru l'excommunication. [303
Nous t'en avons déjà écrit... tu ne dois pas croire que nos constitutions aient un sens aussi strict, aussi rigide, aussi mesquin (*sic
strictam, rigidam et avaram interpretationem*) que le prétendent à
tort tes conseillers. Rends donc à l'Église, ô le plus cher de mes
fils, le respect que tu lui dois; corrige explicitement, ou laisse
faire le silence sur cette affaire, rendue déplorable soit par ton
fait, soit par celui de tes gens. Si tu n'y mets obstacle
par ton défaut de piété, l'Église t'aidera volontiers de ses
subsides [1]. »

La seconde lettre, *Romana mater Ecclesia*, va plus loin.

« L'Église romaine, dit le pape, ne veut léser personne... Tu
te plains que, pour la guerre que tu préparais, notre bulle t'a
enlevé les subsides du clergé. Comme tout auteur a le droit de
s'expliquer, nous te dirons ceci, autant pour ta tranquillité que
pour celle de tes successeurs. Si un prélat, ou clerc de ton royaume,
veut librement et sans aucune pression te faire un présent ou un
prêt, notre bulle ne s'y oppose aucunement, *pas même dans le
cas où une invitation courtoise et amicale à faire de pareils dons
aurait eu lieu, soit de ta part, soit de la part de tes gens.* Inutile de
dire, d'ailleurs, que la bulle n'a pas en vue les redevances auxquelles sont tenus les évêques pour les fiefs ou régales qu'ils
possèdent. Moins encore la bulle comprend-elle les clercs mariés
et ceux qui, pour éviter les impôts, font mine d'entrer dans la
cléricature; enfin, on excepte aussi les cas de nécessité dans lesquels le *periculum in mora* ne laisse plus le temps de consulter
le Saint-Siège [2]. »

Les mêmes pensées sont exprimées en substance dans une
bulle du 7 mars 1297 aux abbés cisterciens : il n'a jamais été
dans l'idée du pape de faire un tort quelconque au royaume et
à l'Église de France. Il leur est donc permis de secourir le roi dans
la mesure possible, dans tous les cas de nécessité, mais surtout
lorsqu'un danger le menace de la part d'ennemis extérieurs

---

1. Baronius-Raynaldi, *Annal. eccles.*, ad ann. 1297, n. 46 sq.; Dupuy, *Actes et
preuves*, p. 24.

2. Baronius-Raynaldi, *Annal. eccles.*, ad ann. 1297, n. 49; Potthast, *Reg.*,
t. II, n. 24468.

ou intérieurs. Bien plus, par une bulle du 12 mai 1297, le pape ordonne à tous les couvents français, à l'exception de ceux des chevaliers de Saint-Jean et du Temple, de payer le décime au roi [1].

Enfin, dans une autre bulle datée du 31 juillet 1297 (*Etsi de statu*), le pape ordonne que ce sera au roi actuel et aux futurs rois de France, âgés d'au moins vingt ans, à décider s'il y a cas de nécessité. Si le roi est mineur, ce sera aux États à le constater. Du reste, en publiant cette constitution, le pape n'a voulu en aucune façon amoindrir les droits du royaume de France [2]. Le pape écrivit encore quelques autres lettres pour calmer Philippe [tandis que, pour se donner une contenance] il menaçait de temps en temps de l'excommunier, s'il gardait en France l'argent réuni pour la Terre Sainte [3]. Le roi permit alors d'emporter cet argent hors du royaume, suspendant ainsi son ordonnance d'août pour un temps, sauf à y revenir à l'occasion [4]. Boniface prononça, le 11 août 1297, la canonisation de saint Louis, commencée depuis vingt-quatre ans [5].

1. Digard, *Registres de Boniface VIII*, p. 690, n. 738. C'était une déroute. Entre la bulle *Clericis laicos* et la bulle *Etsi de statu*, on pouvait mesurer le chemin parcouru, mais parcouru à reculons, par le pape. Dans la bulle *Romana mater* du 7 février 1297, le mouvement de recul était à peine indiqué. Le 28, le pape accordait la demande des évêques réunis à Paris le 1er février. Le 7 mars, il donnait aux cisterciens l'ordre de battre en retraite. En juillet, c'était la capitulation sans conditions par ces lettres pontificales adressées au clergé, à la noblesse et au peuple de France, qui abandonnent au roi majeur et, en cas de minorité, au conseil de régence, le soin de décider souverainement quand il y aura *nécessité* à imposer des levées de décimes consentis par les évêques sans consulter le pape. La bulle *Etsi in statu* est une renonciation formelle et un désaveu de la bulle *Clericis laicos*. Pour célébrer ce bel accord, Boniface jette à pleines mains les faveurs spirituelles et temporelles sur le roi et ses conseillers. (H. L.)

2. Dupuy, *Actes et preuves*, p. 39; Potthast, *Reg.*, t. ii, n. 24549. Dans Baronius-Raynaldi, *Annal. eccles.*, ad ann. 1297, n. 50, la première moitié manque.

3. Baronius-Raynaldi, *Annal. eccles.*, ad ann. 1297, n. 45 fin, 46 commencement, et n. 50 fin; Potthast, *Reg.*, t. ii, n. 24468; Drumann, *Geschichte Bonifatius' VIII*, Ire part., p. 181.

4. Baronius-Raynaldi, *Annal. eccles.*, ad ann. 1296, n. 32 fin; Drumann, *Geschichte Bonifatius' VIII*, Ire part., p. 182.

5. Baronius-Raynaldi, *Annal. eccles.*, ad ann. 1297, n. 58-67; Tosti, *Storia di Bonifazio VIII*, in-8°, Monte Cassino, 1846, t. i, p. 215 sq., 295 sq.; Potthast, *Reg.*, t. ii, p. 1965.

686. *Lutte de Boniface VIII avec les Colonna et les franciscains.*

Il est très probable que la rébellion des Colonna, à Rome et dans les États de l'Église, fut pour beaucoup dans les dispositions conciliantes du pape envers Philippe le Bel. Dans les interminables intrigues qui précédèrent l'élection de Célestin V, le cardinal-diacre Jacques Colonna dirigeait le parti italien, et son neveu Pierre appartenait aussi au Sacré-Collège. Cette famille princière comptait parmi ses membres des laïques distingués; elle avait une nombreuse clientèle d'amis ou de vassaux; outre ses maisons à Rome, elle possédait plusieurs villes fortes, des châteaux, des bourgs, par exemple, Palestrina, Nepi, Zagarolo, etc. Lorsque Célestin songea à abdiquer, les Colonna, dit-on, mirent en doute, au début, la possibilité légale d'une abdication. Cependant, dans l'élection de décembre 1294, ils donnèrent leurs voix à Boniface, [305] qui leur fit peu après, à Zagarolo, une visite amicale; mais deux graves dissentiments détruisirent bientôt cet accord. Le cardinal Jacques Colonna, ayant reçu de ses frères Matthieu, Odon et Landulphe, pleins pouvoirs d'administrer les biens communs, avait abusé de cette confiance, et, sur les plaintes de ses frères, le pape voulut aider ces derniers à défendre leurs droits. D'où la haine du cardinal et de son parti. De plus, l'attachement des Colonna à la maison d'Aragon leur fit conclure d'abord avec Jacques II, et ensuite avec son frère Frédéric, des alliances qui, malgré toutes les protestations de fidélité au pape, étaient de véritables trahisons; en particulier, ils voulaient aider Frédéric à s'emparer par surprise de quelques places fortes dans le voisinage de Rome [1]. Les exhortations demeurant vaines, le pape dut, pour sa propre sécurité, mettre des garnisons dans quelques villes et châteaux des Colonna. Il semblait, à s'en tenir aux apparences, que ces places dépendaient du jeune Stéphane Colonna; en réalité, elles relevaient des deux cardinaux, qui repoussèrent la demande du pape, s'éloignèrent de la cour et répandirent le bruit d'irrégularités graves dans l'élection de Boniface. Le 4 mai 1297, ils étaient cités à comparaître; au lieu d'obéir, ils publièrent le 10 mai un

---

1. Cardinal Wiseman, *Papst Bonifaz VIII*, dans *Abhandlungen über verschiedene Gegenstände*, t. III, p. 170 sq.

Mémoire adressé à Boniface et aux cardinaux, prouvant en treize points que l'abdication de Célestin et l'élection du pape Boniface étaient frappées de nullité. Voici leurs arguments [1] :

1. La dignité papale a été donnée par Dieu. Or, ce que le supérieur a donné ne saurait être enlevé par l'inférieur.

2. Nul ne peut enlever à un autre un pouvoir spirituel qu'il ne lui a pas lui-même accordé.

3. Le pape ne peut permettre aux évêques de résigner leur charge qu'en sa qualité de représentant de Jésus-Christ; aussi l'abdication d'une dignité supérieure, telle que la papauté, ne dépend en rien de personnages inférieurs au pape.

4. Le pouvoir le plus élevé accessible à une créature ne peut être enlevé par d'autres créatures possédant un pouvoir inférieur.

5. Ni le pape, ni personne ne peut faire qu'un évêque ne soit plus évêque; à plus forte raison ne peut-on faire que le pape ne soit plus pape.

6. Le pape est pape de par une loi divine, et non par une loi d'une créature ou de toutes les créatures; aussi ne peut-il être relevé de sa charge par aucune créature.

7. Pour relever d'un vœu, il faut être supérieur à celui qui a fait le vœu; or la papauté est le vœu le plus élevé, car le pape le fait à Dieu lui-même, aussi Dieu peut seul le relever de ce vœu.

8. Nul ne peut se relever soi-même d'un vœu.

9. Le pape ne peut être dispensé de ses devoirs par une autorité supérieure, car Dieu seul possède cette autorité.

10 et 11. D'après saint Paul, le sacerdoce du Christ est éternel, il doit en être de même du sacerdoce du vicaire du Christ : il dure autant que sa vie.

12. L'abdication de Célestin est sans valeur, parce qu'on l'a procurée au moyen de l'imposture et de la ruse.

13. Cette abdication fût-elle valable, tels incidents annulent l'élection; en conséquence, nous réclamons la convocation d'un concile général pour que la vérité se fasse jour. Si cette assemblée se prononce pour la validité de l'abdication et de la nouvelle élection, nous nous soumettrons humblement. Si le concile réprouve l'abdication, etc., il veillera à ce qu'on élise canoniquement un légitime époux à l'Église [2].

1. Cf. H. Denifle, dans *Archiv*, 1889, t. v, p. 509 sq. (H. L.)
2. Dupuy. *Actes et preuves*, p. 33. 34; Tosti. *Storia di Bonifazio VIII*. t. 1,

Les Colonna firent afficher ce *Mémoire* aux portes de plusieurs églises de Rome et le firent même déposer sur l'autel de Saint-Pierre; la protection de la France dont ils étaient assurés leur donnait cette audace [1].

Le jour même (10 mai 1297) où les Colonna lancèrent leur *Mémoire*, et avant même d'en connaître l'existence, le pape publia la bulle *In excelso throno*, dénonçant les méfaits des Colonna, et dépouillant de leurs dignités et bénéfices les deux cardinaux de ce nom. De plus, Jean et Odon Colonna, neveux du cardinal Jacques, étaient, avec leurs descendants jusqu'à la quatrième génération, exclus de toute dignité ecclésiastique; les deux cardinaux avaient dix jours pour se présenter devant le Siège apostolique et faire leur soumission, sinon leurs biens seraient confisqués [2].

[307]

Le 23 mai, fut publiée la bulle *Lapis abscissus*, dans laquelle Boniface fait ressortir la conduite des deux cardinaux Colonna, qui l'avaient, au début, reconnu pape, avaient même participé à sa consécration, à son couronnement, lui avaient, enfin, pendant près de trois ans, rendu leurs devoirs, assistant à sa messe, siégeant dans ses consistoires et contresignant ses actes. Il confirma et renouvela les peines décrétées contre les Colonna, déclara les deux cardinaux Jacques et Pierre et leurs frères Jean, Odon, Agapet, Stéphane et Jacques (surnommé *Sciarra*), à tout jamais dépouillés de leurs églises et biens patrimoniaux, meubles ou immeubles, et de leurs villes, baronnies, châteaux, etc. Ils étaient déclarés infâmes et inhabiles à obtenir toutes dignités, tant laïques qu'ecclésiastiques. Toute ville qui les recevrait serait frappée d'interdit. La sentence fut répétée et même aggravée dans la mesure du possible

p. 275 sq; Drumann, *Geschichte Bonifatius' VIII*, Ire part., p. 189 sq; Baronius-Raynaldi, *Annal. eccles.*, ad ann. 1297, n. 27, 29, 34 sq. Aux arguments des Colonna, Raynaldi oppose ceux du grand thomiste, presque contemporain, Pierre Paludanus, qui conclut à la validité de l'abdication du pape.

1. Nous le savons par un document publié par Höfler en 1843, contenant un interrogatoire subi par Colonna et d'autres cardinaux en 1311. Dans *Abhandlungen der königl. bayer. Akademie der Wissenschaften, histor. Klasse*, t. III, p. 57, 59.

2. Dupuy, *Actes et preuves*, p. 29; Baronius-Raynaldi, *Annal. eccles.*, ad ann. 1297, n. 27 sq., le début manque; Potthast, *Reg.*, t. II, p. 1961; Drumann, *Geschichte Bonifatius' VIII*, Ire part., p. 192; Tosti, *Storia di Bonifazio VIII*, t. I, p. 198-210.

par une bulle du 21 juillet 1297 [1]. Les deux cardinaux Colonna
présentèrent leur défense dans un nouveau *Mémoire* (maintenant
perdu) *Intendite*, et écrivirent à tous les rois, princes et métropolitains de la chrétienté, dépeignant Boniface comme hérétique,
schismatique et destructeur de l'Église, réclamant enfin la convocation d'un concile général. Ils députèrent spécialement au roi de
France, alors sous les murs de Lille qu'il assiégeait, Jacques,
prieur dominicain de Sainte-Sabine à Rome, sans obtenir de
Philippe de sérieuses promesses, ainsi que l'assura plus tard le
confesseur du roi. Les Colonna furent, semble-t-il, plus heureux
dans la mission confiée à leur neveu Thomas de Montenegro [2].
Comme ils recevaient publiquement à Palestrina les ambassadeurs
de Frédéric de Sicile, recrutaient partout des troupes et que
Pierre Flotte vint en Italie comme ambassadeur du roi de France
pour soutenir leurs intérêts, Boniface, ne se jugeant plus en sûreté
à Rome, gagna Orvieto, sur la fidélité de laquelle il pouvait compter;
le 4 septembre 1297, il chargea Landulphe Colonna, qui lui était
[8] dévoué, de faire la guerre à ses frères et à ses neveux. Une tentative de réconciliation échoua, et une nouvelle bulle du pape,
datée du 18 novembre, resta sans effet. Le pape fit alors, en
décembre 1297, prêcher la croisade contre les rebelles, promettant à tous ceux qui y prendraient part les mêmes faveurs
spirituelles que pour une expédition en Terre Sainte; les forteresses des Colonna furent prises les unes après les autres, et en
dernier lieu on s'empara de Palestrina, où s'étaient enfermés les
deux cardinaux. Ils furent reçus à merci, mais sans être réintégrés,
et durent abandonner Palestrina, que le pape fit raser l'année
suivante [3]. Dante a dit et on a répété que le célèbre général Gui de

1. Baronius-Raynaldi, *Annal. eccles.*, ad ann. 1297, p. 35-40; Tosti, *Storia di
Bonifazio VIII*, t. i, p. 210, 279 sq.; Drumann, *Geschichte Bonifatius' VIII*,
Ire part., p. 195. Boniface a publié un extrait de ce long décret dans son *Liber
sextus*, lib. V, tit. iii, *De schismaticis*. Le pape dit lui-même que ce n'est qu'un
extrait; aussi faut-il corriger dans ce sens ce que disent Baronius-Raynaldi, *Annal.
eccles.*, ad ann. 1297, n. 41, et Drumann, *Geschichte Bonifatius' VIII*, part. I,
p. 197, qui regardent ce fragment comme une nouvelle bulle.

2. Voyez le document de 1311 publié par Höfler dans *Abhandlungen der königl.
bayer. Academie der Wissenschaften, histor. Klasse*, t. iii, p. 55-58, et p. 47.

3. Palestrina fut détruite de fond en comble, à l'exception de la cathédrale.
Le pape notifia cette vengeance à la chrétienté. Sur les ruines de la ville, il avait
fait « passer la charrue et semer le sel, comme jadis les Romains avaient fait
pour Carthage » (12 juin 1299) (H. L.)

Montefeltro, déjà franciscain, avait conseillé au pape de promettre beaucoup et de tenir très peu; c'était, selon lui, le seul
moyen de prendre Palestrina. Il aurait pris la précaution de se
faire absoudre à l'instant de ce criminel conseil. C'est une légende [1]. Höfler a conclu, d'un document du cardinal François
Gaëtani, que les Colonna ont dû se rendre sans condition et qu'il
n'a pu y avoir entre eux et Boniface ni traité préliminaire ni
engagement pris [2]. Une nouvelle révolte des Colonna fut facilement réprimée et leur valut un traitement plus rigoureux encore.
Leurs biens furent transférés à Landulphe Colonna, aux Orsini
et aux Gaëtani, parents du pape. Traqués, les Colonna se réfu-
gièrent auprès de Philippe le Bel et de Frédéric de Sicile. Jacques
Sciarra, qui devait acquérir une si fâcheuse célébrité, fut fait
prisonnier sur les côtes romaines par des pirates français, qui le
mirent à la chiourme des rameurs, jusqu'à ce que, au bout de
deux ans, Philippe le Bel, instruit de son malheur, le rachetât [3].

La sévérité du pape contre les Colonna et contre Palestrina
fut amèrement blâmée, en particulier par les zélateurs franciscains. Célestin V, fort de ses sentiments personnels, les avait
protégés et comblés de faveur. Naturellement, sous Boniface tout [309]
changea et les *frati* furent, non sans raison, d'ailleurs, abaissés.
Les *zelatores* prirent donc parti pour les Colonna et firent circuler
dans le peuple les plus graves imputations. Un des plus enflammés
parmi les ennemis du pape fut l'étrange Jacopone de Todi, ancien
jurisconsulte, qui passa d'une vie très mondaine à la vie franciscaine
la plus austère et habita Palestrina. Auteur du *Stabat Mater*, il
aborda, dans ses invectives sur Boniface, un mode très différent [4].

1. Wiseman, dans *Abhandlungen über verschiedene Gegenstände*, t. III, p. 177;
Tosti, *Storia di Bonifacio VIII*, t. II, p. 48, 268-281.

2. Höfler, dans *Abhandlungen der königl. bayer. Akademie der Wissenschaften,
hist. Klasse*, t. III, part. 3, p. 30, renvoie à un document publié par Petrini,
Memorie Prenestine, disposte in forma di Annali, 1795, et cité pour les passages
les plus importants par Tosti, *op. cit.*, t. II, p. 276.

3. Baronius-Raynaldi, *Annal. eccles.*, ad ann. 1297, n. 41; 1298, n. 22; 1299,
n. 6 sq.; Drumann, *Geschichte Bonifatius' VIII*, Ire part., p. 198 sq.; Papencordt,
Geschichte der Stadt Rom, p. 333.

4. Al. d'Ancona, *Jacopone da Todi, il giullare di Dio del secolo XIII*, dans *Nuova
antologia*, 1880, IIe série, t. XXI, p. 193-228, 438-470; F. Ozanam, *Poètes franciscains*, in-8°, Paris, 1852, p. 164-272; *Œuvres complètes*, 1855, t. V, p. 131-217,
341-344; A. Tobler, *Vita del b. fra Jacopone da Todi*, dans *Zeitschrift für roman.
Philologie*, 1878, t. II, p. 25-39. (H. L.)

687. *Boniface VIII arbitre entre la France et l'Angleterre. Mort d'Adolphe. — Jubilé de 1300.*

La réception amicale faite en France aux Colonna ne contribuait pas à donner aux rapports entre Rome et Paris, qui s'étaient améliorés en 1298, une orientation définitive vers la paix. On se souvient que, durant l'été de 1296, le pape fit proclamer, entre les rois de France et d'Angleterre et leurs alliés, une trêve jusqu'à la Saint-Jean 1298, mais la guerre ne s'en poursuivit pas moins en Guyenne et, en 1297, éclata en Flandre. Cette province presque entière fut conquise par Philippe le Bel, dont l'adversaire, le comte Gui, fut à peine soutenu par ses alliés[1]. L'Angleterre et la France négocièrent alors un armistice de deux ans, lequel, grâce à Charles II, roi de Naples, envoyé dans ce but à Paris par le pape, fut signé le 6 janvier 1298. Les rois de France et d'Angleterre admirent cette fois l'arbitrage de Boniface, mais *comme homme privé*, dans leurs différends. Or, le 27 juin 1298, Boniface promulgua, *comme pape*, dans un consistoire public, la sentence portée par *Benoît Gaëtani* : « Entre les deux rois régnera désormais une paix profonde et éternelle. Le roi d'Angleterre épousera Marguerite, sœur de Philippe, dont la fille Isabelle, âgée de sept ans, épousera le prince Édouard d'Angleterre, après dispense de leur parenté assez rapprochée. Les deux rois se rendent mutuellement leurs acquisitions et prises sur terre et sur mer, en navires ou biens meubles. Si ces biens ont péri, on fournira une compensation, fixée par nous si les parties ne peuvent s'entendre. Le roi d'Angleterre conservera, de ses possessions et fiefs situés en France, ce que nous lui adjugerons par sentence arbitrale, ou ce qui lui reviendra en vertu d'un traité conclu librement entre les deux rois. Tous les territoires du roi d'Angleterre tombés aux mains des Français nous seront remis, de même que les territoires français tombés au pouvoir du roi d'Angleterre, nous les occuperons au nom des deux rois. S'il s'élève des doutes et des difficultés sur la distribution de ces territoires, nous en déciderons. »

Trois jours après, on envoya aux deux rois des copies de la

---

1. Sur la guerre de Flandre, voyez Kervyn de Lettenhove, *Histoire de Flandre*, 1847, t. II, p. 397-409.

sentence arbitrale; Arnold, évêque de Toulouse, représenterait Boniface pour la prise de possession des territoires à restituer. Le pape déclara en propres termes au roi de France (3 juillet 1298) qu'il ne prendrait de décision que d'accord avec lui, touchant la délimitation des territoires. La sentence arbitrale n'en fut pas moins mal accueillie à la cour de France, où l'on accusa le pape de partialité à l'égard de l'Angleterre [1].

Philippe le Bel aurait pu se plaindre que Boniface eût sanctionné de son autorité pontificale une sentence rendue en. tant qu'homme privé. Cette plainte n'est pas formellement exprimée, même pas dans l'acte où le roi déclara ne plus accepter l'arbitrage de Boniface. Il est d'ailleurs inexact de dire que la lettre du pape au roi de France fut brûlée par le comte d'Artois; on a fait confusion entre ce document et la bulle *Ausculta fili* [2].   [311]

Gui, comte de Flandre, avait, plus que Philippe, des motifs de se plaindre de la sentence arbitrale du pape et de la conduite de son ancien allié, le roi d'Angleterre. Celui-ci n'avait songé qu'à lui-même et le comte de Flandre était oublié; bien plus, le nouveau projet de mariage allait à l'encontre de celui jadis ébauché qui unissait la jeune Philippe de Flandre, sa fille, au fils et héritier d'Édouard. Gui s'adressa au pape, qui lui répondit que les affaires du comte de Flandre avec le roi d'Angleterre ne devaient pas influer sur la paix conclue entre deux grands royaumes [3].

Les relations entre Rome et Paris gardèrent une apparence amicale; le 29 décembre 1298, Boniface VIII s'excusait sur sa santé et ses occupations de ne pas venir rendre visite au roi de France. Le pape était alors en conversation avec Charles de Valois, frère du roi de France, qu'il voulait attirer en Italie pour lui confier une armée; projet qui se réalisa en 1301. Dans une seconde lettre du 29 décembre 1298, le pape engage Philippe le Bel à prêter à son frère, pour cette affaire, cent mille petites livres

---

1. Boutaric, *La France sous Philippe le Bel*, 1861, p. 99 sq., pencherait à admettre la partialité, mais aux dépens de l'Angleterre. (H. L.)

2. Baronius-Raynaldi, *Annal. eccles.*, ad ann. 1297, n. 42; ad ann. 1298, n. 2 sq.; Dupuy, *Actes et preuves*, p. 41; Baillet, *Hist. des démêlez du pape Boniface VIII avec Philippe le Bel*, Paris, 1718, p. 60 sq.; N. Alexandre, *Hist. eccles.*, sæc. xiii-xiv, dissert. IX, art. 1, 8; Drumann, *Gesch. Bonifatius VIII*, p. 132; *Notices et extraits des manuscrits de la Bibl. impériale*, 1862, t. xx, part. 2, p. 145 sq.

3. Kervyn de Lettenhove, *Histoire de Flandre*, t. ii, p. 411-418.

tournois à porter au compte de l'Église romaine [1]. Ces deux lettres [2] furent remises par Raynald, évêque de Vicence, chargé, après la mort d'Arnold de Toulouse, de la délimitation des territoires entre la France et l'Angleterre, et de la négociation du traité de Montreuil conclu en juin 1299.

Peu après, le roi d'Angleterre épousa Marguerite de France, ayant obtenu le 1er juillet de l'année précédente la dispense pontificale; mais la réconciliation complète n'eut lieu que plus tard, après que Boniface, toujours comme homme privé, eut prolongé la trêve jusqu'au 6 janvier 1302 [3].

Au cours des négociations, Boniface s'était entremis entre Philippe le Bel et Adolphe de Nassau. Celui-ci était complètement brouillé avec Albrecht, duc d'Autriche, et son parti, au point qu'on l'accuse d'avoir favorisé la révolte des barons autrichiens contre Albrecht, d'avoir soutenu l'ennemi mortel de ce dernier, Conrad, archevêque de Salzbourg, enfin d'avoir reçu des subsides de France et conçu le plan d'une irruption dans le duché d'Autriche pour renverser Albrecht. Mais dès la Pentecôte de 1297, à l'occasion du couronnement de Wenzel, roi de Bohême, plusieurs princes manifestèrent leur mécontentement de l'administration d'Adolphe, et délibérèrent sur les moyens de relever l'empire. D'autres délibérations se continuèrent dans la ville de Cadan, en Bohême (août 1297), et, soucieux de se renforcer pour soutenir la lutte contre Adolphe, le duc Albrecht se réconcilia avec Conrad de Salzbourg. Dans une grande assemblée du parti de Habsbourg

1. Une livre de petits tournois (parvi turonenses) égale 15 schellings (solidi), ou un florin (florenus) d'or équivalant à cinq florins rhénans. Dans un schelling il y avait 12 parvi turonenses, c'est-à-dire qu'il y avait 180 parvi turonenses dans une livre (libra). Il y avait encore le grand tournois (grossi turonenses) dont douze font une livre.

2. Notices et extraits des manuscrits de la Biblioth. impériale, t. xx, p. 129-132.

3. Baronius-Raynaldi. Annal. eccles., ad ann. 1298, n. 2-9; 1300, n. 26; Tosti, Storia di Bonifazio VIII, t. ii, p. 19 sq., 265 sq.; Potthast, Reg., t. ii, n. 24714; Drumann, Geschichte Bonifatius' VIII, Ire part., p. 129-134. Cette prolongation de la trêve ne s'étendait pas, du reste, à la Flandre, et dès 1300, le roi Philippe recommença la guerre contre le comte Gui, qui chercha de nouveau du secours à Rome, et qui, à cette occasion, reconnut au pape, sur les princes temporels, une supériorité in temporalibus plus complète que Boniface l'ait jamais demandée. Les armées françaises eurent cependant le dessus. Gui fut fait prisonnier une seconde fois et son pays considéré comme fief vacant et administré par un gouverneur français. Kervyn, Histoire de Flandre, 1847, t. ii, p. 420, 424 sq., 604 sq.

tenue à Vienne (février 1298), on parla de la nécessité de déposer Adolphe au profit d'Albrecht. Wenzel de Bohême, réconcilié avec son beau-frère, s'employait dans ce sens. Albrecht, favorable au projet, faisait espérer des marques de sa reconnaissance. On dit que le parti crut convenable de députer au pape un oncle du duc Albrecht, pour obtenir son assentiment à la mutation projetée. Dès son retour d'Italie, ce messager montra des lettres du pape et des cardinaux en faveur d'Albrecht; mais elles furent reconnues fausses [1].

Quelques semaines après l'assemblée de Vienne, Albrecht entama la guerre contre Adolphe (mars 1298); il se dirigea avec son armée de Vienne vers le Rhin et évita le roi Adolphe qui voulait lui livrer bataille près d'Ulm. Il le rencontra au mois d'avril, en Alsace, sur les bords du Rhin et de l'Elz, entre Fribourg-en-Brisgau et Strasbourg; mais une fois de plus, il esquiva l'action décisive. Pendant ce temps, le comte de Haigerloch fut tué dans [31 un combat contre Otton de Bavière (du parti d'Adolphe), à Oberndorf sur le Neckar. Gérard, archevêque de Mayence, un des électeurs d'Adolphe, passé à la cause d'Albrecht, convoqua en qualité d'archichancelier les princes et le roi, le 1er mai, à Francfort, puis le 15, en dernier lieu, le 23 juin, à Mayence, pour délibérer sur les troubles de l'empire. Albrecht se rapprocha aussitôt de Mayence avec son armée, vers la mi-juin, et campa à Alzey. Adolphe le suivit de très près; mais, dans la diète de Mayence, le 23 juin 1298, ce dernier fut déposé par les électeurs de Mayence, de Saxe et de Brandebourg. L'électeur de Mayence représentait l'archevêque de Cologne et le roi de Bohême; l'électeur de Saxe représentait le comte palatin Louis; l'archevêque de Trèves resta fidèle à Adolphe. Les électeurs proclamèrent aussitôt Albrecht. Naturellement, ils rédigèrent un manifeste exposant les motifs de leur conduite à l'égard d'Adolphe qu'ils accusaient de négliger la justice, de troubler la paix, d'être hostile aux princes électeurs, de persécuter et d'opprimer l'Église et les clercs, etc. Ils parlèrent également des crimes commis par la soldatesque d'Adolphe; la raison véritable, c'était la brusquerie du prince déchu. A la nouvelle de l'événement, Adolphe et Albrecht en vinrent aux

---

1. *Chron. Colmar.*, dans *Monum. Germ. hist.*, t. XVII, p. 264; dans *Urstitius*, t. II, p. 57; Baronius-Raynaldi, *Annal. eccles.*, ad ann. 1298, n. 11. Le messager envoyé à Rome était Albrecht de Haigerloch-Hohenberg.

mains, à Göllheim, dans le Palatinat; Adolphe fut vaincu et tué le 2 juillet 1298. Son corps, transporté d'abord dans le monastère voisin de Rosenthal, fut inhumé à Spire. Albrecht fut de nouveau solennellement élu à Francfort, le 27 juillet 1298. Tous les princes électeurs prirent part au scrutin, sauf Wenzel de Bohême, qui envoya son vote par écrit. Albrecht fut reconnu de tous, le parti d'Adolphe disparaissait avec lui [1].

Les électeurs se hâtèrent de faire connaître l'élection à tous les féaux de l'empire et de l'annoncer au pape, le priant de mander en temps opportun le nouveau roi pour le couronnement impérial.

Albrecht demanda au pape de le reconnaître; mais, avant le retour de la réponse, il se fit couronner roi d'Allemagne, à Aix-la-Chapelle, par Wiebold, archevêque de Cologne (24 août). A cette occasion, il accorda à Aix-la-Chapelle, qui l'emportait sur toutes les autres villes, à l'exception de Rome, et à plusieurs autres cités, princes, comtes, seigneurs, bourgeois, diverses grâces et privilèges. Ses électeurs furent particulièrement comblés, mais le pape annula l'élection, sous prétexte que le meurtrier de son roi et seigneur ne pouvait devenir roi [2]. Cette décision eut pour effet de rapprocher étroitement Albrecht et Philippe le Bel. Les deux rois réglèrent la question des délimitations des royaumes et convinrent d'unir leurs familles par une double alliance. Rodolphe, fils aîné d'Albrecht, épouserait Blanche, sœur de Philippe, et recevrait au préjudice de ses frères les duchés d'Autriche et de Styrie avec la Carniole, la Marche et Portenau. Un des jeunes fils de Philippe, l'avenir dirait lequel, épouserait une fille d'Albrecht. Au grand mécontentement du pape, les deux rois eurent, le 8 décembre 1299, une entrevue sur leur frontière commune, à Quatrevaux, entre Toul et Vaucouleurs, afin de jurer

1. *Monum. Germ. hist.*, *Leg.*, t. II, p. 467 sq; Böhmer, *Regesten*, ad ann. 1246-1313, p. 158, 190-193, 370 sq.; Kopp. *Geschichte der Wiederherstellung*, etc., *des heiligen r mischen Reichs*, t. III, p. 236 sq., 246, 250-272; Schmid, *Der Kampf um das Reich zwischen Adolf von Nassau und Herzog Albrecht von Oesterreich*, Tübingen, 1858; Droysen, *Albrechts I. Bemühungen um die Nachfolge im Reich*, 1862.

2. On a voulu conclure de cette phrase qu'Adolphe était mort de la main d'Albrecht. Il est vrai que pendant la bataille ils combattirent un instant corps à corps; mais ils furent ensuite séparés, et ce fut après qu'Adolphe reçut des blessures mortelles portées par le Rheingraf Georges de Stolzenberg et ses écuyers. Schmid, *Der Kampf um das Reich zwischen Adolf von Nassau und Herzog Albrecht von Oesterreich*. Tübingen. 1858. p. 110. 118.

cette alliance et ces promesses de mariage [1]. On s'occupa aussi de
politique dans cette entrevue, en particulier de l'acquisition par
la France du royaume d'Arles, et du plan d'Albrecht de rendre
l'empire héréditaire. Mais on n'aboutit à rien : ceux des princes
électeurs venus à Quatrevaux se montrèrent très hostiles à ce
plan, et ce fut l'origine du désaccord entre eux et Albrecht [2].

Avant qu'on en fût venu aux hostilités ouvertes, ce qui permit
au pape de ne pas ménager Albrecht, Boniface institua en 1300
le premier grand jubilé connu dans l'histoire de l'Église [3]. Dès [315]
l'année 1299, le bruit courut dans Rome que tout pèlerin au
tombeau de saint Pierre, pendant l'année 1300, pouvait gagner
une indulgence plénière. Le pape fit consulter sur ce point les
documents anciens, mais on n'y trouva rien, et la première matinée
de la nouvelle année s'écoula sans incident. Dès l'après-midi,
une immense foule vint à Saint-Pierre, et le fait se reproduisit
tous les jours pendant deux mois, surtout le 4 février, jour de la
vénération d'une relique appelée *Sudarium* ou *Veronica*. Entre
autres pèlerins, on vit un Savoyard âgé de cent sept ans; présenté
au pape, il lui raconta que, cent ans plus tôt, son père, simple
paysan, l'avait amené à Rome, lui recommandant d'y revenir
au commencement du siècle suivant, s'il vivait encore. On lui
demanda quelle était l'indulgence accordée au peuple à cette
occasion, il répondit qu'on pouvait gagner une indulgence de cent
ans tous les jours de l'année. Deux autres vieillards du diocèse de
Beauvais soutinrent qu'on accordait une indulgence plénière.
Après en avoir délibéré avec les cardinaux, Boniface publia, le
22 février 1300, la bulle *Antiquorum fida relatio* : « D'après les
récits dignes de foi à nous faits par des vieillards, de grandes indulgences ont été accordées (par nos prédécesseurs) à ceux qui

1. Il n'y eut cependant à aboutir que le mariage de Rodolphe avec Blanche;
mais cette princesse mourut en mars 1305. *Monument. Germ. hist., Script.*, t. xi,
p. 662; Winkelmann, *Acta*, t. ii, p. 188 sq.

2. *Monum. Germ. hist., Leges*, t. ii, p. 472 sq.; Böhmer, *Regesten*, ad ann. 1246-
1313, p. 199-218; Busson, *Die Idee des deutschen Erbreiches unter den ersten Habs-
burgern*, dans *Sitzungsberichte der W. Akad. der Wissenschaften, philos.-histor.
Klasse*, 1877, t. LXXXVIII p. 655 sq.

3. F. Cadène, *De jubilæo conspectus historicus*, dans *Annal. eccles.*, 1893,
t. i, p. 33-37, 89-92, 142-144; G. Contestin, *Origine historique des jubilés*, dans
Revue des sciences ecclésiastiques, 1875, IVᵉ série, t. i, p. 280-295; F. A. Zaccaria,
Dell'anno santo trattato, opera divisa in IV libri, storico l'uno..., 2 vol. in-8°, Roma,
1775; Boudinhon, *Le jubilé de 1901*, p. 98-120. (H. L.)

visitent les basiliques de Saint-Pierre et de Saint-Paul (durant l'année séculaire). Nous confirmons et renouvelons cet usage, de sorte que tous ceux qui, depuis les dernières fêtes de Noël, prieront avec esprit de piété dans les églises des apôtres Pierre et Paul et se confesseront avec des sentiments de contrition, pourront, pendant cette année séculaire, gagner une indulgence plénière. Pour ce faire, les Romains devront venir au moins une fois par jour à l'église pendant trente jours, et les étrangers durant quinze jours. » Cette bulle causa une profonde joie, et des multitudes affluèrent à Rome, non seulement de l'Italie, de la Sicile et de la Sardaigne, etc., mais aussi de la France, de l'Espagne, de l'Angleterre, de l'Allemagne et de la Hongrie. Le célèbre historien florentin Jean Villani, venu à Rome, raconte que, sans compter les Romains, il se trouvait, en même temps que lui dans la Ville éternelle, au moins deux cent mille étrangers. On parla de guérisons miraculeuses, etc., et on garda le souvenir d'abondantes offrandes faites dans les deux églises désignées. A la fin de l'année du jubilé, le jour de Noël 1300, le pape étendit la grâce de l'indulgence plénière à tous ceux qui étaient morts en se rendant à Rome ou dans la ville, avant d'avoir pu visiter trente fois les deux églises. Quant aux vivants qui s'étaient confessés avec les sentiments requis, mais qui n'avaient pas encore restitué le bien d'autrui qu'ils détenaient, on leur accorda un délai jusqu'à Pâques pour se mettre en règle et gagner l'indulgence. Enfin, on refusa la grâce du jubilé à ceux qui avaient livré aux Sarrasins des objets prohibés, ou qui avaient prêté secours à Frédéric, tyran de Sicile, ou aux Colonna [1].

Pendant cette année jubilaire, on envoya au roi de France un mémoire contenant tout simplement le plan d'une monarchie française universelle. Tous les États, sans en excepter l'empire de Constantinople et les États de l'Église, devaient être annexés à l'empire de France. Le pape jouirait d'une sorte d'apanage, et tous les biens immeubles appartenant à l'Église seraient confisqués et sécularisés [2]. L'auteur de ce projet, comme de beaucoup d'autres mémoires de cette époque, est probablement Pierre Dubois, avocat

1. Baronius-Raynaldi, *Annal. eccles.*, ad ann. 1300, n. 1-10; Potthast, *Reg.*, t. ii, p. 1993; Papencordt, *Geschichte der Stadt Rom*, p. 335 sq.; Tosti, *Storia di Bonifazio VIII*, t. ii, p. 67 sq., 282 sq.
2. Cf. Schwab, dans *Tübinger theologische Quartalschrift*, 1886, fasc. 1, p. 34 sq.

de Coutances. L'écrit porte en titre : *Summaria brevis et compendiosa doctrina felicis expeditionis et abbreviationis guerrarum ac litium regni Francorum*, et a été publié et expliqué par M. Natalis de Wailly [1], qui rapporte ce mémoire à l'année 1300, puisque l'auteur y parle du mariage de Blanche de France (sœur de Philippe le Bel) avec Rodolphe d'Autriche (fils du roi Albrecht) comme conclu. Cette union, ayant eu lieu au commencement de l'année 1300, nous donne le *terminus a quo*; en outre, l'auteur du mémoire conseille au roi de France de marier son frère Charles de Valois avec l'héritière du trône de Constantinople (Catherine de Courtenay). Or ce mariage ne fut conclu que dans les derniers mois de 1300. Voilà le *terminus ad quem*. M. de Vailly veut voir une troisième indication chronologique dans la mention des pèlerins revenus de Rome après le jubilé. Il s'agit évidemment de l'année jubilaire 1300; or, avec les lenteurs des moyens de communication de cette époque, ces pèlerins n'ont guère pu être de retour avant la seconde moitié de l'année. Il faut en conclure que le Mémoire est de la deuxième moitié de l'année 1300. Philippe d'ailleurs n'entra pas dans ce [317 plan trop vaste; il lui sembla plus pratique d'annexer peu à peu les provinces de l'empire d'Allemagne limitrophes de la France; nous verrons plus tard Boniface VIII condamner le plan de Dubois.

La joie occasionnée par le jubilé s'accrut encore des espérances conçues à l'égard de la Palestine. Le jeune khan des Mongols, Kassan, roi de Perse, s'était emparé de la Syrie dans les derniers mois de 1299, et s'était montré à cette occasion particulièrement bienveillant pour les chrétiens. Le pape aussitôt fit une croisade [2], et Kassan envoya prêcher des ambassadeurs aux principales cours de l'Occident pour stimuler l'organisation de cette croisade. On fut persuadé qu'il allait planter de nouveau la croix à Jérusalem. Aussi un grand nombre de chevaliers du Temple et de Saint-Jean arrivèrent de Chypre pour combattre avec lui les Mamelucks. Le roi chrétien d'Arménie se joignit à eux; mais comme, malgré les exhortations pontificales et l'enthousiasme d'un grand nombre,

---

1. N. de Wailly, dans *Mémoires de l'Académie des inscriptions et belles-lettres*, 1859, t. xviii, part. 2, p. 435-494.

2. Nous lisons dans Drumann, *Geschichte Bonifatius' VIII*, Ire part., p. 250, cette phrase : « Il (Boniface) prescrivit de la manière la plus expresse aux chefs de la flotte, le 9 août 1301, de faire des conquêtes au nom du pape et non au nom du Christ. » C'est un contresens ! Le pape écrit aux croisés : *Non sua, sed quæ Christi, quærerent*. Baronius-Raynaldi, *Annal. eccles.*, ad ann. 1301, n. 34.

on n'envoya pas de secours sérieux en Terre Sainte, les Mamelucks parvinrent à regagner ce qu'ils avaient perdu et à déjouer les tentatives de Kassan [1].

Pendant le jublié, le pape, par opposition évidente à Albrecht [2], nomma au siège récemment vacant de Trèves le dominicain Diether, frère du feu roi Adolphe de Nassau, et le nouvel archevêque, ennemi naturel d'Albrecht, conclut le 14 octobre 1300, avec les deux autres archevêques rhénans et le comte palatin Rodolphe, une alliance contre Albrecht, « duc d'Autriche qui se dit roi d'Allemagne ». Dès lors la révolte éclata; mais Albrecht eut pour lui les villes de l'empire et les engagea à résister par les armes à leurs 8] ennemis et aux siens [3]. Un document par lequel la ville impériale de Toul se place sous le protectorat de Philippe le Bel montre comment la France savait mettre à profit les divisions qui agitaient l'Allemagne [4].

D'après la *Chronique* de Colmar, au début de ces tiraillements, le roi Albrecht demanda au pape de lui venir en aide contre les princes électeurs [5]. Boniface se montra disposé à reconnaître Albrecht, contre cession de la Toscane en faveur du patrimoine de Saint-Pierre [6]; mais Albrecht s'y refusant, le pape écrivit, le 13 avril 1301, une lettre aux archevêques des provinces du Rhin et une autre aux princes électeurs. Il y qualifiait en termes des plus vifs la conduite d'Albrecht, contre Adolphe, et ordonnait aux électeurs de publier que les sujets seraient relevés de l'obéissance à Albrecht, si, dans les six mois, il ne venait en personne à Rome, ou ne s'y faisait représenter pour y répondre du crime de haute trahison contre Adolphe et d'autres méfaits [7]. Boniface envoya en même temps en Allemagne Angelus, évêque de Nepi, en qualité de légat

1. Drumann, *Geschichte Bonifatius' VIII*, Ire part., p. 245-252.
2. Cf. aussi le rapport des envoyés de la Flandre, édité par Kervyn de Lettenhove, dans *Mémoires de l'Académie royale de Belgique*, t. xxviii, p. 78.
3. Böhmer, *Regesten*, ad ann. 1246-1313, p. 223-225, 372, n. 247.
4. Boutaric, dans *Notices et extraits de manuscrits de la Biblioth. impériale*, t. xx, p. 135.
5. *Monum. Germ. hist., Leges*, t. ii, p. 268; Urstitius, *op. cit.*, t. ii, p. 61.
6. Kopp, *Geschichte der eidgenöss. Bünde*, t. iii, p. 313; Ficker, *Forschungen zur Reichs- und Rechtsgeschichte Italiens*, t. ii, p. 462; cf. aussi Busson, *Die Idee des deutschen Erbreichs und die Habsburger*, dans *Sitzungsberichte der k. k. Akademie der Wissenschaften*, t. lxxxviii, p. 710 sq.
7. Baronius-Raynaldi, *Annal. eccles.*, ad ann. 1301, n. 2; Kopp, *Geschichte der eidgenöss. Bünde*, t. iii, p. 315.

pontifical, pour surveiller l'exécution de ses ordres. Il chargea Charles de Valois, généralissime des armées pontificales, de la pacification de la Toscane, province impériale. Il lui aurait même laissé entrevoir la perspective de la couronne impériale [1]. Vers la Pentecôte de 1301, le roi Albrecht commença la guerre contre les princes électeurs rebelles, et d'abord contre le comte palatin et l'archevêque de Mayence, qu'il soumit; au printemps de 1302, il envoya aussitôt, suivant sa demande, des ambassadeurs au pape pour lui prouver son innocence et l'assurer de son respect. Il protestait s'être trouvé à l'égard du roi Adolphe dans le cas de légitime défense; d'ailleurs, du vivant de ce prince, il n'avait jamais accepté la dignité royale, se contentant en outre de ne pas la refuser positivement; il n'avait rien fait pour amener la bataille de Göllheim. C'est à tort qu'on lui reprochait d'avoir persécuté l'Église; les accusations formulées contre ses gens étaient dénuées de fondement. Élu à l'unanimité par les princes électeurs, son couronnement avait eu lieu à Aix-la-Chapelle. Il terminait en demandant au pape sa |319 bienveillance, protestait de son respect pour l'Église romaine et de sa disposition à la servir contre ses ennemis [2].

Boniface différa sa réponse, mais dans les derniers mois de 1302, quand le roi Albrecht eut soumis les archevêques de Trèves et de Cologne, et que la situation entre le pape et la France devint menaçante, le 30 avril 1303, Boniface publia la bulle *Æterni Patris*, qui reconnaissait Albrecht comme roi des Romains et futur empereur, et l'engageait à rester fidèle à l'Église. Entre autres choses, le pape dit qu'après la mort d'Adolphe, Albrecht a été élu par les princes laïques et ecclésiastiques, qui ont pouvoir d'élire depuis que le Siège apostolique a transporté l'empire des Grecs aux Germains dans la personne de Charlemagne [3]. Boniface formule ici, comme dans sa lettre au duc de Saxe du 13 mai 1300 [4], la même thèse qu'Innocent III dans la décrétale *Venerabilem*; il la répéta dans son discours au consistoire, où il développa en termes très

1. Baronius-Raynaldi, *Annal. eccles.*, ad ann. 1300, n. 20; 1301, n. 3, 11, 13; Drumann, *Geschichte Bonifatius' VIII*, IIe part., p. 53.

2. *Monum. Germ. hist.*, *Leges*, t. II, p. 477; Baronius-Raynaldi, *Annal. eccles.*, ad ann. 1302, n. 18; Böhmer, *Regesten*, ad ann. 1246-1313, p. 226-230.

3. Baronius-Raynaldi, *Annal. eccles.*, ad ann. 1302, n. 2 sq.; Potthast, *Reg.*, t. II, p. 2018; Böhmer, *Regesten*, ad ann. 1246-1313, p. 231-233, 342; Kopp, *Geschichte der eidgenöss. Bünde*, t. III, p. 319.

4. Kopp, *Geschichte der eidgenöss. Bünde*, t. III, p. 313.

énergiques cette théorie, que tous les rois de la terre devaient être soumis au roi des Romains ou à l'empereur [1].

Par sa lettre du 17 juillet 1303, Albrecht s'empressa de faire toutes les promesses et concessions que le pape désirait, exprimant son dévouement dans les termes mêmes employés par le pape. Il se reconnut tenu, vis-à-vis du pape et de l'Église, à la plus grande reconnaissance et proclama que le Siège catholique avait accordé à certains princes, ecclésiastiques et laïques, le droit d'élire le roi des Romains appelé à l'empire [2]. En outre, tous les rois et l'empereur

1. Ce discours, *Adfuit tempus quo refulsit sol*, se trouve dans l'édition de Marca, *De concordia sacerdotii et imperii*, par Baluze et Böhmer, à la fin du lib. II, c. III; en allemand, dans Drumann, *Geschichte Bonifatius' VIII*, IIe part., p. 80 sq. Ce sentiment du pape, touchant la subordination du roi de France vis-à-vis du roi des Romains, a été attaqué par Noël Alexandre, *Hist. Ecclesiæ*, sæc. XIII et XIV, diss. IX, art. 2, q. X.

2. Cette théorie de la cession par le pape du droit d'élection aux sept princes électeurs est mentionnée pour la première fois dans la circulaire des ducs de Saxe du 19 mars 1279 : *Complectens ab olim sibi romana mater Ecclesia quadam quasi germana caritate Germaniam...* PLANTANS IN EA PRINCIPES *tanquam arbores preelectas et rigans ipsas gratia singulari, illud eis dedit incrementum mirande potentie* UT IPSIUS ECCLESIE AUCTORITATE SUFFULTI *velut germen electum per ipsorum electionem* ILLUM, QUI FRENA ROMANI TENERET IMPERII, *germinarent*. Kopp, *Geschichte der eidgenöss. Bünde*, t. III, p. 295. Puisque le modèle de cette lettre fut envoyé aux princes allemands par le pape (*Sic eas studeas approbare* JUXTA FORMAM QUAM TIBI... *transmittimus*, lettre du 21 décembre 1278 : Theiner, *Cod. dipl.*, t. I, 227), il faudrait attribuer cette idée à Nicolas III, et, d'après la conjecture de Busson (*Sitzungsberichte der k. k. Academie der Wissenschaften*, t. LXXXVIII, p. 670), conclure à l'existence du plan d'empire héréditaire au profit des Habsbourg. Urbain IV ne connaît pas cette théorie de la cession des droits, et les paroles d'Innocent III, dans la décrétale si souvent mentionnée, *Venerabilem* (*P. L.*, t. CCXVI, col. 1065) : *Unde illis principibus jus et potestatem eligendi regem... recognovimus ut debemus... præsertim cum ad eos jus et potestas hujusmodi ab apostolica Sede pervenerit*, malgré leur sens bien apparent, ne se rapportent pas à cette idée de cession. Le contexte montre clairement qu'Innocent veut simplement dire : Le pape est devenu indirectement la cause du droit d'élection, parce qu'il a fait passer l'*imperium* des Grecs aux Allemands, tout comme un prince qui fonde une abbaye procure aux moines le droit d'élire un abbé. Du reste, il est très probable que c'est justement ce passage qui a fourni à Nicolas l'occasion de poursuivre cette théorie. Cette théorie est indiquée plus clairement encore dans la lettre de Boniface VIII du 13 mai 1300, au duc de Saxe : (*Apostolica Sedes*) *...Romanum imperium in persona magnifici Caroli transtulit in Germanos, jusque eligendi Romanorum regem, in imperatorem postmodum promovendum, certis principibus ecclesiasticis et secularibus Sedes ipsa concessit*, etc. Albrecht, dans la lettre mentionnée plus haut (Kopp, *Geschichte der eidgenöss. Bünde*, t. III, p. 313,

tenaient du Siège apostolique le pouvoir temporel. En dernier lieu, Albrecht promettait au pape fidélité et obéissance, et assistance pour reconquérir ses possessions. Dans un acte daté du même jour, le roi d'Allemagne s'engageait à ne nommer pendant cinq ans aucun vicaire impérial pour la Toscane et la Lombardie sans l'assentiment du pape et à combattre les ennemis de l'Église, ce qui visait surtout Philippe le Bel [1].

688. *Conflit entre Boniface VIII et Philippe le Bel. Les bulles « Ausculta fili » et « Deum time ».*   [321]

Dès avant l'avènement de Boniface VIII, Philippe le Bel avait découvert sa politique à l'égard de l'Église et du clergé, et il n'admettait pas l'ingérence du nouveau pape. Abusant d'un abus, le droit de régale, il s'appropria les revenus de certains diocèses vacants et ceux des abbayes dites royales; ne se contentant pas des revenus courants, il s'attaquait aux biens-fonds, faisait couper les forêts et dépeupler les viviers. A ce droit de régale il ajouta la « sauvegarde royale », sur tous les autres évêchés et monastères vacants, sous prétexte de protéger leurs biens contre toute attaque. De cette façon il put mettre la main sur les biens de toutes les prélatures vacantes [2].

Un indult de Boniface à Philippe fournit à ce dernier l'occasion d'abus non moins criants. Cet indult accordait au roi de France, pendant la durée des hostilités d'une campagne, le droit de percevoir

---

329), répète presque mot à mot ces idées et d'autres encore du bref du pape. Le langage de curie qu'il emploie prendrait un sens différent dans l'hypothèse de Busson citée plus haut. La théorie des princes électeurs prend une tournure légendaire dans Ptolémée de Lucques, Continuation du traité *De regimine princip.* de saint Thomas d'Aquin, l. III, ch. xix. Il raconte que Grégoire V avait institué, environ deux cent soixante-dix ans auparavant, le collège des sept princes électeurs, et *tantum durabit, quantum romana Ecclesia, quæ supremum gradum in principatu tenet, Christi fidelibus expediens judicaverit.* D'après Krüger, *Des Ptolomäus von Lucca Leben und Werke*, p. 55 sq., cette Continuation aurait été composée entre l'élection d'Albrecht et celle d'Henri VII (1298-1308). Busson, dans *Sitzungsberichte der k. k. Akad. der Wissenschaften*, t. LXXXVIII, p. 723, la place avant 1282.

1. *Monum. Germ. hist., Leges*, t. II, p. 483; Baronius-Raynaldi, *Annal. eccles.*, ad ann. 1303, n. 8-13; Böhmer, *Regesten*, ad ann. 1246-1313, p. 325; Kopp, *Geschichte der eidgenöss. Bünde*, t. III, p. 329 sq.

2. Boutaric, *La France sous Philippe le Bel*, Paris, 1861, p. 69 sq.

les fruits de la première année *(fructus primi anni)* sur les prévôtés, doyennés, archidiaconés et autres prébendes. Dès 1299, le pape se plaignait des exactions auxquelles cette concession donnait lieu, et vers le même temps réclamait vivement contre la façon abusive dont le roi exerçait le droit de régale dans les évêchés de Laon et de Reims. Une autre difficulté surgit à l'égard de la ville de Lyon. Depuis le xi⁰ siècle, Lyon appartenait à l'empire d'Allemagne, et l'archevêque, en qualité de vicaire impérial, y exerçait également le pouvoir civil; mais les comtes de Lyon, de la famille des comtes du Forez, et la bourgeoisie lyonnaise s'adressèrent à plusieurs reprises au roi de France, comme suzerain, lorsque les ordonnances archiépiscopales leur déplaisaient. L'archevêque et son chapitre se plaignirent au pape, qui, ancien chanoine de Lyon, ne voulut pas juger contre le roi et demanda à l'archevêque et aux bourgeois de porter le conflit en cour de Rome. La ville de Lyon, d'accord vraisemblablement avec le roi de France, refusa et l'affaire restée pendante devint un nouveau sujet de dissentiment entre Philippe et Boniface, destiné à être repris à son heure et à envenimer les futurs conflits [1].

Un de ces conflits éclata en 1301. Restreint au début, il se développa rapidement et se termina par une catastrophe. Déjà, en 1294, Bernard Saisset [2], abbé de Pamiers, avait eu des démêlés avec Philippe le Bel, qui avait cédé au comte de Foix la souveraineté de Pamiers, à laquelle l'abbé se disait des droits. Boniface donna

---

1. Baronius-Raynaldi, *Annal. eccles.*, ad ann. 1297, n. 54; 1298, n. 24; 1299, n. 23, 25; Drumann, *Geschichte Bonifatius' VIII*, I⁰ part., p. 226-229. Nicolas IV avait déjà, le 18 juillet 1289, excommunié le bailli français Guillaume de Ripperia de Mâcon, pour ses injustices et violences inouïes contre l'Église de Lyon. Il avait menacé Philippe de l'excommunication, s'il n'intervenait pas en éloignant le bailli et ne donnait pas satisfaction à l'Église. Cf. *Registres de Nicolas IV*, p. 243 sq.

2. Bernard Saisset, né vers 1232, chancelier de Toulouse et vicaire général en 1264, abbé de Saint-Antonin vers 1267; évêque de Pamiers, 23 juillet 1295, mort en 1311. E. Cabié, dans *Mém. de l'Acad. des sciences de Toulouse*, 1887, t. ix, p. 384-389; F. Combes, *De contentionibus Bernardi Saisseti I, Appamiarum episcopi, cum Rogerio Bernardo III comite Fuxensi, 1269-1300, e multis ineditis documentis*, in-8⁰, Parisiis, 1858; B. Hauréau, dans *Hist. litt. de la France*, 1872, t. xxvi, p. 540-547; Martène, *Thes. nov. anecd.*, 1717, t. i, p. 1319-1336; Ch.-V. Langlois, *L'affaire de Bernard Saisset*, dans *Histoire de France* sous la direction de M. Lavisse, 1901, t. iii, part. 2, p. 142 sq.; Vaissette, *Histoire générale de Languedoc*, t. ix, p. 216; J.-M. Vidal, *Documents sur les origines de la province ecclésiastique de Toulouse*, dans les *Annales de Saint-Louis des Français*, 1901, t. v. (H. L.)

raison à Bernard Saisset et promut l'abbé à l'évêché de Pamiers nouvellement érigé (juillet 1295). On réconcilia le comte de Foix et l'évêque, mais le roi resta d'autant plus froissé que le nouveau siège épiscopal avait été érigé sans son avis [1]. En 1301, le pape envoya l'évêque de Pamiers en qualité de nonce à Paris, pour rappeler au roi la croisade projetée[2] ; les procédés de l'évêque ne purent qu'ajouter à l'antipathie du roi[3]; aussi, lorsque, sa mission terminée, Bernard Saisset fut rentré à Pamiers, Philippe le fit surveiller de près, et envoya deux commissaires en Languedoc enquêter sur des accusations portées contre l'évêque. Celui-ci, voyant l'orage, voulut fuir à Rome, mais il fut arrêté, conduit à Paris, mis au secret et ses papiers furent examinés. Le 24 octobre 1301, il comparut à Senlis devant le conseil; Pierre Flotte, conseiller intime de Philippe, soutenait l'accusation. Divers griefs formulés contre Bernard par l'évêque de Toulouse et d'autres prélats [323] furent admis. Il avait dit et répété tenir de la bouche de saint Louis la prédiction que Philippe le Bel perdrait le royaume. Il s'exprimait sur le roi en termes injurieux, comme d'un propre-à-rien, descendant abâtardi de Charlemagne, bâtard lui-même, incapable de gouverner, etc. Enfin Bernard avait voulu provoquer des troubles dans la province de Toulouse et déposséder le roi de ses droits sur la ville de Pamiers. Le conseil jugea Bernard passible de prison et de privation de sa charge; mais comme de pareilles mesures contre les clercs n'étaient pas de la compétence d'un tribunal séculier, et l'évêque ayant décliné la compétence de l'assemblée, le roi annonça l'envoi d'ambassadeurs au pape, et commit Bernard à la garde de son métropolitian, l'archevêque de Narbonne, qui le mettrait dans l'impossibilité de nuire. Craignant d'assumer une trop grande responsabilité, Philippe voulut éviter autant que possible de paraître tenir un évêque en prison; il ordonna donc de le mettre sous la garde des clercs [4].

1. Baronius-Raynaldi, *Annal. eccles.*, ad ann. 1295, n. 52; Drumann, *Geschichte Bonifatius' VIII*, Ire part., p. 160 sq.; Tosti, *Storia di Bonifazio VIII*, 1846, t. I, p. 170.

2. Boutaric, *La France sous Philippe le Bel*, 1861, p. 103.

3. Il est faux que le roi l'ait fait emprisonner à cette époque, au mépris du droit des gens. Cf. Marca, *De concord. sacerd. et imp.*, lib. IV, c. XVI, 2, et Drumann, *Geschichte Bonifatius' VIII*, IIe part., p. 6.

4. Baronius-Raynaldi, *Annal. eccles.*, ad ann. 1301, n. 26 sq.; Drumann, *Geschichte Bonifatius' VIII*, IIe part., p. 4-12; Boutaric, *La France sous Philippe*

Drumann a montré que le roi de France n'envoya pas alors Pierre Flotte au pape. Ce qui avait pu faire admettre l'opinion contraire, c'est que Boniface apprit ce qui venait de se passer par Bernard Saisset lui-même ou par une lettre de son métropolitain. Quoi qu'il en soit, il est certain que le pape manda à Philippe le Bel (5 décembre 1301) son indignation et lui ordonna de remettre immédiatement l'évêque en liberté et de lui rendre tous ses biens confisqués.

Dans une seconde lettre, le pape ordonna à l'archevêque de Narbonne de rendre immédiatement la liberté à Bernard Saisset, malgré les ordres contraires du roi, et de lui permettre de se rendre à Rome [1]. Le même jour, Boniface VIII écrivit à tous les évêques, chanoines, docteurs en théologie et maîtres en droit canon et en droit civil de France : « Il sait, et eux aussi, sans doute, que le roi Philippe et ses gens oppriment, lèsent et maltraitent de diverses manières les prélats, les églises et gens d'Église, de même que les nobles, les communes et le peuple. D'accord avec les cardi-naux, il mande vers lui ses correspondants et ordonne qu'au [324] plus tard, le 1er novembre 1302, les évêques, docteurs et maîtres susdits viennent en personne le trouver, les chapitres devant se faire représenter par des procureurs; comme on les sait dévoués au roi, qui, de son côté, les affectionne, le pape désire leurs conseils pour décider ensuite et régler ce qui lui paraî-tra plus avantageux à l'honneur de Dieu et de l'Église, pour la liberté de l'Église, la réforme du roi et du royaume, la répres-sion des abus et l'établissement d'un sage gouvernement. » Le pape terminait en disant qu'il invitait le roi à comparaître en per-sonne, ou par des représentants. Les abbés de Cîteaux, de Cluny, de Prémontré, de Saint-Denis et de Marmoutier reçurent ces invita-tions. Le pape avait poussé la précaution jusqu'à définir la manière dont auraient à s'excuser ceux qui ne pourraient se rendre près de lui. Quelques docteurs et maîtres de Paris étaient cependant auto-risés à rester dans cette ville pour y continuer l'enseignement [2].

le Bel, p. 103; Tosti, *Storia di Bonifazio VIII*, t. II, p. 124-127; Dupuy, *Histoire du différend du pape Boniface VIII avec Philippe le Bel*, Paris, 1655, p. 621-662, a consacré un appendice spécial à l'affaire de Bernard Saisset.

1. Baronius-Raynaldi, *Annal. eccles.*, ad ann. 1301, n. 28; Tosti, *Storia di Bonifazio VIII*, t. II, p. 128.

2. Baronius-Raynaldi, *Annal. eccles.*, ad ann. 1301, p. 29; Dupuy, *Actes et preuves*, p. 53, 54; Drumann, *Geschichte Bonifatius' VIII*, IIe part., p. 15

La veille, 4 décembre 1301, Boniface avait signé la bulle *Salvator mundi*, par laquelle tous les privilèges accordés au roi de France, pour le temps de guerre et la défense du royaume, lui étaient retirés à raison de l'abus qu'il en avait fait pour opprimer l'Église et le clergé, et aussi parce que la guerre était terminée. Il se montrait disposé à quelques concessions, et par la lettre (*Nuper ex rationabilibus*) du 5 décembre jointe à la bulle, il exhortait Philippe à prendre en bonne part ces mesures auxquelles le Saint-Siège ne s'était arrêté que pour le bien général [1].

La même date du 5 décembre 1301 se lit en tête de la célèbre bulle *Ausculta fili*. Clément V fit plus tard effacer plusieurs passages de cette bulle dans l'exemplaire des archives pontificales; mais comme la bibliothèque de Saint-Victor en possédait un exemplaire complet et sans rature, nous mettrons entre parenthèses dans la traduction les passages que [la condescendante sagesse de] Clément V fit effacer. On verra sans peine que c'étaient les passages les plus offensants pour Philippe le Bel [2].

Voici la bulle : « Écoute, très cher fils, les prescriptions de ton père; prête l'oreille de ton cœur aux enseignements du maître qui représente la personne du seul Maître et Seigneur; accepte avec docilité les exhortations de la sainte Mère l'Église et sois attentif à les mettre en pratique (pour revenir d'un cœur repentant à Dieu dont tu t'es éloigné par négligence ou par suite de mauvais conseils, et te conformer dévotement à ses prescriptions et aux

[325]

---

1. Baronius-Raynaldi, *Annal. eccles.*, ad ann. 1301, n. 30; Dupuy, *Actes et preuves*, p. 42; Tosti, *Storia di Bonifazio VIII*, t. II, p. 128, 298; Drumann, *Geschichte Bonifatius' VIII*, IIe part., p. 17, 18. Pour répondre au désir manifesté par Philippe le Bel, Clément V fit plus tard détruire la bulle *Salvator mundi* dans les archives pontificales. Mais il s'en trouva une copie dans un manuscrit de la bibliothèque de Saint-Victor à Paris. Cf. Bulæus (Boulay), *Hist. universitatis Paris.*, t. IV, p. 5; Spondanus, ad ann. 1301, 9; Noël Alexandre, *Hist. eccles.*, sæc. XIII, XIV, diss. IX, art. 2; Potthast, *Reg.*, t. II, p. 2006.

2. Baronius-Raynaldi, *Annal. eccles.*, ad ann. 1301, p. 31 sq., donne une copie de l'exemplaire raturé; mais à l'année 1311, p. 33-34, il donne les passages rayés. Le texte complet se trouve dans le *Bullarium magnum*, Luxb., 1730, t. IX, p. 121; Dupuy, *Actes et preuves*, p. 48, et Bulæus, *Historia universit.*, t. IV, p. 7. Dans les pièces justificatives, Tosti, *Storia di Bonifacio VIII*, t. II, p. 299, n'a donné que la bulle raturée. Dans son texte au contraire (p. 129 sq.), il traduit la bulle entière, mais il omet les passages les plus violents; ceux, par exemple, où le pape Boniface compare Philippe le Bel à une vipère aveugle ou à l'idole de Baal. Il était facile à Tosti, après de telles omissions, de déclarer que la bulle était modérée (p. 131).

nôtres). Oui, c'est à toi que s'adresse notre discours, sur toi que l'amour paternel se manifeste, à toi que nous présentons le doux sein de ta Mère. Après être né une seconde fois par le saint baptême..., tu es entré dans l'arche du véritable Noé, hors de laquelle nul ne peut être sauvé, c'est-à-dire dans l'Église catholique, l'unique épouse du Christ, dans laquelle le vicaire du Christ et successeur de Pierre possède la primauté. A lui ont été remises les clefs du royaume du ciel, il se trouve donc établi par Dieu juge des vivants et des morts, et sa mission est de siéger sur le trône de la justice pour chasser tout ce qui est mauvais. Le chef de cette épouse est le pape romain, et elle n'a pas plusieurs chefs, comme un monstre, car elle est sans souillure, etc. (Voici, mon fils, pourquoi je suis forcé de te tenir ce langage. Malgré nos faibles mérites, Dieu nous a établi sur les rois et sur les royaumes [1]. Il nous a imposé le joug de la servitude apostolique [2], pour arracher et détruire, édifier et planter, affermir ce qui vacille, guérir ce qui est malade, retrouver ce qui est perdu, etc., en son nom et d'après ses ordres. Ne te laisse donc pas persuader, très cher fils, que tu n'as pas de supérieur et que tu ne dois pas te soumettre au chef de la hiérarchie ecclésiastique. Celui qui pense de la sorte est un insensé, celui qui le soutient obstinément est un mécréant et n'appartient pas au bercail du bon Pasteur. Quoique notre devoir soit de veiller au salut de tous les rois et de tous les princes, nous devons cependant remplir à ton égard les obligations de notre charge avec d'autant plus de sollicitude que, dans les diverses situations où nous nous sommes trouvé, nous t'avons toujours aimé d'un amour paternel, toi, tes ancêtres, ta maison et ton royaume; nous ne pouvons et ne devons faire autre chose que de te faire connaître clairement ce qui, en toi, offense les yeux de la justice divine et nous afflige : l'oppression dont tu te rends coupable vis-à-vis de tes sujets, les torts que tu causes aux églises, aux clercs et aux laïques, le mécontentement que tu suscites par ta conduite tyrannique vis-à-vis des pairs, comtes, barons et autres nobles, des communes et du peuple du royaume. Nous t'avons déjà à plusieurs reprises engagé affectueusement à te corriger... Mais nous constatons avec tristesse que tu as accumulé les fautes et qu'elles te sont devenues une habitude. En voici des exemples : Quoiqu'il soit clair et

1. Jer., i, 10. Texte souvent cité de la papauté.
2. Allusion au titre *servus servorum Dei*

fondé en droit que le pape possède le pouvoir suprême et principal
sur toutes les dignités, personats, bénéfices, canonicats et prébendes
vacants et que tu ne peux les donner; que nul ne peut obtenir ces
charges par ta collation sans l'assentiment du Siège apostolique;
tu ne veux cependant pas accepter les collations faites canoniquement par ce Siège apostolique, et tu prétends qu'elles ne
sauraient primer les tiennes. Tu te fais juge dans ta propre cause;
tu es en même temps accusateur et juge, et si tu te crois lésé par
quelqu'un, tu refuses avec dédain de le dénoncer aux juges compétents ou à nous, même lorsque l'accusé est d'Église. Tu ne permets pas la réclamation contre les abus et exactions provenant de
ton fait ou du fait de tes gens, et tu étends, au mépris de la justice,
tes mains cupides sur les biens et les droits de l'Église. Tu fais
comparaître devant ton tribunal des prélats et autres ecclésiastiques pour des affaires personnelles ou pour des droits et des
biens qu'ils ne tiennent pas en fief de toi; tu les persécutes, tu
leur imposes des dîmes, quoique les laïques n'aient aucun pouvoir
sur les clercs. Tu ne permets pas d'employer le glaive ecclésiastique contre les oppresseurs des clercs, tu empêches les supérieurs
ecclésiastiques d'exercer leur juridiction sur les monastères et
églises que tu as pris sous ta protection. Tu as tellement appauvri
par tes exactions l'Église de Lyon, qui n'appartient pas à ton
royaume et dont nous connaissons les privilèges, pour en avoir été
chanoine, qu'elle ne peut plus s'en relever. Tu perçois dans une
proportion injuste les revenus des églises cathédrales vacantes,
que tu t'adjuges en vertu du droit de régale; ce qui devrait être
protégé est enlevé, les bergers sont devenus loups, etc. Les clercs,
et non seulement ceux de ton royaume, mais aussi les étrangers
et les clercs de passage, ne peuvent emporter de France leurs biens
meubles. Nous ne dirons rien de la falsification des monnaies [1] [327]
et autres exactions dont tu te rends coupable vis-à-vis de tes
sujets. Ces sortes de plaintes sont parvenues nombreuses jusqu'à
nous, ce sont choses connues du monde entier. Les Églises de
France, jusqu'ici florissantes dans la liberté et le calme, sont
devenues tes tributaires, ainsi qu'en témoigne le cri de douleur que

1. Sous saint Louis, une once d'argent donnait 2 livres 16 sous; sous Philippe
le Bel, on la fit monter jusqu'à 8 livres 10 sous. Les monnaies n'avaient en réalité
qu'un tiers de leur valeur nominale. Cf. Drumann, *Geschichte Bonifatius' VIII*,
IIe part., p. 165.

leur arrache une insupportable persécution. Tu sais que pour
tout ceci nous nous sommes déjà souvent adressé à Dieu et à toi,
espérant ton amendement; mais, semblable à une vipère sourde,
tu n'as pas prêté l'oreille[1]. Après cela, nous aurions le droit d'en
venir aux armes, de saisir le carquois et les arcs; mais nous avons
voulu te prévenir avant de le faire, afin que, écoutant de meilleurs
conseils, tu évites la sentence de punition... De peur qu'un trop
long silence ne nous rende nous-même complice de tes fautes,
que Dieu ne nous demande compte de ton âme, que le soin que
nous devons avoir de toi (*custodia tui*) en vertu de notre charge
apostolique ne devienne pour nous une cause de perdition, nous
inspirant de notre amour paternel et après en avoir délibéré avec
nos frères, nous avons invité à se rendre auprès de nous, avant le
1er novembre, les évêques de France, les abbés de Cîteaux, de
Cluny, de Prémontré, de Saint-Denis et de Marmoutier, ainsi que
les chapitres d'églises cathédrales de ton royaume, les maîtres en
théologie, en droit canon et en droit civil, et quelques autres
ecclésiastiques de France, afin de nous concerter avec ces personnes qui ne sauraient t'être suspectes, qui te sont, au contraire,
agréables, qui t'aiment et aiment ton royaume, afin de nous
concerter, dis-je, avec maturité, sans précipitation, sur les questions susdites et sur d'autres encore, et de prescrire ce qui
importe pour la correction des défauts, pour le salut et la bonne
administration du royaume[2]. Si tu crois qu'il s'agit d'affaires qui
te concernent, tu pourras te rendre en personne à cette assemblée,
ou t'y faire représenter par des envoyés munis d'instructions
précises, mais si tu n'y parais pas et si tu n'y envoies personne,

[28]

---

1. *Ac adeo laboravimus in clamando, quod raucæ sint factæ fauces nostræ;
sed tu velut aspis surda obturasti aures tuas.* Ce dur langage perd cependant de sa
rudesse lorsqu'on se souvient que ce sont des citations de la sainte Écriture,
employée souvent dans cette bulle. *Laboravi clamans, raucæ factæ sunt fauces
meæ* (Ps. LXVIII, 4); *Sicut aspidis surdæ et obturantis aures suas* (Ps. LVII, 5).

2. Damberger, *Synchron. Geschichte*, t. XII p. 394, écrit : «Boniface VIII n'était pas
si simple de dire carrément au roi que le concile était convoqué pour ces motifs, c'est-à-
dire contre lui et ses gens.» Et plus loin : «On comprend que Philippe, de même que
tout autre roi auquel on aurait écrit dans ce sens, eût pris le parti de ne pas envoyer
de députés à ce concile, mais eût regardé, au contraire, cette assemblée comme
une réunion coupable du crime de lèse-majesté.» Damberger, d'ailleurs, nie sans
preuve l'authenticité de la bulle *Ausculta fili*. Et comme elle est authentique,
il suit que Damberger, dans son attaque contre Boniface, dépasse en violence
les gallicai-.

on passera outre avec l'aide de Dieu... Quelques-uns disent, pour t'excuser, que toutes ces mesures ne sont pas de toi, qu'elles viennent de tes mauvais conseillers. Mais précisément ces mauvais conseillers sont inexcusables. Ce sont de faux prophètes qui t'ont inspiré des mesures fausses et insensées. Ce sont eux qui dévorent les sujets du royaume, c'est pour eux et non pour toi que les abeilles préparent leur miel; ils sont comme ces petites portes dérobées qui permettaient aux serviteurs de Baal d'emporter secrètement les offrandes présentées par le roi [1]; ce sont eux qui, sous ta protection, volent ton bien et celui des autres, et qui, sous l'apparence de la justice, oppriment tes sujets et les églises.)... Afin que tu ne croies pas que nous avons oublié la Terre Sainte, souviens-toi, mon fils, que tes aïeux, sur les traces desquels tu devrais marcher, sacrifièrent autrefois leur vie et leurs biens dans l'intérêt de la Terre Sainte, qui maintenant, grâce aux Sarrasins, grâce aussi à l'indifférence des chrétiens, surtout grâce à la tienne et à celle des autres rois, a été perdue pour nous, sous ton gouvernement... Jérusalem crie vers les fils de Dieu, raconte sa misère et demande du secours. Si donc tu es un fils de Dieu, prends pitié de sa douleur. Les Tartares, les [32] païens et les autres infidèles viennent à son secours, seuls demeurent indifférents ceux qui ont été rachetés par le sang du Christ, etc. »

Cette bulle est datée du 5 décembre 1301; mais postérieurement à cette date, elle fut discutée en consistoire [2] et ne fut

1. Daniel, xiv, 11 sq., raconte que les prêtres de l'idole babylonienne de Baal entraient dans le temple par de petites portes dérobées (*abscondita ostiola*), emportaient les mets présentés au dieu, et prétendaient ensuite que Baal les avait consommés. Dans le texte de ce passage, au lieu de *securiora hostilia*, qui n'a pas de sens, il faut lire *securiora* ou *secretiora ostiola*. Baronius-Raynaldi, *Annal. eccles.*, ad ann. 1311, n. 38. On pourrait presque croire à un jeu de mots sur le surnom de Philippe le « Bel ». Cependant, en regardant de près le passage, il n'y a pas de rapport. *Isti* (les employés de Philippe) *sunt illa secretiora ostiola, per quæ ministri* Bel *sacrificia, quæ superimponebantur* A Rege, *clanculo asportabant.* Cette mauvaise comparaison n'atteint évidemment que les employés de Philippe. Comme pour le roi de Babylone, on veut attirer l'attention de Philippe sur les tromperies de ses serviteurs. D'ailleurs tout ce passage n'est pas de Boniface, mais un emprunt à la xxve lettre de Pierre de Blois (*P. L.*, t. ccvii, col. 89), comme Hergenröther l'a fait remarquer, *Katholische Kirche und christlicher Staat*, p. 281, note 6.

2. Cf. plus bas, p. 418, 420.

apportée en France qu'au début de 1302 par Jacques de Normans, archidiacre de Narbonne. Lorsque, le 10 février 1302, l'archidiacre, ayant obtenu une audience du roi, commença la lecture de la bulle en présence de quelques témoins, le comte d'Artois, cousin du roi, la lui arracha des mains et la jeta au feu[1]; c'était empêcher la circulation d'une pièce compromettante, à laquelle on substitua une bulle apocryphe. Cette suppression dispensa Jacques de Normans d'adresser copie de la bulle *Ausculta fili* aux évêques, abbés et chapitres; peut-être la lettre pontificale *Secundum divina*, qui, sous menace d'interdit, ordonnait la mise en liberté de l'évêque de Pamiers, fut-elle également détruite[2].

La bulle apocryphe publiée en France, au lieu de la bulle authentique, est ainsi conçue : *Bonifacius episcopus, servus servorum Dei, Philippo, Francorum regi. Deum time et mandata ejus observa. Scire te volumus quod in spiritualibus et temporalibus nobis subes. Beneficiorum et præbendarum ad te collatio nulla spectat, et si aliquorum vacantium custodiam habeas, fructus eorum successoribus reserves; et si quæ contulisti, collationem hujusmodi irritam decrevimus, et quantum de facto processerit, revocamus. Aliud autem credentes hæreticos reputamus*[3]. Cette bulle fut déclarée

[30]

1. F. Rocquain, *Philippe le Bel et la bulle Ausculta fili*, dans *Biblioth. de l'École des chartes*, 1883, p. 393 sq., cherche à prouver que, d'après la déclaration de Philippe le Bel, il y eut bien une bulle de Boniface VIII du 16 mars 1301, concernant la ville de Laon, qui fut brûlée sur le désir de l'évêque et du chapitre de cette ville; mais que, par contre, il n'est pas certain que la bulle *Ausculta fili* ait été brûlée : et qu'en tout cas sa destruction ne serait pas un acte aussi hostile contre la papauté qu'on le croit d'ordinaire. Cependant ce n'est pas ordinairement par respect et dévotion qu'on détruit les lettres du pape. S'il s'était agi seulement d'un simple désistement d'un privilège et par suite d'une destruction inoffensive d'une lettre du pape, certainement ni le cardinal Orsini ni Boniface lui-même ne se seraient élevés si fort contre un tel acte. Le prétexte allégué par Philippe donne trop l'impression d'un subterfuge. Cependant on admet depuis longtemps que la bulle ne fut pas brûlée par son ordre. [Cf. R. Holtzmann. *Philipp der Schöne von Frankreich und die Bulle Ausculta fili*, dans *Deutsche Zeitschrift für Geschichtswissenschaft*, 1897-1898, p. 16 sq. (H. L.)]

2. Boutaric, *La France sous Philippe le Bel*, p. 106; Baronius-Raynaldi, *Annal. eccles.*, ad ann. 1301, n. 32; Drumann, *Geschichte Bonifatius' VIII*, IIᵉ part., p. 27 sq.; Potthast, *Reg.*, t. ii, p. 2007.

3. Dupuy, *Actes et preuves*, p. 44; *Bullar. magnum*, t. ix, p. 120; Potthast, *Reg.*, t. ii, p. 2006. Voici la traduction de cette pièce : « Boniface, évêque, serviteur des serviteurs de Dieu, à Philippe, roi de France. Craignez Dieu et gardez ses comm ... irituel

fausse par Boniface et les cardinaux, dès qu'ils en eurent connaissance, et tout le monde est d'accord sur la falsification. Il est
probable que, comme l'insinuait Boniface, Pierre Flotte a été
l'auteur de ce faux, et certainement au vu et su du roi [1]. On a
prétendu que la bulle apocryphe se distinguait quant à la forme,
mais non quant au fond, des bulles authentiques *Ausculta fili*,
Unam sanctam et *Super Petri solio* [2].

Nous examinerons en leur lieu des deux bulles *Unam sanctam* et
Super Petri solio; examinons maintenant la prétendue identité
quant au fond, du *Deum time* avec la bulle *Ausculta fili*.

a) Nulle part Boniface ne formule absolument et sans restriction le principe que les rois lui sont soumis *in temporalibus*. Il y a
bien sans doute dans la bulle *Ausculta :* « Ne te laisse pas persuader,
ô mon fils, que tu n'as pas de supérieur et que tu ne dois pas te
soumettre à celui qui est au sommet de la hiérarchie. » Mais d'après
tout le contexte et les explications données par Boniface lui-même,
il est évident que le pape ne réclame du roi qu'une sujétion en
raison du péché [3]. Ce ne sont pas les actes du gouvernement en
soi, mais seulement ceux qui entraînent un péché qui sont soumis
à la juridiction du pape. Il y a là une différence essentielle; et
même aujourd'hui, avec notre conception très différente de la vie,
quelque indépendant que soit un roi catholique vis-à-vis de
l'Église, quand il s'agit des affaires de son gouvernement (*in
temporalibus*), on peut dire néanmoins que, pour les péchés commis
dans sa manière de gouverner, il se trouve, d'une certaine façon,
soumis à son confesseur. Celui-ci a le droit et le devoir de l'exhorter,
le blâmer, lui imposer des pénitences, non seulement pour les

et pour le temporel. La collation des bénéfices et des prébendes ne vous appartient
en aucune façon. Si vous avez la garde de quelques-uns de ces bénéfices pendant
la vacance par la mort des bénéficiers, vous êtes obligé d'en réserver les fruits
à leurs successeurs. Si vous avez conféré quelques bénéfices, nous déclarons
nulle cette collation pour le droit, et nous révoquons tout ce qui s'est passé dans
ce cas pour le fait. Ceux qui croiront autrement seront réputés hérétiques. Au
Palais de Latran, le ve jour de décembre, l'an VIIe de notre pontificat. » (II. L.)

1. Drumann, *Geschichte Bonifatius' VIII*, IIe part., p. 24-26; Boutaric, *La
France sous Philippe le Bel*, p. 106; *Histoire littéraire de la France*, 1862, t. XXIV,
p. 148.

2. Drumann, *Geschichte Bonifatius' VIII*, IIe part., p. 23.

3. Le jour de l'Épiphanie 1300, le cardinal d'Acqua Sparta développe à Saint-
Jean de Latran ce thème : « Le pape possède seul la *souveraineté* spirituelle et
temporelle sur tous les hommes, quels qu'ils soient, en place de Dieu. » (II. L.)

péchés spontanément accusés par lui, mais encore pour ses fautes notoires. Or, durant tout le moyen âge, le pape s'est regardé comme le directeur spirituel des princes chrétiens. Déjà en 1204, dans une lettre aux évêques de France, Innocent III avait établi le même principe et fait la même distinction ; il affirmait ne vouloir aucunement affaiblir la juridiction du roi de France sur ses vassaux ni juger *de feudo* (c'est-à-dire pour les fiefs), mais bien *de peccato*. Tout le monde reconnaissait chez le pape le droit et la charge de blâmer les chrétiens pour leurs péchés mortels et de punir même les rois. Innocent IV avait dit dans le même sens, en 1246, que l'Église avait incontestablement le droit de juger *spiritualiter de temporalibus* [1].

Quelque essentielle que soit cette différence de principes, on peut noter quelques passages dans la bulle *Ausculta* qui donneraient bien à croire que Boniface revendiquait sur les rois une supériorité dans *tous* les actes de leur gouvernement. Ainsi il prétend avoir reçu de Dieu d'une manière tout à fait générale un droit sur les rois et sur les royaumes *ad evellendum, destruendum, disperdendum, dissipandum, ædificandum atque plantandum*, et il appelle à lui les prélats français pour traiter avec eux et ordonner (*tractare et ordinare*) ce qui lui paraîtra utile pour la réforme des abus et la bonne administration du royaume (*ad bonum et prosperum regimen regni*). Or celui qui, dans un royaume, a le droit d'ordonner, d'arracher, de bâtir et de veiller à la bonne administration, est en réalité le chef de ce royaume.

b) Le second principe de la bulle apocryphe *Deum time* interdit au roi la collation de tous bénéfices, prébendes, etc. A première vue, la bulle *Ausculta* paraît énoncer la même maxime dans ce passage : *Ad te ejusmodi ecclesiarum... et beneficiorum collatio non potest quomodolibet pertinere nec pertinet.* Mais cette formule absolue est immédiatement atténuée par l'addition : *Sine aucthoritate vel consensu apostolicæ Sedis.* En effet, le sentiment du pape était que le Siège apostolique avait accordé et accordait aux princes chrétiens la collation d'un grand nombre de bénéfices, sauf réserve de l'institution, quoique *en principe* cette collation n'appartînt qu'à l'Église.

c) En troisième lieu, la bulle apocryphe fait dire au pape : « Si tu as l'administration de quelques églises vacantes, tu dois en

1. Cf. *Histoire des conciles*, t. v, p. 1230 1683

garder les revenus pour les titulaires qui seront nommés. » Rien de semblable dans la bulle *Ausculta*, où Boniface se contente de condamner l'abus du droit de régale en France, et ne demande pas la mise en vigueur du droit commun, à l'égard des revenus perçus pendant l'intérim, comme le prétend la bulle *Deum time*.

d) La quatrième clause est également nouvelle et sans fondement : « Si tu as donné de pareilles places vacantes, cette collation est de nulle valeur, etc. »

e) Enfin, les derniers mots : *Aliud autem credentes*, etc., ne correspondent aucunement à la fin de la bulle *Ausculta fili*.

A cet endroit, le faussaire a réuni quelques lambeaux de la bulle [332] authentique, par exemple : *Desipit qui sic sapit..., qui contrarium suadet est contrarius veritati*, pour mieux atteindre son but qui était d'enflammer l'orgueil français, en répandant ce prétendu spécimen de l'arrogance du pape. Et le but fut atteint. Le mécontentement soulevé par le mauvais gouvernement du roi fit place à la colère contre celui qui osait attenter à l'indépendance et à l'honneur de la couronne de France.

D'après Jean Villani, le nonce du pape était chargé, en cas d'obstination de Philippe le Bel et de refus de mise en liberté de l'évêque de Pamiers, d'excommunier le roi de France, de délier ses sujets de l'obéissance et de proclamer que la France faisait retour au Saint-Siège (!). Les autres sources se taisent sur ce point, et le récit de Villani n'est peut-être qu'une exagération courante de la bulle *Secundum divina* qui menaçait en effet le roi de l'excommunication s'il retenait plus longtemps en prison l'évêque de Pamiers. A la suite de cette bulle, Philippe le Bel remit l'évêque de Pamiers au nonce du pape, en leur enjoignant à tous deux de déguerpir hors du royaume dans le plus bref délai [1].

Pour achever l'effet produit par la fausse bulle *Deum time* et attirer complètement au roi la fibre nationale très excitée, il fallait faire connaître au peuple l'énergique réponse du roi à cette attaque du pape. On fit donc circuler une prétendue réponse du roi au pape, composée sur le modèle du *Deum time*, mais avec l'intention de produire plus d'effet encore. La voici : *Philippus, Dei gratia Francorum rex, Bonifacio se gerenti pro summo pontifice salutem modicam seu nullam. Sciat maxima tua fatuitas, in temporalibus nos alicui non subesse, ecclesiarum et praebendarum vacantium*

_____

1. Drumann, *Geschichte Bonifatius' VIII*, p. 32.

collationes ad nos jure regio pertinere, fructus eorum nostros facere, collationes a nobis hactenus factas et in posterum faciendas fore validas et in præteritum et futurum, et earum possessores contra omnes viriliter nos tueri. Secus autem credentes fatuos et dementes reputamus[1].

333]   Une telle lettre devait flatter les millions de Français qui ne voyaient pas derrière les coulisses, les remplir d'admiration pour leur roi, et de colère contre Boniface qui avait osé attaquer l'indépendance du royaume et l'honneur de la couronne. Cependant Philippe le Bel se garda de faire remettre à Rome un document en désaccord avec les relations diplomatiques entre grandes puissances, d'autant que cette réponse visait non la bulle *Ausculta fili*, mais le bref apocryphe *Deum time*. Deux faits confirment cette supposition : peu de temps après, le roi envoya à Rome son chancelier, l'évêque d'Auxerre, et le pape députa à Paris le cardinal Jean Lemoine pour entamer des négociations ; et non seulement le chancelier de France, mais même Charles de Valois, propre frère de Philippe le Bel, firent espérer la paix. Ces rapports diplomatiques ainsi repris entre Paris et Rome seraient devenus absolument impossibles si la réponse *Sciat maxima tua fatuitas* avait été remise officiellement au pape[2].

Il ne faut cependant pas en conclure qu'à Rome on ait ignoré ce document. Nous verrons que, dans le consistoire du mois d'août 1302, le cardinal-évêque de Porto et le pape y firent allusion. La bibliothèque du Vatican en aurait même possédé un exemplaire. Rien de plus naturel, du reste, que les amis du pape en France lui aient donné connaissance d'une telle lettre ; et, pour intimider Boniface VIII. le gouvernement de Philippe le Bel a probablement dû faire en sorte qu'un exemplaire lui tombât entre les mains.

1. Dupuy, *Actes et preuves*, p. 44 ; *Bullar. magnum*, t. ix, p. 123 : « Philippe, par la grâce de Dieu, roi de France, à Boniface, qui se dit pape, peu ou point de salut. Que ta très grande fatuité sache que nous ne sommes soumis à personne pour le temporel ; que la collation des bénéfices et des prébendes vacantes nous appartient par le droit de notre couronne et que les fruits de leurs revenus sont à nous, que les provisions que nous avons données et que nous donnerons sont valides et que nous sommes résolus de maintenir dans leurs possessions ceux que nous y avons mis. Ceux qui croiront autrement sont des fous et des insensés. A Paris, etc. » (H. L.)

2. Dans le xxive vol. de l'*Hist. littér. de la France*, p. 148, on admet aussi que la lettre de Philippe dont nous parlons n'a pas été remise officiellement à Boniface.

689. *Le Parlement du 10 avril 1302 à Notre-Dame de Paris.*
Réclamations de la France, réponse de Rome.

L'opinion publique ayant été travaillée suffisamment par cette campagne, Philippe le Bel convoqua, le 10 avril 1302, à Notre-Dame de Paris, une assemblée des États du royaume, le clergé, la noblesse et le tiers état [1]. C'était la première convocation du tiers état et Philippe comptait sur ses vives sympathies à cette occasion [2]. Lui, si habituellement despote, devenait, tout d'un coup, partisan du régime parlementaire; une lettre envoyée au pape à ce moment par le clergé de France nous renseigne sur ce parlement : « Ce n'est pas sans une douleur profonde et des larmes amères que nous nous trouvons dans l'obligation de faire connaître ce qui suit à Votre Sainteté : Notre très illustre prince et seigneur Philippe, par la grâce de Dieu roi des Francs, ayant reçu les communications de votre nonce, ayant lu les lettres apostoliques scellées, et ayant exposé leur contenu à son entourage, a été profondément étonné et troublé; aussi s'est-il empressé de convoquer les barons absents, ainsi que nous tous, archevêques, évêques, abbés, etc. Lorsque nous avons été réunis avec les barons, économes, syndics, procureurs des villes, etc., le 10 avril, dans l'église de Sainte-Marie à Paris, en présence du roi, celui-ci nous a fait connaître (par l'intermédiaire de Pierre Flotte) que, d'après cet archidiacre et d'après vos lettres, il vous était soumis par rapport au royaume, même pour les affaires temporelles (*temporaliter*), et qu'il tenait son royaume de vous, tandis que jusqu'ici tout le monde a été convaincu que lui et ses prédécesseurs ne tenaient leur royaume que de Dieu seul; sans vous contenter de ces opinions nouvelles et inouïes jusqu'ici dans ce royaume, vous avez voulu passer de la théorie à la pratique en convoquant autour de vous tous les prélats du royaume, ainsi que les maîtres en théologie, etc., pour corriger les excès, réparer les injustices et les torts que le roi et ses gens ont faits ou font encore aux prélats, aux églises, aux clercs et à la noblesse, aux communes et au

[334]

---

1. Labbe, *Concilia*, t. xi, col. 1535-1536; Hardouin, *Conc. coll.*, t. vii, col. 1319; Coleti, *Concilia*, t. xiv, col. 1345; Mansi, *Concilia*, Supplem., t. iii, col. 263; *Conc. ampliss. coll.*, t. xxv, col. 95.

2. Boutaric, *La France sous Philippe le Bel*, p. 21.

peuple. Cela priverait le royaume de son trésor le plus précieux
et de son bouclier, c'est-à-dire de la sagesse des prélats, etc.,
l'exposerait à des dangers sans mesure. Aussi le roi se plaint-il
de cela et d'autres dommages que vous et l'Église romaine lui
avez causés, surtout de notre temps, ainsi qu'à son royaume
et à l'Église gallicane, et que vous lui causez continuellement
par les réserves, par la collation arbitraire d'évêchés et autres
bénéfices importants à des étrangers et parfois à des personnes
suspectes (qui n'observent pas la résidence, enlèvent aux pauvres
ce qui leur est dû, négligent le service divin, détruisant ainsi le
désir de faire de nouvelles fondations, etc.), par de nouvelles
redevances extorquées aux églises... et par de désastreuses nou-
[35] veautés qui changent la situation de l'Église, enlèvent aux prélats
supérieurs le droit de donner des coadjuteurs [1] à leurs évêques
suffragants, etc. Le roi ne veut et ne peut supporter plus longtemps
qu'on lui ravisse de la sorte ses droits propres sur son royaume
et que l'on attente de cette manière à son honneur et à celui de
sa couronne, etc. Il proteste, en outre, que, dans les choses temporelles, etc., il n'a pas de supérieur, que ses prédécesseurs n'en ont
jamais connu, et, au jugement des plus capables et des plus savants,
le bon droit est de son côté. Aussi a-t-il demandé à nous tous,
prélats et barons, etc., de l'aider activement à conserver les anciennes libertés et l'honneur du royaume, etc., particulièrement à
l'égard des exactions commises au préjudice des églises et des
ecclésiastiques par ses gens, dont il avait déjà décidé la révocation
avant l'arrivée de cet archidiacre. Le roi aurait même déjà pris
cette mesure s'il n'avait voulu éviter de paraître la prendre par
obéissance envers tous. Il est prêt à sacrifier à cette œuvre non
seulement son patrimoine, mais encore sa personne et ses enfants,
et, comme il s'agit d'un intérêt général qui oblige tout le monde
et réclame le concours de tous, nous devions chacun nous déclarer
nettement sur ce point. Les barons se sont retirés pour délibérer
à part et sont revenus, peu de temps après, se déclarant prêts à
soutenir le roi dans ses bonnes intentions, de leurs biens et de leur
sang. C'était maintenant à nous de faire aussi notre déclaration.
Nous avons demandé un délai plus long et représenté au roi et
aux principaux barons, dans un long discours et à l'aide de beaucoup

---

1. Comme *causa major*, le droit de nommer des coadjuteurs était réservé au
Saint-Siège. *Sext. Decret.* ` III. tit *De cl— —   t—. —   — —*

d'arguments, que vous n'aviez certainement pas voulu attenter à la liberté et à l'honneur du royaume, etc., et qu'il fallait maintenir l'union entre l'Église romaine et les rois de France. Comme on nous refusait un plus long délai et que l'on déclarait que quiconque était d'un autre sentiment (que le roi) devait être considéré comme un ennemi du royaume... nous avons dit avec grande angoisse et grand trouble que nous étions prêts à défendre, par nos conseils et par nos actes, la personne du roi, sa famille, ses biens et sa liberté, car en tant que possesseurs de duchés, de comtés et de fiefs, etc., nous étions tenus par serment de lui rester fidèles. Nous avons demandé alors humblement au roi la permission de faire le voyage de Rome conformément à l'ordonnance pontificale; mais cela nous fut refusé... Comme maintenant une grande contrainte existe déjà entre clercs et laïques, que ceux-ci [336 évitent tous rapports avec les premiers et les regardent comme coupables de haute trahison, nous demandons à Votre Sainteté de veiller à ce que l'antique union et dilection entre l'Église, le roi et le royaume soit sauvegardée, pour la paix et tranquillité de l'Église gallicane. Pour cela, il suffirait de rapporter le décret de notre convocation à Rome [1]. »

On avait décidé dans le parlement que la noblesse et le tiers état écriraient aux cardinaux, comme le clergé avait écrit au pape. Voici, dans le texte original, la vigoureuse lettre de la noblesse :

1302, 10 avril.

Lettre envoyée par tous les Barons du Royaume de France au College des Cardinaux, quand le Roy appella contre Boniface Pape.

A Honorables peres lors chiers et anciens amis, tout le Colliege et a chascun des Cardinaux de la saincte Eglise de Rome, li Duc, li Comte, li Baron et li Noble, tuit du Royaume de France, Salut, et continuel accroissement de charité, d'amour et de toutes bonnes auentures a leur desir : Seignours, vos espiciaulment sçauez, et sçait chacun qui a sain entendement, comment l'Eglise

---

1. Dupuy, *Actes et preuves*, p. 67; Bulæus, *Hist. univers. Paris.*, t. IV, p. 19 sq. Cette lettre est conservée également dans le *Liber Guillelmi Majoris*, éd. Cél. Port, *Collection de documents inédits. Mélanges historiques*, t. II, p. 375 sq.; Christophe, *Geschichte des Papstthums*, t. I, p. 332 sq. (avec plusieurs fautes); Drumann, *Geschichte Bonifatius' VIII*, IIᵉ part., p. 35 sq.

de Rome et li Royaume de France, li Rois, li Baron, li Clergié, et
li peuples d'iceluy Royaume, ont d'ancienneté et continuellement
de coustume esté conioints ensemble par ferme et vraye amour, et
charité, et les grans miseres, les peines et les trauaux que nos
antecessours, et li plusieurs de nous et des nostres, ont souffert,
souffrent et souffreront tousiours en l'honneur de celui qui pour
nous souffrit passion et mort, pour soustenir et essaucier la loy,
et la foi Chretienne, et saincte Eglise, pour laquelle plusieurs
d'eux ont maintefois souffert moult de griefues peines et trauaux,
et estés pris et naurés a mort, et les grans cures que la diuine
Eglise a mises pour le bon estat du Royaume. Et pource que
trop griefue chose seroit à nous, se celle vraye vnité qui si longuement a duré entre nous se demenuisoit et defailloit maintenant
par la male voulenté, et par l'ennemitié longuement nourrie
soubs l'ombre d'amitié, et par les torcionnieres et desrenables
entreprises de celuy qui en present est.ou siege du gouuernement
de l'Eglise, nous vous certifions par la tenour de ces lettres aucunes
mauuaises et outrageuses nouuelletez, que il a de nouuel entreprises a faire a nostre tres chier et redouté Seignour, Phelippe
par la grace de Dieu Roy de France, et a tout le Royaume: lesquelles
nostre Sire li Roy fit exposer entendiblement par deuant nous,
et tous les Prelats, les Abbez, les Priours et les Doyens, les Prevosts,
les Procureurs des Chapitres et des Conuents, des Colleges, des
Vniuersitez et des Communautez des villes de son Royaume,
presens deuant luy, pour lesquiels se ils par sa desordenée volenté
estoient poursuiuies, l'vnitez et l'amitiez deuant dites, se defe-
roient et desioinderoient entre ladite Eglise, et le Roy, et le
Royaume, et nous : car nous ne le pourrions ne ne vourrions
souffrir en nulle maniere, pour peine, perte, ne meschief que
souffrir en deussiens, en personnes, en enfans, en heritages, ne
en autres biens. Premiers entre les autres choses que audit Roy
nostre Sire furent enuoyées par messages, et par lettres, il est
contenu, que du Royaume de France, que nostre Sire li Roy, et li
habitans du Royaume, ont touiours dit estre soubget en tempo-
ralité de Dieu tant seulement, si comme c'est chose notoire a tout
le monde, il en deuroit estre subjet a luy temporellement, et de
luy le deuoit, et doit tenir : et plus que il encores auec ce a fait
appeller les Prelats, les Docteurs en Diuinité, les Maistres en Canon
et en Lois dudit Royaume de France, pour amander et corriger
les exces, les griefs, les oppressions et les dommages, que il dit

par sa volenté estre faits par nostre Sire le Roy, par ses Menistres,
et par ses Baillifs, as Prelas, as Eglises, as personnes des Eglises,
a nous, aux vniuersitez, et au peuple dudit Royaume, iaçoit ce
que nous, ni les vniuersitez, ne li peuples dudit Royaume ne requi-
rons, ne ne voulions auoir, ne correction, ne amende sur les choses
deuant dites par luy, ne par s'authorité, ne par son pouuoir, ne
par autre, fors que par ledit nostre Sire le Roy : et ia auoit pourueu
li Roys nostre Sire, a mettre remede a griefs, s'aucun en y eust,
mais pour ce a retardé, puis que ces nouuelles sont venuës a luy;
que il ne veult mie que il apere, que il le face par cremeur, ou par
commandement, ou par correction de luy, ou d'autruy. Par laquelle
conuocation ainsi faite, li Royaume demourroit en grand peril,
et en grand desconfort, se il se vuidoit de si precieux ioyaux et
tresors, ausquels nul ne se comperent, et que len doit mettre auant
toutes forces, et auant toutes armes, c'est a sçauoir le sens des
Prelas et des autres saiges, par qui conseil, par qui sens, et par
qui pourueance, le gouuernement du Royaume est adreciez et
maintenus, la foy est tenuë et essauciée en fermeté, li sacremens
de saincte Eglise sont amenistrez et tenus, et iustice faicte et
gardée en celuy Royaume, pour lesquiex choses, et pour autres,
lesquelles trop longs chose seroit a escripre. Et pour ce especiaul-
ment que cil qui a present siet ou siege du gouuernement de l'Eglise,
a faict et faict encores chacun iour par ces ordenances de volenté
les confirmations et les collations des Archevesques et des Eues-[337]
ques, et des autres nobles benefices du Royaume deuant dict, et
y a mises par grandes quantitez et sommes d'argent, parquoy il
les a greuées et chargées, si que il conuient que li menus peuples,
qui leur est soubgez, soient greuez et rançonnez, car autrement
ne pourroient payer les exactions qui leur a faictes par personnes
mescogneuës, et aucunes souspeçonneuses, et telles, et plusieurs,
si comme enfants et plusieurs autres, qui de nul benefice d'Eglise
tenir ne sont dignes, et qui nulle residence ne font es Eglises, ou ils
ont les benefices, ne ia ni entrerent; et ainsi les Eglises sont
defraudées de leur seruice, et les volontez de ceux qui les Eglises
fonderent sont anienties, parquoy les aumosnes sont laissiées,
pitié arriere mise, et les bienfaicts soubstraits qui aux Eglises
souloient estre faits, et les Eglises en sons si abaissiées et decheuës,
que a peine y a nuls qui les desseruent, ne li Prelas ne poent donner
leurs benefices aux nobles Clercs, et autres bien nez, et bien lettrez,
de leurs dioceses, de qui Antecessours les Eglises sont fondées;

parquoy maluais exemple est donnez communement a tout le peuple, et pour les pensions nouuelles, et les seruices outrageous et desaccoustumez, et les exactions et extorsions diuerses, et les dommageuses nouuelletez, li generaux estats de l'Eglise et du tout muez, et ostez à souuerains Prelas, li pooirs de faire ce qui a eux de leur office appartient et est accoustumez de faire, et encore ne luy souffist ce mie, mais les collacions des benefices, que nostre Sire li Roys et nos Antecessours ont fondez, et a li et a nous appartiennent, et ont de tout temps appartenu a li et a nos deuanciers, et est accoustumé a appartenir, il nous empesche et les veut adiouster et traire deuers li par grand conuoitise, pour plus grans exactions, et plus grans seruices atraire a luy; et lesquelles choses nous ne pourrions ne vourrions souffrir des ores en auant en nulle maniere pour meschief nul qui nous puisse auenir, et se ainsi estoit que nous, ou aucuns de nous le vousissiens souffrir, ne les soufferroit mie li dicts nostre Sire li Roys, ne li commun peuples dudit Royaume; et a grand douleur, et a grand meschief, nous vous faisons a sçauoir par la teneur de ces lettres que ce ne sont choses qui plaisient a Dieu, ne ne doiuent plaire a nul homme de bonne voulenté, ne onques mes telles choses ne descendirent en cuer d'homme, ne ores ne furent, ne attenduës aduenir, fors auecque Antechrist : Et iaçoit ce que il die en ses lettres, que ce a-il faict du conseil de ses freres, si sçauons nous certoinement, ne autre chose ne voulons, ne ne pourrions croire, que ce ne vous desplaise, et que a telles nouuelletez, si grans errours, et si folles entreprises vous donnissiez vostre assentement, ne vos consens, ne ne voulsissiez que ceste vnitez, que si longuement et si fermement a duré, a le honneur de Dieu, et a l'essaucement de la foy Chrestienne, au grand bien, et au proffit, et au bon estat de l'Eglise et du Royaume, par la peruerse volenté, ou par la folle enuchie d'vn tel homme, se deffist et desionsist. Pourquoy nous vous prions et requerons tant affectueusement, comme nous pouuons; que comme vous soyez establis et appellez en partie au gouvernement de l'Eglise, et chacun de vous, en ceste besoigne veilliez tel conseil mettre, et tel remede, que ce qui est par si legier et par si desordenné mouuement commancié, soit mis a bon point, et a bon estat, si que l'amour et li vnitez qui a tousiours duré entre l'Eglise et le Royaume, puisse demourer et accroistre, et que li griefs esclandres, qui pour ce est meus et est appareillez d'estre si grans et si cruelz, que la generalle Eglise et toute Chrestienté s'en pourroit douloir a tousiours, puissent par vostre vertu, bon conseil, et par vostre amendement cessier; et que l'en puisse entendre pourfitablement au sainct voyage de oultre mer, et as autres bonnes œuuvres, que li bons Chrestiens du Royaume ont accoustumé a faire, et a poursuir, et monstrer tel semblant, que li malias, qui est esmeus, soit arriere mis et anientis, et que de ces exces qu'il a accoustumé a faire, il soit chastiez en telle maniere, que li estas de la Chrestienté soit et demeure en son bon point, et en son bon estat; et de ces choses nous faites a sçauoir par le porteur de ses lettres vostre volenté et vostre entention : car pour ce nous l'enuoyons especiaument a vous, et bien voulons que vous soyez certain que ne pour vie, ne pour mort, nous ne departirons, ne ne veons a departir de ce procez, et feust ores, ainsi que li Roys nostre Sire le voulust bien. Et pource que trop longue chose, et chargeans seroit, se chacun de nous metteroit scel en ces presentes lettres, faites de nostre commun assentement, nos Loys fils le Roy de France; Cuens de Eureux; Robert Cuens d'Artois; Robert Dux de Bourgoigne; Iean Dux de Bretaine; Ferry Dux de Lorraine; Iean Cuens de Hainaut et de Hollande; Henry Cuens de Luxembourg; Guis Cuens de S. Pol; Iean Cuens de Dreux; Hugues Cuens de la Marche; Robert Cuens de Bouloigne; Loys Cuens de Niuers et de Retel; Iean Cuens d'Eu; Bernard Cuens de Comminges; Jean Cuens d'Aubmarle; Iean Cuens de Fores; Valeran Cuens de Perigors; Iean Cuens de Ioigny; I. Cuens d'Auxerre; Aymars de Poitiers Cuens de Valentinois; Estennes Cuens de Sancerre; Renault Cuens de Montbeliart; Eniorrant Sire de Coucy; Godefroy de Breban; Raoul de Clermont Connestable de France; Iean Sire de Chastiauuilain; Iourdain Sire de Lille; Iean de Chalon Sire Darlay; Guillaume de Chaucigny Sire de Chastiau-Raoul; Richars Sire de Beaujeu, et Amaury Vicuens de Narbonne, auons mis à la requeste, et en nom de nous, et pour tous les autres, nos seaus en ces presentes Lettres. Donné à Paris le 10e iour d'Auril l'an de grace 1302.

Comme on le voit, toute la premiere noblesse, à la suite du prince royal Louis, souscrivit à cette lettre[1].

La lettre du tiers état ne s'est pas conservée; mais la réponse

1. Dupuy, *Actes et preuves*, p. 60; Bulæus, *Historia universitatis Parisiensis*, t. iv, p. 22-24; Drumann, *Geschichte Bonifatius' VIII*, in-8°, Königsberg, 1852, IIe part., p. 39 sq.

des cardinaux montre qu'elle était conçue à peu près dans les mêmes termes que la lettre précédente.

On a souvent prétendu que Philippe avait fait accompagner les députés des états, porteurs de ces lettres, par son chancelier Pierre de Mornay, évêque d'Auxerre, chargé de demander au pape un délai à la convocation du clergé de France à Rome et d'attendre une époque plus favorable. Mais Boutaric a déterminé la date du voyage de Mornay en Italie vers la fin de l'année 1302[1]; ce n'est donc pas le lieu d'en parler ici. A l'époque où nous sommes arrivés, été de 1302, le roi renouvela la défense de faire sortir du royaume de l'or ou de l'argent, et fit surveiller les routes, les passes et les ports, afin que personne ne pût se rendre au synode 38] convoqué par le pape[2].

Le 26 juin 1302, les cardinaux répondirent à la lettre des barons français : « Le contenu de votre lettre nous a grandement attristés. Notre saint-père et seigneur Boniface, par la Providence divine pontife suprême de la sainte Église romaine et de l'Église universelle[3], et nous-mêmes, nous nous sommes toujours efforcés de très bon cœur de conserver le lien de l'union qui a existé de tout temps entre Rome et les rois de France. Mais l'homme ennemi a semé l'ivraie. Soyez assurés que jamais notre seigneur le pape n'a écrit au roi que celui-ci lui était soumis même pour le temporel *(temporaliter)* pour les choses de son royaume, et qu'il tenait de lui ce royaume (en fief). Le prudent maître Jacques, archidiacre de Narbonne, a assuré qu'il n'avait à communiquer pareille chose au roi ni de vive voix ni par écrit. Par conséquent tout ce que Pierre Flotte a dit en présence du roi, des prélats et de vous, repose sur un mensonge, et tout son édifice s'écroule. Le pape a convoqué autour de lui prélats et docteurs, etc., pour délibérer mûrement avec eux, qui ne sauraient être suspects au roi, qui les aime et en est aimé, sur ce qu'il y a à faire. Ce n'est pas une nouveauté de voir le pape convoquer des conciles, et non seulement des conciles particuliers, mais aussi des conciles généraux. Mais,

---

1. Boutaric, *op. cit.*, p. 107.

2. Spondanus, *op. cit.*, ad ann. 1302, n. 10; Baronius-Raynaldi, *Annal. eccles.*, ad ann. 1302, n. 11; Dupuy, *Actes et preuves*, p. 86 sq; Baillet, *Histoire des démelez du pape Boniface VIII avec Philippe le Bel*, Paris, 1718, p. 124; Bulæus, *Hist. univers. Paris.*, t. iv, p. 22 sq.

3. On aura remarqué que, dans leur lettre, les nobles français n'ont jamais donné à Boniface le titre de pape.

précisément par égard pour le roi et pour le royaume, le pape ne
voulait pas, cette fois, un concile général, parce qu'il aurait pu
s'y rencontrer des évêques étrangers hostiles au roi de France.
Si vous et les prélats aviez pu lire la bulle *(Ausculta)* que l'archidiacre a remise au roi, et si on l'avait examinée avec soin, on aurait
remercié Dieu et le pape pour la sollicitude paternelle, pour la
bienveillance maternelle dont Boniface a fait et fait encore preuve
pour assurer le bonheur du roi et de son royaume, et pour mettre
un terme aux lourdes charges imposées aux prélats, aux églises,
aux monastères, et aussi à vous-mêmes et au peuple. Si le pape a
paru opprimer l'Église gallicane, cela vient de ce qu'il a accordé
au roi pour plusieurs années la dîme des revenus ecclésiastiques, et
de ce qu'il a conféré dans toute église, soit cathédrale, soit collégiale, des bénéfices à des personnes bien méritantes. Il a aussi
distribué quelques dignités et bénéfices; mais en tenant toujours
compte du roi ainsi que des prélats; et à plusieurs d'entre vous
(c'est-à-dire des familiers et des chapelains du roi, etc.), il a accordé
de nombreuses et importantes dispenses que le roi et vous connaissez
très bien (parce que c'est à lui ou à vous qu'elles ont été accordées). [339]
Mais on ne l'en a payé que d'ingratitude. Nul homme ayant son
bon sens ne peut douter que le pape romain est le primat et le
hiérarque suprême, et qu'il peut demander à tout homme compte
de ses péchés. Autant qu'il nous en souvient, le pape n'a donné
aucune église cathédrale du royaume à un Italien, sauf les églises
de Bourges et d'Arras, et dans ces deux cas il a choisi des personnes
qui ne pouvaient être suspectes au roi et que signalaient leur science
et leur célébrité [1]. Il a nommé aux autres églises cathédrales des
Français point suspects au roi. Lequel de ses prédécesseurs a fait plus
que lui pour les clercs pauvres ? les maîtres en théologie, auxquels il a
donné les canonicats et les prébendes de l'Église de Paris, peuvent
lui rendre témoignage sur ce point. Pour un étranger, il y a cent
Français qui ont été nommés par lui aux charges ecclésiastiques [2].

1. Boniface VIII nomma à l'archevêché de Bourges Gilles de Rome, appelé
aussi Ægidius Colonna, l'un des plus célèbres disciples de saint Thomas d'Aquin,
longtemps professeur à Paris et précepteur de Philippe le Bel. Ce fut précisément
sur le désir de Philippe que le pape le nomma archevêque. Gérard Pigalotti, qui
obtint le siège d'Arras, avait fait son éducation à Paris et y était devenu *pro-
fessor legum et doctor in utroque jure*. Bulæus, *Hist. universaris.* P., t. IV, p. 28.
2. En vérité, il semble que ce soit une grâce; mais ces charges étaient en France.
(H. L.)

Terminons en disant qu'il n'était ni juste ni convenable de ne pas
donner dans votre lettre le titre de pape à notre très saint-père
et seigneur et de vous contenter de le désigner en des termes
vagues peu conformes au respect qui lui est dû [1]. »

La réponse des cardinaux aux députés du tiers-état était
conçue dans les mêmes termes [2]. Quant aux évêques français, etc.,
le pape leur répondit ainsi [3] :

« Même les paroles d'une fille insensée ne sauraient changer
en haine l'amour d'une mère... En vérité, tous les gens pieux ont
été attristés par les paroles qui, sous prétexte de consolations,
ont été écrites au nom de notre chère fille l'Église gallicane, et qui
sont une injure pour la mère sans tache de cette Église... Ceux qui ont
écrit ces paroles ont voulu conclure des délibérations mensongères
du parlement de Paris qu'ils ne pouvaient se rendre à Rome, à la
convocation, sous peine de compromettre leurs biens et même leur
vie. Le Siège apostolique sait ce qui s'est passé dans cette assemblée,
ce qu'ont dit en particulier Pierre Flotte, ce Bélial à moitié aveugle,
et dont l'âme est dans les ténèbres, et quelques autres, pour entraîner dans une fausse voie notre cher fils Philippe, roi de France.
L'Église le déplore au plus haut point et cherche le moyen d'assurer
son propre salut et de trouver un port pour préserver du naufrage
cette majesté. Mais vous, frères, vous semblez placer votre espé-
rance dans des choses terrestres et vous secouez le joug du Christ
par crainte d'une perte temporelle, ou par peur des juges de la
terre. On a proféré dans cette assemblée bien des insolences,
bien des méchancetés, bien des affirmations schismatiques, que
vous auriez dû réfuter et surtout ne pas écouter ni répéter (dans
votre lettre). Ce qui peut vous excuser jusqu'à un certain point,
c'est le zèle infatigable avec lequel ces calomniateurs ont vomi leur
poison en parlant sans interruption; ils voulaient, par toutes sortes
de fausses promesses, vous séparer méchamment de l'unité de
l'Église, vous exciter contre nous et vous rendre complices de leur
malice; mais ils travaillent en vain s'ils veulent ériger une autre
chaire en face de celle de Jésus-Christ. Le second Lucifer sera
vaincu tout comme le premier. Ne veulent-ils pas, en effet, établir

1. Du Boulay, *Hist. univers.*, t. IV, p. 26; Dupuy, *Actes et preuves*, p. 63.
2. Du Boulay, *Hist. univers.*, p. 27 sq.; Dupuy, *Actes et preuves*, p. 71.
3. Du Boulay, *Hist. univers.*, p. 24; Baronius-Raynaldi, *Annal. eccles.* ad
ann. 1302, n. 12; Dupuy, *Actes et preuves*, p. 65. Tosti, *Storia di Bonifazio VIII*,
t. II, p. 302.

deux principes, lorsqu'ils soutiennent que le temporel ne doit pas le céder au spirituel? »

Quelque temps après, les ambassadeurs français furent invités au consistoire (août 1302) qu'ouvrit un discours du cardinal-évêque de Porto. Après un long exorde, passant au fait, il dit : « Il est vrai qu'on a fait parvenir au pape de nombreuses plaintes sur les abus qui existent dans le royaume de France et sur les attentats contre la liberté de l'Église. Il est également vrai qu'une lettre confidentielle (*Ausculta*) a été envoyée, sur la décision unanime du pape et des cardinaux, car vous (ambassadeurs français) devez savoir que, dans le Sacré-Collège, il n'existe aucune différence d'opinion entre le pape et ses frères. Cette lettre n'a pas été envoyée immédiatement après; elle a été présentée encore à plusieurs reprises dans le consistoire, relue et soigneusement corrigée : elle était vraiment pleine de charité; elle s'exprimait dans le langage d'un père affectueux; elle renfermait de douces et maternelles paroles pour exhorter le roi à quitter ceci et à améliorer cela. On a prétendu que, d'après cette lettre, le roi devait croire qu'il tenait son royaume en fief de l'Église. De par Dieu, tous les bruits qui ont circulé sur ce point doivent cesser, car la lettre ne contenait pas que le roi tenait son royaume d'un homme quel qu'il fût, et l'archidiacre ne l'a pas non plus déclaré de vive voix au nom du pape et des cardinaux. On parle d'une autre lettre qui [341] aurait été envoyée au roi (*Deum time*); mais je ne sais pas d'où elle est venue. Les cardinaux ne l'ont pas envoyée, et je suis persuadé qu'elle ne provient pas non plus du pape. La lettre envoyée par le pape et par ses frères était pleine de charité, et si elle contenait quelques mots paternels plus sévères qui ont paru durs au roi, ils n'avaient pour but que son amendement et son salut. Je crois que personnellement le roi est bon et catholique; mais je crains qu'il n'ait de mauvais conseillers, comme Absalon avait Achitophel [1]. En effet, de quoi se plaint le roi de France? Si on a appelé les prélats à Rome pour délibérer avec eux sur certaines affaires, ce n'étaient pas des étrangers ni des adversaires du roi que l'on convoquait, c'étaient ses confidents et ses compatriotes, aimant l'honneur du roi et celui du royaume comme la prunelle de leurs yeux; ils ne devaient pas rester toujours à Rome, mais rentrer en France, les affaires une

---

1. II Samuel, xv, 21 sq.

fois terminées. Le roi n'a pas plus à se plaindre au sujet des bénéfices de son royaume; sur ce point, il faut distinguer entre le droit de patronat avec la présentation, et la collation avec le droit de jouissance. La collation d'un bénéfice ne peut pas appartenir à un laïque. On dira peut-être que le roi a plus de droit que cela; je n'en sais rien, mais je maintiens qu'il ne peut avoir, à ce sujet, d'autres droits que ceux qu'il possède *ministerialiter*, c'est-à-dire les droits que le pape lui a donnés comme à son ministre ou à son vicaire. On répond que le roi a la prescription pour lui; mais s'il peut ainsi donner des bénéfices de sa propre autorité, pourquoi a-t-il demandé sur ce point un privilège de l'Église? Le roi a son confesseur : en vertu de quelle autorité, et au nom de quel pouvoir ce confesseur lui donne-t-il l'absolution? Évidemment en vertu de l'autorité du pape, duquel tous les évêques tiennent leurs pouvoirs et par lequel ils ont été admis *in partem sollicitudinis*. Je vais peut-être (d'après votre manière de voir) dire une grosse sottise [1], mais c'est là ma conviction et je suis prêt, même au péril de ma vie, par-devant le monde entier, à soutenir que le pape, comme vicaire de Pierre, a tout pouvoir, car le Christ, qui est le Seigneur de tout, a donné ses pouvoirs à Pierre et à ses successeurs. Quiconque dit le contraire est hérétique. On peut le prouver par l'Ancien et par le Nouveau Testament et par les constitutions des saints Pères; mais, laissant de côté tout cela, je me contenterai d'*une seule* preuve. Dans le monde entier il n'y a qu'*un* homme qui soit le premier; dans une famille, il n'y en a qu'*un* qui soit père; sur un navire, il n'y en a qu'*un* qui soit capitaine; dans un corps, il n'y a qu'*une* tête qui domine, sans cela on serait un monstre. Dans l'arche de Noé il n'y avait qu'un capitaine, Noé, et ceux qui se joignirent à lui furent sauvés, les autres furent perdus. De même dans l'Église, qui est le navire du Christ et de Pierre, il n'y a qu'*un* capitaine et qu'*un* chef, auquel tout le monde doit obéir; il est le seigneur de toutes les choses temporelles et spirituelles, parce que, ainsi que nous l'avons dit, il a tout pouvoir. Le roi n'a pas non plus raison de se plaindre que des étrangers aient reçu des places dans son royaume (éloge de Gilles et de l'évêque d'Arras). En se réservant de donner quelques places, l'Église n'a pas non plus innové, car le pape a la plénitude du pouvoir en choses

[2]

---

1. *Magnam fatuitatem.* Le cardinal laisse sans doute entendre par là qu'il connaît par il .il.nt .eut S. rmr.iitu:f.u .

spirituelles. Tous les cardinaux seraient prêts à sacrifier leur vie pour lui et pour la liberté de l'Église [1]. De plus, nul ne peut douter que le pape ne puisse, en raison du péché, juger les affaires temporelles ; il est écrit : Dieu créa deux lumières (*luminaria*), une plus grande et une plus petite, indiquant par là directement les deux juridictions [2]. Le pape a (*principaliter*) la juridiction spirituelle, car elle a été donnée par le Christ à Pierre et à ses successeurs. La juridiction temporelle appartient aux empereurs et aux rois ; mais c'est encore au pape à suivre et à porter son jugement sur les choses temporelles, en tant que le péché est en jeu, *ratione peccati*. On peut distinguer entre celui qui a de droit la juridiction temporelle, et celui qui l'a seulement pour l'usage et l'exécution (*ad usum et ad executionem*). De droit, elle appartient au pape comme vicaire du Christ et de Pierre, et le nier c'est nier cet article de foi, que le Christ juge les vivants et les morts. Mais, quant à l'usage et exécution, la juridiction temporelle n'est pas du ressort du pape, c'est pourquoi le Christ a dit à Pierre : « Mets ton glaive dans le fourreau. » Le roi des Francs n'a donc aucune raison de se plaindre [3].

. Le pape prit ensuite la parole : « Le passage de l'Écriture sainte, dit-il, *l'homme ne doit pas séparer ce que Dieu a uni* (Matth., xix, 6), [343] peut très bien s'appliquer aux rapports entre l'Église de France et ses rois. Ces rapports ont commencé avec le baptême de Clovis. Remi dit alors au roi : « Tiens-toi en paix avec l'Église, car aussi « longtemps que tu le feras, toi et ton royaume, vous jouirez du « bonheur ; » nous savons combien, en effet, cette union a été utile au royaume : au temps de Philippe le Grand (Philippe-Auguste), les revenus du roi n'atteignaient pas 18 000 livres ; maintenant, grâce aux faveurs de l'Église, ils dépassent 40 000 livres. Ce que Dieu a uni ne doit donc pas être séparé par l'homme. Nous prenons ici, comme la Bible, le mot homme dans le sens de l'*inimicus homo*, c'est-à-dire comme synonyme de Satan ou d'homme satanique. Cet homme satanique, Achitophel, c'est Pierre Flotte, etc. Ses complices sont le comte d'Artois, autrefois notre ami, et le

---

1. Il est remarquable qu'on n'est jamais plus disposé à faire le sacrifice de sa vie que quand personne ne vous en parle. (H. L.)

2. Les deux *luminaria* n'étaient pas des juridictions, mais, plus simplement, le soleil et la lune. (H. L.)

3. Dupuy, *Actes et preuves*, p. 73 ; Du Boulay, *Hist. univers.*, t. iv, p. 28-31 ; Tosti, *Storia di Bonifazio VIII*, t. ii, p. 139 sq.

comte de Saint-Pol. Ce Pierre Flotte a falsifié ou faussement interprété la lettre que nous avions délibérée avec les cardinaux et en présence des conseillers et des ambassadeurs du roi, mais que nous n'avions pas envoyée immédiatement, parce que (les ambassadeurs) nous avaient fait observer qu'on nous écrirait auparavant; comme il n'a pas publié la lettre, nous ne savons pas s'il en a falsifié le texte, ou s'il en a donné une fausse explication, comme si nous demandions au roi de se reconnaître comme notre feudataire pour son royaume. Depuis quarante ans, nous sommes versé dans l'étude du droit : qui donc pourrait croire qu'une semblable sottise (*fatuitas*) pût exister dans notre esprit? Nous ne voulons pas empiéter sur la juridiction du roi; mais, pas plus qu'un autre chrétien, il ne peut nier qu'il ne nous soit soumis *ratione peccati*.

« Quant à la collation des bénéfices, nous avons dit plusieurs fois aux ambassadeurs du roi que nous sommes prêt à lui accorder sur ce point toutes les grâces possibles, afin qu'à l'avenir il pût faire licitement ce qu'il n'avait fait jusqu'ici qu'illicitement; car il est certain que la collation des bénéfices ne saurait appartenir à un laïque sans notre assentiment, soit tacite, soit explicite. Nous avons accordé au roi de nommer un chanoine dans chaque église de son royaume, et nous voulions lui abandonner entièrement la collation des prébendes de l'Église de Paris, à la condition qu'il les donnerait, exclusivement, à des maîtres en théologie, à des docteurs en droit canon ou en droit civil, ou d'autres savants, et non à des neveux de tel ou tel...[1]. Mais ni le roi ni aucun prélat n'avait donné de bénéfices à un maître en théologie; ils les avaient donnés à des neveux ou à d'autres personnes qui ne sont pas propres à grand'chose. Tout cela est absolument certain. Si quelqu'un prétend que nous nous sommes trompé, que les cardinaux soient juges entre le roi et nous, ou que Philippe envoie des barons [44] qui ne soient pas les satellites de la méchanceté, par exemple le duc de Bourgogne, le comte de Bretagne et d'autres, et ils déclareront en quoi nous nous sommes trompé, et en quoi nous avons lésé quelqu'un : nous sommes prêt à répondre[2]. Nous ne voulons

---

1. Le pontificat de Boniface VIII fut l'âge d'or du népotisme pontifical; tous les Gaëtani furent largement pourvus. (H. L.)

2. Hergenröther, *Kathol. Kirche und christl. Staat*, p. 296, laisse entrevoir que le discours du pape aurait pu se terminer ici, et que la suite, injurieuse pour la France, serait peut-être une falsification. [Tout mauvais cas étant niable (H. L.)]

pas répondre à l'insensé selon sa folie[1]; mais tant que cela nous sera possible, nous conserverons la paix avec le roi, car nous avons toujours aimé la France; lorsque nous étions encore cardinal, **nous étions français par le sentiment** (*Gallicus*), et nos frères les cardinaux romains nous en ont souvent fait un reproche. De même, dans notre situation présente, nous avons beaucoup aimé le roi et nous avons eu pour lui toutes sortes de prévenances. Sans nous, c'est à peine s'il serait encore sur le trône. Lorsque les Anglais et les Allemands, et presque tous les grands feudataires et ses voisins, s'étaient ligués contre lui, par qui a-t-il triomphé? C'est grâce à nous, qui avons arrêté ses adversaires. En vérité, nous lui avons témoigné plus d'amour que ne peut le faire un père selon la nature; mais s'il ne rentre pas en lui-même, nous lui répondrons selon sa folie. — Nous connaissons les secrets du royaume. Nous savons combien peu les Allemands ou les habitants du Languedoc et de la Bourgogne aiment les Français; nos prédécesseurs ont déposé trois rois de France[2]. Quoique nous n'égalions pas nos prédécesseurs, si cela est nécessaire, nous n'en déposerons pas moins, quoique avec douleur, mais comme un valet (*garcio*, garçon), le roi Philippe qui est plus coupable que tous ces princes[3]. Quant à la convocation des prélats à Rome, nous ne la retirons pas, au contraire nous la confirmons et la renouvelons. Nous aurions pu convoquer les évêques du monde entier, mais nous ne voulions que des évêques français, et encore des évêques agréables au roi, parce que nous avions appris que son royaume était le plus mal administré des royaumes de la terre. Comme il est malade des pieds à la tête, nous déclarons déposés par nous tous ceux qui ne viendront pas. Demain vous pouvez (vous, députés des prélats de France) paraître devant nous et devant les cardi- [345] naux, dans le consistoire, pour y recevoir vos lettres, et s'il vous reste quelque chose à dire, nous l'entendrons volontiers[4]. »

1. Prov., xxiv, 4.

2. On se demande quels sont les trois rois dont parle ici Boniface VIII; l'histoire ne nomme qu'un seul roi, Childéric III, et encore le pape ne l'a-t-il pas déposé. Il a seulement adhéré à sa déposition. Cf. Hefele-Leclercq, *Histoire des conciles*, t. iii, p. 913.

3. Damberger, *Synchron. Geschichte*, t. xii, p. 401, qui, de même que Tosti, *Storia di Bonifazio VIII*, t. ii, p. 141, regarde ce discours du pape comme un modèle « de la plus admirable modération » (p. 399), omet ce passage et d'autres, ou bien les paraphrase pour en adoucir le sens.

4. Dupuy, *Actes et preuves*, p. 77; Du Boulay, *Hist. univers. Paris.*, t. iv, p. 31 sq.;

Le duc de Bourgogne, loué comme on vient de voir par le pape,
avait envoyé un ambassadeur particulier à Anagni, avec des lettres
pour quelques cardinaux, afin de négocier, si c'était possible, une
réconciliation entre le roi et le pape, et engager ce dernier à la
condescendance. Matthieu Orsini, cardinal de *Santa Maria in
Portica*, répondant le 6 septembre 1302 à cette lettre du duc de
Bourgogne, se plaint de l'ingratitude du roi de France à l'égard
du pape et du crime inouï d'avoir brûlé la lettre pontificale. Le
prélat ajoute que le roi est déjà excommunié de fait, comme
toute personne qui empêche quelqu'un de se rendre à Rome. Le
cardinal trouve injuste au plus haut degré que, dans leur lettre aux
cardinaux, les nobles de France et le tiers-état n'aient pas donné
au pape son titre officiel. S'il n'était pas le vrai pape, alors saint
Louis n'était pas vraiment canonisé, et toutes les dispenses
données pour les mariages, etc., aux Français étaient nulles. Le
cardinal n'osait prendre sur lui de donner au pape si profondément
blessé le conseil désiré par le duc, à savoir de retirer la récente
suspense de tous les privilèges accordés soit au roi lui-même, soit
à ses prédécesseurs, et d'annuler la convocation des prélats à
Rome. Tant que le roi s'obstinerait dans sa conduite perverse
et ne montrerait pas de repentir, le pape ne pouvait lui accorder
ses faveurs. Mais s'il reconnaissait avoir été trompé par de mauvais
conseillers et réparait ses fautes, le pape serait on ne peut plus
condescendant à son égard. Les cardinaux Robert de Sainte-
Pudentienne et Pierre de *Santa Maria Nova* répondirent dans le
même sens [1].

Le dissentiment était trop accentué pour qu'un essai de
conciliation pût aboutir. Le roi Philippe le Bel et ses États
avaient manqué à l'égard du Saint-Siège d'une manière qu'on
ne pouvait ignorer, mais que le repentir et l'expiation pouvaient
seuls effacer. D'un autre côté, le pape et le cardinal-évêque
de Porto avaient émis des principes qui devaient soulever en

Noël Alexandre, *Hist. eccles.*, t. XIII; t. XIV, diss. IX, art. 2, n. 7, 8; Drumann,
Geschichte Bonifatius' VIII, IIe part., p. 47 sq.; Boutaric, *La France sous Philippe
le Bel*, p. 113, met en doute l'authenticité de ce discours du pape, mais pour des
raisons insuffisantes. Cf. Schwabs, *Abhandlungen*, dans *Tübinger Quartalschrift*,
1866, fasc. 1, p. 14.

1. Dupuy, *Actes et preuves*, p. 80, 82; Du Boulay, *Hist. univers.*, p. 33; Baillet,
Histoire des demelez du pape Boniface VIII avec Philippe le Bel, Paris, 1718,
p. 155 sq.; Drumann, *Geschichte Bonifatius' VIII*, IIe part., p. 50 sq.

France de nouvelles oppositions. Le pape était pleinement dans [346] son droit lorsqu'il se plaignait de la falsification ou de la suppression de sa bulle, et, aussi lorsqu'il rejetait comme un mensonge l'accusation dont on le chargeait, d'avoir déclaré que la France était un fief du Saint-Siège. Également, dans la discussion sur la collation des bénéfices, le pape était dans le droit, et nous avons vu plus haut qu'on peut très bien expliquer dans un sens très juste et simple l'opinion que le roi, comme tout autre chrétien, était soumis, *ratione peccati*, au pouvoir du pape. Mais cette restriction *ratione peccati* devait paraître aux hommes d'État français bien futile, lorsque le cardinal-évêque de Porto, d'accord avec le pape, énonçait cette thèse que, de droit, tout pouvoir temporel appartenait aussi au pape, et que c'était seulement *quantum ad usum et ad executionem* qu'il ne lui appartenait pas. Grégoire IX (1232 et 1236) avait déjà, il est vrai, soutenu vis-à-vis des grecs et de l'empereur Frédéric II une proposition analogue, à savoir que Constantin le Grand avait abandonné au pape également le pouvoir temporel et que les empereurs et les rois n'étaient que les auxiliaires du pape pour tenir le glaive matériel et s'en servir suivant les ordres du Saint-Siège; mais vis-à-vis de la France on n'avait jamais émis officiellement cette théorie, et elle devait rencontrer d'autant plus d'opposition que Boniface VIII ne s'en tenait pas à la théorie et voulait passer à la pratique, soit par l'enquête projetée sur le gouvernement de Philippe le Bel, soit par cette menace de déposition du roi : c'était mettre la France dans une dépendance qu'aucun Français n'eût voulu supporter, sans parler de l'expression si profondément offensante de *garcio*, et d'autres allusions blessantes dans le discours du pape.

690. Concile romain de 1302 et bulle « Unam sanctam ».

Malgré la défense du roi, quatre archevêques (ceux de Tours, Bourges, Auch et Bordeaux), trente-cinq évêques, six abbés et plusieurs docteurs et « maîtres », etc., vinrent à Rome répondre à l'appel du pape [1]. « Afin que, pendant leur absence, leurs biens n'en ressentissent aucun dommage, » le roi les « fit garder par ses gens. » Boniface ouvrit donc à Rome, le 30 octobre 1302, un synode

1. La liste de ces prélats se trouve dans Dupuy, *Actes et preuves*, p. 86.

composé des Français, d'autres prélats et de cardinaux. Les actes de cette assemblée sont perdus. Ils furent anéantis pour complaire à Philippe le Bel. L'ancienne tradition, d'après laquelle Boniface [7] aurait excommunié Philippe dans ce concile, est erronée, en ce sens que le pape n'y a porté contre Philippe aucune sentence spéciale; mais elle est fondée en ce sens que, le 18 novembre, le pape frappa d'une manière générale d'anathème et d'excommunication tous ceux qui empêchaient les fidèles de se rendre auprès du Saint-Siège [1].

Ce fut probablement dans ce synode qu'on délibéra la bulle *Unam sanctam*, publiée pendant les sessions de l'assemblée ou bien immédiatement après.

Dans l'exemplaire inséré au *Corpus jur. can.*, l. I, tit. VIII, *Extrav. comm. de majoritate et obedientia*, c. 1, elle ne porte que la date: *Datum Laterani, pontificatus nostri anno VIII*. D'autres exemplaires ont cette désignation plus précise : XIV *cal. dec.*, c'est-à-dire 18 novembre; mais l'authenticité de cette date est mise en doute, parce que, à Rome, ce jour-là n'aurait pas été simplement désigné par XIV *cal. dec.*, mais aussi par *festum Dedicationis basilicarum Petri et Pauli*, comme pour le décret du pape contre ceux qui empêchaient les voyages à Rome, qui est daté *in festo Dedicationis*, etc. Mais justement dans les registres du Vatican cette bulle porte la date plus précise, ce qui ne laisse plus de doute à ce sujet [2].

1. Dupuy, *Actes et preuves*, p. 83; Baronius-Raynaldi, *Annal. eccles.*, ad ann. 1302, n. 16; Mansi, *Concil. ampliss. coll.*, t. XXIV, col. 98 sq.; Hardouin, *Concil. coll.*, t. VII, col. 1251; Coleti, *Concilia*, t. XIV, col. 1347 sq.; Du Boulay, *Hist. univers. Paris.*, t. IV, p. 35 sq.; Drumann, *Geschichte Bonifatius' VIII*, II° part., p. 53 sq.

2. *Specimena palæographica Regestorum rom. pontif.*, Romæ, 1888, tab. 46, texte, p. 44; Potthast, *Reg.*, t. II, p. 2014; Drumann, *Geschichte Bonifatius' VIII*, II° part., p. 57 sq. [Ch. Jourdain, *Un ouvrage inédit de Gilles de Rome*, dans le *Journal de l'Instruction publique*, 1878; reproduit dans les *Excursions historiques et philosophiques à travers le moyen âge*, in-8°, Paris, 1888, p. 173; F. X. Kraus, dans *Oesterr. Vierteljahr. für kathol. Theologie*, Wien, 1862; B. Hauréau, *Notice sur Jacques de Viterbe*, dans *Hist. littér. de la France*, t. XXVII; F. X. Funk, *Kirchengeschichtliche Abhandlungen*, in-8°, Paderborn, 1897, t. I, p. 483-489; J. Berchtold, *Die Bulle Unam sanctam und ihre wahre Bedeutung und Tragweite für Staat und Kirche*, 1887; H. Grauert, dans *Historisches Jahrbuch*, 1888, t. IX, p. 137 sq.; F. Ehrmann, *Die Bulle Unam sanctam des Papsts Bonifatius VIII nach ihrem authentischen Wortlaut erklärt*, 1896; F. Mury, *La bulle Unam sanctam*, dans *Revue des questions historiques*, 1879, t. XXVI, p. 90-130, soutenait la non-authenticité: y a renoncé, *ibid.*, juillet 1889, t. XLVI, p. 253-257; Finke, *Aus*

Voici les principaux passages de la bulle *Unam sanctam*, devenue
si célèbre :

« Nous devons reconnaître une seule Église, sainte, catholique et apostolique. Hors de cette Église, il n'y a pas de salut
ni de pardon pour les fautes, ainsi que le dit le divin Époux dans le
Cantique des cantiques (vi, 8) : *Ma colombe est une*, etc. Elle a
un corps mystique dont la tête est le Christ. Il n'y a en elle qu'un
Seigneur, qu'une foi, un baptême (Eph., iv, 5). A l'époque du [348]
déluge, il n'y eut qu'une seule arche de Noé, figure de l'Église
unique, et tout ce qui était en dehors d'elle sur la terre fut détruit.
Cette Église une n'a qu'un seul chef, et non pas deux têtes comme
un monstre. Et lorsque le Christ dit à Pierre : *Pais mes brebis*,
il les lui a données toutes et non pas seulement quelques-unes.
Aussi, lorsque les grecs et d'autres prétendent n'être soumis ni
à Pierre ni à ses successeurs, ils affirment par là même qu'ils ne
sont pas au nombre des brebis du Christ. Car il n'y a qu'un seul
pasteur et un seul bercail (Joh., x, 16). L'Évangile nous enseigne
qu'il y a deux glaives dans la main de ce pasteur [1], le glaive spirituel et le glaive temporel. En effet, lorsque les apôtres disent :
Voyez, il y a ici deux glaives (Luc, xxii, 38), c'est-à-dire dans
l'Église, le Seigneur ne répond pas : *C'est trop !* il dit, au contraire :
C'est bien ! Celui qui oserait nier que le glaive temporel se trouve
entre les mains de Pierre ferait peu de cas de cette parole du

den Tagen Bonifaz' VIII, p. 146 sq.; R. Scholz, *Die Publizistik zur Zeit Philipps
des Schönen und Bonifaz' VIII*, in-8°, Stuttgart, 1903, p. 124 sq.; Capes, *The
English Church in the fourteenth and fifteenth centuries*, London, 1902; H. Hemmer,
Boniface VIII, dans Vacant-Mangenot, *Dictionn. de théol. catholique*, t. ii, col. 999-
1002; P. Viollet, dans *Rev. hist.*, 1876, t. i, p. 602. (H. L.)

1. Ici commence le passage capital de ce document fameux. Après avoir exposé,
au moyen de comparaisons tirées de la Bible, que l'Église est une et ne peut avoir
qu'un chef, la bulle passait à la métaphore désormais célèbre des deux glaives,
que saint Bernard semble avoir empruntée à Geoffroy de Vendôme († 1115) et
qu'il rendit populaire dans ce passage du *De consideratione*, l. IV. c. iii : *Aggre-
dere eos (Romanos contumaces) sed verbo non ferro. Quid te denuo usurpare gladium
tentes, quem semel jussus es ponere in vaginam ? Quem tamen qui tuum negat, non
satis mihi videtur attendere verbum Domini dicentis sic : Converte gladium tuum
in vaginam. Tuus ergo et ipse, tuo forsitan nutu, etsi non tua manu evaginandus.
Alioquin si nullo modo ad te pertineret et is, dicentibus apostolis : Ecce gladii duo
hic, non respondisset Dominus : Satis est; Satis est, sed Nimis est. Uterque ergo
Ecclesiæ, et spiritualis scilicet gladius et materialis, sed is quidem pro Ecclesia
ille vero et ab Ecclesia exerendus ; ille sacerdotis, is militis manu, sed sane ad nutum
sacerdotis et jussum imperatoris, et de hoc alias egimus.* (H. L.)

Seigneur : *Remets ton glaive dans le fourreau* (Matth., xxvi, 52). Les deux glaives, le glaive spirituel et le glaive temporel, sont donc au pouvoir de l'Église; le premier est manié par l'Église, le second pour l'Église; le premier par les prêtres, le second par les rois et les guerriers, mais aussi longtemps que le prêtre le veut et le tolère (*ad nutum et patientiam sacerdotis*). Donc l'un de ces glaives doit être soumis à l'autre, l'autorité temporelle doit s'incliner devant l'autorité spirituelle. L'apôtre dit : *Il n'est pas de puissance qui ne vienne de Dieu, et celles qui sont ont été ordonnées par Dieu* (Rom., xiii, 1); or ils ne seraient pas ordonnés par Dieu, si l'un des deux glaives n'était soumis à l'autre et si le glaive inférieur n'était ramené en haut par le glaive supérieur. Que le pouvoir spirituel dépasse le pouvoir temporel en honneur et dignité, nous devons le reconnaître d'autant plus que le spirituel dépasse le temporel; et ceci est évident par le paiement des dîmes, par la bénédiction et la sanctification, par la réception du pouvoir lui-même et par le gouvernement des choses. La (divine) Sagesse atteste que c'est au pouvoir spirituel d'instituer (*instituere*, qui veut dire également instruire) le pouvoir temporel et de le juger, s'il y a lieu. On lit en effet dans Jérémie (i, 10) : *Je t'établis aujourd'hui sur les peuples et sur les royaumes*, et l'apôtre écrit de son côté : *Spiritualis homo judicat omnia; ipse autem a nemine judicatur* (I Cor., ii, 15). Quoiqu'un homme ait reçu et exerce ce pouvoir, ce n'est cependant pas un pouvoir humain, mais bien un pouvoir divin, ainsi que le Christ l'a dit à saint Pierre et, par lui, à ses successeurs : *Ce que tu délieras sur la terre*, etc. (Matth., xvi, 19). Celui qui résiste à ce pouvoir résiste à l'ordre établi [49] par Dieu, ou, comme les manichéens, il croit à deux principes et devient hérétique. *Porro subesse romano pontifici, omni humanæ creaturæ declaramus, dicimus, definimus et pronunciamus omnino esse de necessitate salutis* [1]. »

1. Dupuy, *Actes et preuves*, p. 54; Du Boulay, *Hist. univers.*, p. 36; Baronius-Raynaldi, *Annal. eccles.*, ad ann. 1302, n. 13; Tosti, *Storia di Bonifazio VIII*, t. ii, p. 152 sq.; Drumann, *Geschichte Bonifatius' VIII*, IIe part., p. 58 sq.; Wilhelm Martens, *Die Beziehungen der Ueberordnung*, etc., p. 30 sq. Damberger, *Synchron. Geschichte*, t. xii, p. 442 sq., déclare le document faux pour deux raisons : d'abord il n'est pas du pape, ce n'est pas le pape qui parle, mais ses amis, les théologiens et les évêques, qui, pour le défendre, y font leur profession de foi. Ensuite la bulle est falsifiée par des ratures, etc. Un savant français, suivant l'idée de Damberger, déclare catégoriquement la bulle fausse : « Il s'y rencontre tant de choses vagues ou obscures, des leçons si incertaines, des interprétations si forcées, d' » affirma-

Le but de cette bulle tant discutée n'est autre, d'après le sens littéral, que de démontrer la nécessité absolue pour *tout* homme d'appartenir à l'Église s'il veut être sauvé. La tête de cette Église instituée par Dieu, le centre d'unité, c'est le pape. Boniface prouve d'abord cette nécessité pour les fidèles en général et puis spécialement pour les souverains. Cette dernière déduction l'amène naturellement à la question des rapports entre le pouvoir spirituel et temporel, et il expose alors en un système ordonné les pensées qu'il avait déjà exprimées dans son discours consistorial du mois d'août 1302; mais, en résumé, il n'ajoutait rien à ce qu'avaient dit ses prédécesseurs, en particulier Grégoire IX. Boutaric [1] a eu parfaitement raison de mettre ce point en relief. Mais nous ne partageons pas sa manière de voir, lorsqu'il prétend trouver une grande différence dans ce fait, que les prédécesseurs de Boniface s'étaient contentés de formuler leurs prétentions suivant les circonstances et dans des cas particuliers, tandis que Boniface en avait fait une doctrine. Si on compare la bulle *Unam sanctam* avec la lettre de Grégoire IX du 23 octobre 1236, on voit que l'opposition qu'on croit découvrir entre Boniface et ses prédécesseurs est toute subjective, car le pape Grégoire énonce également une doctrine générale. Donc, quant à la doctrine de la bulle, le sens [350] littéral nous la montre prédominante, raisonnée, et démontrée, mais non pas définie. On ne peut regarder comme définition que la clause finale : *Porro*, etc., qui seule peut revendiquer un caractère dogmatique [2].

tions si agaçantes, qu'on n'y peut voir que l'œuvre d'un écrivain perfide qui voulait rendre le pape ou ridicule ou odieux. » V. Verlaque, *Jean XXII*, Paris, 1883, p. 56. Même pour le bien, on peut trop faire ! Le passage si controversé : *omnis humana creatura*, pourrait trouver son explication authentique dans une bulle antérieure de Boniface VIII du 13 mai 1300; on y lit : *Apostolica Sedes.., Dominice domus dominium et omnis possessionis ejus obtinens principatum,* CUI OMNIS ANIMA *quasi sublimiori preeminencie debet esse subjecta,* etc. Kopp, *Geschichte der eidgenöss. Bünde,* t. III, p. 313.

1. Boutaric, *La France sous Philippe le Bel,* p. 113 sq.

2. L'existence et l'authenticité de la bulle *Unam sanctam* sont hors d'atteinte. Le grand vacarme mené autour de cette bulle, principalement au moment de sa publication, en 1682 et en 1870, lui a valu une célébrité compromettante. En somme, la réputation dépasse la réalité et le document n'a rien de plus embarrassant que beaucoup de pièces analogues dans lesquelles les papes proclament leur souverain pouvoir en matière temporelle. Nous avons cité un grand nombre de textes dans cet ouvrage qui ne sont ni moins formels ni moins agressifs que celui de Boniface VIII. On a voulu justifier ce que ces affirmations paraissent

Les papes n'ont pas été les seuls, du reste, à affirmer la supériorité du pontife romain sur tous les rois, même *in temporalibus*. Des princes et des hommes d'État l'ont affirmée expressément en diverses circonstances, surtout lorsqu'ils cherchaient à obtenir de Rome quelques concessions. Ainsi, quelques années auparavant, le 29 décembre 1299, les ambassadeurs du comte de Flandre faisaient la déclaration suivante : *Summus pontifex judex est omnium, tam in spiritualibus quam in temporalibus... est enim Christi omnipotentis vicarius... imperatorem, quo nullus inter principes seculares est superior, judicat et deponit summus pontifex* [1].

aujourd'hui avoir d'excessif, en les édulcorant en des traductions arrangées comme celles de Gosselin, ou en cherchant des excuses dans le droit public du moyen âge, alors que le pape Grégoire VII, Innocent III, Grégoire IX, Innocent IV et Boniface VIII entendaient bien *fonder* le droit d'après la caractéristique essentielle de leur pouvoir. En somme, de Grégoire VII à Boniface VIII, on pourrait aligner les textes en une sorte de longue chaussée historique dont le sens et parfois les termes se répètent invariablement. Dans la bulle *Unam sanctam* nous avons déjà mentionné l'emprunt à la métaphore des deux glaives (*De consideratione*, l. IV, c. III, *P. L.*, t. CLXXII, col. 776), un autre emprunt aussi curieux est celui qui sert à interpréter ce passage : *Nam veritate testante spiritualis potestas terrenam potestatem* INSTITUERE *habet, et judicare, si bona non fuerit*. Le mot *instituere* a été bien tiraillé, on l'a traduit : instruire, informer, redresser, corriger. Cependant le contexte de la bulle montre que le pape entend ce mot dans le sens d'*établir*. C'est ce que rend évident la source de ce passage, qui a pu être emprunté soit à Hugues de Saint-Victor, *De sacramentis*, l. II, c. IV, 4, *P. L.*, t. CLXXVI, col. 418, soit à Alexandre de Halès, qui le répète : *Summa theol.*, IV[a], q. X, m. V, a. 2 : *Quanto vita spiritualis dignior est quam terrena et spiritus quam corpus, tanto spiritualis potestas terrenam sive sæcularem honore ac dignitate præcedit. Nam spiritualis potestas terrenam potestatem et* INSTITUERE *habet* UT SIT, *et judicare habet si bona non fuerit*. La conclusion *Porro subesse* contient l'expresse volonté de définir et, séparée du contexte, elle s'accommode de bien des adoucissements. Toutefois la conclusion dite dogmatique, étant reliée à la bulle par la conjonction *porro*, doit être déterminée plus ou moins par les considérations qui la précèdent et par la tradition qu'elle résume. Les interprétations les plus favorables à l'omnipotence pontificale semblent donc ici plus exactes et plus conformes à l'esprit des papes du XIIIe siècle. Cependant des théologiens ont adopté sans hésiter une interprétation mitigée, dans le sens d'une subordination générale du pouvoir spirituel au temporel, certains ont même pensé pouvoir restreindre la portée au seul pouvoir spirituel. « Au fond, dit un peu plaisamment Ch. Langlois, Boniface, dans la bulle *Unam sanctam* comme dans la bulle *Clericis laicos*, n'a pas dit grand'chose de nouveau. Mais il avait l'art de donner un tour blessant aux lieux communs. » (H. L.)

1. Kervyn de Lettenhove, *Rapport de l'ambassade flamande*, dans *Mémoires de l'Académie royale de Belgique*, t. XXVIII, p. 421, 604 sq. [Il faut toutefois reconnaître que ces Flamar... ... ... (. L.)]

Philippe le Bel s'empressa de faire rédiger par le dominicain
Jean de Paris une réfutation de la bulle *Unam sanctam*. On a
prétendu que le célèbre Gilles de Rome, archevêque de Bourges,
avait composé une réfutation analogue; mais cette tradition très
répandue vient de ce qu'on le croyait auteur de l'écrit *De utraque
potestate* [1]. Ceci est déjà fort douteux par le fait que Gilles était
du nombre des prélats qui, malgré la défense du roi, se rendirent à
Rome sur l'ordre du pape. Cette attribution lui a d'ailleurs été
retirée par Jourdain et F.-X. Kraus. On a même été jusqu'à
prétendre que Gilles était l'auteur de la bulle *Unam sanctam* [2].
Clément V, pressé par le roi de France, déclara plus tard, dans le
document *Meruit*, que la bulle *Unam sanctam* ne porterait aucun
préjudice au roi de France, à son royaume ou à ses sujets (*nullum
volumus, vel intendimus præjudicium generari*), qu'ils ne seraient
pas soumis à l'Église de Rome autrement qu'avant la promulgation de la bulle. On pourrait, d'après ce document, donner une
explication naturelle et véritable de la bulle, si le sens littéral de
la première clause ne donnait à croire que, par ce bref, Clément V
fait une faveur *spéciale* à la France, lui accorde un privilège,
l'exempte des droits de souveraineté revendiqués par l'Église dans
la bulle (*... tam regem, quam regnum favore benevolo prosequamur.
Hinc est, quod nos*, etc.). Mais cette exemption, cela va de soi, ne [351]
peut se rapporter qu'au domaine de la politique ecclésiastique, et
non pas du dogme. C'est-à-dire que la dernière clause de la bulle
n'est pas atteinte par le bref *Meruit*. De la même façon, Léon X
confirma la bulle *Unam sanctam* au cinquième concile de Latran
1516, mais *sine præjudicio declarationis « Meruit »* [3].

---

1. Goldast, *Monarch.*, t. II, p. 95 sq., 108 sq.; Noël Alexandre, *Hist. eccles.*,
sæc. XIII, XIV, diss. IX, art. 2, § 10 sq., donne les principaux arguments de Jean
de Paris et du pseudo-Gilles.

2. Cf. F.-Xav. Kraus, dans 1er fasc. du *Oesterreichische Vierteljahrschrift*,
Vienne, 1862.

3. Cf. *Extrav. comm.*, l. V, tit. VII, *De privilegiis*, c. 2; Hardouin, *Conc. coll.*,
t. VII, col. 1280; t. IX, col. 1830; Mansi, *Concil. ampliss. coll.*, t. XXV, col. 128;
Coleti, *Concilia*, t. XIV, col. 1374; Du Boulay, *Hist. univers.*, t. IV, p. 100; Drumann,
Geschichte Bonifatius' VIII, IIe part., p. 58, 181. Cf. aussi Wilhelm Martens, *Die
Beziehungen der Ueberordnung, etc., zwischen Kirche und Staat*, Stuttgart, 1877,
p. 44 sq.

691. *Le cardinal Lemoine échoue dans ses tentatives de conciliation.*

Sur ces entrefaites, l'armée française entrée dans les Flandres fut entièrement défaite, le 11 juillet 1302, à Courtray, et les deux principaux ennemis du pape, Pierre Flotte et le comte Robert d'Artois, perdirent la vie dans cette journée [1]. Boniface proclama cette défaite une punition de Dieu; il excita les Flamands à continuer une résistance vigoureuse, et chercha aussi à entraîner le roi d'Angleterre dans la guerre contre la France [2]. Dans les derniers mois de 1302, Philippe le Bel envoya à Rome son chancelier Pierre de Mornay, évêque d'Auxerre, avec quelques seigneurs, annoncer au pape qu'il ne le connaissait plus comme arbitre dans ses démêlés avec les Flandres et avec l'Angleterre [3]. Outre sa mission officielle, le chancelier de France avait ordre de laisser entrevoir les intentions pacifiques du roi. Charles de Valois, frère de Philippe le Bel, l'appuya dans ces négociations [4]. Cette démarche détermina le [352] pape à une nouvelle tentative de conciliation, et, dans ce but, il envoya à Paris le cardinal Lemoine, français d'origine et ami personnel du roi. Il devait proposer à Philippe de se faire relever de l'excommunication encourue *ipso facto* pour avoir empêché les évêques de se rendre à Rome, et lui proposer les conditions de paix suivantes [5]

1. Même après la bataille de Courtray, la Flandre ne recouvra pas sa liberté; une nouvelle armée de Philippe rétablit son autorité. Le vieux comte Gui mourut prisonnier des Français (1305), et son fils aîné, Robert de Béthune, dut subir les conditions les plus désastreuses pour recouvrer une demi-souveraineté sur les Flandres.

2. Kervyn de Lettenhove, *Hist. de Flandre*, t. II, p. 461 sq.; Drumann, *Geschichte Bonifatius' VIII*, Ire part., p. 148 sq.; Pauli, *Gesch. von Engl.*, t. IV, p. 155; Baronius-Raynaldi, *Annal. eccles.*, ad ann. 1302, n. 17, à la fin.

3. Dupuy, *Actes et preuves*, p. 84; *Notices et extraits de ms.*, t. XX, p. 145.

4. Boutaric, *La France sous Philippe le Bel*, p. 107.

5. Jean Lemoine, de Crécy, chanoine d'Amiens et de Paris, auditeur de Rote; doyen de Bayeux, 1288, vice-chancelier de l'Église romaine, évêque d'Arras, 1293; cardinal-prêtre du titre des Saints-Marcellin-et-Pierre, 1294; camerlingue, 6 novembre 1305; mort à Avignon le 22 août 1313; enseveli à Paris le 1er octobre 1314. H. Denifle, *Chartul. universit. Paris.*, 1891, c. II, p. 90-91; *Journal des savants*, 1887, p. 180-181; Ch. Jourdain, *Le collège du cardinal Lemoine* dans *Mém. de la Soc. hist. de Paris*, 1876-1877, t. III, p. 42-81, et dans *Excurs. hist.*, 1888, p. 265-308; F. Lajard, *Hist. littér. de la France*, 1877, t. XXVII, p. 201-224; Schulte, *Gesch. d. canon. Rechts.* 1877, t. II, p. 191-192. H. L.

1. La défense de se rendre à Rome au concile, portée par le roi ou ses gens, sera retirée, et on annulera toutes les confiscations faites à ce sujet, etc.

2. Le droit suprême du pape dans la collation des bénéfices sera reconnu, et nul autre ne pourra donner des bénéfices, si ce n'est avec le consentement tacite ou explicite du pape.

3. Le roi déclarera que le pape peut envoyer des nonces en tous pays sans la permission de personne.

4. C'est aux clercs à administrer les biens ecclésiastiques et leurs revenus, dont l'administration et la disposition suprêmes reviennent au pape. Il peut demander soit la centième, soit la dixième, soit toute autre partie des revenus, selon qu'il le jugera utile, et sans autorisation.

5. Un prince, et en général un laïque, ne peut frapper d'aucun impôt les biens et droits de l'Église, ni citer à comparaître des ecclésiastiques devant son tribunal ou les faire emprisonner, sauf dans les questions de fiefs.

6. Le roi Philippe, n'ayant point empêché qu'on brûlât en sa présence et en présence d'un grand nombre d'assistants une bulle et une lettre ornées des images des apôtres Pierre et Paul, devra envoyer au pape un fondé de pouvoirs pour prouver son innocence ou accepter une pénitence.

7. Le roi ne devra pas abuser du droit de régale qu'il a pour la protection des cathédrales vacantes; ainsi il ne devra pas faire abattre les forêts, etc., et il gardera pour le futur évêque le surplus des revenus.

8. Le pouvoir spirituel sera rendu aux évêques, etc.

9. Le roi, ayant changé deux fois les monnaies au préjudice des églises, des clercs et des laïques, sera obligé de restituer et de s'amender.

10. Le roi donnera de même satisfaction pour les autres points indiqués dans la lettre remise par le notaire Jacques de Normans.

11. La ville de Lyon n'appartient pas à la France; ce n'est pas le roi, c'est l'archevêque qui en est le seigneur.

12. Si, dans le délai accepté par son frère Charles et par ses ambassadeurs, le roi ne s'amende pas sur les points indiqués, le pape procédera *spiritualiter et temporaliter* [1].

---

1. Dupuy, *Actes et preuves*, p. 90; Baronius-Raynaldi, *Annal. eccles.*, ad ann. 1303, n. 34; Bzovius, *op. cit.*, 1303, n. 4; Spondanus, *op. cit.*, ad ann. 1303, n. 2.

[53] Le roi fit aussitôt rédiger une réponse à ces douze articles pour montrer qu'il avait raison sur tous les points :

1. Ce n'est ni par manque de respect pour l'Église, ni aux seuls clercs qu'il a défendu de se rendre à Rome; il l'a fait à cause des révolutions survenues dans les Flandres et pour remédier aux conjurations qui s'ourdissaient dans le royaume.

2. Pour la collation des bénéfices, il n'use que des droits dont saint Louis et ses prédécesseurs ont usé avant lui.

3. Il ne défendra jamais à un légat du pape, qui ne lui serait pas suspect, d'entrer en France.

4. Quant à l'administration des biens et revenus ecclésiastiques, il s'en tient au droit et aux coutumes.

5. Il ne cite les clercs devant les tribunaux séculiers que dans les cas prévus par la loi et dans lesquels ses prédécesseurs avaient agi de même.

6. Il y a eu une bulle brûlée à Laon par ordre des échevins de la ville, afin qu'on ne pût en faire usage contre eux. (Philippe semble avoir mal compris le pape, répondant sur le fait de la bulle concernant la ville de Laon.)

7. Quant à l'exercice du droit de régale, le roi suit l'exemple de saint Louis et de ses prédécesseurs. Lorsque ses gens étaient allés trop loin, il les avait punis et avait pris ses mesures pour l'avenir.

8. Il promet de ne pas empêcher les clercs d'exercer leur juridiction suivant le droit et la coutume.

9. Le roi n'a falsifié l'argent que pour la défense du pays; et, à la prière de ses sujets, il avait pris des mesures pour donner satisfaction aux plaintes élevées à ce sujet.

10. Si les gens du roi ont commis quelque injustice, elle sera réparée.

11. Le roi déplore les vexations subies par l'Église de Lyon, par suite de son conflit avec cette ville. Mais l'archevêque ne doit s'en prendre qu'à lui-même si les suites de son refus de prêter le serment de vassalité l'avaient lui-même atteint.

12. Le roi désire vivement conserver l'union entre son royaume et l'Église; mais que le pape daigne également y songer et ne pas

Ces points sont un peu différents, quoique identiques quant au sens, dans Guil. Major, édit. Cél. Port, *Collection de documents inédits*, *Mélanges historiques*, t. II, p. 380 sq.; Drumann, *Geschichte Bonifatius' VIII*, IIᵉ part., p. 61 sq.; Tosti, *Storia di Bonifazio VIII*, t. —, p. 173 sq.

se permettre des empiétements. S'il n'est pas satisfait de ces réponses, le roi est prêt à se soumettre à la sentence arbitrale des ducs de Bourgogne et de Bretagne, proposés comme arbitres par le pape lui-même [1].

Les gallicans ont vanté la modération de la réponse royale; en réalité, cette réponse montre aussi peu de sincérité que de condescendance. Des faits de notoriété publique étaient simplement niés, ou bien on en rejetait toute la responsabilité sur des gens du roi; les plaintes du pape étaient arbitrairement interprétées, ou mal comprises; les questions embarrassantes, à dessein éludées, et le roi se contentait de faire des concessions pour la forme et dans un langage vague et très élastique. Aussi le pape avait-il raison, dans sa lettre à Charles de Valois et à l'évêque d'Auxerre, de déclarer les réponses du roi contraires à la vérité et à la justice, ajoutant qu'elles ne répondaient pas aux avances faites par le prince et par l'évêque d'Auxerre, à leur départ de Rome. En conséquence, il avait mandé aux légats que, si le roi ne modifiait pas sa réponse, on procéderait contre lui *spiritualiter et temporaliter* [2]. Le 13 avril 1303, Boniface écrivit dans le même sens et presque dans les mêmes termes au cardinal-légat, et, pour montrer à Philippe la gravité de la situation, il publia, à la même date, deux autres bulles, déclarant le roi sous le coup de l'excommunication décrétée contre ceux qui empêchaient de se rendre auprès du Saint-Siège, et convoquant tous les prélats français à Rome dans un délai de trois mois [3].

[354]

---

1. Dupuy, *Actes et preuves*, p. 92; Baillet, *Histoire des démelez du pape Boniface VIII avec Philippe le Bel*, p. 175 sq.; Drumann, *Geschichte Bonifatius' VIII*, II⁰ part., p. 64 sq.; Tosti, *Storia di Bonifazio VIII*, t. II, p. 174 sq.

2. Dupuy, *Actes et preuves*, p. 97; Baronius-Raynaldi, *Annal. eccles.*, ad ann. 1303, n. 34. La date donnée par Raynaldi (24 février) est certainement inexacte. Le cardinal ne remit les douze articles qu'en février 1303. La lettre au prince fut certainement écrite en même temps que celle au cardinal, 13 avril. Cf. Drumann, *Geschichte Bonifatius' VIII*, II⁰ part., p. 72.

3. Dupuy, *Actes et preuves*, p. 88, 95, 98; Du Boulay, *Hist. univers.*, t. IV, p. 38; Potthast, *Reg.*, t. II, p. 2017; Drumann, *Geschichte Bonifatius' VIII*, II⁰ part., p. 72 sq.; Tosti, *Storia di Bonifazio VIII*, t. II, p. 176. La lettre du pape *Per processus nostros*, dans Dupuy, *Actes et preuves*, p. 98, se trouve dans Baronius-Raynaldi, *Annal. eccles.*, ad ann. 1311, n. 39, sous la date « dernier jour d'avril ».

692. *Accusations et violences contre Boniface VIII; sa mort.*

Ces documents n'étaient pas encore publics que se décidait à Paris le drame qui se terminerait par la chute du pape. Philippe le Bel l'avait berné et amusé de fausses promesses; en réalité, il ne songeait nullement à une réconciliation, mais à une solution terrible. Pour prévenir l'action de Rome, la réponse aux douze articles du pape servait son calcul par sa modération apparente et son calme, qui [endormait le pape] et flattait l'opinion en France et ailleurs. La séance du parlement du 10 avril 1302 avait été précédée, suivant le nouvel usage, d'une petite réunion préparatoire. Le 12 mars 1303, dans une séance extraordinaire du conseil tenue au Louvre, Guillaume de Nogaret[1], qui, depuis la mort de Pierre Flotte, était garde des sceaux du royaume, adressa au roi, en présence de plusieurs prélats et seigneurs, un discours pathétique, le suppliant de défendre la sainte Église contre l'intrus et le faux pape Boniface, larron, spoliateur, hérétique, simoniaque, de réunir les prélats et les barons et de s'occuper avec eux de la convocation d'un concile général. Devant le concile, Nogaret accuserait Boniface, qui serait jugé et remplacé[2].

Peu de temps après, le roi Philippe fit arrêter, à Troyes, Béné-fract, archidiacre de Coutances, porteur d'une lettre pontificale; il fit saisir ses papiers, et traita le cardinal-légat de telle façon que celui-ci jugea prudent de prendre la fuite[3]. De son côté,

55]

1. Guillaume de Nogaret, né à Caraman (Haute-Garonne), professeur de droit à Montpellier, 1291; juge-mage de Beaucaire, 1294; membre de la *Curia regis*, 1296; chancelier, 1303-1304; vice-chancelier, 22 septembre 1307; mort en avril 1313. R. Holtzmann, *Wilhelm von Nogaret, Rat und Grossiegelbewahrer Philipps des Schönen von Frankreich*, in-8°, Freiburg, 1898; E. Michel, *Die Rolle Noga-rets bei dem Attentat auf Bonifaz VIII*, dans *Zeitschrift für katholische Theologie*, 1892, t. xvi, p. 367-372; E. Renan, *Un ministre de Philippe le Bel, Guillaume de Nogaret*, dans *Revue des deux mondes*, 1872, t. xcviii, p. 328-349, 597-621, 764-797; Renan, dans *Hist. litt. de la France*, 1877, t. xxviii, p. 233-271. (H. L.)

2. Dupuy, *Actes et preuves*, p. 56; Baillet, *Histoire des démelez du pape Boni-face VIII avec Philippe le Bel*, Paris, 1718, p. 169 sq.; Drumann, *Geschichte Bonifatius' VIII*, IIᵉ part., p. 68 sq.; Boutaric, *La France sous Philippe le Bel*, p. 108, place à tort le discours du chevalier Guillaume de Plaisians dans la réunion du 12 mars 1303; par contre, Tosti, *Storia di Bonifazio VIII*, t. ii, p. 179, passe outre l'assemblée du 12 mars.

3. Druma... ... ... *Hist.* ... , *VIII* ... ...

Boniface VIII publia, le 31 mai 1303, une bulle poussant les habitants de Lyon, Tarentaise, Embrun, Besançon, Aix, Arles, Vienne, Bourgogne, Lorraine, Dauphiné, Provence, c'est-à-dire des provinces qui avaient fait partie de l'empire d'Allemagne, à briser les chaînes de vassalité qu'ils avaient acceptées au grand détriment de l'empire [1].

Avant que cette bulle pût être connue en France, le roi réunit au Louvre, le 13 juin 1303, une trentaine de prélats et autant de barons et de juristes, tous à sa dévotion [2], et leur fit lire par le chevalier Guillaume de Plaisians (Nogaret était déjà parti pour l'Italie) un acte d'accusation contre Boniface, qui s'était, au mépris de tous droits, emparé du Siège apostolique et l'avait déshonoré par ses forfaits. Guillaume jura sur les Évangiles n'avancer que la vérité, se déclara prêt à prouver toutes ses accusations et termina en demandant au roi, protecteur de la foi et de l'Église, de travailler à la convocation d'un concile général. Guillaume de Plaisians ayant sollicité sur ce dernier point l'assentiment des prélats présents, ceux-ci demandèrent le temps de la réflexion ; mais, dès le lendemain, eut lieu une seconde séance, et Guillaume n'y formula pas moins de vingt-neuf chefs d'accusation contre le pape Boniface [3] :

1. Boutaric, *La France sous Philippe le Bel*, p. 110 ; *Notices et extraits de manuscrits de la Bibl. imp.*, t. xx, p. 147 ; cf. Schwab, dans *Tübinger theologische Quartalschrift*, 1866, fasc. 1, p. 18.

2. Boutaric, *La France sous Philippe le Bel*, p. 26 sq., a prouvé que cette assemblée n'avait pas été, comme on le croit généralement, un parlement composé des trois états. Pour être plus sûr, Philippe le Bel se contenta de convoquer d'abord les nobles et les clercs sur lesquels il pouvait le plus compter, et lorsque les résolutions eurent été prises, il les fit successivement confirmer par les assemblées provinciales du royaume et par les autres prélats pris séparément. Il était de cette façon plus facile de les vaincre.

3. Ce réquisitoire de Guillaume de Plaisians est, croyons-nous, le plus violent qui ait jamais été dressé contre le pape, et une partie des accusations qu'il contient rend nécessaire un rigoureux examen. Tous ces incidents, dont la scène d'Anagni donne la signification, sont, est-il même nécessaire de le dire ? un enchaînement d'iniquités : l'abus de confiance, la falsification des documents, le coup de force se succèdent et se répondent ; malgré tout, malgré la réprobation qui s'attache à cette machination criminelle et sacrilège, on ne peut, au simple point de vue humain, s'empêcher d'y porter un intérêt passionné. La mission dont Guillaume de Nogaret est chargé, la manière dont il l'exécute dépassent tellement les spectacles ordinaires de l'histoire qu'on est obligé de se tenir en garde pour ne pas laisser s'égarer une sorte de sympathie vers l'aventurier capable de concevoir,

1. Il ne croit pas à l'immortalité de l'âme.

56] 2. Il ne croit pas à la vie éternelle, il ne regarde pas comme un péché de procurer au corps toute sorte de jouissances, et n'a pas honte de déclarer qu'il préférerait être chien ou âne plutôt que

d'entreprendre et d'accomplir un acte qui demande l'audace et la vigueur poussées à leur paroxysme. Mais cet aventurier n'est que cela et, après avoir tout prévu, il n'a pas prévu le succès, la façon d'en user, et la combinaison échoue, se dissipe toute seule. Néanmoins l'épisode culminant d'Anagni, celui qui donne au conflit entre Boniface VIII et Philippe le Bel son caractère d'horreur tragique — même en le supposant dépouillé des procédés violents que rien ne prouve — cet épisode final marque l'aboutissement d'une période et d'un système. La querelle du pape et du roi de France est loin d'être un fait isolé, elle résume l'effort de trois siècles de luttes et inaugure une période de tendances inconciliables que nous étudierons dans la suite. Nous voulons seulement marquer ici le rang historique de cette querelle fameuse. Après les disputes du sacerdoce et de l'empire, au moment où, de lassitude et d'épuisement, les deux adversaires se reposent et où l'avantage semble resté à la papauté, la doctrine politique de Grégoire VII provoque un dernier et suprême assaut. Cette fois, le champion du droit royal n'est plus un potentat germanique féroce et faible, un politique d'étroite envergure hypnotisé par la guerre de chicane, c'est un de ces rois de France calculateurs et avisés qui dédaignent les stériles opérations et les conversations décevantes en terre lombarde, qui pousse droit à l'adversaire, le prend au collet et termine la guerre d'un coup, un coup de maître sous lequel la papauté médiévale s'effondre avec retentissement. Cette stratégie, dont la rapidité foudroyante est si opposée aux combinaisons, aux atermoiements, au jeu de bascule auquel on assistait entre papes et empereurs franconiens et souabes, cette stratégie se doit juger non d'après son succès, qui pourrait n'être qu'une surprise, mais d'après ses résultats : depuis Anagni, il ne fut jamais question du grand dessein monarchique de Grégoire VII, d'Alexandre III et d'Innocent III, toujours discuté, toujours repris jusqu'à sa disparition sous Boniface VIII. Et si nous avons voulu exposer, à l'heure où il se produisait, ce projet grandiose, si nous avons tenu à marquer les phases critiques par lesquelles il a passé, les accroissements et les amendements qu'on lui a fait subir, nous devons aujourd'hui saluer une fois de plus cette haute conception à laquelle des politiques qui comptent parmi les plus grands ont attaché leur espoir et dans laquelle ils ont voulu voir et dans laquelle ils ont su mettre quelque chose qui lui assure un rang durable dans la suite des hautes constructions de la métaphysique politique européenne.

Est-ce à Boniface VIII qu'il faut en attribuer l'échec retentissant et définitif ? Pour notre part, nous ne le croyons pas. Si ce plan a disparu ainsi tout entier et tout d'un coup, c'est qu'il était virtuellement au bout de sa destinée; faute d'un Philippe le Bel, on aurait pu, en le galvanisant, le faire durer un peu plus, mais sans éclat et sans résultat politique durable. Les peuples, on l'oublie trop ou bien on n'y songe pas assez, ressemblent aux individus en ce point qu'ils ne disposent que d'un certain degré d'attention. Quand celle-ci est lassée, quand l'enthousiasme, quand l'intérêt ont disparu, l'esprit se détourne et cherche autre chose, n'ir... ... ... 's croi-

Français. Il n'aurait évidemment pu tenir ce langage s'il avait cru que les Français avaient des âmes faites pour la vie éternelle.

3. A cause de cela, il a très mauvaise réputation.

4. Il ne croit pas à la transsubstantiation de la sainte hostie,

sades avaient été une diversion, Henri IV le comprit et sentit qu'on était lassé de sa querelle, l'Europe regardait ailleurs. A leur tour, les croisades ont fatigué; quand saint Louis décide la huitième et dernière de ces grandes expéditions, il est seul parmi les rois à prendre la croix et, après lui, tous les appels, tous les récits, toutes les dîmes, toutes les indulgences n'entraînent plus un soldat vers cet Orient démodé. Le malheur de Boniface VIII, c'est de venir en un temps où l'esprit public a tourné et où ses revendications fatiguent ceux qu'elles n'exaspèrent pas. Les contemporains — et cela seul permettrait d'apprécier la lassitude générale à l'égard de ces revendications — les contemporains ne semblent pas comprendre la portée de la partie suprême qui se joue devant eux, de la crise dont leur indifférence se détourne, tant, à leurs yeux, la question est vidée et réglée d'avance. Ce n'est pas une grande bataille, un choc de peuples, une tuerie d'adversaires qui met fin à une période du droit public chrétien, c'est une rivalité brusquement surgie entre un pape et un roi, une dispute entre théologiens et légistes, une course audacieuse d'un corsaire audacieux et exaspéré.

Dans cet épisode, la personnalité donne une réelle grandeur à l'engagement final. Boniface VIII, tour à tour honni et exalté, s'impose à l'attention de l'historien comme une énigme troublante. Au xviiie siècle, un historien de l'Église gallicane, après avoir retracé la carrière de Boniface, sa capture et sa délivrance, le quittait avec un mot qui n'était pas dans sa pensée un trait d'esprit : « Le 11 octobre 1303, Boniface mourut, sa fin fut chrétienne. » C'est qu'en effet, et les vingt-neuf chefs d'accusation de Nogaret le disent, tout avait été suspecté dans ce pape, même sa foi.

« Au moment de l'attentat d'Anagni, Boniface est généralement représenté comme étant plus qu'octogénaire. Cet âge avancé donnait un relief singulier à la majesté de son attitude, rendait plus odieuse la conduite des Sciarra et des Nogaret. D'après M. H. Finke, il faut écarter ces données traditionnelles. Ce n'est pas aux environs de 1220, mais plutôt vers 1235 qu'il place la date de naissance de Benoît Gaëtani. Le premier, Ferret de Vicence parla des quatre-vingt-six ans de Boniface; il fut suivi, alors que les innombrables erreurs de cet historien auraient dû inspirer de la défiance. Le biographe de Boniface l'a également vieilli, après avoir antidaté par erreur les légations de Simon de Brie et d'Ottoboni Fieschi, qu'accompagna Gaëtani comme secrétaire. D'ailleurs, le grand âge du pape présente plusieurs difficultés. Le nombre de ses contemporains qui lui survivent paraît bien considérable; Benoît Gaëtani n'aurait pas terminé ses études de droit avant l'âge de quarante-quatre ans. Il serait arrivé sur le tard à une situation en vue, chose surprenante chez un homme d'aussi noble origine et d'un talent remarquable. Il ne paraît point en possession de dignités ecclésiastiques à la mort de son oncle Alexandre IV et il aurait déjà dépassé la quarantaine ! Et cependant sa supériorité intellectuelle ne sera pas niée, même par ses ennemis. On s'accorde sur le fameux jugement d'Arnauld de Villeneuve : *de persona quoque pontificis omnis lingua resonat communiter, quod vigebat in ea in-*

à laquelle il ne rend pas les honneurs qui lui sont dus; au moment de l'élévation, il ne se lève pas, et fait orner son siège beaucoup plus que l'autel.

5. A cause de cela, il est publiquement diffamé.

tellectualitatis aquilina perspicatia, scientiarum eminens peritia, cunctorum agibilium exquisita prudentia, in aggrediendis arduis audacia leonina, in prosequendis difficilibus stabilis constancia. Seule la *cunctorum agibilium exquisita prudentia* nous semble exiger des réserves. L'homme d'esprit qui parlait de la sorte connaissait de bien près son personnage. Ce n'est pas la pratique de l'art médical qui amena d'abord Arnauld auprès du pape. Le « théologien laïque » s'était attiré de sérieux ennuis par son *De tempore adventus Antichristi*. Chargé à Paris d'une mission pour le compte du roi d'Aragon, il y travailla sans répit à la diffusion de son œuvre eschatologique. Celle-ci ne fut point du goût de tout le monde; les professeurs parisiens protestèrent tant que le diplomate fut saisi en dépit de son immunité et jeté en prison le jour de Noël 1299. Au commencement de 1301, Arnauld vint à Rome soumettre l'écrit au jugement du Saint-Siège. L'accueil ne dut pas être fort encourageant, quand un revirement complet se produisit. Le pape, qui n'avait guère à se féliciter de sa santé, subit une nouvelle atteinte de son mal chronique, la gravelle. L'accès fut brusque et particulièrement pénible. Le médecin-théologien, qui avait publié de doctes dissertations sur la matière, avait le renom d'un spécialiste. Dans la détresse on recourut à lui; le traitement réussit à merveille; les souffrances cessèrent; on remarqua chez le pape un véritable regain de jeunesse. Du coup, Boniface considéra Arnauld comme le premier clerc de son temps. Il est piquant de constater que l'intelligence si ouverte du pape, qui n'était guère enclin à la crédulité, sacrifie ici pleinement aux préjugés de son époque. La valeur des spéculations astrologiques si intimement mêlées à la médicamentation d'Arnauld ne fait pas de doute pour lui, sa confiance paraît absolue en l'efficacité du sceau d'or composé à son usage sous l'influence de la constellation du Lion. Arnauld d'ailleurs écrivit un traité complet *de sigillis* où il énumère douze espèce de sceaux. Il ne désespérait pas non plus de découvrir la pierre philosophale au fond de ses alambics et n'avait pas de témoin plus passionné de ses expériences physiques et chimiques que le pape Boniface. Quoi qu'il en soit, on ne trouve plus de traces chez celui-ci des souffrances causées par les calculs des reins, jusqu'au moment de la crise finale qui allait l'emporter dans les plus atroces souffrances.

« Vraisemblablement, ce fut une atteinte de coliques néphrétiques qui avait, dans l'été de 1292, décidé Benoît Gaëtani à se retirer dans les montagnes de son pays. Le Siège pontifical était alors vacant par suite du décès de Nicolas IV. Les événements de cet interrègne de dix-sept mois sont examinés avec complaisance par M. Finke, qui s'écarte assez fréquemment des conclusions avancées par M. Schulz. Le cardinal Gaëtani ne fut pas seulement absent physiquement pendant une bonne partie du conclave : entre les deux factions des Orsini et des Colonna qui se partageaient le Sacré-Collège, Gaëtani garda une attitude expectante. Dans son isolement, il formait un tiers parti et il n'est point impossible qu'il ait ambitionné pour lui-même le pontificat. Des considérations d'intérêt personnel, familial ou politique ne suffisent pas, comme l' remarque fort bien

6. Il aurait dit que la fornication n'était pas plus un péché que de se frotter les mains; c'est le bruit général qui court.

7. Il a souvent répété que, pour humilier la France, il perdrait volontiers le monde entier et l'Église.

M. Finke, à expliquer la conduite des cardinaux. Les préoccupations d'ordre religieux ne font pas défaut même chez des chefs de parti comme Pierre Colonna, qui s'intéresse vivement au mouvement réformateur des spirituels. Il est évident d'ailleurs qu'il faut recourir à des mobiles religieux pour expliquer l'avènement de l'ermite des Abruzzes, Pierre de Murrhone.

« L'élection se fit à l'unanimité des suffrages. Benoît Gaëtani donna son vote plutôt en résigné qu'en convaincu. Il ne mit guère d'empressement à rejoindre l'élu et prolongea sa résidence à Pérouse jusqu'après les solennités du sacre et du couronnement. Il se rendit à Naples lorsque Célestin y eut transféré la curie et y conquit bientôt une considérable influence. On ne tarda guère à s'apercevoir que la simplicité et les mortifications d'un pieux ermite ne suffisaient pas pour gouverner avec succès l'Église universelle. De tous côtés, le désordre envahissait l'administration. M. Finke opine avec M. Schulz que Célestin conçut spontanément le projet d'abdiquer. Il consulta Gaëtani, sans obtenir d'abord un avis favorable. Cependant, effrayé des maux de l'Église et désireux de reprendre sa vie de contemplation solitaire, il insista et chargea le cardinal de préparer l'acte de renonciation. Puis Célestin donna au Sacré-Collège le spectacle émouvant et inusité du *grand refus*. Sous ce pontificat de six mois à peine, de nombreuses promotions de Français et de Napolitains avaient bouleversé la composition du collège des cardinaux. Le conclave s'ouvrit le 23 décembre au soir et, dès le lendemain, Benoît Gaëtani en sortait souverain pontife. Les Orsini et les Colonna si souvent rivaux s'étaient unis cette fois pour désigner un cardinal italien capable de mettre fin à l'anarchie. Le chef des diacres, Matteo Rosso Orsini, avait assumé le rôle de grand-électeur. Désigné lui-même au premier tour de scrutin, le vieux cardinal déclina la charge et, après un second vote sans résultat, il réussit à rallier un nombre suffisant de voix sur le nom de Gaëtani. Toutefois, la personne du nouveau pape était loin de rencontrer d'universelles sympathies : son élection rendait plutôt hommage à ses aptitudes qu'à son caractère. Ainsi, dès son avènement, Boniface VIII se trouva en présence d'une situation exceptionnellement difficile. Plusieurs membres du conclave s'étaient abstenus de lui donner leurs suffrages dans le vote final; d'autres, rejetant la validité de l'abdication de Célestin, avaient refusé de prendre part à l'élection. Les opposants prétendirent que l'élévation de Boniface était entachée de nullité. Les *spirituels* se lancèrent les premiers dans la mêlée; ils trouvèrent cependant des contradicteurs dans leurs propres rangs, tel Pierre Olivi. Aux arguments de principe soutenant qu'il n'était pas loisible à un pape de rompre les liens qui l'unissaient à l'Église pour la vie, se mêlèrent bientôt des considérations de fait. On soutint que Gaëtani avait arraché par la fraude et la violence la renonciation à son prédécesseur; qu'il avait enlevé son élection par simonie. Les racontars les plus invraisemblables — de vrais contes de nourrice, comme les appelle dédaigneusement M. Finke — allaient leur chemin et bientôt les Colonna devaient leur donner une large diffusion. De tous les ordres religieux, les augustins se montrèrent les

8. Il a approuvé un livre incontestablement hérétique d'Arnauld de Villeneuve, condamné par l'évêque et la faculté de Paris et par Boniface lui-même, alors que le livre n'a été nullement corrigé.

9. Pour perpétuer le souvenir maudit de sa personne, il a fait

plus ardents au service du pape. La légitimité du pape trouva son défenseur le plus intelligent dans leur général, Gilles de Rome. Son traité *De renunciatione papæ* examinait la question sous toutes ses faces. L'immense retentissement qu'il obtint produisit un assoupissement dans les discussions. D'après M. Finke, sa publication se place, non pas en 1294, mais en 1297. Le savant religieux avait été promu avant cette date à l'archevêché de Bourges. Ce siège important ne fut donc pas le salaire attribué au *De renunciatione*.

« De contradictoires discussions furent soulevées autour de la profession de foi qu'aurait acceptée Boniface à son avènement. M. Buschbell a montré que le document est apocryphe. M. Finke s'efforce de préciser davantage l'origine de la falsification. Sans aboutir à des résultats absolument certains, il est d'avis que le faux émane de Nogaret et fut composé à l'époque du procès intenté à la mémoire du pontife.

« L'énergie de Boniface réussit à rétablir l'ordre dans l'administration de l'Église. Il manqua malheureusement de mesure. Sa vivacité, sa rudesse fortifièrent l'opposition qui, dès le premier jour, minait son autorité. De tout le collège des cardinaux, trois hommes seulement lui paraissent franchement dévoués : les évêques de Porto et de Sabine, ainsi que Matteo Rosso Orsini. Les adversaires du pape se partagent en divers groupes : les partisans fanatiques de Célestin, les Français, les Colonna. Dès les premiers mois de 1295, Simon de Beaulieu, évêque de Palestrina, se faisait dans son pays l'écho d'imputations méchantes qui facilitèrent les menées de Philippe le Bel. Il alluma l'incendie en France, dit M. Finke, et le cardinal Lemoine attisa le feu. Appliqué au collaborateur juridique de Boniface, le mot de trahison ne paraîtra pas exagéré. Légat pontifical auprès de Philippe le Bel, en 1303, Jean Lemoine viola les premiers devoirs de sa charge en se mettant au service du roi. Il s'engagea par serment à l'appuyer au moment même où Plaisians préparait son manifeste contre le pontife. De bonne heure également, la grande maison gibeline de Rome s'était retournée contre Boniface. M. Finke ne s'arrête pas à énumérer les sujets de mécontentement qu'elle donna au pape, pas plus qu'il ne raconte à nouveau les péripéties de cette lutte implacable. C'est bien l'enlèvement d'un trésor de Boniface aux portes de Rome par Étienne Colonna qui ouvrit les hostilités déclarées. L'acte de brigandage se produisit le 3 mai; le 4, Boniface sommait les cardinaux Jacques et Pierre Colonna de comparaître devant lui, le jour même.

« Ces oppositions n'empêchèrent pas Boniface de recourir au Sacré-Collège pour la direction de l'Église; les consistoires furent fréquents sous son règne : nombre de ses actes mentionnent l'avis de cardinaux. La volonté du pape dominait cependant ces réunions dans lesquelles des vues opposées aux siennes ne pouvaient guère prévaloir. Boniface observa ici une conduite intermédiaire entre celle de son prédécesseur et celle de son successeur. Négligeant de réunir les cardinaux, Célestin V se laissa dominer par Charles de Naples. Le roi dut désormais se soumettre docilement. Benoît XI eût voulu en toutes choses suivre les manières de   nce.

14. Il traite tous les Français de patarins.

15. Il est sodomite avéré. [35?

16. Il a fait exécuter plusieurs clercs en sa présence et en se réjouissant de leur mort. Si les premiers coups de ses serviteurs ne donnaient pas la mort, il criait : Frappe, frappe !

17. Il n'a pas permis à un noble qui se trouvait en prison de se confesser. Il ne regarde donc pas le sacrement de pénitence comme nécessaire [1].

18. Il a obligé des clercs à dévoiler le secret de la confession.

19. Il mange de la viande les jours d'abstinence et autorise ses gens à faire de même, disant qu'il n'y a pas de péché.

d'ambassadeurs, des bouts de phrases introduits dans les correspondances des contemporains et de l'entourage immédiat du pape donnent une fâcheuse idée de son caractère, mais de là au scélérat, mécréant et libertin imaginé et dénoncé par Guillaume de Nogaret et Guillaume de Plaisians, il y a une distance que l'historien ne saurait franchir. L'enquête de Groseau, empreinte d'une haine furieuse, est en partie contredite par l'enquête d'Avignon dont la modération est évidente. Entre ces deux enquêtes, l'embarras de choisir est grand et, sans les récuser l'une et l'autre absolument, il est permis de croire que ces pièces n'offrent pas le degré d'impartialité sans lequel des documents sont historiquement inutilisables.

Malgré son indomptable énergie et la grandeur tragique du dénouement dans lequel Boniface VIII s'abîme et disparaît, malgré la séduction qui s'attache ordinairement à ceux qui ont lié leur personnalité à une grande conception, qui s'y sont dévoués corps et âme au point de triompher ou de périr ensemble, ce pape, dont le nom se trouve associé au souvenir d'un des grands cataclysmes politiques, n'est ni sympathique ni populaire. Il n'en faut pas chercher la raison dans ses défauts personnels, dans ses trop évidentes maladresses de conduite, dans les calomnies qui entachent sinon sa mémoire, du moins le souvenir qu'on a gardé de lui; la raison véritable de l'impopularité qui s'attachera toujours à Boniface VIII, ce n'est ni les invectives de Jacopone, ni la condamnation prononcée par Dante, ce n'est pas non plus l'échec de sa tentative, c'est de s'être passionnément compromis dans une cause qui n'intéressait plus, c'est surtout de n'avoir possédé aucun de ces défauts séduisants qui saisissent et conquièrent la sympathie. Ni beau, ni brave, ni jeune, ni éloquent, il n'a jamais eu ce mot, ce geste, ce cri qui fait vibrer, une de ces impulsions qui partent de l'âme et qui enlèvent les cœurs. Les accusations de ses ennemis paraissent excessives et, dans ce qu'elles ont de plus grave et d'infamant, semblent pure calomnie ; il faut résolument nier les crimes. Les défauts restent et sont peu aimables, ils ont dénaturé les qualités, les ont presque fait oublier. L'imagination populaire a regardé d'un peu loin, distraite par d'autres préoccupations, ce drame tragique mais rapide; elle n'avait pas vibré, elle n'a retenu ni un très grand nom, ni une très sainte figure : elle a oublié. (H. L.)

1. Cette plainte est assez étrange dans la bouche d'un Français : car, à cette époque, il arrivait souvent en France qu'on ne permettait pas à un condamné de se confesser avant d'être exécuté.

20. Il opprime les cardinaux, les moines noirs et les moines blancs, les frères mineurs et les dominicains, et il a dit souvent d'eux qu'ils n'étaient que des hypocrites et un fléau pour le monde. Il injurie constamment les clercs.

21. Par haine contre la foi, il hait aussi le roi de France; ainsi il aurait dit, n'étant encore que cardinal, que, s'il devenait pape, il ruinerait la chrétienté entière pour abattre l'orgueil gallican.

22. Il a excité contre la France les rois d'Angleterre, de Sicile et d'Allemagne; il a soutenu également que quiconque ne regardait pas les Français comme relevant de la juridiction du pape et du roi d'Allemagne était anathème.

23. Il est cause de la perte de la Terre Sainte, puisqu'il a donné une autre destination aux fonds applicables à cette cause.

24. Il est connu comme simoniaque et il fait argent de tout.

25. Il a cassé plusieurs mariages légitimes; et il a nommé cardinal son indigne neveu, qui était marié, forçant la femme de celui-ci à faire vœu de chasteté; on prétend qu'ensuite il aurait eu d'elle deux enfants.

26. Il a traité d'une façon abominable son prédécesseur Célestin et l'a fait mourir. Il a fait emprisonner et laissé mourir dans des cachots plusieurs grands savants d'entre les moines qui révoquaient en doute le droit de Célestin d'abdiquer.

27. Au grand scandale de tous, il a laissé plusieurs réguliers revenir à l'état séculier.

28. Il aurait dit que sous peu il ferait des martyrs de tous les Français.

29. Il est évident qu'il ne cherche pas le salut des âmes, mais bien plutôt leur perte [1].

[8] Ces accusations ouïes, Guillaume de Plaisians déclara ne les avoir pas émises par haine contre Boniface, mais par zèle pour l'Église et pour le Saint-Siège. Il ajouta tenir Boniface pour un véritable hérétique, qu'il en ferait la preuve devant le concile général, etc. Le roi dit, de son côté, qu'en conscience il voulait travailler à la réunion d'un concile général, auquel il assisterait en personne; il demanda aux prélats présents de l'y aider et en

---

1. Du Boulay, *Hist. univers.*, t. IV, p. 42 sq.; Dupuy, *Actes et preuves*, p. 101 sq.; Drumann, *Geschichte Bonifatius' VIII.* IIe part., p. 89 sq.; Tosti, *Storia di Bonifazio VIII*, t. II, p. 180, n'a donné qu'un très court extrait de ces accusations.

appela immédiatement au concile général et au futur vrai pape
de tout ce que pourrait faire Boniface.

Philippe le Bel fut soutenu non seulement par la noblesse,
mais aussi par le clergé, qui fit la déclaration suivante : « Nous,
archevêques de Nicosie [1], de Reims, Sens, Narbonne et Tours,
évêques de Laon, Beauvais, etc. (au nombre de vingt et un),
abbés de Cluny, de Prémontré, Marmoutier, Cîteaux [2], Saint-Denis,
Saint-Victor et Sainte-Geneviève à Paris, frère Hugues, visiteur
des Templiers, etc., d'après ce que nous avons entendu, nous
regardons comme utile et tout à fait nécessaire la réunion d'un
concile général, afin que l'innocence du pape Boniface nous soit
démontrée, ce que nous souhaitons, ou que le concile se prononce
sur les chefs d'accusation portés contre lui. Sans préjudice du
respect que nous devons à la sainte Église romaine, nous sommes
prêts à coopérer à la convocation et réunion d'un concile général,
et si Boniface emploie contre nous ou les nôtres l'excommunication
ou la suspense, etc., nous en appelons d'avance au concile général
et au futur pape légitime [3]. »

Avant que Höfler eût publié les actes de l'interrogatoire tenu
en 1311, ces accusations apparaissaient comme un coup de foudre
dans un ciel serein; mais nous savons maintenant que ce coup
était préparé depuis longtemps et que, dès le début du pontificat
de Boniface, des bruits très fâcheux contre lui furent apportés
en France même par des cardinaux. C'étaient précisément des
cardinaux qui, les premiers, avaient parlé au roi de France de la
nécessité d'un concile général pour secourir l'Église contre Boniface.
Déjà en 1295 et en 1296, Simon, cardinal de Palestrina, français
d'origine et de la famille de Baulieu, abusa de la confiance du pape,
qui l'avait envoyé comme légat en France et en Angleterre, au
point d'implorer le secours de Philippe contre Boniface, qu'il [35
représenta comme un hérétique, ne croyant ni à la résurrection
du Christ ni à sa naissance virginale, vénérant au contraire les
démons et ayant, à force de ruses, décidé l'abdication de son prédécesseur. C'est ce qu'assura, sous serment, en 1311, le prieur de

1. Nicosie est le siège métropolitain de Chypre; mais Gérard, qui avait été
nommé à ce siège par le pape, était resté en France.
2. Boutaric, *La France sous Philippe le Bel*, p. 111, note 3, remarque que l'abbé
de Cîteaux ne signa pas ce document; aussi fut-il mis en prison. Cf. p. 447-448.
3. Dupuy, *Actes et preuves*, p. 106 sq.; Du Boulay, *Hist. univers.*, t. IV, p. 44-47;
Drumann, *Geschichte Bonifatius' VIII*, IIe part., p. 93-96.

Saint-Médard, présent à l'entrevue du cardinal de Palestrina et du roi de France. Ce témoignage fut corroboré, en 1311, par l'ancien confesseur du roi de France, devenu le cardinal Nicolas, et deux autres cardinaux, Napoléon Orsini et Jean Lemoine, qui jurèrent que le cardinal de Palestrina avait excité le roi de France contre Boniface VIII [1]. En outre, plusieurs inquisiteurs de l'ordre des frères mineurs avaient donné des informations sur les prétendues hérésies du pape [2]. Peu de temps après, le cardinal de Palestrina et les Colonna portèrent des accusations analogues et, durant l'été de 1297, envoyèrent des ambassadeurs au roi Philippe, alors devant Lille. Ils accusaient le pape d'usurpation du Saint-Siège; mais plus tard, à l'enquête de 1311, ils ne voulurent plus se souvenir qu'ils l'avaient également accusé d'hérésie. Le confesseur du roi l'attesta, et ajouta qu'à l'époque de la canonisation de saint Louis, Boniface VIII était déjà fort décrié et que plusieurs cardinaux et l'ambassadeur de France à Rome avaient écrit que, dans la pensée du pape, la fornication et la pédérastie n'étaient pas des péchés [3]. Le cardinal Lemoine, français et savant distingué, élevé à la pourpre par Célestin V, paraît s'être fait particulièrement l'écho de ces bruits fâcheux. Il déclara lui-même plus tard que, pendant sa légation en France, en 1302, il avait accusé le pape d'hérésie [4]. En pareil état de choses, le roi Philippe le Bel était autorisé à dire que, de bonne heure et à plusieurs reprises, des bruits infâmes concernant Boniface étaient venus jusqu'à lui [5]. Quant à leur bien-fondé, il ne voulait pas l'examiner.

Pour entraîner la nation dans sa lutte contre Boniface, Philippe fit lire devant le peuple, le 24 juin, dans le jardin du Louvre, les conclusions de l'assemblée, et il mit en jeu tous les moyens pour obtenir l'acquiescement de l'Université de Paris, des couvents, des différents ordres monastiques, des villes et des provinces, des prélats et seigneurs absents de l'assemblée [6]. Quiconque ne parut pas disposé à signer fut durement mis à la raison, même

1. *Abhandlungen der Königl. bayer. Akademie der Wissenschaften, histor. Klasse*, t. III, p. 48, 50, 51, 53, 69 sq.

2. *Ibid.*, p. 53.

3. *Ibid.*, p. 47, 48, 55.

4. *Ibid.*, p. 53.

5. Dupuy, *Actes et preuves*, p. 296, 374, 593.

6. Pour plus de détails, voyez Boutaric, *La France sous Philippe le Bel*, p. 29 sq.; Dupuy, *Actes et preuves*. p. 109. 161. 164. 168-171. 174-181.

jeté en prison, comme Jean, abbé de Cîteaux. Philippe, quoiqu'il ne songeât probablement pas sérieusement à un concile général, dut naturellement demander le secours et la présence des autres princes et évêques d'Occident : il alla même jusqu'à envoyer à ces fins, aux cardinaux, des ambassadeurs et des lettres débordantes de protestations de son amour pour l'Église [1].

Cependant Boniface, ignorant les derniers événements survenus à Paris, avait transporté sa cour à Anagni, sa résidence d'été ; à la nouvelle des conclusions de l'assemblée de Paris, il déclara, sous serment, en consistoire, les accusations portées contre lui mensongères [2], et, le 15 août 1303, publia toute une série de bulles pour dévoiler la malice de ses ennemis et les punir. La bulle *Nuper ad audientiam* est surtout dirigée contre le roi, qui n'a pas tenu compte des admonestations du pape, n'a pas voulu, comme Théodose, se soumettre à la pénitence ecclésiastique, et se venge du pape avec des injures et la menace d'un concile, que le pape seul a le droit de convoquer. S'il ne s'amende pas, il faudra procéder contre lui et contre ses compagnons. Le pape déclare blasphématoires les accusations dirigées contre sa personne, et s'écrie : « Qui donc a jamais entendu dire que nous sommes entaché d'hérésie [3] ? » Dans un autre décret, le pape déclare, puisque le roi corrompt ou maltraite les docteurs et les « maîtres », qu'on n'accordera plus la licence d'enseigner en théologie et dans les deux droits jusqu'à ce que Philippe le Bel ait obéi au Siège apostolique et donné satisfaction. Dans un troisième édit, le pape se réservait jusqu'à cette soumission la collation de tous les bénéfices ecclésiastiques de France, pour qu'ils ne fussent pas donnés à des traîtres [4]. L'archevêque de Nicosie, qui s'était mis à la tête des prélats français, fut suspendu, et par une autre bulle, *Rem non novam*, Boniface VIII déclara que, pour qu'une citation du pape eût

[361]

1. Dupuy, *Actes et preuves*, p. 126 sq., 219 sq.; Du Boulay, *Hist. univers.*, t. IV, p. 47-54; Drumann, *Geschichte Bonifacius' VIII*, II° part., p. 97-1000; Boutaric, *La France sous Philippe le Bel*, p. 111.

2. Spondanus, *op. cit.*, ad ann. 1303, n. 11; Bzovius, *op. cit.*, ad ann. 1303, n. 5. Ce dernier attribue faussement à cette occasion au pape le discours *Refulsit sol*, qui fut prononcé le 30 avril 1303.

3. Dupuy, *Actes et preuves*, p. 166; Du Boulay, *Hist. univers.*, t. IV, p. 55 sq.; Baronius-Raynaldi, *Annal. eccles.*, ad ann. 1303, n. 36, donnent le texte revisé par Clément V. Le texte complet se trouve, *op. cit.*, ad ann. 1311, n. 40.

4. Dupuy, *Actes et preuves*, p. 163; Du Boulay, *Hist. univers.*, t. IV, p. 54; Baronius-Raynaldi, *Annal. eccles.*, ad ann. 1303, n. 38, 39.

force de loi, il suffisait qu'elle eût été affichée aux portes de l'église de la ville où il résidait [1]. Par là même on enlevait toute valeur à la confiscation des bulles du Saint-Siège par Philippe le Bel. Plusieurs documents rapportent que Boniface proposa alors la couronne de France au roi d'Allemagne, Albrecht, s'il parvenait à chasser Philippe, comme autrefois Innocent III avait voulu disposer de la couronne d'Angleterre [2]. Le 8 septembre 1303, devait paraître contre Philippe la grande bulle d'excommunication *Super Petri solio* [3]; mais, la veille même de ce jour, le pape tombait entre les mains de Nogaret.

Dès le mois d'avril 1303, Nogaret était entré en Italie; il prétendit plus tard, dans la justification peu sincère qu'il donna de sa conduite, y être venu pour remettre au pape les conclusions prises par l'assemblée de Paris du 13 juin 1303, et la demande de convocation d'un concile. En réalité, il avait quitté la France deux mois avant la réunion de cette assemblée et, au lieu de chercher le pape où il était, soit à Rome, soit à Anagni, il se tint caché en Toscane, où il recruta secrètement des partisans et des soldats. Le roi lui avait donné des lettres de procuration rédigées en termes très généraux, et de plus un crédit sur la banque Petrucci à Florence [4]. Le but de cette mission était évidemment de surprendre le pape par la force, de l'obliger à abdiquer et, s'il s'y refusait, de l'amener en France, afin d'y être jugé par un concile [5]. Le principal complice de Nogaret était Sciarra Colonna; Jean Musciatto, riche Florentin, prêta son château de Staggia, près de Sienne, aux allées et venues des conjurés. On gagna facilement à prix d'or ou par promesses plusieurs gibelins et barons mécontents, surtout parmi la noblesse de la campagne, très irritée contre Boniface qui y avait enrichi son neveu Pierre Gaëtani aux dépens des vieilles

62]

---

1. Dupuy, *Actes et preuves*, p. 161, 162; Baronius-Raynaldi, *Annal. eccles.*, ad ann. 1303, n. 37, 40; Tosti, *Storia di Bonifazio VIII*, t. II, p. 309, ne donne que le dernier édit concernant les citations du pape.

2. Cf. Drumann, *Geschichte Bonifatius' VIII*, IIe part., p. 107; Hefele-Leclercq, *Histoire des conciles*, t. v, p. 1253.

3. Baronius-Raynaldi, *Annal. eccles.*, ad ann. 1311, n. 44; Du Boulay, *Hist. univers.*, t. IV, p. 57; Dupuy, *Actes et preuves*, p. 182 sq.; Drumann, *Geschichte Bonifatius' VIII*, IIe part., p. 109 sq.

4. Dupuy, *Actes et preuves*, p. 175; Renan, *Histoire littéraire de la France*, t. XXIV, p. 244.

5. Déjà au mois de mars de cette année, Nogaret avait tenu devant le parlement, sans rencontrer d'opposition, ce propos: *Persona dicti flagitiosi posita in custodia,*

familles nobles [1]. Parmi les principaux conjurés, nous trouvons Reginald da Supino de Ferentino, son frère Tommaso da Marolo, les Annibaldeschi et même plusieurs nobles d'Anagni, par exemple Adenolfo et Nicolo, fils de Maffeo.

Le samedi 7 septembre, à l'aube, Nogaret et Sciarra Colonna [2] se montrèrent, suivis de 600 cavaliers et 1500 soldats bien armés, cornette royale en tête, devant les portes d'Anagni qui se trouvèrent ouvertes. Ils y entrèrent au cri de : *Vivat, vivat nobis rex Francie et Columpna!* et donnèrent aussitôt l'assaut aux palais fortifiés du pape et de son neveu. Le vacarme réveilla la population d'Anagni, qui apprit que Sciarra Colonna, suivi d'une troupe de Français, était venu pour s'emparer du pape et le mettre à mort. Le peuple, assemblé sur la place du marché au son du tocsin, laissa tout pouvoir à Adenolfo, capitaine de la ville. Celui-ci, au lieu de défendre le pape, passa avec ses troupes au parti de Sciarra. Le neveu du pape, qui s'était défendu courageusement contre Sciarra, ne put continuer la lutte. A la demande du pape, une trêve fut conclue, de 6 heures du matin à 3 heures du soir. Mais les pourparlers entamés pendant ce temps n'aboutirent pas, à cause des conditions inacceptables de Sciarra (réhabilitation de la famille Colonna, abdication et emprisonnement du pape). Vers 3 heures, le combat reprit. Sciarra ne put triompher de la résistance qu'en mettant le feu aux portes de l'église de Notre-Dame, contiguë au palais du pape. Le neveu du pape se rendit, à condition d'avoir la vie sauve, lui et les siens. Pendant que le feu gagnait un côté du palais, les fenêtres et les portes furent enfoncées de l'autre côté, et, vers 6 heures du soir, Sciarra s'élança avec ses soldats dans le palais, gagna les appartements du pape, poussant des cris de rage. Le pape, injurié et menacé, garda le silence. Quelqu'un lui ayant demandé s'il était prêt à abdiquer, il répondit résolument : Non. Sciarra, qui comptait sur la mort du pape exécré, voulut se

[363

---

1. Par une bulle du 10 février 1303, Boniface VIII confirme à son neveu dix-neuf châteaux désignés par leur nom, *ac alia quam plurima bona, possessiones, dominia... de nostra conscientia acquisivisse noscaris.* Potthast, *Reg.*, t. II, p. 2016.

2. Nous avons, sur l'attentat d'Anagni, deux récits de témoins oculaires et auriculaires de ces tristes événements. Le premier vient de l'abbaye de Saint-Albans en Angleterre. Rishanger l'a ajouté à la fin des *Annales d'Édouard I*er. Il fut édité par Riley, *Script. rer. Brit. medii ævi*, London, 1865, t. XXVIII, p. 483, et dans *Revue des questions historiques*, 1872, t. XI, p. 511. Le deuxième récit vient de Vienne, et fut édité par Digord, *Revue des questions historiques*, 1888, p. 559 sq. Cf. aussi *Histor. polit. Blätter*, t. CII, p. 1 sq.; Potthast, *Reg.*, t. II, p. 2022.

jeter sur lui, mais Nogaret le retint. Boniface ne subit pas les
sévices corporels dont on a parlé [1]. Par contre, son palais fut
complètement pillé : tous les objets de valeur furent emportés et
les archives détruites. On donne les noms des cardinaux qui étaient
auprès du pape au moment de la catastrophe : son neveu, François
Gaëtano, Gentilis, le cardinal d'Orvieto (Thierry), Nicolas
Boccasino (plus tard Benoît XI)[2] et Pierre d'Espagne; ce dernier
resta seul fidèle aux côtés du pape : tous les autres prirent la fuite.
Boniface fut gardé à vue dans son palais. On négligea complètement de pourvoir à ses besoins. Cependant, les ennemis se disputaient sur son sort futur (chaque parti, Nogaret et les Colonna, le
voulait en sa puissance comme otage de grand prix). [Les vainqueurs perdirent la journée entière du 8 septembre en discussions,
comme surpris de leur triomphe et incapables d'en tirer l'extraordinaire parti qu'il leur offrait. Cette journée de répit donna à
la population d'Anagni le temps de se ressaisir et, le lundi 9 septembre, au petit jour, elle se souleva]; aux cris de : « Vive le
pape! mort aux étrangers! » la foule se porta vers le palais du
pape. Les gardes qui voulaient en défendre l'entrée furent massacrés ou chassés, et le pape délivré. A cette nouvelle, Sciarra se
retira avec sa troupe hors de la ville. Boniface, qui s'était conduit
avec courage dans les moments les plus périlleux, pardonna aux
criminels. On fit cependant exception pour les voleurs de biens
ecclésiastiques, s'ils ne faisaient pas restitution dans les trois jours.
[4]   Le quatrième jour après sa libération, le pape se rendit à Rome.
Il fut poursuivi sur la route par les Colonna et, dans la lutte, plusieurs personnes de chaque parti furent tuées. Sous la protection
des Orsini, Boniface atteignit heureusement Rome où, à cause de
l'extraordinaire surexcitation des esprits, il vivait presque en prisonnier. Il mourut le 11 octobre 1303, fou, désespéré et se déchi-
rant lui-même, s'il faut en croire le bruit répandu par ses ennemis.
Son corps, exhumé en 1605, ne présentait cependant aucune
trace de violence [3]. Il est probable que Boniface sera mort d'un

---

1. Vincent Ferreti (Muratori, *Script.*, t. IX, p. 1010), il est vrai, dit : *...qui
(Charles de Naples) posteaquam Bonifacius a Sciarra læsus esset.* Il est naturel
qu'un tel bruit courût à la suite de l'attentat.

2. Aucun des récits ne parle de la présence de Nicolas; mais les actes du procès
contre Boniface l'indiquent.

3. En 1605, sous Paul V, à l'occasion de la construction de la nouvelle basilique, eut lieu la reconnaissance des restes de Boniface VIII. Le cadavre était

accès de fièvre chaude. Des témoins oculaires ont parlé de sa mort calme et digne. Il était âgé de plus de quatre-vingts ans, pape depuis près de neuf ans, et fut enterré dans une chapelle bâtie par lui dans l'ancienne église Saint-Pierre (aujourd'hui dans les *grotte Vaticane*). La solennité des funérailles fut troublée par un terrible orage, de sorte que *minori reverentia sepelitur quam papalis status requireret*. La fin malheureuse du pontificat de Boniface VIII, surtout sa prétendue mort effrayante, ont donné lieu à une légende. On raconta que Célestin V lui aurait prédit : *Ascendisti ut vulpes, regnabis ut leo, morieris ut canis*. Il fut jusque dans son tombeau poursuivi par une haine implacable, et Dante alla jusqu'à l'appeler « le seigneur et protecteur des pharisiens [1]. »

693. *Conciles tenus sous Boniface VIII*.

Il est assez étonnant que les grandes luttes soutenues par Boniface VIII aient laissé si peu de traces dans les actes des conciles célébrés sous son pontificat. On aurait pu croire que les évêques et prélats tiendraient de *nombreux* synodes pour soutenir le pontife de l'autorité morale de leurs voix ; mais en réalité il n'y eut à cette époque que *très peu* de synodes, dont quelques-uns seulement eurent le courage de prendre parti pour le pape et de se prononcer pour la bulle *Clericis laicos*. En revanche, d'autres édits du pape, surtout ceux qui avaient trait aux immunités des [365 clercs, furent d'autant plus renouvelés et recommandés ; mais ce ne fut qu'indirectement, en adhérant au *liber Sextus*, que ces conciles reconnurent à la bulle *Clericis laicos* force de loi. Quant à la seconde lutte du pape avec Philippe le Bel, dont le moment critique fut marqué par la convocation à Rome des prélats français

intact, seuls le nez et les lèvres s'étaient corrompus. Une inscription constata cet état de conservation. Une autre reconnaissance en 1835 ne laissa voir que le squelette et les vêtements pontificaux. D. Dufresne, *Les cryptes vaticanes*, 1902, p. 85, n. 160. (H. L.)

1. Ptolémée de Lucques, dans Muratori, *Script. rer. Italic.*, t. XI, p. 1223 ; Card. Steph., dans Muratori, *op. cit.*, t. III, p. 617 ; Drumann, *Geschichte Bonifatius' VIII*, Iʳᵉ part., p. 114-146 ; Du Boulay, *Hist. univers.*, t. IV, p. 61 ; Dante, *L'Enfer*, chants XXVII, LXXXV ; Wiseman, *Papst Bonifaz VIII*, dans *Abhandlungen über verschiedene Gegenstände*, t. III, p. 185 sq. ; Papencordt, *Geschichte der Stadt Rom*, p. 337 sq. ; Tosti, *Storia di Bonifazio VIII*, t. II, p. 189-198.

et la bulle *Unam sanctam*, on n'en trouve pas la moindre trace dans les conciles de l'époque, de sorte que Boniface VIII nous apparaît comme un général abandonné de ses lieutenants. Sans doute, ce qui a pu beaucoup contribuer à cet état de choses, c'est que, depuis un certain temps, le clergé, surtout le haut clergé, était fort mécontent des nombreuses redevances qui lui étaient imposées par Rome, soit dans l'intérêt de la Terre Sainte et dans d'autres buts aussi louables, soit pour des causes d'intérêt moins général, la guerre contre la Sicile et l'Aragon [1].

Les impôts de cette nature étaient presque partout pour le clergé une charge insupportable, et celui qui les décrétait pouvait malaisément invoquer contre autrui le privilège d'exemption d'impôts qu'il s'empressait de violer à son avantage. Un grand nombre d'évêques étaient encore moins disposés à soutenir la suprématie du pouvoir pontifical sur le pouvoir royal, soit faiblesse, soit peur, soit conviction que Boniface avait passé la mesure, soit enfin dégoût de l'omnipotence papale. qu'ils ne se souciaient guère de fortifier

Le premier synode tenu sous Boniface VIII manque dans toutes les collections de conciles; mais son existence est attestée par le protocole de 1311, renfermant les dépositions d'un grand nombre de cardinaux touchant les rapports de Philippe le Bel avec Boniface VIII [2]. Bérenger, cardinal-évêque de Tusculum et auparavant évêque de Béziers, fait dans ce document le récit suivant [3] : « Au début de la guerre entre la France et l'Angleterre (printemps de 1296) et du pontificat de Boniface VIII, le roi de France envoya deux « maîtres » au synode de la province de Narbonne, réuni à Béziers, et demanda des subsides, c'est-à-dire une décime (ecclésiastique) pour quatre ans: en retour, le roi garantissait aux églises et aux clercs certaines libertés L'archevêque de Narbonne et les autres prélats présents au synode répondirent que les libertés proposées par le roi étaient sur certains points trop faibles et ne contrebalançaient pas des subsides trop considérables. Ils dépu-

1. M. Boutaric a publié dans ses *Notices et extraits, loc. cit.,* p. 91 sq , deux de ces bulles du pape Nicolas IV obligeant le clergé de France à payer la dîme pour faire la guerre contre l'Aragon (dans l'intérêt du pape). Cf. p. 270, 273,
2 Ce protocole a été publié en 1843, par Höfler, dans *Abhandlungen der königl. bayer Akademie, hist Klasse,* t III, part. 3, d'après un manuscrit de la bibliothèque Barberini.
3 *Ibid.,* p 74 sq

tèrent au roi deux évêques, Pierre, cardinal de Palestrina, alors évêque de Carcassonne, et moi, Bérenger, alors évêque de Béziers; si le roi se montrait condescendant à l'égard des libertés, nous étions autorisés à lui proposer, pour deux ou trois ans, une décime sur les biens d'Église de la province de Narbonne. A Limoges, nous fûmes rejoints par un messager de l'archevêque, qui nous remit une copie de la bulle *Clericis laicos* qui venait d'arriver. L'archevêque nous fit dire que maintenant nous ne pouvions plus proposer au roi aucune concession de décime. Celui-ci se trouvait à la chasse dans les environs de la ville, nous allâmes le trouver et lui racontâmes ce qui venait de se passer. Il se déclara prêt à accorder les libertés demandées, et nous pria de lui accorder les subsides, dont il avait le plus grand besoin, si cela pouvait se faire sans violation de la constitution pontificale; nous répondîmes que c'était impossible, et on se quitta en bons termes [1]. »

Le synode de Béziers s'est tenu certainement en 1296, et probablement dans la première moitié de cette année. Par conséquent, le concile de Grado, tenu le 13 juillet 1296 [2], ne lui est chronologiquement postérieur que de quelques mois. Ce concile fut convoqué par Gilles, patriarche de Grado, qui, en cette qualité, avait invité l'archevêque de Zara et ses suffragants; car, depuis que Zara appartenait aux Vénitiens, les évêques de Grado avaient étendu sur cette ville leurs droits patriarcaux; outre le patriarche, on vit à ce concile les évêques de Cittanuova; Caorle, au nord-est de Venise; Torcello (maintenant simple village non loin de Venise, au nord, dans une île des lagunes); Glogia, c'est-à-dire Fossa Clodia, maintenant Chioggia, et l'*episcopus* Castellanus, c'est-à-dire l'évêque de Castello, l'une des principales îles de Venise (car lorsque la dignité patriarcale passa de Grado à Venise, le titre de Castello fut fusionné avec celui de Venise). Tous ces évêques appartenaient à la province de Grado. L'archevêque de Zara et ses suffragants d'Osero dans l'île de Cherso (près de

---

1. Sans parler de la date placée en tête de son récit par Bérenger, il y a deux autres preuves établissant que ce synode de Béziers ne doit pas être confondu avec celui de 1299 : *a*) Pierre, évêque de Carcassonne, qui assistait au premier synode, fut, dès le mois de février 1298, c'est-à-dire avant le second synode de Béziers, élevé sur le siège de Toulouse (Ciaconio, *Vitæ pontif.*, t. ii, p. 372); *b*) la bulle *Clericis laicos* fut publiée le 25 février 1296; elle était donc à Narbonne bien avant le mois de novembre 1299.

2. Ughelli, *Italia sacra*, t. v, col. 1139. (II. L.)

57] Fiume), de Veglia, île près de Fiume (à l'est de Cherso), d'Arbe, petite île au sud de Veglia, d'Équilium (maintenant le bourg d'Insola, un peu au nord de Venise), étaient représentés par des députés.

Les trente-trois canons de ce synode, dont le texte est très corrompu, sont ainsi conçus :

1. Tout prêtre doit, avant sa messe, avoir assisté à matines; on n'en excepte que les prêtres employés dans le ministère.

2 On doit garder le silence au chœur.

3. Les laïques, hommes, femmes et enfants, doivent garder le silence à l'église et se tenir tranquilles.

4 On ne doit jamais chanter deux offices en même temps dans la même église.

5. Dans tout le patriarcat, au canon de la messe, après ces paroles : *una cum papa nostro et episcopo nostro*, on ajoutera : *et duce Nostro N...* (de Venise) *et pro bono statu Venetiarum*.

6. On doit être tête nue pour lire dans l'église une leçon ou une oraison, pour chanter une antienne ou un verset. Celui qui lit ou chante devant l'autel doit quitter les *zupellos* (*zuparellos*, habits courts, *zupa*, *jupa*).

7. Défense de faire un accompagnement musical au chant des épîtres, évangiles et préfaces, pour que le peuple puisse mieux comprendre le texte.

8. Les jours de férie, on doit faire mémoire à matines et à vêpres des saints martyrs Hermagoras et Fortunat et de saint Marc.

9. Tous les prêtres d'une église, même les malades, doivent participer aux oblations pour les messes votives.

10 Sur la part des oblations pour les clercs absents.

11. Tous, y compris prêtres et moines, doivent payer les dîmes prédiales

12. Afin que les clercs n'habitent pas trop loin des églises, au préjudice du service divin, tous ceux qui sont dans les ordres sacrés, et les gardiens des églises, habiteront dans la même maison appartenant à l'église, s'il en existe une. Il n'y aura d'exception que pour les curés.

13. Défense aux curés, sans la permission de l'évêque, de louer à des laïques, surtout mariés, les *cellas dominicales* (sorte d'habitations claustrales qui appartenaient à l'église, *dominicum*, κυριακόν), qui leur sont assignées.

14. Les clercs auxquels leurs églises ne peuvent fournir le logement, faute de posséder de maison, peuvent habiter avec leur mère,

leur nièce et leurs parents, dans leur propre maison ou dans des maisons louées.

15. Ils ne doivent jamais habiter avec des personnes suspectes. Le clerc qui, à la troisième monition, ne renvoie pas une concubine notoire, sera excommunié, et s'il n'obéit pas dans le délai d'un mois, sera suspens *ab officio et beneficio*. S'il s'obstine, cette sentence deviendra une condamnation définitive.

16 et 17. Contre les danses, les visites et les costumes inconvenants.

18. Tous les clercs doivent porter la tonsure et la couronne.

19. Il est interdit aux clercs de jouer aux dés et de fréquenter [368] les cabarets.

20. Les clercs qui, sauf en voyage, portent des armes, seront excommuniés.

21. Le clerc qui tire le glaive contre un laïque et le blesse sera puni comme le serait celui qui a blessé un clerc.

22. Défense à tout clerc de se livrer publiquement et en personne au commerce.

23. Défense à l'époux de recourir à des sortilèges pour se concilier l'amour de son conjoint. Tous les sorciers, diseurs de bonne aventure, tireurs de cartes, etc., seront excommuniés.

24. Seront également excommuniés tous ceux qui délaissent leur femme pour en prendre une autre; même pénalité à l'égard des femmes coupables et de tous ceux qui se marient, se sachant liés par la parenté à un degré qui constitue un empêchement.

25. Clercs et laïques doivent s'abstenir, lors de la vacance d'une église, de tout pacte concernant la nouvelle élection. Sauf les procureurs de Saint-Marc, aucun laïque ne peut se mêler de l'administration des biens ecclésiastiques. (Exceptions.)

26. (Incomplet et inintelligible.)

27. Défense à tout clerc de comparaître devant un tribunal séculier pour aucune affaire, qu'elle soit personnelle, criminelle ou réelle.

28. Excommunication contre les laïques qui s'attaquent aux biens d'Église, ravagent les vignes des églises, etc.

29. Aucun étranger ou inconnu ne peut se marier sans un certificat de son évêque attestant qu'il est célibataire.

30. En temps prohibé, on ne doit pas bénir les anneaux de mariage, c'est-à-dire on ne doit pas solenniser de mariages.

31. Le jeudi saint, il n'y aura qu'une seule messe. Les vendredi et samedi saints, aucun prêtre ne dira de messe, votive ni autre. Il n'y

aura d'exception que pour les monastères et églises cathédrales
ou baptismales et l'église Saint-Jean de *Rialto*. S'il y a lieu de faire
ces jours-là un enterrement, on dira le service sans messe, a voix
basse et sans aucun chant.

32 On doit payer exactement les amendes que les évêques ou
leurs officiers infligent aux clercs en punition de certaines fautes.

33. Toutes ces prescriptions seront soigneusement observées.
Les ordonnances contraires antérieures sont abrogées.

Le 12 août 1296, Airon, évêque de Torcello, tint dans sa cathédrale un synode diocésain pour la publication de ces statuts [1].

Nous avons parlé (p. 362 sq.) des quatre synodes ou *convents*
anglais tenus en 1297, au sujet de la bulle *Clericis laicos*. Quant au
prétendu synode de Lyon, que Boniface VIII aurait présidé en
personne en 1297, les preuves font complètement défaut [2].

En 1298, Jean III, évêque de Breslau, célébra un synode diocésain pour punir ceux qui l'avaient dépouillé, lui et son escorte,
pendant un voyage [3].

Le 18 juin 1299, Guillaume de Flavacourt, archevêque de
Rouen, tint avec ses suffragants un concile provincial dans
l'église *B. Mariæ de Prato* (Notre-Dame du Pré, appelée aussi
Notre-Dame de Bonne-Nouvelle), dans le voisinage de Rouen.
Son but était de faire disparaître certains abus [4].

1. C'est un fait connu, que certains curés et clercs bénéficiers
portent des armes, ont des habits inconvenants, gardent des
concubines, exercent des fonctions auprès des tribunaux séculiers, pratiquent l'usure, assistent à des banquets, à des beuveries, etc.
Celui qui, à l'avenir, agira de la sorte, perdra pour un an les
revenus de son bénéfice et, s'il s'obstine dans le péché, sera privé
du bénéfice lui-même.

2. Les jours de dimanche et de fêtes, les juges séculiers ne
doivent pas siéger, sous, peine d'excommunication

3. Les clercs qui consentiront à paraître devant des tribunaux

1. Mansi, *Concil. ampliss. coll*, t xxiv, col 1163 sq.; Coleti, *Concilia*, t xiv, col. 1247.

2. Mansi, *Concil. ampliss. coll*, t. xxiv, col. 1184 sq , 1231, Coleti, *Concilia*, t. xiv, col 1259.

3. Heyne, *Geschichte des Bisthums Breslau*, 1860, t. i, p. 761.

4 Labbe, *Concilia*, t. xi, col. 1426-1430, Pommeraye, *Sanctæ Rothomagensis Ecclesiæ concilia*, p. 278, Hardouin, *Conc. coll*, t vii, col 1201, Coleti, *Concilia*, t. xiv, col. 1261, Mansi, *Conc. ampliss. coll.*, t. xxiv, col. 1203. (H L)

laïques pour des affaires personnelles, par exemple dans un cas de clameur de *Haro* [1], où il s'agit d'une faute personnelle, seront excommuniés.

4. Défense à tout juge laïque de citer devant son tribunal un clerc, ni pour délits, ni pour faits personnels, ni pour clameur de *Haro*, ni pour les cas d'usure; il leur est également défendu de citer devant eux d'autres personnes pour les faits et gestes d'un clerc.

5. Les juges séculiers qui mettent obstacle à la juridiction ecclésiastique et vont jusqu'à emprisonner des personnes et à s'emparer des biens des églises seront excommuniés *ipso facto*, après admonition.

6. Que les évêques ne permettent plus aux frères prêcheurs, aux frères mineurs et autres religieux, d'absoudre leurs diocésains dans les cas réservés [2], si ce n'est à des religieux déterminés et connus. Cela ne dispense pas, du reste, tout catholique de se confesser une fois l'an à son curé ou à un autre, si le curé le permet.

7. Les présentes ordonnances seront exactement observées dans la ville et le diocèse de Lisieux [3]. [370]

Quelques mois plus tard, il se tint à Béziers, dans la province de Narbonne, un autre concile provincial (29 et 30 octobre 1299), qui mérite d'attirer notre attention. Il fut présidé par Gilles Aycelin, archevêque de Narbonne. L'hostilité d'Amaury, vicomte de Narbonne, qui était une des causes principales de la réunion de l'assemblée, ne permit pas de la convoquer à Narbonne, ville métropolitaine. D'après l'ancien droit, le vicomte était vassal de l'archevêque, parce qu'il avait reçu comme fief de l'Église de Narbonne la citadelle et la moitié de la ville. Amaury ne voulait plus reconnaître ce lien de vassalité, ne voulant plus dépendre que du roi seul; et il était déjà parvenu à obtenir de Phipppe le Bel une patente favorable à ses prétentions; aussi le premier soin des

---

1. C'est un terme normand. Lorsqu'il s'agissait d'un grand crime, on criait *Haro !* et chacun était tenu de livrer le coupable aux mains de la justice. Cf. Du Cange, *Glossarium...*, à ce mot.

2. Les *subditi*, de l'absolution desquels il s'agit ici, ne sont pas les membres de l'ordre, mais tous les chrétiens qui choisissent un moine pour leur confesseur. Cela ressort du contexte, en particulier des mots de la fin : *catholicus quilibet.*

3. Ce dernier *capitulum* a été évidemment ajouté par l'évêque de Lisieux, lorsqu'il a publié les ordonnances du synode provincial. Mansi, *Concil. ampliss. coll.*, t. xxiv, col. 1203 sq.

évêques et abbés réunis à Béziers fut d'écrire au roi pour lui exposer l'injustice des prétentions du vicomte et le prier d'accorder la sanction royale aux droits de l'archevêque [1]. Le lendemain, 30 octobre, les membres du synode décrétèrent ces huit canons [2] :

1. Toute sentence d'excommunication portée par un évêque ou son official sera promulguée dans toute la province de Narbonne.

2 Défense aux clercs d'exercer certaines professions manuelles, comme celles de boucher (*carnifex*, dans le sens que le moyen âge donnait à ce mot), corroyeur, cordonnier, etc.

3. De certaines dispositions judiciaires, il ressort que, dans plusieurs localités de la province de Narbonne, des partisans de la secte des albigeois se montrent de nouveau (*hæretici vestiti*). Cela n'est possible que si on les loge et entretient en secret. Par conséquent, tous les suffragants de la province, soit eux-mêmes, soit par leurs officiaux, doivent rechercher soigneusement ces protecteurs ou receleurs Surtout les archiprêtres, curés, etc., doivent dénoncer aussitôt à l'évêque toute personne suspecte.

4. Les associations des béguins et des béguines (béghards et béguines) sont défendues, parce qu'elles ne forment pas un ordre approuvé par l'Église [3].

5. Les constitutions du pape Boniface touchant la clôture des religieuses, l'installation de vicaires perpétuels, surtout pour les églises qui dépendent des monastères, la célébration des fêtes des apôtres, des évangélistes et des quatre principaux docteurs de l'Église comme fêtes de rite double, et en général tous les décrets insérés dans le *liber Sextus* doivent être observés exactement.

6 La fête de saint Louis sera célébrée tous les ans comme fête de rite double, dans toute la province, à savoir, dans les églises

---

1 Le pape Boniface VIII écrivit aussi au roi de France pour cette affaire Baronius-Raynaldi, *Annal eccles*, ad ann. 1300, n. 27 sq Mais Philippe le Bel continua de soutenir le vicomte, un compromis n'eut lieu que sous Benoît XI, dans ce sens que le vicomte prêterait serment de fidélité à l'archevêque, et qu'à son tour l'archevêque prêterait serment entre les mains du roi.

2 Baluze *Conc Gall. Narbonn.*, col. 87, Labbe, *Concilia*, t. xi, col. 1430-1431; Hardouin, *Concil. coll.*, t vii, col 1205; Martène, *Thes nov. anecd*, t iv, col. 225-228; Coleti, *Concilia*, t xiv, col. 1265, Mansi, *Conc. ampliss. coll.*, t. xxiv, col. 1213. [H. L]

3. Cf article *Beghinen*, dans le *Kirchenlexicon*, t i, p 726 sq, 2e edit, t. ii, p 204; F Vernet, *Béghards, Béguines hétérodoxes*, dans Vacant-Mangenot, *Dict de théol cathol*, t ii, col 528-535. [H. L.]

cathédrales et collégiales, dans tous les monastères et dans les prieurés dépendant des monastères.

7. La fête du patronage sera célébrée dans chaque église, au moins comme fête à neuf leçons.

8. Ces prescriptions, ainsi que toutes les constitutions *pénales* du pape Boniface VIII (c'est-à-dire qui contiennent des menaces de punition), seront publiées dans toutes les églises de la province [1].

Mansi place en 1299 le synode d'Anse, présidé par Henri, archevêque de Lyon. Mais les dernières paroles des actes de cette assemblée prouvent qu'elle a eu lieu le vendredi avant le dimanche de *Lætare* de l'année 1299. Comme l'usage français de ce temps faisait commencer la nouvelle année à Pâques, le synode a donc eu lieu le 18 mars 1300. Il remit en vigueur toute une série d'anciennes ordonnances et en promulgua plusieurs nouvelles [2].

1. On célébrera chaque semaine une messe votive *De beata Maria* ou *De Spiritu Sancto* ou *Pro pace*, etc.; celui qui y assistera gagnera une indulgence de vingt jours.

2. Les prélats de la province doivent se soutenir mutuellement de leurs conseils et de leurs actes.

3. Les juifs doivent porter un signe distinctif extérieur sur leurs habits. Ils n'auront ni nourrices ni précepteurs chrétiens, et la viande préparée pour eux ne doit pas être vendue aux chrétiens. S'ils rencontrent une croix ou l'eucharistie, ils doivent se cacher, ou s'éloigner rapidement, ou rendre au Seigneur l'hommage qui lui est dû. Pour les maisons et biens qu'ils ont sur une paroisse, ils doivent donner une compensation des dîmes et autres redevances. On ne doit pas non plus les placer comme fonctionnaires au-dessus des chrétiens.

4. Tous les prêtres ayant charge d'âmes doivent déclarer au [372] peuple tous les mois que les parjures sont infâmes.

5. Souvent des excommuniés et leurs protecteurs et amis promulguent des statuts et contractent des alliances contre ceux qui ont prononcé ou occasionné ou publié la sentence d'excommunication. On les dépouille de leurs biens, au mépris et au préjudice du droit des clefs qui appartient à l'Église. L'ordonnance

---

1. Tosti, *Storia di Bonifazio VIII*, t. II, p. 123; Drumann, *Geschichte Bonifaz' VIII*, part. I, p. 187.

2. Anse, arrondiss. de Villefranche, Rhône. La Mure, *Hist. du dioc. de Lyon*, 1671, p. 342; Martène, *Thes. nov. anecd.*, t. IV, col. 490; Mansi, *Concilia*, Supplem., t. VI, col. 407; *Conc. ampliss. coll.*, t. XXIV, col. 1217. (II. L.)

contre ces abus, promulguée par Grégoire X à Lyon, est remise en vigueur, à savoir, que quiconque empêche ceux qui ont porté une sentence d'excommunication, ou ceux qui la publient, ou quelqu'un des leurs, de se servir des fours, moulins, chemins, ou de faire leur commerce, etc., leur enlevant leurs biens, ou les laissant voler, tombe sous le coup de l'excommunication, et si il s'agit d'un seigneur du territoire, le service divin doit être interrompu sur ses terres jusqu'à ce qu'il ait satisfait.

6. Défense de promouvoir les excommuniés à certaines charges, comme celle de bailli, etc.

7. Celui qui s'obstine une année entière sous le coup de l'excommunication, sera contraint par le pouvoir séculier, sur réquisition de l'évêque, à se réconcilier avec l'Église, par l'emprisonnement ou par la confiscation de ses biens.

8. Punition de ceux qui, étant excommuniés, entrent dans une église et troublent le service divin, attendu que le prêtre ne doit pas célébrer en leur présence.

9. Celui-là seul qui a prononcé la sentence d'excommunication peut la lever; sauf à l'article de la mort, où tout prêtre peut absoudre.

10. Les corps des défunts doivent être inhumés dans les cimetières de leur paroisse respective, lorsque le curé ignore si le défunt a choisi ailleurs sa sépulture Même dans ce cas, le corps doit être d'abord porté dans l'église de la paroisse, où on célébrera une messe ou autre service (*aliqua statio*) pour le repos de l'âme du défunt.

11. Punitions de ceux qui portent préjudice à un prélat, le lésant dans sa liberté ou ses biens.

12. Sur le droit des clercs de tester.

13. Souvent deux clercs qui se disputent un bénéfice en viennent aux mains, eux et leurs amis, et vident la querelle dans le sang Celui qui agit de la sorte sera excommunié *ipso facto*, et s'il ne se soumet pas immédiatement, il ne pourra obtenir de bénéfice ecclésiastique pendant deux ans, même après avoir reçu l'absolution.

14. Punitions de ceux qui abusent des lettres du pape et de ses légats.

15. Celui qui allègue faussement avoir pris la croix, pour extorquer des subsides, et usurpe les privilèges d'un croisé, sera excommunié et frappé des peines prévues par la loi.

16. Quiconque emprisonne un clerc est excommunié *ipso facto*,

à moins qu'il n'ait surpris le clerc en flagrant délit et n'ait voulu [373]
l'empêcher de fuir. Dans ce cas, le prisonnier doit être le plus
promptement possible livré à l'évêque. (Détails.)

17. Un grand nombre de seigneurs temporels empêchent leurs
inférieurs d'en appeler aux juges ecclésiastiques dans les cas où
il s'agit de fiefs ecclésiastiques. Celui qui agira de cette façon sera
excommunié.

18. Quiconque a reçu de l'Église un fief ou autre bien doit
faire sans délai, devant les supérieurs ecclésiastiques, l'acte d'acceptation du bien et des charges qui lui incombent. Celui qui manque
à ce devoir sera excommunié et perdra son fief, etc.

19. Punitions de ceux qui tuent, mutilent, blessent, battent,
emprisonnent ou retiennent en prison un prêtre de paroisse ou
un dignitaire, chanoine, etc., ou bien qui coopèrent par leurs
conseils ou par leurs actes à une action de ce genre.

20. Punitions des clercs et des laïques qui transgressent un
interdit général.

21. Boniface VIII a prescrit dans le *liber Sextus*, l. III, tit. ii,
c. 1, que les clercs mariés une seule fois et avec une vierge joui-
raient des privilèges de l'état ecclésiastique, s'ils portaient la
tonsure et l'habit clérical. Il a déclaré en outre (*ibid.*, lib. I, tit. ii,
c. 1) que les anciennes coutumes devaient garder force de loi.
Néanmoins plusieurs seigneurs violent les privilèges traditionnels
de ces clercs, qu'ils imposent comme si c'étaient des laïques.
Défense désormais d'agir ainsi, sous peine d'excommunication
et d'interdit.

22. Toutes ces prescriptions seront rigoureusement observées;
les évêques suffragants, abbés, doyens et archiprêtres les publieront dans leurs synodes et dans leurs réunions.

Peu de temps auparavant, Étienne Bécard, archevêque de Sens,
publia dans un synode provincial, tenu à Melun au mois de janvier 1300, plusieurs ordonnances du pape, tant anciennes que
nouvelles, et en prescrivit l'observation[1]. Les voici :

1. Une partie de l'édit de Boniface VIII insérée au *liber Sextus*,
l. I, tit. iii, *De rescriptis*, c. 11, § 1, 2, 3, 9, portant qu'à l'avenir
on ne pourrait plus nommer comme commissaires pontificaux
que des dignitaires et des chanoines des églises cathédrales.

2. Un édit d'Innocent III (*Decret. Greg.*, l. I, tit. xxix, *De*

---

1. Labbe, *Concilia*, t. xi, col. 1431-1434.

officio et potest. judicis delegati. c. 31), portant qu'un évêque ne doit obéir à une prétendue lettre du pape qu'après en avoir vérifié l'authenticité.

74]   3. Un décret de Boniface VIII (*in Sexto*, l. III, tit. XXIII, c. 3), sur la punition des seigneurs temporels qui empêchaient l'appel au pape et au tribunal de l'Église.

4 Un autre d'Alexandre IV (*in Sexto*, l. V, tit. II, c. 7). Celui qui, étant soupçonné d'hérésie, ne se disculpe pas et reste une année entière sous le coup de l'excommunication, sera puni comme hérétique

5. Un édit de Boniface VIII (*in Sexto*, l. V, tit. VII, c. 8). Il est défendu à tout prêtre séculier ou régulier de célébrer en des lieux interdits et d'administrer les sacrements aux excommuniés. Enfin, on remit aussi en vigueur le canon 16 du concile de Bourges de 1276 [1] (cf. p. 233).

Nous avons rencontré bien souvent les plaintes des évêques contre les juges civils et les seigneurs qui mettaient obstacle à l'exercice de la juridiction ecclésiastique; d'autre part, on voit les juges laïques se plaindre des juges d'Église, ainsi qu'il résulte d'un manuscrit publié par M. Boutaric [2]. « Les laïques sont cités par les clercs devant les tribunaux ecclésiastiques et obligés de s'y rendre sous peine d'excommunication Les officiers du roi sont forcés par menace d'excommunication d'exécuter les sentences portées par un tribunal ecclésiastique dans une cause temporelle. Ils sont également obligés d'amener par la force les laïques restés une année entière sous le coup de l'excommunication a se réconcilier avec l'Église Les évêques font des statuts synodaux au détriment des seigneurs temporels et obligent les laïques à les observer en les menaçant d'excommunication. Ils n'infligent pas aux clercs coupables les peines méritées et vont parfois jusqu'à empêcher qu'ils soient convaincus d'un méfait, etc » Ce serait ici le cas de répéter : *Iliacos intra muros et extra.*

Le 13 juin 1300, un concile provincial célébré à Cantorbéry, sous la présidence de l'archevêque, Robert de Winchelsea, publia une ordonnance concernant les permissions de prêcher et de

1 Mansi, *Concil ampliss. coll*, t. XXV, col 1 sq, Hardouin, *Concil coll*, t. VII, col 1207, Coleti, *Concilia*, t. XIV, col 1271 sq, Martene, *Script vet. coll*, t. VII, col. 1285 (H. L)

2. *Notices et extraits de manuscrits de la Biblioth. imperiale*, 1862, t. XX p. 132 sq

confesser accordées aux dominicains et aux frères mineurs. Les évêques ne devaient donner cette permission qu'à ceux qui se présentaient en personne devant eux, habitaient dans le diocèse et donnaient des preuves de leur capacité [1]. Les collections des conciles placent en 1300 un autre synode anglais célébré à Merton ; mais Wilkins et Mansi ont prouvé qu'il s'est tenu en 1305 ; nous n'en parlerons que plus tard. Il n'est pas absolument certain qu'on ait tenu vers 1300, à Auch, un synode provincial, qui promulgua treize *capitula*, dont les neuvième et treizième méritent seuls notre attention. Le neuvième limite à sept ans la dispense de la résidence en faveur de ceux qui étudient, l'autre défend aux évêques de donner un bénéfice avec charge d'âmes à des clercs au-dessous de vingt-cinq ans [2]. [375]

Du concile de Salzbourg tenu en 1300, on sait seulement que l'archevêque Conrad et ses suffragants demandèrent au pape des explications plus détaillées sur la bulle *Super cathedram* (insérée plus tard par Clément V dans le c. 2, l. III, tit. VII, *De sepulturis*, des *Clémentines*), parce que les dominicains et les frères mineurs ne voulaient pas l'observer [3]. Vers la même époque, un synode de la province de Tours, tenu à Saumur, promulgua douze canons pour défendre tout attentat contre la juridiction ecclésiastique et l'immunité, surtout en ce qui concerne l'exemption de tout impôt [4].

Un synode de Prague, tenu en 1301, se préoccupa de la propagation de l'hérésie et ordonna à tous les fidèles qui rencontreraient des hérétiques d'en donner avis aux inquisiteurs épiscopaux. On menaça, en outre, de peines sévères ceux qui incendiaient les

1. Wilkins, *Conc. Britann.*, t. II, p. 257 ; Mansi, *Concilia*, Supplem., t. III, col. 257 ; *Concil. ampliss. coll.*, t. XXV, col. 87.

2. Labbe, *Concil.*, t. XI, col. 1468-1472 ; Mansi, *Conc. ampl. coll.*, t. XXV, col. 82 sq. ; Hardouin, *Concil. coll.*, t. VII, col. 1246 sq. ; Coleti, *Concilia*, t. XIV, col. 1339.

3. Hartzheim, *Concil. German.*, t. IV, col. 1246 sq. ; Dalham, *Concil. Salisburg.*, p. 143 ; Binterim, *Deutsche Concilien*, t. V, p. 132. Dans la fâcheuse querelle sur le sens du *sacerdos proprius* du canon 21 du IVe concile du Latran, *Omnis utriusque sexus*, Boniface VIII déclara, dans la constitution citée ci-dessus, que les réguliers étaient tenus d'avoir la permission de l'évêque diocésain pour confesser. Benoît XI supprima cette restriction le 17 février 1304 (*Inter cunctos*). Clément V remit en vigueur la constitution de Boniface à Vienne (*Dudum*). Cf. aussi Benoît XIV, *De syn. diœc.*, l. XI, c. XIV, § 2.

4. Maan, *Sacr. et metrop. ecclesia Turon.*, t. II, p. 213 ; d'Avalon, *Histoire des conciles*, t. V, p. 243 sq.

forêts ; enfin on défendit rigoureusement la célébration de mariages sans l'intervention de l'Église [1]. A la mort d'André III de Hongrie, le dernier roi de la dynastie des Arpades († janvier 1301), Boniface VIII envoya aussitôt le cardinal Nicolas Boccasini (plus tard Benoît XI) en Hongrie, pour travailler à faire reconnaître Charles Robert (Charobert) d'Anjou [2]. Peu après son arrivée, il convoqua à Bude tous les évêques hongrois et les prélats. Mais tous les évêques, à l'exception du seul Grégoire, évêque élu de Gran, étaient pour le jeune Wenzel, fils du roi de Bohême, qui avait déjà été couronné au commencement d'août 1301 par l'archevêque de Colocza. Le synode de Bude du 13 octobre 1301 resta donc sans résultat : nous n'en savons plus rien, si ce n'est qu'on y régla une querelle à propos de dîmes [3]. Nicolas dut bientôt se retirer devant les forces prépondérantes des Bohémiens à Vienne. Boniface VIII se déclara, le 31 mai 1303, pour Charles contre les Bohémiens [4]. Alors le cardinal légat convoqua de nouveau en juin ou juillet 1303 les archevêques et évêques hongrois, en un endroit qui nous est inconnu (Bude, Pressburg ou Gran). Ils y publièrent la décision de Boniface et, de leur côté, reconnurent Charles comme roi légitime, prononçant l'excommunication et l'interdit contre tous ceux qui refuseraient de le reconnaître [5].

Mansi [6] veut ranger au nombre des synodes celui de Senlis (24 octobre 1301), qui s'occupa d'interroger et d'emprisonner Saisset, évêque de Pamiers, mais, comme on l'a dit plus haut, c'était plutôt une réunion politique qu'un synode ecclésiastique.

---

1. Hofler, *Prager Concilien*, 1862, p. xviii

2. Charles Robert était le fils de Charles Martel et de Clémentia, fille de Rodolphe de Habsbourg ; Charles Martel était le fils de Charles II de Sicile et de Marie, sœur du roi de Hongrie, Ladislas IV († 1290) Pour la légation du cardinal Nicolas en Hongrie, cf *Mélanges d'archéologie et d'histoire* (Benoît XI avant son pontificat), 1888, p 273 sq, d'après Theiner, *Monum Hung*, t. 1, p. 383 sq.

3. Knauz, *Monument eccles Strigon*, 1882, t II, p. 498 sq

4 Potthast, *Reg*, t. II, p. 2019. Après la mort prématurée de son père, Wenzel II († 21 juin 1305), Wenzel III renonça à la couronne de Hongrie et remit les insignes de la couronne à Otton, duc de Bavière Celui-ci entra furtivement en Hongrie, se fit couronner à Stuhlweissembourg et se maintint trois ans contre Charles Robert Mais en 1307, pendant qu'il se rendait en Transylvanie pour y épouser la fille du voyvode Ladislas, celui-ci le fit prisonnier avec les insignes de la couronne En 1308, il sortit de prison et retourna en Bavière, où il continua à porter le titre de roi de Hongrie jusqu'à sa mort

5. Knauz, *Monument eccles. Strigon.*, 1882, t. II, p 524.

6. Mansi, notes a Baronius-Ravnaldi *Annal eccles*, ad ann 1301 n 29

Un mois plus tard, le 22 novembre 1301, un synode de la province de Reims fut célébré à Compiègne sous la présidence de l'archevêque Robert de Courtenay. Nous en possédons sept canons destinés à protéger les ecclésiastiques et la juridiction de l'Église. Le sixième de ces canons nous apprend que, non seulement les laïques, mais aussi les abbés formaient entre eux des ligues pour se protéger contre les punitions infligées par l'évêque [1]. Un autre concile de Reims, qui se tint le 30 septembre 1302, se plaignit au pape du chapitre rebelle de la cathédrale qui ne voulait accepter de l'évêque ni réprimandes ni punitions [2]. Déjà, en 1277, les évêques de la province de Reims avaient adressé les mêmes plaintes au pape Jean XXI (cf. p. 237). L'assemblée que Mansi [3] désigne comme un concile de Reims du vendredi 1303 avant la nouvelle année, est au contraire un synode du mois de janvier 1304 (vendredi *post Circumcisionem*). Les deux réunions tenues à Paris les 10 avril 1302 et 12 mars 1303, données par Mansi, Hardouin et Coleti, ne sont autres que ces assemblées politiques réunies par Philippe le Bel dont nous avons déjà parlé [4]. De même nous avons mentionné [5] le synode tenu à Rome par Boniface VIII, le 30 octobre 1302, avec les membres du clergé français venus à Rome sur son invitation pour examiner l'état des affaires de France. [377

Nous devons enfin mentionner le synode espagnol qui se tint à Pennanfiel (*apud Pennam fidelem*), du 1er avril au 13 mai 1302, sous la présidence de Gonzague, archevêque de Tolède, où les quinze *capitula* suivants furent décrétés [6].

1. Tout clerc qui a reçu les ordres (*in sacris ordinibus constitutus*), ou qui possède un bénéfice ecclésiastique, doit réciter tous les jours les heures canoniales.

2. Aucun clerc ne doit avoir publiquement une concubine.

3. Le curé qui, par négligence, n'administre pas à un mourant

1. Mansi, *Concil. ampliss. coll.*, t. xxv, col. 87 sq.; Hardouin, *Concil. coll.*, t. vii, col. 1274 sq.; Coleti, *Concilia*, t. xiv, col. 1343; Gousset, *Les actes de la province de Reims*, t. ii, p. 472 sq.

2. Mansi, *Concil. ampliss. coll.*, t. xxv, col. 91 sq.; Gousset, *Les actes de la province de Reims*, t. ii, p. 475.

3. *Conc. ampliss. coll.*, t. xxv, col. 94 sq.

4. Voir p. 408 et 435.

5. Voir p. 424.

6. Peñafiel, province de Valladolid. (H. L.)

les sacrements de pénitence et d'eucharistie, perdra son bénéfice à tout jamais

4. Beaucoup de personnes communient sans s'être confessées; n'osant le faire à leur curé, elles allèguent qu'elles se sont confessées à un autre prêtre; mais le curé ne doit admettre personne à la communion s'il n'est certain que la confession ait précédé.

5. Celui qui dévoile le secret de la confession sera emprisonné et mis au pain et à l'eau pour le reste de ses jours.

6. Tout évêque de la province de Tolède doit publier la bulle *Clericis laicos.*

7. Toutes les dîmes doivent être exactement payées.

8. Les hosties doivent être faites de froment et d'eau, et par les prêtres eux-mêmes, ou, en leur présence, par des serviteurs expérimentés.

9. Conformément aux canons des conciles de Latran et de Lyon, chaque évêque doit punir les usuriers dans son diocèse.

10. Le juif ou le sarrasin qui se fait baptiser ne perd pas ses biens.

11. Comme la très sainte Vierge, descendant corporellement du ciel, a visité et particulièrement honoré Ildefonse, archevêque de Tolède, son chapelain et le héraut de sa virginité, la fête de ce saint sera célébrée sous le rite double dans toute la province.

12. Tous les jours après complies, on chantera le *Salve Regina,* avec les oraisons pour l'Église, pour le pape et pour le roi.

13. Peines minutieuses contre ceux qui s'attaquent aux biens des églises, qui attentent aux libertés de l'Église, même si les coupables appartiennent à la famille royale.

14. Celui qui capture un évêque ou un chanoine d'une église cathédrale sera excommunié, et son territoire frappé d'interdit.

15. Les nobles (*milites*) qui ont acheté des maisons et des biens appartenant à l'Église et qui ne les restituent pas dans le délai de deux mois, seront excommuniés et leurs biens frappés d'interdit [1].

---

1. Mansi, *Concil ampliss coll*, t. xxv, col 99 sq · Hardouin, *Concil coll.*, t. vii, col. 1254 sq , Coleti, *Concilia*, t xiv, col 1349 sq.; Tejada, *Coleccion de canones y de todos los concilios de la Iglesia de España*, t. iii, p. 433 sq.

694. Benoît XI et les conciles célébrés sous son pontificat, du 22 octobre 1303 au 17 juillet 1304.

Grâce à la protection de Charles II, roi de Naples, venu avec une armée au secours de son suzerain Boniface VIII, entré dans Rome le jour même de la mort du pape, les cardinaux se réunirent en conclave le 21 octobre 1303, dans le palais du Vatican, où Boniface avait rendu le dernier soupir [1]. A l'exemple de Célestin V, Boniface avait remis en vigueur la sévère ordonnance du pape Grégoire X sur la tenue des conclaves et l'élection des papes; l'effet en fut tel que, dès le lendemain, au premier tour de scrutin, Nicolas Boccasini, cardinal-évêque d'Ostie, âgé de soixante-quatre ans, fut élu pape à l'unanimité. D'origine bourgeoise, il était fils d'un notaire de Trévise, en Vénétie. Entré dans l'ordre des dominicains à l'âge de quatorze ans, de degré en degré, il était arrivé au généralat de l'ordre. Nommé cardinal par Boniface VIII et chargé de légations importantes, il était du petit nombre de ceux qui n'avaient pas abandonné le pape à Anagni. Il prit le nom de Benoît XI, quoique le nom de Benoît X n'eût été porté que par un antipape (cf. t. IV, p. 1131, 1178). C'était un homme de mœurs irréprochables, d'une piété éclairée, d'une science étendue [2] (auteur de [379]

1. Boutaric, *La France sous Philippe le Bel*, Paris, 1861, p. 121, place à tort ce conclave dans la ville de Pérouse.

2. *Hic vir satis discretus inter collegas suos scientia laudabatur, benignus et mitis jurgia oderat et pacem amabat.* Vincent. Ferreti, dans Muratori, *Script.*, t. IX, p. 1010. Pipinus dit de Benoît : *Multis virtutibus præditus, unum tamen in eo notatum est, quod fuerit adeo pertinacissimæ conceptionis, ut quod semel de aliquo in se concepisset, sive in bonum, sive in malum, ab inde non posset avelli.* Muratori, *op. cit.*, t. IX, p. 747. Cf. aussi Grandjean, *Benoît XI avant son pontificat*, dans *Mélanges d'archéologie et d'histoire*, 1888, t. VII, p. 219 sq. L'étude de L. Gautier, *Benoît XI. Étude sur la papauté au commencement du XIVᵉ siècle*, Paris, 1863, est une bonne monographie. De moindre valeur est l'ouvrage de Fietta, *Nicolo Boccasino di Trevigi ed il suo tempo*, Padova, 1871. Cf. aussi Quétif et Échard, *Script. ord. prædic.*, t. I, p. 444 sq. En 1297, Nicolas, encore général des dominicains, fut chargé par Boniface VIII de rétablir la paix entre la France et l'Angleterre, mission qu'il mena à bonne fin. Rymer, *Fœdera*, t. I, p. 189; Muratori, *Script.*, t. IX, p. 1010. Sa légation en Hongrie fut moins heureuse. [Christophe, *Histoire de la papauté pendant le XIVᵉ siècle*, in-8º, Paris, 1853; M. Souchon, *Die Papstwahlen von Bonifaz VIII bis Urban VI und die Entstehung des Schismas*, in-8º, Braunschweig, 1888; L. Pastor, *Geschichte der Päpste seit dem Ausgang des Mitt. Alt.*, 4ᵉ édit., Freiburg, 1901, t. I, p. 67 sq.; Loserth, *Geschichte des späteren*

plusieurs commentaires bibliques, etc , aujourd'hui perdus) ; il continua sur le siège pontifical à faire preuve de modération. On raconte
qu'après son élection il refusa de reconnaître sa mère, qui se
présenta à lui trop richement vêtue, et l'embrassa cordialement
lorsqu'elle eut quitté ses atours. Son grand cœur et sa prudence
d'homme d'État le portèrent à nouer avec les princes chrétiens
des relations amicales. Il engagea Frédéric, roi de Sicile, à renouveler son serment de vassal et à reconnaître le traité de 1303 [1].
Quant aux autres princes, il chercha à se les attacher par des
complaisances et des grâces spirituelles et temporelles. Mais contre
les auteurs de l'attentat d'Anagni il éleva la voix avec force dès
le 6 novembre 1303 (il les appelle : *filii iniquitatis, primogeniti
Satanæ et perditionis alumni*). Il exigea que tous ceux qui, à cette
occasion, soit à Rome, soit dans la campagne, s'étaient approprié
le trésor de l'Église, ou les biens du pape, des cardinaux ou d'un
ecclésiastique quelconque, ou qui s'en étaient rendus acquéreurs
dans la suite, eussent à restituer dans les huit jours. Les obstinés
seraient excommuniés solennellement tous les dimanches et jours
de fête, et cette bulle devait être publiée partout, afin que personne
ne pût prétexter l'ignorance. Le 7 décembre, il envoie un légat
dans la Campagne avec pouvoirs très étendus pour réclamer
partout les biens volés. Contre les endurcis, il recommandait
d'en appeler au bras séculier. Benoît XI cherchait par-dessus
tout a rétablir les finances papales, complètement ruinées par les
événements des dernières années. Car non seulement le trésor
papal fut pillé à Anagni, mais encore les revenus ordinaires, soit
du Patrimoine lui-même, soit de l'extérieur, cessèrent presque
complètement par suite des divers conflits de Boniface VIII.
Benoît XI chercha à y remédier, non seulement par le recouvre-

Mittelalters, in-8°, München, 1903, p 233, Tangl, *Das Taxwesen der päpstlichen
Kanzlei vom XIII bis zur Mitte des XV Jahrhunderts*, dans *Mittheilungen des
Instit. für österreich Gesch.*, 1892, t XIII, p. 1 sq , Funke, *Papst Benedikt XI*,
in-8°, Münster, 1891; Grandjean, *Les registres de Benoît XI*, Paris, 1883, le même,
Recherches sur l'administration financière du pape Benoît XI, dans *Mélang. d'archéol.
et d'hist* , 1883, t. III, p. 47-66; *Benoît XI avant son pontificat*, même recueil, 1888,
t VIII, p 219-291; *La date de la mort de Benoît XI*, même recueil, 1894, t. XIV,
p 241-244, E. Kindler, *Benedikt XI, 1303-1304*, in-8°, Posen, 1891, *Liber pontificalis*, édit Duchesne, t. II, p. 471-472; B Hauréau, dans le *Journal des savants*,
1884, p. 153-161. [H. L)]
   1. Grandjean. *Le registre de Benoît XI*, 1885 p. 669. 764 806.

ment du trésor volé, mais surtout en faisant percevoir les arriérés des impôts ordinaires, ou par l'imposition de nouvelles dîmes extraordinaires dans tous les pays chrétiens. A cet effet, il envoya divers légats, généralement avec des pouvoirs très étendus. L'Espagne en fut exemptée, car le roi devait employer ces impôts pour la guerre contre les Maures. On fit également exception pour la France, dont l'attitude revêche imposait encore une prudente réserve. On ne peut guère estimer les résultats de ces efforts du pape, car les comptes de la chancellerie pour cette époque ne nous sont pas connus. Le légat pour la Serbie et les provinces environnantes fut également chargé de mettre fin aux nombreux et grossiers désordres qui y régnaient. Particulièrement importante fut la légation de Nicolas de Prato, cardinal-évêque d'Ostie, envoyé en Toscane comme pacificateur entre les guelfes et les gibelins, les Noirs et les Blancs; il fut chargé en outre de poursuivre les plans de Boniface VIII pour gagner la Toscane au Patrimoine. Benoît XI entra également en relations amicales avec Albrecht, roi d'Allemagne, et chercha à rétablir la paix entre lui et Gérard, archevêque de Mayence [1]. On tendit même une main amie au roi de France et aux Colonna [2]. Comme représentant de celui *cujus est proprium misereri et parcere*, Benoît XI releva ces derniers de toutes les sentences prononcées contre eux par son prédécesseur. Seuls, leurs biens confisqués qui se trouvaient déjà passés en d'autres mains ne devaient pas leur être restitués, du moins pour le moment, et Palestrina ne devait pas être rebâtie [3].

1. Bzovius, *op. cit.*, ad ann. 1303, n. 13 sq.; Baronius-Raynaldi, *Annal. eccles.*, ad. ann. 1303, n. 44 sq.; ad ann. 1304, n. 1-8; Pagi, *Breviarium historico-chronologico-criticum*, t. III, p. 550 sq.; Trithème, *Chron. Hirsaug.*, t. II, p. 95-97; Drumann, *Geschichte Bonifazius VIII*, t. II, p. 147 sq.; Grandjean, *Le registre de Benoît XI*, p. 91, 194, 439, 700 sq., 720, 745 sq., 796; *Mélanges d'archéologie et d'histoire*, 1883, t. III, p. 379 sq. : *La légation du cardinal de Prato en Toscane.*

2. Hefele, *Restitution der Colonna*, dans *Tübing. theolog. Quartalschrift*, 1860, p. 405 sq.; cf. A. Eitel, *Der Kirchenstaat unter Klemens V*, in-8°, Berlin, 1869, p. 92 sq. (H. L.)

3. Ce décret du pape, dont le texte authentique a été donné par Grandjean, *Registre de Benoît XI*, p. 687, n. 1135, a été inséré au *Corpus juris canonici*, l. V, tit. IV, c. unic. des *Extravag. commun.*; il n'a pas été bien compris par saint Antonin de Florence, *Summa historialis*, t. III, tit. xx, c. xvii, § 1; par Odoricus Raynaldus, *Annal. eccles.*, ad ann. 1304, n. 13, et par plusieurs autres historiens. De même il a été fort mal édité par les éditeurs du *Corpus jur. can.* 1° Les Colonna, punis par Boniface VIII, étaient : *a*) le vieux cardinal Jacques, frère de feu Jean Colonna;

81]   Néanmoins, Benoît XI avait fait d'une part plus, d'autre part
moins que ce que le roi de France désirait En effet, Philippe le
Bel pensait que la manière la plus simple d'arranger l'affaire des
82] Colonna était de rétablir dans la dignité cardinalice les deux
titulaires jadis déposés, mais les Colonna eux-mêmes refusaient

b) le cardinal Pierre, fils de ce même feu Jean Colonna, c) les frères du cardinal
Pierre Jean de Saint-Viton, Odon, Agapet, Étienne et Jacques Sciarra, avec tous
leurs descendants, d) les cousins des susnommés : Richard, Pierre et Jean de Monte-
nigro. D'après ces données, il faudrait corriger le texte de la manière suivante .
a) au lieu de Ottonem quondam Agapitum, qui n'a pas de sens, il faut lire, dans la
troisième ligne du decret, Joannem dictum de Sancto Vito, Odonem quondam,
Agapitum, Stephanum et Jacobum, appellatum Sciarram, nepotes memorati Jacobi
et filios olim Johannis de Columpna, et posteritatem eorum, nec non contra Riccardum, Petrum et Joannem de Monte Nigro, etc. Ce texte est le même que celui
de l'édit de Boniface VIII (Baronius-Raynaldi, Annal. eccles., ad ann. 1297,
n. 39) qui est cité ici. Si le pape Boniface fit une distinction entre Pierre,
Jean de Saint-Viton, Odon et Agapet, ainsi que les autres fils de feu Jean
Colonna, cela provint de ce que les uns, étant clercs, devaient être punis
d'une autre façon que les autres qui n'étaient pas clercs b) Quelques lignes plus
loin nous lisons : Reddens eos (les deux cardinaux Colonna) et filios dicti JOHANNIS
et posteritatem eorum inhabiles ad apostolicæ dignitatis apicem. Ici encore
tous les éditeurs du Corpus juris can. ont imprimé sans réflexion Jacobi au lieu
de Johannis, bien qu'il s'agisse clairement des fils du feu Jacques Colonna,
et que le codex Lips , dont les variantes sont données dans l'édition du
Corp. jur. can. de Richter, donne le vrai texte. c) Une ligne plus loin, il y a :
Ipsos eosdemque Johannem Odonem et Riccardum, etc , alors que le texte donne
jusqu'ici, et qui n'a plus de sens, dit « le cardinal Jacques et le cardinal Jacques,
et Otton fils de Jean et Otton fils de Jean » —2º Le pape Boniface avait · a) déposé
de leur dignité de cardinal les deux cardinaux Colonna, b) il avait enlevé à tous les
clercs de la famille les églises et les autres bénéfices ecclésiastiques qu'ils possédaient; c) les deux cardinaux et tous les fils de feu Jean Colonna avaient été
déclarés inhabiles à devenir papes ou cardinaux; d) il avait excommunié et banni
tous les susdits Colonna, e) tous leurs biens avaient été confisqués au profit de
l'Église romaine (Ecclesiæ supradictæ) ; f) il avait ordonné que ni eux ni leurs descendants jusqu'à la quatrième génération ne pourraient exercer de charge, etc , à Rome
et dans les environs, etc , ni même habiter dans les États de l'Église. Le nouveau
pape, Benoît XI, infirma toutes les sentences portées contre les Colonna et leurs
héritiers, il excepta toutefois les biens et les droits qui, leur ayant été enlevés,
avaient été déjà donnés à d'autres. Benoît décida que, dans ce dernier cas, on ne
devait rien changer provisoirement. Il faut donc lire (dans l'édition du Corpus
juris canonici, par Böhmer, t II, p 1186, ligne 14, en comptant du haut en bas,
et dans l'édition du Corpus juris canonici, par Richter, t II, p. 1209, ligne 16,
en comptant du haut en bas) . Ideoque omnes prædictas (depositionis a cardinalatibus, privationis a beneficiis et ecclesiis, inhabilitatis ad papatum romanum et
bonorum et jurium, quæ certis nobilibus Romanis civibus concessa sunt, confisca-

cette solution et firent leurs objections dans un mémoire au roi.
Il n'y avait, disaient-ils, que la révocation pure et simple de la
sentence odieuse qui menât à la justice; c'était du reste celle que [383]
le pape Benoît avait choisie peu auparavant (en infirmant en partie
les sentences portées par son prédécesseur). Ils ajoutaient que

*tionibus exceptis, in quibus nihil immutamus in præsens) sententias, pœnas et
mulctas... penitus tollimus et viribus vacuamus.* Les mots *confiscationis exceptis*,
dans Grandjean, sont ou une faute de lecture ou une erreur d'impression. —
3° Après avoir ainsi rectifié le texte, il faut en défendre l'explication contre
saint Antonin de Florence, contre Raynaldi et autres et aussi contre Gregorovius.
Ces historiens veulent, en effet, conclure de la fin du décret qui nous occupe,
qu'en amnistiant les Colonna, Benoît XI, outre la réserve touchant la confiscation des biens, avait encore fait exception sur deux autres points, à savoir : leur
déposition du cardinalat (avec l'inhabilité à devenir pape), et la privation de leurs
bénéfices et églises. Or, ces déductions sont en opposition directe avec les déclarations très précises faites par le pape quelques lignes plus haut : *Omnes prædictas
depositionis a cardinalatibus, privationis a beneficiis et ecclesiis, inhabilitatis ad
papatum romanum... sententias... penitus tollimus et viribus vacuamus.* Dans ce
passage, il remet complètement les peines qu'on lui fait confirmer quelques
lignes plus loin; cela est tout à fait inadmissible. Voici, par conséquent, comment il
faut entendre la phrase de la fin du décret : « De plus, nous rendons aux Colonna
tout ce qui, sans compter la sentence de la déposition du cardinalat, leur a été
ravi par d'autres jugements, peines, etc. » Le *quod quævis alia, quam præfatarum
depositionis, privationis, sententia sive pœna abstulit,* ne signifie pas que les *sententiæ
depositionis et privationis,* etc., doivent garder force de loi. Au contraire, cela
signifie qu'avec ces peines, d'autres, qui ne sont pas indiquées en détail, sont
annulées. C'est ce que Drumann (*Geschichte Bonifazius' VIII,* Ire part., p. 206) a
bien compris; néanmoins il s'exprime mal lorsqu'il dit : « Il n'y eut d'exception
que pour les bénéfices donnés aux Colonna par l'Église romaine et qui leur avaient
été enlevés en même temps que le cardinalat. » Ce n'était pas, en réalité, sur les
bénéfices que portait l'exception, c'était sur les biens des Colonna qui, ayant été
confisqués, avaient été déjà donnés à d'autres. — 4° Enfin, Benoît XI releva les
Colonna de toutes les irrégularités et déclarations d'infamie qu'ils avaient encourues; mais en même temps le pape stipulait que Palestrina et sa citadelle ne
devaient pas être reconstruites; qu'elle ne porterait plus le titre de ville et n'aurait
pas d'évêché. C'était la seconde exception de l'amnistie générale. Les Colonna
eux-mêmes parlent d'une troisième (Dupuy, *Actes,* etc., p. 227), dont notre décret
ne dit rien, et cette troisième exception était ou bien la continuation de l'excommunication qui pesait sur Sciarra Colonna (il avait manqué envers Boniface
d'une façon particulièrement grave), ou bien (au rapport de Platina et de Pagi)
la défense faite aux cardinaux Colonna de porter la pourpre jusqu'à nouvel ordre.
Platina, *Vitæ pontif.,* éd. Colonn., 1574, p. 221; Pagi, *Breviar.,* t. III, p. 554. C'était
leur interdire la participation aux fonctions du Sacré-Collège, quoique leurs titres
et revenus aient pu leur être restitués; c'est ce qui explique pourquoi ils ne prirent
pas part au conclave après la mort de Benoît XI. Cf. *Tübinger theologische Quartalschrift,* 1866, p. 405 sq.

c'était le seul moyen de leur rendre les biens encore séquestrés et de faire disparaître les dernières exceptions [1]. Nous avons vu que le pape Benoît n'alla pas si loin, mais après sa mort, le sénat romain s'arrogea le droit de faire aux Colonna une restitution entière, et régla jusque dans le détail les indemnités à payer par les Orsini et les Gaëtani [2].

A l'égard de la France, l'excommunication prononcée par Boniface VIII contre Philippe le Bel empêchait le nouveau pape de notifier au roi son élection et d'en recevoir une ambassade solennelle de congratulations. En revanche, il se trouvait à Rome, pour le compte de la France, un négociateur de second ordre. Dès l'automne de 1303, Philippe le Bel avait envoyé en Italie, avec diverses missions, Pierre de Peredo, prieur de Chiesa. Il arriva à Rome le 6 octobre, et Boniface étant mort le 11, le prieur crut pouvoir modifier un peu ses instructions et attendre l'élection du nouveau pape. C'est à lui qu'il remit, ainsi qu'aux cardinaux, un acte royal contenant les décisions prises, le 14 juin 1303, par l'assemblée tenue au Louvre, et demandant la réunion d'un concile général à Lyon ou dans toute autre ville agréée par la France. Le prieur ajoutait que le roi, n'ayant pu prévoir la mort de Boniface, ne lui avait donné aucune mission pour le nouveau pape, que néanmoins il prenait sur lui d'indiquer les points qui, durant tout le pontificat précédent, avaient causé de la souffrance et de la douleur à la France, le membre le plus glorieux de l'Église. Il cherchait ensuite à prouver que Boniface forme un triste contraste avec ses prédécesseurs, qui s'étaient distingués par la prière et par l'ascétisme, qui bâtissaient des basiliques et monastères, étaient soucieux du bien des églises, n'amassaient pas des trésors, prenaient conseil des cardinaux, se conduisaient amicalement à l'égard des princes, se conformaient à l'équité et n'empiétaient pas sur les droits d'autrui pour la collation des bénéfices ecclésiastiques, ne déliaient pas à la légère les inférieurs du devoir de l'obéissance et ne se permettaient pas d'extorquer de l'argent.

[4] Boniface avait tant levé d'argent en France qu'on pourrait, avec cette somme, acheter le plus grand des royaumes [3]. C'était la répé-

1 Dupuy, *Actes et preuves*, à la suite de son *Histoire du différend du pape Boniface VIII avec Philippe le Bel*, in-fol., Paris, 1655, p 225, 227
2 Dupuy, *loc. cit.*, p. 278 sq
3. Dupuy, *Hist. du différend entre le pape Boniface VIII et Philippe le Bel*,

tition des attaques anciennes, auxquelles l'éloge des vertus des papes servait comme de repoussoir, bien qu'on n'eût pas toujours envisagé d'une façon si louangeuse leurs réclamations d'argent. Le prieur de Chiesa esquive adroitement la *question de principes* qui se trouvait au fond du débat entre Philippe le Bel et Boniface VIII, et qu'il transforme en une querelle personnelle provoquée par le caractère intraitable de Boniface. Benoît XI crut prudent de ne rien répondre, d'autant plus que le prieur n'avait pas parlé au nom du roi. Mais il chargea l'évêque de Toulouse d'avertir Nogaret, toujours en Italie [1], de se tenir tranquille jusqu'à ce qu'il eût reçu d'autres ordres de son roi et de ne pas entreprendre de démarches pour la réunion du concile, etc., parce que le pape voulait négocier lui-même la paix avec la France. Nogaret, à cette nouvelle, revint auprès de Philippe le Bel, qu'il détermina à envoyer à Rome une ambassade. Un mémoire adressé au roi, probablement l'ouvrage de Nogaret, et rédigé à cette époque [2], ne laisse pas de doute sur le sentiment qui accueillit en France l'attentat d'Anagni et le mécontentement qu'on en témoigna à Nogaret et au roi [3]. Dans cet état de choses, Nogaret conseilla à Philippe

Paris, 1655, p. 25; *Actes et preuves*, p. 209-214; Baillet, *Histoire de démeslez du pape Boniface VIII avec Philippe le Bel*, Paris, 1718, p. 235 sq.; Drumann, *Geschichte Bonifazius' VIII*, Ire part., p. 151.

1. Après la mort du pape Boniface, Nogaret avait protesté d'avance par-devant notaire contre toute élection pontificale qui serait contraire aux intérêts de son maître. Dupuy, *op. cit.*, p. 237.

2. Dans les *Notices et extraits de manuscr.*, t. xx, p. 150. A été très bien commenté par Schwab, dans le *Tübinger theologische Quartalschrift*, 1866, fasc. 1, p. 23 sq. Renan, *Histoire littéraire de la France*, t. xxvi, p. 499, croit que l'auteur est Dubois; cependant le passage : *Estimant etiam ipsum (regem)* MEQUE *non omnino quietam et pacatam habere conscientiam erga Deum*, semblerait plutôt indiquer Nogaret.

3. O. Wenck, *Clemens V und Heinrich VII*, p. 5, écrit : « Le crime d'Anagni ne provoqua pas de contre-coup dans l'opinion publique... il est clair que presque partout on était d'avis que, dans le prisonnier d'Anagni, ce n'était pas la tête spirituelle de l'Église, mais le prétendant au pouvoir universel qui avait été puni. » Je ne vois pas comment on peut concilier cette opinion avec le mémoire d'un Nogaret : on y lit entre autres choses : *Quidquid enim ad excusationem et innocentiam regis dicere et testificari possunt amici regis et sui favorabiles contra personam dicti pape, tanquam suspectum et improbabile pars altera contradicit; et communiter dici potest,* QUOD RES GRANDIS ET HORRIBILIS *occasione regis aut propter ipsum attemptata fuit in eum, qui* TANQUAM VICARIUS CHRISTI REPUTATUR IN TERRIS TENERE LOCUM DEI. *Quod circa multi necnon et magni viri, tam seculares quam religiosi,* ETIAM REGIS AMICI, *turbatam et obfuscatam habentes opinionem et conscientiam erga regem, estimant etiam,* etc. Cf. note précédente. Wenck s'appuie

35] le Bel de se réconcilier avec le pape, et joignit un projet de justification du roi à l'égard du traitement fait à Boniface. Le roi avait autrefois réclamé un concile général pour juger Boniface, Nogaret lui conseillait de le réclamer maintenant pour faire déclarer Boniface hérétique En cas de succès, Philippe le Bel et Nogaret, au lieu de sacrilèges, deviendraient les *chevaliers* et les *sauveurs* de l'Église. Le roi accueillit le plan et mit tout en jeu pour le faire réussir. Il envoya à Rome les chevaliers Bernard de Mercueil et Guillaume de Plaisians, avec Pierre de Belleperche, chanoine de Chartres. pour préparer une entente avec le nouveau pape. Ils devaient obtenir que le roi fût relevé de son excommunication par le pape, sans même en faire la demande[1]. Leurs pouvoirs sont datés du samedi avant le *dominica brandonum*, c'est-à-dire du 22 février 1304[2]. La lettre dont ils étaient porteurs trahit la préoccupation du but désigné par Nogaret à Philippe le Bel. La missive royale déborde d'invectives violentes contre le pape Boniface, le mercenaire qui a conduit l'Église à deux doigts de sa perte: elle est, d'ailleurs, pleine d'éloges pour le nouveau pape, pour son esprit de conciliation et de sainteté. Faisant allusion au nom même du pape, le roi débute par ces mots . « Que béni soit (*benedictus*) le Seigneur Dieu d'Israël qui a sauvé son peuple » (Luc, I, 68). Et il termine en recommandant au pape lui-même son royaume et l'Église gallicane[3].

6] Quelques jours auparavant, le roi avait autorisé ces ambassadeurs à libérer, s'ils le jugeaient à propos, leurs prisonniers (partisans du feu pape), et à mitiger la défense concernant les expor-

---

sur Ptolémée de Lucques, dans Muratori, *Script*, t. XI, p. 1233 (erreur, c'est la page 1223) pour son opinion Et que dit Ptolémée: *In hac tamen divina virtus apparuit super ipsum,* UT PROPTER STATUM SACRATISSIMUM, *quem gerebat sui pontificatus.* TANQUAM IN HOC CHRISTUS, *romanæ Ecclesiæ reverentia, a tantis et talibus inimicis ultra spem a Domino conservaretur illæsus, et e tam diris hostibus liberaretur.*

1. Dupuy, *Histoire du différend du pape Boniface VIII avec Philippe le Bel*, p. 25, 26, et *Actes et preuves*, p 224, 249, Baillet, *Histoire de démeslez du pape Boniface VIII avec Philippe le Bel*, p 238, Drumann, *Geschichte Bonifazius' VIII*, IIIe part., p. 154

2. Le *dominica brandonum* est le premier dimanche de carême; il tire son nom des *brandones*, torches allumées qu'on avait coutume de porter à pareil jour; pour l'ancien comput français, le 22 février 1304 faisait encore partie de l'année 1303

3 Dupuy, *op. cit*, p. 205; incomplet dans Baronius-Raynaldi, *Annal eccles*, ad ann 1304, n 9.

tations [1]. Peut-être Philippe le Bel voulait-il par cette mesure préparer un accommodement avec le nouveau pape; néanmoins, Boutaric est d'avis que, par là, le roi voulait simplement remplir ses coffres, parce que ce n'était qu'à prix d'argent que les prisonniers recouvraient leur liberté.

Dès que les ambassadeurs français furent arrivés à Rome et eurent remis les lettres de leur souverain, le pape infirma en leur présence, le 25 mars 1304, toutes les sentences d'excommunication sous lesquelles le roi aurait pu tomber pour n'importe quel motif, et l'écrivit à Philippe le Bel (2 avril 1304), protestant de son désir de prévenir le roi par la douceur de la bénédiction et de le traiter conformément à la parabole de la brebis perdue; comment, du reste, n'aurait-il pas dû rapporter sur ses épaules une si noble et si magnifique brebis ? Nul ne devait blâmer l'évêque de la Ville et du monde pour un tel acte d'humilité. En terminant, le pape demande au roi d'avoir confiance en son père (c'est de lui-même qu'il parle) et de se souvenir que Joas, roi de Juda, n'a régné glorieusement que tant qu'il a suivi les conseils du grand-prêtre Joiada [2].

D'autre part, Benoît XI se montra moins disposé à convoquer un concile général pour juger son prédécesseur. Il déclara en consistoire qu'il se réservait la décision à prendre sur ce point; les ambassadeurs français s'appliquèrent alors à travailler les cardinaux un à un, et ils obtinrent, en effet, de sept d'entre eux la promesse de s'employer à la convocation d'un concile [3].

A la même époque, parut en France un *Mémoire au roi*, l'exhortant, au nom de la nation, à défendre la liberté et la souveraineté du royaume contre les attaques du feu pape, à le déclarer hérétique et à obtenir sa condamnation comme tel. Cet écrit veut prouver par la sainte Écriture que, d'après la volonté de Dieu, la royauté et le sacerdoce ont été et doivent être toujours séparés. « Dieu, dit le *Mémoire*, a donné à nos premiers parents et à leurs descendants la domination du monde entier (Gen.,1, 28-31), et ils en ont été les maîtres pendant trois mille ans avant que parût Melchisédech, le premier prêtre qui fût roi, encore n'était-il pas roi du [387]

1. Boutaric, dans les *Notices et extraits des manuscrits de la Bibliothèque impériale*, Paris, 1862, t. xx, p. 152 sq.

2. Grandjean, *Registre de Benoît XI*, p. 819 sq.; Dupuy, *Actes et preuves*, p. 207; Potthast, *Reg.*, t. ii, n. 25418, attribue l'écrit au 5 avril (*non. apr.*).

3. Dupuy, *Actes et preuves* p. 219 sq., 231 sq.

monde entier Après sa mort, il se passa encore six cents ans sans
qu'il y eût de prêtre, jusqu'à ce que Dieu eût désigné Moïse
comme prince et Aaron comme prêtre de son peuple. A la mort
de Moïse, il ne transmit pas les pouvoirs de prince à son frère
Aaron, mais à Josué. Au moment du partage de la terre promise
entre les douze tribus, celle des prêtres et des lévites n'obtint
pas de territoire, mais seulement la dîme, etc. Lorsque Israël
voulut un roi, Samuel, inspiré de Dieu, ne lui donna pas pour roi
le grand-prêtre, mais bien Saül. Et le Christ, grand-prêtre de la
nouvelle loi, n'avait pas de pouvoir temporel. Loin d'exiger
l'obéissance d'Hérode et de Pilate, il a ordonné de rendre à César
ce qui est à César. Saint Pierre, saint Paul, saint Clément et leurs
successeurs n'ont pas eu davantage de pouvoir temporel, jusqu'à
celui qui fut donné à l'Église par Constantin le Grand [1]. Boniface VIII est le premier qui ait voulu étendre aux choses temporelles son pouvoir de lier et de délier [2].

Aussitôt après la fête de Pâques de 1304, Benoît XI se rendit à
Pérouse [3]; il se sentait mal à l'aise et trop peu libre à Rome où les
grandes familles nobles, dédaigneuses de son autorité, se livraient
fréquemment à des voies de fait, son intention était, au rapport
du contemporain Ferreto de Vicence, parfois, il est vrai, assez mal
informé, de se fixer d'une manière permanente en Lombardie.
D'après cela, il faudrait faire remonter jusqu'à Benoît XI l'idée
première du séjour d'Avignon Le pape choisit, en attendant,
Assise, au nord de Rome, pour sa résidence pendant la belle
saison; mais il rencontra à l'exécution de son plan une si grande
résistance auprès des cardinaux qu'il lui eût été difficile de passer
outre, s'il n'avait eu le concours de Matteo Rosso Orsini. On ne

1. En acceptant comme authentique la donation de Constantin — ce que
fait l'auteur du *Mémoire* — il est très difficile de réfuter les prétentions du pape
2 Dupuy, *Actes et preuves*, p 214 sq Natalis de Wailly a démontré, dans les
Mémoires de l'Institut, t. XVIII, p 489 sq, que ce *Mémoire* était aussi l'œuvre
de l'avocat du roi, Dubois, et un simple remaniement de son écrit de l'année 1300.
Cf. *supra* p 389.
3 Ptolémée de Lucques, dans Muratori, *Script. rer. Italic*, t XI, p. 1224, dit .
In septimana sancta (22 au 28 mars) *dominus Benedictus papa subito de Sancto
Johanne de Laterano recedit et vadit ad Sanctum Petrum propter proterviam Roma-
norum et superbiæ fastum.* Pendant le trajet, un cardinal fut gravement blessé
Comme on refusa au pape la satisfaction qu'il demandait, il se retira a Perouse par
Viterbe. Vicent Ferreto, dans Muratori, *Script*, t IX, p. 1012 Böhmer, *Fontes*,
t. I, p. 347. Wenck, *Clemens V und Heinrich VII* p. 19

s'explique pas les motifs que pouvait avoir, en agissant ainsi, ce fin et vénérable cardinal, de beaucoup le plus ancien membre du Sacré-Collège, étant cardinal depuis plus de quarante ans. Benoît XI quitta donc Rome avec une grande escorte, et au bout de trois jours arriva à Viterbe [1], où, les 18 et 19 avril, il abrogea trois décrets de son prédécesseur, à savoir : la défense d'accorder en France la licence d'enseigner la théologie et les deux droits, la réserve au pape de la collation de tous les bénéfices français; enfin la révocation de l'ancienne pratique de ramener dans les tombeaux de famille les proches parents de la famille royale morts à l'étranger. Un autre décret de la même date déclara la chapelle royale à Paris complètement exempte [2]. Après son arrivée à Pérouse, Benoît publia une série d'autres édits favorables à la France. Ainsi, le 12 mai, il mitigea les peines édictées par Boniface dans la bulle *Clericis laicos* en ce sens que, si les laïques n'avaient pas le droit de forcer les clercs à leur payer des redevances, ils pouvaient du moins les percevoir si les clercs y consentaient; du reste, se conformant au décret du quatrième concile de Latran, le pape consentait à ce que, en cas de nécessité et après avoir consulté le pape, on pût demander au clergé des subsides pour les besoins de l'État [3]. Le lendemain, Benoît releva de la sentence d'excommunication tous les clercs et laïques français excommuniés par Boniface ou un de ses prédécesseurs pour avoir empêché des communications, soit personnelles, soit par lettres, avec Rome, et tous les Français qui, par leurs conseils ou leurs actes, avaient coopéré à l'emprisonnement de Boniface VIII ou de ses nonces; il exceptait seulement Nogaret, dont il se réservait exclusivement l'absolution [4]. Une seconde lettre, datée du même jour, pardonnait leur désobéissance à tous les prélats et docteurs, etc., français qui, sous Boniface, ne s'étaient pas rendus à la convocation d'un [389] synode à Rome [5]. Un troisième décret cassa *en bloc* tous les décrets

1. Vicentini Ferreti, *Historia*, dans Muratori, *Scriptor. rerum Italic.*, t. IX, p. 1012.

2. Grandjean, *Registre de Benoît XI*, p. 778 sq., 783; Dupuy, *Actes et preuves*, p. 209, 229.

3. Grandjean, *Registre de Benoît XI*, p. 792; Bzovius, *op. cit.*, ad ann. 1304, n. 4; Baronius-Raynaldi, *Annal. eccles.*, ad ann. 1304, n. 12; Potthast, *Reg.*, t. II, n. 25424, 25427.

4. Grandjean, *Registre de Benoît XI*, p. 780; Dupuy, *Actes et preuves*, p. 208.

5. Grandjean, *Registre de Benoît XI*, p. 785; Dupuy, *Actes et preuves*, p. 229.

portés par Boniface VIII pour retirer au roi de France et à ses gens certaines faveurs et privilèges, les sentences prononcées contre eux, les privilèges accordés au détriment de la France, les arrêtés touchant les limites du royaume, enfin l'acte par lequel Boniface VIII avait délié les Français du serment de fidelité à leur roi Il n'exceptait que les mesures prises par Boniface VIII contre Nogaret, celles-là devaient continuer pour le présent à avoir force de loi. Un quatrième édit releva la ville de Lyon, sur la demande de Philippe, de l'interdit encouru par les habitants dont les sympathies pour la France avaient provoqué une révolte contre l'évêque. Un cinquième rapporta l'interdit prononcé contre Pamiers à propos de l'affaire de Bernard Saisset, et l'excommunication encourue à cette occasion par le comte Roger de Foix et ses partisans. Par un sixième décret le pape révoqua les sentences d'incapacité prononcées contre Pierre Flotte, ses parents et ses héritiers jusqu'au quatrième degré [1].

Benoît XI ne se contenta pas d'annuler, sur la demande du roi de France, toutes les sentences de condamnation, et de lui rendre toutes les anciennes faveurs, il en ajouta de nouvelles, ainsi, le 14 mai, il lui accorda pour deux ans la dîme des revenus ecclésiastiques d'après la taxation fixée à Lyon pour la Terre Sainte. Pour l'amélioration de la monnaie, il lui accorda également pour trois ans les annates des bénéfices avec ou sans charge d'âmes [2]. La reine reçut également diverses indulgences et faveurs ecclésiastiques. Le pape promit également au frère du roi, Charles de Valois, de le seconder de son mieux dans ses projets, comme époux de Catherine de Courtenay, de reconquérir l'empire de Byzance. Cependant, quant à faire prêcher une croisade générale comme le demandait Charles Benoît XI crut bon d'attendre [3]. Le 7 juin, il publia la bulle *Flagitiosum scelus*, très sévère contre les sacrilèges qui, à Anagni, avaient emprisonné et maltraité Boniface 0] Il donnait dans sa bulle les noms des coupables, tous Italiens,

1. Grandjean, *Registre de Benoît XI*, p 781, 784, 785; Dupuy, *Actes et preuves*, p. 230.

2. Le 12 juin, le pape dispensa spécialement de ces impôts les Templiers *quos eorum religionis obtentu* SPECIALI DILECTIONE *prosequimur*. Grandjean, *Registre de Benoît XI*, p 545

3 Grandjean, *Registre de Benoît XI*, p 605-609, 787 sq, 790 sq ; Baronius-Raynaldi, *Annal eccles.*, ad ann. 1304, n 11, 28 sq ; Drumann, *Geschichte Bonifazius' VIII*, Ire part, p. 162

à l'exception de Nogaret; car, on vient de le voir, les Français avaient obtenu l'absolution. Les coupables susdits devaient, en la fête des saints Pierre et Paul, comparaître devant le pape pour recevoir leur sentence [1]; mais comme ils n'y vinrent pas, ils furent frappés d'un sévère anathème [2]. Mais Benoît XI mourut quelques jours après, 7 juillet 1304, à Pérouse, et d'une façon si prompte qu'on crut à un empoisonnement [3]. Les uns accusèrent les Colonna, d'autres les Gaëtani, ou les Florentins, ou certains cardinaux, ou enfin le roi de France. Quelques-uns soupçonnèrent même les franciscains, parce que le pape favorisait les dominicains; mais les enquêtes ne donnèrent aucun résultat [4]. Benoît XI fut enterré à Pérouse dans le couvent des dominicains. La sainteté de sa vie et les miracles qui s'opérèrent à son tombeau l'ont fait canoniser par Benoît XIII [5].

Il n'y eut que de rares conciles sous le court pontificat de Benoît XI. La première de ces assemblées fut celle tenue le 2 décembre 1303 par l'archevêque d'Auch, Amaneu, et ses suffragants à Nogaro (aujourd'hui Nugarol, près de Condom, département du Gers); elle publia les dix-neuf canons suivants :

1 et 2. Il est défendu, sous peine d'excommunication, d'admettre les clercs étrangers dépourvus de *litteræ commendatoriæ* de leur ordinaire à exercer des fonctions ecclésiastiques.

1. Grandjean, *Registre de Benoît XI*, p. 798; Baronius-Raynaldi, *Annal. eccles.* ad ann. 1304, n. 13-15.

2. Bzovius, *op. cit.*, ad ann. 1304, n. 3; Spondanus, *op. cit.*, ad ann. 1303, n. 21 Drumann, *Geschichte Bonifazius' VIII*, Ire part., p. 164.

3. Grandjean, *La date de la mort de Benoît XI*, dans *Mél. d'archéol. et d'hist.*, 1894, t. XIV, p. 241. (H. L.)

4. Le cardinal Jacques Gaëtanus Stephaneschi dit (dans Muratori, *Script.*, t. III, p. 617) : *Disenteria Perusii lapsus defecit.* Pipinus est du même avis, il écrit (Muratori, *op. cit.*, t. IX, p. 747) : *Quum in prandio apud Perusinum ficus primi temporis in magna quantitate manducasset, statim gravi correptus dolore ac ægritudine migravit a sæculo.* Vicent. Ferreto (Muratori, *Script.*, t. IX, p. 1013) dit également que le pape mourut après avoir mangé des figues; mais, dans son animosité manifeste contre Philippe, il dit que les figues furent empoisonnées par deux cardinaux, sur l'ordre du roi. D'après lui, le pape ne mourut que huit jours après avoir mangé les figues. Gautier, *Benoît XI*, p. 185 sq., croit également à un empoisonnement. Jean XXII fit faire une enquête contre le franciscain Delitiosus en 1319 : mais on ne trouva pas de sérieuses preuves de culpabilité. Baluze, *Vita pap. Avenion.*, t. II, p. 341 sq.

5. Baronius-Raynaldi, *Annal. eccles.*, ad ann. 1304, n. 31 sq.; Drumann, *Geschichte Bonifazius' VIII*, Ire part., p. 164 sq.

3. Que personne ne mette obstacle à l'exercice des fonctions des prélats juges d'inquisiteurs ou visiteurs.

4. Excommunication contre quiconque empêche un messager de l'archevêque ou d'un autre suffragant de faire sa citation ou de remplir toute autre mission, ou lui prend ou détruit ses lettres, etc., et contre les complices.

5. Les seigneurs et les juges laïques n'ont pas qualité pour 391]juger de la légitimité d'une excommunication, ni pour s'ingérer dans les causes d'Église et du for ecclésiastique, ni enfin pour recevoir des recours à propos de ces affaires, sous peine d'excommunication.

6. Celui qui viole le droit d'asile des églises sera excommunié.

7. Punitions des parjures.

8. Il est défendu, sans permission expresse, d'inhumer aucun laïque dans une église, même si la famille y a depuis longtemps son tombeau.

9. Celui qui a fait élection de sa sépulture ailleurs que dans son église paroissiale doit néanmoins être porté d'abord dans cette église, à laquelle on payera également les redevances d'usage.

10. Les détenteurs des dîmes ecclésiastiques sont privés de la sépulture ecclésiastique; eux-mêmes et leurs enfants, et jusqu'à la quatrième génération inclusivement, ne pourront recevoir ni tonsure, ni ordre, ni bénéfice.

11. Ni l'archidiacre qui fait la visite ni les personnes de sa suite ne peuvent accepter de présents.

12. Si une église qui n'est pas encore consacrée, quoique affectée au culte divin, est polluée par des actes honteux, par l'effusion du sang, ou par l'inhumation de tout excommunié, hérétique, schismatique, païen ou juif, dont on ne peut plus exhumer les ossements, il appartient à l'évêque de la réconcilier en l'aspergeant d'eau bénite seulement.

13. Défense de tenir dans les églises et cimetières toutes sessions de tribunaux séculiers, surtout pour les affaires criminelles pouvant entraîner peine de mort, toute réunion profane, parlement, etc.

14. Les concubinaires, les usuriers et les adultères notoires doivent être dénoncés publiquement dans toutes les églises comme excommuniés.

15. Le créancier qui retient la quittance d'une dette à lui payée sera excommunié.

16. On jette l'interdit sur toute localité où l'on retient un clerc d'Auch

où l'on garde un objet quelconque volé à une église, ou à un moine, ou à un clerc, sur toute localité où l'on détient un clerc ou une personne d'Église

17. Celui qui frappera d'une taille quelconque des lépreux reclus sera excommunié

18. Les personnes et les biens d'Église ne doivent pas être caution ou gage pour des tiers

19. Quiconque s'approprie ou aide un tiers à s'approprier un bien d'Église ou de personnes d'Église déposé en un lieu sacré sera excommunié[1].

Le vendredi après la Circoncision de 1303, ancien comput, c'est-à-dire le 4 janvier 1304, Robert de Courtenay, archevêque de Reims, tint à Compiègne un synode provincial appelé parfois concile de Reims. Cette assemblée décréta les cinq canons suivants [392]

1. On rappelle les prescriptions canoniques défendant d'admettre au service divin ou à la sépulture ecclésiastique toute personne publiquement excommuniée ou interdite, sous peine de l'interdit de l'entrée de l'église. On y ajoute que les assistants et complices seront excommuniés *ipso facto;* peine contre ceux qui contractent des mariages clandestins, ou prêtent leur concours.

2. Les gens de certains seigneurs temporels imposent les clercs qui vivent à la manière des clercs, sous le vain prétexte qu'ils se livrent au commerce, ils s'arrogent le droit d'examiner si un clerc est réellement commerçant (au lieu de laisser ce soin aux autorités ecclésiastiques), et quoiqu'on leur garantisse la perception des taxes, si le clerc est reconnu comme commerçant par les autorités diocésaines, ils s'obstinent néanmoins à intervenir; ils sont menacés d'excommunication, s'ils ne cessent dans le délai d'un mois.

3 Celui qui s'obstine deux années entières sous le coup de l'excommunication sera privé de la sépulture ecclésiastique.

4. Le synode a cité à comparaître tous ceux qui, depuis deux ans et plus, sont excommuniés. Comme ils ne se sont pas présentés, on les déclare contumaces et suspects d'hérésie, et leurs évêques procéderont contre eux à une enquête, suivant les formes légales.

5. Tous les ecclésiastiques de la province de Reims qui pratiquent la vie en commun devront se contenter d'un potage et de

1. Mansi, *Concil ampliss coll*, t xxv, col. 111, Hardouin, *Concil coll.*, t vii, col 1259 Colet Co - lia ⋅ ⁻ ⋅ col 1259

deux plats, sauf quand ils reçoivent des hôtes de haute distinction [1].

Les canons du concile provincial de Reims furent répétés mot à mot dans un synode diocésain tenu à Cambrai [2].

Un synode diocésain fut célébré à Huesca en Aragon, en 1303, sous la présidence de l'évêque Martin. On y renouvela le privilège de don Ramiro de l'an 1063, concernant la reconstruction de l'église cathédrale de Huesca, détruite par les barbares [3]. En février 1304 (ou 1305), Guillaume de Flavacourt, archevêque de Rouen, réunit à Pinterville ses suffragants pour traiter diverses affaires ecclésiastiques importantes, mais qui ne sont pas connues. On sait seulement que le synode menaça d'excommunication tous les juges laïques qui ne respectaient pas les immunités des clercs, et que l'abbé de Fécamp, au diocèse de Rouen, démontra si bien l'exemption de son abbaye que le synode, à l'unanimité, lui donna raison [4].

---

1. Mansi, *Concil. ampliss. coll.*, t. xxv, col. 117 sq.; Hardouin, *Concil. coll.*, t. vii, col. 1263; Coleti, *Concilia*, t. xiv, col. 1365; Gousset, *Les actes de la province ecclésiastique de Reims*, t. ii, p. 477 sq.

2. Hartzheim, *Concil. Germ.*, t. iv, p. 89 sq.

3. Aguirre, *Concil. Hisp.*, t. iii, p. 543; Tejada, *Coleccion de canones y de todos los concilios de la Iglesia de España*, t. iii, p. 446.

4. Mansi, *Concil. ampliss. coll.*, t. xxv, col. 118, 122; Coleti, *Concilia*, t. xiv, col. 1369.

LIVRE QUARANTIÈME

PONTIFICAT DE CLÉMENT V
JUSQU'AU XVᵉ CONCILE ŒCUMÉNIQUE. EXIL D'AVIGNON
PROCÈS CONTRE LES TEMPLIERS
ET CONTRE BONIFACE VIII

---

695 *Élection et couronnement de Clément V en 1305*

Conformément à l'ordonnance de Grégoire X, le dixième jour
après la mort de Benoît XI [1], les cardinaux se réunirent en conclave à Pérouse, dans la maison où le pape avait rendu le dernier
soupir. Mais ils restèrent onze mois (moins deux jours) sans
arriver à une entente Les bourgeois de Pérouse, qui au début
voulaient appliquer à la lettre l'ordonnance sur les conclaves,
se laissèrent bientôt entraîner par les divisions qui régnaient
dans le Sacré-Collège et se montrèrent moins rigoureux. Il semble
même que le conclave fut complètement dissous après quelque
temps [2], et que ce ne fut qu'au mois de février de l'année suivante
que les cardinaux furent de nouveau enfermés sérieusement
Deux partis à peu près d'égale force se trouvaient en présence,
le parti italien et le parti français : le premier avait pour chefs
Matteo Rosso et François Gaetani, neveu du pape Boniface;
le second, Napoléon Orsini et Nicolas, cardinal-évêque d'Ostie,
appelé aussi cardinal de Prato (près de Florence), lieu de sa naissance Diverses intrigues personnelles et d'âpres intérêts particuliers compliquaient encore la situation. Ainsi Matteo Rosso
et Napoléon Orsini voulaient l'un et l'autre s'emparer de la tiare.

1. D'après les *Brevi annali di Perugia*, le conclave fut réuni dès le troisième
jour après la mort du pape (10 juillet). *Archiv stor. ital.*, t. xvi, p. 60, Karl Wenck,
Clemens V und Heinrich VII, 1882, p. 25 [Le conclave s'ouvrit le 18 juillet.
(H. L.)]

2 Les *Continuateurs de Guillaume de Nangis* disent des cardinaux en conclave ·
Sibi tamen exquisitis fraudibus ministrari victualia procurantes (Bouquet, *Recueil
des hist. d. la Fr... t ... p. 590*) ce qui peut s'entendre du sixième conclave.

[394] Au mois de février, **Charles II de Naples** arriva à Pérouse, pour faire aboutir l'élection, mais il dut partir au commencement d'avril 1305, sans avoir rien obtenu [1]. Vers cette époque, arrivèrent à Pérouse trois ambassadeurs de France [2], et, comme on se défiait

1. Baronius-Raynaldi, *Annal. eccles.*, ad ann. 1304, n. 36; Ptolémée de Lucques, dans Muratori, *Script. rer. Ital.*, t. XI, p. 1124 sq.; Wenck, *Clemens V und Heinrich VII*, p. 26. Matteo Rosso et Napoléon Orsini étaient les chefs de deux groupes irréductiblement rivaux et d'importance numérique égale. Tandis que Matteo réclame le châtiment exemplaire de l'attentat d'Anagni, Napoléon veut l'oubli, le pardon, le rétablissement des Colonna, l'alliance avec Philippe le Bel. Ce Napoléon était un peu un transfuge et, en prenant fait et cause pour les Colonna, il désertait ses intérêts de famille. Du reste, il avait bien quelques raisons pour agir ainsi et les violentes altercations survenues en conclave entre l'oncle et le neveu montrent que Napoléon avait trempé lui-même dans l'attentat du 7 septembre 1303. Pendant ces onze mois d'interrègne, il faut distinguer deux périodes : 1° mi-juillet à Noël 1304 : des assemblées rares, des entretiens en vue de choisir un pape au sein du Sacré-Collège; 2° janvier-juin 1305 : de guerre lasse, on regarde au dehors; en février, arrivée de Charles de Naples et des envoyés français à Pérouse. Les deux groupes demeurent intacts, il manque trois voix dans chaque camp pour arriver à faire un pape. Matteo va être joué par son neveu, qui lui enlève quelques-uns de ses partisans. Dans le camp de Matteo, on avait prononcé le nom de Bertrand de Got; Napoléon s'empressa de faire sonder l'archevêque de Bordeaux dont les dispositions le rassurèrent complètement. Alors Matteo et Napoléon font la paix, tombent d'accord, le vieux Matteo ne se tient plus d'aise, son neveu lui prodigue les respects et pendant ce temps un émissaire de Napoléon arrive à convaincre quelques partisans de Matteo que celui-ci se moque d'eux et fait sa paix particulière avec Napoléon sur le dos de ses partisans. L'évêque d'Albano, Pierre d'Espagne et François Gaëtani se laissent convaincre et passent à Napoléon Orsini, qui, à force de ruses, les attache à la fortune de Bertrand de Got. On passe au vote. Coup de théâtre, Bertrand de Got a réuni dix voix. Outré, le vieux Matteo Orsini refuse d'apposer son sceau au décret d'élection et meurt peu de temps après, au moment où la curie s'apprête à franchir les Alpes. Tandis que L. Leclère, *L'élection du pape Clément V*, dans les *Annales de la faculté de philosophie et lettres de l'université de Bruxelles*, 1889, t. I, p. 25 sq., soutient que Bertrand avait entamé des négociations avec Philippe le Bel au sujet de son élection, H. Finke, *Aus den Tagen Bonifaz' VIII*, 1902, montre, avec raison, qu'on ne peut apporter des preuves de fait, ni soutenir avec certitude que cette entente n'a pas eu lieu. (H. L.)

2. Sur l'ambassade, composée de Geoffroy Du Plessis, protonotaire de France, d'Ythier de Nanteuil, prieur de l'Hôpital, et du financier florentin Mouche, arrivés à Pérouse au début de 1305, cf. Ch.-V. Langlois, *Notices et documents relatifs à l'histoire de France au temps de Philippe le Bel. Geoffroy Du Plessis, protonotaire de France*, dans *Revue historique*, 1898, t. LXVII, p. 75-76; G. Lizerand, *Clément V et Philippe le Bel*, in-8°, Paris, 1910, p. 37; Ch. Langlois, *Les papiers de G. de Nogaret et de G. de Plaisians au trésor des chartes*, dans *Notices et extraits des mss.*, t. XXXIX, p. 241, n. 474. 'H. L.'

d'eux, les magistrats de la ville les interrogèrent à deux reprises sur le but de leur voyage ; ils protestèrent de leurs bonnes intentions, de leur indifférence pour la mémoire du feu pape Boniface VIII, pour les cardinaux, pour la ville, pour tout le monde ; ils voulaient simplement hâter l'élection du pape [1].

Voici le récit de Jean Villani sur ces incidents : « Le dixième mois du conclave, le cardinal de Prato dit au cardinal Gaetani que, en retardant l'élection du pape, on causait à l'Église de graves dommages : il lui demanda s'il pourrait lui proposer un moyen d'y remédier. Le cardinal Gaetani répondit oui et ils tombèrent d'accord sur ce plan qu'un parti (italien) désignerait trois membres capables non italiens (du point de vue italien, on les appelait des *ultramontains*), et que l'autre parti choisirait le pape parmi ces trois membres dans un délai de quarante jours. Le vieux cardinal Matteo Rosso, ordinairement si prudent, accepta la proposition, s'imaginant que l'avantage restait à son parti, c'est-à-dire au parti italien, qui désigna trois archevêques non italiens, nommés par Boniface VIII, restés fidèles à sa politique et adversaires du roi de France. Parmi ces archevêques se trouvait Bertrand de Got, archevêque de Bordeaux [2], qui avait toujours été dévoué au feu pape Boniface et était très opposé à Philippe le Bel, à cause des exactions dont sa famille avait eu à se plaindre pendant la guerre de Gascogne de Charles de Valois Néanmoins le cardinal de Prato, qui connaissait le vaniteux Gascon, envoya à Philippe le Bel des courriers [3], l'avertissant de ce qui se machinait et lui conseillant de se réconcilier sans plus tarder avec l'archevêque et de lui imposer ses conditions, car de lui (Prato) dépendait l'élection de celui des trois candidats qui conviendrait le mieux au roi. Celui-ci fit aussitôt inviter l'archevêque à se rencontrer avec lui, dans le délai de six jours, dans une abbaye entourée [395] de forêts, près de Saint-Jean-d'Angély, en Saintonge, sous prétexte d'affaire importante à traiter. Après avoir assisté ensemble à la messe et s'être donné mutuellement des garanties, le roi dit · « Vois, archevêque, je puis te faire pape si je veux, et je te promets cet honneur, si, de ton côté, tu me promets d'ac-

1. Dupuy, *Histoire du différend entre le pape Boniface VIII et Philippe le Bel Actes et preuves*, p 277; H. Finke, *Aus den Tagen Bonifaz' VIII*, p. 279 sq, LXII sq. (H. L.)
2. Villani l'appelle à tort Raymond
3. Ils firent le trajet de Pérouse à Paris en onze jours.

cepter les six conditions que je vais te faire. » Il lui montra la lettre reçue de Pérouse, en preuve de ce qu'il avançait. L'archevêque, hors de lui d'étonnement et de reconnaissance se jeta aux pieds du roi, en lui disant : « O mon seigneur, je reconnais maintenant que tu m'aimes plus qu'homme du monde, et tu veux me rendre le bien pour le mal; ordonne, j'obéirai. » Le roi le releva, l'embrassa sur la bouche et lui dit : « Voici les six conditions :

« 1º Tu me réconcilieras complètement avec l'Église et tu me pardonneras le tort que j'ai eu en faisant emprisonner Boniface.

« 2º Tu me relèveras de l'excommunication, moi et mes gens.

« 3º Tu me garantiras toutes les décimes (des revenus ecclésiastiques) pour cinq ans, afin de continuer la guerre de Flandre.

« 4º Tu me promettras de ruiner la mémoire de Boniface VIII.

« 5º Tu réintégreras dans leur dignité cardinalice Jacques et Pierre Colonna; tu leur rendras leur situation antérieure, et avec eux tu éleveras au cardinalat quelques autres de mes amis.

« 6º Quant au sixième point, il est fort important, mais il doit rester caché; je te le révélerai à une autre époque et dans un autre lieu. »

L'archevêque jura sur la sainte hostie d'accomplir toutes ces conditions, et livra au roi, en gage de sa parole, son frère et deux de ses neveux; de son côté, le roi jura de le faire nommer pape. Dès le trente-cinquième jour (après le traité conclu à Pérouse entre les cardinaux), le cardinal de Prato fut informé de ce qui s'était passé; il en donna connaissance à son parti et invita tout le conclave à une session générale pour exécuter le traité accepté de part et d'autre. Ses amis le choisirent comme interprète, et, le 5 juin 1305, il désigna l'archevêque de Bordeaux pour la papauté. On chanta un *Te Deum* solennel, et le parti italien ne se douta pas qu'il venait d'être complètement joué [1].

---

1. Villani, *Istorie fiorentine*, l. VIII, c. LXXX, dans Muratori, *Scriptores rerum Italicarum*, t. XIII, p. 417; Baronius-Raynaldi, *Annal. eccles.*, ad ann. 1305, n. 2-4. Ce récit de Villani a eu tout le succès d'un mélodrame, cependant il est non seulement imaginaire, mais faux et contredit par les faits : J.-F. Rabanis, *Clément V et Philippe le Bel. Lettre à M. Daremberg sur l'entrevue de Philippe le Bel et de Bertrand de Got à Saint-Jean-d'Angély*, in-8º, Paris, 1858; L. Audiat, *L'entrevue de Bertrand de Got et de Philippe le Bel à Saint-Jean-d'Angély*, dans le *Bulletin de la Société des archives historiques de la Saintonge et de l'Aunis*, 1885, t. V, p. 230-232; J. Boucherie, *Inventaire des titres qui se trouvent au trésor de l'archevêché de*

Presque tous les historiens depuis Villani ont répété son récit
et se sont donné beaucoup de peine pour découvrir ce sixième
point resté mystérieux, mais en vain, puisque le récit de Villani
est une pure légende, une revanche du sentiment national[1] italien,
blessé de l' « exil de Babylone ». Mansi, Dollinger et Christophe [396]

Bordeaux, dans *Archives historiques de la Gironde*, 1883, t. xxiii, p. 340, G. Mollat,
Les papes d'Avignon, 1305-1378, in-12, Paris, 1912, p. 31 sq., K. Wenck, *Clemens V
und Heinrich VII*, in-8°, Halle, 1882, p. 14-39, Souchon, *Die Papstwahlen*, in-8°,
Braunschweig, 1888, p. 26-35, cf. Beilage II, p. 185-189, Huyskens, *Kardinal
Napoleon Orsini*, Munchen, 1902. L'entrevue de Saint-Jean-d'Angély n'est plus
défendable, mais la question des rapports de Bertrand de Got et de Philippe le Bel
reste à l'étude. Boutaric admettait que de vagues promesses avaient pu être
échangées on ne sait où, ni quand, ni par quelle voie. A l'aide de documents nombreux bien classés et interrogés, M. G. Lizerand, *Clément V et Philippe le Bel*,
in-8°, Paris, 1910, p. 32 sq., a montré que les relations du roi et du prélat étaient de
date ancienne et que Bertrand était loin d'être sans crédit à la cour de France. La
famille de Got, contrairement à ce qu'avait dit Renan, était bien vue du roi qui,
en 1305, s'exprimait à son égard dans les termes suivants « Considérant le bon
portement, le grand loyauté et la ferme constance que nous avons trouvé en
Arnaud Garsias de Got et en Bertrand, fils du susdit chevalier, et en ceux de son
lignaige .. » L'équipée de Bertrand de Got à Rome, au fort du conflit qui avait
armé Boniface VIII contre la France, ne lui aliéna pas le roi. En bon politique,
l'archevêque avait eu soin de faire cause commune avec l'épiscopat français et,
bien loin de travailler contre Philippe au concile de Rome, s'était employé a
procurer l'apaisement. Le roi lui tint si peu rigueur de son voyage qu'en avril 1304
il prenait sa défense contre tous les officiers du royaume. Ainsi, il n'y eut point de
changement brusque dans les relations des deux personnages avant et après
l'élection de juin 1305. (H. L.)

[1] Oui, le sentiment national et, ce qui est beaucoup moins sentimental, les
avantages appreciables que valait à l'Italie la présence de la papauté. A la lettre,
une population entière en vivait, nous avons vu Grégoire VII entreprendre un
complet nettoyage. il aurait pu revenir en ce monde, la besogne n'eût pas manqué.
Cette exploitation séculaire brusquement interrompue et frustrée par le « voyage »
d'Avignon, cette mise au pain sec des faméliques rongeurs fut une des raisons de la
fureur avec laquelle on parla de l' « exil de Babylone » Depuis un demi-siècle,
les papes ne résidaient à Rome qu'exceptionnellement (cf. G. Mollat, *Les papes
d'Avignon*, 1912, Préf, p. xi-xiii), certains pontificats se passèrent tout entiers
hors de Rome, mais aucun pape ne s'aventurait dans une installation durable hors
d'Italie, et ainsi le principe était sauvegardé, les Italiens faisaient bonne garde
et procuraient à leurs compatriotes, à ceux du nord comme à ceux du midi, les
avantages de toute nature inhérents à la présence du Saint-Père et aux déplacements pontificaux. Ce qui était sans précédent, inouï, criminel, scandaleux, sacrilège — car tel est alors le diapason — c'était l'installation à l'étranger, l'obligation
de partager, l'impossibilité d'accaparer des avantages dont la savoureuse jouissance
avait, avec le temps, pris un air de propriété (H. L.)

avaient déjà mis en doute le récit de Villani[1]; M. Rabanis l'a
réduit à néant[2].

1º Le principal argument de Villani, à savoir, la profonde
inimitié entre Philippe le Bel et l'archevêque Bertrand de Got,
est faux; car : a) la translation de Bertrand du siège épiscopal
de Comminges au siège métropolitain de Bordeaux par Boniface VIII[3] eut lieu à une époque où le pape était dans les meilleurs
termes avec le roi de France et où il tenait certainement compte,
pour la collation des bénéfices, des désirs de ce dernier; c'est-à-
dire vers la Noël 1299[4]; b) il n'y a aucune preuve que la famille
de Got eût pris parti pour l'Angleterre contre la France, dans
la guerre de Gascogne, et qu'elle eût été traitée plus rigoureusement que les autres par Charles de Valois; au contraire, Arnaud
Garsias de Got, frère de l'archevêque Bertrand, servait dans
l'armée française et sa famille n'est comptée nulle part parmi
celles qui furent les plus imposées[5]; c) des édits du roi de France,
des 3 mars 1300, 2 novembre 1302 et 28 avril 1304, prouvent que
ce prince était bien disposé en faveur de l'archevêque Bertrand
et qu'il le protégeait dans ses droits et ses revenus[6]; d) un contemporain de Villani, Ferreto de Vicence, dont nous avons déjà
parlé, affirme, à l'encontre de Villani, que Bertrand jouissait des

[397]

1. Mansi, dans ses notes à Baronius-Raynaldi, *Annal. eccles.*, ad ann. 1305, n. 1 :
Döllinger, *Lehrbuch der Kirchengeschichte*, t. II, p. 278; Christophe, *Geschichte des
Papsthums während des XIV Jahrhunderts. Deutsch von Ritter*, Paderborn, 1853,
t. I, p. 336.

2. Rabanis, *Clément V et Philippe le Bel*, Paris, 1858; cf. Schwab, dans *Tübinger
theolog. Quartalschrift*, 1861, p. 492 sq.; Boutaric, *La France sous Philippe le Bel*,
Paris, 1861, p. 123; et *Philippe le Bel et les Templiers*, dans *Revue des questions
historiques*, 1872, t. X, p. 303. Cf. aussi Dönniges, *Kritik der Quellen für die Geschichte Heinrichs VII*, 1841, p. 124 sq.; Reumont, dans *Archivio stor. ital.*, Nuova
serie, t. XI, p. 141. [A. Griveau, *La mémoire du pape Clément V vengée contre les
accusations de Villani par la découverte de documents nouveaux*, dans les
Annales de philos. chrét., 1859, IVᵉ série, t. XIX, p. 142-151, 165-191, 245-259,
374-383. (H. L.)]

3. Comme évêque de Comminges, Bertrand était sujet immédiat du roi de France;
comme archevêque de Bordeaux, il dépendait tout d'abord du roi d'Angleterre; et
la couronne de France n'avait sur la Guyenne que les droits de suzeraineté
supérieure.

4. Rabanis, *op. cit.*, p. 18 sq.

5. *Ibid.*, p. 33 sq.

6. *Ibid.*, p. 22 sq.

faveurs de Philippe le Bel, et que depuis leur jeunesse ils étaient dans une grande intimité [1].

2º Le rôle de Judas que Villani fait jouer au cardinal de Prato ne répond pas au caractère connu de ce cardinal [2], et l'on ne s'expliquerait pas *pourquoi* il se serait infligé à lui-même une mission si honteuse. Villani lui associe Napoléon Orsini, mais nous avons une lettre de ce dernier au roi, datée de 1314 [3], le cardinal y parle de l'élection et du pontificat de Clément V et des dommages qui en sont résultés pour l'Église d'une manière si digne et si franche qu'il est impossible de voir en lui un complice, même un simple comparse dans cette vilaine machination.

3º La lettre de Clément V (octobre 1305) au roi Philippe le Bel [4] témoigne contre Villani. Clément avait déjà annoncé au roi qu'il venait d'être élu pape, mais sans lui dire qu'il avait accepté l'élection. Cela semble avoir blessé Philippe; Clément s'excuse par cette lettre, en disant que, s'il n'avait pas fait connaître au roi son acceptation, c'est que ses ambassadeurs, étant présents à l'élection, avaient dû lui en communiquer le résultat; il termine en disant qu'il n'avait accepté qu'à contre-cœur et à raison des pressantes instances qui lui avaient été faites. Or comment aurait-il pu écrire au roi de cette façon, s'il avait acheté la tiare au roi lui-même par un honteux marché? Si, dans cette lettre. Clément V autorise le roi, suivant le désir à lui exprimé, à faire connaître les questions qui ont été déjà l'objet de délibérations *secrètes* entre le pape et les ambassadeurs royaux, cela ne saurait s'entendre du traité en question, qui, étant *déjà conclu*, n'était plus l'objet de délibérations; et le pape aurait été le premier à défendre, pour son honneur, qu'on en fît connaître les stipulations. Mais il est fort probable que Philippe avait déjà proposé au nouvel élu les deux points qui lui tenaient le plus à cœur, l'anathème contre [398] Boniface VIII et la suppression des Templiers [5].

1. *Philippo gratissimus, eo quod a juventute familiaris exstitisset.* Dans Muratori, *Scriptor.*, t ix, p. 1015

2 C'était un dominicain, homme de science et d'une grande habileté, que Benoît XI avait promu au cardinalat Par contre, le cardinal Pierre Colonna, exilé, avait joué un vrai rôle de traître, d'après Ferreto de Vicence, dans Muratori, *Script rer Italic* , t. ix, p. 1014; Villani a pu le confondre avec le cardinal de Prato.

3. Dans Baluze, *Vitæ paparum Avenionensium*, t ii, p. 289 sq.

4. *Ibid.*, p. 62.

5. Boutaric, *La France sous Philippe le Bel*, p 126; *Philippe le Bel et les Templiers*, dans *Revue des questions historiques*, t x, p 310.

4º D'après Villani, l'élection de Clément V aurait été le résultat d'un traité conclu par les deux partis du conclave, par conséquent obtenue à l'unanimité, mais le procès-verbal de l'élection prouve qu'il y eut dix voix contre cinq, c'est-à-dire seulement les deux tiers des voix, justement le nombre strictement requis. Les cardinaux qui avaient voté pour Bertrand de Got étaient les quatre cardinaux-évêques Léonard d'Albano, Pierre de Sabine, Jean de Porto et Nicolas (de Prato) d'Ostie; les deux cardinaux-prêtres Jean des Saints-Pierre-et-Marcellin et Robert de Sainte-Pudentienne; les quatre cardinaux-diacres Napoléon Orsini de Saint-Adrien, Landulf de Saint-Angelo, Guillaume de Saint-Nicolas *in carcere Tulliano* et François Gaëtani de Sainte-Marie in Cosmedin. C'est seulement lorsque cette majorité des deux tiers fut acquise que la minorité se rallia aussi à l'élection [1]. A celle-ci se joignirent quatre cardinaux qui, malades, avaient quitté le conclave, ou, retardataires, n'avaient pu y pénétrer, c'est-à-dire le cardinal-évêque Jean de Tusculum, le cardinal-prêtre Galterio et les deux cardinaux-diacres Matteo Rosso (Orsini) et Richard de Saint-Eustache [2]. Enfin ce même procès-verbal du décret d'élection prouve que ce ne fut pas le cardinal de Prato, ainsi que l'avance Villani, mais bien François Gaëtani qui proclama le nouvel élu.

5º Presque tous les points du prétendu traité sont sans objet, et par conséquent Philippe n'a pas pu les proposer. *a)* Philippe avait été complètement réconcilié avec l'Église par Benoît XI; *b)* l'excommunication était déjà levée; *c)* le roi avait déjà reçu du pape les décimes pour une période de deux ans, et les annates pour une période de trois ans; *d)* les cardinaux Jacques et Pierre et, en somme, toute la famille Colonna, étaient déjà réhabilités.

---

1. La minorité comprenait Thierry, cardinal-évêque de *Civitas papalis*, auparavant Palestrina; le cardinal-prêtre Gentilis de Saint-Martin des Monts et les diacres François de Sainte-Lucie *in Silice*, Jacques de Saint-Georges au Vélabret et Lucas *de Sancta Maria in via lata*.

2. Mansi, *Concil. ampliss. coll.*, t. xxv, col. 124 sq.; Hardouin, *Concil. coll.*, t. vii, col. 1277; Coleti, *Concilia*, t. xiv, col. 1370; Baronius-Raynaldi, *Annal. eccles.*, ad ann. 1305, n. 6. Dans Mansi, Hardouin et Coleti, le nom du cardinal de Prato, évêque d'Ostie, manque dans l'énumération des dix cardinaux qui se déclarèrent tout d'abord pour Bertrand. Mais son nom se trouve dans les suscriptions et souscriptions. Raynaldi le donne dans la liste. [Leclère, *L'élection du pape Clément V*, dans les *Annales de la Faculté de philosophie et des lettres de Bruxelles*, 1890, t. i, fasc. 1, p. 7-39; M. Souchon, *Die Papstwahlen von Bonifaz VIII bis Urban VI und die Entstehung des Schismas, 1378*, in-8º, Braunschwig 1888.(H.L.)

Il ne reste donc plus que le seul point concernant Boniface VIII

6º Ce qui écarte définitivement du récit de Villani, c'est que nous [399] avons la preuve que l'entrevue de Saint-Jean-d'Angély *n'a jamais eu lieu*, puisque ni l'archevêque ni le roi ne s'y rendirent [1]. Lorsque Clément V fut élu pape, il se trouvait en tournée dans sa province ecclésiastique, et faisait écrire jour par jour où il allait et ce qu'il faisait [2]. André Du Chesne et les éditeurs du *Gallia chri-*

---

1 Mais oui, et ce dernier argument dispense de tous les autres. Les itinéraires de Philippe le Bel et de Bertrand de Got sont connus, ils prouvent qu'à l'époque où devrait se placer l'entrevue de Saint-Jean-d'Angély, l'un se trouvait à proximité de Paris, l'autre à La Roche-sur-Yon. J.-F Rabanis, *Itinéraire de Clément V, pendant l'année qui précéda son avènement au Saint-Siège*, in-8º, Bordeaux, 1850 (II. L)

2 C'est à Lusignan, le 20 ou 21 juin, que Bertrand de Got apprit la nouvelle de son élection Aussitôt, il rebroussa chemin, se rendit à Bordeaux, y reçut son décret d'élection, l'accepta et prit le nom de Clément Il était né à Villandraut (Gironde) (S Fauché, *Le berceau de Clément V et la Chronique de Bazas*, dans *Revue cathol de Bordeaux*, 1894, t xvi, p 5-14, J Duffour, *Le lieu de naissance de Clément V*, dans *Revue de Gascogne*, 1905, p 371, E Berchon, *La patrie de Clément V*, dans *Rev cathol de Bordeaux*, 1894 t xvi, p 97-106, 150) à une date inconnue. Élevé au monastère des Deffends, de l'ordre de Grandmont, au diocèse d'Agen, il étudia le droit ecclésiastique et le droit civil à Orléans et à Bologne. Chanoine de Bordeaux, d'Agen, de Tours et de Lyon, vicaire général de son frère Béraud, archevêque de Lyon, évêque de Commings le 28 mars 1295, archevêque de Bordeaux le 23 décembre 1299 Baluze, *Vitæ paparum Avenionensium*, t i, p. 575-686, *Regesta Clementis V*, édit des bénédictins du Mont-Cassin, 9 vol. in-fol et appendices, 1885-1892, Muratori, *Scriptor. rer Italicarum*, t. iii, p 673; t iii b, p 441, t. iii c, p 147, Villani, *Istorie fiorentine*, in-8º, Firenze, 1823, Baronius-Raynaldi, *Annal eccles*, ad ann 1305 sq , J. Boucherie, *Inventaire des titres qui se trouvent au trésor de l'archevêché de Bordeaux*, dans *Archives historiques de la Gironde*, 1883, t. xxiii, p. 305 sq , W Otte, *Der historische Wert der alten Biographien des Papstes Klemens V*, dans *Kirchengeschichte Abhandlungen* de Sdralek, in-8º, Breslau, 1902, Ch -V Langlois, *Documents relatifs à Bertrand de Got (Clément V)*, dans *Revue historique*, 1889, t xl, p 48-54, *Notices et documents relatifs à l'histoire de France au temps de Philippe le Bel, documents italiens*, dans même revue, 1896, t lx, p. 307-328, *Geoffroy Du Plessis, protonotaire apostolique de France*, dans même revue, 1898, t lxvii, p 70-83, *nova serie*, dans même revue, 1905, t xxxvii, p. 55-79, *Le fonds de l' « Ancient correspondence » au Public Record Office de Londres*, dans *Journal des savants*, 1904, p 380-393, 446-453, F Ehrle, *Der Nachlass Clemens V und der in Betreff desselben von Johann XXII (1318-1321) geführte Prozess*, dans *Archiv für Litteratur und Kirchengeschichte des Mittelalters*, 1886, p 353, 1887, p. 1 sq., 1889, p 1 sq.; II Finke, *Acta Aragonensia*, in-8º, Munster, 1908; *Aus den Tagen Bonifaz VIII*, Munster, 1902, Christophe, *Histoire de la papauté pendant le xive siècle*, in-8º, Paris, 1853, t. i· De Flamare, *Le pape Clément V à Nevers*, dans *Bulletin historique et philosophique*. 1890. p. 13-22, U. Chevalier, *Passage du pape Clément V à Valence au retour du concile de Vienne*, dans

Bulletin d'histoire ecclésiastique et d'archéologie religieuse des diocèses de Valence, Digne, Gap, Grenoble et Viviers, 1898, t. xviii, p. 113-129; E. Berger, *Bulle de Clément V en faveur de Guillaume de Nogaret*, dans *Mélanges E. Châtelain*, in-8⁰, Paris, 1910, p. 268-270; Beaudoin, *Bertrand de Got et les libertés gallicanes*, dans *Mémoires de l'Académie des sciences, inscriptions et belles-lettres de Toulouse*, 1902, p. 403-413; E. Berger, *Jacques II d'Aragon, le Saint-Siège et la France*, dans le *Journal des savants*, 1908, p. 281-294, 348-359; J. de Carsalade du Pont, *Itinéraire de Clément V en Gascogne*, dans *Revue de Gascogne*, 1894, t. xxxv, p. 210-212; M. Faucon, *Les arts à la cour d'Avignon sous Clément V et Jean XXII*, dans *Mélanges d'archéologie et d'histoire*, 1882, t. ii, p. 36-83; M. Jusselin, *Une satire contre Philippe le Bel et Clément V*, dans *Bibliothèque de l'École des chartes*, 1908, p. 280-281; G. Pariset, *L'établissement de la primatie de Bourges*, dans *Annales du Midi*, 1902, p. 145-184, 289-328; N. de Wailly, *Des recherches sur la véritable date de quelques bulles de Clément V*, dans l'*Auxiliaire catholique*, 1845, t. i, p. 137-146; K. Wenck, *Aus den Tagen der Zusammenkunft Papsts Clement V und König Philipps des Schönen zu Lyon*, dans *Zeitschrift für Kirchengeschichte*, 1906, t. xxvii, p. 189-202; Castelnau d'Essenault, *Notice archéologique sur l'église collégiale d'Uzeste*, dans la *Revue des Sociétés savantes*, 1867, t. vi, p. 533-544; H. Hemmer, *Clément V*, dans *Dictionn. de théol. catholique*, 1908, t. iii, col. 61-69; E. Berchon, *Histoire du pape Clément V*, in-8⁰, Bordeaux, 1897; F. Lacoste, *Nouvelles études sur Clément V*, dans *Revue catholique de Bordeaux*, 1893-1895; E. Renan, *Étude sur la politique religieuse de Philippe le Bel*, in-8⁰, Paris, 1899; E. Allain, *Uzeste et Clément V*, dans *Revue catholique de Bordeaux*, 1895, t. xvii, p. 26-31; F. Appollonio, *Un capitolo di storia Veneta nei regesti de Clemente V*, in-12, Venezia, 1887; Levillain, *A propos d'un texte inédit relatif au séjour du pape Clément V à Poitiers en 1307*, dans le *Moyen âge*, 1897, IIᵉ série, t. i, p. 73-86; J.-F. Rabanis, *Entrevue de Clément V et de Philippe le Bel à Saint-Jean-d'Angély*, dans *Travaux de la Commiss. des monum. historiques de la Gironde*, 1846-1847, p. 48; *Itinéraire de Clément V pendant l'année qui précéda son avènement au Saint-Siège*, extrait des manuscrits des archives de la Gironde, in-8⁰, Bordeaux, 1850; *Clément V et Philippe le Bel. Lettre à M. Daremberg sur l'entrevue de Philippe le Bel et de Bertrand de Got à Saint-Jean-d'Angély, suivie du journal de la visite pastorale de Bertrand de Got dans la province ecclésiastique de Bordeaux en 1304 et 1305*, in-8⁰, Paris, 1858; E. Renan, *La papauté hors de l'Italie, Clément V*, dans *Revue des deux mondes*, 1880, t. xxxviii; *Bertrand de Got, pape sous le nom de Clément V*, dans l'*Hist. littér. de la France*, 1881, t. xxviii, p. 272-314, 491; Wattembach, dans *Archiv. Soc. Or. latin*, 1884, t. ii, part. 2, p. 297-303; K. Wenck, *Clemens V and Heinrich, die Anfänge des französischen Papstthums, ein Beitrag zur Geschichte des xiv Jahrhunderts*, in-8⁰, Halle, 1882; cf. P. Fournier, dans *Bulletin critique*, 1884, t. v, p. 47-50; A. Charbonnel, *Visite de l'archevêque Bertrand de Got dans le diocèse de Périgord en 1304*, dans *Bull. de la Soc. hist. arch. du Périgord*, 1885, t. xii, p. 46-52, 120-129, 181-189; E. Casanova, *Visita di un papa Avignonese a suoi cardinali*, dans *Archiv. Soc. rom. stor. patr.*, 1899, t. xxii, p. 371-381; *Extrait d'un itinéraire de Clément V, archevêque de Bordeaux, pendant les mois d'avril et de mai 1305*, dans *Trav. Comm. mon. hist. de Gironde*, 1846-1847, p. 72; J. de Laurière et E. Müntz, *Le tombeau du pape Clément V à Uzeste*, dans *Mém. Soc. nat. antiq. de France*, 1887-1888, t. viii, série 5, p. 275-292; S. Fauché, *Notice sur le bourg, l'église d'Uzeste et le tombeau de Clément V qu'elle renferme*, in-8⁰, P. ... x. 1907. ...

stiana[1] s'étaient déjà servis, sans y attacher grande importance, de ce registre conservé à Bordeaux, étudié à fond pour ja première fois par Rabanis, non sur l'original latin, maintenant perdu, mais sur un extrait français rédigé au xvie siècle, retrouvé dans les archives de la Gironde. Nous pouvons ainsi suivre pas à pas l'archevêque de Bordeaux du 17 mai 1304 au 22 juin 1305 (jour où il reçut la nouvelle de son élévation à la papauté). D'après Villani, les cardinaux réunis à Pérouse avaient décidé que, *dans le délai de quarante jours*, le parti français nommerait pape l'un des trois candidats non italiens présentés par le parti italien. Les courriers que le cardinal de Prato envoya au roi revinrent à Pérouse après *trente-cinq jours*, et en conséquence Bertrand de Got fut élu le 5 juin 1305. Il faut donc admettre que cette élection eut lieu dès l'arrivée des courriers, le jour même ou le lendemain; car les cardinaux, déjà fatigués de l'ennuyeux conclave, n'étaient certainement pas disposés à le faire traîner en longueur. Ajoutons donc un ou deux jours aux trente-cinq jours employés par les courriers, et nous pourrons conclure que le départ des courriers pour la France, après l'accord entre les cardinaux, eut lieu trente-six ou trente-sept jours avant le 5 juin, par conséquent le 30 avril ou le 1er mai. Or, les courriers mirent onze jours pour aller de Pérouse à Paris; ils arrivèrent donc dans cette dernière ville vers le 11 mai Quelle que fût la promptitude avec laquelle le roi écrivit à l'archevêque, il lui donna néanmoins un délai de six jours, et il lui fallut certainement à lui-même presque autant de temps pour faire les 106 lieues qui séparent Paris de Saint-Jean-d'Angély; cela nous mène au 17-20 mai, comme date de la réunion de Bertrand de Got et de Philippe le Bel. Nous arrivons au même résultat par un autre calcul · supposons que les courriers soient arrivés à Pérouse un ou deux jours avant l'élection, après avoir accompli le retour de Paris aussi rapidement que l'aller, c'est-à-dire en onze jours; ils auraient alors quitté Paris le 24 ou le 25 mai Mais ils n'étaient évidemment partis qu'après le retour de Philippe de Saint-Jean-d'Angély. Or ce retour avait pris cinq [400] ou six jours, puisqu'il y avait plus de 100 lieues à faire; d'après ce calcul, ce serait donc vers le 18 mai qu'aurait eu lieu l'entrevue de Bertrand de Got avec Philippe le Bel. Or, d'après le registre de l'archevêque, nous voyons que, le 9 mai 1305, il se trouvait à

---

1. *Gallia christiana*, t. II, col. 830.

Beauvoir (près de Noirmoutier-sur-Mer, au sud de l'embouchure
de la Loire); le 10, il était à La Roche-sur-Yon (plus tard Bourbon-
Vendée), et resta jusqu'à la fin du mois dans le voisinage de cette
ville, visitant les églises et les monastères. Du 14 au 17, il était à
Chaise-le-Vicomte (à trois lieues est de La Roche-sur-Yon); le 18,
il visita le prieuré des Essarts (à 5 lieues au nord-est de La Roche-
sur-Yon); le 19, celui de Mouchamps (4 lieues plus loin à l'est);
le 20, celui de Puybéliard (2 lieues au sud); le 21, celui de Château-
mur, où il prêcha. Il alla ensuite plus loin vers l'est. Le 22, il visita
le prieuré de Trèze-Vents; le 23, l'abbaye de Mauléon, où il prêcha;
le 24, le prieuré de Saint-Jean de Malèbre, où il confirma; de même
il prêcha et il confirma le 25 au prieuré de Saint-Clément. Le 26, il
visita le prieuré de Saint-Cyprien, près de Bressuire (département
des Deux-Sèvres, à 20 lieues au nord-est de La Roche-sur-Yon);
le lendemain, fête de l'Ascension, il prêcha et officia pontificale-
ment; le 28 et le 29, il était à Thouars (7 lieues au nord-est de
Bressuire) ou dans le voisinage de cette ville; enfin, le 30, il était
à Parthenay (à 10 lieues au sud de Thouars), etc. Par où l'on voit
que, précisément à l'époque où Villani place l'entrevue de Saint-
Jean-d'Angély, l'archevêque Bertrand de Got en a toujours été
éloigné d'environ 25 à 30 lieues. On peut aussi, à l'égard du roi,
établir un *alibi*; durant toute cette période, il ne va jamais à Saint-
Jean-d'Angély ou dans le voisinage de cette ville; il réside constamment à Paris ou dans les environs, ainsi que le prouvent les lettres
qu'il écrivit à cette époque; ainsi, le 3 mai, il est encore à Paris,
puis il passe le temps jusqu'au 18 dans les châteaux de Germigny,
près de Meaux, de Becoiseau dans la forêt de Crécy, et à Château-
sous-Montléry; le 19, il était à Poissy, le 25, à Cachan près de Paris,
le 1er juin, de nouveau à Poissy [1]. Dans l'intervalle entre le 19
et le 25 mai, il est impossible, vu les moyens de transport de cette
époque, que Philippe le Bel ait pu aller à Saint-Jean-d'Angély
et en revenir (distance de plus de 212 lieues).

[401]   Après avoir relégué le traité de Saint-Jean-d'Angély parmi les
légendes [2], une autre question se pose : pourquoi l'archevêque
de Bordeaux a-t-il été élu pape ? Villani, Ferreto de Vicence,

---

1. Voir la dissertation *Mansiones et itinera Philippi IV*, dans *Script. rerum
Gall.*, t. XXI, p. 445, et Rabanis, *Clement V et Philippe le Bel*, p. 55-63, 194 sq.

2. Schwab dit avec esprit que le pseudo-accord de Saint-Jean-d'Angély n'exprime
plus que « l'opinion populaire pour manifester la dépendance du pape Clément du
roi Philippe. *Tübinger theologische Quartalschrift* (1870) ;

Bernard Gui et d'autres historiens [1] ont raconté que les cardinaux ne pouvaient s'entendre sur le choix de l'un d'entre eux, ce qui n'a rien de surprenant. Le conflit entre la France et Boniface VIII avait failli amener un schisme imminent, et, quoique le doux et bienveillant Benoît XI eût conjuré le danger, son œuvre de pacification était loin d'être terminée, et surtout en présence de l'obstination de Philippe le Bel à réclamer l'anathème contre Boniface VIII. Fallait-il continuer le système de condescendance inauguré par Benoît? Mais n'était-ce pas rabaisser le Saint-Siège que de renoncer à la haute situation qu'il avait prise et qui rappelait les temps de Grégoire VII et d'Innocent III ? C'était l'avis du cardinal François Gaëtani et de ses amis, en qui, pour ainsi dire, Boniface se survivait [2] La politique de pacification du dernier pape n'était pas de leur goût; ils voulaient un homme qui ne reculât devant aucune extrémité pour défendre ce qu'ils estimaient être le prestige de la papauté contre un roi violent. En revanche, une partie de leurs collègues ne voyaient de salut que dans la continuation de la politique d'apaisement, à ces tiraillements venaient se joindre, pour compliquer l'élection, les rivalités de famille, les inimitiés personnelles et les ambitions individuelles A vrai dire, si le conclave ne renfermait pas de Colonna, il suffisait de deux Orsini pour mener l'intrigue [3]. Villani dit que Matteo Rosso Orsini et Napoléon Orsini, son neveu, étaient d'accord, Ferreto soutient le contraire et le procès-verbal de l'élection montre Matteo, sous prétexte de maladie, absent du conclave, tandis que Napoléon s'était rallié au parti français Quoi d'étonnant que, pour en finir, les cardinaux aient voulu faire choix d'un étranger, agréable au roi de France et engagé vis-à-vis de la mé-[402] moire de Boniface VIII? Bertrand de Got, sujet du roi d'Angleterre et dépendant du roi de France, son suzerain, pourrait appeler l'Angleterre à son secours si Philippe devenait trop tyrannique De plus, Bertrand était connu personnellement des cardinaux

---

1 Muratori, *Script rer Italic*, t III, p 673; t IX, p. 1015

2. En effet, la situation rappelait celle des pontificats de Grégoire VII et d'Innocent III, nous avons dit comment par contraste (II L)

3 Voir au début de ce livre XL, p. 485 note 1, et A. Huyskens, *Kardinal Napoleon Orsini*, ch x; A. Fitel, *Der Kirchenstaat unter Klemens V*, in-8°, Leipzig, 1907, p. 96-100, la lettre de Napoleon Orsini en 1315, publiée par Baluze, *Vitæ*, t II, p. 289-293, et plus correctement par Souchon, *Die Papstwahlen* p 185 sq cf G Lizer und *Clément V et Philippe le Bel* p 38-42. (II. L)

Cadet de Gascogne, après avoir étudié à Orléans et à Boulogne, il devint chanoine à Bordeaux, puis chapelain du pape; en 1295, Boniface VIII le nomma évêque de Comminges, et, en 1299, archevêque de Bordeaux. Son frère aîné, Béraud, avait été cardinal-évêque d'Albano; en 1295, il fut chargé, en qualité de légat du pape, de s'entremettre entre la France et l'Angleterre, et mourut en France (juillet 1297), pendant sa mission. En 1302, Bertrand de Got avait pu faire personnellement connaissance avec les cardinaux, car il fut du nombre des prélats français qui, malgré la défense de Philippe le Bel, se rendirent à Rome pour le concile convoqué par Boniface VIII. La chronique d'un contemporain de Boulogne, François Pipin, raconte qu'en 1302 Bertrand de Got s'était, sous un déguisement, réfugié en Italie, par crainte du roi de France, parce que, seul de tous les évêques français, il avait refusé de souscrire à la décision du concile français condamnant Boniface comme hérétique, etc.[1]. Mais on sait que cette décision ne fut pas prise en 1302, mais seulement le 13 juin 1303[2].

Pipin, évidemment par méprise ou par ignorance, a attribué au voyage de Bertrand un motif faux. Philippe avait fait surveiller étroitement les frontières[3] pour empêcher les prélats français de se rendre au concile. Néanmoins l'archevêque de Bordeaux, fidèle à la citation du pape, dut parvenir à tromper cette surveillance au prix de grands dangers et grâce à un déguisement, et se hâta de courir à Rome[4]. Pendant son séjour pour le concile de 1302, Bertrand sut se faire goûter du pape et des cardinaux. Les rela-[403] tions nouées alors ont pu faire songer à lui dans le conclave, lorsque l'élection d'un étranger parut inévitable, et aider à lui gagner le parti italien. Il n'est pas douteux que le parti français n'eût voulu, par cette élection, plaire au roi de France. Nous trouvons d'importants renseignements dans une lettre écrite dix ans plus tard à Philippe le Bel par le cardinal Napoléon Orsini. On voit qu'il travailla avec ses amis à l'élection de Bertrand, ce

1. Dans Muratori, *Script. rer. Italic.*, t. ix, p. 739 sq.
2. Cf. *supra*, p. 436.
3. Dupuy, *Actes et preuves*, p. 86.
4. Rabanis, *Clément V et Philippe le Bel*, p. 82, met en doute le récit du voyage donné par Pipin. Mais il est confirmé, pour les points essentiels, par Bernard Gui, *De viris illustr. fratr. prædicat.*, dans Baluze. *Miscell.*, édit. Mansi, t. ii, p. 286.

qui leur valut plus tard le reproche d'être responsables de tout
le mal [1]. Il ajoute · « Mon unique but était l'intérêt du roi et celui
du royaume, j'espérais qu'un pape qui s'inspirerait des conseils du
roi gouvernerait bien et réformerait Rome et l'Église. C'est après
avoir pris beaucoup de garanties que nous avons élu Clément V,
dans l'espoir que nous sauvegardions ainsi la *grandeur du roi de
France et du royaume*, mais ce n'était pas et ce n'est pas aujourd'hui
non plus mon sentiment, que l'on déplace de Rome le siège de la
papauté et que les reliques des apôtres soient abandonnées [2]. »
Pipin et Ferreto prétendent que l'argent français joua un grand
rôle dans l'élection du pape Clément V [3]; et il est fort naturel que
les Italiens, dont l'*auri sacra fames* est connue, n'aient pu envisager
l'élection d'un *étranger* que comme le résultat d'une grosse corruption, au reste, la dépendance où vécut le pape Clément V à l'égard
de Philippe le Bel était de nature à faire naître de pareilles hypothèses.

L'archevêque Bertrand de Got reçut la nouvelle de son élection
au cours d'une visite épiscopale à Lusignan, au sud de Poitiers
Il y resta jusqu'au mardi suivant et se rendit alors à l'abbaye de
Notre-Dame de la Celle, où il passa trois jours. L'extrait du journal
de voyage se termine au samedi 26 juin par la visite de l'abbaye
de Boutonne [4]. Alors seulement Bertrand se trouva dans le voisinage de Saint-Jean-d'Angély, qu'il visita certainement, ainsi que
l'abbaye, avant de rentrer à Bordeaux. Il fut reçu dans sa métropole par le clergé et le peuple, qui, informés de l'événement, [404
l'accueillirent avec grand honneur, et de tous côtés arrivèrent des
prélats et des barons pour féliciter le nouvel élu. Philippe le Bel
à qui l'archevêque annonça son élection, lui envoya des ambassadeurs à Bordeaux La députation officielle du collège des cardinaux n'arriva que le 23 juillet et eut d'abord une entrevue
secrète avec Bertrand; le lendemain, 24 juillet, lorsque toutes ses
objections eurent été résolues, il accepta officiellement l'élection
et prit le nom de Clément V, en souvenir de Clément IV, Français

---

1. *Nam vobis domino nostro et mihi devoto vestro et ceteris dominis Italicis qui*
SOLO INTUITU REGIS DEFUNCTUM ELEGIMUS, *praemissa adscribuntur mala* Baluze,
Vitae pontif , t. II, p 292.

2 Baluze, *op. cit ,* t. II, p 289 sq

3. Muratori, *Rer. Ital. script ,* t IX, p. 740, 1015.

4 Rabanis, *Clément V et Philippe le Bel,* p. 199 L'auteur du journal de voyage
attribue faussement au 10 juin l'élection de l'archevêque (p 197).

comme lui et qui s'était toujours montré plein de condescendance pour saint Louis[1].

Les cardinaux avaient écrit au nouvel élu pour le prier instamment de venir le plus tôt possible en Italie, où sa présence était très nécessaire, à cause de la triste situation dans laquelle se trouvaient les États de l'Église. Là, sur le siège de Pierre et dans ses États, il serait plus fort et plus vénérable que partout ailleurs, il lui serait aussi plus facile de se faire obéir[2]. Mais Clément voulait marquer le commencement de son pontificat par une grande œuvre pacifique en mettant fin à la lutte déjà si ancienne entre les rois de France et d'Angleterre. La paix devait être scellée par le mariage du prince héritier d'Angleterre, Édouard, avec Isabelle, fille de Philippe le Bel. Ce traité de paix devant coïncider avec son couronnement, Clément décida de célébrer cette cérémonie de ce côté des Alpes avant de passer en Italie. Dans ce but, il écrivit au roi Édouard d'Angleterre le 25 août 1305, le pressant d'assister au couronnement qui devait avoir lieu à Vienne le 1er novembre 1305, ou au moins de s'y faire représenter par son fils. Édouard déclara le 4 octobre qu'il ne pouvait se rendre à [405] l'invitation[3]. Clément alors se laissa persuader par le roi Philippe de se faire couronner à Lyon, où il invita les cardinaux. On invita également les rois d'Aragon et de Majorque, ainsi que d'autres princes d'Occident. Vers la fin d'août, Clément se mit lui-même en route pour Lyon, en passant par Agen, Toulouse et Montpel-

---

1. Baluze, *Vitæ pontif.*, t. i, p. 62; Muratori, *Script.*, t. iii, p. 673. Dans ces deux endroits, la date donnée est fausse; xi *cal. aug.*, au lieu de ix *cal. aug.* Baluze donne la vraie date, t. ii, p. 62; Ch.-V. Langlois, *Documents relatifs à Bertrand de Got*, dans *Revue historique*, 1889, t. xl, p. 52-53; Baronius-Raynaldi, *Annal. eccles.*, ad ann. 1305, n. 5; G. Lizerand, *op. cit.*, p. 44-45. (H. L.)

2. Mansi, *Concil. ampliss. coll.*, t. xxv, col. 127 sq.; Hardouin, *Concil. coll.*, t. vii, col. 1279 sq.; Coleti, *Concilia*, t. xiv, col. 1375; Baronius-Raynaldi, *Annal. eccles.*, ad ann. 1305, n. 7.

3. La lettre du pape se trouve dans W. Prynne, *History of kings John, Henry III and Edward I*, London, 1670, p. 1068. K. Wenck l'a réimprimée, *Clemens V und Heinrich VII*, p. 169. Cette lettre indique très clairement que Clément V avait d'abord l'intention de retourner en Italie, une fois la paix conclue. Cf. aussi une autre lettre du pape à Édouard d'Angleterre du 28 novembre 1306 et celle au sénéchal de Gascogne du 10 août 1312 : Rymer, *Fœdera*, t. i, p. 1005; t. ii, p. 176; Wenck, *Clemens V und Heinrich VII*, p. 40, 43; la réponse du roi du 4 octobre : Rymer, *Fœdera*, t. i, p. 973. [G. Lizerand, *Clément V et Philippe IV le Bel*, 1910, p. 45-48. (H. L.)]

lier [1], où l'attendaient les rois Jacques de Majorque et Jacques II, roi d'Aragon ; ce dernier prêta personnellement serment en qualité de vassal pour la Sardaigne et la Corse, dont le pape Boniface VIII lui avait fait don. Les cardinaux avaient, à contre-cœur, quitté Pérouse, et le couronnement solennel eut lieu le dimanche 14 novembre, dans l'église de Saint-Just à Lyon, par le cardinal-diacre Napoléon Orsini [2] La fête du couronnement se fit avec une pompe extraordinaire, le roi d'Angleterre avait envoyé des ambassadeurs, qui remirent au pape, au nom de leur maître, de superbes presents, entre autres un service de table en or massif [3] Le roi de France, Philippe le Bel, y assistait avec son frère Charles de Valois et un grand nombre de seigneurs de la plus haute noblesse Lors de la procession accoutumée, le roi Philippe tint d'abord la haquenée du pape [4] et remit ensuite les rênes à son frère et au duc de Bretagne; malheureusement un vieux mur s'écroula, le duc de Bretagne fut tué ainsi qu'un frère du pape et dix autres personnes; Charles de Valois fut blessé, et le pape précipité de son cheval, la tiare lui tomba de la tête et une pierre précieuse disparut [5].

1. Pour l'itinéraire du pape, cf G. Lizerand, *op cit*, p 47-48. (H L)

2. Jacques Stephaneschi, *op metr*, dans Muratori, t III, p. 618 Matteo Rosso Orsini, que l'on présente ordinairement comme ayant fait le couronnement, était mort à Pérouse le 4 septembre 1305. Baluze, *Vitæ pontif.*, t. I, p. 624; Muratori, *op cit*, t III, p 660. On peut donc regarder comme une pure invention les paroles qu'il aurait adressées au cardinal Nicolas de Prato avant le départ de Pérouse « Tu as maintenant atteint ton but tu conduis la curie par delà les Alpes. Si je ne me trompe, nous ne reviendrons pas de sitôt, je connais les Gascons. »

3. *Chronique du prétendu Matthieu de Westminster*, dans *Monum German. hist*, *Script.*, p XXVIII, p. 503 (H L)

4. *Chronographia regum Francorum*, édit H de Moranvillé pour la *Société de l'histoire de France*, in-8°, Paris, 1891, t I, p 176 (H. L)

5. Dans une rue étroite, un mur surmonté de spectateurs s'écroula, douze personnes du cortège furent atteintes, le joyau de la tiare ne fut qu'égaré : il valait six mille florins Baronius-Raynaldi, *Annal. eccles*, ad ann 1305, n. 8-13 inclus; Baluze, *Vitæ pontif*, t. I, p. 23, 63, 97 et 623; *Mon Germ. hist.*, t XXIV, p 257, 262, *Contin. Guil. de Nangis*, dans Bouquet, *Recueil*, t. XX, p 592; Rishanger, *Chron.*, éd. Riley, 1865, p. 227, Drumann, *Geschichte des Papstes Bonifaz' VIII*, IIe part., p 176 sq, Christophe, *Geschichte des Papstthums während des* XIV *Jahrhunderts*, p. 151 sq En général, Clément V date ses bulles comme si son pontificat n'avait commencé qu'avec son couronnement (14 novembre 1305), et non avec son élection, qui remonte au 5 juin 1305. Voir, par exemple, la lettre au roi Philippe, du 26 juillet 1306, avec cette date . *Pontificatus nostri anno primo.* Voyez plus bas p 504 et aussi Baluze, t II, p 58-59 Il y a

[406]   Ainsi débuta l'exil d'Avignon, **aussi** appelé exil de Babylone, qui dura soixante-dix ans, pendant lesquels la tiare pontificale perdit en grandeur et en liberté plus d'une pierre précieuse [1]. On sait toutes les accusations et même les malédictions proférées à ce sujet contre la mémoire de Clément V. Il ne faut cependant pas oublier que, depuis bien des années, Rome n'était plus un séjour sûr pour la papauté; les quinze papes précédents, d'Innocent IV à Clément V, ont presque constamment résidé hors de Rome, à Lyon, à Orviéto, Viterbe, Anagni ou Pérouse. Clément V avait de bonnes raisons pour redouter de devenir, à Rome, le jouet des partis ou de se trouver paralysé par eux comme l'avaient été ses prédécesseurs, tandis qu'en France il pouvait espérer

toutefois des exceptions à cette règle : *a*) ainsi, une lettre écrite au roi de France par le pape, le 12 octobre 1305, c'est-à-dire avant le couronnement, datée : *Pontificatus nostri anno primo* (dans Baluze, *loc. cit.*, p. 62 sq), tandis que, suivant sa règle, cette indication aurait correspondu au 12 octobre de l'année suivante. La lettre d'invitation au roi d'Angleterre est datée de la même manière : *Burdegalis* VIII *kal. septembris pontificatus nostri anno I.* Wenck, *Clemens V und Heinrich VII*, p. 170. *b*) Une autre lettre du pape au roi de France porte cette suscription : *Pessacum prope Burdegalam, nonis novembris, pontificatus nostri anno secundo* (dans Baluze, *loc. cit.*, p. 77). Régulièrement, il faudrait entendre par là le 5 novembre 1307; mais la lettre était déjà écrite au 5 novembre 1306; l'*annus secundus* est donc compté ici à partir de l'élection; car, au mois de novembre 1306, le nouveau pape se trouvait en effet à Bordeaux ou dans les environs; au mois de novembre 1307, il était au contraire à Poitiers, où il était venu au printemps de 1307 et où il resta plus d'un an (faudrait-il lire *anno primo*, au lieu de *anno secundo* ?). *c*) De même l'édit par lequel Clément cita les accusateurs du pape Boniface VIII à comparaître à Avignon, le lundi suivant le second dimanche de 1310, fait encore exception à la manière dont Clément V date ordinairement ses bulles. Ce document porte en effet : *idus septembris, pontif. nostri anno quinto* (dans Dupuy, *Hist. du différend entre le pape Boniface VIII*, etc., Paris, 1655, p. 368 sq.), ce qui indiquerait le 13 septembre 1310, tandis que la citation a dû évidemment avoir lieu en 1309. *d*) Il en est de même dans le document, non pas pontifical, il est vrai, mais sicilien-génois (cf. Baluze, *loc. cit.*, p. 195) du 5 novembre 1307, daté de la troisième année du pontificat de Clément V, c'est-à-dire qui compte à partir de l'élection. Baluze, Dupuy et d'autres historiens, n'ayant pas remarqué ces différences et prenant la date de l'élection comme point de départ, toute leur chronologie est fausse. Sur la manière dont les bulles de Clément V sont datées, cf. *Revue des questions historiques*, t. x, p. 308; Bernard Gui, dans *Recueil des hist. de France*, t. xxi, p. 716; *Chronique du prétendu Matthieu de Westminster*, p. 502.

   1. C'était le *leit-motiv* que Hefele ne pouvait omettre. Depuis qu'on a commencé à y regarder de plus près, on a pu reconnaître que le « voyage » d'Avignon avait été moins funeste qu'on l'avait dit et peut-être pensé. Nous y reviendrons. (H. L.)

pleine sécurité personnelle et la liberté [1]. Mais on tombe parfois de Charybde en Scylla · Clément fut en France plus faible et moins libre qu'il n'aurait jamais été en Italie, s'inclinant trop souvent devant les volontés de Philippe le Bel.　　　　　　　　　　　　[407]

Les cérémonies du couronnement terminées, il y eut de nouvelles entrevues particulières entre le pape et Philippe le Bel Il est fort probable que ce ne fut qu'à la suite de ces débats que le pape se laissa décider de rester en France. Le roi proposa aussitôt ses demandes concernant les Templiers et Boniface VIII. Il demanda au pape d'entendre les preuves établissant que Boniface VIII était mort en hérétique, et par conséquent de condamner sa mémoire. Louis, comte d'Évreux, frère du roi, était prêt, ainsi que les comtes de Saint-Polet de Dreux et le chevalier de Plaisians, à fournir ces preuves. Le pape trouva des moyens ou prétextes pour que l'affaire fût remise [2], cherchant en attendant à calmer le roi par diverses mesures. Il renouvela, renforça peut-être, l'absolution déjà donnée à Philippe par le pape Benoît [3]. Le 15 décembre 1305, il créa dix cardinaux, parmi lesquels neuf Français [4]. Les deux cardinaux Colonna furent réintégrés formellement dans le Sacré-Collège [5]; le roi fut autorisé à percevoir pendant cinq ans la dîme des revenus ecclésiastiques de la France Le 1er février 1306, les dispositions du décret de Boniface touchant les citations furent adoucies. Un décret de la même date, *Pastoralis cura*

1. Sans doute que sa faible santé lui faisait aussi redouter le climat de Rome. Wenck, *Clemens V und Heinrich VII*, p 59

2 Dupuy, *Histoire du différend entre le pape Boniface VIII*, etc , p. 298, 368

3. Baronius-Raynaldi, *Annal. eccles* , ad ann. 1305, n. 14; Drumann, *Geschichte des Papstes Bonifaz' VIII*, IIᵉ part., p. 179, croit, d'après Ferrato, dans Muratori, *op. cit* , t ix, p 1019, que Clément V avait déclaré le roi de France *complètement innocent*, tandis que Benoît XI s'était contenté de l'absoudre, tout en le tenant pour coupable Mais Ferrato avait sans doute en vue le décret postérieur du pape Baronius-Raynaldi, *Annal eccles* , ad ann 1307, n. 10. [G. Lizerand, *op. cit* , p. 49-50 (H. L.)]

4 Parmi lesquels, le confesseur et le chancelier du roi, ainsi que son propre neveu Raymond de Got Baronius-Raynaldi, *Annal. eccles* , ad ann 1305, n. 14; Baluze, *Hist pontif.*, t. i, p. 63, 625. [Sur ces cardinaux, cf. G. Lizerand, *op cit.*, p. 50-55. (H. L)]

5 Ils ne furent pas seulement graciés, mais comblés de faveurs. Le 7 février 1306, le cardinal Pierre fut nommé archiprêtre du Latran; le 4 avril, le cardinal Jacques, archiprêtre de Sainte-Marie-Majeure. De plus, ils furent largement pourvus de revenus. *Regest.*, ann I, p 168, 180, ann III, p. 323 sq.

sollicitudinis [1], abrogea la bulle *Clericis laicos* avec toutes les déclarations subséquentes. Clément V maintenait néanmoins toutes les peines édictées par les prédécesseurs de Boniface et par le quatrième concile de Latran contre les oppresseurs du clergé (cf. p. 360 sq). Au sujet de la bulle *Unam sanctam*, le pape déclara, le même jour, 1er février 1306, par le bref *Meruit* (*Extravag. commun.*, l. V, tit. VII, *De privilegiis*, c. 2), que de cette bulle il ne devait [408] résulter aucun préjudice pour la France, ni pour le roi ou ses sujets, ni aucun prétexte pour imposer à la France quelque nouvelle sujétion vis-à-vis de l'Église romaine [2]. Clément V accorda encore au prince Charles de Valois l'indult de percevoir pendant deux ans des dîmes sur les biens d'Église pour réaliser son projet de s'emparer de Constantinople. Naples, Venise, la Sicile et d'autres pays devaient contribuer à l'exécution de ce projet, car on espérait parvenir ainsi à reconquérir la Terre Sainte [3]. Une grande croisade était du reste un des projets qui tenaient le plus à cœur au nouveau pape ; il en parle dans presque tous ses édits, partout le *passagium ad subsidium Terræ Sanctæ* lui sert à motiver ses ordonnances, ou pour exhorter à la concorde les chrétiens d'Occident. Malheureusement ses efforts furent loin d'être couronnés de succès, surtout en Italie où, malgré l'envoi à Florence et à Bologne du cardinal Napoléon Orsini, les partis continuaient à s'entre-déchirer [4].

Vers février 1306, le pape revint à Bordeaux, où il résida une année entière, dans un mauvais état de santé, ce qui l'empêcha de déployer une grande activité pour les affaires ; il chargea trois cardinaux de gouverner les États de l'Église, et nomma son frère Arnaud Garsias gouverneur de Spolète [5].

---

1. *Regest.*, ad ann. I, p. 166, n. 905, 906. Ce dernier décret est entré dans le *Corp. jur.*, Clementin. l. III, tit. XVII, *De immun. eccles.*, c. *Quoniam.* Baluze, *op. cit.*, t. I, p. 24, avant *kal. febr.* place à tort III.

2. Baronius-Raynaldi, *Annal. eccles.*, ad ann. 1305, n. 14 ; 1306, n. 1 ; Dupuy, *Histoire du différend entre le pape Boniface VIII et Philippe le Bel*, p. 287 sq. ; Baluze, *Vitæ pontif.*, t. II, p. 63 ; Villani, dans Muratori, *op. cit.*, t. XIII, p. 420. Cf., sur ce sujet, Marsile de Padoue, *Defensor pacis*, l. II, c. XX.

3. *Regest.*, ad ann. I, p. 40 sq. ; Baronius-Raynaldi, *Annal. eccles.*, ad ann. 1306, n. 2-5. [H. Moranvillé, *Les projets de Charles de Valois sur l'empire de Constantinople*, dans *Biblioth. de l'École des chartes*, 1890, t. LI, p 66 sq. (H. L.)]

4. Sur le projet de croisade, cf. Wenck, *Clemens V und Heinrich VII*, p. 51 sq.

5. Baronius-Raynaldi, *Annal. eccles.*, ad ann. 1306, n. 9 ; Platina, *Vitæ pontif.*, ed. Colon., 1574, p. 222 ; Drumann, *Gesch. des Papstes Bonifaz VIII*, IIe part., p. 183. Sur les motifs du pape pour quitter Lyon, cf. G. Lizerand, *op. cit.*, p. 58-59. (H. L.)

Déjà, pendant son voyage à Lyon et sur le parcours pour s'y rendre, Clément V avait abusé du droit de gîte sur les prélats français. Au retour de Lyon, des cardinaux et des nonces parcoururent la France, quêtant de l'argent pour la curie, parce que le pape, ne recevant rien de Rome, se trouvait dans le plus grand embarras. Mais les évêques français tinrent, au mois de juillet 1306, divers synodes pour se garder contre de pareilles demandes, et, dans leur intérêt, le roi écrivit au pape pour se plaindre de la cupidité de ses nonces et des serviteurs de sa cour. Le 26 juillet 1306, le pape répondit par une lettre assez faible et timide pour s'excuser; il avait du moins pleinement raison de dire que, les évêques français [409 étant ses amis personnels, il aurait attendu d'eux qu'ils se seraient, pour une affaire de ce genre, adressés à lui-même [1].

696. Clément V condamne Boniface VIII et les Templiers (1307-1309).

Au couronnement du pape à Lyon, Philippe le Bel avait déjà demandé à Clément V une entrevue, sous prétexte d'aborder d'importantes affaires, comme celle de Terre Sainte, celle de la paix entre la France, l'Angleterre et les Flandres. Il renouvela sa demande pendant l'été de 1306 par une ambassade et, les 9 août et 5 novembre. Clément envoya au roi des ambassadeurs munis de pleins pouvoirs pour traiter *confidentiellement* de ces affaires et d'autres *questions importantes pour le roi* [2]. En même temps, il travailla à amener un accord sur un point en litige entre la France et l'Angleterre, à savoir. la restitution au roi Édouard du château de Mauléon [3]. Le pape ayant pris fait et cause pour les justes réclamations du roi d'Angleterre et s'étant montré moins complaisant pour Philippe que celui-ci ne l'eût voulu, le roi de France lui fit sentir à plusieurs reprises son mécontentement. Par exemple,

1. Baluze, *Vitæ pontif.*, t. ı, p 3-5, t ıı, p. 58; Wenck, *Clemens V und Heinrich VII*, p. 62, 66; Contin *Guill de Nangis* écrit . Clemens recedens a Lugduno . tam religiosorum quam sæcularium ecclesias et monasteria, tam per se quam per suos satellites, deprædando multa et gravia intulit eis damna. Bouquet, *Recueil des histor de France*, t xx, p 593
2. Baluze, *Vitæ pontif*, t ıı, p 60, 76
3. Plusieurs écrits traitent ce point Baluze, *Vitæ pontif*, t ıı, p 55, 60, 65, 68, 73.

le pape se plaint, dans une lettre du 7 janvier 1307, du manque d'égards du roi de France, qui lui a envoyé un message important par un homme de rang inférieur. Il est fort probable que les négociations au sujet du lieu de la rencontre projetée auront surtout mécontenté Philippe; Clément, prétextant des raisons de santé, refusa catégoriquement d'accepter la ville de Tours que Philippe s'obstinait à désigner [1] A vrai dire, pour plaire au roi, le pape renonça à Toulouse, mais resta inébranlable dans le choix de Poitiers. Il s'y retira dès la première quinzaine d'avril, et au commencement de mai Philippe y vint également avec une [410] nombreuse suite [2]. Ses trois fils, Louis, Philippe et Charles, ses frères, Charles de Valois et Louis d'Évreux, l'inévitable Guillaume de Plaisians et beaucoup d'autres personnes étaient présents. Charles II, roi de Naples, le comte de Flandre et les ambassadeurs d'Angleterre s'y trouvaient également et (peu de temps avant la mort d'Édouard Ier, roi d'Angleterre, le 7 juillet 1307), la paix fut enfin conclue entre ce dernier pays et la France. Pour la rendre plus stable, Édouard II épousa, le 28 janvier de l'année suivante, Isabelle, fille de Philippe le Bel [3].

Philippe le Bel aborda aussitôt avec le pape la question déjà posée à Lyon d'un procès en forme à intenter à la mémoire de Boniface VIII [4]. On admet généralement que le cardinal de Prato conseilla au pape de remontrer au roi que cette affaire était trop importante, délicate et de trop de conséquence, pour que le pape s'en chargeât seul, d'autant que les cardinaux ne s'entendaient pas à ce sujet; qu'il voulait par conséquent réunir un concile général pour se prononcer, et en même temps introduire diverses réformes ecclésiastiques. Le cardinal de Prato proposait la ville de Vienne, en Dauphiné, comme lieu de réunion du concile, parce que

1. Cf. G. Lizerand, *op cit*, p 65-67 (H L)
2. Baluze, *Vitæ pontif.*, t. II, p 77, 90, 91, 93, 95, 117; *Scriptores rerum Gallic*, t. XXI, p. 448 D'après la liste des *mansiones*, etc., du roi, donnée dans ce dernier écrit, il ressort que Philippe le Bel resta à Poitiers du 9 mai a la fin du mois Cf aussi Boutaric, *Clément V, Philippe le Bel et les Templiers*, dans *Revue des questions historiques* 1871 t. X, p 320 sq [G. Lizerand, *op cit*, p 67 (H L)]
3. Baronius-Raynaldi, *Annal. eccles*, ad ann 1307, n. 8; Drumann, *Geschichte des Papstes Bonifaz VIII*, IIe part, p 184.
4 Dupuy, *Histoire du différend entre le pape Boniface VIII*, etc , p. 298 Dans l'intervalle entre les conversations de Lyon et de Poitiers, Nogaret était revenu a la charge avec un mémoire au roi Cf Holtzmann, *Wilhelm von Nogaret*, p 137, n 4; G Lizerand, *Clément V et Philippe IV le Bel* p 71-72 (H L)

cette ville était paisible, abordable et indépendante de Philippe le
Bel. (Le Dauphiné n'a été réuni à la France qu'en 1443) Le roi,
ajoutait le cardinal, ne pouvait rejeter une proposition de cette
nature, lui qui avait demandé le premier la réunion d'un concile
général pour juger Boniface. Le pape goûta l'avis du cardinal,
et le roi finit par s'y ranger, bien qu'avec répugnance [1].

Dans ce récit de Villani, il n'y a de vrai que ceci: le pape, dès
cette époque, demanda au roi de lui abandonner exclusivement tout
ce qui concernait l'affaire de Boniface VIII. Il ne paraît pas qu'il ait
été question d'un concile, même en 1310, il n'était pas sûr s'il y en [411]
aurait un. Les défenseurs de Boniface soutenaient qu'un pape ne
pouvait être jugé que par un concile et pour le seul motif d'hérésie;
mais dans le cas présent, ils n'admettaient pas cette convocation,
prétextant que l'accusation était inadmissible. Nogaret et les
ambassadeurs français soutenaient, au contraire, que le pape
devait juger l'affaire sans recourir à un concile [2].

Le pape Clément V a répété plusieurs fois que, sur sa demande,
le roi de France avait alors, en 1307, promis de retirer sa plainte
contre Boniface et de lui abandonner toute cette affaire; en réalité,
Philippe le Bel ne remplit cette promesse qu'en février 1311, car
jusqu'à cette époque il menaça le pape de formuler contre Boniface VIII une plainte publique

En 1307, lorsque Philippe le Bel promit pour la première fois
au pape Clément V de se désintéresser de cette affaire, le pape
rédigea, à la date du 1er juin, un projet de bulle qui n'a pu être
publié à cette époque, car le roi étant revenu sur sa promesse,
cette publication n'aura pu avoir lieu [3]. Mais en 1311, Philippe
le Bel ayant enfin fait honneur à sa parole, Clément V reprit
l'ébauche du 1er juin 1307 et l'inséra presque en entier dans la
bulle du 27 avril 1311. Voici cette première rédaction : « *Certains
personnages de haut rang* ont porté au roi des plaintes contre

1. Villani, *Hist. florent*, l VIII, e xci, dans Muratori, *Rer Ital scriptor.*,
t. xiii, p. 427, texte latin d'Antonin, dans Baronius-Raynaldi, *Annal. eccles.*,
ad ann. 1307, n. 10 Cf. Drumann, *Geschichte des Papstes Bonifaz VIII*, II° part,
p 185 sq.

2. Dupuy, *Histoire du différend entre le pape Boniface VIII*, etc., p. 399, 401,
413, 421, 519.

3. Cette bulle a fort embarrassé Renan, qui croyait qu'elle avait été expédiée
et que Philippe n'avait pas eu d'entrevue avec Clément à Poitiers, en 1307 *Hist
littér de la France*, t. xxvii, p. 307-309. Cf. G. Lizerand, *Clément V et Philippe IV
le Bel*, p. 75. (H L)

Boniface et lui ont demandé, à lui champion de la foi et protecteur
de l'Église, de s'employer à la convocation d'un concile général
qui jugerait l'hérétique et l'intrus. Le roi a fini par prêter l'oreille
à ces instances, malgré son désir de cacher la honte de son père.
Il l'a fait du vivant de Boniface, dans l'espoir que l'innocence de
Boniface serait démontrée, sinon dans l'espoir que l'Église obtien-
drait un pasteur légitime. Boniface étant mort, le roi a déféré
l'affaire à Benoît et maintenant à Clément. D'après le conseil des
cardinaux, Clément a prié et exhorté le roi, pour l'honneur de
Dieu dont Boniface avait été le représentant sur la terre, et pour
éviter le scandale, de lui abandonner et d'abandonner à l'Église
toute cette affaire, aussi bien l'enquête que la décision, en s'abste-
nant de divulguer ces dénonciations et ces attaques; en imposant
aux accusateurs (de Boniface) de se conduire de même et de
[412] garder le silence. Le roi avait fini par se rendre aux prières réitérées
du pape. Mais, pour le prémunir contre tous les dommages que
le retard de l'affaire pouvait lui susciter, le pape annulait toutes les
sentences d'excommunication, suspense, interdit, privations, dépositions, etc, tous les procès ayant trait au roi et à son royaume, aux
accusateurs de Boniface ou à un habitant quelconque de la France,
ou bien aux gens et aux alliés du roi, de quelque nation qu'ils
fussent en un mot, tout ce qui s'était fait dans ce sens, depuis
Noël 1300, par Boniface lui-même ou sous son autorité, ou depuis sa
mort, par son successeur Benoît, pour n'importe quel motif,
même pour l'affaire de l'emprisonnement de Boniface. Il efface
de même toute note d'infamie qui aurait pu atteindre le roi ou
ses gens, etc., à raison du susdit emprisonnement, ou à cause du
vol et des pertes du trésor de l'Église. Nogaret et Renaud de
Supino, qui avaient fait le pape prisonnier et pillé son trésor,
devaient être graciés dès qu'ils se seraient soumis à la pénitence
que trois cardinaux désignés par le pape leur infligeraient [1]. »

---

1. *Regest. Clem. V*, ann VI, p. 411, n. 7501; Baronius-Raynaldi, *Annal. eccles.*,
ad. ann. 1307, n 10-12. Philippe n'accepta pas cette solution, mais on n'en
sait pas au juste la raison. Peut-être Nogaret trouvait-il trop sévère la
pénitence qu'on lui réservait et espérait-il s'en tirer à meilleur compte en
soulevant de nouvelles difficultés au pape. On remarquera que le projet de
bulle ne faisait nulle mention des Colonna et peut-être ceux-ci, mecontents,
auront agi sur l'esprit de Philippe le Bel. Pierre Colonna avait déclaré au
pape qu'une entente avec les bonifaciens n'était possible que par l'accord de
tous ceux qui, soit en France, soit en Italie, avaient souffert de Boniface Finke,
Aus den Tagen Bonifaz' VIII, t II. p 40-43. (H L)

Nous l'avons déjà dit, ce projet de bulle ne fut exécuté que quatre ans plus tard, lorsque le pape eut recouvré sa liberté d'action au sujet de l'affaire de Boniface, en s'inclinant devant la volonté du roi dans la question des Templiers On ne connaît pas bien encore les raisons pour lesquelles Philippe le Bel a poursuivi l'anéantissement de cet ordre[1]. Nous aurons par la suite occasion de voir

1 L'affaire des Templiers que jugera le concile de Vienne est une des questions les plus angoissantes qui aient été livrées à un concile. On ne peut espérer tout connaître, puisque nombre de pièces ont péri. En voici un exemple En novembre et décembre 1310, il se trouvait trois ambassades du roi de France, comptant ensemble une douzaine de personnes, auprès du pape, or, des pièces qu'ils transportaient et communiquaient, nous ne savons presque rien De ce qu'ils disaient de vive voix, nous savons encore moins. Pendant la durée du concile de Vienne, nous possédons plus de vingt rapports des ambassadeurs aragonais a leur roi (H Finke, *Papstthum und Untergang des Tempelordens*, t. ii, p 230-303), des envoyés français, il ne reste rien ou presque La correspondance d'ailleurs ne paraissait pas assez sûre pour certains secrets L'évêque de Bayeux, rapportant au roi une conversation tenue en Avignon par le cardinal Pierre de la Chapelle, ajoute : *Et alia etiam nobis dixit que vobis diremus viva voce Considerate quid hec important.* J. Schwalm, dans *Neues Archiv*, t xxiv, p 625. La correspondance entre Clément et Philippe n'offre qu'un petit nombre de pièces d'un intérêt capital, notamment les plaintes de Clement relativement a l'arrestation de l'ordre (Boutaric, dans *Revue des quest. histor*, t x, p 332-335); la lettre écrite de la main du camérier du pape en janvier 1311 (*Neues Archiv*, t xxix, p 627-629), celle de Clément à Philippe, en décembre 1311, le mettant en garde contre les Templiers, encore libres (Archiv. nat, *J. 704*, n 180, dans G Lizerand, *op cit*, p 472, n 30) Ces documents, malgré une lacune de cinq mois au début de 1308, rendent service et permettent de suivre le développement des négociations A ces documents viennent s'ajouter les bulles, c'est l'histoire officielle, parée en conséquence et apprêtée à l'usage du public *Regestum Clementis V, cura et studio monach O S B*, 7 vol. in-fol, Romæ, 1880-1890 Les rapports des ambassadeurs sont utiles à consulter, mais sont loin de contenir les révélations qu'on pourrait supposer Ce sont des gens de peu, représentant de minces souverains, trottinant et butinant, accueillant ce qu'ils rencontrent, faute de mieux, et ne sachant, somme toute, que ce qu'on veut bien leur laisser savoir Leur vraie utilité est dans quelques détails, des on-dit, des observations circonstanciées qui permettent par la précision d'un detail la détermination d'un fait historique d'ordre général

Les archives n'ont pas conservé tout ce qui y fut déposé (sur le sort des archives relatives à l'affaire du Temple, cf. Schottmuller, *Der Untergang des Tempelordens*, t i, p 695-719). A la fin du règne de Clément V, un inventaire *post mortem* constate l'existence de trois coffrets contenant la règle du Temple, un coffret contenant les lettres du roi de France relatives au procès, deux coffrets et cinq sacs contenant nombre de documents relatifs a cette affaire. Ehrle, *Zur Geschichte des Schatzes der Bibliothek und des Archivs der Päpste*, dans *Archiv für Literatur und Kirchengeschichte*, t i, p. 42 Ces archives ont subi tant de voyages qu'elles se sont malheureusement beaucoup allégées le long des routes. A Rome, on a retrouvé le *Regestum* de Clément V, des procès-verbaux de dépositions judiciaires, des extraits et résumés de ces dépositions publiés par K. Schottmüller et par H. Finke, d'autres pièces étrangères à notre sujet. Une partie des archives d'Avignon étant entrée à la Bibliothèque nationale, on a retrouvé un fragment de rapport d'une commission du concile de Vienne relatif à la réforme des libertés de l'Église, publié par Ehrle, dans *Archiv für Literatur und Kirchengeschichte*, t. IV, p. 6-57. Aux Archives nationales, sont conservés presque tous les papiers d'État confiés à Guillaume de Nogaret et à Guillaume de Plaisians, dossiers relatifs aux Templiers et à Boniface VIII, d'une grande importance. Ch.-V. Langlois, *Les papiers de Guillaume de Nogaret et de Guillaume de Plaisians au Trésor des chartes*, dans *Notices et extraits des manuscrits de la Bibl. nat.*, t. XXXIX, p. 213-219. Toutefois, la richesse des cartons qui concernent les affaires ecclésiastiques n'est que relative; les rapports et les instructions des ambassadeurs font défaut, plusieurs documents que Nogaret avait certainement entre les mains manquent également, plusieurs ont disparu depuis le versement de sa succession, plusieurs aussi depuis la confection de l'inventaire de Dupuy. Les chroniques des contemporains aident à connaître le degré de notoriété des événements, l'état de l'esprit public, l'aspect sous lequel on lui présente ce qu'on consent à ne pas lui cacher : tout le *Memoriale temporum* de Jean de Paris, qui représente l'opinion française; il approuve le roi et condamne le pape, croit à la culpabilité des Templiers, pense que leur arrestation est une manigance arrangée avec Clément V, estime que le concile de Vienne n'a eu d'autres motifs que d'extorquer de l'argent au clergé. — La *Continuation* de Guillaume de Nangis est défavorable aux Templiers. — Bernard Gui est défavorable au roi, indigné par l'arrestation inopinée et irrégulière des Templiers, très intéressé par le procès, et ému de l'attitude des accusés et de la constance des victimes au point d'en venir à se demander si la justice ne s'est pas trompée; d'ailleurs, peu importe, c'est le roi qui a tout conduit, la responsabilité retombe sur lui seul. — Amauri Augier suit Bernard Gui et pimente le récit de ce qui lui semble de nature à faire tort aux Templiers : alliances avec le diable et autres calembredaines. — Bartolomeo de Lucques, dans son *Historia ecclesiastica*, est précis, exact, soucieux de relever tout ce qui est au désavantage du roi de France. — Villani, dont l'*Istorie fiorentine*, l. VIII et IX, est un confluent de ragots, de cancans venus de partout et accueillis, arrangés par un Italien et un guelfe fanatique.

En 1654, Pierre Dupuy, garde des archives, donne une histoire de la condamnation des Templiers dans ses *Traites concernant l'histoire de France*, avec le souci de parler peu, de prouver beaucoup et de défendre la mémoire de Philippe le Bel. Baluze publie une série de chroniques et de documents dans ses *Vitæ paparum Avenionensium*, tirés en partie du ms. *10919* de la Bibliothèque nationale. En 1713, c'est le tour d'Adrien Baillet, *Histoire des démeslez du pape Boniface VIII avec Philippe le Bel*, à peine plus complet que Dupuy, mais plus impartial. Toutes ces publications avaient un vice chronologique; elles comptaient les années du pontificat de Clément V à partir de l'élection et non à partir du couronnement. N. de Wailly, *Recherches sur la vraie date de quelques bulles de Clément V*, dans *L'auxiliaire catholique*, 1845, t. I, p. 137-146. Au début du XIXe siècle, il faut faire une place à Raynouard. *Monuments historiques relatifs à la condamnation des chevaliers du Temple*, Paris, 1813, qui trouva toutes les raisons qu'on a fournies

plus tard en faveur de l'innocence de l'ordre et les exposa un peu trop sommaire-
ment, délaissant l'histoire pour le drame Jules Michelet, *Procès des Templiers*,
dans la *Collection des documents inédits*, 2 vol in-4°, Paris, 1841-1851, est en recul
sur Raynouard, sa publication est inachevée, il n'a publié en tout que trois
enquêtes, celles de Paris (pontificale et dominicaine) et celle d'Elne, mais il
ouvrait aux érudits futurs l'arsenal d'où l'on allait tirer les raisons qui ruinaient la
valeur des enquêtes françaises. Boutaric, *Clément V, Philippe le Bel et les Templiers*, dans la *Revue des questions historiques*, 1871, t x, p. 361-342, 1872, t xi,
p. 1-40, publia une série de documents éclairant les relations du pape et du roi de
France, publication utile mais critiquable en bien des points. C'est le ms *10919*
qui lui a servi, comme à Baluze Renan, dans l'*Hist littér. de la France*, consacrait
des notices excellentes à *Pierre Du Bois*, 1873, t. xxvi, p. 471-586, *Guillaume de
Nogaret, légiste*, t. xxvii, p. 233-271, et *Bertrand de Got*, 1884, t xxviii, p 272-
314 En Allemagne, Schottmuller, *Der Untergang des Tempelordens*, 2 vol, 1847,
plaide l'innocence de l'ordre, Gmelin, *Schuld oder Unschuld des Tempelherrenordens*,
1893, Lea, *Histoire de l'Inquisition au moyen âge*, trad. Reinach, t. iii, p. 284-404,
sont tous deux du même avis, enfin H Finke, *Papsttum und Untergang des
Tempelordens*, 2 vol, 1907; *Acta Aragonensia*, 1908, et *Aus den Tagen Bonifaz VIII*,
1902, a permis de mieux connaître le cadre des evenements Dans la question du
Temple, ses découvertes sont considérables : le nom du dénonciateur de l'ordre, le
détail des négociations de Poitiers, le détail de celles de Vienne, une interprétation
excellente des documents connus, deux inquisitions de 1307, une royale, l'autre
dominicaine, et une analyse des travaux de la commission d'enquête G Lizerand,
Clément V et Philippe IV le Bel, 1910, p. 76-160, 250-304, se prononce categori-
quement pour l'innocence des Templiers S'il n'apporte pas de preuves nouvelles,
il faut avouer qu'à lui seul l'exposé lumineux qu'il a donné des faits suffit a fournir
un argument des plus probants. Son récit, admirablement conduit, marque
clairement les étapes du procès, les causes diverses qui précipitèrent la chute du
Temple, la pression formidable exercée sur Clement V. Enfin G Mollat, *Les papes
d'Avignon (1305-1378)*, in-12, Paris, 1912, p 229-256, a exposé au point de vue de
son sujet l'histoire du procès J'emprunte à ce dernier ouvrage un classement
bibliographique très complet et suffisant.

1° Édition critique de la règle du Temple H. de Curzon, *La règle du Temple*,
Paris, 1886, G. Schnurer, *Die ursprungliche Templerregel*, in-8°, Freiburg im
Breisgau, 1903, a donné le texte latin de la règle primitive dont, d'après lui, la
redaction française ne serait qu'une traduction

2° Pièces officielles du procès en France *a)* Dépositions recueillies après
l'arrestation du 13 octobre 1307 et avant l'entrevue de Philippe le Bel et de
Clément V à Poitiers (mai 1308) · H Prutz, *Entwicklung und Untergang des Tempelherrenordens*, in-8°, Berlin, 1888, p. 324-345, H.Finke, *Papsttum und Untergang
des Tempelordens*, in-8°, Munster, 1907, t ii, p 307-324; H. Denifle et E. Chatelain,
Chartularium universitatis Parisiensis, in-8°, Paris, 1891, t. ii, p. 129-130 (confession
de Jacques de Molai sous la fausse date du 25 mai 1308), J. Michelet, *Procès des
Templiers*, in-8°, Paris, 1851, t. ii, p 277-420; — *b)* Procès de Poitiers (28 juin-
1er juillet 1308), K. Schottmuller, *Der Untergang des Templerordens, mit urkundlichen und kritischen Beilagen*, in-8°, Berlin, 1887, t. ii, p 9-71; H. Finke, *op. cit.*,
t. ii, p. 329-342; — *c)* Procès de Chinon (août 1308) H Finke, *op. cit.*, t. ii, p. 324-
328, — *d)* Enquête des commissaires pontificaux (1309-1310) : P. Dupuy, *Histoire*

de la condamnation des Templiers, in-8°, Brusselle, 1713, t. I, p. 121-180; J. Michelet, *op. cit.*, t. I, p. 1-648; t. II, p. 1-274; — *e)* Enquête instruite par l'inquisition épiscopale (1309-1311) : J. Michelet, *op. cit.*, t. II, p. 423-515; H. Finke, *op. cit.*, t. II, p. 324-364; L. Ménard, *Histoire civile, ecclésiastique et littéraire de la ville de Nismes,* Nimes, 1744, t. I, Preuves, p. 166-219; — *f)* Concile de Vienne : les très intéressants rapports des ambassadeurs aragonais sur le concile et les réponses du roi Jayme II d'Aragon se trouvent dans H. Finke, *op. cit.*, t. II, p. 230-306; F. Ehrle, *Ein Bruchstück der Acten des Concils von Vienne,* dans *Archiv,* 1888, t. IV, p. 361-470 (mémoires présentés par les évêques au concile); E. Göller, *Die Gravamina auf dem Konzil von Vienne und ihre literarische Ueberlieferung,* dans *Festgabe enthaltend vornehmlich vorreformations-geschichtliche-Forschungen, Heinrich Finke gewidmet,* in-8°, Münster, 1904, p. 197-221; G. Mollat, *Les doléances du clergé de la province de Sens au concile de Vienne (1311-1312),* dans *Revue d'histoire ecclésiastique,* 1905, t. VI, p. 319-326; Mansi, *Conciliorum ampliss. coll.,* t. XXV, col. 367-414; Guillaume Durant, *Tractatus de modo generalis concilii celebrandi,* Paris, 1545. Les décisions conciliaires composent le septième livre des Décrétales et sont insérées dans le *Corpus juris canonici.*

3° Pièces officielles du procès (1309-1311) : *a)* Angleterre : D. Wilkins, *Concilia Magnæ Britanniæ et Hiberniæ,* Londini, 1737, t. II, p. 329-401; G. Dugdale, *Monasticon Anglicanum,* in-fol., Londini, 1830, t. VI, part. 2, p. 844-850; K. Schottmüller, *op. cit.,* t. II, p. 75-102; Stubbs, *Cronicles of the reigns of Edward I and Edward II (Roll series),* London, 1882, t. I, p. 176-198; L. Blancard, *Documents relatifs au procès des Templiers en Angleterre,* dans *Revue des Sociétés savantes* 1867, t. VI, p. 414-423; — *b)* Espagne : H. Prutz, *op. cit.,* p. 346-355; H. Finke, *op. cit.,* t. II, p. 364-379; — *c)* Italie : H. Prutz, *op. cit.,* p. 357-364 (Naples); K. Schottmüller, *op. cit.,* t. II, p. 105-140 (Brindisi), 403-419 (patrimoine de Saint-Pierre); T. Bini, *Dei Tempieri e del loro processo in Toscana,* dans *Atti della reale Academia Lucchese,* 1845, t. XIII, p. 460-506 (Toscane); J. Loiseleur, *La doctrine secrète des Templiers; étude suivie du texte inédit de l'enquête contre les Templiers de Toscane et de la chronologie des documents relatifs à la suppression du Temple,* in-8°, Paris, 1872, p. 172-212 (réédition plus correcte du texte imprimé par Bini, d'après le même manuscrit, *Vatic. 4011*); A. Tarlazzi, *Appendice ai monumenti Ravennati dei secoli di mezzo del conte Marco Fantuzzi,* in-8°, Ravenne, 1869, t. I, p. 471-507, 512-559, 561-632; — *d)* Chypre : K. Schottmüller, *op. cit.,* t. II, p. 143-400; H. Finke, *op. cit.,* t. I, p. 390-393.

4° Correspondance et actes de Clément V et de Philippe le Bel : Baluze, *Vitæ paparum Avenionensium,* in-fol., Parisiis, 1693, t. II, col. 55-175; E. Boutaric a rectifié certaines dates attribuées par Baluze à bon nombre de bulles et a publié une foule d'actes diplomatiques dans *Clément V, Philippe le Bel et les Templiers,* dans la *Revue des questions historiques,* 1871, t. X, p. 301-342; 1872, t. XI, p. 5-40, et dans *Notices et extraits des manuscrits,* 1862, t. XX, 2e part., p. 83-237; *Regestum Clementis papæ V;* H. Finke, *op. cit.,* t. II, p. 1-229; G. Lizerand, *Clément V et Philippe IV le Bel,* in-8°, Paris, 1910, p. 423-486; C. Port, *Le livre de Guillaume le Maire,* dans *Mélanges historiques (Documents inédits),* 1887, t. II, p. 339-471.

5° Mémoires, pamphlets, lettres et divers actes diplomatiques : H. Finke, *op. cit.,* t. II, p. 1-229. Cet ouvrage de premier ordre contient surtout la correspondance adressée au roi d'Aragon par ses ambassadeurs à la cour pontificale; il est riche en documents de nature diverse : rapports, lettres, instructions, discours du plus haut'intérêt Les mémoires de Guillaume de Nogaret et de Pierre Dubois contre les Templiers ont été publiés par E. Boutaric, dans *Notices et extraits des mss*, t. xx, 2e partie, p 175-186 Le *De recuperatione Terre Sancte* de Dubois a été édité par Ch.-V. Langlois, Paris, 1891, le mémoire adressé par Guillaume le Maire, évêque d'Angers, au concile de Vienne est inclus au t. ii des *Mélanges historiques (Documents inédits)*, Paris, 1887, p. 471-488, le mémoire de Jacques de Molai sur l'union des Templiers et des Hospitaliers se trouve dans Baluze, *Vitæ*, t. ii, col 176-185, H Denifle et E. Chatelain, *Chartularium universitatis Parisiensis*, t. ii, p. 127, signalent un *Tractatus brevis fratris Augustini (de Ancona) super facto Templariorum*, dans le ms. latin *4046*, fol 28 v°, de la Bibliothèque nationale de Paris, N Valois a étudié *Deux nouveaux témoignages sur le procès des Templiers*, ceux de Jean de Pouilly et de Jacques de Thérines, dans *Comptes rendus des séances de l'Académie des inscriptions et belles-lettres*, 1910, p. 229-241. On a de Guy de Baiso, archidiacre de Bologne, un *Tractatus super hæresi et aliis criminibus in causa Templariorum et domini Bonifacii VIII*, dans Mansi, *Conc. ampliss coll*, t xxv, col. 417-426. La consultation adressée à Philippe le Bel par la faculté de théologie de l'université de Paris, le 25 mars 1308, est dans Denifle et Chatelain, *op cit*, t. ii, p 125-128, G. Picot, *Documents relatifs aux États généraux et assemblées réunis sous Philippe le Bel (Documents inédits)*, Paris, 1901, p 487-720 . États généraux de 1308, Chestret de Haneffe, *L'ordre du Temple dans l'ancien diocèse de Liège ou la Belgique orientale*, dans *Compte rendu des séances de la Commission royale d'histoire de Belgique*, 1901, t. LXX, p 297-348 (état des biens de l'ordre fait en mai 1313)

6° Monographies B Alart, *Suppression de l'ordre du Temple en Roussillon*, in-8°, Perpignan, 1867; V Carriere, *Hypothèses et faits nouveaux en faveur des Templiers*, dans *Revue d'histoire de l'Église de France*, 1912, t. iii, p 55-71; J. Delaville Le Roulx, *Un nouveau manuscrit de la règle du Temple*, dans *Annuaire-Bulletin*, 1889, t xxvi, p. 185-214, *Les Hospitaliers à Rhodes (sous presse)*, t. i, p 28-50, G M Dermot, *The suppression of the Templars, an expediency*, dans *The American catholic historical researches*, 1909, t. xxxiv, p 264-283, C. Perkins, *The trial of the knights Templars in England*, dans *English historical review*, 1909, t xxiv, p. 432-447, *The knights Templars in the British isles*, dans même revue, 1910, t xxv, p 209-230, L. Esquieu, *Les Templiers de Cahors*, in-8°, Cahors, 1899; J. Gmelin, *Schuld und Unschuld des Tempelherrenordens*, in-8°, Stuttgart, 1893, Ch.-V. Langlois, *Le procès des Templiers*, dans *Revue des deux mondes*, 1891, t. ciii, p. 382-421 (cet article a subi une refonte de l'auteur dans l'*Histoire de France* d'E. Lavisse, Paris, 1901, t. iii, part. 2, p 174-200), *L'affaire des Templiers*, dans le *Journal des savants*, 1908, p. 417-435; *Études sur l'administration royale du xiii au xvie siècle*, dans même recueil, 1910, p 489-491; *Les papiers de Guillaume de Nogaret et de Guillaume de Plaisians au trésor des chartes*, dans *Notices et extr des mss.*, t. xxxix, part. 1 (1909), p 211-254, *Revue historique*, 1889, t. xl, p. 168-179 (étude des sources du procès), E. Boutaric, dans *Revue des quest. hist*, 1871-1872, t. x, xi, B. Jungmann, *Clemens V und die Aufhebung des Templerordens*, dans *Zeitschrift für katholische Theologie*, 1881, t. v, p 1-33, 389-452, 581-613, H. C Lea, *Histoire de l'Inquisition au moyen âge*, trad E. Reinach, in-8°, Paris, 1902, t. iii, p 284-404, L Levillain, *A propos d'un texte inédit relatif au séjour du pape Clément V à Poitiers en 1307*, dans *Le moyen âge*, 1897, p. 73-86; Pétel a publié divers mémoires, de valeur inégale, sur les Templiers du diocèse de Troyes, dans les *Mémoires de la Société académiq. de l'Aube*, 1905-1908; H. Prutz, *Die Autonomie des Templerordens*, dans *Sitzungsberichte der kais. Akad. d. Wissensch.*, München, 1905, p. 7-54; *Die finanziellen Operationen der Hospitaliter*, dans même recueil, 1906, p. 9-46; *Zur Genesis des Templerprozesses*, dans même recueil, 1907, p. 5-67; *Die geistlichen Ritterorden; ihre Stellung zur kirchlichen-politischen, gesellschaftlichen und wirthschaftlichen Entwicklung des Mittelalters*, Berlin, 1908, ch. v-xii (l'auteur résume ses propres travaux sans y rien ajouter; il ne discute pas les opinions contraires à la sienne et n'utilise pas le livre de Finke); E. Renan, *Études sur la politique religieuse de Philippe le Bel*, in-8°, Paris, 1899 (ouvrage vieilli); A. Rastoul, *Les Templiers, 1118-1312*, in-8°, Paris, 1905 (manque de sens critique); G. Salvemini, *L'abolizione dell' ordine dei Templari*, dans *Archivio storico italiano*, 1895, t. xv, p. 225-264; Raynouard, *Monuments historiques relatifs à la condamnation des Templiers*, in-8°, Paris, 1813; K. Schottmüller, *op. cit.*, t. i; P. Viollet, *Les interrogatoires de Jacques de Molai, grand-maître du Temple, Conjectures*, dans *Mémoires de l'Acad. des inscriptions et belles-lettres*, 1909, t. xxxviii, part. 1; *Bérenger Frédol, canoniste*, dans *Hist. littér. de la France*, t. xxxiv, p. 110-125; N. Valois, *Jacques de Thérines, cistercien*, dans *Hist. litt. de la France*, t. xxxiv, p. 179-219; E. Franco, *Una supposizione sulla condamna di Marco Ranf*, dans *Archeografo Triestino*, 1908, t. iv, p. 321 sq.; Duguest, *Essai sur Jacques de Molay, dernier grand-maître des Templiers (1244?-18 mars 1314)*, dans *Positions de thèses de l'École des chartes*, Mâcon, 1906, p. 81-82; G. Guerrieri, *I cavalieri Templari nel regno di Sicilia*, in-8°, Trani, 1909; G. Schnürer, *Zur ersten Organisation der Templer*, dans *Historiches Jahrbuch*, 1911, t. xxxii, p. 298-316; S. Reinach, *La tête magique des Templiers*, dans *Revue de l'histoire des religions*, 1911, t. lxiii, p. 25-39; J. Edwards, *The Templars in Scotland in the thirteenth century*, dans *The Scotish historical review*, 1907-1908, t. v, p. 13-25; G. Tononi, *Ancora dei Templari nel Piacentino (1308-1312)*, Piacenze, 1894; L. Delisle, *Mémoire sur les opérations financières des Templiers*, dans *Mém. de l'Acad. des inscr. et belles-lettres*, 1889, t. xxxiii, part. 2, p. 1-248; enfin, H. Finke, *Papsttum und Untergang des Templerordens*, Münster, 1907, t. i; G. Lizerand, *Clément V et Philippe IV le Bel*, Paris, 1910, p. 43-210, 250-347; G. Mollat, *Les papes d'Avignon, 1305-1378*, in-12, Paris, 1912, p. 229-256.

Dans cette affaire, « plus favorisés que les gens du xive siècle dont le jugement était systématiquement égaré par les bruits contradictoires que juges et geôliers laissaient, à dessein, transpirer des prisons et des salles de torture, nous pouvons actuellement apprécier plus sainement les faits, à la lumière des documents récemment extraits des archives. Le dossier de l'affaire est suffisamment complet pour que l'on définisse exactement le rôle joué par Clément V et Philippe le Bel. Les découvertes ultérieures, très vraisemblablement, n'éclaireront plus que des points secondaires. » G. Mollat, *op. cit.*, p. 231. Quelques chevaliers bourguignons et champenois, conduits par Hugues dé Payens, s'établirent en 1118 à Jérusalem, sur l'emplacement du temple de Salomon; ils voulaient faciliter les pèlerinages et, dans ce but, purger la route de Jérusalem à la côte des brigands qui l'infestaient. En 1128, le concile de Troyes leur imposa, à eux et à leurs compagnons futurs, une règle et un état. Ils formèrent l'ordre des « pauvres soldats du Temple », leur règle fut composé par saint Bernard ou sous son inspiration. L. Bréhier, *L'Église et l'Orient au moyen âge. Les croisades*, in-12, Paris, 1907, p. 96-97. Cette règle combinait la profession militaire et la profession monastique, avec les trois vœux ordinaires, une hiérarchie, des mortifications, une spiritualité bien adaptées au but qu'on se proposait et aux recrues qu'on attendait. L'ordre se développa très vite, malgré la concurrence qui lui firent les Hospitaliers et les Teutoniques, fondés vers le même temps Dès ses debuts, il s'illustra pas des prouesses militaires, mais ces explosions de vaillance à Gaza (1171), à Tibériade (1187), à Damiette (1219), en Égypte (1250) ne remplaçaient ni le nombre, ni la discipline, ni la science tactique et, faute de ces éléments, les Templiers ne purent que se battre bravement sans empêcher, en 1291, la prise de Saint-Jean-d'Acre qui marqua la fin de l'établissement chrétien en Terre Sainte. Néanmoins on ne pouvait leur attribuer cet insucces final, l'ordre était populaire et estimé, en 1222, Philippe-Auguste lui laissa par testament 2 000 marcs et lui en promettait 50 000 s'il entretenait en Terre Sainte trois cents chevaliers pendant trois ans Les papes se montrèrent bienveillants et protecteurs à son égard, ils exemptèrent l'ordre du paiement des décimes et autres taxes, de toutes les obligations féodales, le déclarèrent justiciable de la seule cour de Rome et défendirent aux évêques d'excommunier ses membres. C. Lea, *Hist de l'Inquisition*, trad. S Reinach, t. III, p 285-294. Expulsés de Terre Sainte, n'ayant pu prendre pied en Chypre, les Templiers refluèrent en Europe On eût pu croire que le licenciement suivrait, puisque, désormais, l'ordre ne pouvait plus remplir son but Il n'en fut rien Ces braves soldats étaient surtout d'excellents administrateurs, judicieux, positifs, pratiques Leurs maisons étaient solides, nombreuses, bien postées On y pouvait garder l'argent en comptes courants, eux-mêmes se chargeaient des transports d'argent. A la solidité des murailles, les commanderies joignaient l'inviolabilité des édifices religieux, c'étaient pour une société mal assise de providentiels coffres-forts. Dernier avantage, les Templiers étaient chrétiens et ne sentaient pas le Juif, ce qui rassurait le peuple, plaisait aux princes et satisfaisait les clercs Loin de s'accroupir sur les tas d'or qu'on leur confiait, les Templiers les faisaient produire, ils ouvraient des comptes courants aux gens solvables, effectuaient des paiements sur toutes les places, soit en transportant sous bonne escorte des sommes d'argent considérables d'un pays dans un autre, soit par des virements de fonds et des jeux d'écriture C'étaient, chose inconnue alors, des banquiers qui n'étaient pas usuriers. Les princes recoururent a eux : Jean sans Terre et Henri III faisaient déposer leurs revenus au Temple de Londres. De Philippe-Auguste à Philippe le Bel, les rois de France eurent leur trésor dans la maison du Temple de Paris, un moment, en 1295, on essaya de s'en affranchir pour tenter une administration royale directe, l'essai ne fut pas heureux, on revint en 1303 au trésor du Temple L. Delisle, *Mémoire sur les opérations financières des Templiers*, dans *Mém de l'Acad des inscr*, 1889, t. XXXIII, part 2 Les papes eux-mêmes recoururent aux frères du Temple pour encaisser et administrer le produit des impôts qu'ils levaient pour l'Église. Ainsi, les Templiers suppléerent a leur etat territorial un peu restreint et se créèrent des ressources.

Cette prospérité, fruit d'une sage administration, n'allait pas sans son escorte ordinaire de recouvrements laborieux, de chicanes, qui transformaient les débiteurs en denigrants et en ennemis On s'était si bien habitué aux services qu'on exigeait d'eux qu'on ne leur en gardait point de reconnaissance Dès 1265, Clément IV rappelle aux chevaliers que la papauté peut seule les défendre contre l'hostilité des évêques et des princes. On leur reprochait leur mendicité, la conduite parfois scandaleuse des quêteurs laïcs, leur facilité à accueillir des frères servants assez peu recommandables; en 1207, Innocent III dit que les chevaliers donnent leur croix au premier vagabond qui consent à payer deux ou trois deniers par an et prétendent que de tels serviteurs peuvent remplir des fonctions ecclésiastiques et être enterrés chrétiennement nonobstant l'excommunication qu'ils auraient encourue : en 1265, le concile d'Arles se plaint des inconvénients résultant d'immunités accordées à des gens qui se réclament de l'ordre dont ils ne portent même pas l'habit. Les querelles entre Templiers et Hospitaliers sont notoires; après leurs rivalités militaires en Palestine, ils se sont rencontrés sur le terrain financier (Pratz, *Die finanziellen Operationen der Hospitaler*, dans *Sitzungsberichte der Akad. d. Wissensch. zu München, philos. philol. Klasse*, 1906, p. 9-47; on va dans le clergé jusqu'à les chansonner, les accuser à Saint-Jean-d'Acre de trahison, cette suprême ressource de l'accusation de trahison qui rejette sur autrui la faute dont on se sentirait gêné. P. Meyer, *Les derniers troubadours de la Provence : Rostanh Berenguier de Marseille*, dans la *Bibliothèque de l'École des chartes*, 1869, t. XXX, p. 484-485; *Hist. littér. de la France*, 1898, t. XXXII, p. 77-78.

Le clergé séculier, doucement envieux, récrimine contre les richesses de l'ordre, contre son orgueil, contre ses privilèges, contre tout, en un mot, parle de beuveries, d'immoralité, d'incrédulité. On leur attribue ce qu'on ignore, mais en pareil cas le soupçon vaut une preuve; il est question de réunions secrètes que remplissent des débauches inouïes. Ajoutez à cela les bravades des uns, les maladresses des autres qui fournissent un précieux aliment à la méchanceté prudente des accusateurs. Cependant, comme le remarque M. Lizerand, tous ces reproches font impression quand ils sont groupés. Mais il faut reconnaître qu'à aucun moment du XIIIe siècle on ne les a adressés en bloc à l'ordre, que tous les ordres religieux — sans excepter les Hospitaliers — ont essuyé de vives critiques, et que, jusqu'après leur disparition, les Templiers ont trouvé des admirateurs. Il est impossible, comme le montre Finke (t. I, p. 41-85), de relever avant la catastrophe de 1307 une opposition systématique contre l'ordre, soit dans l'opinion publique, soit chez les princes, soit chez les papes. Il est aussi impossible de dire que la question des Templiers — à supposer qu'il y en eût une — se soit aggravée au début du XIVe siècle, après la mort de Benoît XI.

Les critiques et les accusations contre les religieux étaient au moyen âge au moins aussi fréquentes que de nos jours, seul le ton diffère; aujourd'hui on calomnie avec une apparente décence, alors on employait le langage le plus grossier. L'ordre passait pour inutile aux yeux des uns, pour dangereux aux yeux des autres et périodiquement, depuis plus d'un quart de siècle, un projet reparaissait avec acharnement : une fusion des Templiers, des Hospitaliers et d'autres ordres encore. Pratz, *Die geistlichen Ritterorden*, ch. XI. Pierre Dubois, en 1306, reprend ce projet en l'aggravant de la confiscation des biens d'Europe; quant aux individus, on les priera d'aller vivre en Terre Sainte, on les y poussera au besoin. Avec l'argent de la confiscation, on pourvoira à l'entretien d'écoles dans les commanderies et aux frais de la future croisade. Dubois chassait de race. En 1229, un de ses inspirateurs très authentiques, Frédéric II, avait expulsé les Templiers de la Sicile et confisqué leurs biens; cela fait, il les avait rappelés, mais sans rien restituer. Si Pierre Dubois supputait juste, il avait dû se rendre compte que la fortune des Templiers de France, sans être colossale, valait la peine d'être comptée pour quelque chose. Très inférieure à celle des Hospitaliers, elle pouvait équivaloir à la moitié ou au tiers de celle des Cisterciens. II. Finke. P[…] […] Ch.-V. Langlois,

L'affaire des Templiers, dans le *Journal des savants*, 1908, p. 420 sq Ce qui ne laisse pas d'être très favorable à l'ordre, c'est que Dubois, son ennemi juré, dans ce mémoire *De recuperatione Terræ Sanctæ*, préconise moins une suppression qu'une liquidation   il lui suffisait qu'on fusionnât Hospitaliers et Templiers, peu importe, d'orthodoxie et de moralité des membres de l'ordre il ne souffle mot.

Il est difficile de dire les motifs qui décidèrent Philippe le Bel à détruire l'ordre du Temple Même après 1300, le roi lui marque de la confiance; en 1303, dans le conflit avec Boniface, les Templiers se rangent du côté de Philippe, dans l'assemblée de juin 1303, le représentant officiel, Hugues de Pairaud, visiteur de France, réclame la convocation d'un concile et s'engage à défendre le royaume même contre le pape G Picot, *Documents relatifs aux États généraux*, p 50-53. En 1304, Philippe le Bel confirme les privilèges de l'ordre (Prutz, *Entwicklung und Untergang des Templerordens*, p 307-308), et maintient son trésor au Temple jusqu'au jour de l'arrestation L. Delisle, *Mémoires sur les opérations financières des Templiers*, p 59. Diverses explications ont été présentées, auxquelles il n'y a plus lieu de s'arrêter, ce sont des propos sans conséquence G. Lizerand, *op. cit*, p. 82-83. En somme, la politique européenne des Templiers n'a jamais été antifrançaise, en 1308, le nombre des chevaliers s'élevait en France au nombre infime de 2 000, enfin leur gestion des deniers royaux demeure à l'abri de tout reproche. « Les biens du Temple auraient-ils excité la cupidité de Philippe le Bel ? Les contemporains l'ont pensé. *Gestes des Chiprois*, dans *Historiens des croisades. Documents arméniens*, Paris, 1906, t ii, p 869-870. Des indices assez probants fortifiaient en eux cette croyance Ils avaient vu le roi sans cesse aux prises avec d'impérieux besoins d'argent, acculé à altérer le cours des monnaies, procédant à la spoliation des banquiers lombards en 1291, puis à celle des Juifs en 1306 Ils remarquèrent sans doute, au lendemain de l'arrestation des Templiers, que le prince assignait des rentes sur le produit des biens séquestrés comme s'il comptait retenir ceux-ci dans l'avenir Ils en ont conclu à des motifs intéressés chez Philippe Aussi bien la conjecture à laquelle ils se sont arrêtés demeure-t-elle encore plausible. Toutefois l'absence de preuves documentaires interdit de se prononcer avec assurance sur les causes de l'attitude prise par le roi de France Une seule chose demeure absolument certaine. Philippe fut l'auteur principal de la perte du Temple » G Mollat, *op. cit.*, p. 235-236, cf Finke, *Papsttum*, t. i, p. 54-61; Langlois, dans le *Journal des savants*, 1910, p 489-498, Borelli de Serres, *op cit*, p. 39.

Il ne nous appartient pas d'étudier ici le personnage de Philippe le Bel. Après avoir exalté ce prince à l'excès, on se demande aujourd'hui, s'il a été plus et autre chose qu'un simple spectateur de son propre règne. Ces opinions extrêmes nous paraissent inacceptables On ne peut songer à nier l'influence de Pierre Flotte, de Guillaume de Nogaret, de Pierre Dubois sur la direction de la politique, mais celui qui les utilisa a voulu ce qu'ils voulaient et probablement comme ils le voulaient, on ne relève pas un seul dissentiment entre le roi et ses conseillers L'indolence apparente de Philippe le Bel n'est probablement qu'une marque de possession de soi-même portée à son degré le plus élevé. L'habileté et la perfidie des conseillers ont pu suggérer souvent . le froid calcul du maître a apprécié et accepté leurs combinaisons il les a faites siennes et sa volonté opiniâtre s'est mise de pair avec toutes les situations les plus compliquées, les plus compromettantes, pour les dominer, les réduire et leur faire produire ce qu'il en attendait L'âge et le pouvoir,

à satiété les motifs allégués par lui et par Clément V (hérésie et immoralité) Philippe le Bel enviait probablement la puissance et la richesse de cet ordre. Avec ses tendances absolutistes, il devait voir de mauvais œil une corporation qui, en France, formait, pour ainsi dire, un État dans l'État, avec une armée de quinze mille chevaliers qui, à un moment donné, pouvait être pour le roi un grand danger. Et justement dans le conflit entre Philippe le Bel et Boniface VIII, les Templiers n'avaient montré que fort peu de sympathie pour le premier et s'étaient tenus plutôt du côté du second[1]. Ils avaient aussi pris part à l'expulsion des [413] Français de la Sicile. Aussi, Philippe voyait et haïssait dans cet ordre un adversaire acharné de sa politique et de son but principal. Enfin, pour rétablir les finances du roi, qui étaient dans un fort triste état, il n'y avait d'autre moyen qu'une confiscation sérieuse des biens de l'ordre. Des guerres interminables avaient mis le trésor à sec, tous les stratagèmes financiers étaient usés, et on ne pouvait plus songer à falsifier une fois de plus les monnaies[2]; or les Templiers étaient riches d'argent et de biens, et le roi avait déjà été leur débiteur[3]. Mais, sans le secours du pape, Philippe le Bel ne pouvait entreprendre avec chance de succès une grande

au lieu d'améliorer Philippe le Bel, l'avaient perverti et endurci. La querelle avec Boniface VIII ne le montre pas à son avantage, le procès des Templiers le révèle fourbe et féroce. Par un contraste qui vaut la peine d'être noté, cet homme sans loyauté et sans entrailles fut un chrétien régulier, pratiquant, *édifiant* à sa manière et au sens général et vague qu'on donne à ce mot. Il avait des vertus domestiques, une conscience pour sa vie privée. On la cherche en vain dans sa vie politique. Il n'a jamais fait que ce qu'il voulait et il a presque toujours voulu le mal. (H. L.)

1 En 1303, Philippe avait traité avec Hugues de Pairaud, visiteur général des Templiers, pour conclure une alliance formelle contre Boniface VIII, en retour, le roi promit à l'ordre sa protection contre qui que ce fût. *Bulletin de l'Acad. royale de Belgique, classe des sciences*, 1861, p. 133, Wenck, *Clemens V und Heinrich VII*, p 70.

2 Borelli de Serres, *Les variations monétaires sous Philippe le Bel*, in-4º, Chalon-sur-Saône, 1702, A Dieudonné, *Les variations monétaires sous Philippe le Bel*, dans le *Moyen âge*, IIᵉ série, 1905, t. ix. p. 217-257 (H. L.)

3 Wilcke, *Geschichte der Tempelherren*, 2ᵉ édit., 1860, t. ii, p. 179-183, Raynouard, *Monuments historiques relatifs à la condamnation des chevaliers du Temple*, Paris, 1813, dit que, sans compter l'immense trésor déposé au Temple de Paris, le grand-maître rapporta d'Orient, en 1307, 150 000 écus d'or et une grande somme en argent. Cette assertion incroyable repose sur la déposition de Jean de Folhaco, membre indigne de l'ordre Cf. Conrad Schottmüller, *Untergang des Templerordens*, Berlin, 1887, t. ii, p. 37, et t. i, p. 66 Schottmüller estime les revenus des biens des Templiers dans le royaume de France à environ cinq millions et demi

attaque contre l'ordre [1]. Aussi avait-il à Lyon, lors du couronnement, entretenu le pape de cette affaire [2]. Quelque temps après,
Clément V manda près de lui, pour délibérer sur les affaires
de la Terre Sainte, les grands-maîtres des Hospitaliers et des
Templiers, Guillaume de Villaret et Jacques de Molai, alors en
Orient [3]. Le grand-maître de l'Hôpital ne put pas se rendre à
cette invitation, parce qu'il était sur le point d'attaquer l'île de
Rhodes. Mais, au printemps de 1307, Jacques de Molai, grand-
maître du Temple, rendit visite au pape Clément à Poitiers, où il

---

de francs, valeur de notre argent actuel Pour la puissance de l'ordre, cf. Schottmuller, *op. cit.*, t ɪ, p 54 sq , Lavocat, *Procès des frères et de l'ordre du Temple*,
1888, p 32 Dans un rapport à l'Académie des inscriptions et belles-lettres, L Delisle démontre qu'au moyen âge les Templiers avaient entre leurs mains le trafic
de l'argent. *Comptes rendus*, 1887, t xv, p 332.

1. Au début de 1305, des dénonciations se produisirent contre l'ordre. Sur
l'événement initial du procès, nous possédons les récits de Villani et d'Amauri
Augier qui, à travers bien des détails particuliers, s'accordent et ne se trompent
pas en faisant du prieur de Montfaucon et du bourgeois de Béziers, Esquieu de
Florian, les initiateurs de l'affaire « Vers l'époque où se tenait le conclave de
Pérouse, les accusations s'élevèrent contre l'ordre, elles prirent naissance dans le
Midi de la France, au pays d'Agen, peut-être parmi les chevaliers gascons qui
avaient été faits prisonniers par les Français dans des escarmouches à la frontière
franco-anglaise. Ces accusations furent recueillies par un homme de peu, natif de
Béziers, Esquieu de Floyrano (cf Finke, *op. cit*, t ɪ, p. 111-112), qui, probablement au début de 1305, les fit connaître à Jayme II, roi d'Aragon, à Lérida. De
ces accusations, dont nous ne connaissons pas la teneur et qui ne sont pas nécessairement celles de 1307, Jayme ne voulut rien croire, toutefois il demanda à
Esquieu de le tenir au courant des événements; décision étrange et qui dénote
une arrière-pensée, il lui promit une somme de 3 000 livres et en sus une rente de
1 000 livres si les accusations étaient prouvées plus tard Esquieu vint en France
et s'adressa à Philippe le Bel qui l'écouta » G. Lizerand, *op cit* , p 85, 86, sur les
raisons qu'avait Philippe le Bel d'accueillir cette dénonciation. Aux accusations
d'Esquieu se joignirent, vers la même époque, celles d'un clerc languedocien,
Bernard Pelet, et d'un templier gascon, Géraud Lavernha J. Michelet, *Procès
des Templiers*, t ɪ, p. 37, Finke, *Papsttum*, t ɪɪ, p 319 Langlois, dans *Journal
des savants*, 1908, p. 425, soupçonne que ces trois personnages pourraient être les
instruments de Guillaume de Nogaret De fait, Esquieu de Floyrano toucha le
prix de sa dénonciation sous forme de dépouilles du Temple de Montricoux
(Tarn-et-Garonne); cf *Mémoires de la Société archéologique du Midi de la France*,
t v, p. 193; *Mémoires de l'Académie de Toulouse*, 1864, t. ɪɪ, p 122 (H L)

2 Il dédaigna ces accusations; à Lyon, Philippe le Bel lui en reparla, il les
dédaigna encore. Bulle *Faciens misericordiam* du 12 août 1308, dans Michelet,
Procès des Templiers, t. ɪ, p. 2-7 (H L)

3 La lettre du pape aux grands-maîtres est datée de Bordeaux, 6 juin 1306.
Baronius-Raynaldi, *Annal. eccles.*, ad. ann. 1306, n. 12.

fut reçu de la façon la plus bienveillante, ainsi qu'il l'avait été peu de temps auparavant à Paris[1]. Le pape espérait conjurer l'orage en réunissant l'ordre du Temple à celui de Saint-Jean de l'Hôpital, mais, dans un mémoire qui s'est conservé[2], Jacques de Molai se prononça très énergiquement contre ce projet. Il demanda une enquête rigoureuse relativement aux accusations portées contre son ordre, car des bruits abominables étaient mis en circulation par les créatures de Philippe[3]. A Poitiers, le roi Philippe les avait lui-même rapportés au pape[4], et il avait eu soin que d'autres, par exemple le prieur de Poissy[5], lui fissent des récits épouvantables. Aussi le pape Clément écrivait, le 24 août 1307, à Philippe : « Au début il regardait ces accusations comme mensongères et impossibles; mais d'autres renseignements lui étaient venus et les supérieurs de l'ordre ayant été les premiers à demander une enquête minutieuse sur les fausses accusations, il en ordonnerait une très prochainement, après être revenu à Poitiers et avoir pris l'avis des cardinaux. Il tiendrait le roi au courant de ce qui se passerait, mais il demandait, en retour, que celui-ci l'informât aussi sans délai et en détail de ses décisions et de ses démarches dans cette affaire[6]. »

1. G. Lizerand, *Clément V et Philippe IV le Bel*, 1910, p. 89.

2 Ce mémoire fut rédigé en 1306 Cf Delaville Le Roulx, *Les Hospitaliers en Terre Sainte et a Chypre*, in-4°, Paris, 1904, p 53, note 2 Une copie fut retrouvée dans les papiers de Nogaret. *Notices et extr des mss*, 1907, t xxxix, p. 242, n 510 (II. L.)

3 Raynouard, *Monuments historiques relatifs à la condamnation des chevaliers du Temple*, Paris, 1813, p 18-161, Baluze, *Vitæ pontif*, t. ii, p. 176.

4. Le roi revint sur ce sujet, mais la conversation fut brève, juste le temps que Clément mit a passer de chez lui dans la salle où se tinrent en 1308 les consistoires publics, elle fit si peu d'impression sur lui qu'il n'en garda pas un souvenir bien net H. Finke, *Papsttum*, t. ii, p. 149; G. Lizerand, *op. cit.*, p 87; L Levillain, *Un texte sur l'entrevue de Poitiers, 1307*, dans le *Moyen âge*, 1897, p 73-86. (H L)

5. Non pas *Pictavo*, comme dans Baluze, *Vitæ pap. Aven*, t. ii, p. 75. Cf. Boutaric, *La France sous Philippe le Bel*, p. 129, *Clément V, Philippe le Bel et les Templiers*, dans *Revue des questions historiques*, t x (1871), p. 374.

6 Baluze, *Vitæ paparum Avenionensium*, t ii, p 73 sq , Boutaric, *La France sous Philippe le Bel* Clément dit la même chose dans une lettre du 27 octobre 1307, dans laquelle il se plaint amèrement de l'intervention arbitraire du roi : *Dolori vero nostro . causam prestant, quod nobis .. in loco tibi vicino morantibus, postquam tue Serenitati per nostras innotuerat litteras, quod nos in eodem negotio et ad diligenter investigandam veritatem illius procedere volebamus, et te per easdem litteras duxeramus requirendum, quod ea quæ de prædictis factis inveneras, nobis significare curares, et quod nos tibi significare curaremus ea quæ circa negotium invenıremus*

Lorsque le pape écrivit cette lettre, il se trouvait à la campagne
près de Poitiers; mais, dès le vendredi suivant, il regagna cette
ville, pour s'y soigner pendant le mois de septembre. Il ne comptait
donc recevoir une nouvelle ambassade du roi de France que vers
la mi-octobre [1]. Le roi était rentré à Paris dès le mois de juin.
Quant au pape, il passa encore plus d'une année entière à Poitiers,
et le bruit courut que son séjour y était forcé; on prétendit même
qu'il avait, mais en vain, cherché à s'échapper [2].

Philippe comprit qu'il fallait dissimuler au pape les véritables
motifs de son attaque contre les Templiers et ne lui donner que
des raisons d'ordre ecclésiastique. Aussi dépeignait-il l'ordre [415]

predictum, dans *Revue des quest hist*, t x, p 334; Havemann, *Geschichte des
Ausgangs des Tempelherrenoidens*, 1846, p 195 sq Damberger, *Synchron Geschichte*, t xii, p. 614, fait remarquer avec beaucoup d'assurance que cette lettre
est un extrait de la bulle *Regnans in cælis* (dont nous parlerons plus loin). C'est
faux Il fait de plus dire au pape dans cette lettre des choses qui n'y sont pas.
[Esquieu de Floyrano avait reçu bon accueil a Paris; aussitôt on commença en
grand secret à grouper des témoignages Il y avait dans l'ordre comme partout des
tièdes, des indignes et des poltrons. On tira parti de tous. Quelques mécontents
étaient sortis de l'ordre, ils y rentrèrent pour remplir le rôle d'espions, Plaisians
en compte jusqu'à douze. Finke, *op cit*, t ii, p 145. C'étaient ce qu'en langage
de prisons on appelle des « moutons », ils etaient chargés de provoquer les confi-
dences dangereuses et de se prêter aux forfaits imaginés Des arrestations furent
faites, les victimes amenees a Corbeil et mises au secret Elles furent placées sous
la garde de frere Imbert, confesseur du roi et inquisiteur général de France,
qui les « cuisina » de son mieux pendant deux années Baluze, *Vitæ*, t i, p. 99-100
Le pape demeurait ignorant de tout cela, restait à le prévenir et à le convaincre.
Les ouvertures faites à Poitiers, avril et mai 1307, n'avaient pas abouti, on s'était
accablé de politesse. Le 1er juin, le pape versa une pluie de bienfaits. *Regest.*,
n 1965, 1966, 1968, 1969, 1970, 1971, 1972, 1974, 1975, 1978, 1981, 1982, 1983,
1986, 1987, 1988, 1990 Le roi entama alors une correspondance et se montra,
semble-t-il, plus pressant que dans les conversations, à plusieurs reprises, il fit
communiquer des renseignements au pape (H Finke, *op cit*, t ii, p. 149), tout
cela n'a malheureusement guère laissé de trace, sauf cette lettre du 24 août
(H L)]

1. Baluze, *Vitæ pap. Aven*, t. ii, p. 75 sq. Le pape était à Poitiers le 30, on ne
connaît pas le resultat de son enquête Il ne fut pas sans doute décisif, puisque, le
26 septembre, il demandait au roi des renseignements sur les Templiers. G. Lizerand, *op. cit*, p 432-434, n. 6 (II. L)

2. Baluze, *Vitæ pap Aven*, t. i, p 5 J'en doute Clément V semble avoir été
atteint d'un cancer de l'intestin ou de l'estomac, il n'était pas homme a risquer
les évasions et tout ce qui s'ensuit, lui qui entretenait le roi de France, le
24 août, de son dessein de prendre une purgation dans les premiers jours de
septembre. (II L.)

comme une sentine de sacrilèges, d'atrocités et d'hérésie. Mais le roi n'avait guère la patience d'attendre que le pape eût pris ses potions et ses purges dont il l'entretenait; en outre, il savait que l'enquête canonique serait interminable et ne comporterait pas l'arrestation des membres de l'ordre. Il se résolut donc à agir en maître, gagna une partie des cardinaux [1], dédaigna le reste et, après des mois de discussion, fit adopter par le conseil le parti le plus violent, celui conseillé évidemment par Guillaume de Nogaret, l'arrestation des Templiers dans tout le royaume le même jour (14 septembre, à Maubuisson) [2]. Les gens du roi partirent aussitôt porter des ordres; quant au garde des sceaux, Pierre de Belleperche, évêque d'Auxerre, sur son refus de signer l'acte d'arrestation, on le démit de sa charge, dans laquelle il fut remplacé par Nogaret [3]. Les officiers reçurent des instructions précises.

1. *Magister transmarinus Templi... quibusdam de cardinalibus hoc jamdudum tractantibus et ordinantibus et regi Francorum executionem tradentibus, captus est Parisiis apud Templum* Baluze, *Vitæ paparum Avenionensium*, t. i, p 8. On ne pourrait pas dire au juste combien et lesquels des neuf cardinaux français nommés par Clément V, le 15 décembre 1305, furent initiés au secret. Il n'est certainement pas téméraire de supposer que les deux cardinaux Berenger Frédol et Étienne de Suisy, qui ont joué un rôle sinistre pendant tout le procès, aient été déjà complices dans cette affaire

2. Le procédé adopté était parfaitement legal; sur ce point, Clément V n'a jamais contesté, mais seulement sur l'opportunité Cf la bulle du 5 juillet 1308 par laquelle le pape rend ses pouvoirs à l'inquisiteur Guillaume de Paris, dans *Mélanges historiques*, de la *Collection des documents inédits*, t. ii, p. 424. Outre qu'il était légal, le procédé était très sûr, puisque l'inquisiteur général de France était frère Imbert, confesseur du roi; c'était de plus un procédé rapide et efficace Sous couvert d'inquisition, ce fut au debut tout simplement une affaire d'État. Le 27 octobre, le pape protesta « Très cher fils, ce que nous disons avec douleur, au mépris de toute règle, pendant que nous étions loin de vous, vous avez étendu la main sur les personnes et les biens des Templiers, vous avez été jusqu'à les mettre en prison, et, ce qui est le comble de la douleur, vous ne les avez pas relâchés, même, à ce qu'on dit, allant plus loin, vous avez ajouté à l'affliction de la captivité une autre affliction, que, par pudeur pour l'Église et pour nous, nous croyons à propos de passer actuellement sous silence... Dans ce procédé précipité, tous remarquent, et non sans cause raisonnable, un outrageant mépris pour nous et pour l'Église romaine. » Il ne disait rien d'ailleurs de l'innocence ou de la culpabilité des Templiers et, dans le premier acte de ce drame, il ne découvrait qu'un manque d'égards envers sa personne. (H L)

3. *Revue des questions historiques*, t. x, p 326 Le prétendu traître ou dénonciateur, Esquieu de Floyrano, qui aurait donné au roi les premiers points d'appui pour les accusations contre l'ordre (Baluze, *Vitæ pap. Aven.*, t ii, p. 99), est relegué avec raison par Schottmüller (*Untergang des Templerordens* t. i p. 720 sq)

Ils devaient en secret s'enquérir de chaque maison des Templiers, et aux premières heures du jour, le 13 octobre, les faire cerner par des gens armés sur lesquels on pût compter, et en tel nombre qu'exigeraient les circonstances [1].

On devait exiger des gens armés le serment de garder le secret, alors les instruire du projet auquel ils concouraient et de la façon dont le roi avait été informé du péril par le pape et l'Église. On les enverrait ensuite, le plus tôt possible, dans les différentes commanderies pour s'assurer de la personne des chevaliers. Les biens meubles et immeubles seraient confisqués et gardés au nom du roi. Toute opposition serait réduite à force ouverte; les chevaliers arrêtés, mis au secret, et sur-le-champ, à la sommation des commissaires de l'inquisiteur général, interrogés et torturés

au domaine des fictions. [Une fiction en chair et en os, sa responsabilité dans le procès est hors de contestation désormais (H L)] Prutz, *Entwicklung und Untergang des Tempelherrenordens*, Berlin, 1888, p 136, 243, a voulu réhabiliter ce « traître », mais ses raisons sont insuffisantes Les différents aspects sous lesquels cet Esquieu (Schottmuller croit que ce terme dérive de « escuier ») nous apparaît dans les différents récits jettent de sérieux doutes sur sa réalité. Il n'est mentionné nulle part où il *devrait* l'être D'après les rapports du pape et du roi, l'accusation tout entière ne repose au début que sur de vagues bruits et non pas sur des déclarations précises et détaillées Si l'existence d'Esquieu est plus que problématique, le fait capital suivant est incontestable Nogaret, en compagnie de quelques prêtres sans conscience, parmi lesquels l'inquisiteur général et le confesseur du roi, s'est livré à certaines pratiques malhonnêtes soit avec des Templiers renégats ou chassés de l'ordre, soit avec des Templiers qui, par une honteuse parodie de la justice, furent emmenés en prison à Corbeil pour y être mis à la torture. Michelet, *Procès des Templiers*, t. i, p. 553; Baluze, *Vitæ pap Aven* , t. i, p. 9 *Qui Templari fuerant, quos dominus G. de Nogareto (diu ante captionem) captos in diversis partibus regni Franciæ fecit ad testificandum adduci et Corbolii in carcere reservatos diu et secretissime custodiri . cujus custodiæ præceptor et dispositor erat frater Imbertus prædicator et regis confessor. Ili se opponebant* VIRILITER ET AUDACITER *ad probandum crimina*

1. Le 12 octobre, Jacques de Molai assistait aux funérailles de la belle-sœur du roi. Le 13, à heure fixe, par ordre donné sous lettres closes à ouvrir à jour dit, avait lieu l'arrestation de presque tous les Templiers de France. Cf Geoffroy de Paris, dans *Hist. de la France*, t. xxii, p. 122, Bernard Gui, t xxi, p 716, Contin de Guill de Nangis, t xx, p 595; Jean de Saint-Victor, t. xxi, p. 549, Gilles de Pontoise (Guillaume l'Écossais), t. xxi, p. 205, Chronique anonyme de Saint-Martial, t. xxi, p. 137-139, 149; Ptolomée de Lucques, dans Muratori, *Script rer. Italic* , t xi, col 1228 Il y eut peu de fugitifs — une liste ne mentionne que douze noms — pas de résistance. Après l'exploit d'Anagni en 1303, l'arrestation des Juifs en 1306, ce coup de force de 1307 C'était toujours la pensée et la main de Guillaume de Nogaret. (H L.)

pour faire ressortir la vérité. Une deuxième instruction règle la
conduite de l'interrogatoire. On lira d'abord aux chevaliers sur
le point d'être mis à la question les articles de foi; on leur dira
ensuite que le pape et le roi ont été instruits des crimes et de la
honteuse cérémonie de l'initiation employée dans l'ordre, par des
témoins dignes de foi. A ceux qui avoueront on promettra le
pardon, aux autres la peine de mort. On les interrogera sous
serment d'une manière subtile et adroite, jusqu'à ce qu'on leur
arrache les aveux que l'on aura soin de noter [1]

Malgré toute la prévoyance, la nouvelle de l'attentat finit par
transpirer légèrement; la preuve en est dans le voyage du grand-
précepteur Pairaud, au commencement d'octobre, pour voir le
pape, et la sortie de l'ordre de plusieurs membres justement à cet
instant critique. Cependant on ne s'attendait pas à un tel acte
de violence; moins que tout autre, le grand-maître Jacques de
Molai, qui, le 12 octobre, à l'enterrement de la belle-sœur du roi,
tenait le poêle comme un des plus grands seigneurs du royaume,
sans se douter que le lendemain, au petit jour, il serait arrêté
au Temple avec cent trente-huit de ses frères [2]. En même temps,
17] le trésor et les objets précieux qui y étaient enfermés tombèrent
aux mains du roi.

Cet acte de violence inouïe fit naturellement partout une
sensation extraordinaire [3]. Philippe avait dû la prévoir, car il
avait pris des précautions d'une façon très prudente. L'ordre
d'emprisonnement était accompagné d'un édit dont il fallait
donner lecture au public après le fait accompli, pour atténuer
le plus possible la première impression défavorable. En termes
généraux et calculés, le roi, jouant au « Gardien de Sion », imputait
à l'ordre une profonde déchéance morale, l'accusait de trois

1. *Revue des questions historiques*, t. x, p 327 sq ; Schottmüller, *Untergang des
Templerordens*, t. i, p. 126 sq.

2 Wilcke, *Geschichte der Tempelherren*, p. 464 sq , donne faussement une liste
de 140 Templiers faits prisonniers. Schottmüller, *Untergang des Templerordens*,
t. i, p. 244.

3. *Mirantibus cunctis audientibus antiquam Templi militiam ab Ecclesia romana
nimis privilegiatam uno die subito captivari, causamque ignorantibus captionis
tam repentinæ, exceptis paucis secretariis et juratis.* Baluze, *Vitæ paparum Avenionensium,* t i, p 65 *De quorum captione totus mundus fuit admiratus Ibid.,* t. i,
p 101. [Cf. Bouquet, *Recueil des hist. de la France,* t xxi, p 649, 717; *Annales
Dervenses,* dans *Monum. Germ. hist., Script ,* t xvi, p 490, *Annalen von Colbatz,
ibid.,* t. xix p 715. G. Lizerand. *op. cit* . p 96 [H ?]]

crimes monstrueux lors de l'initiation : triple reniement du crucifix sur lequel l'initié crachait, baisers infâmes, et engagement
à la pédérastie et à la sodomie. Il fallait, en outre, faire croire que
l'arrestation résultait d'une entente avec le pape [1]. La fausseté
de cette allégation est prouvée par la lettre du pape du 27 octobre 1307 [2], dans laquelle il reproche au roi son empietement
sur le domaine ecclésiastique Cet édit du roi ne produisit pas
l'effet attendu Malgré l'humeur inconstante des foules, le prestige
qui s'attachait à l'ordre des Templiers ne pouvait disparaître à
l'instant, même sous le coup de ces monstrueuses accusations,
et le peuple ne se montra pas favorable. Alors le roi et ses gens ne
négligèrent rien pour gagner la partie engagée. Le lendemain de
l'attentat, samedi 14 octobre, Nogaret se rendit dans la salle
du chapitre de Notre-Dame [3]. L'inquisiteur général du royaume
et confesseur du roi, le dominicain Guillaume Imbert, se présenta
comme accusateur de l'ordre, lui imputant cinq crimes; depuis
le 14 septembre, on en avait trouvé deux nouveaux [4]. Une [418
deuxième assemblée, le lendemain, où les dominicains devaient
surtout travailler la foule, n'eut pas beaucoup plus de succès que

1 *Prehabito super hoc cum sanctissimo Patre in Domino cum summo Pontifice,
et diligente tractatu cum prælatis et baronibus nostris* E Boutaric, dans *Revue des
quest hist* , t x, p 330, le texte de cette même proclamation donne par Ménard,
Histoire de Nismes, t i, Pr., n cxxxvi, p 195-196, présente avec celui de Boutaric
quelques différences Malgré la façon intentionnellement obscure dont on s'y
exprimait sur le rôle du pape, l'impression générale était qu'elle avait été concertée
entre Clément et Philippe Jean de Saint-Victor raconte que les cardinaux chargés
de cette affaire en avaient — sur l'ordre du pape — laissé l'exécution au roi.
Rec. des hist. de France, t. xxi, p. 649. Une chronique anonyme, *ibid* , t xxi,
p. 142, dit que l'arrestation eut lieu de «l'assentement et ottroy du pape Clément.»
(H. L)

2 Baluze l'a omise à dessein. Boutaric l'a publiée pour la première fois, *Revue
des quest. hist* , t x, p. 333; cf. E. Renan, *Étude sur la politique religieuse de Philippe le Bel*, 1899, p 417-419, G. Lizerand, *Clément V et Philippe IV le Bel*, p 104-
105, le ton de cette lettre est assez surprenant, il y a des reproches dans ces
paroles, mais peu d'indignation, plutôt de la tristesse et de la crainte. G. Mollat,
Les papes d'Avignon, p 238 « Le courroux de Clément s'apaisa bientôt. » (H L)

3. En présence des maîtres en théologie, chanoines, prévôt de Paris et officiers
royaux, il exposa l'affaire Jean de Saint-Victor, dans *Recueil des hist de France*,
t. xxi, p. 649 (H. L)

4. L'adoration d'une tête et l'omission des paroles de la consécration par les
prêtres. Baluze, *Vitæ paparum Avenionensium*, t i, p. 9. Cf S. Reinach, *La tête
magique des Templiers*, dans *Revue de l'hist des religions*, 1911, t. lxii, p 25-39.
(H. L.)

les essais précédents [1] On mit alors en mouvement l'Inquisition, procédé commode pour obliger l'ordre à sa propre diffamation. Philippe avait su habilement confisquer à son profit l'énorme puissance de cette institution, pour pouvoir s'en couvrir, le cas échéant. Malheureusement l'inquisiteur général etait un personnage médiocre en tout et capable de ces petites vilenies qu'on trouve toujours le moyen de transformer en zèle religieux Entre les mains du roi, il rendait facile la parodie de la justice ecclésiastique [2]. Imbert avait déjà couvert de son autorité d'inquisiteur l'ordre d'arrestation et d'emprisonnement, et dès le 19 octobre, il ouvrit d'office, avec le concours de Guillaume de Nogaret, l'interrogatoire des cent trente-huit Templiers prisonniers à Paris, quoiqu'il n'eût pour cela pas même une ombre d'autorité. L'exemption papale dont jouissait l'ordre du Temple s'opposait à cette façon d'agir, mais on prétendait s'affranchir par une mauvaise subtilité : on ne voulait pas procéder contre *l'ordre* (qui était exempt), mais contre *les membres en particulier* (qui ne l'étaient pas !). Conformément aux instructions royales, on s'acharna à arracher des prisonniers les aveux exigés, par l'emploi de toutes les violences. On les assurait que le pape était instruit de tout, que le grand-maître avait fait des aveux, et on montrait ses lettres engageant les Templiers à tout confesser également [3]. Il n'est pas croyable que le grand-maître ait fait des aveux, même pour un seul de ces crimes Il serait bien difficile, devant les récits confus et évidemment partiels, d'indiquer avec certitude la règle de conduite

1. Au contraire; on réunit la foule dans le jardin du Palais, les dominicains et les gens du roi renchérirent de leur mieux. Il semble que la journée satisfit les organisateurs Cf *Rec des hist. de France*, t xxi, p. 649; Contin. de Guill de Nangis, *ibid*, t. xx, col. 596, Chronique anonyme, *ibid.*, t. xxi, p. 137 (H L)

2. Cf. *Rev. des quest. hist*, 1871, t. x, p. 335

3 *Contin Guill. de Nangis*, dans *Recueil des hist. de France*, t. xx, p. 596, Jean de Saint-Victor, *ibid*, t. xxi, p 651, Baluze, *Vitæ pap. Aventonen*, t. i, p 12 Pour obtenir ces aveux, les gens du roi employèrent le mensonge et la torture, ensuite on livra les malheureux à l'Inquisition ceci explique l'abondance des aveux devant les inquisiteurs, auxquels ils déclarent parler sans y être déterminés par la torture. Mais c'est qu'à côté des inquisiteurs siègent les gens du roi qui ont assisté au premier interrogatoire et veillent à ce que l'accusé n'oublie et ne rétracte rien de ses premières déclarations. L'ensemble des procédés est remarquable la brutalité de la procédure, l'ingérence du roi sont acceptées sans broncher par les inquisiteurs. (H L)

qu'il suivit. Jean de Saint-Victor[1] prétend que Jacques de Molai, au Temple, en présence de l'Université assemblée, avoua certains faits (*quosdam articulorum*), et que devant une deuxième assemblée de l'Université il aurait simplement *tout* avoué (*totum simpliciter confessi sunt*), et cela au nom de l'ordre entier Le continuateur de Guillaume de Nangis [2] dit que le grand-maître aurait avoué *expresse* tous les points, sauf la sodomie : pour le reniement du crucifix, on se contentait cependant de cracher par terre à côté du crucifix. Ce dernier aveu, *et celui-là seul*, ressort également du protocole de l'interrogatoire subi par Molai devant Imbert, le 24 octobre 1307 [3]

Il est clair que c'eût été un subterfuge puéril. En présence de la commission papale réunie à Paris [4], le 29 novembre 1309, quand lecture fut donnée à Jacques de Molai de l'écrit du pape où il était question de ses prétendus aveux, le grand-maître exprima en paroles et par gestes la plus vive indignation contre ces infâmes calomnies. Sur la promesse à lui faite d'être interrogé devant le pape, promesse violée d'ailleurs, il se laissa réduire au silence et apaiser par Plaisians [5]. Le grand-maître lui-même déclara formellement avant son supplice qu'il se reprochait amèrement sa conduite déloyale envers l'ordre, et qu'il en éprouvait de grands remords. En quoi consista cette déloyauté ? Dans un lâche silence, lorsque sa position faisait au grand-maître un devoir de parler ouverte-

---

1 Baluze, *Vitæ paparum Avenionensium*, t. i, p. 10, Bouquet, *Recueil des hist de France*, t xxi, p 649

2 Bouquet, *op. cit.*, t. xx, p. 596.

3. Michelet, *Procès des Templiers*, t ii, p. 305. Michelet a publié les actes de l'interrogatoire des Templiers a Paris par Imbert, 19-24 octobre 1307 *Procès des Templiers*, Paris, 1851, p 275 sq. Des cent trente-huit accusés qui comparurent devant Imbert, quatre seulement proclamèrent leur innocence, tous les autres, y compris les hauts dignitaires, avouèrent les blasphèmes, trois quarts convinrent de gestes impudiques pour l'initiation et un quart de l'incitation à la sodomie. Presque tous nièrent avoir pratiqué ce vice. Le 24 et le 25, Jacques de Molai reconnut par deux fois sa propre honte et celle de ses frères. Il implora le pardon, accepta d'avance la pénitence et scella une cédule destinée aux Templiers leur enjoignant, en vertu de l'obéissance, de confesser les crimes mis a leur charge devant l'Inquisition ou l'autorité épiscopale. G. Lizerand, *op cit*, p. 101-103, G Mollat, *op. cit.*, p 239. (H. L.)

4 Sur la conduite de Molai a Chinon nous n'avons que les récits des cardinaux que le pape avait nommés ses commissaires et qui étaient les âmes damnées de Philippe le Bel Cf. plus loin, p. 548.

5 Michelet, *Procès des Templiers*, t ii, p. 34.

ment? Dans l'aveu d'abus peu importants ou, même, sous l'effet de la torture, de crimes monstrueux? Qui pourrait rien affirmer? Une chose est certaine, c'est que les inquisiteurs n'osèrent plus faire usage de certains aveux accablants qu'on lui attribuait précédemment. Pour tirer les aveux indispensables des Templiers incarcérés, on eut recours à la torture appliquée avec barbarie. En outre, les victimes furent abandonnées à la ruse et à la brutalité des inquisiteurs, sans défense, sans conseil, sans avocats. Des représentants du roi avec pleins pouvoirs, et souvent le roi lui-même, assistaient aux interrogatoires A ceux qui avouaient on promettait la liberté et des récompenses, aux autres les tortures et la mort. On obtint ainsi des aveux de crimes imaginaires; plusieurs cédèrent à la vue des instruments de torture, mais la [420] plupart ne faiblirent qu'après de cruels tourments. Si on veut bien se rappeler que, sur cent trente-huit Templiers de Paris livrés à l'Inquisition, il se trouvait quinze chevaliers et dix-sept clercs, et cent six simples *servientes*; que trente-six Templiers moururent dans les tortures sans vouloir déposer contre l'ordre; que beaucoup d'autres non moins fermes disparurent sans qu'on ait jamais plus entendu parler d'eux; que beaucoup furent réduits au désespoir par les tourments les plus raffinés (tel ce Ponzard de Gisi, qui rapporte qu'on lui lia les mains derrière le dos avec tant de force que le sang jaillissait de dessous ses ongles, et à une nouvelle épreuve, il était décidé à avouer tout ce qu'on voudrait); que beaucoup rétractèrent des aveux extorqués par la violence [1]; lorsqu'on songe à tout cela, on se demande qui osera tenir compte de tels aveux. Dans le reste de la France, il y eut, comme à Paris, des interrogatoires et des tortures, conduits soit par les gens du roi, soit par les inquisiteurs du dominicain Imbert, soit par les évêques. Après les interrogatoires de Paris, les prisonniers furent enfermés en diverses prisons. Jacques de Molai avec trois autres principaux dignitaires furent amenés à Corbeil [2]

Philippe le Bel invita les princes d'Occident à agir comme

1. Michelet, *Procès des Templiers*, t I, p 36 sq ; *Contin Guill. de Nangis*, dans Bouquet, *Rec des hist. de France*, t xx, p 596, Schottmüller, *Untergang des Templerordens*, t I, p 139 sq [D'après Finke, la torture sévit partout en 1307 Il attribue aux officiers royaux l'épouvantable martyre infligé à Bernard de Vado et la mort dans les tourments de trente-six Templiers signalés par Ponzard de Gisi et de vingt-cinq Templiers mentionnés par Jacques de Troyes (H L.)]
2. Baluze, *Vitæ paparum Avenionensium* t. I p 10.

lui à l'égard des Templiers; son conseil trouva de l'écho chez le duc de Brabant et Charles II, roi de Naples (dans ses possessions françaises) [1]. Mais en revanche, Édouard II, roi d'Angleterre, répondit, le 30 octobre 1307, à Philippe le Bel :

« Le clerc député par Philippe, maître Bernard Paleti, avait, en sa présence, dans une assemblée des seigneurs ecclésiastiques et laïques du royaume, et devant le conseil royal, produit des accusations contre les Templiers. Comme on n'avait jamais rien entendu de semblable contre eux, et les accusations paraissant incroyables, on décida d'appeler d'abord le sénéchal d'Agen, parce que tous ces mauvais bruits étaient partis du voisinage de cette ville [2]. » Deux lettres du roi Édouard, des 4 et 10 décembre 1307, montrent la répugnance de ce prince à admettre [421 les allégations contre les Templiers; dans ces lettres, adressées au roi de Portugal et au pape, Édouard les engage à défendre les Templiers (contre la France) [3]. Jayme II, roi d'Aragon, se montra très réservé et refusa de donner suite à la demande du roi de France; il demanda conseil au pape, qui lui répondit de Poitiers, le 3 janvier 1308, lui annonçant une décision pontificale et l'envoi d'un nonce porteur d'une lettre pour l'Espagne [4]. Il

---

1. Havemann, *Geschichte des Ausgangs des Tempelherrenordens*, p 211, Wilcke, *Geschichte der Tempelherren*, p. 196-204 [L'archevêque de Cologne répondit que, pour lui, les désirs du roi de France étaient des ordres, l'évêque d'Utrecht, qu'il poursuivrait l'hérésie bien volontiers, mais qu'il n'avait pas de Templiers dans son territoire. (H. L.)]

2. *Notices et extraits des manuscrits de la Bibliothèque impériale*, Paris, 1862, t XXI, p. 161, Schottmüller, *Untergang des Templerordens*, Berlin, 1887, t I, p 143.

3 *Memorias de D. Fernando IV de Castilla*, par D. Antonio Benavidès, Madrid, 1860, t II, p 589, 590, Schottmuller, *Untergang des Templerordens*, t. I, p 144

4. *Memorias de Fernando IV*, t II, p. 593 Les archives d'Aragon à Barcelone ont livré depuis quelques années un ensemble de documents d'une réelle importance, M. H. Finke ayant rencontré, égarés parmi les pièces du XVe siècle, trois actes concernant le pontificat de Boniface VIII. C'étaient des lettres adressées au roi d'Aragon, Jayme II, par l'envoyé aragonais G de Albalato, le 14 septembre 1301 et le 18 mars 1302, avec une relation sous forme de journal transmise par le curé de Corbera à l'évêque Raymond de Valence, chancelier du royaume Poursuivant ses recherches dans les *Cartas reales diplomaticas* de Jayme II, M Finke découvrit encore la relation du concile national de Paris de 1290. Si les ambassadeurs aragonais sont d'assez minces personnages, qu'on traite dans la cour pontificale avec quelque désinvolture et qui se trouvent réduits à ramasser ce qu'on veut bien perdre, cette condition semble stimuler leur curiosité et une sorte d'âpreté qu'ils apportent à renseigner leur roi qui fut des plus

faisait allusion à la bulle *Pastoralis præeminentiæ* du 22 novembre 1307, laquelle engageait tous les princes chrétiens à emprisonner des Templiers[1]. Nous reviendrons bientôt sur cette bulle. Du reste,

étroitement mêlés à toutes les questions de la politique internationale de son temps. L'activité épistolaire de Jayme était extraordinaire et paraissait telle ; un de ses ambassadeurs, Vidal de Villanova, lui dit tout net : « On entend dire tout haut à la curie qu'à vous seul, vous écrivez plus ici que tous les autres princes ensemble. » Ainsi s'expliquent les vestiges exceptionnellement nombreux qu'a laissés ce règne dans les archives de Barcelone. Aucun dépôt du monde entier ne possède semblable quantité de documents sur papier datant de la fin du XIIIe siècle. Les *Pergaminos* ou rouleaux de parchemin conservent 858 bulles pontificales à partir du Xe siècle. Les relations envoyées au roi par les correspondants établis à l'étranger occupent une place prépondérante dans les archives. Celles qui concernent le concile de Vienne nous intéressent particulièrement et ajoutent dans une large mesure aux renseignements déjà fournis par diverses sources concernant l'histoire de ce concile. Dans les instructions royales, aussi bien que dans les rapports des députés, la question de la dévolution des biens de l'ordre du Temple paraît au premier plan.

La mise en œuvre de ces documents, leur confrontation avec les pièces déjà connues et, autant que ces éléments intrinsèques, la critique pénétrante et la sagacité de l'auteur auront contribué à établir la solution définitive en faveur de l'innocence des Templiers. C'est en tirant des textes ce qu'ils ne contiennent pas qu'on a pu seulement vouloir établir le fait de la déchéance de l'ordre avant sa suppression. En fait, et pièces en mains, il est impossible de prouver que les trois derniers grands-maîtres aient introduit la dissolution dans l'ordre ; des conflits isolés entre l'Église et l'ordre peuvent être signalés, mais il faut renoncer résolument à la thèse d'une politique européenne de l'ordre en conflit avec la politique de l'Église. Philippe le Bel n'a pas, dès le début de son règne, été hostile aux Templiers. On peut regretter l'indigence des sources contemporaines qui eussent permis d'éclairer la situation de l'ordre. Il n'y a guère que les règles et les décisions postérieures aux chapitres, mais les pièces du procès prouvent que les Templiers connaissaient les peines statutaires et avaient par conséquent une certaine connaissance des règles, celles-ci, sans être parfaites, n'impliquent aucunement l'idée d'une dégénérescence. Le côté faible de cette réglementation réside dans une certaine inconséquence, due en bonne partie à l'antinomie incomplètement réductible de l'idéal monastique et de l'idéal militaire. De là, suppression du temps d'épreuve avant l'admission, intrusion d'indignes, mystère maladroit qui entoure les réceptions et les tenues de chapitre et permet de tout supposer, rigueur souvent excessive dans la répression des négligences nuisibles aux intérêts matériels de l'ordre et déplaisante âpreté à la défense de ses droits. Cette critique, conduite avec une rigueur et une méthode irréprochables, permet d'établir que l'ordre n'est ni moins fervent ni plus déchu que la plupart des autres ordres de l'époque, et ceci ne laisse pas d'être assez digne d'attention pour l'étude du moyen âge tant célébré en son époque réputée la plus florissante (H. L.)

1. *Memorias de Fernando IV*, t. II, p. 619.

avant son arrivée en Aragon, le roi Jayme s'était laissé décider par ses évêques à prendre des mesures contre les Templiers.

Dans une lettre à Philippe le Bel (27 octobre 1307), Clément V se plaignait que le roi n'eût pas suivi, à l'égard des Templiers, la ligne de conduite arrêtée d'un commun accord et accusait le roi d'avoir préjudicié à la liberté de l'Église, en soumettant les Templiers à des tribunaux laïques. Le pape demandait donc au roi, par l'intermédiaire des deux cardinaux qu'il envoyait à Paris, de remettre à lui-même et à la juridiction ecclésiastique les Templiers et leurs biens, en même temps qu'il suspendait les autorisations des évêques et inquisiteurs français de procéder contre les Templiers pour cause d'hérésie (février 1308) [1]. Cette intervention énergique du pape en faveur du droit et de la justice mérite certes la reconnaissance de tous; malheureusement, ce fut la première et la dernière action sérieuse du pape dans cette lamentable affaire. Les moyens d'exécution adoptés par Clément devaient d'avance rendre tout inefficace Ce simple acte de justice, insignifiant en soi, devint pour Philippe le Bel un fil néfaste par lequel le pape fut attiré de plus en plus profondément dans l'épouvantable drame des Templiers jusqu'à ne plus pouvoir s'en dégager. [422

1 *Revue des quest. hist*, 1871, t x, p 333 sq , Boutaric, *La France sous Philippe le Bel*, p. 132. Cf. aussi la lettre du roi du 24 décembre 1307, dans Baluze, *Vitæ paparum Avenionensium*, t ii, p. 113 sq La bulle *Pastoralis præeminentiæ* du 22 novembre avait pour but d'empêcher les souverains d'agir indépendamment de l'Église, à l'imitation de Philippe le Bel Celui-ci répondit aux lettres pontificales par des protestations de vénération et par l'engagement de remettre les personnes des Templiers aux mains des cardinaux, d'abandonner leurs biens en faveur de la Terre Sainte. On ne s'expliquait point jusqu'à présent la tension qui succéda a cette mission plutôt conciliante Les documents publiés par M Finke ont permis de percer ce mystère Les cardinaux envoyés à Paris avaient été convaincus de la culpabilité des Templiers par les affirmations des théologiens juristes et courtisans du roi. Avant de passer à la condamnation de l'ordre, Clément V exigea la remise de la personne des Templiers entre les mains des cardinaux qui recueilleraient de la bouche même des accusés la confirmation ou le démenti des assertions de Philippe et de son conseil Le plan de ceux-ci était bouleversé. Après avoir entendu les Templiers rétracter leurs précédents aveux, les cardinaux n'osèrent pas prononcer une sentence de condamnation Un véritable revirement s'opérait en faveur des prisonniers. Alors seulement (fin de 1307) la curie vit clair dans les événements qui s'étaient succédé en France, alors aussi, d'après toutes probabilités, le pape suspendit le pouvoir inquisitorial des évêques de France et des inquisiteurs et se réserva toute décision ultérieure Ceci déchaîna la fureur de Philippe le Bel et de ses conseillers, qui perdirent toute mesure (H L)

En effet, pour porter le message dont nous venons de parler, Clément choisit deux cardinaux-prêtres qui nous sont déjà connus, Bérenger Frédol et Étienne de Suisy, deux créatures sans autre volonté que celle de Philippe. Il se livrait ainsi lui-même à son ennemi, qui saurait se le rendre accommodant avec l'aide de ses propres cardinaux et par d'autres pratiques déloyales. Le changement dans l'attitude du pape que nous verrons bientôt est certainement dû avant tout aux agissements de ses envoyés. Pour démêler leurs machinations, les réprouver et les condamner, il manquait à Clément V le courage et la volonté d'un Nicolas Ier. Malgré la défense du pape, le dominicain Imbert continua sans hésiter, au nom du roi, à torturer les prisonniers, afin d'en tirer le plus d'aveux possibles pour accabler l'ordre Philippe poussa l'insolence au point de se servir de ces aveux pour accuser le pape d'indifférence et de négligence dans son devoir de gardien de la pureté de la foi[1], et osa prendre les évêques inquisiteurs sous sa protection[2]. On réussit aussi à engager le pape à ordonner aux autres princes de procéder à l'arrestation des Templiers (c'est-à-dire à les livrer aux tribunaux ecclésiastiques[3]) Clément V poussa la complaisance jusqu'à communiquer au roi le projet de cette lettre, pour qu'il la revisât[4]. Cette lettre détourna heureusement de Philippe un grave danger : elle lui épargna de voir d'autres princes, surtout Édouard II d'Angleterre, s'ériger en défenseurs des Templiers[5]. Bien plus, les sinistres cardinaux Bérenger Frédol

1. Le changement d'attitude du pontife contrecarrait les plans de Philippe, qui entama une campagne furibonde de chantage contre les Templiers et contre Clement V. Les pamphlets de Nogaret et de Dubois designent Clément tel que cinq années plus tôt Boniface VIII. Avec un pareil pape, c'est un devoir pour le roi de se substituer à lui Remarquons en passant la solution suggérée dans un de ces pamphlets parus pendant les premiers mois de 1308 : *Ecclesia contra totum ordinem per modum judicii non habet procedere sed* PER MODUM PROVISIONIS

2 Schottmüller, *Untergang des Templerordens*, t. i, p. 153, 654.

3. Par la bulle déjà mentionnée, *Pastoralis præeminentiæ*, du 22 novembre 1307. Cf Wilcke, *Geschichte der Tempelherren*, t. ii, p 200, 434 sq ; *Memorias de D. Fernando IV*, t ii, p 619, Schottmüller, *Untergang des Templerordens*, t i, p 155

4. Cf. la lettre du pape du 17 novembre 1307, avec la réponse du roi, dans Baluze, *Vitæ paparum Avenionensium*, t ii, p. 110, 111 *Visaque quadam cedula, cujus formam singulis regibus et principibus catholicis dirigitis vel estis in proximo directuri*

5. Cf sa lettre au roi de France du 30 octobre 1307 (*Notices et extraits des manuscrits de la Biblioth. impériale* t xx p 162) la lettre au sénéchal d'Agen du

et Étienne de Suisy obtinrent encore du pape un certificat de sagesse pour Philippe dans sa conduite envers les Templiers [1]. Philippe se laissa enfin toucher par ces complaisances du pape [423 et, le 19 décembre, se décida apparemment à acquiescer à la réclamation de celui-ci concernant l'administration des biens du Temple · le 24 décembre 1307, il abandonna au pape, au moins en *paroles*, par l'entremise des cardinaux susdits, les Templiers prisonniers et leurs biens. Mais *pratiquement* les choses restèrent comme auparavant et le sort des malheureux chevaliers devint si atroce que beaucoup d'entre eux se suicidèrent [2]. Naturellement

26 novembre 1307, celles aux rois de Portugal, de Castille, d'Aragon et de Sicile, et celle au pape du 10 décembre 1307. Rymer, *Fœdera*, t. i, p. 100 sq Après la reception de la bulle pontificale, il se mit lui aussi à arrêter les Templiers, 7 janvier 1308.

1. Bulle du 1er décembre 1307. Baluze, *Vitæ paparum Avenionensium*, t. ii, p. 112; Michelet, *Histoire de France*, t. iii, p. 147, dit avec raison de cette bulle qu'elle a été composée pour être répandue parmi le peuple.

2 Baluze, *Vitæ paparum Avenionensium*, t ii, p. 113, t i, p 10. Toute cette période de la fin de 1307 est assez obscure Le 17 novembre, le pape envoyait au roi son chapelain Arnaud de Faugères, porteur des bulles qui ordonnaient l'arrestation générale des membres de l'ordre Baluze, *Vitæ*, t. ii, p. 110-111 Ce revirement pourrait s'expliquer parce que Clément aurait admis que le roi n'avait pas agi de sa propre initiative, mais sur les réquisitions de l'inquisiteur, qu'il avait arrêté les chevaliers avec l'intention de les remettre à l'Église. Après le succès du 22 novembre, la bulle *Pastoralis præeminentiæ*, le roi se montre conciliant, il fait savoir à Clément que, contrairement aux bruits qui couraient dans son entourage, jamais le pape ne lui a abandonné le procès Le 1er décembre, Clément l'en remercie, lui recommande de faire bon accueil aux cardinaux Bérenger Frédol et Étienne de Suisy. Baluze, *Vitæ*, t ii, p 112-113 Philippe le Bel reçoit les deux cardinaux un peu avant le 24 décembre et leur remet la personne des Templiers, quant aux biens, il les fera garder par des officiers différents de ceux qui avaient la garde de ses propres biens. Le 24 décembre, il informe Clément que, pour cette affaire et pour plusieurs autres, il se dispose à se rendre auprès de lui « La fin de l'année 1307 se terminait donc pour le roi sur un grand succès. Sans doute, rien n'était decidé encore, mais le sort des biens du Temple dépendait du sort de l'ordre qui désormais était bien compromis Les interrogatoires de Paris avaient déterminé dans la chrétienté ce grand scandale que le pape invoquait à Vienne, plus tard, pour supprimer l'ordre. La bulle du 23 novembre allait porter ses fruits et déconsidérer le Temple à tout jamais. Pour comble de malheur, l'abandon momentané de l'ordre par le pape va déchaîner les haines et éveiller les appétits des princes laïques Le pillage des biens commence (*Regest*, n 3400, 3401) et même l'on englobe dans une haine commune le Temple et d'autres ordres Le 21 décembre, Clément croit devoir confirmer les privilèges des Hospitaliers (*Regest.*, n. 2352), il ordonne à des ecclésiastiques, en diverses régions de l'Europe, de les protéger contre la malveillance. *Regest*, n. 2371, 2387,

cette première concession ne satisfaisait pas Philippe le Bel[1]. Au contraire sa violence en devint plus exigeante. Afin de soumettre complètement le pape, il chercha à exciter l'opinion publique contre lui par une série de pamphlets, et à entraîner la nation entière dans la lutte contre les Templiers, comme il l'avait fait

2614, 3381 Vers le même temps, un mouvement d'opinion hostile se produit contre l'ordre teutonique *Regest.*, n. 5544, 7508. A partir de la fin de décembre 1307, commence dans l'histoire des relations du pape et du roi une lacune d'environ trois mois. Cela est d'autant plus regrettable que, quand les relations reprennent, tout est changé Clément a interrompu le procès en France, casse les pouvoirs des inquisiteurs et évoqué l'affaire à lui. » G. Lizerand, *op. cit.*, p. 107-108. (H L)

1. Au milieu de toutes ces phrases vagues qui laissent apercevoir des changements dans la situation respective du pape et du roi, tour à tour alliés et adversaires, on peut entrevoir aujourd'hui une partie de ce qui s'est passé. Les personnes intéressaient moins que les biens. En décembre 1307, le roi abandonne les personnes, mais il se réserve la haute main sur les biens et sur leur administration On peut supposer qu'en prince prévoyant il faisait gérer ces biens avec quelque arrière-pensée. Celle-ci est transparente dans une lettre écrite par Esquieu de Floyrano à Jayme II d'Aragon, le 21 janvier 1308. On s'était demandé ce qu'il faudrait faire si le pape voulait avoir sa portion dans les biens des Templiers en tant que personnes religieuses, et l'on avait jugé que le roi de France ne devait pas accéder à une telle demande, parce que l'ordre du Temple n'avait rien de religieux et que, par son origine, il reposait sur l'hérésie. Quelques-uns pensaient que les biens donnés à l'ordre ne pouvaient pas revenir aux donateurs, mais devaient être remis aux princes temporels Finke, *op. cit*, t. ii, p. 83-84. D'autre part, la remise des prisonniers donna lieu à des embarras imprévus Remis aux mains de cardinaux, les Templiers s'imaginaient trouver des juges, la veille du jour où le roi devait venir avec les envoyés de Clément dans leur prison, on leur communiqua, de la part du grand-maître, des tablettes par lesquelles on les invitait à révoquer leurs depositions. Finke, *op. cit*, t. ii, p. 338. Il n'est pas sûr que le grand-maître soit revenu sur ses aveux dans son église, en présence d'une foule nombreuse, en montrant son corps déchiré par la torture (Finke, *op cit*, t. ii, p 116), mais il est certain qu'il revoqua sa déposition; Hugues de Pairaud, que les cardinaux avaient invité à dîner, fit de même Beaucoup de Templiers sans doute imitèrent ces deux dignitaires, et il semble que les deux cardinaux aient favorisé leurs rétractations; c'est du moins ce que leur reproche Guillaume de Plaisians, à Poitiers, le 29 mai 1308, en consistoire public. Tout cela fit impression sur le pape, qui avait de si grands besoins d'argent; il craignit la spoliation des biens, d'autant qu'une fois entre les mains du roi de France, on pouvait renoncer à en jamais rien retirer Ce contre-temps le rendit perspicace et presque courageux cette arrestation soudaine, ces aveux arrachés par la torture et rétractés, ces interrogatoires qui n'offraient aucune prise, tout cela ne le rassurait pas et peut-être songeait-il qu'on pourrait imposer de meilleures conditions aux Templiers échaudés qu'au roi de France. Celui-ci avait théoriquement abandonné l'affaire, le pape le prit au mot au début de 1308 cassa les pouvoirs des inquisiteurs et évoqua l'affaire

dans son attaque contre Boniface VIII [1]. On convoqua ensuite, probablement en vertu de l'approbation papale du zèle du roi pour la foi, et des aveux des Templiers, la noblesse et le clergé à Melun et ailleurs pour les attirer aux intérêts du roi; mais comme ces deux ordres ne voulaient pas servir de manœuvres dans ce procès injuste [2], il fallut recourir au tiers état (*cives et laici*) contre les Templiers. Dans un écrit d'un style pompeux et pharisaïque, daté du 25 mars 1308, les États généraux sont convoqués pour le 5 mai à Tours, pour soutenir de leur zèle pour la religion le roi, avant qu'il n'ait recours au pape, dans sa lettre contre les atrocités des Templiers, contre lesquelles les quatre éléments doivent s'élever [3]. Au même temps, l'avocat du roi, Pierre Dubois, répandit parmi le peuple divers pamphlets pour effrayer le pape et le

à lui. C'était un revirement complet et qui pouvait renverser tout l'échafaudage bâti par Philippe. Celui-ci se retrouva le lutteur farouche de la crise avec Boniface VIII (H L)

1 Trois documents examinèrent la question au point de vue juridique. Cf Finke, *Papsttum*, t. II, p. 102-107, G Lizerand, *op. cit*, p. 111-112 On consulta l'Université de Paris, qui fit sa réponse le 25 mars Cf H Denifle et E. Chatelain, *Chartularium universitatis Parisiensis*, t. II, p. 664. Selon elle, un tribunal séculier ne peut avoir connaissance d'un crime d'hérésie qu'à la requête de l'Église et qu'après abandon de la personne de l'hérétique, — en cas de nécessité, le pouvoir séculier peut arrêter un hérétique, mais seulement avec l'intention de le remettre au pouvoir ecclésiastique, les Templiers, quoique soldats, n'en sont pas moins religieux et, comme tels, soustraits à la juridiction séculière; ceux d'entre eux qui n'ont pas prononcé de vœux ne sont pas religieux, mais il n'appartient qu'à l'Église d'établir leur qualité, les soupçons provoqués par les aveux suffisant à provoquer une enquête contre l'ordre tout entier, — comme il y a des présomptions véhémentes contre tous les membres de l'ordre, il convient de prendre des mesures pour que les frères réduits aux aveux ne corrompent pas les autres; — il faut garder les biens du Temple pour en faire l'usage auquel l'ordre a été destiné, on adoptera le mode d'administration qui conviendra le mieux à ces fins. Telle fut aussi la conclusion d'Augustinus Triumphus, dans son *Brevis tractatus super facta Templariorum*, dans Scholz, *Die Publizistik zur Zeit Philipps des Schönen und Bonifaz VIII*, p 508-516 L'avis de l'Université de Paris fut mal accueilli du Conseil royal. (H. L.)

2. L'Université déclara carrément, le 25 mai, dans un rapport au roi, que le cas relevait du tribunal du pape. Baluze, *Vitæ paparum Avenionensium* t. I, p 12.

3. *Revue des quest. hist.*, t. XI (1872), p 5 L'édit de convocation fut publié dans les *Notices et extraits des manuscrits de la Biblioth. impériale*, t. XX, p. 163-165. Cf. *Spicilegium Brivatense*, par Aug Chassaing, Paris, 1886, p. 273, pour une circulaire semblable adressée à la commune de Brioude. [Cf. G. Lizerand, *op. cit.*, p. 116-117; G Picot, *Documents relatifs aux États généraux sous Philippe le Bel*. Introd., p. XLIX. (H L.)]

pousser de l'avant. Une prétendue lettre du roi au pape accuse celui-ci avec insolence de négligence dans les choses de la foi, lui [424] fait entendre d'un ton menaçant que lui aussi est soumis aux lois de l'Église, et que, s'il ne remplit pas au plus tôt son devoir, d'autres y suppléeront pour lui. Par « devoir », on exige de lui : a) qu'il charge chaque évêque en particulier de poursuivre l'enquête contre les Templiers de son diocèse· b) qu'il restitue aux inquisiteurs les pouvoirs qu'il leur a retirés; c) qu'il supprime l'ordre du Temple comme *secta damnata ex provisione apostolica*. Le pape est traité avec moins d'égards encore dans deux « suppliques » du peuple français à son roi, l'une en français et l'autre en latin. Le peuple français s'y déclare blessé par la négligence du pape, qu'il accuse de s'être laissé corrompre par les Templiers, ce qui explique pourquoi il se refuse à les condamner malgré leurs hérésies évidentes Avec des termes de mépris on stigmatise son népotisme, son avarice et sa partialité. Le pamphlet latin cherche à prouver par l'exemple de Moïse que le roi, sans être prêtre, peut punir les impies si le pape se montre négligent [1]. Le ton impertinent de ces écrits et la belle assurance avec laquelle les crimes imputés aux Templiers sont présentés comme prouvés, ne pouvaient laisser de doute au pape sur la façon dont Philippe traiterait avec lui dans la nouvelle entrevue. Il est donc très probable que Clément ait cherché à sortir des terres d'un roi aussi violent et à fuir à Bordeaux sous un déguisement; mais les gens du roi ayant éventé le projet le forcèrent à rentrer à Poitiers [2]. Après que les

---

1 Ces trois documents furent trouvés par Boutaric, qui les a publiés et expliqués dans les *Notices et extraits des manuscrits de la Bibl. impériale*, t. xx, p 169 sq., 175-186 Il en donna également les idées principales dans son ouvrage, *La France sous Philippe le Bel*, Paris, 1861, p. 133 sq. Cf. aussi *Revue des questions historiques*, 1871, t. x, p 338 sq , Schwab, *Zur kirchl. Geschichte des xiv Jahrhunderts*, dans *Tübinger theologische Quartalschrift*, 1866, p. 62 sq.; Schottmüller, *Untergang des Templerordens*, p 163 sq , G Lizerand, *op. cit* , p. 114-115.

2 Jean de Saint-Victor, dans Bouquet, *Rec. des hist. de la France*, t xxi, p 647, place cet essai de fuite en l'an 1306 Mais cela n'est pas admissible, puisque Clément n'était pas alors à Poitiers Il ne peut avoir eu lieu qu'à la fin de 1307 ou au commencement de 1308 [En février, un incident montre que Clement voulait obtenir la remise des Templiers. Le 13 de ce mois, le grand camérier s'est enfui. Le pape promet dix mille florins à qui le découvrira, car il redoute qu'on lui dise Vous n'avez su garder un seul prisonnier et vous voulez en garder 2 000 Pendant la semaine sainte, le pape dit en consistoire · « Il faut prendre une décision en ce qui concerne les biens du Temple » Le cardinal Lemoine repond · « Saint-Père, il faut d'abord décider du sort des personnes ensuite, on

États généraux soumis à l'arbitraire du roi eurent jugé les Templiers passibles de mort [1], Philippe arriva à Poitiers avec une nombreuse suite, le lundi avant la Pentecôte (26 mai 1308) [2], pour discuter de vive voix avec le pape Celui-ci, profondément affligé par la nouvelle de l'incendie de l'église du Latran (5 mai 1308), avait promis de retourner bientôt à Rome [3]. Dès le lendemain, Philippe fit exposer au pape par Guillaume de Plaisians ses prétentions concernant les Templiers; c'est-à-dire sa volonté de les voir déclarés convaincus des crimes argués contre eux, condamnés à mort et livrés au bras séculier [4]

[425]

s'occupera des biens. » Et l'affaire en reste là. Sur le sort de l'ordre, tout est incertitude, le cardinal Berenger Frédol pense que l'ordre sera détruit; mais « le plus grand cardinal de la cour » a conseillé de faire durer les choses jusqu'à ce que le pape ou le roi meure, alors l'ordre subsistera. Pourtant, ceux qui vivent à la curie vers le 20 avril savent une chose c'est que le roi de France est puissant; il est pape et empereur, il fait ce qu'il veut du pape et de l'Église. Ainsi s'exprime le rapport d'un envoyé d'Aragon. Finke, *op cit*, t. II, p. 123 (H L)]

1 Havemann, *Geschichte des Ausgang des Tempelherrenordens*, p. 214, Wilcke, *Geschichte der Tempelherren*, t. II, p. 206, Boutaric, *Revue des questions historiques*, t. XI (1872), p 7. [Les États généraux se tinrent à Tours du 11 au 20 mai. Ces députés exaltés et mal instruits déclarèrent les Templiers dignes de mort Leur opinion était un appoint si précieux que le roi retint avec lui une partie des députés — nobles et gens du tiers — et les emmena à Poitiers Leurs noms se trouvaient sur deux rôles (latin et français) que vit Dupuy, *Hist. de la condamnation*, p 99 (H. L.)]

2 Finke, *op cit.*, t. II, p. 134, G. Lizerand, *op cit*, p. 121. (H L)

3 Nous voyons, par les nombreuses lettres du pape du 11 août 1308, ses efforts et ses dispositions pour rebâtir la basilique *Regest*, ann III, p. 367 sq, n. 3591.

4. Boutaric fut le premier à saisir l'importance des entrevues de Poitiers dans l'ensemble du procès. Les États tenus à Tours, du 11 au 20 mai 1308, avaient donné pleinement raison à Philippe le Bel, arrivé à Poitiers, le roi se montra en grand apparat aux séances du consistoire, entouré des princes du sang, de barons, d'évêques, de procureurs des États de Tours Plaisians ne laisse au pape aucun répit . « Saint-Père, lui dit-il, faites vite Autrement le roi ne pourrait s'empêcher, et, s'il le pouvait, ses barons ne pourraient pas s'empêcher, et si ses barons le pouvaient, les peuples de ce glorieux royaume ne pourraient pas s'empêcher de venger eux-mêmes l'injure du Christ .. Agissez donc, agissez. Autrement il nous faudrait vous parler un autre langage » Gilles Aycelin insinue « Le prélat qui néglige d'étouffer l'erreur, c'est comme s'il s'en rendait coupable » Ch.-V. Langlois, dans le *Journal des savants*, 1908, p. 429 Malgré ces menaces à peine déguisées, Clément V refuse encore de croire à la culpabilité des Templiers. Cela dure plus d'un mois A l'honneur du pape, il faut rappeler les assauts qu'il a eu à subir de la part de ses interlocuteurs, mais voyant qu'il ne gagnait rien, le 27 juin, Philippe le Bel changea de tactique et déclara renoncer à son pouvoir sur les personnes et

L'ordre devait être entièrement et définitivement supprimé, et un bref pontifical, accordé au roi de France *ad cautelam futurorum*, devait constater que le roi n'avait agi contre les Templiers

les biens des Templiers. Il cédait en apparence; de fait, les concessions successives consenties par Clément V annulaient celles consenties théoriquement par le roi, qui, excipant des causes de maladie, retient Jacques de Molai dans les prisons de Chinon et ne se dessaisit d'aucun des grands dignitaires de l'ordre. Par contre, le roi opère une sélection rigoureuse parmi les accusés et désigne soixante-douze d'entre eux appartenant à l'ordre qu'il fait amener à Poitiers Ce sont des chefs de maison, des frères servants, des transfuges, des gens de peu, préalablement influencés et dûment stylés par les acolytes de Guillaume de Nogaret, qui vont répéter en présence du pape tous leurs aveux antérieurs. A ce moment et à la suite d'une telle enquête, le pape, qui a eu le tort de prendre ces témoins et leurs dires pour argent comptant, ne doute plus de la culpabilité des Templiers Du coup, le roi triomphe, l'Inquisition est réorganisée en vue du procès sur de nouvelles bases. « Deux enquêtes devaient s'instruire à la fois : d'abord, dans les diocèses, une enquête contre la personne des Templiers conduite par les soins de l'Ordinaire, assisté de deux délégués et du chapitre cathédral, de deux frères prêcheurs et de deux franciscains · c'est l'enquête épiscopale; puis une enquête dite pontificale, dirigée contre l'ordre même par des commissaires nommés par le pape. Les conciles provinciaux jugeraient les individus d'après le résultat des enquêtes diocésaines et un concile œcuménique déciderait du sort de l'ordre après l'enquête des commissaires pontificaux. L'ouverture du concile général aurait lieu à Vienne, en terre d'empire, le 1er octobre 1310 Quant aux biens du Temple, la curatelle était théoriquement confiée dans chaque diocèse à quatre personnes, dont deux désignées par les évêques et deux par le roi, en fait, celui-ci les administra à son gré, puisqu'il eut l'habileté d'imposer aux évêques des gens à sa dévotion. Clément V commit une dernière faute — à vrai dire, il lui eût été difficile d'agir autrement — il remit à Philippe la garde des Templiers et ainsi lui fournit l'occasion de peser lourdement sur la marche ultérieure du procès. » G. Mollat, *op. cit.*, p. 242. Aucun des hauts dignitaires de l'ordre ne fut conduit devant le pape, trois cardinaux se rendirent à Chinon pour les interroger (août 1308) · c'étaient Bérenger Fredol, Étienne de Suisy et Landulph Brancacci. Par surcroît de précaution, Plaisians, Nogaret et Jamvilla assistèrent aux entrevues. En faveur des dignitaires repentants, les cardinaux implorèrent la clémence du roi, ils ne songèrent pas au pape Ce détail caractéristique prouve jusqu'à quel point était dérisoire la remise des Templiers entre les mains de l'Église. Le roi les gardait *ad requestam Ecclesiæ*. Finke, *op. cit.*, t. II, p. 324-328 Ces entrevues de Poitiers, le consistoire du mercredi 29 mai sont connus par le compte rendu adressé par Jean de Bourgogne à Jayme II, dans Finke, *Papsttum*, t II, p 140-147, traduit par Ch -V. Langlois, *L'affaire des Templiers*, dans *Journal des savants*, 1908, p 426-430; résumé par G. Lizerand, *Clément IV et Philippe IV le Bel*, 1910, p. 122-124 Une esquisse du discours de Plaisians dans Finke, *op. cit.*, t. II, p 135-140; un récit anglais du consistoire, moins vif et moins net que le récit aragonais, dans *Chron. mon. S Albani*, dans *Script. Brit. med. ævi*, 1865, t. XXVII, part. 2, p. 492-497 Pour le consistoire du 14 juin, cf. L. Blancard, *Documents relatifs au procès des Templiers,*

que pour l'honneur de Dieu et pour aucun autre motif [1]. Il semble qu'un instant Clément V ait enfin ressenti l'inconvenance du procédé de Philippe à son égard. Il exprima son vif mécontentement de ce que Philippe eût procédé de sa propre autorité contre les Templiers sans l'avoir consulté; repoussa comme dépourvue de fondement l'échappatoire de G. de Plaisians qui arguait que le roi avait agi par l'intermédiaire de l'Inquisition, et il fit observer qu'en pareil cas on n'eût pas dû agir à l'insu du Saint-Siège. Aux honneurs dus aux rois de France à raison des services rendus à l'Église, Clément V opposa l'œuvre des papes qui fondèrent et affermirent l'Église avec leur sang. A propos des Templiers, il reconnut avoir appris des choses horribles; « néanmoins, dit-il, s'ils sont honnêtes, comme nous le croyons toujours (*sicut adhuc credimus*), nous devons les aimer, mais s'ils sont mauvais, nous devons les haïr [2]. » L'Église n'a pas coutume de brusquer les choses, mais d'examiner tout mûrement. Par conséquent, il voulait avant tout connaître et tout peser, afin de pouvoir ensuite prononcer la sentence avec le conseil des cardinaux, *servato*

dans *Revue des sociétés savantes*, 1867, IVᵉ série, t. vi, p. 416-418, G. Lizerand, *op. cit.*, p. 126-128.

Ces séances solennelles et théâtrales recouvraient des négociations conduites en secret Au nom du roi, Plaisians fit à cette époque des propositions qui, comparées à celles de la fin du mois de mai, marquaient de sérieuses concessions (cf Boutaric, dans *Rev. des quest. hist.*, 1871, t. x, p. 8-9, G. Lizerand, *op. cit.*, p. 128-129), mais le pape ne croyait pas encore à la culpabilité des Templiers (H L)

1. *Annales Edwardi I*, dans *Chron monast. S Albani*, Wilh Rishanger, ed Riley, 1865, *Rer Brit. script*, t xxviii, p 492 sq.

2 Le 27 juin, le roi remit au pape la personne des Templiers Cf G Lizerand, *op cit.*, p. 440, n. 10. Le même jour, huit à neuf comparurent devant Clément A partir du lendemain jusqu'au 1ᵉʳ juillet, on en interrogea soixante-douze. Ce furent ces interrogatoires qui décidèrent le pape à ceder S'il fallait en croire Clément, qui l'a répété plusieurs fois, il interrogea lui-même et obtint des aveux en présence des cardinaux, il fit écrire les dépositions et le 2 juillet, en consistoire, il les fit traduire en langue vulgaire aux accusés et les leur fit confirmer Bulle publiée dans *Mélanges historiques* de la collection des *Documents inédits*, t. ii, p 420 Schottmuller, *op. cit*, p. 185-187, a montré que ce récit n'est pas véridique. 1º Le pape n'a pas assisté à tous les interrogatoires, 2º dans le consistoire, on n'a pas traduit à chaque templier sa déposition, 3º les aveux n'ont pas été unanimes, 4º les prévenus interrogés sont, non pas des dignitaires, mais des frères servants et des chefs de maisons. Dès le 5 juillet, dans un nouveau consistoire, Philippe le Bel réclamait la condamnation en conséquence de ces aveux Le 6, il revenait à la charge et formulait, par l'intermédiaire de Plaisians, les demandes qu'on va lire dans le texte. (H L)

semper ordine juris. Le pape répondrait aux demandes de Philippe dans quelques jours, mais les Templiers devraient auparavant lui être remis. Philippe répondit par trois nouvelles demandes qu'il fit présenter au pape par Plaisians en son nom et au nom du royaume : canonisation de Célestin V, procès contre Boniface VIII et absolution de Nogaret [1]. Le pape rejeta avec indignation le troisième point, mais ne refusa pas d'examiner les deux autres [2]. Pendant que ces pourparlers assez tendus continuaient ainsi de part et d'autre, un autre fait vint compliquer la situation.

26]

Le roi des Romains, Albrecht, fils de Rodolphe de Habsbourg, avait été assassiné le 1er mai 1308 par son neveu Jean et des complices [3]. Philippe le Bel chercha aussitôt à placer la couronne du défunt sur la tête de son frère Charles de Valois. Dix ans auparavant, lors de la mort du roi Adolphe de Nassau, Philippe avait déjà obsédé Boniface VIII par une semblable demande, il espérait être plus heureux avec le docile Clément V. L'avocat de la cour, Pierre Dubois, crut ne pouvoir, en telle occurrence, priver le roi de ses conseils; il composa donc un nouveau Mémoire sur le meilleur moyen pour le roi de gagner la couronne impériale et l'assurer à ses enfants. Le pape devait déclarer avec menaces aux sept princes électeurs qu'il pouvait leur enlever leur droit électoral, dont ils s'étaient servis plusieurs fois pour procurer l'élévation d'ennemis de l'Église; il n'en ferait rien; mais, en retour, il souhaitait que les électeurs fondassent un empire *durable*, surtout dans l'intérêt de la Terre Sainte. Comme compensation à la perte du droit électoral, chaque prince recevrait un ou deux comtés et une forte indemnité. Le pape devait s'attacher à faire accepter ces

---

1. L. Blancard, dans *Revue des Sociétés savantes*, 1867, p. 419 : séjour du pape en France, convocation d'un concile, canonisation de Célestin V, exhumation et incinération des os de Boniface VIII, absolution de Nogaret. (H. L.)

2. Baluze, *Vitæ*, t. II, p. 29 sq ; Wilh. Rishanger, *op. cit.*, p. 497. Clément refusa de livrer les Templiers, le 10 juillet, plus de cinquante d'entre eux abjurèrent devant trois cardinaux, et furent réconciliés. Finke, *op. cit.*, t. II, p. 152-153. Sur d'autres points, le pape fit de grandes concessions. Il leva la suspension de pouvoir des inquisiteurs. (H. L.)

3. Dans le canton d'Aargau, près du château de Habsbourg, on éleva sur l'emplacement le monastère de Kœnigsfeld. K. Wenck, *Clemens V und Heinrich VII*, p. 99, a démontré qu'Albrecht était entré en pourparlers avec Clément V à propos de la couronne impériale, mais que les conditions posées étaient presque irréalisables. Sur le meurtre d'Albrecht, cf. un récit intéressant dans *Anzeiger für schweiz. Geschichte*, 1884, p. 331.

idées par les électeurs ecclésiastiques L'établissement d'un royaume héréditaire en Allemagne, ajoute Pierre Dubois, importait beaucoup au succès d'une croisade qui pourrait traverser l'Allemagne, la Hongrie, etc , et se rendre en Palestine, sans risquer les déboires d'une traversée (?) Enfin Dubois proposait au roi de s'emparer des États de l'Église, sauf à en donner au pape les revenus avec des résidences appropriées à son rang. Cette conquête rendrait le roi suzerain de tous les autres princes d'Occident [1]. Philippe le Bel était assez avisé pour ne pas rechercher la couronne d'Allemagne pour lui-même, mais il y présentait son frère Charles. Philippe cherchait, depuis 1305, à constituer un parti français parmi les seigneurs ecclésiastiques et laïques de l'Allemagne occidentale, et acquittait régulièrement à certains d'entre eux un traitement annuel. Le [27] mai, il adressa aux princes allemands une circulaire les engageant à vouloir bien remettre l'élection jusqu'à ce qu'il leur eût exprimé sa volonté à ce sujet [2]. Dans une lettre du 9 juin, adressée au roi Henri de Bohême [3], il proposa

[427

1. *Notices et extraits des manuscrits de la Biblioth impériale*, t xx, p 186-189. Le projet de Pierre Dubois n'était pas nouveau Charles d'Anjou l'avait eu pour son neveu Philippe III. Cf. P. Fournier, *Le royaume d'Arles*, in-8º, Paris, 1891, p 216-222; Ch.-V Langlois, *Le règne de Philippe III le Hardi*, p 63-70 La question fut reprise par Pierre Dubois, dont le mémoire est analysé par N de Wailly, *Mémoire sur un opuscule intitulé Brevis et compendiosa doctrina, de P Dubois*, dans *Mémoires de l'Acad des inscript et belles-lettres*, 1849, t XVIII, 2e partie, p. 435-494, ce traité est de l'année 1300, six ans plus tard, il y revient dans le *De recuperatione Terræ Sanctæ*, édit Ch.-V. Langlois, dans *Collection des textes pour servir a l'étude et a l'enseignement de l'histoire*, Paris, 1891. En 1308, nouveau mémoire, celui-ci édité par Boutaric, dans *Notices et extraits*, t. xx, part 2, p 186-189 Il n'est pas sûr que ce mémoire ait eu de l'influence sur la conduite du roi, mais il est possible que Dubois y ait exposé des idées qui avaient cours dans l'entourage de Philippe Avec un pape aussi maniable que l'était Clément V, on pouvait tout proposer, sinon tout obtenir. On n'osa pas présenter la candidature de Philippe le Bel, parce que sa personnalité était fort peu rassurante et que c'eût été trop attendre des électeurs que leur acquiescement, mais un prince apanagé n'était guère redoutable, il n'était pas l'héritier de la couronne et s'en trouvait même très éloigné, c'était un candidat fort sortable et, de plus, le roi était sûr de lui, c'était son propre frère, Charles de Valois (H L)

2. Lettre publiée par Pölmann, *Zur deutschen Königswahl vom Jahre 1308*, dans *Forschungen zur deutschen Geschichte*, t XVI, p. 361, d'après le ms. lat *10919*, dont la date inexacte (20 mai) est corrigée par A Leroux, *Recherches critiques sur les relations politiques de la France avec l'Allemagne de 1292 à 1378*, dans *Bibliothèque de l'École des hautes études*, 1882, t. I, p. 126, note 1. (H. L)

3. K. Wenck, *op. cit.*, p. 103; lettre dans Polmann, *op cit.*, t XVI, p 362 (H. L)

instamment l'élection de son frère, et, le 11 juin, il envoya en Allemagne trois ambassadeurs, parmi lesquels deux clercs connus pour leur science, avec pleins pouvoirs de conclure des traités en vue de cette affaire et de promettre aux princes allemands des dons en argent ou des rentes annuelles [1]. Mais Charles de Valois signait à son frère une sorte de reconnaissance, s'engageant à rembourser les sommes que celui-ci emploierait afin de favoriser son élection [2]. Le pape n'entra pas si aisément dans le projet de Philippe [3] Le 19 juin seulement, il consentit à écrire aux princes une lettre n'offrant rien de catégorique [4]. Dans sa lettre au comte palatin, duc de Bavière, il énumère les qualités requises pour le candidat, et, sans nommer Charles de Valois, demande qu'avant l'élection le pape soit instruit des candidatures [5]. Par contre, le neveu du pape, cardinal Raymond de Got, dans une lettre à l'archevêque de Cologne, recommande instamment Charles de Valois [6]. Ce ne fut que vers la fin de septembre et sur les instances réitérées du roi de France que Clément consentit à proposer personnellement Charles de Valois aux princes électeurs, lorsque cependant l'élection d'Henri de Luxembourg semblait déjà assurée par les arrangements des électeurs ecclésiastiques [7].

1. Boutaric, *La France sous Philippe le Bel*, p. 413; *Forschungen zur deutschen Geschichte*, t xvi, p. 362. Ces ambassadeurs étaient Gerard de Landri, Pierre Barrère et Hugues de La Celle. Cf G Lizerand, *op. cit*, p 171; *Notices et extraits des manuscrits*, n. 31, p. 189. Sur les dons de Philippe, voir Albertino Mussato, *De gestis Henrici VII Cæsaris historia augusta*, dans Muratori, *Script. rer. Italicar*, t. x, p. 231. Le même jour, 11 juin, le roi remet à son frère 10 500 livres tournois, afin « d'atteindre et d'avenir à la hautesse d'estre eslcu en roi d'Allemagne. » *Notices et extraits*, n. 32, p. 190-191. Le 15, il ordonne à son trésorier de remettre 1 300 livres à Hugues de La Celle (H. L.)

2 Ces deux documents sont dans les *Notices et extraits des manuscrits de la Biblioth. impériale*, t. xx, p. 189 sq

3. Sur les allégations de Villani, cf Lizerand, *op. cit.*, p. 172-174. (H. L)

4. Tolner, *Historia Palatina*, p. 82, G. Lizerand, *op cit*, p 174 sq (H. L)

5. Dans Pez, *Thes.*, t. iii, part. 3, p. 291, Tolner, *Historia Palatina*, cod. dipl, p 82, Böhmer, *Regesten vom Jahre 1246-1313*, p. 344.

6. Baluze, *Vitæ paparum Avenionensium*, t. ii, p. 119; Böhmer, *Regesten vom Jahre 1246-1313*, p. 344 La lettre du cardinal n'avait certainement aucune signification officieuse, étant une simple lettre particulière. *Revue des questions historiques*, t xi, p 19, Wenck, *Clemens V und Heinrich VII*, p. 106-107. [G. Lizerand, *op. cit*, p 175. (H. L)]

7. Kopp, *Geschichte der Wiederherstellung*, etc., *des heiligen römischen Reiches*, t. iv, p 18, H. Brosien, *Heinrich VII als Graf von Luxemburg*,

En effet, le jeune Baudoin, archevêque de Trèves, s'agita auprès des princes et auprès du pape en faveur de son frère aîné, Henri, comte de Luxembourg, et, tandis que le zèle de Clément V en faveur de Charles de Valois n'était pas aussi actif que le désirait la cour de France, Pierre Aichspalter, archevêque de Mayence [1], et son collègue de Cologne jetèrent dans la balance le poids de leur vote en faveur du comte Henri; le 27 novembre 1308, celui-ci [428] fut élu à l'unanimité, sous le nom d'Henri VII, par les électeurs tous présents à Francfort [2]. Le même jour, les princes électeurs envoyèrent au pape le procès-verbal de l'élection, en le priant de sacrer et de couronner le nouvel élu [3] Henri fut couronné roi d'Allemagne à Aix-la-Chapelle dès le 6 janvier 1309 [4]. Durant son règne, il montra une prodigalité excessive à l'égard des princes grands et petits, et à l'égard des villes et des seigneurs, suivant la coutume de tous les empereurs de familles peu puissantes ou d'une situation peu stable. Inutile de dire que le pouvoir de l'empereur en fut affaibli. Le 2 juin, Henri envoya en Avignon une

---

Forschungen zur deutschen Geschichte, t xv, p 475-511; E. Welvert, *La maison de Luxembourg et Philippe le Bel*, dans *Bibl. de l'École des chartes*, 1884, t xLv, p 180-184, G. Lizerand, *Clément V et Philippe IV le Bel*, in-8°, Paris, 1911, p. 177-180 (H. L)

1. Cet homme célèbre était originaire d'Aspelt, près du Luxembourg Il reçut sa formation théologique à Trèves il acquit egalement de sérieuses connaissances en médecine et en droit, et servit de médecin à Rodolphe de Habsbourg. Il obtint une série de charges ecclésiastiques dont quelques-unes très importantes. En 1296, grâce à l'influence des Habsbourg, il fut élevé au siège de Bâle. En 1306, le 10 novembre, Clement V, *Regest*, n 1211, le nomma à l'archevêché de Mayence, sous le prétexte qu'il l'avait guéri d'une maladie (*Oesterreich. Reimchronik*, Pez, *Thes.*, t. iii, part 3, p 739, *Gallia christ*, t v, p 492), en réalité a cause de sa sympathie pour la France Que Pierre ait pris part au meurtre d'Albrecht, c'est une insinuation odieuse de la *Oesterreich Reimchronik*, *Forschungen zur deu schen Geschichte*, t. ix, p. 309 sq, Heidemann, *Peter von Aspelt*, p 51, 89 sq, Wenck, *Clemens V und Heinrich VII*, p. 133.

2. Sur les intrigues de l'élection d'Henri VII, cf. *Forschungen zur deutschen Geschichte*, t ix, p 317; t. xi, p. 43, t. xvi, p 357 sq, Heidemann, *Peter von Aspelt*, p. 73, Wenck, *Clemens V und Heinrich VII*, p 110 sq Sur Henri comme comte de Luxembourg, cf *Forschungen zur deutschen Geschichte*, t xv, p 475

3 Kopp, *Geschichte der Wiederherstellung, etc., des heiligen römischen Reiches*, t. iv, p 20-27, Böhmer, *Regesten vom Jahre 1246-1313*, p. 252 sq.; Schötter, *Johann von Luxemburg*, 1865, t i, p 52 sq, Pertz, *loc cit*, t iv, Leg., t ii, p. 490 sq

4 Baronius-Raynaldi, *Annal eccles*, ad ann 1309, n. 9, donne d'après Goldast le cérémonial du couronnement pour les rois d'Allemagne

ambassade et une lettre amicale; Clément V, après avoir examiné l'élection et l'élu, promit le 26 juillet de le sacrer et de le couronner lui-même empereur; mais, à cause de l'imminence du prochain concile général et d'autres affaires pressantes, le couronnement ne pouvait pas avoir lieu avant le 2 février 1312; d'ailleurs, il se ferait à Saint-Pierre de Rome. Au cas où des empêchements imprévus surgiraient, le pape se réservait le droit de prolonger ce délai, sans qu'on pût l'accuser d'inconstance[1]. Il reçut ensuite le serment que les ambassadeurs allemands lui firent, au nom de 429]leur maître, de ne jamais permettre une attaque contre la personne, la vie ou l'honneur du pape; de ne jamais promulguer à Rome une ordonnance sur un point concernant le pape; de rendre tous les biens de l'Église romaine qui pourraient lui tomber entre les mains; de recommander aux gouverneurs impériaux en Toscane et en Lombardie de protéger le patrimoine de Saint-Pierre, de l'Église romaine et du pape, et, s'il venait lui-même à Rome, d'honorer le pape suivant ses moyens; enfin de renouveler personnellement ce serment au couronnement Ils affirmaient en même temps que le futur empereur avait l'intention d'entreprendre une croisade, touchant ainsi, comme nous le savons, une des idées les plus chères de Clément V[2]. Le même jour, le pape écrivit au roi Henri, lui racontant ce qui s'était passé, lui donnant louanges et avis[3]. Villani ne semble guère croyable lorsqu'il raconte que Philippe le Bel fut alors au moment de marcher contre Avignon avec une armée, pour obliger le pape à s'employer en faveur de Charles de Valois[4].

Pendant ce temps, les délibérations sur les Templiers continuaient à Poitiers. Deux documents du plus haut intérêt nous instruisent de ce qui s'y passa[5]. Philippe le Bel sut, par des concessions apparentes, apaiser le pape et le circonvenir complètement. Il lui fit soumettre les propositions suivantes :

1° *A propos des Templiers :* a) Le roi les livrera à l'Église, qui en disposera comme il convient. b) Mais comme le roi seul peut

1. *Regestum Clementis V*, ann. IV, p 184
2. Pertz, *op. cit* , t iv, *Leg* , t ii, p 492-495, Baronius-Raynaldi, *Annal eccles* , ad ann 1309, n 10-12, Bonaini, *Acta Henrici VII*, Florentiæ, 1877, p. 3
3 Pertz, *op cit* , t. iv, *Leg* , t ii, p. 495, Bonaini, *Acta Henrici VII*, p 3
4. Muratori, *Script. rer Ital*, t. xiii, p. 436; Kopp, *Geschichte der Wiederherstellung*, etc., *des heiligen römischen Reiches*, t iv, p. 69
5 *Revue des questions historiques*, t xix (1872) p 9 sq

les garder sûrement, il les retiendra en prison *ad requestam Ecclesiæ*.
c) Le pape restituera aux prélats les pleins pouvoirs d'inquisition
qu'il leur avait retirés ; mais à ces prélats on ajoutera des hommes
expérimentés et éprouvés.

2º *A propos des biens des Templiers :* *a)* Ces biens, comme Dieu
l'a inspiré au pape et au roi, doivent être employés exclusivement
pour la Terre Sainte, suivant le pieux désir des donateurs *b)* Dans
ce but, le roi les remet à l'Église, et les évêques diocésains devront
veiller à les administrer et à les réunir. *c)* Mais comme une administration prudente serait impossible sans le concours du roi, des [430
hommes sûrs et assermentés seront préposés à l'administration
de ces biens, nommés les uns par le roi à la demande de l'Église,
les autres par les évêques. Ces hommes devraient rendre un compte
exact de leur administration chaque année au roi et aux évêques
d) Outre ces employés, le pape pourra nommer quelques reviseurs
pour régler chaque année les comptes généraux. *e)* L'argent tire
des biens des Templiers ne pouvant être gardé sûrement (?) que
par le roi, celui-ci désignera certains endroits sûrs pour le mettre
en dépôt. Pour l'argent qui lui sera remis, le roi donnera des reçus
tant aux évêques qu'aux reviseurs pontificaux *f)* Le roi dresse
un acte pour certifier que dans aucun cas il n'emploiera cet argent
à d'autres buts que ceux indiqués. *g)* Si le présent pape offre
toutes les garanties, on ne peut en présumer autant de ses successeurs éventuels. C'est pourquoi, dans l'intérêt de la Terre Sainte,
cet argent ne pourra être dépensé qu'avec l'assentiment du roi
ou de ses successeurs. Clément n'a-t-il pas vu les nombreux pièges
cachés dans ces propositions, ou s'est-il laissé duper de nouveau
par son entourage acquis au roi ? En fait, il adhéra à tous les
points après de légères modifications, ainsi que nous le voyons par
le second projet qu'il accueillit[1]. A propos des Templiers, il
demanda que le roi les livrât aux tribunaux ecclésiastiques.
Seulement les grands dignitaires, le grand-maître, le visiteur de
France, les précepteurs de Chypre, de Normandie, de Provence,
le pape les réservait à son propre tribunal pour les juger lui-même.
Quant aux administrateurs des biens, le pape et l'évêque diocésain
en nommeront chacun un. Si le roi désire que certaines personnes
soient nommées à cette charge, il pourra les indiquer secrètement

---

1. *Revue des quest historiques*, t. xi, p 11 On y lit : *Ob honorem regium, et ut
votis satisfaciat, ad ea quæ sequuntur, intendit summus pontifex se declinare.*

(*secrete*) au pape ou aux prélats, et on les nommera. La même clause s'applique aux reviseurs des comptes. Pour ce qui concerne les comptes généraux, on remettra au pape et au roi des pièces justificatives. Ces décisions garderont leur force jusqu'à ce qu'on ait décidé définitivement sur l'ordre et ses biens. Du reste, avant le départ du roi de Poitiers, le pape essaiera d'arriver à un arrangement honorable, principalement en ce qui concerne l'ordre. Quant au rétablissement des inquisiteurs qui tenait tant à cœur au roi, le pape fera son possible dans le collège des cardinaux, quoique [31] cela lui paraisse porter atteinte à son honneur, pour qu'il leur soit permis, conjointement avec les évêques des diocèses, de procéder individuellement contre les membres de l'ordre. A la suite de ces arrangements, le pape et le roi publièrent une suite de documents que Guillaume de Plaisians apporta à Paris en août 1308. Nous possédons encore la liste que celui-ci en dressa [1].

Il s'y trouvait dix bulles du pape, quatre lettres du roi et sept autres documents dont seulement quelques-uns, mais les plus importants, ont été imprimés par Baluze [2]. Dans la petite bulle du 13 juillet 1308, le pape dit que, vu le zèle du roi en faveur de la Terre Sainte, il consent à employer pour cette cause tous les biens, etc., de l'ordre des Templiers, si l'ordre est supprimé à cause de ses *demerita* [3]. A cette bulle du pape correspond la lettre du roi [4], dans laquelle Philippe déclare que les biens des Templiers ne doivent être employés que pour la Terre Sainte.

Une seconde bulle du pape, datée du 11 juillet 1308, établit qu'aucune des précédentes ordonnances publiées à l'égard des Templiers, soit par le pape, soit par le roi, ne doit porter préjudice aux droits et prétentions que le roi ou ses sujets possédaient sur les biens des Templiers à cause des fiefs, emphytéoses, etc. [5]. Le lendemain, 12 juillet, parurent deux bulles : la première portait que, pour tous les biens des Templiers dont le roi s'était

1. Cette liste fut publiée pour la première fois en 1862, dans les *Notices et extraits des manuscrits de la Biblioth. impériale*, t. xx, p. 191 sq.

2. Baluze, *Vitæ*, t. ii, p. 97 sq. Les quatre lettres du roi ont été publiées par Boutaric, dans *Revue des quest. hist.*, t. xi, p. 14 sq.

3. Baluze, *Vitæ paparum Avenionensium*, t. ii, p. 97. Dans la liste de Plaisians, cette bulle est indiquée par *Lit. D*.

4. G. de Plaisians l'a cotée *Lit. O*.

5. Baluze, *Vitæ pap. Avenion.*, t. ii, p. 97 sq. Dans Plaisians cette bulle est indiquée par *Lit. H*.

dessaisi, le pape nommerait des curateurs généraux et que, dans le même but, chaque évêque nommerait dans son diocèse des curateurs spéciaux ou administrateurs. L'argent provenant de ces biens serait, sous la protection du roi (!), placé en lieu sûr dans le royaume pour n'être employé que dans l'intérêt de la Terre Sainte, et encore après l'ordre du pape, à moins qu'il ne fallût restituer cet argent à l'ordre. En terminant, le pape déclare, avec l'assentiment du roi, que rien de ce qui s'est fait jusqu'alors concernant l'affaire des Templiers ne saurait causer de préjudice aux droits de l'Église [1]. La seconde bulle, publiée à la [432 même date, contient des instructions aux évêques touchant l'établissement et les fonctions des curateurs spéciaux [2]. Une troisième bulle, ayant trait au même objet [3], manque dans Baluze; elle était un nouveau spécimen de la faiblesse du pape, car elle autorisait le roi à nommer, lui aussi, des curateurs aux biens des Templiers, ces curateurs royaux devant être adjoints aux curateurs pontificaux et épiscopaux

A ces bulles du pape correspondent les missives royales · Lit. N, du 27 juin, par laquelle Philippe remet à l'Église les biens des Templiers en sa possession; Lit P, du 9 juillet · Philippe le Bel y proteste que tout ce qui s'est fait jusqu'ici à l'égard des Templiers avec l'approbation du pape ne constitue pas un précédent préjudiciable à la liberté de l'Église (c'est-à-dire aux droits des tribunaux ecclésiastiques)[4] Enfin le document Lit. Q contient la liste des curateurs nommés par le pape

Le 13 juillet 1308, le pape publia deux autres bulles. Par la première, il confiait à Pierre, cardinal-évêque de Palestrina [5], la garde des Templiers que le roi de France devait lui livrer, la seconde a pour objet de communiquer au roi cette décision [6]; à cette lettre se rattachent : a) la lettre du roi (Lit. M), concernant la remise des Templiers au pape; b) la circulaire du cardinal-évêque de Palestrina portant qu'en vertu de pleins pouvoirs, à lui donnés

1. Baluze, Vitæ paparum Avenionensium, t. II, p 98 sq. (dans la troisième ligne, en comptant de bas en haut, il faut lire curatores au lieu de certos). Dans Plaisians, cette bulle est indiquée par Lit E

2. Baluze, Vitæ pap. Aven, t. II, p. 100 Dans Plaisians, sous Lit G

3 Dans Plaisians, Lit F.

4. Revue des quest. hist, t XI, p 15

5. Le titre de Palestrina (Préneste) était donc établi

6 Baluze Vitæ paparum Avenion, t. II, p 101 sq Dans Plaisians Lit I et Lit. K.

par le pape, il confiait au pouvoir royal la surveillance des Templiers dans l'intérieur de la France, l'Église devant conserver le droit de disposer pleinement de ces prisonniers (*Litt. L*); leur remise au pape n'était donc que fictive [1]. Quatre autres bulles indiquées par Plaisians se trouvent d'après le texte dans le *Liber de Guillaume le Maire, évêque d'Angers* [2]. Dans la première, du 5 juillet 1308 (*Lit A*), le pape retire la suspense dont il avait frappé les inquisiteurs et prélats français, et il leur trace la conduite à tenir à l'égard des Templiers. Dans la seconde, de la même date (*Lit. B*), il pardonne au grand-inquisiteur et confesseur du roi, Guillaume de Paris, qui l'avait plus particulièrement mécontenté; dans la troisième, du 13 juillet (*Lit. C*), il indique aux prélats quel concours ils doivent prêter à l'enquête sur les Templiers; dans la quatrième enfin (*Lit. X*), le pape menace tous ceux qui hébergeraient un templier et ne le feraient pas emprisonner. Deux autres documents (*Lit. S et T*) indiquent le mode arrêté d'un commun accord entre le pape et le roi pour interroger les Templiers. Enfin le document *R* contient une liste des prélats que le pape se proposait de convoquer au concile général (à Vienne).

Le sort des Templiers était donc décidé au commencement de juillet 1308 Le désir principal du roi, la restitution des pleins pouvoirs de l'Inquisition à ses créatures, était satisfait. Ce qui suit n'est plus qu'une comédie juridique en partie préméditée, en partie imprévue, pour masquer autant que possible l'assassinat juridique. Mais pour les Templiers, ce fut un lent et horrible martyre dont le pape est en partie responsable Son devoir, s'il ne pouvait se soustraire à la violente pression du roi, était de supprimer simplement l'ordre en vertu de son pouvoir absolu comme souverain pontife, au lieu de permettre qu'on se jouât criminellement, sous le couvert de la religion, du sang et de la vie de centaines d'individus. Une fois assurée la restitution des droits d'inquisition aux prélats français, surtout à Imbert de Paris, on pouvait oser faire répéter devant le pape certains aveux arrachés par la torture. Car maintenant on pouvait exiger la répétition des dépositions sous la menace du châtiment des relaps, c'est-à-dire la mort par

---

1. Boutaric, *La France sous Philippe le Bel*, p 137, Schottmüller, *Untergang des Templerordens*, t 1, p 120

2 Édit. par Cél Port, dans *Collection des documents inédits sur l'histoire de France Mé* ... . Par- 18⁻⁻. L p ᵣ̂ -

le feu. De plus, on choisit soigneusement dans la grande masse des prisonniers des Templiers déchus, ou fugitifs, ou en désaccord avec leurs supérieurs, ou couards, ou achetables, etc. On réunit de la sorte soixante-douze Templiers qui répétèrent leurs aveux devant le pape à Poitiers. Pour comble, le pape confia l'interrogatoire à une commission de six cardinaux, tous créatures de Philippe. C'étaient les cardinaux Bérenger et Étienne déjà connus, Pierre Colonna, Thomas, évêque de Sabine, Pierre de Palestrina et Landulphe. Chacun interrogea un certain nombre des Templiers les 28, 29, et 30 juin, et le 1er juillet [1]. Le pape ne put assister en personne qu'à quelques séances. Le 2 juillet, on fit devant lui un interrogatoire sommaire, et il accorda l'absolution sur leur demande aux Templiers avouants et pénitents. Nous avons vu [434 que Clément s'était réservé personnellement l'interrogatoire des dignitaires de l'ordre, mais *jamais* ceux-ci ne parurent devant le pape. Philippe ne voulait pas courir un tel risque, car ils auraient déchiré sans ménagements tout son tissu de mensonges, et Clément se laissa complaisamment tromper. Comme les dignitaires de l'ordre, pendant le voyage de Corbeil à Poitiers, sous prétexte qu'ils étaient tous tombés gravement malades, s'arrêtèrent au château de Chinon, près de Tours, et ne pouvaient être amenés jusqu'à Poitiers, le pape envoya trois cardinaux, Bérenger, Étienne et Landulphe, tous les trois vendus à Philippe, pour questionner le grand-maître et les autres dignitaires. Pour agir avec plus de sûreté, Philippe leur adjoignit trois de ses plus rusés conseillers, Jamville, Plaisians et Nogaret.

Les trois cardinaux déclarèrent que d'abord le grand-précepteur de Chypre avait avoué, avec des sentiments de contrition, le (triple) reniement du Christ et les crachats sur la croix. Le grand-précepteur de Normandie et celui de Poitou et d'Aquitaine (Guienne), Godefroy de Gonavilla, firent des aveux analogues. Hugues de Pairaud, visiteur de France, renouvela les aveux faits à Paris touchant le reniement et l'idole, etc. Le grand-maître finit aussi par avouer le reniement. Ils reçurent tous l'absolution des cardinaux et furent réconciliés avec l'Église. De même les cardinaux intercédèrent pour eux auprès du roi [2].

1. Pour le protocole, cf Schottmuller, *Untergang des Templerordens*, t. II, p. 13 sq.

2 Baluze, *Vitæ paparum Avenionensium*, t I, p. 31, t II, p 121 sq., 132 sq.; Havemann, *Geschichte des Ausgangs des Tempelherrenordens* p 218 sq Un fait

A partir de ce moment, Clément se montre par ses lettres et ses actes comme vraiment convaincu de la culpabilité de l'ordre. Est-il possible qu'il ne pût démêler les intrigues juridiques jouées devant lui, ou se laissa-t-il conduire à partir de ce moment par d'autres considérations ? Comme il ne pouvait pas interroger tous les Templiers, il publia la bulle *Faciens misericordiam*, le 12 août 1308, qui fut rédigée en plusieurs exemplaires destinés [435] aux différentes provinces et pays, pour confier l'examen juridique des Templiers à des commissions déterminées. Ces commissions seraient composées dans chaque diocèse de l'évêque, de deux chanoines et de deux dominicains et franciscains. Pour l'Allemagne en particulier, les archevêques de Mayence, de Trèves et de Magdebourg avec les évêques de Bâle et de Constance furent désignés pour interroger les Templiers, avec le concours de plusieurs autres ecclésiastiques et l'évêque diocésain. L'affaire une fois instruite, les sentences d'absolution ou de condamnation devaient être prononcées dans les synodes provinciaux [1].

Les questions prescrites aux commissions par le pape nous sont connues par les ordonnances publiées à ce sujet par l'archevêque de Tours, et dans une forme abrégée par les actes du second synode de Ravenne tenu en juin 1310. Les voici :

1. Si, lors de son admission, le Templier était tenu d'abjurer le Christ, Dieu, la sainte Vierge, ou tous les saints et s'il a obligé ensuite les autres à faire de même.

---

significatif du procès contre les Templiers, c'est que, dans ses bulles *Regnans in cælis* et *Faciens misericordiam* du 12 août, le pape fait déjà valoir le résultat de l'interrogatoire de Chinon qui eut lieu du 17 au 20 août. Nous savons déjà ce que Molai a dit de ces prétendues révélations. Nous verrons par la suite comment on lui imposa silence

1. *Collection de documents inédits*, série I, *Procès des Templiers*, publiés par Michelet, t. I, 1841, p. 2-7, *Mélanges historiques*, t. II, p. 435; Mansi, *Concil. ampliss. coll*, t. XXV, col. 207-210, Hardouin, *Conc coll*, t. VII, col. 1289-1292 sq.; Coleti, *Concilia*, t. XV, col. 37 sq Les commissaires pour l'Angleterre étaient le patriarche de Jérusalem et l'archevêque d York, avec quelques autres évêques et prélats. Pour la Castille, on nomma les archevêques de Tolède et de Compostelle, l'évêque de Siguenza et le dominicain Aimery, pour l'Aragon, les archevêques de Valence et de Saragosse; pour la partie orientale de l'Italie du Nord, pour Milan et la Lombardie, les archevêques de Ravenne et de Pise, les évêques de Florence et de Crémone avec quelques dominicains et franciscains; pour la Toscane, l'archevêque de Pise et l'évêque de Pistoie, etc , etc. Pour les différents commissaires et les districts qui leur étaient assignés, cf. les nombreuses copies de la bulle *Faciens misericordiam*, dans *Regest. Clem V*, ann. III, p 284 sq , ann IV, p. 479 sq.

2. S'il a nié que le crucifié fût réellement Dieu, ayant souffert pour notre rédemption, ou s'il avait déclaré que c'était un faux prophète, qui fut crucifie non pour le salut du genre humain, mais à cause de ses propres crimes.

3. S'il croyait que, sans être prêtre, le maître de l'ordre pût pardonner les péchés, et si ce dernier avait en effet donné l'absolution

4. S'il croyait qu'il y eût des choses hérétiques et des choses honteuses dans les secrets de l'ordre

5. Si, à son entrée dans l'ordre, on lui a enseigné que la luxure et la pédérastie n'étaient pas un péché.

6. S'il a juré d'augmenter, même par des moyens illicites, la puissance de l'ordre, et s'il a fait prêter aux autres un pareil serment. [436]

7. Si le supérieur qui reçoit dans l'ordre déclare qu'il ne faut pas placer l'espoir de son salut dans le Christ.

8. Si, lors de son admission, le Templier crachait sur la croix ou le crucifix, s'il les foulait aux pieds, et si, le vendredi saint ou un autre jour, il urinait dessus.

9. S'il a rendu un culte d'adoration, à un chat, à un crâne, à une image, etc.

10 S'il a jamais touché une pareille idole avec sa ceinture.

11. S'il a jamais donné à de jeunes hommes des baisers voluptueux ou sur les parties honteuses du corps, en particulier au moment de sa réception dans l'ordre.

12. S'il croit au Saint-Sacrement de l'autel et aux autres sacrements, et si les prêtres de l'ordre omettent les paroles de la consécration à la messe.

13 Si, lors de la réception dans l'ordre, on est obligé de jurer qu'on ne quittera plus l'ordre, et si l'on devient tout de suite profès.

14. Si la réception est secrète.

15. S'ils ont des secrets de l'ordre qu'ils ne peuvent pas livrer sous peine de mort.

16. S'il leur est défendu de se confesser à d'autres prêtres qu'à ceux de l'ordre, etc. [1].

Une bonne partie de la bulle *Faciens misericordiam* n'est que l'exposé historique de ce qui s'était déjà passé touchant l'affaire des Templiers. Ce fut justement cette relation historique que le

---

1. *Mélanges historiques*, t. II, p. 441 sq., 446; Mansi, *Concil. ampliss. coll.*, t. xxv, col 295 sq , Harduin, *Concil. coll.*, t. vii, col 1319 sq ; Coleti, *Concilia*, t xiv, col. 1476 sq.

pape inséra à diverses reprises dans des bulles et lettres ; ainsi dans la célèbre bulle d'indiction du futur concile de Vienne, *Regnans in cælis*, du 12 août 1308. La voici :

« L'Église triomphante, qui règne dans le ciel, a pour image sur la terre l'Église militante..., mais la mère de toutes les autres Églises est l'Église romaine... Celle-ci a, de tout temps, déployé un zèle particulier pour la Terre Sainte ; aussi a-t-elle grandement aimé les Templiers. Mais de très mauvais bruits répandus sur leur compte affligent le pape. Dès le commencement de son pontificat (*Dudum siquidem*, etc.), avant même son couronnement à Lyon, et aussi après, il a appris, secrètement, que le maître, les précepteurs et autres supérieurs, et même l'ordre tout entier étaient tombés dans l'apostasie, l'idolâtrie, la sodomie et l'hérésie. Tout d'abord, il n'en voulait rien croire ; mais le roi de France lui-même lui a donné des détails circonstanciés ; car ce roi, non par envie des biens des Templiers (*non typo avaritiæ*), puisqu'il les laisse à l'Église et ne se réserve rien pour lui, mais par zèle pour la foi, a accueilli de son mieux des informations sur les Templiers. Ces bruits fâcheux ont augmenté tous les jours, et un chevalier de l'ordre, [37] de haute noblesse et de grand crédit, a assuré au pape, sous la foi du serment, que, lors de l'admission de chaque nouveau membre, le candidat devait renier le Christ, cracher sur la croix et faire d'autres choses inconvenantes. D'un autre côté, le roi de France et ses ducs, comtes, barons, etc., ayant fait savoir que le maître, les précepteurs et autres membres de l'ordre avaient avoué les susdits crimes, par-devant le grand-inquisiteur, le pape a interrogé lui-même soixante-douze membres notables de l'ordre, lesquels ont tout avoué. En conséquence, le pape voulait faire venir auprès de lui à Poitiers le maître et les autres grands dignitaires de l'ordre ; mais ils n'ont pu, pour cause de maladie, arriver jusque-là (en réalité, on n'avait pas voulu les laisser arriver jusqu'au pape). Aussi le pape délégua-t-il trois cardinaux (tous bien disposés en faveur du roi de France) pour les interroger. Ils avouèrent eux aussi et les cardinaux leur donnèrent l'absolution. Le pape institua aussitôt une commission particulière, chargée d'entendre chacun des membres de l'ordre, et, de plus, sur le conseil des cardinaux, il convoqua pour le 1er octobre de la seconde année (1310), un concile général qui s'occuperait de l'ordre, de chacun de ses membres, de ses biens, ainsi que d'autres points concernant la foi catholique, la Terre Sainte, la réforme de l'Église et du clergé En conséquence, le pape a ordonné par d'autres lettres, aux archevêques, évêques, abbés, etc.. de se trouver à Vienne au temps indiqué Resteront seulement dans chaque province, pour l'expédition des affaires, quelques évêques auxquels leurs collègues devront confier leurs pouvoirs. Les évêques et prélats de tout rang devront, en outre, remettre au synode des mémoires écrits sur les points qui leur paraissent mériter une réforme. Enfin le roi est prié de se rendre personnellement au concile. » Des bulles identiques furent envoyées aux rois d'Angleterre, de Naples, de Hongrie, d'Aragon, de Castille, de Majorque, de Navarre, de Portugal. de Bohême, de Chypre, de Danemark, de Norvège, de Sicile, de Suède, et au roi des Romains Henri VII; un grand nombre de copies furent envoyées, avec des modifications insignifiantes, aux archevêques, et dans chacune le pape énumérait les évêques de la province qui devaient se rendre personnellement [438 à Vienne [1] Auparavant, par une autre bulle *Faciens misericordiam* du 8 août 1308 [2], qui ne ressemblait qu'en partie, soit pour le contenu, soit pour le texte, à l'autre, le pape avait invité tous les membres de l'ordre à le défendre librement devant les commissaires établis par lui. De plus, l'ordre fut solennellement invité à envoyer des défenseurs capables au concile de Vienne. En outre, le grand-maître et les autres dignitaires devaient s'y rendre personnellement On éprouve une pénible impression à lire comment le pape ordonna d'afficher cette invitation au palais apostolique et à l'église principale de Poitiers, *ut ii, quos citatio ipsa contingat, nullam possint excusationem pretendere, quod ad eos talis citatio non pervenerit...* et cependant beaucoup de Templiers languissaient au fond d'un cachot, par son ordre, dans une ignominieuse captivité bien peu sans doute connurent cette citation.

Sans compter ces deux bulles, Clément publia encore, soit de

1. *Regest. Clem V*, ann. III, n 3626-3633, Mansi, *Concil ampliss. coll*, t. xxv, col. 369-381 et 199 sq , Harduin, *Concil coll.*, t. vii, col. 1321-1334 et 1283; Coleti, *Concilia*, t. xv, col 3 sq , Baronius-Raynaldi, *Annal. eccles* , ad ann. 1308, n 4 (le commencement y fait défaut). L'exemplaire de cette bulle, *Regnans in cœlis*, envoyée a Jayme II d'Aragon, fut édité en 1860, dans *Memorias de D Fernando IV de Castilla*, par D Antonio Benavidès, t ii, p. 610 sq. Damberger a soumis à la critique la bulle *Regnans* et les écrits qui s'y rattachent : il voudrait en conclure à la falsification (*Kritikheft*, t. xii, p. 207). Il croit également qu'on n'a plus que le commencement de la bulle *Faciens misericordiam*.

2. *Regest.*, ann. III, p. 363 sq , n 3584, 3585

Poitiers (le 12 août 1308), soit plus tard de Toulouse (13 décembre 1308), plusieurs lettres adressées à chaque prince et à toute la chrétienté, pour faire connaître au monde entier les délits des Templiers et ordonner de les arrêter et de commencer partout contre eux une procédure. Le pape voulait, en outre, assurer à l'Église les biens de l'ordre, sur lesquels divers seigneurs très puissants avaient déjà porté la main. Sous la même date (12 août 1308), conformément à l'entente avec Philippe, Clément publia la bulle *Deus ultionum Dominus,* ordonnant à chaque province de nommer des curateurs et des administrateurs pour tous les biens des Templiers, meubles et immeubles. Ils devaient dresser des inventaires exacts pour pouvoir rendre leurs comptes au pape lorsqu'il les demanderait [1]. Dans la lettre *Ad omnium fere notitiam,* de la même date, le pape dit : « Sans aucun doute, tout le monde connaît déjà de quels épouvantables crimes les Templiers sont inculpés... Aussi avons-nous prescrit déjà depuis longtemps qu'on se saisît de leurs personnes, et nous avons nous-même interrogé un grand nombre d'entre eux (les soixante-douze). Ils ont avoué leurs crimes d'abord en secret, puis publiquement, à moi et à tous les cardinaux, et ils ont demandé grâce et miséri-
[439] corde. Après qu'ils eurent abjuré l'hérésie, nous les avons absous et reçus à nouveau dans le sein de l'Église, tout en nous réservant de fixer leur pénitence. Ces aveux et les résultats des autres procès présidés par les évêques et l'inquisiteur général de France, Guillaume de Paris, ont donné lieu à de si graves soupçons contre l'ordre et ses membres que nous avons envoyé de nouvelles lettres pour prescrire une enquête sévère. Malheureusement, à la suite de ces mesures, les biens de l'ordre ont été saisis injustement par quelques-uns; mais ils devront être restitués dans le délai d'un mois, sous peine d'excommunication. » Cette lettre fut envoyée à tous les archevêques et patriarches, pour recevoir la plus large diffusion [2].

La *generale* donnée par le pape à Toulouse, le 30 décembre

---

1 *Regest*, ann III, p 312, n 3515.

2 *Regest Clem V,* ann III, *Litteræ c. ord Templi,* p. 281, n. 3400, Mansi, *Concil. ampliss coll*, t. xxv, col 406, Hardouin, *Concil. coll*, t vii, col. 1355; Coleti, *Concilia,* t xv, col. 38; *Memorias de D. Fernando IV de Castilla,* par D. Antonio Benavidès, Madrid, 1860, t. i, p. 624, t. ii, p 578 sq Seulement Benavidès a commis une double faute dans la traduction de la date, ii *idus aug pontificatus (Clementis V) anno 3* n'est pas 11 août 1307, mais 12 août 1308

1308, ressemble mot à mot à la bulle que nous venons de donner, mais n'en reproduit que la première partie. Elle a été reproduite par Raynaldi[1] et par Benavidès[2]. On trouve encore dans ce dernier auteur une autre lettre de Clément V adressée aussi de Toulouse, le 30 décembre 1308, à Jayme II, roi d'Aragon; elle commence par les mots *Callidi serpentis*, raconte l'interrogatoire des soixante-douze Templiers par le pape, leurs aveux, leur absolution, et puis, s'éloignant du document *Ad omnium fere notitiam*, elle donne une partie des bulles *Faciens misericordiam* et *Regnans in cælis*, c'est-à-dire l'interrogatoire à Chinon du grand-maître et des autres chefs de l'ordre par les cardinaux Bérenger, Étienne et Landulphe. Le pape termine en défendant à qui que ce soit d'aider, de conseiller et de favoriser les Templiers, soit publiquement, soit en secret. On devra, au contraire, sous peine d'interdit et d'excommunication, s'emparer d'eux partout où on les trouvera et les livrer à l'évêque diocésain. Des bulles semblables furent envoyées à tous les rois et princes d'Occident, de sorte que partout les Templiers durent être considérés comme hors la loi[3]

697. *Procès contre Boniface VIII, de 1309 à 1311.* [440]

Au cours de la deuxième entrevue à Poitiers entre Philippe le Bel et Clément V, celui-ci, malgré les exhortations de Jayme II[4], roi d'Aragon, consentit à entendre les accusateurs du feu pape Boniface VIII, s'ils se présentaient en Avignon avant la Chandeleur de 1309[5] Clément avait en effet décidé, sur ces entrefaites,

---

1 *Annal. eccles.*, ad ann 1307, n 12

2 *Memorias de D. Fernando IV de Castilla*, t. II, p 628 sq

3 *Regestum Clem. V*, ann IV, p. 3 sq, 276 sq, *Memorias de D. Fernando IV de Castilla*, t. II, p 626 sq. L'exemplaire donné par Baluze, *Vitæ paparum Avenionensium*, t. II, p 132, a le même contenu; toutefois il ne commence pas par les mots *Callidi serpentis*, mais par *Ad omnium fere notitiam*, comme les premiers exemplaires cités. Il porte d'ailleurs la même date : Toulouse, 30 décembre 1308

4 Le 21 mars 1309, Jayme II s'indigne à la pensée d'accuser Boniface VIII d'hérésie et prie le pape de conduire le procès de telle façon qu'on évite le scandale. Finke, *Acta Aragonensia*, t. I, n 102 Dans l'été de 1309, Clément V dira à Arnauld de Villeneuve *Lo negoci del papa Bonifaci nos dona tant afer, que ni en aquex negus ni en los nostres no podem entendre. Acta Aragonensia*, t. II, p. 693, n 435 (II L)

5. Dupuy, *Hist. du différend du pape Boniface VIII avec Philippe le Bel*, 1655, *Actes et preuves*, etc., p 289, 369, *Memorias de D. Fernando IV de Castilla*, par

de transporter son siège en Avignon, et il prescrivit à tous les cardinaux et aux membres de la curie de se trouver dans cette ville dans l'octave de l'Épiphanie 1309 [1] Une partie d'entre eux fut fidèle au rendez-vous, mais le pape, qui avait voulu auparavant revoir la Gascogne et qui s'était longtemps arrêté à Toulouse et à Bordeaux, n'arriva en Avignon qu'au printemps de 1309. Le mauvais temps, la neige, la pluie avaient, disait-il, retardé son voyage [2]

Conformément à la citation du pape, Renaud de Supino et d'autres accusateurs principaux du pape Boniface VIII s'acheminaient vers Avignon; mais ils prétendirent qu'à peu de distance

D Antonio Benavidès, Madrid, 1860, t. II, p 600 sq Philippe a prétendu que le pape s'était montré favorable à cette affaire à Poitiers, mais que le projet de croisade, la paix avec le roi d'Angleterre, le procès des Templiers l'avaient empêché d'en venir aux actes Ceci est au moins fort douteux, et c'est Philippe le Bel qui nous l'insinue, quand il incrimine plus tard la mauvaise volonté du pape Il est probable que celui-ci n'éprouva d'abord que répugnance et l'événement lui montra qu'il avait senti juste Tant que dura l'entente entre le roi et le pape, Philippe a dû ne s'exprimer qu'à mots couverts Avec la seconde entrevue de Poitiers, l'affaire entra dans une phase nouvelle. Ce fut, dans son principe, une affaire d'intimidation Dans le consistoire public du 12 août 1308, le pape déclara qu'il avait entendu de graves accusations contre Boniface, qu'il ne pouvait dénier à personne son droit et que ses cardinaux et lui examineraient cette affaire en Avignon. Finke, *op cit.*, t II, p. 157; G. Lizerand, *op cit*, p 191-192 L'assignation à la Chandeleur était un moyen de gagner du temps. L'expédient réussit. (H. L)

1. Près d'Avignon, à l'est de la ville, s'étendait le comtat Venaissin, depuis de longues années la propriété de l'Église romaine. Avignon était presque une ville libre, quoiqu'elle appartînt à Charles II, roi de Naples. Clément VI l'acheta seulement en 1348. Grégoire X avait acheté le comtat Venaissin en 1274 Ce fut le 12 août 1308, en consistoire public, que Clément V notifia sa décision, licencia la cour pontificale et en fixa la réouverture dans sa nouvelle résidence au 1er décembre. Finke, *op cit.*, t II, p. 156. Les cardinaux se dispersèrent; un petit groupe quitta Poitiers pour passer avec le pape par la province de Bordeaux Ptolémée de Lucques, dans Muratori, *Script. rer. Italic.*, t XI, col 1230, *Contin de Guillaume de Franchet*, dans Bouquet, *Rec. des hist. de la France*, t XXI, p. 31, Jean de Saint-Victor, *ibid*, t. XXI, p. 651. Les cardinaux qui lui firent escorte étaient ses amis ou ses parents, le 4 janvier, le pape était à Toulouse avec Pierre de la Chapelle, Fr Gaetani, Guillaume Ruffat, Pierre Colonna, Nicolas de Freauville, Berenger Frédol, Landulphe Brancaci, Raymond de Got, son neveu, Arnaud de Pellegrue. Baluze, *Vitæ*, t I, p. 592. Sur les déplacements du pape au retour de Poitiers, cf J de Carsalade Du Pont, *Itinéraire de Clément V en Gascogne*, dans *Revue de Gascogne*, 1894, t XXXV, p 210-212 (H. L.)

2 Baluze, *Vitæ paparum Aven.*, t I, p 80 sq ; Dupuy, *Histoire du différend du pape Boniface VIII avec Philippe le Bel. Actes et preuves* Le pape arriva en Avignon le 9 mars (H L)

d'Avignon on les avertit que des ennemis les guettaient, ce qui les avait forcés à rebrousser chemin, et, le 25 avril 1309, ils firent rédiger de cet incident, à Nîmes, un acte notarié racontant leur aventure; ils demandaient de nouveau à être entendus[1].

La date du 25 avril prouve qu'ils ne comptaient pas arriver en Avignon pour le jour de la Chandeleur, mais seulement à la fin d'avril, ce qui est naturel, puisque le pape venait à peine d'arriver[2]. Il serait difficile de dire quels étaient ces ennemis de Renaud de Supino et de ses compagnons[3]. Si ce récit n'est pas une invention, il est probable que quelques fidèles du pape Boniface VIII auront voulu épouvanter les accusateurs et faire [441] échouer ce fâcheux procès. Clément V, qui ne cherchait qu'à traîner l'affaire en longueur, ne publia que le 13 septembre 1309 une nouvelle citation; le pape du reste n'invitait que Louis, comte d'Évreux (frère du roi), les comtes Gui de Pol, Jean de Dreux et le chevalier de Plaisians à comparaître devant la curie en Avignon, le lundi qui suit le second dimanche du carême 1310[4]. Clément y déclare que, né de parents orthodoxes et dans un pays très croyant, Boniface passa la plus grande partie de sa vie à la curie romaine. Il fut chargé de plusieurs légations par les papes et publia diverses ordonnances dans l'intérêt de la foi et pour l'honneur de Dieu; la célébration de la messe, ses sermons et ses autres bonnes œuvres étaient des preuves indiscutables de sa foi catholique.

---

1 Dupuy, *Histoire du différend du pape Boniface VIII avec Philippe le Bel. Actes et preuves.* Non pas à Nîmes, devant l'official de Beaucaire Renan, *Hist littér*, t XXVII, p 310, estime sans preuve que Renaud de Supino, en supposant que les débats commenceraient au début de 1309, s'était concerté avec Nogaret, afin de forcer la main au pape Disons tout de suite que des erreurs ont rendu inintelligible le récit que Renan a fait du procès G. Lizerand, *op. cit*, p 192, note 2. (H. L.)

2. Ses premières lettres d'Avignon sont datées des 22 et 23 avril 1309. Baluze, *Vitæ paparum Avenion.*, t II, p 142, 169 La citation du 12 août 1308 a dû présenter quelque obscurité, puisque, en 1310, Nogaret prétend que personne ne la connaît. En réalité, l'affaire ne commence que dans la seconde moitié de 1309. (H. L.)

3. Des bonifaciens, je suppose. (H. L.)

4. Baillet, *Hist des démeslez*, Preuves, p. 51-52. Le 18 octobre, Clément chargeait l'évêque de Paris et son propre chapelain, frère Guillaume-Pierre de Godin, de transmettre sa décision aux intéressés (*Reg*, n 5068) et le même jour, Clément faisait une démarche auprès du roi afin de pouvoir substituer à la procédure d'accusation une procédure différente et plus décente Baluze, *Vitæ*, t II, p 124. (H. L)

Avant comme après son élévation sur le Saint-Siège, il se lia étroitement avec les hommes les plus remarquables de tous les pays. Aussi Clément est fermement convaincu que les attaques portées contre son prédécesseur sont sans fondement. Néanmoins, comme il s'agit du crime le plus grave, l'hérésie, il veut, conformément au désir du roi, entendre les accusateurs [1].

Par une lettre, datée du 18 octobre 1309 et du prieuré de Malaucène, près de Vaison [2], Clément V fit connaître à Philippe le Bel cette nouvelle décision et lui rappela en même temps que, quelque temps auparavant, ils s'étaient mis d'accord et qu'il avait été entendu que le roi abandonnait l'affaire. Cette methode était la plus sûre et la plus honorable [3].

Philippe ne voulait pas cependant suivre cette voie tracée par le pape; au contraire, il chercha, d'après sa méthode favorite, à excéder le pape de réclamations et de plaintes, afin de l'amener peu à peu à faire droit à sa demande principale Nous trouvons d'intéressants détails sur la suite des pourparlers jusqu'à la fin de 1309 dans un rapport officiel communiqué au roi, le 24 décembre 1309, par l'évêque de Bayeux [4]. Celui-ci, avec d'autres
442] représentants du roi, parmi lesquels se trouvait Nogaret. était chargé de traiter l'affaire de Boniface VIII à la curie pendant les mois de novembre et de décembre. Le plan du roi était de tirer du pape lui-même l'apologie de ses violences contre Boniface, surtout de l'attentat d'Anagni, qu'on représenterait comme des actes de zèle religieux. Pour amener Clément V à ce point, il faudrait recourir à une pression énergique. En conséquence, le roi se plaignit de la hâte apportée à confirmer l'élection d'Henri VII

---

1 Dupuy, *Histoire du différend du pape Boniface VIII avec Philippe le Bel. Actes et preuves*, p 368 sq., Baronius-Raynaldi, *Annal. eccles*, ad ann. 1309, n 4. Dans *Regest Clem V*, ann. IV, p 455, cette pièce est donnée sous la date du 8 octobre 1309

2 Malaucene, arrondissement d'Orange, depart. de la Vaucluse (H L.)

3 *Regest. Clem. V*, ann IV, p 455; Baluze, *Vitæ paparum Avenionensium*, t. II, p. 124-126 Un document postérieur nous montre que l'entente consistait en ceci accusateurs et défenseurs de Boniface devaient se retirer, renonçant a leurs preuves et contre-preuves, et laisser au pape l'occasion d'intervenir dans l'affaire *à cause de sa charge* (mais sans être obligé par des accusateurs).

4. Ce rapport fut publié par Boutaric, dans *Revue des questions historiques*, t. XI, p. 23 sq. Dupuy, qui l'a connu, non seulement ne l'a pas publié, mais a même cherché à l'écarter

et à approuver l'union projetée entre la fille de ce prince et le
fils du roi de Sicile. Le pape avait en outre violé les stipulations
du traité de paix avec la Flandre. A ce propos, nous apprenons
que, pour la confirmation d'Henri, les membres du Sacré-Collège
furent tous d'accord, à l'exception du cardinal Pierre de Palestrina [1];
et que, parmi les défenseurs de Boniface VIII, se trouvaient huit
des cardinaux les plus influents Clément répondit avec réserve
sur ces griefs, traita assez froidement les négociateurs français
et finalement ajourna l'affaire jusqu'après l'Épiphanie 1310.
Les négociateurs français avaient finalement exigé que les cardinaux favorables à Boniface, et en général tous ses défenseurs,
retirassent toutes leurs dépositions comme mensongères, recon-
nussent que le roi de France n'avait agi que dans un zèle juste
et pieux, et se rangeassent à la décision de ce dernier. Ce qui avait
surtout blessé le roi, c'était le décret de citation publié en septembre.
Nous verrons bientôt, d'après Nogaret et Plaisians, les raisons qu'on
avait à Paris pour s'en offenser. Pour le moment, on se contentait
de faire valoir *un seul* point On prétendait que le décret citait le
roi comme s'il avait demandé à être entendu; on prétendait que
ce décret affirmait que le roi avait prié le pape non seulement
d'entendre les accusations contre Boniface, mais aussi de condamner sa mémoire Par une lettre du 2 février 1310, Clément V se
plaignit du sens donné à ses paroles, et il déclara. « Que le roi, ayant,
à plusieurs reprises, protesté qu'il n'était pas partie dans cette
affaire, ne pouvait en conséquence être cité en cette qualité et qu'il
n'avait fait que prier Clément d'entendre *d'autres* personnes [2] »
Clément V avait complètement raison sur ce point, mais il faut [443]
reconnaître que, dans son édit, il avait parlé de la demande faite
par le roi de *condamner la mémoire de Boniface*. et il ne put pas
répondre à ce reproche [3].

1. Pour Pierre de Capella, antérieurement évêque de Toulouse, cardinal-prêtre
en 1305, et cardinal-évêque de Palestrina en 1306, cf Baluze, *Vitæ paparum
Avenionensium*, t i, p 626
2. Dupuy, *Histoire du différend du pape Boniface VIII avec Philippe le Bel
Actes et preuves*, p 300-301. « Cette mise hors des debats permettait au roi une
retraite aisée en cas d'insuccès, mais elle ne laissa pas le pape seul en face des
accusateurs, car Philippe intervint plus d'une fois comme s'il avait été partie. »
G. Lizerand, *op cit*, p 193.
3. Dans la liste des accusateurs, ne figurait pas le nom de l'instigateur de
l'affaire qui, jusqu'à la fin de 1310, en portera presque tout le poids, Nogaret.
Le pape ne voulait peut-être pas le voir, parce qu'il le considérait comme excom-

Le 16 mars 1310, en consistoire public, en présence des cardinaux et d'un grand nombre de clercs et de laïques, dans le palais situé en Avignon sur la place des Dominicains, Clément V ouvrit le procès contre Boniface [1]. Quelques notaires écrivaient tout très exactement, et un de ces procès-verbaux nous est parvenu. Le roi avait envoyé cinq ambassadeurs : un clerc, maître Alain de Lamballe, et quatre laïques Nogaret, Plaisians, Pierre de Galard et Pierre de Broc On lut d'abord la bulle de citation du 13 septembre 1309, et Nogaret prit aussitôt la parole et offrit de remettre le texte de son discours [2]. Douze défenseurs du pape Boniface VIII étaient présents; parmi eux, deux de ses neveux et maître Jacques de Modène, qui portait la parole.

Celui-ci commença par protester contre la procédure, déclarant les accusateurs non recevables en la poursuite. Le pape ordonna alors aux deux parties de lui remettre leurs mémoires écrits, au plus tard le vendredi suivant, et, le second vendredi, de se rendre de nouveau auprès de lui [3].

munie A la réception des citations, Guillaume de Plaisians, Pierre de Galard, Pierre de Broc, sénéchal de Beaucaire, Alain de Lamballe, archidiacre de Saint-Brieuc, Guillaume de Nogaret se mirent en route pour Avignon Pour Nogaret, c'était une tâche de longue durée qui commençait; aussi se fit-il suppléer, le 27 février 1310, comme garde du grand sceau, par Gilles Aycelin, archevêque de Narbonne, c'était aussi une expédition aléatoire, aussi, instruit peut-être par le sort de Renaud de Supino, avait-il fait son testament avant de partir. Du côté des défenseurs se présentèrent : le cardinal François Gaëtani et Thibaut de Bernazo d'Anagni, tous deux neveux de Boniface, Got de Rimini et Baudry Biseth, docteurs, le premier en l'un et l'autre droit, le second en décret, Blaise de Piperno, Crescent de Pahano, Nicolas de Veruhs, Jacques de Sermineto, Conrad de Spolète, autres jurisconsultes, et enfin Jacques de Modène, Thomas de Morro et Ferdinand, chapelain du cardinal Pierre d'Espagne Plusieurs de ces personnages ont un rôle secondaire; l'homme qui agit en consistoire est Baudry Biseth, c'est lui qui est nommé le plus souvent dans la procédure, c'est à lui que, pendant la suspension du procès en été, fut remis le soin de la défense. Mais les vrais défenseurs de Boniface sont les cardinaux qu'il avait créés, directement intéressés au procès, puisqu'en cas de condamnation du pape défunt leur promotion au cardinalat devenait nulle; parmi eux apparaissent en première ligne François Gaetani et Jacques Stefaneschi (H. L)

1. Dupuy, *op. cit.*, p 367. (H L)

2 Sur les discussions en Avignon, cf. *Contin de Guill de Nangis*, dans Bouquet, *Recueil des hist de France*, t xx, p 600, Geraud de Frachet. *ibid*, t xxi, p 33, Baluze, *Vitæ*, t i, p 106 (H L)

3 Dupuy, *Histoire du différend du pape Boniface VIII avec Philippe le Bel Actes et preuves.* D 367-370

Le pape chargea deux cardinaux de recevoir les mémoires demandés, et, le vendredi 20 mars, les défenseurs de Boniface remirent par écrit une courte ampliation de la protestation [1]. Les ambassadeurs français remirent de leur côté trois mémoires, avec une liste des cardinaux qu'ils récusaient comme suspects de partialité. Les deux premiers mémoires étaient les *requesta* (plaintes) de Nogaret et de Plaisians du 12 mars et du 13 juillet 1303 [2] Dans le troisième, Nogaret et Plaisians disaient que l'édit pontifical de citation du 13 septembre 1309 leur était très préjudiciable ainsi qu'au *negotium fidei* [3], car, du vivant de Boniface VIII, ils avaient commencé à agir contre lui. Ils protestaient donc contre cet édit et déclaraient être venus spontanément et volontairement, pour renouveler leurs accusations contre Boniface. Cet édit était également préjudiciable au roi, au royaume, aux comtes cités et à tous ceux qu'intéressait cette affaire. Enfin, il était entaché de vice rédhibitoire, parce qu'en le publiant le pape était évidemment dans une erreur de fait. Ils se trouvaient [444] donc obligés par leur double caractère d'ambassadeurs du roi et de simples particuliers de demander que l'édit fût rapporté. Cela fait, ils prouveraient que Boniface était intrus, hérétique et débauché. Comme particuliers, ils réclamaient qu'on recueillît dans le plus bref délai les dépositions des témoins déjà avancés en âge, mais qu'on tînt leurs noms secrets, pour qu'ils ne fussent pas exposés à des persécutions La justice demandait encore que les cardinaux soupçonnés de partialité n'eussent aucune part aux délibérations et aux discussions. Plusieurs d'entre eux avaient persécuté Nogaret pendant son séjour en Italie, lui avaient laissé enlever son argent et avaient empêché feu le pape Benoît de commencer une enquête contre Boniface. Néanmoins, par respect pour le pape et pour le Sacré-Collège, les noms de ces cardinaux ne devaient pas, sans une absolue nécessité, être publiés. Afin d'orienter le pape, les ambassadeurs français lui donnèrent un aperçu historique de l'affaire, depuis l'élection de Boniface jusqu'à ce jour, passant ensuite à une argumentation directe contre le décret de citation. Et avant tout, cette citation aurait dû être remise aux intéressés personnellement, et on n'aurait pas dû se contenter d'une simple affichage en Avignon. Elle offre des vices

1 Dupuy, *op. cit*, p. 371-372.
2 Voir p. 435 sq.
3 Par *negotium fidei* ou *auto-da-fé*, ils désignent la procédure contre Boniface.

de forme; il est dit, par exemple, que l'objet de l'enquête est *une seule* accusation contre Boniface, mort dans l'hérésie; en réalité, *plusieurs* accusations sont portées contre lui, lesquelles se trouvaient donc passées sous silence par la bulle qui faisait l'éloge de Boniface. Celle-ci porte que les comtes d'Évreux, etc., et de Plaisians avaient affirmé, en présence du pape, que Boniface était *mort* en hérétique. Les choses ne s'étaient pas passées ainsi, l'accusation d'hérésie avait été émise du *vivant* de Boniface. Dans ses entretiens avec le pape, G. de Plaisians n'a jamais prétendu que Boniface fût mort dans l'hérésie, pas plus qu'il n'a réclamé la condamnation de sa mémoire. Les comtes d'Évreux, etc., sont, dans l'édit, placés sur la même ligne que G. de Plaisians, alors qu'ils ont seulement déclaré fondées à leurs yeux les accusations portées contre Boniface, sans offrir à en donner les preuves, Plaisians seul s'y étant engagé. L'édit prétend que le roi avait prié le pape non seulement d'entendre les accusateurs, mais encore de prononcer, suivant les formes juridiques, l'anathème contre la mémoire de Boniface; cela est faux et cause au roi grand dommage. En outre, une première citation pour la Chandeleur de 1309 dont parlait l'édit était absolument ignorée. Les ambassadeurs français demandèrent, de plus, qu'on leur fît connaître les noms des défenseurs de Boniface et qu'on n'admît pas ces derniers à présenter leur défense avant que l'accusation eût été formulée. Ils énoncèrent ces accusations, d'après les deux anciens mémoires de Nogaret et de Plaisians, et s'offrirent à les prouver contre Boniface dès que l'édit de citation aurait été rapporté. Ils protestèrent aussi contre la citation notifiée par Benoît XI à Nogaret et consorts, et dirent que ce pape se trompait s'il avait cru Nogaret coupable de brutalités sur la personne de Boniface et d'accaparement du trésor de l'Église. Nogaret avait, au contraire, protégé Boniface et ses neveux, les avait empêchés d'être maltraités, sinon massacrés, et défendu, dans la mesure du possible, le trésor de l'Église. Si ce trésor avait été enlevé, ce n'était vraiment pas sa faute. Afin de le prouver, Nogaret expose les événements depuis l'époque où la France a réclamé un concile œcuménique et prétend qu'à Anagni, ses compagnons et lui se sont contentés de présenter au pape la demande du roi (relativement au concile) et sans se permettre quoi que ce soit contre sa personne. Boniface lui-même avait pu les relever publiquement et en toute liberté de l'excommunication, quoique en réalité ils n'eussent pas encouru cette censure; ils n'avaient fait que ce qui était juste et nécessaire; aussi la constitution de Benoît devait-elle être rapportée à leur égard, et ne garder force de loi qu'à l'égard de ceux qui, à Anagni, avaient volé [1].

Le 27 mars, les deux parties se retrouvèrent en consistoire public et Nogaret se déclara avec ses collègues prêts à prouver leurs accusations contre Boniface, pourvu que la bulle *Redemptor noster* fût retirée. Nogaret protesta contre l'admission des défenseurs de Boniface, sans qualité pour remplir ce rôle, et réclama l'audition immédiate des témoins âgés. Les cardinaux récusés par Nogaret étaient au nombre de huit. Léonard, évêque d'Albano, Pierre, évêque de Sabine, Jean de Namur, Guillaume, Richard de Sienne, Lucas Fieschi, Jacques Stefaneschi, François Gaetani [2]. De leur côté, les défenseurs de Boniface demandaient qui ni Nogaret ni ses pareils et ses témoins ne fussent ouïs, et donnaient à l'appui deux séries d'arguments, la première comprenant vingt-quatre et la seconde treize points. La plupart des arguments portaient surtout sur ce que Nogaret et Plaisians, etc., étant ennemis *personnels* de Boniface, on ne pouvait ajouter foi à leurs dépositions. Après plusieurs discours de part et d'autre, le pape, ayant protesté longuement de son intention de ne pas favoriser un parti aux dépens de l'autre, prescrivit que, des deux côtés, on lui remît par écrit, et au plus tard le mercredi suivant, 1er avril, les prétendus motifs d'exclusion. Dans ce même délai, Nogaret devait remettre la liste de ses témoins. Deux cardinaux furent désignés pour recevoir ces mémoires contradictoires; les deux parties les remirent, mais Nogaret se refusa d'indiquer les noms de ses témoins, si l'on ne promettait pas de les entendre immédiatement [3].

Dans les deux nouveaux consistoires tenus les 10 et 11 avril, les deux parties renouvelèrent leurs affirmations et propositions, et le pape continua son système d'atermoiement; il fit cependant un pas en avant, mais, tout en protestant, se déclara prêt à recevoir la liste des témoins de Nogaret et à veiller à ce qu'il n'en résultât pour eux rien de fâcheux [4]. Dans quatre autres séances, le 25 avril,

[44

---

1. Dupuy, *Histoire du différend du pape Boniface VIII avec Philippe le Bel. Actes et preuves*, p 372-387.

2 *Ibid.*, p. 388. (H. L)

3 *Ibid*, p. 387-403.

4 *Ibid.*, p. 403-406.

les 8, 11 et 13 mai, on ne fit que prolonger le délai pour la discussion que l'on recula jusqu'au mois d'août, à cause des chaleurs qui commençaient [1]. A l'égard de Nogaret, Clément V déclara, le 13 mai, qu'il niait qu'un excommunié fût absous par le seul fait que le pape lui parlait Jusqu'à la prochaine session, deux cardinaux devaient avoir encore la mission de recevoir les écrits contradictoires des deux parties, il fallait également interroger les témoins, dont on craignait la mort prochaine [2].

Les ambassadeurs français profitèrent de cette permission pour remettre un long rapport destiné à réfuter les arguments que les defenseurs de Boniface avaient allégués contre les accusations de Nogaret et ajoutèrent une série d'autres points, tendant

7] à démontrer que c'étaient, au contraire, les défenseurs de Boniface qu'il fallait écarter et même condamner comme partageant les erreurs de ce pape [3]. Deux autres rapports, comprenant l'un trente-trois et l'autre cent trente-sept articles, sont destinés à établir que Boniface fut hérétique, intrus, simoniaque, coupable de toute sorte de péchés, que Nogaret et ses amis sont innocents du coup de main d'Anagni, et que Benoît XI a eu tort de leur infliger des censures [4]. Un troisième rapport (remis on ne sait quand) voulait démontrer que, le pape Célestin V n'ayant pu abdiquer, Boniface n'avait pu, du vivant de ce pape, devenir lui-même pape légitime [5]. Le 30 juillet, les défenseurs de Boniface remirent à leur tour une réponse aussi volumineuse que les attaques [6]

Sur ces entrefaites, le 23 mai 1310, le pape avait adressé à Charles de Valois une lettre très chaleureuse pour qu'il obtînt du roi son frère l'abandon au pape de l'enquête relative à

---

1. Dupuy, *op. cit.*, p. 406-411.

2. On s'ingéniait à trouver des ajournements, le 11 mai, le pape imagina un saignement de nez : ce furent deux jours de gagnés. Le 13, le pape dit tout net que les chaleurs approchaient et que les cardinaux avaient besoin de fraîcheur. Pour tous ces motifs, afin d'expédier l'affaire plus rapidement, il trouva ce subterfuge : on parlait tant et tant que rien n'avançait, désormais on ne parlerait plus, on écrirait. Ce fut le coup de grâce. On eut du repos jusqu'au 1er août. (H. L.)

3 Dupuy, *Histoire du différend du pape Boniface VIII avec Philippe le Bel. Actes et preuves,* p 412-426

4. *Ibid*, p. 427-429, 439-447.

5. *Ibid.,* p. 448-466.

6 *Ibid.,* p. 466-502.

Boniface et qu'il rappelât les accusateurs [1]. Mais, loin de se rendre à ces sollicitations, Philippe le Bel se plaignit, le 3 juillet, que Clément V eût différé si longtemps d'instituer la commission chargée de recevoir les dépositions des témoins âgés ou éloignés, en sorte que plusieurs de ces témoins étaient morts, que d'autres avaient été terrorisés par les amis de Boniface, voire même emprisonnés ou tués. Le pape montra, le 23 août, l'exagération de ces plaintes et de quelques autres [2] Il avait déjà établi deux commissions pour l'audition des témoins   la première, composée des deux cardinaux-évêques de Palestrina et de Tusculum (Guillaume de Mandagout et Bérenger Fredol, deux Français), et du cardinal-prêtre Nicolas de Saint-Eusèbe (auparavant confesseur de Philippe le Bel et également français) [3], devait recevoir les dépositions des témoins présents à la curie, tandis que l'autre avait mission d'entendre les personnes qui habitaient Rome, la Toscane, la Campanie, la Lombardie, etc Cette dernière commission, créée par bulle du 28 juin 1310, se composait d'Isnard, archevêque de Thèbes, vicaire général du pape à Rome, des évêques d'Avignon et de Vienne, de deux moines et d'un laïque (c'était un avocat romain) [4]. Il est digne de remarque, pour le point de vue auquel le pape se place, que, dans ce document, Clément V déclare qu'il ne sait encore s'il doit admettre les accusateurs ou les défenseurs de Boniface, ou s'il ne doit pas les exclure tous. En attendant, il fallait entendre les témoins, pour ne pas rendre impossible plus tard une démonstration éventuelle

[448

Nous possédons les dépositions de quatorze témoins qui, en août et septembre 1310, furent entendus par les trois cardinaux [5], et de vingt-trois autres qui, en avril et mai de l'année suivante, furent entendus par la commission italienne [6]. Toutes ces dépositions sont défavorables à Boniface, car ses adversaires auront certainement eu soin de ne faire comparaître que des témoins

1 Dupuy, *op. cit*, p. 290

2 *Ibid*, p. 292.

3 *Ibid*, p 543. Les défenseurs de Boniface protestèrent contre cette désignation et une partie de leur protestation a été éditée par Dupuy, *op cit*, p. 512, 514

4. Baronius-Raynaldi, *Annal. eccles.*, ad ann. 1310, n 37.

5. Dupuy, *Histoire du différend du pape Boniface VIII avec Philippe le Bel. Actes et preuves*, p. 543-575.

6. *Ibid*, p. 523-543

dont ils fussent sûrs [1] Les procès-verbaux les plus complets que nous possédons sont ceux rédigés par les cardinaux commissaires dans le prieuré de Grozeau, près de Vaison. Les témoins furent interrogés sur trente-six points, sous la foi du serment; on leur demanda aussi de jurer s'ils n'avaient été corrompus ou menacés par personne, etc Le premier de ces témoins, le prêtre et chanoine Nicolas de Sant'Angelo dei Lombardi dans la Pouille, prétend avoir entendu de ses oreilles, en présence de plusieurs personnes, ces paroles dites sérieusement par Boniface, dans sa chambre à Naples, lorsqu'il n'était encore que cardinal : « Les trois religions (juive, chrétienne et mahométane, sur la valeur relative desquelles on disputait) sont des inventions humaines (réédition de l'accusation : *De tribus impostoribus*, déjà portée contre Frédéric II), et il n'y a pas de vie future... La religion chrétienne contient plusieurs faussetés, par exemple le dogme des trois personnes en un seul Être, et la naissance virginale de Jésus, ce qui est une plaisanterie. »

Le second témoin, Nicolas, abbé de Saint-Benoît au diocèse de Capaccio, prétendit avoir aussi entendu les mêmes déclarations dans cette circonstance, à Naples; d'après lui, Boniface aurait encore dit alors que le corps du Seigneur n'est pas dans l'eucharistie et qu'il n'y a pas de résurrection des morts Un troisième témoin, un simple laïque, de Lucques, nommé Matfred et âgé de soixante-cinq ans, raconte une autre scène. Il avait entendu ces paroles dites par Boniface, en l'année du jubilé, au Latran, en présence de plusieurs ambassadeurs de Florence. Comme son chapelain lui racontait l'impénitence finale d'un certain chevalier et souhaitait que le Christ voulût bien lui faire miséricorde : « Fou que tu es, se serait écrié le pape, que peut donc faire le Christ là-dedans? Il était homme comme nous, mais un homme très fin et un grand hypocrite; comment pourrait-il aider les autres, puisqu'il n'a pu s'aider lui-même ? » D'après le même témoin, Boniface aurait dit encore : « Il n'y a ni ciel ni enfer; ceux qui sont heureux ont leur ciel sur terre et les autres sont déjà en enfer. » Et · « S'amuser avec des femmes et des jeunes

---

1. Boutaric a publié, dans *Revue des questions historiques*, t xi, p. 20, note 4, un fragment d'une lettre du cardinal Napoléon Orsini au roi Philippe le Bel, d'après laquelle le cardinal s'occupait à Rome de réunir des témoins utiles pour cette affaire (*in Bonifaciano negotio*)

garçons n'est pas plus un péché que de se frotter les mains. »
Un quatrième témoin, prieur d'un monastère de bénédictins,
prétendit avoir entendu de Boniface, dans une autre circonstance,
le même propos sur le ciel et l'enfer. Les cinquième et sixième
témoins, clercs italiens, répétèrent la déposition du premier.
Le septième, bourgeois de Todi, affirme avoir entendu Boniface,
alors simple chanoine de Todi, déclarer que l'eucharistie n'est
qu'un morceau de pain et se moquer de ceux qui lui rendaient
un culte. Boniface avait dit encore, en cette même circonstance,
qu'après la naissance de son fils, Marie avait cessé d'être vierge
et que l'homme n'a pas plus d'âme que les bêtes. Le huitième
témoin, un prêtre de Naples, soutint avoir remarqué qu'à la consécration, Boniface, alors cardinal, ne regardait jamais l'hostie.
Il répéta le propos du premier témoin sur les trois religions.
Le neuvième, un notaire, dit avoir entendu de ses oreilles une
conversation de Boniface avec un médecin de Paris; Boniface
y déclara qu'il n'y a pas de résurrection, et que le commerce
charnel n'est pas plus répréhensible que de se frotter les mains.
Les dixième et onzième témoins, deux officiers siciliens, avaient
entendu Boniface tenir divers propos contre la divinité de Jésus-
Christ et contre la résurrection des morts, lorsqu'ils lui avaient
apporté de belles pommes que lui envoyait Roger de Loria, amiral
sicilien. Les dépositions des douzième et treizième témoins furent
identiques à celle du troisième. Le quatorzième ajouta seulement
qu'à Spolète, Boniface, encore jeune homme, avait été puni par
les inquisiteurs de l'ordre des mineurs [1].

Les vingt-trois témoins qui comparurent devant la commission
concernant l'Italie furent moins prolixes. Les deux premiers,
deux moines du monastère de Saint-Grégoire à Rome, racontèrent
qu'ayant porté plainte au pape Boniface contre leur abbé, lequel
ne croyait pas à la résurrection des morts, aux sacrements ni à
la culpabilité des péchés de la chair, le pape donna raison à l'abbé.
Le troisième témoin, Vital de Santo Gemino, diocèse de Narni,
prétend avoir appris de tristes choses contre Boniface encore
chanoine de Todi. On affirmait qu'à cette époque, Boniface abusait [450]
de jeunes garçons, s'adonnait aux jeux de hasard et injuriait la
Vierge; plus tard, devenu cardinal, il aurait, en présence du

1. Dupuy, *Histoire du différend du pape Boniface VIII avec Philippe le Bel.
Actes et preuves*, p. 543-575.

témoin, au cours d'un entretien avec un médecin de Paris, nié l'immortalité de l'âme, etc. Le même témoin prétend tenir d'autres personnes que Boniface sacrifiait aux démons, pratiquait la nécromancie, avait assassiné le pape Célestin, favorisé les Templiers, de qui il avait reçu de l'argent. Les trois témoins suivants répétèrent à peu près la même chose. Le sixième donna les noms de deux garçons avec lesquels Boniface s'était livré à la pédérastie. Sept autres témoins (7-13), clercs ou laïques italiens, répétèrent l'histoire des trois religions et les prétendus propos que nous connaissons déjà sur l'eucharistie, sur la résurrection, sur l'autre vie, etc. Le quatorzième témoin répéta ce qu'on savait. Le quinzième assura que Boniface avait approuvé l'abbé de Saint-Paul à Rome, accusé d'hérésie. Le seizième, un moine, dit avoir personnellement constaté que Boniface servait les démons et vénérait une idole placée sur sa fenêtre. Boniface aurait, en présence de ce témoin, affirmé l'éternité du monde et nié l'immortalité de l'âme, à son lit de mort, en présence d'un grand nombre de personnes dont les noms sont donnés, il aurait injurié l'eucharistie et la très sainte Vierge (*nunquam fuit illa asina bona*). Le dix-septième témoin répéta ce qu'avaient dit les précédents. Le dix-huitième, Notus de Pise, raconta à sa propre honte, qu'étant venu à Rome environ dix ans auparavant, il avait livré à Boniface sa propre femme Cola; son ami Jacques de Pise, camérier du pape, la conduisit à Boniface, et Notus vit de ses yeux Boniface et sa femme dans le même lit. Cola étant morte, son mari honoraire avait livré au pape sa propre fille, Cetta, avec laquelle Boniface avait eu des relations contre nature. Notus de Pise prétendit avoir entendu dire à Boniface qu'il possédait un anneau lui permettant l'évocation des démons; enfin il avait vu de ses yeux Boniface sur son lit de mort. On lui présenta la sainte eucharistie, il cria : *Nolo, nolo*, tourna le dos et mourut. Le dix-neuvième témoin affirmait sous serment les mêmes faits et y ajoutait encore divers détails. Le vingtième, un laïque du diocèse de Spolète, affirma qu'étant jeune garçon, Boniface avait voulu abuser de lui. Les trois derniers n'apportèrent rien de nouveau [1].

51]   On se souvient que le pape avait fixé au commencement du mois d'août la continuation de la procédure; le 3 août, les défen-

---

1. Dupuy, *Histoire du différend du pape Boniface VIII avec Philippe le Bel Actes et preuves.* p. 526-543.

seurs de Boniface remirent toute une quantité de paperasses, auxquelles Nogaret et ses amis se réservèrent de répondre [1]. Dupuy a inséré [2] des fragments de réponses des adversaires de Boniface et un mémoire détaillé de Nogaret contre la bulle de Benoît XI qui l'avait frappé [3]. Le pape fixa alors un nouveau délai jusqu'au 10 novembre [4]; mais, ni ce jour-là ni dans les séances des 13, 17, 20, 24, 27, 29 novembre et 17 et 22 décembre, on n'avança d'un pas, on n'aborda même pas la question; au contraire, les deux parties perdirent leur temps en protestations et chicanes de toute espèce. Le pape, qui naturellement s'en réjouissait, remit l'affaire au dimanche de *Lætare* de l'année suivante 1311 [5], et finit par atteindre son but [6]; car, dès le mois de février 1311, Philippe le Bel mit fin à ses importunités et il lui fit connaître cette résolution par une longue lettre, dont voici le résumé :

« Malgré les bruits fâcheux répandus sur Boniface, en particulier qu'il n'était pas entré par la porte dans la bergerie, je l'ai toujours vénéré comme un père; mais de nouvelles plaintes très graves s'étant produites et les accusateurs ayant voulu prouver leurs accusations devant un concile général, je me suis décidé à demander la convocation d'un concile pour que l'Église ne courût pas à sa perte [7]. Voulant faire connaître à Boniface ces attaques et, en même temps, la demande d'un concile, je lui ai envoyé une ambassade, à la tête de laquelle se trouvait le chevalier Nogaret, si zélé pour la foi catholique et pour l'unité de l'Église; mais Boniface a cherché, en différents lieux, non seulement à emprisonner, mais même à faire disparaître ces ambassadeurs. Craignant pour sa vie, Nogaret, obligé enfin à paraître en personne devant Boniface pour lui remettre le message royal, s'était fait accompagner par des hommes armés, mais il leur avait très instamment recommandé de ne commettre aucune violence. Comme Boniface était haï dans sa ville natale ainsi qu'ailleurs, beaucoup de personnes se

1. Dupuy, *op. cit.*, p. 515 sq.; cf. p. 513.
2. *Ibid.*, p. 515-521.
3. *Ibid.*, p. 305 sq.
4. *Ibid.*, p. 502-513.
5. *Ibid.*, p. 502-512, 522.
6. Cf. G. Lizerand, *op. cit.*, p. 205-208.
7. H.-X. Arquillière, *L'appel au concile sous Philippe le Bel et la genèse des théories conciliaires*, dans la *Revue des questions historiques*, 1911, t. XLV, p. 23-55. (H. L.)

joignirent à Nogaret, qui crièrent et agirent malgré lui; elles en eussent fait davantage s'il ne s'y était opposé de toutes ses forces. Après la mort de Boniface, j'ai demandé au pape Benoît une enquête sur les accusations portées contre son prédécesseur, et j'ai renouvelé cette demande au pape Clément, à Lyon et par deux fois à Poitiers. Le pape, absorbé par d'autres questions, en [452] particulier par les soucis de la Terre Sainte, par le rétablissement de la paix entre la France et l'Angleterre et par la triste affaire des Templiers, n'a pu prendre aussitôt l'affaire en main; néanmoins, il a, dès qu'il l'a pu, commencé cette enquête et entendu de nombreux témoins. Les attaques et les réponses des accusateurs et des défenseurs de Boniface ont fait traîner l'affaire en longueur, et beaucoup sont d'avis qu'elle peut être plus facilement et plus rapidement terminée, si elle est abandonnée au pape, de qui elle relève. Il est vrai que quelques-uns des empêchements qui retardaient cette affaire ont disparu, mais il reste toujours la question des Templiers, qui tient au cœur du roi et à celui du pape pour l'amour du Christ. Cette affaire est commencée; mais elle n'est pas terminée. Il faut espérer que le pape terminera heureusement, à l'honneur de Dieu et de l'Église, les deux affaires des Templiers et de Boniface, si auparavant on a trouvé la vérité dans le concile qui va se tenir. Comme le pape veut éviter l'odieuse procédure employée jusqu'ici à l'égard de Boniface et préfère agir dans ce cas en vertu des devoirs de sa charge et sans le retentissement d'une accusation dans les formes, je consens présentement, et sur ses instances renouvelées, à lui abandonner complètement cette affaire, qu'il la termine soit dans le concile, soit autrement. J'aurai soin également que les accusateurs de Boniface se retirent[1]. » Conformément à cette lettre, le 14 février 1311, les comtes d'Évreux, de Saint-Pol, etc., écrivirent au pape que, par égard pour le grand zèle qu'il déployait contre l'hérésie, en particulier au sujet des Templiers, ils lui abandonnaient exclusivement les accusations et le procès contre Boniface[2].

Si le roi de France et ses amis venaient à abandonner leurs accusations contre Boniface, il deviendrait nécessaire de leur faire une réparation d'honneur, et on devrait constater solennelle-

---

1. Dupuy, *Histoire du différend du pape Boniface VIII avec Philippe le Bel. Actes et preuves*, p. 296 sq.

2. *Ibid.*, p. 301.

ment que leur zèle avait été louable et qu'ils avaient agi avec une entière bonne foi. Afin de pouvoir appuyer sur des témoignages une déclaration de ce genre, le pape demanda, le 14 avril 1311 et jours suivants, à plusieurs cardinaux et à d'autres clercs et laïques, de lui rapporter fidèlement ce qu'ils savaient du zèle du roi dans toute cette affaire[1]. Nicolas, cardinal de Saint-Eusèbe, ancien confesseur de Philippe le Bel, élevé à la pourpre par Clément V, [453] fit par écrit la déclaration suivante : « Il y avait environ treize ans, à l'époque où le roi assiégeait Lille (été de 1297), deux dominicains, envoyés par les cardinaux Colonna, vinrent le trouver et lui remirent des lettres et des documents portant que Boniface était intrus et hérétique, et lui demandant, comme champion de la foi, de travailler à la réunion d'un concile général, ce qui permettrait de connaître la vérité... Le roi répondit de vive voix qu'il voulait réfléchir à cette affaire, et son confesseur Nicolas ne lui conseilla pas d'y donner suite, l'accusation étant invraisemblable. Deux mois plus tard, lorsque arriva la nouvelle de la canonisation de saint Louis (11 août 1297), plusieurs dirent que la joie serait plus grande si cette canonisation avait été faite par un autre pape, par un homme recommandable et catholique.

---

1. Tous ces témoignages fort intéressants ont été retrouvés et édités par Höfler, d'après un manuscrit de la bibliothèque Barberini, *Abhandlungen der histor. Klasse der königl. bayer. Akademie der Wissenschaften*, 1843, t. III. Il est seulement regrettable que les fautes du manuscrit n'aient pas été corrigées avec plus de soin. 1° Ainsi, à la première page du protocole (p. 45 du fascicule), le dernier mot *quendam* est inexact, il faut *quondam*. En effet, Jean, comte de Dreux, n'était pas un *quidam* inconnu; c'était un homme d'État du règne de Philippe le Bel, très célèbre, très estimé, et mort quelque temps auparavant. En conséquence, dans sa lettre du 27 avril 1311, Clément V le désigne comme *quondam Joannes Drocensis comes.* Cf. Dupuy, *Histoire du différend du pape Boniface VIII avec Philippe le Bel. Actes et preuves*, p. 302 sq. 2° A la page 54, cinquième ligne du bas, au lieu de *nec*, il faut évidemment lire *nisi*, car le susdit mémoire des Colonna contre Boniface (du 10 mai 1297) ne contient qu'un seul chef d'accusation contre Boniface, son usurpation illégale du Saint-Siège, de là *non continetur aliquid nisi*, etc. 3° Page 69, troisième ligne du bas, tout le sens est changé par le mot *crederet*. Il faut *cederet*; car Boniface est accusé dans ce passage d'avoir, à l'aide d'une sarbacane, fait entendre pendant la nuit aux oreilles du pape Clément V qu'il irait en enfer s'il ne *cédait* sa place, s'il n'abdiquait pas. 4° Page 72, huitième ligne du bas, les mots *rex Franciæ* ont été interpolés à tort, car le *dominus* dont il est ici question est le pape Boniface, qui n'écoutait pas (*non audiret*) les représentations des ambassadeurs français. Il y a d'autres fautes, comme page 58, *regi* au lieu de *regis*, et *potentissime* au lieu de *potentissimi*; mais elles sont de moindre importance.

Après le retour de Flandre, les mauvais bruits contre Boniface ne firent qu'augmenter. Lettres, messagers, ambassadeurs venant de la curie rapportaient toutes sortes de nouvelles; les uns disaient que Boniface avait un démon familier à son service, d'autres qu'il pratiquait l'idolâtrie et qu'il tenait la fornication et la pédérastie pour choses indifférentes. Un an plus tard environ, le roi raconta à son confesseur Nicolas que plusieurs cardinaux lui avaient écrit que Boniface n'était pas chrétien et manquait de respect au corps du Seigneur. L'un de ces cardinaux était Jean Lemoine. Le prieur Chesa, surtout, maintenant abbé de Saint-Médard, qui fut à plusieurs reprises envoyé à Rome, rapporta [454] d'étranges récits contre Boniface, en particulier qu'il ne croyait pas à la vie future. Ces bruits, si nombreux et provenant d'hommes dignes de foi, finirent par trouver créance, quoiqu'ils ne fussent peut-être pas fondés, et excitèrent chez le roi et chez ses sujets un zèle sincère et respectable. Les comtes d'Évreux, etc., et les deux chevaliers (Nogaret et Plaisians) étaient animés d'un même zèle... Quant à l'emprisonnement de Boniface et aux incidents qui s'y rapportent, j'en crois le roi pleinement innocent. »

Voici maintenant, en résumé, la déclaration du cardinal Napoléon Orsini. Il ignore si les défunts cardinaux, Gérard de Parme (évêque de Sabine), Aqua Sparta, Simon de Palestrina (alors archevêque de Bourges) et Hugues d'Ostie (français comme le précédent) avaient demandé le secours du roi contre Boniface; il a cependant entendu dire que le cardinal de Palestrina l'avait fait, étant à Paris. Il a entendu la même assertion à l'égard du cardinal Lemoine. Quant à lui-même, lors du voyage de Charles de Valois, appelé en Italie par Boniface, il l'avait entretenu des dangers qui menaçaient l'Église et de la nécessité d'un prompt secours de la part du roi de France. Il avait écrit au roi dans ce sens. Il assure, en terminant, qu'il considérait comme bon le zèle déployé par le roi de France, le comte d'Évreux, etc., Nogaret, et Plaisians. Le lendemain, le cardinal Lemoine fit la même déclaration, et ajouta que, si la mémoire ne lui faisait pas défaut, il avait lui-même déclaré plusieurs fois, au roi et à d'autres, que Boniface était hérétique [1]. Simon, cardinal de Palestrina, l'avait

---

1. On se souvient que Boniface avait, en 1302, envoyé le cardinal Jean Lemoine en France, en qualité de légat. Nous ne connaissons qu'une *seule* mésintelligence entre eux à cette époque: le cardinal ayant, en effet, reproché au pape de ne pa-

pareillement dit au roi, et enfin plusieurs inquisiteurs de l'ordre
des frères mineurs avaient aussi entretenu Philippe le Bel de
l'hérésie de Boniface. La déposition écrite remise par le cardinal
Pierre Colonna était très longue. Il reconnut que les Colonna
avaient imploré contre Boniface le secours du roi de France,
parce que ce pape les persécutait et menait l'Église à sa ruine.
Ils avaient fait connaître au roi de France tous ses méfaits;
mais au sujet de l'hérésie, ils avaient simplement dit que Boniface
profanait les sacrements. Un dominicain, qu'ils avaient dans ce [455]
but député au roi, fut à son retour, sur l'ordre de Boniface, emprisonné à Lyon, mis aux fers et, après une mort déplorable, inhumé
en terre non bénite. Boniface avait fait périr en prison plusieurs
autres théologiens, ses adversaires. Déjà, étant cardinal, il était
soupçonné d'hérésie par l'entourage de Célestin V; et Léonard,
inquisiteur de la province romaine, en avait déjà pris acte; mais
les cardinaux Matteo Rosso et Aqua Sparta avaient étouffé
l'affaire. Du reste, beaucoup de mauvais bruits avaient couru sur
Boniface, à propos d'hérésie et d'immoralité; lui-même (Pierre
Colonna) lui avait entendu proférer d'étranges paroles. Après la
mort de son frère et de ses deux neveux, Boniface avait dit :
« Que Dieu devrait lui en faire pis, si cela lui était possible. » Il
aimait aussi à répéter en riant : « Pourvu que je puisse faire ma
volonté en ce monde, ne vous inquiétez donc pas de l'autre. »
Naturellement Pierre Colonna trouva, lui aussi, le zèle du roi de
France très louable. Le 16 avril, le cardinal Landulphe déposa,
très brièvement, ne pas savoir qui avait engagé le roi contre
Boniface; mais il était persuadé que le zèle de Philippe le Bel
était bien intentionné.

La déposition de Pierre, abbé de Saint-Médard, fut plus grave :
« Simon, cardinal de Palestrina, déclara au roi, en ma présence,
dit-il, tenir de personnes dignes de foi que Boniface était hérétique
et idolâtre, ne croyant pas à la résurrection de Jésus-Christ
ni à sa naissance virginale, qu'il était entré comme voleur et
larron dans la bergerie et que, pendant la nuit, au moyen d'une
sarbacane, il faisait arriver aux oreilles du pape Célestin une
sorte de voix céleste disant que, s'il n'abdiquait pas, il irait en

respecter les conseils des cardinaux, Boniface s'était grandement fâché. Dupuy,
Histoire du différend du pape Boniface VIII avec Philippe le Bel. Actes et preuves,
p. 339

enfer. Célestin avait voulu le dégrader du cardinalat pour cause
d'hérésie; mais Jacques Colonna et ses amis s'y étaient opposés.
Lorsque je vins à Rome, la même année, en qualité d'ambassadeur
du roi de France, les cardinaux Jacques et Pierre Colonna, Hugues
d'Ostie, Pierre d'Aquilée et Thomas d'Horrea (Ocrea) me racontèrent ce fait et d'autres encore plus scandaleux sur Boniface,
et me prièrent de les faire connaître au roi, afin qu'il vînt au
secours de l'Église, ce que je fis. Le roi m'envoya de nouveau à
Rome, avec mission de faire au pape *caute et secrete* des représentations touchant les bruits qui couraient à son sujet, afin qu'il
s'amendât et épargnât à l'Église tout danger. Mais Boniface me
[456] traita de mauvais moine, répondit au roi de ne pas me croire,
mais d'ajouter foi aux paroles de Charles, roi de Naples, qui se
disposait à venir en France. Le roi Philippe députa alors à Boniface Guillaume de Nogaret avec d'autres personnes pour lui faire
connaître les plaintes élevées contre lui et réclamer un concile
général. Mais apprenant que le pape cherchait à attenter à la vie
de ses ambassadeurs, le roi me renvoya avec ordre de publier
l'objet de leur mission dans les villes d'Italie, si je ne pouvais
obtenir une audience de Boniface. Je sais que le roi, les comtes
d'Évreux, de Saint-Pol et de Dreux, les chevaliers de Nogaret et
de Plaisians ont agi sous l'impulsion d'un zèle tout à fait pur. »

Le 19 avril, Bérenger Frédol, cardinal-évêque de Tusculum, se
déclara par écrit persuadé des bonnes intentions du roi et de
ses gens. L'évêque de Bayeux l'imita et ajouta qu'ayant été
à cette époque conseiller du roi, il savait pertinemment que
l'emprisonnement du pape et les divers incidents survenus à
Anagni avaient eu lieu à l'insu et contre la volonté du roi. Lors
de l'interrogatoire suivant, 21 avril, le cardinal Jacques Colonna
se rappela avoir envoyé au roi de France des communications
sur l'élévation irrégulière de Boniface, et sur les rumeurs qui
accusaient le pape de débauches honteuses et contre nature.
Plus tard, à son retour d'exil, il avait appris que Boniface était
hérétique sur bien des points, en particulier à l'égard du sacrement
de l'autel. Longtemps auparavant et avant le procès des Colonna,
on disait qu'il invoquait les démons et qu'il en avait un enfermé
dans son anneau [1]. Le roi de France, ayant connu tous ces détails,

---

1. Le cardinal d'Amiens fut également accusé plus tard (sous Urbain VI)
de *vulpem infernalem secum in annulo portare*. Cf. Baluze, *Vitæ paparum Aven.*,
t. I, p. 1160.

avait dû procéder contre Boniface. Les dépositions faites par quelques autres clercs et laïques, les 23 et 24 avril 1311, sont de moindre importance.

S'appuyant sur tous ces témoignages, le pape déclara, le 27 avril 1311, qu'en demandant une audience pour Nogaret, etc., le roi Philippe n'avait pas agi dans un esprit de parti contre Boniface, et que les accusateurs de ce pape avaient agi de bonne foi; enfin que les défenseurs de Boniface s'étaient retirés, lui laissant le soin de toute l'affaire. Il invitait donc quiconque savait quelque chose pour ou contre Boniface à le faire connaître [1]. Et effective- [457] ment, l'audition des témoins se continua en Italie, le mois de mai suivant.

Le même jour, 27 avril 1311, Clément V publia encore toute une série de bulles concernant le procès de Boniface et, en particulier, l'importante bulle *Rex gloriæ* adressée à Philippe le Bel. Elle débute par une assertion bien opposée à la doctrine de Boniface, que les royaumes terrestres ont été également créés par Dieu, et que, dans la nouvelle alliance, la France tient, comme peuple élu de Dieu, à peu près la même place qu'Israël dans l'ancien Testament. Après ce début que Raynaldi n'a pas reproduit [2], vient ce récit historique : « Le roi Philippe a déclaré plusieurs fois en présence du pape que des hommes considérables et dignes de foi lui avaient souvent répété que Boniface n'était pas entré par la porte dans la bergerie, qu'il était entaché d'hérésie et que, pour sauver l'Église mise en péril par l'intrusion de Boniface, par ses actions scandaleuses et ses exemples immoraux, le roi devait travailler à la réunion d'un concile œcuménique. Le roi, qui eût cependant préféré couvrir de son propre manteau la honte de son père, finit par se rendre à ces instances répétées concernant le concile, d'autant que les comtes d'Évreux, de Saint-Pol et de Dreux, et d'autres personnages recommandables, ecclésiastiques et laïques, avaient protesté que les accusations portées contre Boniface étaient fondées. Le roi, en se décidant de la sorte, désirait par-dessus tout — sa conscience lui en rend témoignage — que l'innocence de Boniface fût démontrée, ou, s'il en était autrement, que l'Église obtînt un pasteur véritable, après avoir éloigné

---

1. *Regest. Clem. V*, ann. VI, p. 422, n. 7505; Dupuy, *Histoire du différend du pape Boniface VIII avec Philippe le Bel. Actes et preuves*, p. 302.
2. Baronius-Raynaldi, *Annal. eccles.*, ad ann. 1311, n. 26.

l'intrus et ses crimes. Le roi entreprit cette affaire de concert avec
ses prélats, ses barons, ses conseils, ses corporations et ses villes,
et aussi d'accord avec les autres rois et princes, par zèle pour
la foi et pour la justice, et dans l'intérêt de l'Église et de la chrétienté tout entière, et il demanda à Boniface lui-même, après
lui au pape Benoît, et enfin à nous, d'abord à Lyon, et ensuite
à plusieurs reprises à Poitiers, la convocation d'un concile pour
enquêter sur ces accusations. Par contre, certains se déclarèrent
prêts à défendre Boniface et soutinrent que le roi n'avait réclamé
cette enquête que par haine et non par zèle, qu'il avait répandu
des calomnies, que lui-même et certains des accusateurs
avaient sacrilègement emprisonné Boniface, dont ils étaient
les ennemis mortels, et donc qu'il ne fallait pas recevoir leurs
témoignages.

[458] « Du côté du roi et des accusateurs de Boniface, on défendit la
bonté et la pureté de leurs intentions (en faisant appel à la marche
historique de cette affaire), et l'on protesta que le roi n'avait
prescrit aucune violence contre la personne ou contre la demeure
du pape, et que, si Nogaret et d'autres s'étaient rendus coupables
de quelque injustice, Philippe le déplorait hautement. Vu que la
poursuite trop rigoureuse de cette affaire serait très préjudiciable
aux intérêts de la Terre Sainte et pleine de dangers, ainsi que l'ont
prouvé les débuts, le pape avait prié et exhorté le roi de retirer
ses accusations et d'abandonner l'affaire exclusivement à lui et à
l'Église. Mais le roi ayant maintenu sa demande, le pape
avait, avec prudence et lenteur, entamé et poursuivi le procès
dans les délais fixés. Sans décider d'entendre les accusateurs ou
les défenseurs, le pape a jugé nécessaire avant tout de rechercher
le zèle et les motifs du roi et des accusateurs, et il peut maintenant
déclarer qu'ils ont agi avec des intentions pures et bonnes. Nogaret
a déclaré expressément, devant le pape et le consistoire, que le roi
l'avait uniquement chargé de faire connaître à Boniface les plaintes
élevées contre lui et la demande de convocation d'un concile
général, et c'étaient uniquement les pièges tendus par Boniface
à Nogaret qui avaient forcé ce dernier à ne se présenter devant
lui qu'avec une escorte armée. Boniface, méprisant cet appel au
concile général, avait médité de perfides intrigues non seulement
contre la France, mais contre l'Église entière, qu'il aurait certainement entraînée dans sa propre ruine, si, Dieu aidant, on n'était
parvenu à le prévenir. C'était donc sous l'impulsion d'un zèle pur

pour Dieu et la foi, pour la défense de l'Église et de la patrie,
que Nogaret et les siens ont agi comme ils l'ont fait à Anagni;
personnellement, ils n'ont rien fait de répréhensible. Les vols et
autres injustices ont eu lieu contre leur volonté. Le pape déclarait
donc le roi Philippe absolument innocent dans l'affaire de l'emprisonnement de Boniface, du vol du trésor et des autres incidents
du coup de main d'Anagni. Le pape ayant voulu poursuivre le
procès de Boniface, ses défenseurs offrirent de se retirer et d'abandonner l'affaire au souverain pontife qui agirait selon sa charge.
A la demande du pape, le roi et les accusateurs avaient fait de
même. Toutefois, afin qu'il n'en résultât pour eux aucun dommage,
le pape cassait toutes les sentences, constitutions, suspenses,
peines, procédures, etc., qui étaient de nature à nuire au roi, à
son royaume, à ses inférieurs ou alliés morts ou vivants, et qui
avaient été décrétées et infligées depuis la Toussaint de l'an 1300,
par Boniface lui-même ou sous son autorité, ou, après sa mort, par
Benoît, en n'importe quelle manière et pour n'importe quel motif,
même pour l'affaire d'Anagni. Deux constitutions seulement, [459]
Unam sanctam et *Rem non novam*, resteraient en vigueur avec
les restrictions susmentionnées. De même, toute note d'infamie
infligée au roi, à ses gens et partisans, *à l'exception des personnes
dont les noms sont indiqués plus loin*, pour violence faite à Boniface
ou son emprisonnement, pour le préjudice causé au trésor, ou tout
autre fait se rattachant à son emprisonnement, est effacée à tout
jamais et sans retour. Afin d'abolir ces sentences, constitutions,
déclarations, révocations de privilèges, suspenses, excommunications, interdits, privations, etc., le pape a ordonné de les détruire
dans les livres de l'Église romaine et dans tous autres exemplaires,
quels qu'en fussent les possesseurs; ces pièces doivent, dans le
délai de quatre mois, être anéanties, sous peine d'excommunication.
Sont exceptés des concessions précédentes (c'est-à-dire de cette
absolution générale) Guillaume de Nogaret, Renaud de Supino,
Thomas de Morolo, Sciarra Colonna, etc., qu'on dit avoir été
présents lors de l'emprisonnement de Boniface et du pillage du
trésor, ainsi que les bourgeois d'Anagni, à l'égard desquels il
sera statué opportunément d'une autre façon [1]. »

1. *Regest. Clem. V*, ann. VI, p. 411, n. 7301, 7503-7504, 7507; Dupuy, *Histoire
du différend du pape Boniface VIII avec Philippe le Bel. Actes et preuves*, p. 592-
601; Baronius-Raynaldi, *Annal. eccles.*, ad ann. 1311, n. 26-32. Nous avons déjà

Précisément Clément V disait à ce sujet, dans une bulle du même jour : « Nogaret ayant protesté de son innocence et assuré que Boniface avait été injuste à son égard, le pape consent, sur l'intercession du roi de France, à l'absoudre *ad cautelam* de toutes les sentences prononcées contre lui; mais il lui impose aussi *ad cautelam*, comme pénitence, de prendre part à la prochaine croisade et de servir le reste de ses jours en Terre Sainte, à moins que le pape ou son successeur ne lui en donne une dispense. En attendant la croisade, il devra faire certains pèlerinages (indiqués en détail)[1]. »

Pareille grâce fut accordée à tous ceux qui avaient été exclus du pardon dans la bulle principale; il n'y eut d'exception que pour ceux qui avaient volé le trésor de l'Église[2]. Par une dernière précaution, il fut encore déclaré qu'à l'avenir nul ne pourrait révoquer en doute ni attaquer les bonnes intentions et le zèle louable du roi[3].

Nous avons déjà dit (§ 688) qu'en exécution de la bulle *Rex gloriæ* de Clément V, un grand nombre de constitutions de Boniface VIII avaient été détruites ou mutilées dans les archives pontificales[4]; cependant, malgré la menace d'excommunication lancée par le pape, les documents furent conservés ailleurs et même des deux côtés, par les détracteurs et les défenseurs de la mémoire de Boniface VIII[5].

Et maintenant, si on examine de près les accusations formulées contre Boniface[6], on voit avant tout qu'on a voulu les multiplier.

vu dans la bulle *Ex parte*, du 1er juin 1307, la première ébauche de cette bulle. Dupuy donne une seconde ébauche sans date, *Histoire du différend du pape Boniface VIII avec Philippe le Bel. Actes et preuves*, p. 577-590.

1. *Regest. Clem. V*, ann. VI, p. 420, n. 7303; Dupuy, *Histoire du différend du pape Boniface VIII avec Philippe le Bel. Actes et preuves*, p. 601; Baronius-Raynaldi, *Annal. eccles.*, ad ann. 1311, n. 50.

2. *Regest. Clem. V*, ann. VI, n. 7504, p. 421; Baronius-Raynaldi, *Annal. eccles.*, ad ann. 1311, n. 50; Dupuy, *op. cit.*, p. 604-606.

3. Dupuy, *op. cit.*, p. 602 sq.

4. Dupuy, *op. cit.*, p. 606 sq., en a dressé la liste.

5. Baronius-Raynaldi, *Annal. eccles.*, ad ann. 1311, n. 32.

6. S'il fallait en croire sur parole les témoins à charge entendus au procès de Boniface VIII, les dépositions sembleraient accablantes et le pape à jamais condamné. Ces déposants sont tous, à les entendre, gens de probité et de sens rassis, inaccessibles à la crainte comme à la faveur, qui ont entendu parler du procès en cours et, requis de s'y rendre, ont obéi, soucieux uniquement de vérité. Voilà qui est réconfortant. Ces témoins déposent sans être contraints et, contrairement à ce qui arrive aux Templiers, on ne les torture aucunement. Pourtant, dit

Pour y arriver, on s'est ingénié à les diviser, ainsi on lit sous un
chef d'accusation : « Il ne croit pas à l'immortalité de l'âme, »
sous un autre : « Ni à la vie future, » et, sous un troisième : « aussi
a-t-il une mauvaise réputation. » Ou bien n. 12, « il vend les

---

M. G. Lizerand dans une irréfutable argumentation, *op. cit.*, p. 210 sq., on ne peut
rien conclure de ces témoignages, par une raison unique, mais décisive : ces témoins,
qui déclarent n'être pas les ennemis de Boniface, ont déposé sur la demande de
Nogaret ou de ses agents. Ce sont des témoins choisis, triés par un homme qui
savait procéder en ces sortes d'affaires. Tant qu'on n'aura pas d'autres témoignages — et il est à croire qu'on n'en aura jamais, puisque les bonifaciens qui
protestaient contre l'audition des témoins n'en firent pas entendre — on ne pourra
tirer d'eux que des accusations épouvantables, mais rien qui ressemble à une preuve.
Des accusations de Nogaret et des défenses présentées par les cardinaux bonifaciens, il ne faut presque rien attendre. Les uns et les autres étaient personnellement intéressés à la poursuite dont leur situation présente dépendait au moins
en partie. Ces gens qui infligent la torture avec un acharnement odieux à leurs
adversaires, qui faussent les bulles, fabriquent des documents, ne sont pas recevables. Quant à l'accusé, il est à peine en meilleure posture devant la postérité.
A l'accusation d'hérésie, Boniface préférait ne pas répondre et invoquait l'orthodoxie de sa famille ; le cardinal Jacques Stefaneschi n'est guère persuasif quand il
passe sous silence la foi et les mœurs de Boniface, dont il est le défenseur attitré.
En somme, de tout ce qui fut dit alors, de tant d'immondices remuées et jetées
sur cette mémoire, il ne reste que ceci : Boniface VIII a prêté au doute par sa vie
publique et privée : ni ses paroles ni ses actes n'ont pu donner de lui à ses contemporains l'idée d'un vicaire du Christ ; si rien ne prouve qu'il fut incrédule et libertin,
ses paroles et ses écrits le montrent violent, brutal, audacieux. Pour l'immoralité, cela ressemble fort à un conte, l'accusation de débauche contre nature est
portée alors que Boniface avait quatre-vingts ans passés, pape depuis huit ans,
cardinal depuis vingt-deux ans : on a vraiment mis bien du temps à faire la fâcheuse
découverte. L'accusation d'hérésie pourrait remonter un peu plus haut, jusqu'aux
années du cardinalat, mais ici les accusations ne concordent pas entre elles, elles
peuvent remonter à l'époque de l'élection pontificale de 1295 et sortir de certains
milieux franciscains que l'abdication de Célestin V déconcertait. C'est surtout
d'ambition et d'empiétement qu'il est d'abord question. En France, la première
mention d'hérésie se trouve dans le mémoire de Pierre Dubois en réponse à la
prétendue bulle *Scire te volumus*. En 1303, Nogaret prend l'accusation en main ;
le 12 mars, il parle d'hérésie et de crimes, sans préciser lesquels. Le 14 juin, Plaisians est en progrès, il détaille vingt-neuf crimes, parmi lesquels hérésie, démo-
nialité, sodomie. C'est en 1310 que les chefs d'accusation s'épanouissent et
prennent leur forme définitive. En tout ceci l'analogie entre la méthode employée
dans le procès de Boniface et ceux de Bernard Saisset, des Templiers et de Guichard
de Troyes révèle une manigance unique, même progression, même insistance
maladive portant la marque d'une personnalité qui a travaillé en ces affaires et a
donné un air de famille à ces procès dont chacun a son individualité. Un autre
trait de ressemblance entre ces procès, c'est qu'il est légalement difficile de prouver
la fausseté des accusations. Les crimes qui sortent de l'imagination de Nogaret

charges, » etc., et n. 24, il « est simoniaque. » Il y a d'ailleurs des accusations si niaises qu'elles se détruisent elles-mêmes, par exemple, lorsqu'on veut déduire qu'il ne croit pas à l'immortalité de l'âme, de ce propos tenu par lui qu'il aimerait mieux être chien ou âne que d'être français. Ou bien, n. 10, il avait dit que le monde entier ne pourrait pas le tromper, ce qui ne peut s'expliquer que par l'intervention du démon.

Ce sont surtout ces prétendues relations avec le démon qui sont absurdes, d'autant plus absurdes qu'elles sont particularisées; par exemple, lorsque, pour prouver l'accusation du n. 9, il est dit que, depuis longtemps déjà, il avait reçu d'une femme de Fulgico un *dæmon familiaris*; qu'un bénédictin, Georges de Simbilico, magicien très réputé, lui en avait donné un second qu'il avait payé fort cher, outre une grosse abbaye en Slavonie; un autre démon des plus terribles, qui s'appelait Boniface, lui avait été donné par maître Boniface, de Vicence. Quant au démon caché dans un anneau, il avait appartenu autrefois au roi Manfred et avait revêtu diverses formes, etc. Boniface avait eu aussi de fréquents entretiens avec les démons [1]. Comment ces bruits insensés se sont-ils formés, nous ne pouvons vraiment pas le dire; peut-être Boniface avait-il l'habitude de jouer avec ses bagues, car, suivant le goût fastueux du moyen âge, il en portait plusieurs, et peut-être un de ces anneaux avait-il une forme particulière [2]. Et puis les contradictions abondent dans ces accusations, lorsqu'on dit, par exemple, que Boniface apprenait tout par ses démons (n. 10), tandis qu'on l'accuse de consulter des sorcières, etc. (n. 11). A quoi bon consulter des sorcières, si les démons lui révélaient tout? S'il n'avait pas cru à l'immortalité de l'âme, comment aurait-il pu tenir ce propos : « Quand bien même saint Pierre viendrait, je ne me laisserais pas détourner par lui de mes projets » (n. 13)? On accuse Boniface d'avoir causé la perte de la Terre Sainte : révélation intéressante pour les historiens, puisque Boniface n'est

ont pour caractéristique d'être secrets. C'est en secret que Bernard Saisset est hérétique, en secret que Guichard de Troyes voit le démon, en secret que les Templiers commettent leurs infamies, en secret que Boniface dogmatise. Enfin, le procès de Boniface a finalement avorté. Philippe le Bel, et Nogaret surtout, en ont fait une arme dont on ne tira d'usage que tout le temps qu'on en attendit bon service. (H. L.)

1. Dupuy, *Histoire du différend du pape Boniface VIII avec Philippe le Bel. Actes et preuves*, p. 331 sq.

2. *Ibid.*, p. 552.

monté sur le Saint-Siège que plusieurs années après la chute de Saint-Jean-d'Acre. D'autres griefs sont évidemment aussi dénués de fondement; par exemple, que Boniface ait voulu faire périr tous les Français (n. 28) et qu'il aurait mené toute la chrétienté à sa perte dans le seul but de les humilier (n. 21), etc.

Et cependant, nous ne pouvons pas reléguer dans le domaine des fables et des mensonges toutes les accusations.

1. D'abord, une circonstance très grave, c'est que, dès 1297, un nombre assez considérable de cardinaux et d'inquisiteurs avaient adressé à Philippe le Bel des plaintes contre le pape, relativement à son élévation irrégulière à la papauté, son hérésie, etc., et avaient sollicité le roi de France de venir au secours de l'Église. Cette démarche avait été faite par des cardinaux qui n'étaient pas, comme les Colonna, en hostilité déclarée avec Boniface, mais par des hommes impartiaux en relations ordinaires avec le pape et jouissant de sa confiance. Ils renouvelèrent plusieurs fois cette démarche, de vive voix et par écrit, soit en France, lorsqu'ils y venaient en qualité de légats pontificaux, soit à Rome, au siège même de la papauté.

2. Il est également indéniable que des diffamations circulaient contre le pape dans son entourage, d'où elles se répandaient au loin, et on ne peut révoquer en doute la déposition du cardinal Nicolas, ancien confesseur du roi de France, racontant sous la foi du serment qu'à « la nouvelle de la canonisation de saint Louis, il y eut une allégresse générale; mais bien des personnes [462 eussent désiré *quod ejusmodi canonisatio fuisset facta ab alio papa probo viro et catholico et bonæ famæ*[1].

3. Nous ne pouvons accorder aux témoins entendus en 1310 et 1311 par les deux commissions pontificales, en France et en Italie, le même degré de confiance qu'aux cardinaux, etc., mentionnés au n. 1 et dont nous avons donné les témoignages plus haut. Leurs dépositions trahissent souvent leur passion; d'ailleurs, Nogaret et ses pareils avaient certainement pris leurs mesures pour qu'il n'y eût à déposer que des ennemis déclarés du feu pape. Mais devons-nous admettre que *tous* ces trente-sept témoins, clercs ou laïques, dont quelques-uns étaient déjà très âgés et occupaient des charges et des dignités, aient sciemment menti,

---

1. *Abhandlungen der königl. bayer. Akademie der Wissenschaften, histor. Klasse,* t. III, p. 48.

malgré leur **serment**, et se soient ainsi parjurés en d'atroces calomnies ? Il me semble psychologiquement plus exact de voir, dans ces dépositions, des exagérations, des interprétations fausses, des conséquences forcées, une confiance accordée trop légèrement à des bruits populaires, etc., plutôt que d'y voir *partout* mensonge infernal et diabolique méchanceté. Le fond de telle ou telle de ces accusations pourrait être vrai, mais la fantaisie s'en mêlant, le moucheron sera devenu éléphant; peut-être aussi a-t-on dramatisé des saillies insignifiantes ou des plaisanteries.

4. Il serait surtout difficile de considérer comme *entièrement* inventées les dépositions sur lesquelles *plusieurs* témoins sont d'accord, telles que certaines de celles reçues en Avignon ou en Italie, d'autant plus qu'elles s'accordent sur les moindres détails. Néanmoins l'imposture manifeste de quelques-unes des accusations, par exemple, celles touchant les démons, jette sur les autres un doute fort grave; que Boniface ait réellement scandalisé par ses paroles et par ses actes, c'est ce que pourrait dire seul Celui à qui, depuis longtemps déjà, ce malheureux pape a rendu compte de sa vie entière.

5. Un indice défavorable à la cause de Boniface, c'est l'attitude peu courageuse de ses douze défenseurs, lors du procès de 1310. Ils disent bien d'une manière générale que les accusations sont fausses, parfois contradictoires, ils ajoutent que Boniface était notoirement orthodoxe et *pater bonæ famæ et speculum vitæ* [1]; mais ils n'aiment pas à entrer dans le détail; ils ne le font que deux fois, pour nier l'accusation contre Boniface VIII au sujet de la [463] Terre Sainte et celle qu'à son lit de mort il ne s'est pas confessé et a refusé le saint viatique [2]. Nous leur serions cependant reconnaissants s'ils étaient entrés dans le détail des autres accusations, en distinguant ce qui était faux ou ce qui avait été malicieusement dénaturé. Mais au lieu d'opposer aux accusations les faits, ils s'efforcent toujours avec une finesse juridique de démontrer que les accusateurs ne devraient même pas être entendus et que même un concile général ne pouvait juger le pape que sur la question de sa prétendue hérésie et non sur les autres points. Pour démontrer l'innocence de Boniface, ils en appellent à sa bulle *Nuper*, du 15 août 1303; mais cette bulle ne satisfait pas nos exigences, car Boniface

---

1. Dupuy, *Actes et preuves*, p. 397, 398, 400, 477, 478, 480.
2. *Ibid.*, p. 329, 361, 402, 428, 493.

n'y réfutait pas en détail les accusations portées contre lui; il se contentait de les déclarer en général injustes et, en particulier, sur le fait de l'hérésie il disait : « Qui donc a jamais entendu dire que nous soyons entaché d'hérésie? »

6. Dans sa bulle du 13 septembre 1309, Clément V ne prend qu'avec beaucoup de timidité et sans grande conviction la défense de son prédécesseur, *et il ne la prend plus du tout* dans la bulle *Rex gloriæ*, qui arrête le procès contre Boniface; il est vrai que Clément était dans une telle dépendance vis-à-vis de Philippe le Bel qu'il ne faut pas tirer trop à conséquence cette attitude.

698. *Interrogatoire des Templiers, de 1309 à 1311.*

Les commissions instituées par le pape pour procéder à l'interrogatoire des Templiers, la commission pontificale et les commissions épiscopales, travaillèrent depuis l'été de 1309 avec un zèle tout inquisitorial, et bien peu de Templiers résistèrent à la « question », sans s'accuser eux-mêmes. On rencontre cependant, probablement lorsque la torture était moins atroce, d'énergiques dénégations. Ainsi, au mois de juin 1309, dans l'interrogatoire de soixante-neuf Templiers par l'évêque de Clermont, vingt-neuf se déclarèrent innocents et protestèrent que leurs aveux, pardevant les commissaires royaux, Guillaume de Paris et consorts, avaient été arrachés par la torture. Ailleurs, les accusés revinrent de même sur les aveux antérieurs; à Elne, près de Perpignan, [464] vingt-cinq prisonniers nièrent leur culpabilité et ajoutèrent : « Si le grand-maître a parlé autrement, il en a menti par la gorge ! » Il en fut à peu près de même dans le Languedoc. Comme autrefois pour les Stadinghs, on interrogea les Templiers sur le chat noir qu'ils adoraient, et sur le corbeau qui apparaissait dans leur chapitre à la place du Saint-Esprit, mais ce fut précisément dans l'important interrogatoire subi au château d'Alais, en Languedoc, près de Nîmes, que fut démontrée la fausseté de ces bruits, et celui concernant les trois baisers impudiques fut réduit à ses proportions véritables, c'est-à-dire que, dans la cérémonie de réception, le candidat baisait sur la bouche celui qui procédait à la réception [1].

1. Michelet, *Procès des Templiers*, t. II, p. 423; Schottmüller, *Untergang des*

La commission générale chargée par le pape d'interroger les Templiers français, et instituée également le 12 août 1308, comprenait Gilles Aycelin, archevêque de Narbonne, Guillaume Durand, évêque de Mende (neveu du célèbre liturgiste), les évêques de Bayeux, Guillaume Bonnet, et de Limoges, Renaud de la Porte, et quatre dignitaires de second ordre [1] : [Mathieu de Naples, notaire apostolique; un auditeur du cardinal Pierre Colonna, Jean de Mantoue; l'archidiacre de Maguelone, Jean de Montlaur; le prévôt d'Aix-en-Provence, Jean Agarvi. Tous ces gens d'Église trahirent leurs devoirs, au moins en ceci, qu'ils permirent aux officiers royaux d'assister aux interrogatoires et ne respectèrent pas le secret des dépositions recueillies par eux [2]. (H. L.)] Tous ces membres n'étaient pas présents à chaque interrogatoire; l'archevêque de Narbonne surtout s'absenta souvent. Cette commission devait ouvrir les interrogatoires par la province de Sens, à laquelle appartenait Paris, puis visiter les huit autres provinces de France (Rouen, Reims, Tours, Bourges, Narbonne, Auch, Bordeaux et Lyon). Mais Philippe jugea plus efficace, pour diriger et influencer le procès, de faire siéger la commission à Paris où tous les Templiers de France qui se déclareraient prêts à défendre l'ordre seraient amenés. Pourquoi le pape se conforma-t-il en ce point encore à la volonté du roi, nous l'ignorons. Le 7 août 1309, cette commission se constitua à Paris, dans le monastère de Sainte-Geneviève [3]. Après lecture d'une série de bulles pontificales, on discuta la meilleure manière de satisfaire aux ordres du pape, et on décida de faire inviter publiquement, par un bref de citation lancé par [465] les évêques, tous les Templiers de France, ainsi que tous ceux dont la comparution serait nécessaire, à se présenter au palais épiscopal à Paris, le 12 novembre 1309. La ponctualité et l'empressement des évêques à remplir cet ordre apparaissent clairement dans ce fait qu'au jour indiqué aucun Templier ne se présenta

Templerordens, t. I, p. 291 sq.; Havemann, *Geschichte des Ausgangs des Tempelherrenordens*, p. 222-226; Wilcke, *Geschichte des Ordens der Tempelherren*, t. II, p. 216 sq.

1. Michelet, *Procès des Templiers*, t. I, p. 2-7.

2. G. Mollat, *Les papes d'Avignon*, p. 243; G. Lizerand, *Clément V et Philippe IV le Bel*, p. 128-132, 139-150. (H. L.)

3. Les protocoles de cette commission ont été publiés en 1841 et 1851, en deux volumes, par J. Michelet, dans la *Collection des documents inédits*, Ire série, *Histoire politique*, sous le titre, *Procès des Templiers*.

devant la commission. Cette citation publique devant la cour de l'évêque faite par l'official de Paris était pure comédie. Tous les Templiers étaient dans les prisons du roi, et les commissaires ne l'ignoraient pas. Enfin, le 22 novembre, après des citations réitérées, six des Templiers emprisonnés à Paris furent amenés devant la commission par les geôliers des prisons royales. En violation directe de toute procédure canonique, les officiers du roi assistèrent aux interrogatoires de la commission. Il faut en tenir compte pour apprécier la vraie valeur de la liberté d'interrogatoire promise à plusieurs reprises aux Templiers par le pape et ses fondés de pouvoir. Le 26 novembre 1309, Jacques de Molai, le grand-maître, comparut devant la commission. On lui relut les déclarations qu'on prétendait qu'il avait faites à Chinon devant les trois cardinaux. Plein d'indignation et d'étonnement sur ce qu'on lui attribuait, il s'écria : « Puisse, chez nous comme chez les Turcs, tout menteur malicieux perdre sa tête [1] ! » Un des commissaires répondit « qu'ils n'étaient pas venus pour un duel; l'Église ne condamne comme hérétiques que ceux qui sont trouvés coupables d'hérésie. Les obstinés seront livrés au bras séculier. » Molai se laissa calmer par Plaisians, et pendant un délai de deux jours qu'on lui accorda pour réfléchir, il se laissa persuader d'aban-

1. Michelet, *Procès des Templiers*, t. ı, p. 34. M. Paul Viollet, *Les interrogatoires de Jacques de Molay, grand-maître du Temple, conjectures*, dans *Mémoires de l'Académie des inscriptions et belles-lett.*, 1909, t. xxxviii, part. 1; *Bérenger Frédol, canoniste*, dans *Hist. litt. de la France*, t. xxxiv, p. 122, explique l'attitude étrange de Jacques de Molai qui, après avoir rétracté ses aveux du mois d'octobre 1307, les avait renouvelés à Chinon (août 1308), puis reniés le 18 mars 1313, par une manœuvre des cardinaux Bérenger Frédol, Étienne de Suisy et Landulphe Brancacci. Ceux-ci, pour sauver la vie du grand-maître, auraient falsifié les dépositions reçues à Chinon. Au lieu de notifier dans le procès-verbal la rétractation de Molai, ils auraient mentionné des aveux. C'est ce qui explique pourquoi, en 1309, à la lecture de sa prétendue confession, Molai témoigna une vive surprise et protesta énergiquement. Cette conjecture est à tout le moins très vraisemblable, elle n'est pas admise par Lizerand, *op. cit.*, p. 141-143, ni par L. Halphen, *Revue historique*, 1910, p. 100-101, qui s'en débarrassent sans la réfuter péremptoirement. G. Mollat, *op. cit.*, p. 250, note 2, et *Rev. hist. ecclés.*, 1911, p. 767-768, lui fait meilleur accueil. Il pense avec raison que l'on ne peut s'appuyer sur un mémoire d'allure officielle et sur les dires de Guillaume de Plaisians, lors de la seconde entrevue de Poitiers (1308), pour ne pas admettre le fait des tortures infligées à Jacques de Molai. C'est accorder trop de crédit aux gens de Philippe le Bel, auxquels le mensonge ne coûtait guère, qui l'érigeaient en système et qui avaient, dans l'espèce, un souverain intérêt à démontrer au pape la spontanéité des aveux du grand-maître. (H. L.)

donner la défense de l'ordre par la perspective d'un interrogatoire devant le pape [1]. Le lendemain, Ponsard de Gisi, précepteur de° Payens, déclara fausses les accusations jetées sur l'ordre, et les aveux que la torture avait arrachés à lui et à ses compagnons. A Paris, trente-six frères de l'ordre étaient morts des suites de la torture, et lui-même avait eu les mains ligotées de telle façon que le sang avait coulé sous les ongles [2]. Un autre raconta, le même jour, qu'on lui avait appliqué la question trois fois et qu'on l'avait laissé neuf semaines au pain et à l'eau [3]. Le 28 novembre, le grand-maître protesta de sa propre orthodoxie et de l'excellence de son ordre; mais il ne pouvait, pas plus que ses frères, essayer une défense légale et en forme. Il manquait pour cela des notions [466] nécessaires de jurisprudence et des matériaux indispensables pour la défense, car il leur était défendu de prendre conseil de qui que ce fût, et l'aide d'un avocat leur était refusée [4]. Pour terminer, le grand-maître demanda aux commissaires de lui obtenir le plus tôt possible d'être entendu par le pape, et de lui donner l'occasion d'entendre la messe. Après cet interrogatoire, le même jour, 28 novembre, les commissaires publièrent une nouvelle ordonnance pour toute la France, réclamant l'envoi à Paris, avant le 3 février 1310, de tous les Templiers qui voudraient défendre leur ordre. Ils obtinrent du roi un ordre analogue pour ses officiers. Alors, dans les premiers mois de l'année suivante, des Templiers enchaînés furent amenés à Paris de tous les coins de la France, et la

1. Les autres dignitaires ne montrèrent pas plus de bravoure. Leurs dépositions produisent irrésistiblement l'impression qu'ils sont dominés par la crainte de la mort. Ils se méfient de leurs juges et cherchent les faux-fuyants pour ne point se compromettre. Quand on leur oppose les crimes avoués par leurs frères, ils prétextent l'ignorance, ils tergiversent. Somme toute, s'ils ne défendent pas leur ordre, ils ne l'accusent pas non plus et ne fournissent pas d'armes contre lui. G. Mollat, *op. cit.*, p. 244; Ch.-V. Langlois, dans la *Revue des deux mondes*, 1891, t. CIII, p. 406-408. (H. L.)

2. « Trois mois avant ma confession, raconte-t-il, on m'a lié les mains derrière le dos, si serré que le sang jaillissait des ongles, et on m'a mis dans une fosse, attaché avec une longe. Si on me fait subir encore de pareilles tortures, je nierai tout ce que je dis maintenant, je dirai tout ce qu'on voudra. Je suis prêt à subir des supplices, pourvu qu'ils soient courts; qu'on me coupe la tête, qu'on me fasse bouillir pour l'honneur de l'ordre, mais je ne peux pas supporter les supplices à petit feu comme ceux qui m'ont été infligés depuis plus de deux ans en prison. » Ch.-V. Langlois, *op. cit.*, p. 408. (H. L.)

3. *Procès des Templiers*, p. 36 sq., 40.

4. *Ibid.*, p. 33.

commission reprit ses sessions le 3 février 1310. La grande majorité des accusés, au nombre de plusieurs centaines, affirmèrent l'innocence de l'ordre. Beaucoup rétractaient les aveux antérieurs, même faits devant le pape, quoiqu'une pareille rétractation fût passible de mort [1]. On recourut alors à un épouvantable système de tortures et de rigueurs, et on poussa la cruauté jusqu'à exclure des sacrements les Templiers prisonniers, jusqu'à les laisser mourir sans viatique et à leur refuser la sépulture ecclésiastique [2], et cela au moment même où l'on comptait parmi les crimes du feu pape Boniface VIII un seul cas de cette nature. Le grand-maître et quelques dignitaires de l'ordre déclarèrent ne vouloir plus avoir affaire à la commission, mais au pape seul, et un si grand nombre de membres se présentèrent pour défendre l'ordre qu'on fut obligé de leur faire choisir dans le nombre des orateurs chargés de pouvoirs. Ces élections prirent tant de temps [3] que Clément V crut nécessaire de retarder d'une année l'ouverture du concile général; le 4 avril 1310, il convoqua les archevêques, évêques, etc., par un grand nombre de bulles toutes identiques, à se trouver à Vienne le 1er octobre 1311 (au lieu de 1310) [4]. Le 3 avril et les jours suivants, les mandataires choisis par les divers groupes de Templiers prisonniers remirent leur mémoire justificatif, et, le 11, commença l'interrogatoire proprement dit, pour chaque [467] templier en particulier, sur les cent vingt-sept questions indiquées

1. Au commencement de 1310, une lueur d'espoir rendit confiance aux accusés. Les Templiers se levaient en masse pour la défense de l'ordre. En peu de temps, plus de six cents frères rétractent leurs aveux « parce qu'ils en avaient menti » et déclarent se vouer à la défense du Temple jusqu'à la mort. Et c'était là un mouvement tout spontané, dans lequel les chefs n'étaient pour rien. Étroitement surveillé par Nogaret et Plaisians, Jacques de Molai avait refusé d'imiter tant de ses compagnons et avait sollicité en vain une audience pontificale. Cet enthousiasme parut gros de péril aux officiers royaux, qui entamèrent l'action avec toute l'énergie qu'on pouvait attendre d'eux. Ils profitèrent du désarroi de la commission pontificale pour lui soumettre des témoins choisis et travaillés d'avance et organisèrent la réunion des conciles provinciaux sans attendre la conclusion des enquêtes épiscopales. (H. L.)

2. Schottmüller, *Untergang des Templerordens*, t. I, p. 322; Wilcke, *Geschichte des Ordens der Tempelherren*, p. 216-222; Havemann, *Geschichte des Ausgangs des Tempelherrenordens*, p. 236, 238, 246, 256, 257.

3. Schottmüller, *Untergang des Templerordens*, t. I, p. 323 sq.; Havemann, *Geschichte des Ausgangs des Tempelherrenordens*, p. 235-245.

4. *Regest. Clem. V*, ann. V, p. 397, n. 6293; Mansi, *Concil. ampliss.*, t. XXV, col. 382 sq.; Hardouin, *Concil. coll.*, t. VII, col. 1334 sq.

par la cour de France[1]. Beaucoup d'entre eux, épuisés par la dure et longue captivité, étaient prêts à tout, pourvu qu'on leur garantît la liberté. On fit alors circuler des lettres, sur l'ordre du roi, prétendit-on, pour promettre grâce et pardon à ceux qui feraient des aveux; et c'est en grande partie à cette ruse qu'il faut attribuer ce fait que, dans ces interrogatoires, plusieurs Templiers confessèrent toutes les accusations principales, d'autres avouèrent telles ou telles. Les *servientes* (frères serviteurs, de troisième classe) surtout cherchèrent à se sauver par de pareils aveux[2].

Pendant que la commission pontificale poursuivait lentement les interrogatoires, montrant peu de faveur aux Templiers, le roi Philippe, qui n'avait pas toute influence sur la commission et qui par conséquent ne lui accordait pas toute sa confiance, chercha un autre moyen plus rapide et plus sûr pour atteindre son but. Son favori, Philippe de Marigny, qu'il avait élevé au siège archiépiscopal de Sens au commencement d'avril 1310, avec l'assentiment du pape, condamna dans un synode provincial à Paris cinquante-quatre Templiers[3] comme relaps, parce qu'ils étaient revenus sur leurs aveux. Le concile les ayant livrés au bras séculier, ils furent brûlés vifs à Paris, le 12 mai 1310; jusqu'au dernier moment, ils protestèrent de l'innocence de l'ordre[4]. Huit jours plus tard, quatre autres Templiers furent brûlés au même lieu

---

1. Michelet, *Procès des Templiers*, t. I, p. 89 sq.; Schottmüller, *Untergang des Templerordens*, t. I, p. 329, 336; Wilcke, *Geschichte des Ordens der Tempelherren*, p. 223; Havemann, *Geschichte des Ausgangs des Tempelherrenordens*, p. 239.

2. Havemann, *Geschichte des Ausgangs des Tempelherrenordens*, p. 245-261.

3. D'après *Contin. Guill. de Nangis*, dans Bouquet, *Rec. des hist. de France*, t. XX, p. 600, on brûla cinquante-neuf Templiers. Ce Marigny était frère du ministre Enguerrand, autre scélérat. Les membres de la commission pontificale ne tentèrent rien de sérieux pour empêcher ce concile d'instrumenter avant que leur propre enquête eût été close. Lorsque les Templiers, qui se sentaient perdus, supplièrent Gilles Aycelin d'intervenir en leur faveur, l'évêque répondit qu'il lui fallait entendre ou célébrer la messe. L'action de Philippe de Marigny était strictement légale, rien ne put l'entraver ni la retarder. (H. L.)

4. Hors Paris, entre Saint-Antoine et le moulin à vent. A Senlis, *auto-da-fé* de neuf Templiers le 16 mai. A Paris, en particulier, les enquêtes des conciles provinciaux étaient menées avec une activité fébrile. En mai 1310, les autodafés provoqués par les conciles de Paris et de Senlis désespèrent les dernières espérances des amis de l'ordre. Le 12 mai, cinquante-quatre frères furent brûlés vifs à Paris; cette exécution se renouvela quelques jours plus tard, il en fut de même à Senlis. Le courage des victimes, leurs protestations d'innocence jetèrent un grand trouble dans le peuple. L'inquisition pontificale s'était faite la pourvoyeuse des

et, à Paris seulement, on en brûla ainsi peu à peu cent treize [1]. Sur le désir du roi, d'autres évêques français agirent de même, par exemple, l'archevêque de Reims dans le concile provincial de Senlis [2]. Une frayeur panique s'empara des prisonniers [3] : ils comprirent qu'ils étaient d'avance condamnés à être brûlés vifs, s'ils ne faisaient pas tous les aveux qu'on leur demandait, et la commission pontificale crut alors opportun d'interrompre ses séances [4]. Même la promesse qu'elle fit de garder secrètes les

[468]

conciles provinciaux; elle intervint mollement et trop tard. Le résultat était obtenu. La terreur maîtrisait les survivants et paralysait en eux toute pensée de résistance. (H. L.)

1. Schottmüller, *Untergang des Templerordens*, t. I, p. 347 sq. Schottmüller dit (p. 351) qu'on ne peut pas apporter de documents historiques pour prouver que cent treize Templiers furent brûlés à Paris. Havemann, *Geschichte des Ausgangs des Tempelherrenordens*, p. 258-263; Wilcke, *Geschichte des Ordens der Tempelherren*, p. 232 sq.

2. *Contin. Guill. de Nangis*, dans Bouquet, *Recueil hist. de France*, t. XX, p. 601; Havemann, *Geschichte des Ausgangs des Tempelherrenordens*, p. 266.

3. Le chevalier Aimery de Villiers-le-Duc, pâle, défait, s'écria devant les commissaires pontificaux, le 13 mai : « J'ai avoué quelques articles à cause des tortures que m'ont infligées Guillaume de Marcilly et Hugues de La Celle, chevaliers du roi : mais tout est faux. Hier, quand j'ai vu cinquante-quatre de mes frères, dans les charrettes, en route pour le bûcher parce qu'ils n'ont pas voulu avouer nos prétendues erreurs, j'ai pensé que je ne pourrais jamais résister à la terreur du feu. J'avouerais tout, je le sens : j'avouerais que j'ai tué Dieu, si on voulait. » Ch.-V. Langlois, dans la *Revue des deux mondes*, 1891, t. CIII, p. 411. (H. L.)

4. Le trouble était tel que les commissaires suspendirent les interrogatoires. A la reprise de ceux-ci, on ne recueillit plus guère que des aveux (deux cents contre douze dénégations). Il n'en pouvait être autrement. Les trois quarts des défenseurs de l'ordre ne furent point traduits devant le tribunal; une pression systématique influa sur les dépositions des témoins, déjà soigneusement choisis. Les plus implacables adversaires du Temple assistent aux interrogatoires ou sont constitués geôliers des captifs. Après l'exécution de leurs confrères, il eût fallu aux Templiers interrogés un caractère héroïque pour se rétracter. D'avance, ils se voyaient voués aux flammes comme relaps ! Jurisprudence bizarre qui assimilait à une rechute dans l'hérésie l'affirmation de gens soutenant qu'en dépit de déclarations arrachées par la torture, ils n'avaient pas cessé d'être orthodoxes ! Jurisprudence immorale surtout et criminelle qui fonde des décisions sur l'abus de la force et sur les aveux prononcés dans l'inconscience de la douleur. Bizarrerie et immoralité. Si Clément V répugnait personnellement aux actes de cruauté, il est indéniable que sa pusillanimité élève contre lui une charge accablante. En constituant une inquisition nouvelle, il était pleinement fixé sur le caractère odieux et irrégulier des actes de 1307. Il revint sur ce jugement. Dès lors, les évêques, considérant ces enquêtes comme valides, jugèrent la rétractation des dépositions passible de la peine du feu. L'abdication du pape

dépositions des témoins, afin qu'on ne pût s'en servir contre ceux qui avaient nié, ne suffit pas à relever le courage des prisonniers terrifiés. Ce ne fut que le 18 décembre 1310 que la commission reprit ses séances et interrogea un grand nombre de Templiers qui, pour la plupart, avaient déjà fait des aveux dans les interrogatoires antérieurs devant d'autres commissions, ou devant des inquisiteurs ou des conciles, et qui avaient été absous, à cause de leur prétendu repentir. Presque tous renouvelèrent ces aveux, même les plus faux. Bien peu restèrent inébranlables et c'est une lecture profondément triste que celle de ces procès-verbaux des interrogatoires, car elle nous montre des hommes courageux et chevaleresques amenés par la ruse et par l'épouvante à proférer contre eux-mêmes et contre leur ordre les calomnies les plus effroyables et en même temps les plus insensées. Sans doute d'après le désir du roi, la commission pontificale termina son rôle peu glorieux le 26 mai 1311, après avoir entendu deux cent trente et un témoins. Elle déposa ses actes à Notre-Dame de Paris et fit un rapport au pape, alors à Malaucène près de Vaison, qui ordonna une enquête sur ce point; c'est ce qu'il dit du moins, ainsi que nous le verrons, dans la bulle d'abolition des Templiers [1].

Les Templiers furent également soumis à des interrogatoires dans d'autres États de l'Occident.

Édouard II, roi d'Angleterre, avait répondu négativement à la première invitation de Philippe le Bel de suivre son exemple, et avait écrit au pape et à plusieurs rois pour les tenir en garde contre les calomnies débitées contre l'ordre. Mais sur l'ordre du pape du 22 novembre 1307, il fit lui aussi, le 7 janvier 1308, emprisonner tous les Templiers présents en Angleterre, en Irlande et dans le pays de Galles. Mais les interrogatoires proprement dits ne commencèrent qu'en 1309, lorsque les commissions établies par la bulle *Faciens misericordiam* entrèrent en fonctions. Ils furent tenus à Londres, à York et à Lincoln, par les évêques de ces villes et leurs députés, et tous les prisonniers déclarèrent qu'eux et leur ordre étaient parfaitement innocents. Il n'y eut que quelques apostats qui, troublés et hésitants, parlèrent des prétendues

fut complète lorsqu'il abandonna au jugement de ses inférieurs les Templiers que lui-même avait interrogés à Poitiers. (H. L.)

1. Les procès-verbaux des interrogatoires, qui eurent lieu du 18 décembre 1310 au 26 mai 1311, remplissent la seconde partie du premier volume et la première partie du second de l'ouvrage de Michelet, *Procès des Templiers*, etc.

infamies de l'ordre. En revanche, des témoins étrangers à
l'ordre, des frères mineurs par exemple, se montrèrent d'autant
plus zélés contre les Templiers, et mirent sur le tapis, avec diverses
variantes, les fables importées de la France. Les interrogateurs
s'efforcèrent d'établir, même par des déductions forcées, au moins
un grief, à savoir, que les supérieurs de l'ordre avaient osé, sans
être prêtres, absoudre des péchés (c'est-à-dire des fautes contre la
règle). Sur un ordre du pape [1], on employa par la suite beaucoup
la torture et autres moyens d'intimidation, quoique au commencement le roi les eût interdits comme portant atteinte aux
lois du pays. Ce fut ainsi que les tortures et la crainte jouèrent
ici leur rôle; il n'y eut cependant que peu de Templiers à avouer,
par l'effet des promesses faites pour leurs aveux et des menaces
pour la dénégation. Ceux qui avaient avoué furent absous *ab
hæresi* par les conciles anglais de 1310 et 1311. Les autres furent
maintenus en prison jusqu'à ce que le pape eût définitivement
statué [2].

[469]

Sur l'invitation de la France, Ferdinand IV, roi de Castille et de
Léon, avait également fait emprisonner les Templiers de ses États,
et, le 31 juillet 1308, le pape institua une commission chargée
de procéder aux interrogatoires. Les meilleurs renseignements
sur ce procès des Templiers en Espagne se trouvent dans un ouvrage
historique encore inédit de l'Espagnol Garibay et dont D. Antonio
Benavidès a donné des extraits dans les *Memorias de D. Fernando IV* [3]. Cette commission pontificale, également munie de
pouvoirs pour les royaumes de Castille et de Portugal, comprenait
Gonzalo, archevêque de Tolède, et les évêques Gérald de Palencia
et Jean de Lisbonne. Elle commença à fonctionner le 15 avril 1310,
et envoya de Tordesillas (diocèse de Palencia) une lettre au grand-
précepteur Rodrigo Ibañez et aux autres Templiers, leur enjoignant de comparaître en personne le 27 avril à Medina del Campo,
diocèse de Salamanque, et d'y répondre aux accusations portées
contre eux [4]. Ils furent fidèles au rendez-vous; on avait invité

---

1. *Regest. Clem. V*, n. 6376, bulle du 6 août 1310.
2. Schottmüller, *Untergang des Templerordens*, t. I, p. 368 sq.; t. II, p. 78 sq.;
Havemann, *Geschichte des Ausgangs des Tempelherrenordens*, p. 298-323; Wilcke,
Geschichte des Ordens der Tempelherren, p. 237 sq.
3. Madrid, 1860, t. I, p. 628 sq.
4. Cette lettre se trouve dans les *Memorias de D. Fernando IV de Castilla*,
par D. Antonio Benavidès, t. II, p. 738 sq.

en même temps un grand nombre de témoins, clercs et laïques, personnages de grand poids, qui connaissaient parfaitement les Templiers, avaient souvent visité leurs maisons, et tous parlèrent très favorablement d'eux. D'après ces témoins, on n'avait jamais remarqué dans l'ordre la moindre trace d'hérésie, d'idolâtrie et de mœurs dissolues; les Templiers avaient, au contraire, toujours vécu conformément à leurs statuts approuvés par le Saint-Siège. Peu de temps après, l'archevêque de Tolède mourut et Gutierre Gomez lui succéda. Mais ce fut Rodrigue, archevêque de Saint-[470] Jacques de Compostelle, homme fort intelligent et très respecté, qui présida alors la commission pontificale. Il réunit, en octobre 1310, un concile à Salamanque, afin de rendre un jugement sur les résultats de l'enquête de Medina. Tous les prélats présents étaient fort satisfaits de ce que les Templiers espagnols n'avaient pu être convaincus d'aucun crime; surtout, l'archevêque Rodrigue, qui présidait, s'exprima sur ce point avec éloquence. Néanmoins le concile résolut de ne pas rendre une sentence définitive, mais de laisser la décision finale au pape. Il fut d'avis que cela serait même dans l'intérêt des Templiers, puisque l'absolution donnée par le pape aurait une bien autre valeur que si elle était donnée par le concile. Mais les Templiers présents à Salamanque n'étaient pas de cet avis et demandaient la proclamation immédiate de leur innocence et la restitution de leurs biens. Mais on le leur refusa; ils furent ramenés en prison, quoique traités avec plus de ménagements. Cependant le pape rejeta le jugement favorable du concile. Il se montra fort mécontent du résultat et ordonna un nouvel interrogatoire avec application de la torture *ad habendam ab eis de prædictis veritatis plenitudinem certiorem*[1]. Ce même synode de Salamanque promulgua, dans sa dernière session (23 octobre), un décret très détaillé pour défendre les biens de l'Église contre toute attaque injuste, et pourvoir à la tenue régulière des synodes[2]. La décision du pape ayant été finalement contraire aux Templiers, leur ordre fut supprimé aussi en Castille.

Philippe le Bel avait écrit, avant le pape, au roi Jayme II d'Aragon, pour lui demander l'arrestation des Templiers de son

---

1. *Regest. Clem. V*, ann. VI, p. 105; *Memorias de D. Fernando IV de Castilla*, par D. Antonio Benavidès, t. I, p. 629-634; Coleti, *Concilia*, t. xv, col. 1477.

2. *Memorias de D. Fernando IV de Castilla*, par D. Antonio Benavidès, t. II, p. 770 sq.; Tejada, *Coleccion de canones y de todos los concilios de la Iglesia de España*, t. III, p. 447 sq.; Gams, *Kirchengeschichte von Spanien*, t. III, p. 373.

royaume. Mais Jayme II ne voulut rien faire avant d'avoir
reçu du pape les instructions nécessaires et écrivit dans ce but à
Clément V, vers la fin de 1307. Le pape lui répondit, le 3 janvier 1308, louant sa déférence et lui annonçant une décision du
Saint-Siège et l'envoi d'un nonce en Aragon avec une lettre[1].
Il faisait allusion à la bulle *Pastoralis præeminentiæ* du 22 novembre 1307, dont nous avons déjà fait mention. Mais avant [471]
l'arrivée de cette bulle, à l'instigation des évêques et du grand-
inquisiteur du royaume, le roi Jayme II avait, dès le 1er décembre 1307, ordonné une enquête contre les Templiers et désigné
comme *ses* juges les évêques de Valencia et de Saragosse, avec
ce même grand-inquisiteur, un dominicain. Tous les Templiers
devaient être emprisonnés et leurs biens confisqués. Les évêques
furent convoqués à Valence pour le 6 janvier 1308, pour délibérer
sur les Templiers. Guillaume, archevêque de Tarragone et récemment élu, tint lui aussi un synode provincial, en janvier 1308,
à l'occasion des Templiers[2]. Le pape fut mécontent que, sans
attendre l'avis du Siège apostolique, le roi Jayme II eût agi, et il
le dit très énergiquement dans une lettre du 22 janvier 1308[3].
Quant aux Templiers d'Aragon, dès le début de l'orage, ils se
retirèrent pour la plupart dans leurs citadelles, surtout à Miravet
et à Monzon, où ils soutinrent des sièges assez longs. Ils trouvèrent
secours près de quelques grands du royaume, notamment près
du comte d'Urgel et de l'évêque de Girone, opposés à l'emprisonnement des Templiers et qui n'exécutèrent pas les ordres du
roi[4]. Après un siège de neuf mois, les Templiers enfermés à Miravet
écrivirent au pape deux lettres, du 28 octobre et du 22 novembre
1308, implorant son secours. Ils se déclaraient prêts à se défendre
par les voies légales contre les accusations qui pesaient sur eux,
et à livrer leurs places fortes au pape, mais non au roi, parce qu'elles
étaient un bien d'Église. Ils protestèrent de leur innocence, exposèrent les maux qu'ils avaient soufferts dans leurs combats pour
le Christ et se plaignirent que quelques-uns de leurs frères
eussent été, par suite des tortures qu'ils avaient subies, amenés

---

1. *Memorias de D. Fernando IV de Castilla*, par D. Antonio Benavidès, t. i,
p. 637; t. ii, p. 593 sq.

2. *Memorias de D. Fernando IV de Castilla*, par D. Antonio Benavidès, t. i,
p. 637; Gams, *Kirchengeschichte von Spanien*, t. iii, p. 263 sq.

3. *Memorias de D. Fernando IV de Castilla*, t. ii, p. 595.

4. *Ibid*, t. i, p. 638.

à faire de faux aveux et à se calomnier eux-mêmes[1]. En conséquence, Clément V envoya en Aragon, le 6 janvier 1309, le nonce
Bertrand de Cassiano pour prendre, au nom du Saint-Siège,
possession des personnes et des biens des Templiers et les livrer
aussitôt au roi. La lettre aux Templiers ne dit pas un mot de ce
dernier fait[2]. L'année suivante, la captivité des Templiers devint
plus rigoureuse, en vertu d'un ordre du roi daté du 5 juillet 1310
et donné sur la demande de l'inquisiteur du Saint-Siège; mais
au commencement du mois d'octobre 1310, le concile de Tarragone
intercéda pour eux, parce que leurs crimes n'étaient nullement
prouvés et par conséquent on ne pouvait les garder qu'en prison
préventive et non pas en prison comme condamnés[3]. Mais cet adoucissement ne dura pas longtemps, car, dès le 18 mars 1311, le pape
demanda que les Templiers fussent mis à la question pour les
amener par force à faire des aveux[4]. Cette cruelle procédure fut en
effet employée, et les malheureux furent torturés de toute façon,
jusqu'à ce que, l'année suivante, 1312, un nouveau concile de
Tarragone se déclarât en leur faveur[5].

Ce fut en Portugal, sous l'excellent roi Denys, que les Templiers
furent traités avec le plus de justice. Une enquête tenue à Auria
(en Galice), par l'archevêque de Lisbonne, avec vingt-huit Templiers et huit personnes étrangères à l'ordre, ne révéla naturellement rien de grave. Le roi sut aussi soustraire les chevaliers à leurs
oppresseurs et, l'orage passé, les reconstitua sous un autre nom[6].
En Italie, on procéda différemment suivant les lieux; là où la
procédure fut la plus modérée, ce fut en Sicile où il semble que les
Templiers, comme en Portugal, ne furent pas arrêtés. Dans le

[472]

1. *Memorias de D. Fernando IV de Castilla*, t. II, p. 616 sq.
2. *Regest. Clem. V*, ann. V, p. 435, 437, n. 5012, 5015; *Memorias de D. Fernando IV*,
t. I, p. 638; t. II, p. 629-632; Gams, *Kirchengesch. von Spanien*, t. III, p. 266.
3. *Memorias de D. Fernando IV de Castilla*, t. I, p. 638; Mansi, *Concil. ampliss.
coll.*, t. XXV, col. 515; Gams, *Kirchengeschichte von Spanien*, t. III, p. 268; Havemann, *Geschichte des Ausgangs des Tempelherrenordens*, p. 325; Havemann
place à tort ce synode à Saragosse : il parle d'un évêque de Saragosse au lieu de
Tarragone. Saragosse n'a été élevée à la dignité de métropole que sous Jean XXII.
4. *Regest. Clem. V*, ann. VI, n. 6716, 7493; *Memorias de D. Fernando IV de
Castilla*, t. I, p. 639; t. II, p. 788; Baronius-Raynaldi, *Annal. eccles.*, ad ann. 1311,
n. 53.
5. *Memorias de D. Fernando IV de Castilla*, t. I, p. 639; Gams, *Kirchengeschichte von Spanien*, t. III, p. 270 sq.
6. Schottmüller *Untergang des Templerordens* t. I, p. 448

royaume de Naples, Charles II se conduisit comme en Provence.
Nous avons encore les déclarations extorquées par la torture
à deux *servientes* à Brindisi (mai 1310)[1]. Pour le Patrimoine,
le pape avait institué une commission spéciale. L'évêque de Sutri
en fut nommé président. Celui-ci n'excite l'intérêt que par sa
remarquable étroitesse d'esprit et la formalité repoussante dans
sa manière de procéder. Ici aussi on arracha par les souffrances de
la torture quelques-uns des aveux désirés[2]. Les Templiers du
nord de l'Italie furent partagés pour l'enquête entre plusieurs
commissions. La partie occidentale fut confiée à l'archevêque de
Pise, avec l'évêque de Florence et le chanoine Pierre de Vérone. [473]
Ici comme ailleurs le résultat de l'enquête fut tout à fait favorable
à l'ordre; en conséquence, le pape ordonna un nouvel interrogatoire avec application de la torture, afin d'arracher les aveux
nécessaires. Cet interrogatoire, qui fut tenu à Florence du 20 septembre au 24 octobre 1311, eut le résultat désiré; *examinavimus
cum effectu*, écrivirent les inquisiteurs au pape[3].

Les interrogatoires dans la partie orientale de l'Italie du Nord,
conduits par l'archevêque de Ravenne, ne révélèrent rien au désavantage de l'ordre, et le concile provincial tenu à Ravenne en
juin 1310 parla en faveur des Templiers. Ils furent traités doucement en Allemagne, surtout par les archevêques Pierre Aichspalter de Mayence et Baudoin de Trèves. Par contre, Burkhard
de Magdebourg leur fut peu favorable. Suivant l'ordre du pape,
il fit arrêter *le même jour* tous les Templiers de sa province. Il fit
aussi prendre par surprise dans leurs châteaux de Wichamnesdorf,
Bolscede et Jondingesdorf, dans le diocèse de Halberstadt, le
maître de l'Allemagne, Frédéric von Alvensleben, avec d'autres[4].
Mais cela le mit en conflit avec l'évêque du diocèse et la chevalerie
séculière. Le synode de Mayence tenu en 1310 fut particulièrement
favorable aux Templiers. Enfin, en Chypre, siège de l'ordre depuis
la perte de la Palestine, les chevaliers ne voulurent pas obéir
aux ordres d'arrestation du pape. Ils protestèrent de leur inno-

---

1. Schottmüller, *Untergang des Templerordens*, t. ii, p. 105 sq.

2. *Ibid.*, t. ii, p. 403 sq.

3. Jul. Loiseleur, *La doctrine secrète des Templiers*, Paris-Orléans, 1872; on y
trouvera les procès-verbaux de cet interrogatoire, p. 172-212.

4. *Regest. Clem. V*, ann. V, n. 5888, 6448, lettres du pape du 24 septembre et
du 4 décembre 1310; Schottmüller, *Untergang des Templerordens*, Berlin, 1877,
t. i, p. 437.

cence et se préparèrent, comme en Aragon, à défendre leur honneur par les armes. Cependant Amaury, administrateur du royaume, réussit en mai 1308, sur l'ordre du pape et par la ruse et la violence, à se rendre peu à peu maître des Templiers et de leurs biens. En mai 1310, commença leur interrogatoire; non seulement tous les Templiers, mais aussi de nombreuses personnes étrangères, protestèrent de l'innocence de l'ordre, et attestèrent que la mauvaise renommée de l'ordre ne datait que de la lettre du pape [1].

474] Après tous ces préludes, Clément V se décida finalement à supprimer l'ordre au concile de Vienne. C'est le concile le plus important de son pontificat; mais avant d'en parler, examinons quelques autres synodes qui le précédèrent.

1. Schottmüller, *op. cit.*, t. i, p. 457 sq.; t. ii, p. 143 sq.; Havemann, *Geschichte des Ausgangs des Tempelherrenordens*, p. 326-333; Wilcke, *Geschichte des Ordens der Tempelherren*, p. 240 sq. Il n'y a pas de conclusions à tirer contre l'ordre des enquêtes de Castille, d'Allemagne et d'Italie. A Chypre, le centre de l'ordre, les membres des couvents les plus en vue, des ecclésiastiques, des laïques, dont plusieurs adversaires politiques des Templiers, déposent en leur faveur. La question de la culpabilité de l'ordre est donc géographiquement limitée; elle ne peut se poser que pour la France. Est-il donc soutenable qu'à l'occasion des réceptions dans l'ordre ou de la tenue des chapitres, les Templiers avaient coutume de renoncer le Christ, de cracher sur le crucifix, de pratiquer des baisers impudiques, d'exciter à la sodomie et d'adorer une idole? La négation catégorique opposée à cette question n'exclut évidemment pas la possibilité des défaillances individuelles. Les charges les plus accablantes qui pèsent sur les Templiers ne reposent point sur des preuves apportées par des accusateurs étrangers à l'ordre (on ne réussit point à amener plus de douze dépositions à charge devant la commission pontificale). Ce qui plaide principalement contre celui-ci, c'est la masse énorme d'aveux de Templiers recueillis au cours des procès. Il importe donc souverainement d'être fixé sur la valeur véritable de ces matériaux. Il faut en convenir, la première impression qui s'en dégage est franchement défavorable aux Templiers. Cette impression, Michelet l'a ressentie en mettant au jour les pièces du procès, plus récemment Prutz s'y laissa prendre. Cependant M. Finke et après lui M. Lizerand et M. Mollat se prononcent sans hésitation : les protocoles du procès français sont inutilisables comme preuve historique de la culpabilité de l'ordre. En ce qui concerne l'accusation de sodomie, les matériaux du procès nous semblent dégager un contraste frappant entre la théorie et la pratique. La licéité d'actes contre nature aurait été ouvertement prônée au sein de l'ordre. Quels devaient être les résultats de principes aussi subversifs auprès de gens que l'on suppose profondément dégénérés? La masse des Templiers consistait en servants, dont nombre d'hommes grossiers. L'usage des femmes leur était la plupart du temps impossible, si pas sévèrement interdit. Il faudrait conclure à un abîme de corruption morale, à une extension de pratiques criminelles qui donne le vertige. Or ces protocoles, d'ailleurs si accablants, ne nous montrent pas du tout les Templiers comme un troupeau d'homosexuels. Les aveux sont rares et

699. Conciles depuis l'avènement de Clément V
au XVᵉ concile œcuménique (1305-1311).

Les synodes, proportionnellement nombreux, tenus pendant les six années en question présentent un caractère très différent. Tandis que quelques-uns s'efforcent, pour ainsi dire tranquille-

concernent des faits absolument isolés, nous n'avons point rencontré de traces d'habitude de dépravation. Bien plus, il semble qu'en général les inquisiteurs s'abstiennent prudemment de poser à ce sujet des interrogations aux prévenus. Cela ne prouve-t-il point que les Templiers français, bien faibles caractères à coup sûr, pouvaient avouer l'existence dans l'ordre de théories monstrueuses, mais qu'il fallait craindre néanmoins un soulèvement d'amour-propre et de dignité personnelle en voulant les obliger à reconnaître des ignominies qui leur étaient parfaitement étrangères? A. Kempeneer, dans *Revue d'hist. ecclés.*, 1909, t. x, p. 365-366.

Nous sommes arrivés au dernier acte de cette longue iniquité, il consacrera le mal accompli au concile de Vienne où la suppression de l'ordre sera prononcée. Cette décision ne nous émeut guère aujourd'hui, mais le sort des individus, les traitements infligés à de simples accusés continuent à révolter. La procédure à laquelle nous venons d'assister est de ces choses que nulle langue humaine ne peut qualifier, sous peine d'être inférieure au sentiment qu'elle voudrait exprimer. Ce qui domine, c'est la répulsion pour une jurisprudence, pour des hommes qui fondent sur l'inconscience de l'âme humaine dans l'excès de la douleur leurs procédés d'investigation, leurs moyens de conviction. Si d'instinct, à quelques-uns, le moyen âge inspire l'éloignement, l'étude approfondie de cette procédure ne laisse que tristesse et lassitude. Quelques caractères comme un saint Louis, un Grégoire VII, sont fâcheusement contrebalancés par un Philippe le Bel, un Clément V. Le premier est un politique, excellent chrétien, chaste, timoré, aumônier, mais il hérite d'une suite de générations, il représente une législation, des intérêts, des avidités qui ne justifient pas un seul instant, mais qui expliquent sa conduite à l'égard des Templiers. Avec Clément V, la justification est encore moins facile. Laissons à Dante le soin de damner les pontifes, contentons-nous, historiens, de leur faire justice. Clément ne manquait pas de vertus solides et sa formation était soignée pour les temps où il vécut. Il fut un juriste instruit, un protecteur éclairé des études. Poli, affable, il cachait sous cette apparente courtoisie l'irrémédiable faiblesse de son caractère. A peine pape, il commence à pourvoir ses neveux, ses parents, ses alliés, tout lui est bon : cardinalat, évêchés, abbayes, prébendes, bourses pleines. Tout se vend et tout se paie, il faut payer pour entrer dans le palais du pape, payer pour entrer dans sa chambre. On encaisse les impôts avec âpreté. En neuf ans, l'encaisse du trésor pontifical monte, chose sans exemple, à un million quarante mille florins. Aussi le roi de France redoute l'appétit d'un tel concurrent dans la succession des Templiers et, pour s'en débarrasser, il le harcèle, le pourchasse, l'excède et en obtient tout ce qu'il veut. Non seulement Clément ratifie l'arrestation des Templiers, mais, sans croire à leur culpabilité, il laisse poursuivre l'affaire et verser leur

ment, de faire disparaître d'anciens et universels abus, d'autres
sont occasionnés par cette chasse acharnée contre les Templiers;
sous ce dernier aspect, ces synodes se subdivisent encore en trois
classes complètement différentes. Les conciles français prennent
part, avec un fanatisme plus politique que religieux, à l'œuvre
sanglante du roi; au contraire, les synodes espagnols, italiens
et allemands défendent noblement et courageusement les persé-
cutés, tandis que les synodes anglais tiennent une conduite intermédiaire. Il n'y eut, du reste, que les derniers synodes de cette
époque à s'occuper des Templiers; les premiers s'occupèrent
d'autres questions.

Le 22 février 1305, Rodrigue, archevêque de Tarragone, tint
probablement le dernier des nombreux conciles provinciaux qu'il
présida. Tejada en a trouvé les huit constitutions dans trois
manuscrits à Girone et à Barcelone [1].

1. Les évêques de la province de Tarragone, au cours de leurs
visites, doivent enquêter d'office, même si on n'a pas porté plainte,
sur l'exacte exécution des testaments et sur la restitution des
profits usuraires.

2. Décisions concernant l'observation de l'interdit.

3. Les pactes et conjurations contre le clergé, ainsi que toute
participation, sont défendus sous peine d'excommunication; de
même, tout libelle injurieux contre le clergé.

4. La même peine est portée contre tous ceux qui cherchent
à nuire, n'importe en quelle manière, aux droits de l'Église de
Tarragone.

5. Les abbés, prieurs et prélats des églises collégiales doivent se
rendre aux conciles provinciaux. Ceux qui s'absentent sans raison
perdent les bénéfices des décisions du concile. (L'évêque et le

---

sang. Peut-être a-t-il cru de bonne foi rassurer sa conscience en faisant
appliquer les frères à la torture; le roi d'Angleterre ne le veut point, il l'y
oblige; le roi d'Aragon ne le veut point, il l'y contraint; en Castille, en
Allemagne, le pape veille à ce qu'on torture; c'est sa conception, à ce
juriste, de la base juridique des poursuites. En Chypre, les Templiers vont
lui échapper, Clément s'empresse de prescrire une nouvelle enquête avec
l'emploi de la torture. Et malgré tout, l'innocence est si évidente, l'accusation si stupide que la commission pontificale elle-même, instituée pour
reviser le procès, émet le vœu que l'ordre soit admis à présenter sa
défense. Clément V va se charger de l'en empêcher. (H. L.)

1. Tejada y Ramiro, *Coleccion de canones y de todos los concilios de la Iglesia
de España*, Madrid, 1859, t. VI, p. 60.

chapitre de Girone protestèrent contre cette ordonnance, disant qu'ils n'étaient obligés à se présenter ni par droit ni par coutume.) [475]

6. Plusieurs abbés et prélats usurpent la juridiction épiscopale en présentant des ordinands ou en s'ingérant dans les causes matrimoniales. Cela est sévèrement défendu.

7. Pendant la durée de l'interdit, personne ne peut être enterré dans un cimetière.

8. Les chevaliers de Saint-Jean, les Templiers, et en général tous les religieux de la province ne peuvent jouir des avantages des constitutions provinciales que s'ils les observent fidèlement.

Un concile provincial tenu en 1305, à Pont-Audemer, sous la présidence de Guillaume de Flavacourt, archevêque de Rouen, remit en vigueur, en vingt et un chapitres, une série d'ordonnances du quatrième concile de Latran et d'un autre concile tenu également à Pont-Audemer, par le même archevêque, en 1279. Aux actes du présent concile fut ajouté un aperçu doctrinal sur les sept vertus théologales, les quatorze articles de foi, les sept œuvres de miséricorde, les sept dons du Saint-Esprit et les principales fêtes de l'année [1].

Dans un synode provincial tenu à Merton, près de Londres, en 1305, Robert de Winchelsea, archevêque de Cantorbéry, publia diverses ordonnances.

1. On veut uniformiser dans la province les dîmes et les oblations; on énumère toutes sortes de dîmes sur les fruits de la terre, les animaux, le miel, le lait, les revenus des moulins, la pêche, l'industrie, le commerce, etc.

2. Un second édit énumère les vases, vêtements, livres et autres objets mobiliers, qui doivent se trouver dans une église, ou que les paroissiens doivent procurer.

3. Dans un troisième, on règle les rapports entre le clergé de la paroisse et les prêtres stipendiés ou qui vivent de leur propre revenu, ou sont entretenus par d'autres. a) Ceux-ci n'auront aucune part dans les offrandes pour les enterrements, etc., qui ont lieu dans les églises où ils célèbrent; b) tous les jours de dimanche et de fête, ils prêteront serment pendant leur messe de ne causer aucun préjudice, ni à l'église ni au clergé de la paroisse, de ne pas fomenter

---

1. Mansi, *Conc. ampliss. coll.*, t. xxv, col. 127 sq.; Coleti, *Concilia*, t. xiv, col. 1373 sq. Ce synode manque dans Hardouin. G. Bessin, *Concil. Rothomag.*, t. i, p. 168.

de discorde entre le clergé et les paroissiens et d'assister au chœur, avec un surplis, qu'ils doivent se fournir eux-mêmes, à toutes les [476] heures canoniales, etc.[1]. Les autres constitutions de l'archevêque Robert, citées dans les éditions des conciles, ne se rapportent pas avec les synodes.

Un synode provincial tenu à Aquilée, sous le patriarche Ottoboni, ne nous est connu que par l'appel au pape de Pagan, évêque de Padoue, mécontent que, dans ce synode, le patriarche ne l'ait pas fait asseoir à sa droite. D'un concile provincial, tenu à Ravenne la même année que le précédent, nous ne savons que l'existence[2].

Dès le commencement de son pontificat, Henri de Virneburg, archevêque de Cologne, s'opposa de toute son énergie aux clercs et aux laïques indisciplinés et immoraux. Dans un premier synode diocésain tenu à Cologne, le 21 février 1306 (*fer. ii p. dom. Invoc.*), il chercha à opposer un frein aux agissements désordonnés des béguines et des béghards, dont quelques-uns étaient devenus exaltés et hérétiques[3].

Dans un autre synode du 3 octobre 1306, l'archevêque prononça la déposition contre son suffragant Otton de Rittberg, évêque de Munster. L'évêque Otton s'était brouillé avec une partie de son chapitre. Le prévôt avait été surtout blessé que l'évêque ne voulût pas reconnaître son droit de nommer le sous-cellerier du chapitre. Certains chanoines étaient irrités que l'évêque eût choisi pour son official, au lieu d'un chanoine de sa cathédrale, un chanoine de la collégiale de Saint-Ludger. Lubert de Langen, doyen du chapitre, chef de l'opposition, fut excommunié par l'évêque, ainsi que ses partisans du chapitre. Otton défendit également à son clergé de recevoir les ordres de l'archevêque de Cologne. Ses adversaires, soutenus par la noblesse laïque, se plaignirent alors à l'archevêque, qui nomma une commission d'enquête, devant laquelle l'évêque de Munster refusa de comparaître, et fit appel au pape. Mais cet appel fut annulé; les témoins contre Otton furent entendus, et, le 3 octobre, en présence

---

1. Mansi, *Concil. ampliss. coll.*, t. xxv, col. 6-16; Coleti, *Concilia*, t. xiv, col. 1273 sq. Incomplet dans Hardouin, *Concil. coll.*, t. vii, col. 1210 sq.

2. Mansi, *Concil. ampliss. coll.*, t. xxv, col. 147-150; Coleti, *Concilia*, t. xiv, col. 1383.

3. Baronius-Raynaldi, *Annal. eccles.*, ad ann. 1306, n. 18; Hartzheim, *Concil. German.*, t. iv, p. 100; Binterim, *Deutsche Concilien*, t. vi, p. 117. Cf. plus loin les canons du concile général de Vienne.

du chapitre et du clergé, l'archevêque le déclara convaincu des
crimes à lui imputés, à savoir : trahison du serment d'obéissance
fait au métropolitain, lors de son élection, et d'autres promesses
jurées au chapitre de sa cathédrale, enfin dilapidation des biens
de l'Église. Il fut déposé et relevé de l'administration spirituelle
et temporelle de son diocèse. Le chapitre élut aussitôt un nouvel
évêque dans la personne du chanoine Conrad de Monte, et l'arche- [477]
vêque de Cologne le confirma sur-le-champ. Mais le pape, à qui
Otton en appela et auprès de qui il se rendit, le déclara innocent,
cassa la nouvelle élection et, par une bulle du 23 octobre 1308,
cita l'archevêque Conrad et huit membres du chapitre de Munster
devant sa curie, pour répondre de leur conduite. Mais Otton
mourut à Poitiers, le 16 octobre 1308 [1].

Le 6 juillet 1306, Jörund, archevêque de Drontheim, tint un
concile provincial à Oslo. Les suffragants de Farœr, Stavanger,
Oslo et Hamar y prirent part : Bergen était représenté par des
fondés de pouvoir. Le seul décret de ce synode qui nous est connu
défend catégoriquement que les femmes soient admises dans les
monastères d'hommes ou les hommes dans les couvents de femmes,
contra bonos mores et sanctorum Patrum constitutiones. Le personnel
des monastères étant souvent relativement considérable, les biens
des monastères étant en conséquence amoindris, la simonie et
d'autres crimes se sont introduits sous le couvert de la pauvreté.
Les évêques devront donc veiller dans chaque monastère au maintien d'un nombre de personnes en rapport avec les revenus. Ce
nombre ne pourra être dépassé sans leur permission. On ordonna également l'institution d'un pénitencier dans chaque église cathédrale [2].

Le successeur de Rodrigue, Guillaume, archevêque de Tarragone,
tint peu après sa consécration un concile provincial, placé par
Tejada, qui en a retrouvé les actes, au 5 février 1307 [3]. Ce concile
promulgua quatre constitutions.

1. A cause des juifs et des Sarrasins qui sont plus nombreux
dans la province de Tarragone que dans n'importe quel autre
pays d'Europe, les décisions du concile de Latran sont remises
en vigueur. D'après ces décisions, ceux qui passent au christianisme

1. Hartzheim, *Concil. Germ.*, t. IV, p. 98 sq.; *Regest. Clem. V*, ann. III, n. 3619;
L. Perger, *Otto von Rittberg, Bischof von Münster*, Münster, 1858, p. 27-47, 57 sq.

2. Finnus Johannæus, *Hist. eccles. Island.*, Hauniæ, 1772, t. I, p. 476.

3. Tejada y Ramiro, *Coleccion de canones y de todos los concilios de la Iglesia
de España*, t. VI, p. 62 sq.

ne peuvent être inquiétés en aucune manière pour ce qui concerne leurs biens et héritages paternels.

2. Il est défendu, sous menace de punitions sévères, aux chrétiens, prêtres ou laïques, d'employer des médecins juifs. Le canon 22 du quatrième concile de Latran est également rappelé.

[478] 3. Par une négligence coupable, beaucoup de recteurs d'église s'abstiennent de célébrer. Ils sont sommés de le faire dans un délai de trois semaines. De plus, suivant le canon du concile qui censure tout prêtre qui célèbre à peine quatre fois par an, tous les prêtres sont invités *quod missas celebrent ut frequentius poterunt commode et honeste.*

4. Les legs pour les anniversaires et autres legs laissés aux frères mineurs et qu'ils ne peuvent accepter, conformément aux prescriptions de leur règle, doivent être employés à d'autres fondations pieuses par l'ordinaire, avec l'assentiment de la famille du défunt.

Depuis un siècle et plus, en 1169 et 1177 une union fut préparée entre les arméniens et le reste de l'Église, surtout par Nersès, évêque de Lambron, personnage disert et plein de talents (cf. § 631). Cent ans plus tard, le roi Hayton II reprit cette affaire avec le pape Nicolas IV [1], et continua à la hâter, même lorsqu'il eut abdiqué pour se faire moine; le patriarche arménien de cette époque, Grégoire, animé des mêmes sentiments, remit à Hayton un mémoire détaillé sur ce sujet [2].

Il voulait que l'union avec Rome se fît par le moyen d'un concile national arménien. Le roi Léon III, successeur d'Hayton, approuva aussi ce projet; mais le patriarche étant mort quelque temps après, ce ne fut qu'après la mort du roi Léon que ce synode se réunit, le 19 mars 1307, à Sis, l'antique Issus, maintenant Aias en Cilicie, au nord-est de Tarse, sous la présidence de Constantin, archevêque de Césarée, lequel fut, le 23 mars de cette année, élu *katholicos* [3]. Les quatre archevêques, les vingt-deux évêques et les nombreux personnages ecclésiastiques et laïques du royaume, réunis dans cette assemblée, approuvèrent le mémoire du feu patriarche, et décidèrent de reconnaître à l'avenir en Arménie les sept premiers conciles généraux et la doctrine des deux natures, des deux volontés et des deux opérations dans la seule personne

1. Baronius-Raynaldi, *Annal. eccles.*, ad ann. 1289, n. 57.
2. Mansi, *Concil. ampliss. coll.*, t. xxv, col. 140-148.
3. Le Quien, *Oriens christ.*, t. i, p. 1405.

du Christ (contrairement au monophysisme professé jusqu'alors par les arméniens). A la messe, le vin devait être mélangé d'eau, et l'on ajoutait au *Trisagion* le mot *Christe*, afin qu'il fût impossible de rapporter à la Trinité tout entière les mots *qui crucifixus est pro nobis*. A l'égard des fêtes, des vêtements ecclésiastiques, des linges d'autel, et surtout des corporaux, etc., l'Arménie se réglerait d'après l'Église romaine, dont elle avait déjà adopté les azymes, la mitre épiscopale et la manière de faire le signe de la croix. On attacha une importance toute spéciale à l'addition de l'eau au vin à la messe, et on invoqua toute une série de preuves tirées de la Bible et des Pères. Il n'y eut du reste que les évêques[479] de la Basse-Arménie ou Arménie antérieure à embrasser l'union; les autres s'obstinèrent dans le schisme [1].

Comme en 1303, Amanieu, archevêque d'Auch, réitéra dans un synode provincial de 1308 le principe des droits et libertés de l'Église vis-à-vis du pouvoir civil, et par le premier canon il excita son clergé à l'imiter. Le second canon prescrivit une rigoureuse détermination par les supérieurs, dans chaque église, des fonctions des clercs qui devaient changer chaque semaine.

3. Contre l'usure, on lira fréquemment au peuple la décrétale *Usurarum voraginem* du *liber Sextus* (l. V, tit. v, de Grégoire X et du concile de Lyon de l'année 1274).

4. Défense aux abbés de diviser les biens communs d'un monastère, ou de servir des pensions particulières à des moines. Tous les moines d'un monastère doivent de même manger au réfectoire et dormir dans un même dortoir.

5. Lorsque des moines mendiants passent dans un ordre non mendiant, ils ne doivent recevoir des supérieurs de ces ordres aucune pension en argent, en fruits, etc.

6. Les anciens statuts provinciaux garderont force de loi [2].

En Hongrie, les longues querelles de succession à la couronne occasionnèrent de graves désordres, et comme toujours l'Église en fut plus particulièrement atteinte. Les évêques cherchèrent dans diverses réunions, dont certaines étaient des *concilia mixta*, à y apporter remède. Thomas, archevêque de Gran, tint un synode

---

1. Mansi, *Concil. ampliss. coll.*, t. xxv, col. 133-148, et sa note dans Baronius-Raynaldi, *Annal. eccles.*, ad ann. 1306, n. 13; Coleti, *Concilia*, t. xiv, col. 1377, incomplet.

2. Mansi, *Concil. ampliss. coll.*, t. xxv, col. 195 sq.; Hardouin, *Concil. coll.*, t. vii, col. 1281 sq.; Coleti, *Concilia*, t. xiv, col. 1385 sq.

provincial à Udvarde, vers la fin de mai 1307, avec les évêques de Neutra, Fünfkirchen et Erlau. D'abord on menaça de la justice divine tous ceux en général qui s'attaquent aux droits de l'Église, à ses privilèges, ses possessions ou personnes. Ensuite on promulgua les douze décisions suivantes :

1. Quiconque impose de nouvelles charges ou impôts aux prêtres ou aux gens d'Église, ou usurpe leurs héritages, tombe sous le coup de l'excommunication.

2. De même, quiconque institue un prêtre *ad tempus*, ou ne le présente pas à la confirmation des supérieurs compétents.

3. De même, quiconque acquiert une église paroissiale à prix d'argent.

4. Celui qui passe d'un diocèse dans un autre sans lettres dimissoriales de son évêque, ou d'un archidiaconat dans un autre ou d'une église dans une autre sans la permission de l'archidiacre, [480] sera excommunié. Il sera arrêté par l'archidiacre et amené devant l'évêque.

5. Les prêtres qui violent l'interdit par l'exercice solennel des actes du culte encourent une irrégularité, tombent sous le coup de l'excommunication et doivent être punis par l'archidiacre de la prison perpétuelle. Si la violation est particulièrement grave, ils seront même dégradés. Les laïques qui empêchent de quelque façon que ce soit l'exécution de ces peines ou aident ces prêtres dans leurs agissements sont excommuniés *ipso facto*.

6. La coutume suivante, déjà très répandue, sera observée partout : chaque soir au crépuscule, on sonnera la cloche. A ce signal, tous les fidèles diront trois *Ave Maria* en l'honneur de la très sainte Vierge. Ceux qui le font gagneront chaque fois dix jours d'indulgence.

7. Celui qui, sans mandat, juge définitivement une cause ecclésiastique ou séculière encourt l'excommunication.

8. Celui qui exige les droits de douane ou de péage d'ecclésiastiques ou de laïques se rendant à un concile encourt l'excommunication.

9. Quiconque possède en même temps sans permission deux bénéfices à charge d'âmes sera excommunié avec les vicaires qu'il y aura établis.

10. Les meurtriers, qui autrefois, pour obtenir le pardon de leurs crimes, se flagellaient pieds nus devant la porte de l'église, prennent part aujourd'hui aux services solennels avec insolence

et sans crainte; tous les dimanches et jours de fête, le clergé paroissial les excommuniera et avertira le peuple d'avoir à les éviter comme des lépreux.

11. Les sentences d'excommunication et d'interdit prononcées contre la ville de Bude (sans doute parce qu'elle refusa de reconnaître le roi angevin) par les archevêques de Gran, Grégoire (février 1298 au 7 septembre 1303) et Michel (du 4 novembre 1303 à septembre 1304), ainsi que par le légat du pape, le cardinal Nicolas (plus tard Benoît XI), et dont les habitants de Bude s'obstinent à ne pas tenir compte depuis neuf ans, sont renouvelées. Les prêtres qui y célébreront des fonctions ecclésiastiques seront tenus pour hérétiques et schismatiques, et on prêchera contre eux, comme contre les habitants de Bude, une croisade.

12. Les sentences d'excommunication et d'interdit prononcées par Boniface VIII contre tous ceux qui font opposition à Charles (d'Anjou) sont renouvelées. Une plus longue obstination entraînera une sentence d'interdit sur toute la Hongrie, et une croisade sera prêchée contre les plus opiniâtres (*tanquam sepulchrum Domini detentores*) [1].

[481]

De même le légat pontifical, cardinal Gentilis, déploya une grande activité pour faire reconnaître Charles-Robert (Charobert) d'Anjou. Dans ce but, il prit part à différentes réunions des seigneurs ecclésiastiques et laïques de la Hongrie, mais la plupart de ces réunions furent plutôt des assemblées politiques que des conciles. Dans une assemblée tenue à Bude, le 8 mai 1308, il accorda à l'archevêque de Gran le droit exclusif de couronner le roi de Hongrie, et prononça contre tout autre archevêque ou évêque qui oserait le faire l'excommunication réservée au pape. D'autres décisions furent portées concernant les insignes de la couronne. Ils étaient en la possession du voyvode de Transylvanie, alors que l'Église de Stuhlweissenburg avait, par l'usage, le droit de les garder [2]. Le légat tint une deuxième assemblée à Pest, le 18 novembre 1308, pour saluer le roi Charles et publier un acte d'élection [3]. Une espèce de synode politique eut lieu à Bude, en juin 1309, à l'occasion du couronnement de Charles. Celui-ci fut couronné solennellement par l'archevêque de Gran, entre les

1. Knauz, *Monument. eccles. Strig.*, t. II, p. 570 sq., 574; Knauz prouve que ce concile, attribué jusqu'à lui à l'an 1309, a dû avoir lieu à la fin de mai 1307.

2. Knauz, *op. cit.*, t. II, p. 584.

3. Theiner, *Monum. Hungariæ*, t. I, p. 423.

mains duquel il avait auparavant prêté serment, le dimanche 13 juin, en présence de l'archevêque de Colocza, des évêques de Veszprim, Waitzin, Grosswardein, Neutra, Agram, Sirmium (S. Irénée), Fünfkirchen, Erlau, Diakovar et Csanad, ainsi que de nombreux seigneurs hongrois. On se servit pour la cérémonie d'une nouvelle couronne bénite par le cardinal légat, le mercredi précédent [1].

Le légat Gentilis tint un véritable concile à Pressburg (*Posoniense concil.*), le 10 novembre 1309. Il y publia les *capitula* suivants :

1. Quiconque maltraite ou emprisonne, etc., un légat du pape, un archevêque ou un évêque, sera mis au ban du reste de la chrétienté; il perdra tous les privilèges, fiefs, grâces et bénéfices, etc., qu'il tenait de l'Église, son territoire sera frappé d'interdit, ses fils ne pourront devenir clercs ni obtenir aucune dignité dans un monastère, et ses vassaux, châtelains, etc., seront relevés de toute obligation vis-à-vis de lui, jusqu'à ce qu'il ait reçu l'absolution; jusqu'à cette époque, il leur est même interdit, sous peine d'excommunication, de lui rester fidèles; enfin le coupable sera privé de la sépulture ecclésiastique.

2. Défense à tout ecclésiastique de donner aide ou conseil à un laïque contre des églises ou contre d'autres ecclésiastiques.

482] 3. Que personne n'ose accepter d'un laïque aucun évêché, dignité, église paroissiale, ou bénéfice ecclésiastique quelconque. La peine est l'incapacité, sauf dispense du pape, à recevoir un autre bénéfice, etc., et personne, clerc ou laïque, ne devra lui obéir.

4. On rappelle et aggrave les peines dont le pape Benoît XI, alors légat en Hongrie, menaçait les laïques usurpateurs des biens d'Église. (Les collections des conciles notent en marge qu'il s'agit des canons 52 et 53 du concile de Bude de 1279, et ces canons, en effet, traitent du même sujet que le canon 4 du présent synode; mais Benoît XI, auparavant Nicolas Boccasini, ne fut légat en Hongrie que sous Boniface VIII.)

5. On rappelle l'ordonnance du légat Philippe contre les concubinaires publics (canon 47 du synode de Bude de 1279), renou-

---

1. Knauz, *Monument. eccles. Strigon.*, t. II, p. 600 sq. Le voyvode Ladislas, qui se soumit au roi Charles le 8 avril 1310, promit de rendre les vrais insignes avant le 1er juillet de la même année.

velée par le pape Benoît XI; les clercs coupables seront punis d'une forte amende.

6. Les vols et toute atteinte à la sécurité publique sont sévèrement interdits.

7. Celui qui s'obstine une année entière sous le coup de l'excommunication sera traité comme hérétique, et son bien sera confisqué.

8. Défense à tout fidèle de donner sa fille, ou autre parente, en mariage à aucun hérétique, patare, gazare (= cathare), ou schismatique, Ruthène, Bulgare, Raske, Lithuanien, etc.

9. Tous les archevêques, évêques, abbés, etc., doivent se conformer aux ordonnances du Saint-Siège et de ses légats, ce qui malheureusement n'est pas toujours le cas en Pologne. Ces neuf *capitula* ont été confirmés par le pape Clément VI en 1346 [1].

Presque en même temps, les 24 et 25 novembre 1309, en un synode tenu à Londres, Robert de Winchelsea, archevêque de Cantorbéry, publia les deux bulles pontificales *Regnans in cælis* et *Faciens misericordiam*, concernant la convocation du concile de Vienne et l'enquête contre les Templiers [2].

Le premier concile de l'année 1310 fut celui tenu à Udine, le 9 février, par Ottoboni, patriarche d'Aquilée, afin de préparer, suivant l'ordre du pape, le concile de Vienne; en même temps, d'anciens statuts furent remis en vigueur [3].

[483]

Le synode provincial de Salzbourg, tenu en 1310, pendant le carême, sous la présidence de l'archevêque Conrad, accorda pour deux ans, avec quelques réserves, la décime de tous les revenus ecclésiastiques demandée par le pape Clément V, en vue de la croisade. On y discuta ensuite les actes du procès contre les Templiers, *processus habiti contra Templarios* (sc. *lecti sunt* [4]); cependant nous n'avons aucune autre information sur ce point. Enfin on y promulgua quelques *capitula*, à savoir :

1. La sévère ordonnance du concile de Salzbourg de 1274 (can. 12) est adoucie, dans ce sens que les peines qui y sont

1. Mansi, *Concil. ampliss. coll.*, t. xxv, col. 214-224; Hardouin, *Concil. coll.*, t. vii, col. 1295-1302; Coleti, *Concilia*, t. xiv, col. 1399-1408; Baronius-Raynaldi, *Annal. eccles.*, ad ann. 1346, n. 72 sq.

2. Mansi, *Concil. ampliss. coll.*, t. xxv, col. 199-212; Hardouin, *Concil. coll.*, t. vii, col. 1284-1294; Coleti, *Concilia*, t. xiv, col. 1387.

3. Mansi, *Concil. ampliss. coll.*, t. xxv, col. 350 sq.

4. Dalham, *Concil. Salisburg.*, p. 148.

édictées n'atteignent pas les clercs qui, pour honorer un ami, un seigneur, etc., ou pour tout autre motif raisonnable, entrent dans un cabaret.

2. Le canon 2 du concile de Salzbourg de 1281 (cf. p. 275), concernant les comptes à rendre par les prélats, est également mitigé.

3. On insiste pour l'exécution du décret de Boniface VIII contre les clercs vagabonds, bateleurs et gouliards. (*Sext. Decret.*, l. III, tit. 1, *De vita et honest. cler.*, c. 1.)

4. Les abbés des bénédictins, les prévôts ou prélats des chanoines augustins, ont à tenir leur chapitre provincial avant la fête de la Chandeleur, et ensuite tous les trois ans. Même ordonnance qu'en 1274.

5. Promulgation de la constitution de Clément V abrogeant la bulle *Clericis laicos*. L'atténuation des peines contre les mariages clandestins, attribuée par Mansi à ce concile, se rapporte au can. 1 du synode de 1292[1].

Comme ce synode de Salzbourg, les trois conciles allemands de Cologne, de Trèves et de Mayence, furent occasionnés par la bulle *Faciens misericordiam* (cf. p. 549). Clément V en effet y prescrivait de faire enquêter, dans chaque diocèse, sur les Templiers, mais par des commissaires désignés à cette fin; les sentences devaient être prononcées dans les synodes provinciaux. Robert, doyen de Saint-Servais à Maestricht, fut nommé, par bulle du 30 octobre 1309, inquisiteur général pontifical en Allemagne, Bohême, Pologne, Prusse et Suède[2]. Il devait évidemment assister en personne aux synodes provinciaux où la sentence finale était portée; c'est pourquoi ces conciles furent tenus dans un intervalle de quatre semaines. Le premier eut lieu à Cologne, le 9 mars 1310, et l'archevêque Henri dit expressément, dans la préface des actes, qu'il a réuni ce synode sur l'ordre du pape; mais dans les actes il n'est aucunement question des Templiers; Binterim en a conclu que les archevêques allemands se seraient entendus pour ne rien entreprendre contre les Templiers dans ces synodes provinciaux, se contentant de remettre en vigueur

[484]

---

1. Mansi, *Concil. ampliss. coll.*, t. xxv, p. 225 sq.; Hardouin, *Concil coll.*, t. vii, col. 1304 sq.; Coleti, *Concilia*, t. xiv, col. 1412; Hartzheim, *Concil. German.*, t. iv, p. 166 sq.; Binterim, *Deutsche Concilien*, t. v, p. 133 sq.

2. Schum, *Die Amplonianische Sammlung zu Erfurt*, p. 76.

d'anciens statuts, etc. [1]. Mais les rapports sur les conciles de Salzbourg, Cologne, Trèves et Mayence les contredisent expressément. Ce silence des procès-verbaux de ces synodes sur l'affaire des Templiers s'explique plutôt par ce fait que le rapport des débats et des décisions sur cette question aurait été envoyé séparément au pape par l'inquisiteur général [2]. Les vingt-neuf *capitula* du concile de Cologne sont ainsi conçus :

1. Tous les statuts et actes tendant à restreindre les libertés de l'Église ou à empêcher les donations, etc., aux églises, ou à diminuer les dîmes, sont nuls et sans valeur.

2. Peines contre quiconque emprisonne, mutile ou tue une personne d'Église. Remise en vigueur et aggravation de l'ordonnance du concile de Cologne de 1266.

3. Défense à tout laïque, sous prétexte d'avouerie d'une église, de grever cette église d'injustes redevances.

4. Rappel des canons 4 et 2 du concile de Cologne de 1266.

5. Les clercs et les laïques qui détiennent injustement des biens meubles ou immeubles appartenant à n'importe quelle église, monastère ou bénéfice, doivent, dans le délai d'un mois et sous peine d'excommunication, les restituer.

6. Rappel de l'ordonnance de l'archevêque Sigfried sur la vie et les mœurs des clercs.

7. En certaines églises, l'usage défend aux vicaires de lire les leçons à matines et de chanter les versets, quoiqu'ils soient tenus à faire leur semaine et à dire la messe dans cette église. Il en résulte que souvent les leçons ou même les matines sont omises, parce qu'il n'y a aucun *chanoine* présent. Cette pratique doit cesser. A qui peut faire le plus, on ne doit pas interdire le moins. Les chanoines négligents devront être punis.

8. Aucun clerc séculier ne doit être ordonné prêtre avant l'âge de vingt-cinq ans.

9. Le clerc qui a notoirement une concubine dans sa maison [485] ou ailleurs est suspens; défense de l'admettre à célébrer et d'assister aux fonctions qu'il exercerait. Celui qui a eu commerce charnel avec une nonne est excommunié, et la religieuse sera

---

1. Binterim, *Deutsche Concilien*, t. vi, p. 125.

2. D'après les données de Raynouard, *Monuments historiques relatifs à la condamnation des Templiers*, Paris, 1813, p. 315, les actes des synodes de Mayence et de Trèves relatifs aux Templiers étaient encore aux archives du Vatican en 1813.

sévèrement punie par ses supérieurs; les ordonnances du cardinal légat Conrad à ce sujet demeurent en vigueur.

10. On ne doit pas imposer aux clercs de pénitence publique.

11. Celui-là seul qui est dans les ordres sacrés pourra lire l'épître et l'évangile, et seulement avec les vêtements sacrés.

12. Défense de posséder une église avec charge d'âmes, sans l'institution légitime par l'évêque, l'archidiacre, ou leurs représentants.

13. Celui qui a obtenu une provision du pape à un bénéfice doit s'y faire promouvoir suivant la forme prévue en cette provision; sinon le bénéfice est déclaré vacant.

14. A la mort d'un chanoine suspens, son église ne doit pas pour cela perdre l'*annus gratiæ* ni les autres revenus courants.

15. Nul ne doit abuser de l'année de grâce pour en léguer ou donner les fruits à ses enfants naturels et à ses concubines. Les testaments de cette nature sont nuls et les biens font retour à l'église. Les vicaires doivent recevoir l'ordination nécessaire pour occuper leurs bénéfices, autrement ils perdront le bénéfice après le délai d'un an.

16. Les prêtres doivent porter sous l'aube une *camisia*; les sonneurs (*campanarii*), qui doivent être instruits pour pouvoir répondre au prêtre, assisteront à l'office divin avec une *camisia* et une aube propres.

17. Les doyens et les curés doivent veiller à ce que chaque église ait les livres et les objets nécessaires.

18. Les revenus des chanoines suspens appartiennent au chapitre pour les besoins généraux de l'église.

19. Défense de consacrer aucune église, aucun cimetière, s'ils n'ont une dotation suffisante.

20. Les paroissiens ne doivent recevoir la communion que de leur curé, sauf privilège authentique. Les contrevenants devront s'abstenir de communier, jusqu'à satisfaction à leur curé pour leur manque de déférence.

21. Défense de prononcer dans aucune église des imprécations et de chanter la *Media vita* contre personne sans une permission expresse[1].

---

1. Au moyen âge, la curieuse habitude des prières de la mort était assez répandue. On disait le psaume cviii (cix) et on chantait la *Media vita* de S. Notker le Bègue,

22. Les mariages clandestins sont défendus.

23. A l'avenir, la nouvelle année commencera à Noël, selon [486] l'usage de l'Église romaine [1].

24. Le notaire qui rédige par écrit tout appel, protestation ou provocation, ou autre acte public doit remettre à l'official épiscopal, ou au juge auquel on appelle, une copie faite aux frais de l'appelant, afin que le juge puisse sans délai examiner si l'appel est recevable, et qu'il soit poursuivi dans les délais fixés. Le notaire exerçant un office public, les parties intéressées peuvent obtenir, sur demande et à leurs frais, copie des actes rédigés par lui, et la curie épiscopale fixera les frais.

25. L'ordonnance de l'archevêque Sigfried sur le baptême devra être exactement observée (cf. p. 260).

26. On ne doit pas refuser à un curé le chrême et l'huile sainte, sous prétexte qu'il n'a pas payé le *cathedraticum* ou le *synodaticum*; mais on prendra d'autres moyens pour lui faire payer ce qu'il doit.

27. Les bénédictins tiendront tous les ans leur chapitre, le lendemain de l'Exaltation de la sainte Croix; chaque abbé s'y rendra, accompagné de deux moines; on y lira la règle de saint Benoît et le statut sur les moines publié en 1260 par l'archevêque Conrad (cf. p. 93 sq.); on réformera les abus, etc.

28. Les moines et les nonnes ne doivent rien posséder en propre; ils ne sortiront pas en habits laïques; on n'exigera pas d'argent pour l'admission dans les monastères; les religieuses doivent vivre dans une clôture perpétuelle.

29. Ces statuts doivent être exactement observés, et tous les monastères, chapitres et recteurs d'église doivent en posséder des exemplaires,

Étaient présents à ce synode, outre l'archevêque de Cologne, les évêques Gui d'Utrecht, Engelbert d'Osnabruck, et Godefroy de Minden; de plus, les représentants de Théobald, évêque de

---

abbé de Saint-Gall, mort en 912. Voici l'antienne : *Media vita in morte sumus; quem quærimus adjutorem nisi te, Domine, qui pro peccatis nostris juste irasceris? Sancte Deus, sancte fortis, sancte et misericors Salvator, amaræ morti ne tradas nos.* On chantait ensuite quelques versets, puis venait l'oraison : *Deus, cui proprium est, misereri semper et parcere*, etc. C'était particulièrement au début d'une bataille qu'on chantait la *Media vita*, afin que Dieu humiliât les dangereux ennemis. Cf. Binterim, *Deutsche Concilien*, t. vi, p. 125, 451.

1. A Cologne, comme en France, l'année commençait à Pâques.

Liége, et du chapitre de Munster (*sede vacante*), puis les prélats et le clergé de la ville et du diocèse de Cologne [1].

[487] Au mois d'avril suivant, 1310, Baudouin, archevêque de Trèves, pour obéir aux ordres du pape, réunit ses suffragants en un concile provincial dans l'église de Saint-Pierre à Trèves. Le procès des Templiers devait être aussi la principale affaire de ce synode. D'après Raynouard [2], on y entendit dix-sept témoins, dont trois seulement étaient Templiers. Tous parlèrent en faveur de l'ordre. Mais dans les procès-verbaux du synode, quelque complets qu'ils soient, il n'y a pas un seul mot des Templiers, ni dans leur forme la plus longue éditée par Martène, Hartzheim, Coleti et Mansi, ni dans la plus courte, découverte par l'évêque auxiliaire Hontheim (le célèbre Febronius) [3]. Ici comme à Cologne, on ne fit guère que renouveler d'anciens statuts. Le texte le plus long renferme cent cinquante-six canons, l'autre cent quatorze. Nous allons donner un résumé des canons du premier texte.

1. Les évêques doivent protéger les clercs contre leurs ennemis et oppresseurs, si nombreux dans la province de Trèves ; ils doivent donc faire proclamer partout l'excommunication contre les incendiaires des églises et autres édifices sacrés.

2. Tout lieu où l'on recèle un objet volé à une église, à un monastère ou à un clerc, tout lieu où se trouve le voleur ou le recéleur sera frappé d'interdit.

3. Si quelqu'un meurt en un tel lieu, il pourra être enterré avec les prières ordinaires, mais sans messe.

4. Quant au voleur, il encourt *eo ipso* l'excommunication, qui doit être proclamée ; de plus, son supérieur temporel doit le forcer à donner satisfaction.

5. Quiconque emprisonne un clerc sans la permission des supérieurs ecclésiastiques sera excommunié, et son territoire sera frappé d'interdit, s'il ne rend la liberté au prisonnier dans le délai de trois jours.

6. Si un tel coupable est excommunié par son évêque, les autres

1. Mansi, *Concil. ampliss. coll.*, t. xxv, col. 230-248 ; Hardouin, *Concil. coll.*, t. vii, col. 1305-1318 ; Coleti, *Concilia*, t. xiv, col. 1413 sq. ; Hartzheim, *Concil. German.*, t. iv, p. 117-127 ; Binterim, *Deutsche Concilien*, t. vi, p. 124, 436-456.

2. Raynouard, *Monuments historiques relatifs à la condamnation des Templiers*, p. 270.

3. Cf. Binterim, *Deutsche Concilien*, t. vi, p. 90 sq.

évêques de la province doivent, sur la demande de leur collègue, promulguer la sentence.

7. Celui qui célèbre en un endroit interdit sera puni.

8. Nul ne doit porter la tonsure, ou recevoir l'ordre d'acolyte, sans avoir reçu de qui de droit, avec l'imposition des mains, la bénédiction sacramentelle et la tonsure.

9. Nul ne doit recevoir le même jour la tonsure avec tous les ordres mineurs, ni l'ordre d'acolyte avec le sous-diaconat.

10. A l'avenir, il est défendu, sous peine d'excommunication, de donner un grand festin avant ou après son admission dans un canonicat, un couvent, ou un bénéfice ecclésiastique; défense d'assister à un festin de ce genre. Là où ces repas étaient en usage, le nouvel élu les remplacera en donnant à l'église une *cappa* de [488] la valeur de cent gros (*grossi*) tournois anciens.

11. Aucun vicaire perpétuel ne peut présenter un autre vicaire pour un de ses vicariats.

12. Celui qui n'observe pas la résidence dans son bénéfice ne doit pas en percevoir aussi les *grossi fructus* [1].

13. Souvent les exécuteurs testamentaires ne délivrent pas, dans le délai d'un an, les legs *ad pias causas*, mais les gardent pendant des années et même quelquefois toujours : il ne doit plus en être ainsi à l'avenir.

14. Défense aux prêtres, chanoines, et autres clercs dans les ordres sacrés de porter désormais des habits rayés et bariolés, des mitres et des bonnets de chevaliers à la mode, surtout en présence des évêques et dans les églises, ce qui les fait ressembler à des chevaliers plutôt qu'à des clercs.

15. Celui qui n'est pas encore tonsuré ne peut pas obtenir de bénéfice.

16. Les sacrements doivent être administrés gratis et sans délai. Cependant on peut recevoir de pieuses oblations, suivant l'usage. Mais là où cet usage n'existe pas, un ecclésiastique ne peut demander plus de douze petits sous tournois pour un enterrement et le service funèbre. S'il s'agit des pauvres, il devra se contenter de moins. Dans les églises où existera déjà une taxe inférieure ou supérieure, on devra se conformer à la tradition.

17. Les prêtres ayant charge d'âmes ne devront plus être

---

1. Les grosses dîmes. Cf. Du Cange, au mot *Grossus*.

privés de ce qui leur est nécessaire pour vivre par l'incorporation de leurs églises à des abbayes, etc.

18. Les clercs dans les ordres sacrés, et surtout les moines, ne doivent pas exercer de professions mondaines; ils se garderont surtout d'être aubergistes, usuriers, avocats, etc.; il leur est défendu de jouer aux dés, d'aller au théâtre, de se parer avec trop de recherche, de mener une vie somptueuse, etc.

19. Tout curé ou vicaire de paroisse doit, s'il n'est pas par trop pauvre, avoir auprès de lui un clerc ou un homme suffisamment formé pour lui répondre, soit pour la lecture, soit pour le chant pendant les offices. Des laïques sans éducation, voire même des paysans, ainsi que cela arrive assez souvent, ne doivent pas être employés pour de pareilles fonctions.

20. Les prêtres qui n'obéissent pas à un ordre de leurs supérieurs doivent être sévèrement punis.

21. Celui qui menace un clerc de dommages corporels doit être forcé par une sentence d'excommunication de donner des garanties de sécurité à ce clerc.

22. Les évêques doivent assurer aux clercs qui desservent les paroisses, et en particulier aux vicaires perpétuels, la subsistance nécessaire.

23. On doit chanter ou réciter les heures canoniales du jour dans les églises paroissiales; tous les paroissiens, même ceux des [489] villas, chapelles et oratoires environnants, doivent, sous peine d'excommunication, venir à l'église de la paroisse, les dimanches et fêtes, pour y entendre la messe.

24. Le paiement des dîmes prédiales se fait dans les champs, prairies et vignes, avant la rentrée des récoltes; il doit se faire intégralement, sous peine d'excommunication.

25. Les doyens de campagne, les archiprêtres forains et les curés doivent s'abstenir de toute décision dans les causes matrimoniales.

26. Lorsque quelqu'un s'obstine une année entière sous le coup de l'excommunication, on exhortera le seigneur temporel du lieu à le forcer à se réconcilier avec l'Église; si ce seigneur s'y refuse, il sera lui-même excommunié et son territoire frappé d'interdit.

27. Dans le diocèse et dans la province de Trèves, c'est un abus trop fréquent que des prélats, notamment des abbés et des abbesses, engagent ou aliènent les biens des églises ou monastères, si

bien que les moines sont obligés de mendier et n'ont plus de logement. Ces manquements sont interdits pour l'avenir. Mesures
contre leur retour.

28. Défense aux moines, sans la permission de l'abbé, de vaga-
bonder hors du couvent, et l'abbé ne donnera la permission que
lorsqu'elle sera nécessaire.

29. Dans une paroisse où l'on fabrique de la fausse monnaie,
le service divin doit cesser immédiatement.

30. On remet en vigueur une ancienne ordonnance d'un concile
de Trèves (1239), interdisant aux chanoines, etc., l'*annus gratiæ*,
c'est-à-dire abolissant l'ancien abus qui accordait les revenus
du bénéfice aux héritiers pour l'année qui suivait la mort du
titulaire.

31. Rappel de l'ordonnance du onzième concile œcuménique
(can. 25) contre les usuriers.

32. Après avoir recouvré le capital prêté, les usuriers doivent
rendre ce qu'ils ont reçu en gage.

33. Défense d'exercer l'usure à l'égard des pupilles, etc.

34. Défense de prêter de l'argent avant la récolte, avec le
pacte de diminution sur le prix des fruits ou du vin, etc.

35. Défense aux seigneurs temporels de faire exécuter le
dimanche des corvées à leurs inférieurs, etc.

36. L'ordonnance du (XIIᵉ) concile œcuménique touchant les
cauvertini (*cavercini* ou *caorfini*) est rappelée.

37. On exhorte les seigneurs temporels à s'abstenir, sous
peine d'excommunication, de citer les clercs devant les tribunaux
séculiers.

38. Aucun moine ne doit avoir deux charges dans un même
monastère.

39. Les novices doivent faire la profession aussitôt après avoir
terminé le temps de l'épreuve, s'ils ont l'âge requis.

40. Les moines et nonnes doivent renoncer à toute propriété.

41. Le moine ne doit pas garder pour lui les honoraires de
messes à lui donnés, mais les remettre à son abbé.

42. Les abbés et abbesses doivent fournir à leurs sujets le
vivre et le vêtement. Le pain, le vin, etc., doivent être communs [490]
à tous et aucun n'a droit à une nourriture spéciale.

43. Les moines et religieuses n'auront ni serviteurs ni servantes,
à moins que leurs fonctions ne l'exigent.

44. Les danses, les jeux d'échecs, de boule, etc., sont interdits

à tous les moines; de même, il ne doit y avoir aucun cabaret dans le couvent ni dans l'enceinte des murs du couvent.

45. Défense aux abbés, moines, abbesses et nonnes, sous peine d'excommunication *latæ sententiæ*, de porter des manteaux ouverts ou surcots; ils n'auront pas des étoffes teintes en noir ou de morequin, mais seulement de drap vulgaire, suivant la règle. Ils auront aussi des cucules avec de grands et larges capuchons et, à cheval, ils porteront des *cappæ* fermées.

46. Les habits de fourrure précieuse sont interdits à tous les religieux, sous peine d'excommunication *latæ sententiæ*.

47. La nuit, les couvents doivent être fermés et les clefs remises entre les mains du prieur. Aucun moine, aucune religieuse ne peuvent sortir de nuit, sous peine d'excommunication *latæ sententiæ*. Aucun moine ne peut introduire de femme dans le couvent, sans la permission expresse de son supérieur; et même alors, cette femme ne doit pas manger dans le monastère.

48. Défense à tout exécuteur testamentaire de recevoir et surtout d'exiger de l'argent des créanciers ou des légataires du testateur.

49. Les exécuteurs testamentaires doivent, au plus tard dans le délai d'un an, exécuter les dispositions du testament.

50. Défense à qui que ce soit de recevoir ou d'aider de son argent l'un de ces paysans qui s'appellent *apôtres* (les soi-disant Frères des apôtres), parce qu'ils ont été désavoués par le Saint-Siège.

51. Les béghards qui ne travaillent pas et prétendent expliquer l'Écriture sainte aux simples seront excommuniés, si, dans le délai de quinze jours, ils ne changent de vie et ne se mettent à travailler comme les autres.

52. Quiconque frappe ou détient le courrier d'un tribunal ecclésiastique, lui prend ses lettres, les détruit, etc., encourt *ipso facto* l'excommunication.

53. Il est interdit, sans la permission de l'évêque, d'aller quêter çà et là avec un calice.

54. Les banquets à la suite des funérailles sont prohibés.

55. Dans les localités où il est défendu aux laïques de sortir la nuit sans lumière, cette défense s'applique aussi aux clercs.

56. Aux clercs qui se réunissent pour des anniversaires à certains jours de l'année, il n'est pas permis de manger de viande le samedi, et en général ils se garderont de tout festin somptueux.

57. Défense de s'opposer à la fondation des anniversaires.

58. La suspense est portée contre le clerc qui joue publiquement aux dés, mais non contre celui qui joue uniquement pour se récréer, sans esprit de lucre, etc., dans des maisons particulières et avec des personnes honorables.

59. Aucun ecclésiastique ne doit garantir à un laïque ou à un tribunal séculier qu'il accepte la compétence de leur for en raison d'un fief, etc. [491]

60. Honorius IV a déjà frappé d'excommunication ceux qui publient des statuts contre la liberté de l'Église, et leurs gens, dans les lieux où ces statuts sont observés. On promulgue la même peine contre tous ceux qui portent préjudice, en quelque façon que ce soit, aux privilèges des clercs; par exemple, en défendant à tous de faire cuire leur pain dans les fours des clercs ou de faire moudre dans leurs moulins, de leur donner le feu et l'eau, d'exploiter leurs biens, d'entretenir avec eux aucun rapport, etc.

61. Défense de former des conjurations ou ligues, etc., contre les églises et les personnes d'Église.

62. La permission expresse de l'évêque est exigée pour l'érection de toute église, chapelle, oratoire, hôpital, autel, etc.

63. Il est interdit à tout clerc, sauf permission de l'évêque, de vendre ou mettre en gage un calice, un livre d'église, un ornement, etc., etc.

64. Défense de tenir aucune séance de justice laïque dans les églises, cimetières, cours et dépendances de l'église; et de même, toutes assemblées, parlements, danses, concerts, marchés, etc.

65. Les clercs doivent pratiquer l'hospitalité; mais ils ne doivent pas se laisser imposer par des laïques aucune obligation de donner des festins ou d'accorder l'hospitalité.

66. Il est interdit à tout clerc bénéficier d'employer les revenus de ce bénéfice à l'achat de biens ou de rentes perpétuelles au nom de ses héritiers ou d'autres personnes; il ne peut faire cela que pour lui-même ou pour son église. Défense à tout laïque de toucher à l'héritage d'un clerc.

67. Les recteurs des églises et les bénéficiers doivent donner leurs soins à la construction des bâtiments, à la réparation des églises, à l'achat des livres d'église, etc.; en un mot, servir d'exemple à leurs paroissiens.

68. Défense de célébrer avec un calice de bois, de verre, d'étain, de plomb, de laiton, d'ambre jaune, ou recouvert de peau chamoisée.

69. Devant chaque autel, ou en arrière, ou au-dessus, doit se trouver une image ou une inscription indiquant clairement à quel saint l'autel est consacré.

70. Les recteurs des églises et les chapelains curés doivent observer la résidence.

71. Sans la permission du métropolitain ou de l'évêque, il est défendu de donner une église *ad firmam* ou d'en mettre les revenus en gage.

72. Un clerc ne peut refuser les sacrements à une personne [492] parce qu'elle doit quelque chose à lui ou à son église.

73. A la mort de tout testateur, le curé compétent exhortera les héritiers ou les exécuteurs testamentaires à présenter le testament à l'évêque dans le délai de quarante jours, à compter du jour de la mort, afin d'assurer la fidèle exécution des legs pour aumônes ou d'autres intentions pieuses.

74. L'évêque obligera les héritiers à faire les restitutions, etc., que le défunt avait promises par serment.

75. Celui qui veut faire son testament doit appeler un ecclésiastique.

76. Tous les recteurs de paroisses feront, quatre fois par an, à la messe du dimanche, une exhortation aux exécuteurs testamentaires et héritiers, etc., de payer, dans le délai d'un an, les sommes laissées par les défunts pour des cause pies.

77. Les exécuteurs testamentaires ne doivent rien garder pour eux de l'héritage du défunt, à moins qu'ils n'aient reçu un legs.

78. Les clercs bénéficiers peuvent, par faveur spéciale, disposer librement, par testament, des biens mobiliers qu'ils ont acquis. Toutefois ils ne pourront dépouiller leurs églises, bénéfices et maisons des ustensiles nécessaires, ni du bétail indispensable pour l'agriculture. Ils devront aussi laisser à leurs successeurs les vivres, etc., suffisants pour eux et pour leurs auxiliaires jusqu'à la nouvelle moisson.

79. Sont défendus la bonne aventure, les sortilèges, les philtres d'amour et tous autres genres de superstitions païennes.

80. Sont prohibées en particulier les *sortes sanctorum apostolorum vel psalterii*, par lesquelles on abuse de la Bible afin de connaître l'avenir.

81. On ne donnera pas créance à ces femmes qui prétendent s'en aller la nuit chevaucher avec la déesse Diane ou avec Hérodiade.

82. En ramassant des simples, défense de réciter des incantations ou d'autres formules que le *Notre Père* et le *Symbole*; défense d'écrire autre chose sur les étiquettes que l'on attache à ces simples. Les possédés pourront se servir de pierres et de simples, mais sans proférer de paroles d'incantation. Il n'est pas permis d'observer superstitieusement les jours égyptiens (deux jours de chaque mois que les astrologues égyptiens désignaient comme des jours malheureux), les constellations, les phases de la lune, les calendes de janvier et des autres mois, le cours du soleil, de la lune et des étoiles, comme si une force spéciale était attachée à ces événements. On ne doit pas, ces jours-là, préparer des tables dans les maisons avec des lampes et autres lumières ni chanter et danser dans les rues.

83. On n'a aucun compte à tenir des temps ni des jours heureux ou malheureux, pour le commencement de certaines entreprises; on ne tirera pas de présages heureux ou malheureux du vol ou du cri des oiseaux, ni de la rencontre de certains animaux.

84. C'est superstition que vouloir prédire le sort ou la conduite [493] de quelqu'un suivant la constellation sous laquelle il est né, de consulter ces signes pour bâtir une maison, conclure un mariage, etc. Les prêtres doivent défendre toutes ces choses, les dimanches à la messe.

85. Les prêtres des paroisses ne doivent admettre dans les églises aucun quêteur, s'il n'a des lettres du pape, de l'archevêque ou de l'évêque.

86. Défense à tout autre prêtre que le curé, sauf permission du curé, de l'évêque ou de l'archevêque, de marier, enterrer, baptiser, confesser, administrer les sacrements; les absolutions données par de tels prêtres sont nulles, sauf dans les cas de nécessité. Défense à tout prêtre de célébrer publiquement la messe, les dimanches et fêtes, dans l'église ou sur la paroisse d'un autre, avant que le recteur de la paroisse, le vicaire, ou le chapelain, ait lui-même célébré, sauf toutefois la permission expresse du recteur; de plus, il évitera, en célébrant une messe basse, de détourner le peuple d'assister à la grand'messe. ·

87. Sous peine d'excommunication *latæ sententiæ*, il est défendu de laisser un *spurius* servir à l'autel. Tous les prêtres ayant charge d'âmes auront soin de ne paraître à l'église qu'en surplis, pour chanter les heures canoniales et pour les autres fonctions.

88. Si on a inhumé dans un cimetière consacré un excommunié

ou un infidèle, on ne doit plus y enterrer personne sans la permission de l'évêque.

89. Sauf les cas de nécessité, il est défendu, sans une permission expresse, d'entendre en confession un paroissien étranger. On exhortera les fidèles à communier trois fois par an, à Noël, à Pâques et à la Pentecôte.

90. Tout fidèle doit, au moins une fois l'an, se confesser à son chapelain ou recteur, ou, avec sa permission, à un autre prêtre, et recevoir la sainte eucharistie au moins à Pâques; autrement, il sera exclu de l'église et des sacrements et privé de la sépulture ecclésiastique.

91. Les clercs et les laïques qui n'observent pas les présentes prescriptions doivent être dénoncés à l'évêque.

92 et 93. Tous les confesseurs doivent observer les cas réservés à l'évêque. Énumération de trente-neuf cas réservés.

94. Sans la permission de l'évêque, aucun prêtre ne doit procéder au mariage de personnes qui n'ont pas l'âge requis.

95. Les mariages clandestins sont défendus.

96. Il est prescrit de faire une triple publication de bans.

97 et 98. Aucun prêtre ne doit, sans la permission de l'évêque, bénir le mariage de personnes inconnues, ni de paroissiens étrangers.

99. Si les futurs époux appartiennent à des paroisses différentes, [494] le mariage peut être béni dans l'une ou l'autre église.

100. L'enfant naturel ne peut, sans dispense, recevoir ni la tonsure, ni les ordres, ni un bénéfice ecclésiastique.

101. Tous les clercs réguliers et séculiers de la province, exempts ou non exempts, doivent exclure du service divin et des sacrements les excommuniés et ceux qui sont nommément interdits.

102. Tous les clercs des paroisses doivent observer exactement les ordres et les sentences de l'évêque ou de son official.

103. Celui qui garde frauduleusement les titres des créances qu'on lui a déjà payées sera excommunié.

104. Quiconque se révolte contre les ordonnances de son évêque, empêche l'exécution de ses ordres, s'empare de ses messagers, etc., sera excommunié.

105 et 106. Rappel de deux décrétales de Grégoire X, déclarant sans valeur toute absolution extorquée, et portant l'excommunication *ipso facto* contre l'auteur de toute protestation, par les voies de fait, contre l'excommunication et l'interdit (*Sext. Decret.*, l. I, tit. xx, c. 1; l. V, tit. xi, c. 11).

107. Défense de citer un clerc devant un tribunal séculier pour un fait personnel.

108. Si un clerc a été arrêté pour une affaire de cette nature, il ne doit pas répondre devant le juge laïque. Celui qui l'oblige ou l'engage à répondre encourt *ipso facto* l'excommunication.

109 et 110. Tout laïque qui, sans la permission des prélats, possède des biens, des fiefs ou des droits ecclésiastiques, etc., doit les restituer, sous peine d'excommunication.

111. Différentes espèces d'aliénation des biens ecclésiastiques sont prohibées.

112. Comme beaucoup de gens ignorants se donnent comme médecins, à l'avenir nul ne pourra exercer ni enseigner la médecine et la chirurgie sans la permission de l'évêque, et le candidat devra être examiné sur sa science et sur ses mœurs.

113. Sur la conduite des clercs.

114. Lorsqu'une femme meurt en couches, il faut tenter sur-le-champ l'opération césarienne, et baptiser l'enfant, s'il vit encore. S'il est mort, il faudra l'enterrer hors du cimetière. Si on peut présumer que l'enfant est mort dans le sein de la mère, il n'y a pas lieu de faire l'opération et on enterrera la mère et l'enfant dans le cimetière. Si la mère meurt pendant l'accouchement et si l'enfant présente la tête hors du sein de sa mère, la sage-femme doit jeter de l'eau sur la tête de l'enfant en disant : « Je te baptise au nom du Père, etc. » L'enfant est ainsi baptisé. On fera de même lorsqu'un enfant présente, non la tête, mais le corps hors du sein de la mère; s'il ne présente qu'un pied ou qu'une main, il ne faut pas le baptiser. Si l'enfant ne présente que la tête ou une autre partie du corps, sans qu'il soit possible toutefois de distinguer son sexe, la sage- [495] femme dira : *Creatura Dei, ego te baptizo*, etc.

115. Prescriptions sur la confirmation : celui qui n'a pas été baptisé ne peut être parrain pour la confirmation. Nul ne peut être parrain pour la confirmation de son propre enfant. Il est désormais défendu que plusieurs personnes présentent à l'évêque le même confirmand, ou qu'une seule personne lui en présente plusieurs. L'adulte qui reçoit le baptême doit auparavant confesser ses péchés. On peut changer de nom à la confirmation.

116-120. Prescriptions sur la confession.

121. On n'imposera pas de pénitence à un malade, mais on dira : « Vois, mon frère, si tu étais en santé, tu devrais, pour tes fautes, faire tant d'années de pénitence; par suite, si tu viens à

mourir, tu devras donner tant aux pauvres, ou bien faire dire tant de messes; si tu reviens en santé, tu devras accomplir la pénitence. » Celui qui dévoile le secret de la confession sera enfermé dans un couvent.

122. Les médecins exhorteront les malades à faire venir avant tout le médecin des âmes; ils ne doivent pas, sous peine d'excommunication, conseiller aux malades ce qui peut être nuisible à leur âme.

123 et 124. Nul ne doit être absous avant d'avoir restitué. Prescriptions détaillées sur ce point.

125. Celui qui trouve une chose doit la rendre. Si le possesseur est inconnu, on annoncera la trouvaille, soit à l'église, soit au lieu où elle a été faite. Si le possesseur ne se présente pas, l'objet trouvé appartiendra aux pauvres ou à celui qui l'a trouvé, s'il est lui-même pauvre et si l'objet est de peu de valeur; mais il doit prier pour la personne qui l'a perdu.

126-132. Prescriptions détaillées sur la restitution.

133. Celui qui détient injustement un bénéfice ecclésiastique doit restituer à l'église tous les fruits perçus, ainsi que le bénéfice lui-même, sauf dispense du Siège apostolique.

134. Celui qui a déterminé un puissant seigneur à faire une guerre injuste est tenu à restitution. Si deux personnes qui étaient en guerre font la paix et renoncent à toute indemnité, cette renonciation ne s'étend pas à leurs inférieurs qui ont eu à subir des pertes, si ceux-ci n'y ont pas explicitement consenti.

135. Les avocats et assesseurs qui font prononcer sciemment à un juge une sentence injuste sont tenus solidairement à restitution. De même, le juge et l'assesseur qui remplit le rôle de magistrat, en se rendant compte de son ignorance, et l'avocat qui, par intrigues, cause du tort à son adversaire, ou à ses propres clients par son ignorance ou sa négligence; l'avocat doit donner gratuitement ses conseils aux pauvres, s'il le peut faire sans dommage.

[496] 136. Celui qui se laisse corrompre jusqu'à rendre un faux témoignage doit restituer à qui il aurait ainsi fait tort. Mais celui-là aussi qui aurait accepté de l'argent pour rendre un vrai témoignage doit consacrer cet argent à de bonnes œuvres.

137. De même, le juge qui aurait rendu une sentence juste, mais aurait reçu pour cela une somme d'argent.

138. Les faux accusateurs et les dénonciateurs sont tenus à restitution.

139. Les sentences injustes doivent être cassées, et celui qui les a prononcées est tenu à restitution.

140. De même, les usuriers. Celui qui prend plus qu'il n'a prêté (donc qui accepte des intérêts) est un usurier; il n'est pas davantage permis de faire payer des intérêts à un infidèle. Si on s'est rendu coupable de cette dernière faute, on doit restituer (non à lui, mais) aux chrétiens que cet infidèle a peut-être lésés (dans Labbe et Mansi, on lit à tort *fidelis* au lieu de *infidelis*), ou à ses créanciers, ou enfin on doit déposer l'argent dans l'église pour que l'église fasse elle-même cette restitution. Si quelqu'un a beaucoup gagné par l'usure, il doit rendre tout absolument comme un voleur; néanmoins, comme cela serait difficile, ceux qui ont été lésés pourront se contenter d'une compensation raisonnable.

141. La femme, les enfants et les familiers d'un usurier, d'un voleur, d'un brigand, qui se nourrissent et s'habillent de ces gains injustes (*de talibus lucris comedentes et induentes*), sont excusables s'ils ne peuvent vivre autrement, pourvu qu'ils ne consentent pas à la faute (du père de famille), dont ils espèrent, au contraire, l'amendement. Mais s'il n'y a aucun espoir d'amendement, ils doivent, s'ils ont quelque bien personnel, vivre des produits de ce bien, ou demander secours à leurs parents et amis, ou même mendier. Si l'homme ne souffre pas que sa femme cherche ailleurs sa nourriture et si toutes les représentations qu'elle lui fait sont inutiles, elle doit manger (chez lui) pour ne pas mourir de faim.

142. Les fermiers qui ne paient pas exactement leurs redevances sont tenus à restitution; et de même les propriétaires qui exigent des redevances excessives.

143. Énumération de nombreux cas de restitution obligatoire.

144. On ne saurait faire l'aumône avec l'argent qu'on doit restituer, car donner le bien d'autrui est un vol. Énumération des cas dans lesquels un moine ou un administrateur de biens d'Église peut donner quelque chose.

145. Une femme peut, même contre la volonté de son mari, faire des aumônes ou des offrandes sur ses biens personnels, mais, non sur les biens de son mari, sauf son assentiment. Néanmoins, suivant la coutume, la femme peut donner, même sans la permission expresse du mari, du pain, du vin, d'autres choses dont elle a l'administration, mais avec réserve.

146. Ce qu'on vient de dire de la propriété du mari s'applique également à la dot, dont le mari est le maître. Un fils de famille [497]

peut faire des aumônes et des offrandes de ce qu'il a gagné à la guerre, ou bien d'une manière semblable; car, sur ces biens, il a l'autorité du père de famille. Il peut, sans l'assentiment de son père, donner une partie de ce qu'il a acquis par ailleurs (c'est-à-dire de ce qu'il ne tient pas de son père).

147. Lorsqu'on porte le corps du Seigneur à un malade, tous les fidèles doivent le vénérer en pliant le genou; celui qui, s'étant confessé avec des sentiments de contrition, reçoit le corps du Seigneur, a droit à la remise de quarante jours de pénitence.

148. Les moines et les nonnes ne doivent pas être privés de leurs prébendes à cause de leurs fautes, mais ils feront leur pénitence dans un couvent.

149. On ne peut excommunier que pour une faute mortelle ou pour obstination dans le mal.

150. Les prêtres exhorteront leurs paroissiens à se confesser de cette obstination, même après avoir été relevés de l'excommunication.

151. Il est défendu à tous les membres des ordres mendiants d'obtenir sans la permission de l'évêque, en dehors du couvent, de nouvelles habitations ou de nouveaux bénéfices (peut-être faut-il lire *ædificia* au lieu de *beneficia*), à moins d'un indult spécial du Saint-Siège.

152. Les dîmes novales appartiennent de droit à l'Église.

153. Quand il s'agit de dresser des documents ayant trait aux affaires de l'Église, les notaires doivent, d'abord, recevoir par-devant témoins un protocole, et ils n'y changeront rien d'essentiel.

154. Les suffragants et leurs représentants doivent, dans le délai d'un mois, accepter les présents statuts et les notifier à leur clergé; ils devront aussi, tous les ans, les recommander de nouveau en synode; enfin, ils doivent en prendre des copies.

155. Tout prêtre doit lire deux fois par an les présents statuts.

156. Nous accordons à tous nos suffragants plein pouvoir d'absoudre leurs inférieurs des sentences encourues pour transgression de ces statuts. Tous les clercs et laïques qui prient pour le royaume, pour notre frère le roi Henri VII et sa femme Marguerite, gagnent une indulgence [1].

1. Mansi, *Concil. ampliss. coll.*, t. xxv, col. 247-294; Coleti, *Concilia*, t. xiv, col. 1429 sq.; manque dans Hardouin; Hartzheim, *Conc. Germ.*, t. iv, p. 127-165; Binterim, *Deutsche Concilien*, t. vi, p. 90, 366-435.

Comme Baudouin de Trèves, Pierre Aichspalter, archevêque
de Mayence, était du nombre des commissaires auxquels le pape
avait confié la mission d'interroger les Templiers en Allemagne.
En 1309, il avait fait publier dans son diocèse le décret papal sur
la procédure inquisitoriale contre l'ordre, ainsi que sur la saisie
de ses biens [1]. Se conformant aux ordres du pape, il tint, du 11 au [498]
13 mai 1310, un synode provincial, probablement dans sa cathédrale à Mayence. Hugues de Grumbach, wildgraf et comte du
Rhin, y assista, comme commandeur des Templiers, et protesta
solennellement contre toutes les décisions hostiles qui pourraient
être prises contre l'ordre qu'il représentait. Il était accompagné
de vingt frères bien armés, et leur apparition remplit d'abord
l'assemblée d'étonnement et de frayeur. L'archevêque, craignant
quelque acte de violence, invita amicalement le commandeur à
s'asseoir et à exposer sa demande. Celui-ci dit alors que, d'après
le bruit public, le synode était, sur l'ordre du pape, réuni surtout
pour anéantir son ordre, auquel on reprochait d'épouvantables
forfaits, pires que les turpitudes des païens, et que l'on condam-
nait sans interrogatoire légal et sans preuve. Il en appelait donc,
devant l'assemblée, au futur pape et à tout son clergé, et faisait
remarquer que les Templiers brûlés ailleurs avaient, jusque dans
les flammes et en face de la mort, nié persévéramment les crimes
dont on les accusait. Au surplus, leur innocence avait été miraculeusement démontrée, car leurs manteaux blancs avec la croix
rouge n'avaient pas brûlé. L'archevêque reçut cette protestation
et promit d'en délibérer avec le pape, de sorte que les Templiers
pouvaient être tranquilles : ils rentrèrent donc chez eux. Mais à la
suite d'une nouvelle communication du pape ordonnant l'emploi de
la torture pour extorquer des aveux, ordre qui fut envoyé en
Allemagne, comme partout, l'archevêque reprit l'enquête en 1311.
Employa-t-il réellement la torture, c'est très douteux. Les trente-
huit Templiers qui furent cités ayant déposé en faveur de l'ordre,
ainsi que onze autres témoins, il déclara, le 1er juillet 1311, les
accusés complètement acquittés [2].

1. Schunck, *Mainzer Beiträge*, t. III, p. 382.
2. Mansi, *Concil. ampliss. coll.*, t. xxv, col. 298 sq., 330; Hartzheim, *Concil. Germ.*,
t. iv, p. 224 sq.; Coleti, *Concilia*, t. xiv, col. 1479; Havemann, *Geschichte des Ausgangs des Templerordens*, p. 330 sq.; Bodmann, *Rheing. Alterthümer*, p. 221, rapporte
que l'archevêque Pierre aurait donné à garder à l'abbé de Petersthal, pendant
les années 1310 et 1312, des documents scellés concernant les Templiers, et que ces
documents seraient restés à Petersthal jusqu'à la suppression de l'abbaye en 1781.

Clément ne semble pas avoir été très content de ce résultat, comme on peut le conclure d'une lettre écrite à l'archevêque; une autre preuve encore est que l'archevêque de Magdebourg, plus cruel, fut alors chargé, comme homme de confiance du pape, [499] de l'affaire des Templiers en Allemagne. Et il semble qu'il se conduisit d'une façon plus sanglante [1].

Le concile de Mayence ne se distingue de ceux de Cologne et de Trèves que par l'incident cité plus haut provoqué par le wild-graf et comte du Rhin. A part cela, il ressemble tout à fait aux autres, son but étant de remettre en vigueur de nombreuses ordonnances [2] anciennes, en y ajoutant quelques nouvelles. C'est ainsi que celles de la présente assemblée se sont élevées jusqu'au chiffre de cent cinquante-sept, qui ont été réunies en un livre, afin de servir, dans la suite, de règle aux fidèles du diocèse et de la province ecclésiastique de Mayence.

Voici les principaux de ces canons :

1. La foi de l'Église romaine doit être enseignée d'une manière simple aux laïques et d'une manière plus détaillée aux clercs.

2. Nul ne doit croire qu'un prêtre en état de péché mortel ne puisse consacrer ou absoudre validement. (Cf. p. 341, can. 1.)

7. Rappel du canon 36 du concile de Mayence de 1261. (Cf. p. 104.)

12. Avant de recevoir les ordres, le candidat doit se confesser, pour que son confesseur puisse lui dire s'il peut se laisser ordonner, ou s'il en est empêché par quelque irrégularité. Nul ne doit être ordonné avec un titre de simple vicairie, à moins que celle-ci ne soit perpétuelle.

13. Celui qui n'a pas atteint l'âge de vingt-cinq ans ne peut être investi d'une église paroissiale.

21. Les juges délégués et sous-délégués, qui dépassent leurs pouvoirs et invoquent le bras séculier, n'ont pas qualité pour exiger l'obéissance des clercs.

24. Il y aura dans chaque diocèse une prison pour les clercs incorrigibles.

31. Les clercs ne doivent pas se laisser détourner, même par les menaces, d'obéir à leurs prélats.

1. Würdtwein, *Subs. dipl.*, t. I, p. 408; Schottmüller, *Untergang des Templer-ordens*, t. I, p. 445.

2. On indique chaque fois la référence à l'ancien synode dont on renouvelle les canons, mais une fois le renvoi est inexact; plus souvent encore les canons empruntés manquent dans nos textes actuels (incomplets) des synodes.

32. Celui qui extorque une absolution, etc., tombe sous le coup de l'excommunication.

33-38. Sur la manière de rendre justice.

39. Sur la séquestration des biens ecclésiastiques. Rappel du canon 7 du concile de Mayence de 1292.

40. Sur les ligues défendues aux clercs; rappel du canon 13 du même concile.

42-53. Sur la conduite et la vie des clercs. (Can. 2, 17, 22, 39 du concile de Mayence de 1261; can. 2 du concile de 1292; can. 1-3 du concile de 1225.)

54. Le chanoine ou bénéficier d'une église cathédrale ou collé- [500 giale absent du chœur perd le droit de participer aux distributions quotidiennes ou autre bénéfice manuel, à moins qu'il ne soit absent pour raison de santé ou dans l'intérêt de son église et avec la permission de ses supérieurs.

55. Comme les curés ayant aussi une place dans une église conventuelle, surtout une prélature, ne peuvent pas remplir convenablement leurs devoirs dans l'église conventuelle, parce qu'ils ont ailleurs charge d'âmes, ils devront renoncer à l'une de ces deux charges, à moins que l'évêque ne leur donne une dispense.

59-72. Sur la collation des bénéfices ecclésiastiques et la protection des biens d'Église. (Empruntés aux anciens conciles de Mayence, de Fritzlar et d'Aschaffenbourg, 1255, can. 9 et 10; 1243, can. 5; 1259, can. 2; 1261, can. 19, 29; 1292, can. 10, 24, 25.)

73. Il n'est pas permis d'acheter une chose volée, ni de la garder après l'avoir achetée. Si on ne la rend pas immédiatement, on tombe sous le coup de l'excommunication.

74. L'aliénation d'un bien, auquel est annexé un droit de patronage, n'entraîne point la perte de ce droit.

75 et 76. Un clerc ne doit rien laisser à sa concubine ou à ses enfants naturels, ni des revenus de l'*annus gratiæ*, ni de ceux qui proviennent des biens de l'église.

78. Les revenus de l'*annus gratiæ* ne peuvent être employés qu'à l'extinction des dettes.

79. Des testaments.

81. Celui qui fait élection de sépulture dans son église paroissiale obtient une remise de quarante jours sur la pénitence à lui imposée.

82. Tout prêtre de la province doit, dans le délai de huit jours, dire une messe des morts pour son archevêque ou évêque défunt.

83   Nul ne doit recevoir la confession d'un paroissien étranger, sauf dans les cas de nécessité ou avec la permission du propre curé.

84. Dans les couvents, la grille doit être doublée.

85-89   Autres prescriptions concernant les moines et les nonnes

90. Une béguine doit avoir au moins quarante ans

91. Sur les béghards et les béguines

92   Défense à tout clerc ou moine, sous peine d'excommunication, d'entrer dans une maison de béguines.

93. Beaucoup de moines, surtout des bénédictins, donnent des festins auxquels ils invitent des laïques, qu'ils introduisent ainsi dans le monastère. Cet abus doit disparaître, sous peine de huit jours de prison.

94   Les religieuses et les moines qui, ayant abandonné le monastère, reviennent avec des sentiments de contrition, doivent être reçus de nouveau.

95. Les évêques et archidiacres ne permettront pas, sans l'autorisation du chapitre de la cathédrale, que des églises soient incorporées aux ordres du Temple, de l'Hôpital ou autres

96   Les églises unies à des couvents doivent cependant être desservies par des clercs séculiers

100. Pendant la messe principale, on ne célébrera pas, dans les églises paroissiales, de messes de mort, sauf à la demande des parents, et, alors, on n'en dira qu'une seule et sans chant (le mot *animarum* entre *missam* et *solemnem* est sans doute une faute de copiste)

101   Pour administrer les sacrements, les prêtres doivent être revêtus d'une *camisia* blanche ou d'un surplis; et de même pour la messe.

102   Les banquets à l'occasion d'une première messe sont défendus, sous peine de suspense

103. Sur le baptême

104. L'eucharistie, l'huile sainte, l'eau baptismale doivent être soigneusement tenues sous clef. Les linges d'autel et les vêtements des ministres doivent être propres et élégants.

105   Sur le jeûne.

106-108. Sur la fondation de nouvelles églises et sur les autels superflus

109   Celui qui fait des travaux pour transformer les églises en sortes de forteresses et, dans ce but, creuse des cimetières et en rejette ainsi des ossements, sera excommunié.

110. Bien des gens, au mépris des anciennes immunités ecclésiastiques, exigent des personnes d'Église des droits de péage et de douane; les évêques doivent les obliger, même par les censures, s'il est nécessaire, à se désister et à faire restitution.

111-115. Autres ordonnances pour la protection des biens et droits de l'Église.

116. Sur les publications des bans de mariage.

118-119. Sur la parenté spirituelle.

120. Nul ne doit promettre de ne pas demander de bénéfice .. l'évêque qui l'a ordonné, car c'est de la simonie.

121. On ne doit pas exiger de droit d'étole.

122. Sur les habits particuliers des juifs.

123. Les juifs ne doivent pas avoir de serviteurs chrétiens (intendants, gouvernantes, etc.). Défense à tout chrétien, sous peine d'excommunication, d'habiter chez les juifs.

124. Anathème contre les hérétiqués et leurs protecteurs.

125. Si un chrétien passe au judaïsme, et si un juif baptisé revient au judaïsme, on procédera contre eux comme contre des hérétiques convaincus, quand même le juif baptisé n'aurait reçu le baptême que par crainte de la mort, ou aurait été baptisé tout enfant et sans consentement personnel.

126-132. Contre ceux qui pillent, emprisonnent, maltraitent ou massacrent les clercs.

133 et 134. Contre les usuriers.

135. Contre ceux qui falsifient les documents.

136. La sorcellerie sera punie de l'excommunication.

137. Un prêtre excommunié ou suspens ne doit pas remplir de fonctions ecclésiastiques.

138. Les clercs réguliers ne doivent pas abuser de leurs privilèges. [502

139. Un chanoine qui insulte un de ses collègues perdra le quart des revenus de l'année; il sera puni encore plus sévèrement s'il diffame son prélat ou s'il se livre à des voies de fait vis-à-vis d'un autre chanoine. Ceci s'applique à tous les autres clercs. (Can. 14 du synode d'Aschaffenbourg de 1292.)

140. Quiconque poursuit hostilement, en quelque façon que ce soit, un archevêque ou un évêque, le maltraite, l'emprisonne ou coopère à un de ces faits, sera à tout jamais infâme, proscrit et inhabile à tester; ses maisons doivent être rasées. Les débiteurs d'un pareil criminel ne sont pas tenus de le payer; il perd tous ses fiefs, charges et bénéfices, tant ecclésiastiques que laïques; aucun

de ses descendants mâles en ligne directe ne pourra obtenir de dignité ecclésiastique ou civile. Pour obtenir l'absolution, ces coupables doivent, tous les dimanches et fêtes, venir dans l'église de l'endroit où ils résident et dans les églises du voisinage, vêtus seulement de leur pantalon et tenant des verges à la main, pour y être publiquement fustigés. Ils doivent ensuite recourir au Saint-Siège et faire encore pénitence pendant un an.

141. Instructions pour les confesseurs (can. 4 du synode de Fritzlar de 1243). (Cf. t. v, p. 1626.)

142. Comme les malades ne confessent pas volontiers leurs péchés en public, le prêtre devra commencer par les confesser en secret.

143. Pour être admis à la réconciliation, tout pénitent doit être muni d'un certificat de son curé attestant qu'il a accompli sa pénitence, au moins en partie. Il doit aussi porter l'habit et la tonsure d'un pénitent (can. 8 du synode de Mayence de 1261). Le confesseur ne doit pas interroger son pénitent sur les péchés des autres; il lui est défendu de dire lui-même les messes qu'il impose comme pénitence. (Can. 4 du synode de Fritzlar.)

144. Restriction des pouvoirs des moines touchant la confession et la prédication (p. 105).

145. Restriction des indulgences accordées à la consécration d'une église (p. 107).

147. Chaque évêque doit avoir deux pénitenciers (p. 104).

148 et 149. Sur les cas réservés. L'expression *sacerdotes in religione sedeant* signifie que les prêtres ne doivent confesser qu'en costume ecclésiastique (t. v, p. 1626).

150-153. Sur l'excommunication (cf. p. 104, et t. v, p. 1449).

154. Pendant un interdit, on ne doit enterrer personne dans le cimetière (p. 342).

155. Tout rapport avec des excommuniés est interdit.

157. On doit se régler d'après les maximes des Pères.

[503] On ignore pourquoi ce synode suspendit et frappa d'excommunication majeure Gérard, évêque de Constance [1].

Il y eut aussi à Ravenne, en 1310, deux conciles provinciaux occasionnés surtout par l'affaire des Templiers. Raynald, archevêque de cette ville, avait été nommé par le pape inquisiteur des

---

1. Mansi, *Concil. ampliss. coll.*, t. xxv, col. 297-350; Coleti, *Concilia*, t. xiv. col. 1479 sq.; Hartzheim, *Concil. German.*, t. iv, p. 174-275; Binterim, *Deutsche Concilien*, t. vi, p. 31 sq., 217-284.

Templiers pour la Lombardie, la Marche de Trévise et l'Istrie :
ce fut lui qui convoqua les deux assemblées. La date de la première
n'est pas connue ; on sait seulement qu'elle rendit aussi des décrets
pour la réforme des mœurs et l'affermissement de la foi. La seconde
fut convoquée d'abord pour le 1er, puis pour le 15 juin 1310, *in
ecclesia Ursiana*[1]. Les évêques suffragants et d'autres prélats y
assistèrent, ou s'y firent représenter. Les trois inquisiteurs de la
province de Ravenne, deux dominicains et un franciscain, étaient
également présents. Le synode avait déjà délibéré probablement
pendant deux jours dans cette église de Saint-Ursus, avant de
passer à l'interrogatoire des Templiers, qui commença le 17 juin
dans le prétoire de l'archevêché (c'était une sorte de chancellerie du tribunal). Cinq chevaliers du Temple, Raymond Fontana
et ses collègues, furent introduits et prêtèrent serment. Chacun
d'eux répondit avec brièveté et précision aux questions posées[2].
Eux sortis, l'archevêque demanda au synode son sentiment.
On ne s'accorda pas, sauf sur ce point qu'on ne devait pas soumettre les Templiers à la torture. Les deux inquisiteurs dominicains furent seuls à réclamer la torture. Quant à abandonner
le jugement au pape, on s'y refusa. Enfin, on se demanda si on pouvait les absoudre ou si on devait les obliger à prouver leur innocence ;
on choisit d'abord ce dernier parti, mais, dès le lendemain, on
décida qu'on absoudrait les innocents et qu'on punirait les autres ;
qu'en attendant on regarderait aussi comme innocents ceux qui
étaient revenus sur des aveux que la torture leur avait arrachés
et même ceux que la crainte seule de nouvelles tortures avait
empêchés de faire une pareille rétractation. Enfin les biens de [504]
l'ordre lui restaient si la majorité des Templiers étaient innocents.
On s'occupa des secours pour la Terre Sainte[3].

Pendant l'automne de 1310, l'archevêque de Compostelle
a dû tenir un concile provincial, sur l'ordre du pape. En effet,
Ferdinand, roi de Castille, voulait entreprendre une guerre contre

---

1. C'était l'ancienne cathédrale bâtie au Ve siècle par l'évêque Ursus ; elle
comprenait cinq nefs et comptait cinquante-six colonnes antiques. Au XVIe siècle,
elle fut entièrement reconstruite sur un autre plan. Hübsch, *Die altchristlichen
Kirchen*, 1862, Text, p. 29.

2. Pour le détail des questions qui leur furent posées, cf. plus haut, p. 549 sq.

3. Mansi, *Concil. ampliss. coll.*, t. XXV, col. 294 sq. ; Hardouin, *Concil. coll.*,
t. VII, col. 1317 sq. ; Coleti, *Concilia*, t. XIV, col. 1475 sq. ; Havemann, *Geschichte
des Ausgangs des Tempelherrenordens*, 1846.

Grenade avec le concours de Jacques d'Aragon, et demandait au pape des subsides sous forme de décimes sur les biens
d'Église. Le 17 juillet 1310, le pape chargea l'archevêque de
Compostelle de réunir un concile provincial pour proposer le
cas a l'Église nationale, de prendre l'avis des évêques et des
prélats sur cette question, enfin de lui en soumettre le résultat
le plus tôt possible [1]. Il est certain que ce synode eut lieu
peu après l'arrivée de la lettre du pape, mais nous n'en connaissons plus rien.

Nous avons vu les conciles tenus à Salamanque et à Tarragone,
en octobre 1310, au sujet des Templiers ; nous avons dit qu'à la
même époque plusieurs synodes français avaient abordé cette
même affaire. Ainsi l'archevêque de Sens, Philippe de Marigny,
frère du célèbre homme d'État Enguerrand, tint, dès le début
de son épiscopat (mai 1310), un concile de sa province à Paris,
tandis que se poursuivait dans cette ville l'interrogatoire des Templiers par la commission pontificale. Ce synode provincial expulsa
quelques Templiers de l'ordre et mit certains autres en liberté,
après leur avoir imposé une pénitence, d'autres encore furent
condamnés à une prison sévère, même perpétuelle ; enfin, le
11 mai 1310, cinquante-quatre Templiers furent livrés au bras
séculier comme relaps. Malgré la commission pontificale, plusieurs
membres du synode n'admettaient pas le principe, que celui qui
revient sur des aveux doit être regardé comme retombé dans
l'hérésie, mais l'opinion la plus cruelle l'emporta, et dès le lendemain on brûla les cinquante-quatre Templiers. Tous protestèrent
de leur innocence dans les flammes mêmes (*quod multi de
populo sine stupore vehementi conspicere nullatenus potuerunt*) [2].
Les actes du procès des Templiers, publiés par Michelet,
permettent de connaître un assez grand nombre de Templiers
qui, déjà jugés à Paris par le concile provincial, n'en durent
pas moins comparaître de nouveau devant la commission pontificale. La plupart avaient déjà déposé dans le synode le
manteau et la barbe et furent absous par la commission.
D'autres, surtout les prêtres de l'ordre, furent dégradés, dépouillés

[05]

---

1. *Regest Clem V*, ann V, p 144, n. 5484.
2 Mansi, *Concil ampliss. coll*, t. xxv, col. 298, Hardouin, *Concil coll.*, t vii,
col. 1320 ; Baluze, *Vitæ paparum Avenionensium*, t. i, p. 17, 37, 71, 104 ; Bouquet,
Rec. des hist de France, t xxi, p. 34.

de tous les privilèges cléricaux et condamnés à la prison perpétuelle [1].

Environ un mois plus tard, le concile de Senlis, dans la province ecclésiastique de Reims, sous la présidence de l'archevêque
Robert de Courtenay, livra au bras séculier neuf Templiers qui
furent brûlés vifs. Ces Templiers étaient revenus sur leurs aveux,
que la douleur et la crainte leur avaient arrachés [2]. D'autres,
déposant dans le synode la barbe et le manteau (ou l'ayant fait),
furent absous et réconciliés [3]. Plusieurs archevêques et évêques
firent des réconciliations semblables, peut-être aussi dans des
synodes [4].

L'archevêque Robert appela une deuxième fois ses suffragants
en concile provincial, à Senlis, le 23 juillet 1311, d'abord pour
terminer le procès des Templiers, ensuite pour délibérer, suivant l'ordre du pape, sur le prochain concile général de Vienne.
Avant tout, il fallait traiter les diverses plaintes concernant
la violation des immunités, privilèges ecclésiastiques, etc., et
s'occuper des mesures à prendre pour sauvegarder l'immunité
et la liberté ecclésiastiques, pour les présenter au pape au
concile général projeté.

En Angleterre, Guillaume, archevêque d'York, tint, les 20 et
21 mai 1310, un synode provincial dans son église cathédrale,
pour s'occuper soit de diverses réformes ecclésiastiques, soit aussi
de l'affaire des Templiers; mais plusieurs d'entre eux n'ayant pas [506]
comparu, et comme on voulait examiner plus mûrement cette
affaire, on remit la décision à un synode ultérieur, fixé au 24 mai
de l'année suivante [5].

A peu près vers la même époque, l'archevêque de Cantorbéry
tint un synode provincial; nous en savons seulement que cette
assemblée, voulant remédier aux dures épreuves qui affligeaient
l'Église anglaise et qui rappelaient les temps de Pharaon, décida

---

1. Michelet, *Procès*, t. II, p. 3, 23, 26, 30, 32, 35, 110, 171; Schottmüller, *Untergang des Templerordens,,* t. I, p. 347 sq.

2. Mansi, *Concil. ampliss. coll.*, t. XXV, col. 354; Baluze, *Vitæ paparum Avenionensium,* t. I, p. 72, 105; Bouquet, *Recueil des hist. de France,* t. XXI, p. 34,719.

3. Michelet, *Procès*, t. II, p. 1, 41, 56, 59, 61, 63, 66, 74, 112, 116.

4. Cf. Ehrle, *Ein Bruchstück der Akten des Concils von Vienne,* dans *Archiv
für Literatur- und Kirchengeschichte,* t. IV, p. 426; J. Michelet, *Procès...,* p. 7, 11,
13, 15, 18, 21, 37, 39, 47, 50, 53, 80, 88, 96, 99, 103, 173, 175, 181, 182, 184.

5. Mansi, *Concil. ampliss. coll.*, t. XXV, col. 354 sq.

de remettre en vigueur et de recommander d'anciens statuts
sur la liberté et la sécurité des eglises et des clercs. Dans ce but,
le 13 septembre 1310, l'archevêque Robert jeta solennellement
l'anathème contre tous les oppresseurs, etc , de l'Église [1]. Il a dû
être question des Templiers, car leur grand interrogatoire était
déjà commencé à Londres [2]. Nous voyons, d'après deux lettres
de l'archevêque de Cantorbéry (mars et avril 1311), invitant ses
suffragants à se réunir le 18, plus tard le 23 avril de cette année,
dans l'église Saint-Paul de Londres, que plusieurs synodes provinciaux se tinrent dans la capitale de l'Angleterre, pendant cet
interrogatoire des Templiers [3]. Mais nous n'avons de détails que
sur d'autres synodes tenus un peu plus tard, c'est-à-dire dans les
mois de juin et de juillet, à Londres. On y interrogea plusieurs
Templiers, mais surtout l'apostat Étienne de Stapelbrugge, qui,
longtemps insaisissable, tomba enfin au pouvoir des gens du roi
à Salisbury, et fit, au mois de mai 1311, de graves dépositions
contre son ordre. Chez les Templiers, disait-il, il y avait une double
admission, une bonne et une hérétique, lui-même avait été reçu
suivant les deux, d'abord la bonne, et puis la mauvaise. Lors de
celle-ci, le grand-précepteur lui avait ordonné de renier la divinité
du Christ et sa naissance virginale et de cracher sur la croix, ce
qu'il avait fait, parce que celui qui refusait était puni de mort
L'adoration de l'idole n'était pas, il est vrai, usitée en Angleterre,
mais elle l'était ailleurs, quant à la sodomie, elle n'était pas
regardée comme un péché; néanmoins lui-même ne l'avait jamais
commise. On lui lut en français, sur son désir, ses premières
dépositions, et il déclara y persister Il demanda à genoux, avec
larmes et supplications, grâce et miséricorde, se déclarant prêt
à renoncer à toute espèce d'héresie (le procès-verbal donne la
[597] formule de son abjuration). Le même jour, fut interrogé Thomas
Tocci, qui aurait assisté à la seconde admission d'Étienne de Stapelbrugge, au témoignage de celui-ci. Thomas Tocci avait déjà
tout nié à Lincoln dans un interrogatoire. Mais il fut amené par
la torture, qu'on lui infligea par l'ordre du pape, a confesser le
reniement du Christ, il demanda grâce et abjura toute hérésie

1 Mansi, *Concil ampliss. coll.*, t. xxv, col. 355 sq
2. Schottmüller, *Untergang des Templerordens*, t i, p 375 sq., Havemann,
Geschichte des Ausgangs des Tempelherrenordens, p. 306 sq
3 Mansi, *Concil. ampliss coll*, t. xxv, col. 435 sq.

Aussi fut-il solennellement absous et réconcilié, ainsi qu'Étienne Stapelbrugge, par l'archevêque et de l'avis du synode. Dans la seconde session (3 juillet), Jean de Stoke, chapelain des Templiers, persista dans les aveux faits deux jours plus tôt, grâce à la torture, devant la commission d'enquête, quoiqu'il eût auparavant tout nié énergiquement; il fut également absous. Sur ces entrefaites, Guillaume de la More, grand-précepteur de l'ordre des Templiers en Angleterre, demanda une entrevue à l'archevêque. Espérant des aveux, l'archevêque lui députa le 5 juillet une commission. On voulait lui faire avouer qu'il avait absous des membres de l'ordre, et on lui promit le pardon et la mise en liberté, s'il s'avouait coupable avec des sentiments de contrition. Mais il s'obstina à nier qu'il eût commis aucune hérésie, etc., aussi fut-il réincarcéré. Le 6 juillet, cinq Templiers abjurèrent toute hérésie, en particulier leur prétendue croyance que, quoique laïques, les supérieurs de l'ordre pouvaient donner l'absolution. Les actes racontent clairement ce qui les amena à faire ces aveux et ce qui eut une grande part dans toutes ces confessions et abjurations. On les menaça des tourments les plus affreux, de la torture et de la mort, s'ils s'obstinaient dans leurs erreurs (c'est-à-dire s'ils niaient), tandis qu'on fit briller à leurs yeux une amnistie et une absolution faciles et promptes s'ils avouaient ce qu'on voulait leur faire avouer. Ce n'était pas eux, en effet, c'était leur ordre qu'on voulait anéantir. Dans la troisième session, tenue le 9 juillet, ils furent, avec treize autres frères qui avaient abjuré, absous et réconciliés. Il en fut de même dans les trois sessions suivantes, les 10, 12 et 13 juillet, pour trente-trois autres membres de l'ordre; quant aux malades et aux infirmes, ils furent, après abjuration, absous par une commission du synode, dans la chapelle de la Tour de Londres. Afin de leur faciliter l'abjuration, on n'exigea pas de tous ces derniers un aveu formel touchant la négation du Christ, etc. On leur demanda seulement de déclarer que des accusations de cette nature pesaient sur eux, qu'ils étaient dans l'impuissance de se défendre et qu'ils étaient prêts à abjurer toute espèce d'hérésie. Ils furent envoyés pour quelque temps dans des monastères, afin d'y faire leurs pénitences. La décision à prendre touchant le grand-précepteur d'Angleterre fut réservée [508] au pape (il mourut quelque temps après en prison). Quant à Heinbert Blanké, grand-précepteur d'Auvergne, qui se trouvait aussi dans la Tour de Londres, il ne se prêta à aucune de ces abjurations dérisoires, et fut maintenu avec une double chaîne dans un effroyable cachot jusqu'à nouvel ordre, *in vilissimo carcere ferro duplici constrictus*, dit le synode [1].

Peu auparavant, le second métropolitain de l'Angleterre avait tenu à York, dans l'église Saint-Pierre, le concile fixé dès l'année précédente au 24 mai 1311. Dès la première session, l'archevêque d'York annonça que le roi demandait au clergé des subsides pour la guerre d'Écosse; ensuite, il rappela qu'il fallait faire choix de députés pour le prochain concile général. On lut dans la deuxième session divers documents relatifs aux Templiers, notamment une partie de leurs dépositions devant la commission d'enquête, et on leur assigna, eux présents, le jeudi suivant, 27 mai, comme dernier délai pour remettre leurs déclarations. L'archevêque nomma une commission de docteurs en théologie et en droit canon, qui donneraient leur avis sur quelques difficultés touchant la commission inquisitoriale déjà instituée; dans la troisième session (jeudi 27 mai), on procéda probablement, d'après les observations des docteurs, à un nouvel interrogatoire des Templiers sur quelques-uns des aveux antérieurs. On leur remit copie de leurs déclarations et on leur donna le temps de la réflexion jusqu'au 1er juillet. Mais, dans plusieurs sessions, le concile marqua une grande indécision, jusqu'à ce que, dans la dixième (29 juillet 1311), les vingt-quatre Templiers présents fissent une déclaration analogue à celles qui avaient été acceptées à Londres. Ils se déclarèrent diffamés pour divers motifs et dans l'impuissance de se défendre, demandèrent grâce et se dirent prêts à se soumettre complètement au jugement de l'Église. Ils abjurèrent, furent absous, et, dans la onzième et dernière session (30 juillet), on les interna dans un monastère pour faire leur pénitence. On ajouta aux procès-verbaux du synode le décret rendu plus tard, en 1312, par l'arche-
[509] vêque, concernant l'abolition complète de l'ordre par le pape [2].

Il nous reste à parler de quatre synodes tenus à cette époque qui n'ont pas de rapport avec l'affaire des Templiers; le premier,

---

1. Mansi, *Concil. ampliss. coll.*, t. xxv, col. 425-436; Schottmüller, *Untergang des Templerordens*, t. i, p. 399 sq.; Havemann, *Geschichte des Ausgangs des Tempelherrenordens*, p. 313-319.

2. Mansi, *Concil. ampliss. coll.*, t. xxv, col. 437-450. A la col. 441, ligne 8 en partant d'en haut, au lieu de *nono die junii*, il faut lire *nono kalendas junii*, ainsi que le prouve ce fait (col. 443), que la quatrième session fut fixée au vendredi avant la Pentecôte; or la Pentecôte tombait cette année-là le 30 mai.

celui de Béziers, tenu en 1310 sous la présidence de l'archevêque
Gilles Aycelin. Cette assemblée a publié vingt et un canons :
les sept premiers traitent de la collation de la tonsure et des ordres ;
les quatre suivants (8-11) interdisent les mariages clandestins,
les faux témoignages, l'extorsion des droits d'étole et l'admission
de clercs étrangers sans des lettres de recommandation de leur
évêque. Le douzième prescrit la résidence ; le treizième interdit
aux prêtres et aux religieux l'exercice de la médecine ; le quatorzième interdit aux recteurs et aux prieurs d'affermer à prix
d'argent les revenus de leur église, sans la permission de l'évêque.
Le quinzième énumère les jours de fête de l'année. Le seizième
défend aux cordonniers, tisserands et tous marchands qui ne
vendent pas de provisions de bouche de mettre en vente leurs
marchandises les dimanches et fêtes. Les dix-septième et dix-
huitième menacent ceux qui s'obstinent sous le coup de l'excommunication et ceux qui n'acquittent pas les legs pieux. Le dix-
neuvième décide que, si un excommunié, se trouvant dans une
église, refuse de sortir sur la demande du célébrant, ce dernier
doit interrompre immédiatement le service divin, s'il n'a pas
encore commencé le canon ; mais si le canon est commencé, il doit
le finir, et tous les fidèles doivent quitter l'église sans retard ; le
canon terminé, la messe ne doit pas être poursuivie. Cette règle
s'applique à ceux qui ont été publiquement et nommément
excommuniés. S'il vient dans l'église une personne atteinte d'une
excommunication occulte, connue cependant par l'un des assistants, celui-ci doit engager en secret l'excommunié à quitter
l'église. Si le censuré s'y refuse, c'est l'autre personne qui doit
sortir, mais très tranquillement. Le vingtième canon traite du
devoir d'éviter les excommuniés ; le vingt et unième enfin, de
l'abus dont se rendent coupables les seigneurs temporels qui obligent à célébrer le service divin, tandis que leur territoire est
frappé d'interdit [1].

Un concile général du patriarcat d'Aquilée, tenu en 1311
(la date n'est pas indiquée d'une manière plus précise), détermina
quelle somme d'argent l'on devait fournir à chaque évêque de la
province, pour se rendre à Vienne, au concile général [2].

---

1. Mansi, *Concil. ampliss. coll.*, t. xxv, col. 359 sq. ; Coleti, *Concilia*, t. xiv,
col. 1525.

2. Mansi, *Concil. ampliss. coll.*, t. xxv, col. 450.

Le 21 juin de la même année, fut signé le procès-verbal du concile de Ravenne, sous la présidence de l'archevêque Raynald. Il publia, sous le titre de *Rubricæ*, trente-deux ordonnances pour la réforme de l'Église :

1. A la vacance d'une église cathédrale ou collégiale, on doit [510] faire des prières et des processions pour qu'elle obtienne bientôt un digne titulaire.

2. A la mort d'un évêque, on l'enterrera revêtu de ses habits pontificaux, et chacun de ses collègues de la province fera dire, durant trente jours, une messe pour le repos de son âme, et nourrir chaque jour trois pauvres.

3. Le 20 juillet, on célébrera dans toutes les églises cathédrales de la province un service solennel pour les évêques défunts, et chaque évêque devra, ce jour-là, nourrir au moins douze pauvres.

4. Le 4 juin, chaque évêque de la province devra célébrer un service annuel pour les patrons et bienfaiteurs des églises défunts.

5. Les évêques doivent examiner toutes les reliques et défendre d'exposer celles qui ne sont pas authentiques.

6. Tous les sacrements doivent être administrés, autant que possible, à jeun, gratuitement et avec des ornements convenables.

7. L'eucharistie et l'huile sainte doivent être sous clef; l'eucharistie destinée aux malades doit être souvent renouvelée.

8. Tous les vases et ustensiles destinés au culte doivent être tenus dans un état de grande propreté; les calices doivent être, autant que possible, en argent. Si l'église est trop pauvre pour entretenir ce qui lui est nécessaire, les laïques doivent y pourvoir. On doit bénir toutes les nouvelles cloches.

9. Les évêques doivent veiller à l'instruction des clercs. Le prêtre ne doit dire qu'une seule messe par jour, sauf les exceptions prévues par la loi. Aucun étranger ne doit prêcher ou dire la messe sans la permission de l'évêque du diocèse. Tous les dimanches, le prêtre doit faire l'eau bénite, en *alba cocta, sive stola* (c'est-à-dire sans doute en aube ou *cotta*, surplis avec l'étole). Chaque fidèle doit, tous les dimanches, entendre une messe entière dans l'église de sa paroisse; il ne doit pas, sous peine d'excommunication, se retirer avant d'avoir reçu la bénédiction.

10. Les fêtes des patrons des églises cathédrales seront célébrées dans tout le diocèse, et les fêtes de saint Apollinaire et des autres archevêques de Ravenne instituées par le Saint-Esprit (*columba*)

seront célébrées dans toute la province. On observera également
les jeûnes prescrits.

11. Manière d'administrer le baptême (*sub trina aspersione vel immersione*).

12. On ne doit tenir aucun marché ou session judiciaire dans les églises; ni en faire un dépôt d'objets étrangers au culte.

13. Aucun religieux ne doit être admis à prêcher, s'il n'a pas encore trente ans; les quêteurs ne doivent pas non plus prêcher.

14. Tous les ans, on devra tenir un chapitre provincial des abbés et prieurs bénédictins non exempts. Même règle pour les prieurs et prévôts des chanoines réguliers.

15. Tous les curés ont à veiller à l'observation du décret du concile de Latran relatif à la confession pascale. Un médecin ne [511] doit pas revenir chez un malade, si celui-ci n'a pas déjà fait venir le médecin des âmes.

16. On ne confiera les églises paroissiales qu'à des clercs qui peuvent convenablement lire et chanter l'office. De même, les canonicats des églises cathédrales ne doivent être conférés qu'à ceux qui savent lire et chanter, et qui sont âgés d'au moins quinze ans. Pour les canonicats et prébendes des églises collégiales, il suffira d'avoir douze ans. Celui qui veut obtenir un *beneficium simplex et rurale* doit au moins savoir un peu lire.

17. Les bénédictins doivent rendre uniforme leur pratique pour l'office.

18. Chaque évêque doit tenir, tous les ans, un synode diocésain.

19. Les mariages clandestins sont défendus.

20. Défense de s'ingérer dans une charge ecclésiastique avec l'appui du pouvoir laïque.

21. Punition des clercs qui n'obéissent pas à leur supérieur.

22. Des moines apostats, particulièrement des moines mendiants appelés *sarabaïtes* : on ne doit les recevoir dans aucune église.

23. Les juifs doivent porter sur leurs habits, en signe distinctif, une roue de couleur rouge. On ne leur permettra de demeurer au delà d'un mois que dans les localités où il y a une synagogue.

24. Qu'aucun évêque n'empiète sur les droits d'un de ses collègues. Les évêques inconnus ne seront pas autorisés à remplir des fonctions épiscopales.

25. Les biens des hôpitaux étant parfois dilapidés par de mauvais administrateurs, parfois même par des laïques, désormais on en confiera l'administration exclusivement à des personnes

religieuses non mariées, qui feront vœu de toujours servir les pauvres, prendront la tonsure et observeront la résidence.

26 Peines détaillées contre tous ceux, clercs ou laïques, qui maltraitent, mutilent, blessent, chassent de son siège, un évêque ou autre clerc, ou s'emparent d'une église ou d'un bien d'Église. (Dans ce canon se trouve déjà cette maxime digne de réflexion : *Episcopi apostolorum typum tenent, et presbyteri 72 discipulorum locum.*)

27. Quiconque prononce des paroles blasphématoires contre Dieu ou les saints sera, sans préjudice des peines et pénitences prescrites par les canons, chassé du seuil de l'église durant un mois. S'il ne s'amende pas, il sera privé de la sépulture ecclésiastique.

28 Un grand nombre de personnes méprisent les peines ecclésiastiques; nous ordonnons que quiconque reste une année entière sous le coup de l'excommunication, de l'interdit, ou de la suspense, soit privé de la sépulture ecclésiastique, même si, en danger de mort, il a obtenu l'absolution et donné satisfaction; sans préjudice des peines plus sévères contre ceux qui sont punis comme hérétiques ou suspects

[512] 29. Les adultères qui ne s'amendent pas, malgré les exhortations de ceux qui sont chargés des intérêts de leur âme, doivent être punis par l'évêque qui, si cela est nécessaire, les excommuniera et les privera de la sépulture ecclésiastique.

30. Les évêques, les chapitres des cathédrales, les abbés et les couvents doivent distribuer plus souvent des aumônes générales; de plus, chaque évêque devra nourrir tous les jours quelques pauvres. S'il s'élève un conflit entre différentes villes de la province, les évêques devront s'entremettre pour rétablir la paix.

31. Les notaires qui ont rédigé un testament ou legs en faveur d'œuvres pies doivent en donner connaissance à l'évêque dans le délai d'un mois. Si, après un an, l'exécuteur testamentaire n'a pas exécuté son legs, l'évêque y suppléera.

32. Les notaires épiscopaux et chanceliers épiscopaux ne doivent pas exiger des taxes injustes [1].

A peine deux semaines plus tard, le 5 juillet 1311, Gaston Turriani, archevêque de Milan, tint à Bergame un synode pro-

---

1 Mansi, *Concil. ampliss. coll*, t. xxv, col. 450 sq., Hardouin, *Concil coll.*, t. vii, col 1361 sq.; Coleti, *Concilia*, t xv, col 47

vincial, dont les trente-quatre ordonnances sont également désignées sous le nom de *Rubricæ*.

1. Afin d'extirper l'hérésie, chaque évêque devra procurer aux inquisiteurs quelques aides parmi les bourgeois des villes, pour rechercher, poursuivre et arrêter, etc., les hérétiques.

2. Les habits laïques et les occupations mondaines sont interdits aux clercs.

3. Défense à tout clerc de tenir, soit dans un bâtiment dépendant de l'église, soit ailleurs, une maison de jeu ou de prostitution; défense pareillement, sans la permission de l'évêque, de porter des armes, sauf en voyage.

4. Les clercs ne doivent pas exercer les fonctions d'avocat et de procureur pour les laïques, devant les tribunaux séculiers.

5. Dans chaque église collégiale de clercs réguliers ou séculiers, la messe conventuelle et les heures canoniales doivent être chantées chaque jour en commun. Les clercs séculiers s'y rendront en surplis ou en *cappa*, les clercs réguliers avec les habits de leur ordre. Les chanoines des églises cathédrales doivent assister à la messe et aux heures canoniales, nu-tête ou avec une barrette, mais non avec un capuchon comme les laïques. Dans les églises de paroisse également les recteurs devront, les jours de fête et souvent dans la semaine, célébrer ou faire célébrer une messe solennelle.

6. Les clercs ne doivent pas avoir à demeure chez eux, ou dans des maisons dépendantes de l'église, ou dans le voisinage de l'église, de femmes pouvant faire naître des soupçons. Tout clerc notoirement connu pour avoir une concubine perd son bénéfice; il ne doit pas laisser habiter chez lui ses enfants naturels.

7. Des qualités que doivent avoir ceux qui sont présentés [513] pour les dignités ecclésiastiques et pour les paroisses.

8. Nul ne doit être élu chanoine ou chapelain, etc., s'il n'y a pas de place vacante. Défense de diviser les prébendes.

9. On ne peut posséder aucun bénéfice sans l'institution canonique.

10. Beaucoup d'églises du clergé tant séculier que régulier restent longtemps sous le coup de l'interdit, parce que les clercs de ces églises refusent de payer les redevances, procurations, etc., qu'ils doivent. Mesures contre eux.

11. Punition de ceux qui s'attaquent aux biens des églises ou qui s'arrogent des droits de présentation, etc.

12. Punition de ceux qui conspirent contre leur évêque ou curé, et les obligent à prendre la fuite.

13 Mesures contre ceux qui volent un clerc ou le font prisonnier et qui le nient ensuite.

14. L'excommunication portée par un évêque de la province doit être publiée dans tous les diocèses de la province. Celui qui s'oppose à cette publication sera sévèrement puni

15 Punition de ceux qui méprisent l'excommunication et s'obstinent longtemps sous le coup d'une sentence de ce genre.

16 Peines contre les clercs qui portent des armes, ou qui s'entourent de bandes armées, ou qui vont jusqu'à attaquer et insulter leurs supérieurs ecclésiastiques

17. On ne doit pas procéder à l'élection d'un évêque ou d'un abbé, etc., s'il y a un laïque dans le local de l'élection, parce que la liberté électorale est souvent lésée ainsi

18. Défense de citer un clerc devant un tribunal séculier, sauf dans les cas prévus par le droit.

19 Énumération des délits qui entraînent *ipso facto* l'excommunication

20. Les droits de l'archevêque, de l'évêque, des églises et des couvents ne doivent pas être diminués.

21. Les appels ne doivent pas se faire d'une manière secrète.

22. C'est par un abus que beaucoup de couvents et de fondations religieuses tiennent leur chapitre des comptes à peine quatre fois par an, pour punir les fautes. Ces chapitres doivent se tenir deux fois par semaine durant l'avent et le carême, et, dans le reste de l'année, au moins une fois par semaine

23. On ne peut, sans l'assentiment de l'évêque, disposer des objets volés dont le légitime possesseur n'est pas connu

24. Les usuriers notoires doivent être exclus de la communion des fidèles et privés de la sépulture ecclésiastique, jusqu'à ce qu'ils aient donné satisfaction ou fourni des garanties que la satisfaction sera faite.

25. Le gain acquis par l'usure doit être restitué; si les personnes auxquelles on devrait restituer ne sont pas connues, on restituera aux pauvres.

26. Les notaires doivent communiquer au vicaire de l'évêque, ou au recteur de la paroisse, les testaments et les documents analogues qu'ils ont dressés renfermant des legs pour causes pies.

27. Tous les statuts, etc., dirigés contre Dieu et contre les libertés ecclésiastiques sont nuls.

[514]

28. Comme il advient souvent dans la province de Milan que les évêques soient chassés de force, les collègues de ces évêques et le reste du clergé ont le devoir de soutenir ces exilés.

29. Énumération de trente cas réservés.

30. Comme un grand nombre de personnes s'introduisent illégalement dans les bénéfices, à l'avenir, chacun devra démontrer, devant l'évêque ou son vicaire général, les droits qu'il peut avoir à tel ou tel bénéfice.

31. Les moines apostats ne doivent pas être promus aux bénéfices et aux dignités ecclésiastiques, avec ou sans charge d'âmes.

32. Tout prélat, recteur ou prévôt, et de même tout couvent, fondation, chapitre, hôpital, etc., doit, dans le délai de six mois, dresser un registre ou inventaire des biens ecclésiastiques et le présenter à l'évêque et à son vicaire, afin qu'à l'avenir les sommes demandées par les légats pontificaux puissent être réparties d'une manière égale.

33. Les chanoines, prélats ou recteurs, doivent porter la barrette et non un capuchon; mais ils doivent avoir un capuchon rabattu sur le dos.

34. Peines contre les seigneurs temporels qui emprisonnent les messagers des tribunaux ecclésiastiques, pour les empêcher de remettre leurs lettres [1].

---

1. Mansi, *Concil. ampliss. coll.*, t. xxv, col. 475-514; Coleti, *Concilia*, t. xv, col. 71 sq.; manque dans Hardouin.

Lightning Source UK Ltd.
Milton Keynes UK
UKHW030104220421
382415UK00006B/258